NEGÓCIOS

# INTERNACIONAIS

estratégia, gestão e novas realidades

CB055806

Pearson Education
EMPRESA CIDADÃ

S. Tamer Cavusgil · Gary Knight · John R. Riesenberger

# NEGÓCIOS INTERNACIONAIS

## estratégia, gestão e novas realidades

**Tradução**
*Sonia Midori Yamamoto e Leonardo Piamonte*

**Revisão Técnica**
*Ricardo Pitelli de Britto*
Mestre e Doutorando em Administração pela FEA-USP
MBA (USP) e DESS (Université Pierre Mendes — France) em Negócios Internacionais

PEARSON

São Paulo

Brasil Argentina Colômbia Costa Rica Chile Espanha Guatelamala México Peru Porto Rico Venezuela

CÓPIA NÃO AUTORIZADA É CRIME
ABDR
RESPEITE O DIREITO AUTORAL
EDITORA AFILIADA

2010 by Pearson Education do Brasil
Título original: *International business: strategy, management and the new realities*
© 2008 by Pearson Education, Inc.
Tradução autorizada a partir da edição original em inglês,
publicada pela Pearson Education, Inc. sob o selo Prentice Hall.

Todos os direitos reservados. Nenhuma parte desta publicação poderá ser reproduzida ou transmitida de nenhum modo ou por algum outro meio, eletrônico ou mecânico, incluindo fotocópia, gravação ou qualquer outro tipo de sistema de armazenamento e transmissão de informação, sem prévia autorização, por escrito, da Pearson Education do Brasil.

*Diretor editorial*: Roger Trimer
*Gerente editorial*: Sabrina Cairo
*Supervisor de produção editorial*: Marcelo Françozo
*Editora*: Thelma Babaoka
*Preparação*: Renata Gonçalves
*Revisão*: Érica Alvim e Renata Siqueira Campos
*Capa*: Alexandre Mieda
*Diagramação*: Casa de Idéias.

**Dados Internacionais de Catalogação na Publicação (CIP)**
**(Câmara Brasileira do Livro, SP, Brasil)**

---

Cavusgil, S. Tamer
Negócios internacionais : estratégia, gestão e novas realidades / S. Tamer Cavusgil, Gary Knight, John R. Riesenberger ; tradução Sonia Midori Yamamoto e Leonardo Piamonte ; revisão técnica Ricardo Pitelli Britto. -- São Paulo : Pearson Prentice Hall, 2010.

Título original: International business : strategy, management, and the new realities.
ISBN 978-85-7605-379-8

1. Administração 2. Empresas multinacionais - Negócios 3. Relações econômicas internacionais I. Knight, Gary. II. Riesenberger, John R. II. Britto, Ricardo Pitelli. IV. Título.

09-11786 CDD-658.049

---

**Índices para catálogo sistemático:**

1. Negócios internacionais : Administração 658.049

2009
Direitos exclusivos para a língua portuguesa cedidos à
Pearson Education do Brasil, uma empresa do grupo Pearson Education
Av. Ermano Marchetti, 1435
CEP: 05038-001, São Paulo — SP
Fone: (11) 2178-8686 — Fax: (11) 2178-8688
e-mail: vendas@pearsoned.com

Dedico este livro a meus pais, Mehmet e Naciye Cavusgil, que não receberam muita educação formal, mas souberam transmitir a seus filhos um profundo gosto pelo conhecimento; a minha esposa Judy e meus filhos Erin e Emre Cavugil, que gentilmente ofereceram a tão necessária compreensão, apoio e incentivo; e a meus alunos, a quem tive a oportunidade de aconselhar ao longo dos anos.

**S. Tamer Cavusgil**
**East Lansing, Michigan**

Dedico este livro a minha esposa Mari, por sua paciência, inteligência e espírito aventureiro, e a Bill e Audrey, por serem excelentes pais e modelos de conduta.

**Gary Knight**
**Tallahassee, Flórida**

Este livro é dedicado a meus pais, Richard e Marie Riesenberger, por seu exemplo, muitos sacrifícios e amor. A minha esposa e melhor amiga, Pat, por seu entusiasmo e carinhoso apoio. A minhas filhas Jenny e Chris e seus maridos Martijn e Byron, por quem sinto muito orgulho e gratidão. A meus maravilhosos netos Ryan e Paige — o futuro das novas realidades.

**John R. Riesenberger**
**Basking Ridge, Nova Jersey**

# Sumário

# PREFÁCIO

## Por que criamos este livro e um sistema de ensino

O livro *Negócios internacionais: estratégia, gestão e novas realidades* faz parte de um sistema educacional inovador que estamos desenvolvendo há vários anos, voltado ao ensino de negócios internacionais. As percepções que obtivemos de ampla pesquisa e de discussões com centenas de profissionais, estudantes e acadêmicos contribuíram para refinar nossa filosofia e recursos pedagógicos. Este livro tenta transmitir a essência do conhecimento sobre negócios internacionais de uma forma interessante e vigorosa, com a inserção de estudos de caso e exercícios que estão plenamente integrados e combinados aos tópicos abordados em cada capítulo.

## Novas realidades

Há novas realidades em negócios internacionais cuja assimilação é essencial aos estudantes. Estamos testemunhando mudanças notáveis no fluxo internacional de bens, serviços, capital, ideias e pessoas. O volume atual de comércio internacional, a facilidade de comunicação e viagens e os avanços tecnológicos compelem e auxiliam as grandes e pequenas empresas a se internacionalizarem. Elaboramos o conteúdo, a organização e as características do livro e outros recursos para motivar e preparar futuros gestores capazes de compreender essas novas realidades. São elas: *global sourcing*, o impacto dos avanços tecnológicos sobre a globalização, a globalização das finanças e o sucesso de pequenas e médias empresas nos mercados internacionais. Vale a pena mencionar três outras novas realidades: mercados emergentes, a diversidade dos participantes dos negócios internacionais e a responsabilidade social corporativa.

### Mercados emergentes

Os estudantes necessitam aprimorar seus conhecimentos sobre a natureza mutante do cenário de negócios internacionais, não só nas regiões da Tríade (Europa, América do Norte e Japão). Nas duas últimas décadas, cerca de 30 países de alto crescimento e alto potencial tomaram a frente do comércio internacional com rápida industrialização, privatização e modernização.

No Capítulo 1, "Introdução: o que são negócios internacionais?", apresentamos os mercados emergentes e discutimos como empresas como Renault e Microsoft atingem eficiência adquirindo suprimentos de países como Romênia e Índia. No Capítulo 9, "A compreensão dos mercados emergentes", explicamos o que torna esses mercados atrativos aos negócios internacionais, além dos riscos e benefícios de comercializar com eles. Nesse capítulo também comentamos sobre a Cemex do México, a Orascom Telecom do Egito e a Shanghai Automotive da China.

### A diversidade dos participantes dos negócios internacionais

Historicamente, as multinacionais constituem o tipo mais importante de empresa focal. Entretanto, os estudantes devem familiarizar-se com uma diversidade de empresas ativas em negócios internacionais. Por isso fornecemos uma equilibrada cobertura de multinacionais, pequenas e médias empresas (PMEs) e *born global*. Esses três tipos de empresa são apresentados no Capítulo 1 e mencionados por todo o livro. Alguns exemplos de empresas que discutimos são:

- Diesel, uma empresa do setor de moda que nasceu como uma PME e se transformou em multinacional (Capítulo 1, "Introdução: o que são negócios internacionais?").
- Electrolux, uma multinacional sueca fabricante de aparelhos de cozinha (Capítulo 2, "A globalização dos mercados e a internacionalização da empresa").
- Geo Search, uma nascida global japonesa na indústria eletrônica (Capítulo 3, "Os participantes organizacionais que fazem os negócios internacionais acontecerem").

- L'Oreal, uma multinacional francesa na indústria de cosméticos (Capítulo 5, "O ambiente cultural dos negócios internacionais").
- Os desafios que as multinacionais e as PMEs enfrentam na Rússia (Capítulo 6, "Sistemas políticos e legais nos ambientes nacionais").
- Como as barreiras comerciais afetam as PMEs (Capítulo 7, "A intervenção governamental nos negócios internacionais").
- IKEA, uma multinacional sueca do setor de móveis (Capítulo 11, "Estratégias e empresas globais").
- PMI Mortgage Insurance Co., uma prestadora de serviços norte-americana (Capítulo 13, "As exportações e o *countertrade*").

### Responsabilidade social corporativa

Cada vez mais as empresas tomam consciência de seu papel como bons cidadãos corporativos.

Apresentamos a responsabilidade social corporativa no Capítulo 1, "Introdução: o que são negócios internacionais?" e fornecemos exemplos de empresas como Starbucks e McDonald's. No Capítulo 6, "Sistemas políticos e legais nos ambientes nacionais", resumimos as práticas e os valores éticos. No Capítulo 9, "A compreensão dos mercados emergentes", abordamos como as empresas promovem o desenvolvimento econômico com projetos lucrativos. No Capítulo 16, "*Global sourcing*", refletimos sobre as implicações éticas e sociais do *globol sourcing.*

No Capítulo 18, "Gestão de recursos humanos na empresa global", discutimos como as empresas podem criar ambientes de trabalho mais justos para os funcionários estrangeiros.

## Seções especiais

### Mapas

No mundo globalizado atual, é mais importante do que nunca os estudantes conhecerem a geografia mundial. Nossos mapas são grandes, fáceis de ler e possui destaque da Europa para facilitar a identificação de cada país nessa região.

### Estudo de caso

Cada capítulo é encerrado com um estudo de caso, escrito pelos autores, especificamente destinado a tratar dos objetivos de aprendizagem do capítulo. Esses textos ajudam os estudantes a desenvolver suas habilidades gerenciais aplicando o que aprenderam no capítulo a uma situação enfrentada por um gestor no mundo real. Questões são apresentadas para ajudar no entendimento do assunto abordado em cada texto. A discussão em sala de aula contribui para que os alunos aumentem suas habilidades analíticas e de tomada de decisões. Dentre exemplos de estudo de caso, citamos:

- Capítulo 1: A incrível reviravolta da Whirpool pela internacionalização
- Capítulo 4: O esforço da Hyundai para o sucesso internacional
- Capítulo 5: Hollywood e o surgimento do protecionismo cultural
- Capítulo 6: Espoliação de patentes: a nova guerra dos medicamentos
- Capítulo 7: Airbus *versus* Boeing: quando uma intervenção não é intervencionista?
- Capítulo 11: Carlos Ghosn e a Renault-Nissan: liderando para o sucesso global
- Capítulo 12: Advanced Biomedical Devices: avaliação do preparo para exportar
- Capítulo 14: Autolatina: uma parceria internacional fracassada
- Capítulo 15: A Subway e os desafios da franquia na China
- Capítulo 17: MTV Índia: equilibrando o marketing global com o local

Companion Website

## Material de apoio

No site de apoio do livro (www.prenhall.com/cavusgil_br), professores e estudantes podem acessar materiais adicionais em qualquer dia, durante 24 horas.

**Para professores:**

- Manual de soluções (em inglês)
- Apresentações em PowerPoint

*Esse material é de uso exclusivo para professores e está protegido por senha. Para ter acesso a eles, os professores que adotam o livro devem entrar em contato com seu representante Pearson ou enviar e-mail para* universitarios@pearsoned.com.

**Para estudantes:**

- Links úteis para pesquisar e aumentar o conhecimento no estudo de negócios internacionais

# Agradecimentos

## Nossos revisores

Por três versões do manuscrito, recebemos orientações e observações perspicazes em vários pontos cruciais, de muitos revisores de credibilidade, que forneceram recomendações específicas sobre como melhorar e refinar o conteúdo, a apresentação e a organização. Suas contribuições foram inestimáveis à cristalização de nossos estudos. Estendemos nossos agradecimentos a:

Raj Aggarwal, University of Akron
Richard Ajayi, University of Central Florida
Allen Amason, University of Georgia
Bulent Aybar, Southern New Hampshire University
Nizamettin Aydin, Suffolk University
Peter Banfe, Ohio Northern University
Eric Baumgardner, Xavier University
Lawrence Beer, Arizona State University
David Berg, University of Wisconsin-Milwaukee
Jean Boddewyn, Baruch College, City University of New York
Kirt Butler, Michigan State University
Tom Cary, City University, Seattle
Aruna Chandra, Indiana State University
Tim Curran, University of South Florida
Madeline Calabrese Damkar, California State University-East Bay
Seyda Deligonul, St. John Fisher College
Peter Dowling, Victoria University of Wellington, New Zealand
Bradley Farnsworth, University of Michigan
David Griffith, Michigan State University
Tom Head, Roosevelt University
Bruce Heiman, San Francisco State University
Ali Kara, Pennsylvania State University-University Park
Daekwan Kim, Florida State University
Ahmet Kirca, Michigan State University
Tatiana Kostova, University of South Carolina
Chuck Kwok, University of South Carolina
Yikuan Lee, San Francisco State University
Bijou Lester, Drexel University
Barbara Moebius, Waukesha County Technical College
Bruce Money, Brigham Young University
Bill Murray, University of San Francisco
Matthew B. Myers, University of Tennessee
Jeffrey W. Overby, Belmont University
Susan Peterson, Scottsdale Community College
Iordanis Petsas, University of Scranton
Zahir Quraeshi, Western Michigan University
Roberto Ragozzino, University of Central Florida
Hakan Saraoglu, Bryant University
Carol Sanchez, Grand Valley State University
Kurt Stanberry, University of Houston-Downtown
John Stanbury, George Mason University
Philip Sussan, University of Central Florida
Charles Ray Taylor, Villanova University
Deanna Teel, Houston Community College
Thuhang Tran, Middle Tennessee State University
Cheryl Van Deusen, University of North Florida
Linn Van Dyne, Michigan State University
William Walker, University of Houston
Marta Szabo White, Georgia State University
Betty Yobaccio, Bryant University

## Participantes das discussões de grupo

Também tivemos a grata satisfação de muitos colegas generosamente dedicarem seu tempo e apresentarem perspectivas sobre nossos recursos de ensino. Conhecemos pessoalmente alguns desses colegas, fizemos teleconferência com outros, ou simplesmente recebemos suas contribuições. Estendemos nossos agradecimentos a:

Yusaf Akbar, Southern New Hampshire University
Victor Alicea, Normandale Community College
Gail Arch, Curry College
Anke Arnaud, University of Central Florida
Choton Basu, University of Wisconsin, Whitewater
Paula Bobrowski, Auburn University

Teresa Brosnan, City University, Bellevue
Nichole Castater, Clark Atlanta University
Mike C.H. (Chen-Ho) Chao, Baruch College, City University of New York
David Chaplin, Waldorf College
Dong Chen, Loyola Marymount University
Chen Oi Chin, Lawrence Technological University
Patrick Chinon, Syracuse University
Farok J. Contractor, Rutgers University
Christine Cope Pence, University of California, Riverside
Angelica Cortes, University of Texas-Pan American
Michael Deis, Clayton State University
Les Dlabay, Lake Forest College
Gary Donnelly, Casper College
Gideon Falk, Purdue University-Calumet
Marc Fetscherin, Rollins College
Charles Fishel, San Jose State University
Frank Flauto, Austin Community College
Georgine K. Fogel, Salem International University
Frank Franzak, Virginia Commonwealth University
Debbie Gilliard, Metropolitan State College
Robert Goddard, Appalachian State University
Kenneth Gray, Florida A&M University
Andy Grein, Baruch College, City University of New York
Andrew C. Gross, Cleveland State University
David Grossman, Florida Southern College
Seid Hassan, Murray State University
Xiaohong He, Quinnipiac University
Wei He, Indiana State University
Christina Heiss, University of Missouri-Kansas City
Guy Holburn, University of Western Ontario
Anisul Islam, University of Houston-Downtown
Basil Janavaras, Minnesota State University
Raj Javalgi, Cleveland State University
Yikuan Jiang, California State University-East Bay
Ken Kim, University of Toledo
Anthony C. Koh, The University of Toledo
Ann Langlois, Palm Beach Atlantic University
Michael La Rocco, University of Saint Francis
Romas A. Laskauskas, Villa Julie College
Shaomin Li, Old Dominion University
Ted London, University of Michigan
Peter Magnusson, Saint Louis University
Charles Mambula, Suffolk University
David McArthur, Utah Valley State College
Ofer Meilich, Bradley University
Lauryn Migenes, University of Central Florida
Mortada Mohamed, Austin Community College
Robert T. Moran, Thunderbird
Carolyn Mueller, Stetson University
Kelly J. Murphrey, Texas A&M University
William Newburry, Florida International University
Stanley Nollen, Georgetown University
Augustine Nwabuzor, Florida A&M University
David Paul, California State University-East Bay
Christine Pence, University of California Riverside
Heather Pendarvis-McCord, Bradley University
Kathleen Rehbein, Marquette University
Liesl Riddle, George Washington University
John Rushing, Barry University
Mary Saladino, Montclair State University
Carol Sanchez, Grand Valley State University
Camille Schuster, California State University-San Marcos
Eugene Seeley, Utah Valley State College
Mandep Singh, Western Illinois University
Rajendra Sinhaa, Des Moines Area Community College
John E. Spillan, Pennsylvania State University-DuBois
Uday S. Tate, Marshall University
Janell Townsend, Oakland University
Sameer Vaidya, Texas Wesleyan University
Robert Ware, Savannah State University
Marta Szabo White, Georgia State University
Steve Williamson, University of North Florida
Lynn Wilson, Saint Leo University
Attila Yaprak, Wayne State University
Rama Yelkur, University of Wisconsin-Eau Claire
Christopher Ziemnowicz, Concord University

## Nossos colegas, alunos de doutorado e profissionais

Inúmeras pessoas contribuíram com nossos estudos ao longo dos anos. Por meio de conversas, conferências, seminários e obras, extraímos grande benefício das visões e experiências de educadores e profissionais de negócios internacionais ao redor do mundo. O experiente autor também teve muitas conversas enriquecedoras com os alunos de doutorado a quem orientou no decorrer do tempo. Seus nomes são citados a seguir, caso não tenham sido mencionados antes. De forma direta ou indireta, suas ideias e sugestões exerceram impacto significativo sobre o desenvolvimento deste livro. Nossos agradecimentos vão para muitas pessoas:

Billur Akdeniz, Michigan State University
Lyn Amine, Saint Louis University
Catherine N. Axinn, Ohio University
Ted Bany, The Upjohn Company
Nigel Barrett, University of Technology Sydney, Australia
Christopher Bartlett, Harvard Business School
Simon Bell, University of Cambridge
Daniel C. Bello, Georgia State University
Muzaffer Bodur, Bogazici University, Istanbul, Turkey
Nakiye Boyacigiller, Sabanci University

John Brawley, The Upjohn Company
Roger Calantone, Michigan State University
Erin Cavusgil, Michigan State University
Brian Chabowski, University of Tulsa
Emin Civi, University of New Brunswick, St. John, Canada
Tevfik Dalgic, University of Texas at Dallas
Guillermo D'Andrea, Universidad Austral-Argentina
Angela da Rocha, Universidade Federal do Rio de Janeiro, Brazil
Deniz Erden, Bogazici University, Istanbul, Turkey
Felicitas Evangelista, University of Western Sydney, Australia
Cuneyt Evirgen, Sabanci University
Richard Fletcher, University of Western Sydney, Australia
Harold Fishkin, The Upjohn Company
Esra Gencturk, Koc University
Pervez Ghauri, University of Manchester, U.K.
Tracy Gonzalez, Michigan State University
Sangphet Hanvanich, Xavier University
Tomas Hult, Michigan State University
Destan Kandemir, Bilkent University
Irem Kiyak, Michigan State University
Tunga Kiyak, Michigan State University
Phillip Kotler, Northwestern University
Tiger Li, Florida International University
Karen Loch, Georgia State University
Mushtaq Luqmani, Western Michigan University
Robert McCarthy, The Upjohn Company
Myron Miller, Michigan State University (ret.)
Vincent Mongello, The Upjohn Company
Robert T. Moran, Thunderbird
G.M. Naidu, University of Wisconsin-Whitewater
Robert Nason, Michigan State University
John R. Nevin, University of Wisconsin
Glenn Omura, Michigan State University
Gregory Osland, Butler University
Aysegul Ozsomer, Koc University
Morys Perry, University of Michigan-Flint
Alex Rialp, Universidad Autonoma de Barcelona, Spain
Tony Roath, University of Oklahoma
Carol Sanchez, Grand Valley State University
Peter Seaver, The Upjohn Company
Steven Seggie, Bilkent University
Linda Hui Shi, University of Victoria
Rudolf R. Sinkovics, The University of Manchester
Carl Arthur Solberg, Norwegian School of Management, Norway
Elif Sonmez-Persinger, Eastern Michigan University
Douglas Squires, The Upjohn Company of Canada
Barbara Stoettinger, Wirtschaftuniversitaet Wein, Austria
Berk Talay, Michigan State University
David Tse, University of Hong Kong
Nukhet Vardar, Yeditepe University, Istanbul, Turkey
Kathy Waldie, Michigan State University
Marta Szabo White, Georgia State University
Fang Wu, University of Texas-Dallas
Shichun (Alex) Xu, University of Tennessee
Goksel Yalcinkaya, University of New Hampshire
Ugur Yavas, East Tennessee State University
Sengun Yeniyurt, Rutgers University
Poh-Lin Yeoh, Bentley College
Eden Yin, University of Cambridge
Chun Zhang, University of Vermont
Shaoming Zou, University of Missouri

## Nossa equipe da Prentice Hall

Este livro não teria sido possível sem os incansáveis esforços de muitos profissionais dedicados de nossa editora, a Prentice Hall. Somos especialmente gratos a David Parker que era *editor de aquisição* quando iniciou este projeto. Sua visão positiva, postura profissional e senso de humor proporcionaram a motivação para prosseguirmos com nossos esforços. Também tivemos muita sorte em poder contar com a assessoria competente e profissional de Lena Buonanno por todo o projeto. Sua edição cuidadosa e suas ideias criativas foram úteis para aprimorar o conteúdo e a composição do produto final. Gina Huck Siegert coordenou com competência e entusiasmo duas rodadas de revisão. Kathleen McLellan ajudou a organizar os inúmeros grupos de discussão com educadores criteriosos e auxiliou nas ações de marketing. Nossos agradecimentos também vão para muitos colaboradores da Prentice Hall: Linda Albelli, Robert Aleman, Alvelino Alves, Cara Cantarella, Elizabeth Davis, Stephen Deitmer, Jerome Grant, Kevin Holm, Patrice Jones, Brian Kibby, Maria Lange, John LaVacca, Judy Leale, Patrick Leow, Ben Paris, Ashley Santora e Kristen Varina.

## Agradecimentos à edição brasileira

Agradecemos a todos os profissionais que trabalharam na produção desta edição de Negócios internacionais: estratégia, gestão e novas realidades, em especial ao professor Ricardo Pitelli de Britto, mestre e doutorando em administração pela FEA-USP, pela grande ajuda na revisão técnica do livro e na criação do apêndice brasileiro. Agradecemos também ao professor Celso Claudio de Hildebrand e Grisi, mestre, doutor e livre-docente em administração pela FEA-USP, por sua colaboração no apêndice brasileiro e aos professores Carlos Tasso Eira de Aquino, da Fundação Armando Alvares Penteado (FAAP) e George Niaradi, da Business School São Paulo (BSP).

## Parte 1

# CONCEITOS BÁSICOS

**Capítulo 1** Introdução: o que são negócios internacionais?

**Capítulo 2** A globalização dos mercados e a internacionalização da empresa

**Capítulo 3** Os participantes organizacionais que fazem os negócios internacionais acontecerem

**Capítulo 4** Teorias de comércio e investimento internacional

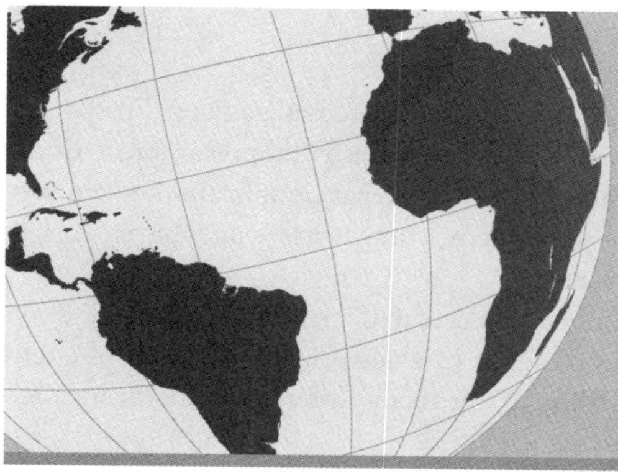

Capítulo 1

# Introdução: o que são negócios internacionais?

## Objetivos de aprendizagem

Neste capítulo, você aprenderá sobre:

1. O que são negócios internacionais?
2. Quais são os principais conceitos de comércio e investimento internacionais?
3. Como os negócios internacionais diferem dos nacionais?
4. Quem participa dos negócios internacionais?
5. Por que as empresas adotam estratégias de internacionalização?
6. Por que estudar negócios internacionais?

## Um dia na economia global

Julie Valentine é estudante de administração. Certo dia, ela foi fazer compras em um centro comercial próximo. Para começar, tomou um café da manhã reforçado, sem se dar conta de que a maior parte da refeição consistia de produtos importados: o bacon era da Espanha; as frutas, da Costa Rica; o suco, do Brasil; o iogurte, da França; e os pães de trigo integral, da Argentina. Em seguida, ela foi à loja de departamentos comprar um presente para o pai. Olhou gravatas de marcas italiana e francesa, além de outras confeccionadas na China, no México e na Romênia. Também examinou barbeadores elétricos da Braun (uma marca alemã) e da Philips (holandesa), mas acabou optando pela japonesa Panasonic. Depois, ela seguiu para o balcão de perfumes, onde experimentou várias marcas, como Chanel (França), French Connection (Inglaterra), Eau de Gucci (Itália) e Shiseido (Japão).

Julie sonhava em comprar um notebook. Na loja de produtos eletrônicos, examinou vários modelos da China, da Irlanda, da Malásia e de Taiwan. Ao passar por uma agência de viagens, lembrou-se das férias que se aproximavam e decidiu consultar sua melhor amiga Melissa. Pegou o celular Nokia (uma marca finlandesa, fabricada na Hungria, no México e na Coreia do Sul) e ligou para ela. Melissa atendeu seu aparelho Motorola (uma empresa dos Estados Unidos, com fábricas na Malásia e em outras localidades asiáticas). As duas conversaram sobre a viagem dos sonhos às praias ao sul da Espanha, pensaram no México, mas concluíram que provavelmente acabariam em Panamá City, na Flórida. Julie gostou de uma blusa confeccionada no Vietnã, mas hesitou em comprá-la porque leu que alguns países do sudeste asiático empregavam trabalho infantil.

Ela saiu do centro comercial dirigindo seu Hyundai (uma marca coreana de fabricação canadense). Ela gostava do carro da amiga Melissa, um BMW (alemão, montado nos Estados Unidos com peças vindas da Ásia, da Europa e da África do Sul). Nas semanas seguintes, Julie e seu colega de intercâmbio, Anders (seu 'importado' norueguês favorito), encontraram-se várias vezes em diversos restaurantes de comida típica, como francesa, indiana, libanesa e mexicana. Na noite de sexta-feira, assistiram ao último filme da série Matrix (rodado na Austrália e nos Estados Unidos, com financiamento japonês) em uma TV de tela ampla (de uma marca holandesa fabricada na Indonésia). No jantar, provaram massa italiana com camarões de El Salvador e conversaram sobre o futuro. Julie sonha com uma carreira internacional.

## O que são negócios internacionais?

Como se pode notar pelo texto de abertura, os negócios internacionais afetam nossas experiências cotidianas. Os **negócios internacionais** referem-se ao desempenho de atividades de comércio e investimento por empresas, através das fronteiras entre países. Como o aspecto mais característico desse tipo de negócio é que ele atravessa as fronteiras nacionais, também são denominados *negócios interfronteiras*. As empresas organizam, abastecem, fabricam, comercializam e conduzem outras atividades de valor agregado em escala internacional. Elas buscam clientes estrangeiros e mantêm relacionamentos colaborativos com parceiros estrangeiros. Embora os negócios internacionais sejam realizados sobretudo pelas empresas, também se envolvem nessa modalidade de transação os governos e órgãos internacionais.[1] As empresas e as nações trocam muitos ativos físicos e intelectuais, como bens, serviços, capital, tecnologia, *know-how* e mão de obra. Neste livro, abordamos principalmente as atividades comerciais internacionais de cunho empresarial.

Os negócios internacionais existem há séculos, mas ganharam impulso e complexidade nas últimas duas décadas. Mais do que nunca, as empresas buscam oportunidades no mercado internacional, tocando a vida de bilhões de pessoas pelo mundo. Tarefas diárias, como fazer compras, e atividades de lazer, como ouvir música, assistir a um filme ou navegar pela Internet, envolvem transações internacionais que nos conectam à economia global. Os negócios internacionais propiciam-nos acesso a bens e serviços mundiais e afetam de modo profundo nossa qualidade de vida e bem-estar econômico.

O crescimento da atividade de negócios internacionais coincide com o fenômeno mais amplo da globalização de mercados. A **globalização de mercados** refere-se à integração econômica e à crescente interdependência de países, que ocorrem em escala mundial. Enquanto a internacionalização empresarial concerne à tendência das empresas de ampliar de forma sistemática a dimensão internacional de suas atividades comerciais, a globalização relaciona-se com uma macrotendência de intensa interconectividade econômica entre países. Em sua essência, a globalização leva à compressão do tempo e do espaço. Ela permite que muitas empresas se internacionalizem e aumentou de modo substancial o volume e a variedade de transações internacionais de bens, serviços e fluxos de capital. Também acarretou uma difusão mais rápida e ampla de produtos, tecnologia e conhecimento pelo mundo, independentemente do ponto de origem.

Em termos práticos, a globalização de mercados evidencia-se em várias tendências correlatas. Em primeiro lugar, há o crescimento sem precedentes do comércio internacional. Em 1960, o comércio internacionais foi modesto — de cerca de US$ 100 bilhões ao ano. Atualmente, responde por uma significativa parcela da economia mundial, chegando a quase US$ 10 trilhões anuais — ou seja, US$ 10.000.000.000.000! Em segundo, o comércio entre as nações é acompanhado por fluxos substanciais de capital, tecnologia e conhecimento. Em terceiro, é o desenvolvimento de sistemas financeiros globais altamente sofisticados e de mecanismos que facilita o fluxo de bens, moeda, tecnologia e conhecimento através das fronteiras. Em quarto lugar, a globalização possibilitou um maior grau de colaboração entre as nações por meio de órgãos multilaterais de regulamentação, como a Organização Mundial do Comércio (OMC) e o Fundo Monetário Internacional (FMI).

A globalização tanto estimula quanto facilita a busca das empresas por atividades de negócios internacionais e de expansão internacional. Ao mesmo tempo, nunca foi tão fácil tornar-se internacional. Há algumas décadas, esse tipo de negócio foi dominado pelas grandes multinacionais. Desdobramentos recentes criaram um campo de atuação mais nivelado, que permite a empresas de qualquer porte beneficiarem-se da participação ativa no cenário internacional. Neste texto, trataremos das atividades internacionais de empreendimentos de menor porte, não só das de grandes multinacionais. Além disso, se antes as transações através das fronteiras eram principalmente realizadas pelo setor industrial, esse não é mais o caso; as empresas prestadoras de serviços também estão se internacionalizando — em segmentos como o de bancos, transportes, engenharia, *design*, publicidade e varejo.

Estudaremos a globalização de mercados em detalhes no Capítulo 2. Vamos agora rever os principais conceitos e tendências associados aos negócios internacionais praticados pelas empresas.

## Quais são os principais conceitos de comércio e investimento internacionais?

As formas mais convencionais de transações comerciais internacionais são o comércio e o investimento. O **comércio internacional** refere-se à troca de bens e serviços através de fronteiras nacionais, a qual envolve tanto os bens (mercadorias) quanto os serviços (intangíveis). Essa troca pode ocorrer por meio da **exportação**, uma estratégia de entrada que consiste na venda de bens e serviços a clientes localizados no exterior, a partir de uma base no país de origem ou em um terceiro. Pode também assumir a forma de **importação** ou ***global sourcing*** — a aquisição de bens ou serviços de fornecedores localizados no exterior para consumo no país de origem ou em um terceiro. Em síntese, a exportação constitui uma atividade voltada para fora das fronteiras nacionais, enquanto a importação representa um fluxo interno de bens e serviços. Tanto os produtos acabados quanto os bens intermediários, como matéria-prima e componentes, estão sujeitos a essas duas modalidades.

O **investimento internacional** refere-se à transferência de ativos para outro país ou aquisição deles nesse país. Esses ativos, que incluem capital, tecnologia, talento gerencial e infraestrutura manufatureira, são denominados pelos economistas de *fatores de produção*. Com o comércio, bens e serviços cruzam as fronteiras nacionais. Por outro lado, no caso do investimento, a própria empresa atravessa fronteiras para assegurar a propriedade de ativos localizados no exterior.

Os dois tipos essenciais de investimento externo são o investimento em portfólio e o investimento direto estrangeiro (IDE, ou FDI, do inglês *foreign direct investment*). O **investimento internacional em portfólio** refere-se à propriedade passiva de títulos estrangeiros, tais como ações e obrigações, com o propósito de gerar retornos financeiros. Não pressupõe uma gestão ativa nem o controle desses ativos. O investidor estrangeiro possui um interesse de relativo curto prazo na posse deles. O **investimento direto estrangeiro (IDE)** relaciona-se a uma estratégia de internacionalização em que a empresa estabelece uma presença física no exterior por meio da aquisição de ativos produtivos, como capital, tecnologia, força de trabalho, terrenos, instalações industriais e equipamentos. Trata-se de uma estratégia de entrada em um mercado estrangeiro que dá aos investidores a propriedade parcial ou integral de um empreendimento produtivo dedicado a atividades de manufatura, marketing ou pesquisa e desenvolvimento (P&D). Em geral, as empresas possuem um plano de longo prazo para investir tais recursos em outros países.

## A natureza do comércio internacional

A Figura 1.1 compara o crescimento do total das exportações mundiais ao do total do produto interno bruto (PIB) desde 1970. O PIB representa o valor total de bens e serviços produzidos em um país, no curso de um ano. Nas últimas décadas, o aumento da atividade exportadora das nações continuou a ultrapassar o da produção doméstica, ilustrando o ritmo acelerado da globalização. Na realidade, as exportações mundiais cresceram mais de trinta vezes nesse período, enquanto o PIB mundial, mais de dez vezes. Essa diferença deve-se, em parte, a economias avançadas, como Canadá e Japão, que passaram a adquirir muitos dos produtos que consomem em localidades com baixo custo de manufatura, como China e México. Por exemplo, embora os Estados Unidos tenham no passado produzido a maioria de seus bens de consumo, atualmente se tornaram bem mais dependentes das importações. A rápida integração das economias mundiais é alimentada por fatores como os avanços nas tecnologias de informação e de transportes, o declínio das barreiras comerciais, a liberalização de mercados e o notável crescimento econômico dos países emergentes.

A Figura 1.2 identifica as principais nações envolvidas na exportação e importação de produtos (mas não de serviços) — em outras palavras, o comércio internacional de mercadorias. O painel (a) mostra o valor total de bens comercializados, em bilhões de dólares norte-americanos. O painel (b) apresenta o valor anual de bens comercializados, em porcentagem do PIB de cada nação. Embora os Estados Unidos liderem em relação ao valor absoluto do total do comércio de mercadorias, este responde por apenas 19 por cento de seu PIB. Por outro lado, o comércio de mercadorias constitui um componente muito maior da atividade econômica de paí-ses como Bélgica (167 por cento), Holanda (117 por cento) e Alemanha (59 por cento). Essas porcentagens indicam que algumas economias dependem muito do comércio internacional, em contraposição ao valor de todos os bens e serviços produzidos internamente. O mesmo se aplica a países como Cingapura, Hong Kong, Coreia do Sul e Malásia, onde o comércio representa mais de 100 por cento de seus PIBs. Eles são conhecidos como economias *entrepôt*, por importarem um grande volume de bens, alguns dos quais são processados em produtos de maior valor agregado enquanto outros simplesmente são reexportados a outros destinos. Por exemplo, a Cingapura é um importante *entrepôt*, ou depósito, de derivados de petróleo recebidos do Oriente Médio, para subsequente exportação à China e outras localidades asiáticas.

Figura 1.1 Comparação entre as taxas de crescimento do PIB e das exportações mundiais

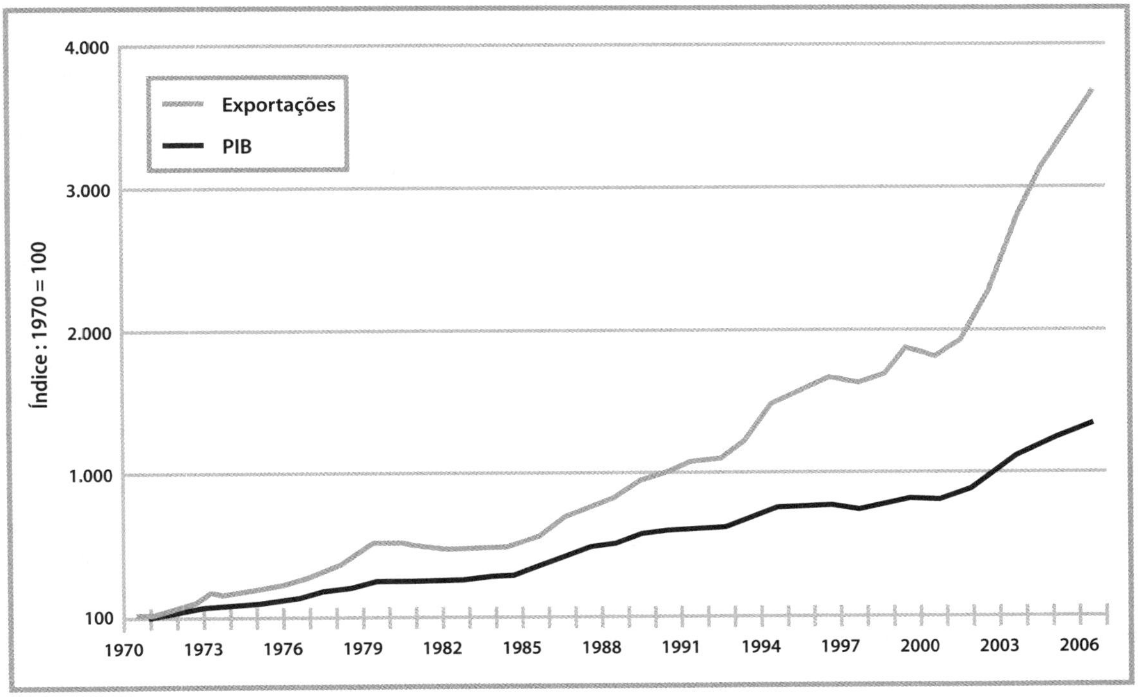


FONTE: Fundo Monetário Internacional, banco de dados do *World Economic Outlook*, abr. 2006, disponível em: www.imf.org.

Figura 1.2 Principais países no comércio internacional de mercadorias

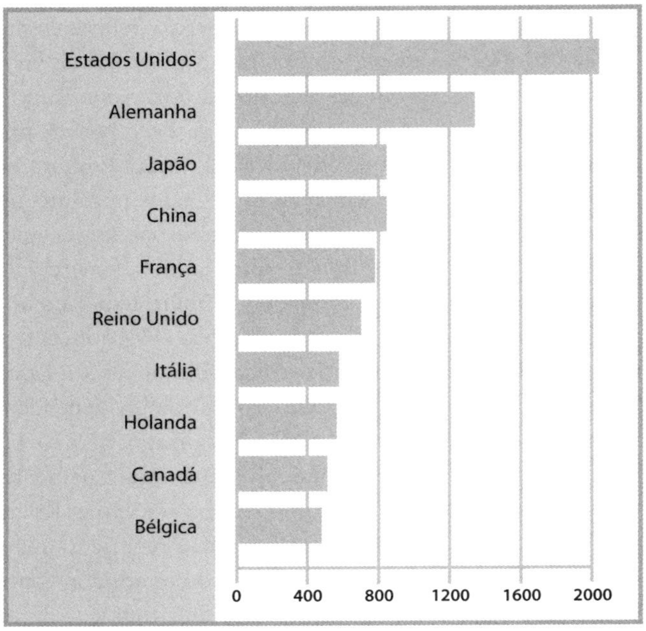


(a) Valor anual total do comércio de serviços (exportações mais importações), em US$ bilhões

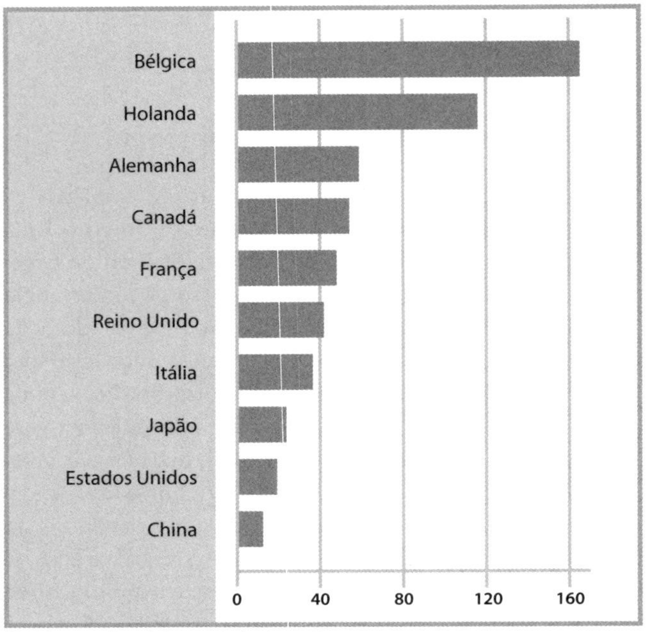


(b) Valor anual total do comércio de serviços (exportações mais importações), em porcentagem do PIB nacional

FONTE: Organização Mundial do Comércio, dados de 2005, disponível em: www.wto.org. © 2006 Organização Mundial do Comércio.

## A natureza do investimento internacional

Dentre os dois tipos de fluxos de investimento entre as nações — o investimento em portfólio e o investimento direto estrangeiro (IDE) —, estamos primordialmente interessados no IDE por ser o último estágio da internacionalização e abranger a mais ampla gama de envolvimento em negócios internacionais. O IDE é a estratégia de entrada em mercados estrangeiros praticada pelas empresas mais ativas internacionalmente. Em geral, adota-se o IDE no longo prazo, com propriedade parcial ou integral dos ativos adquiridos.

Uma série de motivos estratégicos está por trás dessa estratégia: (1) estabelecer operações de manufatura e montagem ou outras instalações físicas; (2) abrir um escritório de vendas ou representação para conduzir atividades de marketing e distribuição; ou (3) instalar uma sede regional. Nesse processo, constitui-se uma nova entidade legal, sujeita às regulamentações do governo anfitrião.

O IDE é especialmente comum nas empresas de grande porte e recursos abundantes, com substanciais operações internacionais. Por exemplo, muitas empresas europeias e norte-americanas investem na China, Índia e Rússia para fabricar ou montar produtos, tirando proveito do baixo custo da mão de obra e de outros recursos nesses países. Ao mesmo tempo, as empresas nessas economias em acelerado desenvolvimento começaram a investir nos mercados ocidentais. Um exemplo é a indiana Mittal Steel Co., que adquiriu a Arcelor S.A. de Luxemburgo e criou um conglomerado de US$ 38 bilhões — a maior siderúrgica do mundo. Em outro caso, a Lukos, uma petrolífera russa, recentemente instalou centenas de postos de gasolina nos Estados Unidos e na Europa.

A Figura 1.3 mostra o expressivo crescimento do IDE em várias regiões do mundo, a partir da década de 1980. Nota-se que, nesse período, o volume em dólares desse tipo de investimento aumentou de forma significativa, sobretudo nas economias avançadas (ou desenvolvidas), como Japão, Europa e América do Norte. As entradas de IDE foram interrompidas em 2001 em decorrência do pânico mundial que se seguiu aos ataques terroristas de 11 de setembro nos Estados Unidos, mas a tendência permanece forte e, ao longo do tempo, intensifica-se. Em destaque está o crescimento do IDE nas *economias em desenvolvimento* — nações de menor renda, base industrial menos desenvolvida e menos capital de investimento do que as avançadas. A maioria delas situa-se em regiões da África, Ásia e América Latina. Apesar do baixo nível de renda, formam, em conjunto, uma parcela significativa e crescente das atividades de comércio e investimento internacionais. A capacidade de investimento em outros países oferece aos consumidores, tanto das economias em desenvolvimento quanto das avançadas, maior diversidade de bens e serviços a preços mais baixos. As atividades de comércio e investimento internacionais melhoram o padrão de vida de bilhões de pessoas.

## Serviços e produtos

O comércio e o investimento internacionais têm sido tradicionalmente considerados como o domínio das empresas

Figura 1.3 Entradas de investimento direto estrangeiro (IDE) no mundo (em US$ bilhões ao ano)

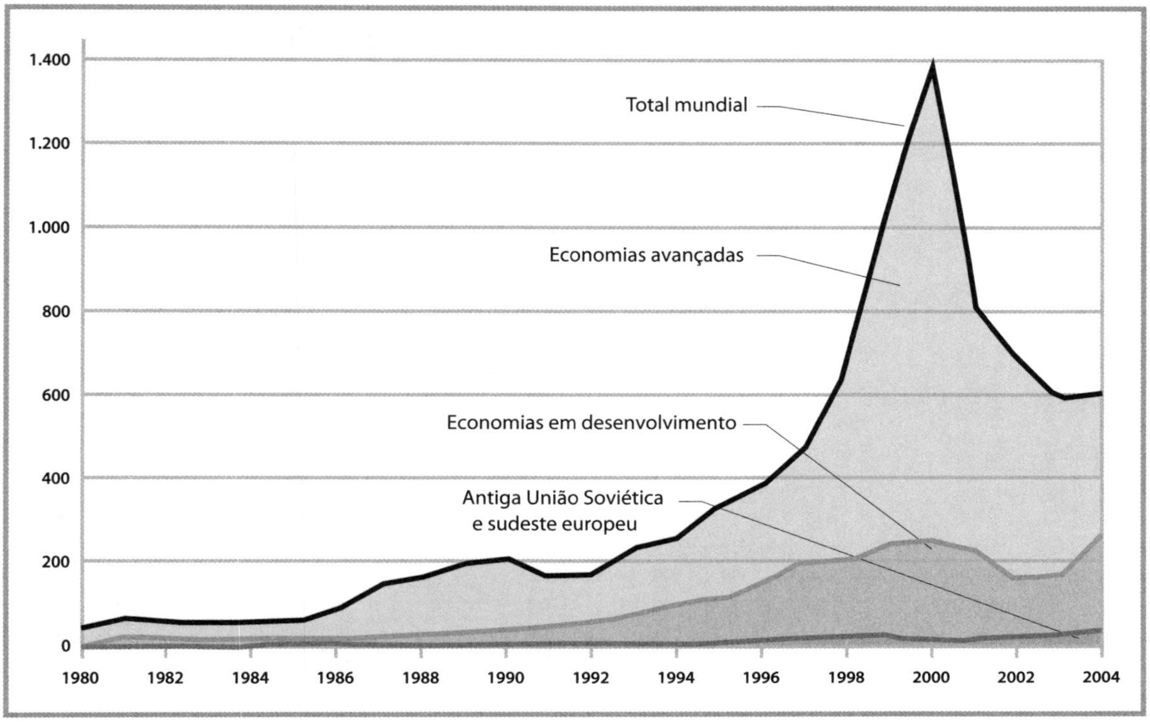


FONTE: UNCTAD, World Investment Report, Nova York: Nações Unidas, 2005, disponível em: www.unctad.org. A autoria do material original é das Nações Unidas. Reprodução permitida.

que fabricam e vendem bens — mercadoria tangível, como vestuário, computadores e carros. Atualmente, aquelas que prestam *serviços* (intangíveis) também são participantes importantes dos negócios internacionais. Esses serviços compõem-se de ações, realizações ou esforços desempenhados de maneira direta por indivíduos que trabalham em bancos, consultorias, hotéis, companhias aéreas, construtoras, varejo e inúmeras outras empresas do setor de serviços. Por exemplo, os anúncios dos produtos da Procter & Gamble que você compra podem ter sido criados pela agência de propaganda Saatchi & Saatchi, com sede na Inglaterra. Seu imóvel pode ter sido financiado pelo banco holandês ABN Amro. Talvez você almoce em uma lanchonete de propriedade da francesa Sodexho, que administra as operações de alimentos e bebidas de vários campi universitários. Nos Estados Unidos e em vários países europeus, viagens e turismo representam a fonte número um de receita gerada por estrangeiros.

O comércio internacional de serviços representa cerca de um quarto de todo o comércio internacional e cresce em ritmo acelerado. Nos últimos anos, essa modalidade de comércio cresceu mais rapidamente do que a de bens. A Figura 1.4 identifica os principais países no total do comércio internacional de serviços, abrangendo tanto as exportações quanto as importações. O painel (a) mostra o valor anual total do comércio de serviços, em bilhões de dólares norte-americanos. O painel (b) apresenta o valor anual total do comércio de serviços, em porcentagem do PIB nacional. Assim como ocorre com os bens, as maiores economias avançadas respondem pela maior parcela do comércio mundial de serviços. Isso se justifica porque elas tendem a ser mercados pós-industriais, baseados em serviços. Compare o valor do comércio de mercadorias na Figura 1.2 com o do mercado de serviços na Figura 1.4 por país. Muito embora o comércio de serviços esteja em acelerado crescimento, o valor absoluto do mercado de mercadorias ainda resulta bem mais elevado. Um dos motivos para isso é que os serviços enfrentam mais desafios e barreiras nas transações comerciais internacionais.

Nem todo serviço pode ser exportado. Por exemplo, não é possível exportar o trabalho de construção de uma casa, o conserto de um carro ou a experiência de comer em um restaurante — muito embora alguns serviços possam ser digitalizados e transferidos de modo eletrônico através das fronteiras. A maioria dos serviços pode ser ofertada em escala internacional pela simples presença física fora do país por meio de investimento direto. As empresas aplicam o IDE para abrir restaurantes, lojas de varejo e outras instalações físicas, para vender trilhões de dólares em serviços no exterior, por ano.

Figura 1.4 Principais países no comércio internacional de serviços

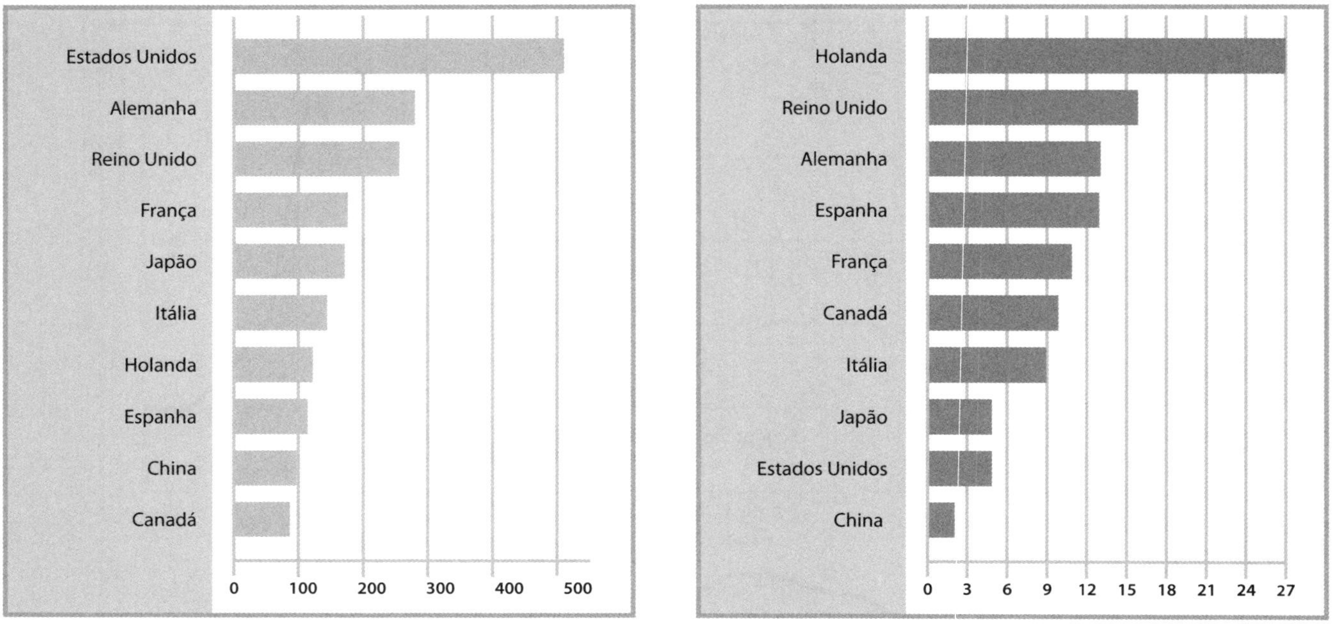


(a) Valor anual total do comércio de serviços (exportações mais importações), em US$ bilhões

(b) Valor anual total do comércio de serviços (exportações mais importações), em porcentagem do PIB da nação

FONTE: © 2006 Organização Mundial do Comércio.

Há inúmeras empresas do setor de serviços com forte potencial de internacionalização. O maior comércio eletrônico por leilão é o da eBay, que faturou mais de seis bilhões de dólares em 2006, dos quais cerca de 40 por cento foram gerados por vendas internacionais. Prevê-se que a maior parte de seu crescimento futuro em vendas venha de fora do país. Ao desenvolver seu negócio na Índia, a eBay adquiriu o site de comércio eletrônico Baazee, com sede em Mumbai. Essa aquisição seguiu-se à expansão da empresa para a China, a Coreia e a Europa.[2] Com população superior a um bilhão de habitantes, a Índia é a segunda nação mais populosa do mundo (depois da China, com 1,3 bilhão). Estimam-se 40 milhões de usuários de Internet na Índia, em comparação com 132 milhões na China e 210 milhões nos Estados Unidos. Entretanto, o número de consumidores indianos que compram pela Internet cresce rapidamente.

A Tabela 1.1 ilustra a diversidade de setores de serviços que se internacionalizam — estendendo seu alcance para além dos países onde estão sediados. Aqueles que pretendem seguir uma carreira em negócios internacionais devem ter tais empresas em mente.

## O setor de serviços financeiros internacionais

As operações bancárias e financeiras constituem os setores de serviços mais ativos internacionalmente. O crescimento explosivo dos fluxos de investimentos e financeiros na década de 1970 acarretou o desenvolvimento dos mercados de capitais no mundo. Muito desse crescimento advém de dois fatores: a circulação de moedas através dos países para fins de investimento em portfólio ou fundos de pensão e a internacionalização dos bancos. As atividades de bancos e outras instituições financeiras fomentam a atividade econômica nos países em desenvolvimento por meio do aumento do investimento de capital barato e local, bem como do estímulo ao desenvolvimento dos mercados financeiros locais e o incentivo à poupança individual.

As atividades bancárias internacionais expandem-se em regiões como o Oriente Médio, onde o retorno sobre investimento em um país como a Arábia Saudita supera os 20 por cento (em comparação com os 15 por cento dos Estados Unidos e muito menos na França e Alemanha). Citibank, Deutsche Bank, BNP Paribas e outros bancos internacionais prosperam graças aos altos preços do petróleo, à expansão nos serviços bancários a pessoas físicas e aos baixos impostos. O National Commercial Bank, o maior da região, calcula que os depósitos bancários em conta corrente compõem aproximadamente 50 por cento do total de depósitos na Arábia Saudita. Os bancos emprestam esse dinheiro isento a empresas e consumidores mediante altas margens. As leis islâmicas contra o pagamento de juros são contornadas estruturando-se os empréstimos como formas de parceria.[3]

Tabela 1.1 Setores de serviços que rapidamente se internacionalizam

| *Setor* | *Atividades representativas* | *Empresas representativas* |
|---|---|---|
| Arquitetura, construção e engenharia | Construção, usinas de energia elétrica, projetos, serviços de engenharia para aeroportos, hospitais e represas | ABB, Bechtel Group, Halliburton, Kajima, Philip Holzman, Skanska AB |
| Bancos, financeiras e seguradoras | Operações bancárias, seguros, avaliação e gestão de risco | Citigroup, CIGNA, Barclays, HSBC, Ernst & Young |
| Educação, treinamento e publicações | Treinamento gerencial, cursos técnicos, cursos de língua inglesa | Berlitz, Kumon, Math & Reading Centers, NOVA, Pearson, Elsevier |
| Entretenimento | Filmes, gravação de músicas, atividades de lazer pela Internet | Time Warner, Sony, Virgin, MGM |
| Tecnologia da informação | Comércio eletrônico, e-mail, transferência de fundos, intercâmbio de dados, processamento de dados, serviços de rede, serviços de informática | Infosys, EDI, Hitachi, Qualcomm, Cisco |
| Serviços profissionais | Contabilidade, publicidade, assessoria jurídica, consultoria em gestão | Leo Burnett, EYLaw, McKinsey, A.T. Kearney, Booz Allen Hamilton, Cap Gemini |
| Transportes | Aéreo, marítimo, ferroviário, de caminhões, aeroportos | Maersk, Sante Fe, Port Authority of New Jersey, SNCF (rede ferroviária francesa) |
| Viagens e turismo | Transporte, hospedagem, alimentação, recreação, viagem aérea, marítima e ferroviária | Carlson Wagonlit, Marriott, British Airways |

FONTE: International Trade Administration. Washington: U.S. Department of Commerce.

## Como os negócios internacionais diferem dos nacionais?

As empresas envolvidas em negócios internacionais operam em ambientes caracterizados por uma singularidade nas condições econômicas, nos sistemas políticos e jurídicos e na cultura nacional. Por exemplo, o cenário econômico da Índia difere de forma acentuada do alemão. O contexto jurídico na Arábia Saudita não se assemelha ao japonês. O ambiente cultural da China é muito distinto do canadense. A empresa não só se vê em um meio menos familiar do que o doméstico, mas também encontra muitas *variáveis incontroláveis* — fatores sobre os quais ela detém pouco controle. Esses fatores introduzem novos ou elevados tipos de risco comercial aos negócios.

### Os quatro riscos da internacionalização

A internacionalização de empresas está comumente sujeita a quatro tipos principais de risco, como ilustra a Figura 1.5: risco intercultural, risco-país, risco cambial e risco comercial. A empresa deve administrá-los para evitar prejuízo financeiro ou falhas de produto.

**Risco intercultural** refere-se a uma situação ou evento em que a má interpretação cultural coloca em jogo alguns valores humanos. Decorre de diferenças em idioma, estilo de vida, modo de pensar, costumes e religião. Os valores singulares de uma cultura tendem a ser duradouros e transmitidos de uma geração a outra. Esses valores influenciam a mentalidade e o modo de trabalhar de funcionários e os padrões de compra de consumidores. As características dos clientes estrangeiros diferem de forma significativa das dos locais. O idioma constitui uma dimensão crucial da cultura, pois, além de facilitar a comunicação, é uma janela para os sistemas de valores e condições de vida de um povo. Por exemplo, na língua dos esquimós há várias palavras para 'neve' enquanto para os astecas na América do Sul a mesma raiz linguística denota neve, gelo e frio. Na tradução de uma língua para outra, com frequência é difícil encontrar palavras que transmitam o mesmo significado. Por exemplo, em muitos idiomas não existe um equivalente de uma só palavra para *aftertaste*. Tais desafios impedem a comunicação efetiva e causam mal-entendidos. A falha de comunicação causada por diferenças culturais dá origem a estratégias inadequadas de negócios e relações ineficazes com os clientes. Examinaremos o risco intercultural em detalhes no Capítulo 5.

**Risco-país** (também conhecido como *risco político*) refere-se aos efeitos potencialmente adversos às operações e à lucratividade de uma empresa causados por desdobramentos nos ambientes político, jurídico e econômico de um país estrangeiro. O risco-país abrange a possibilidade de uma intervenção governamental estrangeira nas atividades de uma

Figura 1.5 Os quatro riscos dos negócios internacionais

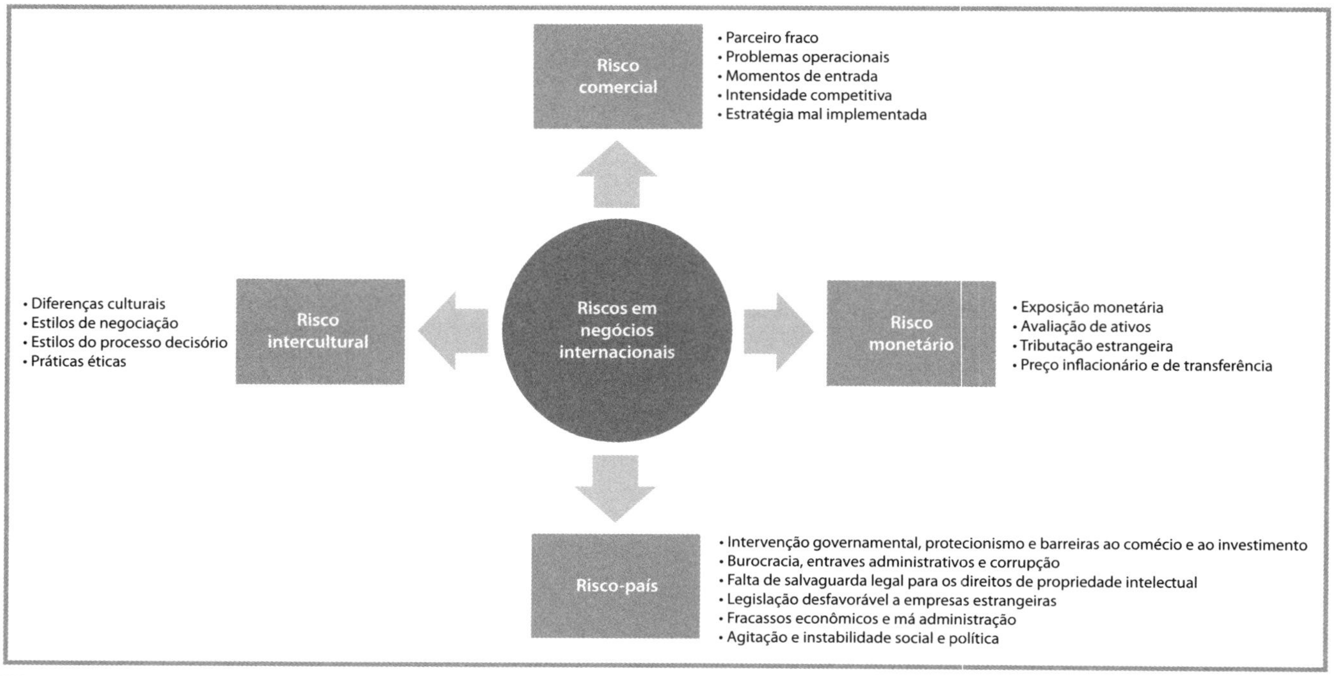


empresa. Por exemplo, os governos podem restringir acesso a mercados, impor procedimentos burocráticos sobre transações comerciais e limitar o repatriamento do lucro obtido em operações externas. O grau de intervenção governamental nos negócios empresariais varia de um país para outro. No caso de nações como Cingapura e Irlanda, há significativa liberdade econômica — ou seja, elas se caracterizam por um ambiente econômico razoavelmente liberal. Por outro lado, os governos chinês e russo intervêm de modo sistemático nas questões comerciais.[4] O risco-país também envolve leis e regulamentações que afetam as operações e o desempenho empresariais. Como dimensões legais essenciais podemos citar os direitos de propriedade, a proteção à propriedade intelectual, a garantia de produtos e as políticas tributárias. Os países também estão sujeitos a condições econômicas potencialmente prejudiciais, sobretudo decorrentes de alto índice de inflação, dívida externa e desequilíbrio na balança comercial. Examinaremos o risco-país em detalhes no Capítulo 6.

**Risco cambial** (também denominado *risco financeiro*) refere-se ao risco de flutuações adversas nas taxas de câmbio. A flutuação é comum nas taxas de câmbio, ou seja, o valor de uma moeda em relação a outra. Esse risco surge porque, de modo geral, as transações internacionais são realizadas em mais de uma moeda nacional. Quando a Graceland Fruit, Inc., processadora de frutas localizada em Frankfurt, Michigan, exporta cerejas desidratadas a confeitarias no Japão, normalmente recebe em ienes. Quando as moedas passam por acentuada flutuação, contudo, o valor dos ativos, lucros e renda operacional de uma empresa pode sofrer redução. Quando o valor da moeda em que as importações foram denominadas aumenta sobremaneira, o custo de peças ou componentes importados utilizados em produtos acabados manufaturados pode elevar-se muito. A inflação e outras condições prejudiciais experimentadas por um país podem ter efeito imediato sobre as taxas de câmbio, devido à crescente inter-relação das economias nacionais. Desenvolveremos o conceito de risco-país nos capítulos 10, 17 e 19.

**Risco comercial** refere-se à probabilidade de prejuízo ou fracasso de uma empresa, resultante de estratégias, táticas ou procedimentos mal formulados ou mal implementados. Os responsáveis pela gestão podem errar nas escolhas em áreas como seleção de parceiros de negócios, o momento mais oportuno de entrada em um mercado, precificação, criação das especificações de um produto e campanhas promocionais. Embora essas falhas também existam no mercado doméstico, as consequências geralmente resultam mais onerosas quando ocorrem no exterior. Por exemplo, nos negócios domésticos, uma empresa pode cancelar o contrato com um distribuidor de fraco desempenho simplesmente com um aviso prévio. Contudo, em um contexto estrangeiro, esse tipo de rompimento pode ser oneroso devido à regulamentação que protege as empresas locais. Comercializar produtos inferiores ou lesivos, frustrar as expectativas de clientes ou deixar de prestar o devido atendimento pós-venda podem causar danos à reputação e ao desempenho internacional de um negócio.

Os quatro tipos de risco em negócios internacionais são onipresentes; podem ser encontrados em qualquer esquina. Embora inevitáveis, podem ser antecipados e administrados. Empresas com experiência internacional conduzem pesquisas para prever os riscos em potencial, compreender suas implicações e tomar atitude proativa para reduzir seus efeitos. Na realidade, este livro tem por objetivo fornecer aos futuros gerentes uma boa compreensão dos riscos, bem como das habilidades e estratégias gerenciais necessárias para enfrentá-los com eficácia.

Alguns riscos internacionais são extremamente desafiadores. Exemplo disso é a crise econômica do Leste Asiático, no final da década de 1990. Entre janeiro e julho de 1998, as moedas de vários países dessa região perderam entre 35 e 70 por cento do valor, acarretando o colapso de seus mercados de ações e agravando os déficits comerciais e a suspensão das atividades comerciais normais. A instabilidade política e social logo se alastrou para Indonésia, Malásia, Coreia do Sul, Tailândia e Filipinas. De modo geral, a crise econômica no Leste Asiático gerou graves riscos comerciais, cambiais e de país. No entanto, algumas empresas visionárias previram esses desafios e tomaram a iniciativa de redirecionar seus principais recursos, para minimizar os efeitos negativos.

As diferenças entre os países exigem que os gestores empresariais formulem abordagens adaptadas às condições de cada localidade onde realizem negócios. De modo geral, essas diferenças demandam a adequação de produtos e serviços. Por exemplo, o Citibank adota variadas práticas bancárias pelo mundo; os procedimentos referentes ao empréstimo de fundos devem adequar-se a aspectos regulatórios e culturais específicos de regiões desde a África até a Ásia e o Oriente Médio. A Nestlé deve alterar a embalagem e os ingredientes de seus cereais para café da manhã vendidos no exterior. Por exemplo, em comparação com os norte-americanos, os asiáticos preferem cereais com menos açúcar. A rede McDonald's varia o tipo de itens do cardápio oferecido em suas lojas ao redor do mundo.

## Quem participa dos negócios internacionais?

Que tipos de empresa são ativos nos negócios internacionais? Entre as mais importantes estão as *empresas focais*, aquelas que de forma direta iniciam e implementam essa atividade. Destacaremos sucintamente dois tipos de empresa focal em negócios internacionais: as multinacionais.

### A multinacional

Historicamente, as empresas multinacionais (também conhecidas apenas como multinacionais) constituem o tipo mais importante de empresa focal. Uma **empresa multinacional** caracteriza-se por ter recursos substanciais, realizando negócios por meio de uma rede de subsidiárias e afiliadas localizadas em diversos países. Uma de suas marcas registradas consiste em conduzir atividades de P&D, compras, manufatura e marketing em qualquer parte do mundo onde iss o seja economicamente viável. Além de um escritório ou sede central, a multinacional típica possui uma rede mundial de subsidiárias e colabora com inúmeros fornecedores e parceiros independentes no exterior (por vezes, denominados *afiliados*).

Dentre as multinacionais típicas, podemos citar Caterpillar, Kodak, Nokia, Samsung, Unilever, Citibank, Vodafone, Carrefour, Bechtel, Four Seasons Hotels, Disney, DHL e Nippon Life Insurance. As mais conhecidas são classificadas, com base na receita de vendas internacionais, em listas anuais como a *Global 500* da revista *Forbes*. Nos últimos anos, as maiores delas pertencem ao setor petrolífero (como Exxon Mobil, Royal Dutch Shell e BP), automobilístico (General Motors, Renault-Nissan, Toyota e Ford) e varejista (Walmart). A Figura 1.6 mostra a distribuição geográfica das principais multinacionais no mundo. O tamanho de cada círculo é indicativo das receitas totais das multinacionais com sede em um determinado país, conforme a classificação *Global 500* da *Fortune*. Por exemplo, os Estados Unidos sediam 170 multinacionais, cujas receitas combinadas chegam a US$ 6.645 bilhões.

Embora as multinacionais estejam entre seus principais participantes, os negócios internacionais não são domínio exclusivo de grandes e abastadas corporações. Muitas **pequenas e médias empresas** (PME, ou SME, do inglês *small and medium-sized enterprise*) também participam. Nos Estados Unidos, elas se caracterizam por ter até 500 funcionários, embora esse número possa variar para baixo em outros países. Além de serem participantes modestas em suas respectivas economias, as pequenas e médias empresas tendem a ter limitados recursos gerenciais, entre outros, e, primordialmente, a recorrer às exportações para sua expansão internacional. Na maioria dos países, elas constituem entre 90 e 95 por cento de todo o setor empresarial.

Com a globalização dos mercados, os avanços tecnológicos e outros fatores facilitadores, cada vez mais, pequenas e médias empresas estão buscando oportunidades de negócios no mundo. Elas respondem por cerca de um terço das exportações da Ásia e de um quarto das de nações ricas da Europa e América do Norte. Em países como Itália, Coreia do Sul e China, as pequenas e médias empresas contribuem com mais de 50 por cento do total das exportações nacionais.[5]

Um tipo de pequena e média empresa internacional dos tempos modernos é a **empresa *born global***, um jovem empreendimento que inicia negócios internacionais muito cedo em seu ciclo de vida, movendo-se rapidamente para os mercados estrangeiros. Pode ser encontrada em economias avançadas, como Austrália e Japão, e em mercados emergentes,

Figura 1.6 Localização geográfica de empresas multinacionais, 2006

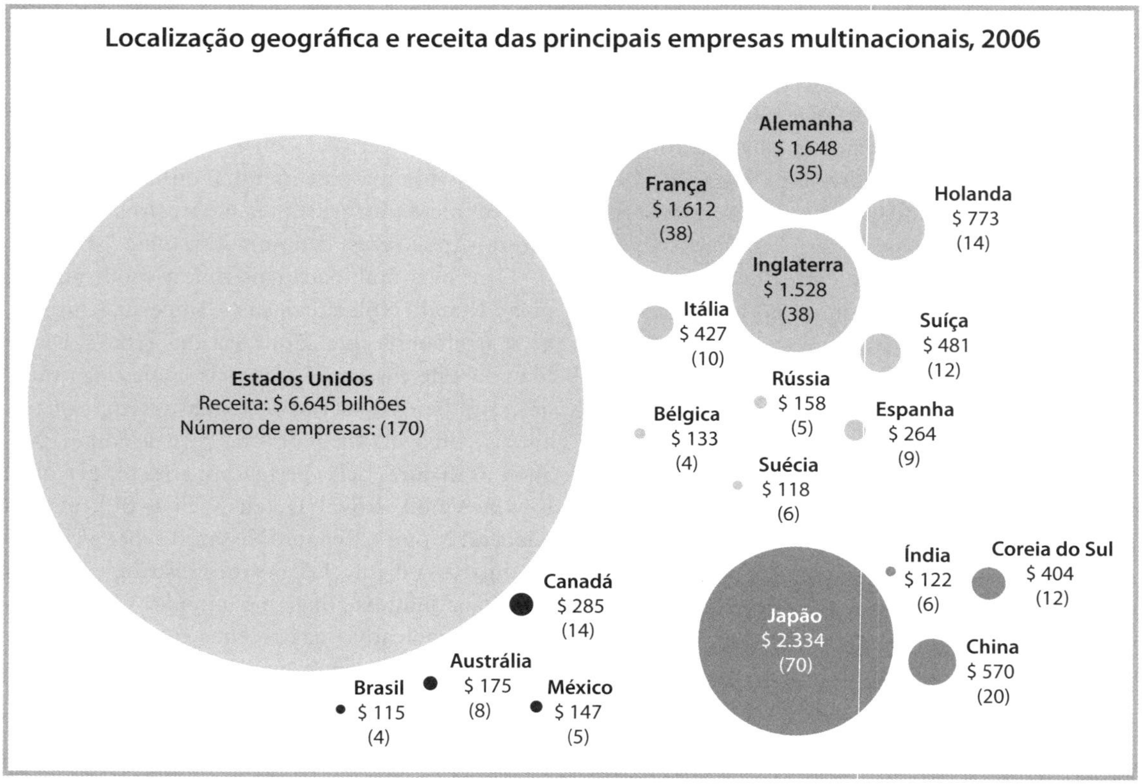


FONTE: FORTUNE. "Fortune Global 500", disponível em: money.cnn.com/fortune. Gráfico da FORTUNE. VESASCO, Samuel. Infográfico 5W de "Tale of 229 Cities". Fortune. 24 jul. 2007, p. 96-7. © 2007 Time Inc. Todos os direitos reservados.

como China e Índia. Um exemplo é a DLP, Inc., um grande fabricante de produtos médicos descartáveis para cirurgias do coração. Ainda jovem, ela iniciou suas operações internacionais, realizando aproximadamente um terço das vendas totais no exterior. Seu fundador passou a maior parte dos primeiros anos da empresa viajando pela Europa e Ásia, incansavelmente desenvolvendo mercados. Desde o início, as nascidas globais estabelecem grande parte de seus negócios no exterior.

A principal diferença entre as nascidas globais e as multinacionais é que as primeiras partem para a internacionalização praticamente no momento de sua fundação, apesar da escassez de recursos característica dos novos empreendimentos. Seu surgimento foi facilitado pelas tecnologias de informação e de comunicação, bem como pelos sistemas globais de transporte que tornam o comércio internacional mais fácil para empresas de todo tipo.

Fazer negócios internacionais requer conhecimento especializado, alocação de recursos e dedicação de um tempo considerável para desenvolver parceiros comerciais. Como os pequenos e médios empreendimentos conseguem êxito nessa área, apesar da limitação de recursos? Em primeiro lugar, se comparadas às grandes multinacionais, as empresas de menor porte costumam ser mais inovadoras, adaptáveis e rápidas no tempo de resposta, quando se trata de implementar novas ideias e tecnologias e satisfazer às necessidades dos clientes. Segundo, elas estão mais capacitadas a atender nichos de mercado ao redor do mundo, os quais atraem pouca atenção das multinacionais. Terceiro, são usuárias mais ávidas de novas tecnologias de informação e de comunicação, incluindo a Internet. Quarto, dada a limitação de recursos, minimizam os custos indiretos ou fixos, recorrendo a facilitadores externos como FedEx e DHL, bem como distribuidores independentes em mercados estrangeiros. Quinto, tendem a tirar proveito do conhecimento específico que possuem ou geram. Elas acessam e mobilizam recursos por meio de suas redes transnacionais de conhecimento, ou seu capital social internacional.[6]

Em cada capítulo, a seção denominada "Tendência Global" traça o perfil de um importante novo desenvolvimento em negócios internacionais. A primeira da série descreve a Diesel, um exemplo de empresa de menor porte que acabou crescendo e se tornando grande.

## TENDÊNCIA GLOBAL

### Diesel S.p.A.: o incrível sucesso de uma empresa de menor porte nos mercados internacionais

Na moda jovem global, a Diesel é a marca preferida. Fundada na Itália em 1978, ela começou como um pequeno negócio e cresceu até atingir vendas anuais superiores a US$ 1 bilhão (Estados Unidos), 85 por cento dos quais provenientes do exterior. Com um estilo casual diferenciado e cobiçado de moda masculina e feminina, compete com Donna Karan e Tommy Hilfiger e destaca-se como futurista. Seus jeans têm tonalidades e estilos exóticos. Sua administração vê o mundo como uma macrocultura única, sem fronteiras, e seu quadro de funcionários compõe-se de diversas personalidades de todas as partes do mundo, que criam uma vitalidade, uma energia imprevisível e dinâmica. A empresa concentra seu foco em *design* e marketing, terceirizando a produção das peças de jeans.

A Diesel é a marca de jeans de maior sucesso da Europa e expandiu sua distribuição a mais de 80 países, por meio de lojas de departamento e especializadas, além das cerca de 200 lojas próprias, de Paris a Miami e Tóquio. Cada par de calças custa mais de US$ 100, o que a torna uma roupa cara para muitos, mas uma publicidade controversa impulsionou seu estrondoso sucesso internacional. A propaganda da empresa já apresentou lutadores de sumô beijando-se, uma fileira de chimpanzés fazendo a saudação facista e bonecas infláveis nuas em uma reunião de diretoria com um presidente obeso. Seus anúncios fazem zombaria com temas como morte, obesidade, assassinatos e boas ações. Algumas pessoas nos Estados Unidos consideram as jocosas campanhas politicamente incorretas. Por exemplo, sob pressão de ativistas, a Diesel suspendeu anúncios que exaltavam o fumo e a posse de armas com slogans como "145 cigarros por dia deixarão sua voz rouca e sensual para você conquistar novos amigos". Outro anúncio apresentava freiras usando jeans sob o título: "Algodão 100% puro, virginal. Macio, porém miraculosamente forte".

Se a Starbucks pode cobrar alguns dólares por um café, os executivos da Diesel acreditam que podem persuadir os consumidores a pagar US$ 108 por seus jeans. Ela foi uma das primeiras a marcar forte presença na Internet (www.diesel.com), vendendo por meio de uma loja virtual. Os anúncios no site Web transmitem uma poderosa mensagem atual e positiva, que os tornam populares junto aos jovens de todo o mundo. A empresa lança cerca de 1.500 novos modelos a cada seis meses e emprega uma equipe multicultural de jovens estilistas, os quais viajam o mundo em busca de inspiração e tornam tangíveis suas impressões nas novas coleções.

A Diesel é um caso clássico de sucesso em negócios internacionais obtido por uma empresa de menor porte. Sua estratégia é instrutiva para outros comerciantes de jeans, como Kitson, Lucky Brand, Mavi Jeans e 7 For All Mankind.

Fontes: site Web da Diesel (www.diesel.com); EDMONDSON, G. "Diesel is smoking but can its provocative ads keep sales growth hot?". *Business Week*. p.64, 10 fev. 2003; site Web da Hoover´s para a Whirlpool Corporation, www.hoover's.com; HELLIKER, K. "Teen retailing: the underground taste makers—is Diesel apparel a bit too trendy for its own good?". *Wall Street Journal*. p. B1, 9 dez. 1998; OECD. Globalization and small and medium enterprises (SMEs). Paris: OECD, 1997; SANSONI, S. "Full steam ahead for Diesel; Will Its pricey jeans and outrageous ads succeed in the U.S.?". *Business Week*. p. 58-60, 29 abr. 1996.

## Organizações não governamentais (ONGs)

Além das empresas focais que visam lucro nos negócios internacionais, há várias *organizações sem fins lucrativos* que realizam atividades além das fronteiras. Trata-se de entidades beneficentes e *organizações não governamentais (ONGs)*. Elas promovem causas especiais e atuam como defensoras das artes, educação, política, religião e pesquisa. Operam em âmbito internacional, seja para conduzir suas ações, seja para levantar fundos. Exemplos desse tipo de organização são a *Bill and Melinda Gates Foundation* e a *British Wellcome Trust*, que apoiam iniciativas relacionadas à saúde e à educação. A CARE é uma organização sem fins lucrativos dedicada à redução da pobreza.

Diversas multinacionais administram fundações beneficentes que apoiam várias iniciativas pelo mundo. A GlaxoSmithKline (GSK), uma gigante farmacêutica, opera uma série de pequenas fundações nacionais no Canadá, República Tcheca, França, Itália, Romênia, Espanha e Estados Unidos. Ela desenvolveu os acampamentos recreativos de Barretstown na Irlanda e L´Envol na França para crianças com doenças graves divertirem-se e aprimorarem a autoconfiança. A GSK promove a alimentação saudável e exercícios para crianças eslovacas que vivem em conjuntos habitacionais urbanos, assistência médica a crianças sem teto e abandonadas na Espanha, e a integração de crianças deficientes à sociedade russa. A empresa também desenvolveu a iniciativa *Integrated Management of Childhood Illnesses* na Etiópia, que visa reduzir a mortalidade infantil causada por doenças passíveis de prevenção e tratamento como malária, sarampo e desnutrição. No Vietnã, apoia a iniciativa *500 Ethnic Midwives*, que oferece assistência à natalidade em comunidades de áreas rurais pobres com acesso limitado a serviços médicos.

## Por que as empresas adotam estratégias de internacionalização?

As empresas buscam a internacionalização por uma série de motivos; é comum terem mais de um argumento para a expansão internacional. Alguns deles são estratégicos por natureza, enquanto outros, reativos. Um exemplo de motivo estratégico, ou pró-ativo, consiste em aproveitar as oportunidades do mercado estrangeiro ou adquirir novos conhecimentos. Quanto ao motivo reativo, trata-se da necessidade de atender a um importante cliente que expandiu suas operações para o exterior. Há nove motivos específicos:

**1.** *Buscar oportunidades de crescimento com a diversificação de mercado.* Existe um expressivo potencial de mercado fora do país de origem. Muitas empresas, sejam elas grandes ou pequenas, como Gillette, Siemens, Sony e Biogen, realizam mais da metade de suas vendas no exterior. Ao diversificar para mercados estrangeiros, as empresas podem gerar oportunidades de venda e lucro não encontradas no mercado interno. A internacionalização também pode estender a vida útil de produtos ou serviços que atingiram a maturidade no país de origem. É o caso da internacionalização dos caixas automáticos (ATMs, do inglês *automatic teller machines*). O primeiro ATM foi instalado fora de uma filial londrina do Barclays Bank em 1967. A seguir, as máquinas foram adotadas nos Estados Unidos e no Japão. Quando o crescimento do negócio começou a desacelerar nesses países, elas passaram a ser comercializadas no resto do mundo. Atualmente, há mais de 1,5 milhão de ATMs no mundo, um instalado em relativa proximidade do outro.

**2.** *Obter maiores margens e lucros.* Para muitos tipos de produto e serviço, o crescimento de mercado nas economias maduras é lento ou nulo. Em geral, a concorrência é acirrada, forçando as empresas a subsistir com magras margens de lucro. Por outro lado, a maioria dos mercados estrangeiros pode estar mal servida (situação comum nos mercados emergentes de alto crescimento) ou simplesmente não atendida (no caso das economias em desenvolvimento). Uma concorrência menos intensa combinada com uma forte demanda de mercado implica que as empresas podem obter margens mais altas para suas ofertas. Por exemplo, em comparação com seus respectivos mercados domésticos, os fabricantes de acessórios para banheiro American Standard e Toto (do Japão) encontraram um ambiente competitivo mais favorável em países de rápida industrialização, tais como Indonésia, México e Vietnã. Imagine a demanda por acessórios de banheiro nos milhares de prédios comerciais e complexos residenciais que estão sendo erguidos de Shangai a Cingapura!

**3.** *Adquirir novas ideias sobre produtos, serviços e formas de negociação.* Os mercados internacionais caracterizam-se por competidores agressivos e consumidores exigentes com as mais variadas necessidades. Ambientes externos singulares expõem as empresas a novas ideias sobre produtos, processos e métodos de negociação. A experiência de fazer negócios no exterior contribui para a aquisição de novos conhecimentos para melhorar a eficácia e a eficiência organizacionais. Por exemplo, as técnicas *just-in-time* de estoque foram refinadas pela Toyota e posteriormente adotadas por outros fabricantes em todo o mundo. Vários fornecedores estrangeiros da montadora japonesa aprenderam as práticas *just-in-time* com ela para depois as aplicar em suas próprias operações industriais.

**4.** *Atender melhor a clientes importantes que se internacionalizaram.* Em uma economia global, muitas empresas adotam a estratégia de internacionalização para melhor atender a clientes que expandiram operações para mercados estrangeiros. Por exemplo, quando a Toyota inaugurou a primeira fábrica na Inglaterra, muitos fabricantes japoneses de autopeças seguiram a montadora, estabelecendo operações próprias nesse país.

**5.** *Ficar mais próximo das fontes de suprimento, beneficiar-se das vantagens do* global sourcing *ou ganhar flexibilidade no fornecimento de suprimentos.* As empresas em setores extrativistas, tais como de petróleo, mineração e madeira, estabelecem operações internacionais onde essas matérias-primas estão localizadas. Exemplo disso é a fabricante de alumínio Alcoa, que instala atividades mineradoras no exterior para extrair o mineral básico do alumínio, a bauxita, de minas no Brasil, Guiné, Jamaica e outras regiões. Além disso, algumas empresas internacionalizam-se para obter flexibilidade a partir da diversificação de suas bases de suprimento. Por exemplo, a Dell Computer possui unidades de montagem na Ásia, na Europa e nas Américas, o que lhe permite deslocar rapidamente a produção de uma região para outra. Em comparação com rivais menos ágeis, essa flexibilidade confere à Dell *vantagens competitivas* — uma competência distintiva que lhe assegura um posicionamento competitivo superior. Em especial, permite à empresa administrar de forma hábil as flutuações da taxa de câmbio.

**6.** *Obter acesso a fatores de produção com menor custo ou melhor valor.* A internacionalização provê acesso a capital, tecnologia, talento gerencial, força de trabalho e terreno a custos inferiores, qualidade mais elevada ou valor geral melhor em localidades espalhadas pelo mundo. Por exemplo, alguns fabricantes de computador em Taiwan instalaram subsidiárias norte-americanas em busca de acesso a capital de baixo custo. Os Estados Unidos abrigam inúmeras fontes de capital no setor de alta tecnologia, tais como bolsas de valores e capital de risco, que atraíram uma infinidade de empreendimentos estrangeiros interessados na captação de fundos. De modo geral, as empresas lançam-se no exterior à procura de mão de obra capacitada ou de baixo custo. Por exemplo, a japonesa Canon transferiu grande parte de sua produção para a China visando lucrar com a força de trabalho mais barata e produtiva desse país.

**7.** *Desenvolver economias de escala em suprimentos, produção, marketing e P&D.* Economias de escala referem-se à redução do custo unitário de manufatura e marketing resultante da operacionalização de altos volumes. Por exemplo, fabricar o tocador de DVD de número 100.000 será sempre mais barato do que fabricar o primeiro. Ao optar pela expansão internacional, uma empresa aumenta em muito o tamanho de sua base de consumidores, por conseguinte aumentando o volume de produtos fabricados. Em termos de produção por unidade, quanto mais elevado o volume produzido, mais baixo o custo total. As economias de escala também estão presentes em P&D, suprimentos, marketing, distribuição e atendimento pós-venda.

**8.** *Enfrentar a concorrência internacional com eficácia ou frustrar o crescimento da concorrência no mercado doméstico.* A concorrência internacional é intensa e crescente, com os competidores multinacionais invadindo mercados em nível mundial. Uma empresa pode melhorar seu posicionamento competitivo ao enfrentar a concorrência nos mercados internacionais ou antecipar-se e entrar no mercado doméstico do concorrente para desestabilizar e desacelerar seu crescimento. Exemplo disso é a entrada preventiva da Caterpillar no mercado japonês, no momento em que sua principal rival no segmento de escavadeiras, a Komatsu, iniciava operações no início da década de 1970. O movimento de antecipação da Caterpillar impediu a expansão internacional da Komatsu por pelo menos uma década. Se não tivesse tomado a iniciativa de abafar o crescimento da concorrente japonesa em seu mercado doméstico, a Caterpillar certamente teria enfrentado mais cedo um rival mais potente.

**9.** *Investir em um relacionamento potencialmente vantajoso com um parceiro estrangeiro.* Com frequência, as empresas possuem motivos estratégicos de longo prazo para internacionalizar-se. *Joint ventures* ou alianças baseadas em projetos com parceiros estrangeiros de peso podem levar ao desenvolvimento de novos produtos, posicionamento antecipado em importantes mercados futuros ou outras oportunidades lucrativas de longo prazo. Por exemplo, a Black and Decker fez uma *joint venture* com a Bajaj, um varejista indiano, para posicionar-se em relação a uma expectativa de vendas de longo prazo no imenso mercado da Índia. A empresa francesa de computadores Groupe Bull estabeleceu uma parceira com a Toshiba no Japão para obter subsídios ao desenvolvimento da próxima geração de tecnologia da informação.

No nível mais amplo, as empresas internacionalizam-se para aumentar a vantagem competitiva e buscar oportunidades de crescimento e lucro. Neste livro, exploraremos o ambiente em que elas exploram essas oportunidades, além de discutirmos as estratégias e as habilidades gerenciais necessárias ao sucesso nos negócios internacionais.

## Por que estudar negócios internacionais?

Há muitos motivos para estudar negócios internacionais. Podemos examiná-los sob o ponto de vista da economia global, da economia nacional, da empresa e do futuro gerente, como você.

### Facilitador da economia global e da interconectividade

Os negócios internacionais estão transformando o mundo como nunca. As décadas subsequentes à instituição do Acordo Geral sobre Tarifas e Comércio (GATT, do inglês *General Agreement on Tariffs and Trade*), em 1974, testemunharam um crescimento sem precedentes do comércio e do investimento internacional. As empresas passaram a se dedicar cada vez mais à produção em massa de produtos e serviços, para atender à insaciável demanda mundial.

A partir da década de 1980, os *mercados emergentes* deram novo ímpeto à interconectividade econômica mundial. Essas economias em desenvolvimento e rápido crescimento — cerca de duas dezenas de países, incluindo Brasil, Índia, China e Polônia — estão passando por um expressivo grau de liberalização, privatização e industrialização, os quais alimentam a transformação econômica global. Pouco a pouco, esses mercados emergentes, presentes em cada continente, rompem a estagnação característica das economias em desenvolvimento. Juntos, eles abrigam a maior parcela da população mundial, com participação crescente no comércio exterior. No texto de abertura, Julie testou bens de vários desses mercados, tais como Argentina, Hungria e México.

Em paralelo à globalização de mercados, outra megatendência — os *avanços tecnológicos* — também contribui para a transformação da economia global. O progresso das tecnologias de informação e de comunicação, bem como das de produção e processos, reduziu de forma radical o custo de negociar com clientes no exterior. A Internet e o comércio eletrônico tornam a internacionalização dos negócios um imperativo para empresas de qualquer porte e nível de recursos. Os avanços tecnológicos tanto facilitam a globalização quanto são por ela facilitados. Eles permitem uma evolução mais rápida da globalização. Esta, por sua vez, acelera o desenvolvimento das tecnologias mais modernas.

### Contribuição para o bem-estar da economia nacional

Os negócios internacionais contribuem com a prosperidade econômica e os padrões de vida, fornecem interconectividade à economia mundial e acesso a uma gama de valiosos bens intermediários e acabados, além de serviços, e colaboram para que os países utilizem seus recursos com eficiência. Por conseguinte, os governos tornam-se mais dispostos a abrir suas fronteiras ao comércio e investimento internacionais.

O comércio internacional é um motor crucial para a geração de empregos. Estima-se que cada US$ 1 bilhão de aumento nas exportações cria mais de 20.000 novos empregos. Nos Estados Unidos, o comércio internacionais sustenta de forma direta no mínimo 12 milhões de empregos. Um em cada sete dólares das vendas norte-americanas é obtido no exterior. Um em cada três acres de fazendas e um em cada seis empregos nos Estados Unidos estão produzindo para os mercados de exportação. De modo geral, as empresas exportadoras geram empregos mais rapidamente do que as que não exportam. Os salários e benefícios de empregos relacionados às atividades de exportação são melhores, em média, do que os de empregos não correlatos.[7]

Há uma forte correlação entre o nível de prosperidade de uma nação e sua participação no comércio e no investimento transnacionais. Os negócios internacionais são tanto a causa quanto o resultado de uma crescente riqueza nacional. Eles contribuem para a disseminação do progresso e a abundância das economias avançadas para aquelas em desenvolvimento. As nações que já sofreram de estagnação econômica agora se tornam cada vez mais prósperas. Por exemplo, China, Índia e os países do Leste Europeu são ativos no comércio internacional. A parcela de cidadãos abastados nessas localidades cresce em ritmo acelerado. No que se refere a ganhos materiais, os domicílios de muitas economias em desenvolvimento recentemente experimentaram expressivo aumento na aquisição de televisores, refrigeradores e outros bens produzidos em massa. Embora esses ganhos possam ser atribuídos a várias causas, os benefícios da livre troca de bens, serviços, capital e tecnologia dentre as nações são extraordinários.

O comércio e o investimento internacionais também podem contribuir para a redução das más condições econômicas nos países em desenvolvimento. O rápido crescimento econômico dos países emergentes está estimulando sólidas conquistas nos padrões de vida. A crescente prosperidade acarreta melhorias nos índices de alfabetização, nutrição e saúde. O comércio e o investimento ajudam a promover a liberdade e a democracia e a reduzir a probabilidade de conflitos nas fronteiras. Recentemente, o mundo ingressou em uma nova era de tensão internacional, por vezes acompanhada pelo terrorismo. Os negócios internacionais podem colaborar para limitar essa tensão, reduzindo a pobreza mundial e intensificando as interações que permitem aplacar as relações entre as nações.[8]

O desenvolvimento da União Europeia (UE) contribui para elevar o padrão de vida de milhões de habitantes da região, principalmente no Leste Europeu. A UE está facilitando o comércio e o investimento internacionais para os negócios europeus e transformando essa área em uma nova usina geradora de comércio global.

Os negócios entre fronteiras também colaboram para a integração das economias mundiais. O Tratado Norte-americano de Livre Comércio (Nafta, do inglês *North American Free Trade Agreement*), lançado em 1994, integra as economias do Canadá, México e Estados Unidos em um mercado gigantesco de aproximadamente 450 milhões de consumidores. O acordo multilateral na indústria automobilística e em outros setores gerou empregos bem remunerados e ajudou a transformar o México em um dos principais parceiros de negócios dos Estados Unidos. Após o lançamento do Nafta, o volume de comércio entre os três países aumentou de forma significativa, contribuindo para melhorar o padrão de vida de milhões de pessoas. No México, esse tratado levou a salários substancialmente mais altos, melhoria dos sistemas sociais e aumento nos níveis de emprego.[9] Recentemente, um novo acordo foi estabelecido entre os Estados Unidos e Costa Rica, El Salvador, Guatemala, Honduras, Nicarágua e República Dominicana. Conhecido como DR-CAFTA, *Dominican Republic Central American Free Trade Agreement*, compromete-se a revigorar as economias dos países membros.

## Uma vantagem competitiva para a empresa

Para sustentar a vantagem competitiva na economia global, as empresas devem estar prontas para negociar com outros países e adquirir as habilidades, o conhecimento e a competência necessários. A Procter & Gamble vende xampu, fraldas descartáveis e outros bens de consumo em mais de 150 países. A MTV exibe sua programação em cerca de 140 países. A Nestlé vende alimentos e bebidas em todo o mundo, obtendo quase toda sua receita de operações no exterior. Como esses exemplos sugerem, a internacionalização oferece inúmeras oportunidades para o aumento de receita das empresas. As jovens podem atingir um notável crescimento ao escolher novos mercados e oportunidades para a geração de lucros adicionais. Os mercados estrangeiros devem gerar resultados empresariais favoráveis no que se refere a vendas, margens de lucro, crescimento e novos conhecimentos.

Além disso, as empresas podem maximizar sua eficiência operacional por meio dos negócios internacionais. Elas asseguram custos de produção economicamente viáveis ao estabelecer manufaturas em mercados emergentes como Brasil, México e Polônia, ou abastecendo-se de fornecedores estrangeiros. A Microsoft, por exemplo, corta custos operacionais tendo grande parte de seu *software* escrita na Índia. A Renault atinge eficiência na montagem de carros nas fábricas de baixo custo da Romênia.

Os negócios internacionais também propiciam às empresas acesso a recursos essenciais que podem estar indisponíveis no mercado local. Contribuem para a redução nos custos de desenvolvimento de novos produtos, atendimento pós-venda e outras atividades essenciais. As empresas acessam fontes externas de informações e conhecimentos que forneçam as bases para P&D, melhoria nos processos produtivos e administrativos e outras inovações. A internacionalização amplia as opções de lidar com os concorrentes, oferecendo oportunidades para movimentos e reações globalmente estratégicos que ajudam uma empresa a competir de modo mais eficaz com rivais domésticos e estrangeiros.[10]

## Uma oportunidade para a cidadania corporativa global

À medida que cada vez mais se lançam em mercados internacionais, as empresas devem aprender a se tornar cidadãs globais. Além de entregar produtos, tecnologia e outros benefícios de valor agregado a seus clientes, elas precisam ser responsivas às necessidades de outros grupos de interesse, como a mídia, as comunidades locais, o setor acadêmico e as instituições sem fins lucrativos. Nos mercados estrangeiros, devem tentar com afinco atender às expectativas locais no que se refere a padrões de trabalho e ambientais, códigos de conduta aceitos e o bem-estar geral da sociedade que as acolhe.

Por serem negócios operando em uma sociedade que não a de origem, as empresas internacionalizadas estão sempre sob escrutínio público. Suas ações são atentamente monitoradas e avaliadas de acordo com os padrões éticos locais. As empresas com marcas que representam ícones globais, tais como Coca-Cola, McDonald's e Citibank são especialmente visadas. Quando consumidores ou demais grupos desejam expressar descontentamento, digamos, com a política externa dos Estados Unidos, essas empresas podem tornar-se os alvos favoritos dos protestos públicos. As ações das empresas internacionalizadas também podem exacerbar os sentimentos nacionalistas. Um exemplo foi o caso em que a notícia de que a empresa controlada pelos Emirados Árabes Unidos, a Dubai Ports World, ganhara um contrato para operar alguns portos norte-americanos chegou à mídia em 2006, o Congresso dos Estados Unidos agiu rapidamente para bloquear a transação, em resposta a uma forte desaprovação pública.

Em vez de serem apanhadas em flagrante ou desprevenidas, as empresas estão desenvolvendo de forma proativa políticas e práticas socialmente responsáveis. Por exemplo, a Starbucks recentemente anunciou que venderá somente café de produtores certificados pela *Rain Forest Alliance*, uma organização global sem fins lucrativos que promove os interesses dos cafeeiros e do meio ambiente. Empreendimentos multinacionais como Philips, Unilever e Walmart anunciaram práticas que ajudariam a impor o desenvolvimento sustentável. A rede McDonald's divulgou que comprará apenas carne de pecuaristas que atendam a padrões especiais de criação de animais e práticas ambientais. Recentemente, a empresa também implementou uma proibição global a antibióticos que estimulam o crescimento das aves que compra, além de passar a publicar o conteúdo nutricional de seus produtos em todos os mercados onde atua. Suas lojas na Inglaterra, Alemanha, Suécia e Áustria vendem exclusivamente leite orgânico.[11] É evidente que as empresas internacionalmente ativas devem incorporar a cidadania corporativa a suas decisões estratégicas, bem como a suas práticas e processos contínuos.

## Uma vantagem competitiva para você

Julie, a estudante do texto de abertura, entra em contato diário com uma variedade de transações internacionais. Ela pensa em seguir carreira nessa área porque começa a compreender sua crescente importância e envereda por um caminho intrigante e estimulante. Embora a maioria das carreiras internacionais esteja baseada no país de origem de seus profissionais, os gerentes viajam o mundo e conhecem pessoas de diversas culturas e experiências. Viajar para países como Argentina, China, Índia e Polônia ou África do Sul propicia aprendizagens instigadoras e desafios constantes.

Os executivos que chegam ao topo da maioria das principais corporações do mundo — AIG, ABB, Citigroup, Coca-Cola, Kellogg, McDonald's, Oracle, Nissan e SAP — aprimoraram suas habilidades gerenciais na área de negócios internacionais. Lidar com a cultura de outros países expôs esses profissionais a uma gama de experiências instrutivas, novos conhecimentos, diferentes visões de mundo e desafios incomuns. Aqueles com larga experiência internacional são, de modo geral, mais confiantes, cosmopolitas e capacitados para enfrentar a diversidade de desafios que devem encontrar ao longo da carreira. Em suma, adquirir conhecimento e habilidades gerenciais em negócios internacionais revela-se não só instigante, desafiador e divertido, mas também uma oportunidade única de desenvolvimento profissional.

## ESTUDO DE CASO

## A incrível reviravolta da Whirpool pela internacionalização

A Whirlpool Corporation, fabricante de eletrodomésticos sediada em Benton Harbor, Michigan, gerou mais de US$ 19 milhões em vendas anuais em 2006, representando um aumento de 26 por cento em relação ao ano anterior. Entre os principais fatores que influenciaram esse desempenho estão a aquisição da Maytag Corporation naquele ano e uma maior demanda global por suas marcas e seus produtos inovadores. Para os próximos anos, a empresa espera que o crescimento na Ásia e na América Latina seja expressivamente maior do que na América do Norte e na Europa.

A Whirlpool emprega mais de 80.000 funcionários em mais de 60 fábricas e centros de tecnologia no mundo. Ela fabrica máquinas de lavar roupa, secadoras, refrigeradores, lavadoras de louça, freezers, fogões, compactadores e fornos de micro-ondas em 13 países e vende esses bens em outros 170, sob diversas marcas, como Whirlpool, Maytag, Magic Chef, Jenn-Air, Amana, KitchenAid, Kenmore, Brastemp e Bauknecht. A empresa gera quase 60 por cento de suas vendas na América do Norte, 25 por cento na Europa, 15 por cento na América Latina e somente dois por cento na Ásia.

## Expansão internacional

Com o amadurecimento do mercado norte-americano de eletrodomésticos na década de 1990, a Whirlpool passou a enfrentar uma acirrada concorrência interna e consumidores mais exigentes, o que resultou em redução de suas margens de lucro. Enquanto isso, no mercado internacional, as barreiras comerciais caíam, o poder de compra dos consumidores aumentava e o capitalismo florescia. A alta gerência da empresa percebeu que poderia lidar melhor com essas ameaças e oportunidades se adotasse um programa sistemático de internacionalização. Em decorrência disso, a Whirlpool realizou uma série de aquisições na década seguinte.

A Whirlpool adquiriu a divisão de eletrodomésticos da Philips na Europa, 65 por cento da Aspera — uma fabricante italiana de compressores — e a segunda maior fabricante de eletrodomésticos da Polônia. No Leste Europeu, criou subsidiárias para venda e assistência técnica na Bulgária, na Hungria, na Romênia, na Rússia, na Eslováquia e na República Tcheca.

Na China, a Whirlpool formou uma *joint venture* para a fabricação de condicionadores de ar e estabeleceu uma sede corporativa e um centro de desenvolvimento de produto e tecnologia em Shanghai. Também abriu escritórios regionais em Hong Kong, Nova Delhi e Cingapura. No México, adquiriu a Vitromatic, um ex-parceiro de *joint venture* no país. Também desenvolveu versões de baixo custo dos modelos populares, de olho nos consumidores dos mercados de baixa renda na América Latina, na China e na Índia.

Três fatores impulsionaram essa expansão global. Primeiro, a Whirlpool buscava reduzir custos de P&D, manufatura e serviços, instalando unidades fabris e outras operações em localidades de custo inferior, tais como China, México e Polônia. Segundo, um crescimento de vendas estagnado ou em declínio nos Estados Unidos pressionou os gestores da empresa a buscar vendas em novos mercados externos. Terceiro, a Whirlpool percebeu que suas operações industriais e de montagem se beneficiariam de uma abordagem mais global. Redesenhou produtos com peças mais padronizadas e investiu em marketing para tornar-se uma marca globalmente conhecida. Também integrou as atividades das subsidiárias regionais, de modo que sua mais avançada experiência em tecnologia, produção e distribuição de eletrodomésticos pudesse ser compartilhada entre as divisões da empresa pelo mundo.

## Inovação

A Whirlpool conduziu uma análise crítica interna no final da década de 1990. Era evidente que um consumidor entrando em qualquer loja de eletrodomésticos em qualquer parte do mundo veria um 'mar de aparelhos brancos' com pouca diferenciação, mesmo entre fabricantes. O setor ficou conhecido como o negócio da 'linha branca'. Os consumidores percebiam os produtos como commodities que ofereciam pouca vantagem diferencial e exigiam preços cada vez mais baixos, devido à crescente concorrência.

Em 1999, a alta administração da empresa lançou uma grande campanha de diferenciação de seus produtos, enfatizando as características de inovação e valor agregado. No início de 2000, 75 funcionários de praticamente todos os cargos funcionais foram convocados e enviados em grupos para Benton Harbor, Itália e Brasil. O treinamento de quase um ano foi conduzido por uma consultoria externa.

O próximo passo foi envolver o restante da força de trabalho global. A Whirlpool criou um site de intranet e criou um curso do tipo "Faça você mesmo" sobre inovação. Entre 2001 e 2002, o site de intranet chegou a registrar 300.000 acessos por mês. A empresa instituiu um sistema de classificação para identificar as ideias com alto potencial de inovação. Desde 2003, sua receita quadruplicou a cada ano. A Whirlpool estima que os novos eletrodomésticos em desenvolvimento a partir desse sistema podem gerar, após o lançamento no mercado, US$ 3 bilhões em vendas anuais, a partir de uma projeção de US$ 1,3 bilhão em 2003. A empresa desenvolveu, por exemplo, um forno de micro-ondas capaz de grelhar bifes, assar pizzas ou que vem no formato de uma gaveta deslizante para fácil acesso de pratos grandes. Também inventou uma lavadora com um sensor embutido que detecta o tamanho da carga e automaticamente aciona o nível de água, a velocidade e o tipo do ciclo de lavagem, basicamente tomando todas as decisões pelo usuário.

## Preferências locais

Equipes inter-regionais de P&D também colaboram com inovações para adaptar as ofertas às demandas locais de diferentes contextos internacionais. Por exemplo, devido a condições climáticas muito diferentes, é comum os italianos secarem a roupa no varal enquanto os dinamarqueses precisam centrifugá-la. As necessidades quanto à capacidade dos refrigeradores variam muito. Aos espanhóis importa o compartimento para armazenar carnes, os ingleses desejam unidades bem acabadas, e os franceses estão mais preocupados com o espaço para guardar frutas e vegetais frescos. Os alemães prestam especial atenção às especificações ambientais, enquanto os aspectos relacionados à segurança das crianças são muito importantes para os italianos. Na Índia, a Whirlpool desenvolveu uma máquina de lavar com maior nível de limpeza para consumidores que creem que a brancura da roupa expressa pureza. O movimento suave de esfregar a mão e a singular "tecnologia de água quente" da lavadora maximizam a eficácia do sabão em pó.

A Whirlpool beneficia-se muito dos negócios internacionais, sendo um dos principais exemplos de como a internacionalização pode reverter vendas em declínio e otimizar estruturas de custo. Ela desenvolveu uma rede internacional de distribuição que reduz despesas, gerando maiores lucros, e posicionou-se para desafiar concorrentes em escala global. A empresa prosperou com sensibilidade e comprometimento nas relações com consumidores de diversos ambientes culturais e econômicos ao redor do mundo.

## A crescente ameaça competitiva do exterior

Contudo, nem tudo reluz no horizonte da Whirlpool. A Haier, maior fabricante de eletrodomésticos da China, instalou uma base de produção e um centro de distribuição na Carolina do Sul, Estados Unidos. A empresa também comprou um imponente edifício de seis andares em Nova York, batizado de Haier Building, para abrigar sua sede. Como o quinto maior fabricante de aparelhos de cozinha do mundo, a Haier detém aproximadamente 20 por cento do mercado de condicionadores de ar instalados em janelas e 50 por cento do de refrigeradores de pequeno porte. Atualmente, está expandindo a linha para geladeiras de grande porte. A movimentação da Haier é especialmente preocupante, ao se levar em conta que a Whirlpool gera muito pouca venda na Ásia, a região mais populosa do mundo, onde a concorrente já possui uma forte presença.

Ironicamente, a fábrica da Haier na Carolina do Sul está gerando novos empregos em um Estado que testemunhou um êxodo em massa de empregos do setor têxtil para fábricas na China. Esse Estado norte-americano recebe investimento estrangeiro direto de vários países e abriga quatro fábricas japonesas e 18 europeias. Essas tendências mostram que a globalização beneficia, mas ao mesmo tempo ameaça as ambições internacionais da Whirlpool.

Enquanto luta para manter-se como um competidor de classe mundial em um dos segmentos mais importantes, a Whirlpool enfrenta novos desafios. A alta administração almeja expandir as vendas nos mercados emergentes, embora necessite defender o mercado doméstico de rivais globais da China e de outras regiões. A empresa busca continuar a alavancar e desfrutar de todos os benefícios dos negócios internacionais.

## Questões do estudo de caso

1. Qual a natureza dos ambientes de negócios domésticos e internacionais da Whirlpool? Que tipos de risco a empresa enfrenta?
2. Como a Whirlpool pode beneficiar-se da internacionalização? Que tipos de vantagem pode obter? Quais vantagens adquiridas no exterior podem ajudar a melhorar o desempenho da empresa no mercado doméstico?
3. Que ações a administração da Whirlpool tomou para garantir que a empresa obtenha êxito nos mercados mundiais? Em que medida o ramo de eletrodomésticos é local/regional em vez de global?
4. Como a Whirlpool pode efetivamente competir com os novos rivais provenientes de países de baixo custo, como a Haier da China? A reação da Whirlpool deve ser diferente nos mercados interno e externo? Se sim, como?
5. A seção de "Carreiras" no site Web da Whirlpool (www.whirlpool.com/) divulga "oportunidades que você nem imaginava que existiam... em qualquer parte do globo". Visite o site e relate os tipos de emprego disponíveis na Whirlpool e a localização dessas vagas no mundo. Quais posições mais lhe interessaram? Você gostaria de trabalhar nas operações internacionais da Whirlpool? Por quê?

Fontes: site Web da Association of Home Appliance Manufacturers, www.aham.org/News; CAVUSGIL, T. "Globalization headaches at Whirlpool". *Global marketing*. 3.ed. Boston: McGraw-Hill, 2001. site Web da Hoover's para a Whirlpool Corporation, www.hoovers.com; SPORS, K. "Against the grain: a chinese appliance maker has placed its bet on a counter-intuitive strategy: it's bringing jobs to the U.S.". *Wall Street Journal*, p. R6, 27 set. 2004; STEPANEK, M. "As I was saying to my refrigerator. . .". *Business Week*. p. 40, 18 set. 2000; STEVENS, J. "In hot pursuit of Mexico: Whirlpool". *Appliance Manufacturer*. 50(10):12-3, out. 2002; *Whirlpool Corporation Annual Report 2005*, site corporativo da Whirlpool; press release, 7 fev. 2007, disponível em: www.whirlpoolcorp.com, acesso em: 8 mai. 2006. Creativity overflowing, disponível em: www.businessweek.com, acesso em: 8 mai. 2006. Whirlpool's future won't fade, disponível em: www.businessweek.com.

## Principais termos

comércio internacional
empresa *born global*
empresa multinacional
exportação
globalização de mercados
importação ou *global sourcing*
investimento direto estrangeiro (IDE)
investimento internacional
investimento internacional em portfólio
negócios internacionais
pequena e média empresas
risco-país
risco cambial
risco comercial
risco intercultural

## Resumo

Neste capítulo, você aprendeu:

1. **O que são negócios internacionais?**

   **Negócios internacionais** referem-se ao desempenho de atividades de comércio e investimento por empresas, através das fronteiras entre países. **Globalização de mercados** refere-se à integração econômica e à crescente interdependência de países, que ocorrem em escala mundial.

2. **Quais são os principais conceitos de comércio e investimento internacionais?**

   **Comércio internacional** refere-se à troca de bens e serviços através de fronteiras nacionais, geralmente por meio de exportação e importação. **Exportação** é a venda de bens e serviços a clientes localizados no exterior, a partir de uma base no país de origem ou em um terceiro. **Importação** ou *global sourcing* é a aquisição de bens ou serviços de fornecedores localizados no exterior, para consumo no país de origem ou em um terceiro. **Investimento internacional** refere-se à transferência de ativos para outro país ou à aquisição deles nesse país. **Investimento internacional em portfólio** refere-se à propriedade passiva de títulos estrangeiros, tais como ações e obrigações, com o propósito de gerar retornos financeiros. **Investimento direto estrangeiro (IDE)** relaciona-se a uma estratégia de internacionalização em que a empresa estabelece uma presença física no exterior por meio da aquisição de ativos produtivos, como capital, tecnologia, força de trabalho, terrenos, instalações industriais e equipamentos.

3. **Como os negócios internacionais diferem dos nacionais?**

   As empresas internacionais estão constantemente sujeitas a quatro tipos principais de risco, a serem administrados. **Risco intercultural** refere-se a uma situação ou evento em que a má interpretação cultural coloca em jogo alguns valores humanos. **Risco-país** refere-se aos efeitos potencialmente adversos às operações e à lucratividade de uma empresa causados por desdobramentos nos ambientes político, jurídico e econômico de um país estrangeiro. **Risco cambial** refere-se ao risco de flutuações adversas nas taxas de câmbio. **Risco comercial** refere-se à probabilidade de prejuízo ou fracasso de uma empresa, resultante de estratégias, táticas ou procedimentos mal formulados ou mal implementados. Esses riscos estão sempre presentes nos negócios internacionais, e as empresas devem tomar medidas pró-ativas para minimizar seus efeitos.

4. **Quem participa dos negócios internacionais?**

   Um dos principais participantes dos negócios internacionais é a **empresa multinacional** — de grande porte, com muitos recursos e que realiza negócios por meio de uma rede de subsidiárias e afiliadas localizadas em diversos países. Também muito ativas internacionalmente são as **pequenas e médias empresas** — que se caracterizam por ter até 500 funcionários. As empresas **born global** constituem empreendimentos que iniciam negócios internacionais desde sua criação ou muito cedo em seu ciclo de vida. As organizações não governamentais (ONGs) são entidades sem fins lucrativos que promovem causas especiais e atuam como defensoras das artes, educação, política, religião e pesquisa.

5. **Por que as empresas adotam estratégias de internacionalização?**

   As empresas buscam a internacionalização por uma série de motivos. Entre eles, aumentar a perspectiva de vendas e lucros, prestar melhor atendimento a clientes, ter acesso a fatores de produção de menor custo ou melhor valor, otimizar as fontes de suprimento, desenvolver economias de escala, enfrentar a concorrência de forma mais eficaz, manter relacionamentos vantajosos com parceiros estrangeiros e obter novas ideias para a criação ou a melhoria de bens e serviços.

6. **Por que estudar negócios internacionais?**

   Há muitos motivos para estudar negócios internacionais, entre eles: intensificar o posicionamento competitivo de uma empresa no mercado global, facilitar o desenvolvimento da economia global e da interconectividade dentre as nações e contribuir para o bem-estar econômico nacional. A internacionalização dos negócios também estimula as empresas a agir com responsabilidade social corporativa no país anfitrião. Do ponto de vista do desenvolvimento de carreiras, o domínio dessa matéria dará ao profissional uma vantagem competitiva e aumentará suas chances de prosperar no mercado de trabalho.

## Teste seu entendimento

1. Explique a diferença entre negócios internacionais e globalização de mercados.
2. Qual é a diferença entre exportação e investimento direto estrangeiro?
3. O que diferencia os negócios internacionais dos domésticos?
4. Quais são os tipos de risco que as empresas enfrentam ao conduzir negócios internacionais?
5. Quem são os principais participantes dos negócios internacionais?
6. Qual é a diferença entre uma multinacional e uma pequena e média empresa?
7. Quais são as principais motivações de uma empresa para adotar uma estratégia de internacionalização dos negócios?
8. Por que você deve interessar-se por negócios internacionais?

## Aplique seu entendimento

1. Richard Bendix é gerente de marketing de uma empresa que fabrica e comercializa casas pré-fabricadas de alta qualidade. Ele vê pouca diferença entre seu mercado interno e os externos e acredita que, ao vender para Ásia ou América Latina, poderá aplicar os mesmos métodos que usa no mercado nacional. Escreva para Richard explicando as diferenças entre os negócios domésticos e os internacionais. Detalhe os riscos e outras diferenças que a empresa dele provavelmente encontrará, em caso de expansão internacional.

2. Suponha que, ao se formar, você consiga um emprego na Beck Corporation, uma pequena empresa que atua somente no mercado doméstico. Você fez seu trabalho de conclusão de curso sobre negócios internacionais, está ciente das várias oportunidades comerciais no exterior e acredita que a Beck deva partir para a internacionalização. Escreva a seu chefe explicando por que a empresa deve buscar uma expansão internacional. Quais serão os benefícios da Beck? Explique por que as empresas de um modo geral se internacionalizam.

3. Você é o presidente do Clube de Negócios Internacionais da faculdade. Ao recrutar novos membros, percebe que muitos alunos não conhecem a importância dos negócios internacionais nem as oportunidades de carreira disponíveis. Por isso, decide fazer uma apresentação sobre esse tema. Prepare um esboço dessa apresentação em que explica os tipos de empresa que participam do mercado internacional, por que é importante estudar negócios internacionais e as possíveis oportunidades de carreira.

## Notas

1 Usamos o termo *negócios internacionais* em referência às atividades internacionais de uma empresa, enquanto os economistas adotam *comércio internacional* para referirem-se aos fluxos agregados de bens e serviços entre as nações. Enquanto os negócios internacionais descrevem um fenômeno no nível empresarial, o comércio internacional trata do macrofenômeno de fluxos agregados entre nações.

2 WINGFIELD, N. "eBay sets sights on indian market with acquisition". *Wall Street Journal*. 23 jun. 2004.

3 "Desert song". *Economist*. 7 out. 2004.

4 MILES, M. A. et al. *Index of economic freedom*. Washington: The Heritage Foundation, 2005.

5 OECD. *Globalization and small and medium enterprises (SMEs)*. Paris: Organisation for Economic Co-operation and Development, 1997.

6 KNIGHT, G.; CAVUSGIL, S. T. "Innovation, organizational capabilities, and the born-global firm". *Journal of International Business Studies*. 35(2):124-41, 2004; McDOUGALL, P.; SHANE, S.; OVIATT, B. "Explaining the formation of international new ventures: the limits of theories from international business research". *Journal of Business Venturing*. 9(6):469-87, 1994; OECD, 1997.

7 U.S. Department of Commerce, 2004. Disponível em: http://www.commerce.gov.

8 Banco Mundial, World development indicator. Washington: The World Bank, 2004.

9 WEINTRAUB, S. *NAFTA at three: a progress report*. Washington: Center for Strategic and International Studies, 1997.

10 BARTLETT, C.; GHOSHAL, S. *Transnational management*: text, cases, and readings in cross-border management. Homewood, IL: Irwin, 1992.

11 CAPELL, K. "McDonald's offers ethics with those fries". *Business Week*. 9 jan. 2007.

Capítulo 2

# A globalização dos mercados e a internacionalização da empresa

## Objetivos de aprendizagem

Neste capítulo, você aprenderá sobre:

1. Por que a globalização não é um fenômeno novo
2. Uma estrutura organizacional para a globalização dos mercados
3. As dimensões da globalização dos mercados
4. Os fatores geradores da globalização dos mercados
5. Avanços tecnológicos como fator gerador da globalização dos mercados
6. Consequências da globalização dos mercados para a sociedade
7. Consequências da globalização de mercados para as empresas: a internacionalização da cadeia de valor empresarial

## Bangalore: o novo Vale do Silício

No final da tarde dos dias úteis em Bangalore, milhares de rapazes e moças vão de ônibus para os *call centers* que caracterizam essa cidade, a quinta maior da Índia. Enquanto o dia de trabalho começa na costa leste do Canadá e dos Estados Unidos, esses jovens indianos colocam seus fones na cabeça, para iniciar o turno da noite. Eles atendem a clientes norte-americanos em solicitações referentes a cartões de crédito, compra de produtos e transações pela Internet. Mais de 100.000 trabalhadores em Bangalore dedicam-se a escrever *software*, projetar chips, rodar sistemas de computação, ler raios X, processar financiamentos, preencher formulários de recolhimento de impostos e rastrear bagagem extraviada para companhias da Austrália, China, Europa, Japão e América do Norte. Pode-se observar o mesmo padrão em Delhi, Chennai, Hyderabad e outros centros emergentes de alta tecnologia por toda a Índia. Empresas como Accenture, AOL, Intel, Cisco, Oracle, Philips e Ernst & Young instalaram operações nesse país.

Em 2008, o número de pessoas empregadas em serviços terceirizados de tecnologia da informação (TI) na Índia ultrapassou a marca de um milhão. Qual é a atratividade? Em primeiro lugar, os indianos são remunerados em cerca de um quarto do que recebem os ocidentais em função semelhante e, em muitos casos, com melhor desempenho. Segundo, a Índia abriga milhões de trabalhadores altamente capacitados. Terceiro, a língua inglesa é amplamente falada. Por fim, a localização em um fuso horário diferente do da Europa e dos Estados Unidos permite aos indianos tirar proveito do compartilhamento de tempo. Quando os norte-americanos estão terminando o dia de trabalho, os indianos chegam ao escritório para iniciar as atividades. Graças à transmissão instantânea de dados pela Internet, europeus e norte-americanos podem enviar seus projetos por e-mail aos colegas na Índia e recebê-los prontos na manhã seguinte. Para as empresas no ramo de economia do conhecimento, o dia de trabalho de 24 horas é bem-vindo.

A Infosys é uma das maiores empresas de *software* da Índia. Seu CEO, Nandan Nilekani, orgulha-se da sala de videoconferência global com uma tela plana do tamanho da parede, pela qual realiza reuniões virtuais com seus principais parceiros na cadeia global de valor. Os projetistas da empresa nos Estados Unidos podem falar simultaneamente com os programadores de software na Índia e os fabricantes de peças na Ásia. "Isso é globalização hoje", afirma Nilekani. Acima da tela estão oito relógios que resumem a filosofia de trabalho na Infosys: 24 horas / 7 dias por semana / 365 dias ao ano. Eles marcam as horas na costa oeste dos Estados Unidos, costa leste dos Estados Unidos, Londres, Índia, Cingapura, Hong Kong, Japão e Austrália.[1]

Nikelani explica que os computadores têm se tornado mais baratos e de uso comum em todo o mundo, acarretando uma explosão de *softwares* para comunicação eletrônica e mecanismos de busca, como o Google. O *software* proprietário permite decompor qualquer trabalho e enviar uma parte dele para Boston, outra para Bangalore e ainda outra para Beijing, facilitando o desenvolvimento remoto. "A junção de tudo isso fez surgir uma plataforma de trabalho intelectual que podia ser gerado em qualquer lugar. Podia ser desagregado, entregue, distribuído, produzido e remontado. O que atualmente se vê em Bangalore é, na verdade, a culminância de todas essas coisas se juntando." Mercados emergentes como Índia, Brasil e China podem competir em condições de igualdade pelo trabalho especializado global, como nunca antes.[2]

Ravi Patel tem o perfil comum do trabalhador especializado que as empresas de TI de Bangalore contratam. Ele dirige um carro Suzuki, usa um celular Sony Ericsson e tem conta no Citibank. Sai com os amigos para tomar café na Starbucks, um Bacardi ou uma Sprite. Assiste a filmes norte-americanos em um televisor Samsung, escova os dentes com Colgate e calça tênis Reebok. No trabalho, usa um computador Acer com *software* Microsoft, um telefone Lucent e uma copiadora Mita e bebe Coca-Cola.

A vida de Ravi ilustra o fenômeno da *globalização*, que traz várias implicações:

- É cada vez mais difícil distinguir onde no mundo você está, com base nos bens e serviços que consome.
- As tecnologias mais importantes podem ser desenvolvidas em praticamente qualquer parte do mundo.
- Os empregos nos setores especializados são executados onde quer que a empresa possa extrair o máximo de vantagens, em qualquer parte do mundo.
- No longo prazo, ao enfatizar o livre comércio e o *global sourcing*, a globalização permitirá que qualquer consumidor no mundo receba qualidade máxima a preço mínimo. Os compradores tanto das nações produtoras quanto das consumidoras aumentarão sua renda discricionária e sua qualidade de vida.[3]

FONTE: HEILEMANN, J. "In through the outsourcing door". *Business 2.0*. nov. 2004; "Where is your job going?". *Fortune*. nov. 2003; FRIEDMAN, T. "It's a flat world, after all". *The New York Times Magazine*. abr. 2005; SIEGEL, J. *The future for investors*. Nova York: Crown Business, 2005.

O texto de abertura salienta duas megatendências que, mais do que qualquer outra, alteraram o ambiente de negócios: a globalização dos mercados e os avanços tecnológicos. Como discutimos no Capítulo 1, a **globalização de mercados** refere-se à integração econômica contínua e à interdependência crescente entre os países no mundo. Ela permite às empresas vislumbrar o mundo como um mercado integrado. De início, os acadêmicos usaram esse termo como referência ao surgimento de mercados globais de bens e serviços padronizados e ao crescimento das empresas de escala mundial que os atendem. Contudo, o termo possui um significado mais amplo e também denota a interconectividade das economias nacionais e a interdependência crescente de compradores, produtores, fornecedores e governos de diferentes nações. A globalização dos mercados manifesta-se pela produção e pelo marketing de bens e serviços de marca pelo mundo. O declínio de barreiras comerciais e a facilidade com que as transações internacionais ocorrem graças à Internet e a outras tecnologias contribuem para uma integração gradual da maioria das economias nacionais em um mercado unificado.

Os avanços tecnológicos em curso caracterizam a outra megatendência que transformou os negócios contemporâneos. O desenvolvimento das tecnologias de informação, manufatura e transportes, bem como o surgimento da Internet, facilitou a rápida e precoce internacionalização de inúmeras empresas, tais como a Neogen (www.neogen.com). Seus fundadores desenvolveram kits de diagnóstico para a segurança dos alimentos, os quais, em comparação com outros disponíveis no mercado, eram mais precisos, eficientes e fáceis de usar. A reputação de superioridade de seus produtos permitiu à Neogen internacionalizar-se de forma rápida e adquirir uma clientela mundial. Fazendeiros utilizam seu kit para testes de resíduos de pesticida; veterinários testam medicamentos, vacinas e produtos de uso tópico; e o Food Safety Inspection Service do departamento de agricultura dos Estados Unidos usou o teste rápido da empresa para a bactéria *Escherichia coli*. Atualmente, a Neogen é tida como uma empresa internacional muito bem-sucedida.

A moderna tecnologia intensifica a atividade dos negócios internacionais em níveis sem precedentes. Por exemplo, muitas empresas de software, jogos ou entretenimento mantêm presença somente na Web. A evolução das tecnologias de transportes e comunicações contribuíram sobremaneira com o serviço de entrega rápida de fornecedores como DHL, UPS e FedEx no atendimento a clientes de todo o mundo.

A dupla tendência de globalização dos mercados e avanços tecnológicos permite às empresas estarem mais preparadas, atualmente, para realizar atividades tanto de marketing quanto de *compras* em escala global. Cada vez mais elas vendem suas ofertas pelo mundo. A maioria delas adquire matéria-prima, peças, componentes e serviços de fornecedores localizados ao redor do globo. Essas tendências também servem para transformar as economias de cada nação. O comércio mundial e o investimento direto estrangeiro (IDE ou FDI, do inglês *foreign direct investment*) crescentes, acompanhados pela expansão tecnológica, oferecem aos consumidores e compradores industriais muito maior escolha de bens e serviços. As atividades competitivas e inovadoras de empresas internacionalmente ativas ajudam a reduzir os preços que pessoas físicas e jurídicas pagam por bens e serviços. A geração de empregos por essas empresas contribui para melhorar o padrão de vida individual no mundo todo. Ao mesmo tempo, as preferências por alguns bens de consumo parecem convergir entre os mercados, como atesta a popularidade universal de certas músicas, opções de entretenimento, produtos eletrônicos e alimentos. A globalização contribui para a disseminação dos valores das economias liberalizadas sobre o livre comércio e o respeito aos direitos de propriedade intelectual a um público internacional cada vez mais amplo.[4]

## Por que a globalização não é um fenômeno novo

As tecnologias avançadas, tais como a Internet e os modernos sistemas de transporte, aceleraram o ritmo da globalização. Entretanto, não se trata de um fenômeno novo; simplesmente, houve uma aceleração e um aumento de complexidade nos últimos anos. As antigas civilizações do Mediterrâneo, Oriente Médio, Ásia, África e Europa contribuíram para o crescimento do comércio entre fronteiras ao longo do tempo. A globalização desenvolveu-se a partir de uma herança comum, compartilhada de todas as civilizações, independentemente de onde surgiram, para que se expandissem e tocassem umas às outras.[5] É o apogeu dos enigmas da diferenciação e da descoberta desvendados há milhares de anos. O intercâmbio com os outros deu às sociedades a oportunidade de se expandir e crescer. O comércio através das eras fomentou a civilização; sem ela, seríamos um mundo de tribos em guerra, determinados a obter pela força aquilo de que necessitássemos.[6] O comércio entre as nações abriu o mundo para as inovações e o progresso.

## Fases da globalização

Desde a década de 1800, podemos identificar quatro fases distintas na evolução da globalização dos mercados. Cada fase é acompanhada por desenvolvimentos revolucionários em tecnologia e tendências internacionais, ilustradas na Tabela 2.1. Vamos abordá-las de modo sucinto.

*A primeira fase da globalização* teve início por volta de 1830 e atingiu o pico em torno de 1880.[7] Os negócios internacionais difundiram-se nesse período devido à expansão das ferrovias, à eficiência do transporte marítimo e ao crescimento das grandes empresas manufatureiras e de comércio. A invenção do telégrafo e do telefone no final da década de 1800 facilitou os fluxos de informação tanto externos quanto internos das nações, contribuindo muito com os esforços preliminares de administrar as cadeias de suprimento das empresas.

*A segunda fase da globalização* começou por volta de 1900 e foi associada ao aumento da produção de eletricidade e aço. Esta fase atingiu o pico pouco antes da Grande Depressão, uma crise econômica mundial iniciada em 1929. Em 1900, a Europa Ocidental era a região mais industrializada do mundo. A colonização europeia de países na Ásia, África, Oriente Médio e outros levou ao estabelecimento de

**Tabela 2.1** Fases da globalização desde o início da década de 1800

| *Fase da globalização* | *Período aproximado* | *Fatores desencadeadores* | *Principais características* |
|---|---|---|---|
| Primeira fase | 1830 até o final da década de 1800, com pico em 1880 | Introdução das ferrovias e o transporte marítimo | Aumento da manufatura: comércio através das fronteiras de *commodities*, em grande parte por *trading companies* |
| Segunda fase | 1900 a 1930 | Aumento da produção de eletricidade e aço | Surgimento e domínio das primeiras empresas multinacionais (principalmente europeias e norte-americanas) nos setores industrial, extrativista e agrícola |
| Terceira fase | 1948 à decada de 1970 | Formação do Acordo Geral sobre Tarifas e Comércio (GATT, do inglês *General Agreement on Tariff and Trade*); fim da Segunda Guerra Mundial; Plano Marshall para reconstrução da Europa | Esforço concentrado da parte dos países industrializados ocidentais para redução gradual de barreiras ao comércio; crescimento das multinacionais japonesas; comércio entre países de bens de marca; fluxo entre países de moeda, em paralelo ao desenvolvimento de mercados globais de capital |
| Quarta fase | Década de 1980 até o presente | Expressivos avanços nas tecnologias de informação, comunicações, manufatura e consulta; privatização de empresas estatais em países em transição; notável crescimento econômico nos mercados emergentes | Taxa de crescimento sem precedentes no comércio entre fronteiras de bens, serviços e capital; participação nos negócios internacionais de empresas de pequeno e grande porte, originárias de vários países; foco nos mercados emergentes para atividades de exportação, IDE e suprimento |

algumas das primeiras subsidiárias de empresas multinacionais. As europeias, como BASF, British Petroleum, Nestlé, Shell e Siemens, instalaram fábricas estrangeiras por volta de 1900.[8] Nos anos que precederam a Primeira Guerra Mundial (antes de 1914), muitas empresas já operavam em escala global. A italiana Fiat forneceu veículos a nações de ambos os lados da guerra.

*A terceira fase da globalização* começou após a Segunda Guerra Mundial. Quando a guerra terminou, em 1945, havia uma considerável demanda reprimida por bens de consumo, bem como insumos para a reconstrução da Europa e do Japão. Os Estados Unidos foram o país menos afetado pela guerra e que se tornou a economia mundial dominante. Uma ajuda governamental maciça contribuiu para estimular a atividade econômica na Europa. Antes da guerra, as tarifas e outras barreiras comerciais eram altas, e havia controle rigoroso sobre a movimentação de moeda e capital. Vários países industrializados, como Austrália, Inglaterra e Estados Unidos, buscaram de forma sistemática reduzir barreiras ao comércio internacional. O resultado desse esforço foi o *Acordo Geral sobre Tarifas e Comércio* (GATT, do inglês *General Agreement on Tariff and Trade*). Instituído na Conferência de Bretton Woods, que reuniu 23 nações em 1947, o GATT serviu como um fórum global de negociação para a liberalização de barreiras comerciais.

O GATT marcou o início de uma série de rodadas anuais de negociação, com o objetivo de reduzir as barreiras ao comércio e ao investimento internacionais. Os governos participantes reconheceram que a liberalização do comércio estimularia a industrialização, a modernização e a melhoria do padrão de vida. O GATT acabou transformando-se na Organização Mundial do Comércio (OMC), à medida que mais países aderiram a esse órgão multinacional. A **Organização Mundial do Comércio** representa um órgão governamental multilateral com poder de regulamentar o comércio e o investimento internacionais. A OMC visa assegurar que as transações internacionais sejam justas e eficientes e atualmente reúne cerca de 150 nações. Mais cooperação global no período pós-guerra resultou em outras organizações internacionais, como o Fundo Monetário Internacional e o Banco Mundial.

As primeiras multinacionais dessa terceira fase de globalização originaram-se nos Estados Unidos, na Europa Ocidental e no Japão. Os europeus geralmente se expandiam para suas ex-colônias. Empresas como Unilever, Philips, Royal Dutch-Shell, British Petroleum e Bayer organizaram seus negócios estabelecendo subsidiárias independentes em cada país estrangeiro com o qual faziam negócios. Diversas desenvolveram marcas de reconhecimento internacional, como Nestlé, Kraft, John Deere, Kellogg, Lockheed, Caterpillar, Coca-Cola, Chrysler, Pepsi-Cola, Singer (máquinas de costura) e Levi's. Multinacionais norte-americanas, como IBM, Boeing, Texas Instruments, Xerox e McDonnell Douglas, espalharam-se pelo mundo, impulsionadas pela força de suas vantagens tecnológicas e competitivas. Gillette, Kodak e Kellogg tiveram sucesso oferecendo produtos únicos. As subsidiárias estrangeiras dessas empresas formaram-se segundo um modelo de clonagem, no qual fabricavam e vendiam os mesmos produtos que a matriz e operavam versões miniaturizadas e autônomas delas. Aos poucos, as multinacionais começaram a buscar vantagens de custo ao instalar fábricas nos países em desenvolvimento, com baixos custos de mão de obra.

O crescimento das atividades das multinacionais e os esforços iniciais de liberalização do comércio resultaram em aumentos consideráveis de comércio e investimento internacional a partir da década de 1960. Recuperadas da Segunda Guerra Mundial, as multinacionais europeias e japonesas começaram a desafiar o domínio global das norte-americanas. Com o afrouxamento das barreiras comerciais e dos controles cambiais o capital passou a fluir livremente através das fronteiras nacionais, levando à integração dos mercados financeiros globais.[9]

*A quarta e atual fase de globalização* teve início nos primeiros anos da década de 1980. Esse período testemunhou um enorme crescimento no comércio e no investimento entre países. A atual fase foi desencadeada por fortes tendências, como a comercialização de microcomputadores, o desenvolvimento da Internet e de *browsers* Web, avanços nas tecnologias de comunicação e manufatura, o colapso da União Soviética e a subsequente liberalização de mercado na Europa central e oriental, além da industrialização e das iniciativas de modernização das economias do Leste Asiático, incluindo a China.

A intensa prosperidade internacional começou a atingir mercados emergentes como Brasil, Índia e México. A década de 1980 testemunhou um substancial aumento em IDE, sobretudo nos setores intensivos em capital e tecnologia. Os avanços tecnológicos em informação, comunicação e transporte viabilizaram a instalação de operações remotas ao redor do mundo, geograficamente distantes porém eletronicamente interconectadas. Essas tecnologias também facilitaram a globalização do setor de serviços em segmentos como o de bancos, entretenimento, turismo, seguro e varejo. A fusão de grandes empresas, antes tidas como alicerces do poder corporativo nacional, ilustrou a crescente integração da economia mundial. Por exemplo, a GM adquiriu a Saab da Suécia, a Ford assumiu a Mazda do Japão, e a Daimler Benz comprou a Chrysler nos Estados Unidos.

Na era contemporânea, inúmeras empresas configuram e coordenam atividades de comércio e investimento em um mercado global gigantesco. De certo modo, a globalização e os avanços tecnológicos resultam no 'fim da distância'.[10] Em outras palavras, as distâncias geográficas e, até certo ponto, as culturais que separam as nações estão encolhendo. A Tabela 2.2 mostra a evolução dessa tendência. As fases seguintes da globalização vêm, gradualmente, reduzindo o mundo a um mercado global administrável.

Tabela 2.2 O fim da distância

| *Nesta época...* | *O meio de transporte mais rápido era...* | *À velocidade de...* |
|---|---|---|
| 1500 à década de 1840 | • Navios movidos à força humana e carroças puxadas por cavalos | 10 milhas por hora |
| 1850 a 1900 | • Barcos a vapor<br>• Locomotivas a vapor | 36 milhas por hora<br>65 milhas por hora |
| Início da década de 1900 até os dias de hoje | • Veículos motorizados<br>• Aviões a hélice<br>• Aviões a jato | 75 milhas por hora<br>300 a 400 milhas por hora<br>500 a 700 milhas por hora |

FONTE: Adaptado de: DICKEN, P. *Global shift*. Nova York: Guilford, 1992, p. 104.

## Uma estrutura organizacional para a globalização dos mercados

A Figura 2.1 apresenta uma estrutura organizacional de análise da globalização dos mercados. A figura distingue entre: (1) os fatores geradores ou as causas desse fenômeno; (2) suas várias dimensões ou manifestações; (3a) suas consequências à sociedade; e (3b) suas consequências às empresas — fatores que estimulam as empresas a se internacionalizarem de forma proativa. As setas duplas da figura apontam para a natureza interativa do relacionamento entre a globalização e seus efeitos. Por exemplo, à medida que ela se intensifica, todo negócio é compelido a reagir aos desafios e explorar novas vantagens. Deve-se ter em mente, contudo, que as empresas não adotam estratégias de internacionalização somente em reação à globalização. Como discutimos no Capítulo 1, elas buscam a internacionalização de modo pró-ativo também em decorrência de diversas forças internas (como a busca por crescimento e clientes ou para minimizar a dependência do mercado doméstico por meio da diversificação geográfica). Com frequência, condições adversas no mercado interno, como regulamentação ou vendas em declínio, levam as empresas a tomar a iniciativa de buscar a expansão internacional.

Dada a intensidade da competição global, muitas empresas perseguem a internacionalização de forma proativa, como uma opção estratégica. Ou seja, demonstram uma atitude mais agressiva em relação à identificação de oportunidades no mercado externo, procurando parcerias com empresas estrangeiras e desenvolvendo capacidades organizacionais que aumentem sua vantagem competitiva. As empresas com essa postura proativa tendem a obter mais êxito na concorrência global do que outras que se envolvem em negócios internacionais de modo reativo.

A Vodafone, um dos maiores provedores de serviços de telefonia sem fio, representa um bom exemplo de busca da internacionalização como uma alternativa estratégica de crescimento. Suas principais ofertas abrangem os serviços de telecomunicações e dados, portais multimídia, operações de telefonia celular, serviços de satélite e lojas de varejo. A empresa possui vendas anuais acima de US$ 40 bilhões e cerca de 200 milhões de clientes em 30 países. Fundada em 1982 na Inglaterra, por volta de 1993 a Vodafone detinha participação nas redes de telefonia móvel na Austrália, Grécia, Hong Kong, Malta e Escandinávia. A empresa lançou ou comprou participação em operações por toda a Europa, as Américas e partes da Ásia e da África. Seu processo de internacionalização ocorreu, sobretudo, por meio de investimento direto estrangeiro, obtendo fundos nos mercados globais de capital.

A Vodafone beneficiou-se de outras importantes tendências na era da globalização, como a harmonização das tecnologias de comunicação, a convergência das características dos consumidores e a redução das barreiras ao comércio e aos investimentos. À medida que se desenvolvem economicamente, os mercados emergentes aplicam o *leapfrogging** das tecnologias mais antigas de telecomunicações (principalmente os sistemas de linha fixa) e adotam a tecnologia de telefonia celular — uma vantagem para a Vodafone. Na Turquia, a empresa adquiriu a Telsim, segunda maior operadora de telefonia móvel do país. Em 2007, assumiu grande parte do negócio de telefonia celular da Índia, em um movimento que alavanca o rápido crescimento econômico do país e sua necessidade por um sistema moderno de telefonia.

A estratégia global proativa da Vodafone enfatiza a padronização em âmbito mundial na venda de bens e serviços e na elaboração dos planos de marketing. Para minimizar custos e projetar uma imagem global, muitos dos telefones celulares da empresa são praticamente idênticos no mundo todo, com adaptações às regulamentações e aos padrões de telefonia locais. A Vodafone investe significativos recursos anuais em publicidade, com foco no desenvolvimento e na manutenção de uma marca global reconhecida em qualquer parte. A convergência de estilos de vida dos consumidores e dos níveis econômicos mundiais ajudam a facilitar a abordagem global. A administração da empresa coordena as operações em escala global e esforça-se para implementar

*Conceito conhecido em tecnologia, que consiste em descartar tecnologias anteriores, partindo sempre das mais avançadas, para melhorá-las. (N.T.)

Figura 2.1 Os fatores geradores e as consequências da globalização dos mercados

**1. Fatores geradores da globalização**
- Redução mundial das barreiras ao comércio e ao investimento
- Transição para economias de mercado e adoção do livre comércio na China e na antiga União Soviética, entre outras localidades
- Industrialização, desenvolvimento econômico e modernização
- Integração dos mercados financeiros mundiais
- Avanços tecnológicos

**2. Dimensões da globalização**
- Integração e interdependência das economias nacionais
- Mais blocos de integração econômica regional
- Crescimento dos fluxos globais financeiros e de investimentos
- Convergência dos estilos de vida e preferências dos consumidores
- Globalização das atividades produtivas das empresas

**3a. Consequências da globalização para a sociedade**
- Perda da soberania nacional
- Operações *offshore* e a evasão de empregos
- Efeito sobre a população de baixa renda
- Efeito sobre o meio ambiente
- Efeito sobre a cultura nacional

**3b. Consequências da globalização para as empresas: internacionalização da cadeia de valor empresarial**
- Inúmeras oportunidades de novos negócios para empresas internacionais
- Novos riscos e intensa rivalidade dos concorrentes estrangeiros
- Compradores mais exigentes, que se abastecem de fornecedores mundiais
- Maior ênfase na internacionalização proativa
- Internacionalização da cadeia de valor da empresa

processos de negócios uniformizados em compras e controle de qualidade. As estratégias de padronização de produto, de marca global e de maximização das vendas a consumidores mundiais devem muito de seu sucesso à globalização dos mercados. A internacionalização estratégica da Vodafone permite-lhe beneficiar-se das economias de escala, o que contribui para tornar seus produtos mais competitivos em preço.[11]

## Dimensões da globalização dos mercados

Como um fenômeno amplo, a globalização tem sido analisada sob a perspectiva de várias disciplinas, como economia, história, antropologia, ciências políticas, sociologia e tecnologia. No que se refere aos negócios internacionais, ela pode ser avaliada simultaneamente como: (1) uma consequência das tendências nas políticas econômicas, tecnológicas e governamentais; (2) um fator gerador dos fenômenos econômicos, políticos e sociais; e (3) um fator gerador e consequência da internacionalização no nível empresarial. A globalização é um fenômeno multifacetado, com cinco dimensões principais:

1. **Integração e interdependência das economias nacionais.** As empresas internacionalmente ativas planejam operações internacionais por meio de comércio, investimento, dispersão geográfica dos recursos da empresa e integração e coordenação das atividades da **cadeia de valor** — a sequência de atividades de valor agregado desempenhadas no processo

de desenvolvimento, fabricação, marketing e atendimento pós-venda de um produto. As atividades *agregadas* dessas empresas levam à *integração econômica*. Os governos contribuem para essa integração de várias maneiras. Primeiro, eles gradualmente reduzem as barreiras ao comércio e ao investimento internacionais (por exemplo, negociando acordos de comércio). Segundo, harmonizam cada vez mais as políticas monetárias e fiscais dentro dos *blocos de integração econômica regional* (também conhecidos como *blocos comerciais*), tais como a União Europeia. Terceiro, planejam e supervisionam as instituições *supranacionais* — como Banco Mundial, Fundo Monetário Internacional e Organização Mundial do Comércio — que buscam maior redução das barreiras comerciais.

2. **Aumento de blocos de integração econômica regional.** Intimamente relacionado com a tendência anterior está o surgimento, a partir da década de 1950, dos blocos de integração econômica regional. Por exemplo, a área do Tratado Norte-americano de Livre Comércio (*NAFTA*, do inglês *North American Free Trade Agreement*), a zona do Acordo de Cooperação Econômica da Ásia e do Pacífico (*APEC*, do inglês *Asia Pacific Economic Cooperation*) e o *Mercosul* na América Latina. Esses blocos econômicos regionais incorporam grupos de países no âmbito dos quais os fluxos de comércio e investimento são facilitados por meio da redução das barreiras. Nos acordos mais avançados, como os de 'mercado comum', as barreiras ao fluxo interfronteiras dos fatores de produção (sobretudo força de trabalho e capital) são removidas. A União Europeia, além de adotar o livre comércio entre seus membros, está harmonizando as políticas fiscal e monetária e adotando regulamentações comerciais comuns.

3. **Crescimento dos fluxos globais financeiros e de investimentos.** No processo de condução das transações internacionais, empresas e governos compram e vendem grandes quantias de moedas nacionais (tais como dólares, euros e ienes). A livre circulação de capital pelo mundo — a globalização do capital — estende as atividades econômicas para além das fronteiras e promove a interconectividade entre as economias mundiais. Os bancos comerciais e de investimento constituem uma indústria global. O mercado de títulos ganhou escopo mundial, com as obrigações estrangeiras representando uma das principais fontes de financiamento de dívida para as iniciativas pública e privada. As redes de informações e comunicações facilitam os pesados volumes de transações financeiras diárias, integrando os mercados nacionais. Todavia, a integração disseminada pode exercer efeitos negativos. Por exemplo, quando a Tailândia e a Malásia passaram por uma crise monetária em 1997, ela rapidamente se alastrou para Coreia do Sul, Indonésia e Filipinas, causando uma recessão prolongada na maioria das economias do Leste Asiático.

4. **Convergência dos estilos de vida e preferências dos consumidores.** Por todo o mundo, muitos consumidores adotam formas cada vez mais semelhantes de gastar seu dinheiro e tempo. Os estilos de vida e as preferências estão convergindo. Consumidores em Tóquio, Nova York e Paris demandam eletrodomésticos, roupas, automóveis e aparelhos eletrônicos similares. Adolescentes de qualquer parte sentem-se atraídos por iPods, celulares Nokia e jeans Levi's. As grandes marcas conquistaram seguidores mundiais. Essa tendência é estimulada por mais viagens internacionais, filmes, mídia global e a Internet, que expõe os consumidores a bens, serviços e padrões de vida de todo o mundo. Filmes de Hollywood, como *Kill Bill* e *O Senhor dos Anéis*, atraem muita atenção de um público global. A convergência das preferências também ocorre nos mercados industriais, onde os compradores das empresas adquirem matérias-primas, peças e componentes cada vez mais *padronizados* — isto é, muito semelhantes em *design* e estrutura. Entretanto, embora a convergência de gostos facilite o marketing de produtos e serviços altamente padronizados a consumidores mundiais, ela também promove a perda dos estilos de vida e valores tradicionais de cada país.

5. **Globalização da produção.** A intensa concorrência global está forçando as empresas a reduzir os custos de produção e marketing. Elas se esforçam para baixar preços por meio de economias de escala e da padronização do que vendem. Buscam economia em manufatura e compras, transferindo essas atividades para localidades no exterior, de modo a se beneficiarem das diferenças entre os países em relação ao custo e à qualidade dos fatores de produção. Montadoras de automóveis e indústrias têxteis, por exemplo, deslocaram sua manufatura para locais de baixo custo de mão de obra, tais como China, México e Leste Europeu. A produção em escala global também ocorre no setor de serviços, em segmentos como os de varejo, bancos, seguros e processamento de dados. Por exemplo, a imobiliária RE/MAX tem mais de 5.000 escritórios em mais de 50 países. A francesa Accor opera centenas de hotéis pelo mundo.

## Fatores geradores da globalização

Nos últimos anos, várias tendências têm convergido como causas para a globalização dos mercados. Destacam-se, sobretudo, cinco fatores geradores:

1. **Redução mundial das barreiras ao comércio e ao investimento.** A tendência dos governos nacionais de reduzir as barreiras ao comércio e ao investimento acelerou a integração econômica global. Por exemplo, as tarifas sobre a importação de automóveis, maquinário industrial e inúmeros outros produtos caíram para quase zero em diversos países, incentivando o intercâmbio internacional mais livre de bens

e serviços. A OMC contribui amplamente para a redução dessas barreiras. A China aderiu a essa organização em 2001 e comprometeu-se a tornar seu mercado mais acessível às empresas estrangeiras. A redução das barreiras comerciais também está associada ao surgimento dos blocos de integração econômica regional, como principal dimensão da globalização dos mercados.

2. **Liberalização de mercado e adoção do livre comércio.** Construído em 1961, o Muro de Berlim separava o lado leste da cidade, comunista, do lado oeste, democrático. O colapso da economia soviética em 1989, a queda do Muro de Berlim no mesmo ano e as reformas chinesas para um mercado mais livre sinalizaram o fim da Guerra Fria, que durou 50 anos, entre os regimes comunistas autocráticos e a democracia, preparando terreno para a integração das antigas economias dirigidas para a economia global. Várias economias do Leste Asiático, estendendo-se da Coreia do Sul até a Malásia e a Indonésia, já adotaram ambiciosas reformas de mercado. A Índia aderiu a essa tendência em 1991. Esses eventos abriram cerca de um terço do mundo para o comércio internacional mais livre. China, Índia e Europa Oriental tornaram-se algumas das localidades de melhor custo-benefício para a produção de bens e serviços no mundo. A privatização de setores outrora estatais nesses países estimulou a eficiência econômica e atraiu substancial capital estrangeiro para as economias nacionais.

3. **Industrialização, desenvolvimento econômico e modernização.** A industrialização implica que os mercados emergentes — economias em rápido desenvolvimento na Ásia, América Latina e Leste Europeu — estejam migrando da condição de produtores de *commodities* de baixo valor agregado, dependentes de mão de obra barata, para a de sofisticados e competitivos produtores e exportadores de bens de primeira linha, como eletrônicos, computadores e aviões.[12] É o caso do Brasil, que se tornou um grande fabricante de aviões particulares, e da República Tcheca, que atualmente se destaca na indústria automobilística. Como apresentamos no texto de abertura, a Índia tornou-se um dos principais fornecedores de software de computação. O desenvolvimento econômico está melhorando o padrão de vida e a renda discricionária nos mercados emergentes. A medida mais importante do desenvolvimento econômico provavelmente é a *Renda Nacional Bruta* (GNI, do inglês *Gross National Income*) *per capita*.[13] A Figura 2.2 mapeia os níveis mundiais de GNI e mostra que a África é um dos países de menor renda, acompanhada pela Índia, por algumas outras nações na Ásia e pela Nicarágua. Essas áreas também se caracterizam pelos baixos índices de globalização de mercado. O uso de tecnologias avançadas, a melhoria dos padrões de vida e a adoção de modernas práticas legais e bancárias aumentam a atratividade dos mercados emergentes como alvos de investimento e facilitam a disseminação de ideias, bens e serviços em escala global.

4. **Integração dos mercados financeiros mundiais.** A integração dos mercados financeiros mundiais permite às empresas com atividade internacional levantar capital, financiar fundos e realizar transações em moeda estrangeira. As prestadoras de serviços financeiros acompanham seus clientes nos mercados externos. Em parte, as transações entre os países são facilitadas em decorrência da facilidade com que os fundos podem ser transferidos entre compradores e vendedores, por meio de uma rede de bancos comerciais internacionais. Por exemplo, você pode transferir fundos para um amigo em outro país utilizando a rede SWIFT (do inglês *Society for Worldwide Interbank Financial Telecommunication*), que conecta mais de 7.800 instituições financeiras em cerca de 200 países e simplifica o intercâmbio de transações financeiras. A globalização financeira contribui com a capacidade empresarial de desenvolver e executar operações de produção e marketing em escala mundial. Ela permite que as empresas paguem fornecedores e recebam de clientes no mundo todo.

5. **Avanços tecnológicos.** Os avanços tecnológicos representam um notável facilitador do comércio e do investimento interfronteiras. Vamos detalhar esse importante fator gerador de globalização e internacionalização de empresas.

## Avanços tecnológicos como fator gerador de globalização

É provável que os mais importantes fatores geradores de globalização dos mercados, a partir da década de 1980, sejam os avanços tecnológicos em comunicação, informação, manufatura e transporte. Se, por um lado, a globalização torna a internacionalização imperativa, por outro, os avanços tecnológicos fornecem os *meios* para que ela ocorra. Para começar, esses avanços facilitaram muito a administração das operações internacionais. Atualmente, as interações com parceiros estrangeiros e participantes da cadeia de valor tornaram-se mais eficientes do que nunca. As empresas transmitem uma série de dados, informações e comunicações vitais que ajudam a assegurar o funcionamento normal de suas operações globais. Além disso, as empresas utilizam a tecnologia da informação para melhorar a produtividade de suas operações e, dessa forma, obter significativas vantagens competitivas. Por exemplo, a tecnologia da informação permite às empresas adaptar seus produtos com mais eficiência aos mercados internacionais, ou fabricar bens em lotes menores visando a nichos.

Além disso, os avanços tecnológicos tornaram o custo das operações internacionais viáveis para todo tipo de negócio, o que explica por que tantas pequenas e médias empresas (PMEs) se internacionalizaram nas duas últimas décadas. O Painel (a) da Figura 2.3 mostra como o custo das comunicações internacionais despencou ao longo do tempo.

Figura 2.2 Renda nacional bruta em dólares norte-americanos

FONTE: BANCO MUNDIAL. World Bank Development Indicator database, 2006. Os números são baseados na metodologia Atlas do Banco Mundial, uma média de três anos da taxa de

ficial, ajustada pela inflação.

Figura 2.3 Declínio do custo de comunicação global e aumento do número de usuários de Internet

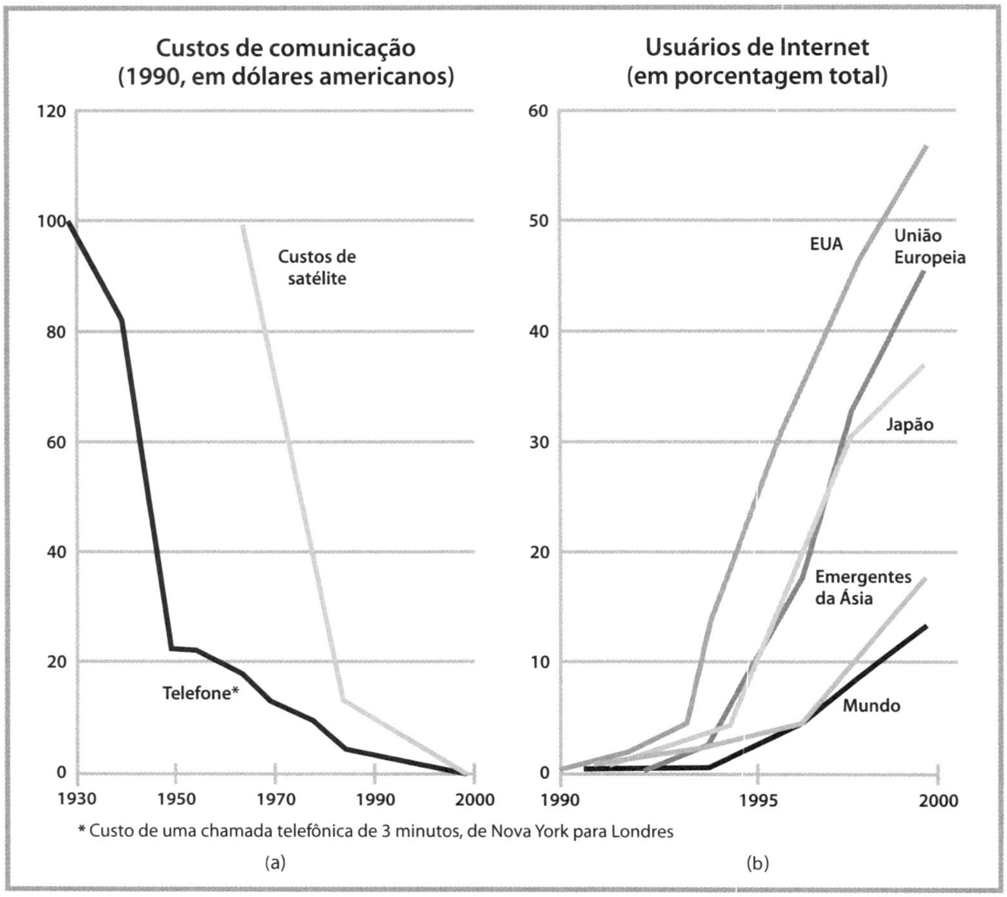


FONTE: FMI. *World Economic Outlook*. Washington, DC: Fundo Monetário Internacional, de *World Economic Outlook*, 2005, Washington DC: Fundo Monetário Internacional, 2005. Copyright © 2005. Reproduzido com permissão.

O Painel (b) revela o expressivo aumento do número de usuários da Internet nos últimos anos.

Os avanços tecnológicos também impulsionaram o desenvolvimento de novos produtos e serviços, atrativos a um público global. Os principais exemplos são o Walkman, o PlayStation 3 e os *palmtops* (ou PDAs, do inglês *personal digital assistants*). Os mercados emergentes e outras economias de países em desenvolvimento também se beneficiam dos avanços tecnológicos, em parte, graças ao *leapfrogging* tecnológico. Por exemplo, a Hungria e a Polônia passaram diretamente das antigas telecomunicações analógicas (com telefone de disco) para a tecnologia de telefonia celular, sem passar pela tecnologia digital inicial (telefone de teclas) que caracterizaram os sistemas telefônicos das economias avançadas.

A China e a Índia são as novas bases de apoio dos avanços tecnológicos. O texto de abertura deste capítulo revelou como a Índia se tornou o foco dos setores globais baseados na Internet e no conhecimento técnico. A alta administração da Intel e da Motorola, duas das maiores empresas de tecnologia do mundo, concordam que a China é o destino, quando se trata de progresso tecnológico. Uma parcela substancial da renda de ambas resulta de vendas no mercado chinês. A previsão de aumento da demanda por produtos tecnológicos na China estende-se por um longo período no futuro. O CEO da Intel comentou: "Quando volto de uma viagem à China, sinto como se tivesse visitado a fonte da juventude da computação."[14]

A atividade mais importante a sustentar os avanços tecnológicos é a *inovação*. As sociedades e as organizações inovam de várias maneiras, como novos *designs* de produto, novos processos de produção, novas abordagens de marketing e novas formas de organização ou treinamento. A inovação resulta principalmente de pesquisa e desenvolvimento.[15] Atualmente, cientistas e engenheiros dedicam-se mais do que nunca às atividades de P&D pelo mundo. Por exemplo, os japoneses introduziram a tecnologia a quartzo para relógios, que resultou em maior precisão e uma considerável redução nos custos de produção, além da liderança dos fabricantes japoneses na indústria de relógios em pouco tempo. Dentre os setores mais dependentes de inovação tecnológica estão biotecnologia, tecnologia da informação, novos materiais, produtos farmacêuticos, robótica, equipamento médico, *laser* e fibra ótica, além de vários segmentos ligados à eletrônica.

Os avanços tecnológicos exerceram grande impacto em várias áreas essenciais: tecnologia da informação, comunicações, manufatura e transportes.

## Tecnologia da informação

Os efeitos da tecnologia da informação (TI) nos negócios foram nada menos que revolucionários. TI é a ciência e o processo de criação e de uso dos recursos da informação. O custo de processamento por computador caiu em cerca de 30 por cento *ao ano*, nas duas últimas décadas, e continua a cair. O notável desempenho da economia norte--americana na década de 1990 deveu-se, em grande parte, à agressiva integração da TI às atividades da cadeia de valor empresarial, que respondiam por 45 por cento do total de investimentos nessa época. A TI altera a estrutura industrial e, por conseguinte, muda as regras do jogo. Ao propiciar às empresas novas formas de superar a concorrência, ela cria vantagem competitiva.[16] Por exemplo, subsidiárias geograficamente distantes de uma multinacional podem ser interconectadas por meio de intranets, facilitando o compartilhamento instantâneo de dados, informações e experiências entre as operações mundiais da empresa.[17] As multinacionais também usam softwares colaborativos que conectam as equipes globais de desenvolvimento de produto ao redor do mundo, capacitando-as a trabalhar em conjunto. Além disso, a TI beneficia as empresas de menor porte, permitindo-lhes desenvolver e fabricar produtos customizados, visando os nichos internacionais.

A TI gerou novos produtos, como os telefones celulares, e novos processos, como os controles industriais automatizados. Mecanismos de busca pela Internet, como o Google e a Yahoo, fornecem a qualquer um acesso ilimitado a dados referentes a pesquisas de mercado, clientes, concorrentes e condições econômicas dos países. Em um nível mais elevado, a TI apoia as decisões gerenciais — como a seleção de parceiros de negócios estrangeiros qualificados — com base no acesso a informação e inteligência de mercado essenciais.

## Comunicações

Levou cinco meses para a Rainha Isabella, da Espanha, saber sobre a viagem de Colombo em 1942; duas semanas para a Europa receber a notícia do assassinato do presidente Lincoln em 1865; e meros segundos para o mundo testemunhar o colapso das torres do World Trade Center em Nova York em 2001. A evolução tecnológica mais profunda ocorreu nas comunicações, sobretudo em telecomunicações, satélites, fibras óticas, tecnologia sem fio e Internet. Houve uma época em que as pessoas e as empresas usavam telefonemas caros, um lento serviço postal e desengonçadas máquinas de telex para se comunicar com fornecedores estrangeiros. Em 1930, um telefonema de três minutos entre Nova York e Londres custava US$ 3.000. Em 1980, o custo caíra para US$ 6. Atualmente, essa chamada custa apenas alguns centavos. Os aparelhos de *scanner* e fax enviam documentos para todo o mundo praticamente sem custo. As transações bancárias têm um custo relativamente alto quando realizadas por caixas automáticos ou telefone, mas virtualmente nulo quando feitas pela Internet.

A Internet e os sistemas de comunicação baseados na Internet, como as intranets, extranets e o e-mail, conectam milhões de pessoas pelo mundo. A explosão das pontocom na década de 1990 incentivou pesados investimentos nas telecomunicações por fibra ótica. Atualmente, uma ampla gama de produtos e serviços — de autopeças a empréstimos bancários — é comercializada on-line. A transmissão de voz, dados e imagens dá-se praticamente sem custo, tornando Boston, Bangalore e Beijing vizinhos de porta, de modo instantâneo. A Coreia do Sul, onde o acesso à Internet é de quase 100 por cento, está liderando o caminho. Suas redes de banda larga para uso doméstico estão entre as mais rápidas do mundo. Seus alunos usam telefones celulares para enviar a lição de casa aos professores e jogam jogos eletrônicos pela Internet com adversários em qualquer parte do mundo. Os adultos usam seu telefones para pagar contas, fazer transações bancárias, comprar bilhetes de loteria e verificar as condições do trânsito.

A ampla disponibilidade da Internet e do e-mail torna a internacionalização das empresas economicamente viável. Por exemplo, a Amdahl, fabricante de computadores de larga escala, utiliza a Internet para fazer pedido de circuito impresso a fábricas na Ásia e para contratar o embarque internacional de peças e componentes por prestadores de serviço como a DHL e a Federal Express. Mecanismos de busca, bancos de dados, guias de referência e inúmeros sistemas de suporte governamentais e privados auxiliam os gestores a maximizar o conhecimento e as habilidades em prol do sucesso nos negócios internacionais. A Internet abre o mercado global para empresas que, de outra forma, não teriam recursos para negociar em escala internacional, como as inúmeras PMEs. Ao estabelecer presença na Web, até as microempresas podem dar o primeiro passo para se tornarem multinacionais. Graças à Internet, serviços tão diversificados como projetar um motor, monitorar uma câmera de segurança, vender seguro ou oferecer assessoria tornaram-se mais fáceis de exportar do que autopeças ou refrigeradores. A seção de "Tendência Global" destaca o surgimento do comércio eletrônico e seus efeitos sobre as operações e o desempenho internacional de uma empresa.

A Internet está estimulando o desenvolvimento econômico e uma maciça migração global de empregos, sobretudo no setor de serviços.[18] Como observou Marc Andreesson, cofundador da Netscape, "Um adolescente de 14 anos na Romênia ou em Bangalore ou no Vietnã tem todas as informações, todas as ferramentas, todos os *softwares* facilmente acessíveis, para aplicar o conhecimento da forma que desejar. A tecnologia da comunicação e da informação está atualmente em vias de reunir todos os reservatórios de conhecimento do mundo."[19] Em um futuro não muito distante, muito do que se registrou em papel, fita ou filme estará disponível on-line.

## Manufatura

Os projetos assistidos por computador (ou CAD, do inglês *computer-aided design*), a robótica e as linhas de produção administradas e monitoradas por controles baseados em microprocessadores estão transformando os processos industriais, sobretudo ao reduzir custos de produção. Os revolucionários desenvolvimentos atuais permitem a manufatura em baixa escala e a baixos custos. Ciclos curtos de produção passam a ser economicamente viáveis. Essa evolução beneficia os negócios internacionais, ao permitir às empresas adaptar produtos de forma mais eficiente a cada mercado estrangeiro, visar o lucro em pequenos mercados nacionais e competir de modo mais eficaz com concorrentes estrangeiros que já possuem vantagens de custo.

## Transporte

Os administradores analisam os custos de transporte de matéria-prima, componentes e produtos acabados, ao decidir se devem exportar ou fabricar no exterior. Se, por exemplo, os custos de transporte para um mercado importante são elevados, a administração da empresa pode optar por

## TENDÊNCIA GLOBAL

### A globalização e os negócios eletrônicos no mundo on-line

A tecnologia da informação e a Internet estão transformando os negócios internacionais ao permitir às empresas realizar o comércio on-line, bem como integrar os recursos dos negócios eletrônicos a atividades como suprimento e gestão do relacionamento com clientes. Essa modalidade de negócio impulsiona os esforços de globalização empresarial ao contribuir com a eliminação de zonas geográficas e de fuso horário. A empresa moderna, seja ela pequena ou grande, faz negócios pelo mundo o dia todo, todos os dias. Os negócios eletrônicos nivelam as oportunidades para todos os tipos de empresa. Graças às tecnologias on-line, até os novos empreendimentos podem ser ativos no exterior. As empresas *born global* estão entre os usuários mais intensivos da Web para vender, comprar e atender o cliente.

Os negócios eletrônicos oferecem ao menos três tipos de benefício. Primeiro, aumentam a produtividade e reduzem os custos nas atividades da cadeia de valor global, por meio da integração e da coordenação on-line da produção, distribuição e atendimento pós-venda. Segundo, criam valor aos clientes existentes e revelam novas oportunidades de venda ao ampliar o foco no cliente, intensificar os recursos de marketing e lançar iniciativas empreendedoras. Um dos principais benefícios é a capacidade de implementar a estratégia de marketing em escala internacional e integrar as operações focadas no cliente em âmbito mundial. A interconectividade virtual facilita o compartilhamento de novas ideias e das melhores práticas para atender a mercados internacionais novos e existentes. Terceiro, melhoram o fluxo de informação e conhecimento, que permeiam todas as operações mundiais de uma empresa. A Internet permite à empresa disseminar informações de forma rápida por todas as operações globais e a interagir de forma mais eficaz com clientes, fornecedores e parceiros. Os gestores empresariais podem fazer mudanças instantâneas em estratégias e táticas nas atividades da cadeia de valor. A empresa pode ajustar-se a mudanças em tempo real nas condições mercadológicas praticamente ao mesmo tempo em que ocorrem. Por exemplo, a Cisco utiliza soluções de negócios eletrônicos para minimizar custos e maximizar a efetividade operacional em sua cadeia internacional de suprimentos. Ela utiliza a Internet para estar permanentemente ligada a fornecedores e distribuidores. Isso a ajuda a administrar os estoques, as especificações de produto e os pedidos de compra, bem como os ciclos de vida dos produtos. Os sistemas de compras eletrônicas ajudam a Cisco a economizar no processamento de transações, reduzir tempos de ciclo e alavancar as relações com fornecedores.

A gestão do relacionamento com clientes é especialmente crucial nos mercados estrangeiros, em que os compradores tendem a favorecer os fornecedores locais. Os sistemas baseados na Internet fornecem informação em tempo real, preveem alterações nas demandas mercadológicas de curto e longo prazo e aumentam a efetividade do atendimento pós-venda. O comércio eletrônico intensifica os meios para as empresas obterem vantagens competitivas e atingirem metas de desempenho em um mercado global.

fabricar sua mercadoria lá, construindo uma fábrica. No início da década de 1960, os avanços tecnológicos levaram ao desenvolvimento de econômicos aviões apelidados de Jumbo, gigantescos navios cargueiros e embarques conteinerizados, geralmente pelo uso de compostos de alta tecnologia e componentes menores que são menos volumosos e leves. Como resultado, o custo de transporte, em proporção ao valor dos produtos embarcados internacionalmente, caiu bastante. Custos menores de frete impulsionaram o rápido crescimento do comércio entre países. A evolução tecnológica também reduziu os custos das viagens internacionais. Até 1960, era comum viajar de navio. Com o desenvolvimento da viagem aérea, os executivos percorrem o mundo com rapidez.

## Consequências da globalização para a sociedade

Até aqui, nossa discussão salientou os resultados positivos de longo alcance da globalização. Entretanto, ela também acarreta consequências danosas. Embora melhorias significativas nos padrões de vida tenham ocorrido em praticamente todos os países que abriram suas fronteiras à intensificação do comércio e dos investimentos, a transição para um mercado cada vez mais global e único apresenta desafios a indivíduos, organizações e governos. As nações de baixa renda não conseguiram integrar-se à economia global com a mesma rapidez das demais. A pobreza é especialmente notável na África e em países populosos como Brasil, China e Índia. Vamos examinar alguns dos efeitos imprevistos da globalização.

### Perda da soberania nacional

A *soberania* é a capacidade de uma nação de governar suas questões internas. As leis de um país não podem ser aplicadas ou impostas a outro. A soberania nacional constitui um princípio fundamental que rege as relações globais, e a globalização pode ameaçá-la de várias maneiras. As atividades das multinacionais podem interferir na condição soberana dos governos de controlar suas próprias economias, estruturas sociais e sistemas políticos. Algumas corporações são maiores do que muitas economias nacionais. Com efeito, a economia interna da Walmart — sua receita total — suplanta o PIB da maioria das nações no mundo, como Israel, Grécia e Polônia. As grandes multinacionais podem exercer considerável influência sobre os governos por meio de *lobby* ou contribuições de campanha. Não é incomum elas pressionarem seu governo por, digamos, uma desvalorização da moeda nacional, o que lhes daria maior competitividade em preço nos mercados de exportação. As multinacionais também podem influenciar o processo legislativo e obter favores especiais dos órgãos governamentais.

Ao mesmo tempo, até as empresas de grande porte estão sujeitas às *forças de mercado*. Onde a concorrência é acirrada, uma empresa não pode forçar os consumidores a comprar seus produtos nem os fornecedores a supri-los com matérias-primas e insumos. Os recursos controlados por consumidores e fornecedores resultam da livre escolha no mercado. O desempenho empresarial depende da habilidade em conquistar clientes, relacionar-se com fornecedores e lidar com a concorrência. O domínio corporativo de um mercado é incomum. Na verdade, as forças de mercado é que dominam as empresas. Com efeito, a gradual integração da economia global e a crescente concorrência global, combinadas com a privatização de setores em várias nações, estão tornando algumas empresas *menos* poderosas no âmbito de seu próprio mercado.[20] Por exemplo, Ford, Chrysler e General Motors costumavam dominar o mercado automobilístico dos Estados Unidos. Atualmente, muitas outras montadoras competem no mercado norte-americano, como Toyota, Honda, Hyundai, Kia, Nissan e BMW. Na realidade, em vendas anuais, a Toyota rivaliza com a General Motors no mercado doméstico desta.

Atualmente, a globalização incentiva os governos a adotarem políticas econômicas sólidas e os gestores a administrarem suas empresas com mais eficiência. Para minimizar os danos da globalização e colher seus benefícios, os governos devem buscar um regime econômico aberto e liberal, com liberdade de entrar nos mercados e competir neles, proteção de indivíduos e da propriedade intelectual, estado de direito e intercâmbio voluntário imposto pelos mercados, e não por processos políticos. A transparência nos negócios e dos órgãos reguladores é crucial.

Ocasionalmente, os governos precisam examinar as atividades corporativas. Um exemplo nos Estados Unidos é a Lei Sarbanes-Oxley de 2002 (também conhecida como Public Company Accounting Reform and Investor Protection Act of 2002). Essa lei resultou de um abalo na confiança pública quanto à prática de relatórios financeiros, após uma série de escândalos corporativos e contábeis envolvendo empresas como Enron, Tyco International e WorldCom. Ela introduziu padrões novos e revisados para os conselhos de administração pública, modelos de gestão pública e empresas públicas de auditoria contábil do país.

### Operações *offshore* e a evasão de empregos

A globalização gerou inúmeros novos empregos e oportunidades pelo mundo, mas também privou deles muitas pessoas. É o caso da Ford, da General Motors e da Volkswagen, que transferiram milhares de empregos de suas fábricas na Alemanha para países no Leste Europeu. Em parte, isso ocorreu porque a menor carga de trabalho (em geral, somente 35 horas por semana) e os generosos benefícios tornaram a Alemanha menos competitiva, enquanto o Leste Europeu oferecia abundância de mão de obra de baixos salários. Reconhecendo isso, o governo alemão está afrouxando as leis trabalhistas para adaptá-las à realidade global. Entretanto, essas mudanças perturbaram a vida de dezenas de milhares de cidadãos alemães.[21] A General Motors e a Ford também demitiram milhares de trabalhadores nos Estados Unidos, em parte como resultado das pressões competitivas impostas por montadoras da Europa, Japão e Coreia do Sul.

As operações *offshore* constituem a realocação das atividades de manufatura e outras da cadeia de valor para localidades de melhor relação custo-benefício no exterior. Por exemplo, a auditoria Ernst & Young conta com o suporte de contadores nas Filipinas. O Massachusetts General Hospital tem tomografias computadorizadas e raios X interpretados por radiologistas na Índia. Muitos serviços de apoio de TI para clientes na Alemanha estão baseados na República Tcheca ou na Romênia.[22]

As operações *offshore* acarretaram a perda de empregos em várias economias maduras. A primeira onda desse tipo de atividade teve início nas décadas de 1960 e 1970, com a transferência da fabricação norte-americana e europeia de carros, sapatos, eletrônicos, têxteis e brinquedos para localidades com baixo custo de mão de obra, como México e Sudeste Asiático. A onda seguinte ocorreu na década de 1990, com o êxodo dos empregos do setor de serviços, nas áreas de processamento de cartões de crédito, programação de códigos de *software*, contabilidade, assistência médica e transações bancárias. Nos últimos anos, o fechamento de grandes fábricas e a realocação das instalações industriais para países de baixo custo receberam ampla cobertura da mídia. Os críticos chamaram muitas multinacionais de corporações 'desertoras' ou 'sem amarras' – rápidas em deslocar sua produção para onde se oferecessem condições mais favoráveis. Por exemplo, a Electrolux, uma indústria suíça de eletrodomésticos, mudou sua unidade de refrigeradores de Greenville, Michigan, para o México em 2005. Ela gerava 2.700 empregos nessa localidade de 8.000 habitantes. Apesar dos reiterados apelos da comunidade local, do sindicato trabalhista e do governo do Estado, a empresa manteve a decisão de transferir a manufatura para o México. Pode-se imaginar a devastação que isso causou à subsistência econômica dessa comunidade.

## Efeito sobre a população de baixa renda

É comum as multinacionais serem criticadas por pagar baixos salários, explorar trabalhadores e empregar mão de obra infantil. Esse último aspecto é particularmente preocupante por negar às crianças o direito à educação. A Organização Internacional do Trabalho (www.ilo.org) estima que haja 250 milhões de crianças trabalhando no mundo, muitas delas em período integral. A Nike foi criticada por pagar baixos salários a operários de fábricas de calçados na Ásia, alguns deles trabalhando em condições escravizantes. Os críticos protestam que, enquanto o fundador Phil Knight é um bilionário e a Nike vende tênis a US$ 100 ou mais, os fornecedores da empresa pagam a seus funcionários alguns poucos dólares por dia.

A exploração da força de trabalho e suas condições precárias constituem preocupações genuínas em muitas economias em desenvolvimento.[23] Todavia, deve-se levar em conta as outras escolhas disponíveis para esses indivíduos nesses países. Ter um emprego de baixa remuneração deve ser melhor do que não ter nenhum. Estudos recentes sugerem que banir produtos confeccionados com uso da mão de obra infantil pode acarretar consequências negativas não premeditadas.[24] Eliminar o trabalho infantil pode piorar o padrão de vida das crianças. A legislação que reduz o trabalho infantil no setor da economia formal (aquela regulamentada e monitorada pelas autoridades públicas) pode exercer pouco impacto sobre os empregos na economia informal. Em um cenário de severa pobreza, abolir empregos no setor formal não assegura que as crianças deixem de trabalhar para ir à escola.

Em muitos países em desenvolvimento, as condições de trabalho tendem a melhorar no decorrer do tempo. Nos últimos anos, o crescimento da indústria de calçados no Vietnã traduziu-se em um aumento de cinco vezes nos salários. Embora ainda baixos pelos padrões das economias avançadas, os salários em elevação melhoram a vida de milhões de trabalhadores e suas famílias. Para a maioria das nações, a globalização tende a sustentar uma economia em expansão. A Figura 2.4 mostra o crescimento do PIB mundial, de 1997 a 2006. Note-se que, na maioria dos casos, houve um crescimento significativo e positivo. Como indica o mapa, as economias com expansão mais acelerada no mundo são China e Índia. Chile, Irlanda e Vietnã também crescem em ritmo acelerado. Os antigos países da União Soviética no Leste Europeu passaram por crises na década de 1990, na transição para a economia de mercado. A maioria dos países africanos continua a apresentar um crescimento baixo ou negativo do PIB e uma pobreza em níveis alarmantes.

Os críticos insistem para que esses trabalhadores sejam remunerados com um salário decente. Entretanto, uma legislação para o aumento do salário mínimo também pode reduzir a oferta de empregos. Em outras palavras, os países que atraem investimento devido ao baixo custo da mão de obra perdem sua atratividade com o aumento dos salários. Sob uma perspectiva mais ampla, as evidências sugerem que a globalização está associada à elevação dos salários no decorrer do tempo. A Figura 2.5 revela que os países que liberalizam o comércio e o investimento internacionais experimentam um crescimento econômico *per capita* mais acelerado. A figura mostra como, na década de 1990, as economias em desenvolvimento que enfatizaram a integração com o restante do mundo apresentaram um crescimento do PIB *per capita* mais rápido do que as economias avançadas já integradas, as quais, por sua vez, cresceram mais depressa do que as economias em desenvolvimento que não buscaram a integração.

Os governos são responsáveis por garantir que os frutos do progresso econômico sejam compartilhados de forma justa e que todos os cidadãos tenham acesso à melhoria do bem-estar e dos padrões de vida e a empregos de maior valor agregado e melhor remuneração. Os países em desenvolvimento podem adotar diversas medidas proativas para reduzir a pobreza. Eles podem aprimorar as condições de investimento e poupança, liberalizar os mercados e promover o comércio, criar instituições e governos fortes para estimular a boa governança e investir em educação e treinamento para fomentar a produtividade e garantir a mobilidade ascendente do trabalhador. As economias avançadas podem desempenhar seu papel na diminuição da pobreza tornando seus mercados mais acessíveis aos países de baixa renda, facilitando os fluxos de investimento direto, outros capitais privados e tecnologia para esses países e proporcionando a flexibilização da dívida para aqueles fortemente endividados.

## Efeito sobre o meio ambiente

A globalização pode causar danos ao meio ambiente, ao promover intensa atividade industrial e econômica, resultando em poluição, destruição do habitat e deterioração da camada de ozônio. Por exemplo, o desenvolvimento econômico da China está atraindo muito IDE e estimulando a expansão de inúmeras indústrias. A construção de fábricas, infraestrutura e moradia moderna pode arruinar ambientes originalmente intactos. É o caso da crescente demanda industrial por eletricidade, que levou à construção da Barragem de Três Gargantas, responsável pela inundação de terras agriculturáveis e pela modificação permanente da paisagem natural na região leste da China.

Embora seja verdadeiro que a industrialização decorrente da globalização produz considerável dano ambiental, esse dano tende a diminuir no decorrer do tempo. As evidências sugerem que a destruição ambiental diminui à medida que as economias se desenvolvem, ao menos no longo prazo. Tendo em vista que a globalização estimula a elevação do padrão de vida, as pessoas voltam-se cada vez mais à melhoria do ambiente que as cerca. Com o tempo, os governos aprovam leis que promovem o aprimoramento das condições ambientais. Por exemplo, o Japão manteve rios poluídos e cidades enfumaçadas nas primeiras décadas de seu desenvolvimento econômico pós-guerra. Mas, com o crescimento da economia, os japoneses instituíram rigorosos padrões ambientais, visando restaurar o meio ambiente.

A evolução dos valores corporativos e a preocupação com a reputação também levaram a maioria das empresas a reduzir ou eliminar práticas prejudiciais ao meio ambiente.[25] Por exemplo, com a crescente afluência no México, as grandes montadoras norte-americanas de automóveis como Ford e GM gradualmente melhoraram seus padrões ambientais. A Benetton na Itália (vestuário), a Alcan no Canadá (alumínio) e a Kirin no Japão (bebidas) podem ser citadas como exemplos de empresas que adotaram práticas de proteção ao meio ambiente, não raro em detrimento dos lucros.[26] A Conservation Coffee Alliance, um consórcio de empresas, destinou cerca de US$ 2 milhões para o cultivo ecologicamente correto de café na América Central, Peru e Colômbia.

## Efeito sobre a cultura

A globalização exerce forte pressão sobre a cultura de uma nação. A liberalização de mercado deixa a porta aberta para empresas estrangeiras, marcas globais, produtos desconhecidos e novos valores. Cada vez mais os consumidores vestem roupas semelhantes, dirigem carros similares e ouvem as mesmas estrelas da música. A propaganda provoca o surgimento de valores da sociedade modelados pelas culturas ocidentais, notadamente a dos Estados Unidos. Hollywood domina a indústria global de entretenimento. Dessa forma, a globalização é capaz de alterar normas, valores e comportamentos individuais, que tendem a se homogeneizar no decorrer do tempo.

Os críticos chamam essas tendências de "McDonaldização" ou "Coca-Colonização" do mundo. Para combatê-las, os governos tentam bloquear o imperialismo cultural e evitar a erosão das tradições locais. No Canadá, na França e na Alemanha, o setor público procura impedir que os ideais norte-americanos diluam as tradições nacionais. Hollywood, McDonald's e a Disneylândia são tidos como cavalos de Troia que alteram, de modo irreversível, as preferências alimentares, os estilos de vida e outros aspectos da vida tradicional. Em um mundo globalizado, para o bem ou para o mal, essas tendências parecem inevitáveis.

As tecnologias da informação e da comunicação promovem a homogeneização das culturas mundiais. Pessoas no mundo todo estão expostas a filmes, programas de televisão, Internet e outras fontes de informações que divulgam o estilo de vida nos Estados Unidos e em outras economias avançadas. Aumenta o apetite por bens e serviços 'ocidentais', tidos como sinais de um padrão de vida mais elevado. Por exemplo, apesar da baixa renda *per capita*, muitos chineses adquirem bens de consumo eletrônicos, como telefones celulares e aparelhos de TV. A mídia global exerce um efeito penetrante na cultura local, aproximando-a aos poucos da norma universal.

Figura 2.4 O aumento do PIB mundial, variação média percentual anual, 1998–2007

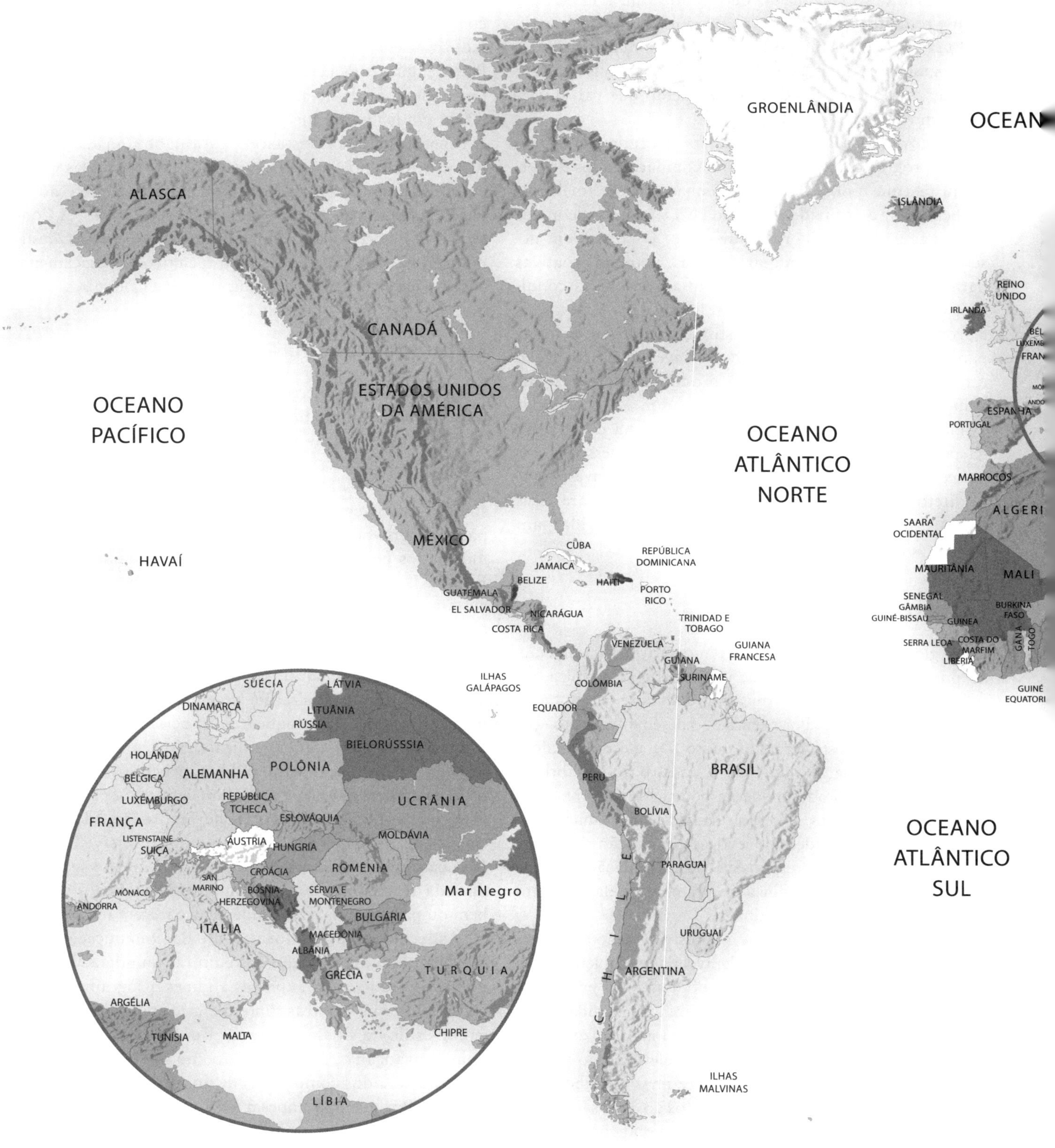


FONTE: FMI. Fundo Monetário Internacional. World Economic Outlook Database.

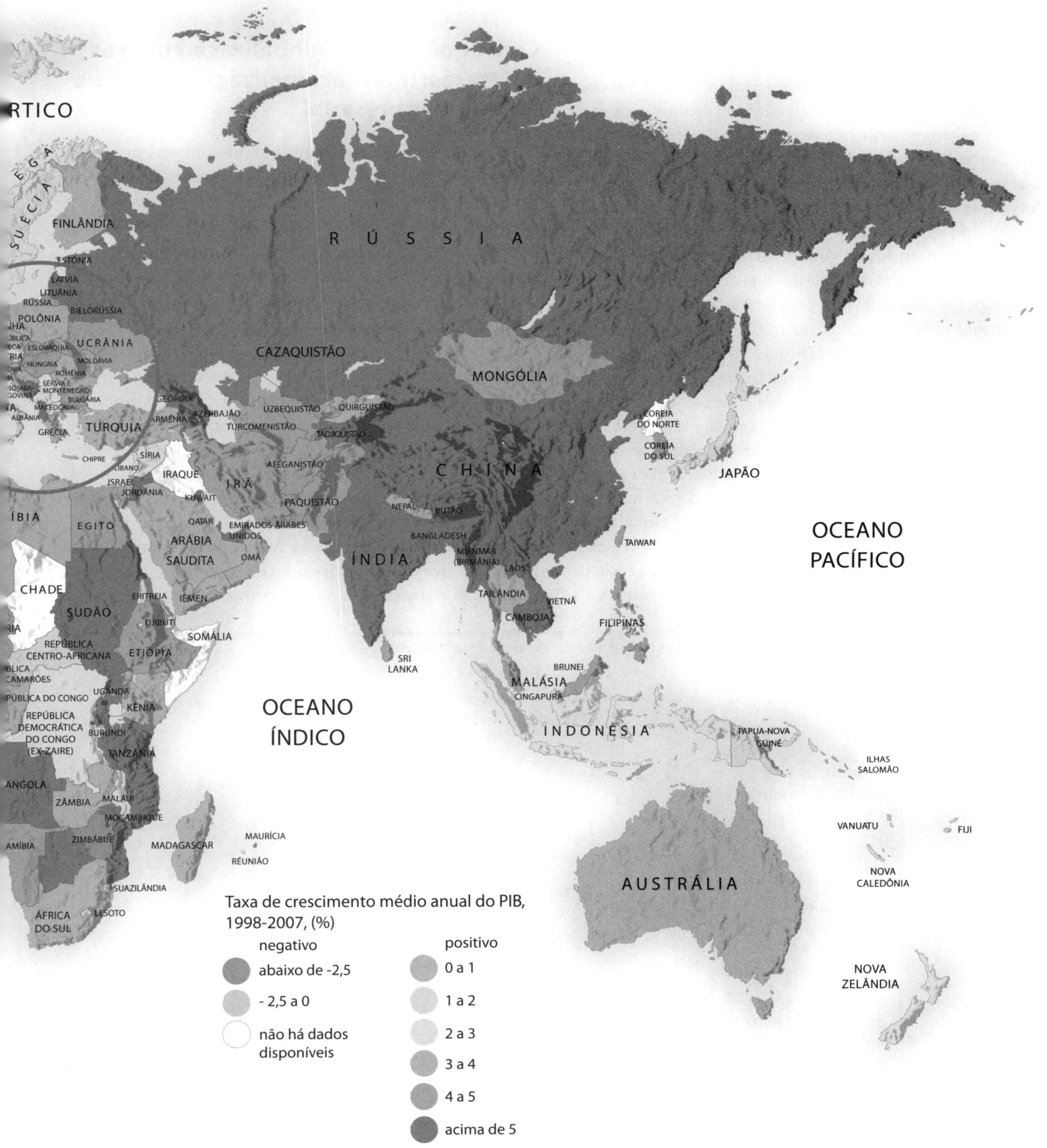
RTICO
FINLÂNDIA
SUÉCIA
ESTÔNIA
LATVIA
LITUÂNIA
RÚSSIA
BIELORÚSSIA
POLÔNIA
ESLOVÁQUIA
UCRÂNIA
MOLDÁVIA
HUNGRIA
ROMÊNIA
SÉRVIA E MONTENEGRO
BULGÁRIA
MACEDÔNIA
ALBÂNIA
GRÉCIA
TURQUIA
CHIPRE
GEÓRGIA
ARMÊNIA
AZERBAJÃO
R Ú S S I A
CAZAQUISTÃO
MONGÓLIA
UZBEQUISTÃO
QUIRGUISTÃO
TURCOMENISTÃO
TADJIQUISTÃO
SÍRIA
LÍBANO
ISRAEL
JORDÂNIA
IRAQUE
IRÃ
AFEGANISTÃO
KUWAIT
PAQUISTÃO
C H I N A
COREIA DO NORTE
COREIA DO SUL
JAPÃO
NEPAL
BUTÃO
BANGLADESH
QATAR
EMIRADOS ÁRABES UNIDOS
ARÁBIA SAUDITA
OMÃ
ÍNDIA
MIANMAR (BIRMÂNIA)
LAOS
TAIWAN
OCEANO PACÍFICO
EGITO
ÍBIA
CHADE
SUDÃO
ERITREIA
IÊMEN
DJIBUTI
SOMÁLIA
TAILÂNDIA
VIETNÃ
CAMBOJA
FILIPINAS
REPÚBLICA CENTRO-AFRICANA
ETIÓPIA
CAMARÕES
REPÚBLICA DO CONGO
UGANDA
QUÊNIA
SRI LANKA
BRUNEI
MALÁSIA
CINGAPURA
REPÚBLICA DEMOCRÁTICA DO CONGO (EX-ZAIRE)
BURUNDI
TANZÂNIA
OCEANO ÍNDICO
INDONÉSIA
PAPUA-NOVA GUINÉ
ILHAS SALOMÃO
ANGOLA
ZÂMBIA
MALAUÍ
MOÇAMBIQUE
NAMÍBIA
ZIMBÁBUE
MADAGASCAR
MAURÍCIA
REUNIÃO
VANUATU
FIJI
NOVA CALEDÔNIA
AUSTRÁLIA
SUAZILÂNDIA
ÁFRICA DO SUL
LESOTO
NOVA ZELÂNDIA
Taxa de crescimento médio anual do PIB, 1998-2007, (%)
negativo
abaixo de -2,5
- 2,5 a 0
não há dados disponíveis
positivo
0 a 1
1 a 2
2 a 3
3 a 4
4 a 5
acima de 5

Ao mesmo tempo, o fluxo de influência cultural geralmente é de mão dupla. Por exemplo, a Advanced Fresh Concepts é uma empresa alimentícia japonesa que está transformando o conceito de *fast food* ao vender sushi e outros pratos típicos japoneses em supermercados nos Estados Unidos. Ela vende cerca de US$ 250 milhões por ano em sushi a consumidores norte-americanos.[27] À medida que cresce a influência da economia chinesa, é provável que os países ocidentais também passem a adotar hábitos culturais da China. Restaurantes e algumas tradições desse país já fazem parte da vida de muitos em países estrangeiros. Observam-se influências semelhantes provenientes da América Latina e de outras regiões em desenvolvimento.

Além disso, antropólogos notam que os valores culturais mudam a passos glaciais. Mesmo que as pessoas de diferentes nações se assemelhem à primeira vista, elas geralmente têm atitudes, valores e crenças tradicionais, arraigados na história e na cultura do lugar onde vivem. Embora alguns aspectos tangíveis estejam se universalizando, o comportamento e a mentalidade individuais permanecem estáveis no decorrer do tempo. As diferenças religiosas estão mais acentuadas do que nunca. As diferenças de idioma são constantes através das fronteiras nacionais. Embora exista certo grau de imperialismo, ele é compensado por uma contraofensiva nacionalista. Se, por um lado, a globalização padroniza os aspectos superficiais da vida que permeiam as culturas de cada nação, por outro, as pessoas resistem a essas forças, insistindo em sua identidade nacional e tomando ações para protegê-la. Isso é evidente, por exemplo, em países como Bélgica, Canadá e França, onde há leis de proteção à língua e à cultura nacional.

## Consequências da globalização para as empresas: internacionalização da cadeia de valor empresarial

A globalização dos mercados abriu inúmeras oportunidades de negócios às empresas que se internacionalizaram. Ao mesmo tempo, ela implica a adaptação das empresas a novos riscos e uma acirrada concorrência de competidores estrangeiros. A globalização resulta em compradores mais exigentes, que buscam as melhores ofertas de fornecedores mundiais. Um enfoque puramente doméstico não é mais viável para as empresas na maioria dos setores econômicos. Elas precisam tomar a iniciativa de internacionalizar sua cadeia de valor, para lucrar com as novas oportunidades e minimizar os danos de ameaças potenciais. Os gestores empresariais devem, cada vez mais, adotar uma orientação global em vez de um foco local. A internacionalização pode assumir a forma de *global sourcing*, exportação ou investimento nos principais mercados externos. As empresas mais proativas buscam uma presença simultânea em todas as principais regiões comerciais, sobretudo na Ásia, Europa e América do Norte. Elas concentram atividades naqueles países onde possam atingir e sustentar vantagem competitiva.

Figura 2.5 Relação entre globalização e crescimento *per capita* do Produto Interno Bruto, década de 1990 (ajustado à paridade do poder de compra)

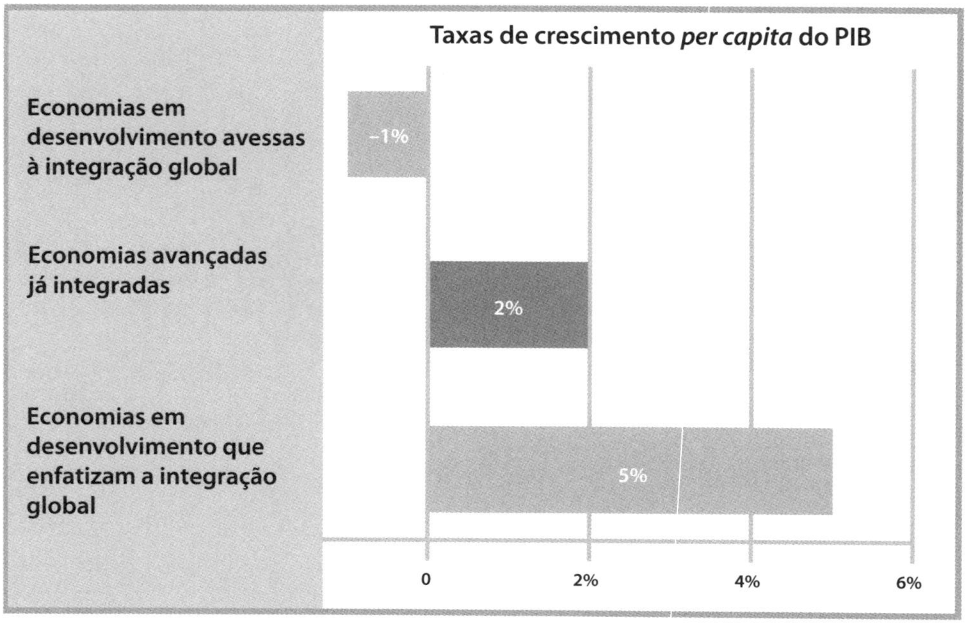


FONTE: DOLLAR, D. "Globalization, poverty and inequality since 1980". *World Bank Policy Research Working Paper 3333*, Washington DC: Banco Mundial. jun. 2004. © 2004 Banco Mundial.

A implicação mais direta da globalização dos mercados recai sobre a cadeia de valor das empresas. A globalização obriga-as a organizar suas atividades de suprimento, manufatura, marketing e outras de valor agregado em escala global. Como já vimos, uma cadeia de valor é uma sequência de atividades de valor agregado, desempenhadas no processo de desenvolver, fabricar, comercializar e prestar atendimento pós-venda a um produto. Em uma cadeia de valor característica, uma empresa conduz pesquisa e desenvolvimento (P&D) de produto, compra insumos de produção e monta ou executa um bem ou serviço. A seguir, ela realiza atividades de marketing, como precificação, promoção e venda, seguidas pela distribuição do produto em mercados selecionados e pelo atendimento pós-venda. As cadeias de valor variam em complexidade e de um setor ou produto para outro. Esse conceito é aplicável aos negócios internacionais porque ajuda a esclarecer *onde* no mundo determinadas atividades são executadas. Por exemplo, as empresas exportadoras desempenham a maior parte das atividades 'ascendentes' (P&D e produção) no mercado doméstico e a maioria das 'descendentes' (marketing e pós-venda) no exterior.

A Tabela 2.3 ilustra a cadeia de valor característica de uma empresa internacional. Cada atividade de valor agregado está sujeita à internacionalização; isto é, pode ser executada no exterior em vez de localmente. Como sugerem os exemplos nessa figura, as empresas valem-se de uma considerável extensão geográfica no que se refere ao lugar no mundo onde estabelecem ou *configuram* as principais atividades de valor agregado. Os motivos mais comuns para instalar atividades da cadeia de valor em determinados países são a redução de custos de P&D e de produção ou a obtenção de maior acesso aos consumidores. A prática de internacionalizar a cadeia de valor é conhecida como *offshoring*, na qual se transfere uma atividade essencial de valor agregado pelo estabelecimento de uma fábrica ou outra subsidiária no exterior. Uma tendência correlata é o *global sourcing*, em que se delega o desempenho da atividade de valor agregado a um fornecedor ou contratado externo. Trataremos sobre *offshoring* e *global sourcing* no Capítulo 16.

No mesmo mês em que a montadora alemã BMW inaugurava uma nova fábrica na Carolina do Sul, Jackson Mills, uma antiga indústria têxtil nas proximidades, fechava as portas e demitia milhares de trabalhadores. Em ambos os casos, a globalização criou uma nova realidade para essas empresas. Ao estabelecer operações nos Estados Unidos, a BMW constatou que poderia fabricar carros otimizando custos ao mesmo tempo que tinha pronto acesso ao imenso mercado norte-americano. Nesse processo, a empresa criou milhares de empregos bem remunerados e de melhor qualidade para a força de trabalho do país. Simultaneamente, Jackson Mills descobriu que poderia suprir têxteis de similar qualidade e com melhor relação custo-benefício de fornecedores asiáticos. A globalização levou esses negócios a transferirem as principais atividades de valor agregado para localidades mais vantajosas ao redor do mundo.

**Tabela 2.3** Exemplos de internacionalização de atividades da cadeia de valor

| Estágios da cadeia de valor de uma empresa | Pesquisa & desenvolvimento | Compras (Suprimento) | Manufatura | Marketing | Distribuição | Vendas & Serviços |
|---|---|---|---|---|---|---|
| Exemplos | A indústria farmacêutica Pfizer conduz P&D em Cingapura, Japão e outros países para obter acesso ao conhecimento científico ou colaborar com parceiros locais. | O fabricante de móveis para escritórios Steelcase compra peças de baixo custo de fornecedores na China e no México. A Dell excuta na Índia processos como entrada de dados, *call centers* e processamento da folha de pagamento. | A Genzyme Corp. realiza a maior parte da manufatura e dos testes de seus produtos cirúrgicos e de diagnóstico na Alemanha, Suíça e Inglaterra. A Renault monta carros em fábricas de baixo custo no Leste Europeu. | A BMW e a Honda estabelecem subsidiárias nos Estados Unidos para direcionar com mais eficácia seus veículos ao enorme mercado norte-americano. O Carrefour e o Barclays Bank mantêm redes mundiais de lojas e escritórios para ficarem próximos de seus clientes. | A Wolverine World Wide, que comercializa marcas populares de calçados (como Hush Pupiies, Bates), tem contrato com lojas de varejo independentes no exterior, para atingir seus clientes. | Empresas de venda direta, como Amway e Avon, empregam forças de vendas independente na China, México e outras localidades, para atingir os consumidores finais. A Toyota mantém operações de venda e atendimento pós-venda no exterior, visando atender à demanda dos clientes de modo mais eficaz. |

ESTUDO DE CASO

# Diversas perspectivas sobre a globalização dos mercados

Recentemente, uma importante universidade patrocinou uma mesa-redonda sobre as implicações mais abrangentes dos negócios internacionais. Participaram um ativista avesso aos negócios internacionais, um executivo com larga experiência em negociações internacionais e uma autoridade em comércio do governo dos Estados Unidos. Cada um deles expressou vários pontos de vista. Trechos extraídos desse intercâmbio apresentam as diversas perspectivas da globalização, segundo diferentes grupos de interesse.

## Ativista

"Um dos problemas dos negócios internacionais é que, em geral, ignoram os direitos humanos e os padrões básicos de trabalho. As fábricas de baixos salários no exterior criam condições precárias de trabalho. As atividades das multinacionais resultam não só em perda de emprego aqui, mas também em baixos salários e exploração de trabalhadores ao redor do mundo. Basta citar as condições escravizantes das fábricas na Ásia que confeccionam as roupas que importamos. Ou pensar nos operários das montadoras de automóveis no México, que vivem em condições subumanas e recebem apenas alguns dólares por dia."

## Executivo

"Nosso país precisa participar da economia global. As empresas exportadoras oferecem empregos com melhor remuneração, geram maior lucro, pagam mais impostos e estimulam as compras de fornecedores locais. O investimento estrangeiro aqui gera novos empregos, melhora o padrão de vida local e pressiona nossas empresas a se manterem competitivas em um mercado global desafiador. Os exportadores pagam salários mais altos e oferecem benefícios melhores do que os que não exportam. Muitas empresas necessitam de acesso a mercados externos, devido aos enormes e antecipados custos de pesquisa e desenvolvimento que acumulam. Uma pílula a mais custa pouco; é o custo da pesquisa para descobrir a cura da Aids que é proibitivo. Acho que esse é um argumento bastante forte do lado humano de fazer negócios internacionais. As empresas necessitam de grandes mercados para amortizar os custos de grandes projetos. A África está sendo dizimada pela Aids. Mas a indústria farmacêutica não poderá realizar a atividade de P&D necessária se não for capaz de amortizar esses custos em mercados potenciais muito maiores. No longo prazo, o comércio internacional contínuo é bom."

## Autoridade governamental

"A atual administração acredita fortemente na importância do livre comércio. Nosso presidente apoia o Nafta, e isso já gerou um efeito positivo na economia norte-americana por meio do aumento das exportações para o México, da geração de empregos para nosso povo e do incremento das oportunidades de investimento. Os países estão desenvolvendo cada vez mais conexões no comércio internacional. O Canadá fechou um acordo de comércio com o Chile. As ligações econômicas levam a ligações culturais e a relações mais pacíficas. Além disso, é difícil para nosso governo promover a liberdade e a democracia pelo mundo, sem promover o livre comércio."

## Ativista

"Não podemos desprezar os efeitos prejudiciais da globalização sobre o meio ambiente. Quanto mais comercializamos em nível internacional, mais danos irreparáveis são impostos ao meio ambiente. Fazer negócios internacionais significa causar mais danos ambientais resultantes do desenvolvimento. As empresas optam pela internacionalização para serem mais eficientes. Mas, se os países possuírem padrões ambientais frouxos, as fábricas serão construídas com mínima preocupação ambiental."

## Executivo

"Ao comercializarmos em escala internacional, elevaremos os padrões de vida em toda parte. À medida que os padrões de vida melhoram, a conscientização e o cuidado com o meio ambiente também vão melhorar. Em outras palavras, os negócios internacionais são bons para o mundo porque geram riqueza. Quanto mais afluentes forem as pessoas, mais elas se preocuparão com o meio ambiente e reivindicarão leis que o protejam. Bem aqui em casa, mostramos que uma boa economia e um ambiente limpo não são mutuamente excludentes. Podemos ter ambos: um planeta despoluído e uma melhor qualidade de vida econômica."

## Autoridade governamental

"Acho que parte da solução é negociar acordos de comércio que levem em conta os fatores ambientais. O comércio internacional que negligencia as legítimas preocupações ambientais é contraproducente e derrota as agendas políticas da maioria dos governos mundiais. É claro que o comércio internacional deve considerar as questões ambientais."

## Ativista

"O comércio internacional interfere na soberania dos governos nacionais. Quando a General Motors é a maior empresa de um país, como acontece no Canadá, é mais difícil para um governo administrar com isenção as políticas tributária e monetária, as questões sociais e as taxas de câmbio. E quem somos nós para tentar impor nossos próprios padrões culturais ao mundo? Quando estou na Europa ou na Ásia, vejo McDonald's por toda parte. Eles veem os Estados Unidos como uma potência dominadora que usa a globalização em seu próprio benefício, prejudicando os interesses econômicos, culturais e ambientais do resto do mundo."

"As empresas globais argumentam que disseminam tecnologias modernas mundo afora. Mas a tecnologia só é boa quando se tem acesso a ela. Na maior parte da África, não há fácil acesso à Internet. Para isso, é preciso ter um computador, o que é bastante difícil ou até impossível nos países em que a população ganha somente alguns dólares por dia. Quando se recebe um salário tão baixo, como se pode ter acesso à tecnologia? Mesmo que se tivesse, como isso garantiria acesso a um médico? A globalização está aumentando a defasagem entre ricos e pobres. À medida que a desigualdade aumenta, as pessoas têm cada vez menos em comum. As multinacionais enfraqueceram os países pobres e estão expondo a população de baixa renda a uma concorrência perniciosa. Indústrias nascentes nas economias em desenvolvimento não têm nenhuma chance, quando confrontadas com o poder das gigantes multinacionais."

## Executivo

"Cada vez mais, as empresas reconhecem a importância de ser bons cidadãos globais. A Motorola lucrou com seus negócios na China, mas também contribuiu para o desenvolvimento do sistema educacional desse país. Há muito mais pessoas alfabetizadas, sobretudo mulheres, lá do que antes. As multinacionais japonesas fizeram um bom trabalho em investir nas comunidades onde fazem negócios. Os negócios não são um vilão; fazem muito bem ao mundo também. Bill Gates fará mais do que qualquer governo para que as pessoas tenham um computador e acesso à Internet. Ele criou o maior fundo mundial de combate a doenças das populações mais pobres. Ele e Warren Buffet estão combatendo muitas dessas doenças de forma sistemática. A farmacêutica GlaxoSmithKline está atuando em conjunto com a Organização Mundial da Saúde para descobrir a cura da elefantíase, uma doença terrível que aflige o povo africano."

## Autoridade governamental

"A globalização é complexa, o que dificulta identificar o que é ruim e o que é bom. Ela passou por um rápido progresso desde a década de 1980, um período durante o qual a pobreza global efetivamente diminuiu. Os indicadores sociais de muitos países pobres mostram melhoria por várias décadas. É verdade que as disparidades de renda aumentaram de forma drástica nos últimos 50 anos, enquanto o comércio internacional integrava a economia mundial. O mundo experimentou uma maré alta generalizada no que se refere ao padrão de vida das pessoas. Indivíduos em toda parte estão melhores atualmente do que há 50 anos. É claro que há exceções, mas é melhor viver em um mundo com 20 por cento da população rica e 80 por cento pobre do que em um mundo com quase 100 por cento das pessoas na miséria, como aconteceu na maior parte da história humana. Há um papel fundamental do governo em tudo isso. Os países beneficiam-se do comércio, mas os governos são responsáveis por proteger seu povo das consequências negativas ou imprevistas acarretadas pelo comércio."

## Questões do estudo de caso

1. Você acha que a globalização e a atividade das multinacionais estão criando problemas para o mundo? Que tipos de problema você identifica? Há consequências não premeditadas nos negócios internacionais?
2. Resuma os argumentos a favor da globalização apresentados pelo executivo. Qual é o papel da tecnologia no suporte ao desempenho empresarial em um contexto de negócio globalizado?
3. Qual é o papel a ser desempenhado pelos governos estaduais e federal quando se trata de globalização? Você acha que um governo tem alguma responsabilidade em proteger seus cidadãos dos efeitos negativos potenciais das multinacionais estrangeiras que conduzem negócios em seu país? Que tipos de ação governamental você recomendaria?
4. Qual é o papel da educação em: tratar alguns dos problemas levantados na discussão anterior; criar sociedades em que as pessoas possam lidar de forma efetiva com as questões de política pública; desenvolver cidadãos capazes de competir eficazmente no mercado global?

Fontes: BERNARD, A.; JENSEN, J. B. *Exporting and productivity*. Cambridge, MA: National Bureau of Economic Research, 1999; FMI. Fundo Monetário Internacional. *Globalization*: threat or opportunity?. Extraído de: www.imf.org/external/np/exr/ib/2000/041200. Washington, DC: Fundo Monetário Internacional, 2002; LECHNER, F. Does globalization cause poverty?. Extraído de: www.sociology.emory.edu/globalization/issues03.html. Atlanta, GA: Emory University Globalization Web site, 2004; LECHNER, F. Does globalization diminish cultural diversity?. Extraído de: www.sociology.emory.edu/globalization/issues05.html. Atlanta, GA: Emory University Globalization Web site, 2004; LECHNER, F.; McFARLAND, D.; REMINGTON, T.; ROSENSWEIG, J. Is a globalization backlash occurring?. Extraído de: www.emory.edu/ACAD_EXCHANGE/1999/mayjune99/global.html. Atlanta, GA: Emory University Globalization Web site, 2004; McCARTY, W.; KASOFF, M.; SMITH, D. "The importance of international business at the local level". *Business Horizons*. mai.-jun. 2000, p. 35-42.

## Principais termos

cadeia de valor

globalização de mercados

Organização Mundial do Comércio (OMC)

## Resumo

Neste capítulo você aprendeu:

**1. Por que a globalização não é um fenômeno novo**

**Globalização de mercados** refere-se à integração gradual e à interdependência crescente entre as economias dos países. Antigas civilizações do Mediterrâneo, Oriente Médio, Ásia, África e Europa contribuíram para o crescimento do comércio interfronteiras, ao longo do tempo. Explosões nesse tipo de comércio foram desencadeadas por acontecimentos mundiais e descobertas tecnológicas. A primeira fase distinta da globalização ocorreu de aproximadamente 1830 até o final dos anos de 1800 e foi estimulada pelo desenvolvimento das ferrovias, a eficiência do transporte marítimo e a expansão das grandes empresas de manufatura e comércio. A segunda fase coincidiu com o aumento da produção de energia elétrica por volta de 1900 e atingiu o auge na década de 1930 com o advento da Segunda Guerra Mundial. A terceira fase surgiu em 1945, acompanhada pelo crescimento de potências econômicas como os Estados Unidos e o Japão, a demanda reprimida e os esforços de reconstrução de regiões destruídas pela guerra. A quarta e atual fase iniciou-se na década de 1980 e foi estimulada principalmente pelo crescimento da TI, Internet e outros avanços tecnológicos. A **Organização Mundial do Comércio** é uma entidade governamental multilateral com poder de regulamentar o comércio e o investimento internacionais.

**2. Uma estrutura organizacional para a globalização dos mercados**

A globalização pode ser modelada conforme seus fatores geradores, dimensões, consequências à sociedade e consequências às empresas. À medida que ela se intensifica, as empresas são compelidas a reagir aos desafios e explorar novas vantagens. Muitas delas buscam a internacionalização de forma pró-ativa, como uma opção estratégica. Tornam-se agressivas na identificação de oportunidades no mercado externo, buscando parcerias com empresas estrangeiras e desenvolvendo recursos organizacionais para intensificar sua vantagem competitiva.

**3. Dimensões da globalização dos mercados**

A globalização refere-se à integração crescente da economia mundial decorrente das atividades comerciais internacionais conduzidas por inúmeras empresas. Ela representa uma crescente interconectividade global entre compradores, produtores, fornecedores e governos. A globalização promoveu um novo dinamismo na economia mundial, o sur-gimento de blocos de integração econômica regional, a expansão dos fluxos globais de investimento e financeiros, a convergência de estilos de vida e necessidades dos consumidores e a globalização da produção. No nível empresarial, esse fenômeno leva à reconfiguração das **cadeias de valor** das empresas — a sequência de atividades de valor agregado, como suprimento, manufatura, marketing e distribuição — em uma escala *global*.

**4. Fatores geradores da globalização dos mercados**

A globalização é movida por vários fatores, como a queda das barreiras comerciais e de investimento, a liberalização dos mercados e a adoção das práticas de livre comércio em economias antes fechadas, a industrialização e o desenvolvimento econômico, sobretudo entre os mercados emergentes, a integração dos mercados financeiros mundiais e os avanços tecnológicos.

**5. Os avanços tecnológicos como um fator gerador da globalização dos mercados**

Os avanços tecnológicos são particularmente importantes na mobilização da globalização. Os mais importantes deles ocorreram em tecnologia da informação, comunicações, Internet, manufatura e transportes. Esses sistemas ajudaram a criar uma rede interconectada de clientes, fornecedores e intermediários pelo mundo. Eles viabilizaram o custo de fazer negócios internacionais, para todos os tipos de empresa.

**6. Consequências para sociedade da globalização dos mercados**

Há muita controvérsia sobre os benefícios e os danos resultantes da globalização. Os críticos reclamam que ela interfere na *soberania* nacional, na capacidade de um Estado governar-se, sem intervenção externa. A globalização está associada ao *offshoring*, a realocação das atividades da cadeia de valor para localidades no exterior, onde elas podem ser executadas a um custo menor, por subsidiárias ou fornecedores independentes. A globalização tende a reduzir a pobreza, mas pode aumentar a defasagem entre ricos e pobres. A industrialização irrestrita pode prejudicar o meio ambiente. A globalização também se relaciona com a perda dos valores culturais singulares de cada nação.

**7. Consequências para as empresas da globalização dos mercados: a internacionalização da cadeia de valor de uma empresa**

A globalização leva as empresas a organizarem suas atividades de suprimento, manufatura, marketing e outras de valor agregado, em escala global. Cada uma dessas atividades pode ser executada no país de origem ou no exterior. As empresas escolhem o lugar no mundo onde estabelecer ou configurar as atividades de valor agregado. Elas internacionalizam essas atividades para reduzir custos de P&D e de produção, ou para obter acesso mais próximo aos consumidores.

## Teste seu entendimento

1. Defina a globalização dos mercados. Quais são as dimensões que sustentam essa megatendência?
2. A globalização é um fenômeno recente? Descreva suas quatro fases.
3. Resuma as cinco dimensões da globalização. Qual delas você acha que é a manifestação mais expressiva da globalização?
4. Descreva os cinco fatores geradores da globalização.
5. Qual é o papel da Organização Mundial do Comércio?
6. Em quais áreas os avanços tecnológicos exerceram o maior efeito no que se refere a facilitar o comércio e o investimento internacionais?
7. Quais são as vantagens e desvantagens da globalização?
8. Qual é o efeito da globalização sobre a soberania nacional, o nível de emprego, a pobreza, o meio ambiente e a cultura nacional?
9. Quais são as implicações da globalização à internacionalização de uma empresa?

## Aplique seu entendimento

1. Imagine que você está em uma cafeteria, estudando para sua aula de negócios internacionais. O gerente espia seu livro e comenta: "Não entendo nada desse assunto de negócios estrangeiros. Não dou muita atenção a isso. Sou um cara local que tem um pequeno negócio. Graças a Deus não tenho que me preocupar com nada disso." Esses comentários fazem você pensar. Apesar deles, você percebe que fazer negócios envolve muito mais aspectos do que apenas as questões locais. Qual é a cadeia de valor provável de uma loja de café? Por exemplo, como as variedades de grãos de café chegaram lá? Qual é o provável efeito da globalização sobre esse tipo de negócio? Os avanços tecnológicos desempenham algum papel na cadeia de valor da loja? A globalização acarreta qualquer consequência negativa à indústria mundial do café? Justifique sua resposta.
2. Suponha que você consiga um emprego na Fossil Fuel, Inc., uma companhia petrolífera que tem sido duramente criticada por suas práticas comerciais globais, tidas como exacerbadoras dos fenômenos econômicos, políticos e sociais de alguns países. Seu chefe orienta você a se familiarizar mais com a globalização, com vistas a desenvolver estratégias empresariais que sensibilizem mais os críticos da globalização da empresa. Em sua pesquisa, você constata que há cinco dimensões principais associadas à globalização dos mercados. Quais são elas? Quais são os fatores geradores da globalização? Estruture e elabore sua resposta na forma de um relatório a seu chefe.
3. A globalização oferece inúmeras vantagens a negócios e consumidores ao redor do mundo. Ao mesmo tempo, alguns críticos argumentam que ela prejudica vários aspectos da vida e do comércio. De quais maneiras a globalização é boa para empresas e consumidores? De que forma ela é prejudicial a empresas e consumidores?
4. No que se refere à cadeia de valor global, qual é o papel desempenhado pela tecnologia em cada estágio da cadeia de valor? Estruture sua resposta pensando em cada estágio da cadeia de valor (P&D, compras, manufatura, marketing, distribuição, vendas e atendimento pós-venda) e em cada tipo de tecnologia internacional (de informação, comunicação, manufatura e transporte). Por exemplo, atualmente, muitas empresas formam equipes globais para conduzir a atividade de P&D para o desenvolvimento de um novo produto. As equipes estão conectadas por intranets e outras tecnologia da comunicação que facilitam a interação instantânea sobre as atividades diárias de P&D com os membros da equipe espalhados pelo mundo.

## Notas

1 FRIEDMAN, T. L. "It's a flat world, after all". *New York Times Magazine*. 3 abr. 1990, p. 33-7.

2 Ibid.

3 Ibid.

4 FRIEDMAN, T. L. *The lexis and the olive tree*. Nova York: Anchor Books, 2000.

5 Esta discussão baseia-se em: BEER, L. "Tracing the roots of globalization, it's not a new event". W. P. Carey School of Business, Arizona State University, 2006 [manuscrito não publicado]. Sua versão abreviada pode ser encontrada em: *C/K/R Knowledge Portal©*.

6 A palavra *trade* (comércio, em inglês) origina-se do termo anglo-saxônico *trada*, que significa seguir os passos de outros. As antigas rotas de comércio formaram a base para um intercâmbio intercultural de alto nível de ideias que levaram ao desenvol-

vimento da religião, ciência e atividade econômica e governamental. A frase "todos os caminhos levam a Roma" não é tanto uma referência metafórica ao domínio romano do mundo há 2.000 anos, mas ao fato de que suas colônias territoriais foram construídas como centros comerciais para atender às necessidades do Império Romano e aumentar sua riqueza. Em um império que se estendia da Inglaterra a Israel e da Alemanha à África, os romanos abriram mais de 300.000 quilômetros de estradas. Essas estradas eram o sangue do Estado que permitia seu desenvolvimento comercial. O Império Romano preocupava-se a tal ponto com a interrupção de suas rotas de acesso a bens importados que despachou legiões do exército para protegê-las.

Na Idade Média, a Ordem dos Templários atuava como guardiã dos peregrinos que faziam romaria ao berço da religião cristã. Além de proteger os turistas, essa ordem de guerreiros criou o primeiro sistema bancário internacional com o uso de versões rudimentares de *traveler's checks*, eliminando a necessidade de os viajantes portarem dinheiro consigo.

No ano de 1100, Genghis Khan não só unificou os mongóis, como também criou um império além da fronteira da China, que abrangia a Coreia e o Japão a leste, Mesopotâmia (atualmente, Iraque e Síria), Rússia, Polônia e Hungria. Ele instituiu leis e regulamentações sobre seu domínio, mais notadamente a preservação da propriedade privada, para intensificar e proteger o comércio internacional.

Os mercadores árabes comercializavam especiarias ao longo de rotas terrestres, indo do norte da Arábia até a atual região da Turquia e passando pela Ásia Menor para finalmente chegar à China. Ocultando as origens de canela, pimenta, cravo e noz-moscada, esses comerciantes conquistaram o monopólio e controlavam os preços. Os europeus chegaram a acreditar que as especiarias vinham da África, quando, na realidade, apenas mudavam de mãos na região. Sob o tradicional sistema comercial, especiarias, linho, seda, diamantes, pérolas e medicamentos à base de ópio chegavam à Europa através de rotas indiretas por terra ou mar. Representando um dos sistemas mais antigos de distribuição internacional, os bens passavam por muitas mãos em longas viagens. A cada entroncamento, os preços aumentavam várias vezes. (Esta discussão baseia-se em: BEER, L., Arizona State University.)

7 CHASE-DUNN, C.; KAWANO, Y.; BREWER, B. D. "World globalization since 1795: waves of integration in the world-system". *American Sociological Review 65*, 1:77-95, 2000.

8 FRANKO, L. *The european multinationals*. Stamford, CN: Greylock Publishers, 1976.

9 EMMERIJ, L. "Globalization, regionalization, and world trade". *Columbia Journal of World Business 27*, 2:6-13, 1992.

10 "The death of distance: a survey of telecommunications". *The Economist*. 30 set. 1995; Perfil da empresa Vodafone, 2007, disponível em: http://www.hoovers.com/.

11 "The phenomenal growth of Vodafone: rapid rise through an aggressive leadership style". *Strategic Direction 19*, 7:25-6, 2003.

12 AGUIAR, M. et al. *The new global challengers*: how top 100 rapidly developing economies are changing the world. Boston Consulting Group. 25 mai. 2006.

13 GNI (do inglês *gross national income*) refere-se ao total de bens e serviços produzidos dentro de um país, após considerar as contas a pagar a outros países e a receber deles.

14 SIEGEL, J. *The future for investors*. Nova York: Crown Business, 2005.

15 NELSON, R.; WINTER, S. *An evolutionary theory of economic change*. Cambridge, MA: Belknap Press, 1982.

16 PORTER. M. P.; MILLAR, V. E. "How information gives you competitive advantage". *Harvard Business Review 63*. jul.-ago. 1985, p. 149-60; CAVUSGIL, S. T. "Extending the reach of e-business". *Marketing Management 11*, 2:24-9, 2002; BURN, J.; LOCH, K. "The societal impact of the World Wide Web—key challenges for the 21st century". *Information Resources Management Journal 14*, 4:4-12, 2001.

17 WYMBS, C. "How e-commerce is transforming and internationalizing service industries". *Journal of Services Marketing 14*, 6:463-71, 2000.

18 FRIEDMAN, 2005.

19 Ibid.

20 WOLF, M. *Why globalization works*. New Haven, CN: Yale University Press, 2004.

21 "The day the factories stopped". *The Economist*. 23 out. 2004.

22 ENGARDIO, P. et al. "The new global job shift". *Business Week*, 50, 3 fev. 2003.

23 RADIN, T.; CALKINS, M. "The struggle against sweatshops: moving toward responsible global business". *Journal of Business Ethics 66*, 2-3:261-9, 2006.

24 BACHMAN, S. L. "The political economy of child labor and its impacts on international business". *Business Economics*. jul. 2000, p. 30-41.

25 WOLF, 2004.

26 SMITH, M. "Trade and the environment". *International Business 5*, 8:74, 1992.

27 "Rise of the sushi king". *Business 2.0*. 1 dez. 2004, p. 80.

CAPÍTULO 3

# OS PARTICIPANTES ORGANIZACIONAIS QUE FAZEM OS NEGÓCIOS INTERNACIONAIS ACONTECEREM

## Objetivos de aprendizagem

Neste capítulo, você aprenderá sobre:

1. Três tipos de participante dos negócios internacionais
2. Participantes organizados por atividade da cadeia de valor
3. Empresas focais nos negócios internacionais
4. Estratégias das empresas focais para entrada em mercados estrangeiros
5. Intermediários do canal de distribuição nos negócios internacionais
6. Facilitadores dos negócios internacionais

## Empresas *born global*

Estabelecida em 1989, a Geo Search Ltd. é uma empresa japonesa que desenvolve equipamento de alta tecnologia para atividades de engenharia na sondagem de cavidades sob superfícies terrestres e na construção segura de estradas, aeroportos e linhas de transmissão subterrâneas. A pedido das Nações Unidas, em 1997 ela projetou o primeiro detector de minas terrestres do mundo, chamado Mine Eye, e logo conquistou o mercado internacional graças aos milhões de minas enterradas em países como Kuwait, Camboja, Afeganistão e Líbano. A empresa trabalha para organizações não governamentais (ONGs) na prospecção mundial desse tipo de mina, cuja remoção é uma atividade arriscada, sobretudo no caso das minas plásticas, as quais não podem ser encontradas com detectores de metais. O radar eletromagnético da Geo Search é capaz de distinguir entre minas e outros objetos enterrados no solo. Imagens tridimensionais aparecem em uma tela de cristal líquido, sem a necessidade de contato com a superfície terrestre.

A Geo Search exemplifica o número crescente de pequenas e médias empresas (PMEs) que são ativas nos negócios internacionais. De modo geral, as PMEs representam a maioria das empresas de um país e respondem por cerca de 50 por cento da atividade econômica. Em comparação com as grandes multinacionais que historicamente constituem os tipos mais comuns de empresas internacionais, a PME típica possui muito menos recursos financeiros e humanos. No passado, os negócios internacionais estavam além do alcance delas, mas a globalização e os avanços tecnológicos tornaram menos oneroso empreender no exterior e criaram um ambiente comercial global em que há muito mais pequenas empresas atuando no mercado internacional do que nunca. Desde a década de 1980, as empresas *born global* — os negócios que se internacionalizaram desde a fundação, ou logo após — têm-se multiplicado em escala mundial.

Apesar da escassez de recursos que caracteriza a maior parte das PMEs, os administradores das *born global* tendem a enxergar o mundo como seu mercado de atuação, praticamente desde a fundação da empresa. O período de estabelecimento local à entrada inicial no mercado estrangeiro costuma levar até três anos. Ao se internacionalizarem de forma precoce e rápida, as *born global* desenvolvem uma cultura corporativa sem fronteiras. Sua administração direciona produtos e serviços para uma dezena de países no período de alguns anos após sua constituição. Em comparação com as multinacionais, o menor porte propicia alto grau de flexibilidade às *born global*, que as ajuda a atender melhor seus clientes estrangeiros. Elas normalmente se internacionalizam por meio das exportações.

Algumas adotam a internacionalização precoce por vários motivos. A administração pode perceber uma grande demanda para os produtos da empresa no exterior ou pode ter uma forte inclinação internacional e impelir a empresa para os mercados estrangeiros. Além disso, as empresas às vezes se especializam em uma categoria específica de produto para o qual a demanda no mercado interno é pequena demais. Quando isso ocorre, a administração deve buscar mercados externos. Por exemplo, a Neogen Corporation é uma born global norte-americana, fabricante de produtos químicos que eliminam bactérias e toxinas danosas às plantações de alimentos. O fato de que certas toxinas são mais comuns em localidades estrangeiras levou-a à internacionalização logo após sua fundação.

A disseminação das *born global* é uma tendência estimulante, porque demonstra que qualquer empresa, independentemente de porte, tempo de vida ou base de recursos, pode participar de modo ativo dos negócios internacionais. Necessitamos, portanto, rever a visão tradicional das grandes corporações multinacionais como participante dominante desse tipo de negócio. Atualmente, as *born global* e outras PMEs razoavelmente ativas nas exportações constituem uma considerável parcela das empresas de atividade internacional. Sua relativa inexperiência e limitação de recursos financeiros não mais impedem seu sucesso em mercados estrangeiros. Essa tendência é particularmente relevante aos estudantes universitários que se especializam em negócios internacionais, porque as PMEs oferecem muitas novas oportunidades de emprego ao buscarem de forma vigorosa os empreendimentos no exterior.

FONTE: COSTA, E. *Global e-commerce strategies for small businesses*. Cambridge: The MIT Press, 2001; KNIGHT, G. e CAVUSGIL, S. T. "Innovation, organizational capabilities, and the born-global firm". *Journal of International Business Studies*. 35(2):124-41, 2004; MAMBULA, C. J. "Relating external support, business growth and creating strategies for survival: a comparative case study analysis of small manufacturing firms (SMFs) and entrepreneurs". *Small Business Economics*. 22:83-109, 2004; OVIATT, B. e McDOUGALL, P. "Toward a theory of international new ventures". *Journal of International Business Studies*. 25(1):45-64, 1994; OECD. *Globalization and small and medium enterprises (SMEs)*. Paris: Organisation for Economic Co-operation and Development, 1997; McDOUGALL, P. e OVIATT, B. "International entrepreneurship: the intersection of two research paths". *Academy of Management Journal*. 43(5):902-6,2000; RAHMAN, B. "Extra eye on land mines". *Financial Times*. 19, jul. 1999; RENNIE, M. "Born global". *McKinsey Quarterly*. (4):45-52, 1993.

No Capítulo 2, vimos que a globalização dos mercados é a integração crescente da economia mundial por meio das atividades empresariais. Os fatores que impulsionam a globalização abrangem a queda das barreiras comerciais e de investimento e os avanços tecnológicos. Neste capítulo, trataremos sobre as pessoas e as organizações que fazem a globalização acontecer e seu papel na cadeia de valor.

## Três tipos de participantes nos negócios internacionais

Os negócios internacionais constituem uma iniciativa complexa e demandam que inúmeras organizações atuem em conjunto, como uma equipe bem coordenada. Essas organizações, ou participantes, aportam vários tipos de experiência e outras contribuições que facilitam as atividades internacionais. Elas diferem quanto aos motivos da internacionalização, modos de entrada e modalidades de operação e podem ser divididas em três categorias principais:

1. Uma **empresa focal** é aquela que inicia uma transação comercial internacional que concebe, desenvolve e produz as ofertas destinadas ao consumo em escala mundial. Tais empresas assumem um papel central nos negócios internacionais e abrangem as grandes corporações multinacionais (MNEs, também conhecidas como MNCs, do inglês *multinational corporations*) e as pequenas e médias empresas (PMEs). Algumas são privadas enquanto outras podem ser públicas, de participação acionária ou estatais governamentais. Há também empresas focais no segmento industrial e no setor de serviços.
2. Um **intermediário do canal de distribuição** é especializado em oferecer uma gama de serviços logísticos e de marketing a empresas focais, como parte da cadeia internacional de suprimentos, tanto no país de origem quanto no exterior. Intermediários como os distribuidores e os representantes de vendas geralmente se localizam em mercados estrangeiros e fornecem serviços de distribuição e marketing em nome das empresas focais. Trata-se de negócios independentes em seus respectivos mercados, que atuam sob contrato.
3. Um **facilitador** é uma empresa ou um indivíduo com experiência em consultoria jurídica, bancária, despacho aduaneiro ou em serviços correlatos de apoio, que prestam assistência a empresas focais na realização de transações internacionais. Dentre eles há provedores de serviços logísticos, agentes de carga, bancos e outros empreendimentos de suporte, que auxiliam as empresas focais no desempenho de funções específicas. Um **agente de carga** é um provedor de serviços logísticos especializado em providenciar embarques internacionais para empresas exportadoras, como se fosse um agente de viagem para cargas. Encontram-se facilitadores tanto nos mercados internos quanto nos externos.

As transações internacionais exigem a participação de diversas empresas focais, intermediários e facilitadores, todos atuando em conjunto. As atividades desses três grupos sobrepõem-se em alguma medida. A empresa focal desempenha certas atividades internamente e delega outras funções a intermediários e facilitadores, quando sua experiência específica se faz necessária. Em outras palavras, a empresa focal torna-se um cliente de intermediários e facilitadores que fornecem serviços sob contrato.

Embora esses três grupos componham o cenário dos negócios internacionais, devemos ter em mente que esse tipo de transação ocorre no contexto de ambientes políticos, legais e regulatórios. As nações também exercem forte influência sobre seu próprio desenvolvimento econômico e o progresso de suas empresas. Os governos criam ambientes comerciais que estimulam o desenvolvimento de setores econômicos potentes e perícia tecnológica. A maioria dos países possui uma infraestrutura comercial composta por associações industriais, câmaras de comércio, universidades e órgãos governamentais. Por exemplo, na década de 1980 o Japão registrou um crescimento econômico notável (chamado de 'milagre econômico') graças a um cuidadoso planejamento e a uma intensa parceria entre governo e indústria, que habilmente mobilizou tecnologia, capital e mão de obra especializada.

Se, por um lado, as empresas focais, os intermediários e os facilitadores representam a ponta do suprimento nas transações internacionais, por outro, os clientes ou consumidores estão na ponta da demanda. Os clientes constituem o derradeiro alvo da atividade empresarial internacional. Em sua maioria, compõem-se de *consumidores e domicílios*, *varejistas* (negócios que compram bens acabados com o propósito de revenda) e *compradores organizacionais* (empresas, instituições e governos que adquirem bens e serviços como insumos a um processo de produção ou necessários para administrar um negócio ou uma organização). Governos e entidades sem fins lucrativos, tais como Care e Unicef, estão entre os grandes grupos internacionais de consumidores.

## Participantes organizados por atividade da cadeia de valor

É útil pensar nas três categorias de participantes no que se refere à cadeia de valor da empresa, sobre a qual discutimos no Capítulo 2. As empresas focais, os intermediários e os facilitadores estão todos envolvidos em uma ou mais atividades essenciais de valor agregado, tais como compras, manufatura, marketing, transportes, distribuição e serviços de suporte — configuradas através de vários países. A cadeia de valor pode ser considerada um completo sistema de negócios da empresa focal, por abranger todas as atividades por ela desempenhadas.

Nos negócios internacionais, a empresa focal deve reter as atividades essenciais, tais como produção e marketing, dentro de sua própria organização e delegar as atribuições referentes a distribuição e atendimento ao cliente para fornecedores independentes, tais como os distribuidores baseados em um mercado estrangeiro. Por conseguinte, o sistema de negócios resultante está sujeito à internacionalização; ou seja, atividades individuais de valor agregado podem ser configuradas em uma multiplicidade de países. A Tabela 3.1 mostra as etapas na cadeia de valor, nas quais geralmente atuam intermediários e facilitadores. Dentre estes, também identifica aqueles que são cruciais ao funcionamento das transações internacionais que abordamos neste capítulo.

Nas empresas exportadoras, grande parte da cadeia de valor está concentrada no âmbito de uma nação — o país de origem. Nas altamente internacionalizadas, a administração pode executar uma variedade de atividades de valor agregado — produção, marketing, distribuição — em vários países. Nas empresas focais altamente internacionalizadas, a cadeia de valor é configurada em diversos países e geralmente de múltiplos fornecedores. As multinacionais esforçam-se para racionalizar sua cadeia de valor ao estabelecer cada atividade em um país com a mais favorável combinação de custo, qualidade, questões logísticas e outros critérios.

A Figura 3.1 ilustra a diversidade nacional e geográfica dos fornecedores envolvidos na montagem de um automóvel. Quando a General Motors reprojetou a versão 2004 do modelo Chevrolet Malibu, comprou os principais componentes de vários fornecedores primários (chamados de *primeiro nível*), tais como os alternadores da Valeo, as cadeias de transmissão da BorgWagner, os painéis de portas da Johnson Controls e os pneus da Bridgestone/Firestone. Esses fornecedores têm sede em países como Alemanha, Japão, França, Coreia e Reino Unido, além dos Estados Unidos, mas os componentes que eles vendem são fabricados em países de baixo custo e embarcados para a fábrica da GM em Fairfax, no Estado de Kansas. Como se vê, a fabricação de produtos como automóveis envolve uma cadeia de valor verdadeiramente internacional.

**Tabela 3.1** Posições mais comuns de intermediários e facilitadores na cadeia de valor internacional

| | Pesquisa de mercado | Pesquisa e desenvolvimento | Suprimento | Produção | Marketing | Distribuição | Serviço pós-venda |
|---|---|---|---|---|---|---|---|
| Intermediários do canal de distribuição | | Feiras de inovação | Trading company<br>Corretor<br>Importador | | Empresa de gestão de exportação<br>Representante de venda<br>Distribuidor | Empresa de gestão de exportação<br>Trading company<br>Representante de venda<br>Distribuidor<br>Corretor<br>Importador<br>Varejista | Varejista |
| Facilitadores | Consultor<br>Empresa de pesquisa de mercado<br>Advogado | Universidades<br>Laboratórios de pesquisa | Banco comercial<br>Provedor de serviços logísticos<br>Companhia de seguros<br>Despachante alfandegário | Banco comercial | Consultor<br>Empresa de pesquisa de mercado | Advogado<br>Contador tributário<br>Provedor de serviços logísticos<br>Agente de carga<br>Companhia de seguros<br>Consolidador<br>Transportador<br>Despachante alfandegário | Empresa designada de atendimento ao cliente |

Figura 3.1 Amostra de fornecedores dos componentes do Chevrolet Malibu

FONTE: Automotive *News*.

## Um exemplo de cadeia de valor internacional: a Dell Inc.

A Dell fabrica uma variedade de produtos, cada qual com sua própria cadeia de valor. Dependendo do número de bens oferecidos e da complexidade das operações, as empresas podem desenvolver e administrar várias cadeias de valor. A Tabela 3.2 ilustra a cadeia de valor da produção e do marketing dos notebooks da Dell. Tomaremos o exemplo de Tom, um cliente da empresa que fez um pedido de notebook. Esses pedidos podem ser feitos pela Internet ou por telefone com um representante de venda. Feito o pedido, o representante insere-o no sistema de processamento, verifica o cartão de crédito do cliente por uma conexão direta com a Visa, um facilitador global de serviços financeiros, e libera o pedido para o sistema de produção da Dell.

O pedido de Tom foi processado na fábrica de notebooks da Dell na Malásia, onde os operários acessam peças que compõem os 30 principais componentes de uma rede de fornecedores. A cadeia de suprimento total para o computador de Tom, incluindo os múltiplos níveis de fornecedores, envolve cerca de 400 empresas, principalmente da Ásia, mas também da Europa e das Américas.

Em um dia normal, a Dell processa 150.000 pedidos de computadores, que são vendidos e distribuídos a clientes em todo o mundo. Apesar de ser baseada no Texas, as vendas fora dos Estados Unidos respondem por aproximados 40 por cento das vendas totais (cerca de US$ 56 bilhões em 2006). À medida que as vendas no mercado norte-americano se estabilizam no decorrer do tempo, a parcela das vendas no exterior cresce. A remessa é feita por transporte aéreo. Por exemplo, da fábrica na Malásia para os Estados Unidos, a Dell freta um 747 da China Airlines que voa para Nashville, Tennessee, seis dias por semana. Cada jato transporta 25.000 notebooks que pesam um total de 110.000 quilogramas.

Uma das marcas registradas da cadeia de valor da Dell é a colaboração. Seu CEO, Michael Dell, e outros membros da alta administração trabalham constantemente com seus fornecedores para fazer melhorias de processo na cadeia de valor da empresa.

## Empresas focais nos negócios internacionais

Imagine uma produção teatral da Broadway em Nova York ou em Londres. Há roteiristas, produtores, técnicos de iluminação, músicos, diretores, empresários e equipe de divulgação, além dos atores. Cada um contribui para a produção de uma maneira diferente, o que exige muita coordenação entre os participantes do processo. Planejamento avançado, preparação, cumprimento do tempo e sincronia são cruciais para o sucesso final. A realização de transações comerciais internacionais também requer o envolvimento de muitas organizações especializadas, cumprimento rigoroso de prazos e precisão.

Tabela 3.2 A cadeia de valor internacional da Dell

| Atividades da cadeia de valor ascendente | | | | Atividades da cadeia de valor descendente | | |
|---|---|---|---|---|---|---|
| Pesquisa de mercado | P&D | Suprimento | Produção | Marketing | Distribuição | Serviço pós-venda |
| A Deel conduz uma contínua pesquisa de mercado, por meio de interação direta e diária com milhares de consumidores no mundo. | A atividade de P&D permite à Dell desenvolver novos modelos de notebook e aperfeiçoar os existentes. Esses computadores são completamente reprojetados a cada 12 meses. Engenheiros nos Estados Unidos conduzem as atividades de P&D em conjunto com projetistas especializados em Taiwan. | As peças dos notebooks são supridas em nível mundial, mas principalmente de fornecedores da Ásia. Por exemplo, os microprocessadores Intel são fornecidos por fábricas na China, na Costa Rica e na Malásia; as telas de LCD vêm da Coreia do Sul, do Japão e de Taiwan. | O notebook é montado, e o software, instalado em uma das seis fábricas da Dell localizadas no Brasil, na China, na Irlanda, na Malásia ou nos Estados Unidos. | A Dell vende computadores a consumidores no mundo todo, sobretudo nos Estados Unidos, onde detém um terço do mercado de PCs, e as vendas pela Internet são comuns. Fora do país, a Dell tem cerca de 12 por cento do total de participação de mercado. | Para as vendas nos Estados Unidos, a Dell utiliza o transporte aéreo para remessa de notebooks de suas fábricas para a empresa de entrega expressa UPS, em Nashville, Tennessee. A UPS encarrega-se de enviar os notebooks aos clientes finais. Para as vendas em outros países, a Dell utiliza empresas locais de entrega rápida. O prazo entre o pedido e a entrega é normalmente inferior a duas semanas. | A Dell presta assistência técnica em seus principais mercados, especialmente na Europa, no Japão e nos Estados Unidos, empregando pessoal técnico da Europa, da Índia, do Japão e dos Estados Unidos. |

Fonte: Adaptado de FRIEDMAN, T. *The world is flat*. Nova York: Farrar, Straus, & Giroux, 2005; LASHINSKY, A. "Where Dell is going next". *Fortune*, 18 out. 2004, p. 115-20.

Como vimos no início deste capítulo, as empresas focais iniciam uma transação comercial internacional que concebe, desenvolve e produz as ofertas destinadas ao consumo em escala mundial. Elas são os participantes internacionais mais importantes, em parte porque envolvem empresas multinacionais de renome e empresas exportadoras de pequeno e médio porte, dentre as quais organizações contemporâneas como as *born global* apresentadas no texto de abertura. Vamos aprender mais sobre cada um desses atores principais dos negócios internacionais.

## A empresa multinacional

Uma **empresa multinacional** (**MNE**) é uma empresa de grande porte com recursos substanciais, que executa várias atividades comerciais por meio de uma rede de subsidiárias e afiliadas localizadas em diversos países. As principais delas estão listadas na *Fortune Global 500* (www.fortune.com), como Nestlé, Sony, Unilever, Nokia, Ford, Citibank, ABB e Shell. Embora esse tipo de empresa utilize uma gama de modalidades de entrada em mercados estrangeiros, é mais conhecido por suas atividades de investimento direto. As multinacionais operam em diversos países, sobretudo na Ásia, Europa e América do Norte, estabelecendo fábricas, subsidiárias de marketing e sedes regionais. MNEs como Exxon, Honda e Coca-Cola obtêm uma parcela significativa de suas vendas e lucros totais, geralmente mais da metade, de operações transnacionais. A Tabela 3.3 destaca uma amostra de MNEs e ilustra os diversos setores industriais representados por essas empresas focais.

Algumas empresas focais atuam no setor de serviços, como companhias aéreas, construtoras e consultorias de gestão, tais como Citibank no ramo bancário, CIGNA em seguros, Bouygues na construção, Accor em hotelaria, Disney em entretenimento, Nextel nas telecomunicações e Best Buy no varejo. Embora os varejistas sejam normalmente classificados como intermediários, alguns dos grandes como IKEA, Walmart e Gap são considerados empresas focais. Além disso, negócios não tradicionais mediados pela *Internet* que oferecem produtos baseados em conhecimento, como música, filmes e software juntaram-se à classificação de empresas focais globais. Exemplos disso são Amazon e Netflix.

Nem toda empresa focal é privada. Nos países em desenvolvimento e nas economias de planejamento centralizado, algumas delas são parcial ou integralmente governamentais. Por exemplo, a Lenovo Group é o maior fabricante de computadores da China e detém o antigo negócio de PCs da IBM, além de ser 50 por cento governamental. A CNOCC, uma enorme companhia petrolífera que tentou comprar a Unocal dos Estados Unidos em 2005, é 71 por cento governamental. Várias multinacionais chinesas — Sinopec e PetroChina em petróleo, China Mobile e China Netcom em telefonia, First Auto Works e Shanghai Automotive em automóveis, China Minmetals em mineração e China Life em seguros — têm participação parcial ou integral do governo chinês.

As MNEs desempenham um importante papel na atual fase da globalização. Nos anos pós-Segunda Guerra, a maioria delas, principalmente nos Estados Unidos e no Reino Unido, voltou-se para o exterior, em busca de matéria-prima, eficiência de produção e clientes. Atualmente, essas empresas realizam atividades de suprimento, manufatura, serviços e marketing que abrangem todas as regiões do mundo.

Uma MNE característica, cujos produtos você já deve conhecer, é a francesa Sodexho, a segunda provedora mundial de serviços de alimentação. Seus 300.000 funcionários fornecem alimentação a refeitórios de universidades, hospitais, empresas e instituições públicas em mais de 75 países. Seus principais clientes a Unilever no Reino Unido, o Ministério de Relações Exteriores da Alemanha e a Marinha dos Estados Unidos. A Sodexho é fonte de suprimento de inúmeros refeitórios universitários na Austrália, Canadá e Estados Unidos. Quando se pensa em alimentação em qualquer refeitório universitário, é grande a chance de se tratar de uma operação da Sodexho. Na década de 1990, a empresa expandiu-se para Japão, África, Rússia e Leste Europeu.

## Pequenas e médias empresas

Outro tipo de empresa focal que inicia transações comerciais transnacionais é a **pequena e média empresa (PME)**. De modo geral, são pequenos (nos Estados Unidos, com até 500 funcionários) fabricantes ou prestadores de serviços e atualmente compõem a maioria dos negócios ativos em âmbito internacional. As PMEs também podem ser mais inovadoras, adaptáveis e empreendedoras. São comumente tidas como a espinha dorsal do empreendedorismo e da inovação nas economias nacionais.

**Tabela 3.3** Multinacionais como empresas focais (classificadas por porte de setor industrial)

| *Setor* | *Valor de mercado em 2005(US$ bilhões)* | *Porcentagem do total mundial* | *Empresas representativas* |
|---|---|---|---|
| Financeiro | US$ 5.832 | 24,3% | Capital One, Danske Bank, Royal Bank of Scotland |
| Bens de consumo discricionários | 2.667 | 11,1 | Coach, Adidas, Salomon, Matsushita Electric |
| Tecnologia da informação | 2.635 | 11,0 | Microsoft, Oracle, Hoya, Taiwan Semiconductor Manufacturing |
| Industrial | 2.431 | 10,1 | Landstar Systems, Shenzhen Expressway, Haldex |
| Energia | 2.316 | 9,7 | Mobil, Total, China Oilfield Services |
| Saúde | 2.274 | 9,5 | GlaxoSmithKline, Novartis, Baxter International |
| Bens de consumo primários | 2.134 | 8,9 | Procter & Gamble, Unilever, China Mengniu Dairy, Honda |
| Telecomunicações | 1.394 | 5,8 | AT&T, China Mobile, Royal KPN |
| Materiais | 1.316 | 5,5 | Dow Chemical, Alcan, Vitro SA |
| Utilidade pública | 956 | 4,0 | Duke Energy, Empresa Nacional de Electricidad SA, Hong Kong and China Gas, Ltd. |
| Total | **23.955** | 100,0 | |

FONTE: *Business Week Global* 1200, disponível em: www.businessweek.com, *"Breaking it down by industry"*.

Por seu menor porte, as PMEs são restringidas pela limitação de recursos financeiros e humanos. Isso explica por que a maioria delas opta por exportar como sua principal modalidade de negócios internacionais. A escassez de recursos impede-as de adotar o investimento direto, uma modalidade de entrada onerosa. Para compensar, elas alavancam os serviços de intermediários e facilitadores para obter êxito no exterior. À medida que suas operações crescem, algumas gradualmente estabelecem escritórios próprios de vendas ou subsidiárias em seus principais mercados de atuação.

Devido a seu porte e relativa inexperiência, as PMEs geralmente direcionam produtos especializados a nichos de mercado que as multinacionais considerem pequenos demais para atender. Cada vez mais as empresas de menor porte atendem a segmentos globais negligenciados porque têm acesso a marketing direto, provedores logísticos que cobrem o mundo, como FedEx e DHL, e distribuidores locais. As PMEs de alcance internacional costumam ser ávidas usuárias de tecnologias de informação e comunicações que permitem a segmentação de clientes em estreitos nichos de mercado global e a eficiência no atendimento a demandas altamente especializadas de consumidores ao redor do mundo. Em decorrência disso, as PMEs internacionalmente ativas competem em pé de igualdade com as grandes multinacionais no marketing de produtos sofisticados para venda em escala mundial.

No Leste Europeu, o desenvolvimento de mercados emergentes é cada vez mais impulsionado pelo surgimento de pequenas e médias empresas em acelerada expansão. Elas abrangem desde a cadeia de lojas de café Double Coffee, da Letônia, até a agência húngara de recrutamento de pessoal, CVO Group. Muitas delas, nessa região, não são manufatureiras, mas atuam em setores intelectuais, intensivos em conhecimento, tais como software e consultoria. O aumento dos pequenos negócios no Leste Europeu resulta de duas tendências: o acesso recente e crescente aos afluentes mercados da União Europeia e o interesse da parte de investidores diretos estrangeiros nesse tipo de economia liberalizante.[1]

## Empresas *born global*

As **empresas *born global***, como a Geo Search Ltd., apresentada no texto de abertura, representam uma nova geração de PME internacional — aquelas que adotam uma internacionalização precoce e significativa. Apesar de sua característica escassez de recursos, elas atingem um nível considerável de vendas externas em sua evolução. Um exemplo é a History and Herald, uma *born global* da Inglaterra, especializada em presentes para amantes da história e descendentes de ingleses. Em seus primeiros cinco anos, a empresa expandiu vendas para 60 países, exportando cerca de 70 por cento de sua produção total. Seus maiores mercados incluem França, Alemanha, Itália, Espanha e as Américas. Recentemente, abriu uma subsidiária norte-americana, na Flórida.[2] Na realidade, algumas *born global* de sucesso crescem a ponto de serem consideradas multinacionais.

Outro exemplo é a QualComm. Fundada na Califórnia em 1985, acabou tornando-se uma importante MNE pela força de suas expressivas vendas internacionais. Inicialmente, desenvolveu e lançou um software de gerenciamento de e-mails, o Eudora. Seu primeiro sucesso internacional foi o OmniTRACS, um sistema de rastreamento e mensagens via satélite usado no setor de transportes globais. O primeiro lançamento da empresa foi destinado à Europa, apenas quatro anos após sua fundação. Logo ela exportava para Europa, Brasil, China, Índia, Indonésia e Japão. Seus fundadores eram empreendedores que, desde o início, faziam pouca distinção entre os mercados doméstico e internacional. O *know-how* tecnológico e a visão gerencial foram fatores primordiais no rápido sucesso internacional da empresa.

O fenômeno das *born global* representa uma nova realidade nos negócios internacionais. Em países tão diversos como Austrália, Dinamarca, Irlanda e Estados Unidos, elas respondem por uma significativa parcela das exportações. Em muitos casos, oferecem produtos avançados com expressivo potencial para geração de vendas internacionais. De modo geral, são ávidas usuárias da Internet e das modernas tecnologias de comunicação, o que facilita ainda mais as operações internacionais precoces e eficientes.

O surgimento das *born global* está associado ao *empreendedorismo internacional*, em que pequenas empresas inovadoras cada vez mais buscam oportunidades de negócios em toda parte, sem se preocupar com as fronteiras nacionais. As tecnologias de comunicação e de transportes, a remoção de barreiras comerciais e a criação de nichos de mercados mundiais permitiram a muitas iniciativas empreendedoras contemporâneas vislumbrarem o mundo como seu mercado de atuação. Os gestores empreendedores são criativos, pró-ativos, sensíveis ao ambiente de negócios e preparados para buscar novas oportunidades. Lidam bem com o risco e têm flexibilidade para adequar as estratégias corporativas de acordo com a evolução das circunstâncias. O surgimento das *born global* é promissor por implicar que qualquer empresa, independentemente de porte ou experiência, pode obter êxito nos negócios internacionais.[3]

# Estratégias das empresas focais para entrada em mercados estrangeiros

Uma forma de analisar as empresas focais nos negócios internacionais refere-se às estratégias de entrada que mais usam para a expansão internacional. Anteriormente, observamos que as grandes multinacionais tendem a expandir-se por meio de investimento direto estrangeiro (IDE). As empresas de menor porte, inclusive as *born global*, tendem a exportar. Tanto as MNEs quanto as PMEs se valem de contratos como os de franquia e licenciamento.

## Estrutura de classificação das estratégias de entrada em mercados

A Tabela 3.4 mostra a gama de modalidades de entrada em mercados externos utilizadas pelas empresas focais e os parceiros estrangeiros que elas buscam. A tabela revela a diversidade de estratégias existentes para a penetração em mercados estrangeiros.

A primeira coluna da Tabela 3.4 relaciona três categorias de transação internacional: as que envolvem o comércio de produtos, as que se referem à troca contratual de serviços ou bens intangíveis e as que se baseiam no investimento em participação acionária em empreendimentos localizados no exterior. Dessa forma, as empresas geralmente se envolvem em um ou mais dos três tipos de transação transnacional: compra ou venda de produtos, compra ou venda de serviços e produção ou venda de bens e serviços no exterior por meio de presença externa resultante de investimento direto.

A segunda coluna da Tabela 3.4 identifica os tipos de empresa focal envolvidos no comércio internacional. Algumas delas estão no setor industrial, como Ford, Sharp e John Deere, e utilizam os processos de manufatura para produzir bens tangíveis a serem vendidos no mercado externo. As *trading companies* atuam como corretores de bens e serviços. Dentre os prestadores de serviços estão empresas como seguradoras e parques temáticos. Alguns deles, os provedores de experiência, oferecem bens puramente intangíveis, como assessoria e ensino, na maior parte das vezes em bases individuais, aos clientes. Exemplos disso são os advogados, professores e empresas de consultoria.

A segunda coluna também identifica os licenciadores de diversos tipos de propriedade intelectual, como patentes e *know-how*. O **licenciador** é uma empresa que estabelece um acordo contratual com um parceiro estrangeiro, concedendo-lhe o direito de uso de certa propriedade intelectual por um período específico de tempo em troca de *royalties* ou outra forma de remuneração. O **franqueador** é uma empresa que concede a outra o direito de usar todo um sistema de negócios mediante o pagamento de taxas, *royalties* ou outras formas de compensação. Os franqueadores são uma versão sofisticada de licenciadores, que fornecem um modelo empresarial completo a um franqueado estrangeiro, como McDonald´s e Hertz Car Rental. Além disso, muitas empresas nos setores de construção, engenharia, projetos ou arquitetura atuam sob a forma de contratos *turnkey*. Os **contratados *turnkey*** são empresas focais ou um consórcio de empresas que planejam, financiam, organizam, administram e implementam todas as fases de um projeto para depois entregá-lo a um cliente estrangeiro, após treinamento do pessoal local.

A terceira coluna da Tabela 3.4 identifica a estratégia de entrada em mercados estrangeiros, ou o modo de internacionalização. Essa estratégia refere-se à maneira como a empresa focal se internacionaliza, seja por exportação, importação, licenciamento ou IED. O modo de entrada depende da natureza do negócio, bem como da natureza da empresa focal, seus produtos e metas. Quando a natureza do negócio consiste em lidar com bens intangíveis, como os serviços profissionais, a empresa focal pode firmar relações de agenciamento com um parceiro estrangeiro. Isso é comum entre bancos, agências de propaganda e empresas de pesquisa de mercado. O licenciamento e a franquia são comuns na transferência internacional de intangíveis. Um franqueador faz um contrato com um franqueado estrangeiro; um provedor de experiência faz um contrato com um cliente estrangeiro e assim por diante.

Ao fazer negócios internacionais, as empresas têm a opção de atender clientes por investimento direto ou se valendo do suporte de intermediários independentes localizados no exterior. No primeiro caso, a empresa estabelecerá instalações industriais e de distribuição *próprias*. Da mesma forma, outra característica essencial das empresas focais é se elas mantêm presença física no mercado de interesse. A quarta coluna da Tabela 3.4 identifica a localização das principais atividades. Por exemplo, a maioria dos exportadores conduz as atividades essenciais — manufatura, marketing e vendas — no país de origem; produzem bens internamente para embarcá-los aos clientes no exterior. As MNEs e outras empresas de grande porte, entretanto, tendem a executar suas principais atividades em vários países; produzem bens para vendê-los a clientes primordialmente localizados no exterior.

A última coluna da Tabela 3.4 identifica a natureza do parceiro estrangeiro. Na maioria dos casos, a empresa focal contará com intermediários e com empresas de suporte nos mercados estrangeiros. As atividades essenciais costumam ser delegadas a esses parceiros estrangeiros, abrangendo marketing, distribuição, vendas e atendimento ao cliente. Nos últimos anos as MNEs têm observado forte tendência de afastamento das operações plenamente integradas e aproximação com a delegação de certas funções não essenciais a fornecedores externos, uma prática conhecida como *outsourcing*, que envolve a empresa em uma série de parcerias estrangeiras. Por exemplo, a Nike conduz internamente as operações de desenvolvimento de projeto e marketing, mas terceiriza a produção a fornecedores independentes localizados no exterior. Exploraremos as práticas de *outsourcing* e *offshoring* no Capítulo 16.

Tabela 3.4 Transações comerciais internacionais, tipos de empresa focal e estratégias de entrada em mercados estrangeiros

| Natureza da transação internacional | Tipos de empresa focal | Estratégia de entrada em mercados estrangeiros | Localização das principais atividades | Parceiros estrangeiros mais comuns |
|---|---|---|---|---|
| Comércio de bens<br>of products | Indústria de pequeno porte<br>Indústria de grande porte<br>Indústria<br>Importador<br>Trading company | Exportação<br>Exportação<br>Importação (por exemplo, suprimento)<br>Importação<br>Exportação e importação | País de origem<br>Principalmente no exterior<br>País de origem<br>País de origem<br>País de origem | Distribuidor, agente ou outro representante independente<br>Escritório próprio ou subsidiário<br>Fornecedor independente<br>Trader ou fabricante<br>Trader ou fabricante |
| Troca contratual de serviços ou bens intangíveis | Provedor de serviços<br>Provedor de experiência ou assistência técnica<br>Licenciador com patente<br>Licenciador com know-how<br>Franqueador<br>Prestador de serviços<br>Empresas de Construção/Engenharia/Projetos/Arquitetura<br>Indústria | Exportação<br>Serviços de consultoria<br>Licenciamento<br>Licenciamento (transferência de tecnologia)<br>Franquia<br>Contratação de serviço de administração/marketing<br>Contrato turnkey ou empreendimento build-own-transfer<br>Parcerias de investimento não acionário, baseado em um projeto | Geralmente no exterior<br>No exterior (temporariamente)<br>País de origem<br>País de origem<br>País de origem<br>No exterior<br>No exterior (temporariamente)<br>País de origem ou no exterior | Agente, filial ou subsidiária<br>Cliente<br>Licenciado<br>Licenciado<br>Franqueado<br>Proprietário ou patrocinador do negócio<br>Dono do projeto<br>Fabricante |
| Participação acionária em empreendimentos baseados no exterior | MNE<br>MNE<br>MNE | IED com investimento greenfield<br>IED com aquisição<br>Joint venture com participação acionária | No exterior<br>No exterior<br>No exterior | Não há<br>Empresa adquirida<br>Parceiro de negócios local |

## Outros tipos de empresa focal

Vamos desenvolver uma compreensão plena das empresas focais que não são MNEs nem PMEs, destacadas na Tabela 3.4. Algumas empresas focais expandem-se para mercados estrangeiros firmando contrato com parceiros no exterior. O licenciamento e a franquia constituem exemplos desse tipo de relação contratual. Às vezes, o licenciador vende componentes ou serviços essenciais ao licenciado como parte da relação que mantêm. O licenciamento permite que as empresas se internacionalizem rapidamente, sem deixar o mercado local. Por exemplo, a Anheuser-Busch assinou um acordo de licenciamento com a cervejaria japonesa Kirin, segundo o qual a Kirin fabrica e distribui a cerveja Budweiser no Japão. Esse acordo tem substancial potencial, considerando-se o mercado japonês de cerveja avaliado em US$ 30 bilhões por ano.[4] Em outro caso, a fabricante de brinquedos canadense Mega Bloks fechou um acordo com a Disney que concede à PME o direito de fabricar brinquedos com personagens Disney, tais como o Ursinho Pooh e os Power Rangers. Os brinquedos são dirigidos a crianças em idade pré-escolar e meninos na faixa etária de 4 a 7 anos.[5]

Como os licenciadores, o franqueador permanece em seu mercado de origem e permite que parceiros estrangeiros conduzam as atividades locais. O franqueador assessora o franqueado no estabelecimento das operações e mantém controle contínuo sobre aspectos dos negócios do franqueado, tais como operações, compras, controle de qualidade e marketing. O franqueado beneficia-se ao obter acesso a um plano de negócios de comprovada eficácia e a uma experiência considerável.

A franquia é bem aceita mundialmente e popular entre muitos tipos de empresa do setor de serviços. Para muitas delas de sucesso, tais como Subway ou KFC, trata-se de um meio relativamente prático de expansão internacional. A Tabela 3.5 descreve alguns dos principais franqueadores globais. Na China, a Subway é a terceira maior rede norte-americana de *fast food*, onde os sanduíches de peixe e de salada de atum são líderes de vendas. Outras empresas, como The Athlete's Foot e Century 21, crescem em ritmo constante nos mercados externos por meio de franquias. Recentemente, a China aprovou as primeiras leis segundo as quais os franqueados devem cumprir integralmente as obrigações contratuais com o franqueador.[6]

Os contratados *turnkey* especializam-se em projetos internacionais de construção, engenharia, projetos e arquitetura, geralmente envolvendo aeroportos, hospitais, refinarias de petróleo e campi universitários. Em um contrato característico desse tipo, o contratado planeja, financia,

Tabela 3.5 Exemplos dos principais franqueadores internacionais

| *Franqueador* | *Tipo de negócio* | *Perfil internacional* | *Principais mercados internacionais* |
|---|---|---|---|
| Subway | Sanduíches e saladas | 24.838 lojas em 82 países | Canadá, Austrália, Reino Unido, Nova Zelândia, China |
| Curves | Academia de ginástica e emagrecimento para mulheres | 9.000 centros em 17 países | Canadá, México, Austrália, Irlanda e Reino Unido |
| UPS Store/Mail Boxes Etc. | Serviços postais e de comunicações | 13 milhões de pacotes em 200 países | Canadá, Alemanha, China |
| Pizza Hut | Pizza | 12.500 pontos de venda em 90 países | China, Brasil |
| WSI Internet | Serviços de Internet | 1.700 franquias em 87 países | Canadá, Reino Unido |
| KFC | Frango | 13.000 pontos de venda em 90 países | China, Reino Unido |
| RE/MAX | Imóveis | 100.000 corretores em 50 países | Canadá, Austrália, Reino Unido, Nova Zelândia |
| Jani-King | Serviços de limpeza comercial | 9.000 franquias em 16 países | Canadá, Austrália, Brasil, França, Turquia, Nova Zelândia, Malásia |
| McDonald's | Restaurante *fast food* | 30.000 restaurantes em 119 países | Canadá, França, Reino Unido, Austrália, China |
| GNC | Vitaminas e nutrição | 5.000 lojas em 38 países | Canadá, México, Porto Rico, Austrália |

FONTE: Entrepreneur.com; Hoovers.com; sites Web; relatórios empresariais.

organiza, administra e implementa todas as fases de um projeto de construção. Os contratantes fornecem hardware e *know-how* para construir fábricas, usinas hidrelétricas, ferrovias ou algum outro sistema integrado que seja capaz de produzir bens ou serviços demandados pelo patrocinador do projeto. O hardware inclui prédios, equipamentos e estoques que compõem os aspectos tangíveis do sistema. O *know-how* constitui o conhecimento sobre tecnologias, experiência operacional e habilidades gerenciais que o contratante transfere ao cliente durante o desenvolvimento do projeto ou em sua conclusão.

De modo geral, esses projetos são contratados por processos de concorrência aberta, dos quais participam muitos contratantes em potencial. Alguns contratos são megaprojetos amplamente divulgados, tais como o Eurotúnel, a Barragem de Três Gargantas na China e o aeroporto de Hong Kong. Os exemplos mais comuns de projetos *turnkey* incluem melhorias nas redes de transporte público, como pontes, estradas e ferrovias. Largamente financiada por verbas públicas, a maioria dos projetos de metrô localiza-se na Ásia e na Europa Ocidental, onde a demanda é impulsionada pela intensificação da urbanização e do agravamento do congestionamento. Um dos maiores projetos mundiais com fundos públicos de ferrovia está em curso em Delhi, na Índia. A Delhi Metro Rail Ltd. realizou a concessão de um projeto *turnkey* estimado em US$ 2,3 bilhões para a construção de estradas e túneis que passam pelo distrito comercial central da cidade. O consórcio *turnkey* abrange inúmeras empresas locais, como a Skanska AB, Stockholm, uma das maiores construtoras do mundo.[7] Em Hong Kong, um operador privado de pedágio rodoviário concedeu a uma *joint venture* (JV) franco-japonesa um contrato *turnkey* de US$ 550 milhões para uma nova estrada na China. A equipe inclui a subsidiária em Hong Kong da gigante francesa Bouygues SA.[8] Essa empresa possui mais de 40 subsidiárias e afiliadas em 80 países.

Um tipo cada vez mais comum de contrato *turnkey* nas economias em desenvolvimento é o empreendimento *build-own-transfer*. Nesse acordo, os contratantes tomam posse das instalações por um determinado período, antes de o devolver ao cliente. Além de deter uma participação no projeto, os contratantes prestam serviço contínuo sob a forma de consultoria, treinamento e assistência no cumprimento das exigências regulatórias e na obtenção das aprovações necessárias das autoridades governamentais. Em algum momento após um período bem-sucedido de operação, os contratantes desfazem-se da participação no projeto.

A Tabela 3.6 identifica as principais empreiteiras de obras mundiais, com base na receita auferida de projetos fora de seus países de origem. Uma rápida verificação da lista revela a natureza altamente global da indústria de construção em grande escala. As principais empresas desse setor são provenientes de vários países europeus, Japão, China e Estados Unidos. Uma parcela significativa de sua renda total resulta dos projetos internacionais. Muitas se especializaram em áreas como aeroportos, usinas siderúrgicas, refinarias, ferrovias de alta velocidade e projetos ambientais.

As *iniciativas colaborativas internacionais* representam uma aliança comercial transnacional, pela qual as empresas parceiras reúnem seus recursos e compartilham os custos e riscos de um novo empreendimento. Essas iniciativas constituem um meio-termo entre a entrada em mercados estrangeiros por IED e as operações focadas no país de origem, como a exportação. Na realidade, um acordo colaborativo permite à empresa focal *externalizar* parte das atividades de sua cadeia de valor, permitindo-lhe intensificar os negócios internacionais, competir de modo mais eficaz com os concorrentes, aplicar tecnologias e experiências complementares, superar barreiras comerciais, conectar-se com clientes no exterior, configurar cadeias de valor com mais eficiência e gerar economias de escala em produção e marketing.

As *joint ventures* e os investimentos não acionários, baseados em projetos exemplificam os empreendimentos colaborativos internacionais. Um **parceiro de *joint venture*** é uma empresa focal que cria e compartilha a posse de uma nova entidade jurídica por meio de investimento acionário ou fundo de ativos. Os parceiros formam *joint ventures* para compartilhar custos e riscos, obter acesso a recursos necessários, conquistar economias de escala e perseguir metas estratégicas de longo prazo.

Citamos o exemplo da Hitachi, que formou uma *joint venture* com a MasterCard para promover um sistema de *smart card* para bancos e outras aplicações. A gigante japonesa de eletrônicos investiu US$ 2,4 milhões por uma participação de 18 por cento na *joint venture* estabelecida em São Francisco. As empresas criaram o negócio para administrar a marca e outras operações do *smart card Multos* em nível mundial.[9] Em outro caso, a British Petroleum (BP) formou uma *joint venture* na Índia em uma de várias transações para impulsionar a produção de energia no subcontinente asiático. A BP fez parceria com a estatal Hindustan Petroleum Corporation. O novo empreendimento construiu uma refinaria de US$ 3 bilhões em Punjab e firmou um negócio conjunto de marketing, incluindo uma rede de postos por toda Índia. A BP está desenvolvendo empreendimentos semelhantes na China.[10]

Os **parceiros em um investimento não acionário, baseado em projetos** são empresas focais que colaboram entre si na realização de um projeto, com escopo relativamente restrito e um cronograma bem definido, sem a criação de uma nova entidade jurídica. Em comparação com as *joint venture*, que envolvem investimento acionário pelas matrizes, as parcerias baseadas em projetos constituem investimentos não acionários menos formais, com duração limitada. Os parceiros aportam seus recursos e experiências para o desempenho de uma atividade comercial em benefício mútuo, como P&D ou marketing, sem qualquer investimento acionário para a formação de uma nova empresa. Os parceiros podem compartilhar *know-how* e propriedade intelectual para desenvolver um novo padrão tecnológico.

A Cisco Systems é líder mundial em tecnologia de redes de Internet e expandiu grande parte de suas operações por meio de alianças estratégicas com grandes parceiros estrangeiros. Ela formou uma aliança com a japonesa Fujitsu para o desenvolvimento conjunto de roteadores e *switches* que permitem aos clientes construir redes de protocolo de Internet para sistemas avançados de tecnologia. Na Itália, a Cisco associou-se à Italtel, para o desenvolvimento conjunto de soluções de rede para convergência de voz, dados e vídeo visando atender à crescente demanda global. Na China, a aliança foi com a ZTE para explorar os mercados chinês e asiático; as duas empresas estão em colaboração para fornecer equipamentos e serviços de telecomunicações na região da Ásia-Pacífico.[11]

## Intermediários do canal de distribuição nos negócios internacionais

Uma segunda categoria de participante dos negócios internacionais é a dos intermediários do canal de distribuição. Trata-se de provedores de serviços de distribuição física e marketing na cadeia de valor para empresas focais. Eles movimentam produtos e serviços tanto no país de origem quanto no exterior e desempenham as principais funções descendentes no mercado-alvo em nome das empresas focais, incluindo promoção, vendas e atendimento ao cliente. Podem organizar o transporte de bens e oferecer diversos serviços logísticos, como armazenagem e suporte ao cliente. Os intermediários podem ser de diferentes tipos, desde grandes empresas internacionais até pequenas operações altamente especializadas. Para a maioria dos exportadores, recorrer a um distribuidor externo independente é uma alternativa de baixo custo para entrar em mercados estrangeiros. O conhecimento profundo, os contatos e os serviços do intermediário no mercado local podem prover um forte sistema de apoio para exportadores inexperientes em negócios internacionais ou pequenos demais para assumir atividades de mercado. Há três categorias principais de intermediários: os baseados no mercado externo, os baseados no país de origem e os que operam pela Internet.

Tabela 3.6 Principais empreiteiras de obras internacionais. Baseado nas receitas auferidas em contratos de projetos fora do país de origem

| *Classificação baseada em receitas de 2006* | *Contratante* | *Receita 2006 (US$ milhões)* Internacional | Total | *Exemplo de um projeto de megaconstrução recém-concluído* |
|---|---|---|---|---|
| 1 | Hochtief AG, Essen, Alemanha | 17.598 | 19.795 | O novo mega-aeroporto de Berlim em Schönefeld, Alemanha |
| 2 | Skanska AB, Solna, Suécia | 12.347 | 15.722 | Øresund Bridge, Dinamarca |
| 3 | Vinci, Rueil-Malmaison, França | 11.065 | 32.699 | Eurotúnel, França – Grã-Bretanha |
| 4 | Strabag SE, Viena, Áustria | 10.799 | 13.502 | Barragem de Xiaolangdi, China |
| 5 | Bouygues, Paris, França | 9.576 | 24.960 | Túnel Groene Hart, Holanda |
| 6 | Bechtel, São Francisco, CA, Estados Unidos | 8.931 | 15.367 | Aeroporto de Hong Kong, China |
| 7 | Technip, Paris-La Dèfense, França | 8.084 | 8.245 | Terminal de passageiros do novo Aeroporto de Hong Kong, China |
| 8 | KBR, Houston, Texas, Estados Unidos | 7.426 | 8.150 | *The Great Man-Made River Project* (GMRP, ou o grande rio construído pelo homem), Líbia |
| 9 | Bilfinger Berger AG, Mannheim, Alemanha | 6.553 | 9.967 | Trem de alta velocidade Taipei–Kaohsiung, Taiwan |
| 10 | Fluor Corp., Irving, Texas, Estados Unidos | 6.338 | 11.273 | Refinaria Shell Rayong, Tailândia |

FONTE: Reproduzido de *Engineering News-Record*. Copyright © McGraw-Hill Companies, Inc. 20 ago. 2007. Todos os direitos reservados.

## Intermediários baseados no mercado externo

A maioria dos intermediários está baseada no mercado-alvo do exportador. Eles fornecem uma variedade de serviços, entre os quais pesquisa de mercado, indicação de agentes locais ou representantes de comissões, participação em feiras comerciais, contratação de transporte de carga e despacho aduaneiro. Os intermediários também coordenam atividades locais de marketing, como adaptação de produto, propaganda, venda e serviço pós-venda. Muitos deles financiam vendas e ampliam o crédito, facilitando o pagamento imediato ao exportador. Em resumo, os intermediários baseados no mercado estrangeiro podem atuar como o parceiro local do exportador, lidando com todas as atividades inerentes ao negócio local.

Um **distribuidor externo** é um intermediário baseado no exterior que atua sob contrato para um exportador, toma posse e distribui seus produtos em um mercado ou território nacional, geralmente desempenhando funções de marketing, tais como vendas, promoção e atendimento pós-venda. Os distribuidores externos são basicamente atacadistas independentes que compram mercadoria dos exportadores (mediante um desconto) para revendê-la com acréscimo de uma margem de lucro. Como tomam posse dos bens, também são conhecidos como *distribuidores de mercadorias*. Eles promovem, vendem e mantêm um estoque dos produtos dos exportadores no mercado estrangeiro. Via de regra, detêm recursos físicos substanciais, além de fornecer suporte financeiro, técnico e de pós-venda para o produto, aliviando o exportador dessas funções no exterior. Os distribuidores podem oferecer uma gama de produtos complementares e não concorrentes, tais como eletrodomésticos e eletroeletrônicos. No caso de bens de consumo, normalmente vendem para os varejistas. Os bens industriais são vendidos para outras empresas e/ou diretamente aos usuários finais. Em comparação com os representantes de vendas, os distribuidores costumam representar uma escolha melhor para as empresas que buscam uma presença mais estável e comprometida no mercado-alvo. Uma das principais vantagens de usar um distribuidor externo é seu profundo conhecimento dos produtos do exportador e da natureza do mercado local.

Um **agente** é um intermediário (geralmente, um indivíduo ou uma empresa de pequeno porte) que administra pedidos de compra e venda de *commodities*, produtos e serviços em transações comerciais internacionais, mediante o pagamento de comissão. Também conhecido como *corretor*, um agente que pode atuar tanto para o comprador quanto para o vendedor, mas não assume a titularidade ou posse dos bens. O tipo de remuneração mais comum é por comissão, expressa como um percentual do preço do produto vendido. Sob o aspecto econômico, os agentes reúnem compradores e vendedores e atuam sob contrato por um determinado período (normalmente, por no máximo um ano), renovável de comum acordo. O contrato define o território, as condições de venda, a remuneração e as bases para seu término.[12]

A função do agente é especialmente importante nos mercados compostos por uma multiplicidade de pequenos e dispersos compradores e vendedores. Por exemplo, os corretores da London Metal Exchange (LME) negociam cobre, prata, níquel e outros metais supridos por operações mundiais de mineração. O volume de compra e venda de metais é enorme (cerca de US$ 5 bilhões ao ano), e os fornecedores estão amplamente dispersos pelo mundo. A LME aumenta sobremaneira a eficiência do acesso das indústrias aos insumos de metal necessários à condução das operações de manufatura. Os agentes são comuns no comércio internacional de *commodities*, principalmente alimentos e metal base. No setor de serviços, eles costumam realizar transações de seguros e títulos.

Um **representante do fabricante** é um intermediário contratado pelo exportador para representar e vender sua mercadoria ou seus serviços em um país ou território designado. Pode ser chamado de várias formas, dependendo do setor de atuação — agentes, representantes de vendas ou representantes de serviços. Em essência, atuam como vendedores subcontratados em um determinado mercado-alvo e em nome do exportador, mas, geralmente, com amplos poderes e autonomia. Os representantes do fabricante podem lidar com uma variedade de linhas não concorrentes e complementares de bens ou serviços. Não assumem a titularidade dos produtos que representam e são, na maioria dos casos, remunerados por comissão. Nesse tipo de representação, é comum o exportador embarcar a mercadoria diretamente ao cliente ou usuário final no exterior. Eles não mantêm estrutura física, de marketing ou serviço ao cliente, de modo que essas funções devem ser realizadas pelo exportador.

Nos mercados de consumo, a empresa estrangeira deve levar seus produtos aos usuários finais por meio de *varejistas* localizados no mercado externzo, que representam o último elo entre distribuidores e consumidores. Algumas redes nacionais de varejo passaram por expansão internacional e começaram a atuar em vários países. Por exemplo, Seibu, Carrefour, Royal Ahold, Tesco e Sainsbury são importantes redes de lojas de varejo sediadas no Japão, França, Holanda e Reino Unido, respectivamente. Rolex e Ralph Lauren vendem seus produtos diretamente a elas. Esse tipo de transação surgiu com o crescimento internacional das grandes redes de varejo. Com frequência, um representante de vendas itinerante facilita essas transações. Grandes varejistas internacionais, como Carrefour e Walmart, mantêm escritórios de compras no exterior. A Walmart e a Toys "Я" Us abriram centenas de lojas pelo mundo, principalmente México, Canadá, Japão, China e Europa. A sueca IKEA é o maior varejista de móveis do mundo. Tratar diretamente com os varejistas localizados no exterior é eficiente porque resulta em uma cadeia de distribuição bem mais curta e em redução dos custos no canal.

## Intermediários baseados no país de origem

Em contraposição aos intermediários localizados no exterior, um seleto grupo deles tem base no mercado interno. Para começar, uma gama de *importadores* atacadistas traz bens ou *commodities* dos países estrangeiros com o propósito de vendê-los no mercado local, reexportá-los ou usá-los na manufatura de produtos acabados. Fabricantes e varejistas também são importantes importadores. Os fabricantes importam uma série de matérias-primas, peças e componentes utilizados na fabricação de bens de alto valor agregado. Também importam uma série de bens e serviços complementares para suplementar ou aumentar sua própria gama de produtos. Varejistas como as lojas de departamento, as lojas especializadas e as lojas de venda por correio ou catálogo importam muitos dos itens que vendem. Uma análise de varejistas como Best Buy, Home Depot ou Staples, por exemplo, logo revela que a maioria de suas ofertas são provenientes do exterior, sobretudo de países com baixo custo de mão de obra. (Você pode saber mais sobre os maiores varejistas mundiais em diversos estudos, como os da PriceWaterhouseCoopers em www.pwc.com).

Os atacadistas importam bens de insumo que, por sua vez, vendem a fabricantes e varejistas. Um representante característico dessa categoria é a Capacitor Industries Inc., uma PME localizada em Chicago, que importa componentes eletrônicos de baixo custo da China para revendê-los a fabricantes de motores e outros nos Estados Unidos e em outros países. Os capacitores são dispositivos minúsculos que armazenam cargas elétricas, mantêm o funcionamento dos motores e protegem os computadores de oscilações de voltagem. A estratégia da Capacitor Industries é simples — comprar de um país de baixo custo e vender com lucro em uma economia avançada. Importar da China e de outros fornecedores de baixo custo implica que os preços dos fornecedores locais podem ser cortados em até 30 por cento.

No caso dos exportadores que preferem minimizar a complexidade das vendas internacionais, uma ***trading company*** serve como um intermediário que se envolve na importação e exportação de uma variedade de *commodities*, bens e serviços. Esse tipo de empresa assume a função de marketing internacional em nome dos produtores, sobretudo aqueles com limitada experiência comercial internacional. As grandes *trading companies* operam de maneira muito semelhante aos agentes e lidam com milhares de itens que vendem em mercados no mundo todo. Em geral, são revendedores de alto volume e baixa margem, remunerados pelo acréscimo de margens de lucro ao que vendem.

As *trading companies* são muito comuns em *commodities* e produtos agrícolas como grãos. Empresas como a Cargill, sediada em Mineápolis, no Estado de Minessota, prestam um serviço de grande utilidade como revendedores internacionais de produtos agrícolas. Com vendas anuais de mais de US$ 50 bilhões, a Cargill é frequentemente listada como a maior empresa privada dos Estados Unidos. Ela emprega aproximadamente 150.000 funcionários em mais de 60 países. Controla cerca de 25 por cento das exportações norte-americanas de grãos e um quinto da capacidade de processamento de milho. Compra, seleciona, embarca e vende uma ampla variedade de *commodities*, como café, açúcar, algodão, óleo, cânhamo, borracha e animais de criação. A maior parte de seu lucro resulta da transformação dessas *commodities* em produtos de valor agregado, como óleos, xaropes e farinha. A empresa também processa todos os ingredientes que muitas indústrias alimentícias usam na fabricação de cereais, comida congelada e mistura para bolos.

A Tabela 3.7 apresenta uma lista das maiores *trading companies* do mundo. O que chama a atenção nessas empresas? Em primeiro lugar, note que elas trabalham com margens notavelmente baixas no comércio internacional; tendem a ser revendedores de alto volume e baixas margens. Isso se deve ao fato de lidarem na maior parte com *commodities* como grãos, minerais, carvão e metais. Segundo, observe que cinco das maiores delas se localizam no Japão. Isso porque elas representaram um papel muito importante no comércio exterior japonês. Por ser uma economia de ilha e carente da maioria das matérias-primas necessárias à industrialização, o país teve de importá-las. As *trading companies* também são mais comuns na Coreia do Sul, Índia e Europa.

No Japão, as grandes *trading companies* são conhecidas como *sogo shosha*, que geralmente se envolvem tanto na exportação quanto na importação e se especializam no comércio de baixas margens e alto volume. Também devem suprir uma gama de serviços de manufatura, financeiros e logísticos. Para ficarem próximos dos mercados externos, os administradores das *sogo shosha* utilizam extensas redes de escritórios locais, viajam e participam de feiras comerciais e estabelecem relações comerciais com agentes e distribuidores pelo mundo.

As *sogo shosha* abrangem empresas gigantescas pouco conhecidas no Ocidente, como Mitsui, Mitsubishi, Sumitomo, Itochu e Marubeni, todas elas listadas na *Fortune Global 500*. Na década de 1990, o total de comércio das nove maiores *sogo sosha* atingiu, em média, 25 por cento do total do PIB japonês. Elas se caracterizam por extensivas operações globais, como a Marubeni, que possui 23 subsidiárias corporativas e 121 escritórios em 72 países, além de 502 empresas, das quais 285 são fora do Japão. A empresa possui cerca de 27.000 funcionários, dos quais cerca de 14.000 se localiza no exterior. A Marubeni é frequentemente classificada entre as primeiras das *Global 500* e apresentou vendas anuais recentes em torno de US$ 28 bilhões.

Nos Estados Unidos, as *trading companies* exerceram um impacto relativamente desprezível sobre o volume da atividade exportadora. O Congresso norte-americano aprovou a *Export Trading Company (ETC) Act* em 1982,

Tabela 3.7 As maiores trading companies do mundo

| *Classificação baseada em receitas anuais* | *Empresa (país de origem)* | *Receitas (US$ milhões)* | *Lucros (US$ milhões)* | *Lucros como porcentagem das receitas totais* |
|---|---|---|---|---|
| 1 | Mitsubishi (Japão) | 42.633 | 3.092 | 7,3 |
| 2 | Mitsui (Japão) | 36.349 | 1.788 | 4,9 |
| 3 | Marubeni (Japão) | 27.732 | 652 | 2,4 |
| 4 | Sumitomo (Japão) | 22.800 | 1.415 | 6,2 |
| 5 | Sinochem (China) | 21.089 | 260 | 1,2 |
| 6 | Itochu (Japão) | 19.592 | 1.282 | 6,5 |
| 7 | SHV Holdings (Holanda) | 18.826 | 444 | 2,4 |
| 8 | Samsung (Coreia do Sul) | 15.114 | 77 | 0,5 |
| 9 | COFCO (China) | 14.654 | 199 | 1,4 |
| 10 | SK Networks (Coreia do Sul) | 14.571 | 467 | 3,2 |

FONTE: "Ten largest companies by revenue". Fortune Global 500, 24 jul. 2006. Copyright © 2006 Time, Inc. Todos os direitos reservados.

proporcionando às empresas dois importantes incentivos para adotarem a exportação conjunta por meio da formação de *trading companies* exportadoras. Em primeiro lugar, a imunidade concedida pela legislação antitruste permitia que as empresas colaborassem para fins de marketing de exportação, sem o temor de serem processadas por conluio. Segundo, as *holding companies* bancárias norte-americanas poderiam deter participação acionária em ETCs e facilitar a formação de *trading companies* financeiramente fortes, como as japonesas *sogo sosha*. Isso representou um distanciamento significativo da política de longa data de segregar as atividades bancárias das demais. Apesar desses incentivos, as *trading companies* não estão se formando para atuar em prol de um grupo de indústrias com limitada experiência comercial internacional. Um dos motivos para isso tem sido a preferência das empresas norte-americanas em buscar a expansão internacional dos negócios de forma independente das demais.[13]

Nos Estados Unidos, um tipo mais comum de intermediário com base doméstica é a **empresa de gerenciamento de exportações** (EMC, do inglês *export management company*), que atua como um agente de exportações em favor de uma empresa cliente (geralmente, sem experiência nessa atividade). Mediante uma comissão, a EMC identifica clientes de exportação para a empresa cliente, negocia os termos de venda e contrata embarque internacional. Embora geralmente muito menores do que uma *trading company*, algumas EMCs possuem redes bem estabelecidas de distribuidores externos em local que permita aos produtos exportados acesso imediato a mercados estrangeiros. As EMCs são frequentemente direcionadas pelo suprimento, visitando regularmente as instalações dos fabricantes para saber mais sobre novos produtos e até desenvolver estratégias para o mercado externo. Entretanto, devido à natureza indireta das vendas de exportação, o fabricante corre o risco de perder o controle sobre a forma de comercialização de seus produtos no exterior, com possíveis consequências negativas para sua imagem internacional.

## Intermediários on-line

A Internet desencadeou muita desintermediação — a eliminação dos tradicionais intermediários. Algumas empresas focais passaram a utilizar a Internet para venda direta aos consumidores, em vez de usar os tradicionais canais de atacado e varejo. A eliminação desses intermediários torna o processo de venda mais econômico e rápido, o que beneficia as PMEs em particular, visto que elas se caracterizam por limitados recursos para operações internacionais.[14]

Quando se pensava que a desintermediação fosse uma consequência importante da Internet, outra tendência surgiu: a reintermediação. Isso ocorre quando uma nova empresa — geralmente, um intermediário on-line — se coloca entre compradores e fornecedores no ambiente eletrônico de compra e venda.[15] Por exemplo, os consumidores podem comprar TVs de alta definição diretamente da Sony em seu site Web ou de um intermediário on-line, como a Comp USA.com ou a Tesco.com.

Atualmente, inúmeros intermediários on-line realizam transações entre diversos compradores e vendedores no mundo; eles sobrevivem agregando valor ao processo de distribuição. Se mudanças no mercado tornam seu papel menos valioso, devem adaptar-se. As tecnologias emergentes oferecem — e por vezes exigem — novas atribuições desses intermediários. Muitos varejistas tradicionais estabelecem sites Web ou conexões com provedores de serviços on-line para criar uma presença eletrônica. Os sites de lojas como Tesco e Walmart complementam a infraestrutura existente de distribuição física e trazem mais clientes para os pontos de venda. Em suma, inúmeros intermediários e serviços de suporte oferecem uma ampla gama de funções eletrônicas para a relação comprador-vendedor. Eles modificaram o cenário do varejo e da intermediação no mercado global. Leia mais sobre os novos intermediários internacionais baseados na Internet na seção "Tendência Global" deste capítulo.

Em termos mais amplos, os intermediários, bem como as empresas focais e os facilitadores, utilizam a Internet e a tecnologia da informação (TI) para realizar diversas atividades. Essas ferramentas propiciam enormes oportunidades de transformar, administrar e comunicar no âmbito das cadeias de valor. As tecnologias desencadearam mudanças fundamentais nos aspectos essenciais dos processos de negócios globais, incluindo a gestão da cadeia de suprimentos, compras e manufatura. Os sistemas de informação, as redes de intercâmbio de dados eletrônicos, os bancos de dados compartilhados e outras conexões eletrônicas ligam as empresas aos fornecedores e compradores de um modo sem precedentes. Essas conexões beneficiam em especial as multinacionais, cujos clientes se espalham pelo mundo. A Internet permite aos fornecedores estarem mais próximos dos compradores, de forma mais direta.

Por outro lado, a facilidade de acesso da Internet também levou muitos comerciantes inescrupulosos a prejudicar consumidores ingênuos. Por exemplo, uma recente pesquisa da *Business Week* constatou que somente 11 por cento das farmácias na Web exigem receita médica.[16] Impressionantes 89 por cento, espalhados em sua maioria por países em desenvolvimento, parecem operar na ilegalidade. Bilhões de e-mails *spam* por dia anunciando medicamentos geram milhões de dólares em vendas. Infelizmente, esses medicamentos costumam ser falsificados e podem causar danos à saúde dos usuários. Descobriu-se que um Viagra falsificado na Tailândia continha vodca, um Tamiflu falso foi fabricado com vitamina C e lactose, e uma medicação pode conter quantidade letal de substâncias químicas perigosas. Embora a indústria farmacêutica, em conjunto com autoridades governamentais, estejam ativamente identificando e perseguindo essas empresas, elas parecem escapar do alcance das ações penais.

## TENDÊNCIA GLOBAL

# Varejo on-line: intermediários globais contemporâneos

O varejo on-line está passando por um crescimento explosivo. O líder em leilões eletrônicos, eBay, atrai cerca de 70 milhões de compradores e vendedores a seu site Web por mês. A Amazon.com é líder em vendas pela Internet com 40 milhões de visitantes. As ofertas da eBay e da Amazon assemelham-se às versões eletrônicas de grandes magazines. Atualmente, a Amazon vende mais produtos eletrônicos do que livros. Os sites de varejistas convencionais — antes tidos como enterrados na era dos pontos de venda físicos do varejo — crescem em ritmo acelerado. O número de compradores que acessa o site da Walmart atualmente supera o daqueles que navegam pelo da Amazon. No Reino Unido, entre os varejistas on-line estão a Argos, especializada em vendas por catálogo, e a Tesco, a maior cadeia inglesa de supermercados. Os principais produtos vendidos pela Internet são brinquedos, jogos de computador, vestuário e joias.

Os consumidores gostam de comprar pela Internet porque podem comparar produtos e preços, sem perder tempo. Para os varejistas, as vendas on-line estão sujeitas a leis e restrições menos rigorosas, além de custos operacionais menores. A Walmart e a Tesco usam a Web para testar o mercado em relação a novos produtos antes de oferecê-los nas lojas. Esse tipo de vantagem explica por que os varejistas tradicionais estão mobilizando-se para dominar o comércio eletrônico.

Os negócios internacionais da eBay estão crescendo, com mais de 30 sites cobrindo o mundo, do Brasil à Alemanha. Atualmente, as transações internacionais geram metade das receitas comerciais totais da empresa e crescem duas vezes mais rápido do que as operações domésticas. Praticamente metade dos 125 milhões de usuários registrados da eBay localiza-se fora dos Estados Unidos. Seus clientes compram uma meia de futebol a cada cinco minutos na Inglaterra, uma garrafa de vinho a cada três minutos na França, um gnomo de jardim a cada seis minutos na Alemanha e um cosmético a cada 30 segundos na China. Rapidamente, a empresa disseminou seu modelo de negócio por todo o mundo. A Alemanha destaca-se como o maior site internacional, gerando cerca de um terço das vendas do mercado norte-americano. Esse país orgulha-se de ter uma taxa e usuários ativos mais elevada do que qualquer outro, com aproximadamente três quartos dos clientes registrados comprando regularmente.

A internacionalização das vendas eletrônicas aponta uma tendência interessante: a maioria dos negócios de varejo on-line ocorre dentro de cada país. No site alemão da eBay quase todos os produtos, informações e *chats* são criados por compradores e vendedores locais. O site e as conversas são quase todas em alemão e praticamente todos os usuários são cidadãos alemães. O mesmo se aplica à Índia e à Itália. Somente cerca de 12 por cento das vendas brutas totais de mercadorias envolvem transações internacionais. Na maioria dos países, a eBay adquiriu uma forte cor local à medida que compradores e vendedores criam uma comunidade local. Cada país é um mercado em si mesmo.

Todavia, o varejo on-line internacional deve adaptar-se às condições locais. Um grande desafio é fazer os mercados globais aceitarem os sistemas eletrônicos de pagamento, como o PayPal. Em grande parte da Ásia, esses sistemas permanecem um mistério, e as transações pela Internet com frequência demandam pagamentos à vista, cara a cara. As diferenças culturais também exercem sua influência. Os asiáticos costumam relutar em adquirir produtos usados. Mesmo entre os produtos para bebês, é raro haver repasse de roupas. No entanto, cada vez mais asiáticos adotam hábitos de compra pela Internet. Com mais de 90 milhões de usuários de Internet, a China é um mercado em rápida expansão. Dentro de alguns anos, mais pessoas estarão navegando pela Web na China do que nos Estados Unidos.

Um desafio para o varejo on-line é o fato de que a maior parte do mundo carece de acesso à Internet. O sucesso desse tipo de comércio depende da disponibilidade da infraestrutura de TI. Os países podem ser classificados por *e-readiness* (preparo para transações eletrônicas), ou seja, o acesso que seus cidadãos têm às vantagens e oportunidades de uma economia baseada no conhecimento. Por esse indicador, a Dinamarca é o país mais preparado do mundo, seguida por Estados Unidos, Suécia, Suíça, Reino Unido, Hong Kong, Finlândia e Holanda. Em contraposição, países como Rússia, China, Indonésia e Índia apresentam baixa pontuação nesse quesito. Nessas localidades, os varejistas eletrônicos podem abordar somente uma pequena parcela da população local. Na África e em regiões do sul da Ásia, a pobreza predomina e o nível de *e-readiness* é ainda menor.

Fontes: "E-readiness". *Economist*. 7 mai. 2005, p. 98; "Clicks, bricks and bargains". *Economist*. 3 dez. 2005, p. 57-8; SCHONFELD, E. "The world according to eBay". *Business 2.0*. (jan.-fev.):77-84, 2005.

## Facilitadores dos negócios internacionais

A terceira categoria de participante de negócios internacionais é o facilitador. Enquanto as empresas focais assumem o papel central nos negócios globais, os facilitadores fazem o possível para que as transações internacionais ocorram com eficiência, de modo estável e dentro do prazo. Trata-se de indivíduos ou empresas independentes, que auxiliam as empresas focais em seu processo de internacionalização. Citamos como exemplos bancos, advogados especializados em comércio internacional, agentes de carga, despachantes aduaneiros e consultores. A quantidade e o papel dos facilitadores aumentaram nos últimos anos, devido à complexidade das operações de comércio internacional, à intensa concorrência e aos avanços tecnológicos. Os facilitadores prestam diversos serviços, desde a condução de pesquisa de mercado até a identificação de potenciais parceiros comerciais e a assessoria jurídica. Eles costumam utilizar muito as ferramentas de TI e Internet para realizar suas atividades.

Alguns facilitadores são especialistas em gestão da cadeia de suprimento, responsáveis pelas atividades de distribuição física e logística de seus clientes.

Um importante facilitador do comércio internacional é o **provedor de serviços logísticos**, um especialista em transportes que cuida da distribuição física e da armazenagem de produtos para as empresas focais, além de controlar as informações entre os pontos de origem e de consumo. Empresas como DHL, FedEx, UPS e TNT oferecem meios econômicos de entrega de carga em praticamente qualquer lugar do mundo. Cada vez mais, também fornecem serviços característicos dos distribuidores, como armazenagem, gestão de estoques e rastreamento de pedidos. A FedEx, um dos maiores em entrega expressa, transporta milhões de pacotes por dia e provê serviços de gestão da cadeia de suprimentos. A empresa faz entregas em mais de 210 países e territórios, cobrindo quase todo o planeta com sua frota de mais de 640 aviões e aproximadamente 50.000 carros, caminhões e reboques. Seus negócios no Brasil, na China e na Índia cresceram rapidamente.

Recentemente, a Red Wing, um fabricante norte-americano de calçados, utilizou os serviços de cadeia de suprimentos da UPS em detrimento de seu próprio centro de distribuição em Salt Lake City, geralmente usada para consolidar e reembalar bens para remessa às lojas. A Red Wing fabrica parte de seus calçados na China e faz a triagem e o reacondicionamento em uma instalação da UPS nesse país. A seguir, os sapatos são entregues diretamente às lojas da Red Wing nos Estados Unidos. Com a contratação de fornecedores de entrega expressa, a empresa leva seus produtos ao mercado com maior rapidez e menor custo. Para atender às necessidades de distribuição internacional de empresas como a Red Wing, a UPS construiu mais de 50 armazéns na China.

A Red Wing e inúmeros outros fabricantes internacionais utilizam *operadores de transportes*, empresas que possuem navios, caminhões, aviões e outros meios de transporte de mercadorias pelo mundo. Eles desempenham um papel vital nos negócios internacionais e no comércio global. Um *consolidador* é uma espécie de empresa de embarque que combina a carga de mais de um exportador em contêineres para remessa ao exterior.

A maioria dos exportadores utiliza os serviços dos agentes de carga porque são um facilitador essencial dos negócios internacionais. Geralmente baseados em cidades portuárias, eles contratam embarques internacionais para a empresa focal com destino a um porto de entrada no exterior, e até para a localização do comprador no mercado-alvo estrangeiro. Trata-se de especialistas em meios de transporte e documentação de comércio internacional, bem como nas regras e regulamentos dos países de origem e de destino. Eles providenciam a liberação alfandegária da carga no lado importador da transação. Os agentes de carga constituem uma excelente fonte de assessoria sobre exigências de expedição, como embalagem, conteinerização e rotulagem.

É comum os governos cobrarem tarifas e taxas, além de criarem regras complexas de importação de produtos para os países que governam. Os **despachantes aduaneiros** são especialistas na liberação alfandegária de mercadorias em nome dos importadores. Eles preparam e processam a documentação exigida para esse fim. Representam para a importação o que os agentes de carga representam para a exportação, especializando-se na liberação de bens pela alfândega do país ao qual foram expedidos. Também conhecidos como *despachantes aduaneiros*, possuem licença específica para realizar procedimentos de desembaraço aduaneiro, com experiência comprovada em lidar com os complexos procedimentos de importação. Compreendem as regulamentações do serviço aduaneiro de um país, bem como de outros órgãos governamentais que afetam a importação de produtos. Em geral, o agente de carga, baseado no país de origem, trabalha em conjunto com o despachante aduaneiro localizado no país de destino, na condução das operações de importação.

Vários outros participantes facilitam as operações financeiras de negócios internacionais. Os *bancos comerciais* constituem um elemento importante nas atividades internacionais de todas as empresas, por facilitar o câmbio de moedas estrangeiras e conceder financiamento a compradores e vendedores, que geralmente solicitam crédito para financiar transações. O processo de pagamento costuma demorar mais nas transações internacionais do que nas domésticas, de modo que uma empresa focal pode necessitar de um empréstimo de um banco comercial. Esse tipo de instituição também pode: transferir fundos a indivíduos ou bancos no exterior, fornecer cartas de apresentação e *cartas de crédito* a viajantes, fornecer informações creditícias sobre potenciais representantes ou compradores estrangeiros e cobrar faturas, ordens de pagamento e outros recebíveis do exterior. No âmbito de cada país, os grandes bancos localizados nas maiores cidades mantêm relações de correspondência com bancos menores espalhados pelo território nacional. Os grandes bancos também mantêm esse tipo de relação em nível mundial ou operam suas próprias filiais no exterior, oferecendo dessa maneira um canal direto a clientes estrangeiros.

O setor bancário é um dos mais multinacionais. Barclays, Citicorp e Fuji Bank possuem tantas filiais internacionais quanto as de qualquer grande multinacional industrial. Com frequência, esses bancos fornecem consultoria e diretrizes, de forma gratuita, a seus clientes, visto que obtêm receita dos empréstimos ao exportador e das taxas cobradas por serviços especiais. Eles podem ser bons conhecedores de alguns países e suas práticas ou setores de negócios.

Entretanto, quando se trata das PMEs, de modo geral os bancos relutam em conceder crédito, uma vez que é comum as empresas de menor porte não terem garantias substanciais e apresentarem uma taxa de falência mais elevada do que as MNEs. Quando isso ocorre, as pequenas e médias empresas nos Estados Unidos podem recorrer ao *Export Import Bank* (Ex-IM Bank; www.exim.gov), um órgão federal que auxilia os exportadores a financiar a venda de seus bens e serviços nos mercados externos. O Ex-Im Bank concede empréstimos diretos, garantias de empréstimos e outros produtos financeiros como suporte às atividades exportadoras das PMEs.

Em outros países, sobretudo nas economias em desenvolvimento, é comum os governos concederem financiamento, em geral por meio de *bancos de desenvolvimento* e órgãos públicos. Há disponibilidade de investimento para financiar a construção de projetos de infraestrutura, tais como barragens e usinas hidrelétricas. Os empréstimos de bancos governamentais costumam ser oferecidos a taxas bastante favoráveis e, portanto, atraem vários tipos de tomadores. Os governos anfitriões oferecem empréstimos, até para empresas estrangeiras, na proporção em que o investimento resulte em novos empregos, transferência de tecnologia ou considerável intercâmbio internacional. Os governos da Austrália, Canadá, Irlanda, França, Espanha, Reino Unido e inúmeras outras nações também financiam multinacionais para construção de fábricas e outras operações de larga escala em seus países. Nos Estados Unidos, vários órgãos estatais de desenvolvimento têm financiado montadoras multinacionais de automóveis como BMW, Honda, Mercedes e Toyota, para que instalem fábricas em suas regiões.

As empresas focais e outros participantes também utilizam os serviços de *advogados especializados em comércio internacional* para obter ajuda na compreensão dos sistemas jurídicos internacionais. Os melhores desses profissionais conhecem bem o setor de atuação do cliente, as leis e regulamentações das nações visadas e os meios mais adequados para a atividade internacional no contexto jurídico-regulatório. Estão familiarizados com os obstáculos inerentes às negociações com cada país, como as licenças de importação, as barreiras comerciais, as questões de propriedade intelectual e as restrições governamentais em segmentos específicos.

As empresas necessitam de advogados especializados em comércio internacional para negociar contratos de venda e distribuição de bens e serviços a clientes, intermediários ou facilitadores. Eles desempenham um papel fundamental na negociação de acordos de *joint venture* e alianças estratégicas, ou para a obtenção de franquias e licenciamentos internacionais. Também agem quando surgem disputas com parceiros estrangeiros. Quando a empresa necessita contratar funcionários no exterior, um bom advogado pode explicar as leis trabalhistas e os direitos e as obrigações dos trabalhadores. Com frequência, as empresas que se internacionalizam requerem a patente de seus produtos e registram suas marcas registradas nos países onde fazem negócios, o que exige os serviços de um especialista no assunto. Além disso, os advogados podem ajudar a identificar e otimizar os benefícios tributários que podem estar disponíveis em certos modos de entrada ou no âmbito de cada país.

As *companhias de seguro* oferecem cobertura contra riscos comerciais e políticos. Os prejuízos tendem a ocorrem com mais frequência nos negócios internacionais devido à ampla gama de circunstâncias naturais e humanas às quais os produtos são expostos enquanto seguem pela cadeia de valor. Por exemplo, os bens expedidos por via marítima sofrem danos ocasionais em trânsito. O seguro ajuda a custear os prejuízos que resultariam desse tipo de dano.

Os *consultores* em negócios internacionais assessoram as empresas que se internacionalizam em vários aspectos da realização de transações no exterior, alertando-as sobre as oportunidades do mercado externo. Eles ajudam as empresas a melhorar seu desempenho ao analisar os problemas existentes e auxiliam a administração do negócio a desenvolver planos futuros. De especial ajuda são os *contadores fiscais*, capazes de assessorar as empresas na minimização das obrigações tributárias resultantes das operações internacionais. As *empresas de pesquisa de mercado* representam um recurso essencial na identificação de compradores estrangeiros e na forma de abordá-los. Elas possuem ou podem obter acesso a informações sobre mercados, concorrentes e métodos dos negócios internacionais.

# ESTUDO DE CASO

## DHL International: um concorrente ambicioso em serviços globais de logística

Quando Adrian Dalsey, Larry Hillbolm e Robert Lynn fundaram a DHL como um serviço expresso de entrega porta a porta entre São Francisco e Honolulu, em 1969, ninguém imaginava que o negócio evoluiria para um grupo transnacional que conecta 120.000 destinos em mais de 220 países e territórios. Hoje pertencente à alemã Deutsche Post World Net, a empresa oferece serviços de entrega rápida, frete internacional aéreo e marítimo, logística contratada e serviços de valor agregado. Embora seja líder de mercado em correio expresso na Europa e na Ásia, não foi fácil para a marca construir uma reputação de qualidade nos Estados Unidos.

### Setor de cadeia de suprimentos e logística global

Para atender às necessidades de consumidores em busca de soluções simples e convenientes a preços competitivos, o setor de cadeia de suprimentos e logística mudou de forma radical desde o início da década de 1970. Esse setor abrange empresas de movimentação de matérias-primas, produtos acabados, pacotes e documentos pelo mundo. Quatro tendências afetam o segmento: globalização, desregulamentação, digitalização e *outsourcing*. O crescimento do comércio internacional aumentou a complexidade da cadeia de suprimentos, gerando demanda para a administração profissional das atividades logísticas de uma empresa focal. Esse tipo de empresa reconhece claramente os benefícios da movimentação de bens através de uma cadeia de suprimentos com maior rapidez e eficiência. Em decorrência, provedores especializados em serviços logísticos, tais como DHL, UPS e FedEx, surgiram para organizar, coordenar e controlar as cadeias de suprimento por meio de avanços tecnológicos e uma presença global. Esses facilitadores desenvolveram redes globais de escritórios e armazéns, adquiriram caminhões e aviões e investiram em extensivos sistemas de rastreamento de informações.

### A internacionalização da DHL

Em 1971, a DHL ingressou na arena internacional de entregas rápidas, com serviços para as Filipinas. No ano seguinte, iniciou serviços para Japão, Hong Kong, Cingapura e Austrália. Em 1980, intensificou o foco na região da Ásia-Pacífico e entrou na China por meio de um acordo de agenciamento com a Sinotrans, que, em 1986, evoluiu para uma *joint venture* 50/50, a pioneira em serviços expressos no país. Em 1973, a DHL expandiu-se para a Europa e, em seguida, para Oriente Médio e África. Tratava-se da primeira empresa a oferecer serviço aéreo internacional de entrega expressa para países do Leste Europeu na década de 1980. Para dar suporte a clientes mundiais, estabeleceu operações de *hub* em Bruxelas, Cincinnati e Manila, no período de 1985 a 1995. Instalações estrategicamente posicionadas localizavam-se em Atenas, Bombaim, Hong Kong, Kuala Lumpur, Moscou, Osaka, Sidnei e Bahrain. A DHL formou alianças com a Japan Airlines, Lufthansa e a *trading company* Nissho Iwai.

Em 2002, a alemã Deutsche Post adquiriu 100 por cento da DHL por US$ 2,7 bilhões. Antes possuída e operada pelo governo alemão, em 2000 a Deutsche Post AG tornou-se uma sociedade de capital aberto. Ela fornece serviços nacionais e internacionais em quatro divisões corporativas (correio, entregas expressas, logística e serviços financeiros) sob três marcas – Deutsche Post, DHL e Postbank. Desde 2002, a Deutsche Post concentrou o foco na integração de suas unidades de entrega expressa e logística, que incluem a Euro Express e a Danzas, sob o guarda-chuva da DHL. São cinco as principais marcas: DHL Exel Supply Chain, DHL Express, DHL Freight, DHL Global Forwarding e DHL Global Mail.

### Posicionamento global

No mercado de correio expresso, entrega rápida e encomendas, a DHL International está à frente da concorrência na Europa, devido a suas eficientes redes expressas nacionais. Com uma participação de 35 por cento no segmento expresso internacional na região da Ásia-Pacífico, a empresa é líder de mercado no Japão e na China. Uma de suas principais vantagens na China está na própria rede aérea com mais de 20 aviões exclusivos para operações de frete aéreo. A DHL está investindo maciçamente na melhoria de sua capacidade na região chinesa, investindo em torno de US$ 1 bilhão, desde 2002, para aprimorar sua malha terrestre e aérea. A aquisição, em 2005, de 81 por cento da indiana Blue Dart fortaleceu sua capacidade de oferecer serviços domésticos e internacionais de entrega expressa nos principais mercados asiáticos da China e Índia.

No setor em expansão da logística, a marca DHL registrou aumentos de dois dígitos em volume. Líder global em carga aérea, à frente da Nippon Express, é capaz de oferecer frete aéreo em regiões não atendidas pelos concorrentes, por meio de sua divisão interna de transporte de carga e frota aérea. Também detém a liderança como provedora de frete marítimo e logística contratada.

Como o serviço de entrega expressa é tradicionalmente de baixa margem, a DHL concentra o foco no pacote de serviços que inclui a administração de logística contratada, mais lucrativa e de maior valor agregado, nos setores automobilístico, farmacêutico, eletrônico e de saúde, telecomuncações, bens de consumo e têxtil/moda. Esses contratos são de longo prazo, com duração média de três anos. Com a aquisição da Exel, a DHL pôde prolongar a grande maioria dos acordos existentes. Os clientes que recentemente fecharam contrato são Standard Chartered Bank, Deutsche Telekom, Philips, PepsiCo, Ford, BMW, Sun Microsystems, Unisys e Electrolux.

## A importância do mercado norte-americano para a DHL

Os Estados Unidos representam um importante mercado estratégico para a DHL, como um provedor de serviços logísticos que oferece a seus clientes uma rede global. O tráfego de entregas expressas na América do Norte responde por quase metade do total mundial e apresenta margens altamente atrativas, atingindo US$ 46,9 bilhões em 2004. Nesse ano, 20 por cento do volume da DHL teve os Estados Unidos como destino ou partiu de lá para o mundo. Mais de um terço de todas as empresas globais da *Fortune 500* têm sede nesse país, onde se tomam cada vez mais decisões sobre contratos de logística e transportes.

O mercado de serviço de correio expresso nos Estados Unidos é altamente competitivo e relativamente consolidado, com as cinco maiores empresas do setor respondendo por aproximadamente 47 por cento do valor total do mercado. O maior segmento é o de entregas terrestres, que representa 61 por cento das vendas e fatura estimados US$ 30 bilhões. A U.S. Postal Service, que detém o monopólio de entregas de cartas não urgentes nos Estados Unidos, mantém-se como o maior provedor. A U.S. Postal Service e a FedEx continuam a ampliar sua gama de serviços que não são de entrega, como logística, gerenciamento da cadeia de suprimentos e comércio eletrônico. Em 2005, a FedEx e a UPS juntas dominaram 78 por cento do mercado norte--americano de encomendas, com a DHL obtendo somente uma participação de 7 por cento do mercado de entregas urgentes. Com a aquisição da Exel, a DHL é líder em logística no país.

## Desafios do mercado norte-americano

A DHL teve um bom desempenho em dois outros mercados que fazem parte do NAFTA (Tratado Norte-americano de Livre Comércio, do inglês *North American Free Trade Agreement*). No Canadá, ela adquiriu um negócio nacional para complementar as atividades internacionais e conseguiu atingir o ponto de equilíbrio em menos de dois anos. No México, é a número um nos segmentos de entrega expressa e de encomendas, com um forte posicionamento de mercado. Entretanto, a empresa enfrenta consideráveis desafios no mercado norte-americano.

Nos Estados Unidos, a ambição da DHL é assumir a terceira posição de mercado, depois da UPS e da FedEx. Concentrando o foco nas pequenas e médias empresas, que cada vez mais se envolvem no comércio internacional, ela almeja aumentar sua participação no mercado norte-americano. Um movimento significativo nesse sentido teve início em 2003, com a aquisição por US$ 1,1 bilhão da Airborne Express, o serviço de entrega número três do país. Entretanto, o mercado de encomendas dos Estados Unidos está migrando para o transporte terrestre, devido aos elevados preços dos combustíveis que oneram o frete aéreo. A limitada rede terrestre da DHL prejudicou sua capacidade de atrair clientes domésticos que desejam enviar seus pacotes por esse meio. A empresa anunciou planos de investir US$ 1,2 bilhão em sua rede norte-americana para expandir a capacidade de entrega por terra em 60 por cento. Esses esforços resultaram em prejuízos de US$ 630 milhões em 2004 e US$ 380 milhões em 2005.

A DHL também enfrenta vários desafios operacionais. Passou por dificuldades logo após a abertura de um *hub* aéreo central em Wilmington, Ohio, que acarretou atrasos nas entregas e perdas de clientes. Em novembro de 2005, a empresa foi responsável pela perda de um arquivo de computador com informações pessoais de dois milhões de clientes de hipotecas residenciais do banco ABN AMRO. Embora o arquivo tenha posteriormente aparecido nas instalações de Ohio, o dano à reputação da DHL já se havia alastrado. Após uma abrangente cobertura na mídia, e arcando com o custo de fornecer a todos os clientes acesso a serviços de relatórios de crédito, o ABN anunciou planos de utilizar um "sistema seguro de *courier*" da FedEx, em que os motoristas mantêm consigo o arquivo do computador o tempo todo.

A DHL também enfrenta a FedEx e a UPS no campo regulatório. Repetidas vezes, esses concorrentes contestaram as operações da Deutsche Post nos Estados Unidos, requisitando ao Departamento de Transportes o cancelamento do registro da DHL como um agente de carga estrangeiro. A UPS argumentou que a Deutsche Post usaria seus lucros de monopólio para adotar uma política predatória de preços no país. A FedEx e a UPS também solicitaram uma fiscalização formal sobre a cidadania da DHL Airways, alegando que os nativos de país estrangeiro, como o sistema postal alemão Deutsche Post, controlariam a DHL Airways. Sob as leis dos Estados Unidos, os cidadãos norte-americanos devem possuir pelo menos 75 por cento das ações com direito a voto de uma companhia aérea norte-americana e administrar as operações. Esses debates geraram muita discussão em relação à concorrência no mercado de entrega de encomendas. Após anos de moções e audiências, os órgãos reguladores rejeitaram as petições e deliberaram a favor da DHL.

A estratégia de marketing nos Estados Unidos incluiu gastos de US$ 150 milhões na campanha de uma nova identidade visual com uma logomarca amarela e vermelha. A DHL teve que repintar mais de 17.000 caminhões, comprar 20.000 uniformes, pintar 467 postos de atendimento, substituir 16.000 caixas coletoras e criar embalagem, envelopes e formulários de conhecimento aéreo usados por funcionários e clientes. Esses esforços coincidiram com o lançamento de uma campanha publicitária destinada a reapresentar a empresa aos potenciais clientes, atacando a UPS e a FedEx de forma direta. A nova imagem contribuiu para um incremento de 1 por cento na participação do mercado norte-americano, cerca de US$ 600 milhões em receitas.

## Questões do estudo de caso

1. A DHL está integrando os serviços de entrega expressa e de logística. Quais serviços de valor agregado ela oferece? Como os serviços estão associados às atividades de cadeia de valor de uma empresa? Você é capaz de prever mudanças na cadeia de suprimento que poderiam alterar o setor de entrega expressa e logística?
2. Quem são os clientes visados por uma empresa como a DHL? Quais fatores influenciam a escolha de um cliente por um provedor de correio expresso e logística?
3. Considerando-se a importância do mercado norte-americano para o setor global de entrega expressa, o que você recomendaria à DHL para mudar sua posição nos Estados Unidos? Você acha que as estratégias atuais da DHL serão bem-sucedidas?
4. Tudo indica que a DHL necessita concentrar esforços na melhoria da satisfação do cliente por meio de um serviço de melhor qualidade e uma equipe mais próxima dos clientes. Nesse segmento altamente competitivo, o serviço personalizado e o investimento em treinamento da força de vendas parecem cruciais à conquista de clientes. Os consumidores norte-americanos estariam propensos a colocar em risco atividades essenciais de remessa com uma operação inexperiente? A paciência vai-se esgotar para a matriz Deutsche Post?

Nota: Este caso foi escrito por Tracy Gonzalez-Padron, sob a supervisão do Professor S. Tamer Cavusgil.

Fontes: BERMAN, J. "Survey indicates DHL is closing the gap on U.S. competitors", disponível em: www.logisticsmgmt.com, acesso em: 15 set. 2006; BOYD, J. "Deutsche Post Ag", nos registros empresariais da Hoover, de 2006, disponível em: em <proquest.umi.com/pqdweb?index=0&did=168275191&SrchMode=1&sid=1&Fmt=3&VInst=PROD&VType=PQD&RQwT=30 9&VName=PQD&TS=117770637 6&clientId=20174&gt, acesso em: 1 abr. 2007; "Couriers in the USA". *Euromonitor International,* out. 2005; "Deutsche Post AG.", disponível em: www.datamonitor.com, acesso em: jun. 2006; "Deutsche Post Worldwide Net. (2005)". *Annual Report*, disponível em: www.dpwn.de; "DHL International Limited", disponível em: www.datamonitor.com, acesso em: jun. 2006; "DHL parent DPWN restructures" *Traffic World.* 1; "DHL Worldwide Network S.A./N.V.", nos registros empresariais da Hoover de 2006, disponível em: <proquest.umi.com/pqdweb?index=4&did=168173401&SrchMode=1&sid=2&Fmt=3&VInst=PROD&VT ype=PQD&RQT=309&VName=PQD&TS=1177706548&clientId=20174>, acesso em: 1 abr. 2007; EWING, J., FOUST, D. e EIDAM, M. "DHL's American adventure". *Business Week.* 126, 29 nov. 2004; PLUNKETT RESEARCH, Ltd. *Introduction to the transportation and logistics industry*, disponível em: www.plunkettresearch.com, acesso em: 15 out. 2006; Mucha, T. "Pouring it on to compete with UPS and FedEx, DHL underwent a corporate makeover, with new colors, new commercials, and 17,000 newly painted trucks". *Business 2.0.* 6(2):60, 2005; YERAK, B. "USA finance: shipper locates missing tape with mortgage data". *Chicago Tribune,* 21 dez. 2005; ZUMWINKEL, K. Discurso feito no encontro anual da Deutsche Post AG em 10 de maio de 2006, em Cologne, Alemanha, disponível em: www.dpwn Media Relations.

## Principais termos

agente
agente de carga
contratados *turnkey*
despachantes aduaneiros
distribuidor externo
empresa *born global*
empresa de gerenciamento de exportações (EMC)
empresa focal
empresa multinacional (MNE)
facilitador
franqueador
intermediário do canal de distribuição
licenciador
parceiros em um investimento não acionário, baseado em projeto
parceiro de *joint venture*
pequena e média empresa (PME)
provedor de serviços logísticos
representante do fabricante
*trading company*

## Resumo

Neste capítulo você aprendeu:

1. **Três tipos de participante nos negócios internacionais**

   As transações internacionais requerem a participação de inúmeras empresas focais, intermediários e facilitadores. Uma empresa focal é aquela que inicia uma transação comercial internacional e que concebe, desenvolve e produz as ofertas destinadas ao consumo em escala mundial. Um intermediário de canal de distribuição é um agente especializado que fornece uma variedade de serviços logísticos e de marketing para empresas focais, como parte da cadeia internacional de suprimentos, tanto no país de origem quanto no exterior. Um facilitador é uma empresa ou um indivíduo com experiência específica em assistência jurídica, operações bancárias, despachos aduaneiros ou serviços correlatos, que auxilia empresas focais na realização de transações comerciais internacionais. Os três tipos de participante contribuem com vários tipos de experiência, infraestrutura e dados que fazem os negócios internacionais acontecerem.

2. **Participantes organizados por atividade da cadeia de valor**

   As empresas focais, os intermediários e os facilitadores fazem parte das cadeias globais de valor. A cadeia de valor é o sistema completo de negócios da empresa focal. Compreende todas as suas atividades, incluindo pesquisa de mercado, P&D, suprimento, marketing, produção, distribuição e atendimento pós-venda. Os intermediários do canal e os facilitadores dão suporte à empresa focal desempenhando funções de valor agregado. Nas empresas focais que exportam, a maior parte da cadeia de valor concentra-se no país de origem. Nas empresas altamente internacionalizadas, as atividades da cadeia de valor podem ser realizadas em vários países.

3. **Empresas focais nos negócios internacionais**

   As empresas focais abrangem as multinacionais (MNEs), grandes corporações globais, como Sony e Ford. As MNEs operam em vários países instalando fábricas, subsidiárias de marketing e sedes regionais. As pequenas e médias empresas (PMEs) atualmente representam a maioria dos empreendimentos internacionalmente ativos. São negócios relativamente flexíveis que tendem a enfatizar a exportação e alavancar a cooperação de intermediários e facilitadores para obter êxito nas transações internacionais. As **born global** constituem uma categoria de PMEs que optam pela internacionalização no momento de sua fundação ou logo após.

4. **Estratégias das empresas focais para entrada no mercado estrangeiro**

   As empresas focais incluem um **licenciador**, uma empresa que faz um acordo contratual com um parceiro estrangeiro, concedendo-lhe o direito de uso de determinada propriedade intelectual por um período específico de tempo mediante o pagamento de royalties ou outra forma de remuneração. Um **franqueador** é uma empresa que concede a outra o direito de uso de um sistema completo de negócios mediante o pagamento de taxas, royalties ou outras formas de remuneração. Um **contratado *turnkey*** é uma empresa focal ou um consórcio de empresas que planeja, financia, organiza, administra e implementa as fases de um projeto, para depois entregá-lo a um cliente estrangeiro, após treinar o pessoal local. Um **parceiro de *joint venture*** é uma empresa focal que cria e compartilha a propriedade de uma nova entidade jurídica por meio de investimento acionário ou fundo de ativos. Os **parceiros de investimentos não acionários, baseados em projetos** são empresas focais que colaboram entre si por meio de um projeto com escopo relativamente restrito e um cronograma bem definido, sem a criação de uma nova entidade jurídica.

5. **Intermediários do canal de distribuição nos negócios internacionais**

   Os intermediários do canal de distribuição movimentam bens e serviços através das fronteiras nacionais e, em alguns casos, para os usuários finais. Eles desempenham funções descendentes essenciais no mercado-alvo em nome das empresas focais, incluindo marketing. Um **distribuidor estrangeiro** é um intermediário baseado no exterior que atua sob contrato para um exportador, toma posse e distribui seus produtos em um mercado ou território nacional, geralmente desempenhando funções de marketing, tais como vendas, promoção e atendimento pós-vendas. Um **agente** é um intermediário que administra pedidos de compra e venda de commodities, produtos e serviços em transações comerciais internacionais, mediante o pagamento de comissão. Um **representante do fabricante** é um intermediário contratado pelo exportador para representar e vender sua mercadoria ou seus serviços em um país ou território designado. Uma *trading company* é um intermediário que lida com a importação e a exportação de uma variedade de *commodities*, bens e serviços. Uma **empresa de gerenciamento de exportações** (**EMC**) é um intermediário que atua como agente de exportações em favor de uma empresa cliente.

6. **Facilitadores nos negócios internacionais**

   Os facilitadores auxiliam nas transações comerciais internacionais. Um **provedor de serviços logísticos** é uma transportadora que cuida da distribuição física e da armazenagem de produtos para as empresas focais, além de controlar as informações entre o ponto de origem e o ponto de consumo. Um **agente de carga** é um provedor de serviços logísticos que providencia embarques internacionais para empresas exportadoras, como se fosse um agente de viagem para cargas. Um **despachante aduaneiro** é um agente especializado na liberação de produtos pela alfândega em favor dos importadores. Outros facilitadores são *bancos, advogados, companhias de seguro, consultores e empresas de pesquisa de mercado.*

## Teste seu entendimento

1. Identifique e defina sucintamente as três principais categorias de participantes nos negócios internacionais.
2. Nas etapas de uma cadeia de valor internacional característica, qual é o papel normalmente desempenhado por cada uma das três categorias de participantes?
3. Quais são as características específicas das empresas focais? Faça a distinção entre as características de MNEs e PMEs internacionais e das empresas *born global*.
4. Qual é a singularidade de empresas focais como os franqueadores, licenciadores e contratados *turnkey*?

5. Qual é o papel dos intermediários do canal de distribuição?
6. Quais são os principais intermediários do canal de distribuição baseados no país de origem e aqueles baseados no exterior?
7. O que são os intermediários on-line? Como as empresas focais utilizam a Internet para conduzir atividades internacionais?
8. Quais são as características dos facilitadores? Relacione e defina os principais tipos de facilitador.

## Aplique seu entendimento

1. O cenário dos negócios internacionais é ocupado por empresas focais, intermediários do canal de distribuição e facilitadores. Cada grupo de participante assume um papel diferente e essencial no desempenho das transações comerciais internacionais. Pense na interdependência existente entre os três grupos. O que ocorreria se os intermediários do canal de distribuição não pudessem oferecer serviços competentes a uma empresa focal? E se facilitadores adequados não fossem disponibilizados a uma empresa focal? Até que ponto isso prejudicaria o desempenho internacional da empresa focal? Sob quais circunstâncias uma empresa focal optaria por internalizar suas atividades da cadeia de valor em negócios internacionais, em vez de as delegar a intermediários do canal e facilitadores? Quais seriam as consequências de reter as atividades de distribuição e suporte dentro da empresa?
2. Pense em uma empresa para a qual você gostaria de trabalhar após se formar, talvez em um destes segmentos: música (como a Virgin), bancos (Citibank), engenharia (Skanska AB), alimentos (Kraft), automóveis (BMW) ou outro. A seguir, utilizando a estrutura apresentada na Tabela 3.1, esboce a cadeia de valor que a empresa que você escolheu mais provavelmente usa em uma categoria específica de produto ou serviço. Para completar este exercício, faça pesquisa bibliográfica ou visite o site Web dessa empresa. Sua cadeia de valor deve incluir todas as principais atividades de negócio internacional em que ela esteja envolvida. Desenvolva uma lista de intermediários e facilitadores que ela deve envolver para configurar a cadeia de valor. Indique onde, ao longo da cadeia, esses participantes devem estar localizados.
3. Após a graduação, suponha que você consiga um emprego na Kokanee Corporation, uma PME que fabrica coleiras, correias, produtos de higiene e limpeza, entre outros, para cães e outros animais de estimação. Seu chefe, Eugene Kimball, deseja começar a exportar os produtos da Kokanee para o exterior. Prepare um relatório descrevendo sucintamente os tipos de intermediário e facilitador com quem a empresa deve consultar-se e trabalhar, visando o sucesso nas operações de exportações.

## Notas


1 MATLACK, C. "Europe: go east, young man". *Business Week*. 30 out. 2006.

2 COLEMAN, A. "How to be an expert at export". *Financial Times*. 26 out. 2005.

3 CONTRACTOR, F., HSU, C-C., KUNDU, S. "Explaining export performance: a comparative study of international new ventures in Indian and Taiwanese software industry". *Management International Review*. 45, ed. especial, (3):83-110, 2005; KNIGHT, G. e CAVUSGIL, S. T. "The born global firm: a challenge to traditional internationalization theory". In: *Advances in International Marketing*, v.8, ed. Tage Koed Madsen. Greenwich: JAI Press, 1996, p. 11-26; REUBER, A. R. e FISCHER, E. "The influence of the management team's international experience on the internationalization behaviors of SMEs". *Journal of International Business Studies*. 28(4):807-19, 1997.

4 ONO, Y. "Beer venture of Anheuser, Kirin goes down drain on tepid sales". *Wall Street Journal*. 3 nov. 1999.

5 MacDONALD, C. "Toy story". *Canadian Plastics*. 61(2):17-8, 2003.

6 ADLER, C. "How China eats a sandwich". *Fortune Small Business*. mar. 2005.

7 REINA, P. M. "Public funds and turnkey contracts fuel growing global subway work". *ENR*. 25 out. 2004, p. 32.

8 "BOT group awards major Hong Kong road contract". *ENR*. 3 jul. 1995, p. 30.

9 "Hitachi Ltd.: joint venture to promote smart-card operating system". *Wall Street Journal*. 26 nov. 2005.

10 "BP sets India venture, explores China tie-ups". *Wall Street Journal*. 14 out. 2005.

11 WALTNER, C. "Cisco forms strategic alliance with Fujitsu". 5 dez. 2004, disponível em: http://www.newsroom.cisco. com/dlls/2004/prod_120604c.html; CISCO "China's ZTE forms strategic alliance with Cisco Systems", disponível em: http://www. newsroom.cisco.com/dlls/2004/prod_120604c.html; ITALTEL. "Italtel and Cisco Systems alliance mission", disponível em: http://www. italtel.com/ShowContent?item=1028.

12 U.S. Department of Commerce. *A basic guide to exporting*. Washington: U.S. Government Printing Office, 1992.

13 CAVUSGIL, S. T., AMINE, L. S. e WEINSTEIN, R. "Japanese sogo shosha in the U.S. export trading companies". *Journal of the Academy of Marketing Science*. 14(3):21-32, 1986.

14 WILLMOTT, D. "Disintermediation: the buzzword from hell". *PC Magazine*, 10 set. 1997.

15 CHIRCU, A.; KAUFFMAN, R. "Strategies for Internet middlemen in the intermediation/disintermediation/reintermediation cycle". *Electronic Markets*. 9(2):109-17, 1998.

16 GROW, B. et al. "Bitter pills". *Business Week*. 18 dez. 2006.

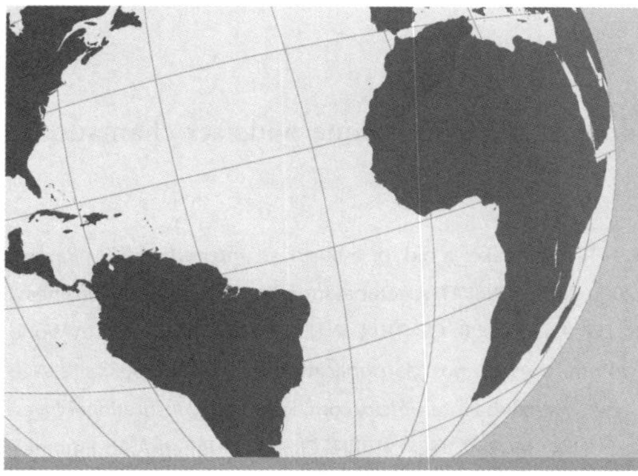

CAPÍTULO 4

# TEORIAS DE COMÉRCIO E INVESTIMENTO INTERNACIONAL

## Objetivos de aprendizagem

Neste capítulo, você aprenderá sobre:

1. Teorias de comércio e investimento internacional
2. Por que as nações fazem comércio
3. Como as nações intensificam sua vantagem competitiva: teorias contemporâneas
4. Por que e como as empresas se internacionalizam
5. Como as empresas conquistam e sustentam vantagem competitiva internacional

## A bem-sucedida transformação de Dubai em uma economia baseada no conhecimento

Dubai é um país rico em petróleo localizado no Golfo Pérsico ao sul da Península Arábica. Com cerca de um milhão de habitantes, seu PIB per capita supera US$ 25.000. É um dos sete emirados que compõem os Emirados Árabes Unidos. A riqueza da região baseia-se na produção de petróleo e gás, que responde por aproximadamente um terço do PIB dos emirados.

Dubai e os demais emirados possuem uma *vantagem comparativa* em petróleo porque esse recurso natural é abundante na região, em comparação com outros países. As reservas petrolíferas permitem a esse emirado desenvolver outros setores econômicos que demandam uma grande infusão de capital. Dubai está se desenvolvendo como um centro comercial multidimensional e internacional. A partir da década de 1980, seu governo começou a colaborar com a iniciativa privada para reposicionar o país como um centro internacional de comércio, finanças, turismo, educação e comércio eletrônico.

A parceria público-privada permite a Dubai desenvolver uma vantagem competitiva internacional em setores industriais específicos — vantagens difíceis de serem replicadas pela concorrência. Seus ambiciosos investimentos incluem:

- *Excelência em infraestrutura comercial.* Dubai construiu o maior porto artificial do mundo para acomodar a indústria marítima global, o comércio internacional e os navios de cruzeiro. Por ano, dezenas de milhões de passageiros passam por seu moderno aeroporto internacional, que atende a 80 companhias aéreas. O país criou a Zona Franca de Jebel Ali, um robusto centro de negócios que concede incentivos fiscais a mais de 2.000 empresas. Como exemplo, a Halliburton, localizada em Houston, Texas, anunciou, no início de 2007, a transferência de sua sede para Dubai.
- *Excelência em infraestrutura de Tecnologia da Informação e Comunicação (TICs).* Dubai criou um polo TIC, um oásis para empresas de desenvolvimento de software, serviços comerciais, treinamento, consultoria e comércio eletrônico. A Dubai Internet City oferece a empresas estrangeiras (como Canon, IBM, Microsoft, Oracle e Siemens) isenções de imposto de renda, restrições monetárias e burocracia. Como são poucos os países que possuem tal infraestrutura TIC de ponta, Dubai está desenvolvendo uma vantagem de monopólio que propicia um desempenho superior a suas empresas.
- *Excelência em infraestrutura financeira.* Para fomentar novos negócios, a parceria desenvolveu a Dubai Idea Oasis, uma comunidade de empreendedores e investidores de capital de risco. Também estabeleceu o Dubai International Financial Center, sede de dezenas de instituições globais bancárias e de serviços financeiros.
- *Ambiente urbano atrativo.* A parceria desenvolveu o Burj al Arab, um deslumbrante hotel e um dos mais conhecidos marcos mundiais. Também desenvolveu o Creek, um canal de aproximadamente 12 quilômetros, margeado por luxuosos edifícios, monumentos, restaurantes e lojas.
- *Infraestrutura educacional.* O país também lançou o The Dubai Knowledge Village e convidou universidades e institutos de treinamento estrangeiros a oferecerem seus serviços. Outros investimentos educacionais garantem a formação de trabalhadores especializados. O inglês é a língua oficial da maioria das escolas em Dubai.

- *Leis trabalhistas progressivas.* O governo elaborou leis trabalhistas para assegurar que a demanda por mão de obra de meio período e temporária fosse prontamente atendida. Um processo ágil de imigração e um serviço ininterrupto de concessão de vistos garantem rápido acesso aos talentos internacionais necessários.

Dubai está entre os principais exemplos de país bem-sucedido no reposicionamento de sua economia e na criação de vantagens comparativas. Sua transformação em uma economia baseada no conhecimento é notável; atualmente, a produção de petróleo e gás contribui com menos de dez por cento do PIB nacional. Tudo isso faz parte de um plano para transformar a nação no que pode ser chamado de 'Dubai Inc.'.

Fontes: ANDERSEN, A. "Dubai makes a bid for e-business". *International Tax Review*. 12(1):47, dez.-jan. 2000-2001; BINBYAT, A. "Dubai Internet City: open for business". *The OECD Observer*. 224:9, jan. 2000; CENTRAL INTELLIGENCE AGENCY. CIA World Factbook, disponível em: www.cia.gov/cia/publications/factbook, 2005; site Web da Dubai Internet City: www.dubaiInternetcity.com; *Euromoney Institutional Investor* PLC. 2000/2001; FUNDO MONETÁRIO INTERNACIONAL. "United Arab Emirates: selected issues and statistical appendix". *IMF Country Report*. 05/268, ago. 2005, disponível em: www.imf.org; POPE, H. "Why is the tech set putting down roots in the desert? Dubai, of course—Du-what? With low taxes and high transparency, cyber-sheikdom beckons". *Wall Street Journal*, p. A18, 23 jan. 2001.

No Capítulo 2, vimos como a globalização dos mercados compele as empresas a buscarem negócios internacionais. No Capítulo 3, destacamos os principais participantes envolvidos nessa modalidade de negócio. A próxima questão a se discutir trata do fundamento econômico que sustenta a atividade comercial internacional. Por que o comércio ocorre e quais são os ganhos obtidos do comércio e dos investimentos? Neste capítulo, explicaremos por que empresas e nações, como Dubai (no texto de abertura), fazem comércio e investimentos em âmbito internacional, e como as empresas adquirem e sustentam a vantagem competitiva no mercado global. Revisaremos as principais teorias sobre os motivos que levam países e empreendimentos a adotarem estratégias de internacionalização como exportadores, importadores, investidores, franqueadores ou licenciadores.

## Teorias de comércio e investimento internacional

Há séculos, economistas, administradores e acadêmicos desenvolvem teorias (ou seja, explicações lógicas) sobre os fundamentos econômicos do comércio e investimento internacional. Debateram sobre por que as nações devem promover o comércio e o investimento entre si e sobre como criar e sustentar vantagem comparativa. A **vantagem comparativa** refere-se às características superiores de um país que lhe dão benefícios únicos na competição global, geralmente derivados de recursos naturais ou de políticas nacionais deliberadas. Também conhecida como *vantagem específica do país*, ela abrange recursos adquiridos, tais como mão de obra, condições climáticas, terras cultiváveis ou reservas petrolíferas, como no caso das nações do Golfo. Outros tipos de vantagem comparativa evoluem com o tempo, tais como orientação empreendedora, disponibilidade de capital de risco e capacidade de inovação.

Ao longo do tempo, para compreender por que as *empresas* fazem comércio através das fronteiras, o foco passou da nação para a empresa. Explanações posteriores acarretaram o surgimento do conceito de vantagem competitiva, que enfatiza o papel das competências que ajudam as empresas a ingressar e obter êxito em mercados estrangeiros. A **vantagem competitiva** refere-se aos ativos ou às competências distintivas de um negócio — geralmente, resultantes de pontos fortes em custo, porte ou inovação — que sejam difíceis de serem copiados pelos concorrentes. Também é conhecida como *vantagem específica da empresa*.

Apesar das distinções existentes entre esses dois termos, executivos de negócios e acadêmicos como Michael Porter têm recentemente utilizado o termo *vantagem competitiva* em referência às vantagens possuídas tanto por nações *quanto* por empresas no comércio e investimento internacional. Seguindo a literatura recente, neste livro também adotamos essa convenção. A Figura 4.1 classifica as principais teorias de comércio e investimento internacional em dois grandes grupos. O primeiro abrange as referentes às nações. Trata-se de teorias clássicas defendidas desde o século XVIII. Essas explanações, por sua vez, abordam duas questões: (1) *por que* as nações fazem comércio? e (2) *como* elas podem intensificar sua vantagem competitiva?

O segundo grupo inclui as teorias no contexto empresarial. São mais contemporâneas e tratam de como as empresas podem criar e sustentar um posicionamento superior de mercado. Essas explanações abordam duas questões: (3) *por que* e *como* as empresas se internacionalizam e (4) *como* as empresas internacionalizadas podem conquistar e manter vantagem competitiva?

Organizamos o restante de nossa discussão de acordo com quatro questões fundamentais.

## Por que as nações fazem comércio

Por que as nações comercializam entre si? A resposta curta é que o comércio permite aos países usar seus recursos nacionais de modo mais eficiente por meio da *especialização*. O comércio permite a indústrias e operários serem mais produtivos. O comércio também permite às nações

Figura 4.1 Teorias de comércio e investimento internacional

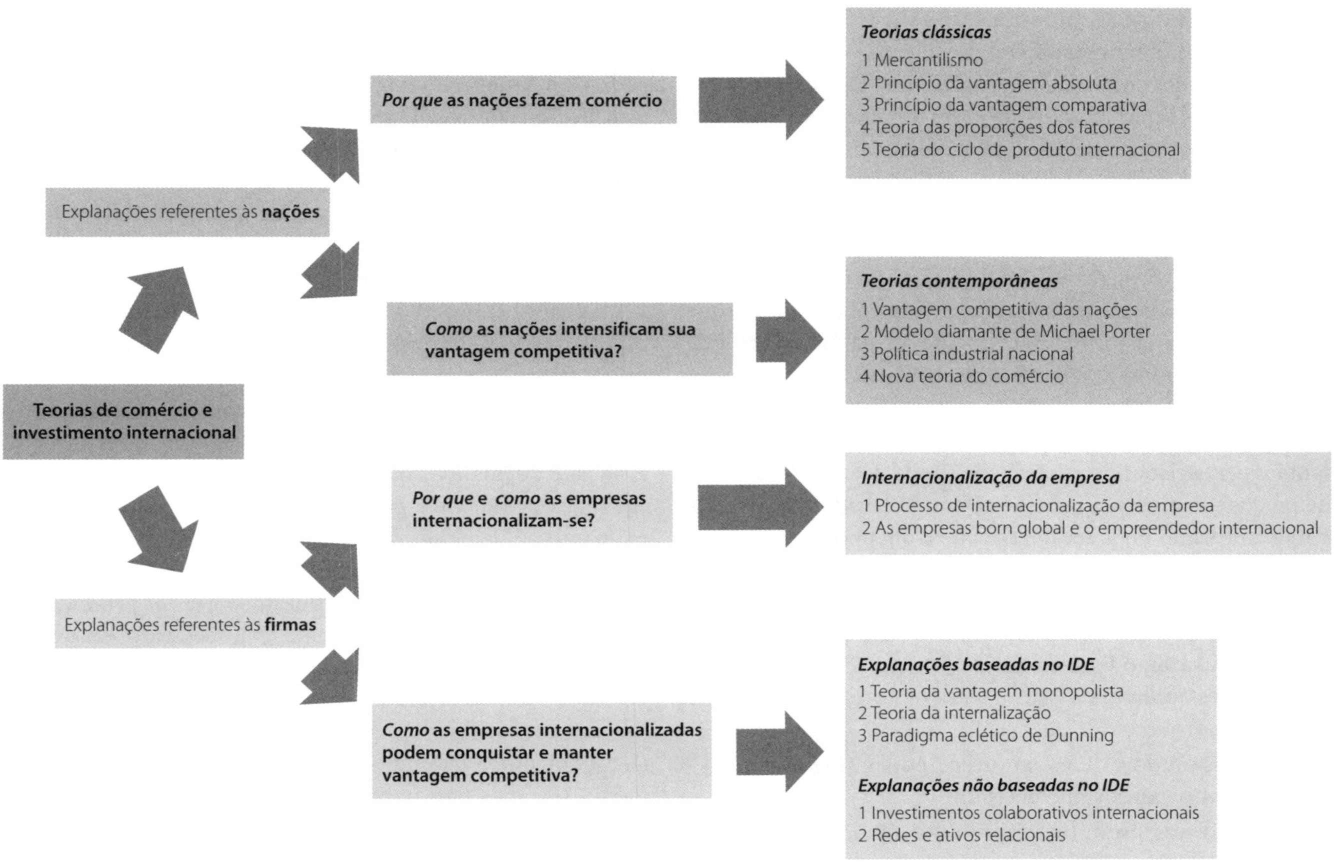


atingirem padrões de vida mais elevados e manterem baixo o custo de muitos produtos de uso cotidiano. Sem o comércio internacional, a maioria delas ficaria impossibilitada de alimentar, vestir e abrigar seus cidadãos nos níveis atuais. Até as economias ricas em recursos como os Estados Unidos sofreriam sem comércio. Alguns tipos de alimento ficariam indisponíveis ou só poderiam ser obtidos a preços exorbitantes. Café e açúcar passariam a ser artigos de luxo. As fontes de energia derivadas de petróleo escasseariam. Os veículos parariam de rodar, as cargas deixariam de ser entregues, e as pessoas não poderiam aquecer seus lares no inverno. Em suma, não se trata somente de nações, empresas e cidadãos beneficiarem-se do comércio internacional; a vida moderna é praticamente impossível sem ele.

## Teorias clássicas

Há cinco perspectivas clássicas que explicam os fundamentos básicos do comércio entre as nações: a visão mercantilista, o princípio da vantagem absoluta, o princípio da vantagem comparativa, a teoria das proporções dos fatores e a teoria do ciclo de produto internacional.

### A visão mercantilista

As primeiras explanações sobre negócios internacionais decorreram do surgimento das nações europeias na década de 1500. Na época, ouro e prata eram as mais importantes fontes de riqueza, e as nações buscavam acumular o máximo possível desses tesouros. O **mercantilismo** surgiu no século XVI como uma visão dominante do comércio internacional. Em termos simples, ele sugere que as exportações são boas e as importações, ruins. Os mercantilistas acreditavam que a prosperidade nacional resulta de uma balança comercial positiva, obtida pela maximização das exportações e a minimização das importações. Eles argumentavam que o poder e a força de uma nação aumentam na proporção em que sua riqueza aumenta. Em um período no qual os metais preciosos constituíam o principal meio de troca, o ouro era particularmente valioso porque podia ser usado para proteger e ampliar os interesses nacionais. As exportações eram pagas em ouro e, portanto, aumentavam o estoque desse metal. Por outro lado, as importações reduziam o acúmulo de ouro porque eram pagas com ele. Dessa forma, as nações desejavam e promoviam as exportações, mas desaprovavam e restringiam as importações.

Em essência, o mercantilismo sustenta o fundamento segundo o qual uma nação busca o *superávit comercial*, isto é, exportar mais do que importar. Até os dias de hoje muitos acreditam que obter esse superávit é benéfico e apoiam uma visão conhecida como *neomercantilismo*. Os sindicatos de trabalhadores (que buscam proteger os empregos no país de origem), os fazendeiros (que desejam manter elevados os preços das colheitas) e alguns fabricantes (aqueles que recorrem maciçamente às exportações) tendem a sustentar essa política econômica.

Entretanto, o mercantilismo tende a prejudicar os interesses das empresas importadoras, sobretudo aquelas que importam matérias-primas e peças usadas na manufatura de produtos acabados. Essa prática também causa danos aos interesses dos consumidores porque a redução das importações reduz suas opções de compra. A escassez de produtos resultante das restrições às importações pode acarretar aumento de preços — ou seja, a inflação. Quando levada ao extremo, o mercantilismo pode ser um convite a uma política conhecida como "*beggar thy neighbor*", ou, em uma tradução literal, "empobreça teu vizinho", segundo a qual os benefícios de um país são promovidos em detrimento dos de outro.

Em contraste, o **livre comércio** — ou a relativa ausência de restrições ao fluxo de bens e serviços entre as nações — é preferível porque:

- Os consumidores e as empresas podem facilmente adquirir os produtos que desejam.
- O preço dos produtos importados tende a ser inferior ao dos nacionais (porque o acesso a suprimentos em escala mundial força os preços para baixo, sobretudo em decorrência da maior competição ou porque os bens são fabricados em países de baixos custos).
- As importações podem ajudar a reduzir os custos das empresas, elevando dessa forma seus lucros (que podem ser repassados aos trabalhadores sob a forma de aumento de salário).
- As importações podem ajudar a reduzir os gastos dos consumidores, aumentando dessa forma seus padrões de vida.
- De modo geral, o comércio internacional sem restrições aumenta a prosperidade dos países mais pobres.

## Princípio da vantagem absoluta

No livro de referência publicado em 1776, *An inquiry into the nature and causes of the wealth of nations*, o economista político escocês Adam Smith atacou a visão mercantilista ao sugerir que as nações se beneficiam mais do livre comércio. Smith argumentou que o mercantilismo priva os indivíduos da capacidade de comercializar livremente e tirar proveito das trocas voluntárias. Ao tentar minimizar as importações, é inevitável que um país desperdice muito de seus recursos naturais fabricando o que não tem condições de fazer de modo eficiente. Dessa forma, as ineficiências do mercantilismo acabam reduzindo a riqueza das nações como um todo, enquanto enriquecem um número limitado de indivíduos e grupos de interesse. Em relação aos outros, cada país é mais eficiente na fabricação de alguns produtos e menos em outros. O **princípio da vantagem absoluta** de Smith afirma que um país se beneficia ao fabricar somente aqueles produtos em que detém vantagem absoluta ou em que utilizará menos recursos do que qualquer outro. O país ganha ao se especializar na manufatura de alguns produtos, exportá-los e importar aqueles para os quais não detém vantagem absoluta. Cada país aumenta sua riqueza ao se especializar em determinados bens e importar outros, uma vez que isso leva ao aumento de consumo.

A Tabela 4.1 ilustra como o princípio da vantagem absoluta funciona na prática. Consideremos duas nações, França e Alemanha, que mantêm uma relação comercial. A França possui vantagem absoluta na fabricação de tecido enquanto a Alemanha, na produção de trigo. Suponha que a força de trabalho é o único fator de produção usado em ambos os casos. As empresas utilizam *fatores de produção* — por exemplo, mão de obra, capital, empreendedorismo e tecnologia — para gerar bens e serviços. Na Tabela 4.1, um trabalhador francês leva em média 30 dias para fabricar uma tonelada de tecido e 40 dias para produzir uma tonelada de trigo. Por outro lado, um trabalhador alemão consome em média 100 dias para fabricar uma tonelada de tecido e 20 dias para produzir uma tonelada de trigo.

Em comparação com a Alemanha, fica evidente que a França possui uma vantagem absoluta na fabricação de tecido, já que necessita somente de 30 dias de trabalho para fabricar uma tonelada (enquanto a Alemanha, 100 dias). Em comparação com a França, fica evidente que a Alemanha possui vantagem absoluta na produção de trigo, já que leva somente 20 dias para isso (enquanto a França, 40 dias). Se ambos os países se especializassem, trocando tecido por trigo a uma razão de um para um, a França poderia empregar mais de seus recursos na fabricação de tecido e a Alemanha, na produção de trigo. De acordo com a Tabela 4.1, a França pode importar uma tonelada de trigo em troca de uma tonelada de tecido, "pagando", desse modo, 30 dias de trabalho por uma tonelada de trigo. Se tivesse produzido o trigo, teria consumido 40 dias de trabalho; portanto, ganha 10 dias de trabalho com o comércio. De modo análogo, a Alemanha também obtém vantagem ao comercializar com o parceiro francês.

Cada país beneficia-se com a especialização na manufatura do produto em que possui vantagem absoluta e obtenção do outro por meio do comércio. Por conseguinte, a França deve especializar-se exclusivamente na fabricação de tecido e importar o trigo alemão, e a Alemanha deve especializar-se exclusivamente na produção de trigo e importar o tecido francês. Com isso, cada nação emprega sua força

Tabela 4.1 Exemplo de vantagem absoluta (custo de trabalho em dias de produção por uma tonelada)

| | Uma tonelada de | |
|---|---|---|
| | *Tecido* | *Trigo* |
| França | 30 | 40 |
| Alemanha | 100 | 20 |

de trabalho e outros recursos com o máximo de eficiência e, como resultado, os padrões de vida de cada um elevam-se.

Para citar um exemplo mais contemporâneo, o Japão não possui reservas naturais de petróleo, mas fabrica alguns dos melhores automóveis do mundo. Por outro lado, a Arábia Saudita produz muito petróleo, mas carece de uma sólida indústria automobilística. Considerando-se as condições de seus recursos, seria um desperdício para cada um desses países tentar produzir ambos, petróleo e carros. Comercializando entre si, cada qual emprega seus próprios recursos de modo eficiente em uma relação mutuamente benéfica. O Japão obtém o petróleo que refina para abastecer seus veículos, enquanto a Arábia Saudita adquire os carros de que seus cidadãos necessitam. Como cada nação utiliza seus próprios recursos com a máxima eficiência e adota o comércio, os padrões de vida para sua população são mais elevados do que seriam, caso contrário.

Ao estender esse exemplo a todos os produtos que os países produzem e a todos os países com quem eles podem comercializar, é possível observar que os adeptos do livre comércio podem obter ganhos significativos do comércio e a melhoria resultante no padrão de vida nacional. Dessa forma, o Brasil pode produzir café com menor custo do que a Alemanha; a Austrália pode produzir lã com menor custo do que a Suíça; e o Reino Unido pode oferecer serviços financeiros com menor custo do que o Zimbábue. Cada uma dessas nações beneficia-se mais produzindo bens e serviços nos quais detém vantagem e importando outros nos quais está em desvantagem.

Embora o conceito de vantagem absoluta provavelmente apresentasse o primeiro fundamento sensato do comércio internacional, ele só se aplicava às vantagens *absolutas* das nações. Esse conceito deixava de considerar as vantagens mais sutis que as nações devem ter. Estudos posteriores revelaram que os países se beneficiam do comércio internacional, mesmo quando carecem de vantagem absoluta. Essa linha de raciocínio levou ao princípio da *vantagem comparativa*.

## Princípio da vantagem comparativa

Em seu livro de 1817, *The principles of political economy and taxation*, o economista político britânico David Ricardo explicou por que é proveitoso para dois países comercializarem entre si, mesmo que um deles tenha vantagem absoluta na produção de todos os produtos. Ricardo demonstrou que o que importa não é o custo absoluto de produção, mas a razão entre a facilidade com que ambos podem produzir. Por conseguinte, segundo o **princípio da vantagem comparativa**, pode ser benéfico para dois países comercializarem sem barreiras contanto que um seja mais eficiente em produzir bens ou serviços necessitados pelo outro. O que importa não é o custo absoluto de produção, mas a eficiência relativa com que um país pode produzir o produto. O princípio de vantagem comparativa perdura até os dias de hoje como o fundamento e a justificativa predominante para o comércio internacional.

Para ilustrar o princípio da vantagem comparativa, vamos modificar o exemplo da relação comercial entre França e Alemanha. Como mostra a Tabela 4.2, suponhamos que a Alemanha tenha vantagem absoluta tanto na fabricação de tecido quanto na produção de trigo. Ou seja, em termos de trabalho por dia, ela pode produzir ambos em menos dias do que a França. Com base nesse cenário, pode-se inicialmente concluir que a Alemanha deve produzir todo o trigo e fabricar todo o tecido de que necessita, não mais comercializando com a França. Entretanto, essa conclusão não é a ideal. Muito embora a Alemanha possa produzir ambos com menor custo do que a França, ainda será benéfico para ela comercializar com o outro país.

Como isso pode ser verdadeiro? A resposta é que, em vez do custo *absoluto* de produção, é a razão dos custos de produção entre os dois países que importa. Na Tabela 4.2, a Alemanha é comparativamente mais eficiente na fabricação de tecido do que na produção de trigo: ela é capaz de fabricar três vezes mais tecido (30/10), mas somente duas vezes mais trigo (40/20) do que a França. Portanto, deve dedicar todos os seus recursos na manufatura de tecido e importar todo o trigo de que necessita da França. Esta deve especializar-se na produção de trigo e importar todo o tecido da Alemanha. Cada país tira proveito da especialização no produto em que possui uma vantagem comparativa, ou relativa, e da aquisição do outro produto por meio do comércio.

Ao se especializar no que produz melhor e comercializar o restante, Alemanha e França podem produzir e consumir relativamente mais dos bens que desejam por um dado nível de custo de trabalho. Outra forma de compreender o conceito de vantagem comparativa é avaliar o *custo de oportuni-*

Tabela 4.2 Exemplo de vantagem comparativa (custo do trabalho em dias de produção por uma tonelada)

| | Uma tonelada de | |
|---|---|---|
| | *Tecido* | *Trigo* |
| França | 30 | 40 |
| Alemanha | 10 | 20 |

*dade*, o valor de uma atividade alternativa da qual se abriu mão. Conforme a Tabela 4.2, se a Alemanha produz uma tonelada de trigo, abre mão de duas toneladas de tecido. Entretanto, se a França produz uma tonelada de trigo, abre mão de apenas 1,33 tonelada de tecido. Portanto, a França deve especializar-se em trigo. De modo análogo, se a França fabrica uma tonelada de tecido, abre mão de três quartos de tonelada de trigo. Mas, se a Alemanha fabrica uma tonelada de tecido, abre mão de somente meia tonelada de trigo. Portanto, a Alemanha deve especializar-se em tecido. O custo de oportunidade de produzir trigo é inferior na França, e o custo de oportunidade de fabricar tecido é inferior na Alemanha.

Segundo o conceito de vantagem comparativa, o comércio depende das diferenças no custo *comparativo*, e qualquer nação pode lucrar com o comércio, mesmo que seus custos reais sejam mais altos em cada um de seus produtos. Essa percepção é bem ilustrada com um exemplo fornecido por Ricardo:

> "Dois homens são capazes de fazer tanto sapatos quanto chapéus, e um é superior ao outro em ambas as atividades, mas ao confeccionar chapéus ele somente supera seu concorrente em um quinto ou 20 por cento, enquanto, ao fazer sapatos, ele o supera em um terço ou 33 por cento; não será benéfico para ambos se o homem superior se dedicar exclusivamente a fazer sapatos enquanto o outro confecciona chapéus?"[1]

Embora seja admissível que uma nação tenha variedade suficiente de fatores de produção para fornecer todo tipo de bens e serviços, ela não pode produzir cada um deles com igual facilidade. Os Estados Unidos poderiam manufaturar todos os cabides para casacos de que seus cidadãos necessitassem, mas somente a um alto custo, porque a fabricação desses itens exige muita mão de obra, e os salários no país são relativamente altos, se comparados com outros países. Em contraste, a manufatura de cabides para casacos é uma atividade razoável em um país como a China, onde os salários são inferiores aos dos norte-americanos. É vantajoso, portanto, para os Estados Unidos especializarem-se na produção de um produto como medicamentos, cuja fabricação emprega de forma mais eficiente o abundante suprimento do país de trabalhadores especializados e tecnologia. Os Estados Unidos obterão melhor resultado exportando medicamentos e importando cabides da China. A visão de vantagem comparativa é otimista porque implica que uma nação necessita ser a primeira, a segunda e até a terceira produtora de um bem em particular para beneficiar-se do comércio internacional. Na realidade, de modo geral é vantajoso para *todos* os países participar do comércio internacional.

Inicialmente, o princípio da vantagem comparativa focava a importância dos recursos naturais de um país, ou *vantagens naturais*, tais como terras férteis, minerais abundantes e condições climáticas favoráveis. Dessa forma, como a África do Sul possui extensos depósitos de minerais, ela produz e exporta diamantes. Como o Canadá possui muitas terras agricultáveis e um clima adequado, produz e exporta trigo. Com o tempo, porém, tornou-se evidente que os países também podem *criar* ou adquirir vantagens comparativas. Abordaremos as assim chamadas *vantagens adquiridas* mais adiante neste capítulo.

## Limitações das primeiras teorias de comércio

Embora os conceitos de vantagem absoluta e vantagem comparativa fornecessem o fundamento lógico do comércio internacional, eles não capturavam totalmente os fatores que caracterizam a complexidade do comércio contemporâneo, tais como:

- O custo do transporte internacional, que é essencial à realização do comércio entre fronteiras.
- Restrições governamentais, como tarifas (imposto sobre importações), barreiras à importação e regulamentações características do mercantilismo que podem prejudicar o comércio entre países. Por exemplo, o Japão impõe tarifas que restringem a importação de alguns produtos agrícolas.
- A produção em larga escala em determinados setores econômicos pode acarretar economias de escala e, portanto, preços mais baixos, que podem contribuir para compensar uma vantagem comparativa nacional frágil. Por exemplo, o México carece de vantagens na fabricação de bens de alta tecnologia, mas compensa isso com um alto volume de manufatura de diversos produtos.
- O setor público pode investir em certos segmentos industriais, construir infraestrutura ou oferecer subsídios, todos os quais servem para impulsionar as vantagens competitivas das empresas. Por exemplo, Cingapura investiu pesadamente no desenvolvimento de sua infraestrutura portuária, tornando o país uma estação vital de importação e distribuição de produtos por toda a Ásia.
- As telecomunicações em escala mundial e a Internet facilitam o comércio virtualmente sem custo em alguns serviços e fluxos globais de capital. Essa tendência aumentou a capacidade de mercados emergentes, como Índia e Rússia, de acessar o capital necessário para desenvolver setores essenciais, mesmo diante de vantagens comparativas frágeis em certas áreas.
- Os negócios internacionais contemporâneos incluem muitos *serviços* (como o bancário e o varejista) que não podem ser comercializados no sentido usual e devem ser internacionalizados por meio de investimento estrangeiro. Mesmo as nações sem vantagens comparativas no setor de serviços desenvolvem os básicos para seus próprios cidadãos.
- Os participantes primários do comércio internacional são as empresas. Longe de serem empreendimentos

homogêneos, elas diferem de forma significativa. Algumas são altamente empreendedoras e inovadoras, ou possuem acesso a excepcional talento humano. Por conseguinte, algumas são mais ativas e bem-sucedidas nos negócios internacionais do que as demais. Em outros casos, as empresas podem ter uma necessidade maior de comércio internacional, se seus mercados domésticos forem pequenos demais para sustentar suas metas de crescimento ou receita.

Nas próximas seções, discutiremos sobre as teorias subsequentes que analisam como esses fatores afetam o comércio.

## Teoria das proporções dos fatores

A próxima contribuição significativa à explicação do comércio internacional surgiu na década de 1920, quando dois economistas suecos, Eli Heckscher e seu aluno, Bertil Ohlin, propuseram a teoria das proporções dos fatores (também conhecida como a *teoria da dotação dos fatores*).[2] Essa visão baseia-se em duas premissas: primeiro, os produtos diferem quanto aos tipos e as quantidades de fatores (isto é, força de trabalho, recursos naturais e capital) que são necessários para sua produção; e segundo, os países diferem quanto ao tipo e à quantidade de fatores de produção que possuem. Dessa forma, de acordo com essa teoria, cada país deve exportar os bens que usam de modo intensivo os fatores relativamente abundantes de produção e importar os bens que usam de modo intensivo os fatores relativamente escassos de produção. Por exemplo, como a China possui ampla oferta de mão de obra, enfatiza a manufatura e exportação de produtos intensivos nesse fator, como têxteis e utensílios de cozinha. Como os Estados Unidos possuem muito capital, enfatizam a produção e exportação de bens intensivos nesse fator, como medicamentos e aviões comerciais. Como a Austrália e o Canadá possuem uma grande extensão de terras, produzem e exportam bens intensivos nesse fator, como carne, trigo e lã.

A teoria das proporções dos fatores difere em certa medida das primeiras teorias de comércio pela ênfase na importância dos fatores de produção de cada país. De acordo com essa teoria, além das diferenças em *eficiência* de produção, aquelas na *quantidade* de fatores de produção mantida pelos países também determinam os padrões de comércio internacional. Originalmente, a mão de obra era tida como o fator de produção mais importante. Isso explica, por exemplo, por que China e México recebem grande quantidade de investimento estrangeiro direto (IDE) das empresas que constroem fábricas nesses países para tirar proveito de sua força de trabalho abundante e de baixo custo.

Na década de 1950, o economista russo Wassily Leontief apontou descobertas empíricas que pareciam contradizer a teoria das proporções dos fatores. O *paradoxo de Leontief* sugere que, como os Estados Unidos possuem capital em abundância, deveriam exportar bens intensivos em capital. Entretanto, a análise de Leontief revelou que, apesar da abundância de capital, as exportações norte-americanas eram intensivas em mão de obra enquanto as importações, intensivas em capital.

Contudo, a experiência das últimas décadas indica que a teoria das proporções dos fatores explica muito sobre o comércio internacional contemporâneo. Se é assim, o que justifica a inconsistência sugerida pelo paradoxo de Leontief? Uma explicação é que inúmeros fatores determinam a composição das exportações e importações de um país. Outra explicação é que a força de trabalho nos Estados Unidos tende a ser altamente especializada, propiciando ao país substanciais vantagens na produção de bens e serviços intensivos em conhecimento, como software e medicamentos.

É provável que a principal contribuição do paradoxo de Leontief seja sua indicação de que o comércio internacional é complexo e não pode ser plenamente explicado por uma única teoria. Embora a teoria das proporções dos fatores ajude a explicar os padrões de comércio internacional, ela não explica todos os seus fenômenos. Aprimoramentos subsequentes a essa teoria sugeriram que outros ativos de um país – conhecimento, tecnologia e capital – servem para explicar a especialização de cada um no comércio internacional. Taiwan, por exemplo, é muito forte em tecnologia da informação e abriga uma considerável população de trabalhadores especializados no setor de TI. Esses fatores contribuíram para torná-la um dos principais participantes da indústria global de computação.

## Teoria do ciclo de produto internacional

Em um artigo de 1966, intitulado "International investment and international trade in the product cycle", o professor de Harvard Raymond Vernon tentou explicar o comércio internacional baseado no processo evolucionário que ocorre no desenvolvimento e na difusão de produtos ao redor do mundo.[3] Vernon observou que as inovações técnicas costumam originar-se em países avançados que possuem abundância de capital e capacidade de P&D. Cada produto e suas respectivas tecnologias de manufatura passam por três etapas de evolução: introdução, crescimento e maturidade. Na etapa de introdução, o novo produto é fabricado domesticamente e desfruta de um monopólio temporário. Mais tarde, massifica-se a produção e busca-se a exportação para mercados externos. À medida que a manufatura do produto se torna mais padronizada, concorrentes estrangeiros ingressam no mercado e o poder de monopólio dos inventores dissipa-se. Nessa fase, o inventor pode obter somente uma estreita margem de lucro. As empresas de outros países começam a fabricar o produto padronizado. Os concorrentes estrangeiros podem até desfrutar de uma vantagem competitiva na produção de um produto maduro e também atender à demanda dos mercados de exportação. Nesse momento, o país de origem da inovação e da exportação pode ser um importador do produto. Na realidade, exportá-lo fez com que sua tecnologia de base se tornasse amplamente conhecida e padronizada em todo o mundo.

À medida que a padronização de um produto evolui, os requisitos de insumos para produção também evoluem. Por exemplo, no início da evolução do produto, a manufatura requer profissionais altamente especializados em P&D. Quando ele se torna padronizado, a massificação é a atividade predominante, exigindo acesso a matérias-primas e mão de obra de custo mais baixo. Dessa forma, à medida que o produto segue por seu ciclo de vida, a vantagem comparativa em sua produção tende a mudar de um país para outro. Esse tipo de ciclo ficou evidente na evolução dos aparelhos de televisão. A tecnologia de base para televisores foi inventada nos Estados Unidos, e as empresas norte-americanas começaram a fabricá-los na década de 1940. As vendas no país cresceram em ritmo acelerado por muitos anos. Após a TV se tornar um produto padronizado, sua fabricação foi transferida para China, México e outros países com custos inferiores de produção.

Como algumas empresas ao redor do mundo estão constantemente inovando no desenvolvimento de produtos enquanto outras constantemente as imitam, o ciclo de produto não para de começar e terminar. Na atual economia interconectada, o ciclo que vai da inovação ao crescimento e à maturidade é muito mais breve do que nas décadas de 1960 e 1980. É provável que novos produtos com apelo universal sejam difundidos por diversos países com rapidez cada vez maior. Graças à mídia global e à Internet, os clientes em potencial nas regiões mais remotas do mundo provavelmente conhecerão e demandarão o produto. Os consumidores nos mercados emergentes são particularmente ávidos em adotar novas tecnologias assim que elas se tornam disponíveis. Essa tendência explica a relativamente rápida disseminação de novos produtos eletrônicos (como os iPods) em todo o mundo.

## Como as nações intensificam sua vantagem competitiva: teorias contemporâneas

A globalização dos mercados promoveu um novo tipo de competição – uma corrida entre as nações para seu reposicionamento como locais atrativos para investimentos e negócios. Nas últimas décadas, cada vez mais os governos apresentam políticas pró-ativas destinadas a criar vantagem competitiva, em geral pelo desenvolvimento de setores econômicos de classe mundial e de regiões geográficas prósperas. Essas políticas visam fazer com que as empresas desenvolvam vantagens adquiridas. Vamos rever as teorias contemporâneas que objetivam intensificar as vantagens competitivas das economias nacionais.

### A vantagem competitiva das nações

Assim que reconheceram que os negócios internacionais são benéficos para as nações, os estudiosos trataram de explicar como elas podem posicionar-se para obter o sucesso nessas transações. Uma importante contribuição veio do professor de economia de Harvard Michael Porter em seu livro de 1990, *The competitive advantage of nations*.[4] De acordo com Porter, a vantagem competitiva de um país depende das vantagens competitivas coletivas das empresas de um país. Ao longo do tempo, essa relação torna-se recíproca: as vantagens competitivas mantidas pela nação tendem a direcionar o desenvolvimento de novas empresas e setores econômicos com essas mesmas vantagens competitivas.

Por exemplo, o Japão é competente em alta tecnologia e sedia empresas como Toshiba e Hitachi, tidas como de classe mundial nesse setor. No decorrer do tempo, a vantagem competitiva japonesa em alta tecnologia direcionou o desenvolvimento de novas empresas e setores econômicos nessas áreas. De modo análogo, a Grã-Bretanha atingiu uma considerável vantagem competitiva nacional na indústria de medicamentos patenteados (venda sob prescrição), devido a suas companhias farmacêuticas de primeiro nível, como AstraZeneca e GlaxoSmithKline. Os Estados Unidos detêm vantagem competitiva nacional no setor de serviços, graças a muitas empresas líderes, como AIG (seguros), Merrill Lynch (serviços financeiros), Dreamworks (cinema) e Accenture (consultoria). A especialização norte-americana em serviços, por sua vez, acarretou o surgimento de empresas novas e inovadoras nesse segmento.

Uma empresa detém vantagem competitiva quando possui uma ou mais fontes de competência distintiva em relação às demais, permitindo-lhe desempenho melhor do que seus concorrentes. Dessa forma, por exemplo, as operações de baixo custo da Tesco e da Walmart fizeram com que superassem outros varejistas de massa. A tecnologia superior e a liderança em *design* da Nokia possibilitaram que ela se mantivesse atualizada em relação a seus principais rivais, superando-os frequentemente, na indústria de telefones celulares.

Tanto no nível empresarial quanto no nacional, a vantagem competitiva nasce da *inovação*.[5] As empresas inovam de várias maneiras: desenvolvem novos *designs* de produto, novos processos de produção, novas abordagens de marketing ou novas formas de organização. Elas sustentam a inovação (e, por conseguinte, a vantagem competitiva) continuamente descobrindo melhores produtos, serviços e meios de fazer as coisas. Por exemplo, o ERG Group da Austrália é líder mundial em equipamento de coleta de bilhetes e sistemas de software para o setor de transporte público. A empresa instalou sistemas em metrôs, redes de ônibus e outros sistemas de transporte em massa no mundo, em grandes cidades como Melbourne, Roma, São Francisco, Estocolmo e Cingapura. A ERG recebeu vários prêmios por seus produtos inovadores, que lhe permitiram internacionalizar-se de modo rápido e para inúmeros países. Seu investimento em P&D foi expressivo, chegando a 23 por cento de sua receita.

A capacidade inovadora agregada de uma nação deriva da capacidade inovadora coletiva de suas empresas. Quanto mais empresas inovadoras uma nação tiver, mais forte será sua vantagem competitiva. A inovação também promove a *produtividade*, o valor da produção por unidade de mão de obra ou capital. Quanto mais produtiva for uma empresa, mais eficientemente ela utilizará seus recursos. Quanto mais produtivas forem as empresas de uma nação, mais eficientemente ela aplicará seus recursos. No nível nacional, a produtividade é um determinante *essencial* do padrão de vida no longo prazo de uma nação e uma fonte básica de crescimento de renda *per capita* nacional. A Figura 4.2 indica os níveis de produtividade em várias nações no decorrer do tempo. Nesse caso a produtividade é medida como produção por hora de operários em manufatura.

## O modelo diamante de Michael Porter

Como parte de sua explanação em *The competitive advantage of nations*, Michael Porter desenvolveu o *modelo diamante*, segundo o qual a vantagem competitiva tanto no nível empresarial quanto no nacional origina-se da presença e da qualidade existentes no país dos quatro principais elementos resumidos na Figura 4.3.

1. *Estratégia, estrutura e rivalidade de empresas*. Refere-se à natureza da competição interna e das condições de uma nação que determinam como as empresas são criadas, organizadas e administradas. A existência de fortes concorrentes em um país ajuda a gerar e sustentar a vantagem competitiva nacional. Por exemplo, a Itália possui as maiores empresas do mundo em segmentos intensivos em *design*, como móveis, iluminação, têxteis e moda. Uma vigorosa rivalidade competitiva coloca-as sob pressão contínua por inovação e aprimoramento. Elas competem não só por participação de mercado, mas também por talento humano, liderança técnica e qualidade superior de produto. Essas pressões permitiram à Itália emergir como um dos líderes globais em *design*.
2. *Condições de fatores*. Descreve a posição nacional em fatores de produção, tais como mão de obra, recursos naturais, capital, tecnologia, empreendedorismo e *know-how*. Em consonância com a teoria das proporções dos fatores, toda nação tem abundância relativa de certas dotações de fatores, uma situação que contribui para determinar a natureza de sua vantagem competitiva. Por exemplo, o grande número de trabalhadores especializados com baixos salários permitiu à Índia obter vantagem competitiva no desenvolvimento de software computacional. A abundância alemã de uma força de trabalho com sólida capacitação em engenharia impulsionou o país a adquirir vantagem competitiva no setor global de engenharia e projetos. Ao mesmo tempo, a escassez de determinados fatores pode compelir os países

Figura 4.2 Níveis de produtividade em uma amostra de países

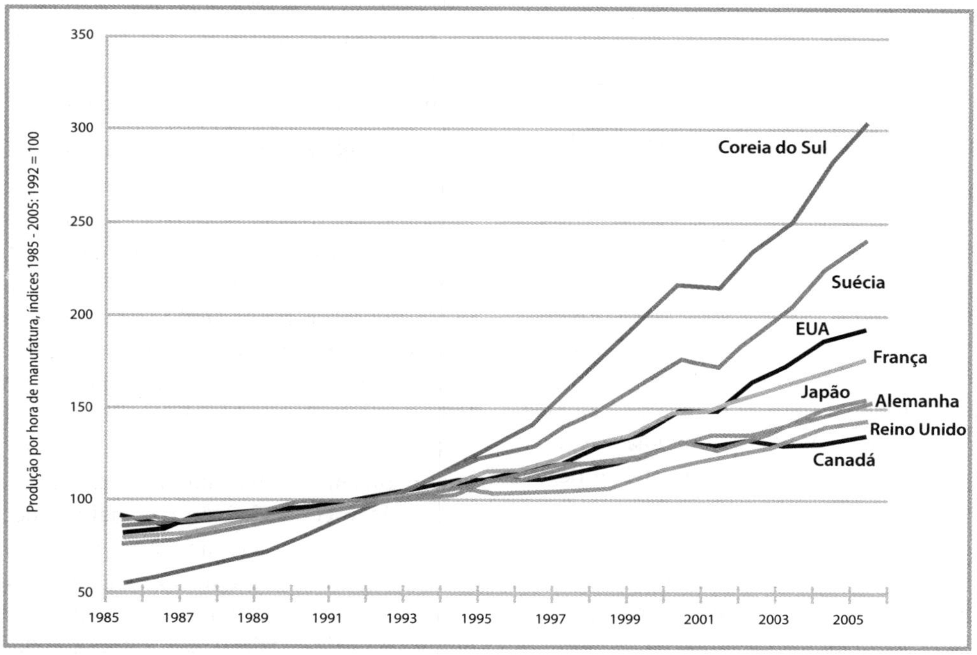


FONTE: U.S. Department of Labor, Bureau of Labor Statistics, fev. 2006.

Figura 4.3 Modelo diamante de Porter

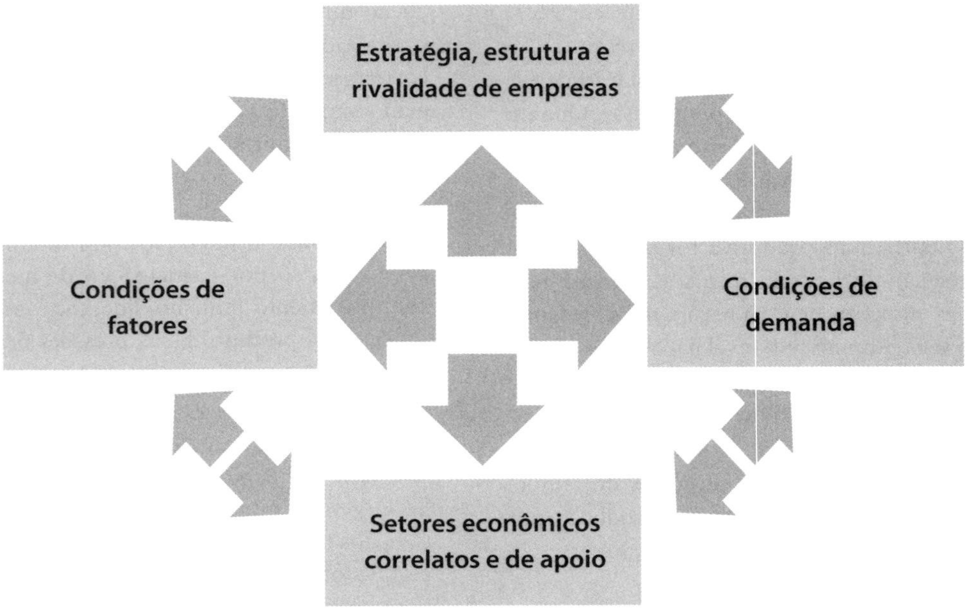


FONTE: Reproduzido com permissão de The Free Press, uma divisão do Simon & Schuster Adult Publishing Group, de *The competitive advantage of nations* de Michael E. Porter. Copyright © 1990, 1998 por Michael E. Porter. Todos os direitos reservados.

a utilizá-los de modo mais eficiente, levando a vantagens competitivas. Por exemplo, atualmente, a China carece de uma forte base de mão de obra especializada em muitos setores industriais. Por conseguinte, o governo chinês está investindo em educação, para desenvolver o conhecimento nacional necessário e atingir um nível de excelência em indústrias baseadas na especialização.

3. *Condições de demanda.* Refere-se à natureza da demanda de mercado interno por determinados bens e serviços. A força e a sofisticação da demanda de consumo facilitam o desenvolvimento de vantagens competitivas em certos setores. A existência de consumidores com capacidade de discernimento e alto nível de exigência pressiona as empresas a inovar mais rapidamente e fabricar melhores produtos. Por exemplo, o Japão é um país densamente povoado, quente e úmido, com consumidores muito exigentes. Essas condições fizeram com que se tornasse um dos maiores fabricantes e exportadores de aparelhos de ar-condicionado compactos e de qualidade superior. Nos Estados Unidos, a afluência combinada com o envelhecimento da população estimulou o desenvolvimento de empresas de classe mundial em saúde, como Pfizer e Eli Lilly na indústria farmacêutica e Boston Scientific e Medtronic em equipamentos médicos.
4. *Setores econômicos correlatos e de apoio.* Refere-se à existência de um conglomerado de fornecedores, concorrentes e empresas complementares que se destacam em setores específicos. O ambiente empresarial resultante é altamente fértil para o surgimento de determinados tipos de negócio. Operar com uma massa de setores correlatos e de suporte provê vantagens por meio de sinergias de informação e conhecimento, economias de escala e escopo e acesso a insumos adequados ou superiores. Por exemplo, o Vale do Silício, na Califórnia, é um dos melhores lugares para abrir-se uma empresa de software para computadores, porque ali estão sediadas milhares de empresas e trabalhadores especializados nesse setor. Essas empresas geram um substancial fluxo de intercâmbio tecnológico que acelera o desenvolvimento de novos produtos e melhorias na indústria do software.

Um **conglomerado (*cluster*) industrial** refere-se a uma concentração de negócios, fornecedores e empresas de suporte no mesmo setor, em uma localidade específica e caracterizada por uma massa crítica de talento humano, capital e outras dotações de fatores. Além do Vale do Silício, há outros conglomerados industriais como a indústria da moda ao norte da Itália, a indústria farmacêutica na Suíça, a indústria de calçados em Pusan, na Coreia do Sul, a indústria de TI em Bangalore, na Índia, o Silicon Valley North próximo a Otawa, no Canadá, e o Wireless Valley, em Estocolmo, na Suécia.

Atualmente, as mais importantes fontes de vantagem nacional são o conhecimento e as habilidades dominados por empresas, setores econômicos e países. Mais do que quaisquer outros fatores, o conhecimento e as habilidades determinam onde no mundo as multinacionais estabelecerão atividade econômica. O Vale do Silício, na Califórnia, e Bangalore, na Índia, despontam como os principais conglomerados econômicos devido à disponibilidade de talento especializado. Essas cidades têm pouco a seu favor no que se refere a um recurso industrial natural. Seu sucesso deriva do conhecimento das pessoas que trabalham lá, ou seja, a mão de obra especializada. Alguns até argumentam que, nos dias de hoje, o conhecimento é a única fonte de vantagem competitiva sustentável no longo prazo. Se essa visão estiver correta, a futura riqueza nacional irá para os países que mais investem em P&D, educação e infraestrutura de sustentação aos setores intensivos em conhecimento.

## Política industrial nacional

É provável que a maior contribuição do trabalho de Michael Porter tenha sido enfatizar a noção de que a vantagem competitiva nacional não deriva totalmente do suprimento de recursos naturais mantido por cada país. Além disso, as dotações de fatores nacionais *herdados* são relativamente menos importantes nos dias de hoje do que foram no passado. Em vez disso, como Porter ressaltou, os países podem *criar* novas vantagens. Eles podem desenvolver as condições dos fatores que julgam importantes para seu êxito. O setor público pode dedicar recursos para melhorar a infraestrutura nacional, os sistemas de educação e a formação de capital. Em resumo, o modelo diamante de Porter implica que qualquer país, sejam quais forem as circunstâncias iniciais, pode atingir a prosperidade econômica ao cultivar de modo sistemático novas e superiores dotações de fatores.

As nações podem desenvolver essas dotações por meio de uma **política industrial nacional** proativa. Esse tipo de política implementa um plano de desenvolvimento econômico, com frequência em colaboração com o setor privado, que objetiva desenvolver ou sustentar setores nacionais específicos. Irlanda, Japão, Cingapura e Coreia do Sul constituem exemplos de países bem-sucedidos no que se refere à política industrial nacional. As políticas enfatizam o desenvolvimento de setores econômicos de alto valor agregado, que geram substancial riqueza no que concerne os lucros corporativos, os salários dos trabalhadores e as receitas fiscais. No texto de abertura, Dubai busca uma política industrial nacional para desenvolver-se como um centro comercial internacional no setor de tecnologia da informação e comunicação (TIC). Historicamente, as nações favoreceram segmentos mais tradicionais, como o automobilístico, de construção naval e maquinário pesado — todos eles com longas cadeias de valor que geram considerável valor agregado. Como ilustra o caso de Dubai, cada vez mais as nações progressistas favorecem os setores de alto valor agregado e intensivos em conhecimento, como TI, biotecnologia, tecnologia médica e serviços financeiros. Esses setores não só produzem receitas significativas à nação, mas também levam ao desenvolvimento de fornecedores e empresas de suporte que promovem ainda mais a prosperidade nacional.

As políticas industriais nacionais destinadas a desenvolver novas capacidades, tanto inerentes quanto aprendidas, compartilham o seguinte:

- Incentivos fiscais que estimulam a população a poupar e investir, provendo capital para investimentos públicos e privados em fábricas, equipamentos, P&D, infraestrutura e capacitação da força de trabalho.
- Políticas monetárias e fiscais, como empréstimos a juros baixos que fornecem um suprimento estável de capital para as necessidades de investimento das empresas.
- Sistemas educacionais rigorosos nos níveis pré-universitários que garantem um fluxo regular de trabalhadores competentes, capazes de sustentar os setores de alta tecnologia ou de alto valor agregado em áreas como ciências, engenharia e administração de negócios.
- Desenvolvimento e manutenção de uma sólida infraestrutura nacional em áreas com TI, sistemas de comunicação e transportes.
- Criação de robustos sistemas judiciário e regulatório para garantir a confiança dos cidadãos na solidez e estabilidade da economia nacional.[6]

## Política industrial nacional em prática: um exemplo

Como a política industrial nacional funciona na prática? Para tratar essa questão, vamos examinar o caso da Irlanda e os resultados do reposicionamento pró-ativo de um país implementado por meio de um esforço colaborativo entre os setores público e privado.

Na década de 1930, as políticas governamentais limitaram a capacidade da Irlanda de comercializar com o restante do mundo. Os padrões de vida eram baixos, os jovens abandonavam o país e muitos se perguntavam se o país tinha futuro. Então, na década de 1980, o governo irlandês adotou políticas favoráveis ao comércio, em cooperação com o setor privado, que levaram ao desenvolvimento de vantagens nacionais, ajudando a economia irlandesa a crescer rapidamente e atingir altos padrões de vida. A magnitude da realização da Irlanda evidencia-se na Tabela 4.3, que compara a situação econômica do país entre 1987 e 2003.

O crescimento anual do PIB irlandês obteve média aproximada de sete por cento no decorrer da década de 1990 — um ritmo acelerado. Esse rejuvenescimento foi tão bem-sucedido que autoridades mundiais visitam o país com regularidade para aprender como ele deixou de ser uma das economias europeias mais estagnadas para se tornar a mais dinâmica. O 'milagre irlandês' resultou de uma combinação de fatores:

- *Consolidação fiscal, monetária e tributária.* O governo irlandês baixou a zero a taxa básica de imposto de pessoas jurídicas, contribuindo para promover o empreendedorismo e aumentar a atratividade da nação para captação de investimento de multinacionais estrangeiras. Os impostos das pessoas físicas também foram reduzidos, impulsionando o consumo. O governo cortou drasticamente custos e empréstimos, o que acarretou taxas de juros mais baixas e ajudou a estimular a economia.

- *Parceria social.* O governo iniciou um diálogo intenso com os sindicatos trabalhistas. A crescente coordenação entre governo e indústria melhorou a qualidade da força de trabalho e fortaleceu os recursos da força de trabalho irlandesa.
- *Ênfase em setores de alto valor agregado.* A Irlanda criou uma infraestrutura nacional e um cenário de investimentos que fomentam o desenvolvimento dos setores de alto valor agregado, como o farmacêutico, o bioquímico e o de TI.
- *Adesão à União Europeia.* O surgimento do mercado único europeu proporcionou à Irlanda um enorme mercado para suas exportações. A queda das barreiras comerciais abriu um mercado gigantesco de 400 milhões de consumidores às empresas irlandesas.
- *Subsídios.* A Irlanda recebeu subsídios da União Europeia que lhe permitiram contrabalançar a dívida, investir em projetos essenciais de infraestrutura e desenvolver uma gama de setores econômicos essenciais, principalmente na área de TI.
- *Educação.* O país investiu maciçamente em educação, propiciando um suprimento contínuo de trabalhadores capacitados, como cientistas, engenheiros e graduados em administração de empresas.

Atraídos pelo desenvolvimento positivo da Irlanda, muitas multinacionais estrangeiras começaram a investir no país. Graças à política industrial nacional, a Irlanda tornou-se um grande participante do comércio global e atualmente sedia mais de 1.110 empresas multinacionais. O comércio internacional, a captação de IDE e o desenvolvimento econômico estão elevando de modo expressivo os padrões de vida de sua população.[7]

Leia a seção "Tendência Global" para conhecer mais exemplos de reposicionamento pró-ativo de uma nação, para a geração de novas vantagens comparativas.

## Nova teoria do comércio

A partir da década de 1970, economistas liderados por Paul Krugman começaram a observar que as teorias clássicas deixavam de antever ou explicar alguns padrões do comércio internacional. Por exemplo, eles notaram que o comércio crescia rapidamente entre países industrializados que detinham fatores de produção semelhantes. Em alguns novos setores econômicos, parecia não haver nenhuma vantagem comparativa explícita. A solução a esse dilema ficou conhecida como a *nova teoria do comércio*, segundo a qual os crescentes retornos de escala, sobretudo as *economias de escala*, constituem um importante fator para o desempenho internacional superior em determinados segmentos de atuação. Alguns setores saem-se melhor à medida que aumenta seu volume de produção. Por exemplo, a indústria de aviões comerciais possui custos fixos muito elevados que demandam um alto volume de vendas para que se atinja lucratividade. Quanto mais uma nação se especializa na fabricação desses itens, maior é a produtividade e menor o custo unitário, propiciando benefícios significativos à economia local.

Como muitos mercados nacionais são relativamente pequenos, o produtor doméstico pode não alcançar economias de escala por não vender em larga escala. Segundo a teoria, as empresas podem solucionar esse problema por meio da exportação e dessa forma obter acesso a um mercado global muito mais amplo. Do mesmo modo, alguns setores (como o automobilístico, o de aviação e o de maquinário industrial de grande porte) atingiram economias de escala minimamente lucrativas ao vender sua produção em múltiplos mercados mundiais.

O efeito de crescentes retornos de escala permite à nação especializar-se em um número menor de setores nos quais ela não precisa necessariamente manter vantagens de fator ou comparativas. Ela passa a importar de outras os produtos que não fabrica. O resultado final é que a nação: (1) aumenta a variedade de bens que consome e (2) obtém esses itens a um custo mais baixo, devido tanto ao comércio internacional quanto às economias de escala de seus setores domésticos. Dessa forma, o comércio é benéfico até para os países que produzem uma limitada variedade de bens. A nova teoria do comércio apresenta justificativas adicionais à adesão ao comércio internacional.

**Tabela 4.3** Transformação da economia irlandesa de 1987 a 2003

| Estatística | Irlanda em 1987 | Irlanda em 2003 |
|---|---|---|
| PIP per capita | 69 por cento da média europeia | 136 por cento da média europeia |
| Taxa de desemprego | 17 por cento | 4 por cento |
| Dívida pública | 112 por cento do PIB nacional | 33 por cento do PIB nacional |

## Por que e como as empresas se internacionalizam

As primeiras teorias de comércio internacional tratavam do por que e como as transações transnacionais ocorrem. No início da década de 1960, entretanto, estudiosos desenvolveram teorias sobre os aspectos administrativos e organizacionais da internacionalização de empresas.

### Processo de internacionalização da empresa

O *modelo de processo de internacionalização* foi desenvolvido na década de 1970 para descrever a expansão das empresas para o mercado externo. De acordo com esse modelo, a internacionalização é um processo gradual, que ocorre em etapas incrementais por um longo período.[8] Tradicionalmente, as empresas começam com a exportação e evoluem para o IDE, a modalidade mais complexa de atividade internacional. O envolvimento inicial com a internacionalização surge como uma inovação na empresa, entretanto sem muita análise racional ou um planejamento deliberado por parte dos administradores que supervisionam o processo. A natureza gradual, lenta e incremental da internacionalização resulta da incerteza e inquietação que os administradores sentem, sobretudo devido a informações inadequadas sobre os mercados estrangeiros e à falta de experiência em transações internacionais.

## TENDÊNCIA GLOBAL

### O reposicionamento como meio de criar vantagem comparativa nacional

Os países bem-sucedidos na implementação de estratégias industriais nacionais criaram setores econômicos internacionalmente competitivos. O princípio da vantagem comparativa e a teoria da dotação de fatores sugerem que as nações devem fomentar setores que utilizam insumos que são inerentes ou abundantes na dotação de seus recursos. Atualmente, inúmeros países originalmente pobres em recursos naturais ou outros produziram suas próprias vantagens competitivas por meio da aplicação habilidosa de políticas industriais nacionais. Na maioria das indústrias, essas vantagens adquiridas tornaram-se mais cruciais do que as riquezas naturais. Veremos alguns exemplos a seguir.

O *Japão*, uma ilha densamente povoada e pobre em recursos naturais, enfatizou o desenvolvimento de diversas vantagens adquiridas — mão de obra especializada, capital barato e sólida capacitação em P&D. Uma estratégia nacional sistemática permitiu-lhe tornar-se uma das economias mundiais mais fortes. Nas décadas subsequentes à Segunda Guerra Mundial, que devastara o país, o governo japonês cooperou com os setores corporativo e financeiro para desenvolver uma série de indústrias líderes na fabricação de automóveis, produtos eletrônicos e equipamentos de transportes, dentre outros, nos quais o Japão se sobressai.

O *Vale do Silício*, na Califórnia, surgiu quando algumas empresas de alta tecnologia se instalaram na região para atender à demanda tecnológica do Exército norte-americano. A criação de um parque industrial pela Universidade de Stanford levou à fundação da Hewlett-Packard em 1939. Nos anos subsequentes, outras empresas de alta tecnologia estabeleceram-se, atraídas pelas superiores condições de fatores da área, indústrias de suporte e qualidade de vida. Houve uma onda de crescimento na década de 1970 decorrente do surgimento dos investidores de capital de risco, que financiaram empresas nascentes, conhecidas como *start-ups*. O Vale do Silício mantém-se como centro de inovação e empreendedorismo e um dos principais fornecedores mundiais de produtos e serviços de TI.

*Cingapura* é um mercado livre com preços estáveis e um PIB *per capita* igual ao dos mais ricos países europeus. A partir da década de 1960, seu governo adotou políticas de incentivo aos negócios, aos investimentos e às exportações, combinadas com investimentos estatais em negócios estratégicos. Essa abordagem estimulou seu crescimento econômico, o qual atingiu uma média de oito por cento, de 1960 a 1999. O país cortou impostos e gastos públicos, além de estimular um maciço investimento interno em setores de alto valor, como o de eletrônicos, químicos, engenharia e ciências biomédicas. Cingapura se orgulha de ter uma força de trabalho altamente especializada, uma infraestrutura excelente — como um aeroporto e um porto marítimo que estão entre os melhores do mundo — e o estado da arte em serviços de telecomunicações.

A partir de 1984, a *Nova Zelândia* transformou-se de uma economia agrária, protecionista e altamente regulamentada em uma economia industrializada, de livre mercado e concorrência global. O governo privatizou uma série de empreendimentos estatais, aderiu a vários acordos internacionais de livre comércio e concentrou foco no desenvolvimento de uma economia baseada no conhecimento. O crescimento dinâmico impulsionou as receitas reais e aprimorou a capacitação tecnológica.

A *Índia* posicionou Bangalore, sua terceira maior cidade, como um centro de serviços de TI e negócios correlatos. Em cooperação com os interesses privados, o governo reduziu as restrições sobre comércio e investimento internacional, o que resultou em uma grande entrada de IDE. Bangalore explorou sua numerosa e especializada força de trabalho que falava a língua inglesa. A parceria público-privada enfatizou os setores de alto valor, como biotecnologia e consultoria de negócios.

As recentes reformas econômicas da *República Tcheca* e suas bem-sucedidas exportações à União Europeia (UE) geraram prosperidade. O governo tcheco harmonizou suas leis e regulamentações com as da UE, por meio da reforma do sistema judiciário, administração civil, regulamentação do mercado financeiro, proteção aos direitos de propriedade intelectual e muitas outras áreas importantes para os investidores. O país também privatizou as estatais. Os incentivos governamentais ao IDE atraíram empresas como Toyota, ING, Siemens, Daewoo, DHL e South African Breweries.

O governo do *Vietnã* privatizou empresas estatais e modernizou a economia, dando ênfase aos setores competitivos, de exportação. O Vietnã reforçou suas exportações de tudo, desde calçados até navios. Também modernizou seu regime de propriedade intelectual, aderiu a diversos acordos de livre comércio e melhorou o sistema educacional para oferecer um fluxo constante de trabalhadores especializados. A infraestrutura foi reforçada, com centrais elétricas, estradas e ferrovias. As reformas atraíram muito IDE de empresas como a Intel, e a taxa de poupança interna multiplicou-se. O reposicionamento econômico reduziu drasticamente a pobreza, e o país tornou-se uma das economias de mais rápida expansão, com crescimento médio anual aproximado de oito por cento do PIB na década de 1990.

A Figura 4.4 apresenta uma ilustração simplificada do modelo de processo de internacionalização. Uma empresa começa na fase de *foco doméstico* e está preocupada com a aquisição de negócios no mercado local. De modo geral, ela não pode ou não deseja envolver-se em negócios internacionais devido a questões acerca de seu preparo ou de obstáculos percebidos nos mercados estrangeiros. Em dado momento, a empresa avança para a *etapa pré-exportação*, normalmente ao receber um inesperado pedido de produto do exterior. Por conseguinte, a administração investiga a viabilidade de realização de transações internacionais. Nesse ponto, ela prossegue para o *envolvimento experimental*, dando início a uma limitada atividade além de suas fronteiras, tradicionalmente sob a forma de uma exportação básica. Quando se começa a vislumbrar a expansão externa sob uma perspectiva mais favorável, passa-se ao *envolvimento ativo* em negócios internacionais pela exploração sistemática de opções no exterior e o comprometimento do tempo da alta administração e de recursos para o sucesso global. Em última instância, a empresa pode evoluir para a etapa de *comprometimento*, caracterizada por um genuíno interesse e comprometimento de recursos à realização de negócios internacionais, como uma parte essencial das atividades de geração de lucro e cadeia de valor. Nessa fase, a empresa visa diversos mercados estrangeiros por meio de diversas modalidades de entrada, sobretudo o IDE.[9]

## As empresas *born global* e o empreendedorismo internacional

O cenário internacional de negócios estimulou os estudiosos a questionar a natureza gradual e lenta proposta pelo modelo de processo de internacionalização.[10] Como há muito tempo os negócios internacionais constituem o domínio das grandes multinacionais (MNEs), ricas em recursos, a primeira teoria a esse respeito tendia a enfocá-las. Contudo, nas duas últimas décadas, muitas empresas se internacionalizaram cedo em sua evolução. Dentre os motivos para isso estão a crescente intensidade da concorrência internacional, os avanços nas tecnologias de comunicação e transporte que reduziram o custo de empreender no exterior e a integração das economias mundiais sob a globalização, que facilita a internacionalização de empresas, independentemente de seu tempo de existência ou porte.

O novo ambiente de negócios representado por essas tendências estimulou o surgimento disseminado de empresas que se internacionalizaram desde sua fundação — as *born global* — e o aparecimento de um novo campo de estudos, o empreendedorismo internacional.[11] Apesar da escassez de recursos financeiros, humanos e tangíveis que caracterizam a maioria dos novos negócios, as empresas que já nascem globais progridem para a internacionalização na fase inicial de sua evolução. As atuais tendências implicam que as empresas que se internacionalizam cedo vão gradualmente se tornar a regra no comércio e investimento internacional.

Figura 4.4 Etapas do processo de internacionalização de uma empresa

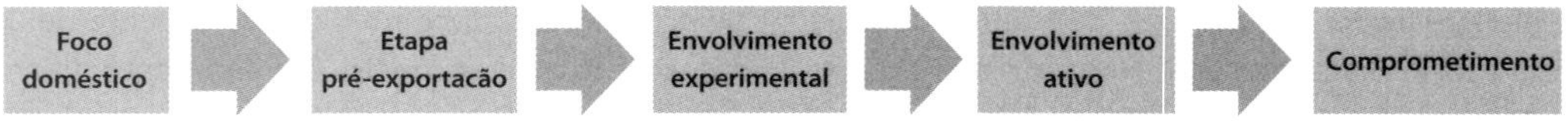

## Como as empresas conquistam e sustentam a vantagem competitiva internacional

Até aqui enfocamos os processos de internacionalização de empresas individuais, incluindo as de menor porte ou aquelas novatas nesse cenário. Desde a década de 1950, as multinacionais (MNEs), como Nestlé, Unilever, Sony, Coca-Cola, Caterpillar e IBM expandiram-se para o exterior em larga escala , moldando padrões internacionais de fluxos de comércio, investimento e tecnologia. No decorrer do tempo, as atividades agregadas dessas empresas tornaram-se uma das principais forças propulsoras da globalização e da integração contínua das economias mundiais. O surgimento das MNEs é tão importante que pode ser considerado, com o desenvolvimento da energia elétrica ou a invenção do avião, um dos principais eventos da história moderna. Vamos examiná-las em detalhes, bem como seus processos de internacionalização.

Como explicamos no Capítulo 1, uma multinacional é uma empresa de grande porte e rica em recursos, cujas atividades comerciais são desempenhadas por uma rede de subsidiárias localizadas em inúmeros países. A MNE característica possui cadeias de valor que se alastram por múltiplos países. A partir de um país de origem, ela estabelece unidades de produção, subsidiárias de marketing, sedes regionais e outras instalações físicas diretamente nos países onde faz negócios. Também alavanca tecnologias de ponta, talentos administrativos, amplas bases de capital e outras vantagens para obter êxito ao redor do mundo. Explora os mercados globais de capital e os recursos locais nos países onde opera. São os primeiros agentes de disseminação de novos produtos, novas tecnologias e práticas comerciais mundiais, contribuindo para a contínua globalização de mercados.

Tomemos o exemplo da Sony. Suas centenas de subsidiárias e afiliadas ao redor do mundo desempenham a mais ampla gama de atividades da cadeia de valor. Suas vendas anuais giram em torno de US$ 70 bilhões, com mais de 160.000 funcionários em nível mundial. O PlayStation da Sony domina o mercado de videogames domésticos com cerca de 70 por cento das vendas globais. Os computadores Vaio são populares no mundo todo. A empresa fabrica uma série de outros produtos, como PCs, câmeras digitais, tocadores de áudio portáteis conhecidos como *walkman* e semicondutores. Seu serviço de música pela Internet é administrado por uma recém-formada subsidiária da Sony Corporation of America. Sua sede localiza-se em Tóquio; entretanto, o Japão responde por somente um terço das vendas mundiais. Ela conduz negócios em mercados emergentes como Argentina, Brasil, China, Turquia, Indonésia, Vietnã e Filipinas. A Sony é efetivamente uma multinacional sem fronteiras, que instala atividades em qualquer parte do mundo onde possa maximizar suas vantagens competitivas.

### Explanações baseadas no IDE

O *estoque de IDE* refere-se ao valor total de ativos que as multinacionais detêm no exterior por meio de atividades de investimento. A Figura 4.5 mostra o estoque de entrada de IDE, e a Figura 4.6, o estoque de saída de IDE. Anualmente, as MNEs investem milhões no exterior, para estabelecer e expandir fábricas e outras instalações. O total atual de estoque de IDE representa cerca de 20 por cento do PIB global, o que constitui uma quantia significativa. Embora historicamente a maioria do IDE mundial seja investida tanto por quanto na Europa Ocidental, nos Estados Unidos e no Japão, nos últimos anos as MNEs começaram a investir pesadamente em mercados emergentes como China, México, Brasil e Europa Oriental.[12]

O IDE é uma estratégia de entrada tão importante que os estudiosos apresentam três teorias alternativas de como as empresas podem usá-lo para sustentar sua vantagem competitiva: a teoria da vantagem monopolista, a teoria da internalização e o paradigma eclético de Dunning. Essas perspectivas teóricas estão resumidas na Tabela 4.4 e descritas nas próximas seções.

### Teoria da vantagem monopolista

Essa teoria sugere que as empresas que usam IDE como uma estratégia de internacionalização tendem a controlar certos recursos e capacidades que lhe conferem um grau de poder de monopólio em relação aos concorrentes estrangeiros. As vantagens decorrentes desse poder de monopólio capacitam as multinacionais a operar subsidiárias no exterior de forma mais lucrativa do que as empresas locais que competem nesses mercados. Uma premissa básica da teoria é que, para obter êxito, uma MNE deve possuir vantagens monopolistas em relação às empresas locais nos mercados externos. Além disso, ela deve manter essas vantagens para si, internalizando-as. Essas vantagens são específicas da MNE e não do local de sua produção, são possuídas pela MNE e não facilmente acessíveis a seus concorrentes. Por exemplo, a sul-africana SAB Miller, a segunda maior cervejaria do mundo, alavanca um quase monopólio em seu país de origem, valendo-se de uma ampla experiência em negócios internacionais e oferecendo uma linha singular de cervejas a consumidores do mundo todo.[13]

A vantagem monopolista mais importante é o conhecimento superior, que abrange as habilidades intangíveis possuídas pela MNE e que provêm vantagem competitiva sobre os rivais locais nos mercados estrangeiros. O conhecimento superior, particular, permite às MNEs criar produtos diferenciados que oferecem valor único aos clientes.[14]

Figura 4.5 Estoque de entrada de IDE: principais destinos de IDE (US$ milhões)

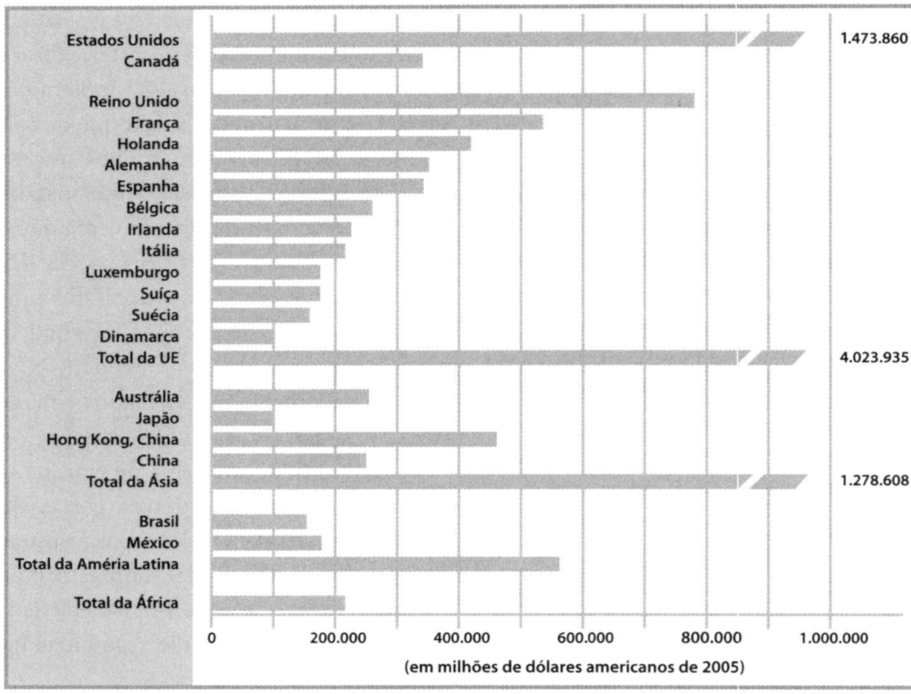


FONTE: UNCTAD. *World Investment Report*. Nova York: Nações Unidas, 2005, disponível em: www.unctad.org. As Nações Unidas são responsáveis pela autoria do material original. Usado com permissão.

Figura 4.6 Estoque de saída de IDE: principais fontes de saída de IDE (US$ milhões)

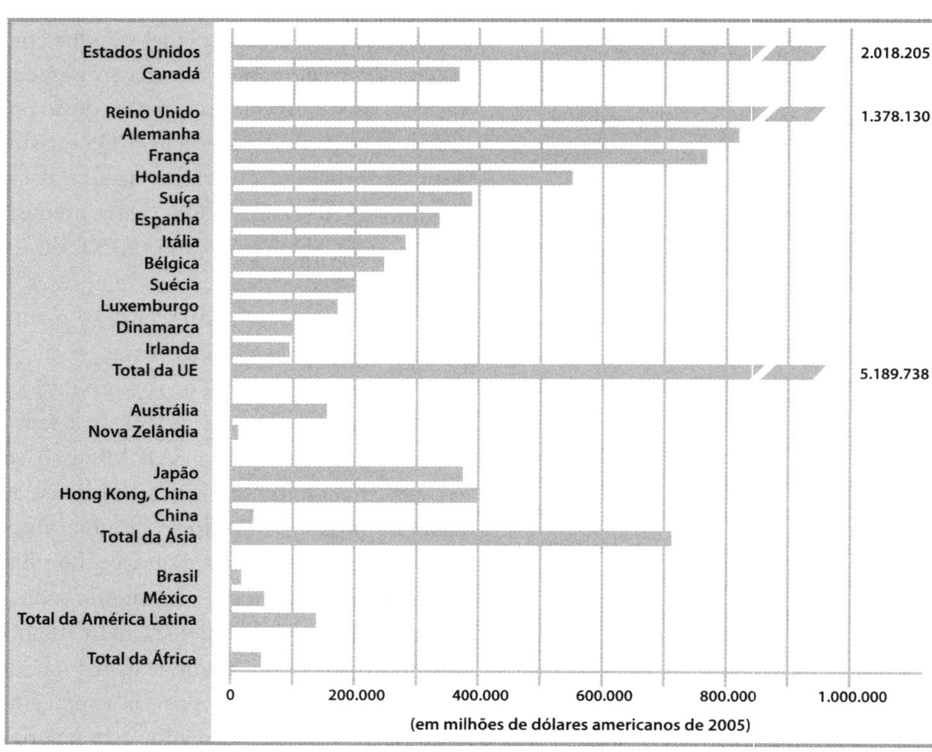


FONTE: UNCTAD. *World Investment Report*. Nova York: Nações Unidas, 2005, disponível em: www.unctad.org. As Nações Unidas são responsáveis pela autoria do material original. Usado com permissão.

Tabela 4.4 Perspectivas teóricas sobre o que leva as empresas a optar pelo IDE

| *Teoria* | *Principais características* | *Benefícios* | *Exemplos* |
|---|---|---|---|
| Teoria da vantagem monopolista | A empresa controla um ou mais recursos ou oferece bens e serviços relativamente singulares que lhe conferem um grau de poder de monopólio em relação a mercados e concorrentes estrangeiros. | A empresa pode operar subsidiárias estrangeiras de modo mais lucrativo do que as locais que concorrem em seus próprios mercados. | A farmacêutica europeia Novartis obtém lucros substanciais com a comercialização de diversos medicamentos patenteados por suas subsidiárias mundiais. |
| Teoria da internalização | A empresa adquire e retém uma ou mais atividades da cadeia de valor. | • Minimiza as desvantagens de contar com intermediários, colaboradores ou outros parceiros externos.<br>• Assegura maior controle sobre as operações estrangeiras, ajudando a maximizar a qualidade do produto, a confiabilidade dos processos de manufatura e a solidez das práticas mercadológicas.<br>• Reduz o risco de que o conhecimento e os ativos proprietários sejam perdidos para os concorrentes. | A MNE japonesa Toshiba<br>• Possui e opera fábricas em dezenas de países para manufaturar computadores laptop.<br>• Controla seus próprios processos de manufatura, garantindo uma produção de qualidade.<br>• Assegura que as atividades de marketing sejam conduzidas de acordo com o plano da matriz.<br>• Retém os principais ativos, tais como o conhecimento de ponta para a produção da próxima geração de laptops. |
| Paradigma eclético de Dunning | • Vantagens específicas de propriedade: a empresa detém conhecimento, habilidades, capacitações, processos ou ativos físicos.<br>• Vantagens específicas de localização: os fatores de cada país propiciam benefícios específicos, como recursos naturais, mão de obra capacitada de baixo custo e capital barato.<br>• Vantagens de internalização: a empresa beneficia-se da internalização da manufatura, distribuição ou outras atividades da cadeia de valor no exterior. | Propicia várias vantagens relativas aos concorrentes, incluindo a habilidade de possuir, controlar e otimizar as atividades da cadeia de valor — P&D, produção, marketing, vendas, distribuição, atendimento pós-venda, bem como as relações com clientes e principais contatos — desempenhadas nos locais mais vantajosos do mundo. | A MNE alemã Siemens:<br>• Possui fábricas em locais no mundo que ofereçam acesso ideal a recursos naturais e mão de obra capacitada de baixo custo.<br>• Alavanca a base de conhecimento de seus funcionários em 190 países.<br>• Internaliza uma ampla gama de atividades manufatureiras em categorias como iluminação, equipamento médico e maquinário de transporte. |

## Teoria da internalização

Alguns estudiosos investigaram os benefícios específicos que as MNEs derivam da modalidade de entrada em mercados externos baseada em IDE. Por exemplo, ao ingressar no Japão, a Procter & Gamble avaliou as alternativas de exportação e IDE. Em caso de exportação, a P&G teria que contratar um distribuidor japonês independente para lidar com a armazenagem e o marketing de sabão, detergente, fralda e outros produtos a serem comercializados no país. Entretanto, devido às barreiras comerciais impostas pelo governo japonês, o forte poder de mercado das empresas locais japonesas e o risco da perda de controle sobre seu capital intelectual, a P&G optou por entrar no Japão via IDE. Ela estabeleceu sua própria subsidiária de marketing e, posteriormente, uma sede nacional em Tóquio. Esse arranjo propiciou diversos benefícios que a empresa não teria recebido se entrasse no país pela contratação de distribuidores japoneses.

Esse exemplo revela como as MNEs *internalizam* as principais funções e ativos comerciais. A **teoria da internalização** explica o processo pelo qual as empresas adquirem ou retêm uma ou mais atividades da cadeia de valor, minimizando as desvantagens de se lidar com parceiros externos e permitindo maior controle sobre as operações estrangeiras. Essa teoria contrapõe os custos e benefícios da retenção das atividades comerciais essenciais *dentro* da empresa às estratégias de curto alcance para entrada no exterior, tais como exportação e licenciamento, em que se contratam parceiros comerciais *externos* para o desempenho de certas atividades da cadeia de valor. Ao internalizar as atividades da cadeia de valor baseadas no exterior, é a empresa, e não os produtos, que cruza as fronteiras internacionais. Por exemplo, em vez de se abastecer com fornecedores independentes estrangeiros, a MNE internaliza a função de suprimento, adquirindo ou estabelecendo instalações próprias no mercado estrangeiro. Onde uma empresa contrataria distribuidores estrangeiros independentes para comercializar seus produtos no exterior, a MNE internaliza a função de marketing estabelecendo ou adquirindo sua própria subsidiária de distribuição no exterior. A MNE é, em última instância, um veículo para contornar os gargalos e custos da troca internacional entre empresas de bens, materiais e trabalhadores. Dessa forma, a MNE *substitui* as atividades comerciais desempenhadas nos mercados externos com atividades comerciais realizadas no âmbito de seu próprio mercado *interno*.

Já ressaltamos que o conhecimento é crucial aos processos de desenvolvimento, produção, distribuição e venda de bens e serviços. Como os concorrentes podem facilmente adquirir e usar o conhecimento de uma empresa, esta deve internalizar seu conhecimento essencial optando pelo IDE para sua internacionalização, em oposição a outras modalidades, como a exportação. O IDE permite à administração da empresa controlar e otimizar o uso de seu conhecimento proprietário em mercados estrangeiros.[15]

## Paradigma eclético de Dunning

O professor John Dunning propôs o *paradigma eclético* como um arcabouço para a determinação da extensão e do padrão das operações da cadeia de valor que as empresas possuem no exterior. Dunning baseia-se em várias perspectivas teóricas, como as teorias da vantagem comparativa e das proporções dos fatores, da vantagem monopolista e da vantagem da internalização.

Vamos ilustrar o paradigma eclético com o caso de uma empresa real. A Aluminum Corporation of America (Alcoa) possui mais de 130.000 funcionários em cerca de 43 países. Suas operações integradas incluem a mineração de bauxita e o refino de alumínio. Seus produtos incluem alumínio primário (que ela refina a partir da bauxita), os componentes automotivos e a folha de alumínio para latas de bebidas e a Reynolds Wrap®.

O paradigma eclético especifica três condições determinantes da internacionalização de uma empresa via IDE: vantagens específicas de propriedade, vantagens específicas de localização e vantagens de internalização.

Para ter sucesso no ingresso e na condução de negócios em um mercado estrangeiro, a MNE deve possuir *vantagens específicas de propriedade* (exclusivas da empresa) em relação a outras que já realizam negócios no mercado. Elas consistem de conhecimento, habilidades, capacitação, processos, relações ou ativos físicos mantidos pela empresa e que lhe permitem competir de modo eficaz no mercado global. Trata-se das *vantagens competitivas* do negócio. Para garantir o êxito internacional, as vantagens devem ser substanciais o bastante para compensar os custos a serem incorridos no estabelecimento e na implementação de operações estrangeiras. Também devem ser específicas da MNE que as detêm e não facilmente transferíveis a outras. Dentre os exemplos das vantagens específicas de propriedade citamos: tecnologia proprietária, habilidades gerenciais, marcas registradas, economias de escala e acesso a substanciais recursos financeiros. Quanto mais valiosas as vantagens específicas de propriedade da empresa, mais provável que ela se internacionalize via IDE.[16]

Uma das vantagens específicas de propriedade mais importantes da Alcoa é a tecnologia proprietária resultante de suas atividades de P&D. Ao longo do tempo, a empresa também adquiriu habilidades especiais de administração e marketing de alumínio refinado. Sua marca bem conhecida nesse setor contribui para o aumento das vendas e seu grande porte permite lucrar com as economias de escala e a capacidade de financiamento de projetos onerosos. Essas vantagens possibilitaram à Alcoa maximizar o desempenho de suas operações internacionais.

As *vantagens específicas de localização* referem-se às vantagens *comparativas* existentes em países estrangeiros. Cada país possui um conjunto único de vantagens que geram benefícios específicos. Exemplos disso são os recursos naturais, a mão de obra especializada, os baixos salários e o capital barato. Os administradores experientes reconhecem e buscam os benefícios propiciados pelas vantagens do país anfitrião. Uma vantagem específica de localização deve existir para que o IDE seja bem-sucedido. Deve ser lucrativo para a empresa instalar-se no exterior, ou seja, utilizar suas vantagens específicas de propriedade em conjunto com pelo menos algumas vantagens específicas de localização no país visado. Do contrário, deve-se recorrer às exportações para entrar em mercados estrangeiros.[17]

No que se refere às vantagens específicas de localização, a Alcoa instalou refinarias no Brasil por causa de seus enormes depósitos de bauxita, um mineral encontrado em relativamente poucas outras localidades no mundo. O Amazonas e outros grandes rios no país geram grande quantidade de energia hidrelétrica, um insumo crucial ao refino de alumínio que é intensivo no consumo de eletricidade. A Alcoa também se beneficia da força de trabalho de baixo custo e relativo nível de instrução.

As *vantagens de internalização* são aquelas que a empresa obtém da internalização de etapas baseadas no exterior, como manufatura e distribuição, dentre outras, em sua cadeia de valor. Quando for lucrativo, a empresa deslocará suas vantagens específicas de propriedade através das fronteiras nacionais *dentro* de sua própria organização, em vez de dissipá-las para entidades estrangeiras independentes. A opção pelo IDE depende de qual é a melhor alternativa — a capacidade de controlar como os bens da empresa são produzidos ou comercializados, a capacidade de controlar a disseminação do conhecimento proprietário da empresa e a capacidade de reduzir a incerteza do consumidor quanto ao valor dos produtos oferecidos pela empresa.[18]

A Alcoa internalizou muitas de suas operações em vez de tê-las administradas por fornecedores independentes externos, por cinco motivos. Em primeiro lugar, sua administração deseja minimizar a disseminação de conhecimento sobre suas operações de refino de alumínio – um conhecimento adquirido a um elevado custo. Segundo, em comparação com a contratação de fornecedores externos, a internalização gera o melhor retorno líquido à empresa, permitindo-lhe minimizar os custos operacionais. Terceiro, a Alcoa necessita controlar a venda de seus produtos de alumínio para evitar a depreciação dos preços mundiais desse metal ao saturar o mundo com ele. Quarto, a empresa quer a flexibilidade de aplicar uma estratégia diferenciada de preços, cobrando valores diferentes de clientes diferentes, o que não seria possível sem o controle da distribuição de seus produtos finais propiciado pela internalização. Por fim, o refino de alumínio é um negócio complexo, e a Alcoa almeja controlá-lo para manter a qualidade de sua produção.

## Explanações não baseadas no IDE

O IDE popularizou-se como uma modalidade de entrada com o surgimento das multinacionais (MNEs) nas décadas de 1960 e 1970. Nos anos de 1980, as empresas começaram a reconhecer a importância dos investimentos colaborativos e outras estratégias flexíveis de entrada.

### Investimentos colaborativos internacionais

Trata-se de uma forma de cooperação entre duas ou mais empresas. A colaboração *horizontal* ocorre entre parceiros no mesmo nível da cadeia de valor, como exemplificam as relações entre fabricantes e entre fornecedores. As colaborações *verticais* ocorrem entre parceiros em diferentes níveis da cadeia de valor, como no caso da relação entre um fabricante e seu distribuidor.

Os investimentos colaborativos são classificados em dois principais tipos: *joint ventures* com participação acionária, que resultam na formação de uma nova entidade jurídica; e *alianças estratégicas* baseadas em projetos, que não requerem comprometimento acionário dos parceiros, mas simplesmente uma disposição em cooperar no tocante a P&D, manufatura, projeto ou qualquer outra atividade de valor agregado. Em ambos os casos, as empresas que colaboram entre si reúnem seus recursos e geram sinergia. Os parceiros também compartilham o risco de seus esforços conjuntos, reduzindo a vulnerabilidade individual. Para atingir as metas dos negócios internacionais, a empresa pode não ter outra escolha senão recorrer a recursos não disponíveis em sua organização, por meio de investimentos colaborativos. Além disso, pode ocorrer de um governo estrangeiro impedir a empresa de entrar em seu mercado nacional por meio de investimento direto integral, exigindo que isso seja feito por meio de uma *joint venture* com um parceiro local.[19]

Ao participar de um investimento colaborativo, a empresa pode obter dos parceiros estrangeiros o acesso a *know-how*, canais de distribuição, ativos de marketing ou a capacidade de superar obstáculos impostos por um governo. Ao estabelecer uma parceria, ela pode posicionar-se melhor para criar novos produtos e ingressar em novos mercados. Por exemplo, atualmente, a Starbucks ostenta quase 500 lojas de café no Japão, graças a uma *joint venture* com seu parceiro local, a Sazaby, Inc. O investimento permitiu à

Starbucks internacionalizar-se rapidamente no Japão, com a ajuda de um parceiro conhecedor do mercado local.[20]

## Redes e ativos relacionais

Representam o estoque de *relações* de longo prazo economicamente vantajosas da empresa com outros parceiros de negócios, como fabricantes, distribuidores, fornecedores, varejistas, consultores, bancos, transportadoras, governos e qualquer outra organização capaz de oferecer os recursos necessários. Os ativos relacionais no nível empresarial constituem uma vantagem competitiva distintiva no comércio internacional. Os *keiretsu* japoneses são os precursores das redes e alianças que atualmente surgem no mundo ocidental. Trata-se de agrupamentos complexos de empresas com relações interligadas de propriedade e comercialização que promovem a aprendizagem organizacional entre elas.[21] Como os *keiretsu*, as redes não são nem organizações formais com estruturas hierárquicas claramente definidas nem mercados impessoais e descentralizados.

O consórcio de pesquisa International Marketing and Purchasing (IMP) na Europa direcionou muito do desenvolvimento teórico sobre as redes.[22] A teoria das redes foi proposta para compensar a incapacidade das tradicionais teorias organizacionais de explicar muito do que ocorre no mundo dos negócios. Nas redes, os participantes (compradores e vendedores) tornam-se vinculados entre si por meio de contínuas trocas e associações de produtos, serviços, finanças, tecnologia e *know-how*. A interação constante entre os parceiros contribui para formar relações estáveis baseadas na cooperação. As ligações por meio de redes industriais geram valor e vantagem competitiva para as empresas, mesmo entre concorrentes. As ligações em rede representam uma rota essencial pela qual muitos negócios se expandem para o exterior, desenvolvem novos mercados e criam novos produtos. Nos negócios internacionais, as relações estratégicas mutuamente benéficas e duradouras propiciam vantagens reais aos parceiros e reduzem a incerteza e os custos de transação.

Como veremos mais adiante neste livro, na economia global contemporânea, cada vez mais as empresas deixam de fazer investimentos diretos mais permanentes em países anfitriões, optando por investimentos colaborativos mais flexíveis com parceiros independentes de negócios.

## ESTUDO DE CASO

# O esforço da Hyundai para o sucesso internacional

A indústria automotiva está entre os maiores e mais internacionalizados setores econômicos. A Hyundai Motor Company (HMC) é a montadora de automóveis número um da Coreia do Sul, fabricando cerca de uma dezena de modelos de carros e *minivans*, além de caminhões, ônibus e outros veículos comerciais. Os modelos exportados mais populares são Accent, Elantra e Sonata. A empresa sul-coreana tem conseguido internacionalizar-se com sucesso, apesar de todas as adversidades.

## A indústria automobilística global

Com muitos concorrentes brigando por participação de mercado, empresas como Hyundai, Ford e Volkswagen costumam operar com margens muito enxutas. A indústria automobilística sofre com o excesso de capacidade de produção. Embora essa capacidade seja de 80 milhões de carros no mundo, a demanda total global gira em torno de somente 60 milhões ao ano. Dessa forma, os fabricantes de automóveis empregam apenas 75 por cento de sua capacidade de produção. Essa questão acarretou inúmeras fusões e aquisições nos últimos anos. Ocorreram consolidações entre Ford e Land Rover, Jaguar e Volvo e DaimlerBenz com Chrysler, só para citar algumas. Além disso, esse setor é extremamente intensivo em capital, e as empresas buscam economias de escala para permanecer lucrativas. A escala exigida obriga as montadoras a visar mercados mundiais, onde possam gerar vendas adicionais.

## A indústria automobilística na Coreia do Sul

O mercado automobilístico na Coreia do Sul é pequeno demais para sustentar fabricantes locais como HMC e Kia. Essas empresas têm visado mercados globais para atingir as economias de escala necessárias e permanecer competitivas em um setor concorrido. Por sorte, o país conta com diversas vantagens competitivas nacionais nesse setor, como uma considerável força de trabalho especializada que comanda as inovações em *design*, atributos, produção e qualidade. Os salários na Coreia do Sul são inferiores aos de muitas economias avançadas, o que ajuda a manter os custos baixos. O país ainda tem uma alta taxa de poupança, recebe expressivo investimento estrangeiro e é um *net exporter*. Esses fatores contribuem para garantir um pronto suprimento de capital, a ser aplicado em P&D e inovações de produto. De forma coletiva, a abundância de fatores de produção sul-coreanos em mão de obra eficiente em custos, trabalhadores especializados, alta tecnologia e capital constituem as vantagens específicas de localização do país.

Os consumidores sul-coreanos são altamente exigentes, obrigando os fabricantes do país a se esforçarem para oferecer produtos de qualidade superior. A concorrência intensa na indústria automobilística doméstica assegura que as fabricantes de automóveis e autopeças concentrem foco na melhoria de seus produtos. O governo sul-coreano desenvolveu um sistema de vínculos estreitos entre governo e iniciativa privada, abrangendo crédito direto, restrição às importações e incentivo a setores específicos. Também promoveu a importação de matérias-primas e tecnologia, em detrimento de bens de consumo, e estimulou a poupança e o investimento, em detrimento do consumo. Em parte graças a esses esforços, a Coreia do Sul sedia um conglomerado industrial considerável para a fabricação de carros e acessórios. A província de Gyeonggi cresce rapidamente como o centro da indústria automobilística sul-coreana. A nação beneficia-se da presença de inúmeros fornecedores e fabricantes na indústria automobilística global.

## Os desafios da HMC

Nesse cenário, a HMC enfrentou diversos contratempos. A economia sul-coreana passou por uma recessão no final da década de 1990 em decorrência da crise financeira asiática. Sua economia compõe-se de inúmeros conglomerados de propriedade familiar, ou *chaebol*. As vendas combinadas dos cinco maiores *cheabols* do país — Hyundai, Samsung, Daewoo, LG e SK — respondem por aproximados 40 por cento do PIB e do total de importações do país. Com o tempo, esses gigantes expandiram-se em ritmo acelerado, tomando crédito de seus próprios bancos para financiar uma expansão com frequência imprudente para setores não correlatos. Os equívocos financeiros levaram o governo sul-coreano a impor maior transparência e rigor nos controles contábeis.

Na indústria automotiva, a Kia Motors — terceira maior montadora de veículos da Coreia do Sul — faliu, e a Daewoo foi vendida à General Motors. Enquanto a demanda doméstica girava em torno de dois milhões de veículos, a capacidade produtiva total chegava a cinco milhões. A carga de endividamento da HMC atingiu cinco vezes seu patrimônio, e a empresa sofreu pesados prejuízos. O futuro era muito incerto. A HMC usava menos de 40 por cento de sua capacidade produtiva total, com uma dívida de cerca de US$ 30 bilhões. Em 1998, ela assumiu o controle da Kia, tornando-se a maior fabricante de automóveis do país e detendo três quartos do mercado local, além de superar as japonesas Mitsubishi e Suzuki no ranking mundial.

## Os primeiros esforços de internacionalização

A HMC foi fundada em 1967 por Chung Ju Yung, um visionário empreendedor de origem camponesa. Seu filho, Chung Mong Koo, assumiu a presidência em 1998, e frequentemente se atribui a ele a seguinte frase: "A qualidade é crucial à nossa sobrevivência. Temos que fazer certo, custe o que custar."

No final da década de 1970, a HMC iniciou um esforço agressivo de desenvolvimento de capacitação em engenharia e novos projetos. Em 1983, estabeleceu uma subsidiária no Canadá, seu primeiro investimento estrangeiro. Entretanto, o negócio não atingiu lucro e foi fechado apenas quatro anos depois. Apesar desse revés, a administração da empresa aprendeu muito com a experiência e, em lugar do IDE, passou a exportar para o mercado norte-americano, com o Excel como uma marca econômica vendida a US$ 4.995. Esse carro logo se tornou um sucesso de venda, com as exportações chegando a 250.000 unidades ao ano. Infelizmente, vários problemas surgiram: o Excel era percebido como um veículo de baixa qualidade, e a precária rede de concessionárias não conseguiu gerar vendas suficientes. Os consumidores, inclusive os norte-americanos, perdiam a confiança na Hyundai, e o valor da marca começou a se deteriorar. Os Estados Unidos constituíam o maior mercado automobilístico mundial, e a administração da Hyundai tinha que tomar uma atitude drástica para reverter a situação.

## O derradeiro sucesso

Em resposta às reclamações sobre qualidade de produto, a HMC lançou um programa de dez anos de garantia. Para tratar dos problemas de má imagem, sua administração decidiu ir além do período tradicional de garantia de apenas alguns anos e oferecer um prazo bastante substancial. Essa estratégia acarretou uma grande reviravolta para a Hyundai, que passou a projetar e fabricar carros de acordo com padrões bem mais elevados de qualidade. Embora ainda mantivesse os preços baixos, a empresa tem conseguido, ao longo do tempo, proporcionar um expressivo valor agregado aos consumidores.

Outra importante medida para melhorar a qualidade foi a diversificação geográfica. Colocando em prática as lições aprendidas com o fracassado investimento canadense, a HMC construiu uma fábrica na Turquia em 1997, na Índia em 2000 (com uma segunda instalação em 2007) e na China em 2002. A principal vantagem dessas localidades era a disponibilidade de mão de obra barata e de alta qualidade. A fábrica turca proporcionou uma base de sustentação no Oriente Médio, um mercado que a empresa desejava desenvolver. A proximidade da Turquia com a Europa Ocidental também se revelava uma importante vantagem.

A HMC usa o IDE para desenvolver operações essenciais ao redor do mundo. A administração da empresa escolhe localidades no exterior com base nas vantagens que podem gerar para seu negócio global.

Em 2006, a HMC possuía mais de dez fábricas em localidades como Taiwan, Vietnã, Irã, Sudão e Venezuela. Ela desenvolveu centros de P&D na Europa, Japão e América do Norte, além de lançar diversos centros de distribuição e subsidiárias de marketing ao redor do mundo. Os centros de distribuições facilitam a entrega de peças à base em expansão de revendedoras. Há sedes regionais em vários países na Ásia, Europa e América do Norte. Em suma, para garantir o controle da manufatura e da comercialização de seus carros em nível global, a HMC internalizou grande parte de suas operações internacionais.

Para conquistar vantagem competitiva, a HMC devia não só buscar mão de obra barata, mas também adquirir suprimentos de localidades que oferecessem insumos de baixo custo (como motores, pneus e peças eletrônicas). A eficiência de custo dos fornecedores é uma questão de vida e morte na indústria automotiva global. A HMC aderiu a diversos investimentos colaborativos para cooperar com parceiros em P&D, manufatura, projetos e outras atividades de valor agregado. Esses investimentos proporcionaram à empresa acesso a *know-how*, capital, canais de distribuição, ativos de marketing e a capacidade de superar obstáculos governamentais. Por exemplo, a HMC cooperou com a DaimlerChrysler no desenvolvimento de novas tecnologias e na melhoria da gestão da cadeia de suprimentos. Os projetos incluem um novo motor de quatro cilindros e um plano de compras conjuntas.

A administração da HMC pretende capturar 20 por cento do mercado automotivo da China. Para isso, fez uma *joint venture* com a Guangzhou Motor Group, obtendo acesso ao nicho de veículos comerciais no país. Ela se beneficia da proximidade com a China e o conhecimento que seus administradores possuem da cultura chinesa.

## Acontecimentos recentes

Em 2000, a HMC tornara-se o fabricante de grande porte de mais rápido crescimento no mundo. As vendas nos Estados Unidos haviam mais do que triplicado no período de 1998 a 2004. Atualmente, a empresa gera cerca de um terço das vendas na América do Norte e dez por cento na Europa. Suas margens de lucro estavam entre as mais elevadas do setor, em nível mundial. Ela recebeu vários prêmios de qualidade assegurada concedidos por organizações renomadas como a *Consumer Reports* e a *J. D. Power and Associates*.

Apesar dos sucessos obtidos no início da década de 2000, recentemente a HMC enfrentou uma série de problemas. Em 2004, seu CEO Kim Dong-Jin foi indiciado por violação das leis de financiamento de campanhas políticas e prática de negligência administrativa. Em 2007, o governo multou a empresa em US$ 25 milhões com a alegação de práticas inescrupulosas de mercado. Chung Mong Koo recebeu uma pena de três anos de prisão por apropriação indébita de mais de US$ 100 milhões dos fundos da empresa. Esses episódios afetaram a reputação da HMC com fornecedores, revendedores e clientes. Enquanto isso, taxas desfavoráveis de câmbio fizeram com que o lucro líquido caísse 35 por cento. As vendas nos mercados doméstico e estrangeiro estabilizaram-se, e a empresa trava uma batalha com os sindicatos trabalhistas. A alta administração luta para manter a grande promessa da HMC.

Fontes: "Driving change". *The Economist*. 2 set. 2004; "The quick and the dead". *The Economist*. 27 jan. 2005; "Hooked on discounts". *The Economist*. 7 jul. 2005; GRIFFITHS, J. "Fiat plans new development partnership". *Financial Times*. 7 set. 2005; "The chaebol that ate Korea". *The Economist*. 12 nov. 1998; "South Korea dumps the past, at last". *The Economist*. 9 nov. 2000; "The chaebol spurn change". *The Economist*. 22 jul. 2000; "Eureka". *The Economist*. 22 out. 1998; "The last emperor". *The Economist*. 4 fev. 1999; STEERS, R. M. *Made in Korea*. Nova York: Routledge, 1999; "Hyundai revs up". *Times Asian edition*. p. 27-30. 25 abr. 2005; Entrevista com Lheem Heung Soo, vice-presidente da Hyundai. Assan, Turquia, 23 ago. 2005; "Hyundai grows up". *Time*. p. A4-A8. 27 jun. 2005; "The car company in front". *The Economist*, 27 jan. 2005; TÜRK, E. "Yildizli kariyer öyküleri". *Milliyet Kariyerim*. 18 set. 2005.

## Questões do estudo de caso

1. Na altamente competitiva e global indústria automobilística, quais fatores proporcionam vantagem comparativa às nações? Dê exemplos de vantagens naturais e adquiridas que os países possuem nesse setor.
2. No que concerne a teoria das proporções dos fatores, quais fatores de produção são mais importantes na indústria automobilística? Com base em sua resposta, quais países parecem possuir a maioria das vantagens para fabricar carros? Justifique sua resposta.
3. Como uma nação, quais vantagens competitivas a Coreia do Sul oferece aos fabricantes de automóveis de origem local, como a HMC? Quais são as vantagens competitivas nacionais que contribuíram para o sucesso da HMC no mercado automobilístico internacional?
4. Analise a HMC e sua posição na indústria automotiva global no contexto do modelo diamante de Porter. Ou seja, em relação ao progresso internacional da HMC, qual é o papel dos seguintes elementos: estratégia empresarial, estrutura e concorrência; condições dos fatores, condições da demanda e setores correlatos e de suporte?
5. Analise a HMC e sua posição na indústria automotiva global no contexto do paradigma eclético. Ou seja, para a HMC, qual é o papel desempenhado por: vantagens específicas de propriedade, vantagens específicas de localização e vantagens de internalização?
6. Visite o site Web da HMC (http://www.hyundai-motor.com). Em quais investimentos colaborativos a empresa está envolvida? Ela parece participar de alguma rede? Descreva essas relações, com base no que encontrou no site Web.

Este caso foi escrito pelo professor Nukhet Vardar, da Yeditepe University, em Istambul, Turquia.

## Resumo

Neste capítulo, você aprendeu:

1. **Teorias de comércio e investimento internacional**

   A base do comércio é a especialização. Cada nação especializa-se na produção de certos bens e serviços, para depois comercializar com outras e obter os bens e serviços nos quais não é especializada. A vida como a conhecemos não seria possível sem o comércio internacional.

2. **Por que as nações fazem comércio**

   As explicações clássicas sobre o comércio internacional começaram com o **mercantilismo**, segundo o qual as nações devem buscar a maximização de sua riqueza exportando mais do que importam. O **princípio da vantagem absoluta** defende que um país se beneficia produzindo somente aquilo em que detenha vantagem absoluta ou que possa produzir usando menos recursos do que qualquer outro. O princípio da **vantagem comparativa** argumenta que um país deve especializar-se em exportar bens nos quais possua uma vantagem *relativa*, em comparação com outros países. As nações beneficiam-se comercializando entre si. A vantagem comparativa resulta de *vantagens naturais* e *vantagens adquiridas*. A **vantagem competitiva** provém de ativos ou competências distintivas de uma empresa, tais como custo, porte ou capacidade de inovação, que sejam difíceis de serem replicados ou imitados pelos concorrentes. A *teoria das proporções dos fatores* sustenta que as nações se especializam na produção de bens e serviços cujos fatores de produção tenham em abundância. A *teoria do ciclo de produto internacional* descreve como um produto pode ser inventado em um país e posteriormente produzido em massa por outros países, com o país inovador perdendo sua vantagem competitiva inicial.

3. **Como as nações intensificam sua vantagem competitiva: teorias contemporâneas**

   Uma recente e importante contribuição à teoria do comércio foi o modelo diamante de Porter, que especifica as quatro condições em cada nação que resultam em vantagens competitivas nacionais: *estratégia empresarial, estrutura* e *concorrência*; *condições dos fatores*; *condições da demanda*; e *setores correlatos e de suporte*. Um **conglomerado,** ou *cluster*, industrial é uma concentração de empresas em uma dada localidade que interagem intimamente entre si, conquistando mútua vantagem competitiva. A *nova teoria do comércio* sustenta que crescentes economias de escala podem estabelecer um desempenho superior em determinados setores. Alguns destes obtêm mais êxito quanto maior for o volume de sua produção, que possa necessitar de expansão internacional. A vantagem competitiva das nações descreve como elas adquirem vantagens comerciais internacionais com o desenvolvimento de habilidades específicas, tecnologias e setores econômicos. Empresas e países buscam aumentar a produtividade, ou a quantidade de produção por unidade de insumo. A **política industrial nacional** descreve os esforços governamentais no sentido de direcionar os recursos nacionais ao desenvolvimento de especialização em setores específicos. Um governo pode reunir recursos para estimular o desenvolvimento de perícia em setores considerados valiosos à nação.

4. **Por que e como as empresas se internacionalizam**

   O *modelo do processo de internacionalização* descreve como as empresas se expandem gradualmente para negócios no exterior, em geral partindo da simples exportação para o estágio derradeiro e mais comprometido de IDE. As empresas *born global* internacionalizam-se já no momento de sua fundação, ou no início dela, e fazem parte do campo emergente do empreendedorismo internacional.

5. **Como as empresas conquistam e sustentam vantagem competitiva internacional**

   As MNEs possuem cadeias de valor que se espalham por localidades geográficas pelo mundo. O investimento direto estrangeiro (IDE) significa que as empresas investem em diversos locais para desenvolver subsidiárias de produção, marketing ou outros tipos. A *teoria da vantagem monopolista* descreve como as empresas obtêm sucesso internacional com o desenvolvimento de habilidades e recursos que poucas outras possuem. A **teoria da internalização** explica a tendência das multinacionais de internalizar etapas em sua cadeia de valor quando isso lhes convém. A internalização é o processo de aquisição e manutenção de uma ou mais atividades dentro da empresa para minimizar as desvantagens da subcontratação dessas atividades a empresas externas. O *paradigma* eclético especifica que a empresa internacional deve possuir certas vantagens competitivas, chamadas de *vantagens específicas de propriedade*, *vantagens específicas de localização* e *vantagens de internalização*. Atualmente, muitas empresas internacionais se envolvem em *investimentos colaborativos*, parcerias entre empresas que permitem acesso a ativos e outras vantagens mantidas por parceiros estrangeiros. As multinacionais também desenvolvem extensas redes de empresas de suporte, tais como outros fabricantes, distribuidores, fornecedores, varejistas, bancos e transportadoras.

## Principais termos

conglomerado (*cluster*) industrial
livre comércio
mercantilismo
política industrial nacional
princípio da vantagem absoluta
princípio da vantagem comparativa
teoria da internalização
vantagem comparativa
vantagem competitiva

## Teste seu entendimento

1. Por que as empresas se envolvem em negócios internacionais? Ou seja, quais são os benefícios do comércio e do investimento internacionais?
2. Descreva as teorias clássicas do comércio internacional. Quais dessas teorias você considera relevantes nos dias de hoje?
3. Qual é a diferença entre os conceitos de vantagem absoluta e vantagem comparativa?
4. Resuma a teoria das proporções dos fatores. Quais deles são mais abundantes nestes países: China, Japão, Alemanha, Arábia Saudita e Estados Unidos?
5. Resuma a teoria do ciclo de produto internacional. Utilize-a para explicar a evolução internacional dos automóveis e dos computadores *laptop*.
6. Quais são as fontes específicas de vantagem competitiva nacional? Pense em um produto e um serviço bem-sucedidos em seu país. Qual fonte de vantagem competitiva é mais relevante para cada um deles?
7. Você acredita que seu país deva adotar uma política industrial nacional? Por quê?
8. Como você descreve o processo de internacionalização de uma empresa? Visite o site Web de algumas grandes multinacionais e analise a história de cada uma delas. Qual é a natureza de sua internacionalização? Qual é a natureza da internacionalização das empresas *born global*?
9. As explanações baseadas em IDE para os negócios internacionais evoluíram com o tempo. Descreva a evolução dessas explanações desde a teoria da vantagem monopolista, passando pela teoria da internalização, até o paradigma eclético.
10. O que são vantagens específicas de propriedade, vantagens específicas de localização e vantagens de internalização?

## Aplique seu entendimento

1. A África do Sul é uma nação com grandes operações de mineração e imensas reservas de diamantes. Também abriga as maiores minas de ouro do mundo, na região do Transvaal. Além de seu valor intrínseco, os diamantes e o ouro possuem inúmeras aplicações industriais nas quais esse país é líder mundial. A extração de minerais preciosos transformou a África do Sul no principal estado industrial do continente africano. A riqueza recém-descoberta financiou sistemas modernos de transporte e comunicações. Atividades posteriores de mineração revelaram a existência de imensas reservas de carvão e minério de ferro. Para atender aos embarques internacionais, o governo desenvolveu importantes portos que conectam o país aos mercados mundiais. Recentemente, grandes quantidades de gás natural foram descobertas na área costeira. A África do Sul detém uma grande massa de trabalhadores de baixo custo em mineração e setores correlatos. O governo elaborou vários planos de sustentação a determinados setores, sobretudo o de mineração.

   Esses desenvolvimentos levaram ao surgimento de um conglomerado de empresas altamente especializadas nos setores de mineração e extrativismo. Algumas das mais especializadas do mundo nesses setores concentram-se na África do Sul, notadamente a De Beers S.A., que possui parcerias com grandes multinacionais detentoras de consideráveis recursos financeiros. A empresa possui substancial capacitação em marketing e estratégia internacional. Quais das teorias discutidas neste capítulo ajudam a explicar as vantagens que a África do Sul e a De Beers S.A. detêm?
2. Certa vez, o economista Lester Thurow apresentou a seguinte questão: "Se você fosse o presidente de seu país e pudesse escolher um dentre dois setores em que se especializar, *chips de computador* ou *batatas fritas chips*, qual você escolheria?" Diante dessa pergunta, muitos optam pelas batatas fritas, porque "todos consomem batatas fritas, mas nem todos usam chips de computador". Entretanto, a resposta é bem mais complexa. Essa decisão depende de vários fatores: a relação entre riqueza natural e a quantidade de valor agregado na manufatura de bens; se o país pode se beneficiar do poder de monopólio (são poucos os que fabricam *chips* de computador); a probabilidade de indústrias derivadas (a tecnologia de *chips* de computador resulta em outras altas tecnologias, como a de computadores); e se, de modo geral, a tecnologia facilita a vida das pessoas e contribui para elevar seu padrão de vida. À luz dessas considerações, qual seria sua escolha? Justifique sua resposta.
3. Suponha que você consiga um emprego de consultor para Madagasland, um país africano. O ministro do comércio e indústria tem uma vaga noção de que Madagasland necessita ser mais ativo no comércio internacional. Ele também reconhece que o governo poderia ajudar a economia local desenvolvendo uma política industrial nacional. Elabore um relatório ao ministro explicando: (a) como o país pode alavancar suas vantagens comparativas na ampliação de seu comércio internacional, (b) quais devem ser os elementos de uma política industrial nacional e (c) como o país pode desenvolver vantagens adquiridas.

## Notas


1 RICARDO, D. *Principles of political economy and taxation*. Londres: Everyman Edition, 1911 (primeiramente publicado em 1817).

2 ROMALIS, J. "Factor proportions and the structure of commodity trade". *The American Economic Review*. 94(1):6-97, 2004.

3 VERNON, R. "International investment and international trade in the product cycle". *Quarterly Journal of Economics*. 80:19-207.

4 PORTER, M. *The competitive advantage of nations*. Nova York: Free Press, 1990.

5 DAKHLI, M; De CLERCQ, D. "Human capital, social capital, and innovation: a multi-country study". *Entrepreneurship and Regional Development*. 16(2):10-115, 2004.

6 PRESTOWITZ, C. *Trading places*. Nova York: Basic Books, 1989; THUROW, L. *Head to head: the coming economic battle among Japan, Europe, and America*. Nova York: William Morrow, 1992.

7 "The Luck of the Irish: A Survey of Ireland". *The Economist*. special section, 16 out. 2004.

8 BILKEY, W. J. "An attempted integration of the literature on the export behavior of firms". *Journal of International Business Studies*. 9:3-46, 1978; CAVUSGIL, S. T. "On the internationalization process of firms". *European Research*. 8(6):27-81, 1980; JOHANSON, J; VAHLNE, J.-E. "The internationalization process of the firm — a model of knowledge development and increasing foreign commitments". *Journal of International Business Studies*. 8:2-32, 1977; CAVUSGIL, 1980.

9 KNIGHT, G.; CAVUSGIL, S. T. "The born global firm: a challenge to traditional internationalization theory". In: CAVUSGIL, S.; MADSEN, S. *Advances in International Marketing*. vol. 8. Greenwich: JAI Press, 1996.

10 Ibid.

11 KNIGHT, G. A.; CAVUSGIL, S. T. "Innovation, organizational capabilities, and the born-global firm". *Journal of International Business Studies*. 35(2):12-41, 2004; OVIATT, B.; McDOUGALL, P. "Toward a theory of international new ventures". *Journal of International Business Studies*. 25(1):4-64, 1994; RENNIE, M. "Born global". *McKinsey Quarterly*. 4:4-52, 1993.

12 UNCTAD. *World Investment Report 2005*. Nova York: Nações Unidas, 2005.

13 "The Beer wars come to a head: can SABMiller stay ahead of Busch as the global market merges?". *Business Week*. p. 68. 24 maio 2004.

14 HYMER, S. *The international operations of national firms*. Cambridge: MIT Press, 1976.

15 BUCKLEY, P.; CASSON, M. *The future of the multinational enterprise*. Londres: MacMillan, 1976.

16 DUNNING, J. "The eclectic paradigm of international production: a restatement and some possible extensions". *Journal of International Business Studies*. 19:1-31, 1988; RUG-MAN, A. "A new theory of the multinational enterprise: internationalization versus internalization". *Columbia Journal of World Business*. 15(1):23-4, 1980.

17 DUNNING, 1988.

18 Ibid.

19 KOGUT, B. "Joint ventures: theoretical and empirical perspectives". *Strategic Management Journal*. 9:31-332, 1988. VARADARAJAN, P. R.; CUNNINGHAM, M. H. "Strategic alliances: a synthesis of conceptual foundations". *Journal of the Academy of Marketing Science*. 23:28-296, 1995.

20 "For Starbucks, there's no place like home". *Business Week*. p. 48. 9 jun. 2003.

21 LINCOLN, J.; AHMADJIAN, C.; MASON, E. "Organizational learning and purchase-supply relations in Japan". *California Management Review*. 40(3):24-264, 1998.

22 HAKANSSON, H. *International marketing and purchasing of industrial goods: an interaction approach*. Nova York: Wiley, 1982.

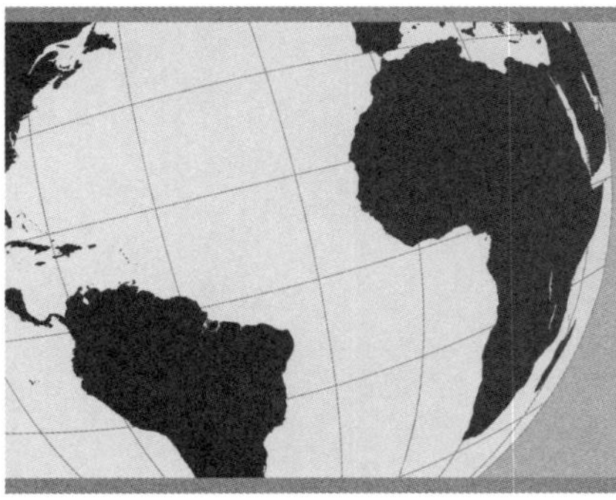

# Parte 2
# O AMBIENTE DOS NEGÓCIOS INTERNACIONAIS

Capítulo 5

# O ambiente cultural dos negócios internacionais

## Objetivos de aprendizagem

Neste capítulo, você aprenderá sobre:

1. O desafio de cruzar fronteiras culturais
2. O significado da cultura: conceitos básicos
3. Por que a cultura é importante no contexto dos negócios internacionais
4. Cultura nacional, profissional e corporativa
5. Interpretações culturais
6. As principais dimensões da cultura
7. A linguagem como uma das principais dimensões culturais
8. A cultura e as questões contemporâneas
9. Diretrizes gerenciais para o sucesso intercultural

### Futebol americano... na Europa?

Há poucas coisas mais representativas da cultura dos Estados Unidos do que o futebol americano. É uma verdadeira atração artística, com shows e animadas líderes de torcida no intervalo. O jogo incorpora o orgulho nacional. Toca-se o hino, bandeiras são agitadas, e jogadores uniformizados atacam de um lado a outro do campo, como um exército lutando em um conflito geralmente violento. Cada time aglomera-se durante o jogo para pequenas sessões de planejamento da próxima jogada.

Nos Estados Unidos, a National Football League (NFL) fiscaliza o esporte e, como qualquer outro negócio de sucesso, deseja expandir-se para novos mercados. A NFL fez sua primeira incursão à Europa em 1991, com planos de estabelecer o futebol americano lá. Após anos de tentativas fracassadas, a NFL Europa surgiu com seis times, cinco dos quais baseados na Alemanha (tais como o Berlin Thunder, o Cologne Centurions e o Hamburg Sea Devils). Times anteriores formados na Espanha haviam fracassado.

Por que o futebol americano foi bem aceito na Alemanha, mas fracassou na Espanha? Uma excelente metáfora para a cultura espanhola são as touradas, uma perseguição antiga. Na Espanha tradicional, elas costumavam ocorrer em anfiteatros romanos datados de 2.000 anos. Antes de ser um esporte competitivo, trata-se de um ritual e uma arte. É uma demonstração de estilo e coragem do toureiro, um verdadeiro herói na luta contra os touros. Se ele apresentar um bom desempenho, receberá uma ovação da multidão, que agita lenços brancos ou atira chapéus e rosas no ringue. A tourada simboliza a cultura espanhola, combinando uma comemoração apaixonada da vida com um complexo sistema de rituais, uma grandiosidade e um espetáculo artístico de sangue, violência e perigo. Nos corações do povo espanhol, o futebol americano não consegue atingir esse ápice.

O que explica o sucesso do futebol americano na Alemanha? Para começar, esse esporte enfatiza fortemente as características tradicionais alemãs de regras e ordem. Nesse país, as regras são muitas e seu cumprimento é valorizado. Por exemplo, alguns dos parques delimitam áreas onde é permitido brincar de atirar gravetos com seu cachorro. Os alemães também costumam ser pontuais. Eles sabem como administrar bem o tempo e não gostam de atrasos. Essa tendência assemelha-se ao futebol americano, onde o ritmo de jogo é regido por segundos.

Uma metáfora popular para a cultura alemã é a sinfonia. Na realidade, dois dos mais reverenciados compositores — Bach e Beethoven — eram alemães. Esse povo é atraído pela simetria e ordem de uma sinfonia. O maestro reúne os talentos de cada músico para produzir um som unificado. Como em uma sinfonia, o futebol depende de um forte líder — o zagueiro — que une os talentos individuais dos jogadores para um desempenho único. No intervalo do jogo, o público é entretido com o espetáculo de uma banda e vários artistas, todos sincronizados no mais alto grau. Treino, sincronia, precisão, conformidade e uma compreensão da contribuição individual ao 'placar' formam a base tanto das apresentações sinfônicas quanto do futebol americano.

O principal motivo do fracasso da NFL na Europa tem sido sua incapacidade de conquistar os europeus apegados a culturas antigas e fiéis ao futebol tradicional, em oposição ao americano. O futebol tradicional está entremeado na sociedade europeia. É uma válvula de escape para as rivalidades entre os europeus que em tempos antigos se manifestavam sob a forma de conflitos armados. Embora astros como David Beckham se destaquem, o futebol enfatiza o esforço conjunto — a unidade que visa atingir uma meta comum.

Os Estados Unidos representam uma miscigenação de várias culturas que formam um grupo multifacetado de identidades étnicas. Em contraposição, a Europa abriga muito mais etnicidades que carecem da integração norte-americana. Os europeus têm dado passos largos rumo à criação de uma cultura abrangente, mas as dificuldades encontradas com a unificação revelam como cada nação resiste a abrir mão de sua identidade cultural em prol de um ideal mais amplo de União Europeia. Por isso, o apelo do futebol americano varia de um país a outro, em função das diferenças culturais. A maioria dos europeus considera a versão norte-americana como uma perversão do futebol. Representa a índole teimosa dos norte-americanos, com ênfase no conflito violento. Do ponto de vista de muitos europeus, a NFL tentou impingir um produto inferior a um mercado há muito tempo fiel ao futebol tradicional. Essa liga gastou muito para promover seus times, na maioria dos casos em vão. No final das contas, a cultura nacional triunfou e, em 2007, a NFL fechou sua franquia europeia.

Fontes: Van BOTTENBURG, M. "Thrown for a loss: American football and the European sport space". *American Behavioral Scientist*. 46(11):1150-62, 2003; NFL Europe, disponível em: en.wikipedia.org/wiki/NFL_Europe, acesso em: nov. 2005; National Football League (NFL Europe), disponível em: www.nfleurope.com, acesso em: nov. 2005; WHITE, E. "Is Europe ready for some football?—NFL drafts dolls, actors in US$ 1.6 million campaign to promote the Super Bowl". *Wall Street Journal*. B4. 15 jan. 2003; GANNON, M. J. & Associates. *Understanding global cultures*: metaphorical journeys through 17 countries. Thousand Oaks, CA: Sage, 1994.

## O desafio de cruzar fronteiras culturais

Nos negócios internacionais, ingressamos em diferentes ambientes culturais caracterizados por linguagens desconhecidas e sistemas de valores, crenças e comportamentos singulares. Conhecemos clientes e parceiros comerciais com diferentes estilos de vida, normas e padrões de consumo. Essas diferenças influenciam todas as dimensões dos negócios internacionais. Com frequência, elas interferem na comunicação direta, representando um dos quatro riscos associados ao comércio entre países que apresentamos no Capítulo 1. Ressaltamos esses riscos na Figura 5.1. Define-se o **risco intercultural** como uma situação ou acontecimento em que a má interpretação cultural coloca algum valor humano em jogo.

O risco intercultural surge com frequência nos negócios internacionais devido à herança cultural diferente dos participantes. A **cultura** refere-se aos padrões de orientação aprendidos, compartilhados e duradouros em uma sociedade. As pessoas demonstram sua cultura por meio de valores, ideias, atitudes, comportamentos e símbolos.

A cultura afeta até simples saudações e despedidas. Os rituais de saudação constituem um marco cultural profundamente arraigado e evoluem ao longo de muitos séculos. Eles especificam comportamentos como a distância a ser mantida e se devemos tocar ou sorrir ao nosso interlocutor. Essas cerimônias podem variar em função da idade, do gênero ou da posição social dos envolvidos. O que se diz ao cumprimentar outra pessoa também varia. Por exemplo, na China, os amigos expressam consideração perguntando uns aos outros se já comeram. Na Turquia, um cumprimento comum é "Quais são as novidades?". Ao conhecer alguém, uma pergunta corriqueira é "De que região do país você é?", em um esforço para estabelecer um ponto em comum com a outra parte. Os japoneses, que ainda mantêm os rituais formais de cumprimento e despedida, sempre se desculpam antes de terminar uma conversa por telefone.

Ao contrário dos sistemas políticos, jurídicos e econômicos, a cultura revela-se muito difícil de identificar e analisar. Seus efeitos sobre os negócios internacionais são profundos e amplos. A cultura influencia uma gama de intercâmbios interpessoais bem como operações da cadeia de valor como desenvolvimento de produto e serviço, marketing e vendas. Os administradores devem criar produtos e embalagens levando em conta os aspectos culturais, inclusive em relação a cores. Se por um lado o vermelho pode ser bonito para os russos, por outro é o símbolo do luto na África do Sul. O presente adequado para os parceiros comerciais também varia ao redor do mundo. Itens como canetas são universalmente aceitos, outros podem não ser apropriados. Como os itens pontiagudos como facas ou tesouras que implicam cortar o relacionamento ou evocam outros sentimentos negativos, os crisântemos costumam ser associados a funerais e os lenços sugerem tristeza.

A maioria das empresas deseja que seus funcionários conheçam outras culturas e adquiram um grau de competência intercultural. No Vale do Silício, na Califórnia, onde se concentram empresas de TI, a Intel oferece à equipe um seminário chamado "Trabalhando com a Índia". O objetivo desse tipo de evento é tornar mais eficaz a interação profissional com os cerca de 400.000 indianos que vivem na região. Diversas empresas oferecem treinamento semelhante. Outra, de computadores, a AMD, leva a equipe de TI da Índia para suas instalações no Texas para um mês de treinamento cultural com os executivos norte-americanos. Estes interpretam papéis, simulando serem nativos indianos e estudam temas como a história política, o cinema e as diferenças entre o hinduísmo e outras religiões da Índia. Os treinamentos abrangem aulas sobre delegação de trabalho (os indianos tendem a aceitar prazos exíguos, mas podem não informar quando estão atrasados, por isso seus gerentes devem verificar se os cronogramas são razoáveis), preparo de alimentos (para colaborar com aqueles que praticam o jainismo,* os refeitórios devem claramente discernir entre

*O jainismo é uma das religiões mais antigas da Índia, juntamente com o hinduísmo e o budismo.

Figura 5.1 Os quatro principais riscos nos negócios internacionais

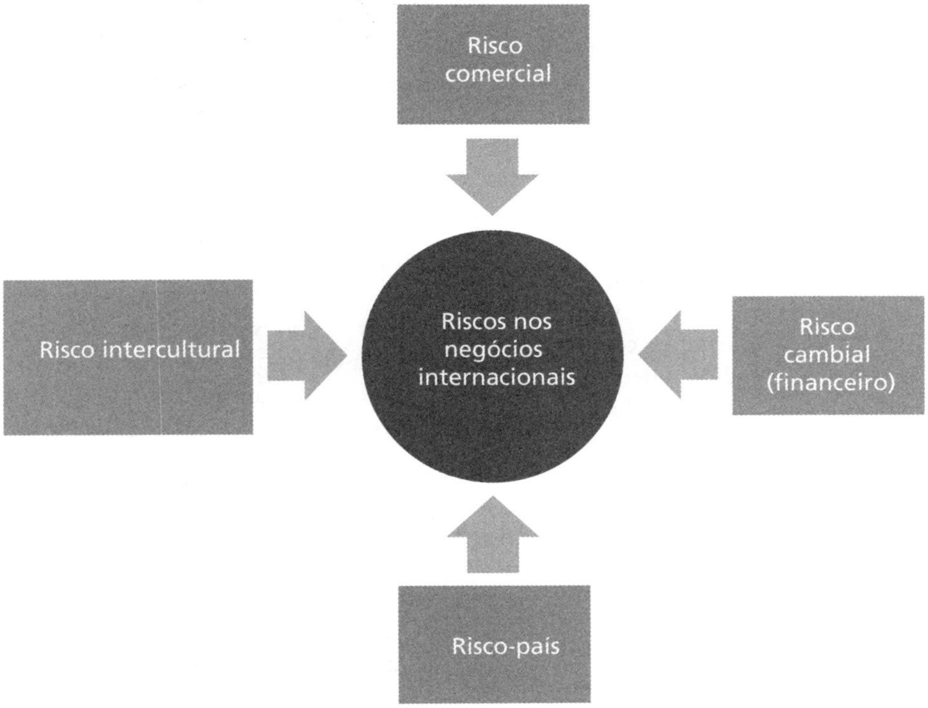


comida vegan e vegetariana) e socialização (como é educado para um indiano inicialmente recusar um convite para visitar a casa de alguém, seus colegas norte-americanos devem reiterar o convite).[1]

O risco intercultural é exacerbado pela **orientação etnocêntrica** — o uso de nossa própria cultura como padrão de referência no julgamento de outras. A maioria de nós foi criada em uma única cultura; tendemos a enxergar o mundo primordialmente sob nosso ponto de vista. As tendências etnocêntricas caracterizam quase toda sociedade e acarretam a crença de que a própria raça, religião ou grupo étnico é de certa forma superior às outras. Howard Perlmutter descreveu as visões etnocêntricas como uma "orientação do país de origem".[2] Segundo ele, os administradores envolvidos em negócios internacionais devem abandonar sua orientação etnocêntrica em prol de outra, policêntrica ou geocêntrica. A **orientação policêntrica** refere-se a um modelo mental de país anfitrião em que o gestor desenvolve uma grande identidade com a nação onde conduz negócios. A **orientação geocêntrica** refere-se a um modelo mental globalizado pelo qual um gestor compreende um negócio ou um mercado, sem levar em consideração as fronteiras nacionais. As tendências geocêntricas comparam-se a uma orientação cognitiva que combina uma abertura, e uma conscientização, em relação à diversidade cultural.[3] Os profissionais com esse tipo de visão esforçam-se para desenvolver habilidades voltadas ao comportamento social bem-sucedido com membros de outras culturas.[4] Eles desenvolvem novas formas de pensar, aprendem a analisar culturas e evitam a tentação de julgar comportamentos diferentes como algo inferior. Aprendem a valorizar o melhor que os indivíduos produzem, onde quer que isso seja desenvolvido.[5]

As culturas desconhecidas podem estar sempre presentes nas transações domésticas, bem como nas internacionais. Clientes vêm do exterior para realizar negócios, empresas compram de fornecedores localizados em países distantes, e cada vez mais funcionários possuem vivências culturais diversas. Por exemplo, Maurice Dancer é chefe da recepção do The Pierre — um hotel de luxo na cidade de Nova York. Em 2005, a Taj Hotels, Resorts and Palaces, uma subsidiária da Tata, a maior empresa da Índia, conquistou o contrato de administração do The Pierre. Além de adaptar seu estilo gerencial de modo a conciliá-lo com a cultura corporativa dos novos proprietários, Maurice precisou também adaptar-se a certos aspectos da cultura indiana, evidenciados no estilo de administração do Taj. Ele também gerencia funcionários da Ásia, Europa e América Latina. Esses funcionários incorporam idiossincrasias às características de trabalho de seus países de origem. Por exemplo, os asiáticos tendem a ser reservados no trato com os clientes. No passado, Maurice teve que estimular os subordinados asiáticos a serem mais extrovertidos. Enfim, grande parte da clientela do The Pierre é de origem estrangeira. Sem sair dos Estados Unidos,

Maurice interage todos os dias com uma ampla variedade de culturas estrangeiras.

A integração intercultural de empresas como o The Pierre constitui outra manifestação de globalização. Mas a globalização também leva à convergência de valores culturais. Embora as pessoas ao redor do mundo não estejam propensas a renunciar a seus valores culturais, gradualmente surgem normas e expectativas de comportamento compartilhadas. Além disso, muitos valores universais aplicam-se aos encontros interculturais. Basta lembrar que indivíduos de toda parte gostam de ser tratados com respeito, abordados em sua própria língua e alvos de genuína preocupação.

Os gestores correm o risco frequente de cometer gafes culturais embaraçosas. Os mal-entendidos interculturais podem arruinar as transações comerciais, atrapalhar as vendas ou prejudicar a imagem corporativa. Neste capítulo, abordamos os riscos que a má interpretação cultural pode causar nos encontros interculturais. Atualmente, desenvolver o respeito, e até a empatia, pelas diferenças culturais é fundamental para qualquer gestor.

## O significado da cultura: conceitos básicos

Uma ampla definição de cultura foi apresentada por Herskovits[6] como "a parte do meio ambiente feita pelo homem". A cultura incorpora tanto os elementos objetivos quanto os subjetivos. Os aspectos objetivos ou tangíveis da cultura abrangem ferramentas, estradas, programas de televisão, arquitetura e outros artefatos físicos. Os subjetivos ou intangíveis incluem normas, valores, ideias, costumes e outros símbolos significativos.

Geert Hofstede,[7] um renomado antropólogo organizacional holandês, vê a cultura como uma "programação mental coletiva" das pessoas. O 'software da mente', ou nosso modo de pensar e raciocinar, diferencia-nos dos demais grupos. Tais orientações intangíveis moldam nosso comportamento. Outro estudioso, Harry Triandis,[8] vislumbra a cultura como a interação entre semelhanças e divergências; todas as culturas são ao mesmo tempo muito semelhantes e muito divergentes. Se por um lado, como seres humanos, compartilhamos muitos aspectos comuns e universais, por outro, como grupos de indivíduos ou sociedades, demonstramos muitas diferenças. Por exemplo, algumas culturas são mais complexas do que outras. Algumas culturas são mais individualistas, enquanto outras são mais coletivistas. Algumas culturas impõem muitas normas, regras e restrições ao comportamento social, enquanto outras, quase nenhuma.

A cultura evolui no âmbito de cada sociedade para caracterizar seus integrantes e distingui-los dos demais. Em primeiro lugar, captura como os componentes de uma comunidade vivem — por exemplo, como alimentam, vestem e abrigam a si mesmos. Segundo, explica como eles se comportam entre si e em relação a outros grupos. Terceiro, define as crenças e valores dos membros e como eles percebem o sentido da vida.

Tão importante quanto definir o que é cultura consiste em definir o que ela *não* é. A cultura:

- *Não é nem certa nem errada.* A cultura é relativa. Não existe uma cultura absoluta. As pessoas de diferentes nacionalidades simplesmente percebem o mundo de diferentes maneiras. Elas têm formas particulares de fazer as coisas e não se encaixam em qualquer padrão. Cada cultura apresenta suas próprias noções do que é um comportamento aceitável ou inaceitável. Por exemplo, em algumas culturas islâmicas, uma esposa não pode divorciar-se do marido. Em muitos países, a nudez é totalmente aceita na TV. No Japão e na Turquia, calçar sapatos em casa é um tabu.
- *Não se refere ao comportamento individual.* A cultura refere-se aos grupos. Trata-se de um fenômeno coletivo de valores e significados compartilhados. Dessa forma, embora a cultura defina o comportamento coletivo de cada sociedade, é comum os indivíduos agirem de maneira diferente. Por exemplo, na maioria dos países, os homens usam cabelos curtos. Mas alguns com estilo próprio têm cabelos compridos e destacam-se da multidão. Na Austrália, Canadá, Europa e Estados Unidos, há os que até usam maquiagem. Esse tipo de comportamento dissidente não representa os valores culturais da maioria da população.
- *Não é inata.* A cultura resulta do ambiente social. As pessoas não nascem com um conjunto de valores e atitudes compartilhados. Aos poucos, as crianças adquirem modos específicos de pensar e comportar-se, à medida que crescem em sociedade. Por exemplo, nos Estados Unidos, elas geralmente assimilam os valores do individualismo e do cristianismo. Mas, na China, as crianças aprendem a depender da família e incorporam valores baseados no confucionismo. A cultura passa de uma geração a outra — pelos pais, professores, mentores, colegas e líderes. Os métodos modernos de comunicação, incluindo a mídia global, desempenham um papel fundamental na transmissão da cultura.

Esse processo de aprendizagem de regras e padrões comportamentais adequados a uma sociedade é chamado de **socialização.** Em outras palavras, a socialização é a aprendizagem cultural. Por meio dela, adquirimos compreensões e orientações culturais que são compartilhadas pela sociedade. A assimilação de normas e padrões constitui um processo sutil — adaptamos nosso comportamento de maneira inconsciente e involuntária.

O processo de ajuste e adaptação a uma cultura *diferente da própria* chama-se **aculturação.** É comumente vivenciada pelas pessoas que vivem em outros países por um tempo prolongado, como no caso dos executivos expatriados.

Mais do que qualquer outra característica da civilização humana, a cultura sinaliza as diferenças entre as sociedades com base em idioma, hábitos, costumes e modos de pensar. Entretanto, a maioria de nós só se torna inteiramente consciente de como a cultura afeta nosso comportamento quando entra em contato com pessoas de outras culturas.

Os antropólogos usam a metáfora do iceberg para compreender a natureza da cultura. Esta se assemelha a um enorme bloco de gelo: acima da superfície certas características são visíveis, mas abaixo dela não podem ser vistas pelo observador, trata-se de uma base maciça de pressupostos, atitudes e valores que influenciam fortemente a tomada de decisões, os relacionamentos, os conflitos e outras dimensões dos negócios internacionais. Se, por um lado, somos condicionados por nossas próprias idiossincrasias culturais, por outro, não temos consciência dos noventa por cento de nossa composição cultural que estão submersos. Na realidade, frequentemente só nos conscientizamos de nossa própria cultura quando entramos em contato com outra. A Figura 5.2 ilustra esse conceito de iceberg cultural. A distinção ocorre entre as três camadas de conscientização: alta cultura, cultura popular e cultura profunda.

**Figura 5.2** A cultura como um iceberg

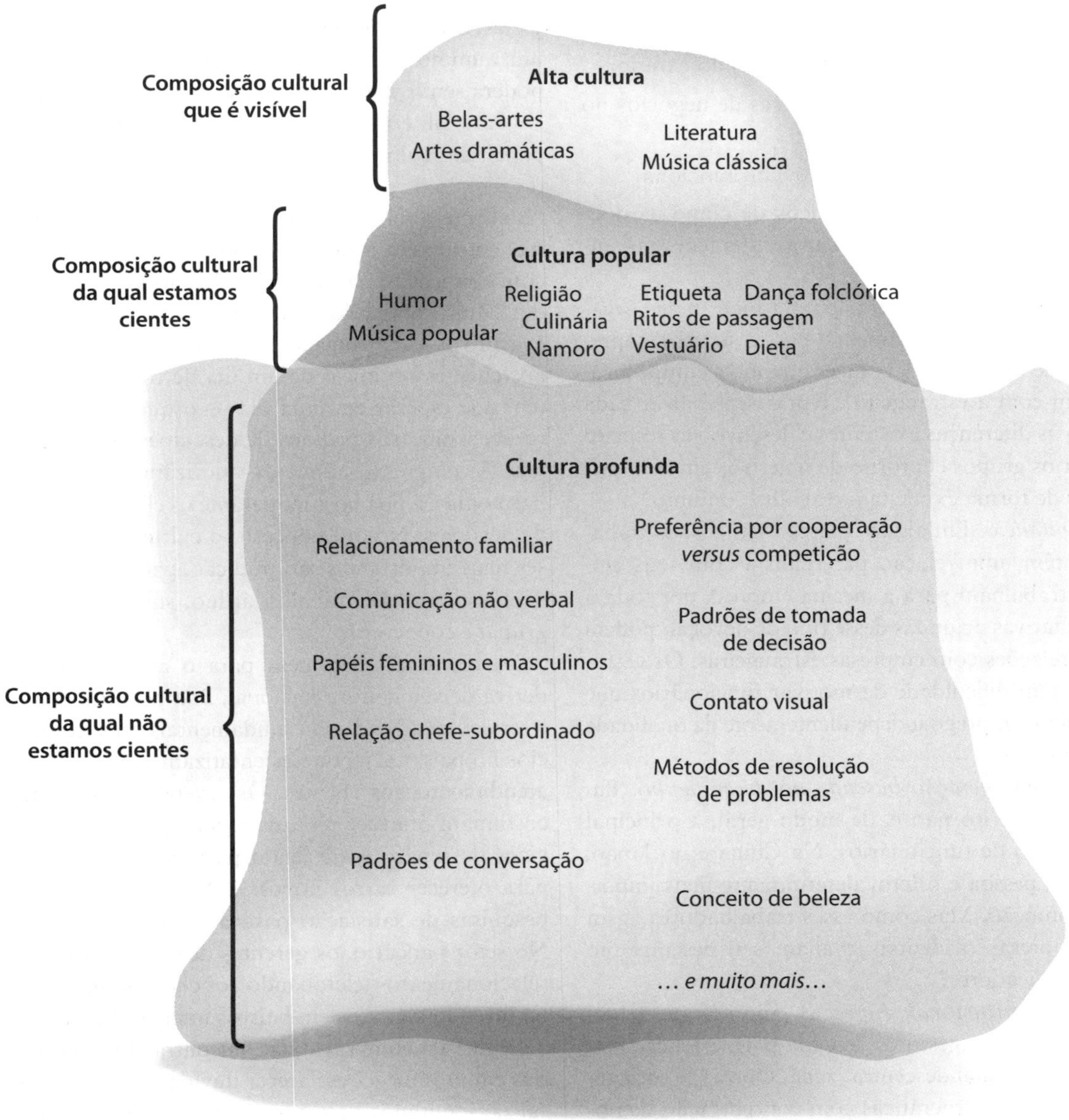

## Por que a cultura é importante no contexto dos negócios internacionais

Tratar de forma eficaz a interface intercultural constitui uma fonte essencial de vantagem competitiva para uma empresa. Os gestores devem desenvolver não só empatia e tolerância em relação às diferenças culturais, mas também adquirir suficiente grau de conhecimento fatual sobre crenças e valores dos parceiros. A competência intercultural é essencial em muitas atividades gerenciais, tais como:

- Desenvolvimento de produtos e serviços
- Comunicação e interação com parceiros comerciais estrangeiros
- Prospecção e seleção de distribuidores e outros parceiros estrangeiros
- Negociação e estruturação dos investimentos internacionais
- Interação com clientes atuais e potenciais do exterior
- Preparação para participação em feiras de negócios no exterior
- Preparação de material publicitário e promocional[9]

Vamos analisar exemplos específicos de como as diferenças interculturais podem complicar as interações no ambiente de trabalho:[10]

*Trabalho em equipe.* Cooperar para atingir metas organizacionais em comum é fundamental para o sucesso empresarial. Mas o que um gestor deve fazer quando a equipe local não se dá bem com a estrangeira? Tentar sensibilizar cada grupo quanto às diferenças existentes e desenvolver respeito por elas? Unir os grupos em torno de objetivos em comum? Recompensar de forma explícita o trabalho conjunto?

*Emprego vitalício.* Em alguns países asiáticos, os trabalhadores mantêm uma relação paternalista com seus empregadores e trabalham para a mesma empresa por toda a vida. As expectativas oriundas desse tipo de devoção podem complicar as relações com empresas estrangeiras. Os gestores ocidentais têm dificuldade de motivar funcionários que esperam manter o emprego independentemente da qualidade de seu trabalho.

*Sistema de remuneração baseada no desempenho.* Em alguns países, o mérito não é, de modo geral, a principal base de promoção de funcionários. Na China e no Japão, a idade de uma pessoa é o fator determinante mais importante para promoção. Mas como esses trabalhadores agem quando as empresas ocidentais avaliam seu desempenho com base em indicadores?

*Estrutura organizacional.* Algumas empresas preferem delegar autoridade aos gestores de cada país, criando uma estrutura organizacional descentralizada. Outras se caracterizam por estruturas autocráticas com concentração de poder em sedes regionais ou corporativas. As empresas podem ser empreendedoras ou burocráticas. Mas como fazer com que um fornecedor burocrático atenda às demandas de entrega pontual e desempenho satisfatório?

*Relações sindicato-administração.* Na Alemanha, os líderes sindicais detêm o mesmo *status* de executivos de alto nível e são convidados a tomar assento nos conselhos de administração. Em geral, as empresas europeias desenvolveram uma cultura de negócios na qual os trabalhadores têm uma posição mais equilibrada em relação ao corpo gerencial. Esse enfoque pode reduzir a flexibilidade das operações de uma empresa, se os representantes sindicais forem resistentes à mudança.

*Atitudes em relação à ambiguidade.* Em cada país, os nativos possuem uma capacidade única de tolerar a ambiguidade. Por exemplo, alguns chefes fornecem instruções precisas e detalhadas sobre o trabalho a ser desempenhado, ao passo que outros passam orientações ambíguas e incompletas. Aquele que não se sentir à vontade de trabalhar com um mínimo de orientação ou tomar ações independentes poderá sentir dificuldade em se ajustar a algumas culturas.

Para obtermos uma perspectiva mais prática sobre o papel da cultura no mundo corporativo, vamos tomar o exemplo de como se faz negócios no Japão. No Ocidente, "o cliente é rei', mas no Japão, "o cliente é Deus". Sempre que entram em uma loja japonesa, os clientes são saudados com sonoros "Seja bem-vindo" e, ao saírem, com um coro de "Muito obrigado". Em algumas lojas de departamento, executivos e balconistas alinham-se para fazer reverência aos clientes no início de um dia de trabalho. Se os clientes têm que esperar em uma fila — o que é raro acontecer — recebem sinceros pedidos de desculpas dos funcionários da loja. As empresas japonesas valorizam a expressão facial, a harmonia e a boa postura perante os clientes e a comunidade de negócios. No que concerne a cultura, os valores japoneses mais importantes são tradição, paciência, respeito, polidez, honestidade, trabalho árduo, subordinação, consenso grupal e cooperação.

A orientação japonesa para o atendimento ao cliente deriva de sua cultura nacional. Boa postura, alta qualidade e serviço pós-venda são fundamentais ao sucesso dos negócios no país. Os japoneses enfatizam muito a excelência no atendimento aos clientes. Os revendedores de automóveis costumam oferecer retirada e entrega de veículos para serviços de reparo e até ligam para a residência dos clientes para oferecer carros novos. A Nissan e a Toyota utilizam pesquisas de satisfação para avaliar suas concessionárias. No setor bancário, os gerentes de contas pessoais mantêm relacionamentos telefonando aos clientes em seus escritórios ou fazendo contatos em bairros inteiros. Eles podem ajudar a vender ou comprar casas, encontrar lojas com mercadorias em promoção, esclarecer dúvidas sobre impostos ou localizar inquilinos para novos edifícios. Os motoristas de táxi japoneses passam o tempo livre polindo o carro e costumam usar luvas brancas. Os trens são programados com base em segundos.

O Japão é um país pequeno (aproximadamente do tamanho da Califórnia) com quase a metade da população dos Estados Unidos. Uma sociedade densamente povoada e homogênea estimulou o desenvolvimento de uma cultura coesa e polida. O foco nas relações interpessoais contribui para que os japoneses evitem o conflito e preservem a harmonia. Outro importante elemento da cultura japonesa é o conceito emocional de *amae*, traduzido por "dependência indulgente", que constitui uma parte essencial da criação dos filhos. Enquanto as mães ocidentais criam os filhos para que sejam independentes, as japonesas incutem neles um senso de dependência emocional. Os estudiosos acreditam que o *amae* profundamente acalentado orienta as interações sociais na fase adulta. A relação entre um chefe e seu subordinado é análoga ao *amae* entre mãe e filho. A devoção filial — respeito pelos pais e os mais velhos — representa a base da ética confuciana. As relações de *amae* e confucianas entre pais e filhos configuram a base de todos os demais relacionamentos.

No início de cada dia de trabalho, muitas empresas fazem uma reunião com o objetivo de promover a harmonia e o espírito de equipe, e os funcionários até fazem ginástica juntos. O treinamento da equipe de uma nova loja é grupal. O grupo treina junto, é avaliado de forma coletiva e pode até conviver socialmente. Identificam-se as origens dos problemas e buscam-se as soluções em equipe. O treinamento é muito detalhado. As lojas fornecem instruções sobre como cumprimentar as pessoas, qual tom de voz usar e como lidar com as reclamações. As lojas atribuem muito peso ao *feedback* dos clientes; geralmente se elaboram relatórios detalhados ao fabricante sobre qualquer defeito em um produto, que é devolvido para minuciosa análise. Fabricantes e prestadores de serviços desenvolvem suas ofertas com base em reclamações e comentários recebidos dos clientes.[11]

Contudo, o país está mudando lentamente. Cada vez mais, o Japão moderno atua de acordo com valores contemporâneos, aos poucos importados do exterior. As lojas de desconto como Carrefour, Toys "Я" Us e Walmart começam a substituir as de departamento na preferência de compra dos consumidores, sobretudo da geração mais jovem. Diante de uma escolha entre um cordial atendimento personalizado e preços mais baixos, é cada vez mais comum os japoneses optarem pela melhor relação custo-benefício.

## Cultura nacional, profissional e corporativa

Embora as idiossincrasias culturais afetem os negócios internacionais, nem todas as dificuldades podem ser atribuídas às diferenças de cultura nacional. A Figura 5.3 sugere que os funcionários se socializam em três tipos de cultura: *nacional*, *profissional* e *corporativa*.[12] O grande desafio consiste em atuar de modo eficaz no contexto de sobreposição dessas culturas. A influência das culturas profissional e corporativa tende a aumentar à medida que as pessoas se socializam na profissão e no ambiente de trabalho.

A maioria das empresas possui um conjunto próprio de normas, valores, crenças e padrões de comportamento que as distingue de outras organizações. De modo geral, essas diferenças são tão singulares quanto a cultura nacional. Por exemplo, a Grã-Bretanha e os Estados Unidos compartilham uma língua e um sistema econômico semelhantes. Duas empresas do mesmo país podem ter culturas organizacionais bem diferentes. O tempo de existência de um negócio e a carteira de produtos influenciam a cultura corporativa. É o caso da Lloyds, uma seguradora inglesa que possui uma cultura conservadora que pode ser difícil de mudar. A Virgin, provedora de música e viagens, caracteriza-se por uma cultura experimental, propensa ao risco.

Essas camadas culturais apresentam ainda outro desafio para o administrador. Até que ponto um comportamento em particular pode ser atribuído à cultura nacional? Nas empresas com forte cultura organizacional, é difícil determinar onde começa a influência corporativa e termina a influência nacional. Por exemplo, como identificar até onde a cultura da empresa francesa de cosméticos L'Oreal deriva de influência nacional ou corporativa? Os franceses têm longa experiência nos segmentos de cosméticos e moda, mas a L'Oreal é uma empresa global composta por funcionários de todo o mundo. Sua influência, combinada com a receptividade de sua gestão à cultura global, modelou-a como uma organização única que se destaca na cultura francesa. Portanto, nos negócios internacionais, a tendência a atribuir todas as diferenças à cultura nacional é simplista.

## Interpretações culturais

Para explorar o papel da cultura nos negócios internacionais, os estudiosos apresentaram várias perspectivas analíticas. Nesta seção, examinaremos três delas: as metáforas culturais, os estereótipos e as expressões idiomáticas.

### Metáforas culturais

M. J. Gannon[13] apresentou uma análise particularmente perceptiva sobre as orientações culturais. Uma **metáfora cultural** refere-se a uma tradição ou instituição característica, fortemente associada a uma sociedade em particular. Como vimos no texto de abertura, a tourada representa uma metáfora da cultura espanhola. Uma metáfora cultural constitui um guia para decifrar as atitudes, os valores e o comportamento de uma pessoa.

O futebol americano, por exemplo, é uma metáfora cultural para tradições distintivas dos Estados Unidos. A *stuga*

Figura 5.3 Cultura nacional, profissional e corporativa

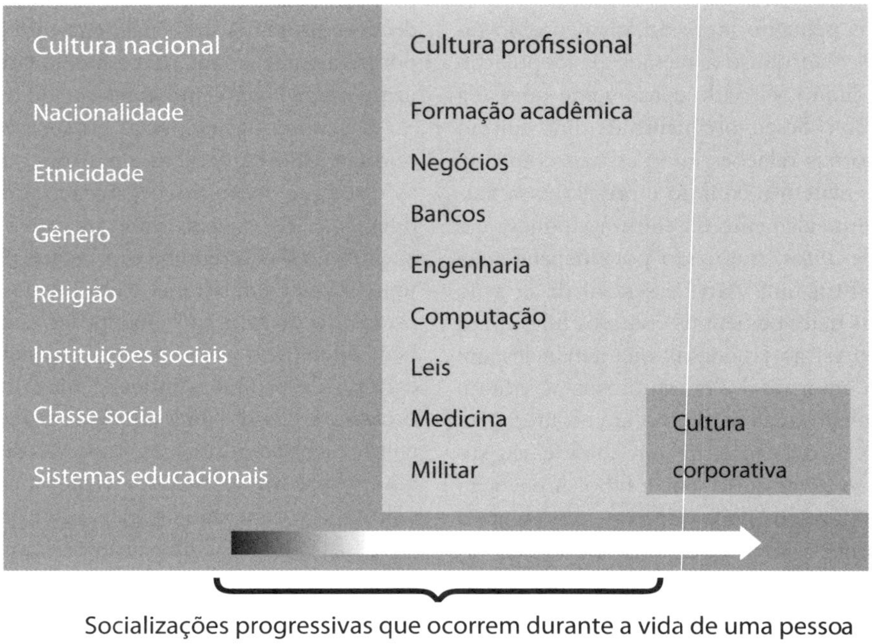


FONTE: Extraído de: DAVID, T. *Cultural enviroment of international business*, 3.ed. Copyright © 1991. Reproduzido com autorização da South-Western, uma divisão da Thomson Learning.

sueca (uma casa de campo ou veraneio) representa uma metáfora cultural do amor pela natureza dos suecos e seu desejo de alcançar a individualidade por meio do autodesenvolvimento. Outros exemplos de metáfora cultural incluem o jardim japonês (tranquilidade), a cafeteria turca (interação social), o *kibbutz* israelita (comunidade) e a tourada espanhola (ritual). O conceito característico do Brasil de *jeito* ou *jeitinho brasileiro* refere-se a uma habilidade de lidar com os desafios cotidianos de forma criativa ou contornando a restritiva burocracia do país. No contexto brasileiro, a manipulação, a bajulação ou o clientelismo não são necessariamente tidos como negativos, porque os indivíduos necessitam recorrer a esses métodos para fazer negócios.

## Estereótipos

Os **estereótipos** são generalizações sobre um grupo de pessoas que podem ou não se basear em fatos e, geralmente, desconsideram as reais e mais profundas diferenças. A síndrome de *mañana* (ou síndrome do amanhã) refere-se ao estereótipo de que os latino-americanos tendem a procrastinar. Para esses indivíduos, *mañana* significa um futuro indefinido. Um compromisso comercial pode ser voluntariamente assumido, porém não cumprido, pois quem sabe o que o futuro nos reserva? Muitos acontecimentos incontroláveis podem ocorrer, portanto, por que se preocupar com uma promessa feita?

Os estereótipos costumam ser equivocados e levar a conclusões injustificadas sobre os outros. No entanto, são amplamente usados, de forma consciente ou não, porque constituem meios fáceis de julgar situações e pessoas. Apesar do dano que os estereótipos causam, os estudiosos argumentam que há reais diferenças entre grupos e sociedades. Conhecemos essas diferenças ao examinar os estereótipos descritivos em contraposição aos de avaliação.[14] Por exemplo, há uma gama deles bastante aceitos sobre os norte-americanos:

- Controvertidos e agressivos, se comparados aos japoneses, que tendem a ser reservados e humildes
- Amantes individualistas da liberdade pessoal, se comparados aos chineses, que tendem a agir em grupo
- Informais e não hierárquicos, se comparados aos indianos, que cultivam o respeito aos títulos
- Empreendedores e propensos ao risco, se comparados aos árabes, que tendem a ser conservadores e empregar métodos consagrados para obter resultados
- Diretos e interessados no retorno imediato, se comparados aos latino-americanos, que geralmente dedicam tempo para socializar com seus parceiros de negócios e conhecê-los melhor

## Expressões idiomáticas

Uma **expressão idiomática** é aquela cujo significado simbólico difere do literal. Trata-se de uma frase que não pode ser compreendida apenas se conhecendo o significado de cada palavra. Existe em praticamente toda cultura e costuma ser usada como uma forma curta de expressar um conceito mais amplo. Por exemplo, "estender o tapete vermelho" pode significar uma calorosa recepção a um convidado, sem que necessariamente haja tapete algum. A frase pode ser mal interpretada em seu sentido literal. Em espanhol, a expressão "*no está el horno para bolos*" significa literalmente "o forno não está pronto para assar os pães", entretanto implica que "não está na hora". Em japonês, "*uma ga au*" significa literalmente "nossos cavalos encontram-se", mas no cotidiano quer dizer 'nós nos damos bem'. Como no caso das metáforas e dos estereótipos, os gestores de empresas podem estudar expressões nacionais para desenvolver uma melhor compreensão dos valores culturais de um país. A Tabela 5.1 apresenta várias expressões que revelam traços culturais de diversas sociedades.

## As culturas de alto e de baixo contexto de Hall

O renomado antropólogo Edward T. Hall[15] propôs uma distinção entre as culturas caracterizadas como de 'baixo contexto' e as de 'alto contexto'. As **culturas de baixo contexto** baseiam-se em explicações verbais elaboradas, com forte ênfase na palavra dita. Como indica a Figura 5.4, os países de baixo contexto tendem a se localizar ao norte da Europa e na América do Norte, possuem uma longa tradição de retórica e enfatizam sobremaneira as mensagens verbais. A principal função da fala nessas culturas é expressar as ideias e os pensamentos de uma pessoa do modo mais claro, lógico e convincente possível. A comunicação é direta e explícita, e o sentido, cristalino. Por exemplo, nas negociações, os norte-americanos costumam ir direto ao ponto, sem rodeios. As culturas de baixo contexto tendem a valorizar a experiência e o desempenho e a conduzir as negociações da forma mais eficaz possível. Essas culturas fecham negócios por meio de contratos específicos e de acordo com os preceitos legais.

Em contraposição, as **culturas de alto contexto**, como Japão e China, enfatizam as mensagens não verbais e consideram a comunicação como um meio de promover relacionamentos tranquilos e harmoniosos. Elas preferem um estilo indireto e polido que enfatize um senso mútuo de atenção e respeito pelos outros. As pessoas ficam atentas para não constranger nem ofender ninguém. Isso ajuda a explicar por que é difícil para os japoneses dizerem "não" ao expressar desacordo. Eles estão mais propensos a afirmar "é diferente", uma mensagem ambígua. Nas culturas do Leste Asiático, demonstrar impaciência, frustração, irritação ou raiva perturba a harmonia e é considerado rude ou ofensivo. Os asiáticos tendem a falar de modo suave e costumam ser sensíveis ao contexto e aos sinais não verbais (linguagem corporal). Por exemplo, em um almoço de negócios em Tóquio, quase sempre o chefe é aquele de aparência veterana sentado na ponta mais distante da entrada do salão. No Japão, aos superiores é concedido um assento mais favorável como uma demonstração de respeito. Para obter sucesso nas culturas asiáticas, é fundamental que os gestores atentem para os sinais não verbais e a linguagem corporal. As negociações tendem a ser lentas e ritualistas, e o acordo, fundamentado na confiança.

O trabalho de Hall obteve renovada importância devido à intensificação da interação comercial entre o Leste Asiático e o restante do mundo. Entretanto, a noção de culturas de alto e de baixo contexto desempenha um papel importante até nas comunicações entre os que falam a mesma língua. Por exemplo, às vezes, os gestores ingleses reclamam das apresentações de colegas norte-americanos por serem muito detalhadas. Tudo é explicado, mesmo quando o sentido é perfeitamente óbvio.

Tabela 5.1 Expressões idiomáticas que simbolizam valores culturais

| *País* | *Expressão* | *Valor subjacente* |
|---|---|---|
| Japão | "O prego que se sobressai é martelado." | Espírito de grupo |
| Austrália e Nova Zelândia | "O caule mais alto é cortado." (Crítica a uma pessoa tida como presunçosa, vaidosa ou sem mérito.) | Igualdade de direitos |
| Suécia e outras nações escandinavas | 'Janteloven' ou 'Lei de Jante.' "Não pense que você é especial ou melhor do que qualquer um de nós." | Modéstia |
| Coreia | "Ao morrer, um tigre deixa sua pele, e um homem deixa seu nome." | Honra |
| Turquia | "O aço trabalhado não enferruja." | Trabalho árduo |
| Estados Unidos | "A necessidade é a mãe da invenção." | Habilidade |
| Tailândia | "Se você seguir os mais velhos, não será mordido pelos cachorros." | Sabedoria |

Figura 5.4 A tipologia de culturas de alto e de baixo contexto de Hall

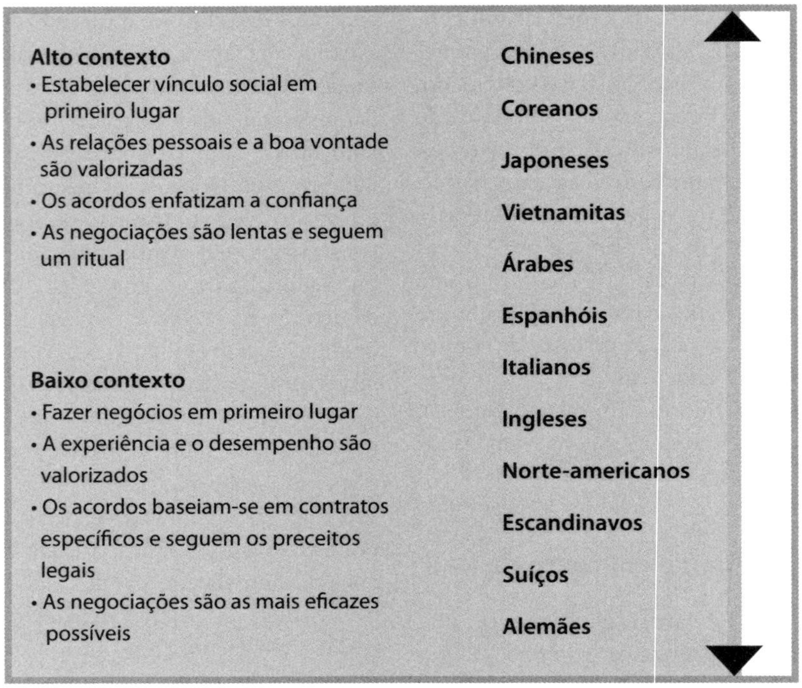

Alto contexto
• Estabelecer vínculo social em primeiro lugar
• As relações pessoais e a boa vontade são valorizadas
• Os acordos enfatizam a confiança
• As negociações são lentas e seguem um ritual
Baixo contexto
• Fazer negócios em primeiro lugar
• A experiência e o desempenho são valorizados
• Os acordos baseiam-se em contratos específicos e seguem os preceitos legais
• As negociações são as mais eficazes possíveis
Chineses
Coreanos
Japoneses
Vietnamitas
Árabes
Espanhóis
Italianos
Ingleses
Norte-americanos
Escandinavos
Suíços
Alemães


FONTE: Adaptado de: HALL, E. T. *Beyond culture*. Nova York: Anchor, 1975..

## A pesquisa de Hofstede sobre a cultura nacional

O antropólogo holandês Geert Hofstede conduziu um dos primeiros estudos empíricos sobre as características culturais de uma nação. Ele coletou dados sobre valores e atitudes de 116.000 funcionários da IBM, representando um conjunto diversificado de nacionalidades, idades e gêneros. Hofstede conduziu duas pesquisas, uma em 1968 e outra em 1972, que conceberam quatro dimensões independentes da cultura nacional, as quais descreveremos a seguir.

### Individualismo *versus* coletivismo

A dimensão do **individualismo *versus* coletivismo** descreve se uma pessoa age primordialmente como um indivíduo ou como membro de um grupo. Nas sociedades individualistas, os vínculos entre as pessoas são relativamente frouxos, e cada um tende a se concentrar em seus próprios interesses. Essas sociedades preferem o individualismo ao espírito de grupo. A competição pelos recursos torna-se a regra, e os melhores serão mais bem remunerados. Austrália, Canadá, Reino Unido e Estados Unidos tendem a ser nações predominantemente individualistas. Nas sociedades coletivistas, em contraste, os vínculos entre os indivíduos são mais importantes do que o individualismo. Os negócios são conduzidos no contexto de um grupo, e as visões alheias, levadas em conta. O grupo tem toda importância, já que a vida é tida como uma experiência essencialmente coletiva. A adesão e o comprometimento contribuem para manter a harmonia grupal. China, Panamá e Coreia do Sul constituem exemplos de sociedades com forte espírito coletivista.

### Distanciamento do poder

A dimensão do **distancialismo do poder** descreve como uma sociedade lida com as desigualdades de poder entre seus membros. Aquelas caracterizadas por *alto* distanciamento do poder são relativamente indiferentes às desigualdades e permitem que estas aumentem ao longo do tempo. Há substancial lacuna entre os poderosos e os fracos. Guatemala, Malásia, Filipinas e vários países do Oriente Médio constituem exemplos de países que exibem um alto distanciamento do poder. Em contraste, nas sociedades de *baixo* distanciamento do poder, as lacunas entre os poderosos e os fracos são mínimas. Por exemplo, nas nações escandinavas, como Dinamarca e Suécia, os governos instituem impostos e sistemas de bem-estar social que garantem a seus cidadãos uma igualdade relativa no que se refere a renda e poder. Os Estados Unidos classificam-se como relativamente baixos em distanciamento do poder.

A estratificação social afeta o distanciamento do poder. No Japão, quase todos pertencem à classe média, enquanto na Índia, o estrato superior controla a maioria da tomada de decisões e do poder de compra. Nas empresas, o grau de centralização da autoridade e de liderança autocrática determina o distanciamento do poder. Naquelas com alto distanciamento do poder, os estilos gerenciais autocráticos concentram o poder no topo e concedem pouca autonomia aos funcionários de escalões inferiores. Por outro lado, nas de baixo distanciamento do poder, gestores e subordinados estão em maior equilíbrio e cooperam mais para atingir as metas organizacionais.

## Aversão contra incertezas

A dimensão da **aversão contra incertezas** trata de até que ponto as pessoas toleram o risco e a incerteza em suas vidas. As sociedades com *alta* aversão contra incerteza criam instituições que minimizam o risco e garantem a segurança financeira. As empresas enfatizam a estabilidade de carreira e elaboram muitas regras para regulamentar as ações dos trabalhadores e reduzir a ambiguidade. Os gestores podem demorar a tomar decisões, pois antes examinam as consequências naturais e potenciais de várias opções. Bélgica, França e Japão representam países com alta pontuação em aversão contra incertezas. As sociedades que pontuam *baixo* nesse quesito socializam seus membros de modo a aceitarem e acostumarem-se com as incertezas. Os gestores são empreendedores e sentem-se relativamente confortáveis em assumir riscos, tomando decisões com relativa agilidade. As pessoas vivem um dia de cada vez e encaram seus empregos com tranquilidade porque se preocupam menos em garantir o futuro. Eles tendem a tolerar comportamentos e opiniões divergentes das próprias porque não percebem isso como uma ameaça. Índia, Irlanda, Jamaica e Estados Unidos lideram os exemplos de nações com baixa aversão contra incertezas.

## Masculinidade *versus* feminilidade

A dimensão da **masculinidade *versus* feminilidade** refere-se à orientação de uma sociedade, baseada em valores tradicionais masculinos e femininos. As culturas masculinas tendem a valorizar competitividade, assertividade, ambição e acúmulo de riqueza. São caracterizadas por homens e mulheres confiantes, focados na carreira e em ganhar dinheiro, por vezes não se importando muito com os outros. Exemplos característicos são Austrália e Japão. Os Estados Unidos constituem uma sociedade moderadamente masculina. As culturas hispânicas são relativamente masculinas e exibem um gosto por ação, ousadia e espírito competitivo. Nos negócios, a dimensão masculina manifesta-se como autoconfiança, pró-atividade e liderança. Por outro lado, nas culturas femininas, como nos países escandinavos, tantos os homens quanto as mulheres enfatizam os papéis protetores, a interdependência entre as pessoas e a atenção aos menos afortunados. Os sistemas de bem-estar social são altamente desenvolvidos, e a educação, subsidiada.

## A quinta dimensão: orientação de longo prazo *versus* de curto prazo

As quatro dimensões da orientação cultural que Hofstede propôs são amplamente aceitas. Elas fornecem uma ferramenta para interpretar as diferenças culturais e uma base para a classificação de países. Vários estudos empíricos também identificaram relações entre as quatro orientações culturais e a geografia, sugerindo que as nações podem ser semelhantes (culturalmente próximas) ou não (culturalmente distantes) em cada orientação.

Contudo, a estrutura de Hofstede apresenta algumas limitações. Primeiro, como já observamos, o estudo baseia-se em dados coletados no período de 1968 a 1972. Muita coisa mudou desde então, incluindo as sucessivas fases de globalização, a ampla exposição à mídia internacional, os avanços tecnológicos e o papel das mulheres na força de trabalho. A estrutura deixa de considerar a convergência de valores culturais ocorrida nas últimas décadas. Segundo, as constatações de Hofstede baseiam-se nos funcionários de uma única empresa — a IBM — de um único setor, dificultando a generalização. Terceiro, os dados foram coletados por meio de questionários — ineficientes na investigação de algumas questões profundas acerca da cultura. Por fim, Hofstede não capturou todas as potenciais dimensões da cultura.

Em parte para responder a essa última crítica, Hofstede acabou acrescentando uma quinta dimensão a sua estrutura: a **orientação de longo prazo *versus* de curto prazo.** Essa dimensão denota o grau em que pessoas e organizações postergam a realização pessoal para atingir o sucesso de longo prazo. Em outras palavras, pessoas e organizações em culturas com orientação de longo prazo tendem a adotar um horizonte mais longo para planejar e viver. Elas enfocam os anos e as décadas. A dimensão de longo prazo é mais bem ilustrada pelos valores conhecidos como asiáticos — tradicionais orientações culturais de diversas sociedades asiáticas, como China, Japão e Cingapura. Em parte, esses valores baseiam-se nos ensinamentos do filósofo chinês Confúcio (K'ung-fu-tzu), que viveu em cerca de 500 a.C. Além da orientação de longo prazo, Confúcio defendeu outros valores que ainda constituem a base de grande parte da cultura asiática atual, tais como disciplina, lealdade, trabalho árduo, atenção à educação, estima pela família, foco na harmonia grupal e controle sobre os próprios desejos. De modo geral, os estudiosos creditam esses valores ao *milagre do Leste Asiático*, o notável crescimento econômico e modernização das nações dessa região nas últimas décadas.[16] Em contraste, os Estados Unidos e a maioria dos demais países ocidentais enfatizam uma orientação de curto prazo.

A estrutura de Hofstede deve ser considerada somente como um guia geral, útil para aprofundar a compreensão sobre as interações internacionais com parceiros comerciais, clientes e membros da cadeia de valor.

## As principais dimensões da cultura

Vimos na Figura 5.2 que há inúmeras dimensões de cultura nacional. Podemos agrupá-las em duas amplas: subjetivas e objetivas. A subjetiva inclui valores e atitudes, modos e costumes, orientação aos negócios *versus* aos relacionamentos, percepções temporais, percepções espaciais e religião. A dimensão objetiva da cultura inclui produções simbólicas e materiais, tais como ferramentas, estradas e arquitetura singulares de uma sociedade. Nesta seção, examinaremos os principais exemplos de cada dimensão.

### Valores e atitudes

Os valores representam os julgamentos de uma pessoa sobre o bem e o mal, o aceitável e o inaceitável, o importante ou não e o normal ou o anormal.[17] Os indivíduos desenvolvem atitudes e preferências com base em seus valores. As atitudes assemelham-se às opiniões, exceto pelo fato de serem normalmente inconscientes e desprovidas de uma base racional. Os preconceitos constituem atitudes profundamente arraigadas, de modo geral desfavoráveis e dirigidas a um grupo em particular.[18] Valores característicos na América do Norte, no norte da Europa e no Japão incluem o trabalho árduo, a pontualidade e o acúmulo de riqueza. Os povos dessas nações podem julgar mal aqueles das economias em desenvolvimento, que podem não adotar esses valores. Eles podem equivocar-se ao julgar a empregada doméstica boliviana por não trabalhar com afinco ou o executivo jamaicano pela falta de pontualidade.

### Orientação aos negócios *versus* aos relacionamentos

Nas culturas orientadas aos negócios, os gestores concentram-se na tarefa a ser executada e desejam realizá-la logo. Em situações extremas, eles podem até evitar conversas amenas e outras preliminares. Preferem selar acordos com um contrato legal e adotar uma abordagem impessoal ao solucionar disputas. Dentre os principais exemplos de culturas com essa orientação estão Austrália, norte da Europa e América do Norte. Em contraste, nas culturas orientadas aos relacionamentos, os gestores colocam mais ênfase nas associações com as pessoas. Para eles, o importante é desenvolver confiança e afinidade e passar a conhecer a outra parte nas interações comerciais. Por exemplo, levou cinco anos para a Volkswagen negociar a abertura de uma fábrica de automóveis na China, uma sociedade fortemente orientada aos relacionamentos. Para chineses, japoneses e muitos dos latino-americanos, as relações importam mais do que o negócio.[19] A confiança é valorizada nos acordos comerciais. Na China, *guanxi* (literalmente 'conexões') está profundamente arraigada na antiga filosofia confuciana que valoriza a hierarquia social e as obrigações recíprocas. Ela reforça a importância das relações familiares e entre superiores e subordinados.

### Modos e costumes

Modos e costumes representam como nos comportamos e nos conduzimos em público e em situações comerciais. Alguns países caracterizam-se por culturas igualitárias e informais, em que as pessoas têm direitos iguais e trabalham em cooperação. Em outros, elas são mais formais e valorizam *status*, hierarquia, poder e respeito. Os costumes que mais variam ao redor do mundo são aqueles relacionados a hábitos alimentares, horário de trabalho e feriados, bebida e brindes, comportamento adequado em reuniões sociais, forma de presentear e papel das mulheres. O aperto de mãos varia por toda parte: suave, forte, segurando o cotovelo ou nenhum. No Sudeste Asiático, o aperto de mãos equivale a unir as palmas das mãos diante do peito, como em uma oração. No Japão, a reverência é a regra. Em alguns ambientes, convém beijar a mão do outro. Na maior parte do mundo, as pessoas beijam-se na face ao se cumprimentarem.[20] A troca de presentes é um ritual complexo praticado globalmente. Trata-se de uma cultura japonesa arraigada, pela qual é geralmente uma ofensa não oferecer um presente em um primeiro encontro. O Oriente Médio caracteriza-se por presentes generosos.

### Percepções temporais

Nos negócios, o tempo dita as expectativas em relação a planejamento, cronograma, lucratividade e o que constitui atraso para chegar ao trabalho e a reuniões. Por exemplo, os gerentes japoneses tendem a preparar planos estratégicos por períodos prolongados de uma década. O horizonte de planejamento das empresas ocidentais é bem mais curto, geralmente alguns anos. Certas sociedades são relativamente mais orientadas ao passado, outras, ao presente, e ainda outras, ao futuro. As pessoas em culturas orientadas ao passado acreditam que os planos devem ser avaliados em relação a tradições, costumes e sabedoria estabelecidos. A inovação e a mudança são pouco frequentes e justificadas com base na experiência passada. Os europeus são relativamente orientados ao passado, insistindo na manutenção das tradições e dos precedentes históricos.

Por outro lado, países jovens como Austrália, Canadá e Estados Unidos são relativamente focados no presente. Podem caracterizar-se por uma orientação **monocrônica** em relação ao tempo — uma orientação rígida, em que o indivíduo se concentra em cronogramas, pontualidade e o tempo como recurso. As pessoas nessas culturas consideram o tempo linear, como um rio que flui para o futuro, carregando os trabalhadores de uma atividade a outra. Nessas culturas, nas quais os indivíduos são altamente concentrados no relógio, os gestores assumem compromissos, estabelecem prazos e adotam um cronograma rígido de reuniões e atividades. A pontualidade representa uma virtude — tempo é dinheiro. No decorrer do dia, os trabalhadores consultam o relógio de pulso, do computador ou de parede. Os investidores são impacientes e querem retorno rápido. Os executivos possuem uma perspectiva de prazo relativamente curto quando se trata de investir e ganhar dinheiro; o desempenho é medido em bases trimestrais. Por esse motivo, as pessoas nos Estados Unidos conquistaram a reputação de apressadas e impacientes. Na realidade, a palavra *business* (negócios) era originalmente escrita na forma *busyness* (em alusão a *busy*, ou ocupado).

Em contraposição, as culturas em regiões da África, Ásia, América Latina e Oriente Médio consideram o tempo elástico. Algumas delas adotam uma perspectiva **policrônica** do tempo. Nessas sociedades, as pessoas conseguem realizar múltiplas tarefas ao mesmo tempo. Às vezes, longos atrasos são necessários antes que se tome uma ação. A pontualidade em si é relativamente pouco importante. Os gestores consideram flexíveis os compromissos em relação ao tempo. Eles valorizam mais os relacionamentos e a convivência com outras pessoas. Não aderem com rigor a relógios ou cronogramas. Tendem mais a formar relacionamentos duradouros. As empresas chinesas e japonesas são orientadas ao futuro, concentrando-se no desempenho não do próximo trimestre, mas dos próximos dez anos. As grandes corporações japonesas oferecem emprego vitalício e investem muito em treinamento dos funcionários, na expectativa de retê-los por 30 ou 40 anos. Os latino-americanos também têm uma percepção flexível do tempo e são mais propensos a chegarem atrasados a compromissos do que os povos de outras culturas. No Oriente Médio, os muçulmanos radicais encaram o destino como a vontade de Deus (*inshallah* ou "a vontade de Deus" é uma frase de uso frequente) e minimizam a importância do planejamento futuro. Percebem os compromissos como obrigações futuras relativamente vagas.

## Percepções espaciais

As culturas também diferem quanto à percepção de espaço físico. Temos nosso próprio senso de espaço pessoal e sentimos desconforto quando ele é violado. O distanciamento entre as pessoas em uma conversa é mais próximo na América Latina do que ao norte da Europa ou nos Estados Unidos. Quando um norte-americano interage com um latino, ele pode instintivamente recuar para manter o espaço pessoal. Aqueles que vivem em países densamente povoados como Japão ou Bélgica possuem menos exigência de espaço pessoal do que outros habitantes de regiões extensas como a Rússia ou os Estados Unidos. No Japão, é comum que o local de trabalho dos funcionários seja superlotado, com as mesas encostadas umas às outras. Um grande escritório abriga 50 trabalhadores. As empresas norte-americanas dividem a área de trabalho em posições individuais e oferecem escritórios privados para os mais importantes. Nos países islâmicos, pode-se desencorajar a proximidade entre homens e mulheres não casados.

## Religião

A religião é um sistema de crenças ou atitudes comuns em relação ao ser ou uma linha de pensamento que as pessoas consideram sagrada, divina ou a verdade suprema. Ela também incorpora códigos morais, valores, instituições, tradições e rituais associados a esse sistema. Quase toda cultura fundamenta-se em crenças religiosas. A religião influencia a cultura e, portanto, o comportamento nos negócios e os padrões de consumo, sob vários aspectos. O protestantismo enfatiza o trabalho árduo, a realização individual e um senso de que as pessoas podem controlar o meio em que vivem. A ética protestante de trabalho forneceu algumas das bases para o desenvolvimento do capitalismo.

Nos países fundamentalistas islâmicos, o islã constitui a base dos sistemas governamentais e jurídicos, como também a ordem social e cultural. Como as pessoas criadas em culturas islâmicas percebem a vontade de Deus como a fonte de todas as realizações, os muçulmanos podem ser fatalistas e reativos. O livro sagrado do islã, o Qur'an, proíbe ingestão de bebida alcoólica, jogo, agiotagem e falta de pudor. Essas proibições afetam as empresas que atuam no ramo de bebidas, resorts, entretenimento e roupa feminina, bem como agências de propaganda e bancos ou outras instituições de crédito. Um número crescente de negócios expande-se para as comunidades muçulmanas. Por exemplo, a Nokia lançou um telefone celular que indica a direção de Meca, a cidade mais sagrada do islã. A Heineken, gigante holandês da cerveja, desenvolveu o Fayrouz, bebida não alcoólica à base de malte, para o mercado islâmico.[21]

A Figura 5.5 mostra as religiões dominantes no mundo. As principais delas, baseadas no número de fiéis, são: cristianismo (2,1 bilhões), islamismo (1,3 bilhão), hinduísmo (900 milhões), budismo (376 milhões), judaísmo (14 milhões) e xintoísmo (4 milhões). Algumas pessoas adotam mais de uma crença, como os japoneses, que podem praticar tanto o budismo quanto o xintoísmo. Embora a figura mostre as religiões mais comuns em cada localidade, a maioria dos países abriga pessoas de várias crenças.

Agora que analisamos as dimensões subjetivas da cultura, apresentaremos as objetivas — produções simbólicas e materiais.

Figura 5.5 Religiões no mundo

FONTE: http://www.godweb.org/religionsofworld.htm e http://www.mapsofworld.com/world-religion-map.htm.

TICO
FINLÂNDIA
ESTÔNIA
LATVIA
LITUÂNIA
BIELORÚSSIA
POLÔNIA
UCRÂNIA
MOLDÁVIA
ESLOVÁQUIA
ROMÊNIA
SÉRVIA E MONTENEGRO
BULGÁRIA
HUNGRIA
MACEDÔNIA
ALBÂNIA
GRÉCIA
TURQUIA
CHIPRE
R Ú S S I A
CAZAQUISTÃO
MONGÓLIA
GEÓRGIA
AZERBAJÃO
ARMÊNIA
UZBEQUISTÃO
TURCOMENISTÃO
QUIRGUISTÃO
TADJIQUISTÃO
SÍRIA
LÍBANO
ISRAEL
IRAQUE
JORDÂNIA
KUWAIT
IRÃ
AFEGANISTÃO
PAQUISTÃO
QATAR
EMIRADOS ÁRABES UNIDOS
ARÁBIA SAUDITA
OMÃ
IÊMEN
EGITO
CHADE
SUDÃO
ERITREIA
DJIBUTI
SOMÁLIA
ETIÓPIA
REPÚBLICA CENTRO-AFRICANA
UGANDA
QUÊNIA
REPÚBLICA DEMOCRÁTICA DO CONGO (EX-ZAIRE)
BURUNDI
TANZÂNIA
ANGOLA
ZÂMBIA
MALAUI
MOÇAMBIQUE
ZIMBÁBUE
MADAGASCAR
MAURÍCIA
RÉUNIÃO
SUAZILÂNDIA
LESOTO
ÁFRICA DO SUL
NEPAL
BUTÃO
ÍNDIA
BANGLADESH
SRI LANKA
C H I N A
COREIA DO NORTE
COREIA DO SUL
JAPÃO
TAIWAN
MIANMAR (BIRMÂNIA)
LAOS
TAILÂNDIA
VIETNÃ
CAMBOJA
FILIPINAS
BRUNEI
MALÁSIA
CINGAPURA
INDONÉSIA
PAPUA-NOVA GUINÉ
ILHAS SALOMÃO
OCEANO PACÍFICO
OCEANO ÍNDICO
VANUATU
FIJI
NOVA CALEDÔNIA
AUSTRÁLIA
NOVA ZELÂNDIA
Cristianismo
Judaísmo
Hinduísmo
Islamismo
Budismo
Religião natural
Religião chinesa
Outros grupos

## Produções simbólicas

Um símbolo pode ser representado por letras, figuras, cores ou demais caracteres que transmitam um significado. Por exemplo, a cruz é o principal símbolo do cristianismo. A estrela vermelha, da antiga União Soviética. Os símbolos nacionais incluem bandeiras, hinos, selos, monumentos e mitos históricos, que representam as nações e os valores nacionais e contribuem para unir as pessoas. Matemáticos e cientistas utilizam símbolos como tipos de linguagem. No mundo dos negócios, há muitos tipos de símbolo que identificam as marcas. Você é capaz de facilmente identificar as logomarcas corporativas como o sinal gráfico da Nike, a maçã da Apple e as letras características da Coca-Cola?

## Produções materiais e expressões culturais criativas

As produções materiais são artefatos, objetos e sistemas tecnológicos que as pessoas desenvolvem para interagir com os meios em que vivem. Como parte integrante da vida humana, fornecem meios de realização dos objetivos, bem como de comunicação e interação dentro de cada sociedade e entre elas. As mais importantes produções materiais com base tecnológica são a infraestrutura relacionada à energia, ao transporte e àcomunicação. Outras abrangem a infraestrutura social (sistemas provedores de habitação, educação e assistência à saúde), financeira (sistemas de administração dos meios de troca em bancos e outras instituições financeiras) e de marketing (sistemas de apoio às atividades de marketing, tal como as agências de propaganda). As expressões culturais criativas incluem artes, folclore, música, dança, teatro e alta gastronomia. O alimento constitui um dos mais interessantes marcadores culturais. Por exemplo, no Japão, a pizza costuma ser coberta com peixe e algas. Nos Estados Unidos, com carne. Na França, com uma variedade de queijos.

## A linguagem como uma das principais dimensões culturais

A linguagem é uma dimensão tão importante da cultura que requer um tratamento extensivo.

Frequentemente descrita como a expressão ou o *espelho* da cultura, a linguagem não só é essencial à comunicação, mas também fornece uma visão introspectiva da cultura. Atualmente, o mundo possui quase 7.000 línguas ativas, incluindo mais de 2.000 tanto na África quanto na Ásia, embora a maioria delas com apenas alguns seguidores. A Tabela 5.2 destaca os principais idiomas do mundo.[22] Note que, embora o árabe apareça em sexto lugar, é composto de 15 variações importantes e de modo geral altamente distintas em 46 países. A proficiência linguística constitui um grande ativo nos negócios internacionais por facilitar a compreensão de culturas diferentes. Aprender uma ou mais das línguas mais faladas pode impulsionar muito uma carreira internacional.

Tabela 5.2 As línguas primárias mais comuns do mundo

| *Classificação* | *Língua* | *Número aproximado de falantes nativos (em milhões)* | *Países com substancial número de falantes nativos* |
|---|---|---|---|
| 1 | Chinês mandarino | 874 | China, Cingapura |
| 2 | Híndi | 365 | Índia |
| 3 | Inglês | 341 | Estados Unidos, Reino Unido |
| 4 | Espanhol | 322 | Argentina, México, Espanha |
| 5 | Bengali | 207 | Bangladesh, Índia |
| 6 | Árabe | 198 | Argélia, Egito, Arábia Saudita |
| 7 | Português | 176 | Brasil, Portugal |
| 8 | Russo | 167 | Federação da Rússia, Ucrânia |
| 9 | Japonês | 125 | Japão |
| 10 | Alemão | 100 | Alemanha, Áustria |
| 11 | Coreano | 78 | Coreia do Sul, Coreia do Norte |
| 12 | Francês | 77 | França, Bélgica |
| 13 | Turco | 75 | Turquia, Ásia Central, Leste Europeu |

FONTE: Copyright © 2000, SIL International, do banco de dados do: Ethnologue: languages of the world. 14. ed., www.ethnologue.com.

A linguagem possui características verbais e não verbais. A maior parte dela é não falada[23] e abrange as expressões faciais e os gestos. Na verdade, a maioria das mensagens verbais é acompanhada pelas não verbais. Dessa e de outras maneiras a língua revela-se extremamente sutil. Ela é condicionada pelo meio ambiente. Portanto, enquanto o idioma dos Inuits (um povo nativo do Canadá) possui várias palavras para 'neve', o inglês só tem uma; além disso, os astecas usam a mesma raiz para neve, gelo e frio. Às vezes, é difícil encontrar palavras que transmitam o mesmo significado em outra língua. Por exemplo, o equivalente ao termo inglês *aftertaste* inexiste em muitos idiomas. Há também lacunas semânticas. O conceito e o significado de uma palavra não são universais, muito embora ela possa ser bem traduzida em outra língua. A palavra japonesa *muzukashii*, por exemplo, pode ser traduzida de várias formas como "difícil", "delicado" ou "não quero falar sobre isso", mas nas negociações comerciais em geral significa "fora de questão".

As línguas nacionais, os dialetos e a tradução tendem a complicar a comunicação direta. O desconhecimento de um idioma pode causar embaraços. É comum os temas publicitários perderem o sentido original ao serem traduzidos ou até transmitirem interpretações desfavoráveis. Mesmo aqueles que são de países diferentes, mas falam a mesma língua podem ter problemas de comunicação devido ao sentido singular de palavras coloquiais. O mesmo termo pode transmitir diferentes significados em cada país. A Tabela 5.3 mostra como *slogans* populares em alguns idiomas se traduzem em frases ofensivas em outros. A Tabela 5.4 apresenta como dois países de fala inglesa interpretam a mesma palavra de maneiras diversas. Essas figuras demonstram como é fácil os mal-entendidos interferirem na transmissão do significado pretendido.

O jargão comercial que é característico de uma cultura também pode prejudicar a comunicação. Por exemplo, muitas palavras e expressões que foram introduzidas no jargão de executivos norte-americanos a partir da terminologia esportiva ou militar causam problema para seus pares estrangeiros. Alguns exemplos disso podem ser vistos na Tabela 5.5 – imagine a dificuldade que os intérpretes profissionais podem encontrar ao traduzir essas palavras!

## A cultura e as questões contemporâneas

Vimos que a cultura é relativamente estável. Entretanto, questões contemporâneas como globalização de mercados, mídia internacional, avanços tecnológicos e regulamentações governamentais realmente influenciam os aspectos culturais, e vice-versa. A cultura é tão poderosa e impregnante que continua a exercer um forte efeito sobre assuntos emergentes. Nesta seção, exploraremos a ligação entre a cultura e as principais questões atuais.

### A cultura e o setor de serviços

Serviços como hospedagem e varejo tornam-se cada vez mais internacionais. Nas economias mais avançadas, as em-

Tabela 5.3 Gafes na publicidade internacional

| *Empresa e localidade* | *Slogan publicitário pretendido* | *Tradução literal* |
|---|---|---|
| Parker Pen Company na América Latina | "Use Parker Pen, evite embaraço!" | "Use Parker Pen, evite a gravidez!" |
| Pepsi na Alemanha | "Viva com Pepsi." | "Saia do túmulo com Pepsi." |
| Pepsi em Taiwan | "Viva com Pepsi." | "Pepsi ressuscita seus ancestrais." |
| Fisher Body na Bélgica | "Carrocerias Fisher" | "Defuntos Fisher" |
| Cigarros Salem no Japão | "Salem – Sinta-se Livre." | "Fumar Salem deixa sua mente livre e vazia." |

Tabela 5.4 Exemplos de diferenças de sentido entre o inglês norte-americano e o britânico

| *Palavra* | *Significado no inglês norte-americano* | *Significado no inglês britânico* |
|---|---|---|
| ***Scheme*** | Um plano de certa forma desonesto | Um plano |
| ***Redundant*** | Repetitivo | Demitido |
| ***Sharp*** | Esperto | Conivente, antiético |
| ***To table*** | Deixar uma questão pendente | Levantar uma questão |
| ***To bomb*** | Fracassar terrivelmente | Ser muito bem-sucedido |
| ***Widescreen*** | Uma tela de proteção contra o vento | Para-brisa de automóvel |

Tabela 5.5 Exemplos de expressões introduzidos no jargão de executivos norte-americanos

| *Frase* | *Sentido literal* | *Sentido figurado* |
|---|---|---|
| *The bottom line* | A última linha | Resultado (financeiro) final |
| *To beat around the bush* | Cercar a moita | Fazer rodeios |
| *Shooting from the hip* | Sacar a arma da cintura | Agir primeiro e pensar depois |
| *Feather in your cap* | Uma pena no boné | Um sucesso ou uma realização que pode ser de grande valia no futuro |
| *Get down to brass tacks* | Pregar com tachas | Ir direto ao assunto |

presas prestadoras de serviços respondem por uma participação maior do investimento direto estrangeiro (IDE) do que as manufatureiras.[24] Os serviços face a face colocam seus fornecedores em contato direto com clientes estrangeiros por meio de transações além das fronteiras nacionais. Entre esses provedores estão arquitetos, consultores e advogados. Os serviços baseados em ativos são aqueles em que alguém se oferece para estabelecer uma instalação física no exterior, tais como bancos, restaurantes e lojas.[25]

Entretanto, as diferenças culturais geram problemas para as empresas prestadoras de serviços, acarretando contratempos no processo de interação. Quanto maior o distanciamento cultural entre provedor e consumidor, maior a probabilidade de lacunas cognitivas e de comunicação. Imagine o caso de um advogado ocidental que tenta instalar um escritório na China. Sem uma profunda compreensão da cultura e da língua chinesa, seus esforços serão em grande parte inúteis. Imagine também quanto sucesso uma cadeia ocidental de restaurantes teria na Rússia, se não conhecesse nada dos hábitos alimentares ou de trabalho dos russos!

As diferenças em idioma e característica nacional exercem o mesmo efeito que as barreiras comerciais. As provedoras de serviços que se internacionalizam por meio do IDE são particularmente vulneráveis, porque cada uma delas é moldada tanto por uma cultura nacional quanto por uma cultura corporativa, que se origina da fonte de financiamento da empresa.[26] Por exemplo, um banco japonês instalado em Nova York ou Londres permanece distintivamente japonês porque seus atributos se baseiam na cultura desse país, sobretudo em sua cultura corporativa.[27]

Para superar esses desafios, os provedores de serviços buscam compreender as culturas e os idiomas dos países onde realizam negócios. Por exemplo, na empresa global de entrega expressa FedEx, a administração procura constantemente contratar, treinar e motivar centenas de representantes de vendas que falam línguas diferentes, representam culturas diferentes e atendem a mercados diferentes.[28] Sem esses esforços, prestadores de serviços como a FedEx não teriam chance de sucesso no mercado internacional.

## Tecnologia, Internet e cultura

Os avanços tecnológicos constituem um fator determinante da cultura e da mudança cultural. Esses avanços têm resultado em mais tempo de lazer voltado a interesses culturais e também à invenção de sistemas computacionais, de multimídia e de comunicações que fomentam a convergência da cultura global. O aumento da mídia internacional, das comunicações de alta tecnologia e dos modernos sistemas de transportes aproximou como nunca as culturas geograficamente separadas. A *morte da distância* refere-se ao fim das fronteiras que outrora separavam as pessoas, devido aos efeitos integradores das modernas tecnologias de comunicações, informação e transportes. Assim como culturas distintas se desenvolveram no passado distante porque o contato entre as regiões era limitado, atualmente culturas de certa forma homogeneizadas se desenvolvem graças a tecnologias avançadas que intensificam o contato entre indivíduos de toda parte. Por exemplo, os filmes de Hollywood e a facilidade de viajar pelo mundo homogeneízam costumes, a moda e outras manifestações culturais. Nos dias de hoje, estudantes universitários escutam a mesma música e vestem o mesmo estilo de roupa em âmbito global.

A tecnologia também provê meios para a promoção da cultura. Por exemplo, as tradições artísticas locais da África, Ásia e América Latina receberam um forte estímulo a partir do crescimento da produção mundial de cinema e televisão. Os filmes e programas de TV fornecem aos artistas canais para se expressarem e facilitar seu contato com o público. De modo análogo, a tecnologia das comunicações permite-nos escolher nossas fontes de informação. Por exemplo, as pessoas, de modo geral, preferem ouvir notícias em sua língua natal, que representa traços culturais semelhantes a seus próprios. Por isso, os hispânicos que vivem nos Estados Unidos cada vez mais selecionam canais de comunicação em massa — TV, cinema, Internet — em espanhol, limitando o efeito de homogeneização resultante do acesso à mídia em língua inglesa. Além disso, a ampliação das comunicações globais possibilita aos grupos étnicos espalhados pelo mundo manterem contato entre si.[29]

A Internet também promove a difusão cultural. O número de internautas cresce rapidamente em escala mundial, e o potencial para gafes culturais aumenta com o aumento na troca de mensagens eletrônicas internacionais. Para minimizar esses problemas, atualmente, os administradores internacionais recorrem a softwares que traduzem e-mails e mensagens de textos para línguas estrangeiras. Ao digitar uma frase, o software instantaneamente converte as mensagens em uma dezena de idiomas, incluindo chinês, hebraico e português.[30]

## O efeito da globalização sobre as culturas: elas estão convergindo?

Existe pouco consenso quanto aos efeitos da globalização sobre a cultura. Se, por um lado, muitos acreditam que a globalização é uma força destrutiva, por outro lado, há os que a consideram positiva. Os críticos alegam que a globalização é danosa às culturas locais e suas expressões e sensibilidades artísticas, sendo responsável por sua substituição por uma cultura homogeneizada, com frequência norte-americana. Outros argumentam que a intensificação da comunicação global é benéfica porque permite o fluxo de ideias, crenças e valores culturais. Em suma, a globalização constitui um fator determinante no surgimento de uma cultura comum no mundo. Muitos bens, serviços e até feriados estão sendo compartilhados nos mercados globais.

A homogeneização (ou banalização) da cultura revela-se na crescente tendência das pessoas em grande parte do mundo de consumir os mesmos Big Macs e Coca-Colas, assistir aos mesmos filmes, ouvir à mesma música, dirigir os mesmos carros e hospedar-se nos mesmos hotéis. Embora de modo geral a alimentação represente um cultura distinta, cada vez mais se popularizam pelo mundo os hambúrgueres, os tacos e as pizzas.[31] Em Trinidad, a série norte-americana de televisão *The young and the restless* é tão popular que, em muitos locais, o trabalho chega a ser interrompido quando o programa entra no ar e inspirou músicas no ritmo do calipso com o mesmo nome. Recentemente, *Baywatch* (exibida no Brasil como *SOS Malibu*) e *CSI Miami* estavam entre as séries de TV mais famosas do mundo. A boneca Barbie tornou-se um fenômeno global, embora os valores que esse ícone representa nem sempre estejam em conformidade com os de culturas mais conservadoras.[32]

Entretanto, na verdade, a tendência mais ampla é mais complexa do que sugerem esses exemplos. À medida que os negócios internacionais integram as economias mundiais, também aumentam as opções disponibilizadas aos cidadãos locais por países culturalmente mais ricos. A homogeneidade e a heterogeneidade culturais não são alternativas mutuamente excludentes ou substitutas; elas podem coexistir. O intercâmbio intercultural promove a inovação e a criatividade. A globalização traz um leque mais amplo de escolhas aos consumidores e aumenta a diversidade dentro da sociedade.[33] Os fluxos culturais originam-se em muitos locais. Assim como o hambúrguer do McDonald´s se popularizou no Japão, a comida vietnamita difundiu-se nos Estados Unidos e o sushi japonês, na Europa. A integração e a disseminação de ideias e imagens tendem a provocar reações e resistência à homogeneização cultural, dessa forma incitando os indivíduos a insistir nas diferenças. Embora alguns costumes do passado sejam eclipsados pela globalização, esse processo também liberta culturalmente as pessoas ao minimizar a submissão ideológica ao nacionalismo.

## Diretrizes gerenciais para o sucesso intercultural

A proficiência intercultural contribui para a conexão entre gestores e seus parceiros estrangeiros. Os administradores experientes atestam a importância de um profundo conhecimento de culturas e línguas nos negócios internacionais. Os gestores podem atingir uma interação intercultural eficaz mantendo a mente aberta, sendo inquisitivos e não tirando conclusões precipitadas sobre o comportamento alheio.

Os profissionais mais experientes obtêm fatos, habilidades e conhecimentos relevantes para evitar o comportamento ofensivo ou inaceitável ao interagir com culturas estrangeiras. Eles passam por um treinamento cultural que enfatiza a capacidade de observação e as relações humanas. As habilidades são mais importantes do que a pura informação porque as primeiras podem ser transferidas de um país a outro, enquanto as informações tendem a ser específicas de um país. Vários recursos são disponibilizados aos gerentes para o desenvolvimento de habilidades, como cursos em vídeo, consultores interculturais e programas oferecidos por governos, universidades e institutos de treinamento. O planejamento que combina o aconselhamento informal de gestores experientes com o treinamento formal por meio de seminários e simulações, no exterior e localmente, contribuem muito para que os administradores sejam capazes de enfrentar os desafios interculturais.

Embora cada cultura seja única, algumas diretrizes básicas são apropriadas para um consistente sucesso intercultural. Vamos examinar três diretrizes que os gestores podem seguir ao se preparar para interações com outras culturas.

**Diretriz 1:** ***Adquirir conhecimento sobre fatos e interpretações referentes à outra cultura e tentar falar sua língua.*** Os gestores de sucesso adquirem uma base de conhecimento sobre valores, atitudes e estilos de vida das culturas com as quais interagem. Eles estudam o cenário político e econômico dos países visados — sua história, questões nacionais atuais e percepções sobre outras culturas. Esse conhecimento facilita a compreensão sobre a mentalidade, a organização e os objetivos do parceiro. As decisões e os acontecimentos tornam-se substancialmente mais fáceis de interpretar. O interesse sincero na cultura-alvo contribui para estabelecer confiança e respeito, formando a base para relacionamentos abertos e produtivos. Até tentativas modestas de falar o idioma local são bem-vindas. Níveis mais elevados de proficiência linguística sedimentam o caminho para a conquista de vantagens competitivas. No longo prazo, os gestores que dominam várias línguas têm mais chance de êxito nas negociações e de interações comerciais positivas do que outros que falem apenas um idioma.

**Diretriz 2:** ***Evitar o viés cultural.*** A principal causa possível de problemas culturais são as premissas etnocêntricas que os gestores podem manter no nível inconsciente.

Os problemas surgem quando eles supõem que os estrangeiros pensam e se comportam exatamente como o pessoal lá de casa. As premissas etnocêntricas acarretam estratégias falhas de negócios tanto em planejamento quanto em execução. Elas distorcem a comunicação com os estrangeiros. Os executivos novatos no mercado internacional costumam achar o comportamento de um estrangeiro difícil de explicar. Podem perceber a conduta alheia como estranha e até imprópria. Por exemplo, é fácil sentir-se ofendido quando nosso parceiro comercial não aprecia nossa comida, história, esportes ou entretenimento, ou então age com falta de consideração. Essa situação pode interferir na habilidade do gestor de interagir bem com um estrangeiro, levando até a uma ruptura na comunicação. Dessa maneira, o viés cultural pode representar uma barreira significativa ao sucesso da interação interpessoal.

A própria cultura de um indivíduo condiciona-o a reagir a valores, comportamentos ou sistemas diferentes. A maioria deles supõe de forma inconsciente que aqueles de outras culturas percebem o mundo como eles mesmos. Eles enxergam sua cultura como a norma — tudo o mais pode parecer estranho. Isso é conhecido como o **critério de autorreferência** — a tendência a vislumbrar as outras culturas com base em sua própria. Compreender isso representa um primeiro passo essencial para evitar o viés cultural e as reações etnocêntricas.

A **análise de incidentes críticos (CIA, do inglês *critical incident analysis*)** refere-se a um método de análise de situações embaraçosas nas interações interculturais por meio do desenvolvimento da empatia por outros pontos de vista. Trata-se de um enfoque para evitar a armadilha do critério de autorreferência nas interações interculturais. A análise de incidentes críticos estimula uma reação mais objetiva às diferenças culturais ao contribuir para que os gestores desenvolvam empatia por pontos de vista alheios. A seção "Tendência Global" deste capítulo detalha como os administradores podem aprender a evitar de forma deliberada o critério de autorreferência.

**Diretriz 3: *Desenvolver habilidades interculturais.*** Trabalhar de forma efetiva com parceiros de outras culturas requer um investimento em desenvolvimento profissional. Cada cultura possui seus próprios meios de conduzir transações comerciais, negociações e resolução de problemas. Como, por exemplo, no caso em que somos expostos a altos níveis de *ambiguidade*; os conceitos e os relacionamentos que podem ser compreendidos de várias maneiras.[34] Deve-se fazer o esforço de obter o domínio intercultural para o êxito nos negócios internacionais. Esse domínio caracteriza-se por quatro traços principais de personalidade:

- *Tolerância à ambiguidade* — a capacidade de tolerar a incerteza e a aparente falta de clareza no modo de pensar e agir dos outros.
- *Percepção* — a capacidade de observar atentamente e levar em consideração informações sutis na fala e no comportamento alheios.
- *Valorização das relações pessoais* — a capacidade de reconhecer a importância das relações interpessoais, que em geral são bem mais importantes do que atingir metas pontuais ou ter razão nas discussões.
- *Flexibilidade e adaptabilidade* — a capacidade de ser criativo na concepção de soluções inovadoras, ter a mente aberta em relação aos resultados e demonstrar leveza sob pressão.

Como já discutimos neste capítulo, os gestores atuam melhor com uma visão geocêntrica ou cosmopolita do mundo. Aqueles com essa visão creem ser capazes de compreender e ajustar as semelhanças e as diferenças entre as culturas. As multinacionais bem-sucedidas buscam instilar uma mentalidade cultural geocêntrica em seus funcionários e usar uma política geocêntrica de recrutamento de pessoal de modo a contratar os melhores profissionais para cada posição, independentemente de sua origem nacional. Com o tempo, essas empresas desenvolvem um grupo essencial de gestores que se sentem à vontade de trabalhar em qualquer contexto cultural.

Um modo de determinar as habilidades necessárias para tratar as questões culturais é medir a inteligência cultural.[35] A *inteligência cultural* (CQ, do inglês *cultural intelligence*) é a capacidade de um indivíduo de atuar de forma apropriada em situações caracterizadas pela diversidade cultural. Ela enfoca as habilidades específicas que são importantes aos relacionamentos pessoais de alta qualidade e à eficácia em cenários e grupos de trabalho culturalmente diversos.

## TENDÊNCIA GLOBAL

### Minimização do viés intercultural com a análise de incidentes críticos

As empresas desenvolvem e buscam manter relações com clientes e parceiros que se disseminam pelo mundo. Para competir com eficácia, elas devem melhorar de forma contínua os meios de comunicação com os clientes e de administrá-los, onde quer que estejam localizados.

Uma tendência recente é o surgimento do gerenciamento global de contas (GGC, ou GAM, do inglês *global account management*), que designa um único gestor ou equipe para o atendimento a um cliente importante e suas necessidades em nível mundial. Esse gerente de contas globais utiliza vários recursos, como habilidades de comunicação e interação em cenários interculturais, para comercializar bens e serviços.

Outra tendência é o surgimento das equipes globais de projetos, compostas de membros de uma variedade de vivências culturais. Essas equipes permitem às empresas lucrar com o conhecimento adquirido das operações mundiais da organização. Elas têm melhor desempenho quando seus componentes adotam uma comunicação de alta qualidade, que implica na minimização de mal-entendidos baseados em diferenças linguísticas e culturais.

Contudo, é comum que administradores inexperientes julguem o comportamento de parceiros estrangeiros difíceis de explicar. Com frequência, percebem o comportamento alheio como "esquisito" e até impróprio, o que afeta uma boa interação com estrangeiros. Um meio de minimizar o viés cultural e o critério de autorreferência é recorrer à análise de incidentes críticos, um método que ajuda os gestores a desenvolver empatia pelo ponto de vista alheio.

Vamos examinar o seguinte cenário. Trabalhando em um desenvolvimento conjunto de projeto, engenheiros da Ford (Estados Unidos) e da Mazda (Japão) interagem intensamente. A Ford deseja compartilhar estudos e materiais críticos de engenharia com seu parceiro japonês. Após uma semana de interações, a equipe norte-americana sente-se cada vez mais desconfortável com a aparente falta de interesse de seus parceiros. Os engenheiros japoneses parecem estranhamente indiferentes e exibem pouca reação. Quando as equipes se encontram, eles parecem manter a conversa entre si e fornecem pouco *feedback*. A surpresa inicial da equipe da Ford acaba transformando-se em frustração e raiva. Eles julgam os japoneses arrogantes e desinteressados em seus projetos técnicos, pouco se importando em colaborar.

Na realidade, a equipe da Ford tirou conclusões precipitadas. Deixaram de levar em conta outras explicações plausíveis para o comportamento dos japoneses porque os julgaram com base nas próprias expectativas culturais. Um observador imparcial que estivesse familiarizado com a cultura e a organização empresarial do Japão poderia ter fornecido justificativas alternativas para essa situação. Para começar, os engenheiros japoneses provavelmente não tinham domínio da língua inglesa. Não conseguiam expressar-se com facilidade nem entendiam as orientações da equipe norte-americana, dadas em inglês. Além disso, os japoneses costumam abster-se de falar antes que toda a equipe se reúna em particular e chegue a um consenso. Em geral, eles são atenciosos e demonstram respeito por seus interlocutores ouvindo com atenção, sem interromper. Essas e outras interpretações são todas plausíveis no contexto da cultura japonesa.

Portanto, o que você deve fazer como um gestor confrontado com uma situação embaraçosa ou incômoda em uma interação intercultural? A análise de incidentes críticos sustenta as seguintes etapas:

*Etapa 1*: Identifique as situações que requerem sua acurada percepção cultural para uma interação eficaz com pessoas de outras culturas, tais como socialização, trabalho em equipe, participação em reuniões, negociação e consenso.

*Etapa 2*: Diante de um comportamento aparentemente estranho, discipline-se para não fazer juízo de valor. Aprenda a abster-se de qualquer forma de julgamento. Em vez disso, tente enxergar a situação ou o problema sob a perspectiva de uma cultura desconhecida. Faça observações e colete informações objetivas de cidadãos nativos ou fontes secundárias. Dessa maneira, poderá isolar o critério de autorreferência que o levaria a uma conclusão equivocada.

*Etapa 3*: Aprenda a dar diversas interpretações ao comportamento de um estrangeiro, selecionar aquela que lhe parece mais razoável e só então formular sua própria resposta. Com isso, você reagirá à situação sem o critério de autorreferência e poderá *produzir a resposta ideal*.

*Etapa 4*: Aprenda com esse processo e aprimore-se constantemente.

Fontes: KELLER, R. "Cross-functional project groups in research and new product development". *Academy of Management Journal*. 44(3):547-55, 2001; SENN,C.; THOMA, A. "Worldly wise: attracting and managing customers isn't the same when business goes global". *Wall Street Journal*. 3 mar. 2007, p. R5; SOLOMON, C. "Building teams across borders". *Workforce*. 52(4):12-7, 150, 1998.

## ESTUDO DE CASO

# Hollywood e o surgimento do protecionismo cultural

O cineasta de maior sucesso comercial de todos os tempos, Steven Spielberg, é sinônimo do cinema norte-americano. Ele dirigiu e produziu campeões internacionais de bilheteria como *ET*, *Jurassic Park* e *Guerra dos mundos*. À medida que cresce o domínio dos Estados Unidos no mercado cinematográfico internacional, Spielberg tem sido alvo de reclamações sobre como Hollywood está mudando as culturas globais. Os valores representados em seus filmes são geralmente tidos como parte da tendência mais ampla de homogeneização ou, pior ainda, da americanização dos valores e das crenças globais.

*Jurassic Park* gerou uma tempestade de protestos e pedidos de protecionismo cultural. Críticos de cinema e ministros da cultura de todo o mundo consideraram esse filme tolo, sem roteiro e bem-sucedido somente por conta de efeitos especiais e um orçamento milionário. As autoridades francesas consideraram-no uma ameaça a sua identidade nacional. Três grandes cineastas — Pedro Almodóvar, Bernardo Bertolucci e Wim Wenders — escreveram a Spielberg para criticá-lo pela má qualidade do filme e proclamá-lo pessoalmente responsável por prejudicar os esforços deles em manter vivo o cinema europeu com sua riqueza cultural.

Outro famoso filme norte-americano, *Lost in translation* (exibido no Brasil com o título de *Encontros e desencontros*), sofreu ataques de Los Angeles a Tóquio. Filmado na capital japonesa e estrelado por Bill Murray, conquistou um Oscar de melhor roteiro e três Globos de Ouro, além de ser indicado para três outras categorias do Oscar. O filme foi criticado por retratar os japoneses como caricaturas robotizadas que trocam o "l" pelo "r". O povo japonês que tanto preza a própria imagem decepcionou-se com sua descrição histriônica para o público estrangeiro. Em uma cena na qual a personagem de Bill Murray está tomando banho no que se supunha ser um hotel cinco estrelas, ele precisa contorcer-se para colocar a cabeça debaixo do chuveiro. Na verdade, todo hotel cinco estrelas em Tóquio customiza seus serviços às diferentes alturas de seus hóspedes. Outra cena, em que Murray se destaca em um elevador cheio de executivos locais, zomba da baixa estatura dos japoneses. Considera-se que o filme reforça os estereótipos negativos desse povo.

A indústria cinematográfica norte-americana domina as culturas mundiais? Nesse caso, o mundo pode realmente culpar Hollywood? Eis algumas estatísticas relevantes. Hollywood produz 80 por cento dos filmes exibidos internacionalmente e dobrou a participação global de mercado do país desde 1990. Atualmente, a produção cinematográfica europeia representa pouco mais de dez por cento de seu tamanho em 1945. Depois do setor aeroespacial, Hollywood representa a maior exportação líquida dos Estados Unidos. A indústria dos direitos autorais, que também abrange softwares, livros, música e TV, contribuiu mais para a economia norte-americana no início da década de 2000 do que qualquer segmento industrial individual. Embora o país importe poucos filmes estrangeiros, a produção de Hollywood permanece em alta demanda mundial. Nos dias de hoje, os filmes estrangeiros detêm menos de um por cento do mercado norte-americano.

## Distorção de fatos históricos e valores religiosos

Sob ataque desde sua origem, os filmes de guerra de Hollywood são largamente acusados de apresentar relatos distorcidos da história. Eles retratam soldados norte-americanos como heróis patrióticos, que protegem tudo que é bom de todo o mal. *Apocalipse now* pode ter descrito uma visão particularmente etnocêntrica da Guerra do Vietnã, enfocando a tragédia norte-americana e ignorando a dos vietnamitas.

Embora muitas nações sejam fiéis à crença da separação entre Igreja e Estado, esse não foi o caso quando *A paixão de Cristo* foi lançada. O filme irritou grupos religiosos em quase todo canto do mundo. A controversa produção de Mel Gibson reconta as últimas 12 horas da vida de Jesus Cristo. O governo da Malásia considerou o filme impróprio para sua população de maioria muçulmana e proibiu seu lançamento no país. Posteriormente, permitiu que somente os cristãos assistissem ao filme. Organizações internacionais e indivíduos também acusaram *A paixão de Cristo* de antissemitismo.

Cruciais ao domínio dos Estados Unidos no mundo do cinema são as vinculações culturais inerentes aos filmes de Hollywood. O reconhecimento e a aceitação global do idioma e das referências culturais do país constituem obstáculos aos concorrentes. Astros e estrelas norte-americanos e diretores de Hollywood estão bem estabelecidos no cenário cinematográfico internacional e detêm um poder de mobilização que transcende as fronteiras nacionais. O CEO da Time Warner atribuiu o sucesso global de Hollywood à associação do "estilo norte-americano a um estilo de vida que, em maior ou menor grau, [as pessoas] desejam compartilhar".

## Os filmes e a vantagem comparativa

De acordo com a teoria da vantagem comparativa, os países devem especializar-se na produção do que fazem melhor e na importação do restante. Os economistas argumentam que essa teoria se aplica tanto ao cinema quanto a qualquer setor industrial. Eles alegam que os filmes são como qualquer *commodity*, e os Estados Unidos possuem vantagens na produção de entretenimento e em sua exportação ao restante do mundo. No entanto, os críticos sugerem que essa afirmação, embora satisfaça os economistas, ignora o fato de que os filmes são *diferentes* de outros bens. A diferença está na capacidade de um filme influenciar uma cultura nacional e o desenvolvimento social. A indústria cinematográfica constitui um meio de intensificação da identidade cultural.

O mundo não está mais imigrando para os Estados Unidos, mas o país tenta emigrar para o mundo, por meio de seus filmes e valores, estereótipos e, às vezes, fatos históricos distorcidos que retratam. Como o ex-primeiro-ministro canadense, Kim Campbell, observou, "Os filmes são a encarnação de uma cultura. É um erro considerá-los como *commodity*... A indústria da cultura, à parte seu impacto econômico, cria produtos essenciais à sobrevivência do Canadá como sociedade". Essa visão salienta por que os governos geralmente adotam o *protecionismo cultural* — isto é, a aplicação de barreiras comerciais que visam impedir o mercado cinematográfico local de ser inundado por importações norte-americanas.

Os críticos argumentam que o protecionismo é necessário para impedir que a cultura norte-americana se imponha sobre o restante do mundo. O protecionismo cultural implica favorecer a indústria local e implementar altas barreiras comerciais, voltadas sobretudo às importações dos Estados Unidos. Os métodos específicos variam por país, mas geralmente envolvem subsídios, cotas ou uma combinação de ambos. Os subsídios que o governo oferece aos produtores de cinema locais costumam ser diretamente financiados por impostos incidentes sobre a venda de bilheteria dos filmes norte-americanos. Mas os subsídios podem ser uma muleta para uma indústria debilitada. São utilizadas quando as fontes tradicionais de financiamento — empréstimos bancários e venda de ações ou títulos — se revelam insuficientes para manter um negócio. As cotas limitam o número de telas com permissão para exibir filmes norte-americanos ou exigem certo número de filmes a serem produzidos localmente.

Os subsídios podem enfraquecer os setores econômicos. As cotas impedem os consumidores de assistir aos filmes que desejam. Todo o sistema resulta em uma produção cinematográfica local somente para atender aos desígnios governamentais. Certa vez, a França vangloriou-se da expansão de sua indústria de cinema, mas o complexo sistema de cotas e subsídios fez pouco para retardar seu fim gradual. O isolamento das pressões competitivas propiciado pelo protecionismo cultural pode debilitar os setores protegidos, reduzindo sua competitividade global. Enquanto isso, a proporção das receitas de Hollywood geradas no exterior continua a crescer.

## Um dilema cultural

Apesar da abundância de argumentos de ambos os lados sobre esse debate, os críticos já não conseguem apontar o dedo a Hollywood, porque ela não é mais tão 'americana' quanto antes. *A paixão de Cristo*, financiado por seu diretor australiano e filmado na Itália, é um exemplo evidente do tecnicólor que a globalização trouxe a uma questão antes em preto e branco. Duas das sete maiores produtoras de cinema que compõem Hollywood nem são norte-americanas. Muitos filmes milionários de Hollywood na atualidade resultam, na verdade, de produções multinacionais. Russell Crowe, Heath Ledger, Charlize Theron, Penelope Cruz, Nicole Kidman, Jude Law e Catherine Zeta-Jones são apenas alguns dos muitos astros que não provêm dos Estados Unidos.

À medida que as conexões de Hollywood com os Estados Unidos se tornam cada vez mais tênues, o mundo necessita reconsiderar os métodos para, por assim dizer, domar essa fera. Os protecionistas não devem abandonar seu empenho em salvaguardar a qualidade intelectual e artística dos filmes. Eles devem seguir as palavras de Eric Rohmer. Em uma entrevista para o jornal *New York Times*, o diretor francês declarou que seus compatriotas devem lutar apresentando filmes de alta qualidade, não recorrendo à proteção. "Sou um cineasta comercial, a favor da livre concorrência e não sustentado pelo governo."

## Questões do estudo de caso

1. Como um iceberg, a maioria dos aspectos culturais é invisível ao observador casual (por exemplo, papéis masculinos *versus* femininos, formas de solucionar problemas, padrões de conversa). Quais aspectos culturais os filmes de Hollywood promovem pelo mundo? De que maneira os filmes de Hollywood afetam os valores culturais dos que vivem fora dos Estados Unidos?
2. Os filmes de Hollywood são muito populares nos mercados mundiais, mas as produções estrangeiras são pouco vistas nos Estados Unidos. Que fatores determinam a alta demanda pelos filmes de Hollywood nos mercados mundiais? Isto é, por que eles são tão populares na Europa, no Japão, na América Latina e em outros lugares? Por que há pouca demanda por filmes estrangeiros nos Estados Unidos? O que os produtores estrangeiros podem fazer para aumentar essa demanda?
3. No mundo, o protecionismo da maioria dos bens é insignificante ou está em declínio. Os filmes constituem uma categoria à parte (a encarnação da cultura, como apresentado no estudo de caso) ou devem ser tratados como qualquer outro produto? Isto é, dada a natureza dos filmes, um país deve proteger e sustentar sua própria indústria cinematográfica por meio do protecionismo? Existem outras manifestações culturais que os governos deveriam proteger? Justifique suas respostas.
4. Os subsídios e as cotas são a forma certa de proteger a indústria da cultura? Quais são as vantagens e desvantagens dos subsídios e das cotas para a proteção da indústria cinematográfica local? Há alternativas melhores para manter e intensificar o crescimento da produção cinematográfica local? Justifique e comente sua resposta.

Este caso foi escrito por Sonia Prusaitis, sob supervisão do Dr. Gary Knight.

Fontes: "Moreover: culture wars". *Economist*. p. 97-100, 12 set. 1998; BARTH, S. "Cultural protectionism". *World Trade*. p. 43, mar. 1998; COWEN, T. "French kiss-off: how protectionism has hurt French films". *Reason Magazine*. p. 40-8, jul. 1998; DAY, K. "Totally Lost in Translation". *The Guardian*. 24 jan. 2004; DELACROIX, J.; BORNON, J. "Can protectionism ever be respectable?". *The Independent Review*. 9(3):353-65, 2005; MARVASTI, A.; CANTERBERY, E. "Cultural and other barriers to motion picture trade". *Economic Inquiry*. p. 39-55. jan. 2005; MOTION PICTURE Association. U.S. Entertainment Industry. 5 fev. 2005, disponível em: www.mpaa.org; MUNROE, J. R. "Good-bye to hollywood: cultural imperialism and the new protectionism". *Vital Speeches of the Day*. 15 jun. 1998; TEACHOUT, T. "Cultural protectionism: the world's culture czars move to repel the hollywood invasion". *The Wall Street Journal*. p. W11, 10 jul. 1998.

## Principais termos

aculturação
análise de incidentes críticos (CIA, do inglês *critical incident analysis*)
aversão contra incertezas
critério de autorreferência
cultura
cultura de alto contexto
cultura de baixo contexto
distanciamento do poder
estereótipo
expressão idiomática
individualismo versus coletivismo
masculinidade *versus* feminilidade
metáfora cultural
monocrônica
orientação de longo prazo *versus* de curto prazo
orientação etnocêntrica
orientação geocêntrica
orientação policrêntrica
policrônica
risco intercultural
socialização

## Resumo

Neste capítulo, você aprendeu:

1. **O desafio de cruzar as fronteiras culturais**

   Nos negócios internacionais, encontramos diferentes ambientes culturais caracterizados por línguas desconhecidas, motivações distintas e valores diferenciados. A **cultura** refere-se às orientações aprendidas, compartilhadas e duradouras de uma sociedade, que são expressas em valores, ideias, atitudes, comportamentos e outros símbolos e artefatos significativos. O **risco intercultural** decorre de uma situação ou acontecimento em que um mal-entendido cultural coloca algum valor humano em jogo. A **orientação etnocêntrica** refere-se ao uso de nossa própria cultura como padrão de referência no julgamento de outras. A **orientação policêntrica** refere-se a um modelo mental de país anfitrião em que o gestor desenvolve uma grande identidade com a nação onde conduz negócios. A **orientação geocêntrica** refere-se a um modelo mental globalizado pelo qual um gestor compreende um negócio ou um mercado, sem levar em consideração as fronteiras nacionais.

2. **O significado da cultura: conceitos básicos**

   A cultura é a programação mental coletiva das pessoas. Ela influencia o comportamento de consumo, a efetividade gerencial e a gama de operações da cadeia de valor, tais como desenvolvimento, marketing e vendas de produtos e serviços. A cultura não é inata, certa ou errada e concernente ao comportamento individual. Ela é como um iceberg no sentido de que seus elementos e influência estão ocultos sob a superfície.

3. **Por que a cultura é importante nos negócios internacionais**

   Os gestores precisam desenvolver a compreensão e as habilidades para lidar com outras culturas. Nos negócios internacionais, a cultura tem importância em áreas como desenvolvimento de produtos e serviços, interação com parceiros comerciais estrangeiros, seleção de distribuidores no exterior, transações comerciais, relações com clientes, participação em feiras e elaboração de materiais promocionais. As diferenças interculturais complicam as questões no ambiente de trabalho, tais como atuação em equipe, emprego, sistemas de remuneração baseada em desempenho, estruturas organizacionais, relações sindicato-administração e atitudes concernentes à ambiguidade.

4. **Cultura nacional, profissional e corporativa**

   Há três tipos de cultura: nacional, profissional e corporativa. Trabalhar com eficácia nesses níveis constitui um grande desafio. A influência das culturas profissional e corporativa aumenta à medida que as pessoas se socializam na profissão e no ambiente de trabalho. A maioria das empresas exibe um conjunto próprio de normas, valores e crenças que a distingue das demais. De modo geral, essas diferenças são tão distintivas quanto as culturais entre as nações. Os gestores podem interpretar mal a extensão em que o comportamento de um parceiro é atribuível à cultura nacional, profissional ou corporativa.

5. **Interpretações da cultura**

   A cultura pode ser interpretada por meio de metáforas, uma tradição ou instituição distintiva que serve como guia ou mapa para decifrar atitudes, valores e comportamentos. Os **estereótipos** são generalizações sobre um grupo de pessoas que podem ou não se basear em fatos. Uma **expressão idiomática** é aquela cujo significado simbólico difere do literal. As **culturas de baixo contexto** baseiam-se em explicações verbais elaboradas, com forte ênfase na palavra dita. As **culturas de alto contexto** enfatizam as mensagens não verbais e um enfoque mais holístico à comunicação como um meio de promover relacionamentos harmoniosos. A tipologia de Hofstede das dimensões culturais consiste de **individualismo *versus* coletivismo, distanciamento do poder, aversão contra incerteza, masculinidade *versus* feminilidade** e **orientação de longo prazo *versus* de curto prazo**

6. **As principais dimensões da cultura**

   As dimensões da cultura incluem valores e atitudes, que são crenças ou normas compartilhadas que os indivíduos internalizaram. A orientação aos negócios *versus* aos relacionamentos descreve a intensidade com que os gestores fazem negócios, em oposição a como desenvolvem as relações. Modos e costumes constituem maneiras de se comportar e conduzir em público e nas situações de negócios. As percepções temporais referem-se ao enfoque dado ao tempo na vida e ditam as expectativas sobre o planejamento, o cronograma, os lucros e a aquilo que caracteriza o atraso ao trabalho e a reuniões. As culturas **monocrônicas** tendem a exibir uma orientação rígida, na qual o indivíduo se concentra em cronogramas, pontualidade e no tempo como recurso. Em contraposição, as culturas **policrônicas** referem-se a uma orientação flexível, não linear, na qual o indivíduo adota uma perspectiva de longo prazo e é capaz de realizar várias tarefas simultâneas. As percepções espaciais representam a área ou instalação física dentro da qual as pessoas se sentem confortáveis. A religião provê sentido e motivação e é muito significativa na definição dos ideais e valores pessoais. As produções simbólicas e materiais referem-se aos significados intangíveis e tangíveis, às instituições e estruturas que as culturas individuais constroem para si mesmas.

7. **A linguagem como uma das principais dimensões culturais**

   A linguagem é um "espelho" da cultura. Essencial à comunicação, fornece visões introspectivas de uma cultura. Existem cerca de 7.000 línguas ativas, mas a maioria delas tem somente alguns milhares de seguidores. Dentre as principais estão chinês mandarino, híndi, inglês, espanhol e árabe. A língua possui características tanto verbais quanto não verbais e é condicionada pelo meio ambiente. Às vezes, é difícil transmitir o mesmo significado em dois idiomas diferentes. Aprender uma ou mais línguas comuns impulsionará a carreira internacional de um profissional.

8. **A cultura e as questões contemporâneas**

   Embora seja relativamente estável, a cultura sofre influência das questões contemporâneas. Nos serviços de intenso contato pessoal, como no caso de advogados e arquitetos, os provedores interagem diretamente com os nativos de países estrangeiros em transações carregadas de aspectos culturais. As diferenças culturais podem levar a equívocos no processo de intercâmbio. Os avanços tecnológicos constituem um dos principais determinantes da cultura e da mudança cultural. A melhoria dos transportes e a disseminação da tecnologia de comunicação removeram as fronteiras que antes separavam as nações. A tecnologia também promove a cultura. A Internet enfatiza o papel da língua nas comunicações. A globalização promove a cultura comum e o consumo de produtos e serviços similares em todo o mundo.

9. **Diretrizes gerenciais para o sucesso intercultural**

   As diretrizes gerenciais abrangem a necessidade de se adquirir conhecimento sobre fatos e interpretações concernentes a outras culturas e de tentar falar seus idiomas. Os gestores devem evitar o viés cultural e adotar a **análise de incidentes críticos** para evitar o **critério de autorreferência**. A análise de incidentes críticos implica aguçar a percepção cultural, sem fazer juízo de valor, e selecionar a interpretação mais razoável dos comportamentos estrangeiros. Os gestores experientes desenvolvem habilidades interculturais, como tolerância à ambiguidade, percepção, valorização das relações pessoais e flexibilidade e adaptabilidade. A inteligência cultural consiste na capacidade de atuar de modo eficaz em situações culturalmente diversas.

## Teste seu entendimento

1. Descreva cultura e risco intercultural.
2. Faça a distinção entre socialização e aculturação.
3. Explique por que a cultura é importante nos negócios internacionais. Em que tipos de contexto as diferenças interculturais podem ser preocupantes aos gestores?
4. Faça a distinção entre os três níveis de cultura. Quais são os principais elementos da cultura nacional e profissional?
5. Qual é a diferença entre um gestor orientado aos negócios e outro orientado a relacionamentos?
6. Quais são as duas principais percepções temporais e como cada uma afeta os negócios internacionais?
7. Quais são as cinco dimensões do modelo cultural de Hofstede?
8. Faça a distinção entre metáforas culturais e estereótipos.
9. Resuma as três principais diretrizes para o sucesso nos ambientes interculturais.

## Aplique seu entendimento

1. Suponhamos que você consiga um emprego na Kismet Indemnity, uma companhia de seguros de vida. Em seus 45 anos de história, a empresa nunca realizou transações internacionais. Agora, seu presidente, Randall Jay, deseja expandir os negócios para o exterior. Você observou nas reuniões que ele parece não ter muita ciência do papel da cultura. Embora você tenha sempre sido cauteloso para não parecer esperto demais na presença de seus superiores, elabore um relatório ao Sr. Jay explicando a importância da cultura no contexto dos negócios internacionais. Certifique-se de especular sobre os efeitos das várias dimensões culturais sobre a venda de seguros de vida.
2. As pessoas tendem a enxergar as outras culturas a partir de seu próprio ponto de vista. Elas aceitam sua cultura e as

normas intrínsecas a ela — todas as demais parecem estranhas ou até misteriosas. Este capítulo descreve uma técnica chamada de análise de incidentes críticos (CIA, do inglês *critical incident analysis*), a qual estimula uma reação objetiva às diferenças culturais ao contribuir para que os gestores desenvolvam a empatia por pontos de vista alheios. Utilizando o enfoque CIA, defina uma situação que você ou outra pessoa vivenciou e que levou a um mal-entendido intercultural. Pode referir-se a uma interação com um colega de classe, uma visita a uma loja em sua cidade ou uma experiência de viagem ao exterior. Explique o que aconteceu e como uma resposta mais culturalmente perceptiva teria sido possível, caso você ou seu colega tivessem aplicado a CIA.

3. Analise a seguinte comparação entre os valores culturais no México e nos Estados Unidos. Com base em sua análise, use a discussão deste capítulo sobre as dimensões e os fatores geradores da cultura, bem como suas implicações gerenciais, para formular um plano de marketing de automóveis a consumidores de cada um desses países. Quais componentes você deve enfatizar nos carros? Quais atributos você deve enfatizar na publicidade dos carros?

**Valores característicos do México**

- O lazer é considerado essencial à plenitude da vida
- O dinheiro serve para aproveitar a vida
- Orientação de longo prazo
- Sociedade relativamente coletivista
- Sociedade fortemente dominada pelos homens
- Os relacionamentos são muito valorizados
- Os subordinados estão habituados a receber tarefas, não autonomia

**Valores característicos dos Estados Unidos**

- O lazer é considerado uma recompensa para o trabalho árduo
- O dinheiro costuma ser um fim em si mesmo
- Orientação de curto prazo
- Sociedade predominantemente individualista
- Há um relativo equilíbrio entre homens e mulheres
- Fechar um negócio é mais importante do que desen volver relacionamentos duradouros
- Os subordinados preferem maior grau de autonomia

## Notas


1 ROSMARIN, R. "Mountain View Masala". *Business 2.0*. p. 54-6, mar. 2005.

2 PERLMUTTER, H. "The tortuous evolution of the multinational corporation". *Columbia Journal of World Business*. 4(1):9-18, 1969.

3 GOVINDARAJAN, V.; GUPTA, A. *The quest for global dominance*. São Francisco: Jossey-Bass/Wiley, 2001.

4 BOYD, R.; RICHERSON, P. *Culture and evolutionary process*. Chicago: University of Chicago Press, 1985.

5 TRIANDIS, H. C. *Culture and social behavior*. Nova York: McGraw-Hill, 1994.

6 HERSKOVITS, M. J. *Cultural anthropology*. Nova York: Knopf, 1955.

7 HOFSTEDE, G. *Culture's consequences*. Beverly Hills, CA: Sage, 1980.

8 TRIANDIS, H. C. *Culture and social behavior*. Nova York: McGraw-Hill, 1994.

9 YENIYURT, S.; TOWNSEND, J. "Does culture explain acceptance of new products in a country? An empirical investigation". *International Marketing Review*. 20(4):377-96, 2003; ZHANG, Y.; NEELANKAVIL, J. "The influence of culture on advertising effectiveness in China and the USA: a cross-cultural study". *European Journal of Marketing*. 31(2):134-42, 1997.

10 GRIFFITH, D. A.; HU, M. Y.; RYANS Jr., J. K. "Process standardization across intra- and inter-cultural relationships". *Journal of International Business Studies*. 31(2):303-24, 2000; HEAD, T.; GONG, C.; MA, C. et al. "Chinese executives' assessment of organization development interventions". *Organization Development Journal*. 24(1):28-40, 2006; NICHOLSON, J. D.; WONG, Y-Y. "Culturally based differences in work beliefs". *Management Research News*. 24(5):1-10, 2001.

11 AVIEL, D. "American managers and their Asian counterparts". *Industrial Management*. 38(2):1-2, 1996; LINOWES, R.; TSURUMI, Y.; NAKAMURA, T. "The Japanese manager's traumatic entry into the United States: understanding the American Japanese cultural divide; executive commentary". *Academy of Management Executive*. 7(4):21-40, 1993.

12 TERPSTRA, V.; DAVID, K. *The cultural environment of international business*. 3. ed. Cincinnati, OH: Southwestern, 1991.

13 Gannon, M. J. & Associates. *Understanding global cultures*: metaphorical journeys through 17 countries. Thousand Oaks, CA: Sage, 1994.

14 ADLER, N. *International dimensions of organizational behavior*. Cincinnati, OH: South-Western, 2002.

15 HALL, E. T. *Beyond culture*. Nova York: Anchor, 1976.

16 PRIEM, R.; LOVE, L.; SHAFFER, M. "Industrialization and values evolution: the case of Hong Kong and Guangzhou, China". *Asia Pacific Journal of Management*. 17(3):473-82, 2000.

17 KLUCKHOHN, F.; STRODBECK, F. *Variations in value orientations*. Evanston, IL: Row Peterson, 1961.

18 EAGLY, A.; CHAIKEN, S. *The psychology of attitudes*. Nova York: Harcourt Brace Jovanovich, 1993.

19 OSLAND, J.; De FRANCO, S.; OSLAND, A. "Organizational implications of Latin American culture: lessons for the expatriate manager". *Journal of Management Inquiry*. 8(2):219-38, 1999.
20 AXTELL, R. The DO's and TABOO's of international trade. Nova York: Wiley, 1994.
21 CARTER, M. "Muslims offer a new Mecca for marketers". *Financial Times*. 11 ago. 2005.
22 "Babel runs backwards". Economist. 1 jan. 2005.
23 HALL, E. T. *The silent language*.Garden City, NY: Anchor, 1981.
24 DICKEN, P. *Global shift*: transforming the world economy. Nova York: Guilford, 1998.
25 CLARK, T.; RAJARATNAM, D. "International services: perspectives at century's end". *Journal of Services Marketing*. 13(4/5):298-302, 1999.
26 KOGUT, B. "Country capabilities and the permeability of borders". *Strategic Management Journal*. 12:33-47, 1991.
27 CLARK, T.; RAJARATNAM, D.; SMITH, T. "Toward a theory of international services: marketing intangibles in a world of nations". *Journal of International Marketing*. 4(2):9-28, 1996.
28 LORGE, S. "Federal Express". *Sales and Marketing Management*. 149(11):63, 1997.
29 GREIG, J. M. "The end of geography?: globalization, communications, and culture in the international system". *The Journal of Conflict Resolution*. 46(2):225-44, 2002.
30 ROSMARIN, R. "Text messaging gets a translator". *Business. 2.0*: 32, mar. 2005; SINGH, N.; KUMAR, V.; BAACK, D. "Adaptation of cultural content: evidence from B2C e-commerce firms". *European Journal of Marketing*. 39(1/2):71-86, 2005.
31 BELK, R. "Hyperreality and globalization: culture in the age of Ronald McDonald". *Journal of International Consumer Marketing*. 8(3/4):23-37, 1996.
32 COWEN, T. *Creative destruction*: how globalization is changing the world's cultures. Princeton, NJ: Princeton University Press, 2002.
33 TIHANYI, L.; Griffith, D. A.; RUSSELL, C. J. "The effect of cultural distance on entry mode choice, international diversification, and MNE performance: a meta-analysis". *Journal of International Business Studies*. 36(3):270-83, 2005.
34 LENARTOWICZ, T.; JOHNSON, J. P. "A cross-national assessment of the values of Latin America managers: contrasting hues or shades of gray?" *Journal of International Business Studies*. 34(3):266-81, 2003.
35 JOHNSON, J.; LENARTOWICZ, T.; APUD, S. "Cross-cultural competence in international business: toward a definition and a model". *Journal of International Business Studies*. 37(4):525-35, 2006; ANG, S.; Van DYNE, L.; KOH, C. "Personality correlates of the four-factor model of cultural intelligence". *Group & Organization Management*. 31(1):100-23, 2006.

Capítulo 6

# Sistemas políticos e legais nos ambientes nacionais

## Objetivos de aprendizagem

Neste capítulo, você aprenderá sobre:

1. O que é o risco-país?
2. O que são sistemas políticos e legais?
3. Sistemas políticos
4. Sistemas legais
5. Participantes dos sistemas políticos e legais
6. Tipos de risco-país produzidos pelo sistema político
7. Tipos de risco-país produzidos pelo sistema legal
8. Administração do risco-país

## Negócios na Rússia: realidades políticas e legais em evolução

Basta caminhar pelos mercados ao ar livre em Moscou para observar as forças de mercado em ação — vendedores ambulantes espalhados em suas bancas, vendendo diversos tipos de mercadoria. Quem olhar com atenção, provavelmente identificará toda variedade de artigos pirateados, de *software* e música a DVDs de filmes. As autoridades policiais russas têm ciência dessa comercialização, mas não lavram multas nem prendem os vendedores. Alguns corruptos podem até receber uma parcela da receita obtida com essas vendas.

O suborno é comum na Rússia. Estima-se que as pequenas e médias empresas (PMEs) russas gastem um quinto de sua renda líquida com essa prática. Devido a um frouxo ambiente legal, não é nada fácil fazer negócios no país. Certa vez, o presidente Vladimir Putin observou que qualquer um que consiga registrar um negócio na Rússia merece uma medalha. Regulamentações vagas e conflitantes enriquecem as autoridades públicas. Qualquer novo empreendimento pode necessitar de dezenas de licenças governamentais, e cada licença pode requerer o pagamento de suborno. De modo geral, os burocratas do governo são os mais corruptos; muitos deles tiram férias caras, apesar dos modestos salários. Além do suborno corriqueiro, tem havido inúmeros incidentes de pesada interferência governamental no setor privado. Invasores criminosos, às vezes em conluio com autoridades governamentais, tomam posse de negócios que operam de forma independente.

Um exemplo bem conhecido é o da Yukos — uma companhia petrolífera originalmente controlada pelo industrial russo Mikhail Khodorkovsky, que foi preso pelo governo sob alegação de evasão fiscal. Com base na acusação de que a empresa devia impostos, o governo russo vendeu parte dela e reteve US$ 9,3 bilhões a título de rendimentos. O comprador foi a Baikal Finance Group, que se descobriu ter o mesmo endereço de um supermercado em uma pequena cidade. Isso fez com que muitos questionassem a existência desse grupo financeiro, o que levou uma estatal conhecida como Rosneft a anunciar que comprara a Yukos por um valor não revelado. O comprador original não existia mais, e talvez nunca tivesse existido. Com a revelação dessa cadeia de eventos, também veio à tona o plano do governo central de converter as empresas privatizadas de energia em uma colcha de retalhos de estatais.

A Rússia também é assolada pelo crime organizado. Por exemplo, em 2006, o vice-presidente do banco central russo foi assassinado a tiros em Moscou. Ele encabeçara um esforço nacional de reforma do corrupto sistema bancário e fechara dezenas de bancos ligados ao crime organizado, fazendo inimigos perigosos nesse processo. Vários outros assassinatos por encomenda ocorreram, em uma tentativa do crime organizado de manter seu controle sobre grande parte da economia do país. Uma autoridade estimou que os grupos criminosos controlavam 500 grandes empresas russas. As multinacionais estrangeiras fazem verificações rotineiras do passado de funcionários e fornecedores visando identificar pessoas que possam ter conexões com o crime organizado ou uma falsa identidade. As empresas estrangeiras também cuidam da segurança de sua equipe e instalações.

A corrupção e o crime desenfreados levantaram dúvidas sobre a evolução do sistema legal russo e seu comprometimento com a economia de mercado. O país está em fase de transição de uma economia dirigida para outra de mercado. A mudança tem gerado muita incerteza para empresas estrangeiras com negócios no país. Os administradores devem estar atentos aos ambientes políticos e legais que caracterizam as economias em transição, sobretudo na Rússia. Regulamentações ambíguas, inexistência de leis, fiscalização inadequada, um rudimentar sistema judiciário e um governo totalitário no passado impõem inúmeras dificuldades. Embora as empresas possam tomar medidas de precaução para minimizar o risco, nem todo risco é evitável. A Rússia continua a melhorar seu sistema legal de modo a dar transparência às transações e leis comerciais, e as autoridades adotaram uma postura mais rigorosa em relação ao crime organizado. Diversas empresas, dentre elas Boeing e IKEA, investiram bilhões no país. Mas operar na Rússia continua a ser um grande desafio. As potenciais recompensas são promissoras para as empresas que planejarem com visão de futuro e protegerem seus ativos.

Fontes: CHAZAN, G. "Russian trial opens messy chapter; Yukos case could influence course of commercial law and business under Putin". *Wall Street Journal*. 16 jun. 2004; *Economist*. "Business: the reluctant briber". 4 nov. 2006, p. 79; GANTZ, J.; ROCHESTER, J. "Global fallout". In: *Pirates of the digital millennium*. Nova York: Prentice Hall, 2005; GIDDINGS, J. "Doing business in Russia today: steps for security". *BISNIS Bulletin*. fev. 2002. VLADIMIR, V. "The scary business of Russia". Forbes. 23 maio 2005, p. 42.

## O que é o risco-país?

Cada país é caracterizado por diversos sistemas políticos e legais que impõem significativos desafios à estratégia e ao desempenho corporativos. Os gestores das empresas devem aderir a leis e regulamentações que regem as transações comerciais. Por exemplo, as tarifas de importação impostas por um governo levam muitas organizações a ingressar em mercados estrangeiros por meio do investimento direto estrangeiro (IDE) em vez da exportação. Ao mesmo tempo, o contexto político e legal apresenta oportunidades. Subsídios preferenciais, incentivos governamentais e proteção contra a concorrência reduzem os custos dos negócios e influenciam a tomada de decisões estratégicas. Vários governos estimulam o investimento no mercado doméstico por parte das multinacionais estrangeiras, oferecendo-lhes isenção temporária de impostos e incentivos financeiros para que empreguem pessoal local. Para aproveitar as oportunidades e minimizar os riscos, os administradores devem entender o setor governamental, o ambiente político e a estrutura legal dos países em que negociam. Devem desenvolver habilidades para interagir bem com as instituições locais.

O texto de abertura alerta sobre os riscos de conduzir negócios na Rússia. O **risco-país** refere-se à exposição a uma perda em potencial ou a efeitos adversos sobre as operações e a lucratividade de uma empresa causados por desdobramentos no ambiente político e/ou legal de um país. O risco-país representa um dos quatro principais tipos de risco em negócios introduzidos no Capítulo 1. Também é denominado *risco político*. A Figura 6.1 identifica os tipos de risco-país predominantes nos negócios internacionais. Embora a causa imediata de um risco-país seja um fator político ou legal, pode haver desdobramentos econômicos, sociais ou tecnológicos envolvidos.

Ações políticas ou legislativas podem prejudicar interesses comerciais, mesmo quando não visam isso. As leis podem ser inesperadamente restritivas ou resultar em consequências imprevistas. Muitas leis favorecem os interesses de um país anfitrião — isto é, os interesses dos países estrangeiros onde a empresa realiza operações diretas. Por exemplo, os negócios da Coca-Cola sofreram queda na Alemanha quando o governo decretou um plano de reciclagem. Novas leis exigiam que os consumidores devolvessem os recipientes não recicláveis de refrigerantes às lojas, mediante o reembolso de 0,25 euros. Para não terem que lidar com as devoluções indesejadas, a reação das grandes cadeias de supermercados foi a de retirar a Coca-Cola das prateleiras e oferecer marcas próprias. Na China, há censura contra materiais que contenham críticas ao governo. A Yahoo precisa monitorar as informações que surgem em seu site Web para evitar que o governo chinês feche seu negócio no país.[1]

Assim como leis e regulamentações podem levar ao risco-país, sua aplicação inadequada pode trazer desafios para a empresa. A proteção legal inapropriada é particularmente desafiadora para os países em desenvolvimento. As regulamentações para proteger a propriedade intelectual podem existir no papel, mas não serem devidamente aplicadas. A **propriedade intelectual** refere-se a ideias ou trabalhos criados por indivíduos ou empresas, tais como patentes, marcas registradas e direitos autorais. Quando se inventa algo novo, produz um filme ou desenvolve um programa de computador, outra pessoa pode copiar e vender a inovação sem o conhecimento do inventor ou sem qualquer remuneração em troca. Como sugere o texto de abertura, a estrutura jurídica da Rússia é relativamente frouxa e inconsistente. Os tribunais russos carecem de substancial experiência para julgar questões comerciais e internacionais. Devido à imprevisibilidade e ao potencial de dano do ambiente legal, as empresas ocidentais em geral abandonam *joint ventures* e outros investimentos na Rússia.[2]

### Qual é a preponderância do risco-país?

A Figura 6.2 retrata o nível de risco em vários países, medido com base em diversos indicadores, tais como dívida pública, política fiscal e monetária e estabilidade política. Na esteira da guerra e do surgimento de um novo regime político, o Iraque representa um dos países de risco mais elevado. O Zimbábue apresenta alto nível de risco devido à corrupção existente (subornos e fraudes) e à turbulência política.

Figura 6.1 Risco-país como um dos quatro principais tipos de risco em negócios internacionais

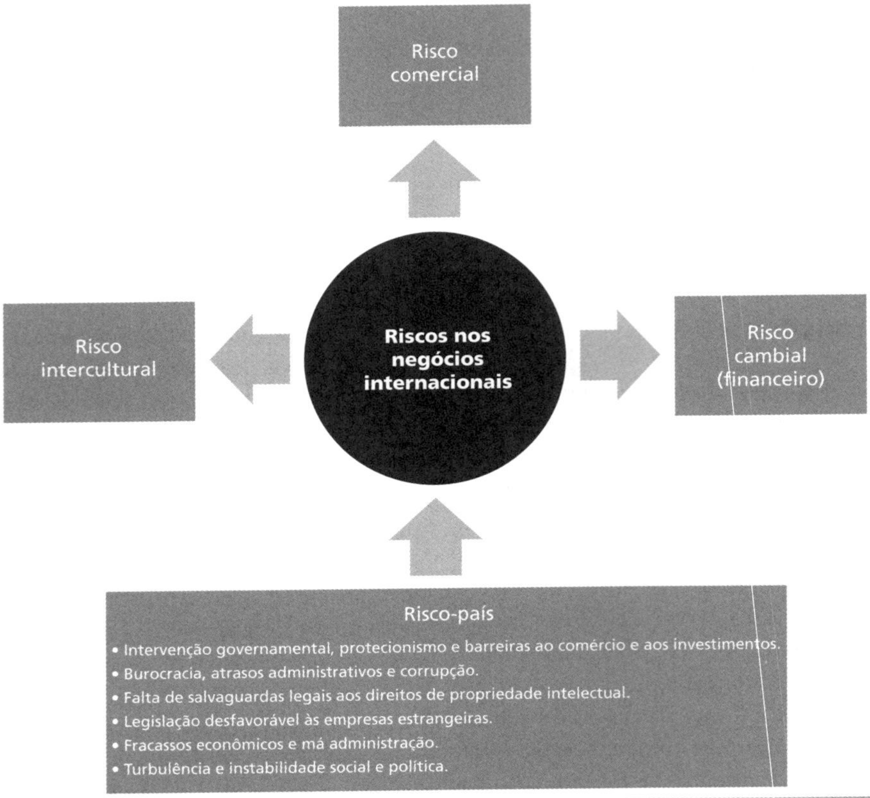
Risco comercial
Risco intercultural
Riscos nos negócios internacionais
Risco cambial (financeiro)
Risco-país
• Intervenção governamental, protecionismo e barreiras ao comércio e aos investimentos.
• Burocracia, atrasos administrativos e corrupção.
• Falta de salvaguardas legais aos direitos de propriedade intelectual.
• Legislação desfavorável às empresas estrangeiras.
• Fracassos econômicos e má administração.
• Turbulência e instabilidade social e política.

Em contraposição, Cingapura e Hong Kong estão entre os politicamente mais estáveis.[3] O risco-país pode afetar todas as empresas de um país com igual impacto ou afetar somente um subconjunto delas. Por exemplo, a guerra civil que ocorreu na antiga Iugoslávia e em diversos países africanos na década de 1990, de modo geral, afetou todas as empresas. Por outro lado, apesar da presença de vários concorrentes no setor petrolífero da Rússia — ConocoPhillips, Exxon Mobil e Royal Dutch Shell — o governo russo visou apenas a Yukos em virtude de uma perseguição com motivação política.[4]

A Índia costuma ser caracterizada por um alto risco-país. Os nacionalistas hindus que assumiram o poder político em 1996 opuseram-se abertamente ao investimento e à influência estrangeiros na sociedade indiana. Eles decretaram leis contra o assédio estrangeiro. Alguns indianos sentem-se ameaçados pela percepção de uma invasão cultural externa. Por exemplo, a cadeia de restaurantes KFC foi obrigada a reforçar a segurança após ameaças de grupos políticos locais de destruição de suas lojas. Cerca de 100 fazendeiros saquearam um restaurante da rede em Bangalore. Em um incidente anterior, a mesma loja havia sido forçada a fechar após autoridades de vigilância sanitária afirmarem que seu frango continha níveis excessivos de glutamato monossódico, um realçador de sabor. A KFC usava o mesmo ingrediente há muito tempo no exterior e obteve uma ordem judicial para reabrir a loja.[5]

À medida que desenvolvem ligações econômicas mais fortes com parceiros de negócios no exterior e se integram melhor à economia global, os países tendem a liberalizar seus mercados e eliminar as restrições aos negócios internacionais. Isso também ocorreu na Índia, com a introdução de uma série de reformas econômicas e abertura de mercados em 1991. A Figura 6.2 sugere a relação existente entre risco-país e o grau de liberdade política e legal. As classificações de risco-país tendem a ser relativamente baixas em países com um clima legal favorável e estabilidade política. Em contraposição, elas são mais elevadas onde há excessiva carga regulatória e instabilidade política.

## O que são sistemas políticos e legais?

Um **sistema político** refere-se a um conjunto de instituições formais que constituem um governo. Abrange corpos legislativos, partidos políticos, grupos de *lobby* e sindicatos.

Um **sistema jurídico** refere-se a um conjunto de interpretações e aplicações das leis. As normas de conduta são estabelecidas por leis, regulamentos e regras. Um sistema legal incorpora instituições e procedimentos para assegurar a ordem

**Figura 6.2** Risco-país em uma amostra de países

Em uma escala de 0 a 100, a classificação combina indicadores de risco político (como uma ameaça de guerra) com os de risco econômico (como o tamanho do déficit fiscal). Também abrange indicadores que afetam a liquidez e a solvência de um país (por exemplo, sua estrutura de dívida e reservas cambiais estrangeiras).

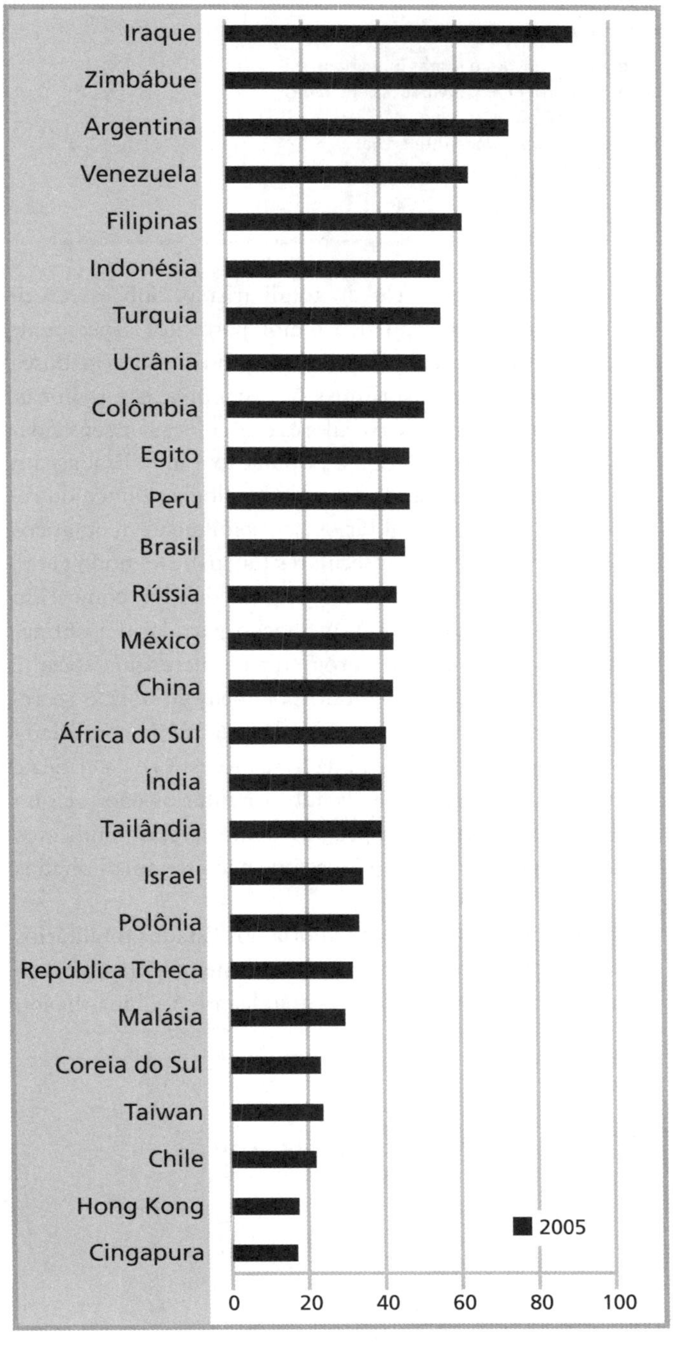


FONTE: Extraído de: *The Economist*. "Country risk". 26 fev. 2005, p. 102. Copyright © 2005 The Economist. Reproduzido com permissão

e solucionar disputas em atividades comerciais, bem como proteger a propriedade intelectual e taxar a produção econômica. Os sistemas políticos e legais são ambos dinâmicos e estão em constante mutação. Também se caracterizam pela interdependência — as mudanças em um afetam o outro.

A Figura 6.3 enfatiza as fontes de sistemas políticos e legais que contribuem para o risco-país. Desdobramentos adversos nesses sistemas acarretam o risco-país. Eles podem advir da posse de um novo governo, de mudança de valores ou prioridades em partidos políticos, de novas diretrizes ou de iniciativas elaboradas por grupos especiais de interesse, bem como da criação de novas leis e regulamentações. A mudança pode ser gradual ou súbita. A gradual é geralmente mais fácil de acomodar. Em contraposição, a súbita é mais difícil de tratar e impõe maior risco ao negócio. Desdobramentos desfavoráveis resultam em novas condições que podem representar uma ameaça aos bens, serviços ou atividades comerciais de uma empresa. Por exemplo, uma nova tarifa de importação pode aumentar o custo de um importante componente utilizado na manufatura de um produto. Uma modificação na lei trabalhista pode alterar a carga horária de trabalho dos funcionários. A ascendência de um novo líder político pode levar à incorporação de ativos corporativos pelo governo.

O risco-país está *sempre* presente, mas sua natureza e intensidade variam de acordo com o tempo e de um país para outro. Na China, por exemplo, o governo está no processo de reforma do sistema judiciário nacional, tornando-o cada vez mais compatível com os sistemas ocidentais. As reformas, no entanto, têm sido conduzidas de forma gradual. As novas regulamentações são mal formuladas, confusas ou contraditórias. Por exemplo, em determinado momento o governo de Beijing anunciou que os investimentos estrangeiros no setor de Internet da China eram ilegais. A essa altura, as empresas ocidentais já haviam investido milhões de dólares no mercado pontocom chinês, sem qualquer indício de que os investimentos eram impróprios. Nas disputas entre empresas nacionais e estrangeiras, os governos, de modo geral, tendem a proteger os interesses locais. Mesmo quando as empresas ocidentais obtêm julgamento favorável nos tribunais, sua aplicação pode ser difícil de ocorrer.

Vamos analisar detalhadamente os sistemas políticos e legais.

## Sistemas políticos

As principais funções de um sistema político consistem em instaurar a estabilidade com base nas leis, prover proteção contra ameaças externas e reger a alocação de recursos valiosos dentre os membros de uma sociedade. O sistema político de cada país é relativamente único, resultando de um contexto histórico, econômico e cultural em particular. Cada sistema político evolui em função das demandas dos eleitores e como parte da evolução do ambiente nacional e

Figura 6.3 Fontes de risco-país

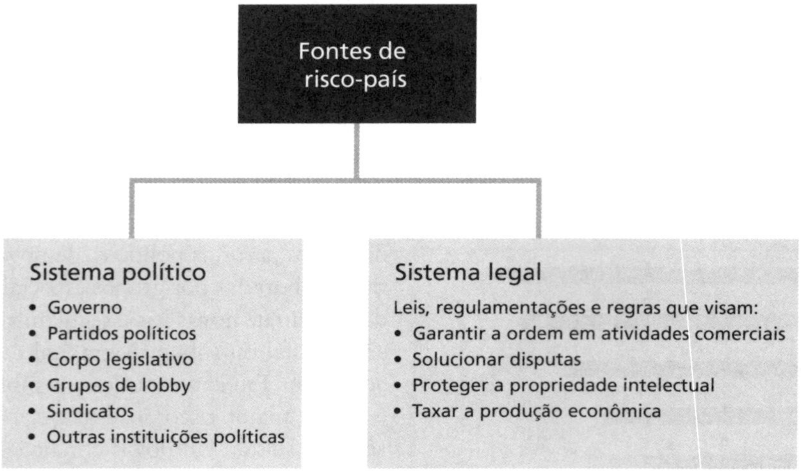


internacional. Os eleitores são os indivíduos e as organizações que dão sustentação ao regime político e são os receptores dos recursos governamentais.

No que se refere à regulamentação e ao controle dos negócios, os sistemas políticos variam — do controle estatal de empreendimentos econômicos e do comércio interno à intervenção governamental mínima nas atividades comerciais. Na história recente, podem-se distinguir três principais tipos de sistema político: totalitarismo, socialismo e democracia. A Tabela 6.1 destaca os países que exemplificam esses sistemas. Note-se, porém, que essas categorias não são mutuamente excludentes. Por exemplo, a maioria das democracias também inclui alguns elementos do socialismo. A maioria dos regimes totalitários do século XX atualmente adota uma combinação de socialismo e democracia.

## Totalitarismo

Entre os estados totalitários bem conhecidos do passado estão China (1949 à década de 1980), Alemanha (1933 a 1945), União Soviética (1918 a 1991) e Espanha (1939 a 1975). Atualmente, alguns estados do Oriente Médio e da África adotam elementos do totalitarismo. Sob esse regime, o Estado tenta regular a maior parte dos aspectos de conduta pública e privada. Um governo totalitário busca controlar não só todas as questões econômicas e políticas, mas também as atitudes, os valores e as crenças de seus cidadãos. Com frequência, toda a população é mobilizada para dar sustentação ao Estado e a uma ideologia política ou religiosa. Os Estados totalitários são geralmente teocráticos (baseados em religião) ou seculares (laicos). De modo geral, há um partido estatal liderado por um ditador, como Kim Jong-il na Coreia do Norte. A filiação partidária é obrigatória para os que desejam progredir na hierarquia social e econômica. O poder é mantido por meio de polícia secreta, propaganda política disseminada pela mídia controlada pelo Estado, regulamentação da livre discussão e da crítica e uso de táticas de terror. Os Estados totalitários não toleram atividades individuais ou grupais como igrejas, sindicatos trabalhistas ou partidos políticos que não estejam alinhados com seus objetivos.[6]

No decorrer do tempo, a maioria dos Estados totalitários do mundo desapareceu ou mudou seu sistema político e econômico para a democracia e o capitalismo. A China iniciou

Tabela 6.1 Exemplos de países regidos por vários sistemas políticos

| Elementos do totalitarismo encontrados em | Elementos do socialismo encontrados em | Elementos da democracia encontrados em |
|---|---|---|
| Cuba<br>Coreia do Norte<br>Alguns países da África (como Eritreia, Líbia, Sudão, Guiné Equatorial, Zimbábue) | Bolívia<br>China<br>Egito<br>Índia<br>Romênia<br>Rússia<br>Venezuela | Austrália<br>Canadá<br>Japão<br>Nova Zelândia<br>Estados Unidos<br>Maioria dos países europeus<br>Maioria dos países latino-americanos |

expressivas reformas na década de 1980, e a União Soviética ruiu em 1991. As terras agriculturáveis e os empreendimentos estatais foram gradualmente vendidos ao interesse privado, e os empreendedores conquistaram o direito de estabelecer seu próprio negócio. Entretanto, a transição não tem sido fácil, e os antigos Estados totalitários continuam a manter forte controle político, incluindo a intervenção governamental nos negócios (como no caso da Rússia, descrito no texto de abertura). Os antigos Estados soviéticos e a China ainda se caracterizam por entraves administrativos que restringem a abertura de novas empresas, normas contábeis e tributárias burocráticas, sistemas judiciários inadequados à proteção de interesses comerciais e infraestrutura precária de transportes, comunicações e tecnologia da informação (veja, por exemplo, www.doingbusiness.org do Banco Mundial).

## Socialismo

O princípio fundamental do socialismo é que o capital e a riqueza devem ser apropriados pelo Estado e servem basicamente como meio de produção para uso e não visando o lucro. Baseia-se em uma ideologia coletivista em que o bem-estar coletivo supera o individual. Os socialistas argumentam que os capitalistas recebem uma quantia desproporcional da riqueza de uma sociedade em relação aos trabalhadores. Segundo eles, como a remuneração dos trabalhadores não corresponde ao valor integral de seu trabalho, o governo deve controlar os meios básicos de produção, distribuição e atividade comercial.

O socialismo manifestou-se em grande parte do mundo como uma *social democracia* e tem alcançado sucesso na Europa Ocidental. Também desempenhou um papel fundamental nos sistemas políticos de grandes países como Brasil e Índia, e atualmente perdura como um sistema viável em muitas nações. Nos regimes social-democráticos, como França e Noruega, o governo interfere no setor privado e nas atividades comerciais. O imposto de renda corporativo também é relativamente mais elevado em países como França e Suécia. Até as economias robustas, como a Alemanha, sofreram escoamentos de IDE à medida que os negócios buscavam fugir de uma extensiva regulamentação.

## Democracia

A democracia tornou-se o sistema político predominante na maioria das economias avançadas do mundo. Ela se caracteriza por dois aspectos principais:

- *Direito privado à propriedade*: o direito à posse de propriedades e ativos e ao aumento da base de ativos de um indivíduo por meio do acúmulo de riqueza particular. A *propriedade* abrange tanto os bens tangíveis, como terrenos e prédios, quanto os intangíveis, como ações, contratos, direitos de patente e ativos intelectuais. Os governos democráticos elaboram leis de proteção aos direitos de propriedade. Pessoas e empresas podem adquirir uma propriedade, utilizá-la, vendê-la ou deixá-la em herança a quem desejar. Esses direitos são importantes porque fomentam a iniciativa, a ambição e a inovação individuais, bem como a prosperidade e o desejo de acumular riqueza. É menos provável que alguém desenvolva essas qualidades se tiver alguma dúvida sobre quem terá o controle da propriedade ou dos lucros advindos dela.
- *Governo limitado*: o governo desempenha somente as funções essenciais que atendem a todos os cidadãos, como defesa nacional, manutenção da lei e da ordem, relações diplomáticas e construção e manutenção de infraestrutura, como estradas, escolas e obras públicas. O controle e a intervenção estatal nas atividades econômicas de indivíduos e empresas privadas são mínimos. Ao permitir que as forças de mercado direcionem a economia, os recursos são alocados com a máxima eficiência.[7]

Sob a democracia, as iniciativas individuais de pessoas e empresas podem conflitar com os princípios de igualdade e justiça. Como os indivíduos possuem diferentes níveis de recursos pessoais e financeiros, cada um atinge diferentes graus de sucesso, o que leva a desigualdades. Os críticos da democracia pura argumentam que, quando essas desigualdades se tornam excessivas, o governo deve intervir para nivelar o campo de batalha. Em democracias como Japão, Alemanha e Suécia, os direitos e as liberdades democráticas são desenvolvidos em prol da sociedade como um todo em oposição ao favorecimento individual. Cada sociedade equilibra a liberdade individual com os objetivos sociais mais amplos.

Praticamente todas as democracias incluem elementos do socialismo, tal como a intervenção governamental nos assuntos individuais e corporativos. As tendências socialistas surgem devido a abusos ou externalidades negativas que ocorrem em sistemas puramente democráticos. Por exemplo, o Japão tem-se esforçado para atingir o devido equilíbrio entre democracia e socialismo. Na década de 1990, práticas gerenciais mal-sucedidas e uma recessão econômica levaram à falência milhares de empresas japonesas. Para manter os empregos e a estabilidade econômica, o governo japonês interveio em socorro a inúmeras grandes empresas e bancos que, em uma democracia pura, teriam falido. Entretanto, tais políticas também levaram à inflexibilidade da economia japonesa e a um atraso nas melhorias estruturais necessárias. Muitos países, como Austrália, Canadá e Estados Unidos, além daqueles na Europa, constituem os melhores exemplos de um sistema político *misto* — caracterizado por um setor privado forte *e* um setor público forte (com regulamentação e controle governamental consideráveis).

## Ligação entre a democracia e a liberdade econômica

Em comparação com o totalitarismo e o socialismo, a democracia está associada a uma maior liberdade econômica e, de modo geral, a padrões de vida mais elevados. A liberdade econômica floresce quando os governos dão sustentação às instituições necessárias a ela, tais como mercados que operam livremente e o estado de direito. A Figura 6.4 revela que, quanto mais liberdade política em uma nação, mais liberdade econômica para seus cidadãos. A amplitude da liberdade política varia de 'livre' a 'não livre'. Caracteriza-se por eleições livres e legítimas, direito à formação de partidos políticos, leis eleitorais justas, existência de um parlamento ou corpo legislativo, libertação do domínio de forças militares, estrangeiras ou hierarquias religiosas e autodeterminação para minorias culturais, étnicas e religiosas. A liberdade econômica está relacionada com a extensão da interferência governamental nos negócios, o rigor do ambiente regulatório e a facilidade com que a atividade comercial é realizada de acordo com as forças de mercados (www.freedomhouse.org).

**Figura 6.4** Relação entre liberdade política e liberdade econômica para uma amostra de países

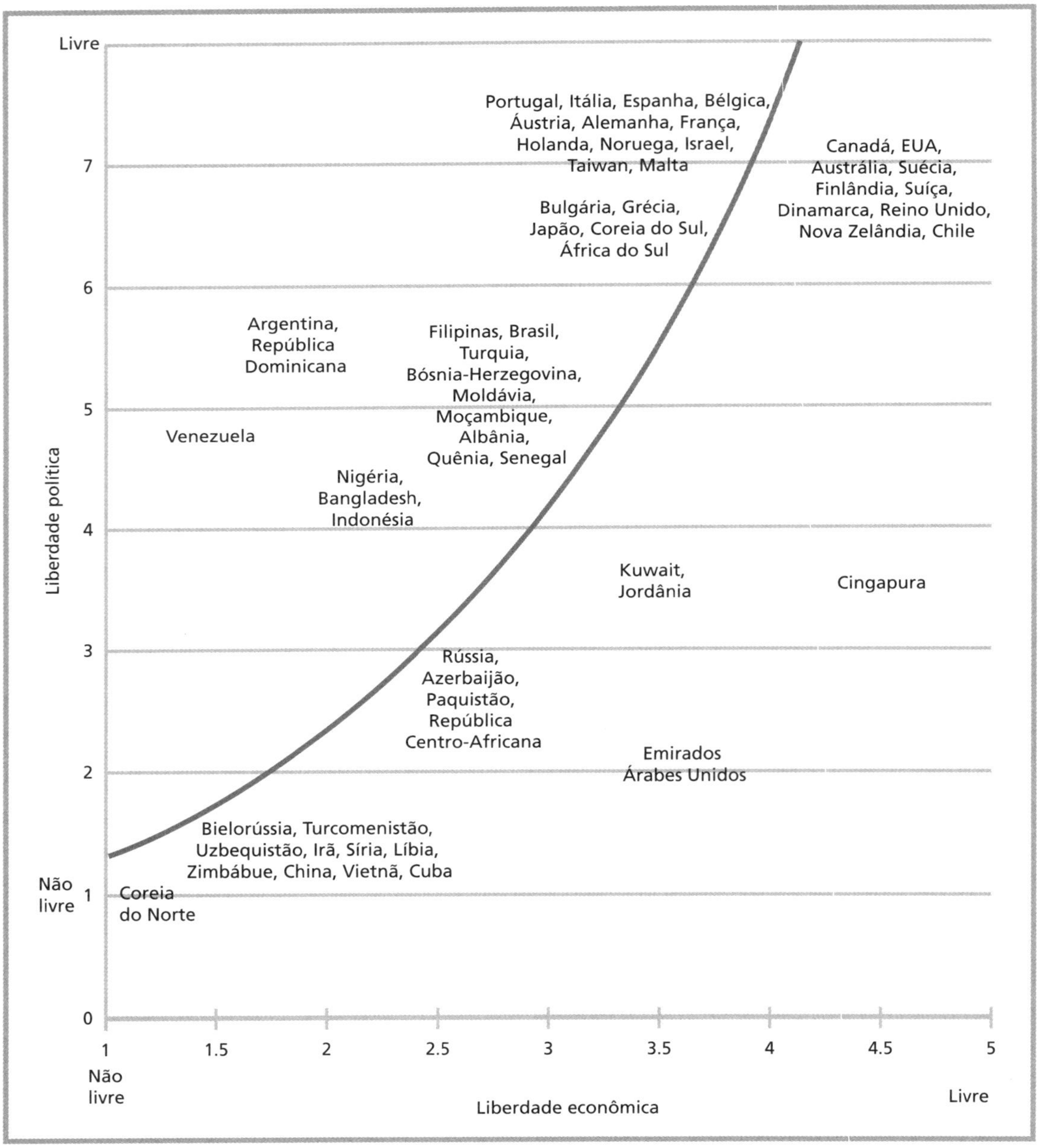


FONTE: Freedom House. Acessado em www.freedomhouse.org..

## Como os sistemas políticos influenciam os sistemas econômicos

Cada sistema político tende a ser associado a um tipo particular de sistema econômico. De modo geral, o totalitarismo está associado às economias dirigidas, a democracia, às economias de mercado, e o socialismo, às economias mistas. Vamos examinar esses sistemas econômicos.

### Economia dirigida

Também conhecida como economia de planejamento centralizado, o Estado é responsável por tomar todas as decisões em uma economia dirigida, que digam respeito a quais bens e serviços o país deve produzir, à quantidade de produção, aos preços de venda e à forma de distribuição. O Estado detém a posse de toda riqueza, terras e capital de produção. O governo aloca recursos com base em quais setores econômicos deseja desenvolver. Cria-se uma grande burocracia com planejadores centrais para administrar as questões nacionais. Embora as economias dirigidas fossem comuns no século XX, elas provaram ser tão ineficientes que a maioria delas desapareceu aos poucos. O planejamento central é menos eficaz do que as forças de mercado na sincronização entre suprimento e demanda. Por exemplo, a escassez era tão comum na União Soviética que as pessoas geralmente esperavam em filas por horas a fio para comprar mercadorias básicas como açúcar e pão. Atualmente, muitos países, sobretudo aqueles que adotam o socialismo, exibem algumas características das economias dirigidas. Os principais exemplos são China, Índia, Rússia e alguns países da Ásia Central, Europa Oriental e Oriente Médio.

### Economia de mercado

A tomada de decisão nos níveis de produção, consumo, investimento e poupança resulta da interação entre suprimento e demanda — isto é, das *forças de mercado*. As decisões econômicas são deixadas a critério de indivíduos e empresas. A intervenção governamental no mercado é limitada. As economias de mercado estão intimamente associadas ao capitalismo, de acordo com o qual a posse e a operação dos meios de produção são de ordem privada. De modo geral, os participantes exibem uma mentalidade orientada ao mercado e um espírito empreendedor. A tarefa do Estado consiste em estabelecer um sistema judiciário que proteja a propriedade privada e os acordos contratuais no âmbito dos quais pessoas e empresas possam conduzir sua atividade econômica. Entretanto, o governo também pode intervir para tratar as desigualdades que as economias de mercado às vezes geram.

### Economias mistas

Uma economia mista exibe as características tanto de uma economia de mercado quanto de uma economia dirigida. Ela combina a intervenção estatal *com* os mecanismos de mercado para que se atinjam a produção e a distribuição. A maioria das indústrias pertence à iniciativa privada, e de forma livre os empreendedores estabelecem, possuem e operam negócios. Mas o governo também controla certas funções, como os sistemas de aposentadoria, as regulamentações trabalhistas, os níveis de salário mínimo e as leis ambientais. Em geral, o Estado financia a educação, a saúde e outros serviços públicos vitais. Normalmente, há empresas estatais em setores essenciais como transportes, telecomunicações e energia. Por exemplo, na França, o governo detém a posse dos principais bancos e de alguns setores industriais essenciais, como o refino de alumínio. Uma indústria automobilística, a Renault, é parcialmente estatal, mas outra, a Peugeot, não. Na Alemanha, no Japão, na Noruega, em Cingapura e na Suécia, o governo costuma atuar em conjunto com os interesses comerciais e trabalhistas para determinar a política industrial, regulamentar os índices salariais e/ou oferecer subsídios a setores específicos.

O último século testemunhou um substancial aumento no número de economias mistas e um concomitante aumento no envolvimento governamental em questões econômicas. Por exemplo, nos Estados Unidos, os gastos governamentais sofreram elevação de cerca de 3 por cento do PIB, na década de 1930, para aproximados 20 por cento, na década de 1980. No mesmo período, na maioria das demais economias desenvolvidas, o percentual de gasto governamental médio em relação ao PIB aumentou de 8 para mais de 40 por cento. Os governos da Europa, do Japão e da América do Norte impuseram muitas novas regulamentações sobre as empresas privadas.[8] Elas foram adotadas visando questões de segurança no ambiente de trabalho, salários mínimos, benefícios de aposentadoria e proteção ambiental.

## Sistemas legais

Os sistemas legais formam uma estrutura de regras e normas de conduta que comandam, limitam ou permitem relações específicas entre pessoas e organizações, além de punir aqueles que as violam. As leis requerem ou limitam ações específicas, ao mesmo tempo em que conferem aos cidadãos a autonomia de realizar certas atividades, como fechar contratos e buscar medidas preventivas contra violações contratuais. As regulamentações definem quais procedimentos indivíduos e negócios devem seguir em determinado contexto. Os sistemas legais são dinâmicos; eles evoluem com o tempo, de modo a representar os valores sociais em mutação de cada nação e a evolução de seus ambientes sociais, políticos, econômicos e tecnológicos.

Os sistemas políticos predominantes — totalitarismo, socialismo e democracia — tendem a influenciar seus respectivos sistemas judiciários também. As democracias tendem a estimular as forças de mercado e o livre comércio. Em sistemas legais bem desenvolvidos, tais como na Austrália, no Canadá, no Japão, nos Estados Unidos e na maioria dos países europeus, as leis são amplamente conhecidas e assimiladas. São efetivas e legítimas por se aplicarem igualmente a todos os cidadãos, sancionadas por meio de procedimentos formais adotados por autoridades governamentais reconhecidas e cumpridas de forma sistemática e justa por forças policiais e corpos jurídicos formalmente organizados.

Nesses países, há uma cultura de adesão às leis, que são respeitadas e seguidas de modo consistente por seus cidadãos. O **estado de direito** refere-se à existência de um sistema judiciário em que as regras são claras, de domínio público, cumpridas de forma justa e amplamente respeitadas por indivíduos, organizações e o governo. Os negócios internacionais prosperam nessas sociedades em que prevalece o estado de direito. Por exemplo, nos Estados Unidos, o Securities and Exchange Act incentiva a confiança nas transações comerciais ao exigir que as empresas públicas divulguem com frequência seus indicadores financeiros aos investidores. Os sistemas legais podem ser minados por corrosão do respeito à lei, fraca autoridade governamental ou restrições opressivas que tentam coibir o comportamento predominante na sociedade. Na ausência do estado de direito, a atividade econômica pode ser impedida, e as empresas têm que lidar com uma grande incerteza.

## Cinco tipos de sistema legal

As nações podem caracterizar-se por um de cinco sistemas básicos de direito: comum, civil, religioso, socialista e sistemas mistos. Esses sistemas legais constituem a base das leis e regulamentações. A Tabela 6.2 fornece exemplos de países onde cada um deles tende a predominar.

O *direito comum* (também conhecido como casos de direito) constitui um sistema legal que se originou na Inglaterra e se disseminou para Austrália, Canadá, Estados Unidos e os antigos membros da British Commonwealth. A base do direito comum consiste em tradição, práticas passadas e precedentes legais estabelecidos pelos tribunais de uma nação por meio da interpretação de estatutos, legislação e decisões judiciais. A legislatura nacional nos países de direito comum (tais como a Câmara dos Lordes britânica e o Congresso norte-americano) detém o derradeiro poder de aprovar ou modificar leis. Nos Estados Unidos, visto que a constituição do país é muito difícil de alterar, a Suprema Corte e até os tribunais de instância inferior contam com uma considerável flexibilidade na interpretação das leis. Por conseguinte, como o direito comum é mais aberto a interpretações jurídicas, é mais flexível do que outros sistemas legais. Dessa forma, os juízes em um sistema de direito comum concentram substancial poder para *interpretar* as leis com base nas circunstâncias únicas de cada caso, incluindo disputas comerciais e outras situações pertinentes aos negócios.

Tabela 6.2 Sistemas legais dominantes em uma amostra de países

| *Primordialmente de direito comum* | *Primordialmente de direito civil* | *Primordialmente de direito religioso* | *Primordialmente de direito socialista* | *Sistemas mistos* |
|---|---|---|---|---|
| Austrália<br>Irlanda<br>Nova Zelândia<br>Reino Unido<br>Canadá<br>Estados Unidos<br>Índia<br>Paquistão<br>Gana<br>Nigéria<br>Zimbábue<br>Malásia | Grande parte da Europa Ocidental e da América Latina<br>Turquia<br>Japão<br>México | Oriente Médio, África do norte e alguns países da Ásia | Rússia<br>China<br>Cuba<br>Coreia do Norte<br>Cazaquistão<br>Uzbequistão<br>Ucrânia<br>Azerbaijão<br>Moldávia<br>Tajiquistão<br>Quirguistão | Grande parte da Europa Oriental<br>Filipinas<br>Porto Rico<br>África do Sul<br>Tailândia<br>Sri Lanka<br>Etiópia<br>Hong Kong<br>Bahrein<br>Qatar<br>Cingapura<br>Marrocos<br>Tunísia<br>Vietnã<br>Egito |

FONTE: Acessado em wikipedia.org/wiki/Legal_systems of the world e www.droitcivil.uottawa.ca/world-legal-systems/eng-tableau.php.

O *direito civil* (também conhecido como código civil) é encontrado na França, na Alemanha, na Itália, no Japão, na Turquia, no México e na América Latina. Sua origem remonta ao direito romano e ao código napoleônico. Baseado em um sistema abrangente de leis que foram 'codificadas' — claramente escritas e acessíveis, divide o sistema legal em três códigos distintos: comercial, civil e criminal. O código civil é considerado completo em decorrência de cláusulas genéricas encontradas na maioria dos sistemas codificados. As regras e os princípios formam o ponto de partida da argumentação jurídica e da aplicação da justiça. Os códigos escritos, ou codificados, surgem como leis e códigos de conduta específicos produzidos por um corpo legislativo ou alguma outra autoridade suprema.

Tanto o direito comum quanto o civil tiveram origem na Europa Ocidental e ambos representam os valores comuns aos europeus ocidentais. Uma das principais diferenças entre os dois sistemas é que o direito comum tem origem primordialmente judicial e se baseia nas jurisprudências, ao passo que o direito civil tem origem primordialmente legislativa e se baseia nas leis aprovadas por legisladores nacionais e locais. O direito comum e o civil apresentam várias diferenças no âmbito dos negócios internacionais, destacadas na Tabela 6.3. Na realidade, os sistemas de direito comum geralmente contêm elementos de direito civil e vice-versa. Ambos se complementam, e os países que empregam um tendem a também empregar alguns elementos do outro.

O *direito religioso* é um sistema legal fortemente influenciado por crenças religiosas, códigos éticos e valores morais tidos como determinados por um ser supremo. Os mais importantes desses sistemas baseiam-se nas leis hindus, judaicas e islâmicas. Dentre elas, a mais disseminada é a islâmica, encontrada, sobretudo, no Oriente Médio, no norte da África e na Indonésia. Ela deriva das interpretações do Alcorão, o livro sagrado dos muçulmanos, e dos ensinamentos do profeta Maomé. Também conhecido como *sharia*, a lei islâmica é não secular — ou seja, de modo geral, os adeptos não distinguem entre vida religiosa e secular. Ela dita normas de comportamento referentes a política, economia, transações financeiras, contratos, casamento e muitas outras questões sociais. Rege os relacionamentos interpessoais, entre as pessoas e o Estado e entre as pessoas e o ser supremo. Dessa forma, pode-se considerar que abrange todas as relações humanas possíveis. Por ser tida como divinamente ordenada, a lei islâmica é relativamente estática e absoluta. Em contraposição aos demais sistemas legais, evolui muito pouco no decorrer do tempo.

Atualmente, a maioria dos países muçulmanos mantém um sistema dual, em que os tribunais religiosos e seculares coexistem. Outros, com população de maioria muçulmana, tais como Indonésia, Bangladesh e Paquistão, seguem, nos dias de hoje, constituições e leis seculares. A Turquia, outra nação de maioria muçulmana, possui uma constituição fortemente secular. A Arábia Saudita e o Irã são incomuns no sentido de que os tribunais religiosos detêm autoridade sobre todos os aspectos da jurisprudência.

As visões tradicionais do direito religioso opõem-se aos movimentos liberais modernos dentro do Islã. Por exemplo, a estrita interpretação da lei islâmica proíbe conceder e receber juros sobre empréstimos ou investimentos. Para segui-la, os bancos cobram taxas administrativas ou adquirem participações acionárias nos projetos que financiam. Muitos bancos ocidentais — como Citibank, JP Morgan e Deutsche Bank — possuem subsidiárias em países muçulmanos que cumprem as leis *sharia*. Nações muçulmanas como a Malásia emitiram títulos em conformidade com essa lei e que oferecem renda proveniente de um ativo, como o aluguel de uma propriedade, em lugar de juros.[9]

O *direito socialista* é um sistema legal encontrado principalmente nos Estados independentes da antiga União Soviética, China e alguns Estados da África. Baseia-se no direito

**Tabela 6.3** Exemplos de diferenças entre direito comum e direito civil

| *Questões legais* | *Direito civil* | *Direito comum* |
|---|---|---|
| Direito à propriedade intelectual | Determinada por registro. | Determinada por práticas preexistentes. |
| Aplicação de acordos | Os contratos comerciais tornam-se aplicáveis somente se devidamente registrados por tabelião. | Uma prova do acordo é suficiente para a aplicação dos contratos. |
| Especificidade de contratos | Os contratos tendem a ser breves porque muitos problemas em potencial já são cobertos pelo código civil. | Os contratos tendem a ser muito detalhados, com todas as possíveis contingências especificadas. É geralmente mais oneroso redigir um contrato. |
| Cumprimento contratual | O não cumprimento é estendido de modo a incluir atos humanos não previstos, como greves trabalhistas e rebeliões. | Fenômenos da natureza (inundações, relâmpagos, furacões etc.) são os únicos motivos justificados para o não cumprimento das cláusulas de um contrato. |

civil, com elementos dos princípios socialistas que enfatizam a posse estatal da propriedade. Os direitos do estado sobrepõem-se aos dos indivíduos. Os países que adotam esse sistema tendem a considerar os direitos à propriedade e à propriedade intelectual de forma mais frouxa do que aqueles que aplicam o direito civil ou comum. Com o colapso da União Soviética e a transição da China para o capitalismo, o direito socialista está gradualmente se ocidentalizando. À medida que essas nações adotam os princípios do livre mercado, cada vez mais seus sistemas legais incorporam elementos adicionais do direito civil.

Os *sistemas mistos* referem-se a uma variação de dois ou mais sistemas legais que operam em conjunto. Na maioria dos países, os sistemas legais evoluem com o passar do tempo, adotando elementos de um sistema ou outro que reflitam suas necessidades específicas. O contraste entre direito civil e comum tornou-se particularmente nebuloso à medida que muitos países combinam ambos. Em contrapartida, os sistemas legais na Europa Oriental misturam elementos de direito civil e socialista. Os do Líbano, do Marrocos e da Tunísia compartilham elementos de direito civil e islâmico.

E quanto à ligação entre os sistemas legais e políticos? O socialismo associa-se, na maior parte, ao direito socialista, mas pode abranger elementos do direito comum e do civil. O totalitarismo é mais associado aos direitos religioso e socialista; a democracia, ao direito comum, ao civil, aos sistemas mistos e, ocasionalmente, ao socialista. Por conseguinte, ela tende a ser considerada um sistema político flexível.

## Participantes dos sistemas políticos e legais

Os sistemas políticos e legais evoluem a partir da inter-relação entre várias instituições da sociedade, tanto no nível nacional quanto no internacional. Cinco tipos de participante são ativos na transformação desses sistemas.

### Governo

O governo, ou o setor público, é o participante mais importante, atuando nos níveis nacional, estadual e local. Os governos detêm o poder de decretar e aplicar as leis. Influenciam de modo particular a forma como as empresas ingressam em um país anfitrião e como conduzem negócios lá. Regulam os negócios internacionais por meio de sistemas complexos de instituições, agências e autoridades públicas. Entre os órgãos que possuem tais poderes nos Estados Unidos estão o U.S. Trade Representative e o International Trade Administration. No Canadá, essas funções são administradas pelo Ministério das Relações Exteriores, Ministério das Finanças e Bureau de Controle de Importação e Exportação. Órgãos semelhantes atuam na Austrália, Grã-Bretanha e praticamente em todos os demais países.

### Organizações internacionais

Órgãos supranacionais, como a Organização Mundial do Comércio (www.wto.org), as Nações Unidas (www.un.org) e o Banco Mundial (www.worldbank.org), exercem forte influência sobre as atividades comerciais internacionais. Por exemplo, a Conferência das Nações Unidas sobre o Comércio e o Desenvolvimento (Unctad, do inglês *United Nations Conference on Trade and Development*) ajuda a fiscalizar o comércio internacional e o desenvolvimento nas áreas de investimentos, finanças, tecnologia e desenvolvimento empresarial. Essas organizações contribuem para facilitar o comércio livre e justo ao fornecerem diretrizes administrativas, estruturas governamentais e, ocasionalmente, suporte financeiro.

### Blocos regionais econômicos

As organizações regionais de comércio, tais como a União Europeia (UE), o Tratado Norte-americano de Livre Comércio (Nafta, do inglês *North American Free Trade Agreement*) e a Associação de Nações do Sudeste Asiático (Asean, do inglês *Association of Southeast Asian Nations*), visam promover os interesses econômicos e políticos de seus membros. A organização da UE é especialmente bem desenvolvida, com seus próprios corpos executivos, legislativos e burocráticos. Ela decreta e aplica leis e regulamentações que afetam de modo direto os negócios. Por exemplo, após a vigência de novas regulamentações decorrentes do ingresso da Lituânia na UE, a cadeia de supermercados IKI teve que gastar milhões para construir entradas separadas para entrega de carne fresca em cada uma de suas 136 lojas.[10]

### Grupos de interesse especiais

Essas organizações são formadas para atender aos interesses de países, setores econômicos ou causas específicas. Por exemplo, a Organização para a Cooperação e Desenvolvimento Econômico (OECD, do inglês *Organization for Economic Cooperation and Development*) sustenta as metas de desenvolvimento econômico e de negócios de economias avançadas. A Organização dos Países Exportadores de Petróleo (Opec, do inglês *Organization of Petroleum Exporting Countries*) constitui um poderoso cartel que controla os preços globais de petróleo que, por sua vez, afetam o custo de fazer negócios e os preços ao consumidor. A Opec surgiu na década de 1970 como uma voz coletiva e poderosa dos países produtores de petróleo, como Arábia Saudita, Kuwait, Irã, Venezuela, Nigéria e Indonésia. Outros grupos exercem semelhante controle sobre a produção e alocação de *commodities*, como açúcar, café e minério de ferro.

Tabela 6.4 Questões de interesse de grupos e organizações especiais

| *Organização ou grupo* | *Questões de interesse* |
|---|---|
| Grupos de organização religiosa | Violações morais cometidas por empresas estrangeiras |
| Organizações trabalhistas | Oposição a bens importados e operações *offshore* |
| Negócios concorrentes | Preocupação com o consumo de recursos locais |
| Clientes | Fraude de preços por parte das empresas |
| Grupos minoritários | Discriminação e assédio sexual |
| Conservacionistas | Preocupação com a degradação ambiental |
| Público em geral | Preocupação com o impacto das empresas estrangeiras sobre a cultura nacional |

Os grupos de interesse especiais envolvem-se em atividades políticas para promover causas específicas, que vão desde os direitos trabalhistas até a proteção ambiental. Geralmente, influenciam os processos políticos nacionais e geram resultados com repercussões de longo alcance para os negócios. Muitos deles visam setores específicos e afetam cada empresa em decorrência. Alguns grupos de interesse operam não somente em um país anfitrião, mas também no de origem. Por exemplo, os bem orquestrados grupos de interesse norte-americanos forçaram empresas dos Estados Unidos a reduzir seus investimentos na África do Sul por causa de sua política de *apartheid*.[11] O Greenpeace e o Save the Waves Coalition são dois grupos ambientais contrários ao plano da Sempra Energy, uma concessionária de eletricidade e gás da Califórnia, de construir um terminal de gás natural liquefeito e um oleoduto no México. Eles argumentam que a instalação de gás natural planejada pela empresa em Baja Califórnia poluirá o oceano e dizimará as reservas de lagosta e atum da região. Os protestos atrapalharam o progresso da construção da Sempra.[12] A Tabela 6.4 relaciona os principais grupos de interesse e sua provável posição em relação a várias questões comerciais.

## Empresas concorrentes

Empresas domésticas concorrentes com uma forte presença no país anfitrião possuem um interesse natural em se opor à entrada de empresas estrangeiras no mercado local e podem fazer *lobby* por proteção junto ao governo. Por exemplo, é comum os concorrentes do país anfitrião reclamarem quando empresas estrangeiras recebem incentivo financeiro dos governos do país de origem ou do anfitrião. Isso ocorreu quando a Asterix, um parque temático da França, se opôs ao apoio do governo francês à Disney norte-americana quando esta estabeleceu a Disneylândia Paris. Da mesma forma, as indústrias automobilísticas norte-americanas em Detroit protestaram contra a construção de uma fábrica da BMW na Carolina do Sul. Entretanto, o governo deste Estado apoiou a instalação sob a alegação de que geraria empregos e elevaria a arrecadação tributária.

# Tipos de risco-país produzidos pelo sistema político

Os sistemas políticos influenciam as atividades comerciais de inúmeras formas, gerando vários tipos de risco-país. Discutiremos a seguir os riscos específicos decorrentes dos sistemas políticos.

## Controle governamental de ativos corporativos

Os governos tomam ativos corporativos de duas principais maneiras: confisco e expropriação. O *confisco* refere-se à apreensão de ativos estrangeiros *sem* uma forma compensação. Por exemplo, na Venezuela, o presidente Hugo Chaves confiscou um importante campo de petróleo da companhia petrolífera francesa Total. A *expropriação* refere-se à apreensão de ativos corporativos mediante uma forma de compensação.

Um terceiro termo, *nacionalização*, também é usado e denota a tomada de controle pelo governo não de uma empresa, mas de um setor econômico inteiro, com ou sem compensação. Em 2006, o governo da Bolívia nacionalizou grande parte da indústria de gás e petróleo do país.[13] Em contraste, nas últimas décadas, inúmeros governos engajaram-se na *privatização*, a venda de empresas estatais para a iniciativa privada. Essa tendência é especialmente notável na China e no Leste Europeu, que privatizaram várias estatais desde a década de 1980.

## Embargos e sanções

A maioria dos países é signatária de tratados e acordos internacionais que especificam regras, princípios e padrões de comportamento nos negócios entre si. No entanto, os governos podem recorrer de modo unilateral a sanções e embargos para reagir a atividades ofensivas de nações estrangeiras. As *sanções* constituem um tipo de veto ao comércio internacional, geralmente empreendido por uma nação ou um grupo delas contra outra que supostamente coloca em risco a paz e a segurança. Os *embargos* consistem em vetos oficiais a exportações ou importações de bens ou modalidades de transporte específicos com determinados países. De modo geral, são utilizados em tempos de guerra ou após tensões internacionais. Os embargos resultam em regulamentações que proíbem o comércio de bens específicos com países específicos. Por exemplo, os Estados Unidos impuseram embargos contra Cuba, Irã e Coreia do Norte, todos eles considerados patrocinadores do terrorismo. A União Europeia decretou embargos contra Bielorússia, Sudão e China em certas áreas, como a de viagens internacionais, para protestar contra violações de direitos humanos e comércio de armas.

### Boicotes contra empresas ou nações

Às vezes, consumidores e grupos de interesse especiais visam empresas que consideram danosas aos interesses locais e podem recusar-se a ser clientes daquelas que se comportem de maneira indevida. Um boicote constitui uma recusa voluntária de fazer negócio com uma nação ou empresa. Os boicotes e os protestos públicos resultam em perda de vendas e aumento dos custos de relações públicas para a melhoria da imagem empresarial. A Disneylândia Paris e o McDonald's têm sido alvo de boicotes de fazendeiros franceses e de sua ira contra políticas agrícolas norte-americanas e a globalização. Muitos cidadãos norte-americanos boicotaram produtos franceses após a decisão da França de não dar apoio à invasão do Iraque liderada pelos Estados Unidos no início da década de 2000.

### Guerra, insurreição e revolução

Guerras, insurreições e revoluções causam grandes problemas às operações comerciais. Embora de um modo geral esses acontecimentos não afetem diretamente as empresas, seus efeitos indiretos podem ser desastrosos. Por exemplo, no México, na década de 1990, os camponeses do Estado de Chiapas tomaram as armas contra o governo, alegando opressão e indiferença governamental em relação à pobreza. Mais tarde, um candidato presidencial e um líder político foram assassinados. Esses eventos levaram muitas empresas e investidores a retirar seus investimentos do país, receosos do recrudescimento da instabilidade política. Para minimizar perdas resultantes de atos de guerra, as empresas podem contratar um seguro contra danos causados contra atos de guerra (seguro de guerra).

### Terrorismo

O terrorismo consiste em ameaçar ou efetivamente usar a força ou a violência para atingir um objetivo político por meio do medo, da coerção ou da intimidação.[14] Nos últimos anos, muitos dos atos terroristas são patrocinados por governos nacionais, tornando-os uma forma particularmente perigosa de risco-país. O terrorismo aumentou em grande parte do mundo, como demonstraram os ataques de 11 de setembro de 2001 nos Estados Unidos. Além de causar uma tremenda perda de vidas, esses atos acarretaram graves prejuízos à comunidade financeira de Nova York e abalaram as atividades comerciais de inúmeras empresas. O terrorismo instila o medo nos consumidores, que deixam de comprar, o que leva a uma potencial recessão econômica. Os setores de hotelaria, aviação, entretenimento e varejo podem ser particularmente afetados. O terrorismo também afeta os mercados financeiros. Nos dias que se seguiram aos ataques de 11 de setembro, o valor do mercado acionário norte-americano despencou cerca de 14 por cento.[15]

## Tipos de risco-país produzidos pelo sistema legal

O risco-país também surge em decorrência de peculiaridades dos sistemas legais nacionais. Especialmente relevantes aos negócios internacionais são o *direito comercial*, que abrange especificamente as transações comerciais, e o *direito privado*, que regula as relações entre as pessoas e as organizações, incluindo contratos, e os riscos provocados pela conduta negligente. Em muitos países, o sistema legal favorece a população nativa. As leis destinam-se a promover os interesses dos negócios locais e da economia local.

Os sistemas legais tanto no país anfitrião quanto no de origem impõem vários desafios às empresas.

### Risco-país decorrente do ambiente legal no país anfitrião

O governo do país anfitrião pode impor uma série de condições legais às empresas estrangeiras que atuam ali.

### Leis de investimento estrangeiro

Essas leis afetam os tipos de estratégia de entrada disponíveis às empresas, bem como suas operações e desempenho. Muitas nações impõem restrições à entrada de investimento direto estrangeiro (IDE). Por exemplo, no Japão, o *daitenhoo* (lei das lojas de varejo de grande escala) coibiu estrangeiros de abrir lojas no estilo atacadista como Walmart e Toys "Я" Us, restringindo as operações de gigantes varejistas. Estes devem obter a aprovação dos concorrentes locais, em um processo minucioso e demorado. Na Malásia, as empresas que desejam investir em negócios locais devem obter a permissão do Malaysian Industrial Development Authority, que examina as propostas para garantir que se adequem às metas da política nacional. Os Estados Unidos restringem investimentos estrangeiros que julgam afetar a segurança nacional; os de grande porte devem ser examinados pelo U.S. Committee on Investments. Em 2006, o Congresso norte-americano opôs-se ferozmente a uma transação que concederia o controle de vários portos do país à Dubai Ports World, uma empresa sediada nos Emirados Árabes Unidos. Sob forte oposição do público e do Congresso norte-americanos, a empresa acabou abandonando seus planos de investimento.

## Controles sobre formas e práticas de operação

Os governos impõem leis e regulamentações concernentes a como as empresas devem conduzir as atividades de produção, marketing e distribuição dentro de suas fronteiras. Essas restrições podem reduzir a eficiência e a eficácia empresariais, ou ambas. Por exemplo, o país anfitrião pode exigir que as empresas obtenham permissões de importação ou exportação. Podem-se elaborar regulamentações complexas que complicam as atividades de transporte e logística ou limitam as opções de estratégia de entrada. No imenso mercado chinês de telecomunicações, o governo exige que os investidores formem *joint ventures* com empresas locais; as operações locais não podem ser de propriedade integral de estrangeiros. O objetivo governamental é garantir que a China mantenha o controle de sua indústria de telecomunicações e receba a transferência de tecnologia, conhecimento e capital.

## Leis de marketing e distribuição

Essas leis determinam as práticas permitidas para fins de propaganda, promoção e distribuição. Por exemplo, Finlândia, França, Noruega e Nova Zelândia proíbem a publicidade de cigarro na televisão. A Alemanha proíbe em larga escala a propaganda comparativa, em que uma marca é exaltada como superior em relação a um concorrente específico. Muitos países estabelecem o preço máximo de bens e serviços essenciais, tais como alimentos e assistência médica. Tais restrições afetam o marketing e a lucratividade das empresas. As leis que regulamentam a segurança de produtos e a responsabilidade civil tornam fabricantes e vendedores responsáveis por danos, ferimentos ou morte causados por defeitos em produtos. No caso de violações, as empresas e seus executivos estão sujeitos a penalidades legais, tais como multas ou prisão, bem como a processos civis. Em oposição às economias avançadas, as leis de responsabilidade civil costumam ser frouxas nos países em desenvolvimento, e alguns tiram proveito dessa fragilidade. Por exemplo, à medida que os litigantes atacavam a indústria do tabaco na Europa e nos Estados Unidos, essas empresas transferiram grande parte de sua comercialização de cigarros para os países em desenvolvimento.

## Leis de repatriação de lucro

As multinacionais lucram em vários países e geralmente buscam meios de transferir esses fundos de volta ao país de origem. Entretanto, em alguns casos, os governos elaboram leis que restringem tal prática. Com frequência se tomam ações no sentido de preservar as moedas fortes, como euro, dólar norte-americano ou iene japonês. As restrições à repatriação limitam a quantidade de renda líquida ou dividendos que as empresas podem remeter à matriz. Embora tais restrições normalmente desestimulem a entrada de IDE, são comuns em países que sofrem por escassez de moeda forte.

## Leis ambientais

Os governos também criam leis para preservar os recursos naturais, combater a poluição e o abuso contra o ar, a terra e a água e garantir a saúde e a segurança. Na Alemanha, as empresas devem seguir rigorosas regulamentações referentes à reciclagem. O ônus de reciclar a embalagem de produtos é transferido a fabricantes e distribuidores. No entanto, os governos tentam conciliar as leis ambientais com o impacto que elas podem exercer sobre o emprego, o espírito empreendedor e o desenvolvimento econômico. Por exemplo, os padrões ambientais no México são mais frouxos ou menos rígidos do que em outros países, mas o governo mexicano reluta em torná-los mais rigorosos por temer a redução de investimentos das multinacionais estrangeiras.

## Leis contratuais

Os contratos internacionais atribuem direitos, deveres e obrigações às partes envolvidas. São utilizados em cinco principais tipos de transação comercial: (1) venda de bens ou serviços, sobretudo de grande porte, (2) distribuição dos produtos de uma empresa por meio de distribuidores estrangeiros, (3) licenciamento e franquia — isto é, uma relação contratual que permite que uma empresa utilize a propriedade intelectual de outra, suas ferramentas de marketing e outros ativos, (4) IDE, especialmente nos casos em que isso se dá em colaboração com uma entidade estrangeira, com o propósito de criar e operar uma subsidiária no exterior e (5) *joint ventures* ou outros tipos de cooperação internacional.

Verifica-se certa convergência para um padrão internacional de contratos de venda entre países. Em 1980, as Nações

Unidas instituíram a CISG (do inglês *Convention on Contracts for the International Sale of Goods*), um texto legal uniforme para contratos internacionais de venda. Mais de 70 países aderiram à CISG, abrangendo cerca de três quartos de todo o comércio mundial. A menos que expressamente excluído dos termos contratuais, a CISG substitui qualquer outra lei doméstica aplicável no que se refere a uma transação internacional de venda.

### Regulamentações de Internet e comércio eletrônico

Atualmente, essas regulamentações constituem a nova fronteira dos sistemas jurídicos, como ressalta a seção "Tendência Global" desde capítulo. As leis de Internet e comércio eletrônico ainda estão em evolução. As empresas que fazem comércio eletrônico em países com leis frouxas expõem-se a um considerável risco. Na China, o governo elaborou uma legislação para assegurar a segurança e a privacidade devido à rápida expansão da Internet e do comércio eletrônico. Muitas de suas leis de privacidade do consumidor devem ainda ser decretadas, e seu progresso tem sido postergado devido ao desenvolvimento de métodos de proteção de dados privados contra olhares criminosos ou da concorrência. A proteção aos métodos de aquisição pela Internet foi implementada com a recente adoção das leis de assinatura eletrônica. Entretanto, a aplicação dessas leis na China continua inconsistente.

## Risco-país decorrente do ambiente legal no país de origem

Além de seguir as leis do país anfitrião, os gestores de empresas devem aderir às leis de seu país de origem. Vamos analisar essas considerações legais. A **extraterritorialidade** refere-se à aplicação de leis do país de origem a pessoas ou condutas fora das fronteiras nacionais. Na maioria dos casos, essas leis são aplicadas em uma tentativa de processar indivíduos ou empresas localizadas no exterior, por algum tipo de transgressão.

Não faltam exemplos de extraterritorialidade nos negócios internacionais. Por exemplo, um tribunal francês recentemente ordenou que a Yahoo! barrasse o acesso a itens relacionados ao nazismo em seu site Web na França e que removesse mensagens, imagens e literatura de seus sites acessáveis na França e nos Estados Unidos.[16] Em 2001, os Estados Unidos decretaram o Patriot Act autorizando o governo norte-americano a confiscar fundos mantidos por bancos não norte-americanos no país. A União Europeia processou a Microsoft por práticas monopolistas no desenvolvimento e venda de seu software de sistema operacional. Os monopólios são considerados danosos porque aumentam os custos de transação e os de anuência e regulatórios, além de acarretar considerável nível de incerteza.

### Foreign Corrupt Practices Act (FPCA)

Aprovado pelo governo norte-americano em 1977, o FPCA tornou ilegal uma empresa oferecer suborno a parceiros estrangeiros com o propósito de conquistar ou renovar negócios. Essa lei surgiu em uma época em que mais de 400 empresas norte-americanas admitiam subornar autoridades governamentais e políticos estrangeiros. Ela foi reforçada em 1998 com outras emendas anticorrupção para empresas e gestores estrangeiros que se envolvessem em atos corruptos enquanto estivessem nos Estados Unidos. O FCPA também exige que as empresas com títulos listados no país atendam às provisões contábeis. Toda empresa nessa situação deve elaborar e manter um sistema contábil que controle e registre com rigor todos os gastos.[17] Entretanto, a definição de 'suborno' não é claramente especificada no FCPA. Por exemplo, a lei estabelece uma distinção entre suborno e 'facilitação' de pagamentos, a qual pode ser permitida, caso isso não viole as leis locais.[18]

Muitos países não possuem leis anticorrupção para transações internacionais. Alguns executivos norte-americanos

TENDÊNCIA GLOBAL

## O comércio eletrônico e as leis internacionais

Embora ainda represente uma pequena fração das transações mundiais, o comércio eletrônico internacional cresce rapidamente. Ele opera em um espaço eletrônico não delimitado por fronteiras geográficas ou nacionais e reduz as tradicionais barreiras de distância dos mercados e a falta de informações sobre as oportunidades de mercado. A World Wide Web permanece como um 'território a desbravar' dos negócios internacionais, uma vez que a maioria dos países carece de proteção legal adequada. O comércio eletrônico está repleto de questões jurídicas espinhosas. Por exemplo, indivíduos ou empresas que inserem informações, fotos ou músicas na Internet podem estar violando as leis de propriedade intelectual. Embora os contratos eletrônicos estejam no formato digital, a atual lei de contratos geralmente cobre somente os documentos impressos. Os consumidores que utilizarem a Internet para fazer compras com cartões de crédito correm o risco de roubo de identidade e fraude.

A tributação do comércio eletrônico internacional revela-se complexa porque em geral é difícil definir a mercadoria vendida on-line. Softwares, livros e músicas constituem produtos? Ou serviços? Para fins tributários, de modo geral, ambas as categorias são tratadas de modo diferente. O comércio eletrônico pode burlar tarifas e outras barreiras comerciais. Atualmente, a maior parte do comércio eletrônico é isenta de tarifas aduaneiras, sobretudo devido às complicações técnicas de tarifar esse tipo de fluxo. Uma questão correlata refere-se ao local da venda. Quando um consumidor japonês adquire um software no site Web da Microsoft — sediada nos Estados Unidos —, a venda origina-se no Japão ou nos Estados Unidos? Essas questões não afetam somente a tributação, mas também a jurisdição legal, no caso de uma disputa entre compradores e vendedores.

Estruturas jurídicas inadequadas afetam o crescimento do comércio eletrônico global, e por isso as organizações internacionais estão concentrando esforços para elaborar leis internacionalmente aplicáveis. Por exemplo, a United Nations Commission on International Trade Law (UNCITRAL) desenvolveu uma lei-modelo para o comércio eletrônico. Essa lei garante que as transações eletrônicas sejam legalmente reconhecidas e que exista um curso de ação para aplicá-las. Ela também fornece diretrizes para tratar documentos jurídicos eletrônicos (como contratos) como equivalentes às versões impressas.

O modelo da UNCITRAL serve apenas como um guia, e os governos nacionais não estão sujeitos a ele. As leis de comércio eletrônico estão evoluindo de forma diferente em países diferentes. Cada regulamentação representa os valores e as perspectivas distintivas de cada nação. A resultante falta de consistência gera conflitos entre jurisdições nacionais. Ao criar uma lei de comércio eletrônico, alguns governos favorecem controle e regulamentação rígidos. Outros optam por um enfoque mais liberal, não intervencionista. Aqueles a favor da intervenção governamental argumentam, por exemplo, que a Internet pode expor os cidadãos a pornografia, jogos ou fraudes. Muitos desejam tributar o comércio eletrônico e sujeitá-lo aos controles do comércio internacional. Por outro lado, aqueles que preferem um enfoque mais liberal alegam que a Internet tem o potencial de transformar as economias nacionais e amenizar a pobreza global. Eles se opõem a uma forte intervenção governamental por seu risco inerente de retardar o ritmo do desenvolvimento global do comércio eletrônico e da economia.

De acordo com especialistas, as estruturas regulatórias em desenvolvimento devem ser regidas por princípios consistentes que levem a resultados previsíveis, independentemente de onde residam compradores e vendedores. As autoridades responsáveis pela aplicação das leis necessitam cooperar em nível internacional para reduzir o crime pela Internet. A confiança é a base do sucesso das transações de comércio eletrônico, e estruturas legais fortes são necessárias para promover sua credibilidade. Os governos devem elaborar estruturas legais que reconheçam e assegurem a segurança dos sistemas eletrônicos de pagamento e a privacidade dos dados on-line. As estruturas jurídicas devem atingir o equilíbrio correto para garantir que o comércio internacional prospere, sem serem restritivas a ponto de prejudicar seu futuro promissor.

Fontes: PRIMO BRAGA, C."E-commerce regulation: new game, new rules?". *Quarterly Review of Economics and Finance*. 45(2/3):541-58, 2005; WTO. Seminário "Electronic commerce and development: summary report". Genebra: Organização Mundial do Comércio, 19 fev. 1999; NAÇÕES UNIDAS. UNCITRAL. *Model law on electronic commerce guide to enactment*. Nova York: Nações Unidas, 1999.

argumentaram que o FCPA prejudica seus interesses porque os concorrentes internacionais não costumam ser restringidos por esse tipo de lei. As penalidades criminais e civis do FCPA tornam-se cada vez mais rigorosas. As empresas podem ser multadas em até US$ 2 milhões, enquanto os indivíduos, em US$ 100.000, além de enfrentar a prisão.

## Regulamentações antiboicote

Essas regulamentações do país de origem evitam que as empresas participem de práticas comerciais restritivas ou boicotes impostos por um país estrangeiro a outro. As empresas não podem participar de boicotes baseados na discriminação por raça, religião, gênero ou origem nacional. Por exemplo, algumas nações árabes há muito tempo boicotam o comércio com o Estado de Israel em função de conflitos políticos e demandam que qualquer parceiro de negócios estrangeiro também siga essa diretriz. As regulamentações antiboicote aprovadas pelo Congresso norte-americano em 1977 proibiram efetivamente que as empresas norte-americanas participem do boicote a Israel ao atuar nessas nações árabes.

## Leis de contabilidade e demonstração de resultados

As práticas e os padrões contábeis diferem muito pelo mundo. E essas diferenças impõem dificuldades às empresas, embora também criem oportunidades. Por exemplo, ao fazer a avaliação de ações e outros títulos, a maioria dos países usa o que for inferior entre o custo e o valor de mercado. Entretanto, o Brasil incentiva as empresas a ajustar a valoração de seus portfólios por causa de seu histórico de inflação alta. Ao fazer a avaliação de ativos físicos como fábricas e equipamentos, o Canadá e os Estados Unidos utilizam os custos históricos. Inúmeros países da América Latina preferem o valor de mercado ajustado pela inflação. Nos Estados Unidos, as empresas podem dar baixa contábil em créditos não recebíveis. Essa concessão não é permitida na França, na Espanha e na África do Sul. Os custos de pesquisa e desenvolvimento são considerados despesas na maior parte do mundo, mas capitalizados na Coreia do Sul e na Espanha. Bélgica, Malásia e Itália utilizam ambas as convenções.

## Transparência nos informes financeiros

O momento e a transparência dos informes financeiros variam amplamente pelo mundo. A **transparência** é o grau em que as empresas revelam informações consistentes e regulares, sobre sua situação financeira e práticas contábeis. Por exemplo, nos Estados Unidos, as empresas públicas devem apresentar seus resultados financeiros aos acionistas e ao Securities and Exchange Commission trimestralmente. Na maior parte do mundo, entretanto, os demonstrativos financeiros devem ser apresentados uma vez por ano ou com menos frequência, e geralmente carecem de transparência. Uma maior transparência não só melhora o ambiente para tomada de decisões comerciais, mas também aprimora a capacidade dos cidadãos de considerar as empresas confiáveis.

Em uma tentativa de frear a corrupção em seu meio empresarial, o Congresso norte-americano aprovou em 2002 a lei Sarbanes-Oxley para promover maior transparência nas práticas contábeis. Essa legislação abrangente foi aprovada para impedir abusos contábeis e administrativos. Surgiu na esteira dos escândalos de fraudes de auditoria em corporações como Enron e Worldcom. A lei torna os principais executivos das empresas, inclusive da área financeira, pessoalmente responsáveis pela exatidão dos relatórios anuais e outros dados financeiros. As afiliadas estrangeiras de empresas norte-americanas e também as empresas estrangeiras com significativo nível de operações nos Estados Unidos devem aderir às disposições da Sarbanes-Oxley. As europeias, como Royal Dutch Shell (Holanda e Reino Unido), Royal Ahold (Holanda), Parmalat (Itália) e Vivendi (França), também foram recentemente acusadas de irregularidades administrativas e contábeis.

Entretanto, uma grande desvantagem das reformas da Sarbanes-Oxley é o custo de adesão — estimado em dezenas de bilhões de dólares e milhões de horas de trabalho — para modificar ou implementar sistemas de controles contábeis internos. Para evitar essas rigorosas exigências financeiras, algumas empresas europeias estão reduzindo seus investimentos nos Estados Unidos e várias delas retiraram o registro dos mercados de ações nesse país.[19] Nesse ínterim, alguns governos da Europa exigiram padrões mais rígidos nas práticas contábeis europeias.

## Valores e práticas éticas

A *ética* refere-se ao comportamento moral de pessoas, empresas ou governos. De modo geral, as questões éticas surgem, ou podem ser exacerbadas, em decorrência de deficiências nos sistemas legais. A *corrupção* representa uma forma extrema de conduta antiética. Ela envolve o uso de práticas ilegais ou imorais, sobretudo o suborno e a fraude, para atingir objetivos comerciais. Subornos podem ser oferecidos para conquistar acesso a importantes mercados e realizar negócios no exterior. No texto de abertura deste capítulo, vimos que a corrupção desenfreada levantou dúvidas sobre a evolução dos sistemas jurídicos na Rússia. Na Alemanha, executivos pagaram US$ 13 milhões em suborno durante a construção de uma usina de incineração de resíduos. O projeto da usina hidrelétrica de Yacyretá na fronteira entre Argentina e Paraguai, construída com apoio do Banco Mundial, não atingiu as metas de produção de energia, e grande parte do investimento de US$ 1,87 bilhão foi gasto de modo fraudulento.[20] A corrupção empresarial ocorre em toda sociedade, mas é particularmente comum nas economias em desenvolvimento.

Um estudo constatou que mais de 30 por cento das multinacionais acredita que a corrupção constitui uma séria preocupação nas decisões de investimento mundial. As Nações Unidas estimam que o total de suborno pago anualmente se aproxima de US$ 1 trilhão.[21] Em um esforço para combater a corrupção internacional, os Estados Unidos aprovaram o Foreign Corrupt Practices Act, descrito anteriormente. Além disso, em 1996 a Câmara do Comércio Internacional adotou as "Regras de conduta para combate à extorsão e ao suborno", e as Nações Unidas publicaram a "Declaração contra corrupção e suborno nas transações comerciais internacionais". Em 1998, a Organização para a Cooperação e Desenvolvimento Econômico (OECD) divulgou seu próprio acordo anticorrupção. Seus 30 membros (essencialmente, todas as economias avançadas), mais alguns países latino-americanos, assinaram o acordo. Por fim, organizações internacionais como Nações Unidas, Banco Mundial e Fundo Monetário Internacional lançaram programas de combate à corrupção internacional.

A Figura 6.5 mostra o nível de corrupção mundial conforme a percepção de executivos envolvidos em negócios internacionais. O Índice de Percepções da Corrupção é fornecido pela Transparência Internacional (www.transparency.org), uma organização que investiga condutas ilícitas pelo mundo. Os países com as pontuações mais altas possuem os níveis mais baixos de corrupção, tais como Canadá, Finlândia, Nova Zelândia e Dinamarca. Aqueles com as pontuações mais baixas possuem os níveis mais altos de corrupção, tal como a maioria dos países da África e os antigos Estados da União Soviética. Note-se que a corrupção tende a se correlacionar com o desenvolvimento econômico. Quanto menos economicamente desenvolvida for uma nação, mais provável que ela sofra com a corrupção. Essa relação indica um dilema crucial no desenvolvimento econômico — o comércio e os investimentos podem ajudar a reduzir a pobreza, mas as multinacionais relutam em fazer negócios com nações que exibem altos níveis de corrupção.

A corrupção representa uma ameaça ao desenvolvimento nacional e à instabilidade interna e predomina onde há falta de transparência. Ela prejudica os mais pobres nas sociedades, que podem ser forçados a pagar suborno para obter acesso a vários bens e serviços, tais como água, eletricidade e telefone. Os altos níveis de corrupção são associados a baixos níveis de entrada de IDE. Em outras palavras, as empresas tendem a não investir em países altamente corruptos.[22] A corrupção tem sido um fator recorrente em projetos recentes de construção no Iraque, no Afeganistão e em países devastados pelo desastre do *tsunami* no Oceano Índico. Cerca de 10 por cento dos US$ 4 trilhões gastos anualmente em obras de construção é desperdiçado com suborno e corrupção.[23]

Estudos indicam que a corrupção tende a ser mais baixa em países que estão fortemente integrados à economia global, possuem sistemas contábeis e de informação altamente transparentes, aplicam de forma consistente as leis anticorrupção e contam com governos comprometidos com a redução das práticas antiéticas.[24]

## Administração do risco-país

Embora o risco-país seja mais comum em nações com substancial intervenção governamental, na realidade, ele pode ocorrer em qualquer lugar. Por conseguinte, os gestores de empresas enfrentam com frequência o desafio de desenvolver estratégias para minimizar esse risco. Aqueles mais experientes tentam prever e sistematicamente administrá-lo. Tomam medidas preventivas para reduzir a exposição prejudicial e os efeitos adversos. Na discussão a seguir, ressaltamos cinco estratégias específicas que os executivos podem empregar para administrar o risco-país.

### Avaliação preventiva do mercado

Prever o risco-país requer uma pesquisa avançada. De início, os gestores devem adquirir um conhecimento abrangente do ambiente político e legal dos países visados. A seguir, dedicam-se a *examinar* os riscos e as ameaças potenciais para a empresa. Esse exame permite a melhoria das práticas de modo que estejam em conformidade com as metas e os padrões das leis locais e de suas entidades políticas, resultando na criação de um ambiente positivo para o sucesso dos negócios.

Uma das melhores fontes de inteligência nesse processo de avaliação são os funcionários que trabalham no país anfitrião. Em geral, estão conectados aos acontecimentos em curso e podem avaliá-los no contexto da história, cultura e política local. As autoridades das embaixadas e das associações comerciais também podem desenvolver e analisar de modo regular a inteligência da cena política local. Algumas consultorias, como o PRS Group (www.prsgroup.com) e a Business Entrepreneurial Risk Intelligence (www.beri.com), especializam-se na avaliação de risco-país e fornecem diretrizes para respostas estratégicas adequadas. Após ter pesquisado o clima político e as contingências do ambiente-alvo, a empresa elabora e implementa estratégias para facilitar a efetiva administração das relações com estrategistas e outros contatos úteis no país anfitrião. A empresa então toma medidas para minimizar sua exposição a um risco-país que ameace seu desempenho.

## Adesão rigorosa aos padrões éticos

A conduta ética é essencial não só por si mesma, mas também porque ajuda a isolar a empresa de algum risco-país que outras empresas podem vir a encontrar. Aquelas que se envolvem em práticas questionáveis, ou operam fora da lei, naturalmente incitam à reparação os governos dos países anfitriões onde fazem negócios.

A tendência de responsabilidade social corporativa (RSC) visa a melhoria dos padrões éticos nos negócios. A **responsabilidade social corporativa** refere-se à operação de um negócio de modo a atender ou exceder às expectativas éticas, legais, comerciais e públicas das partes interessadas (clientes, acionistas, funcionários e comunidades). A ideia de que as corporações podem e devem ser boas cidadãs, e de que a boa cidadania exige mais do que simplesmente assegurar empregos e pagar impostos, está-se espalhando pelo mundo. A RSC implica que as empresas devem agir não só para maximizar seus lucros, mas de modo a beneficiar a sociedade.

Cada vez mais, as empresas elaboram estratégias de negócios que simultaneamente acentuam o bem-estar público e salvaguardam o meio ambiente.[25] Há inúmeras formas de conduta responsável para empresas internacionais, como: seguir as leis locais e internacionais, não discriminar ao contratar ou promover pessoal, oferecer salários adequados, assegurar a saúde e a segurança no ambiente de trabalho, instituir um sistema justo de horas de trabalho regulares e extras, abolir o trabalho infantil e prover a devida proteção ao meio ambiente.[26]

### Aliança com parceiros locais qualificados

Um enfoque prático à redução do risco-país consiste em ingressar nos mercados visados em colaboração com um

Figura 6.5 Índice de Percepções da Corrupção, IPC 2006

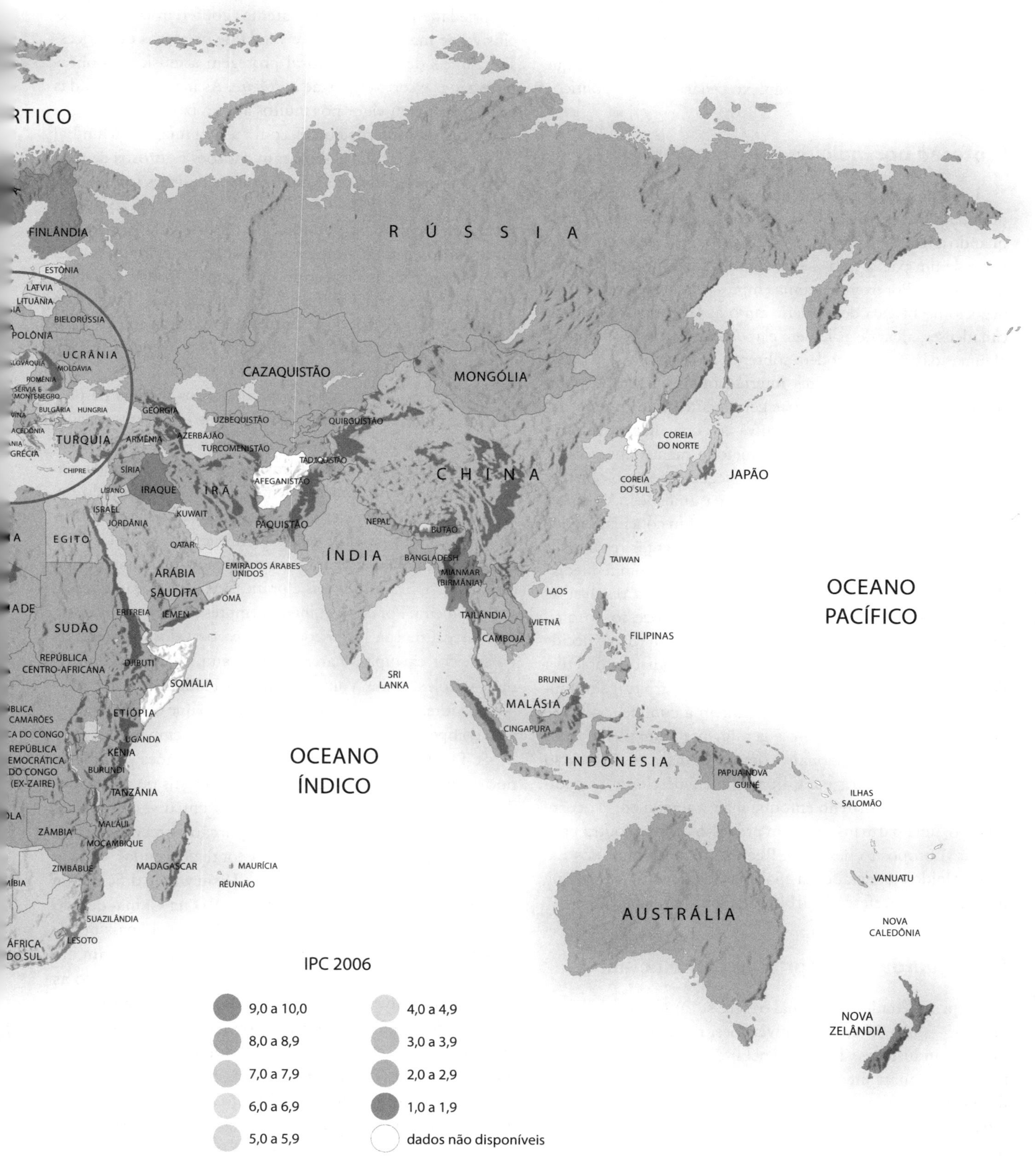

RTICO
FINLÂNDIA
ESTÔNIA
LATVIA
LITUÂNIA
BIELORÚSSIA
POLÔNIA
UCRÂNIA
MOLDÁVIA
ROMÊNIA
SÉRVIA E MONTENEGRO
BULGÁRIA
HUNGRIA
TURQUIA
GRÉCIA
CHIPRE
GEÓRGIA
ARMÊNIA
AZERBAJÃO
R Ú S S I A
CAZAQUISTÃO
MONGÓLIA
UZBEQUISTÃO
QUIRGUISTÃO
TURCOMENISTÃO
TADJIQUISTÃO
AFEGANISTÃO
SÍRIA
LÍBANO
IRAQUE
IRÃ
ISRAEL
JORDÂNIA
KUWAIT
PAQUISTÃO
NEPAL
BUTÃO
C H I N A
COREIA DO NORTE
COREIA DO SUL
JAPÃO
EGITO
QATAR
ARÁBIA SAUDITA
EMIRADOS ÁRABES UNIDOS
OMÃ
ÍNDIA
BANGLADESH
MIANMAR (BIRMÂNIA)
TAIWAN
LAOS
SUDÃO
ERITREIA
IÊMEN
TAILÂNDIA
VIETNÃ
CAMBOJA
FILIPINAS
OCEANO PACÍFICO
REPÚBLICA CENTRO-AFRICANA
DJIBUTI
SOMÁLIA
SRI LANKA
BRUNEI
MALÁSIA
CINGAPURA
ETIÓPIA
CAMARÕES
UGANDA
QUÊNIA
REPÚBLICA DEMOCRÁTICA DO CONGO (EX-ZAIRE)
BURUNDI
OCEANO ÍNDICO
INDONÉSIA
PAPUA-NOVA GUINÉ
ILHAS SALOMÃO
TANZÂNIA
MALAUI
ZÂMBIA
MOÇAMBIQUE
ZIMBÁBUE
MADAGASCAR
MAURÍCIA
RÉUNIÃO
VANUATU
AUSTRÁLIA
NOVA CALEDÔNIA
SUAZILÂNDIA
LESOTO
ÁFRICA DO SUL
NOVA ZELÂNDIA
IPC 2006
9,0 a 10,0
8,0 a 8,9
7,0 a 7,9
6,0 a 6,9
5,0 a 5,9
4,0 a 4,9
3,0 a 3,9
2,0 a 2,9
1,0 a 1,9
dados não disponíveis

parceiro local experiente e confiável. Parceiros locais qualificados estão mais bem informados sobre as condições locais e mais bem situados para estabelecer relações estáveis com o governo local. Por exemplo, devido aos vários desafios na China e na Rússia, é comum as empresas ocidentais entrarem nesses países por meio de parceria com empresas locais que as ajudam a navegar pelo complexo cenário legal e político.

## Proteção por meio de contratos legais

Um contrato legal especifica os direitos e as obrigações de cada parte envolvida e revela-se especialmente importante quando a relação dá errado. A legislação que rege os contratos varia de um país a outro, e as empresas devem seguir os padrões locais. Por exemplo, uma empresa canadense realizando negócio na Bélgica deve aderir tanto às leis belgas quanto às canadenses, além de às leis em elaboração da União Europeia, algumas das quais se podem sobrepor às belgas.

As disputas contratuais internacionais surgem de tempos em tempos, e as empresas geralmente aplicam uma das seguintes abordagens para resolvê-las: conciliação, arbitragem e litígio. A *conciliação* é o método menos antagônico. Trata-se de um processo formal de negociação cujo objetivo é solucionar as divergências de forma amigável. As partes envolvidas em uma contenda recorrem a um conciliador, que se reúne em separado com cada uma para tentar resolver as diferenças. As partes também podem usar um comitê mediador — grupos de cidadãos informados — para resolver as disputas civis. A *arbitragem* constitui um processo no qual uma terceira parte ouve ambos os lados de um caso e decide a favor de um deles, com base em uma avaliação objetiva dos fatos. Em comparação com o litígio, a arbitragem poupa tempo e dinheiro, enquanto mantém a confidencialidade dos processos. A arbitragem é geralmente administrada por organizações supranacionais, como a Câmara de Comércio Internacional de Paris e a Câmara de Comércio de Estocolmo. O *litígio* consiste no enfoque mais antagônico, e, ocorre quando, uma parte instaura um processo contra a outra para atingir o propósito desejado. Recurso mais comum nos Estados Unidos, é evitado na maioria dos demais países, que normalmente preferem a arbitragem ou a conciliação.

## Salvaguarda da propriedade intelectual

A propriedade intelectual refere-se à *propriedade industrial* — isto é, patentes, invenções, marcas registradas e projetos industriais. Também inclui direitos autorais, como no caso de obras literárias, música e arte, bem como livros, filmes e programas de TV. De modo geral, a propriedade intelectual forma a base da vantagem competitiva e do desempenho de longo prazo de um negócio. As empresas empenham-se muito para proteger seus ativos intelectuais e manter sua capacidade de desenvolver e oferecer produtos competitivos aos clientes.

Os governos implementam salvaguardas para proteger a propriedade intelectual. As patentes conferem o direito exclusivo de manufatura, uso e venda de produtos ou processos. As leis de direito autoral protegem a música, as obras publicadas e certos tipos de *software*. As marcas registradas permanecem em vigor por muitos anos a partir de seu registro. Entidades internacionais como a Organização Mundial do Comércio (OMC) elaboraram padrões rigorosos de proteção à propriedade intelectual. Outros padrões foram estabelecidos pela WIPO — World Intellectual Property Organization (organização mundial de propriedade intelectual) e por vários tratados internacionais, como a International Convention for the Protection of Industrial Property Rights (convenção internacional para a proteção dos direitos de propriedade industrial) e a Burton Convention for the Protection of Literary and Artistic Works (convenção Burton para a proteção de obras literárias e artísticas).

Apesar dessas proteções, contudo, a dos **direitos de propriedade intelectual** — o direito legal que empresas e indivíduos detêm sobre seus ativos proprietários — não é garantido em muitas partes do mundo. Para começar, as leis decretadas em um país aplicam-se somente dentro dele, não conferindo nenhuma proteção no exterior. Muitos países não são membros da WIPO ou de qualquer outra organização de tratados. Mecanismos práticos para garantir a proteção podem inexistir ou serem mal aplicados. As leis e práticas de cada nação diferem sobremaneira. Por conseguinte, as empresas correm o risco da perda local de sua propriedade e uma desvalorização dessas posses. Por exemplo, marcas globais amplamente reconhecidas — Rolex, Loius Vuitton e Tommy Hilfiger, dentre outras — são vítimas frequentes de falsificação, o que corrói a vantagem competitiva e o valor da marca de uma empresa.

A Tabela 6.5 resume as perdas, em milhões de dólares norte-americanos, resultantes de cópias ilegais ou pirateadas de filmes, músicas, *software* e livros em diversos países (veja a coluna de Perdas) e a proporção percentual entre a venda de itens pirateados e o total de vendas (veja a coluna de Níveis). Por exemplo, a Disney teve dificuldade em lançar seu negócio de filmes em DVD na China, devido à desenfreada falsificação local. Os DVDs originais de filmes como *Procurando Nemo* e *O Rei Leão* custavam até dez vezes mais do que as versões falsificadas, reduzindo as vendas a um nível ínfimo.[27] Na Rússia, sites Web ilícitos vendem *downloads* de música popular por meros 5 centavos cada, ou seja, menos de um dólar norte-americano por CD. Os sites ilegais fazem sucesso com fãs de música do mundo todo em busca de *downloads* baratos. Esses sites são facilmente acessados por consumidores virtuais em países onde eles seriam processados pelas leis de propriedade intelectual. As leis russas relacionadas à falsificação

Tabela 6.5 Estimativa de perdas resultantes da pirataria em direitos autorais (em US$ milhões) e níveis de pirataria (percentuais) em uma amostra de países, 2005
Perdas: reprodução ilegal ou pirataria de filmes, músicas, *softwares* e livros.
Níveis: a proporção de itens pirateados vendidos em relação ao total de vendas.

| País | Discos e músicas | | *Softwares* corporativos | | *Softwares* de entretenimento | | Livros | Total |
|---|---|---|---|---|---|---|---|---|
| | Perdas | Níveis | Perdas | Níveis | Perdas | Níveis | Perdas | Perda |
| Brasil | $177 | 40% | $497 | 62% | $159 | 88% | $18 | $851 |
| China | 203 | 85% | 1.488 | 90% | 510 | 90% | 50 | 2,251 |
| Índia | 53 | 55% | 318 | 70% | 86 | 82% | 40 | 497 |
| Itália | 48 | 27% | 716 | 50% | 648 | 40% | 20 | 1,432 |
| México | 487 | 67% | 296 | 63% | 182 | 85% | 41 | 1,006 |
| Filipinas | 50 | 62% | 35 | 72% | NA | NA | 49 | 134 |
| Polônia | 24 | 35% | 264 | 58% | NA | 75% | NA | 288 |
| Rússia | 423 | 65% | 1.433 | 83% | 282 | 72% | 42 | 2,180 |
| Arábia Saudita | 20 | 50% | 112 | 51% | NA | NA | 8 | 140 |
| Ucrânia | 30 | 60% | 290 | 85% | NA | NA | NA | 320 |

Fonte: "International Intellectual Property Alliance (IIPA)". *Special 301 Data Estimates*, fev. 2007. Copyright© 2007 IIPA. Reproduzido com permissão.

costumam ser insuficientes para frustrar esses crimes, e sua aplicação deixa a desejar.[28]

A proteção aos direitos de propriedade intelectual constitui um problema perene, sobretudo para empresas que se internacionalizam por meio de IDE, licenciamento e modos colaborativos. Particularmente suscetíveis são os setores farmacêutico, de *software*, editorial e de música. As empresas podem requerer proteção à Paris Convention for the Protection of Industrial Property, um acordo internacional destinado a proteger os ativos proprietários em muitos países de forma simultânea, mas a proteção é limitada. Em última instância, as empresas devem buscar proteção em cada país, embora as leis de patente, marca registrada e direito autoral variem bastante em todo o mundo. Sua natureza e aplicação dependem de leis e práticas administrativas nacionais e de obrigações previstas em tratados. Seu cumprimento representa um grande desafio e depende da atitude de tribunais e órgãos competentes locais.

## ESTUDO DE CASO

# Espoliação de patentes: a nova guerra dos medicamentos

O mercado farmacêutico global de US$ 600 bilhões é dominado por cerca de dez laboratórios; cinco estão localizados na Europa e cinco nos Estados Unidos. Podemos citar: GlaxoSmithKline (Reino Unido), Novartis AG (Suíça), Merck (Estados Unidos), Pfizer (Estados Unidos) e Sanofi Aventis (França). A Europa e os Estados Unidos respondem por aproximados 25 e 50 por cento, respectivamente, das vendas mundiais de medicamentos. Essa indústria global enfrenta grandes desafios.

### Altos custos de P&D

A indústria farmacêutica dedica-se a pesquisa e desenvolvimento (P&D) em grande escala e intensiva para criar e comercializar medicamentos destinados a tratar de tudo, desde câncer até queda de cabelo. Milhares de medicamentos concedem às pessoas uma vida mais longa e mais saudável. A Europa e os Estados Unidos sediam as principais companhias farmacêuticas e as atividades de P&D desse setor. Elas se beneficiam de fortes leis de proteção a patentes e de abundante investimento de capital. De acordo com estatísticas setoriais, são necessários de 12 a 15 anos e mais de US$ 800 milhões em gastos com P&D para lançar no mercado um novo composto farmacêutico. Somente um em 10.000 compostos pesquisados e testados é aprovado para uso em pacientes. Apenas três de cada dez novos compostos aprovados atingem sucesso comercial suficiente para cobrir os custos de P&D. Por seus produtos bem-sucedidos, as indústrias farmacêuticas devem cobrar preços altos o bastante para recuperar não só os elevados custos de desenvolvimento, mas também para recuperar o prejuízo de produtos que nunca atingem lucro.

## Proteção limitada à propriedade intelectual

Os governos concedem patentes e outros tipos de proteção à propriedade intelectual. Na prática, tal proteção revela-se inadequada, sobretudo nos países em desenvolvimento. A Índia é um dos países mais pobres do mundo, e uma minoria de sua população pode adquirir assistência médica ou medicamentos. O país possui um histórico de frouxa proteção à propriedade intelectual, o que desestimulou as atividades de P&D e a inovação. Em 1972, uma grande revisão da lei de patentes indiana revogou todas as patentes farmacêuticas. Após essa mudança radical, os laboratórios farmacêuticos estrangeiros deixaram o país e inúmeros negócios de 'desmanche' surgiram. As novas empresas infringiam livremente as patentes de medicamentos e dedicavam-se a uma espécie de venda livre para todos no enorme mercado indiano. Elas faziam engenharia reversa com os compostos desenvolvidos por empresas europeias e norte-americanas e começaram a vender genéricos pirateados a preços bem inferiores. As indústrias farmacêuticas estrangeiras recorreram a ações legais contra essas violações, mas, na ausência de uma rigorosa proteção a patentes e com pouca concorrência local, os fabricantes indianos de genéricos prosperaram.

## O desafio das marcas genéricas

Sob as regras da Organização Mundial do Comércio (OMC), uma patente protege o inventor de um medicamento da concorrência por até 20 anos. Na realidade, considerando-se a fase prolongada de testes e de aprovação, a vida efetiva de uma patente farmacêutica é geralmente inferior a 12 anos. O laboratório costuma ter somente um período de cinco a oito anos de proteção à patente para recuperar seu investimento antes da entrada legal dos genéricos no mercado. Uma vez expirada a patente, os fabricantes de genéricos têm o direito de produzir medicamentos originalmente inventados por grandes indústrias farmacêuticas. Os fabricantes de genéricos costumam vender seus produtos a preços muito baixos. As proteções às patentes são importantes porque incentivam a inovação ao conceder aos inventores uma oportunidade limitada de recuperar seus investimentos em P&D. Entretanto, as leis de proteção a patentes que regem o setor farmacêutico diferem muito ao redor do mundo.

Um *composto de marca* é produzido sob a proteção da patente por uma indústria farmacêutica que tenha empreendido uma atividade onerosa de P&D para inventar a droga. Anualmente, as companhias farmacêuticas investem cerca de 20 por cento de suas receitas em P&D para criar novos compostos. "Compostos genéricos aprovados", produzidos em países com regulamentações rígidas de bioequivalência, são comparáveis aos compostos de marca no que se refere a segurança, eficácia e uso. O principal motivo para que os fabricantes de genéricos possam cobrar preços inferiores está no fato de não incorrerem nos altos custos de P&D para desenvolver novas drogas. Como os medicamentos já estão estabelecidos no mercado, eles também incorrem em gastos substancialmente menores de marketing e vendas.

No mundo das drogas genéricas, a israelense Teva Pharmaceutical é o maior fabricante, com cerca de 12 por cento da participação de mercado mundial. A Teva fabrica genéricos de aproximadamente 150 compostos de marca. Ela e outros fabricantes de genéricos aumentaram muito sua participação no mercado mundial em anos recentes. Somente nos Estados Unidos, os medicamentos genéricos correspondem a mais da metade de todas as prescrições médicas. Quando uma patente de composto de marca expira, os fabricantes de genéricos começam a produzir suas versões quase imediatamente.

Por conseguinte, os preços no varejo do medicamento podem cair até 90 por cento em um período de 12 meses. A indústria farmacêutica de genéricos cresce rapidamente, em parte devido à crescente demanda por medicamentos nos países em desenvolvimento e naqueles com ineficiente proteção a patentes.

## Medicamentos falsificados

Muitos governos de país em desenvolvimento não conseguem garantir a bioequivalência de genéricos manufaturados em seu país. Em decorrência disso, há um setor em expansão de medicamentos falsificados e sem bioequivalência em nações como Argentina, Brasil, China e Índia. Devido à ameaça que representam os falsificadores, a indústria farmacêutica de marca gasta recursos expressivos para proteger suas patentes e seus direitos de propriedade intelectual pelo mundo. Eles têm tomado ações legais junto à OMC e contra países específicos. Em 1995, o acordo Trade-Related Aspects of Intellectual Property Rights (Trips) da OMC foi aprovado por aproximadamente 150 de seus países membros.

## Áreas terapêuticas negligenciadas

Grande parcela da pesquisa farmacêutica enfoca o desenvolvimento de tratamentos medicamentosos que possam dar retorno do custo de capital e gerar lucros. Por esses motivos, as indústrias farmacêuticas tendem a visar os mercados mais atraentes. Por exemplo, é muito mais provável que elas desenvolvam uma droga contra o câncer ou as doenças do sistema nervoso central (como as psiquiátricas) do que para enfermidades comuns em países pobres (como a tuberculose). Alguns nesse setor creem que a atividade de P&D é onerosa e arriscada demais para investir em doenças características de nações pobres.

Ao mesmo tempo, as iniciativas governamentais e privadas começaram a abordar essas realidades de mercado oferecendo pacotes de incentivo e parcerias público-privadas. Por exemplo, a Bill and Melinda Gates Foundation está investindo bilhões de dólares no combate a Aids, tuberculose e várias doenças infecciosas que afetam os países em desenvolvimento.

## Mais exposta à opinião pública

Com frequência, as ações da indústria farmacêutica são expostas à opinião pública. Por exemplo, o governo da África do Sul envolveu-se em um conflito com vários fabricantes de medicamentos de marca para Aids. Devido aos altos preços, o governo sancionou a importação de genéricos não aprovados. A reação dos laboratórios foi processar o país, o que criou uma reação adversa internacional contra eles. Não só o episódio gerou muita publicidade negativa a essas empresas, mas também divulgou mais a indústria de medicamentos genéricos aos consumidores, além de seu potencial para ajudar aqueles afetados pela pandemia da Aids. Na esteira do fiasco sul-africano, o Brasil e vários outros países ameaçaram quebrar patentes se os laboratórios não tornassem seus medicamentos mais acessíveis. Visando uma boa repercussão em relações-públicas, diversas indústrias farmacêuticas de marca começaram a oferecer suas drogas contra Aids a preços mais baixos na África. Ao todo, foram desenvolvidos no mínimo 88 medicamentos para tratar essa doença e condições correlatas. Os Estados Unidos e vários governos europeus ofereceram bilhões de dólares em subsídios para dar apoio a seu tratamento na África.

## O futuro

Sem uma proteção adequada aos direitos de propriedade intelectual, a indústria farmacêutica conta com menos incentivos para a descoberta de novas drogas. Ao mesmo tempo, os consumidores de países pobres necessitam de acesso aos medicamentos, mas não têm condições de adquiri-los. Leis ineficientes de propriedade intelectual facilitam a fabricação de drogas genéricas baratas; contudo, sem essas proteções, as principais indústrias farmacêuticas possuem menos incentivos para financiar uma atividade de P&D que resulte em novos tratamentos contra as doenças que assolam o mundo.

## Questões do estudo de caso

1. Especifique os tipos de risco-país enfrentados pela indústria farmacêutica nos negócios internacionais. Como os sistemas políticos e legais dos países afetam a indústria farmacêutica global?
2. As pessoas necessitam de medicamentos, porém os mais pobres geralmente não têm condições de adquiri-los. Os governos podem não oferecer subsídios a assistência médica e medicamentos. Enquanto isso, a indústria farmacêutica concentra seus esforços de P&D nos compostos com melhor perspectiva de retorno. Qual é o papel mais adequado dos seguintes grupos na resolução desses dilemas: governos nacionais, empresas farmacêuticas de marca e fabricantes de genéricos?
3. Consulte www.PhRMA.org, The Pharmaceutical Research and Manufacturers of America. Quais medidas a indústria de medicamentos de marca está tomando para tratar das questões éticas que enfrenta, como a do fornecimento de medicamentos a custo acessível para nações pobres?
4. Consulte o acordo Trips no portal da OMC (www.wto.org). Quais são os desdobramentos mais recentes desse tratado? Que tipos de proteção esse tratado oferece às indústrias farmacêuticas? Quais mecanismos de adesão a Trips oferece para garantir que essas proteções sejam cumpridas?
5. Recomende uma estratégia que a administração de uma grande indústria farmacêutica deve empregar para reduzir a probabilidade de riscos políticos e legais que esse tipo de empresa enfrenta. Que medidas devem ser tomadas para minimizar a exposição a esses riscos?

Fontes: GRABOWSKI, H.; VERNON, H.; DiMASI, J. "Returns on research and development for 1990s new drug introductions". *Pharmacoeconomics*. 20(suppl.3):11-29, 2002; TROUILLER, P. et al. "Drug development for neglected diseases: a deficient market and a public-health policy failure". *The Lancet*. 359:2188-94, jun. 2002; LOFGREN, H.; MALHOTRA, P. "India's pharmaceutical industry: hype or high tech takeoff". *Australian Health Review*. 28(2):182-93, 2004; SLATER, J. "Indian pirates turned partners; once copycats, its medication-makers emerge as industry powerhouses". Wall Street Journal. 13 nov. 2003; GLASS, G. "Patent attack". *Pharmaceutical Executive*. 25(4):76-81, 2005; "Survey: prescription for change". *The Economist*. 18 jun. 2005; "Business: big generic pharma; pharmaceuticals". *The Economist*. 30 jul. 2005; "Business: corrupted; medications and intellectual property". *The Economist*. 23 jul. 2005; WORLD TRADE ORGANIZATION. "Agreement on trade-related aspects of intellectual property rights". Extraído de: www.PhRMA.org: "What goes into the cost of prescription drugs?".

Este estudo de caso foi escrito por Kevin McGarry, John Riesenberger e Gary Knight somente para fins de discussão em sala de aula.

## Principais termos

direitos de propriedade intelectual
estado de direito
extraterritorialidade
propriedade intelectual
responsabilidade social corporativa (RSC)
risco-país
sistema jurídico
sistema político
transparência

## Resumo

Neste capítulo, você aprendeu:

**1. O que é risco-país?**

Os negócios internacionais são afetados por sistemas políticos e legais. O **risco-país** refere-se à exposição à chance de prejuízo ou efeitos adversos sobre as operações e a lucratividade de uma empresa causados por desdobramentos políticos, legais e econômicos em um país estrangeiro. Uma aplicação inadequada das leis pode levar à perda dos **direitos de propriedade intelectual**. Um **sistema político** é um conjunto de instituições formais que constituem um governo. Um **sistema legal** destina-se à interpretação e ao cumprimento das leis. Desdobramentos adversos nos sistemas político e legal aumentam o risco-país. Eles podem resultar de acontecimentos como uma mudança no governo ou a criação de novas leis ou regulamentações.

**2. O que são os sistemas político e legal?**

Um **sistema político** é um conjunto de instituições formais que constituem um governo. Um **sistema legal** destina-se à interpretação e ao cumprimento das leis. Desdobramentos adversos nos sistemas político e legal aumentam o risco-país. Eles podem resultar de acontecimentos como uma mudança no governo ou a criação de novas leis ou regulamentações.

**3. Sistemas políticos**

Os três principais sistemas políticos existentes são *totalitarismo*, *socialismo* e *democracia*. Esses sistemas constituem as estruturas no âmbito das quais as leis são estabelecidas e as nações são governadas. Atualmente, a maioria dos países utiliza um misto de democracia com socialismo. A democracia caracteriza-se por *direitos à propriedade privada* e *governo limitado*. O socialismo ocorre principalmente sob a forma de *comunismo* ou *social-democracia*. O comunismo provou ser ineficaz para a alocação de recursos e caiu em rápido declínio após o colapso da União Soviética, em 1991. Nos dias de hoje, a maioria dos governos combina elementos do socialismo com os da democracia. Em geral, o totalitarismo está associado às *economias dirigidas*, o socialismo, às *economias mistas*, e a democracia, às *economia de mercado*.

**4. Sistemas legais**

Há cinco sistemas legais principais: *direito comum, direito civil, direito religioso, direito socialista* e *sistemas mistos*. O **estado de direito** implica um sistema jurídico no qual as leis são claras, compreensíveis, respeitadas e razoavelmente aplicadas.

**5. Participantes dos sistemas político e legal**

Entre os participantes estão o *governo*, que existe nos níveis nacional, estadual e municipal. A Organização Mundial do Comércio e as Nações Unidas caracterizam as *organizações internacionais* que influenciam os negócios internacionais. Os *grupos de interesse especiais* servem aos interesses de setores industriais específicos ou agrupamentos de países, geralmente em busca de desenvolvimento econômico. Os grupos existem em vários níveis e incluem sindicatos trabalhistas, organizações ambientais e consumidores que promovem pontos de vista particulares. As empresas lidam com *concorrentes* nos mercados estrangeiros, que podem empreender atividades políticas destinadas a influenciar a penetração e o desempenho internacional.

**6. Tipos de risco-país produzidos pelo sistema político**

Os governos impõem restrições a métodos de operação empresarial em áreas como produção, marketing e distribuição. Eles podem expropriar ou confiscar ativos de empresas estrangeiras e, de forma isolada ou como parte de um grupo de países, também impõem *embargos* e *sanções*, que restringem o comércio com determinadas nações. Os *boicotes* constituem uma tentativa de suspender o comércio ou impedir atividades comerciais e de modo geral têm motivação política. Guerras e revoluções acarretam sérias consequências às empresas internacionais. Ultimamente, o *terrorismo* ganhou impulso e reflete o uso da força e da violência para se atingirem metas políticas por meio de medo, coerção e intimidação.

**7. Tipos de risco-país produzidos pelo sistema legal**

As leis que regem os investimentos estrangeiros podem restringir o IDE que seja danoso ao meio ambiente. Os controles sobre as formas e práticas operacionais afetam as atividades empresariais de produção, marketing e distribuição. As leis de marketing e distribuição determinam a natureza da promoção e publicidade das empresas internacionais. As leis referentes à repatriação de lucro restringem a transferência de lucro de volta ao país de origem. As leis ambientais são elaboradas para combater práticas abusivas contra o meio ambiente. Os contratos internacionais variam ao redor do mundo tanto em conteúdo quanto na aplicação. As regulamentações de internet e comércio eletrônico são relativamente pouco desenvolvidas na maioria dos países. A **extraterritorialidade** consiste na aplicação das leis do país de origem a pessoas ou condutas fora das fronteiras nacionais. As *regulamentações antiboicote* impedem as empresas de participar de atividades comerciais restritivas. As leis de contabilidade e demonstrações de resultados variam pelo mundo. A **transparência** é o grau em que as empresas revelam informações consistentes e regulares, sobre sua situação financeira e práticas contábeis. Os valores e as condutas éticas referem-se ao comportamento moral de indivíduos, empresas e governos. A corrupção envolve o uso de práticas ilegais ou antiéticas, como suborno e fraude, para atingir metas comerciais. A corrupção varia em âmbito internacional e pode ser severa em alguns países.

**8. Administração do risco-país**

O sucesso administrativo requer o desenvolvimento e a compreensão do contexto político e legal no exterior. Uma empresa deve examinar o ambiente de forma proativa e aderir de modo irrestrito aos padrões éticos. A **responsabilidade social corporativa** (**RSC**) consiste em operar um negócio de maneira que atenda ou supere as expectativas éticas, legais, comerciais e públicas dos acionistas. O risco-país também pode ser administrado pela aliança com parceiros estrangeiros qualificados. Toda empresa deve buscar proteção por meio de contratos legais. Para ter êxito, os negócios internacionais devem salvaguardar os **direitos de propriedade intelectual.**

## Teste seu entendimento

1. Quais são os componentes dos sistemas políticos? Quais são os componentes dos sistemas legais? Como esses sistemas acarretam o risco-país?
2. Faça a distinção entre totalitarismo, socialismo e democracia. Quais são as implicações de cada um deles à internacionalização de empresas?
3. Quais são as características específicas da democracia? Como essas características facilitam os negócios internacionais?
4. Qual é a relação entre liberdade política e liberdade econômica?
5. Descreva os principais tipos de sistema legal. Quais são os mais comuns?
6. Quem são os principais participantes dos sistemas político e legal? Qual deles você considera o mais influente nos negócios internacionais?
7. Descreva de forma sucinta como os sistemas político e legal afetam os negócios internacionais.
8. Quais são algumas das ações preventivas que as empresas podem tomar para minimizar o risco-país ao conduzir negócios internacionais?
9. O que são os direitos de propriedade intelectual? Como as empresas salvaguardam esses direitos?

## Aplique seu entendimento

1. Para que as empresas prosperem, algumas condições mínimas devem estar presentes: reconhecimento dos direitos de propriedade privada e intervenção governamental limitada. Até que ponto o totalitarismo, o socialismo e a democracia interferem no ambiente comercial ideal para as empresas?
2. Suponha que você consiga um emprego na Aoki Corporation, uma grande indústria de vidro para os mercados industrial e de consumo. Apesar de seu porte, ela possui pouca experiência internacional. Seus executivos estudam um plano para transferir a fabricação para China, México ou Leste Europeu e começar a vender vidro na América Latina e na Europa. Entretanto, conhecem pouco sobre os riscos-país que podem encontrar. Qual é a relevância dos seguintes fatores como contribuidores do potencial de risco-país: leis de investimento estrangeiro, controles sobre formas e práticas operacionais e leis referentes a repatriação de lucro, meio ambiente e contratos.
3. A Royal Dutch Shell realiza negócios na Nigéria desde a década de 1920 e anunciou novos planos para desenvolver projetos de petróleo e gás no país. Entretanto, ao longo dos anos a empresa enfrentou uma série de episódios relativos ao risco-país. Suas operações estão centralizadas na região de Ogoni, onde os cidadãos locais protestaram contra suas atividades de perfuração e refino, por considerarem que causam danos ao meio ambiente e reduzem as terras agriculturáveis existentes. Os reclamantes também acusam a empresa de extrair riqueza da região sem oferecer uma compensação adequada aos residentes locais. Os ogonis sabotaram as operações da Shell a ponto de a empresa suspender parte de suas operações no país. Ela também sofreu pressão para alienar suas operações nigerianas e pagar indenizações ao povo local. Apesar desses problemas, a Shell permaneceu na Nigéria e institui diversos programas de desenvolvimento das comunidades da região, orçados em US$ 50 milhões ao ano. Descreva os diversos tipos de risco-país que a Shell parece enfrentar na Nigéria. Que medidas preventivas ela pode tomar para ser um cidadão corporativo melhor no país?

## Notas

1 EWING, J. "Germany: a cold shoulder for Coca-Cola". *Business Week*. 2 mai. 2005, p. 52.

2 CAVUSGIL, S. T.; GHAURI, P.; AGARWAL, M. *Doing business in emerging markets*. Thousand Oaks, CA: Sage, 2002. Outras citações a esta obra são fornecidas no texto.

3 *Economist*. "Country risk". 26 fev. 2005, p. 102.

4 *Business Week*. "Getting past Yukos". 13 set. 2004, p. 52.

5 CAVUSGIL; GHAURI; AGARWAL, 2002.

6 SOPER, S. *Totalitarianism:* a conceptual approach. Lanham, MD: University Press of America, 1985; FRIEDRICH, C. J.; BRZEZINSKI, Z. *Totalitarian dictatorship and autocracy*. 2.ed. Cambridge, MA: Harvard University Press, 1965.

7 FRIEDMAN, M.; FRIEDMAN,R. *Free to choose*. Nova York: Harcourt Brace Jovanovich, 1980; SCHNITZER, M.; NORDYKE, J. *Comparative economic systems*. Cincinnati, OH: Southwestern, 1983.

8 FRIEDMAN, M. "The battle's half won". *Wall Street Journal*. 9 dez. 2004, p. A16; *Statistical abstract of the United States*, Economics and Statistics Administration. Washington, DC: U.S. Census Bureau, 2004.

9 SWAN, C. "$ 400 billion industry: Japan's first Islamic bond". *Bloomberg*. abr. 2007.

10 BERMAN, P. "The three marketeers". *Forbes*. 25 jul. 2005, p. 78.

11 KUMAR, R.; LAMB, W.; WOKUTCH, R. "The end of the South African sanctions, institutional ownership, and the stock price performance of boycotted firms". *Business and Society*. 41(2):133-65, 2002.

12 LUBOVE, S. "Gas attack". *Forbes*. 23 mai. 2005, p. 54-6.

13 BLAS, J.; HOYOS, C. "Oil wrestling". *Financial Times*. 5 mai. 2006, p. 15.

14 ALEXANDER, Y.; VALTON, D.; WILKINSON, P. *Terrorism: theory and practice*. Boulder, CO: Westview, 1979.

15 LAING, J. "Aftershock". *Barron's*. 9 set. 2002, p. 23.

16 INTERNATIONAL CHAMBER OF COMMERCE. *Policy statement: extraterritoriality and business*. Paris: ICC, 13 jul. 2006.

17 STANBERRY, K.; GEORGE, B. C.; ROSS, M. "Securities fraud in the international arena". *Business and Society*. 30(1):27-36, 1991.

18 HESS. R.; KOSSACK, E. "Bribery as an organizational response to conflicting environmental expectations". *Academy of Marketing Science*. 9(3):206-26, 1981; SCOTT, J.; GILLIARD, D.; SCOTT, R. "Eliminating bribery as a transnational marketing strategy". *International Journal of Commerce & Management*. 12(1):1-17, 2002.

19 BHATTACHARYA, A. "Multiculturalism and the accounting profession: enhancing employee productivity and client satisfaction". *The National Public Accountant*. 46(3):13-4; 21, 2001.

20 BOERNER, H. "Europe faces eagle eye of U.S. financial regulation". *European Business Forum*. 21:46-9, 2005.

21 Transparency International, 2005, disponível em: www.transparency.org.

22 ZUSSMAN, D. "Fighting corruption is a global concern". *Ottawa Citizen*. 11 out. 2005, p. A15.

23 ZHAO, J. H.; KIM, S.; DU, J. "The impact of corruption and transparency on foreign direct investment: an empirical analysis". *Management International Review*. 43(1):41-62, 2003.

24 Transparency International, 2005, disponível em: www.transparency.org.

25 CELENTANI, C.; GANUZA, J.-J.; PEYDROS, J.-L. "Combating corruption in international business transactions". *Economica*. 71(283):417-9, 2004.

26 *Economist*. "The good company: a survey of corporate social responsibility". 22 jan. 2005, seção especial; REHBEIN, K.; WADDOCK, S.; GRAVES, S. "Understanding shareholder activism: which corporations are targeted?". *Business and Society*. 43(3):239-67, 2004.

27 KOSLOW, L.; SCARLETT, R. *Global business*. Houston, TX: Cashman Dudley, 1999.

28 SCHUMAN, M.; RESSNER, J. "Disney's great leap into China". *Time*. 18 jul. 2005, p. 52-4.

CAPÍTULO 7

# A INTERVENÇÃO GOVERNAMENTAL NOS NEGÓCIOS INTERNACIONAIS

## Objetivos de aprendizagem

Neste capítulo, você aprenderá sobre:

1. A intervenção governamental nos negócios internacionais
2. Justificativas para a intervenção governamental
3. Instrumentos da intervenção governamental
4. Intervenção governamental, liberdade econômica e questões éticas
5. Evolução da intervenção governamental
6. Como as empresas devem lidar com a intervenção governamental

## A Índia afasta-se da intervenção governamental e da burocracia

A Índia é um estudo de contrastes. Por um lado, trata-se da principal economia emergente do mundo para TI e comércio eletrônico. Por outro, está inundada em barreiras e regulamentações comerciais. Não só o governo federal impõe inúmeras regras, padrões e restrições administrativas, mas também cada um dos 28 Estados indianos aplica sua própria burocracia local. As tarifas de importações e os controles sobre investimentos estrangeiros são consideráveis, sendo que as tarifas de importação têm incidência média de 12 por cento sobre produtos agrícolas, em comparação com menos de cerca de quatro por cento na Europa, no Japão e nos Estados Unidos. Centenas de *commodities*, de cimento a eletrodomésticos, podem ser importadas somente mediante aprovação governamental. As taxas de licenciamento, os procedimentos de testes e outros obstáculos podem custar milhares de dólares a um importador.

No passado, as empresas estrangeiras registraram milhares de propostas de investimento valendo centenas de bilhões de dólares junto ao governo indiano. Entretanto, as barreiras burocráticas permitiram que somente uma fração delas fosse aprovada. As empresas estrangeiras encontravam obstáculos por toda parte, em questões como ligação de energia elétrica e água, uso da terra e licenças ambientais, além da documentação exigida para comprovar o cumprimento às regulamentações. Além disso, a maioria das regiões do país sofre com uma péssima infraestrutura — estradas, pontes, aeroportos e sistemas de telecomunicações inadequados.

Em 1991, para corrigir essa situação, a Índia começou a liberalizar suas regulamentações comerciais e a estrutura de sua economia. O governo aboliu as licenças de importação e reduziu sobremaneira as tarifas. Também implementou inúmeras reformas para livrar a economia do controle estatal, vendendo negócios ao setor privado e a investidores estrangeiros.

O afrouxamento da burocracia e a queda de barreiras comerciais podem estar compensando. A economia da segunda nação mais populosa do mundo está-se expandindo, atingindo um crescimento econômico médio anual de mais de sete por cento entre 1996 e 2006. Entretanto, essas transformações não ocorreram sem problemas. Em 2001, grevistas contrários à venda pelo governo de uma empresa de alumínio ameaçaram fazer uma greve de fome.

A revolução econômica da Índia contribui para desatrelar o potencial empreendedor do país. O governo está instituindo Zonas Econômicas Especiais (SEZS, do inglês *Special Economic Zones*), territórios estrangeiros virtuais que oferecem às empresas estrangeiras os benefícios da mão de obra de baixo custo e alta capacidade do país. Em uma SEZ característica, as empresas são isentas de barreiras comerciais, impostos sobre vendas e de renda, exigências de licenciamento, restrições ao investimento direto estrangeiro (IDE) e procedimentos aduaneiros. A SEZ da cidade de Mahindra, uma área de 840 acres, concentra-se em um complexo para desenvolvimento de software no valor de US$ 277 milhões, construído pela Infosys Technologies, líder em TI na Índia.

Enquanto isso, na Europa e nos Estados Unidos, a terceirização de serviços para a Índia tem gerado clamor por protecionismo — ou seja, barreiras comerciais e medidas defensivas que visem minimizar a exportação de empregos para o exterior. Os sindicatos norte-americanos e europeus criaram inúmeros sites Web para denunciar a terceirização e as atividades *offshore*. As barreiras comerciais e a burocracia governamental na Índia, bem como o clamor por protecionismo na Europa e nos Estados Unidos, ilustram o complexo mundo da intervenção governamental.

Fontes: ASIAMONEY. "India plays catch up". 1 abr. 2005; CENTRAL INTELLIGENCE AGENCY. *World factbook*, disponível em: www.cia.gov/cia/publications/factbook, acessado em: 2006; "Survey: a world of opportunity". *Economist*. 13 nov. 2004, p. 15; EVANS, B. "Silos of protectionism: raise or raze them?". *InformationWeek*. 15 mar. 2004, p. 94. IRWIN, D. "Free-trade worriers". *Wall Street Journal*. 9 ago. 2004, p. A12; SOLOMON, J.; SLATER, J. "India's economy gets a new jolt from Mr. Shourie". *Wall Street Journal*. 9 jan. 2004, p. A1; UNITED STATES TRADE REPRESENTATIVE. *National Trade Estimate Report on Foreign Trade Barriers*, disponível em: www.ustr.gov, acessado em: 2005.

Como vimos no Capítulo 4, há muito tempo os economistas usam teorias comerciais para defender o *livre comércio*, ou o fluxo irrestrito de bens, serviços e capital físico e intelectual através das fronteiras nacionais. Os teóricos clássicos argumentam que os países devem comercializar entre si para otimizar o uso dos recursos nacionais e aumentar o padrão de vida. As explicações baseadas no IDE revelam como as empresas obtêm vantagens ao instalar fábricas e subsidiárias em localidades atrativas no exterior. Em suma, de acordo com a teoria econômica contemporânea, o comércio e o investimento internacionais fazem bem ao mundo.

Há muita constatação empírica que dá sustentação ao livre comércio. Um estudo com mais de 100 países em um período de 50 anos a partir de 1945 identificou uma forte associação entre abertura de mercado — isto é, o comércio livre e desimpedido — e crescimento econômico. Os países de economia aberta atingiram crescimento do PIB *per capita* anual médio de 4,49 por cento, ao passo que as economias relativamente fechadas — aquelas com grande parte do comércio não liberalizado — cresceu somente 0,69 por cento ao ano.[1] Outros estudos confirmaram que a liberalização do mercado e o livre comércio formam a melhor base para a expansão econômica e dos padrões de vida de um país.[2]

Na realidade, porém, não existe isso que alguns chamam de comércio livre e desimpedido. Muito antes de os economistas reconhecerem o valor do livre comércio, os governos começaram a intervir nos negócios e no mercado internacional de modo a obstruir o livre fluxo de comércio e investimento. A intervenção pode assumir várias formas. Um governo pode impor tarifas e cotas, restrições a investimentos internacionais, procedimentos burocráticos e regulamentações que restringem os tipos de negócio e as atividades da cadeia de valor. Além disso, podem ser oferecidos subsídios e incentivos financeiros destinados a sustentar empresas e setores econômicos domésticos.

## A intervenção governamental nos negócios internacionais

Os governos intervêm no comércio e nos investimentos motivados por objetivos políticos, sociais ou econômicos. É comum a criação de barreiras para beneficiar grupos de interesse específicos, como empresas, setores econômicos e sindicatos domésticos. Uma das principais justificativas consiste na geração de empregos para proteger indústrias da concorrência estrangeira. Os governos também podem intervir para dar sustentação a segmentos ou empresas de origem local. De várias maneiras, a intervenção governamental altera a posição competitiva dessas empresas e segmentos, bem como o *status* da população. Como exibe a Figura 7.1, esse tipo de intervenção representa uma importante dimensão de *risco-país*, que introduzimos no Capítulo 1 e revisamos no Capítulo 6.

De modo geral, a intervenção governamental resulta do protecionismo. O **protecionismo** refere-se a políticas econômicas nacionais que visam restringir o livre comércio e proteger os setores produtivos locais da concorrência estrangeira. Os governos devem restringir os investimentos estrangeiros para proteger os interesses comerciais domésticos. Com frequência, o protecionismo leva a tipos específicos de intervenção, tais como tarifas, barreiras não tarifárias e regras administrativas burocráticas destinadas a desestimular as importações. Uma **tarifa** (também conhecida como *taxa*) é um imposto fixado por um governo sobre bens importados, efetivamente aumentando o custo de aquisição pelo consumidor. Uma **barreira não tarifária** ao comércio consiste em uma política, regulamentação ou procedimento governamental que impede o comércio por meios que não as tarifas explícitas. As barreiras comerciais são aplicadas quando os produtos passam pela **alfândega**, os postos de fiscalização nos portos de entrada de cada país, onde as autoridades governamentais inspecionam a mercadoria importada e cobram as devidas tarifas. Uma forma comum de barreira comercial não tarifária é a **cota** — uma restrição quantitativa aplicada sobre as importações de um produto específico por um período de tempo específico. A intervenção governamental também pode visar os fluxos de IDE por meio das *barreiras ao investimento* que restringem as operações de empresas estrangeiras.

A intervenção governamental afeta a condução normal das atividades econômicas de uma nação ao afetar ou melhorar a capacidade de competição de suas empresas em nível internacional. Com frequência, empresas, sindicatos trabalhistas e outros grupos de interesse especiais convencem os governos a adotar políticas que os beneficiem. Por exemplo, no início da década de 2000, a administração Bush impôs tarifas sobre a importação de aço estrangeiro pelos Estados Unidos. Isso ocorreu porque a concorrência das siderúrgicas estrangeiras havia levado à falência várias norte-americanas, prejudicando o setor. A justificativa por trás da medida era dar à indústria do aço no país o tempo necessário para reestruturar-se e recuperar o fôlego. Essa medida pode ter salvo centenas de empregos. Por outro lado, porém, as barreiras também aumentaram o custo de produção das empresas usuárias de aço, tais como Ford, Whirlpool e General Electric. O custo mais elevado de matéria-prima tornou-as menos competitivas e reduziu suas perspectivas de venda nos mercados mundiais.[3] As tarifas do aço foram removidas após dois anos, mas no processo de tentar fazer o bem o governo acabou fazendo o mal.

Outro exemplo de intervenção pode ser ilustrado pela reação do governo norte-americano à crescente ameaça das importações de automóveis japoneses na década de 1980, ao instituir as 'restrições voluntárias às exportações' sobre o número de veículos japoneses que poderiam ser importados pelos Estados Unidos. Essa medida contribuiu para proteger a indústria automobilística norte-americana por vários

Figura 7.1 Intervenção governamental como um componente do risco-país

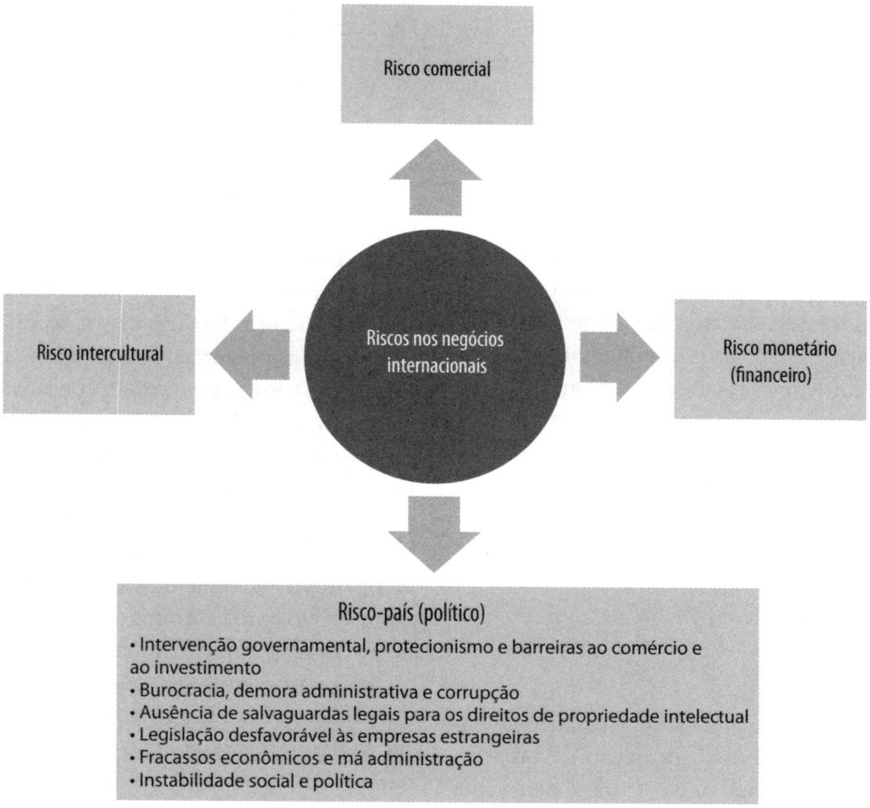


anos. No ambiente protegido, porém, os fabricantes de Detroit tinham menos incentivo para melhorar a qualidade, o *design* e o atrativo geral do produto. Como o atleta que apresenta melhor desempenho quando enfrenta fortes oponentes, as empresas também se esforçam mais pelo sucesso quando confrontadas por uma dura concorrência. Dessa forma, a intervenção governamental motivada pelo protecionismo constitui um dos vários fatores que, ao longo do tempo, enfraqueceram a capacidade competitiva de Detroit no mercado automobilístico global.

As políticas protecionistas também levam à inflação de preços. Isso ocorre porque, mantidas inalteradas as demais condições, quando as tarifas restringem o suprimento de um produto em particular, seu preço doméstico tende a subir. As tarifas também podem reduzir as opções disponíveis aos consumidores, ao restringir a *variedade* de bens importados colocada à venda.

Esses exemplos ilustram como a intervenção governamental geralmente acarreta *consequências imprevistas* adversas — resultados desfavoráveis de políticas ou leis. Em um mundo complexo, legisladores e estrategistas não conseguem prever todas as possíveis decorrências de uma ação, ou em que grau ocorrerão. O problema das consequências imprevistas sugere que a intervenção governamental deve ser planejada e implementada com grande cuidado.

## Justificativas para a intervenção governamental

Por que um governo intervém nas atividades de comércio e investimento? Sob um espectro mais amplo, há quatro principais motivos para isso. Primeiro, as tarifas e outras formas de intervenção podem gerar uma receita substancial. Por exemplo, Gana e Serra Leoa obtêm mais de 25 por cento do total de receita pública das tarifas. Segundo, a intervenção pode garantir segurança e bem-estar à população. Por exemplo, os governos devem aprovar leis que visem um abastecimento seguro de alimentos e evitem a venda de produtos que ameacem a saúde pública. Terceiro, a intervenção pode ajudar um governo a perseguir objetivos econômicos, políticos ou sociais. Por exemplo, podem ser decretadas políticas destinadas a aumentar o nível de emprego nacional ou promover o crescimento econômico. Quarto, a intervenção pode ajudar a atender melhor aos interesses das empresas e dos setores econômicos de uma nação. Por exemplo, um governo pode elaborar regulamentações que estimulem o desenvolvimento de segmentos de origem local.

Em geral, grupos de interesse especiais atuam como fortes defensores das barreiras ao comércio e aos investimentos que protegem seus próprios interesses. Consideremos a recente disputa entre México e Estados Unidos sobre o cimento mexicano. O governo norte-americano impôs taxas de cerca de US$ 50 por tonelada importada de cimento mexicano depois que os fabricantes locais do produto fizeram *lobby* junto ao Congresso. Os interesses em jogo são enormes, uma vez que as importações mexicanas podem atingir dez por cento do consumo doméstico norte-americano de cimento. Os Estados Unidos são um dos maiores consumidores mundiais desse produto e, ironicamente, costumam sofrer com sua escassez, exacerbada pelas restrições às importações. O México propôs substituir as elevadas tarifas de importação de cimento por cotas de importação. Os governos de ambos os países negociaram durante anos até solucionar a disputa.[4]

As justificativas para as barreiras ao comércio e aos investimentos podem recair em duas categorias principais: defensiva e ofensiva. Os governos impõem barreiras *defensivas* para proteger setores econômicos, trabalhadores e grupos de interesse especiais, além de promover a segurança nacional. Quanto às barreiras *ofensivas*, são impostas para perseguir um objetivo estratégico ou de política pública, como a geração de empregos ou de receita tributária.

## Justificativas defensivas

São quatro os motivos defensivos de particular relevância: proteção da economia nacional; proteção de uma indústria nascente; segurança nacional; e cultura e identidade nacionais. Vamos analisar cada um deles a seguir.

### Proteção da economia nacional

Seus proponentes argumentam que as empresas nas economias avançadas não podem competir com as dos países em desenvolvimento que empregam mão de obra de baixo custo. No texto de abertura, ativistas trabalhistas demandaram a intervenção governamental para impedir a terceirização de empregos da Europa e dos Estados Unidos para a Índia. Os ativistas também costumar reivindicar barreiras comerciais para restringir a importação de mercadorias de baixo valor, temendo que os fabricantes das economias avançadas percam vendas, reduzam salários e cortem empregos no país de origem. Por isso, alega-se, os governos devem impor barreiras comerciais para bloquear as importações. Em resposta, os críticos contra-argumentam que o protecionismo conflita com a teoria da vantagem comparativa, segundo a qual as nações devem realizar *mais* comércio internacional, não menos. As barreiras comerciais interferem na especialização da mão de obra de cada país. Quando se especializam nos bens que produzem melhor e comercializam o restante, os países obtêm melhor desempenho no longo prazo, propiciando um padrão de vida superior para sua população. Os críticos também argumentam que bloquear as importações reduz a disponibilidade e aumenta o custo de itens vendidos no mercado doméstico. As indústrias não conseguem acesso a toda matéria-prima de que necessitam. Por fim, a proteção pode desencadear uma retaliação, pela qual os governos estrangeiros impõem suas próprias barreiras comerciais, reduzindo as perspectivas de vendas aos exportadores.

### Proteção de indústria nascente

Em um setor econômico emergente, de modo geral, as empresas são inexperientes e não detêm tecnologias e *know how* modernos. Talvez não detenham também a escala que caracteriza os grandes fabricantes em segmentos estabelecidos no exterior. Por conseguinte, uma indústria nascente pode necessitar de uma proteção temporária da concorrência externa. Em decorrência disso, os governos podem impor barreiras comerciais temporárias às importações, garantido que as jovens empresas conquistem uma participação maior do mercado doméstico até se fortalecerem o suficiente para competir por conta própria. Esse tipo de medida protecionista tem permitido que alguns países desenvolvam um setor industrial moderno. Por exemplo, a intervenção governamental possibilitou ao Japão tornar-se extremamente competitivo na indústria automobilística no início de seu desenvolvimento. De modo semelhante, permitiu à Coreia do Sul obter grande êxito em bens de consumo eletrônicos.

Entretanto, uma vez estabelecida, essa proteção pode ser difícil de remover. Empresários e trabalhadores tendem a fazer *lobby* para preservar os incentivos governamentais por tempo indeterminado. As indústrias nascentes em muitos países (sobretudo na América Latina, no Sudeste Asiático e no Leste Europeu) demonstraram tendência a permanecer dependentes da proteção governamental por um período prolongado. O setor econômico pode permanecer ineficiente mesmo após anos de apoio governamental. Enquanto isso, a população acaba pagando impostos e preços mais elevados pelos bens fabricados pela indústria protegida.[5]

### Segurança nacional

Os países impõem restrições comerciais a produtos considerados essenciais à defesa e à segurança nacionais, tais como tecnologia militar e computadores. Essas barreiras podem contribuir para manter a capacidade produtiva doméstica em bens relacionados à segurança, tais como computadores, armamento e determinados equipamentos de transporte. Por exemplo, em 2005, a Rússia bloqueou uma oferta da gigante alemã Siemens para a aquisição do fabricante russo de turbinas OAO Power Machines, sob alegação de segurança nacional. O governo russo possui uma legislação rigorosa que limita o investimento estrangeiro em setores considerados vitais aos interesses nacionais.[6] Além disso, os países impõem **controles de exportação** — medidas governamentais destinadas a administrar ou impedir a exportação de certos produtos ou o comércio com determinados países. Muitas nações, podemos lembrar, não permitem a exportação de plutônio para a Coreia do Norte por sua utilização na fabricação de armas nucleares.

### Cultura e identidade nacionais

Os governos buscam proteger certas ocupações, setores econômicos e ativos públicos que considerem essenciais à cultura e à identidade nacionais. Por consequência, podem proibir ou restringir a importação de certos tipos de bem ou serviço. Como no caso da Suíça, que impôs barreiras comerciais para preservar sua longa tradição na fabricação de relógios. Os japoneses restringem a importação de arroz porque esse produto é essencial à sua alimentação e cultura gastronômica. Nos Estados Unidos, as autoridades opuseram-se à aquisição por investidores japoneses do campo de golfe de Pebble Beach na Califórnia, do Rockefeller Center em Nova York e do time de beisebol Seattle Mariners, porque esses ativos fazem parte da herança nacional. A França não permite que estrangeiros detenham posse significativa de suas estações de televisão devido à preocupação de que influências estrangeiras maculem a cultura francesa.

## Justificativas ofensivas

As justificativas ofensivas para a intervenção governamental recaem em suas categorias: prioridades estratégicas nacionais e geração de empregos.

### Prioridades estratégicas nacionais

Em alguns casos, a intervenção governamental visa incentivar o desenvolvimento de setores que fortaleçam a economia nacional. Trata-se de uma variação *proativa* da justificativa da indústria nascente e relaciona-se com a política industrial nacional, discutida no Capítulo 4. Os países com muitos segmentos de alta tecnologia ou de alto valor agregado — tais como tecnologia da informação, indústrias farmacêutica e automobilística ou serviços financeiros — geram melhores empregos e maior receita tributária do que as economias baseadas nas atividades de baixo valor agregado — tais como agricultura, indústria têxtil ou varejo atacadista. Em decorrência disso, alguns governos — por exemplo, da Alemanha, do Japão, da Noruega e da Coreia do Sul — elaboram políticas que promovem o desenvolvimento de setores econômicos relativamente desejáveis. Eles podem financiar investimentos em setores de alta tecnologia ou de alto valor agregado, estimular a poupança de modo a assegurar uma oferta regular de fundos de empréstimo para fins industriais e custear a educação pública para propiciar à população as habilidades e a flexibilidade necessárias a um bom desempenho nos setores essenciais.[7]

No entanto, tal intervenção não é desprovida de desafios. Ela requer um planejamento eficiente, em larga escala, e um favorecimento às indústrias consideradas vitais. A decisão sobre os setores a apoiar é desafiadora pela dificuldade de prever quais deles resultarão em vantagens comparativas. Se forem feitas as escolhas erradas, o governo pode ver-se continuamente subsidiando segmentos que nunca atingem o patamar crucial da lucratividade e da vantagem nacional.

### Geração de empregos

Com frequência, os governos impõem barreiras para preservar o emprego em setores designados. Ao proteger as empresas locais da concorrência estrangeira, a produção nacional é estimulada, levando à geração de mais empregos no setor protegido. Em geral, o efeito é mais forte nos setores intensivos em importação que empregam muita mão de obra para fabricar bens que são normalmente importados. Por exemplo, o governo chinês tem exigido das empresas estrangeiras que ingressem em seus imensos mercados por meio de *joint ventures* com parceiros chineses. Essa política cria empregos aos trabalhadores chineses. Uma *joint venture* entre a Shanghai Automotive Industry Corporation (SAIC) e a Volkswagen gerou empregos na China. Mais tarde, a SAIC fez parceria com a General Motors e, atualmente, fabrica na China automóveis campeões de vendas.

## Instrumentos de intervenção governamental

Os principais instrumentos de intervenção comercial e as formas clássicas de protecionismo são as barreiras tarifárias e não tarifárias, que podem ser impostas por um país ou um grupo de países, como a União Europeia (UE). No todo, as barreiras constituem um sério impedimento aos negócios internacionais. As Nações Unidas estimam que somente elas custam aos países em desenvolvimento mais de US$ 100 bilhões por ano em oportunidades perdidas de comércio com as economias desenvolvidas.[8] A Tabela 7.1 ressalta as formas mais comuns de intervenção governamental e seus efeitos.

## Tarifas

Alguns países impõem *tarifas de exportação*, que consistem na taxação de bens exportados por suas próprias empresas. Por exemplo, a Rússia cobra um imposto sobre as exportações de petróleo, visando gerar receita governamental e manter reservas mais elevadas de petróleo no país. Entretanto, o tipo mais comum é a *tarifa de importação*, um imposto cobrado sobre produtos importados. O valor de uma tarifa é determinado pela avaliação de seu *código harmonizado*. Os produtos são classificados em aproximadamente 8.000 códigos diferentes na tabela de *tarifa harmonizada* ou *código harmonizado*, um sistema padronizado adotado em nível mundial. O sistema é necessário porque, sem ele, empresas e governos poderiam ter opiniões divergentes sobre as definições de mercadorias e as tarifas cobradas sobre as importações. Cada item é identificado por um

Tabela 7.1 Tipos de intervenção governamental e seus efeitos

| *Tipo de intervenção* | *Definição* | *Efeito prático sobre consumidores, empresas ou governos* | *Exemplos contemporâneos* |
|---|---|---|---|
| **Tarifa** | Taxa sobre produtos importados | Aumenta custos para o importador, o exportador e, geralmente, o comprador do produto. Desestimula as importações. Gera renda para o governo. | A Suíça cobra uma tarifa de 34 por cento sobre produtos agrícolas importados. A Costa do Marfim cobra uma tarifa sobre a maioria dos produtos acabados. |
| **Cota** | Restrição quantitativa às importações de um produto por determinado período | Beneficia os primeiros importadores, concedendo-lhes poder de monopólio e condições de cobrar preços mais altos. Prejudica os importadores posteriores, que podem não obter os produtos desejados. Geralmente, resulta em preços mais elevados ao consumidor. | Os Estados Unidos impõem uma cota de 120 milhões de pares de meias importadas da China. |
| **Exigências de conteúdo local** | Exigência de que um fabricante inclua uma porcentagem mínima de valor agregado proveniente de fontes locais | Desestimula as importações de matérias-primas, peças, componentes e suprimentos, reduzindo dessa maneira as fontes de abastecimento disponíveis aos fabricantes. Pode resultar em custos mais altos e menor qualidade de produto para importadores e consumidores. | O governo nigeriano exige que bens e serviços usados por empresas estrangeiras na indústria petrolífera na Nigéria devem apresentar 50 por cento de conteúdo do país. |
| **Regulamentações e padrões técnicos** | Segurança, saúde ou regulamentações técnicas; exigências de etiquetagem | Pode atrasar ou bloquear a entrada de produtos importados e reduzir a quantidade de bens disponíveis, resultando em aumento de custos para importadores e consumidores. | Regulamentações em Honduras bloqueiam as importações de aves *in natura* de vários países. As Filipinas restringem as importações de certos produtos químicos, penicilina e pneus. |
| **Procedimentos administrativos e burocráticos** | Procedimentos ou exigências complexas impostas a importadores ou investidores estrangeiros, que afetam suas atividades de comércio ou investimentos | Retarda a importação de bens ou serviços. Prejudica ou atrasa as atividades de investimento das empresas. | Atrasos burocráticos na Costa Rica afetam ou impedem a importação de arroz, cebola, batata e outros produtos agrícolas. |
| Restrições ao IDE e ao direito de propriedade | Regras que limitam a capacidade das empresas estrangeiras de investir em determinados setores econômicos ou de adquirir negócios locais | Reduz o valor que um estrangeiro pode investir em um país e/ou a proporção de domínio que ele pode deter de uma empresa existente ou nova no país. Pode requerer que uma empresa estrangeira invista no país para fazer negócio lá. | A Suíça requer que as seguradoras estrangeiras estabeleçam uma subsidiária ou filial no país por meio de IDE. |
| Subsídio | Financiamento ou outros recursos que um governo concede a uma empresa ou a um grupo delas, visando sua sobrevivência ou sucesso | Aumenta a vantagem competitiva do beneficiado em detrimento dos que não recebem o subsídio. | A Turquia concede um subsídio de exportação de até 20 por cento para produtores locais de trigo e açúcar. |
| Direito compensatório | Aumento de taxas incidentes sobre produtos importados por um país, como forma de contrabalançar os subsídios concedidos aos produtores ou exportadores no país de origem | Reduz ou elimina a vantagem competitiva resultante de subsídios. | O México aplica o direito compensatório para compensar as vantagens competitivas das empresas estrangeiras subsidiadas por seus governos. |
| Tarifa *antidumping* | Imposto cobrado sobre produtos importados que sejam precificados abaixo dos preços normais de mercado ou abaixo dos custos | Reduz ou elimina a vantagem competitiva de produtos importados com preço fixado em níveis absurdamente baixos. | Os Estados Unidos impuseram tarifas *antidumping* sobre a importação de aço de baixo custo visando proteger as siderúrgicas nacionais. |

FONTE: Adaptado de Office of the United States Trade Representative, acessado em: www.ustr.gov.

número único que pode ser pesquisado em fontes públicas como a Internet.

As tarifas costumam ser *ad valorem* — isto é, estimadas como um percentual do valor do produto importado. Como alternativa, o governo pode impor uma *tarifa especial* — uma remuneração fixa por unidade do produto importado — com base em peso, volume ou área de superfície (como os barris de petróleo ou a metragem de tecidos). Uma *tarifa de receita* tem o propósito de levantar fundos para o governo. Uma tarifa sobre a importação de cigarros, por exemplo, gera um fluxo contínuo de receita. Uma *tarifa protetora* visa proteger a economia doméstica da concorrência externa. Uma *tarifa proibitiva* é aquela tão elevada que impede a efetiva importação de qualquer que seja o item.

As tarifas de importação podem gerar expressiva receita para os governos. Esse fato ajuda a explicar por que elas tendem a ser comuns nas economias em desenvolvimento. Até nas avançadas, as tarifas representam uma significativa fonte de renda governamental. Os Estados Unidos cobram tarifas sobre diversos produtos de consumo, agrícolas e intensivos em mão de obra. É interessante observar que esse país geralmente arrecada mais em tarifas sobre sapatos do que sobre automóveis (US$ 1,63 bilhão *versus* US$ 1,60 bilhão em 2001). A União Europeia aplica tarifas de até 236 por cento sobre a carne, 180 por cento sobre os cereais e 17 por cento sobre os pares de tênis.[9]

A Tabela 7.2 apresenta uma amostra das tarifas de importação de alguns países. Sob os termos do Tratado Norte-americano de Livre Comércio (Nafta), o México eliminou, aos poucos, quase todas elas em relação aos Estados Unidos. Entretanto, o país mantém taxas mais elevadas com o restante do mundo, de 24,5 por cento para produtos agrícolas e 17,1 por cento para os não agrícolas. As tarifas da Índia são relativamente altas, sobretudo no setor agrícola, no qual são de 37,4 por cento. O sistema indiano carece de transparência, e informações oficiais podem ser difíceis de encontrar. A China reduziu sobremaneira suas tarifas a partir da adesão à Organização Mundial do Comércio (OMC), em 2001, mas as barreiras comerciais permanecem altas em muitos segmentos. China e Índia caracterizam-se por baixa renda *per capita* e elevadas tarifas de importação. Ironicamente, como previsto pela teoria do comércio, elevadas tarifas de importação tendem a exacerbar a pobreza de um país.

Assim como os indivíduos não querem pagar impostos, as empresas tentam evitar o pagamento de tarifas. Como estas exercem seu maior efeito sobre as importações, as empresas podem ingressar em novos mercados por outros meios que não o da exportação. No longo prazo, os governos arrecadam menos receita das empresas, se praticam tarifas altas demais. Sabe-se que tarifas elevadas estimulam o contrabando. Por exemplo, os altos impostos sobre os cigarros no Canadá incentivaram seu contrabando através dos Grandes Lagos ao norte dos Estados Unidos até a fronteira canadense.

Como as altas tarifas inibem o livre comércio e o crescimento econômico, os governos tendem a reduzi-las ao longo do tempo. Na realidade, essa era a meta principal do Acordo Geral de Tarifas e Comércio (GATT; atualmente, OMC). Países tão diversos como Chile, Hungria, Turquia e Coreia do Sul liberalizaram seus mercados antes protegidos, reduzindo barreiras comerciais e expondo-se a uma maior concorrência do exterior. A Figura 7.2 ilustra as tendências nas tarifas mundiais médias no decorrer do tempo. Note-se que as economias em desenvolvimento vêm reduzindo-as desde a década de 1980. Essas reduções contínuas representam um dos principais fatores impulsionadores da globalização dos mercados.

## Barreiras comerciais não tarifárias

As barreiras comerciais não tarifárias constituem políticas ou medidas governamentais que restringem o comércio sem impor uma tarifa direta. Trata-se de cotas, licenças de

**Tabela 7.2** Uma amostra de tarifas de importação

| | *Tarifa média de importação* | |
|---|---|---|
| ***País/Região*** | ***Produtos agrícolas*** | ***Produtos não agrícolas*** |
| Austrália | 1,2 | 4,6 |
| Canadá | 3,8 | 4,0 |
| China | 15,8 | 9,1 |
| União Europeia | 5,8 | 3,9 |
| Índia | 37,4 | 15,0 |
| Japão | 6,9 | 2,3 |
| México | 24,5 | 17,1 |
| Estados Unidos | 6,9 | 3,2 |

Nota: tarifas expressas como percentual do valor dos produtos (*ad valorem*).

FONTE: banco de dados de estatísticas da Organização Mundial do Comércio, acessado em: stat.who.org; relatórios do United States Trade Representative, acessados em: www.ustr.org.

Figura 7.2 Tendências ao longo do tempo nas tarifas médias (porcentagens)

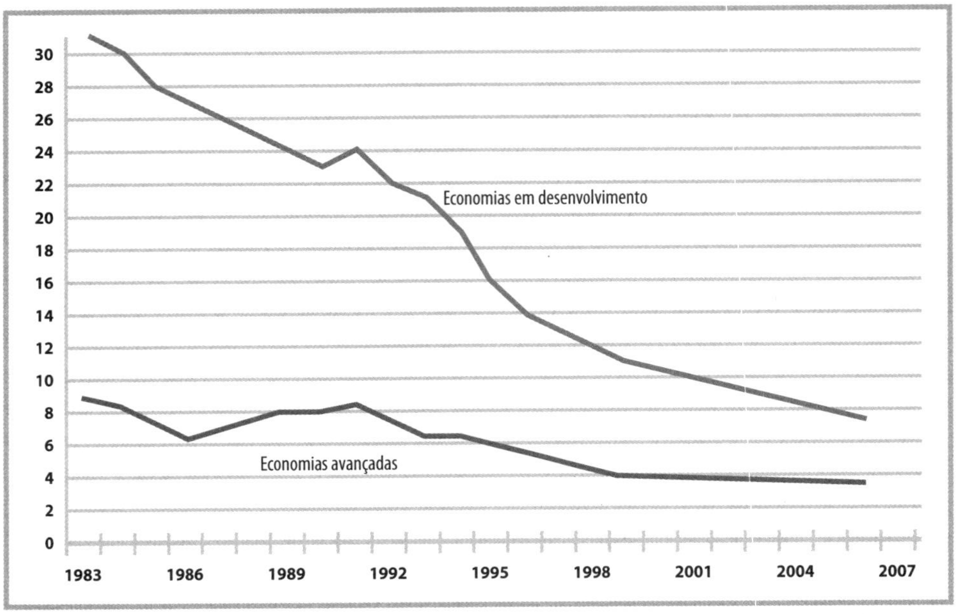


Nota: as taxas apresentadas são médias não ponderadas.

FONTE: FUNDO MONETÁRIO INTERNACIONAL. "World Economic Outlook: Globalization and External Imbalances". abr. 2005, acessado em: www.inf.org: United Nations Conference on Trade and Development. UNCTAD Handbook of Statistics 2005.

importação, exigências de conteúdo local, regulamentações governamentais e procedimentos administrativos ou burocráticos. Comparadas às tarifas, o uso das barreiras não tarifárias aumentou de forma considerável nas últimas décadas, em alguns casos por serem mais fáceis de ocultar da OMC e de outras organizações que monitoram o comércio internacional. Vamos agora analisar as mais comuns.

As cotas restringem o volume físico ou o valor dos produtos que as empresas podem importar para um país. Usando uma modalidade clássica, o governo norte-americano impõe um teto de aproximadamente dois milhões de libras da quantidade total de açúcar que pode ser importado por ano. As importações que excederem esse nível são tarifadas em alguns centavos por libra. A vantagem é que os produtores norte-americanos de açúcar são protegidos das importações de menor custo, propiciando-lhes uma vantagem competitiva sobre os concorrentes estrangeiros. A desvantagem é que consumidores e fabricantes de certos tipos de produto — como a Hershey's e a Coca-Cola — pagam mais pelo açúcar que consomem. Também significa que as indústrias de produtos à base de açúcar poderão economizar, se transferirem a produção para países que não imponham cotas nem tarifas ao açúcar.

Os governos podem impor cotas voluntárias, pelas quais as empresas concordam em limitar a exportação de certos produtos. São também conhecidas como *restrições voluntárias à exportação*, ou VERs, do inglês *voluntary export restraints*. Por exemplo, em 2005, as cotas de importação na União Europeia levaram a um impasse: milhões de roupas fabricadas na China ficaram empilhadas nos portos e nas fronteiras europeias. A UE manteve as peças de vestuário sob custódia porque a China excedera as cotas voluntárias de importação previamente negociadas. A ação gerou dificuldades aos varejistas europeus, que haviam feito seus pedidos com vários meses de antecedência. As cotas voluntárias tanto na Europa quanto nos Estados Unidos devem expirar em 2008.[10]

Em alguns casos, os governos requerem às empresas importadoras uma **licença de importação**, uma permissão formal para importar, que restringe a importação de maneira semelhante às cotas. Não se devem confundir essas licenças com a estratégia de licenciamento para entrada em mercados estrangeiros, em que uma empresa concede a outra, estrangeira, o direito de uso de sua propriedade intelectual mediante uma compensação financeira. Os governos vendem licenças de importação a empresas com base em sua competitividade ou as concedem por ordem de pedido. Esse processo tende a discriminar as empresas de menor porte, que geralmente não têm recursos para adquirir as licenças. Obtê-las pode ser oneroso e bastante complicado. Em alguns países, os importadores devem pagar pesadas taxas a autoridades públicas. Em outros, é preciso lidar com entraves burocráticos. Por exemplo, na Rússia, uma complexa rede de exigências por licenças limita a importação de bebidas alcoólicas.

As *exigências de conteúdo local* requerem a inclusão de um mínimo de valor agregado local pelos fabricantes — isto é, produção realizada localmente. De modo geral, são impostas em países membros de um bloco econômico, como a União Europeia e o Nafta. A assim chamada requisição de "regras de origem" especifica que uma determinada proporção de produtos e suprimentos, ou de bens intermediários usados na fabricação local, deve ser produzida dentro do bloco. Para uma indústria automobilística, os pneus ou para-brisas adquiridos de um fornecedor constituem bens intermediários. Quando uma empresa não atende a esse requisito, os produtos ficam sujeitos a barreiras comerciais que os governos membros normalmente impõem aos países não membros. Dessa forma, os produtores da zona do Nafta do Canadá, do México e dos Estados Unidos não pagam tarifas, em contraposição a nações como China ou Reino Unido, que não fazem parte do tratado. Cerca de dois terços do valor de um carro fabricado no âmbito do Nafta devem originar-se de seus países membros. Se essa condição não for preenchida, o produto fica sujeito às tarifas cobradas dos não membros.

As *regulamentações governamentais e padrões técnicos* constituem outro tipo de barreira comercial não tarifária. Exemplos disso são as regulamentações de segurança para veículos a motor e equipamentos elétricos, regulamentações sanitárias para preparo higiênico de alimentos, requisitos de etiquetagem que indiquem o país de origem de um produto, padrões técnicos para computadores e procedimentos burocráticos para liberação aduaneira, inclusive processos de aprovação excessivamente burocráticos e lentos.

Na maioria dos casos, as regulamentações e os padrões representam esforços legítimos para proteger os cidadãos. Entretanto, em alguns casos, os governos buscam proteger as empresas domésticas ao impor entraves burocráticos que criam dificuldades às de origem estrangeira. Por exemplo, a União Europeia regulamenta com rigor os alimentos transgênicos, uma política que tem provocado conflitos comerciais com os Estados Unidos, cuja regulamentação nesse setor é relativamente frouxa. Os Estados Unidos alegam que as regulamentações europeias violam as regras da OMC. Alimentos transgênicos como soja, milho e óleo de canola foram modificados para tornarem-se mais resistentes a doenças e pragas, ou para terem a taxa de crescimento. As rigorosas regulamentações europeias baseiam-se na preocupação do consumidor quanto à segurança desses alimentos e à desconfiança pública acerca da omissão governamental na indústria alimentícia. Na China, o governo exige que as empresas estrangeiras obtenham permissões especiais para importar alimentos transgênicos. China, Japão e Taiwan exigem que os produtos agrícolas importados passem por um rigoroso teste, um processo que consome tempo e gastos consideráveis.

Há alguns anos, o Japão proibiu a importação de esquis de neve com base na alegação improvável de que a neve japonesa era diferente da de outros países. Embora o Canadá seja oficialmente bilíngue (inglês e francês), o governo da província de Quebec exige que o rótulo de todo produto esteja na língua francesa. A lei pode representar uma substancial barreira às empresas de menor porte que não dispõem de recursos para traduzir seus rótulos. Até a requisição de que os produtos indiquem claramente seu país de origem (por exemplo, "Fabricado na Costa Rica") pode constituir uma barreira porque as pessoas geralmente preferem comprar produtos de fabricação local.

Os governos podem impor *procedimentos administrativos ou burocráticos* que afetam as atividades de importadores ou empresas estrangeiras. Por exemplo, o texto de abertura revelou como o setor de negócios da Índia está sobrecarregado por inúmeras regulamentações, padrões e entraves administrativos nos níveis estadual e federal. No México, os procedimentos burocráticos impostos pelo governo levaram a United Parcel Service a suspender temporariamente seu serviço de entrega terrestre cruzando a fronteira entre Estados Unidos e México. Da mesma forma, os Estados Unidos barraram a entrada de caminhões mexicanos sob a alegação de que não eram seguros. Alguns anos depois, o governo francês restringiu a importação de um equipamento japonês de gravação de vídeo ao exigir que passasse pela alfândega de uma pequena cidade chamada Poitiers, no meio do território francês. Isso provocou enormes atrasos e um custo adicional significativo aos importadores.

A Arábia Saudita adota várias práticas restritivas que prejudicam o comércio internacional. Por exemplo, todo executivo que viaje para o reino árabe deve portar um visto de entrada concedido somente mediante o aval de um patrocinador — um cidadão saudita que se responsabilize pelos atos do visitante. Como poucos nativos se dispõem a assumir essa responsabilidade, os executivos estrangeiros que desejam fazer negócio na Arábia Saudita devem enfrentar uma grande dificuldade.[11]

Procedimentos administrativos são amplamente disseminados nas agências através do globo. A renda gerada pelas tarifas depende de como as autoridades aduaneiras classificam os produtos importados, os quais, de modo geral, parecem recair em duas ou mais categorias de tarifa. Por exemplo, um veículo utilitário esportivo pode ser classificado como caminhão, carro ou van. Cada categoria está sujeita a uma tarifa diferente. Dependendo do julgamento do agente aduaneiro, a tarifa aplicável pode acabar sendo alta ou baixa. Alguns deles tentam classificar os produtos em categorias que resultem em tarifas mais elevadas. Como existem milhares de categorias para classificação aduaneira, um produto e sua respectiva tarifa podem facilmente ser mal classificados, de modo acidental ou proposital.

## Barreiras de investimento

Como vimos no texto de abertura sobre a Índia, os países também impõem *restrições ao IDE e ao direito de propriedade* que restringem a capacidade das empresas estrangeiras de investir em alguns setores industriais ou de adquirir empresas locais. Restrições excessivas na Índia impediram a aprovação de inúmeras propostas de investimento que teriam gerado bilhões de dólares em receita à economia e ao governo locais. Ao redor do mundo, as restrições ao IDE e ao direito de propriedade são particularmente comuns em setores como radiodifusão, utilidade pública, transporte aéreo, tecnologia militar e serviços financeiros, bem como segmentos que envolvem as principais reservas nacionais, como petróleo, pesca e minérios. Por exemplo, o governo canadense restringe o domínio estrangeiro de estúdios de cinema e programas de TV locais para proteger sua indústria cinematográfica e televisiva de uma excessiva influência estrangeira. O governo mexicano restringe o IDE por investidores estrangeiros para proteger sua indústria petrolífera, considerada essencial à segurança nacional. As restrições ao IDE e ao direito de propriedade são particularmente opressivas no setor de serviços porque estes geralmente não podem ser exportados e seus prestadores devem estabelecer presença física nos mercados visados para conduzir negócios lá. Há casos em que os governos impõem barreiras aos investimentos destinados a proteger setores econômicos e empregos do país de origem.

Os **controles cambiais** restringem o fluxo de saída de moedas fortes (como dólar norte-americano, euro e iene) e, em alguns casos, o fluxo de entrada de moeda estrangeira. Os controles, particularmente comuns nos países em desenvolvimento, são utilizados para preservar moeda forte valiosa ou reduzir o risco de fuga de capital. Alguns países empregam um sistema de taxa de câmbio oficial dual em que a taxa oferecida aos exportadores é relativamente favorável, para estimular as exportações, ao passo que a taxa oferecida aos importadores é ligeiramente desfavorável, para desencorajar as importações. Esses controles tanto ajudam quanto prejudicam as empresas que estabelecem subsidiárias estrangeiras por meio de IDE. Os controles favorecem as empresas quando elas exportam seus produtos do país anfitrião, mas prejudicam aquelas que utilizam muitas peças e componentes importados. Os controles cambiais também restringem a capacidade das multinacionais de *repatriar* seus lucros — isto é, transferir renda de operações lucrativas de volta ao país de origem.

Para exemplificar, o Bangko Sentral Pilipinas (BSP), banco central das Filipinas, solicitou aos investidores estrangeiros que depositassem seus pesos (moeda filipina) nos bancos locais por no mínimo 90 dias. Essa política contribuiu para que as autoridades monetárias monitorassem os fluxos de entrada e de saída dos investimentos estrangeiros e para que os fundos estrangeiros não fossem usados para especulação financeira que poderia ser prejudicial à economia do país.

## Subsídios e outros programas de apoio governamental

Os **subsídios** são recursos financeiros ou de outro tipo que um governo concede a uma empresa ou grupos delas, geralmente com o propósito de garantir sua sobrevivência facilitando a produção e o marketing de produtos a preços reduzidos ou de estimular as exportações. Eles assumem a forma de desembolsos direitos de caixa, insumos materiais, serviços, isenção tarifária, construção de infraestrutura e contratos governamentais a preços inflacionados. Por exemplo, o governo francês concedeu expressivos subsídios à Air France, companhia aérea nacional. O "Estudo de Caso" descreve o apoio do governo europeu à Airbus S.A.S., maior fabricante de aviões comerciais da região. É provável que o derradeiro exemplo de empresa subsidiada esteja na China. Várias empresas líderes, como a China Minmetals (US$ 12 bilhões em vendas anuais) e a Shanghai Automotive (US$ 12 bilhões em vendas anuais), são, na realidade, estatais integral ou parcialmente possuídas pelo governo chinês, que as abastece com maciços recursos financeiros.[12]

Os críticos argumentam que os subsídios reduzem o custo dos negócios para os beneficiados, concedendo-lhes vantagens injustas. A OMC proíbe os subsídios, quando se pode comprovar que eles impedem o livre comércio. Entretanto, é difícil defini-los. Por exemplo, quando um governo provê terras, infraestrutura, sistemas de telecomunicações ou serviços públicos necessários a um polo empresarial, trata-se tecnicamente de um subsídio. No entanto, a maioria concordaria que prover esse tipo de suporte constitui uma legítima função pública.

Os governos da Europa e dos Estados Unidos oferecem subsídios agrícolas para complementar a renda de fazendeiros e ajudar a administrar o suprimento de *commodities* agrícolas. O governo norte-americano subsidia mais de duas dezenas de *commodities*, como trigo, cevada, algodão, leite, arroz, amendoim, açúcar, tabaco e soja. A Common Agricultural Policy (CAP) constitui um sistema de subsídios que representa cerca de 40 por cento do orçamento da União Europeia, totalizando dezenas de bilhões de euros anuais. Os subsídios da CAP e dos Estados Unidos foram criticados por promoverem uma concorrência desleal e preços altos. Eles tendem a impedir que os países em desenvolvimento exportem seus bens agrícolas para o Ocidente. Estimulam o excesso de produção e, portanto, baixam o preço dos alimentos, tornando menos competitivas as importações agrícolas das economias em desenvolvimento.

Há casos de retaliação governamental aos subsídios pela aplicação **de medidas compensatórias** — um imposto sobre produtos importados por um país para compensar os subsídios concedidos aos produtores ou exportadores no país de origem. Dessa forma, a taxa serve para anular o efeito do subsídio ao convertê-lo em uma transferência direta de renda do país exportador ao restante do mundo.

Os subsídios podem permitir a um fabricante cobrar menos por produtos exportados, em alguns casos menos do que cobraria de consumidores no mercado doméstico e de terceiros, ou ainda menos do que o custo de fabricação.[13] Essa prática é conhecida como ***dumping*** — a precificação de produtos exportados por menos do que seu valor normal, geralmente menos do que seu preço nos mercados doméstico e de terceiros, ou menos ainda do que o custo de produção. Por exemplo, a União Europeia subsidia em quase dois bilhões de euros ao ano os produtores de açúcar da região, tornando-a um dos maiores exportadores mundiais desse item. Ironicamente, sem o subsídio ela seria o maior importador. O subsídio permite aos fazendeiros europeus despejar uma quantidade maciça de açúcar a preços artificialmente baixos nos mercados mundiais.

O *dumping* contraria as regras da OMC por gerar uma concorrência desleal. Uma multinacional de grande porte que cobrasse preços muitos baixos poderia eliminar concorrentes de um mercado estrangeiro, obtendo, dessa forma, monopólio para depois elevar seus preços. De modo geral, os governos dos países importadores reagem ao *dumping* impondo uma **tarifa *antidumping*** — uma taxa cobrada sobre produtos sob suspeita de *dumping* e de causar dano aos produtores de bens concorrentes no país importador. A OMC permite a aplicação dessa prática.[14] Em geral, as tarifas equivalem à diferença entre o preço de exportação do produto e seu valor normal. No entanto, é difícil de provar a ocorrência do *dumping* porque as empresas não costumam revelar dados de sua estrutura de custos ou estratégias de preços.

Nem sempre os subsídios governamentais são diretos ou explícitos. Os governos podem apoiar os negócios domésticos financiando iniciativas de P&D, concedendo isenção de impostos e prestando serviços de desenvolvimento, tais como informações de mercado, missões comerciais e acesso privilegiado a contatos essenciais no exterior. Na verdade, a maioria dos países possui órgãos e ministérios que oferecem esses serviços para facilitar as atividades internacionais das empresas nacionais. Dentre os exemplos, podemos citar o Department of Foreign Affairs and International Trade do Canadá (www.dfait-maeci.gc.ca), o U.K. Trade & Investment na Grã-Bretanha (www.uktradeinvest.gov.uk) e o International Trade Administration do Departamento de Comércio dos Estados Unidos (www.doc.gov).

Relacionados aos subsídios estão os **incentivos ao investimento**, transferências de pagamento ou concessões tributárias realizadas diretamente a uma empresa estrangeira para atraí-la a investir em país. Por exemplo, o governo de Hong Kong financiou a maior parte da construção da Disney local. Do custo de US$ 1,81 bilhão do parque temático e suas instalações, o investimento governamental foi de US$ 1,74 bilhão.

Em 2006, as cidades de Austin, no Texas, e Albany, no Estado de Nova York, concorreram pela chance de sediar uma fábrica de semicondutores da Samsung Electronics. A proposta vencedora de Austin ofereceu US$ 225 milhões em abatimento fiscal e outras concessões, para atrair a fábrica de US$ 300 milhões da empresa coreana, prevista para gerar cerca de 1.000 novos empregos na região.

Em geral, esses incentivos fomentam o desenvolvimento econômico de uma região ou comunidade em particular. Na década de 1990, a Alemanha incentivou empresas estrangeiras a investirem nos Estados economicamente fragilizados da Alemanha Oriental, oferecendo incentivos fiscais e de investimento. Também na década de 1990, a Irlanda atingiu um renascimento econômico pela ação proativa da Industrial Development Authority, promovendo o país como um local de negócios. Esse grupo visava empresas estrangeiras no setor de alta tecnologia — como equipamentos médicos, medicamentos e software de computação. O governo irlandês ofereceu-lhes taxas corporativas preferenciais de 12 por cento. Esses esforços concentrados resultaram em belos dividendos no tocante à diversificação da economia irlandesa para além das atividades agrícolas e gerando um nível considerável de novos empregos.

As políticas de *compras governamentais* constituem uma forma indireta de barreira comercial não tarifária. Na maioria dos países, elas representam uma substancial parcela do PIB. Os governos apoiam as indústrias domésticas adotando políticas que restringem a aquisição de fornecedores do país de origem. Por exemplo, vários governos exigem que as passagens aéreas adquiridas com fundos públicos sejam de companhias nacionais. As políticas de compras governamentais são especialmente comuns em países com um vasto setor público, como China, Rússia e vários países do Oriente Médio. Nos Estados Unidos, os órgãos públicos favorecem os fornecedores domésticos a menos que seus preços sejam mais altos que os dos estrangeiros. No Japão, as propostas estrangeiras geralmente nem são analisadas, independentemente de preço. Os órgãos responsáveis pelas compras públicas podem impor requisitos que efetivamente excluam os fornecedores estrangeiros.

## Intervenção governamental, liberdade econômica e questões éticas

Uma forma de avaliar os efeitos da intervenção governamental consiste em examinar o grau de *liberdade econômica* de cada nação, definida como a "ausência de coerção ou restrição governamental em relação à produção, distribuição ou consumo de bens e serviços além do limite necessário para que os cidadãos protejam e mantenham a liberdade em si. Em outras palavras, os indivíduos são livres para trabalhar, produzir, consumir e investir da maneira que julgarem mais produtiva."[15] Um *Índice de Liberdade Econômica* é publicado anualmente pela Heritage Foundation (www.heritage.org), que avalia 161 países nesse quesito.

A Figura 7.3 mostra o grau de liberdade econômica para cada país no Índice em 2007. Em cada caso, são avaliados critérios como nível de barreiras comerciais, estado de direito, nível de regulamentação comercial e proteção aos direitos de propriedade intelectual.[16] O Índice classifica praticamente todas as economias avançadas como 'livres', todos os mercados emergentes como 'livres' ou 'sobretudo livres' e quase todas as economias em desenvolvimento como 'quase sem liberdade' ou 'reprimidas'. O estudo ressalta a estreita relação entre uma limitada intervenção governamental e o grau de liberdade econômica. Esta prospera quando o governo apoia as instituições necessárias a ela e intervém em um nível adequado. É evidente que a regulamentação excessiva da atividade comercial é prejudicial ao crescimento econômico.

A intervenção governamental e as barreiras comerciais também levantam questões éticas que afetam as economias em desenvolvimento. Por exemplo, nos Estados Unidos, as tarifas de importação sobre vestuário e calçados geralmente chegam a 48 por cento. A receita resultante para o governo norte-americano, da ordem de bilhões de dólares ao ano, impõe um ônus sobre os exportadores desses itens, que tendem a se concentrar nos países pobres. Por exemplo, em 2001, sobre importações no valor de US$ 2,5 bilhões de Bangladesh (um grande exportador de roupas), os Estados Unidos arrecadaram impostos de mais de US$ 310 milhões. Na verdade, nações pobres como Bangladesh — que começam a migrar de uma economia de subsistência como a agricultura para atividades geradoras de maior riqueza como a manufatura leve — estão sujeitas a altas tarifas, normalmente quatro ou cinco vezes maiores do que as das economias mais ricas.[17]

A intervenção governamental também pode servir para compensar efeitos danosos. Por exemplo, os governos podem recorrer às barreiras comerciais para gerar ou proteger empregos que melhoram o padrão de vida da população de baixa renda. Oferecem-se subsídios que ajudam a compensar as consequências perniciosas que afetam os pobres de maneira desproporcional. Na Dinamarca, a globalização afetou milhares de trabalhadores cujos empregos foram transferidos para outros países com menor custo de mão de obra. O governo dinamarquês provê generosos subsídios aos desempregados, destinados ao retreinamento da força de trabalho para aprimorar suas habilidades profissionais ou permitir que encontrem emprego em outras áreas de atuação.[18]

## Evolução da intervenção governamental

No início do século XX, o comércio mundial caracterizava-se por enormes barreiras comerciais. O ambiente comercial piorou em decorrência das duas guerras mundiais e da Grande Depressão. Em 1938, os Estados Unidos aprovaram a Smoot-Hawley Tariff Act, que elevou as tarifas norte-americanas a um pico quase recorde de mais de 50 por cento, em comparação com os meros três por cento atuais. As tarifas que outros países impuseram em retaliação fecharam os mercados estrangeiros para os produtos agrícolas norte-americanos, acarretando uma queda brusca nos preços agrícolas e inúmeras falências bancárias.[19] Em um esforço para reativar o comércio, o governo começou a reduzir as tarifas restritivas.[20] Políticas internacionais progressivas levaram a substanciais reduções tarifárias no mundo, ao final da década de 1940.

Em 1947, 23 nações assinaram o Acordo Geral de Tarifas e Comércio (GATT, do inglês *General Agreements on Tariffs and Trade*), o primeiro grande esforço destinado a uma redução sistemática de barreiras comerciais no mundo. Esse acordo criou: (1) um processo de redução de tarifas por meio de negociações contínuas entre as nações membros, (2) um órgão para atuar como cão de guarda do comércio mundial e (3) um fórum para solucionar disputas comerciais. O GATT introduziu o conceito de *nação mais favorecida* (renomeada como *relações comerciais normais* em 1998), segundo o qual cada nação signatária concordou em estender a todos os países as reduções tarifárias estipuladas em um acordo comercial com um parceiro de negócios. Dessa forma, uma concessão a um país tornava-se uma concessão a todos. O GATT acabou sendo substituído pela OMC em 1995 e cresceu, passando a incluir 150 nações membros. Essa organização provou ser extremamente eficaz e resultou no maior declínio global da história em barreiras comerciais. A seção "Tendência Global" destaca o que provavelmente constitui o desdobramento contemporâneo mais importante em comércio internacional, a fundação e o progresso da OMC.

Na década de 1950, a América Latina e outras nações em desenvolvimento adotaram políticas protecionistas destinadas à industrialização e ao desenvolvimento econômico. Os governos impuseram altas tarifas e cotas às importações do mundo desenvolvido, sustentaram o estabelecimento de empresas para fabricar bens antes importados e procuraram substituir as importações por produção local. Conhecido como *substituição de importações*, o plano não deu certo. As empresas privadas quase públicas viviam à base de elevadas cotas e tarifas e beneficiavam-se com grandes subsídios públicos. Entretanto, elas nunca se tornaram competitivas nos mercados mundiais ou elevaram o padrão de vida aos níveis dos países de livre comércio. Enquanto isso, as indústrias protegidas exigiam subsídios contínuos.[21] A maioria dos países que experimentaram a substituição de importações acabou por rejeitá-la.

Em contraposição, a partir da década de 1970, Cingapura, Hong Kong, Taiwan e Coreia do Sul atingiram rápido crescimento econômico ao estimular o desenvolvimento de setores econômicos intensivos em exportações. Seu modelo, conhecido como *desenvolvimento à base de exportações*, revelou-se mais bem-sucedido do que a substituição de importações. Esses países, acompanhados por outros no Leste Asiático, como Malásia, Tailândia e Indonésia, conquistaram expressiva prosperidade e fortes vínculos comerciais internacionais. O padrão de vida melhorou de forma significativa, e uma classe média em expansão ajudou a tornar competitivas essas economias.

Em outra parte da Ásia, o Japão havia lançado um ambicioso programa de industrialização e desenvolvimento à base de exportações após a Segunda Guerra Mundial. De uma economia pobre na década de 1940, o país passou a ser um dos mais ricos do mundo na década de 1980 em um processo conhecido como o *milagre japonês*. A façanha deveu-se em parte a políticas estratégicas nacionais, incluindo tarifas que fomentaram e protegeram as indústrias nascentes japonesas — tais como a automobilística, de construção naval e eletrônica.

Desde a conquista da independência da Inglaterra em 1947, a Índia adotou um modelo semissocialista de isolamento e controle governamental estrito. Altas barreiras ao comércio e aos investimentos, intervenção estatal na força de trabalho e nos mercados financeiros, vasto setor público, pesada regulamentação comercial e planejamento centralizado contribuíram para o fraco desempenho econômico do país por várias décadas. A partir do início da década de 1990, a Índia começou a abrir seus mercados ao comércio e investimento estrangeiros. Reformas de livre comércio, combinadas com a privatização de estatais, progrediram, ainda que em ritmo lento. O protecionismo diminuiu, embora as elevadas tarifas (em média, 20 por cento) e as limitações de IDE continuem em vigor.

Outro país central, a China, adotava o planejamento econômico centralizado desde que Mao Tse-Tung estabeleceu o regime comunista na revolução de 1949. Agricultura e manufatura foram por muito tempo controladas por ineficientes indústrias administradas pelo governo. O foco na autossuficiência nacional fez com que o país permanecesse fechado ao comércio internacional até a década de 1980, quando sua economia começou a ser liberalizada. Em 1992, a China aderiu ao bloco da Cooperação Econômica da Ásia e do Pacífico (APEC, do inglês *Asia-Pacific Economic Cooperation*), uma organização de livre comércio semelhante à União Europeia. Em 2001, passou a fazer parte da OMC e comprometeu-se a reduzir as barreiras comerciais e aumentar a proteção à propriedade intelectual. O comércio estimulou a economia chinesa. Em 2004, seu PIB quadruplicou em relação ao nível de 1978, e o comércio internacional superou US$ 1 trilhão. O país tornou-se líder na exportação de produtos manufaturados.

## Como as empresas devem lidar com a intervenção governamental

Embora a reação instintiva de um administrador possa ser a de evitar mercados com altas barreiras ao comércio e investimento ou excessiva intervenção governamental, de modo geral isso não é prático. Dependendo do setor econômico e do país, as empresas têm que lidar com o protecionismo e outras formas intervencionistas. Por exemplo, na atividade extrativista como de alumínio e petróleo, é comum as empresas estrangeiras ingressarem em países com enormes barreiras. As indústrias alimentícia, de biotecnologia e farmacêutica enfrentam inúmeras leis e regulamentações no exterior.

## Estratégias administrativas

As empresas que buscam fazer negócios em mercados emergentes como China e Índia enfrentam intervenção governamental aparentemente infindável. Economias em desenvolvimento na África, América Latina e outras localidades caracterizam-se por inúmeras barreiras comerciais e envolvimento governamental nos negócios. Muitas empresas visam os mercados emergentes e as economias em desenvolvimento que apresentam um potencial de longo prazo, apesar dos desafios inerentes. Os administradores, contudo, têm alternativas. As seguintes estratégias são prudentes.[22]

### Pesquisar para obter conhecimento e informações

Administradores experientes examinam incansavelmente o ambiente dos negócios para identificar a natureza da intervenção governamental e planejar de modo consistente suas estratégias de penetração de mercado, operações no país anfitrião e oportunidades de apoio governamental. As barreiras comerciais podem ser onerosas e aumentar o risco dos negócios internacionais. Os gestores devem avaliar seus critérios de retorno sobre investimento para levar em conta o maior custo e risco. Devem também analisar as alternativas de estratégia de entrada em mercados estrangeiros à luz tanto dos riscos existentes quanto dos potenciais. Por exemplo, embora as barreiras comerciais sejam baixas na União Europeia, as condições estão em mutação à medida que as nações membros ponderam sobre um leque de iniciativas legislativas que afetam o comércio e os investimentos no âmbito do mercado único. O Parlamento Europeu, a Comissão Europeia e outros órgãos da UE estão elaborando novas diretrizes que abrangem as operações empresariais em áreas que vão de responsabilidade pela garantia de produtos a padrões de investimentos nos setores econômicos europeus.

### Escolher as estratégias de entrada mais apropriadas

As barreiras tarifárias e a maioria das não tarifárias aplicam-se às exportações, ao passo que as barreiras ao investimento referem-se ao IDE. Grande parte das empresas opta por exportar como sua estratégia inicial de entrada. Entretanto, se as tarifas são elevadas, os administradores

Figura 7.3 Classificação de países por grau de liberdade econômica

ÁRTICO
FINLÂNDIA
ESTÔNIA
LATVIA
RÚSSIA
LITUÂNIA
BIELORÚSSIA
POLÔNIA
UCRÂNIA
ESLOVÁQUIA
MOLDÁVIA
ROMÊNIA
SÉRVIA E MONTENEGRO
CROÁCIA
BULGÁRIA
HUNGRIA
MACEDÔNIA
ALBÂNIA
GRÉCIA
TURQUIA
CHIPRE
GEÓRGIA
ARMÊNIA
AZERBAJÃO
R Ú S S I A
CAZAQUISTÃO
MONGÓLIA
UZBEQUISTÃO
QUIRGUISTÃO
TURCOMENISTÃO
TADJIQUISTÃO
AFEGANISTÃO
SÍRIA
LÍBANO
IRAQUE
IRÃ
ISRAEL
JORDÂNIA
KUWAIT
PAQUISTÃO
NEPAL
BUTÃO
C H I N A
COREIA DO NORTE
COREIA DO SUL
JAPÃO
LÍBIA
EGITO
QATAR
ARÁBIA SAUDITA
EMIRADOS ÁRABES UNIDOS
OMÃ
IÊMEN
ÍNDIA
BANGLADESH
MIANMAR (BIRMÂNIA)
LAOS
TAIWAN
TAILÂNDIA
VIETNÃ
CAMBOJA
FILIPINAS
OCEANO PACÍFICO
CHADE
SUDÃO
ERITRÉIA
REPÚBLICA CENTRO-AFRICANA
DJIBUTI
SOMÁLIA
SRI LANKA
BRUNEI
MALÁSIA
CINGAPURA
REPÚBLICA DOS CAMARÕES
ETIÓPIA
UGANDA
QUÊNIA
REPÚBLICA DEMOCRÁTICA DO CONGO (EX-ZAIRE)
BURUNDI
TANZÂNIA
ANGOLA
OCEANO ÍNDICO
I N D O N É S I A
ILHAS SALOMÃO
PAPUA-NOVA GUINÉ
MALÁUI
ZÂMBIA
MOÇAMBIQUE
MADAGASCAR
MAURÍCIA
RÉUNIÃO
NAMÍBIA
ZIMBÁBUE
SUAZILÂNDIA
LESOTO
ÁFRICA DO SUL
AUSTRÁLIA
VANUATU
NOVA CALEDÔNIA
NOVA ZELÂNDIA
Grau de liberdade econômica
80 a 100 por cento livre
70 a 79,9 por cento livre
60 a 69,9 por cento livre
50 a 59,9 por cento livre
0 a 49,9 por cento livre
Sem classificação

devem avaliar outras estratégias, como IDE, licenciamento e *joint ventures*, que lhes permitem produzir diretamente no mercado visado, evitando desse modo as barreiras à importação. Por exemplo, a Fuji Company instalou-se na Carolina do Sul para fabricar filme para câmeras. Anteriormente, ela exportava esse produto para o mercado norte-americano a partir de suas fábricas na Europa e no Japão. Ao estabelecer uma unidade de produção nos Estados Unidos, a Fuji conseguiu evitar as tarifas do país e rebater as críticas de estar despejando ali filmes japoneses de forma questionável.

## TENDÊNCIA GLOBAL

### A Organização Mundial do Comércio e os serviços internacionais: a Rodada de Doha

Com sede em Genebra, na Suíça, a Organização Mundial do Comércio é o principal vigilante do comércio internacional e conta com cerca de 150 países como membros.

Entre os objetivos da OMC está o de assegurar que o comércio global transcorra de forma tranquila, justa e com a menor restrição possível. Por exemplo, desde a adesão à organização em 2001, a China reduziu gradualmente as tarifas e cotas de importação. A OMC está trabalhando para reduzir as barreiras comerciais no setor agrícola. Entretanto, há muito a fazer. As tarifas de importação superam os 100 por cento para a manteiga canadense, os vegetais frescos europeus e o leite em pó norte-americano.

A Agenda Doha de Desenvolvimento, uma rodada de negociações da OMC lançada no Qatar em novembro de 2001, visa uma redução maior das barreiras comerciais agrícolas mundiais, por serem particularmente opressivas aos países em desenvolvimento, os quais compõem mais de três quartos dos membros da organização. Por exemplo, as negociações da OMC levaram o Japão a eliminar as barreiras de importação de carne, sucos de frutas e maçãs.

A última fronteira da batalha da OMC contra as barreiras comerciais são os serviços internacionais. Por serem amplamente intangíveis, é difícil taxá-los. Os serviços não passam por portos nem postos aduaneiros. O 'produto' oferecido por um advogado ou contador é intangível — conhecimento e experiência. Dessa forma, os serviços ficaram sujeitos a uma gama de barreiras comerciais não tarifárias. Nos transportes, por exemplo, muitos países exigem que suas próprias frotas transportem uma determinada proporção de sua carga internacionalmente comercializada. Tais leis favorecem as empresas do país de origem, mas constituem uma barreira aos transportadores com base no exterior. No setor bancário, as barreiras comerciais geralmente discriminam os bancos estrangeiros. O segmento de seguros em muitas economias em desenvolvimento é de propriedade do governo. Vários países europeus recusam-se a licenciar companhias seguradoras estrangeiras.

Os governos também restringem os negócios internacionais em serviços ao estabelecer padrões técnicos ou profissionais de difícil adesão por parte de empresas e indivíduos estrangeiros. Ao requerer licenças e desenvolver sistemas educacionais, os governos garantem que profissões nas áreas de direito, medicina e contabilidade sejam executadas em grande parte por pessoas que estudem localmente, falem a língua nacional e sejam socializadas de acordo com os padrões e as normas locais, os quais geralmente não são reconhecidos além das fronteiras nacionais. Advogados, médicos, contadores e inúmeros outros profissionais, portanto, enfrentam restrições quando tentam fazer negócios no exterior.

As negociações sob a Agenda de Doha contribuíram para reduzir as barreiras ao comércio e aos investimentos em serviços. Sob as regras da OMC, cada vez mais bancos, seguradoras, operadoras de turismo, cadeias hoteleiras e transportadoras têm acesso ao mesmo grau de liberdade de comércio e investimento que o originalmente aplicado somente aos produtos. Um acordo recente baixou de modo significativo as barreiras internacionais no setor de telecomunicações. Outros tratados multilaterais abrangeram os softwares de computação e os serviços financeiros. O Acordo Geral sobre Serviços (Gats, do inglês *General Agreement on Trade in Services*) estabelece novas regras para o comércio e o investimento em propriedade intelectual, cobrindo direitos autorais, patentes e marcas registradas. As principais questões que os países membros do Gats estão negociando incluem a harmonização dos padrões profissionais, os níveis aceitáveis de credenciamento entre os países membros, a movimentação de mão de obra em relação à prestação de serviços e o licenciamento e a certificação de fornecedores.

Ainda há muito por fazer. Em 2006, as negociações sob a Agenda Doha de Desenvolvimento foram suspensas, principalmente devido à relutância de Estados Unidos, Japão e países da Europa em reduzir subsídios agrícolas e baixar tarifas de importação. Entretanto, os ministros do comércio retomaram as negociações em 2007.

Fontes: United States Trade Representative. "National trade estimate report", 2004, disponível em: www.ustr.gov; U.S. and Foreign Commercial Service e U.S. Department of State. *Doing business* in Japan: a country commercial guide for U.S. companies. Washington, DC: Government Printing Office World Trade Organization, 2007, acessado em: www.wto.org.

Entretanto, até a entrada baseada em investimento será afetada por tarifas, se houver a necessidade de importação de matérias-primas e peças para fabricação de produtos acabados no país anfitrião. De modo geral, as tarifas variam de acordo com a *forma* de um produto importado. Por exemplo, a indústria alimentícia norte-americana Conagra importa atum cozido para os Estados Unidos, para depois enlatá-lo sob a marca Bumble Bee. A empresa poderia enlatar o atum no exterior, mas a tarifa sobre esse formato é mais alta do que a da forma cozida. Por isso, ela enlata o atum nos Estados Unidos como uma estratégia de minimizar o custo das tarifas de importação.[23] No caso dos manufaturados, as empresas podem embarcar produtos 'decompostos' para subsequente montagem no mercado-alvo. Como no caso dos países com tarifas relativamente altas sobre computadores pessoais, onde os importadores costumam importar os componentes e montá-los localmente.

### Beneficiar-se das zonas de comércio exterior

Em um esforço para criar empregos e estimular o desenvolvimento econômico local, os governos estabelecem zonas de comércio exterior (ZCEs, também conhecidas como *zonas de livre comércio* ou *portos livres*). Uma **zona de comércio exterior** consiste em uma área dentro de um país que recebe bens importados para montagem ou outra forma de processamento e subsequente reexportação. Dessa forma, o que é exportado tem tratamento tarifário preferencial.[24] Os produtos trazidos para uma ZCE não estão sujeitos a impostos, taxas ou cotas até que eles, ou os itens derivados deles, entrem no território comercial não livre do país em que se localiza a ZCE. As empresas usam essa modalidade para transformar em produto acabado matérias-primas e componentes estrangeiros tributáveis, que são então reexportados. Como alternativa, elas recorrem às ZCEs para administrar estoques de peças, componentes ou produtos acabados dos quais possam necessitar em alguma outra localidade. Algumas delas obtêm *status* de ZCE dentro de suas próprias instalações. Nos Estados Unidos, as montadoras japonesas armazenam veículos no porto de Jacksonville, na Flórida. Os automóveis permanecem nessa ZCE, sem pagar impostos, até serem embarcados às concessionárias norte-americanas.

As ZCEs existem em mais de 75 países, geralmente nas proximidades de portos marítimos ou aeroportos. Podem ser do tamanho de uma fábrica ou de um país inteiro. Há centenas delas somente nos Estados Unidos, beneficiando milhares de empresas. A Colon Free Zone, uma ZCE de grande porte, localiza-se no lado Atlântico do Canal do Panamá. Os produtos podem ser importados, armazenados, modificados, reembalados e reexportados sem incidência de qualquer imposto ou regulamentação aduaneira nessa ZCE. Muitas empresas privadas e operações de armazenagem instalaram-se ali, e a maioria de suas mercadorias é reembarcada do Panamá para outras partes do Hemisfério Ocidental e da Europa.

Um exemplo de experiência bem-sucedida de ZCE são as ***maquiladoras*** — montadoras para fins de exportação, localizadas no norte do México e ao longo da fronteira com os Estados Unidos, que fabricam componentes e produtos acabados destinados ao mercado norte-americano. As *maquiladoras* começaram a surgir na década de 1960 para montagem de itens como eletrônicos, vestuário, artigos de plástico, móveis, eletrodomésticos e veículos. Atualmente, vários milhares desse tipo de fábrica na região norte mexicana empregam milhões de trabalhadores do país. Posteriormente incorporado ao Nafta, esse acordo de cooperação permite que empresas dos Estados Unidos, Ásia e Europa tenham acesso à mão de obra de baixo custo, tributação favorável e incentivos governamentais enquanto atendem ao mercado norte-americano.

## Buscar classificações aduaneiras favoráveis para produtos exportados

Um enfoque à redução da exposição às barreiras comerciais consiste na classificação dos itens exportados no código harmonizado apropriado. Como já observamos neste capítulo, muitos produtos podem recair em duas ou mais categorias, cada qual com incidência de uma tarifa diferente. Por exemplo, alguns equipamentos de telecomunicações podem ser classificados como maquinário elétrico, eletrônico ou de medição. O fabricante deve analisar as barreiras comerciais pertinentes a cada categoria para assegurar a devida classificação dos produtos exportados — idealmente, sob um código tarifário mais baixo.

Como alternativa, o fabricante deve ser capaz de modificar o produto exportado visando a minimização das barreiras comerciais. Por exemplo, a Coreia do Sul enfrentou uma cota de exportação de calçados que não de borracha para os Estados Unidos. Ao alterar o processo de fabricação para sapatos com solado de borracha, a indústria calçadista sul-coreana aumentou muito suas exportações. Outra estratégia consiste em melhorar a qualidade dos bens de exportação, adotando-se um enfoque de qualidade em detrimento de quantidade. Por exemplo, como a indústria automobilística japonesa enfrentava cotas de exportação na Inglaterra e nos Estados Unidos, mudou a estratégia para exportação de automóveis de maior preço e qualidade (como Acura e Lexus) em vez de veículos de preço inferior (como Honda e Toyota). Essa abordagem propiciou aos japoneses margens de lucro mais altas, apesar da queda no volume de vendas.

### Tirar proveito de incentivos aos investimentos e de outros programas de apoio governamental

Obter incentivos ao desenvolvimento econômico do governo de um país anfitrião ou de origem constitui outra estratégia de redução dos custos impostos por barreiras comerciais e de investimentos. Por exemplo, a Mercedes construiu uma fábrica no Alabama, em parte para beneficiar-se dos impostos reduzidos e dos subsídios diretos oferecidos pelo governo do Estado. A Siemens estabeleceu uma fábrica de semicondutores em Portugal, em parte visando os subsídios do governo português e da União Europeia; os incentivos cobrem cerca de 40 por cento de seus investimentos e custos de treinamento. Cada vez mais, os governos da Europa, do Japão e dos Estados Unidos concedem incentivos às empresas que se instalam dentro de suas fronteiras nacionais. Além dos subsídios diretos, os incentivos podem incluir taxas reduzidas de serviços públicos, programas de treinamento de funcionários, construção de novas estradas e infraestrutura de comunicações, além de isenções fiscais temporárias.

## *Lobby* para comércio e investimento mais livres

Cada vez mais nações estão liberalizando mercados para gerar empregos e aumentar a receita fiscal. A Rodada de Doha das negociações da OMC em meados da década de 2000 objetivavam um comércio mais justo para os países em desenvolvimento. As tarifas na Austrália, no Canadá, na Europa, no Japão e nos Estados Unidos declinaram de modo considerável com o tempo, caindo para um dígito na maioria dos produtos. Mercados emergentes como Brasil, China, Índia, México e vários países do Leste Europeu estão afrouxando suas restrições ao comércio e aos investimentos.

Em parte, essas tendências resultaram dos esforços empresariais de negociação com os governos, domésticos e estrangeiros. As empresas podem fazer *lobby* junto às autoridades governamentais para baixar barreiras comerciais e de investimento. Isso pode parecer inviável, mas os japoneses obtiveram considerável sucesso com essa abordagem na Europa e nos Estados Unidos. Autoridades econômicas japonesas fazem *lobby* direto junto aos governos europeu e norte-americano. Na China, as empresas locais e estrangeiras negociam com o governo o relaxamento de políticas protecionistas e regulamentações que tornaram o país um local difícil para fazer negócios. Para aumentar a efetividade de seu *lobby*, as empresas estrangeiras contratam ex-autoridades governamentais chinesas para ajudar no convencimento de seus ex-colegas.[25] Montadoras europeias de veículos, como a BMW, obtiveram várias concessões ao negociar individualmente com Estados norte-americanos. Por exemplo, o terreno de 1.039 acres onde se localizam as instalações da BMW na Carolina do Sul é arrendado por um aluguel anual de um dólar. O setor privado faz *lobby* com autoridades federais para realizar negociações comerciais governo-a-governo, visando a redução de barreiras. As empresas privadas trazem reclamações aos órgãos mundiais, sobretudo a OMC, para tratar de práticas comerciais potencialmente desleais dos principais mercados internacionais. Em um nível mais amplo, os administradores devem tomar assento à mesa dos tomadores de decisão do setor público que conduzem as negociações com governos estrangeiros em relação a atividades intervencionistas. Particularmente no longo prazo, esses esforços guardam a promessa de sustentar o desempenho corporativo no exterior.

## ESTUDO DE CASO

# Airbus *versus* Boeing: quando uma intervenção não é intervencionista?

Por mais de 50 anos, muitos governos europeus buscaram políticas públicas baseadas no socialismo democrático. Sob esse sistema, o governo desempenha um papel robusto na economia nacional e presta os principais serviços como saúde, utilidade pública, transporte coletivo e, em alguns casos, bancos e habitação. Muitas nações europeias sustentam cooperativas de trabalhadores e consumidores, generosas políticas de bem-estar social e sindicatos fortes. Na Alemanha, os sindicatos trabalhistas são de grande porte e poderosos. Os processos de demissão de funcionários são complexos e sua conclusão pode levar meses. Na França, o governo regulamenta o setor privado e o mercado de trabalho, tendo instituído uma carga semanal obrigatória de 35 horas. Os impostos corporativos nesses países são altos comparados aos de outros países industrializados. A maioria dos europeus está habituada à intervenção governamental e espera que o governo desempenhe um papel significativo na condução da economia nacional.

## Boeing *versus* Airbus: a complexa indústria global de aviões comerciais

Na década de 1960, empresas norte-americanas como Boeing e McDonnell Douglas dominavam o mercado global de aviões. Fundada em 1916, em Seattle, a Boeing teve muitos anos para desenvolver a massa crítica necessária para tornar-se líder mundial na fabricação de aeronaves. Durante a Segunda Guerra Mundial e nos anos subsequentes de Guerra Fria, a Boeing celebrou vários contratos lucrativos com o Departamento de Defesa dos Estados Unidos.

Na Europa, nenhum país possuía sozinho os meios de criar uma empresa de aviação capaz de desafiar a Boeing. Fabricar aviões comerciais é uma atividade industrial extremamente intensiva em capital e complexa, que necessita de mão de obra altamente especializada. Em 1970, os governos francês e alemão formaram uma aliança, sustentada por pesados subsídios governamentais, para criar a Airbus S.A.S. Mais tarde, os governos espanhol e britânico juntaram-se ao empreendimento. Em 1981, a aliança entre os quatro países conseguiu tornar-se o fabricante número 2 na aviação civil mundial. A Airbus lançou o A300, um dos aviões comerciais mais vendidos de todos os tempos. A empresa também criou o A320, que recebeu mais de 400 pedidos antes de seu primeiro voo e se tornou o jato de passageiros de venda mais rápida na história da aviação. Em 1992, a Airbus detinha cerca de um terço do mercado global de aviação comercial.

A Airbus beneficiou-se das dezenas de bilhões de dólares em subsídios e empréstimos sob condições favoráveis dos quatro países fundadores e da União Europeia. A empresa deve pagar os empréstimos somente se atingir lucro. Até 2005, a ajuda governamental havia financiado, de forma integral ou parcial, cada modelo de aeronave de grande porte da Airbus. Os governos europeus perdoaram a dívida da empresa, fizeram enormes injeções de capital, dedicaram suporte de infraestrutura e financiaram a atividade de P&D para projetos de aviação civil.

Atualmente, a Airbus é uma empresa de controle acionário nas mãos de britânicos, alemães, franceses e espanhóis. Com sede em Toulouse, na França, possui operações de P&D e produção espalhadas pela Europa. Os governos europeus justificam a ajuda financeira à empresa com base em diversas alegações. Primeiro, as atividades de P&D da Airbus resultaram em novas tecnologias de considerável valor para a UE. Segundo, ela gera empregos a cerca de 53.000 trabalhadores europeus especializados ou semiespecializados. Terceiro, as atividades de sua cadeia de valor atraem grande volume de capital para a Europa. Por fim, a Airbus gera enorme receita fiscal.

## Reclamações contra intervenção governamental injusta

Há muito tempo, a Boeing e o governo norte-americano reclamam sobre os pesados subsídios e empréstimos a condições favoráveis que foram responsáveis não somente pelo nascimento da Airbus, mas também por seu continuado sucesso. O clamor intensificou-se no início da década de 2000, quando a Airbus superou a Boeing em vendas anuais, assumindo a liderança no mercado mundial de aviação comercial. A Boeing argumenta que a concorrente jamais teria chegado tão longe sem o apoio governamental. Em 1992, a UE e os Estados Unidos assinaram o Agreement on Trade in Large Civil Aircraft, que restringiu os governos europeus de oferecer apoio direto superior a um terço do custo total de desenvolvimento de um avião novo. Esse acordo exige que a Airbus pague os empréstimos governamentais em um prazo de 17 anos. Em contrapartida, a Boeing concordou em limitar o recebimento de qualquer ajuda indireta do Departamento de Defesa dos Estados Unidos e de outras fontes governamentais ao máximo de quatro por cento de suas receitas anuais.

Entretanto, as autoridades norte-americanas cancelaram o acordo e pediram o fim dos subsídios à Airbus. Um dos principais motivos para essa postura rígida foi o fato de a Airbus começar a superar a Boeing em vendas e lançar planos para o A380, um avião de proporções gigantescas que provavelmente abocanhará participação de mercado no segmento de larga escala e longa distância.

Em 2005, o U.S. Trade Representative levou seu caso à Organização Mundial do Comércio (OMC), incitado pela aprovação de $ 3,7 bilhões em novos subsídios e empréstimos dos Estados membros da UE à Airbus. A alegação era de que a ajuda financeira ao A350, A380 e aeronaves anteriores se qualificava como subsídio sob o Acordo sobre Subsídios e Medidas de Compensação (ASCM, do inglês *Agreement on Subsidies and Countervailing Measures*) e que os subsídios eram contestáveis porque causavam efeitos adversos ao comércio internacional. Sob o ASCM, os subsídios a empresas ou setores específicos de um governo ou outros órgãos públicos são proibidos. Se um membro da OMC provê tal suporte, fica sujeito à sanção oficial. A Airbus confirmou que havia requisitado aos governos britânico, francês, alemão e espanhol uma ajuda para lançar seu modelo A350. Autoridades da Comissão Europeia argumentaram que os subsídios governamentais são permitidos e que a decisão de provê-los cabe a cada país da UE.

A UE argumenta que há muito tempo os Estados Unidos subsidiam a Boeing de modo indireto, por meio de consideráveis contratos de defesa que, no final das contas, seriam pagos pelos contribuintes. Os Estados Unidos forneceu à Boeing aproximadamente $ 23 bilhões de dólares em subsídios governamentais indiretos por meio de financiamento de P&D e outras contribuições indiretas do Pentágono e da Nasa, a agência espacial norte-americana. A Boeing tem liberdade de usar o conhecimento adquirido em tais projetos para fabricar aviões civis. As autoridades europeias também reclamaram que o Estado de Washington, sede da fábrica da Boeing, concedia isenções fiscais, apoio de infraestrutura e outros incentivos ao investimento, totalizando bilhões de dólares.

A UE também tem um caso forte na OMC referente às relações da Boeing com seus parceiros japoneses. O novo Boeing 787 Dreamliner é construído por uma aliança com as divisões de indústria pesada de multinacionais japonesas como Mitsubishi, Kawasaki e Fuji. A UE argumenta que o governo japonês ofereceu no mínimo $ 1,5 bilhão em empréstimos, pagáveis somente se o avião for um sucesso comercial, assim como no caso da Airbus. De certa forma, a Boeing virou a mesa em relação aos subsídios da Airbus indo buscar seus próprios junto aos japoneses. O governo norte-americano não considera os contratos com os militares como equivalentes às concessões governamentais diretas.

## O novo Airbus A380

Uma versão experimental do novo Airbus A380 alçou voo pela primeira vez em abril de 2005, de Toulouse, na França. O convés superior do A380 estende-se ao longo de toda a fuselagem. Sua cabine oferece mais de 50 por cento de área ocupada do que o avião de passageiros que mais se aproxima dele em tamanho, o Boeing 747-400. O A380 tem capacidade para até 853 passageiros na configuração total em classe econômica ou até 555 com três classes de assento. Tem alcance máximo de 15.000 quilômetros (8.000 milhas náuticas).

O novo A380 recebeu cerca de $ 3 bilhões em subsídios e empréstimos de vários governos europeus. Na França, uma autoridade governamental afirmou que o governo francês havia concedido apoio financeiro ao programa do A380. Relatos sugerem que o custo total de desenvolvimento e lançamento do A380 atingiu $ 15 bilhões de euros ($ 19,5 bilhões de dólares). No final de 2006, o Airbus A380 apresentava problemas. Sua produção estava seriamente atrasada, em parte devido ao uso de duas versões incompatíveis de *software* de CAD (um da França e outro da Alemanha), ao alto grau de customização para cada avião e a falhas administrativas. As peças são atualmente fabricadas em 16 localidades da Europa e enviadas a Toulouse para a montagem final. Estima-se que os atrasos tenham custado à Airbus mais de 4,8 bilhões de euros ($ 6,2 bilhões de dólares) do lucro. Enquanto isso, a Boeing lançou com sucesso seu 787 Dreamliner em julho de 2007 e parece estar seis anos à frente do lançamento do avião inovador e econômico da concorrente. As autoridades norte-americanas, por outro lado, concluíram que os subsídios e empréstimos da UE à Airbus constituem práticas comerciais desleais e mantiveram seu processo na OMC.

## Questões do estudo de caso

1. Qual sua opinião? Você acha que os subsídios e empréstimos sob condições favoráveis da UE à Airbus são justos? Por quê? Que vantagens a empresa obtém do livre apoio financeiro dos governos europeus? As reclamações contra a intervenção governamental da UE são justas à luz do longo histórico europeu de socialismo democrático?
2. Sob o Acordo de Subsídios da OMC, você acha que os contratos dos militares norte-americanos com a Boeing consistem em subsídios? Esses tipos de pagamento proporcionaram à empresa vantagens injustas? Justifique sua resposta.
3. E quanto ao desenvolvimento de infraestrutura e incentivos ao investimento oferecidos pelo Estado de Washington à Boeing ao longo de anos? São justos? Concedem à empresa vantagens competitivas desleais?
4. Supondo-se que a Airbus seja incapaz de competir sem subsídios e empréstimos, é provável que a UE suspenda sua ajuda financeira à empresa? Quais são os interesses velados da UE na continuidade do apoio à Airbus?
5. No caso de a OMC declarar-se contrária à Airbus e solicitar a suspensão da concessão de subsídios e empréstimos, como a administração da empresa deve reagir? Quais novas abordagens ela pode adotar para manter a liderança no mercado global de aviação comercial?

Fontes: *Airbus A380*. 2007. Disponível em: www.wikipedia.org.; DONE, K. "How Airbus flew past its American rival". *Financial Times*. 17 de mar. 2005, p. 6; "Airbus versus Boeing: the super-jumbo of all gambles". *Economist*. 22 jan. 2005, p. 55-6; "Boeing versus Airbus: see you in court". Economist. 26 mar. 2005, 62-3; FROST, L. *Airbus flight shows troubled A380*, acessado em: 8 fev. 2007, disponível em: www.businessweek.com; *Global Business*. Wayward Airbus, 23 out. 2006, disponível em www.businessweek.com; LUNSFORD, J.; MICHAELS, D. "Bet on huge plane trips up Airbus". Wall Street Journal. 15 jun. 2006, p. A1; MALVEAUX, S. "U.S. takes Airbus dispute to WTO". CNN. 31 mai. jet". *Wall Street Journal*. 18 jan. 2005, p. A8; U.S. Commercial Service. *Doing business in France*, 2005, disponível em: www.buyusa.gov/france/en/; U.S. Commercial Service. *Doing business in Germany*, 2005, disponível em: www.buyusa.gov/germany/en; U.S. Trade Representative. "United States takes next step in Airbus WTO litigation", 2005, disponível em: www.ustr.gov; VIVES, X. "Airbus and the damage done by economic patriotism". *Financial Times*. 7 mar. 2007, p. 17.
Este estudo de caso foi escrito por Dr. Gary Knight, com a assistência de Stephanie Regales.

## Principais termos

alfândega
barreira não tarifária ao comércio
controles cambiais
controles de exportação
cota
direito compensatório
*dumping*
incentivos a investimento
licença de importação
maquiladoras
medidas compensatórias
protecionismo
subsídios
tarifa
tarifa *antidumping*
zona de comércio exterior (ZCE)

## Resumo

Neste capítulo você aprendeu:

1. **Intervenção governamental nos negócios internacionais**

   Apesar do valor do livre comércio, os governos costumam interferir nos negócios internacionais. O **protecionismo** refere-se a políticas econômicas nacionais que visam restringir o livre comércio e proteger os setores produtivos locais da concorrência estrangeira. A intervenção governamental surge de forma característica como tarifas, barreiras comerciais não tarifárias e *barreiras ao investimento*. As **tarifas** são impostos incidentes sobre bens importados, sobretudo visando a arrecadação de receita governamental e a proteção da economia doméstica da concorrência externa. As **barreiras não tarifárias** consistem de políticas que restringem o comércio sem a cobrança direta de um imposto. Um exemplo desse tipo de barreira é a **cota** — uma restrição quantitativa às importações. Os gestores identificam quais tarifas se aplicam a seus produtos consultando as tabelas de *código harmonizado*, disponíveis nos órgãos públicos.

2. **Justificativas à intervenção governamental**

   Os governos impõem barreiras ao comércio e aos investimentos para atingir objetivos políticos, sociais ou econômicos. Essas barreiras podem ser defensivas ou ofensivas. Uma das principais justificativas consiste na proteção da economia nacional, seus setores econômicos e sua força de trabalho. Os **controles de exportação** limitam o comércio em produtos sensíveis considerados críticos à segurança nacional. Os governos também impõem barreiras de proteção às indústrias nascentes.

3. **Instrumentos de intervenção governamental**

   Os governos também impõem *regulamentações* e *padrões técnicos*, bem como *procedimentos administrativos* e *burocráticos*. Os países podem também impor **controles cambiais** para minimizar o saque internacional de moeda nacional. As restrições ao *IDE* e *ao direito de propriedade* garantem que uma nação mantenha domínio parcial ou integral de empresas dentro de suas fronteiras nacionais. Os governos também concedem **subsídios**, uma forma de pagamento ou outro tipo de apoio material. Os governos estrangeiros podem compensar os subsídios estrangeiros adotando o **direito compensatório.** Com o ***dumping***, uma empresa cobra preços absurdamente baixos no exterior. Um governo pode reagir ao *dumping* impondo uma **tarifa *antidumping*.** Os governos apoiam as empresas de origem nacional fornecendo **incentivos ao investimento** e *políticas de compras governamentais* tendenciosas.

4. **Intervenção governamental, liberdade econômica e questões éticas**

   A *liberdade econômica* refere-se ao grau de intervenção governamental na economia nacional. Pode ser acessada pelo Índice de Liberdade Econômica da Heritage Foundation. A intervenção governamental e as barreiras comerciais podem levantar questões éticas que afetam as economias em desenvolvimento e os consumidores de baixa renda. Entretanto, a intervenção governamental também pode ser usada para compensar tais efeitos danosos.

5. **Evolução da intervenção governamental**

   A intervenção possui uma longa história. No final da década de 1800, muitos países impuseram forte protecionismo. A partir da década de 1930, as barreiras comerciais começaram a ser reduzidas no mundo todo. Na América Latina, a substituição de importações atrasou uma eventual transição ao livre comércio. Após a Segunda Guerra Mundial, o Japão embarcou na industrialização e no desenvolvimento à base de exportações. A Índia adotou políticas protecionistas e a China tinha pouco intercâmbio internacional até a década de 1980. O desdobramento mais importante no tocante à redução de barreiras comerciais das últimas décadas foi o Acordo Geral de Tarifas e Comércio (GATT), que foi substituído, em 1995, pela Organização Mundial do Comércio (OMC). Os 150 membros da OMC respondem por quase todo o comércio mundial.

6. **Como as empresas devem reagir à intervenção governamental**

   As empresas devem, primeiro, realizar pesquisa para compreender a extensão e a natureza das barreiras ao comércio e aos investimentos no exterior. Quando elas são significativas, o IDE ou as *joint ventures* para fabricação de produtos nos países visados costumam ser as estratégias de entrada mais apropriadas. Onde a importação for essencial, a empresa poderá beneficiar-se das **zonas de comércio exterior,** áreas onde as importações recebem tratamento fiscal preferencial. Os gestores de uma empresa devem tentar obter uma classificação favorável de exportação para os bens que exporta. A assistência governamental sob a forma de subsídios e incentivos ajuda a reduzir o impacto do protecionismo. Em alguns casos, as empresas fazem *lobby* junto aos governos locais e estrangeiros por mais liberdade de comércio e investimentos.

## Teste seu entendimento

1. Discuta a relação entre intervenção governamental e protecionismo.
2. Quais são as diferenças entre: tarifas, barreiras comerciais não tarifárias, barreiras ao investimento e subsídios governamentais?
3. Quais são os principais tipos de barreira comercial não tarifária? Dê sugestão de estratégias comerciais que minimizem o efeito das barreiras comerciais não tarifárias.
4. Faça a distinção entre direito compensatório e tarifas *antidumping*.

5. De que maneiras os subsídios governamentais e as políticas de compras levam ao protecionismo?
6. Quais são as justificativas para a intervenção? Por que os governos adotam o protecionismo?
7. Qual era a natureza da intervenção governamental na primeira metade do século XX? O que mudou na segunda metade do século XX?
8. Descreva várias estratégias corporativas para lidar com a intervenção governamental.
9. Qual é o papel do IDE, do licenciamento e das *joint ventures* na redução do impacto das tarifas de importação?

## Aplique seu entendimento

1. A indústria siderúrgica dos Estados Unidos, outrora líder mundial, atualmente fabrica menos aço do que a China ou o Japão. Os produtores norte-americanos foram ameaçados por fornecedores competitivos em preço do Brasil, da Rússia e de outros mercados emergentes. A indústria siderúrgica dos Estados Unidos lidou com essa ameaça lançando uma campanha de lobby que visava persuadir o governo norte-americano a impor barreiras à importação de aço. A seguir são apresentados trechos de informes publicitários usados pela indústria do aço nessa iniciativa:

> No último ano, a América perdeu mais de 1,1 milhão de empregos industriais... porque suas fábricas transferiram operações para países de baixos salários. A manufatura garante nossas defesas nacionais, nossa liderança global e o padrão de vida de mais de 17 milhões de trabalhadores. (Outras nações subsidiam sua indústria do aço.) As importações subsidiadas no longo prazo destruirão um setor econômico essencial e os empregos de nosso país. Em um mundo incerto e perigoso, a América realmente deseja tornar-se dependente de Rússia, Japão, China, Brasil e outros países em desenvolvimento por algo tão básico como o aço? (Fonte: Crafted with Pride in USA Council, acessado em: www.craftedwithpride.org; *Wall Street Journal*. 9 nov. 2001, p. A15.)

   a. Avalie essa declaração. O argumento é válido?
   b. O governo norte-americano deve impor barreiras comerciais à importação de aço do exterior?
   c. Qual é o efeito das barreiras aos produtores de aço dos Estados Unidos?
   d. Qual é o efeito das barreiras às empresas que utilizam grande quantidade de aço na manufatura de produtos acabados?
   e. Qual é o efeito das barreiras aos consumidores de produtos fabricados com aço norte-americano?

2. A AgriCorp é uma *trading company* de grande porte que exporta várias *commodities* agrícolas e alimentos processados para países em desenvolvimento. Bonnie Walters é um gerente confiante, porém inexperiente, que com frequência se frustra com a imposição de altas tarifas e barreiras comerciais não tarifárias dos países em desenvolvimento. Essas barreiras elevam o custo de fazer negócios da empresa, tornando seus preços menos competitivos nos mercados visados. Como você explicaria as justificativas da intervenção governamental a Walters? Por que os governos, sobretudo nas economias em desenvolvimento, intervêm nas atividades de comércio e investimento? Quais são as diversas justificativas defensivas e ofensivas?

3. A TelComm Corporation é um fabricante de componentes para a indústria de telefones celulares. Seu fundador, Alex Bell, está interessado em exportar seus produtos para a China. Ele soube que esse país tem a maior população mundial de usuários de telefones celulares e quer entrar nesse mercado. Mas a TelComm possui pouca experiência internacional. Bell desconhece os diversos tipos de barreira comercial que sua empresa deverá enfrentar na China e em outros mercados estrangeiros. Como você resumiria as principais barreiras comerciais não tarifárias a ele? Que tipos de barreiras ao investimento a empresa deve enfrentar, caso sua administração decida estabelecer uma fábrica na China? O que sua administração pode fazer para minimizar a ameaça dessas barreiras não tarifárias e ao investimento?

## Notas

1 SACHS, J. D.; WARNER, A. "Economic reform and the process of global integration". *Brookings Papers on Economic Activity*. Edição n.1. Washington, DC: Brookings Institute (1995); Heritage Foundation. Disponível no site Web da Heritage Foundation em: www.heritage.org/research/ features/index/.

2 DOLLAR, D.; KRAAY, A. "Trade, growth, and poverty". *Policy Research Working Paper no. WPS 2615*. jun. 2001. Washington DC: World Bank, Development Research Group; UNITED NATIONS, World Economic and Social Survey, disponível em: www.un.org, acessado em: 2005.

3 "Bush move marks U.S. trade policy turning point". *Financial Times*. 6 de mar. 2002, p. 6.

4 CARLTON, J. "U.S. nears Mexican cement pact". *Wall Street Journal*. 29 ago. 2005, p. A7.
5 LENWAY, S.; REHBEIN, K.; STARKS, L. "The impact of protectionism on firm wealth: the experience of the steel industry". *Southern Economic Journal*. 56(4):1079-93, 1990.
6 CHAZAN, G.; WHITE, G. "Kremlin weighs on growth". *Wall Street Journal*. 17 out. 2005, p. A16.
7 REICH, R. The work of nations: preparing ourselves for 21st century capitalism. Nova York: Knopf, 1991; THUROW, L. *Head to head:* the coming economic battle among Japan, Europe, and America. Nova York: William Morrow, 1992.
8 Nações Unidas, disponível no site Web das Nações Unidas sobre estatísticas financeiras em: www.un.org/reports/finan cing/profile.htm, acessado em: 2007.
9 SMITH, D. "The truth about industrial country tariffs". *Finance and Development*. 39(3), Washington DC, International Monetary Fund, 2002, disponível em: http://www.imf.org.
10 "Textiles: knickers in a twist". *Economist*. 27 ago. 2005, p. 50.
11 United States Trade Representative. "National trade estimate report". Disponível em: www.ustr.gov, acessado em: 2004.
12 BALFOUR, F. "The state's long apron strings". *Business Week*. 22 ago. 2005, p. 74.
13 OMC. Organização Mundial do Comércio. *Glossário*. Genebra, Suíça. Disponível em: www.wto.org, acessado em: 2007.
14 Ibid.
15 BEACH, W.; MILES, M. "Explaining the factors of the index of economic freedom". *2005 Index of Economic Freedom*. Washington, DC: Heritage Foundation. Disponível em: www.heritage.org, acessado em: 2006.
16 Heritage Foundation. *2007 Index of Economic Freedom*. Washington, DC: Heritage Foundation. Disponível em: www.heritage.org, acessado em: 2007
17 SMITH, 2002.
18 "In the shadow of prosperity". *Economist*. 20 jan. 2007, p. 32-4.
19 CHACHOLIDADES, M. *International economics*. Nova York: McGraw Hill, 1990.
20 INGRAM, J. *International economics*. Nova York: Wiley, 1983.
21 THUROW, 1992.
22 SALORIO, E.; BODDEWYN, J.; DAHAN, N. "Integrating business political behavior with economic and organizational strategies". *International Studies of Management & Organization*. 35(2):28-35, 2005.
23 KING, N. "Tale of the tuna: grocery rivalry fuels tariff spat". *Wall Street Journal*. 20 abr. 2002, p. B1.
24 McDANIEL, W.; KOSSACK, E. "The financial benefits to users of foreign-trade zones". *Columbia Journal of World Business*. 18(3):33-41, 1983.
25 KENNEDY, S. "The barbarians learn how to lobby at the gates of industry". *Financial Times*. 28 set. 2005, p. 5.

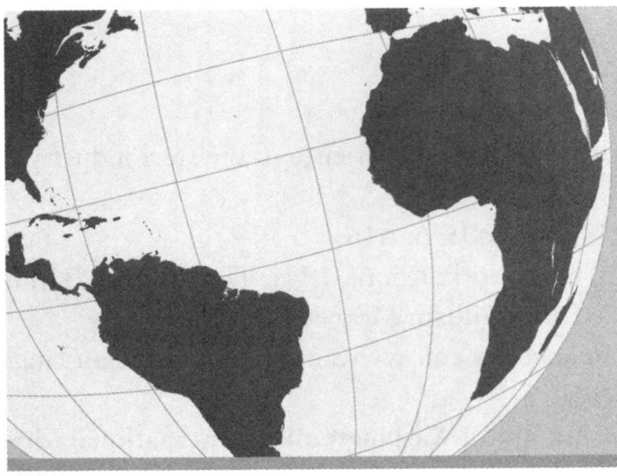

Capítulo 8

# A integração econômica regional

## Objetivos de aprendizagem

Neste capítulo, você aprenderá sobre:

1. Integração regional e blocos econômicos
2. Tipos de integração regional
3. Principais blocos econômicos
4. Por que os países buscam a integração regional
5. Fatores de sucesso para a integração regional
6. Desvantagens e dilemas éticos da integração regional
7. Implicações administrativas da integração regional

## A União Europeia

Ao final da Segunda Guerra Mundial, a Europa estava econômica e fisicamente devastada. A guerra resultou na destruição de grande parte das indústrias e da infraestrutura europeia. Logo após, no princípio da Guerra Fria entre os Estados Unidos e a União Soviética, o continente europeu estava física e politicamente dividido entre a Europa Ocidental e a Oriental. Muitos europeus temiam por seu futuro.

Para ajudar a lidar com essas questões e promover de modo geral a paz e a harmonia na Europa, seis de seus países ocidentais — Bélgica, França, Itália, Luxemburgo, Holanda e Alemanha Ocidental — formaram uma aliança em 1957, a Comunidade Econômica Europeia. Seu sucessor é a União Europeia (UE), estabelecida em 1992 e atualmente composta por 27 nações. Como o bloco original foi fundado em 1957, a UE comemorou em 2007 seu 50º aniversário, tornando-se um dos mais antigos blocos econômicos regionais do mundo. Um bloco de integração econômica regional (bloco econômico) consiste em uma aliança de dois ou mais países que concordam em eliminar tarifas e outras restrições ao fluxo internacional de bens, serviços, capital e, em alguns casos, mão de obra. Atualmente, a UE representa o maior e mais avançado bloco econômico, com quase meio bilhão de pessoas e cerca de US$ 14 trilhões em PIB anual.

Embora seus membros originais fossem todos da Europa Ocidental, a UE incorpora atualmente também nações do Leste Europeu. Treze países da UE adotaram o euro como sua moeda corrente, contribuindo para reduzir os custos de transações comerciais e aumentar a transparência de seus preços por toda a região europeia.

O comércio e o investimento no âmbito da Europa tornaram-se muito mais fáceis a partir da década de 1950. Os Estados membros permitem aos investidores de outras nações membros livremente estabelecer e conduzir negócios e transferir capital e renda. A eliminação gradual da burocracia nas fronteiras nacionais europeias reduziu os tempos de entrega e os custos de transporte. Por exemplo, a UE eliminou a necessidade de um volume de documentos aduaneiros.

A UE sedia algumas das mais importantes corporações mundiais. Uma delas é a Allianz, uma seguradora fundada na Alemanha que oferece uma gama de produtos e serviços de seguros para vida, saúde e acidentes. No tocante à segmentação de mercado e ao planejamento estratégico, sua administração chegou a considerar a Europa um conjunto de países distintos. Desde a criação da UE, entretanto, ela trata o continente cada vez mais como um grande mercado. Seus gestores tentam elaborar estratégias pan-europeias, um enfoque que reduz custos e aumenta a eficiência das operações da empresa por toda a Europa.

O desenvolvimento da UE permitiu à Allianz internacionalizar-se de forma mais acelerada do que outras seguradoras. A empresa está presente em todos os novos países da UE — como Polônia, Hungria e República Tcheca — que se destacam dentre seus mercados mais lucrativos. Em 2006, a empresa mudou seu status legal de origem alemã para Societas Europaea (SE), baseada e regumentada na UE como um todo. A base legal para o status de SE passou a vigorar em 2004, com a aprovação da legislação da UE que permite a tais empresas operar sem restrições por todos os 27 países membros. Ao transformar-se em uma empresa da UE, a Allianz tornou-se mais europeia do que alemã.

Atualmente, a UE está em uma encruzilhada. Em 2004, os países membros assinaram a Constituição Europeia — um tratado que visa melhorar o funcionamento das instituições que regem o bloco. O objetivo da constituição é explicitar a distribuição de poderes e legitimar a autoridade federal da UE, assim como a Constituição norte-americana em relação aos Estados Unidos. Entretanto, em um referendo realizado em 2005, França e Holanda rejeitaram a constituição, levando os demais países a adiar ou suspender a ratificação do documento. No momento, o futuro da constituição e da integração política de longo prazo da UE está no limbo. Enquanto isso, do início da década de 2000 até 2007, o desempenho da economia do bloco foi lento. O crescimento do PIB e a produtividade estagnaram e a taxa de desemprego pairou entre 8 e 12 por cento. Muitos europeus estão insatisfeitos com a UE e opõem-se à adesão de mais países.

Os desafios atuais da UE podem ser característicos dos blocos econômicos nos estágios mais avançados de desenvolvimento. No entanto, esses blocos tornaram-se comuns no cenário emergente do comércio e do investimento internacional. Nos dias de hoje, há cerca de 200 acordos para integração econômica regional ao redor do mundo, alguns mais ativos do que outros. Tais alianças representam uma tendência de longo prazo e um provável ponto de partida para o surgimento do livre comércio mundial.

Fontes: "Business: limited appeal; pan-european companies". *Economist*. 17 set. 2005, p. 72; "Fit at 50? a special report on the European Union". *Economist*. 17 mar. 2007. Special Section; European Commission. *The internal market* — ten years without frontiers. Extraído de: www.ec.europa.eu; Hoovers.com. Perfil corporativo da Allianz, disponível em: www.hoovers.com, 2007; U.S. Commercial Service. *Doing business in the European Union*. Washington, DC: U.S. and Foreign Commercial Service and U.S. Department of State, 2006.

## Integração regional e blocos econômicos

O texto de abertura ressalta um dos aspectos mais notáveis dos negócios internacionais contemporâneos: a tendência mundial à **integração econômica regional**. Também conhecida como *integração regional*, ela se refere à crescente interdependência econômica resultante quando dois ou mais países de uma região geográfica formam uma aliança destinada a reduzir barreiras ao comércio e aos investimentos. Desde o fim da Segunda Guerra Mundial, a maioria das nações busca a cooperação, com o intuito de atingir algum grau de integração econômica. Estima-se que cerca de 40 por cento do comércio mundial atual estejam sujeitos a alguma forma de acordo comercial preferencial assinado por um grupo de países. Essa tendência baseia-se na premissa de que, ao cooperar, as economias no âmbito de uma zona geográfica conectada por fatores históricos, culturais, linguísticos, econômicos ou políticos podem obter vantagens mútuas.[1] O livre comércio decorrente da integração econômica ajuda as nações a melhorar seu padrão de vida ao estimular a especialização, preços baixos, mais opções, maior produtividade e uso mais eficiente dos recursos.

Para compreender melhor a integração regional, devemos pensar os negócios internacionais como um *continuum* no qual, em um extremo, o mundo opera como uma grande área de livre comércio em que não há tarifas nem cotas, todos os países usam a mesma moeda e produtos, serviços, capital e trabalhadores podem deslocar-se livremente entre as nações, sem restrição. No outro extremo desse *continuum* está um mundo de barreiras proibitivas ao comércio e aos investimentos em que os países têm moedas distintas e muito pouca interação comercial entre si. A integração regional constitui uma tentativa de se atingirem relações econômicas mais livres. Dois dos exemplos mais conhecidos dessa tendência são a União Europeia e a zona do Tratado Norte-americano de Livre Comércio (Nafta). A UE compõe-se de 27 países membros na Europa. O Nafta é formado por Canadá, México e Estados Unidos.

A integração regional resulta da formação de um **bloco de integração econômica regional**, ou simplesmente um bloco econômico, uma área geográfica que consiste de dois ou mais países que concordam em buscar a integração econômica por meio da redução de tarifas e outras restrições ao fluxo internacional de bens, serviços, capital e, em estágios mais avançados, mão de obra. No mínimo, os países que formam um bloco econômico tornam-se partes de um **acordo de livre comércio**, um acordo formal entre duas ou mais nações para reduzir ou eliminar tarifas, cotas e outras barreiras ao comércio de produtos e serviços. As nações membros também realizam investimentos através das fronteiras dentro do bloco.

Os blocos econômicos mais avançados, como a UE, permitem o livre fluxo de capital, mão de obra e tecnologia entre os países membros. A UE também está harmonizando as políticas monetária e fiscal e gradualmente integrando as economias de suas nações membros. Por exemplo, à luz do ritmo mais acelerado de atividade econômica na UE, o Banco Central Europeu recentemente apertou sua política monetária e elevou as taxas de juros de seus empréstimos a bancos europeus, em uma iniciativa para reduzir a inflação. Transações internacionais de fusões e aquisições aumentaram de forma acentuada entre Áustria, França, Reino Unido, Holanda e outros países membros em anos recentes.

Por que uma nação optaria por aderir a um bloco econômico em vez de defender um sistema de livre comércio mundial? O principal motivo é que esses blocos envolvem um número menor de países, o que facilita as negociações, em contraposição a um sistema de livre comércio mundial composto de todas as nações do mundo. Isso ajuda a explicar por que aproximadamente 200 acordos de integração econômica estão em negociação, apresentando tanto oportunidades quanto desafios às empresas que se internacionalizam.

Note-se que os proponentes do livre comércio em escala global estão decepcionados com a proliferação dos acordos regionais de comércio. Desde 1947, o Acordo Geral de Tarifas e Comércio (GATT) e a Organização Mundial do Comércio (OMC) obtiveram grande êxito no fomento à integração econômica em escala *global*. A OMC reconhece que a integração regional pode desempenhar um papel importante na liberalização do comércio e no incentivo ao desenvolvimento econômico. Entretanto, suas atuais regras têm-se mostrado menos eficazes quando se trata de grupos de países, e o órgão mundial tem falhado em garantir o cumprimento de suas regras por todos os membros de um bloco econômico. O lento progresso para liberalizar o comércio, sobretudo de produtos agrícolas, tem levado muitos países em desenvolvimento a buscar alternativas ao sistema de comércio multilateral defendido pela OMC. Atualmente, essa organização continua em negociação com os blocos econômicos, com o propósito de exercer maior controle sobre sua evolução e minimizar os riscos associados à integração econômica regional.[2]

## Tipos de integração regional

A integração regional envolve processos pelos quais economias nacionais distintas se tornam economicamente vinculadas e interdependentes por meio da movimentação de bens, serviços e fatores de produção entre suas fronteiras. A integração econômica permite aos Estados membros utilizar recursos com maior eficácia. A produção total da área integrada torna-se maior do que aquela que poderia ser obtida individualmente pelos Estados.

A Tabela 8.1 identifica cinco possíveis níveis de integração regional. Ela é mais bem aceita como um *continuum*, com a interconexão econômica passando de um baixo nível de integração — a área de livre comércio — para estágios mais elevados, até atingir a forma mais avançada de integração — a união política. Esse grau máximo de integração entre nações jamais foi alcançado. A **área de livre comércio** é o acordo mais simples e comum, pelo qual os países membros concordam com uma eliminação gradual das barreiras formais ao comércio de produtos e serviços dentro do bloco, enquanto cada um mantém uma política comercial internacional independente com economias fora do bloco. O Nafta constitui um exemplo. A área de livre comércio enfatiza a busca de vantagem comparativa por um grupo de nações

Tabela 8.1  Cinco possíveis níveis de integração regional entre as nações

| Nível de integração | Área de livre comércio | União aduaneira | Mercado comum | União econômica e (eventualmente) monetária | União política |
|---|---|---|---|---|---|
| Os membros concordam em eliminar tarifas e barreiras não tarifárias entre si, porém cada qual mantém suas próprias restrições comerciais com países não membros.<br>*Exemplos: Nafta, Efta, Asean, Australia and New Zealand Closer Economic Relations Agreement (CER) 8.63* | ■ | | | | |
| Tarifas externas comuns.<br>*Exemplo: Mercosul* | ■ | ■ | | | |
| Livre movimentação de bens, mão de obra e capital.<br>*Exemplo: Comunidade Econômica Europeia pré-1992* | ■ | ■ | ■ | | |
| Política monetária e fiscal unificada por uma autoridade central.<br>*Exemplo: a atual União Europeia exibe políticas comerciais, agrícolas e monetárias comuns* | ■ | ■ | ■ | ■ | |
| Todas as políticas por meio de uma organização comum; desaparecimento da distinção entre as instituições nacionais.<br>*Exemplo: permanece como um ideal, ainda a ser atingido* | ■ | ■ | ■ | ■ | ■ |

em vez de Estados individuais. Os governos podem impor requisitos de conteúdo local, segundo os quais os produtores localizados nos países membros provêm determinada proporção de bens e suprimentos necessários à manufatura local. Se o requisito de conteúdo não for atendido, o produto ficará sujeito às tarifas que os governos membros geralmente impõem aos não membros.

O próximo nível de integração regional é a **união aduaneira**, que se assemelha a uma área de livre comércio exceto pelo fato de que os Estados membros harmonizam suas políticas comerciais em relação aos não membros. Diferentemente de uma área de livre comércio, em que cada nação possui suas próprias políticas comerciais externas, os membros de uma união aduaneira adotam tarifas e barreiras não tarifárias *em comum* sobre as importações dos não membros. O Mercosul, um bloco econômico composto por Argentina, Brasil, Paraguai e Uruguai, constitui um exemplo desse tipo de acordo. O compartilhamento de um sistema tarifário implica que um exportador fora do Mercosul fica sujeito às *mesmas* tarifas e barreiras não tarifárias que *qualquer* de seus membros. Determinar a tarifa externa comum mais apropriada é um desafio, porque os países membros devem concordam com o nível de taxação. Além disso, deve haver concordância entre os governos sobre como distribuir os proventos obtidos com a tarifa entre os países membros.

No nível seguinte de integração regional, os países membros podem estabelecer um **mercado comum** (também conhecido como mercado único), em que barreiras comerciais são reduzidas ou eliminadas, barreiras externas comuns são estabelecidas e bens, serviços e *fatores de produção*, como capital, mão de obra e tecnologia, podem mover-se livremente entre as nações membros. Como no caso de uma união aduaneira, o mercado comum também estabelece uma política comercial única em relação aos não membros. A UE constitui um mercado comum, que gradualmente reduziu ou eliminou restrições à imigração e ao fluxo de capital entre as fronteiras nacionais. Um trabalhador da UE tem o direito de atuar em outros países do bloco, assim como as empresas podem transferir fundos sem restrições entre suas subsidiárias dentro dele.

Os mercados comuns são difíceis de criar porque requerem substancial cooperação entre os países membros no tocante às políticas trabalhistas e econômicas. Além disso, como a força de trabalho e o capital podem fluir livremente dentro do bloco, os benefícios a cada membro variam, visto que a mão de obra especializada pode mudar-se para onde os salários sejam mais altos e o capital de investimento pode escoar para onde os retornos sejam maiores. Na UE, por exemplo, a Alemanha tem testemunhado um acentuado afluxo de trabalhadores da Polônia e da República Tcheca, porque eles podem receber salários significativamente mais elevados lá do que em seus países de origem.

Uma **união econômica** representa o estágio de integração regional em que os países membros se beneficiam de todas as vantagens das etapas iniciais, mas também se esforçam para compartilhar políticas fiscais e monetárias. Em um caso extremo, todos eles adotam taxas idênticas. O bloco visa uma política monetária padronizada, que requer a estipulação de taxas de câmbio fixas e a livre conversão de moedas entre os Estados membros, além de permitir a livre movimentação de capital. Essa padronização ajuda a eliminar práticas discriminatórias que possam favorecer um Estado membro em detrimento de outro. Tendo em vista a maior mobilidade de bens, serviços e fatores de produção, uma união econômica possibilita às empresas dentro do bloco instalarem atividades produtivas nos Estados membros com as políticas econômicas mais propícias.

A UE caminhou a passos largos rumo à união econômica. Por exemplo, 13 países dentre seus membros estabeleceram uma *união monetária* pela qual uma moeda única, o euro, está atualmente em circulação. A união monetária e o euro facilitaram muito a abertura de filiais pelas instituições financeiras europeias por todo o bloco, que oferecem serviços bancários, seguros e poupança.

As uniões econômicas possuem características adicionais. Para atingir maior integração econômica, os países membros esforçam-se para eliminar controles nas fronteiras, harmonizar produtos e padrões de rótulos e estabelecer políticas regionais para energia, agricultura e serviços sociais. Uma união econômica também requer que seus membros padronizem leis e regulamentações em relação a concorrência, fusões e outras condutas corporativas. Para facilitar o livre comércio de serviços, os países membros harmonizam os procedimentos para licenciamento de profissionais, de modo que um médico ou advogado qualificado em um país possa atuar em outro.

Ao descrever uma união econômica, os Estados Unidos fornecem uma boa analogia. Imaginemos que cada um dos cinquenta Estados seja um país e todos juntos formem uma união. Seus membros compartilham uma moeda única e um banco central com uma política monetária uniformizada. O comércio entre eles ocorre sem obstrução e tanto a mão de obra quanto o capital têm livre circulação, na busca pela otimização de retornos. O governo federal aplica uma taxa e uma política fiscal uniformes. Entretanto, assim como ocorreria em uma união econômica, cada Estado norte-americano também seguiria regulamentações próprias em áreas como educação, segurança e impostos, mantendo, dessa forma, alguma autonomia local. No entanto, a analogia para por aí. Os Estados Unidos são um país e, diferentemente de uma união econômica real, seus Estados não podem separar-se da união.

## Principais blocos econômicos

Exemplos de integração regional podem ser encontrados em todos os continentes. A Figura 8.1 ilustra os principais blocos econômicos. Nesta seção, discutiremos os blocos de destaque na Europa, nas Américas, no Oriente Médio e na África.

A Europa possui a mais longa experiência de integração regional e abriga diversos blocos econômicos. Os mais importantes deles são a União Europeia e a Associação Europeia de Livre Comércio. A Figura 8.2 apresenta esses blocos em detalhes.

## A União Europeia (UE)

A Tabela 8.2 ressalta os aspectos notáveis dos países membros da União Europeia — o bloco econômico mais integrado do mundo. "Em termos de PPC", na figura, refere-se à *paridade do poder de compra* (PPC), que significa que os números do PIB *per capita* foram ajustados em relação às diferenças de preços. A origem da UE remonta aos anos subsequentes à Segunda Guerra Mundial, quando seis países devastados — Bélgica, França, Alemanha, Itália, Luxemburgo e Holanda — buscavam promover a paz e a prosperidade por meio da cooperação econômica e política (www.europa.eu). Essas nações assinaram o Tratado de Roma em 1957, que acabou levando à criação formal da UE em 1992. Esse bloco tomou as seguintes ações para se tornar uma união econômica plena:

- *Acesso ao mercado.* Tarifas e barreiras não tarifárias foram eliminadas para o comércio de bens e serviços, e as regras de origem favorecem a manufatura que utiliza peças e outros insumos fabricados na UE.
- *Mercado comum.* A UE removeu barreiras à movimentação transnacional dos fatores de produção — mão de obra, capital e tecnologia. Por exemplo, atualmente, um trabalhador italiano tem o direito de obter um emprego na Irlanda, e uma empresa francesa pode investir livremente na Espanha.
- *Regras comerciais.* Os países membros eliminaram em grande parte os procedimentos e as regulamentações aduaneiras, o que racionaliza o transporte e a logística dentro da Europa.
- *Harmonização de padrões.* A UE está harmonizando padrões técnicos, regulamentações e procedimentos de fiscalização relativos a bens, serviços e atividades comerciais. Dessa forma, os britânicos, que antes usavam o sistema imperial de medidas (isto é, libras, onças e polegadas), converteram-se ao sistema métrico, utilizado por todos no bloco. Os comerciantes alemães, que seguiam um padrão específico de qualidade da carne e de produtos agrícolas, passaram a adotar os procedimentos prescritos pela UE.

No longo prazo, a UE procura adotar políticas fiscal, monetária, tributária e de bem-estar social comuns. A introdução, em 2002, do euro — a moeda comum do bloco e atualmente uma das principais do mundo — simplificou o comércio interfronteiras e intensificou a competitividade internacional da Europa. Sua introdução eliminou o risco cambial em grande parte do bloco e forçou os países membros a melhorar suas políticas fiscal e monetária. Psicologicamente, a moeda única permite a consumidores e empresas pensar na Europa como uma entidade nacional única. A instituição do euro implicou a transferência do poder monetário dos governos nacionais ao Banco Central Europeu, que se localiza em Luxemburgo e supervisiona as atividades monetárias da UE.

A UE possui mais quatro instituições que executam suas funções executiva, administrativa, legislativa e jurídica. O *Conselho da União Europeia*, com sede em Bruxelas, é o principal órgão decisório do bloco. Composto por representantes de cada país membro, ele decide sobre política econômica, orçamentos e política externa, bem como a admissão de novos membros. A *Comissão Europeia*, também sediada em Bruxelas, compõe-se igualmente de delegados de cada Estado membro e representa os interesses da UE como um todo. Ela propõe leis e políticas, sendo responsável pela implementação das decisões tomadas pelo *Parlamento Europeu* e pelo Conselho da UE. O Parlamento Europeu consiste de representantes eleitos que realizam sessões conjuntas mensais. De comum acordo, o Parlamento encontra-se em três cidades diferentes (Bruxelas, Luxemburgo e Estrasburgo, na França) e pode ter até 732 representantes no total. O Parlamento possui três funções básicas: (1) formar a legislação da UE, (2) supervisionar as instituições da UE e (3) tomar decisões sobre o orçamento da UE. Por fim, a *Corte de Justiça Europeia*, sediada em Luxemburgo, interpreta e aplica as leis da UE, solucionando disputas legais entre os Estados membros.[3]

A seção "Tendência Global" descreve os desafios específicos da integração de novos Estados membros à UE. Desde 2004, 12 novos Estados aderiram ao bloco. As adesões mais recentes da Bulgária e da Romênia elevaram o total de países membros para 27. Os novos adeptos constituem bases importantes e de baixo custo de manufatura para as empresas da UE.[4] Por exemplo, atualmente, Peugeot e Citroën têm fábricas na República Tcheca com capacidade plena de produção de 300.000 veículos ao ano. A sul-coreana Hyundai fabrica a marca Kia em uma unidade na Eslováquia, enquanto a japonesa Suzuki, na Hungria. A produção de automóveis na região leste cresce em ritmo acelerado.[5] A maioria dos mais novos entrantes da UE eram satélites da antiga União Soviética e possuem taxas de crescimento econômico muito mais elevados do que seus 15 parceiros da Europa Ocidental. Estão prontos para atingir níveis *per capita* semelhantes aos dos países mais ricos do bloco nas próximas décadas. Entretanto, sua ascensão apresenta desafios especiais. Economias menos desenvolvidas como Romênia, Bulgária e Lituânia podem necessitar de décadas de ajuda desenvolvimentista para alcançá-los.[6]

## TENDÊNCIA GLOBAL

# A integração do Leste Europeu e da Turquia à UE

O PIB *per capita* da Alemanha é de US$ 32.684. Em comparação, o da Romênia é de US$ 10.152, o da Bulgária é de US$ 10.844 e o da Polônia, US$ 14.609 (números de 2007). Estes países do Leste Europeu, com sua força de trabalho caracterizada por baixos salários, constituem excelentes bases de manufatura para empresas da Europa Ocidental e outras localidades. Assim que essas e outras nações do Leste Europeu aderiram à União Europeia (UE), autoridades da Alemanha, França e outros membros de longa data do bloco temeram a perda de empregos e investimentos para os novos membros. Essas mesmas autoridades relutam em permitir a entrada de outras economias de baixos salários, tais como Turquia e Ucrânia.

Em relação à população, a Turquia (com 71 milhões de pessoas) é quase do mesmo tamanho dos 12 países do Leste Europeu que aderiram ao bloco desde 2004. Entretanto, ela apresenta outros desafios devido a diferenças culturais, sua herança islâmica e um histórico de alta inflação. Alguns se opõem a sua adesão à UE porque o país é considerado distante demais dos atuais membros em termos culturais e geográficos. Há muito tempo uma sucessão de governos turcos busca a associação ao bloco, em parte porque isso contribuirá para manter a reforma econômica do país.

Os defensores da ampliação da UE estão otimistas. Eles argumentam que os baixos salários dos mais novos membros do bloco representam mais uma oportunidade do que uma ameaça. Por quê? Um dos motivos é que Polônia, Hungria e outros ingressantes recentes estão atraindo um nível substancial de investimentos que poderiam ir para China e outras economias de baixos salários do outro lado do mundo.

Os países do Leste Europeu não manterão suas vantagens de mão de obra de baixo custo por tempo indeterminado. Esses satélites da antiga União Soviética são muito mais ricos nos dias de hoje do que antes do colapso do comunismo em 1989, quando o PIB per capita da Polônia era de somente US$ 2.000. Partindo de um nível de renda bem inferior, esses países são relativamente novos na economia do livre comércio e, como tal, estão expandindo suas economias em ritmo bem mais acelerado do que seus afluentes vizinhos da UE ocidental. Isso se deve em parte ao valor incremental do investimento interno nos países mais pobres *versus* os mais ricos. A lucratividade de usar capital adicional ou melhor tecnologia é maior em um mercado emergente como a Polônia do que em uma nação de alta renda como a Alemanha. Por exemplo, se, por um lado, substituir um computador em uso por outro novo, mais rápido, representa uma compensação relativamente pequena para uma empresa alemã, por outro, instalar um novo computador em uma empresa polonesa onde os registros são feitos à mão constitui uma enorme vantagem.

O rápido crescimento econômico estimulado pela afiliação à União Europeia implica que os mais novos membros da UE podem atingir paridade econômica com o restante da Europa dentro de algumas décadas, um curto período de tempo na vida de uma nação. Quando esse dia chegar, alemães, franceses, britânicos e outros veneráveis membros do bloco da UE não mais se preocuparão com a ameaça competitiva de seus novos vizinhos de baixos salários.

Fontes: "How far, how fast? Is Central Europe ready to join the EU". *Business Week*. 8 nov. 1999, p. 64-6; "Transformed: EU membership has worked magic in Central Europe". *Economist*. 25 jun. 2005, p. 6-8; "The impossibility of saying no". *Economist*. 18 set. 2004, 30-2; "Why Turks are changing tack on foreign ownership". *Financial Times*. Reportagem especial. 28 jun. 2005.

A UE também enfrenta outros desafios. Há uma tensão na Europa entre as forças de integração regional e as forças de preservação da identidade nacional. Os países do bloco admitem que abrir mão da autonomia em determinados setores essenciais e combinar recursos entre as fronteiras nacionais são ações necessárias. Entretanto, alguns deles, em particular a Inglaterra, relutam em abdicar de certos direitos soberanos. Eles insistem em manter a condição de estabelecer suas próprias políticas monetárias e fiscais e responsabilizar-se pela defesa militar nacional.

Por fim, há muito tempo a Commom Agricultural Policy (CAP) é uma posição fixa do bloco europeu. Trata-se de um sistema de subsídios e programas agrícolas que garante um preço mínimo a fazendeiros e criadores de animais da UE. Os objetivos originais da CAP consistiam em prover um padrão de vida justo aos produtores agrícolas e alimentos a preços razoáveis aos consumidores. Na verdade, porém, essa política aumentou o preço dos alimentos na Europa e consome mais de 40 por cento do orçamento anual do bloco. Ela complica as negociações com a Organização Mundial do Comércio pela redução das barreiras comerciais globais. A CAP impõe altas tarifas de importação que afetam de maneira injusta os exportadores das economias em desenvolvimento, como a África, que dependem sobremaneira da produção agrícola. Recentemente, a UE passou a agir no sentido de reformar a CAP, mas o progresso é lento. Enquanto isso, desde 2004, o ingresso na UE de novos países membros aumentou o número de fazendeiros do bloco de 7 para 11 milhões e elevou a produtividade das colheitas em 10 a 20 por cento.

Figura 8.1 Os blocos econômicos mais ativos

RÚSSIA
CAZAQUISTÃO
MONGÓLIA
GEÓRGIA
HUNGRIA
TURQUIA
ARMÊNIA
AZERBAJÃO
UZBEQUISTÃO
QUIRGUISTÃO
TURCOMENISTÃO
TADJIQUISTÃO
CHIPRE
SÍRIA
LÍBANO
IRAQUE
IRÃ
AFEGANISTÃO
ISRAEL
JORDÂNIA
KUWAIT
PAQUISTÃO
NEPAL
BUTÃO
CHINA
COREIA DO NORTE
COREIA DO SUL
JAPÃO
TAIWAN
QATAR
ÍNDIA
BANGLADESH
ARÁBIA SAUDITA
EMIRADOS ÁRABES UNIDOS
OMÃ
MIANMAR (BIRMÂNIA)
LAOS
TAILÂNDIA
VIETNÃ
CAMBOJA
FILIPINAS
OCEANO PACÍFICO
SUDÃO
ERITREIA
IÊMEN
DJIBUTI
SOMÁLIA
SRI LANKA
BRUNEI
MALÁSIA
CINGAPURA
ETIÓPIA
UGANDA
QUÊNIA
BURUNDI
TANZÂNIA
OCEANO ÍNDICO
INDONÉSIA
ILHAS SALOMÃO
PAPUA-NOVA GUINÉ
MALAUI
MOÇAMBIQUE
MADAGASCAR
MAURÍCIA
RÉUNIÃO
VANUATU
NOVA CALEDÔNIA
AUSTRÁLIA
SUAZILÂNDIA
LESOTO
NOVA ZELÂNDIA
Os blocos econômicos mais ativos
UE
Efta
Nafta
Mercosul
Caricom
CAN
Asean
Apec
CER

Tabela 8.2 Principais características dos países membros da União Europeia, 2007

| *Membros* | *População (em milhões)* | *PIB (em US$ bilhões, em termos de PPC)* | *PIB per capita (em US$, em termos de PPC)* | *Exportações como porcentagem do PIB* |
|---|---|---|---|---|
| Alemanha | 83 | 2.699 | 32.684 | 26 |
| Áustria | 8 | US$ 299 | US$ 36.189 | 29 por cento |
| Bélgica | 10 | 353 | 33.908 | 52 |
| Bulgária | 8 | 83 | 10.844 | 16 |
| Chipre | 1 | 20 | 23.419 | 7 |
| Dinamarca | 5 | 204 | 37.398 | 26 |
| Estônia | 1 | 26 | 19.243 | 36 |
| Eslováquia | 5 | 101 | 18.705 | 67 |
| Eslovênia | 2 | 49 | 24.459 | 38 |
| Espanha | 42 | 1.203 | 28.810 | 16 |
| Finlândia | 5 | 179 | 34.162 | 29 |
| França | 63 | 1.988 | 31.377 | 17 |
| Grécia | 11 | 274 | 24.733 | 3 |
| Holanda | 17 | 550 | 33.079 | 44 |
| Hungria | 10 | 190 | 18.922 | 42 |
| Irlanda | 4 | 192 | 45.135 | 53 |
| Itália | 59 | 1.791 | 30.383 | 17 |
| Letônia | 2 | 34 | 15.062 | 21 |
| Lituânia | 3 | 57 | 16.756 | 36 |
| Luxemburgo | 0,5 | 35 | 76.025 | 28 |
| Malta | 0,4 | 8 | 21.081 | 44 |
| Polônia | 38 | 557 | 14.609 | 24 |
| Portugal | 11 | 218 | 20.673 | 18 |
| Reino Unido | 61 | 2.004 | 32.949 | 14 |
| República Tcheca | 10 | 210 | 20.539 | 44 |
| Romênia | 22 | 219 | 10.152 | 51 |
| Suécia | 9 | 297 | 32.548 | 30 |
| | Total: 491 | Total: US$ 13.840 | | |

FONTE: Fundo Monetário Internacional, disponível em: www.imf.org.

## Associação Europeia de Livre Comércio (Efta)

A segunda maior área de livre comércio da Europa é a Associação Europeia de Livre Comércio (Efta, do inglês *European Free Trade Association*; ver www.Efta.int), estabelecida em 1960 por Áustria, Inglaterra, Dinamarca, Noruega, Portugal, Suécia e Suíça. Entretanto, a maioria desses países acabou deixando a associação para unir-se à UE. Os atuais membros da Efta são Islândia, Listenstaine, Noruega e Suíça. Esse bloco promove o livre comércio e fortalece as relações econômicas com outros países da Europa e do mundo. A secretaria da associação, com sede em Genebra, negociou acordos comerciais com vários países não europeus. Seus membros cooperam com a UE por meio de acordos bilaterais e, desde 1994, pelo acordo da Área Econômica Europeia, que permite a livre circulação de pessoas, bens, serviços e capital por toda a área combinada da Efta e da UE.

## Tratado Norte-americano de Livre Comércio (Nafta)

Composto por Canadá, México e Estados Unidos, o Nafta (do inglês *North American Free Trade Agreement*) é o bloco econômico mais importante das Américas (ver www.Nafta-sec-alena.org). A Tabela 8.3 ressalta as principais características dos países do Nafta. Esse conceito sugere que, no longo prazo, as taxas de câmbio devem atingir níveis que equalizem os preços de uma cesta idêntica de bens e serviços

Figura 8.2 A integração econômica na Europa

em dois países quaisquer. Como os preços variam muito entre as nações, os economistas ajustam os números do PIB às diferenças no poder de compra. O PIB *per capita* ajustado representa de forma mais precisa a quantidade de produtos que os consumidores podem comprar em um dado país, usando a própria moeda e de acordo com seu padrão de vida.

Comparável em porte à UE, o Nafta foi lançado em 1994. Sua passagem foi amenizada pela existência, desde a década de 1960, do programa da *maquiladora*. Sob ele, as empresas norte-americanas têm conseguido instalar fábricas em uma área ao sul da fronteira dos Estados Unidos e acessar a mão de obra de baixo custo e outras vantagens no México, sem ter de pagar tarifas significativas.

Para seus países membros, o acordo do Nafta aumentou o acesso ao mercado. Ele eliminou tarifas e a maioria das barreiras não tarifárias para bens e serviços comercializados no bloco, tornando possível para as empresas dos países membros concorrer pelos contratos governamentais. O Nafta estabeleceu regras comerciais e procedimentos e regulamentações aduaneiras uniformes, enquanto proibia o uso de padrões e regulamentações técnicas como as barreiras comerciais. Os países membros concordaram com regras para investimento e direitos à propriedade intelectual. O Nafta também proporciona a solução de disputas em áreas como investimento, precificação injusta, questões trabalhistas e meio ambiente.

O que o Nafta fez por seus membros? Desde a concepção do bloco, o comércio entre seus membros mais do que

Tabela 8.3 Tratado Norte-Americano de livre comércio (Nafta), 2007

| *Membros* | *População (em milhões)* | *PIB (em US$ bilhões, em termos de PPC)* | *PIB* per capita *(em US$, em termos de PPC)* | *Exportações como porcentagem do PIB* |
|---|---|---|---|---|
| Canadá | 33 | US$ 1.225 | US$ 37.321 | 29 por cento |
| México | 108 | 1.192 | 10.993 | 18 |
| Estados Unidos | 302 | 13.678 | 45.257 | 6 |
| | Total: 443 | Total: US$ 16.095 | | |

FONTE: Fundo Monetário Internacional, disponível em: www.imf.org.

triplicou e atualmente supera um trilhão de dólares ao ano. No início da década de 1980, as tarifas mexicanas atingiam em média 100 por cento e gradualmente diminuíram com o passar do tempo, chegando a desaparecer sob o Nafta. Nos dez anos subsequentes ao lançamento desse tratado em 1994, as exportações norte-americanas ao México aumentaram de cerca de US$ 40 bilhões para mais de US$ 110 bilhões. Em 1994, as exportações mexicanas aos Estados Unidos atingiram a média aproximada de US$ 50 bilhões anuais, em comparação com os mais de US$ 160 bilhões em 2005.[7]

O México beneficiou-se muito com o Nafta. Os acessos ao Canadá e aos Estados Unidos ajudaram a lançar inúmeras empresas mexicanas em setores como o de eletrônicos, automóveis, têxteis, produtos médicos e serviços. Por exemplo, o México deu origem a um setor de suprimentos dentários de US$ 100 milhões ao ano, em que os empreendedores exportam aos Estados Unidos produtos intensivos em mão de obra, como aparelhos ortodônticos, cera dental e ferramentas usadas no tratamento dentário. O investimento estrangeiro anual no México cresceu de US$ 4 bilhões em 1993 para quase US$ 20 bilhões em 2006 à medida que as empresas dos Estados Unidos e do Canadá investiram em seu vizinho ao sul. Nos anos subsequentes à adesão ao Nafta, a renda *per capita* do México aumentou de forma significativa, para aproximadamente US$ 11.000 em 2007, tornando-o o país mais rico da América Latina em renda *per capita*.[8]

Em comparação com o período antecedente ao Nafta, os países membros atualmente comercializam mais entre si do que com os antigos parceiros comerciais fora da zona do tratado. Tanto o Canadá quanto o México detêm cerca de 80 por cento de seu comércio com os Estados Unidos.[9] Com o aumento da atratividade do México como um local de manufatura, empresas como a Gap Inc. e a Liz Clairbone transferiram suas fábricas da Ásia para o México na década de 1990. A IBM transferiu grande parte de sua fabricação de peças de computadores de Cingapura para o México.

O Nafta também estimulou certa reestruturação no mercado norte-americano de mão de obra. A queda de barreiras comerciais desencadeou a perda de empregos ao norte, à medida que empresas eram 'exportadas' ao México para lucrar com sua força de trabalho de baixo custo. No entanto, o poder de compra em ascensão dos consumidores mexicanos significava que eles podiam adquirir importações do Canadá e dos Estados Unidos. Como parte do acordo, os países membros também foram solicitados a fortalecer seus padrões trabalhistas. Os trabalhadores da zona do Nafta conquistaram o direito de sindicalizar-se. O acordo ajudou a melhorar as condições de trabalho e o cumprimento das leis trabalhistas. O Nafta também inclui cláusulas que promovem o desenvolvimento sustentável e a proteção ambiental.

Vamos agora apresentar um conjunto de blocos econômicos menos conhecidos, geralmente compostos por economias em desenvolvimento. Em comparação com a UE e o Nafta, os demais blocos são menos estáveis e obtiveram menos êxito. Eles se localizam na América Latina, na Ásia, no Oriente Médio e na África.

## O Mercado Comum do Sul (Mercosul)

Instituído em 1991, o Mercosul, ou Mercado Comum do Sul, tornou-se o bloco econômico mais forte da América do Sul (ver www.mercosur.int). A Tabela 8.4 apresenta seus participantes e principais dados. Os quatro maiores membros — Argentina, Brasil, Paraguai e Uruguai — respondem por cerca de 80 por cento do PIB da América do Sul. Dentro de suas fronteiras, o Mercosul estabeleceu a livre circulação de bens e serviços, uma tarifa externa e uma política comercial em comum e políticas monetária e fiscal coordenadas. Uma prioridade adicional é a construção de infraestrutura confiável — estradas, rede elétrica e gasodutos — por uma extensão territorial maior do que México e Estados Unidos juntos. O Mercosul pretende vir a se tornar uma união econômica.

O progresso inicial do Mercosul foi impressionante, atraindo muito investimento de países não membros, sobretudo para a indústria automobilística. Nos seis primeiros anos, o comércio entre seus membros triplicou.[10] Além dos participantes regulares, o bloco também conta com cinco associados que têm acesso ao comércio preferencial, embora não aos benefícios tarifários dos membros plenos. O Mercosul possui acordos comerciais com várias nações fora do bloco. Alguns preveem que ele será integrado ao Nafta e ao Acordo de Livre Comércio da República Dominicana e América Central

Tabela 8.4 O Mercado Comum do Sul (Mercosul), 2007

| *Membros* | *População (em milhões)* | *PIB (em US$ bilhões, em termos de PPC)* | PIB per capita *(em US$, em termos de PPC)* | *Exportações como porcentagem do PIB* |
|---|---|---|---|---|
| Argentina | 39 | US$ 599 | US$ 15.509 | 6 por cento |
| Brasil | 189 | 1.758 | 9.286 | 5 |
| Paraguai | 6 | 32 | 5.264 | 9 |
| Uruguai | 3 | 38 | 12.012 | 4 |
| Venezuela | 28 | 182 | 6.614 | 18 |
| Bolívia * | 10 | 28 | 2.858 | 7 |
| Chile * | 17 | 225 | 13.588 | 12 |
| Colômbia * | 48 | 380 | 7.975 | 5 |
| Equador * | 14 | 62 | 4.591 | 13 |
| Peru * | 29 | 190 | 6.609 | 6 |
| | Total: 383 | Total: US$ 3.494 | | |

* Membros associados

FONTE: Fundo Monetário Internacional, disponível em: www.imf.org.

(DR-Cafta, do inglês *Dominican Republic-Central American Free Trade Agreement*) como parte da proposta Área de Livre Comércio das Américas (FTAA, do inglês *Free Trade Area of the Americas*). Se implementada, essa integração traria o livre comércio a todo o hemisfério ocidental.

## A Comunidade do Caribe (Caricom)

Composta por aproximadamente 25 Estados membros e associados em torno do Mar do Caribe, a Caricom (do inglês *Caribbean Community*) foi criada em 1973, com o propósito de baixar barreiras comerciais e instituir uma tarifa externa comum (ver www.caricom.org). Entretanto, o bloco teve pouco êxito em estimular o desenvolvimento econômico. Problemas surgiram em decorrência de dificuldades econômicas de membros individuais e da falta de consenso sobre questões básicas. Mais recentemente, tem havido progresso na criação do Mercado Único do Caribe, um mercado comum que permite maior grau de livre circulação de bens, serviços, capital e mão de obra, concedendo à população de todas as nações da Caricom o direito de estabelecer negócios por toda a região.

## Comunidade Andina (CAN)

Por muito tempo chamada de Pacto Andino, a Comunidade Andina de Nações (CAN) foi estabelecida em 1969 e inclui Bolívia, Colômbia, Equador, Peru e Venezuela (ver www.comunidadandina.org). Os países da CAN têm população de 120 milhões e PIB combinado de US$ 260 bilhões. Espera-se sua fusão com o Mercosul para a formação de um novo bloco econômico que englobe toda a América do Sul. O pacto obteve pouco progresso em seus primeiros 20 anos, com o comércio dentro do bloco atingindo somente cinco por cento do comércio total de seus membros.[11] Essa baixa taxa de comércio deve-se em parte a um aspecto geográfico: a cadeia montanhosa dos Andes torna oneroso e complicado o transporte terrestre na região.

## Associação das Nações do Sudeste Asiático (Asean)

Um dos poucos exemplos de integração econômica na Ásia, a Asean (do inglês *Association of Southeast Asian Nations*), foi criada em 1967 com o objetivo de manter a estabilidade política e promover o desenvolvimento econômico e social da região (ver www.Aseansec.org). Posteriormente, criou-se uma área de livre comércio em que muitas tarifas foram reduzidas a menos de cinco por cento. Entretanto, a evolução da integração regional foi retardada por grandes diferenças econômicas entre os países membros. Por exemplo, Brunei, rica em petróleo, possui uma renda *per capita* de mais de US$ 26.000, enquanto o Vietnã, de menos de US$ 4.000. A migração em massa de trabalhadores dos países pobres para os prósperos que deveria resultar em maior integração regional reduz as chances de esse bloco vir a se tornar um mercado comum ou uma união econômica. No longo prazo, a Asean visa incorporar potências comerciais internacionais, como Japão e China, cuja adesão aceleraria o desenvolvimento de relações comerciais abrangentes. A Tabela 8.5 traça seu perfil. Note-se que as exportações de Cingapura em relação a seu PIB excedem 100 por cento. Isso se deve ao fato de se tratar de uma nação entreposto, uma plataforma de importação-exportação para a Ásia, onde se comercializa muito mais bens do que se fabrica.

Tabela 8.5 Associação das Nações do Sudeste Asiático (Asean), 2007

| *Membros* | *População (em milhões)* | *PIB (em US$ bilhões, em termos de PPC)* | *PIB* per capita *(em US$, em termos de PPC)* | *Exportações como porcentagem do PIB* |
|---|---|---|---|---|
| Brunei | 0,4 | US$ 10 | US$ 26.098 | 52 por cento |
| Camboja | 15 | 41 | 2.673 | 6 |
| Indonésia | 225 | 1.146 | 5.097 | 8 |
| Laos | 6 | 15 | 2.402 | 3 |
| Malásia | 27 | 341 | 12.703 | 47 |
| Mianmar (Burma) | 58 | 105 | 1.814 | 3 |
| Filipinas | 88 | 474 | 5.409 | 9 |
| Cingapura | 5 | 140 | 31.165 | 130 |
| Tailândia | 66 | 626 | 9.427 | 16 |
| Vietnã | 86 | 300 | 3.503 | 10 |
| | Total: 576 | Total: US$ 3.198 | | |

FONTE: Fundo Monetário Internacional, disponível em: www.imf.org.

## Cooperação Econômica da Ásia e do Pacífico (Apec)

Originalmente proposta pela Austrália, a Apec (do inglês *Asia Pacific Economic Cooperation*) visa um maior nível de livre comércio e integração econômica nos países da costa do Pacífico. Incorpora 21 nações de ambos os lados do Pacífico, incluindo Austrália, Canadá, Chile, China, Japão, México, Rússia e Estados Unidos (ver www.Apec.org). Seus membros respondem por 85 por cento do total do comércio regional, bem como um terço da população mundial e mais da metade de seu PIB. Esse bloco aspira remover as barreiras de comércio e investimento até 2020, mas pouco se fez até o momento. O progresso tem sido lento devido à turbulência econômica e política em alguns países membros, além do fracasso em se atingir o consenso sobre questões fundamentais. Seus membros possuem diferentes prioridades econômicas nacionais, e a presença de nações asiáticas menos afluentes lado a lado com fortes comerciantes internacionais como Austrália, Japão e Estados Unidos dificulta o entendimento sobre uma série de aspectos.

## Acordo de Estreitamento de Relações Econômicas entre Austrália e Nova Zelândia (CER)

Em 1966, Austrália e Nova Zelândia chegaram a um acordo de livre comércio que removeu 80 por cento das tarifas e cotas entre as duas nações, embora tenha sido um processo relativamente complexo e burocrático. Em 1983, o Acordo de Estreitamento de Relações Econômicas (CER, do inglês *Closer Economic Relations Agreement*) buscou acelerar o livre comércio, resultando em uma maior integração econômica entre as duas nações. Este acordo ganhou importância quando Austrália e Nova Zelândia perderam seu *status* privilegiado no mercado britânico com a adesão da Grã-Bretanha à UE. Muitos acreditam que o CER tem sido um dos mais bem-sucedidos blocos econômicos do mundo. Em 2005, seus membros começaram a negociar um acordo de livre comércio com as nações da Asean, uma ação que reduziria ainda mais a dependência australiana e neozelandesa do comércio com os britânicos.

## Integração econômica entre Oriente Médio e África

O Oriente Médio e a África do Norte compreendem um conjunto de países essencialmente islâmicos onde o petróleo constitui, de modo geral, a principal força econômica. A organização regional primordial do Oriente Médio é o Conselho de Cooperação do Golfo (GCC, do inglês *Gulf Cooperation Council*; ver www. gcc-sg.org.htm). Instituída em 1981 para coordenar assuntos econômicos, sociais e culturais, esse conselho é composto por Bahrein, Kuwait, Omã, Qatar, Arábia Saudita e Emirados Árabes Unidos. Suas iniciativas específicas abrangem a coordenação da indústria petrolífera, a abolição de certas tarifas e a liberalização do investimento, bem como a harmonização das políticas bancárias, financeiras e monetárias. O GCC também almeja estabelecer um mercado comum árabe e aumentar os vínculos comerciais com a Ásia. Embora amplamente focado em questões políticas, esse bloco tem gerado acordos que permitem a seus cidadãos viajar livremente pelas demais nações membros, bem como fazer negócios entre si.

Em outras partes do Oriente Médio, tem havido esforços para uma integração econômica regional, como a União do

Maghreb Árabe (composta por Argélia, Líbia, Mauritânia, Marrocos e Tunísia) e a Cooperação Regional para o Desenvolvimento (RCD, do inglês Regional *Cooperation for Development*; composta por Paquistão, Irã e Turquia). A União do Maghreb continua tentando viabilizar-se como bloco econômico. O RCD foi dissolvido em 1979 e substituído pela Organização de Cooperação Econômica (ECO, do inglês *Economic Cooperation Organization*). A ECO consiste em uma organização internacional que atualmente inclui dez países do Oriente Médio e da Ásia e busca promover oportunidades de comércio e investimento na região. Esses grupos regionais constituem tentativas muito incipientes de integração regional que podem fomentar o desenvolvimento do comércio e investimento entre as nações árabes. Outro grupo, a Liga Árabe, é uma organização política de longa data com 21 Estados membros e uma constituição que demanda consenso unânime em qualquer tomada de decisão. Não tem obtido muito êxito em promover o desenvolvimento econômico regional.

A África almeja maior acesso aos mercados europeu e norte-americano para venda de produtos agrícolas e têxteis. Os países africanos acreditam que podem ganhar força para negociar o livre comércio com o mundo desenvolvido formando blocos econômicos por meio da integração regional. Os mais expressivos são a Comunidade de Desenvolvimento Sul-africano, a Comunidade Econômica dos Estados da África Ocidental, a Comunidade Econômica dos Estados da África Central e, mais recentemente, a União Africana para Cooperação Regional. Entretanto, esses grupos não têm exercido muito impacto sobre o comércio regional. Esse fracasso deve-se, em parte, a turbulências políticas e a um entendimento equivocado sobre o livre comércio, bem como a sistemas subdesenvolvidos de economia e transportes. Instabilidade política, rebeliões e guerras civis, ditaduras militares, corrupção e doenças infecciosas obstruem o desenvolvimento econômico de muitas nações africanas.

## Por que os países buscam a integração regional

A integração econômica contribui para o crescimento de empresas e setores da economia, acarretando, portanto, progresso econômico, melhor padrão de vida e aumento da receita tributária dos países membros. As nações visam pelo menos quatro objetivos ao buscar a integração regional.

### Expandir mercado

A integração regional aumenta muito a escala do mercado para as empresas que fazem parte do bloco econômico. Por exemplo, embora a Bélgica tenha uma população de apenas dez milhões de habitantes, a ausência de barreiras comerciais com outros países na UE dá a suas empresas acesso facilitado a um mercado total de aproximadamente 490 milhões de consumidores. Da mesma forma, a administração da Allianz, a seguradora alemã descrita no texto de abertura, passou a vislumbrar a Europa como um grande mercado. Com a formação do Nafta, as empresas canadenses conquistaram acesso aos mercados bem mais amplos do México e dos Estados Unidos. Dessa maneira, os consumidores também obtêm acesso a um leque mais variado de bens e serviços.

### Atingir economias de escala e maior produtividade

A expansão dos mercados no âmbito de um bloco econômico confere às empresas dos países membros a oportunidade de aumentar a escala das operações tanto na produção quanto na comercialização. Isso acarreta maior concentração e eficiência nessas atividades. Por exemplo, se uma empresa alemã pode ser apenas moderadamente eficiente na fabricação de 10.000 unidades de um produto somente para o mercado alemão, sua eficiência pode ser potencializada ao fabricar 50.000 unidades para o mercado ampliado da UE. A internacionalização dentro do bloco contribui para que as empresas aprendam a competir melhor também fora do bloco. Elas conquistam benefícios adicionais por meio do maior acesso aos fatores de produção que atualmente fluem livremente através das fronteiras nacionais no âmbito do bloco.[12] Mão de obra e outros insumos são alocados de forma mais eficiente dentre os países membros, e a otimização dos recursos deve resultar em preços mais baixos para os consumidores.

### Atrair investimento direto de fora do bloco

Em oposição ao investimento em países isolados, as empresas estrangeiras preferem investir naqueles que fazem parte de um bloco econômico porque as fábricas que construírem dentro desse bloco receberão tratamento preferencial para exportações a outras nações membros. Por exemplo, muitas empresas não europeias — como General Mills, Samsung e Tata — investiram pesadamente na UE para se beneficiarem da integração econômica da região. Ao estabelecer operações em um único país da UE, essas empresas ganham livre acesso comercial a todo o mercado da UE.

### Fortalecer a posição defensiva e política

Um dos objetivos da integração regional consiste em proporcionar aos países membros uma posição defensiva mais forte em relação a outras nações e regiões mundiais. Esse foi um dos motivos para a criação da Comunidade Europeia (precursora da UE), cujos membros buscavam fortalecer as defesas mútuas contra a expansão da influência dos Estados Unidos. A formação de um bloco econômico também permite aos países aumentar seu poder de barganha em questões globais e, por conseguinte, seu poder político. Por exemplo, a UE possui maior influência na Organização Mundial do Comércio em negociações comerciais do que qualquer país membro de forma isolada. De modo geral, os países detêm mais poder quando cooperam entre si do que quando operam como entidades individuais.

## Fatores de sucesso para a integração regional

As experiências de integração econômica regional sugerem que os blocos econômicos mais bem-sucedidos tendem a possuir as seguintes características.

### Similaridade econômica

Quanto mais similares forem as economias dos países membros, maiores serão as chances de sucesso do bloco econômico. Diferenças significativas de nível salarial implicam que os trabalhadores dos países de salário inferior migrarão para os de salário superior. Uma instabilidade significativa em um dos membros pode rapidamente se disseminar e prejudicar as economias dos demais. Por exemplo, uma severa recessão em uma nação aumenta a probabilidade de que as outras também passem por uma desaceleração econômica. A compatibilidade entre as características econômicas é tão importante que a UE exige que membros atuais e potenciais atendam a condições rigorosas, idealmente baixa inflação, baixo desemprego, salários razoáveis e estabilidade econômica.

### Similaridade política

A similaridade em sistemas políticos aumenta as perspectivas de sucesso do bloco. Os países que buscam uma integração regional devem compartilhar aspirações e a disposição de abdicar da autonomia nacional em prol das metas mais amplas da união proposta. Na UE, por exemplo, a Suécia encontrou dificuldades em revisar sua política fiscal de modo a alinhá-la à de outros membros. Ela tentou baixar o imposto de renda das empresas e outras taxas para melhorar sua atratividade no mercado ampliado da UE.

### Similaridade de cultura e língua

A similaridade cultural e linguística entre os países de um bloco econômico provê a base para a compreensão e a cooperação mútuas. Isso explica em parte o sucesso do Mercosul na América Latina, cujos membros compartilham muitas semelhanças culturais e linguísticas. Após a formação do Nafta, foi mais fácil para as empresas canadenses estabelecerem relações comerciais com os Estados Unidos e o México devido ao pontos em comum entre os dois países ao norte.

### Proximidade geográfica

A maioria dos blocos econômicos é formada por países na mesma região geográfica; daí o nome, integração regional. Essa proximidade geográfica facilita o transporte de bens, mão de obra e outros fatores de produção. Além disso, nações vizinhas tendem a se assemelhar em aspectos culturais e linguísticos.

Embora os quatros tipos de semelhança intensifiquem o potencial de sucesso de uma integração regional, os interesses econômicos costumam representar o fator mais importante. A discrepância de uma área pode ser superada pela similaridade nas demais. Isso foi demonstrado na UE, cujos membros, apesar de fortes divergências culturais e linguísticas, conseguem atingir objetivos comuns exclusivamente com base nos interesses econômicos.

## Desvantagens e dilemas éticos da integração regional

A integração regional não é uma tendência uniformemente positiva. As mudanças advindas de uma integração regional podem ameaçar empresas e outros componentes. A integração regional pode suscitar questões éticas e morais. Entre elas:

### Desvio de comércio

Ao menos no curto prazo, a integração regional resulta na criação e *também* no desvio de comércio. A *criação de comércio* implica que as transações são geradas entre os participantes do bloco econômico. Isso ocorre porque, à medida que as barreiras caem dentro do bloco, cada país membro tende a favorecer o comércio com parceiros do bloco em detrimento das relações comerciais com os de fora dele. Ao mesmo tempo, quando o bloco está formado, as nações membros descontinuarão uma parte do comércio com não membros, levando ao *desvio de comércio*. O efeito agregado é uma alteração nos padrões nacionais de comércio — mais dele ocorre dentro do bloco e menos fora.

Por exemplo, suponhamos que, antes da formação do Nafta, Canadá e Estados Unidos fossem autossuficientes na produção de vinho. Suponhamos, ainda, que nenhum deles importava esse produto do outro por causa de uma tarifa de 100 por cento. Agora, vamos considerar que, após a instituição do tratado e a eliminação da tarifa, o Canadá comece a importar vinho dos Estados Unidos. Trata-se de um exemplo de criação de comércio. Antes do Nafta, o Canadá importava todo seu vinho da França porque a tarifa canadense sobre as importações de vinho francês era somente de 50 por cento, tornando-o mais barato do que o norte-americano. Consideremos que o lançamento do Nafta eliminasse a tarifa norte-americana mais elevada e tornasse seu vinho mais barato do que o de origem francesa. O Canadá poderá, nesse caso, descontinuar a importação de vinho da França em favor dos Estados Unidos. Trata-se de um exemplo de desvio de comércio. Os estrategistas preocupam-se com a possibilidade de a UE, o Nafta e outros blocos econômicos converterem-se em fortalezas econômicas resultando em um declínio de comércio *entre* os blocos que ultrapasse os ganhos de comércio *dentro* deles.

## Redução do livre comércio global

Nos estágios mais avançados, a integração regional dá origem a duas tendências opostas. Por um lado, um país que reduza barreiras comerciais aproxima-se do livre comércio. Por outro, um bloco econômico que as imponha *afasta-se* do livre comércio *mundial*. Por exemplo, quando países formam uma união aduaneira, seus membros impõem barreiras comerciais externas e as tarifas externas de alguns países membros podem efetivamente *aumentar* em relação àquelas em vigor antes da formação da união.[13] Suponhamos que a Alemanha, o maior membro da UE, anteriormente tivesse uma tarifa de dez por cento sobre a importação de calçado. Vamos pressupor que, no processo de desenvolvimento de um mercado comum, os países da UE imponham uma tarifa coletiva de 20 por cento sobre a importação de calçado. Com efeito, a tarifa externa alemã sobre os calçados aumenta. Por conseguinte, a integração regional resulta em barreiras comerciais *mais elevadas*.

Abordamos os efeitos danosos das tarifas de importação. Essas barreiras ao comércio protegem os vendedores do bloco econômico dos concorrentes baseados fora dele. Entretanto, os compradores do bloco ficam em pior situação porque devem pagar preços mais altos pelos produtos que desejam consumir. As tarifas também neutralizam as vantagens comparativas e interferem nos fluxos de comércio que devem ser ditados pelas dotações nacionais. No cômputo geral, as barreiras comerciais externas impostas por blocos econômicos resultam em prejuízo para o bem-estar de todos os membros deles. Por fim, como as empresas estrangeiras vendem menos para um bloco que impõe restrições, elas são prejudicadas também. Quando fornecedores externos estão sediados em economias em desenvolvimento, as consequências são significativas. Ao limitar as importações de tais países, as barreiras comerciais impostas pelos blocos econômicos ameaçam a capacidade dos produtores desses países de melhorar suas condições precárias de vida. Esse é o caso, por exemplo, das tarifas agrícolas impostas pela UE e pelo Nafta. Essas barreiras ao comércio prejudicam mais os fazendeiros e criadores de animais da África, América do Sul e outras áreas caracterizadas por uma pobreza severa. Os governos necessitam considerar as consequências éticas de tais barreiras ao elaborar acordos de integração regional.[14]

## Perda de identidade nacional

Quando as nações se unem em um bloco econômico, a ampliação do contato entre elas exerce um efeito de homogeneização; os membros tornam-se mais parecidos entre si e a identidade cultural nacional pode ser diluída. Por esse motivo, os países membros costumam preservar o direito de proteger certos setores econômicos vitais à herança ou à segurança nacional. Por exemplo, o Canadá restringiu as condições de investimento de produtores norte-americanos de cinema e TV em sua indústria cinematográfica. Isso porque o país considera esse segmento uma parte essencial de sua herança nacional e teme a diluição de sua cultura nativa pela invenção do cinema e dos programas de TV dos Estados Unidos. Ao decretar exclusões específicas no acordo do Nafta, o Canadá garantiu que seus interesses nesses setores permanecessem em grande parte nas mãos de canadenses.

## Sacrifício da autonomia

Nos estágios mais avançados, a integração regional requer que os países membros estabeleçam uma autoridade central para gerenciar os assuntos pertinentes ao bloco. Cada país participante deve sacrificar parte de sua autonomia à autoridade central, tal como o controle sobre a própria economia. Dessa maneira, as nações que formam um bloco econômico correm o risco de perder parte de sua soberania nacional. Preocupações relativas à soberania nacional têm sido um obstáculo ao desenvolvimento da UE. Na Grã-Bretanha, os críticos consideram a aprovação de muitas leis e regulamentações pelas autoridades centrais da UE como uma ameaça direta à autonomia do governo britânico. Trata-se de uma nação soberana, e os eleitores britânicos detêm pouco controle sobre os esforços legislativos das autoridades federais da UE na Europa continental.[15] Os britânicos resistiram à adesão à União Monetária Europeia porque isso reduziria o poder que mantêm atualmente sobre sua própria moeda, economia e regime monetário.

## Transferência de poder para empresas privilegiadas

A integração regional pode concentrar o poder econômico nas mãos de empresas em menor número, porém mais favorecidas. O desenvolvimento do mercado regional atrai novos concorrentes, provenientes de outros membros do bloco ou de países fora dele, para os mercados nacionais anteriormente protegidos. Além disso, a integração regional incentiva as fusões e aquisições no âmbito do bloco, levando à criação de rivais maiores. No decorrer do tempo, o poder econômico gravita em direção às empresas mais privilegiadas do bloco. As maiores delas passam a dominar as menores. Por exemplo, os críticos argumentam que, como o acordo da DR-Cafta eliminara as barreiras comerciais que protegiam as economias da América Central, as empresas norte-americanas ingressaram nesses países para fabricar e vender produtos. Como as empresas norte-americanas comumente se aproveitam de vantagens como grande porte e melhores recursos, algumas delas passaram a dominar alguns segmentos na América Central.

### Quebra de empresas de pequeno porte ou frágeis

À medida que caem as barreiras ao comércio e aos investimentos, eliminam-se as proteções que anteriormente blindavam as empresas de menor porte ou mais frágeis. Normalmente, as empresas veem-se enfrentando rivais novos e em geral mais bem dotados de recursos. As novas pressões competitivas ameaçam, sobretudo, as pequenas empresas, que podem ser absorvidas ou sair do negócio. O risco pode ser substancial para empresas nos menores países do bloco, ou em setores econômicos carentes de vantagens comparativas. Por exemplo, sob o Nafta, muitas empresas norte-americanas em segmentos cobertos pelo acordo transferiram sua produção para o México, o membro do bloco com as faixas salariais mais baixas. Por conseguinte, inúmeras empresas de cultivo de tomate deixaram o negócio quando ele migrou para o sul do México.

### Reestruturação corporativa e perda de emprego

Muitas empresas devem reestruturar-se para enfrentar os desafios competitivos impostos pelo novo e ampliado mercado da integração regional. A intensificação das pressões competitivas e da reestruturação corporativa pode acarretar demissões em massa de trabalhadores ou sua realocação a localidades distantes. A desordem resultante perturba as vidas deles e, em alguns casos, de comunidades inteiras. Por exemplo, o Mercosul foi um dos fatores que levou à demissão de milhares de operários no setor de manufatura de autopeças na Argentina. Peças automotivas de baixo preço provenientes do Brasil entraram nos países do Mercosul após a implementação do acordo. A intensa competição forçou os fabricantes argentinos a cortar custos, acarretando as demissões.

Além disso, a integração regional compele muitas multinacionais a centralizar o controle administrativo nas sedes regionais ou internacionais. Nesse processo, os gestores nacionais podem ter que abdicar de parte de seu poder e autonomia. Por exemplo, antes da unificação da UE, a Ford Motor Company manteve uma sede nacional em cada um dos vários países europeus. Após a unificação, a empresa transferiu parte do poder decisório dos principais executivos de cada país para sua sede europeia em Dagenham, Inglaterra. Ela centralizou a responsabilidade de design do produto, reuniu equipes de projeto pan-europeias nessa localidade e transferiu os controles e as demonstrações financeiras para a sede nos Estados Unidos. A reestruturação pode revelar-se difícil aos gestores, como o chefe da subsidiária da Ford em Colônia, que preferiu demitir-se a perder poder.

Ao negociar acordos de integração regional, os governos nacionais têm a responsabilidade de incluir cláusulas que minimizem efeitos negativos, tais como a perda de empregos e a quebra de empresas de pequeno porte ou frágeis. Por exemplo, o Nafta incluiu várias cláusulas destinadas a amenizar os efeitos da reestruturação econômica decorrente da aprovação do acordo. Também foram inclusas cláusulas destinadas a manter ou melhorar as condições de trabalho nos países membros. As empresas obtiveram longos períodos de ativação gradual (em geral, de dez anos para mais) para ajustarem-se à queda das barreiras protecionistas. Fundos foram alocados para financiar o retreinamento dos trabalhadores demitidos em função do Nafta.

## Implicações administrativas da integração regional

A integração econômica regional tem implicações para a estratégia e o desempenho corporativos. Muitas empresas mudam suas estratégias para aproveitar novas oportunidades no mercado ampliado ou para resguardar suas posições contra ameaças em potencial. A escolha das estratégias apropriadas depende em grande parte da posição corrente da empresa no mercado regional, das características de seu setor de atuação e das regras e regulamentações específicas do mercado. A integração econômica regional sugere ao menos seis implicações administrativas.

### Internacionalização com empresas do mesmo bloco econômico

Inicialmente, a integração regional pressiona ou incentiva as empresas a se internacionalizarem com os países vizinhos que fazem parte do bloco. A eliminação das barreiras de comércio e investimento também apresenta novas oportunidades para o suprimento de insumos a partir de fornecedores estrangeiros no âmbito do bloco. Ao negociar com outros países do bloco, a empresa pode gerar novas vendas e aumentar os lucros. A internacionalização com países vizinhos e familiares também provê a empresa com as habilidades e a confiança para negociar com mercados *fora* do bloco. Por exemplo, após a formação do Nafta, muitas empresas norte-americanas ingressaram no Canadá e adquiriram valiosa experiência internacional que as inspirou a empreender na Ásia e na Europa.

## Racionalização de operações

Após a criação de um bloco econômico, a importância das fronteiras nacionais diminuirá. Em vez de considerar o bloco como um conjunto de países distintos, as empresas começam a vê-lo como um todo unificado. Seus gestores desenvolvem estratégias e atividades da cadeia de valor adequadas à região como um todo, em vez de a cada país. A *racionalização* constitui um processo de reestruturação e consolidação das operações empresariais que os administradores geralmente realizam após a integração regional. Quando uma empresa racionaliza, reduz a redundância. O propósito consiste em minimizar custos e aumentar a eficiência operacional. Por exemplo, a administração pode combinar duas ou mais fábricas em uma instalação produtiva única que elimine a duplicidade e gere economias de escala. A racionalização torna-se uma opção atraente porque, com o declínio das barreiras ao comércio e aos investimentos, a empresa que antes operava fábricas em diversos países colhe as vantagens da consolidação da produção em uma ou duas localidades centrais dentro do bloco econômico.

Como exemplo, antes da formação da UE, muitas empresas operavam fábricas em cada um dos inúmeros países europeus. Após a criação do bloco, essas empresas fundiram suas unidades fabris em uma ou duas localidades. Elas centralizaram as operações onde se ofereciam os menores custos operacionais e outras vantagens competitivas. Dessa forma, a Caterpillar, fabricante norte-americana de escavadeiras, foi uma das empresas a mudar o foco de atender a cada país europeu para atender a região da UE. Ela adotou um extensivo programa de modernização e racionalização de suas fábricas na região para otimizar a produção, reduzir estoques, aumentar economias de escala e baixar custos operacionais.

As empresas podem aplicar a racionalização a outras atividades da cadeia de valor, tais como distribuição, logística, compras e P&D. Por exemplo, após a formação da UE, a eliminação das barreiras comerciais, os postos de fiscalização aduaneira e as regulamentações específicas de cada país para os transportes permitiram às empresas norte-americanas reestruturar seus canais de distribuição na região para melhor adequá-las ao mercado ampliado da UE. A criação do bloco econômico eliminou a necessidade de elaboração de estratégias distintas de distribuição para cada país. Em vez disso, as empresas podiam adotar uma abordagem mais global a um mercado mais amplo, gerando economias de escala em distribuição.

## Fusões e aquisições

A formação de blocos econômicos também leva a fusões e aquisições; isto é, a tendência de uma empresa comprar outra, ou de duas ou mais empresas fundirem-se para formar outra maior. As fusões e aquisições relacionam-se com a racionalização. A fusão de duas ou mais empresas cria um novo negócio que fabrica um produto em uma escala muito maior. Como exemplo, dois gigantes da engenharia, a Asea AB da Suécia e a Brown, Boveri & Co. da Suíça fundiram-se para formar a Asea Brown Boveri (ABB). A fusão foi facilitada pela integração regional de países europeus no desenvolvimento do bloco econômico da UE e permitiu que a nova empresa, ABB, aumentasse suas atividades de P&D e captasse maior fundo de capital para grandes projetos, como a construção de centrais elétricas e equipamento industrial de grande porte. Na indústria farmacêutica, a britânica Zeneca comprou a sueca Astra para formar a AstraZeneca. A aquisição levou ao desenvolvimento de sucessos de venda como o medicamento para úlcera Nexium e ajudou a transformar a nova empresa em líder nas áreas gastrointestinal, cardiovascular e respiratória.

## Estratégia regional de produtos e marketing

A integração regional pode também estimular as empresas a *padronizar* produtos e serviços. Elas preferem oferecer mercadoria relativamente padronizada em seus diversos mercados de atuação. Isso porque é mais fácil e menos oneroso fabricar e vender alguns modelos de um produto do que dezenas deles. Um bloco econômico facilita a racionalização e a padronização de produtos e atividades de marketing porque, nos estágios mais avançados da integração regional, os países membros tendem a harmonizar os padrões de produto e as regulamentações comerciais, eliminando barreiras comerciais e gargalos de transporte. À medida que as condições nos países membros se tornam semelhantes entre si, as empresas podem cada vez mais padronizar seus produtos e seu marketing.[16]

Por exemplo, antes da unificação da UE e com o propósito de cumprir as diversas regulamentações nacionais referentes à instalação de faróis, freios e outras especificações para os tratores vendidos na Europa, a fabricante de máquinas agrícolas J. I. Case havia fabricado inúmeras versões do modelo Magnum de tratores agrícolas. Antes, a Case produzia 17 versões do Magnum; a harmonização dos padrões de produto da UE permitiu à empresa padronizar seu trator e fabricar um número limitado de modelos que eram, no entanto, suficientes para atender a todo o mercado da UE.[17]

## Internacionalização com empresas fora do bloco

A integração regional leva à criação de grandes mercados internacionais, que são atraentes a empresas que *não fazem parte* do bloco. Essas empresas estrangeiras tendem a evitar a exportação como estratégia de entrada porque os blocos econômicos erguem barreiras comerciais contra importações de fora do bloco. Portanto, o meio mais eficaz de entrada no bloco econômico para uma empresa estrangeira é estabelecer presença física via investimento direto estrangeiro (IDE). Ao construir uma unidade de produção, uma subsidiária de marketing ou uma sede regional em qualquer parte de um bloco, o forasteiro ganha acesso a todo o bloco e obtém vantagens disponíveis às empresas locais sediadas no bloco. Como exemplo, desde a formação da UE, a Grã-Bretanha tornou-se a maior captadora de IDE dos Estados Unidos. As empresas norte-americanas escolhem o mercado britânico como ponto de partida para conquistar acesso ao grandioso mercado da UE. De maneira semelhante, as empresas europeias instalaram fábricas no México para acessar os países do bloco do Nafta.

## Empreeendimentos colaborativos

A integração regional cria oportunidades de cooperação entre as empresas localizadas no próprio bloco. Por exemplo, após a criação da Comunidade Europeia, precursora da UE, empresas francesas, alemãs, espanholas e britânicas colaboraram entre si para estabelecer a Airbus Industries, o gigante fabricante de aviões comerciais. A eliminação das barreiras ao comércio e aos investimentos na UE permitiu à Airbus movimentar peças de avião, capital e mão de obra entre os países membros, de uma fábrica para outra. De modo análogo, as empresas que não fazem parte do bloco também se beneficiam da integração regional. Os forasteiros facilitam sua entrada no bloco formando *joint ventures* e outros empreendimentos colaborativos com empresas participantes do bloco.

Em 1990, havia aproximadamente 50 acordos de integração econômica regional no mundo. Atualmente, há cerca de 200, em vários estágios de desenvolvimento. Enquanto o crescimento do comércio mundial permanece acelerado, as nações almejam participar das oportunidades emergentes. Os governos continuam a liberalizar as políticas comerciais, incentivar as importações e reestruturar os regimes de regulamentação, em grande parte por meio de cooperação regional. Muitas nações fazem parte de diversos acordos de livre comércio. Os blocos econômicos estão se unindo a outros ao redor do mundo. Mais nações clamam por aderir à UE, que assinou acordos de comércio com outros blocos econômicos. E mais blocos intercontinentais estão a caminho. Constatações empíricas a partir da década de 1970 sugerem que a integração econômica regional não está retardando o progresso do livre comércio global.[18] É mais provável que o livre comércio global surja aos poucos à medida que os blocos econômicos se unam no decorrer do tempo. Há evidência de que a integração econômica regional está gradualmente abrindo caminho para um sistema de livre comércio mundial.

## ESTUDO DE CASO

### Russell Corporation: o dilema do livre comércio regional

A Russell Corporation é líder na fabricação de roupas esportivas, como agasalhos de moletom e camisetas. De propriedade de Berkshire Hathaway, a empresa está sediada em Atlanta, na Georgia, Estados Unidos, e possui receita anual aproximada de US$ 2 bilhões. Seus principais concorrentes são Adidas, Nike, Benetton e Zara. A Russell executa cada etapa do processo de manufatura: desde tecer os fios para fabricar o tecido até tingir, cortar e costurar as roupas para venda nas lojas. Entre suas marcas estão JERZEES, American Athletic, Brooks, Cross Creek, Huffy Sports, Russell Athletic e Spalding. A empresa vende por meio de lojas de massa, lojas de departamentos como a Walmart e lojas especializadas em artigos para golfe. A Russell vende suas peças em cerca de 100 países e recentemente reestruturou a produção. Fechou algumas fábricas, transferiu outras para o exterior e cortou 1.700 empregos norte-americanos.

A administração da Russell ficou satisfeita com a aprovação do Acordo de Livre Comércio da República Dominicana e América Central (DR-Cafta) em 2005. Esse pacto eliminou as barreiras comerciais entre os Estados Unidos e seis países latino-americanos: Guatemala, Honduras, El Salvador, Nicarágua, Costa Rica e República Dominicana. Após a instituição do DR-Cafta, as nações da América Central experimentaram um considerável aumento em investimento direto estrangeiro (IDE). O setor de vestuário — composto por empresas como a Russell — foi o principal beneficiário.

Antes do DR-Cafta, muitas indústrias norte-americanas de confecção eram supridas pela China e outras nações asiáticas, onde os custos de produção eram baixos. Esse acordo eliminou praticamente todas as tarifas comerciais entre os Estados Unidos, a América Central e a República Dominicana. Atualmente, a Russell pode adquirir matéria-prima de baixo custo na América Central, fabricar o tecido nos Estados Unidos e enviá-lo para as fábricas em Honduras para montagem. Quando prontas, as peças são reexportadas para o mercado norte-americano para distribuição. Sem o DR-Cafta, não seria economicamente viável fabricar o tecido nos Estados Unidos, exportá-lo para a Ásia, fabricar os produtos lá e depois reexportá-los de volta. Nesse cenário, a Russell teria transferido toda sua manufatura para a China.

## Histórico do DR-Cafta

No passado, a América Central e o Caribe participaram de vários acordos comerciais protecionistas, como o Multi-Fibre Agreement (MFA) de 1974. Entre suas provisões, esse acordo blindava a indústria de vestuário das Américas do Norte e Central contra a concorrência estrangeira ao impor severas cotas de importação. Quando o MFA expirou, em 2005, muitos países sofreram o golpe das importações baratas dos fabricantes de baixo custo da Ásia. A China aumentou de forma drástica suas exportações de roupas para os Estados Unidos, em detrimento dos fabricantes norte-americanos e da América Central que há muito tempo abasteciam os mercados ocidentais. Por exemplo, o Alabama costumava ser o centro mundial da fabricação de meias. Quando o MFA foi extinto, a capital das meias mudou para Datang, na China. Os trabalhadores do Alabama recebem em média US$ 10 por hora em contraposição aos 70 centavos por hora em Datang.

Desde a extinção do MFA, a China tem inundado os Estados Unidos com roupas. Recentemente, a participação chinesa nas exportações de peças prontas de vestuário para o mercado norte-americano, outrora inferior a 20 por cento, ultrapassou os 50 por cento em alguns segmentos. Para proteger a indústria doméstica de confecções, os Estados Unidos voltaram a impor algumas barreiras comerciais contra as importações chinesas. O governo norte-americano justificou essa medida em parte porque a moeda chinesa, o yuan, é considerada desvalorizada, tornando as exportações do país artificialmente baratas. Entretanto, tal proteção da indústria norte-americana de vestuário é apenas temporária. As regras da Organização Mundial do Comércio exigem que as barreiras comerciais sejam removidas, momento em que as exportações chinesas voltarão a crescer nos Estados Unidos.

Muitos na indústria de vestuário dos Estados Unidos consideram o DR-Cafta como o único meio provável de competir com a China. O DR-Cafta contribui para manter muito da fabricação de roupas no hemisfério ocidental ao criar um mercado maior na região e conceder uma posição comercial favorável aos fabricantes que utilizem matéria-prima da região.

Os Estados Unidos constituem o maior mercado de vestuário e importou mais de US$ 9 bilhões em roupas dos países do DR-Cafta em cada um dos anos de 2004, 2005 e 2006. Honduras foi o maior embarcador em dólares e exportou produtos como blusas de algodão, camisas e roupa íntima. Enquanto isso, o DR-Cafta concedeu aos fabricantes norte-americanos condições de igualdade para vender seus produtos na América Central. Por exemplo, a região é o segundo maior mercado para tecidos e fiação dos Estados Unidos, matéria-prima para os fabricantes da América Central fabricarem o produto acabado.

Os países do DR-Cafta fazem parte de uma grande região comercial em expansão, e o acordo de livre comércio ajuda a melhorar as condições lá. Provavelmente o mais importante benefício de longo prazo seja o investimento estrangeiro em novas tecnologias e uma força de trabalho regional mais bem treinada. Alguns consideram o DR-Cafta como um passo adiante no desenvolvimento da Área de Livre Comércio para as Américas (FTAA), uma proposta de acordo para levar o livre comércio à totalidade ou à maior parte da América do Norte, Central e do Sul.

## A situação em Honduras

A Russell fabrica grande parte de suas roupas em Honduras, um país pobre da América Central com sete milhões de habitantes, um quarto dos quais são analfabetos. Seu PIB *per capita* anual gira em torno de US$ 3.000. Em 2006, sua taxa de desemprego era de 28 por cento. A moeda do país, lempira, enfraquece perante o dólar norte-americano ao longo do tempo. O crescimento permanece dependente da economia norte-americana, seu maior parceiro comercial, e da redução dos elevados índices locais de crime. Honduras envia cerca de 73 por cento de seus bens exportados para os Estados Unidos, de onde recebe cerca de 53 por cento de suas importações. O governo hondurenho conta com o DR-Cafta para aumentar o comércio com os Estados Unidos e a região da América Central.

Poucos países dependem tanto de sua indústria de vestuário como Honduras. O governo hondurenho usou incentivos para criar um grande conglomerado de empresas de confecção. Além da mão de obra de baixo custo, o país oferece um generoso pacote tributário: as empresas não pagam imposto de renda nem imposto sobre valor agregado (IVA), dentre outras taxas. Os fabricantes de roupas hondurenhos podem transportar sua mercadoria até Puerto Cortes, o maior porto da América Central, em somente 30 minutos. De lá, os produtos levam apenas 22 horas para chegar a Miami por navio porta-contêiner. Esse setor emprega mais de 110.000 trabalhadores ou 30 por cento do total de empregos do país. O governo está investindo para melhorar Puerto Cortes e criar uma Universidade Têxtil e de Vestuário para treinar futuros gerentes e supervisores. Para enfrentar a concorrência chinesa, a indústria de vestuário de Honduras começou a oferecer o 'pacote completo' — compra do tecido, em alguns casos a criação dos modelos e a montagem final.

Algumas fábricas de roupas de Honduras empregam tecnologias sofisticadas para aumentar a produtividade e a produção. Por exemplo, um fornecedor utiliza *software* CAD para cortar o tecido que será costurado como camisas para marcas como Jockey, Ralph Lauren e Nautica. Em 2003, o estoque de IDE dos Estados Unidos em Honduras era de US$ 262 milhões, que aumentou para US$ 339 milhões no ano seguinte. Entretanto, o sistema judiciário hondurenho permanece frouxo, e a corrupção é um grande problema.

Os fabricantes de roupa desse país estão agindo para sobreviver no cenário em evolução do livre comércio. A proximidade geográfica com os Estados Unidos representa uma grande vantagem que propicia a seus fabricantes maior flexibilidade para atender rapidamente à oscilação das preferências. Os fabricantes hondurenhos podem embarcar a mercadoria acabada aos Estados Unidos em menos de 24 horas, ao passo que embarques similares da China levam até um mês.

## Os dilemas da Russell

Muitos consumidores compram roupa esportiva pelo preço, por isso até os aumentos mais sutis podem afetar as vendas. Ao contrário da Nike e da Adidas, a Russell não conta com muita lealdade à marca e está decidindo se mantém sua manufatura em Honduras ou transfere tudo para a China. Outra possibilidade consiste em estabelecer a produção no Leste Europeu para conquistar acesso ao enorme mercado da UE. Enquanto isso, Adidas e Nike estão buscando mercados na China e em outros países asiáticos. Os custos de mão de obra na indústria do vestuário são semelhantes na América Central e na China. Em ambas as localidades, os trabalhadores recebem cerca de um dólar por hora e podem produzir mais de uma centena de peças por dia, a partir do tecido cortado. Os custos de mão de obra são de aproximadamente US$ 2 por hora no Leste Europeu, mas os fabricantes têm a vantagem de estar muito próximos dos quase 500 milhões de consumidores da UE.

A administração da Russell mantém um olho na proposta da FTAA, que ampliaria o acesso ao mercado latino-americano com seus 500 milhões de consumidores. Manter presença na América Latina daria à empresa uma posição favorável para visar novos mercados na região. Mas o progresso da FTAA tem sido retardado pela hostil oposição pública e governamental de alguns países sul-americanos. Os governos de países como Bolívia e Venezuela argumentam que a FTAA aumentará o domínio dos Estados Unidos na região e prejudicará os trabalhadores locais, sujeitando-os a condições de trabalho escravizantes.

Enquanto isso, a integração regional está criando um mercado mais amplo no hemisfério ocidental e novas oportunidades de suprimento de insumos de baixo custo de fornecedores regionais. Enquanto uma crescente competição da China impõe novos desafios, o DR-Cafta contribui para nivelar o campo de batalha. A administração da Russell está preocupada com os custos de manufatura que são mais altos do que os dos concorrentes e está preparada para consolidar grande parte de sua produção em fornecedores localizados nas proximidades de seu mercado doméstico. Ao mesmo tempo, a Russell também contempla novos mercados nas Américas e além.

## Questões do estudo de caso

1. Em nível mundial, a China possui as mais absolutas e comparativas vantagens na fabricação de roupas. De acordo com a teoria do livre comércio, os varejistas devem importar roupas do país mais eficiente. No entanto, o DR-Cafta visa promover o comércio da América Central com os Estados Unidos, e estes impuseram cotas de importação à China. Considerando-se isso, bem como as potenciais desvantagens da integração regional, seria melhor permitir que o livre comércio siga seu curso natural? Isto é, seria melhor extinguir o DR-Cafta e permitir que os varejistas de roupas importem dos fornecedores com a melhor relação custo-benefício, onde quer que estejam localizados no mundo?
2. Quais são as vantagens e desvantagens do DR-Cafta para as empresas hondurenhas? E para Honduras como uma nação? O livre comércio deve ser estendido a toda América Latina por meio da proposta da FTAA?
3. Honduras é um país pobre que enfrenta a perda de empregos no setor de vestuário devido à crescente concorrência estrangeira. O que o governo hondurenho pode fazer para ajudar a manter os empregos do país? O governo pode abordar alguns problemas atraindo mais investimento estrangeiro para Honduras. De que maneira o investimento estrangeiro pode ajudar? Que medidas o governo poderia tomar para atrair mais IDE?
4. A Russell Corporation é um concorrente menor do que suas gigantescas rivais, Adidas e Nike. O que ela deve fazer para enfrentar essas empresas? O que ela deve fazer para enfrentar a torrente de roupa esportiva de baixo custo atualmente entrando nos Estados Unidos proveniente da China? Quais abordagens estratégicas a Russell deve adotar para garantir sua sobrevivência e sucesso futuros?

Fontes: AUTHERS, J. "Honduras textile groups hope trade deal will sew up future". *Financial Times*. 27 jul. 2004, p. 8; AUTHERS, J. "Employment shrinks in the textile sector". *Financial Times*. 10 mar. 2006, p. 5; BORNEMAN, J. "Regional support in a global fight". *Textile World*. mai.-jun. 2006, p. 26-32; CENTRAL INTELLIGENCE AGENCY. *CIA world fact-book, entry on Honduras*, 2006; COLVIN, G. "Saving america's socks — but killing free trade". *Fortune*. 22 ago. 2005, p. 38; "Textiles: losing their shirts". *Economist*. 16 out. 2004, p. 59-60; "Adidas sets personal best in sports sales". *Financial Times*. 28 mar. 2007, p. 17; Hoovers.com. *Corporate summaries of Russell, Nike, and Adidas*, 2006. Extraído de: www.hoovers.com; LAPPER, R. "Textile groups in a bind if U.S. unravels Cafta treaty". *Financial Times*. 7 jun. 2005, p. 18; MILLMAN, J. "Central America finds impetus for growth". *Wall Street Journal*. 8 dez. 2003, p. A2; MORPHY, E. "Trade watch: Cafta — the rocky path to regional free trade". *Foreign Direct Investment*. 1 out. 2005, p. 1; Nike, Inc. "Nike, Inc. outlines strategies for global growth and market leadership across core consumer categories". Extraído de: www.nike.com, acessado em: 6 fev. 2007; PAULSON Jr, H. "Cafta is the American way". *Wall Street Journal*. 14 jul. 2005, p. A10; "Russell Corp.: profit estimates are lowered because of Katrina and Cafta". *Wall Street Journal*. 20 set. 2005, p. 1.

## Principais termos

acordo de livre comércio
área de livre comércio
bloco de integração econômica regional
integração econômica regional
mercado comum
união aduaneira
união econômica

## Resumo

Neste capítulo, você aprendeu:

1. **Integração regional e blocos econômicos**

   A **integração econômica regional** envolve grupos de países que formam alianças para promover livre comércio, investimentos internacionais e outros objetivos em comum. Essa integração resulta de **blocos de integração econômica regional** (ou blocos econômicos) em que os países membros concordam em eliminar tarifas e outras restrições ao fluxo internacional de bens, serviços, capital e, em estágios mais avançados, mão de obra, no âmbito do bloco. No mínimo, os países em um bloco econômico tornam-se participantes de um **acordo de livre comércio**, que elimina tarifas, cotas e outras barreiras comerciais.

2. **Tipos de integração regional**

   Para os países que se tornam membros de um bloco econômico, há diversos estágios de integração regional. Em primeiro lugar está a **área de livre comércio**, na qual tarifas e outras barreiras ao comércio são eliminadas, e que surge quando as nações assinam um tratado de livre comércio. Em segundo, a **união aduaneira**, uma área de livre comércio em que barreiras comerciais em comum são impostas aos países não membros. Em terceiro, o **mercado comum**, uma união aduaneira em que os fatores de produção se deslocam livremente entre os membros. Em quarto, a **união econômica**, um mercado comum em que algumas importantes políticas econômicas são harmonizadas entre os Estados membros. Uma verdadeira união política ainda não existe.

3. **Principais blocos econômicos**

   Há aproximadamente 200 acordos de integração econômica no mundo. A União Europeia (UE) é o mais avançado deles, compreendendo 27 países na Europa. A UE ampliou o acesso ao mercado, aprimorou regras comerciais e harmonizou padrões entre seus membros. A Europa também abriga a Associação Europeia de Livre Comércio. Nas Américas, o bloco mais expressivo é o Tratado Norte-americano de Livre Comércio (Nafta). Esse bloco consiste de Canadá, México e Estados Unidos. O Nafta atingiu somente o estágio de área de livre comércio da integração regional. Outros blocos econômicos nas Américas são Mercosul, Caricom e CAN. Na região da Ásia/Pacífico, Asean, Apec e o Acordo de Estreitamento de Relações Comerciais entre Austrália e Nova Zelândia (CER) constituem os principais blocos. Na África e Oriente Médio, os blocos econômicos tiveram sucesso apenas limitado.

4. **Por que os países buscam a integração regional**

   A integração regional contribui para o crescimento de empresas e setores econômicos e, portanto, para o crescimento econômico, melhoria do padrão de vida e aumento da receita tributária para os países membros. Aumenta o tamanho do mercado ao integrar as economias de uma região. Aumenta as economias de escala e a produtividade dos fatores entre as empresas nos países membros e atrai investidores estrangeiros ao bloco. A integração regional também aumenta a competição e o dinamismo econômico dentro do bloco, aumentando seu poder político.

5. **Fatores de sucesso para a integração regional**

   Os blocos mais bem-sucedidos consistem de países que são relativamente semelhantes no tocante a cultura, língua e estruturas econômica e política. Os países devem também estar geograficamente próximos entre si. Eles poderão superar diferenças expressivas em um desses fatores, se houver forte similaridade em todos os demais.

6. **Desvantagens e dilemas éticos da integração regional**

   A integração regional leva, simultaneamente, à criação de comércio, pela qual se gera novo comércio entre os países pertencentes ao bloco, e o desvio de comércio, em que os países membros descontinuam em alguma medida o comércio com outros que não fazem parte do bloco. A integração regional acarreta desvantagens específicas. Pode reduzir o livre comércio global, sobretudo quando os países membros formam uma união aduaneira que resulta em substanciais barreiras ao comércio com aqueles fora do bloco. Quando os blocos econômicos envolvem muitos países de diferente porte, a integração regional pode concentrar poder nas maiores empresas e nações do bloco. A integração regional resulta em reestruturação econômica, que pode prejudicar setores econômicos e empresas em particular. Quando um país adere a um bloco econômico, deve abdicar até certo ponto de sua autonomia e poder nacional para a autoridade central do bloco. Cada país corre o risco de perder parte de sua identidade nacional.

7. **Implicações administrativas da integração regional**

   A integração regional leva ao aumento da internacionalização das empresas dentro de seus próprios blocos econômicos. Elas reconfiguram e racionalizam operações para se alinharem com o mercado interno ampliado. A gestão da empresa reestrutura as atividades da cadeia de valor tendo em vista uma base pan-regional. A formação de blocos econômicos também leva a fusões e aquisições porque o surgimento de um mercado novo e maior favorece a criação de empresas de maior porte. Os administradores revisam estratégias de marketing por meio da padronização de produtos e do desenvolvimento de marcas regionais. A integração regional também leva as empresas que não fazem parte do bloco a se expandirem para dentro dele, em geral por meio de investimento direto e colaboração com empresas do bloco. Mas a integração regional provoca pressões competitivas e outros desafios a empresas participantes do bloco, algumas das quais poderão demitir trabalhadores ou sair do negócio.

## Teste seu entendimento

1. O que é um bloco de integração regional (também conhecido como bloco econômico)?
2. Qual é o papel dos acordos de livre comércio na formação dos blocos econômicos?
3. Quais são os diferentes níveis de integração econômica?
4. Faça a distinção entre uma área de livre comércio e uma união aduaneira. E entre uma união aduaneira e um mercado comum.
5. Quais são os principais blocos econômicos do mundo? Quais são os mais avançados no tocante à integração regional?
6. Descreva as principais características da União Europeia e do Nafta.
7. Por que as nações buscam formar ou aderir a blocos econômicos? Quais são as vantagens desse tipo de acordo?
8. Quais condições nacionais contribuem para o sucesso da integração econômica?
9. Explique as desvantagens da integração econômica para as nações. Explique as desvantagens para as empresas.
10. Faça a distinção entre criação de comércio e desvio de comércio.
11. Quais estratégias as empresas devem adotar para maximizar os benefícios da integração regional?

## Aplique seu entendimento

1. Existem cerca de 200 acordos de integração econômica em vigor no mundo, muito mais do que há apenas alguns anos. Atualmente, quase todo país faz parte de um ou mais desses acordos. Os defensores do livre comércio argumentam que ele é bom para as nações. Qual é a base para sua sustentação? Ou seja, quais são os benefícios específicos que os países buscam ao se unirem a um bloco econômico? Qual é o principal bloco econômico para seu país? Sob seu ponto de vista, quais vantagens a adesão ao bloco trouxe para seu país? Quais desvantagens esse tipo de adesão já acarretou?
2. Os Estados Unidos mantêm acordos de livre comércio com México, Canadá (Nafta) e com vários países da América Central (por meio do DR-Cafta descrito no "Estudo de caso"), entre outros. Os críticos alegam que esses tratados são prejudiciais devido às significativas diferenças em faixa salarial entre os países parceiros. Por exemplo, um trabalhador mexicano pode ganhar um quinto do salário-hora de outro norte-americano. Os críticos também argumentam que seria imprudente os Estados Unidos estabelecerem um mercado comum ou união aduaneira com países latino-americanos. Segundo eles, um trabalhador norte-americano estaria em desvantagem em relação a outro mexicano se não trabalhasse com mais ou melhores recursos naturais, não estivesse mais bem capacitado e não tivesse acesso a uma tecnologia mais avançada. O que as empresas norte-americanas podem fazer para manter a competitividade em relação às mexicanas, considerando-se a vantagem delas de baixos salários? É provável que um dia os Estados Unidos formem um mercado comum com o México e outros parceiros da América Latina. Em sua opinião, que condições devem existir para que esse tipo de acordo passe a vigorar?
3. Após a implementação dos acordos de livre comércio, as transações comerciais aumentaram dentro de cada bloco econômico da Caricom e da CAN. A expansão no âmbito desses blocos implica que as exportações de seu país para eles podem diminuir com o passar do tempo. Discuta estratégias para compensar essa mudança. Que recomendações você faria para uma empresa que está buscando oportunidades nesses blocos? Qual é o papel da pesquisa de negócios internacionais, estratégia de entrada em mercados, investimento estrangeiro direto, estratégia de marketing e colaboração para manter ou intensificar o comércio com esses blocos?

## Notas


1 BALASSA, B. *The theory of economic integration*. Homewood, IL: Irwin, 1961; VINER, J. *The customs union issue*. Nova York: Carnegie Endowment for International Peace, 1950.

2 CRAWFORD, J.; FIORENTINO, R. *The changing landscape of regional trade agreements*. Discussion Paper n.8. Genebra, Suíça: Organização Mundial do Comércio, 2005.

3 União Europeia, 2005, disponível no site Web da União Europeia em: http://europa.eu.int.

4 "Transformed: EU membership has worked magic in Central Europe". *Economist*. 25 jun. 2005, p. 6-8.

5 "European carmakers: driving out of the East". *Economist*. 5 mar. 2005, p. 60.

6 SMYSER, R. "The core of the global economy". *The World & I*, abr. 2001, p. 26-31.

7 OMC. Organização Mundial do Comércio, 2006, estatística extraída do site Web da OMC em: www.wto.org.

8 "Happy birthday, Nafta". *Business Week*. 22 dez. 2003, p. 112.

9 RUGMAN,A. *The end of globalization*: why global strategy is a myth and how to profit from the realities of regional markets. Nova York: American Management Association, 2001.

10 Central Intelligence Agency, 2007, CIA world fact-book, disponível em: odci.gov/cia/publications/factbook.

11 GARMAN, G.; GILLIARD, D. "Economic integration in the Americas: 1975–1992". *The Journal of Applied Business Research*. 14(3):1-12, 1998.

12 VINER, J. *The customs union issue*. Nova York: Carnegie Endowment for International Peace, 1950; ROOT, F. *International trade and investment*. 5.ed. Cincinnati, OH: South-Western Publishing Co, 1984.

13 Ibid.

14 DREUIL, E.; ANDERSON, J.; BLOCK, W.; SALIBA, M. "The trade gap: the fallacy of anti world-trade sentiment". *Journal of Business Ethics*. 45(3):269-78, 2003.

15 "A divided union". *Economist*. 23 set. , 2004, p. 64.

16 JAIN, S.; RYANS, J. K. "A normative framework for assessing marketing strategy implications of Europe 1992". In: KAYNAK, E.; GHAURI, P. (eds.). *Euromarketing*. Nova York: International Business Press, 1994.

17 "Transformed: EU membership has worked magic in Central Europe". *Economist*. 25 jun. 2005, p. 6-8.

18 União Europeia, 2005, disponível no site Web da União Europeia em: http://europa.eu.int.

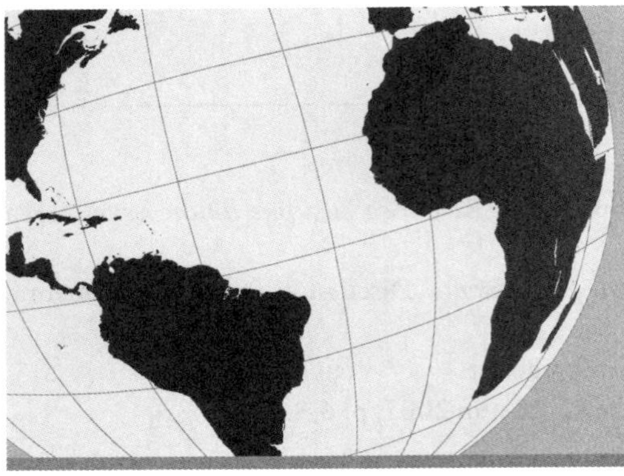

CAPÍTULO 9

# A COMPREENSÃO DOS MERCADOS EMERGENTES

## Objetivos de aprendizagem

Neste capítulo, você aprenderá sobre:

1. A distinção entre economias avançadas, economias em desenvolvimento e mercados emergentes
2. Por que os mercados emergentes atraem negócios internacionais
3. Como estimar o real potencial dos mercados emergentes
4. Riscos e desafios de fazer negócios nos mercados emergentes
5. Estratégias de negócios nos mercados emergentes
6. Como atender às necessidades de desenvolvimento econômico dos mercados emergentes e das economias em desenvolvimento

## Os novos desafiantes globais: as recém-internacionalizadas multinacionais dos mercados emergentes

Mercados emergentes são países como Brasil, China, Índia, México e Turquia que, em oposição às economias avançadas, passam por rápido crescimento econômico, industrialização e modernização. A maioria desses mercados caracteriza-se por uma população jovem e uma classe média em expansão.[1] Embora os países emergentes sejam mercados atrativos e bases de manufatura de baixo custo, eles também tendem a apresentar infraestrutura comercial inadequada, sistemas judiciários em formação e um ambiente de alto risco para os negócios. Apesar dessas desvantagens, os mercados emergentes começaram a gerar *novos desafiantes globais*, empresas de ponta que rapidamente se tornam os principais concorrentes dos mercados mundiais. Elas impõem desafios competitivos às empresas das economias avançadas, como Europa, Japão e América do Norte.

Em um estudo recente, o Boston Consulting Group identificou as 100 maiores empresas dos mercados emergentes que empreenderam com sucesso nos mercados globais. Muitas delas se concentram na China e na Índia, enquanto as outras se espalham por vários países. Por exemplo, a mexicana Cemex é um dos maiores fabricantes de cimento do mundo. Na Rússia, a Lukoil possui grandes ambições no setor energético global. Na Turquia, o diversificado conglomerado Koc Holding possui a Arcelik, o gigante dos eletrodomésticos.

As indústrias alimentícias brasileiras, Sadia e Perdigão, que recentemente passaram por um processo de fusão, ilustram o empreendedorismo internacional dos novos desafiantes globais. Essas empresas administram fazendas e comercializam alimentos resfriados e congelados, cereais e refeições prontas. Cada uma delas constitui um negócio de US$ 2 bilhões e exporta cerca de metade de sua produção anual. A abundância dos recursos de produção de suínos, aves e grãos no Brasil e as condições ideais para cultivo de ração animal concedem vantagens a essas empresas. Essas empresas, agora unidas, também se orgulham de sua distribuição global e seus sistemas de gestão da cadeia de suprimentos, ambos de classe mundial.

Os novos desafiantes globais, como Sadia e Perdigão, adotam estratégias de negócios, como o uso de recursos naturais nativos, fontes de baixo custo de mão de obra, talento para engenharia e gestão, que em alguns casos superam os de seus concorrentes em países altamente industrializados. Muitas dessas empresas estão expandindo-se internacionalmente ao levar suas marcas estabelecidas aos mercados globais. Por exemplo, a chinesa Hisense vende milhões de aparelhos de televisão e ar-condicionado em mais de 40 países. É a marca mais vendida de TV de tela plana na França. A Hisense também fabrica sofisticados produtos eletrônicos a preços baixos.

Outra estratégia dos novos desafiantes globais é transformar a engenharia em inovação global. A brasileira Embraer aproveitou a vasta força de trabalho composta por engenheiros experientes e de baixo custo no país para construir inovadores jatos de pequeno porte. A Embraer superou a canadense Bombardier para tornar-se o maior fabricante mundial de jatos regionais. Algumas empresas de mercados emergentes assumiram a liderança global em categorias específicas de produto, como a Johnson Electric, de Hong Kong, líder mundial em motores elétricos de pequeno porte para uso automotivo e pelo consumidor final.

Outros desafiantes globais alavancaram bases locais de amplos recursos naturais. A Rusal está extraindo as ricas reservas de bauxita da Rússia para fabricar alumínio para os mercados internacionais. A maioria dos recursos naturais localiza-se nos países em desenvolvimento, e um crescente número de novos desafiantes globais utiliza esses recursos em seu benefício.

A chinesa CNOOC, por exemplo, tem recorrido a reservas petrolíferas e de gás na Ásia e África.

Desenvolver novos modelos de negócio para múltiplos mercados consiste em outra estratégia empregada pelos novos desafiantes globais. Alguns obtêm acesso aos principais mercados pela aquisição de importantes empreendimentos locais. Outros estreitam relações com grandes varejistas, como Home Depot e Walmart. Outros, ainda, visam a vendas de alto volume a grandes compradores industriais. Por exemplo, a chinesa BYD tem como alvo Motorola, Nokia e Sony Ericsson para vender suas baterias de telefone celular.

O sucesso dos novos desafiantes globais sugere que a característica do comércio e dos investimentos internacionais está mudando. Atualmente, há muito mais empresas dos mercados emergentes ativas no cenário mundial. Elas possuem evidentes vantagens e estão-se tornando os principais concorrentes das multinacionais das economias avançadas, que tradicionalmente dominaram os negócios internacionais. As empresas identificadas no estudo do Boston Consulting Group representam apenas o topo do iceberg; milhares de empresas dos mercados emergentes acalentam grandes sonhos globais e estão progredindo nesse sentido. Os gestores nas economias avançadas que não levarem a sério esses novos rivais correm o risco de serem apanhados de surpresa.

Fontes: BOSTON CONSULTING GROUP. *The new global challengers*. Boston: The Boston Consulting Group, Inc., 2006; ENGARDIO, P. "Emerging giants". *Business Week*. 31 jul. 2006, p. 40-2.

Neste capítulo, discutimos as economias dos mercados emergentes, comparando-as aos outros dois principais grupos: economias avançadas e economias em desenvolvimento. Nosso foco recai sobre os mercados emergentes porque representam os cenários mais importantes para as atuais empresas com mentalidade expansionista.[2] Cada grupo de países apresenta oportunidades e riscos distintos para as empresas envolvidas em negócios internacionais. Ao explorar o estágio de desenvolvimento econômico de um país, um gestor pode assimilar ao menos três importantes características: o poder aquisitivo da população, o nível de sofisticação do setor de negócios e a adequação da infraestrutura comercial em áreas como comunicações, transportes e geração de energia.

## A distinção entre economias avançadas, economias em desenvolvimento e mercados emergentes

A Figura 9.1 ilustra as economias avançadas, as economias em desenvolvimento e os mercados emergentes. As **economias avançadas** são países da era pós-industrial caracterizados por alta renda *per capita*, setores altamente competitivos e infraestrutura comercial bem desenvolvida. Compõem-se dos países mais ricos do mundo, como Austrália, Canadá, Japão, Nova Zelândia, Estados Unidos e a maioria dos europeus. As **economias em desenvolvimento** são países de baixa renda caracterizados por industrialização limitada e economias estagnadas. Dessas, o grupo mais numeroso inclui Bangladesh, Nicarágua e Zaire. As economias de mercado emergente ou, simplesmente, **mercados emergentes**, representam o subconjunto de economias em desenvolvimento que, a partir da década de 1980, passaram a atingir um nível considerável de industrialização, modernização e rápido crescimento econômico. As economias diferenciam-se pelo grau de desenvolvimento econômico e renda *per capita*. Atualmente, cerca de 27 países são considerados como mercados emergentes e encontram-se sobretudo na Ásia, América Latina e Leste Europeu. Os maiores são China, Índia, Brasil e Rússia.

A Tabela 9.1 fornece um resumo das principais diferenças entre os três grupos de países.

### Economias avançadas

Ao atingir um estágio relativamente maduro de desenvolvimento industrial, as economias avançadas transformaram-se, em grande parte, de economias manufatureiras em economias baseadas em serviços. Abrigando somente cerca de 14 por cento da população mundial, há muito tempo as economias avançadas dominam os negócios internacionais. Elas respondem por aproximadamente metade do PIB mundial, mais da metade do comércio mundial de produtos e três quartos do de serviços.

As economias avançadas adotam sistemas democráticos e pluripartidários de governo. Seus sistemas econômicos geralmente se baseiam no capitalismo, com relativamente pouca intervenção governamental nos negócios. Possuem tremendo poder de compra, com poucas restrições ao comércio e aos investimentos internacionais. Abrigam as maiores multinacionais do mundo. Um exemplo expressivo é a Irlanda, que apresenta um dos melhores desempenhos econômicos globais, um mercado de trabalho em expansão e uma renda *per capita* superior à de muitos de seus vizinhos europeus. O país obteve êxito por meio de um programa de rígidas políticas fiscal e monetária. O governo cortou gastos, impostos e empréstimos federais. Tais políticas resultaram em taxas de juros mais baixas, maior disponibilidade de capital e atração de muito IDE de indústrias estrangeiras de alta tecnologia, tais como Gateway e Polaroid. No decorrer do tempo, a Irlanda desenvolveu um forte sistema educacional, gerando um contingente regular de trabalhadores especializados, cientistas, engenheiros e administradores.[3]

## Economias em desenvolvimento

Os consumidores de um país em desenvolvimento possuem baixa renda discricionária; a proporção de renda pessoal gasta com compras que não de alimentos, roupas e habitação é bastante limitada. Cerca de 17 por cento da população das economias em desenvolvimento vive com menos de US$ 1 por dia. Aproximadamente 40 por cento vive com menos de US$ 2 por dia.[4] Para complicar a situação, as taxas de natalidade nas economias em desenvolvimento tendem a ser altas. A combinação de baixa renda com alta natalidade costuma perpetuar a característica de pobreza dessas economias, em alguns casos chamadas de *países subdesenvolvidos* ou *países de terceiro mundo*. Entretanto, esses termos são imprecisos porque, apesar das condições econômicas precárias, os países tendem a ser altamente desenvolvidos em aspectos históricos e culturais.

As economias em desenvolvimento também são afetadas por alto índice de mortalidade infantil, desnutrição, baixa expectativa de vida, analfabetismo e sistemas educacionais precários. Por exemplo, a proporção de crianças que terminam a escola primária na maioria dos países africanos é inferior a 50 por cento.[5] Como a educação está fortemente relacionada com o desenvolvimento econômico, a pobreza tende a persistir. A falta de assistência médica adequada constitui uma grande preocupação. Cerca de 95 por cento das vítimas de Aids no mundo estão nas economias em desenvolvimento, uma dificuldade adicional que obstrui o desenvolvimento. Os adultos doentes não podem trabalhar nem cuidar de suas crianças e demandam intensos cuidados médicos. Por conseguinte, a produtividade sofre estagnação, o que implica deterioração do padrão de vida. É improvável que crianças órfãs recebam educação formal, e o ciclo vicioso da pobreza perdura.

É comum os governos de economias em desenvolvimento endividarem-se seriamente. Na verdade, alguns países da África, América Latina e Sudeste Asiático possuem níveis de endividamento que se aproximam de seu produto interno bruto anual ou até o superam. Isso significa que custaria a produção nacional de um ano somente para pagar a dívida nacional. Grande parte da pobreza na África resulta de políticas governamentais que desestimulam o empreendedorismo, o comércio e os investimentos. Por exemplo, abrir um novo negócio nos países sub-saarianos envolve em média 11 diferentes aprovações e 62 dias para sua conclusão. Nas economias avançadas, por sua vez, o mesmo processo requer em média seis aprovações e 17 dias para ser concluído.[6] De modo geral, a burocracia nas economias em desenvolvimento afeta a capacidade das empresas desses países de participar da economia global.

O comércio e os investimentos internacionais contribuem para estimular o crescimento econômico, gerar empregos, aumentar a renda e baixar preços para bens e serviços demandados por consumidores e empresas. Quando os países são excluídos da economia global, o resultado é um aumento nos níveis de pobreza e desemprego — condições capazes de incitar revoluções, atos de terrorismo e guerras. Em contraposição, as nações que participam ativamente da economia global experimentam estabilidade econômica e melhoria no padrão de vida. A Tabela 9.2 ilustra as diferenças significativas nas condições essenciais de comércio dentre os três grupos de países.

Tabela 9.1 Principais diferenças entre os três maiores grupos de países

| *Dimensão* | *Economias avançadas* | *Economias em desenvolvimento* | *Mercados emergentes* |
|---|---|---|---|
| *Países representativos* | Canadá, França, Japão, Reino Unido, Estados Unidos | Angola, Bolívia, Nigéria, Bangladesh | Brasil, China, Índia, Indonésia, Turquia |
| *Número aproximado de países* | 30 | 150 | 27 |
| *População (porcentagem da mundial)* | 14 | 24 | 62 |
| *Renda* per capita *média aproximada (em dólares norte-americanos; com base na PPC)* | 33.750 | 6.450 | 13.250 |
| *Parcela aproximada do PIB mundial (com base na PPC)* | 48 | 9 | 43 |
| *População (em milhões)* | 892 | 1.877 | 3.775 |
| *Linhas telefônicas por 1.000 pessoas (fixas e móveis)* | 1.369 | 355 | 724 |
| *Computadores pessoais por 1.000 pessoas* | 517 | 39 | 191 |
| *Usuários de Internet por 1.000 pessoas* | 533 | 103 | 240 |

FONTE: Banco Mundial, disponível em: www.worldbank.com; Fundo Monetário Internacional, disponível em: www.imf.com.

Tabela 9.2 Condições de comércio nos principais grupos de países

| *Condições de comércio* | *Economias avançadas* | *Economias em desenvolvimento* | *Mercados emergentes* |
|---|---|---|---|
| *Industrialização* | Altamente desenvolvida | Pobre | Em rápida expansão |
| *Competição* | Substancial | Limitada | Moderada, porém em expansão |
| *Barreiras comerciais* | Mínimas | Moderadas a altas | Em rápida liberalização |
| *Volume de comércio* | Alto | Baixo | Alto |
| *Entrada de IDE* | Alta | Baixa | Moderada a alta |

Fontes: Fundo Monetário Internacional, disponível em: www.imf.org; Banco Mundial, disponível em: www.worldbank.org; e *CIA world factbook 2007*, disponível em: https://www.cia.gov/cia/publications/factbook/.

## Economias de mercado emergente

Os mercados emergentes são encontrados ao leste e sul da Ásia, na Europa Oriental, na África do Sul, na América Latina e no Oriente Médio. A característica provavelmente mais distintiva é que esses países estão rapidamente obtendo a melhoria de seus padrões de vida e a expansão da classe média em decorrência de aspirações econômicas crescentes. Como consequência, sua importância na economia mundial aumenta como destinos atrativos para exportações, IDE e suprimento.

Devido ao dinamismo das mudanças nessas economias, a lista de países considerados como emergentes também está em mutação. Por exemplo, pode-se argumentar que Hong Kong, Israel, Arábia Saudita, Cingapura, Coreia do Sul e Taiwan se desenvolveram para além do estágio de mercado emergente. Vários países dessa categoria passarão a fazer parte do grupo das nações ricas em um futuro não muito distante. Em 2004, mercados emergentes como República Tcheca, Hungria e Polônia receberam um impulso ao se tornarem membros da União Europeia. Ao se juntarem a VE, esses países tiveram que adotar políticas monetárias e comerciais estáveis. Eles aproveitam sua mão de obra de baixo custo para atrair investimentos da Europa Ocidental, dessa maneira impulsionando suas economias.

Da mesma forma, alguns países atualmente classificados como economias em desenvolvimento têm potencial para se tornarem emergentes no futuro próximo. Entre eles estão Estônia, Letônia Lituânia, Eslováquia, os países latino-americanos da Costa Rica, Panamá e Uruguai, além de Cazaquistão, Nigéria, Vietnã e Emirados Árabes Unidos. Por fim, a prosperidade econômica geralmente varia *dentro* dos mercados emergentes. Nesses países, geralmente há dois conjuntos de economia — em áreas urbanas e em áreas rurais: as primeiras tendem a possuir uma infraestrutura econômica mais desenvolvida e consumidores com maior renda discricionária do que nas áreas rurais.

Os mercados emergentes do Leste Europeu, tais como República Tcheca, Hungria e Polônia também se engajaram em uma rápida privatização de empresas estatais desde 1989, após passarem de economias de planejamento central para mercados liberalizados. Por isso, esses mercados emergentes também são conhecidos como **economias de transição**. China e Rússia estão nessa categoria.

A privatização de estatais e a promoção de novos negócios privados foram importantes primeiros passos para atrair o investimento direto estrangeiro (IDE). A **privatização** refere-se à transferência de um negócio estatal para o setor privado. A maioria das economias de transição envolveu-se em um amplo processo de privatização.

As economias de transição têm muito potencial. Por um longo tempo oneradas pela excessiva regulamentação e restringidas pela burocracia governamental, aos poucos elas adotam estruturas legais para proteger os interesses de empresas e consumidores, bem como para garantir os direitos à propriedade intelectual. Entretanto, essas mudanças costumam ser dolorosas. Por exemplo, nos anos seguintes ao colapso da União Soviética, a economia russa encolheu para quase a metade de seu tamanho no início de sua transformação, em 1989. A Rússia sofreu com uma inflação alta e aumentos de preço atingindo 100 por cento ou mais ao ano, o que afetou o investimento estrangeiro e o desenvolvimento econômico. Livrar-se do legado soviético exigiu que o país não só reestruturasse suas instituições e empresas, mas também que adotasse novos valores relativos a propriedade privada, lucros, propriedade intelectual e outros aspectos fundamentais de uma economia de livre mercado. Inicialmente, as empresas ocidentais com negócios na Rússia sentiram dificuldade em recrutar profissionais que compreendessem as modernas práticas gerenciais. O treinamento gerencial no país está apenas começando a seguir os passos das nações desenvolvidas.[7]

Quando as economias de transição liberalizaram seus mercados, muitas empresas estrangeiras iniciaram relações de comércio e investimento com elas. A privatização propiciou muitas oportunidades para que as empresas estrangeiras ingressassem nesses mercados com a compra de empresas antes estatais. No Leste Europeu, as empresas oci-

Figura 9.1 Economias avançadas, economias em desenvolvimento e mercados emergentes

FINLÂNDIA
ESTÔNIA
LATVIA
LITUÂNIA
BIELORÚSSIA
POLÔNIA
UCRÂNIA
ESLOVÁQUIA
MOLDÁVIA
ROMÊNIA
SÉRVIA E MONTENEGRO
BULGÁRIA
HUNGRIA
MACEDÔNIA
GRÉCIA
TURQUIA
CHIPRE
GEÓRGIA
ARMÊNIA
AZERBAJÃO
RÚSSIA
CAZAQUISTÃO
MONGÓLIA
UZBEQUISTÃO
QUIRGUISTÃO
TURCOMENISTÃO
TADJIQUISTÃO
AFEGANISTÃO
SÍRIA
LÍBANO
IRAQUE
IRÃ
ISRAEL
JORDÂNIA
KUWAIT
PAQUISTÃO
NEPAL
BUTÃO
CHINA
COREIA DO NORTE
COREIA DO SUL
JAPÃO
EGITO
QATAR
ARÁBIA SAUDITA
EMIRADOS ÁRABES UNIDOS
OMÃ
ÍNDIA
BANGLADESH
MIANMAR (BIRMÂNIA)
TAIWAN
LAOS
OCEANO PACÍFICO
ERITREIA
IÊMEN
SUDÃO
TAILÂNDIA
VIETNÃ
CAMBOJA
FILIPINAS
REPÚBLICA CENTRO-AFRICANA
DJIBUTI
SOMÁLIA
SRI LANKA
BRUNEI
MALÁSIA
CINGAPURA
ETIÓPIA
UGANDA
QUÊNIA
REPÚBLICA DEMOCRÁTICA DO CONGO (EX-ZAIRE)
BURUNDI
TANZÂNIA
OCEANO ÍNDICO
INDONÉSIA
PAPUA-NOVA GUINÉ
ILHAS SALOMÃO
ZÂMBIA
MALAUI
MOÇAMBIQUE
ZIMBÁBUE
MADAGASCAR
MAURÍCIA
RÉUNIÃO
VANUATU
AUSTRÁLIA
SUAZILÂNDIA
LESOTO
ÁFRICA DO SUL
NOVA CALEDÔNIA
NOVA ZELÂNDIA
Economias avançadas
Mercados emergentes
Economias em desenvolvimento

Tabela 9.3 Características nacionais dos principais grupos de países

| *Característica* | *Economias avançadas* | *Economias em desenvolvimento* | *Mercados emergentes* |
|---|---|---|---|
| *Idade média da população* | 38 anos | 24 anos | 32 anos |
| *Principal foco setorial* | Serviços, produtos de marca | Agricultura, *commodities* | Manufatura, alguns serviços |
| *Nível educacional* | Alto | Baixo | Médio |
| *Liberdade econômica e política* | Total ou alta | Em grande parte, reprimida | Moderada ou, em grande parte, reprimida |
| *Sistema econômico/político* | Capitalista | Autoritário, socialista ou comunista | Em rápida transição para o capitalismo |
| *Ambiente regulatório* | Mínimo | Altamente regulamentado, opressivo | Grande liberalização econômica |
| *Risco-país* | Baixo | Moderado a alto | Variável |
| *Proteção à propriedade intelectual* | Forte | Fraca | Moderada e melhorando |
| *Infraestrutura* | Bem desenvolvida | Inadequada | Moderada e melhorando |

Fontes: Fundo Monetário Internacional, disponível em: www.imf.org; Banco Mundial, disponível em: www.worldbank.org; e *CIA world factbook 2007*, disponível em: https://www.cia.gov/cia/publications/factbook/ .

dentais estão aproveitando a mão de obra barata e outras vantagens da região para manufaturar produtos destinados aos mercados de exportação. Hungria, Polônia, República Tcheca e outros países do antigo bloco oriental fizeram grandes progressos em reestruturação política e econômica. Esses países estão bem encaminhados para os estágios mais avançados de desenvolvimento econômico.

A Tabela 9.3 compara as características nacionais dos mercados emergentes com as dos outros dois grupos de países. A Figura 9.2 mostra que os mercados emergentes respondem por mais de 40 por cento do PIB mundial. Da mesma forma, representam mais de 30 por cento das exportações e recebem mais de 20 por cento de IDE.

Em meados da década de 2000, os mercados emergentes em conjunto obtiveram uma taxa de crescimento anual médio do PIB de quase sete por cento, um feito notável. Como a Figura 9.3 indica, suas economias têm crescido mais rapidamente do que as avançadas.

Os mercados emergentes possuem inúmeras vantagens que fomentaram seu crescimento. A existência de mão de obra barata, trabalhadores especializados, apoio governamental, capital de baixo custo e uma poderosa rede de conglomerados contribuiu para torná-los extraordinários desafiantes no mercado global. Os **novos desafiantes globais** são empresas de ponta de mercados emergentes em acelerada expansão, que rapidamente se tornam fortes competidores nos mercados mundiais. Um exemplo é a Orascom Telecom, um provedor egípcio de telefonia móvel que potencializou o uso de habilidades gerenciais, tecnologia superior e rápido crescimento para tornar-se um dos principais

Figura 9.2 Por que são importantes: os mercados emergentes em relação ao total mundial

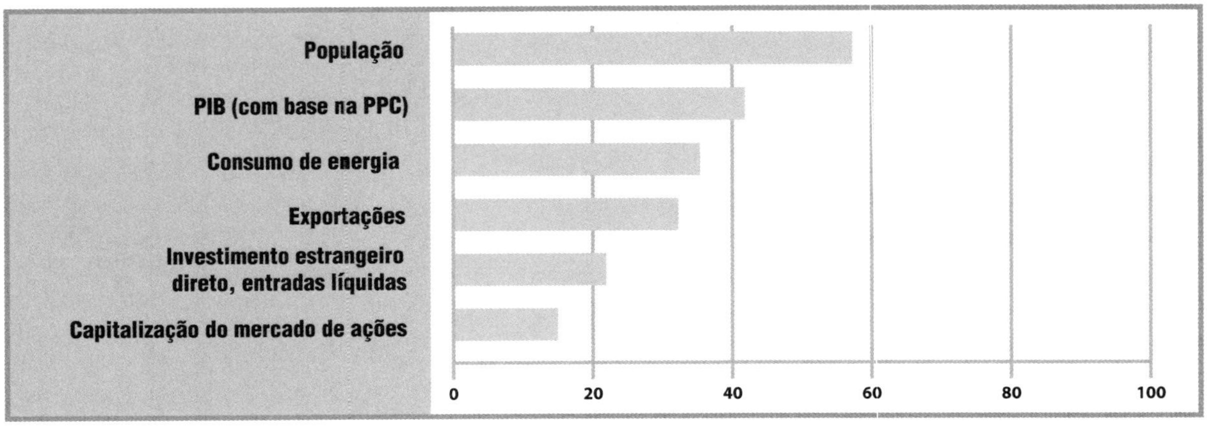


Fontes: "The new titans". *Economist*. 14 set. 2006, seção de pesquisas; Fundo Monetário Internacional, disponível em: www.imf.org; Central Intelligence Agency. *World factbook*, disponível em: www.cia.gov; Banco Mundial, disponível em: web.worldbank.org.

Figura 9.3 Taxas de crescimento do PIB em economias avançadas e mercados emergentes

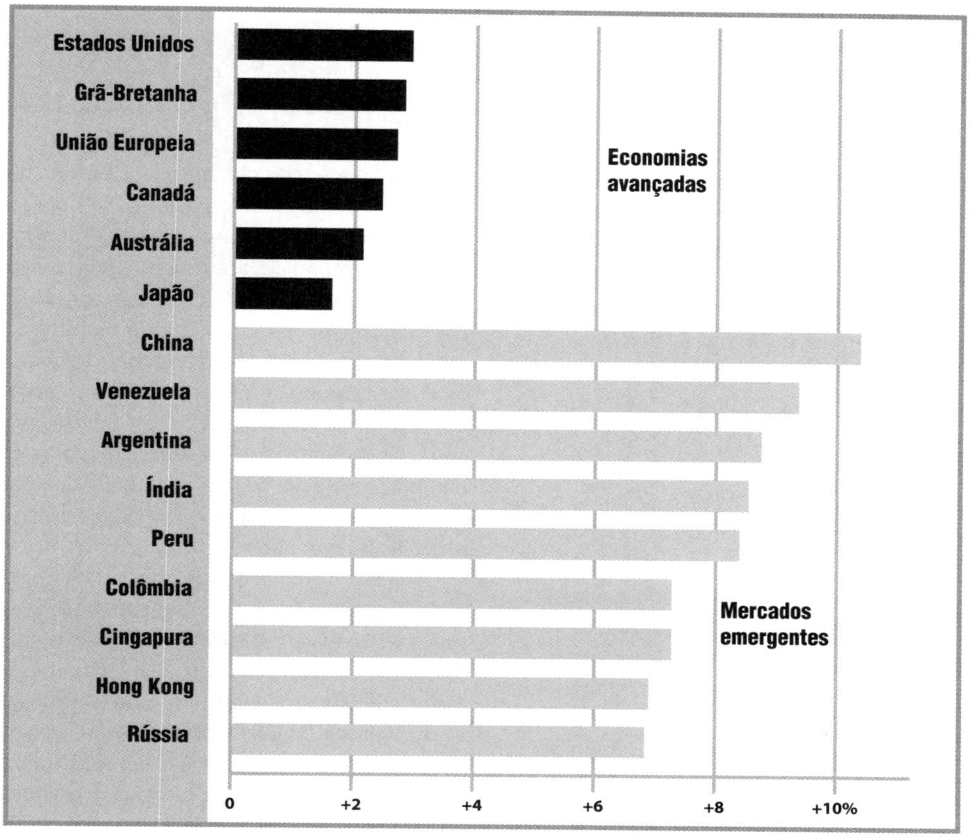


FONTE: NORRIS, F. "Maybe developing nations are not emerging but have emerged". *The New York Times*. 30 dez. 2006, p. 8. Copyright © 2006 New York Times Co. Reproduzido com permissão.

negócios do setor na África e no Oriente Médio. A partir de 1977, a administração da empresa costurou um império de telecomunicações que se estende da África do Norte até Irã, Paquistão e Bangladesh. Atualmente, a Orascom possui cerca de 50 milhões de assinantes e mais de US$ 3 bilhões em receita anual. Sua vantagem é o crescimento, que provê um fluxo contínuo de capital para financiar os planos de expansão. Sua gestão superou-se em firmar a marca no mercado local e customizar produtos e serviços de telefonia ao nível de renda real.[8]

A China é o maior mercado emergente, e seu papel nos negócios internacionais expande-se em ritmo acelerado. Com uma população de 1,3 bilhão de habitantes (um quinto do total mundial), a economia chinesa continua a crescer à taxa impressionante de quase 10 por cento ao ano. O país já produziu inúmeros novos desafiantes globais, tais como a Shanghai Automotive (maior montadora de veículos), Sinopec (uma grande companhia petrolífera) e Shanghai Baosteel (uma siderúrgica). A seção "Tendência Global" descreve o papel cada vez mais importante da China no cenário internacional.

## Por que os mercados emergentes atraem negócios internacionais

Os mercados emergentes atraem as empresas que se internacionalizam como mercados potenciais, bases de manufatura e destinos de suprimento.

## Mercados emergentes como mercados potenciais

Os mercados emergentes têm-se tornado importantes para a comercialização de uma ampla variedade de bens e serviços. A classe média em expansão nesses países implica uma demanda considerável por uma série de produtos de consumo, como eletrônicos e automóveis, além de serviços, como assistência médica. Por exemplo, cerca de um quarto dos 105 milhões de habitantes do México tem riqueza equivalente a habitantes dos Estados Unidos. Os negócios nessas nações também demandam tecnologia e equipamentos. As exportações aos mercados emergentes respondem por um terço do total de exportações de mercadorias dos Estados Unidos. Os maiores mercados

## TENDÊNCIA GLOBAL

### China: papel crescente nos negócios internacionais

Uma população imensa e uma economia em rápida expansão tornam a China um grande importador de produtos de consumo, tecnologia e *commodities*. Há muito tempo um regime comunista, o país começou a fazer reformas de mercado no final da década de 1970. Atingiu um crescimento econômico explosivo, quadruplicando seu PIB nos 30 anos seguintes. A expansão da China foi especialmente rápida na década de 1990 — enquanto as exportações totalizavam somente US$ 78 bilhões em 1993, elas culminaram em US$ 974 bilhões em 2006. Embora a renda *per capita* ainda seja modesta, em torno de $ 6.800, em 2007 o país despontou como a segunda maior economia do mundo (atrás dos Estados Unidos).

As reformas econômicas chinesas ocorreram aos trancos e barrancos, com o governo nacional ora afrouxando, ora apertando os controles centrais. A China esforçou-se para sustentar a geração de empregos para as dezenas de milhões de trabalhadores demitidos das empresas estatais, migrantes e novos entrantes na força de trabalho. Aproximadamente uma centena de milhões de trabalhadores rurais desloca-se entre o campo e as metrópoles, muitos subsistindo com empregos de meio período e mal remunerados. A precária infraestrutura de comunicações e transportes continua sendo um grande desafio, sobretudo na zona rural.

Após a adesão à OMC em 2001, o papel da China como uma base de manufatura global expandiu-se, desencadeando exportações volumosas para Europa, Estados Unidos e o restante do mundo. Investimentos foram injetados por multinacionais que vislumbram um futuro brilhante para o país, tanto como plataforma de manufatura quanto como um imenso mercado consumidor. A China adquire cerca de 20 por cento da fabricação mundial de alumínio, cobre, máquinas de lavar, soja, aves e sorvetes. Consome em torno de um terço da produção mundial de carvão, algodão, peixe, arroz e cigarros. Compra um quarto do aço e metade da carne suína do mundo. Abriga 20 por cento dos usuários mundiais de telefonia celular. Sua rápida industrialização implica a necessidade de importar aviões, máquinas, equipamento de produção, tecnologia de telecomunicação e diversas matérias-primas.

Essas tendências são tanto uma bênção quanto uma maldição para o comércio internacional. Embora seja um novo mercado em expansão, a China também exerce forte pressão sobre os recursos mundiais, acarretando uma elevação nos preços de *commodities*. Além disso, acarreta a degradação ambiental. Oito das dez cidades mais poluídas do mundo são chinesas. Atualmente, o país libera 13 por cento das emissões globais de dióxido de carbono, atrás somente dos Estados Unidos (com 23 por cento), sem mencionar os sérios problemas de poluição da água, desmatamento, desertificação e problemas no solo.[9] No entanto, tudo isso sugere oportunidades para empresas ocidentais que comercializam tecnologias e equipamentos para proteção ambiental.

Para lucrar com a mão de obra barata e a afluência crescente da China, milhares de empresas estrangeiras estabelecem escritórios de venda e instalações industriais no país. Para a maioria delas, entretanto, o sucesso vem lentamente, quando vem. O maior problema é que a China ainda é relativamente pobre. De uma população total de 1,3 bilhão, o universo real de consumidores potenciais é bem menor, talvez 250 milhões de residentes de classe média das áreas urbanas, em grande parte localizados ao longo das regiões costeiras mais desenvolvidas ao leste. Outros desafios abrangem as diferenças regionais de idioma, os governos locais autônomos e a infraestrutura inadequada. Contudo, muitas empresas obtiveram êxito na China, como Coca-Cola, General Motors, McDonald's, Motorola, Airbus e Volkswagen. A Walmart fez uma economia imensa ao comprar mais de US$ 30 bilhões de mercadorias na China em 2007. O sucesso no país requer uma profunda compreensão do mercado e um compromisso de longo prazo. Há um enorme potencial de longo prazo para empresas que não têm pressa e investem recursos para se dar bem lá.

Fontes: CIA. Central Intelligence Agency. *World factbook*, disponível em: www.cia.org; "China's tough markets". *Fortune*. 11 out. 1999, p. 282; "What China eats (and drinks and...)". *Fortune*. 4 out. 2004, p. 151-3; GARTEN, J. *The big ten*: The big emerging markets and how they will change our lives. Nova York: Basic Books, 1997.

emergentes duplicaram sua parcela de importações mundiais nos últimos anos.

Os mercados emergentes são alvos perfeitos para produtos manufaturados e tecnologia. Por exemplo, a indústria de máquinas têxteis na Índia é imensa, a exploração de petróleo e gás desempenha um papel vital na Rússia, e a agricultura representa um setor importante na China. Os mercados emergentes também abrigam vários nichos de mercado. Por exemplo, a Lockheed Aircraft, cujo Hercules turboprop, cujo Hércules-turbo hélice é um avião de passageiros popular nos países mais pobres, desenvolveu aviões de carga para transporte de *commodities* a granel a custos relativamente baixos. Novartis e Pfizer são indústrias farmacêuticas que colhem enormes lucros da venda de vacinas e medicamentos que podem ser armazenados sem refrigeração quando embarcados a mercados distantes. A Airbus Industries é líder na fabricação de aviões comerciais e está sediada na Europa. Ela desenvolveu um avião de duplo convés tanto para passageiros quanto para carga, visando ao tráfego cada vez mais intenso entre mercados avançados e emergentes. Para diversos produtos e serviços, a demanda cresce rapidamente nos mercados emergentes. Por exemplo, para empresas de ferramentas elétricas como Black & Decker e Robert Bosch, os mercados em rápida expansão estão na Ásia, na América Latina, na África e no Oriente Médio.[10]

Por fim, governos e empresas estatais nos mercados emergentes são os principais alvos para a venda de bens e serviços relacionados com infraestrutura, tais como maquinário, equipamento de transmissão de energia, equipamento de transporte, produtos de alta tecnologia e outros bens necessários em países no estágio intermediário de desenvolvimento.

## Mercados emergentes como bases de manufatura

Há muito tempo os mercados emergentes servem como plataformas de manufatura para as multinacionais. Empresas do Japão, da Europa, dos Estados Unidos e de outras economias avançadas investiram vastas somas para desenvolver instalações industriais em mercados emergentes. O motivo é que esses mercados abrigam uma força de trabalho de baixos salários e alta qualidade para operações de manufatura e montagem. Além disso, alguns mercados emergentes possuem grandes reservas de matéria-prima e recursos naturais. Como exemplos, México e China são importantes plataformas de produção para fabricação de carros e produtos eletrônicos. A África do Sul é uma importante fonte de diamantes industriais. Faz algum tempo que o Brasil é o centro de extração de bauxita, o principal insumo do alumínio. A Tailândia tornou-se um importante local de manufatura para multinacionais japonesas como Sony, Sharp e Mitsubishi. Motorola, Intel e Philips fabricam semicondutores na Malásia e em Taiwan.

Os mercados emergentes também apresentam considerável sucesso em setores econômicos específicos; por exemplo, a Coreia do Sul em eletrônicos, semicondutores e automóveis; Taiwan e Malásia em computadores pessoais; e a África do Sul em mineração. Cada empresa, inclusive aquelas destacadas no texto de abertura, também pode vir a ser de classe mundial. Você sabia, por exemplo, que as marcas número três e quarto dentre as cervejas mais vendidas do mundo são fabricadas por novos desafiantes globais sediados no Brasil (Skol, feita pela InBev) e no México (Corona, feita pelo Grupo Modelo)? Juntas, essas empresas fabricam mais de 50 milhões de barris de cerveja por ano. A sul-coreana Samsung já é a maior fabricante mundial de semicondutores e TVs de tela plana. Ela desalojou multinacionais mais conhecidas nesses setores no Japão e nos Estados Unidos, tais como Sony e Motorola.

## Mercados emergentes como destinos de suprimento

Nos últimos anos, as empresas têm buscado meios de transferir ou delegar atividades ou operações não essenciais das equipes internas para fornecedores especializados. Essa tendência é conhecida como ***outsourcing*** — a aquisição de atividades selecionadas de valor agregado, incluindo a produção de bens intermediários ou produtos acabados, de fornecedores independentes. A terceirização contribui para que as empresas estrangeiras se tornem mais eficientes, concentrem-se em suas competências essenciais e obtenham vantagens competitivas. Quando o suprimento envolve fornecedores ou bases de produção estrangeiras, o fenômeno é conhecido como *global sourcing* ou *offshoring*. Dessa forma, o **global sourcing** refere-se à aquisição de bens e serviços em localidades estrangeiras. A aquisição pode ser de fornecedores independentes ou de subsidiárias de empresas. Dedicamos o Capítulo 16 ao tópico de **global sourcing**.

Os mercados emergentes têm servido como excelentes plataformas de suprimento. Por exemplo, inúmeras multinacionais estabeleceram centrais de telemarketing no Leste Europeu, na Índia e nas Filipinas. Empresas de TI como Dell e IBM colhem benefícios expressivos da oportunidade de terceirizar certas funções tecnológicas para trabalhadores especializados indianos. A Intel e a Microsoft têm grande parte de suas atividades de programação executadas em Bangalore, na Índia. Investimentos do exterior beneficiam os mercados emergentes porque levam à geração de novos empregos e de capacidade produtiva, transferência de tecnologia e *know-how* e conexões com o mercado global.

## Como estimar o real potencial dos mercados emergentes

Estimar o real potencial da demanda de consumo nos mercados emergentes apresenta vários desafios. Condições nacionais singulares, como a disponibilidade limitada de fontes de dados ou a confiabilidade das informações tornam a coleta de percepções de mercado um desafio para as empresas ocidentais. Conduzir essa pesquisa de mercado pode ser mais oneroso do que nas economias avançadas. De modo geral, é preciso improvisar.[11] Para superar esses desafios, nos estágios iniciais da pesquisa mercadológica, os administradores enfatizam três enfoques práticos para desenvolver estimativas mais confiáveis de potencial de mercado. Trata-se do uso da renda *per capita*, do porte da classe média e dos indicadores de potencial de mercado.

### Renda *per capita* como indicador de potencial de mercado

Quando os administradores avaliam o potencial de mercado de um país, geralmente começam por examinar os dados agregados, como o produto nacional bruto (PNB) ou o PIB *per capita*, expresso em termos de uma moeda referencial, como o dólar norte-americano. A segunda coluna da

Tabela 9.4 fornece o PIB *per capita* para uma amostra de mercados emergentes e os Estados Unidos, para fins de comparação. Por exemplo, o PIB *per capita* da China em 2007 convertido às taxas de câmbio de mercado era de US$ 2.310 enquanto o dos Estados Unidos, US$ 45.490.

Entretanto, o PIB *per capita* convertido às taxas de câmbio de mercado pinta uma imagem imprecisa do potencial de mercado porque despreza as substanciais diferenças de preço que existem entre economias avançadas e mercados emergentes. De modo geral, os preços são mais baixos para uma ampla variedade de bens e serviços nos mercados emergentes. Como exemplo, um dólar norte-americano convertido e gasto na China comprará muito mais do que um dólar gasto nos Estados Unidos.

Nesse caso, o que os administradores devem fazer para estimar com precisão o potencial de mercado? A resposta está no uso de números do PIB *per capita ajustados* às diferenças de preço. Os economistas estimam o poder aquisitivo real calculando as estatísticas do PIB baseadas na *paridade do poder de compra* (PPC). Como vimos no Capítulo 8, o conceito de PPC sugere que, no longo prazo, as taxas de câmbio devem mover-se para níveis que equalizem os preços de uma cesta idêntica de produtos e serviços em dois países quaisquer. Como os preços variam muito entre os países, os economistas ajustam os números comuns do PIB para as diferenças no poder aquisitivo. O PIB *per capita* ajustado representa de modo mais acurado a quantidade de produtos que os consumidores podem comprar em um dado país, usando *sua própria moeda* e de forma compatível com *seu próprio padrão de vida*.

Vamos examinar o PIB *per capita*, ajustado à paridade do poder de compra, para a mesma amostra de países na terceira coluna da Tabela 9.4. Note que uma estimativa mais precisa do PIB *per capita* chinês é de US$ 8.486 — mais que o triplo do valor calculado às taxas de câmbio de mercado. Compare também os dois números para os demais países. Essas estimativas constituem um indicador mais realista do poder aquisitivo dos consumidores nas economias emergentes e em desenvolvimento. Isso ajuda a explicar por que cada vez mais as empresas visam os mercados emergentes, apesar dos níveis de renda aparentemente baixos indicados nas estatísticas convencionais de renda.

Outra maneira de ilustrar o conceito de PPC é examinar o *Índice Big Mac* disponível em globalEDGE™ e desenvolvido pela revista *Economist* (www.economist.com). Para começar, o Índice Big Mac coleta informações sobre o preço do hambúrguer nas lojas McDonald's de todo o mundo. A seguir, compara os preços baseados nas taxas de câmbio reais com os baseados no PPC dos Big Macs, para verificar se a moeda de um país está valorizada a menor ou a maior que a taxa de câmbio corrente. O Índice revela que as moedas da maioria dos países europeus (principalmente o euro) estão supervalorizadas, enquanto as das economias em desenvolvimento ou dos mercados emergentes estão subvalorizadas. Se você estiver com apetite para um Big Mac, vá à China, onde poderá comprá-lo por meros 1,31 de dólar norte-americano. Evite a Noruega, onde esse sanduíche custará 7,05 em dólares norte-americanos.

Mesmo quando ajustado pela paridade do poder de compra, os administradores devem ter cautela ao confiar na renda *per capita* como um indicador do potencial de mercado em uma economia emergente ou em desenvolvimento. Há quatro motivos para essa cautela.

Em primeiro lugar, deve-se ajustar os números considerando-se a existência de uma *economia informal* — transações econômicas não oficialmente registradas e que, por-

**Tabela 9.4** Diferença no PIB *per capita*, em termos convencionais e pela paridade do poder de compra (PPC), 2007

| *País* | *PIB* per capita, *convertido às taxas de câmbio de mercado (em US$)* | *PIB* per capita, *convertido às taxas de câmbio de PPC (em US$)* |
|---|---|---|
| Argentina | $ 6.278 | $ 17.062 |
| Brasil | 6.220 | 9.531 |
| Bulgária | 4.704 | 10.677 |
| China | 2.310 | 8.486 |
| Hungria | 12.433 | 20.701 |
| Coreia do Sul | 19.485 | 25.403 |
| México | 8.530 | 11.761 |
| Rússia | 8.209 | 13.210 |
| Turquia | 5.882 | 9.629 |
| Estados Unidos | 45.490 | 45.176 |

FONTE: Fundo Monetário Internacional, *World Economic Outlook Database*, abr. 2007, disponível em: www.imf.org.

tanto, ficam de fora dos cálculos governamentais do PIB nacional. Entretanto, nos países em desenvolvimento, a economia informal é geralmente tão atuante quanto a formal. Normalmente, esses países carecem de sistemas tributários sofisticados para detectar e registrar transações comerciais. Em geral, indivíduos e negócios declaram renda menor para minimizar a incidência de impostos. Além disso, o comércio baseado em trocas não envolve transações monetárias e, portanto, também não é capturado pelas estimativas nacionais de PIB. Em segundo, a grande maioria da população situa-se na extremidade inferior da escala de renda nos mercados emergentes (e nas economias em desenvolvimento). Como você deve se lembrar das aulas de estatística, uma 'mediana' ou 'média' não representa de forma acurada uma distribuição não normal; com frequência, a renda mediana ou modal forneceria um melhor entendimento. Terceiro, a renda domiciliar é várias vezes maior do que a *per capita* devido aos múltiplos assalariados nesses países. Naturalmente, os domicílios de múltipla renda possuem maior poder de consumo do que os indivíduos. Esse fato é negligenciado pelas estatísticas que enfatizam o PIB *per capita*. Quarto, os governos desses países podem declarar renda nacional inferior a real para poderem qualificar-se para os empréstimos a juros baixos e doações de agências de ajuda internacional e bancos de desenvolvimento.

Além do PIB *per capita*, os administradores devem examinar outros indicadores de potencial de mercado, como taxa de crescimento do PIB, distribuição de renda, infraestrutura comercial, índice de urbanização, gastos do consumidor com itens discricionários e taxa de desemprego. Também constatarão que o tamanho e a taxa de crescimento da classe média são reveladores. Vamos explorar isso a seguir.

## A classe média como indicador de potencial de mercado

Em todos os países, a classe média representa a parcela da população que está na faixa intermediária, entre os ricos e os pobres. Essa classe tem independência econômica e inclui aqueles que trabalham em empresas, na educação, para o governo e como diaristas. Consome muitos itens discricionários, como eletrônicos, móveis, automóveis, lazer e educação. Os domicílios de classe média compõem o maior segmento nas economias avançadas. Nos mercados emergentes, o tamanho e a taxa de crescimento dessa classe servem como sinais de uma economia de mercado dinâmica.

A Tabela 9.5 fornece dados de uma amostra de mercados emergentes com uma população de classe média de tamanho considerável.[12] Para o comércio de bens e serviços, esses países constituem mercados potenciais nobres. Índia e Indonésia classificam-se no topo, dada sua numerosa população. Note-se, contudo, a discrepância entre os vários indicadores. Embora esses dois países apresentem uma grande massa de classe média em termos absolutos, seus PIBs *per capita* são bastante modestos, sobretudo se comparados a economias como Coreia do Sul, China, Rússia e México. Note-se também que o percentual de renda mantido pela classe média é relativamente alto, de 49 e 48 por cento, respectivamente, em contraposição a países como o Brasil, onde a classe média controla somente cerca de 35 por cento da renda nacional. As tendências demográficas indicam que, nas próximas duas décadas, a proporção de lares de classe média nos mercados emergentes vai-se ampliar, adquirindo enorme poder de compra. À medida que a renda aumenta, os padrões de gasto evoluem, impulsionando o crescimento em várias categorias de bens e serviços.

**Tabela 9.5** Magnitude da população de classe média em uma amostra de mercados emergentes, 2007

| *País* | *População de classe média (em milhões)* | *Percentual de renda mantida pela classe média* | *PIB* per capita, *(com base na PPC, em US$)* |
|---|---|---|---|
| *China* | 587 | 45 | $ 8.486 |
| *Índia* | 534 | 49 | 4.031 |
| *Indonésia* | 105 | 48 | 4.616 |
| *Rússia* | 67 | 47 | 13.210 |
| *Brasil* | 65 | 35 | 9.531 |
| *México* | 42 | 41 | 11.761 |
| *Turquia* | 32 | 45 | 9.629 |
| *Tailândia* | 28 | 45 | 9.638 |
| *Coreia do Sul* | 26 | 55 | 25.403 |

FONTE: Fundo Monetário Internacional, disponível em: www.imf.org, Banco Mundial, disponível em: www.worldbank.org e globalEDGE™, disponível em: globaledge.msu.edu.

## Uso de um índice abrangente para medição do potencial de mercado

Embora uma classe média numerosa e em expansão aponte para um mercado emergente promissor, com oportunidades crescentes para a internacionalização dos negócios, os administradores também devem levar em conta outros indicadores. A Tabela 9.6 apresenta um enfoque abrangente, o *Índice de Potencial de Mercado Emergente* (Empi, do inglês *Emerging Market Potential Index*). O Empi compara os países emergentes utilizando fatores que, juntos, fornecem aos gestores de empresas ocidentais uma medida realista do potencial de exportações para um mercado.

Em que consiste um bom mercado? No caso dos emergentes, as seguintes dimensões servem como indicadores abrangentes do potencial de mercado (para uma discussão detalhada sobre a metodologia EMPI, consulte Cavusgil, 1997):[13]

- *Tamanho de mercado*: a população de um país, sobretudo dos habitantes da zona urbana.
- *Taxa de crescimento de mercado*: taxa de crescimento real do PIB de um país.
- *Intensidade de mercado*: o consumo privado e o produto nacional bruto *per capita* representam os gastos discricionários da população.
- *Capacidade de consumo de mercado*: a parcela de renda percentual mantida pela classe média de um país.
- *Infraestrutura comercial*: características como número de assinantes de telefonia móvel, densidade de linhas telefônicas, número de computadores pessoais, densidade de estradas pavimentadas e habitantes por número de lojas.
- *Liberdade econômica*: o grau de intervenção governamental nos negócios.[14]
- *Receptividade de mercado*: a disposição de um dado mercado emergente em comercializar com o país exportador, estimada conforme o volume de importações.
- *Risco-país*: o grau de risco político.

Os administradores podem usar o Empi de várias maneiras. Primeiro, eles podem utilizar as classificações como uma base objetiva para estabelecer uma prioridade entre os mercados emergentes no curso do planejamento de uma expansão internacional. Por exemplo, pelos dados da Tabela 9.6, pode-se concluir que China, Hong Kong e Cingapura representam mercados altamente atrativos para exportação. Nos últimos anos, a China subiu rapidamente no Índice, assim como as economias centro-europeias da República Tcheca, Hungria e Polônia.

Em segundo lugar, as classificações on-line do Empi são interativas, de modo que os usuários podem avaliar os mercados com base em qualquer das oito dimensões que compõem o índice geral (ver Empi em globalEDGE™, globaledge.msu.edu). Terceiro, podem-se alterar os pesos alocados, para que se adequem às características específicas de um ne-

**Tabela 9.6** Índice de Potencial de Mercado Emergente, 2007

| Países | Tamanho de mercado | | Taxa de crescimento de mercado | | Intensidade de mercado | | Capacidade de consumo de mercado | | Infraestrutura comercial | | Liberdade econômica | | Receptividade de mercado | | Risco-país | | Índice geral | |
|---|---|---|---|---|---|---|---|---|---|---|---|---|---|---|---|---|---|---|
| | Classif. | Índice | Classif. | Índice | Classif. | Índice | Classif. | Índice | Classif. | Índice | Classif. | Índice | Classif. | Índice | Classif. | Índice | Classif. | Índice |
| China | 1 | 100 | 1 | 100 | 25 | 23 | 12 | 59 | 16 | 45 | 27 | 1 | 22 | 3 | 13 | 49 | 1 | 100 |
| Hong Kong | 24 | 1 | 20 | 23 | 1 | 100 | 13 | 54 | 2 | 97 | 6 | 79 | 2 | 75 | 2 | 90 | 2 | 96 |
| Cingapura | 27 | 1 | 18 | 27 | 9 | 59 | 11 | 62 | 6 | 83 | 10 | 71 | 1 | 100 | 1 | 100 | 3 | 93 |
| Taiwan | 12 | 5 | 6 | 57 | 11 | 57 | – | – | 1 | 100 | 8 | 76 | 5 | 23 | 3 | 87 | 4 | 79 |
| Israel | 25 | 1 | 12 | 45 | 2 | 79 | 4 | 82 | 3 | 94 | 3 | 86 | 4 | 26 | 5 | 63 | 5 | 78 |
| Coreia do Sul | 7 | 12 | 16 | 30 | 5 | 63 | 2 | 99 | 5 | 90 | 7 | 78 | 10 | 13 | 4 | 65 | 6 | 75 |
| Rep. Tcheca | 23 | 2 | 9 | 48 | 13 | 55 | 3 | 97 | 4 | 91 | 2 | 93 | 9 | 15 | 6 | 63 | 7 | 73 |
| Hungria | 26 | 1 | 24 | 14 | 3 | 76 | 1 | 100 | 7 | 78 | 4 | 83 | 8 | 16 | 8 | 62 | 8 | 64 |
| Índia | 2 | 44 | 3 | 63 | 22 | 37 | 7 | 77 | 25 | 17 | 17 | 44 | 27 | 1 | 16 | 39 | 9 | 55 |
| Polônia | 14 | 5 | 27 | 1 | 10 | 58 | 6 | 80 | 8 | 71 | 5 | 82 | 14 | 7 | 9 | 58 | 10 | 46 |
| Turquia | 9 | 8 | 7 | 55 | 12 | 57 | 10 | 67 | 12 | 51 | 16 | 45 | 18 | 5 | 20 | 27 | 11 | 37 |

Nota: dados para os 11 maiores mercados emergentes. A tabela completa pode ser acessada em http://globaledge.msu.edu/resourceDesk/mpi.asp.
FONTE: globalEDGE™, disponível em: globaledge.msu.edu.

gócio. Por exemplo, na avaliação de tamanho de mercado, as indústrias alimentícias podem atribuir um peso maior a esse quesito, ao passo que uma indústria de equipamento de telecomunicações pode fazer isso com os itens de infraestrutura e risco-país. Quarto, é possível acrescentar indicadores não considerados no índice como uma forma de ajustar a ferramenta para um nível mais acurado de precisão, ou incluir países que não os mercados emergentes já avaliados.

## Riscos e desafios de fazer negócios nos mercados emergentes

Os mercados emergentes exibem certos riscos que afetam sua viabilidade para os negócios internacionais. Vamos rever os mais comuns e prejudiciais.

### Instabilidade política

A ausência de uma governança confiável ou consistente por parte de autoridades públicas reconhecidas aumenta os custos do negócio, intensifica os riscos e reduz a capacidade administrativa de prever as condições de negócio. A instabilidade política está associada à corrupção e a estruturas jurídicas frouxas que desestimulam o investimento interno e o desenvolvimento de um ambiente confiável de negócios. Na Rússia, por exemplo, as condições políticas instáveis ameaçam as atividades comerciais das empresas estrangeiras. Práticas burocráticas favorecem as empresas domésticas, com boa rede de relacionamentos. Companhias petrolíferas ocidentais tiveram acesso negado aos recursos energéticos da Rússia. Na classificação de 2006 do relatório *Ease of Doing Business* (um índice que mede a facilidade para fazer negócios) do Banco Mundial, a Rússia ficou em 163º lugar em concessão de licenças, 159º em captação de crédito e 143º em procedimentos de comércio internacional (www.doingbusiness.org). Essas condições abalaram a confiança do investidor estrangeiro.[15]

### Frágil proteção à propriedade intelectual

Mesmo que existam, as leis de proteção aos direitos de propriedade intelectual podem não ser aplicadas, ou o processo judicial pode ser lento demais. Na Argentina, por exemplo, é inconsistente o cumprimento das leis de direitos autorais sobre músicas, vídeos, livros e *software* de computação. As autoridades tentam barrar os carregamentos de mercadoria pirateada, mas possuem recursos inadequados e procedimentos burocráticos que prejudicam a ação. As leis contra a pirataria na Internet são frágeis e ineficazes.[16] A falsificação — reprodução e fabricação não autorizadas de um produto — é comum na China, na Indonésia e na Rússia, sobretudo em *software*, DVD e CD. Na Índia, leis de patentes frouxas desestimulam o investimento estrangeiro.

### Burocracia e falta de transparência

Regras administrativas opressivas, bem como excesso de requisitos para licenças, aprovações e documentos, retardam sobremaneira as atividades comerciais. Como exemplo, uma das maiores seguradoras, a American International Group (AIG), formou uma *joint venture* com o gigantesco conglomerado indiano Tata, para entrar no precário mercado indiano de seguros, estimado em $ 8 bilhões. Mesmo com um forte parceiro local, a AIG esperou seis anos para receber permissão do governo indiano para vender seguros de bens e de vida no país. Outro exemplo vem do governo sul-coreano, que impôs barreiras de importação para proteger o grupo LG e outras empresas nacionais da concorrência estrangeira. Em outro caso, o governo da Indonésia concedeu monopólio agrícola à PT Bogasari, de origem nacional, permitindo que se tornasse um dos maiores fabricantes mundiais de macarrão instantâneo.

O excesso de burocracia é geralmente associado à falta de transparência, sugerindo que os sistemas judiciário e político podem não ser abertos e confiáveis para o público. Suborno, negligência e extorsão, sobretudo no setor público, causam dificuldades aos gestores empresariais. Onde as leis anticorrupção são frágeis, os administradores podem ficar tentados a oferecer suborno para garantir o sucesso de seus negócios. Na classificação da Transparência Internacional para os países mais corruptos, mercados emergentes como Argentina, Indonésia e Venezuela estão entre os mais envolvidos nessa prática.[17]

### Disponibilidade e qualificação de parceiros

As empresas estrangeiras precisam buscar alianças com empresas locais nos países caracterizados por estruturas legais e políticas inadequadas. Por meio de parceiros locais, elas podem ter acesso a conhecimento do mercado local, estabelecer redes de suprimento e distribuição e desenvolver importantes contatos governamentais. Parceiros qualificados capazes de oferecer essas vantagens não estão facilmente disponíveis nos mercados emergentes. Sobretudo os países pequenos terão pouca oferta de parceiros bem qualificados que as empresas estrangeiras possam reter como distribuidores ou fornecedores.

### Domínio de conglomerados de contrato familiar

Muitas economias de mercado emergente são dominadas por negócios de controle familiar em detrimento dos públicos. Um **conglomerado** constitui uma empresa privada de grande porte que se caracteriza pela alta diversificação. Seus negócios vão desde manufatura a bancos e construção. Os conglomerados controlam a maioria das atividades econômicas e dos empregos em mercados emergentes como Coreia do Sul, onde são conhecidos como *chaebols*, Índia, onde se chamam *casas de negócios*, na América Latina, *grupos*, e Turquia, *holdings*. Um conglomerado característico pode deter a maior participação de mercado em cada um de vários setores econômicos em seu país de origem. Na Coreia do Sul, os 30 maiores conglomerados respondem por quase a metade dos ativos e receitas industriais da economia do país. A Samsung, provavelmente o mais famoso conglomerado sul-coreano, tem receita anual de US$ 140 bilhões. Na Turquia, o Koc Group responde por cerca de 20 por cento das transações na Bolsa de Valores de Istambul, e a Sabanci contribui com mais de cinco por cento da receita tributária nacional. Os conglomerados contam com várias vantagens competitivas em seus países, como proteção e apoio governamental, extensas redes em vários setores, conhecimento superior de mercado e acesso a capital. Por exemplo, o grupo Hyundai foi um dos pioneiros na indústria automobilística da Coreia do Sul e atualmente detém a maior participação de mercado do país. Quando as montadoras estrangeiras tentaram entrar no mercado, depararam-se com vantagens extraordinárias da empresa.

A origem e o crescimento dos conglomerados podem ser atribuídos em parte a suas relações especiais com o governo, que geralmente os protege por meio de subsídios, empréstimos, incentivos fiscais e barreiras de entrada no mercado aos concorrentes. Em alguns mercados emergentes, o governo pode até ser o fundador do conglomerado, como no caso do Siam Cement Group da Tailândia. Um dos maiores conglomerados na Indonésia, o Bimantara Citra Group, iniciou atividades vendendo sua distribuição de petróleo no exterior para o monopólio petrolífero estatal. Há muito tempo esse grupo mantém relações próximas com o governo indonésio, o que lhe rendeu inúmeros contratos lucrativos. Quando a Hyundai passou por uma crise financeira, o governo sul-coreano e os principais credores da empresa concederam mais de US$ 300 milhões de ajuda financeira, incluindo extensão de crédito e empréstimos de curto prazo.[18] Os conglomerados proporcionam enormes receitas tributárias e facilitam o desenvolvimento econômico nacional, o que explica a disposição dos governos em apoiá-los.

O domínio dos conglomerados no cenário comercial de muitos mercados emergentes sugere que eles serão formidáveis concorrentes ou parceiros capacitados (possivelmente com muito poder de barganha). Retomaremos essa questão na próxima seção.

## Estratégias de negócios nos mercados emergentes

Condições de mercado diferenciadas no exterior compelem as empresas a adotar enfoques igualmente diferenciados. Por exemplo, a Toyota comercializa modelos de automóvel simples e de baixo custo em vários países de baixa renda. Na Índia, a Toyota construiu uma grande fábrica e pretende expandir sua participação no mercado automobilístico do país em 10 por cento até 2010. Os veículos de 'custo ultrabaixo' têm preço aproximado de US$ 7.000.[19] Enquanto isso, a General Motors está fabricando carros baratos visando mercados emergentes como China, Índia e Rússia. Renault, Volkswagen e outras grandes montadoras seguem essa tendência.[20] Nesta seção, discutiremos as três estratégias que as empresas adotam para obter êxito nos mercados emergentes.

### Parceria com conglomerados

Como já vimos, os conglomerados são fortes participantes em suas respectivas economias e têm muito capital para investir em novos empreendimentos. Por exemplo, a maior parte dos conglomerados na Coreia, bem como a Koc e a Sabanci na Turquia, Vitro no México e Astra na Indonésia, é dona de suas próprias operações financeiras sob a forma de seguradoras, bancos e corretoras de títulos. Muitos deles possuem canais de distribuição que se alastram por todo o país. Detêm profundo conhecimento de mercados e consumidores locais.

Para as empresas estrangeiras que pretendem fazer negócios nos mercados emergentes, os conglomerados podem ser parceiros valiosos.[21] Ao colaborar com um conglomerado, a empresa estrangeira pode: (1) Reduzir riscos, tempo e necessidade de capital para entrar nos mercados visados. (2) Desenvolver relações úteis com governos e outros participantes locais importantes. (3) Visar oportunidades de mercado de modo mais rápido e eficaz. (4) Superar obstáculos relacionados à infraestrutura. (5) Alavancar recursos e contatos locais do conglomerado.

Há muitos exemplos de sucesso na parceria com conglomerados. A Ford colaborou com a Kia para lançar a linha de automóveis Sable na Coreia do Sul e beneficiou-se de sua forte rede de distribuição e serviços. A Digital Equipment Corporation (DEC) designou a Tatung, um conglomerado tailandês, como o principal distribuidor de suas estações de trabalho e produtos cliente-servidor em Taiwan. A DEC aproveitou a experiência e a rede de distribuição locais da Tatung. Na Turquia, a Sabanci formou uma *joint venture* com a Danone, fabricante francesa de iogurte e dona da marca Evian de água mineral. A Danone contribuiu com um amplo conhecimento técnico em embalagem e engarrafamento, além da reputação de produtos saudáveis e ecologicamente corretos, mas faltavam-lhe informações sobre o mercado local. Como líder no segmento, a Sabanci conhecia o mercado, seus varejistas e distribuidores. A parceria contribuiu para que a Danone assumisse a liderança do mercado de água mineral no primeiro ano.

## Vendas governamentais nos mercados emergentes

Nos mercados emergentes, bem como nas economias em desenvolvimento, os órgãos públicos e as empresas estatais constituem um importante grupo de consumidores, por três motivos: primeiro, os governos compram grande quantidade de produtos (como computadores, móveis, materiais de escritório e veículos) e serviços (como projetos de arquitetura, assessoria jurídica e consultoria). Segundo, os empreendimentos estatais em áreas como ferrovias, transporte aéreo, bancos, petróleo, químicos e aço compram bens de serviços de fornecedores estrangeiros. Terceiro, o setor público influencia as atividades de compras de várias corporações privadas ou semiprivadas. Por exemplo, na Índia o governo está diretamente envolvido no planejamento de projetos de habitação. As construtoras fazem *lobby* político para obter acesso a contratos promissores de construção de moradia para habitantes locais.

Com frequência, os governos de mercados emergentes anunciam ***tenders*** — ofertas formais feitas por um comprador para adquirir determinados bens ou serviços, também conhecidas como *solicitação de proposta* (RFPs, do inglês *request for proposals*). Os órgãos governamentais buscam ofertas de fornecedores para comprar *commodities* a granel, equipamentos e tecnologia ou adquirir centrais elétricas, estradas, barragens e habitação pública. Para trabalhar nesses projetos, os fornecedores submetem propostas ao governo.

Os governos de países emergentes, bem como os de países em desenvolvimento, geralmente formulam planos de desenvolvimento econômico e programas anuais para construção ou reforma da infraestrutura nacional. Para encontrar fornecedores, o governo segue procedimentos específicos de compra que geram vendas volumosas e lucrativas a empresas estrangeiras. Fechar grandes contratos governamentais requer competências e recursos em nível considerável. Os governos preferem negociar com empresas que oferecem pacotes completos de venda e suporte técnico. Os fornecedores mais bem-sucedidos também oferecem financiamento para as vendas de grande porte, sob a forma de empréstimos a juros baixos ou doações. Os governos são atraídos por negociações que geram empregos locais, utilizam recursos locais, reduzem a dependência das importações e proporcionam outras vantagens para o país.

Bechtel, Siemens, General Electric, Hitachi e outros grandes fornecedores participam regularmente de licitações para ofertas globais de governos de mercados emergentes. Entre os maiores projetos de construção estão a expansão do Canal do Panamá e o Eurotúnel entre França e Inglaterra. Outro megaprojeto, a Barragem de Três Gargantas no rio Yangtze na China, tem custo estimado em US$ 25 bilhões. Será a maior barragem hidrelétrica do mundo. Seis grupos de contratantes globais estão envolvidos nesse projeto, incluindo ABB, Kvaerner, Voith, Siemens e General Electric. Espera-se que a barragem esteja em plena operação em 2009, após 16 anos de construção.

## Habilidade em desafiar os concorrentes dos mercados emergentes

Como o texto de abertura mostrou, os novos desafiantes globais possuem vários pontos fortes que os tornam concorrentes de peso no mercado global. Vantagens como mão de obra de baixo custo, força de trabalho especializada, apoio governamental e a forte presença dos conglomerados estão fomentando o surgimento de empresas que abocanham participação de mercado de competidores estrangeiros estabelecidos. Por exemplo, há muito tempo a indústria mundial de equipamentos agrícolas tem sido dominada por nomes de destaque, como John Deere e Komatsu. Recentemente, porém, a indiana Mahindra & Mahindra vem conquistando participação de mercado com marcas como o Mahindra 5500, um trator potente, de alta qualidade e preço muito abaixo dos modelos concorrentes. Um revendedor no estado de Mississippi — um mercado dominado pela John Deere — vendeu mais de 300 Mahindras em apenas quatro meses.[22]

As empresas de economias avançadas podem reagir de várias maneiras. Inicialmente, seus administradores devem realizar uma pesquisa para conhecer melhor os novos desafiantes. É fundamental que eles analisem as vantagens das empresas emergentes e como elas transformam o segmento de atuação das já estabelecidas. Seu próximo passo consiste em adquirir novas habilidades que aprimorem as vantagens competitivas de seus negócios. Por exemplo, muitas empresas maduras estão pressionando suas áreas de P&D para que criem produtos novos e superiores. Outras firmam parcerias com concorrentes para reunir recursos contra os rivais dos mercados emergentes. As empresas estabelecidas também podem enfrentar os novos desafiantes globais com suas próprias armas ao acessar mão de obra de baixo custo e trabalhadores especializados de localidades como China, Índia, México e Leste Europeu. Muitas empresas de economias avançadas associam-se a conglomerados e outros nos mercados emergentes em atividades essenciais da cadeia de valor, como P&D, manufatura e suporte técnico.

# Como atender às necessidades de desenvolvimento econômico dos mercados emergentes e das economias em desenvolvimento

Cada vez mais, nos últimos anos, as empresas que se internacionalizam envolvem-se em atividades que contribuem para promover o desenvolvimento econômico nos mercados emergentes e nas economias em desenvolvimento. As mais importantes dessas tendências são: (1) fomento ao desenvolvimento econômico com lucrativos projetos de modernização e (2) incentivo ao empreendedorismo por meio de empréstimos de pequena escala. Essas iniciativas representam uma forma de responsabilidade social corporativa porque estimulam o crescimento das economias em desenvolvimento. Na maioria dos casos, elas também resultam em bons negócios.

## Fomento ao desenvolvimento econômico com projetos lucrativos

É cada vez mais comum as empresas internacionais reconhecerem que atender às necessidades dos consumidores de países pobres pode ser lucrativo. Antigamente, poucas empresas visavam esses países porque havia a crença de que eles ofereciam poucas oportunidades de lucro. Na verdade, se as empresas comercializarem produtos adequados e adotarem estratégias convenientes, fazer negócio em mercados emergentes e economias em desenvolvimento pode gerar lucro. As empresas formulam soluções inovadoras para obter êxito em mercados com limitado poder de compra. Por exemplo, a Unilever e a P&G vendem xampu Sunsilk e Pantene na Índia por menos de US$ 0,02 por sachê. A Narayana Hrudayalaya é uma corretora que vende seguro de vida por menos de US$ 0,20 por pessoa, ao mês, na Índia. Ela conquistou milhões de clientes. A Amul, uma das maiores indústrias alimentícias indianas, vende uma ampla gama de alimentos a milhões de pessoas pobres. Essas empresas tiveram que desenvolver novos modelos de negócio — fabricação, embalagem, distribuição e alcance mercadológico — para serem lucrativas, mas prosperaram ao atender a inúmeros clientes.[23]

Consideremos o caso da África, onde as estimativas indicam que há menos linhas telefônicas do que na cidade de Nova York. Entre 1998 e 2004, entretanto, o número de usuários de telefonia móvel na África aumentou para 81 milhões — o crescimento mais rápido no mundo. Os telefones eram supridos por empresas como a sueca Ericsson, que contribuiu para modernizar a infraestrutura de telecomunicações nas regiões rurais da Tanzânia. A empresa instalou linhas telefônicas e sistemas celulares que atendem não só às necessidades de comunicação de domicílios e empresas, mas também de organizações não governamentais e outras entidades assistenciais.[24] O surgimento de um expressivo mercado de telefonia móvel na África acarretou o desenvolvimento de setores correlatos e a instalação de empresas locais que fabricam acessórios, como os carregadores de bateria para aparelhos celulares.

A experiência da Ericsson sugere que as soluções baseadas no mercado não só contribuem para a transformação social e econômica, mas também podem ser lucrativas. De modo hábil, essa empresa transformou os projetos de modernização em operações lucrativas nos mercados emergentes. Ela também modernizou grande parte dos antiquados sistemas de telefonia da Rússia, instalou o sistema de telefonia digital da Hungria, em parceria com o governo local, e participou da expansão da rede de telecomunicações do Vietnã, com financiamento do Banco Mundial. A parceria com órgãos governamentais e empresas estatais proporciona às empresas vantagens competitivas para ingresso nos mercados emergentes. Na Índia, a Ericsson fabrica cabos de fibra ótica em cooperação com o Birla Group, um dos maiores conglomerados indianos. Ela também formou *joint ventures* na Rússia para atuar em um mercado difícil, caracterizado por infraestrutura precária de negócios e alto risco.

As empresas nas economias avançadas que investem naquelas em desenvolvimento e nos mercados emergentes apoiam o aprimoramento de infraestrutura em transportes, comunicações e energia. Elas geram empregos e contribuem para o progresso regional e setorial. O investimento arrecada tributos locais, que podem ser reinvestidos na melhoria do padrão de vida da população mais pobre. A transferência de tecnologia e *know-how* fomenta a inovação e o empreendedorismo. Muitas empresas conduzem programas sociais comunitários que promovem a economia e ações sociais. Por exemplo, Novartis e Microsoft aplicaram parte de seus lucros para criar programas nos países em desenvolvimento destinados a melhoria do padrão de vida, redução da pobreza, incentivo ao diálogo sobre políticas desenvolvimentistas e pesquisa sobre questões como saúde e infraestrutura.

## Microfinanciamento como fomento ao empreendedorismo

O *microfinanciamento* refere-se à concessão de serviços financeiros em pequena escala, como 'microcrédito' e 'microempréstimo', que ajudam empresários a iniciar seus negócios em países pobres. Com esses pequenos empréstimos, em geral inferiores a US$ 100, os pequenos empresários acumulam capital suficiente para abrir negócios que os tiram da condição de pobreza. Esse conceito levou o professor de economia Yunus a fundar o Grameen Bank em Bangladesh, em 1974. Desde então, milhões de tomadores de crédito no país saíram da pobreza extrema. Aspirantes do empreendedorismo usam os pequenos empréstimos para comprar de tudo, de vacas leiteiras para revenda a telefones celulares para locação. A maioria desses tomadores é composta por mulheres.

Atualmente, o Banco Mundial estima que há mais de 7.000 instituições de microfinanciamento, atendendo a cerca de 16 milhões de cidadãos pobres de economias em desenvolvimento.[25] O Grameen Bank possui mais de 2.100 filiais e estabeleceu 17 organizações de microfinanciamento somente na China. Graças ao sucesso dessa prática financeira, Yunus recebeu o Prêmio Nobel da Paz em 2006. O Grameen Bank inspirou iniciativas semelhantes em dezenas de países pobres pelo mundo, via de regra patrocinadas por entidades filantrópicas como a Bill and Melinda Gates Foundation e a Omidyar Network.[26,27]

Os bancos comuns não concedem crédito a empresários iniciantes porque esses indivíduos não têm garantias a oferecer, um emprego estável e um histórico de crédito confiável. O microfinanciamento contorna a prática tradicional, possibilitando aos mais pobres desenvolver pequenos negócios que lhes permitirão gerar riqueza e deixar a pobreza. Seus defensores ressaltam como uma pequena quantia de dinheiro pode exercer um efeito dinâmico e em cadeia sobre muitas vidas em um povoado. Eles argumentam que o microfinanciamento pode ser o meio mais eficaz de lidar com a pobreza global, melhorando a vida de milhões de pessoas.

Ao longo do tempo, o microfinanciamento conquistou credibilidade no setor bancário como fonte de crescimento futuro. Atualmente, várias organizações oferecem outras modalidades de serviço financeiro em pequena escala, como seguros e hipotecas, aos países pobres do mundo. No México, o programa *Patrimonio Hoy* da Cemex ampliou o acesso a cimento e outros materiais de construção ao formar grupos de três famílias de baixa renda que se monitoram quanto ao progresso na construção de suas casas e no pagamento coletivo das dívidas a intervalos regulares. O *Patrimonio Hoy* e outros programas da Cemex tornaram a casa própria uma realidade para dezenas de milhares de famílias mexicanas de baixa renda.[28]

## ESTUDO DE CASO

# Arcelik: aspirações internacionais de uma empresa de mercado emergente

A Arcelik é uma fabricante turca de eletrodomésticos com 16.000 funcionários e cerca de US$ 4 bilhões em vendas anuais. É controlada pelo Koc Group, o maior e mais prestigiado conglomerado do país. Sua linha de produtos conta com mais de 100 eletrodomésticos. Desde a fundação em 1955, vendeu mais de 75 milhões de aparelhos, como condicionadores de ar, lava-louças, lavadoras de roupa, fogões e refrigeradores. A empresa fabrica mais da metade dos bens duráveis da Turquia, sob marcas como Beko, Altus e Arcelik. Com o declínio das barreiras comerciais nas décadas de 1980 e 1990, vários concorrentes europeus entraram na economia turca, ameaçando a participação de mercado da Arcelik. Sua administração começou a considerar o mercado doméstico pequeno demais e lançou um agressivo plano de expansão internacional.

A Turquia é um mercado emergente e candidato a membro da União Europeia. Mais de 50 por cento de seus 71 milhões de habitantes tem menos de 25 anos de idade. Há cerca de 15 milhões de domicílios com média familiar de quatro membros. A população mais jovem implica maior taxa de casamentos, em torno de 500.000 ao ano, o que impulsiona a demanda por artigos para a casa. A urbanização aumenta à medida que as pessoas se mudam para as cidades em busca de melhores condições de vida. Níveis relativamente baixos de saturação de marcas domésticas prometem um forte crescimento anual do mercado, bem mais alto do que nas economias avançadas. A renda per capita média da Turquia pode ser considerada baixa: US$ 9.600 em 2007. O poder aquisitivo fora de zonas urbanas como Istambul, Ancara, Izmir, Bursa e algumas outras cidades ainda é muito baixo.

## A indústria global de eletrodomésticos

Os consumidores tendem a considerar os eletrodomésticos como *commodities* e geralmente dão mais valor a preços baixos do que a marcas e características. Alguns deles, como lava-louças e fogões, têm menor margem de lucro. A vida média de um eletrodoméstico de grande porte é de 10 a 15 anos. Para reduzir os custos de fabricação, as empresas recorrem à padronização de materiais, peças e componentes, além de desenvolver processos similares de manufatura. As fábricas estão se tornando automatizadas, e o uso de mão de obra de baixo custo representa uma vantagem somente no curto prazo.

Para cobrar preços altos e elevar as margens de lucro, os fabricantes de alguns eletrodomésticos diferenciam seus produtos incorporando tecnologia inovadora, de valor agregado, e atributos únicos. Entretanto, a inovação é onerosa. Oferecer aparelhos com a mais alta tecnologia requer frequentes alterações nos métodos de produção e treinamento contínuo de operários. Cobrar mais dos consumidores é difícil devido à intensa concorrência e ao baixo poder aquisitivo nos mercados emergentes.

Nas economias avançadas, a indústria de eletrodomésticos está madura, e a maioria dos mercados, saturada. Há diversos competidores globais, como BSH, Electrolux, General Electric, Haier, Merloni, National e Whirlpool. Uma concorrência intensa desencadeou a consolidação disseminada do setor. As fusões e aquisições criaram várias empresas de grande porte que eliminaram as menores e independentes. Por exemplo, se antes havia cerca de 400 fabricantes de eletrodomésticos atuantes na Europa, atualmente somente cinco empresas controlam mais de 70 por cento do mercado.

Embora os grandes fabricantes desse setor tenham começado a se globalizar na década de 1990, a maioria continuou a comercializar produtos especificamente adequados a seus próprios mercados. Devido a diferenças culturais, legais, técnicas e econômicas, não é possível vender o mesmo produto por toda Europa, América do Norte, América do Sul e Ásia. Por exemplo, na Índia, os consumidores preferem máquinas de lavar que ofereçam mais capacidade de limpeza a um baixo preço. Os consumidores chineses e latino-americanos possuem baixo poder de compra; mesmo assim, desejam os modelos mais vendidos, com ampla diversidade de atributos. Na Europa, a Arcelik deve cumprir as rigorosas leis ambientais que regulam o consumo de energia elétrica e água das lavadoras de roupa; alguns mercados preferem os modelos com tampa frontal, enquanto outros, com tampa superior.

Cada vez mais, os fabricantes de eletrodomésticos enfatizam as estratégias de negócios inteligentes. Visto que os fatores 'tangíveis', como ferramentas, equipamentos, *layout* de fábrica, aquisição de materiais e projeto, não proporcionam vantagem competitiva sustentável, essas indústrias ressaltam os fatores 'intangíveis', como o uso inovador de tecnologia da informação, para obter essa vantagem.

Pesquisas de mercado revelam que a distribuição das vendas na indústria global de eletrodomésticos é aproximadamente de: 34 por cento para Ásia/Pacífico, 24 por cento para Europa Ocidental, 23 por cento para América do Norte e 19 por cento para outras regiões. A tabela a seguir indica o total das vendas de eletrodomésticos em milhões de unidades. Como se pode ver, as perspectivas de vendas são especialmente favoráveis na área da Ásia/Pacífico, onde a progressiva industrialização, expansão da população e aumento de renda prometem oportunidades atrativas nesse setor. A América Latina também apresenta um forte potencial de crescimento devido à contínua industrialização e urbanização. Também se podem esperar ganhos acima da média na maior parte do Leste Europeu, na África e no Oriente Médio.

***Total de venda de eletrodomésticos (em milhões de unidades)***

| Região | 1998 | 2003 | 2007 |
|---|---|---|---|
| Ásia/Pacífico | 80,1 | 106,4 | 135,1 |
| Europa Ocidental | 64,9 | 69,7 | 73,9 |
| América do Norte | 58,4 | 61,4 | 64,4 |
| Leste Europeu | 18,1 | 23,3 | 31,9 |
| América Latina | 18,0 | 21,3 | 25,9 |

Fontes: Appliance Manufacturer e World Market Share Reporter.

A Europa caracteriza-se pela segmentação em ocidental e oriental. Na Europa Ocidental, os mercados estão relativamente saturados. As vendas anuais apresentam aumento médio de três por cento, embora alguns mercados, como Alemanha e Holanda, sejam mais lentos. O Leste Europeu tem potencial de taxas de crescimento de mercado mais elevadas, e a demanda é orientada, sobretudo, pelo aumento da base instalada. As vendas nessa região têm sido agressivas, crescendo entre 5 e 8 por cento ao ano.

## Aspiração da Arcelik: tornar-se um concorrente global

Na Europa, a Whirlpool é líder de mercado no segmento de máquinas de lavar de uso doméstico. A Electrolux lidera em refrigeradores e aspiradores de pó, e a BSH, em lava-louças. Fora da Turquia, os maiores mercados da Arcelik são europeus. Inicialmente, na década de 1990, ela estabeleceu a marca Beko de eletrodomésticos e aparelhos de TV na Inglaterra. Gradualmente, expandiu-se para França, Alemanha e Espanha. No início da década de 2000, comprou renomadas marcas europeias: Blomberg (subsidiária da Brandt) e Grundig da Alemanha, Elektra Bregenz e Tirolia da Áustria, além de Leisure e Flavel (eletrodomésticos e aparelhos de TV) da Inglaterra. Na Romênia, adquiriu a Arctic (lavadoras de roupa, fogões e televisores) e imediatamente investiu na modernização das operações, dobrando a capacidade produtiva. Em 2005, construiu uma fábrica de refrigeradores e máquinas de lavar roupa na Rússia e estabeleceu subsidiárias de vendas na República Tcheca, Hungria e Itália.

A vantagem da Arcelik advém de seu conhecimento sobre como fabricar produtos para países de baixa renda. Suas fábricas na Turquia e no Leste Europeu permitem-lhe manufaturar aparelhos com menor custo do que alguns concorrentes. A empresa visa tornar-se líder mundial. Um dos desafios é que suas marcas são praticamente desconhecidas fora da Europa. A imagem da marca age como uma barreira de entrada e pode reduzir as chances de sucesso no curto prazo. Os concorrentes da Arcelik contam com marcas tanto locais quanto regionais. Estas se distinguem por décadas de tradição e um alto grau de conscientização do consumidor. Tanto as marcas locais quanto as regionais são customizadas para atender às necessidades dos consumidores em seus respectivos países ou regiões.

Para administrar melhor as vendas e o serviço, a empresa estabeleceu centros de distribuição por toda Europa. A Arcelik possui uma rede de distribuição sem igual, que conta com cerca de 1.700 revendedores das marcas Arcelik e Beko, além de 1.700 agentes não exclusivos. A rede é valiosa porque o alcance geográfico é essencial à manutenção da liderança de mercado, e poucas empresas têm condições de formar uma rede tão ampla de revendas. A Arcelik também se orgulha de um forte atendimento pós-vendas, com 530 postos autorizados de assistência técnica.

A Arcelik adotou a tecnologia da informação (TI) como forma de reduzir custos e promover suas ambições internacionais. A Cisco colaborou para a migração da empresa para o mundo digital, suprindo a tecnologia de rede que serve de base para suas principais aplicações comerciais. A Arcelik criou uma rede virtual on-line, na qual o fluxo de informações e conhecimento não é só interno, mas também externo para parceiros de negócios, como lojas de varejo e postos de serviço. Todos os fornecedores estão conectados por uma extranet, com acesso aos principais dados de pedido e produto. Esse uso avançado de tecnologia da informação poupa milhões de dólares ao ano.

## O Futuro

A Arcelik visa crescer de forma sustentável no mercado global e assumir a liderança no segmento de eletrodomésticos. Para atingir essa meta, precisa melhorar a eficiência operacional a níveis compatíveis ou superiores em relação a seus principais concorrentes, além de aumentar o investimento nos mercados de alto crescimento. A Arcelik vislumbra as melhores perspectivas nos mercados emergentes e de acelerada expansão do Leste Europeu, Ásia e América Latina. O sucesso da empresa dependerá da redução dos custos operacionais em manufatura, da alavancagem de suas plataformas industriais de baixo custo e de tecnologia da informação e da fabricação de produtos atrativos para os mercados estrangeiros.

## Questões do estudo de caso

1. A Arcelik tem atuado de modo bastante ativo na Europa Ocidental. Você acredita que as perspectivas da empresa sejam melhores nos mercados emergentes e nas economias em desenvolvimento do que nas economias avançadas? Sob quais aspectos os mercados emergentes e as economias em desenvolvimento são atrativos para a Arcelik? De modo geral, como a empresa pode se beneficiar desses mercados para maximizar o desempenho corporativo?
2. A administração da Arcelik está ansiosa para entrar em alguns mercados emergentes ou economias em desenvolvimento. Que tipos de risco e desafio ela provavelmente enfrentará ao fazer negócios em mercados emergentes? Como os gestores da empresa podem identificar os mercados mais promissores? Como a empresa deve adaptar seus produtos?
3. Originária de um mercado emergente, a Arcelik pode estar preparada para atender às necessidades de desenvolvimento econômico de outros mercados emergentes e de economias em desenvolvimento. De que forma ela pode cumprir bem sua responsabilidade social corporativa nesses países? Sugira enfoques específicos capazes de abranger: o desenvolvimento de aparelhos mais simples e de menor custo; a concessão de pagamentos parcelados; o incentivo ao estabelecimento de fornecedores locais; e a concepção de produtos que economizem água e energia.

Este estudo de caso foi preparado pelos professores Zumrut Ecevit Sati, da Celal Bayar University, Turquia, e Goksel Yalcinkaya, da Michigan State University, sob a coordenação do professor S. Tamer Cavusgil.

Fontes: *Appliance Magazine*. abr. 2002, p. 1; Arcelik. Apresentação da empresa, 2006, disponível em: www.Arcelik.com.tr; Freedonia Group. *World Market Share Reporter*, 2001, p. 229; Gale Group. *Encyclopedia of Global Industries*, 4.ed. Detroit: Gale Group, 2003; perfil Hoover da Arcelik, disponível em: www.hoovers.com; TEWARY, A. *Pesquisas setoriais da Standard & Poor*, 2004; UNCTAD. "Turkish outward FDI". Genebra, dez. 2005; Cisco Corp. "Internet business solutions group", 2005, extraído de: www.cisco.com.

## Principais termos

conglomerado
economias avançadas
economias de transição
economias em desenvolvimento
*global sourcing*
mercados emergentes
novos desafiantes globais
*outsourcing*
privatização
*tenders*

## Resumo

Neste capítulo, você aprendeu:

1. **A distinção entre economias avançadas, economias em desenvolvimento e mercados emergentes**

   **Economias avançadas** são países da era pós-industrial caracterizados por elevada renda *per capita*, setores industriais altamente competitivos e infraestrutura comercial bem desenvolvida. Consistem basicamente das sociedades da Europa Ocidental, Japão, Estados Unidos, Canadá, Austrália e Nova Zelândia. As **economias em desenvolvimento** representam as nações de baixa renda que ainda não se industrializaram. Devido a um baixo poder aquisitivo e limitada atratividade às empresas estrangeiras, sua participação nos negócios internacionais é restrita. Os **mercados emergentes** são economias em desenvolvimento que estão progredindo bem para tornarem-se economias avançadas. Localizadas sobretudo na Ásia, no Leste Europeu e na América Latina, esses mercados estão se transformando em economias dirigidas pelo mercado ao liberalizar o comércio e as políticas de investimento, privatizar empresas e formar blocos econômicos. Brasil, Rússia, Índia e China constituem exemplos de grandes mercados emergentes.

As **economias de transição** constituem um subconjunto de mercados emergentes que passaram de economias de planejamento central para mercados liberalizados. A **privatização** refere-se à transferência de empresas estatais para públicas. Os **novos desafiantes globais** são empresas de ponta baseadas em mercados emergentes em acelerada expansão que rapidamente se tornam fortes concorrentes nos mercados mundiais.

2. **Por que os mercados emergentes atraem negócios internacionais**

Em primeiro lugar, os mercados emergentes representam mercados promissores de exportação de bens e serviços. Segundo, constituem bases ideais de estabelecimento de atividades manufatureiras. Os baixos custos de mão de obra tornaram esses mercados grandes fornecedores de uma variedade de manufaturas ao restante do mundo. Por fim, trata-se de destinos populares de ***global sourcing*** — aquisição de bens e serviços do exterior. A compra pode ser de fornecedores independentes ou de subsidiárias de grandes empresas. O suprimento de fornecedores estrangeiros é uma atividade em expansão graças à popularidade do ***outsourcing*** — aquisição de atividades selecionadas de valor agregado, como a fabricação de bens intermediários ou produtos acabados, de fornecedores independentes.

3. **Como estimar o real potencial dos mercados emergentes**

Questões específicas devem ser levadas em conta ao se estimar a real demanda dos mercados emergentes. Pode-se adotar um destes três fatores para uma avaliação mais realista do potencial de um mercado emergente: tomar como base a renda *per capita*, considerar o tamanho e a taxa de crescimento da classe média e formar um amplo conjunto de indicadores como o Índice de Potencial de Mercado Emergente.

4. **Riscos e desafios de fazer negócios nos mercados emergentes**

Os mercados emergentes impõem vários riscos. Instabilidade de política, estruturas jurídica e institucional inadequadas, falta de transparência e proteção falha à propriedade intelectual estão entre os fatores que aumentam o custo de fazer negócios nesses mercados. Outra complicação surge da predominância dos **conglomerados** — grandes e diversificados negócios, em geral de controle familiar. Essas empresas dominam suas economias e constituem rivais de peso ou opções atraentes de parceria.

5. **Estratégias de negócios nos mercados emergentes**

As empresas que almejam fazer negócios nos mercados emergentes devem adaptar suas estratégias e táticas a condições específicas. Esses países estão preparados para o *global sourcing* e como destinos de investimentos diretos. Algumas empresas obtêm sucesso nesses mercados por meio de parceria com os conglomerados. Em geral, os governos são grandes compradores. Vender para órgãos governamentais implica submeter-se a um ***tender*** — uma requisição formal de propostas de fornecedores para um determinado projeto. As empresas nas economias avançadas adotam vários enfoques para enfrentar com habilidade os concorrentes de um mercado emergente.

6. **Como atender às necessidades de desenvolvimento econômico dos mercados emergentes e das economias em desenvolvimento**

As empresas líderes exibem boa responsabilidade social corporativa engajando-se em atividades que fomentam o desenvolvimento econômico de um mercado emergente ou uma economia em desenvolvimento. As empresas podem atender a nações de baixa renda com bens e serviços baratos e customizados, além de envolvimento comunitário. O microfinanciamento, ou o surgimento de instituições financeiras que concedem empréstimos de pequena escala a empreendedores de mercados emergentes, já fez uma grande diferença no tocante à promoção de iniciativas empreendedoras de negócios incipientes.

## Teste seu entendimento

1. O que são economias avançadas, economias em desenvolvimento e mercados emergentes? Quais são as principais diferenças entre esses três grupos de países?
2. Explique os principais motivos que levam as empresas a fazer negócios nos mercados emergentes. O que torna esses mercados tão atrativos?
3. Como os administradores de empresas podem avaliar o real potencial de um mercado emergente?
4. Descreva os vários riscos e desafios que os gestores encontram nos mercados emergentes.
5. O que é um conglomerado? Em que eles diferem das empresas públicas? Que papel desempenham nos mercados emergentes?
6. Descreva o processo de venda a governos estrangeiros e empresas estatais.
7. Fazer negócio em mercados emergentes envolve estratégias que geralmente diferem daquelas para outras localidades internacionais. Que tipos de enfoque comercial as empresas podem adotar ao fazer negócios em mercados emergentes?
8. Como as empresas podem demonstrar responsabilidade social corporativa em mercados emergentes e economias em desenvolvimento?

## Aplique seu entendimento

1. A Auto Ornaments Ltd. fabrica acessórios automotivos, como capa para assentos e pintura de vidros. Ela nunca conduziu negócios internacionais. O gerente geral, Steve Diesel, pretende expandir a empresa para mercados estrangeiros. Ele ouviu dizer que cerca de três quartos da população mundial vive em economias em desenvolvimento e mercados emergentes. E calcula que deve haver um grande mercado nesses países para os produtos de sua empresa. O que Steve deve conhecer sobre as características das economias em desenvolvimento e dos mercados emergentes que os tornam alvos atraentes, *mas também* nem tanto assim para a Auto Ornaments? Faça uma recomendação a ele sobre as vantagens e desvantagens de entrar nesses mercados. Justifique sua resposta.
2. Suponha que você trabalhe na Microsoft, em sua divisão de console para o videogame Xbox. Há muito tempo a empresa projetou o Xbox para as economias avançadas, sobretudo na América do Norte e Europa. Quais são as principais características dos mercados emergentes que os tornam potencialmente atrativos para o Xbox? Identifique os maiores riscos e desafios que a Microsoft deve encontrar na venda do Xbox 360 aos mercados emergentes.
3. A CBKing está tentando exportar seus produtos para vários mercados emergentes, mas até agora teve pouco sucesso. Você conhece muito sobre mercados emergentes e está ansioso para compartilhar seus conhecimentos com o presidente da empresa, Roger Wilko. Quais estratégias você recomendaria a ele visando a condução de negócios nos mercados emergentes? Você conclui que deve haver alguma demanda em órgãos militares e governamentais. Explique como a empresa deve tratar a venda aos clientes de mercados emergentes.

## Notas

1 Boston Consulting Group. *The new global challengers*. Boston: The Boston Consulting Group, Inc., 2006; ENGARDIO, P. "Emerging giants". *Business Week*. 31 jul. 2006, p. 40-2.

2 LONDON, T.; HART, S. "Reinventing strategies for emerging markets: beyond the transnational model". *Journal of International Business Studies*. 35:350-63, 2004.

3 "The luck of the Irish: a survey of Ireland". *Economist*. 16 out. 2004.

4 Banco Mundial, *World Bank development indicators*. Washington DC: Banco Mundial, 2007.

5 Ibid.

6 Banco Mundial. *Doing Business*: benchmarking business regulations, 2007, disponível em: www.doingbusiness.org.

7 BEHRMAN, J.; RONDINELLI, D. "The transition to market-oriented economies in Central and Eastern Europe". *European Business Journal*. 12:87-99, 2000.

8 REED, S. "This mobile upstart really gets around". *Business Week*. 31 jul. 2006, p. 49.

9 WANG, A. "The downside of growth: law, policy and China's environmental crisis". *Perspectives*. 2, 2000; Rockville, MD: Overseas Young Chinese Forum, disponível em: www.oycf.org.

10 DENEEN, M.; GROSS, A. "The global market for power tools". *Business Economics*. jul. 2006, p. 66-73.

11 CAVUSGIL, S. T.; AMINE, L. S. "Demand estimation in a developing country environment: difficulties, techniques, and examples". *Journal of the Market Research Society*. 28:43-65, 1986.

12 O 'percentual de renda mantida pela classe média' refere-se à distribuição do percentil de renda em um país. Representa, em particular, a proporção de renda nacional obtida pelo percentil mediano de 60 da população, quando o percentil de 20 no topo e o percentil de 20 na base (os mais pobres) são excluídos. Por exemplo, a classe média — os 60 por cento da população espremidos entre os mais ricos e os mais pobres — no Brasil respondia por somente 35 por cento da renda nacional, sugerindo uma distribuição relativamente desigual da renda nacional.

13 CAVUSGIL, S. T. "Measuring the potential of emerging markets: an indexing approach". *Business Horizons*. 40:87-91, 1997.

14 The Index of Economic Freedom, preparado pelo The Heritage Foundation, disponível em: http://www.heritage.org/research/features/index/, mede e classifica mais de 150 países em 10 critérios específicos de liberdade, tais como alíquotas de impostos e direitos à propriedade.

15 COHEN, A. "Putin's crisis: dealing with Russia's political upheaval". *WebMemo #671*, 20 fev. 2005, disponível em: www.heritage.org.

16 United States Trade Representative. *National trade estimate report on foreign trade barriers*, 2006, disponível em: www.ustr.gov.

17 Transparência Internacional, 2005, disponível em: www.transparency.org.

18 KIM, D.; KANDEMIR, D.; CAVUSGIL, S. T. "The role of family conglomerates in emerging markets: what western companies should know". *Thunderbird International Business Review*. 46:13-20, 2004.

19 MARSH, P. "Toyota gears up for production drive in India". *Financial Times*. 5 mar. 2007, p. 21.

20 REED, J. "GM plans to build low-priced small vehicle". *Financial Times*. 5 mar. 2007, p. 21.

21 GARTEN, J. *The Big Ten*: the big emerging markets and how they will change our lives. Nova York: Basic Books, 1997; KOLODKO, G. (ed.) *Emerging market economics*: globalization and development. Aldershot, Hants, Inglaterra: Ash-gate, 2003; KIM, D.; KANDEMIR, D.; CAVUSGIL, S. T. "The role of family conglomerates in emerging markets: what western companies should know". *Thunderbird International Business Review*. 46:13-20, 2004.

22 ENGARDIO, P. "Emerging giants". Business Week. 31 jul. 2006, p. 40-9.

23 PRAHALAD, C. K. "Aid is not the answer". *Wall Street Journal*. 31 ago. 2005, p. A8; PRAHALAD, C. K. *The fortune at the bottom of the pyramid*: eradicating poverty through profits. Filadélfia: Wharton School Books, 2005.

24 ELEGANT, S. "Comeback kid". Far *Eastern Economic Review*. 3 set. 1998, p. 10-4; PANNI, A. "Sweden's mobile leader". *International Management*. 49:24-9, 1994.

25 HELMS, B. *Access for all*: building inclusive financial systems. Washington, DC: Banco Mundial, 2006.

26, 27 GREENE, J. "Taking tiny loans to the next level". *Business Week*. 27 nov. 2006, p. 76-82.

28 BESHOURI, C. "A grassroots approach to emerging-market consumers". *The McKinsey Quarterly*. 4, 2006, disponível em: www.mckinseyquarterly.com.

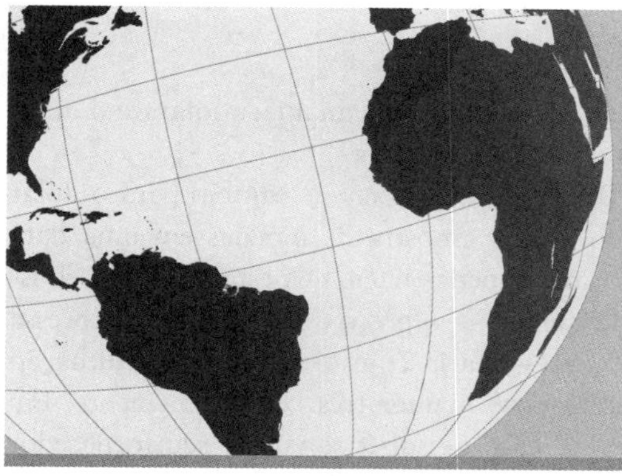

Capítulo 10

# O ambiente internacional monetário e financeiro

## Objetivos de aprendizagem

Neste capítulo, você aprenderá sobre:

1. Moedas e taxas de câmbio nos negócios internacionais
2. Como as taxas de câmbio são determinadas
3. Desenvolvimento do sistema cambial moderno
4. Os sistemas internacionais monetário e financeiro
5. Principais participantes dos sistemas monetário e financeiro

## A complexa relação monetária e financeira entre China e Estados Unidos

China e Estados Unidos são grandes economias que respondem por quase metade do crescimento econômico mundial dos últimos anos. Os dois países representam a relação econômica e comercial bilateral mais importante do mundo, cada qual com um papel distinto: a China é líder mundial na manufatura de produtos enquanto os Estados Unidos, um dos mercados consumidores e industriais mais ricos.

A China deve grande parte de seu sucesso no comércio internacional ao valor do renminbi, a moeda nacional (também conhecida como yuan). Durante anos, o renminbi valeu pouco pelos padrões mundiais, tornando os produtos chineses baratos aos importadores estrangeiros. O valor da moeda é estipulado a uma taxa fixa de câmbio em relação ao dólar norte-americano e outras moedas do mundo. O governo chinês intervém regularmente nos mercados cambiais para assegurar que essa taxa fixa seja mantida. O valor relativamente baixo do renminbi estimulou a enorme demanda por produtos chineses, uma das principais causas do persistente déficit comercial norte-americano com a China.

Exportações em grande escala acarretaram entradas consideráveis de capital, tornando a China o maior detentor mundial de 'reservas cambiais estrangeiras' (moeda que as nações recebem de suas transações internacionais, tal como as exportações). O país utilizou grande parte dessas reservas para investir em títulos do governo norte-americano, ajudando a financiar sua imensa dívida orçamentária. Em 2006, a China adquiriu quase metade das emissões de títulos do Tesouro dos Estados Unidos, totalizando $ 87 bilhões, e tornando-se o maior investidor global em dívida norte-americana. Os Estados Unidos necessitam de capital chinês para financiar seu comércio e déficits orçamentários. Em contrapartida, a China necessita que os Estados Unidos comprem as exportações responsáveis por grande parte da riqueza chinesa.

A política chinesa de taxa fixa de câmbio constitui um dos assuntos mais controversos em finanças internacionais. Alguns economistas argumentam que o sistema tem sido bom para a China, estabilizando sua moeda e proporcionando aos investidores internacionais a confiança necessária para construir fábricas no país. Outros economistas, contudo, alegam que essa taxa fixa distorce os fluxos de comércio e investimento. Eles acreditam que a China deveria permitir que sua moeda flutuasse livremente de acordo com as forças de mercado. Em parte devido à pressão dos Estados Unidos e de outros países, a China reavaliou ligeiramente o renminbi em 2005 para valorizá-lo em relação ao dólar.

Quando o governo chinês elevou o valor do renminbi, seus produtos tornaram-se mais caros aos estrangeiros, reduzindo a demanda mundial pelas exportações chinesas. Correções monetárias desse tipo podem diminuir a renda de um país e desencadear uma recessão econômica. Como a China está altamente integrada à economia mundial, uma recessão chinesa poderia desencadear problemas econômicos nos Estados Unidos e demais países. Uma desaceleração da economia chinesa poderia também reduzir o apetite chinês pelas importações norte-americanas. O efeito poderia ser considerável — a China é o maior consumidor de carne suína, algodão, carvão, alumínio, aço, lavadoras de roupa, telefones celulares e uma gama de outros produtos.

A China e os Estados Unidos estão inexoravelmente ligados em uma relação complexa, crucial à saúde econômica de ambos. A evolução desse relacionamento ao longo do tempo determinará, em grande medida, a prosperidade futura da economia mundial.

Fontes: AREDDY, J. "China's rate boost shows economy's vigor". *Wall Street Journal*. 19 mar. 2007, p. A2; BATSON, A. "China says it won't rattle markets". *Wall Street Journal*. 17-18 mar. 2007, p. A10; "A survey of the world economy: the dragon and the eagle". *Economist*. 2 out. 2004, seção especial; FIELD, A. "China revalues yuan". *Journal of Commerce*. 21 jul. 2005, p. 1; MORICI, P. "Why China should revalue the yuan". *Journal of Commerce*. 4 jul. 2005, p. 1; NORRIS, F. "Washington dares to challenge the lender it depends upon". *New York Times*. 14 abr. 2007, p. C3; "China's currency bow". *Wall Street Journal*. 22 jul. 2005, p. A12.

Como o texto de abertura demonstra, as transações internacionais ocorrem no âmbito dos sistemas monetário e financeiro globais. Compreender esses sistemas é fundamental para o sucesso empresarial. Quando se pensa em comércio internacional, invariavelmente se pensa em comércio de bens e serviços. Entretanto, os mercados de câmbio e capital são muito mais amplos. As empresas costumam trocar dólares norte-americanos, euros, ienes e outras moedas fortes para cumprir suas obrigações comerciais. Esse comércio exige que as nações troquem moedas entre si. O câmbio vincula as diversas moedas nacionais de modo a possibilitar a formação de um preço internacional e as comparações de custo. Neste capítulo, exploramos a estrutura monetária e financeira que viabiliza o comércio e os investimentos. Explicamos a natureza, a forma de organização e as funções do mercado de câmbio e das dimensões monetária e financeira de como as empresas promovem as transações internacionais.

## Moedas e taxas de câmbio nos negócios internacionais

As transações internacionais ocorrem por meio da troca de moedas entre compradores e vendedores. Uma moeda é uma forma de dinheiro e uma unidade de câmbio. A tendência de cada país de preferir usar sua própria moeda complica as transações comerciais internacionais. Há cerca de 175 moedas em uso no mundo. Ao comprar um produto ou serviço de um fornecedor mexicano, por exemplo, deve-se converter a própria moeda em pesos mexicanos para pagar o fornecedor. Entretanto, o regime cambial é simplificado em algumas localidades. Inúmeros países europeus utilizam o euro enquanto outros, como o Panamá, adotaram o dólar norte-americano como sua moeda.

A Tabela 10.1 fornece as taxas de câmbio para o dólar norte-americano e uma amostra de moedas em uma data recente. O valor das moedas nacionais está em fluxo constante. A **taxa de câmbio** — o preço de uma moeda expressa em relação a outra — varia com o tempo. Essa flutuação significa que você deve manter três coisas em mente. Em primeiro lugar, é o caso de saber se você e seu fornecedor mexicano concordaram de antemão sobre uma taxa de câmbio ou se ela será definida na data do efetivo pagamento. Segundo, deve-se levar em conta se o acordo de compra cotou o preço em sua moeda ou na do fornecedor. Terceiro, como vários meses podem transcorrer do momento do pedido até o momento da entrega do pedido, as flutuações na taxa de câmbio durante esse período podem implicar custo ou ganho monetário, porque o que você paga ou recebe é maior ou menor do que no momento da transação.

Essas e outras complicações semelhantes no comércio internacional criam o **risco cambial**, que é aquele decorrente de variações no valor de uma moeda em relação a outra. Trata-se de um dos quatro tipos de risco encontrados nos negócios internacionais que ilustramos na Figura 1.5. Ao comprar de um fornecedor cuja moeda esteja valorizada em relação à sua, você enfrentará um risco cambial, visto que talvez precise desembolsar uma grande quantia de sua moeda para pagar pela compra. Se você tiver a receber de um cliente cuja moeda está depreciada em relação à sua, também haverá risco cambial, porque você poderá receber menos em sua moeda, se o preço de venda tiver sido expresso na moeda do cliente. É evidente que, se a moeda estrangeira flutuar a seu favor, será um golpe de sorte. No

**Tabela 10.1** Taxas de câmbio em dólar norte-americano para uma amostra de moedas em 2 de outubro, 2007

| | *Câmbio para US$ 1* | *Dólares norte-americanos por unidade de moeda* |
|---|---|---|
| Dólar australiano | $ 1,130 | $ 0,885 |
| Real brasileiro | 1,822 | 0,549 |
| Libra esterlina | 0,490 | 2,042 |
| Dólar canadense | 1,000 | 1,000 |
| Renminbi (yuan) chinês | 7,509 | 0,133 |
| Euro | 0,706 | 1,416 |
| Rúpia indiana | 39,650 | 0,025 |
| Iene japonês | 115,830 | 0,009 |
| Peso mexicano | 10,910 | 0,092 |
| Dólar neozelandês | 1,314 | 0,761 |
| Coroa norueguesa | 5,423 | 0,184 |
| Dólar de Cingapura | 1,484 | 0,674 |
| Riyal da Arábia Saudita | 3,750 | 0,267 |
| Rand sul-africano | 6,909 | 0,145 |
| Lira turca | 1,204 | 0,830 |

FONTE: © 2007 x-rates.com, todos os direitos reservados.

entanto, de modo geral, exportadores ou importadores não estão no negócio para lucrar com especulação financeira; eles costumam preocupar-se com os *prejuízos* decorrentes das flutuações cambiais.

Exportadores e licenciadores também correm risco porque os clientes no exterior ou pagam em moeda estrangeira ou devem converter sua moeda àquela do fornecedor. Os investidores estrangeiros enfrentam o risco cambial porque tanto recebem quanto incorrem em pagamentos em moeda estrangeira.

## Moedas conversíveis e não conversíveis

Uma *moeda conversível* pode ser prontamente trocada por outras. As mais conversíveis são chamadas de *moedas fortes*. Trata-se de moedas estáveis e universalmente aceitas, como o dólar norte-americano, o iene japonês, a libra esterlina e o euro. Essas são as moedas mais usadas no comércio internacional. As nações preferem deter moedas fortes por causa de sua força e estabilidade em comparação com as demais.

Uma moeda *não conversível* é usada em transações domésticas e não é aceita em transações internacionais. Em alguns casos, o governo pode não permitir sua conversão em uma moeda estrangeira. A conversibilidade cambial é tão restrita em algumas economias em desenvolvimento que as empresas evitam usá-las e recebem pagamento sob a forma de produtos; em outras palavras, envolvem-se em uma espécie de escambo. Os governos impõem restrições à conversibilidade de sua moeda para preservar sua reserva de moedas fortes, como o dólar norte-americano ou o euro, ou para evitar o problema da *fuga de capital* — a possibilidade de que residentes ou estrangeiros vendam suas reservas de moeda nacional ou a convertam em moeda estrangeira. A fuga de capital compromete a capacidade de um país de atender ao serviço da dívida e pagar pelas importações.

Há casos em que os investidores estrangeiros reduzem de modo radical seus investimentos em um determinado país e sua moeda. Isso ocorre porque as pessoas acreditam que é mais provável que suas reservas mantenham o valor, se forem convertidas em outra moeda (em geral, uma moeda forte, como o dólar norte-americano ou o euro) ou investidas em outro lugar. Por exemplo, entre 1979 e 1983, houve uma evasão declarada de cerca de $ 90 bilhões do México, quando os credores estrangeiros perderam a confiança na economia mexicana e os investidores retiraram seu dinheiro do país. Em 2007, o presidente do Equador, Rafael Correa, destituiu 57 membros de oposição do Congresso e adotou um plano para elaborar uma nova Constituição e transformar a estrutura jurídica do país. Alguns equatorianos receavam que Correa planejasse estabelecer uma ditadura. Em 2006, Correa havia expropriado a Occidental Petroleum, anteriormente o maior investidor estrangeiro do Equador. As ações imprevisíveis do presidente causaram pânico nos investidores estrangeiros e nos cidadãos mais ricos do país, que retiraram milhões de dólares da economia nacional.[1]

## Mercados cambiais

A função essencial de uma moeda é facilitar o pagamento pelos bens e serviços que uma empresa vende. Ao fazer negócio no país de origem, o recebimento do valor devido é direto — o dólar norte-americano é aceito em todo o território dos Estados Unidos, o euro é amplamente aceito na Europa, e os japoneses só precisam de ienes ao comprar e vender entre si. Mas suponhamos que um canadense necessite pagar a um japonês, ou um japonês a um italiano, ou um italiano a um canadense. O canadense quer receber em dólares canadenses, o japonês, em ienes, e o italiano, em euros. Cada uma dessas moedas é conhecida como *câmbio*. O **câmbio** representa todas as formas de moeda comercializadas internacionalmente, incluindo moedas estrangeiras, depósitos bancários, cheques e transferências eletrônicas. O câmbio resolve o problema de efetuar pagamentos internacionais e facilita o investimento e os empréstimos internacionais entre empresas, bancos e governos.

As moedas como dólar norte-americano, iene e euro são comercializadas no **mercado de câmbio**, o mercado global para compra e venda de moedas nacionais. Esse mercado não possui local fixo. As trocas ocorrem por meio de um processo contínuo de compra e venda entre bancos, corretoras, governos e outros agentes de câmbio ao redor do mundo. Os negócios internacionais seriam impossíveis sem o câmbio e o mercado de câmbio.

## O fluxo constante das taxas de câmbio

Ocasionalmente, ocorrem flutuações drásticas na taxa de câmbio entre o dólar norte-americano e o euro e entre inúmeras outras moedas, conforme ilustra a Figura 10.1. Em 1985, o iene japonês era comercializado a 240 ienes para um dólar norte-americano. Em 1988, o iene flutuou para somente 125 ienes para um dólar, uma valorização de quase 50 por cento. As implicações para o comércio internacional com o Japão foram imensas. No período de apenas três anos, as empresas japonesas sofreram retração nas exportações porque seus produtos se tornaram bem mais caros em dólares. Por outro lado, com o aumento do poder aquisitivo em dólar dos japoneses, as empresas norte-americanas passaram por uma expansão nas exportações ao Japão.[2] A Figura 10.1 também mostra que o franco francês constitui uma das moedas de países da zona do euro que foram retiradas de circulação e substituídas pelo euro.

A Lincoln Electric Co., de Cleveland, Ohio, tem exportado muito mais de seus produtos de soldagem a arco para

Figura 10.1 Seleção de taxas de câmbio para o dólar norte-americano ao longo do tempo

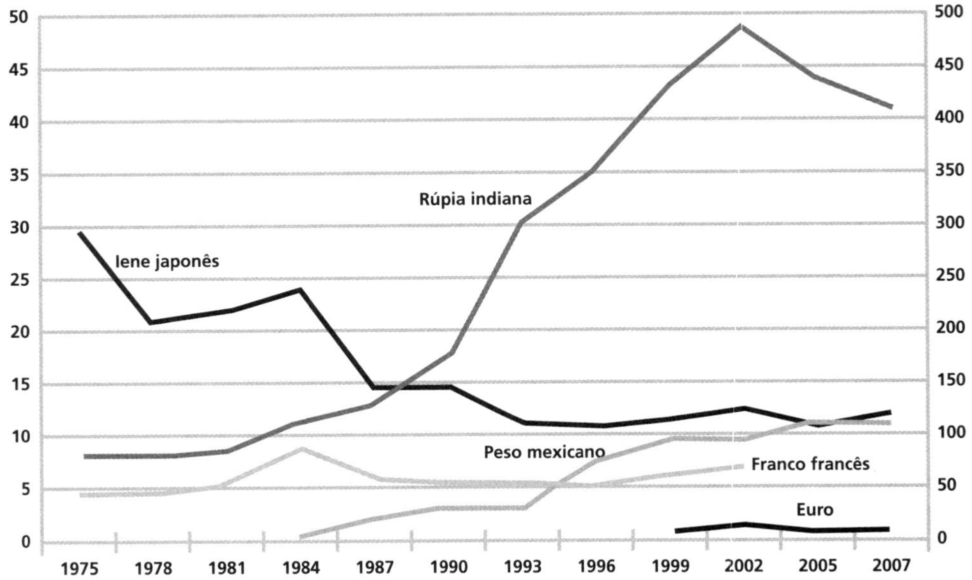


Notas: A escala da direita refere-se ao iene japonês; a escala da esquerda, a todas as demais moedas. O euro tornou-se a moeda comum de vários países na União Europeia em 1999, substituindo o franco francês, dentre outras moedas europeias. O peso mexicano sofreu correção em 1983.

Fontes: Dados do FMI e do Banco Mundial.

a Europa devido à recente desvalorização do dólar norte-americano em relação ao euro.[3] Por outro lado, para os consumidores norte-americanos, o euro está relativamente mais caro, desestimulando-os a comprar produtos europeus. Isso afetou empresas como Volkswagen, cujas vendas para os Estados Unidos caíram em decorrência do alto custo para os consumidores do país.[4] Esse tipo de risco cambial constitui uma decorrência natural das operações entre países.

A flutuação cambial afeta tanto as empresas quanto os consumidores. Suponhamos que em uma determinada data a taxa de câmbio euro/dólar seja: € 1 = US$ 1; isto é, para um europeu comprar um dólar norte-americano, ele deve pagar um euro. Em seguida, suponhamos que, no decorrer do ano seguinte, o câmbio suba para € 1,50 = US$ 1. Em comparação com a condição anterior, o dólar encareceu para empresas e consumidores europeus — custa 50 por cento a mais para adquirir um dólar. Vamos examinar o efeito dessa variação para os europeus.[5]

*Efeito para empresas europeias:*

- As empresas europeias devem pagar mais por insumos dos Estados Unidos — tais como matéria-prima, componentes e serviços de suporte — necessários para fabricarem produtos acabados e prestarem serviços.
- Um aumento nos custos de insumos reduz a lucratividade e pode ocasionar o aumento de preços ao consumidor final; preços mais elevados reduzem a demanda dos clientes por bens e serviços.
- Como o euro se tornou menos oneroso para os consumidores norte-americanos, as empresas europeias podem aumentar suas exportações para os Estados Unidos. Elas podem até aumentar seus preços de exportação e permanecerem competitivas no mercado norte-americano.
- O aumento de exportações para os Estados Unidos gera aumento de renda e de lucros.

*Efeito sobre consumidores europeus:*

- Como bens e serviços norte-americanos passaram a custar mais, os consumidores europeus compram menos deles.
- O custo de vida aumenta para os europeus que consomem muitas importações denominadas em dólar.
- Menos turistas europeus podem visitar os Estados Unidos. Menos estudantes europeus podem estudar nas universidades norte-americanas.

Suponhamos agora que a taxa de câmbio euro/dólar varie para: € 0,50 = US$ 1. Quais são os efeitos para empresas e consumidores europeus? Os efeitos são basicamente o oposto da situação anterior: as empresas europeias pagam menos por insumos dos Estados Unidos, o que significa que elas podem baixar seus preços de bens e serviços. Como os bens e serviços dos Estados Unidos passaram a custar menos, os consumidores compram mais deles. Como se vê, os efeitos de uma flutuação cambial exerce impacto em ambos os lados das transações internacionais. A administração das empresas deve acompanhar constantemente a variação das taxas de câmbio e elaborar estratégias para otimizar o desempenho corporativo à luz de moedas fortes e fracas. Discutiremos essas estratégias no Capítulo 19.

Em 1999, 11 Estados membros da União Europeia passaram a adotar uma moeda única — o euro —, eliminando o problema das flutuações cambiais dentre as nações participantes (moedas e notas físicas entraram em circulação mais tarde, em 2002). Até janeiro de 2007, 13 Estados membros participavam da zona do euro. As flutuações cambiais motivam os países a coordenar suas políticas monetárias em reuniões regulares do Bank for International Settlements e do G8, o grupo dos oito maiores países industrializados. Os governos tentam administrar as taxas de câmbio pela compra e venda de moedas fortes e pelo controle da inflação. Entretanto, o mercado cambial tornou-se tão grande e seus movimentos tão fluidos que até os maiores governos têm dificuldade de controlar as oscilações cambiais.

## Como as taxas de câmbio são determinadas

Em um mercado livre, o 'preço' de qualquer moeda — isto é, sua taxa de câmbio — é determinado por oferta e demanda. Os níveis de oferta e demanda da moeda, como ocorre com a maioria das *commodities*, variam em proporção inversa a seu preço. Dessa forma, mantidas as demais condições:

- Quanto maior a oferta de uma moeda, menor seu preço.
- Quanto menor a oferta de uma moeda, maior seu preço.
- Quanto maior a demanda por uma moeda, maior seu preço.
- Quanto menor a demanda por uma moeda, menor seu preço.

Vamos supor que um consumidor norte-americano esteja interessado em comprar um carro alemão, como um BMW, com preço nominal de 25.000 euros. Suponhamos ainda que a taxa de câmbio euro/dólar seja de € 1 = US$ 1,25. Entretanto, o consumidor demora seis meses para decidir, período no qual a taxa de câmbio varia para € 1 = US$ 1,50. Ou seja, devido a um aumento na demanda e/ou uma redução na oferta, o euro ficou mais caro para os consumidores norte-americanos. Nesse caso, o consumidor ficará menos propenso a comprar o BMW porque, em última análise, ele deve pagar euros caros para obter o carro. Em contrapartida, se, no período de seis meses, o euro ficasse mais barato ao consumidor (com, digamos, uma taxa de câmbio de € 1 = US$ 1), ele ficará mais inclinado a comprar o BMW. Como esse exemplo indica, quanto maior for a demanda pelos bens e serviços de um país, maior será a demanda por sua moeda.

Em termos gerais, há quatro fatores principais que influenciam a oferta e a demanda de uma moeda: crescimento econômico, taxas de juros e inflação, psicologia de mercado e ação governamental. Vamos discutir cada um deles a seguir.

### Crescimento econômico

O *crescimento econômico* representa o aumento no valor de bens e serviços produzidos por uma economia. É geralmente medido como o aumento anual em PIB real, no qual se subtrai a taxa de inflação da taxa de crescimento econômico para se obter um indicador mais acurado. O crescimento econômico resulta de atividades econômicas contínuas, incluindo inovação e empreendedorismo. Implica um aumento constante nas atividades comerciais e um aumento correspondente na necessidade de consumidores por moeda para promover mais transações econômicas. Para acomodar o crescimento econômico, o banco central aumenta a oferta de moeda de uma nação. O **banco central** é a autoridade monetária em cada país que regula a oferta monetária, emite moeda e administra a taxa de câmbio da moeda nacional em relação às demais. Dessa forma, o crescimento econômico exerce forte influência sobre a oferta e a demanda de moedas nacionais. Por exemplo, vários países do Leste Asiático passaram por rápida expansão econômica nos últimos anos. Isso estimulou uma demanda crescente pelas moedas desses países por empresas e indivíduos, tanto locais quanto estrangeiros.

### Taxas de juros e inflação

A *inflação* representa um aumento no preço de bens e serviços, de modo que uma moeda compra menos do que antes. A Figura 10.2 mostra que as taxas de inflação atingiram altos níveis em alguns países, ao longo do tempo. Nações como Argentina, Brasil e Zimbábue tiveram períodos prolongados de *hiperinflação* — taxas anuais persistentes de dois ou até três dígitos no aumento de preços ao consumidor. Um efeito prático dessa hiperinflação é a necessidade de, digamos, um proprietário de restaurante mudar o cardápio a cada semana para atualizar os preços. Em um ambiente de alta inflação, o poder de compra da moeda cai constantemente. As taxas de juros e a inflação estão intimamente relacionadas. Nos países de alta inflação, as taxas de juros tendem a ser elevadas. Isso ocorre porque os investidores esperam ser compensados pelo declínio provocado pela inflação no valor de seu capital. Portanto, se a inflação corre a dez por cento, por exemplo, os bancos devem pagar *mais* do que 10 por cento de juros para atrair clientes a abrir contas de poupança.

A inflação ocorre por dois motivos fundamentais: (1) a demanda cresce em ritmo mais acelerado do que a oferta ou (2) o banco central aumenta a oferta de moeda de um país mais rapidamente do que a produção. Quando se introduz um volume desproporcional de moeda em uma economia, o resultado é o excesso de moeda perseguindo uma oferta relativamente fixa de bens e serviços, o que causa a elevação de preços. Por exemplo, desencadeada por aumentos consideráveis de oferta de moeda nacional, a inflação girava em torno de 400 por cento ao ano no Brasil, em meados da década de 1990. Imaginem a dificuldade tanto de compradores quanto de vendedores para se ajustarem a uma constante desvalorização da moeda, sem falar nos preços que não paravam de aumentar!

A inflação afeta o valor da moeda nacional de um modo fundamental. Se ela resulta de um aumento excessivo na oferta de moeda, mantidas as demais condições, o valor dessa moeda (expressa em relação a moedas estrangeiras) cai. Em outras palavras, um excesso de oferta de moeda acarreta sua desvalorização. Dessa forma, um aumento na inflação reduz o valor da moeda nacional.

A conexão entre taxas de juros e inflação, e entre inflação e valor da moeda, implica que há uma relação entre taxas de juros reais e o valor da moeda. Por exemplo, quando as taxas de juros no Japão estão altas, os estrangeiros buscam lucrar adquirindo oportunidades de investimentos japoneses remunerados por juros, tais como títulos e certificados de depósito.

## Psicologia de mercado

Com frequência, as taxas de câmbio são afetadas pela *psicologia de mercado*, um comportamento imprevisível dos investidores. Estes podem envolver-se em um *efeito manada* ou um *momentum trading*. O efeito manada refere-se à tendência dos investidores de imitar as ações dos outros. Ocorre em parte porque uma discordância de opiniões gera ansiedade e um desejo por consenso, que levam à adoção do comportamento alheio. O *momentum trading* constitui um tipo de comportamento em que os investidores compram ações cujos preços vêm subindo e vendem-nas quando os preços estão caindo. Em geral, é realizado com computadores que fazem compras ou vendas em grande escala quando os preços dos ativos atingem determinados níveis. Esses dois comportamentos tendem a ocorrer na esteira de uma crise financeira. É o caso da Argentina, que sofreu uma fuga maciça de capital quando o governo anunciou inadimplência diante de seus empréstimos bancários internacionais em 2001. Os investidores estrangeiros entraram em pânico e abandonaram o país em peso.[6]

## Ação governamental

O valor das moedas afeta o desempenho corporativo. Quando a moeda de um país está cara para os estrangeiros, suas exportações devem cair.[7] Quando está barata, as exportações devem aumentar. Quando uma moeda nacional se desvaloriza por um período prolongado, a confiança de consumidores e investidores pode ser minada. Uma acentuada desvalorização debilita a capacidade de uma nação de pagar seus credores estrangeiros, o que pode levar a uma crise econômica e política.

Para minimizar esses efeitos, os governos costumam intervir para influenciar o valor de suas próprias moedas. Como vimos no texto de abertura, o governo chinês intervém regularmente no mercado cambial para manter o valor do renminbi em um nível desejável. Isso é feito para manter a moeda desvalorizada, o que contribui para que as exportações chinesas permaneçam fortes.

Figura 10.2 Inflação em uma amostra de países, 1980 a 2005

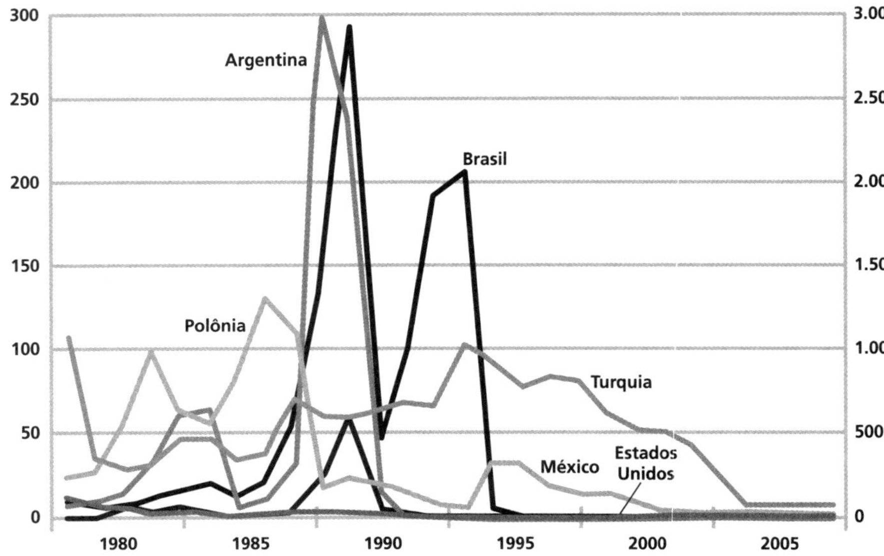


*Nota:* O gráfico mostra uma taxa percentual anual de inflação. A escala da direita refere-se a Argentina, Brasil e Polônia; a escala da esquerda, a todos os demais países.

FONTE: Fundo Monetário Internacional (www.imf.org).

Uma moeda desvalorizada pode resultar em um **superávit comercial**, que ocorre quando as exportações de uma nação superam as importações por um determinado período, provocando uma entrada líquida de câmbio. Em contraposição, um **déficit comercial** ocorre quando as importações de uma nação superam as exportações por um determinado período de tempo, provocando uma saída líquida de câmbio. A *balança comercial* é a diferença entre o valor monetário das exportações de um país e suas importações no decorrer de um ano. Por exemplo, se a Alemanha exporta carros para o Quênia, a moeda deixa o Quênia para entrar na Alemanha, porque o importador queniano paga o exportador alemão. Isso resulta em um item de superávit na balança comercial da Alemanha e um item de déficit na balança comercial do Quênia. Se o total de importações quenianas da Alemanha for maior do que o total de suas exportações para a Alemanha, o Quênia terá um déficit comercial em relação à Alemanha. Dentre os fatores que podem afetar o nível da balança comercial estão os preços de bens manufaturados no mercado doméstico, as taxas de câmbio, as barreiras comerciais e o método aplicado pelo governo para medir a balança comercial.

Muitos economistas acreditam que um déficit comercial persistente seja prejudicial à economia nacional. Quando esse déficit se torna severo ou persiste por um período prolongado, o banco central de um país pode desvalorizar sua moeda. Uma **desvalorização** consiste em uma ação governamental para reduzir o valor oficial de sua moeda em relação às demais. Isso geralmente se dá pela compra e venda de moedas no mercado de câmbio. A desvalorização visa impedir que os residentes de uma nação importem de outras, potencialmente reduzindo o déficit comercial.[8] A seção "Tendência Global" deste capítulo descreve os grandes déficits comerciais que a economia norte-americana sofreu em décadas recentes.

Em um nível mais amplo, os governos devem administrar seu **balanço de pagamentos**, o cômputo anual de *todas* das transações de um país com todos os demais. Isso representa o balanço geral de comércio, investimentos e transferências de pagamento de um país com o restante do mundo. Representa a diferença entre o *total* de entrada e saída de moeda de um país. Como no caso de uma multinacional japonesa que está construindo uma fábrica na China. No processo de investir nesse país para a construção da fábrica, há um fluxo de moeda do Japão para a China, gerando um item de déficit para o Japão e de superávit para a China, em seus respectivos balanços de pagamento. Esse balanço é afetado por outras transações também, como quando os cidadãos fazem doações a uma entidade estrangeira, quando um governo oferece ajuda financeira a outro ou quando turistas realizam viagens internacionais, gastando dinheiro no exterior.

## O desenvolvimento do moderno sistema de câmbio

Apesar de várias décadas de expansão no comércio internacional, os anos que antecederam a Segunda Guerra Mundial (1939–1945) foram caracterizados por uma turbulência na economia mundial. A Grande Depressão (1929–1939) e a guerra coincidiram com um colapso do sistema comercial internacional e das relações entre as nações. Após a guerra, alguns países uniram-se para ativar o comércio internacional e elaborar uma estrutura em prol da estabilidade nos sistemas monetário e financeiro internacionais. Em 1944, os governos de 44 nações negociaram e assinaram o acordo de Bretton Woods.

O acordo de Bretton Woods atrelou o valor do dólar norte-americano a um valor prefixado de ouro, a uma taxa de US$ 35 a onça. O governo dos Estados Unidos concordou em comprar e vender quantidades ilimitadas de ouro para manter essa taxa fixa. Cada um dos demais signatários concordou em estabelecer um valor nominal para sua moeda em relação ao dólar norte-americano e mantê-lo atrelado por meio de intervenção do banco central. Dessa maneira, o sistema de Bretton Woods conservou as taxas de câmbio das principais moedas fixadas em um nível predeterminado, em relação ao dólar norte-americano e, portanto, umas às outras.

A derrocada do acordo de Bretton Woods começou no final da década de 1960, quando o governo dos Estados Unidos utilizou *deficit spending* para financiar tanto a Guerra do Vietnã quanto onerosos programas públicos. A elevação dos gastos governamentais estimulou a economia, e os norte-americanos passaram a gastar mais em bens importados, agravando o balanço de pagamentos do país. Os Estados Unidos adquiriram déficits comerciais com Japão, Alemanha e outras nações europeias. No decorrer do tempo, a demanda por dólares norte-americanos superava tanto a oferta que o governo norte-americano não conseguia mais manter uma reserva adequada de ouro. Essa situação pressionou os governos da Europa, Japão e Estados Unidos a reavaliarem suas moedas, uma solução que ninguém estava disposto a implementar. Por conseguinte, o presidente Nixon suspendeu o atrelamento do dólar ao ouro em 1971 e retirou o compromisso norte-americano de trocar ouro por dólares. Essa ação pôs fim ao sistema Bretton Woods. Os déficits orçamentário e comercial dos Estados Unidos persistem até os dias de hoje.

Bretton Woods deixou um legado de princípios e instituições que continuam em uso atualmente. Em primeiro lugar, esse acordo instituiu o conceito de cooperação monetária internacional, sobretudo entre os bancos centrais das nações líderes. Segundo, estabeleceu a noção de taxas de câmbio fixas no âmbito de um regime internacional, de modo a minimizar o risco cambial. Terceiro, criou o **Fundo Monetário Internacional (FMI)** e o **Banco Mundial.** O FMI

## TENDÊNCIA GLOBAL

# O déficit comercial dos Estados Unidos é bom ou não?

Os Estados Unidos registram déficits comerciais anuais desde 1971. O déficit em mercadorias (excluindo-se os serviços) cresceu de modo considerável em anos recentes, atingindo um nível recorde de US$ 856 bilhões em 2006. Isso representou 6,5 por cento do produto interno bruto do país. Também implicou que o país tomava emprestado mais de US$ 2 bilhões ao dia para financiar sua lacuna comercial. Nos últimos anos, a China contribuiu com quase um quarto desse déficit comercial. Mas os Estados Unidos também têm um déficit com seus outros principais parceiros de comércio, como Canadá, México e os países produtores de petróleo do Oriente Médio.

Déficits comerciais persistentes podem ser prejudiciais porque, como no caso de um domicílio que gasta mais do que ganha, o fluxo de saída de moeda em um país é maior do que o de entrada. Esses déficits podem gerar aumento de taxas de juros, inflação e instabilidade econômica. Para financiar o seu, os Estados Unidos devem vender ativos ou tomar empréstimos no exterior. Por exemplo, eles tomam crédito da China, do Japão e de outros governos quando estes investem em obrigações e letras do Tesouro norte-americano. Um déficit persistente significa que o país está acumulando uma boa quantia de dívida externa.

A balança comercial de cada país está intimamente associada à taxa de câmbio de sua moeda. Se um país possui superávit comercial, há relativamente mais demanda por sua moeda, que pode se fortalecer, ou valorizar, com o tempo. Por outro lado, se ele apresenta uma posição crônica de déficit, sua moeda pode enfraquecer ou desvalorizar com o tempo. Os grandes déficits comerciais dos Estados Unidos podem, em parte, explicar o enfraquecimento do dólar norte-americano nos mercados de câmbio.

Os déficits comerciais não são inerentemente positivos nem negativos. Devem ser analisados com base nas circunstâncias em que surgiram. Para começar, o déficit não é prejudicial, se resulta da importação de insumos para a fabricação de produtos acabados de maior valor, muitos dos quais são exportados. Em segundo lugar, os déficits comerciais são geralmente medidos em relação ao comércio de mercadorias. Mas, como a figura indica, os Estados Unidos apresentam superávit comercial em serviços internacionais, o que compensa parte do déficit no comércio de bens. Terceiro, o país atrai muito investimento direto estrangeiro (IDE). Embora esse investimento não afete o déficit comercial no cômputo oficial do governo, com o tempo, ele compensa uma parcela do déficit.

Muitos fatores contribuem para a manutenção do déficit, incluindo a tendência de muitos países a usar o dólar norte-americano como sua moeda de reserva, o que estimula sua saída dos Estados Unidos. Além disso, o país é dependente de muitas importações, como petróleo, automóveis e equipamentos de informática. Essa tendência intensificou-se à medida que os Estados Unidos se tornam uma economia baseada em serviços — mais de dois terços de seu PIB atual deriva desse setor —, com um declínio proporcional no tamanho do setor manufatureiro norte-americano.

Balanço de pagamentos dos Estados Unidos no comércio de bens e serviços, em bilhões de dólares americanos, 1997-2006

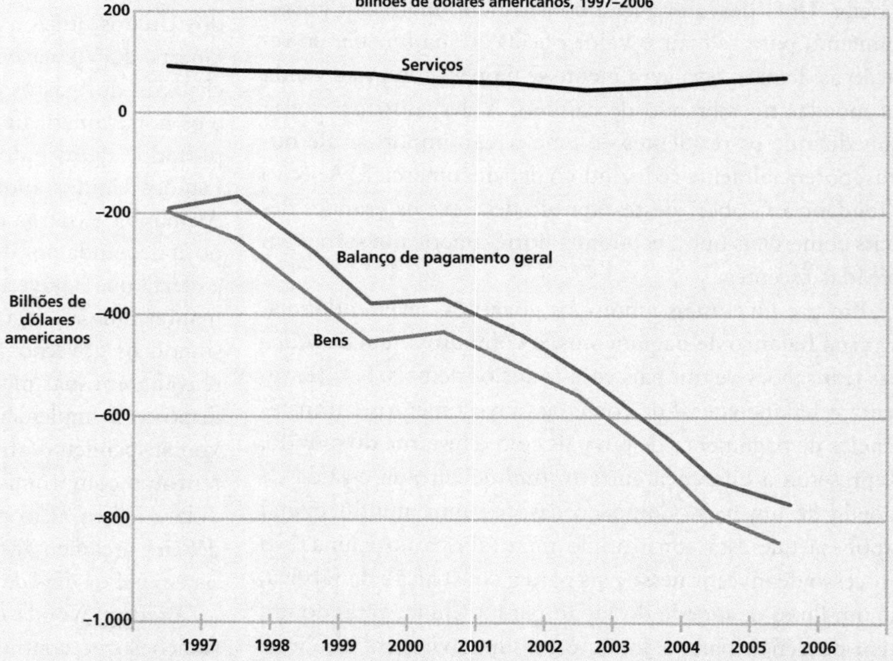


é um órgão internacional que visa estabilizar as moedas por meio do monitoramento dos sistemas cambiais de países membros e do empréstimo a economias em desenvolvimento. O Banco Mundial consiste em um órgão internacional que fornece crédito e suporte técnico a países de renda baixa e média, com a meta de redução da pobreza. Finalmente, Bretton Woods estabeleceu a importância da conversibilidade monetária, em que todos os países aderem a um sistema de irrestrito comércio multilateral e conversão de moedas. De acordo com esse sistema, os países membros concordam em se abster de impor restrições ao câmbio e em não adotar acordos monetários discriminatórios. Esse princípio representa um aspecto importante da atual tendência de livre comércio global.

## O atual sistema cambial

Com o colapso de Bretton Woods, praticamente todas as principais moedas começaram a ser livremente comercializadas nos mercados mundiais, e seu valor, a flutuar de acordo com as forças de oferta e demanda. O preço oficial do ouro foi formalmente abolido, e os governos passaram a ter livre escolha quanto ao tipo de sistema cambial que melhor atendesse às suas próprias necessidades. Os sistemas de câmbio fixo receberam igual *status* dos de câmbio flutuante, e os países não eram mais obrigados a manter valores fixos atrelados a suas moedas. Em vez disso, eram incitados a seguir políticas econômicas domésticas que sustentassem a estabilidade de sua moeda em relação às demais. O sistema cambial atual consiste, portanto, de dois tipos principais de administração de câmbio: o flutuante e o fixo.

*Sistema cambial flutuante.* As economias mais avançadas utilizam o sistema de câmbio flutuante, pelo qual os governos se abstêm de uma intervenção sistemática e cada moeda nacional oscila de maneira independente, de acordo com as forças de mercado. As principais moedas mundiais — como o dólar canadense, a libra esterlina, o euro, o dólar norte-americano e o iene japonês — têm livre flutuação nos mercados cambiais mundiais. Suas taxas de câmbio são determinadas diariamente pelas forças de oferta e demanda. Esse sistema proporciona aos governos a flexibilidade necessária para modificar a política monetária de acordo com as circunstâncias que enfrentam em um dado momento. Se um país está incorrendo em déficit comercial, o sistema de câmbio flutuante permite que isso seja corrigido de forma mais natural do que se fosse usado um regime de taxa fixa.

*Sistema cambial fixo.* No sistema de câmbio fixo, também chamado de *atrelado*, o valor de uma moeda é estipulado em relação ao de outra (ou o valor de uma cesta de moedas) a uma taxa prefixada. É o oposto do sistema flutuante. À medida que o valor de referência sobe ou cai, o mesmo ocorre com a moeda atrelada. No passado, algumas moedas também eram fixas em relação a algum valor estipulado do ouro. O sistema de câmbio fixo foi utilizado no acordo de Bretton Woods e atualmente é adotado por muitas economias em desenvolvimento e algumas de mercados emergentes. Por exemplo, como vimos no texto de abertura, a China atrela sua moeda ao valor de uma cesta de moedas. Belize faz isso com o dólar norte-americano. Para manter o atrelamento, os governos desses países intervêm nos mercados cambiais para comprar e vender dólares e outras moedas, com o propósito de preservar a taxa de câmbio em um nível fixo, preestabelecido.

Um regime fixo promove maior estabilidade e previsibilidade das oscilações da taxa de câmbio e propicia maior nível de certeza e estabilidade no âmbito de uma economia nacional. O banco central deve estar preparado para preencher as lacunas entre a oferta e a demanda por sua moeda.

Muitos economistas acreditam que as taxas flutuantes de câmbio são preferíveis às fixas porque elas reagem de modo mais natural à oferta e demanda das moedas no mercado cambial. Em algumas situações, contudo, as taxas fixas podem ser mais adequadas para prover maior estabilidade. Por exemplo, a crise financeira asiática foi em parte contida pela adesão chinesa a um regime de câmbio fixo. Esse regime fixo assegurou mais estabilidade às moedas mundiais sob o sistema de Bretton Woods nos anos subsequentes à segunda Guerra Mundial.

Ocasionalmente, os países não adotam nem um câmbio puramente fixo nem um puramente flutuante. Em vez disso, eles procuram manter o valor de sua moeda dentro de uma variação em relação ao dólar norte-americano ou outra importante moeda referencial, em um sistema geralmente conhecido como *taxa de câmbio administrada*. Ou seja, o valor da moeda é determinado pelas forças de mercado, mas o banco central intervém no mercado quando necessário, para manter o valor de sua moeda dentro de limites aceitáveis em relação a outra referencial. De tempos em tempos, muitos países ocidentais recorrem a esse tipo de intervenção.

# Os sistemas internacionais monetário e financeiro

Vimos como as moedas promovem as transações internacionais e como as taxas de câmbio afetam o volume de comércio internacional. Vamos agora examinar os dois sistemas que determinam as taxas de câmbio: o sistema monetário internacional e o sistema financeiro global.

O **sistema monetário internacional** refere-se a estrutura, regras e procedimentos institucionais pelos quais uma moeda nacional é trocada por outra. O **sistema financeiro global** refere-se ao conjunto de instituições financeiras que facilitam e regulamentam os fluxos de fundos de investimento e capital pelo mundo. Os principais envolvidos no sistema financeiro global são os ministérios de finanças, as bolsas de valores nacionais, os bancos comerciais e os bancos centrais, bem como o Bank for International Settlements, o Banco Mundial e o Fundo Monetário Internacional. Dessa forma, o sistema financeiro global incorpora os sistemas bancários nacional e internacional, o mercado internacional de títulos, o conjunto das bolsas de valores nacionais e o mercado de depósitos bancários denominados em moedas estrangeiras.

## Sistema monetário internacional

O sistema monetário internacional abrange acordos institucionais utilizados pelos países para administrar as taxas de câmbio. Esse sistema afeta as atividades financeiras de governos por todo o mundo e constitui a base dos mercados financeiros globais. Por exemplo, se um investidor norte-americano estiver interessado em adquirir ações na Bolsa de Valores de Londres, a taxa de câmbio da libra esterlina em relação ao dólar norte-americano afetará os ganhos dele.

Contudo, da maior importância para os negócios internacionais é o papel que o sistema desempenha na promoção de comércio e investimento entre países. As empresas visam ser pagas pelos bens e serviços que vendem no exterior. Os fluxos monetários resultantes assumem a forma de várias moedas transacionadas entre as nações.

## Sistema financeiro global

O sistema financeiro global compõe-se das atividades de empresas, bancos e instituições financeiras, todas envolvidas no mercado financeiro internacional. Esse sistema está muito relacionado com os mercados financeiros nacionais. Desde a década de 1960, o sistema financeiro global cresceu de modo substancial em volume e estrutura, tornando-se cada vez mais eficiente, competitivo e estável.

Atualmente, o sistema financeiro global pode acomodar os fluxos internacionais maciços de moeda e os mercados cambiais maciços que engendraram. Inicialmente desencadeada pela rápida expansão do comércio e dos investimentos mundiais, a globalização das finanças acelerou-se na década de 1990, com a abertura dos mercados da antiga União Soviética e da China ao comércio internacional. Mais recentemente, pesados fluxos internacionais de capital — na maior parte sob a forma de investimentos em fundos de pensão, fundos mútuos e seguro de vida — estão impulsionando os mercados acionários em muitos países. Cada vez mais as empresas acessam uma gama de mercados de capital e instrumentos financeiros mundiais.[9]

Embora os fluxos de fundos relacionados ao IDE tenham sido notáveis a partir da década de 1960, o fluxo de moeda no exterior como investimento em portfólios é uma tendência relativamente nova. O volume desses fluxos tornou-se imenso. Em 2005, por exemplo, cerca de 15 por cento dos fundos de equity nos Estados Unidos foi investido em ações estrangeiras.[10] O fomento aos fluxos financeiros beneficia as economias em desenvolvimento por meio do aumento de suas reservas cambiais, reduzindo seu custo de capital e estimulando o desenvolvimento local de mercados financeiros.

A crescente integração das atividades financeiras e monetárias pelo mundo deve-se a vários fatores, como:

- A evolução das regulamentações monetária e financeira pelo mundo.
- O desenvolvimento de novas tecnologias e sistemas de pagamento e o uso da Internet nas atividades financeiras globais.
- A crescente interdependência global e regional dos mercados financeiros.
- O papel cada vez mais importante dos sistemas de moeda única, como o euro.

A globalização dos fluxos financeiros gerou muitos benefícios. Entretanto, ao aumentar o volume e a velocidade dos fluxos internacionais de capital, ela também levou à possibilidade de risco financeiro. Os fluxos de capital são bem mais voláteis do que investimentos como o IDE. É bem mais fácil para os investidores retirarem e redirecionarem fundos de capital líquido do que os IDEs, que estão diretamente ligados a fábricas e outras operações permanentes que as empresas estabelecem no exterior.[11] As dificuldades econômicas que um país enfrenta podem facilmente se espalhar para os demais, como um contágio. O **contágio** refere-se à tendência de uma crise financeira ou monetária em um país disseminar-se de forma rápida para os outros, devido à integração financeira mundial em progresso. A instabilidade financeira piora quando os governos deixam de regular e monitorar adequadamente seus setores bancário e financeiro.[12]

Um bom exemplo de contágio é a crise financeira no Leste Asiático no final da década de 1990, que ocorreu na esteira da rápida expansão que essa região experimentou em decorrência do comércio internacional, do IDE e do acesso ao mercado financeiro global. A crise foi causada, em parte, por práticas bancárias negligentes que resultaram em vastos empréstimos a empresas e indivíduos que, de modo geral, não tinham condições de pagar por eles. Os investidores estrangeiros haviam-se entusiasmado demais com as perspectivas da região e injetaram capital no Leste Asiático, em geral com pouco rigor para empréstimos de alto valor e muito desconhecimento dos fundamentos das economias locais. Rapidamente, os investidores retiraram seus investimentos quando compreenderam a extensão do risco e da instabilidade das economias e dos sistemas bancários da região. Essa fuga de capital piorou ainda mais uma economia já cambaleante.[13]

Vamos discutir as diversas organizações que tentaram mitigar a fuga de capital e administrar outros desafios nos sistemas monetários e financeiros globais.

## Principais participantes dos sistemas monetário e financeiro

Uma variedade de participantes nacionais, internacionais e governamentais faz parte do sistema monetário internacional e do sistema financeiro global. A Figura 10.3 destaca os principais deles e ilustra as relações entre eles. Esses componentes operam nos níveis empresarial, nacional e mundial.

## A empresa

As atividades internacionais de compra e venda das empresas requerem que elas adquiram um grande volume de câmbio. Os clientes fazem pagamentos às empresas em decorrência de transações comerciais internacionais. A empresa costuma receber pelas operações internacionais em moeda estrangeira e deve convertê-la na moeda doméstica. As empresas também se envolvem em atividades de investimento, franquia ou licenciamento no exterior, que geram rendimentos a serem convertidos na moeda nacional. Por exemplo, a Jim Moran Enterprises, na Flórida, é o maior importador de automóveis Toyota nos Estados Unidos e deve, em última instância, pagar pelas importações em iene japonês. A Moran importa milhares de Toyotas pelos portos norte-americanos todo ano e negocia no mercado cambial a conversão de dólares norte-americanos em iene.

Algumas multinacionais de maior porte e mais experientes com saldo de caixa podem adquirir moedas estrangeiras para fins especulativos. Ou seja, elas retêm moeda estrangeira visando o lucro com as flutuações cambiais. Outras empresas podem adquirir moeda estrangeira para investir em mercados acionários ou outros recursos de investimento no exterior e dessa forma obter ganhos de curto prazo.

Entre outros participantes do setor privado envolvidos com o sistema monetário e financeiro internacional, podemos citar as companhias seguradoras, as instituições de poupança e crédito e as corretoras que administram fundos de pensão e mútuos. Algumas grandes multinacionais possuem departamentos financeiros que administram suas transações cambiais e financeiras. Instituições financeiras não tradicionais, como a Western Union, desempenham um papel fundamental nas transferências internacionais de fundos. Em 2003, os residentes estrangeiros nos Estados Unidos usaram a Western Union para transferir bilhões de dólares a familiares na Índia (US$ 10 bilhões), México (US$ 9,9 bilhões) e Marrocos (US$ 3,3 bilhões). Esses fundos eram convertidos nas moedas locais.[14]

Figura 10.3 Principais participantes e inter-relações nos sistemas monetário e financeiro globais

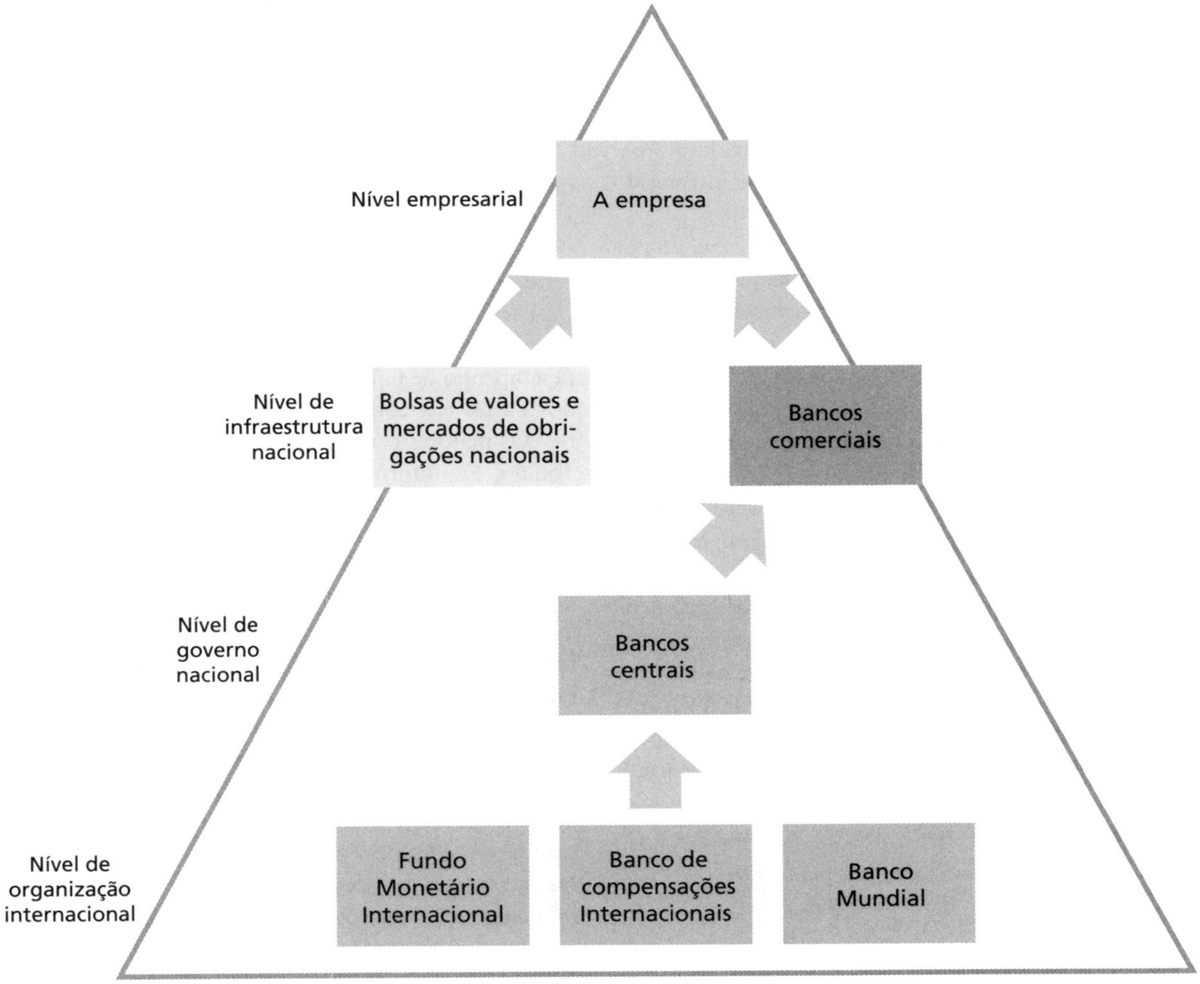

## Bolsas de valores e mercados de obrigações

A *bolsa de valores* é o local onde se transacionam títulos e outros instrumentos financeiros. Os títulos comercializados incluem ações emitidas pelas empresas, *trust funds* e fundos de pensão, bem como obrigações corporativas e governamentais. As bolsas de valores constituem uma das principais fontes de fundos para as empresas que se internacionalizam. A tecnologia da informação revolucionou o funcionamento dos mercados acionários, promovendo enormes avanços na velocidade e no custo das transações. Atualmente, muitas bolsas são redes eletrônicas não necessariamente localizadas em uma instalação fixa.

Cada país estabelece suas próprias regras para emissão e resgate de ações. As transações em uma bolsa de valores restringem-se a seus membros. Por exemplo, a Bolsa de Valores de Tóquio (TSE, do inglês *Tokyo Stock Exchange*) abriga o mercado doméstico de ações para empresas como Toyota, Sony e Canon. A TSE constitui o principal veículo por meio do qual cerca de 2.000 empresas japonesas levantam capital para financiar seus negócios. Várias empresas estrangeiras, como BP e Chrysler, também estão listadas na TSE. Atualmente, as multinacionais costumam participar de algumas bolsas no mundo, para maximizar sua capacidade de levantar capital.

A característica dos mercados varia ao redor do mundo. Por exemplo, a maioria das ações no mercado japonês é mantida por corporações, enquanto na Grã-Bretanha e nos Estados Unidos elas são mantidas muito mais por indivíduos. Apesar dessas diferenças, as bolsas de valores estão-se integrando cada vez mais em um mercado global de títulos.

As obrigações constituem outro tipo de título vendido por meio de bancos e corretoras. São uma forma de dívida em que empresas e governos incorrem por meio da emissão de certificados remunerados a juros com a finalidade de levantar capital. As obrigações capacitam o emissor a financiar investimentos de longo prazo. Por exemplo, a SK Telecom, maior provedora de comunicação sem fio da Coreia do Sul, financiou grande parte de suas operações vendendo obrigações no mercado global. Vários provedores europeus de telecomunicações, como Telecom Italia, Deutsche Telecom e France Telecom, emitiram obrigações internacionais para financiar seus negócios.[15]

Em muitos mercados nacionais de ações e obrigações, os principais participantes atuais são os *investidores institucionais* — gestores de fundos de pensão e mútuos, bem como companhias seguradoras. Eles passaram a assumir um papel de grande importância no fomento aos mercados de capital ao redor do mundo. Como exemplo, o Government Pension Investment Fund do Japão, um dos maiores do mundo, possui mais de US$ 1 trilhão de ativos.

## Bancos comerciais

Os bancos são importantes componentes do setor financeiro global. Armazenam depósitos e estendem crédito a domicílios e empresas. Um banco levanta fundos ao atrair depósitos, conceder empréstimos no mercado interbancário ou emitir instrumentos financeiros no mercado monetário ou de títulos global. Os bancos comerciais — Bank of America, Mizuho Bank no Japão e BBVA na Espanha — representam os soldados de infantaria do sistema monetário internacional. Eles, mais do que qualquer outra instituição, circulam moeda e realizam uma ampla gama de transações financeiras internacionais. Os bancos são regulados pelos governos nacionais e regionais, que possuem um grande interesse em assegurar a solvência de seu sistema bancário.

Os vários tipos de banco e suas atividades primárias abrangem os mencionados a seguir:

- Os *bancos de investimento* subscrevem — garantem a venda de — emissões de ações e obrigações e aconselham sobre fusões, tal como a da Goldman Sachs, nos Estados Unidos, e da Nomura Securities, no Japão.
- Os *bancos mercantis* fornecem capital a empresas sob a forma de ações em vez de empréstimos. Em essência, trata-se de bancos de investimento especialmente equipados para lidar com operações internacionais. O Arab-Malaysian Merchant Bank é um exemplo.
- Os *bancos privados* administram os ativos dos muito ricos. O Union Bank, na Suíça (UBS), e o ABN AMRO Private Banking, em Luxemburgo, são exemplos.
- Os *bancos offshore* localizam-se em jurisdições com baixa taxação e regulamentação, como Suíça ou Bermuda. O Banco General, no Panamá, e o Bank of Nova Scotia, nas Ilhas Virgens britânicas, são exemplos.
- Os *bancos comerciais* lidam principalmente com empresas ou grandes negócios. Credit Lyonnais, na França, e Bank of America são exemplos.

Para as empresas, as funções mais importantes dos bancos são a concessão de crédito para financiamento de negócios, o desempenho de um papel fundamental nas ofertas de moeda dos países e a conversão do câmbio de moedas estrangeiras. Os maiores centros bancários são Londres, Nova York, Tóquio, Frankfurt e Cingapura, com Londres abrigando a maior concentração de bancos internacionais do mundo. Muitos bancos são multinacionais, como Citibank, HSBC da Grã-Bretanha e BBVA da Espanha. Os bancos menores participam dos negócios internacionais interagindo com os *bancos correspondentes* maiores no exterior. Um banco correspondente é uma instituição de grande porte que mantém relações com outros bancos ao redor do mundo para promover transações bancárias internacionais.

As práticas bancárias variam muito. Em alguns países, os bancos são de propriedade do Estado e extensões do governo. Em outros, enfrentam pouca regulamentação e podem carecer de redes de segurança capazes de evitar sua falência. Nas economias em desenvolvimento, os bancos privados geralmente estão sujeitos à regulamentação governamental.

Outra distinção entre as práticas bancárias de cada país é a densidade de bancos em cada país. Por exemplo, Canadá, Suécia e Holanda contam com somente cinco bancos que controlam mais de 80 por cento de todos os ativos bancários. Na Alemanha, na Itália e nos Estados Unidos, em contraste, os cinco maiores bancos controlam menos de 30 por cento de todos os ativos bancários. Os bancos também cobram taxas diferentes por seus serviços. Para um cliente comum, a anuidade de serviços bancários essenciais na Itália supera US$ 300; nos Estados Unidos, é de US$ 150; na China e na Holanda, gira em torno de somente US$ 50.[16]

## Bancos centrais

Como o banco nacional oficial de cada país, o banco central regula a oferta de moeda e crédito, emite moeda e administra a taxa de câmbio. O banco central também controla o volume de reservas financeiras mantidas pelos bancos privados. Implementa a política monetária, aumentando ou diminuindo a oferta de moeda por meio de um dos seguintes métodos: (1) compra e venda de moeda no sistema bancário, (2) elevação ou redução das taxas de juros sobre fundos emprestados a bancos comerciais ou (3) compra e venda de títulos governamentais. O banco central também pode ser uma função do credor de último recurso, no advento de uma crise financeira. Exemplos de bancos centrais incluem o Reserve Bank da Índia, o Bank of England, o Banque de France, o Bank of Japan e o Federal Reserve Bank dos Estados Unidos.

Como exemplo, o Federal Reserve Bank, dos Estados Unidos, também conhecido como Fed, formula e conduz a política monetária norte-americana influenciando a oferta de moeda e as condições de crédito da economia do país. Sua principal meta é manter a inflação baixa. Um banco central conduz a **intervenção monetária**, que envolve a compra e venda de títulos do governo para manter uma determinada taxa de câmbio para sua moeda. Por exemplo, se o Fed deseja sustentar o valor do dólar norte-americano, deve comprar essa moeda no mercado cambial. O Fed supervisiona e regulamenta o sistema bancário do país para garantir a segurança e a solidez do sistema financeiro nacional. O Fed também atua em conjunto com o Fundo Monetário Internacional, o Bank for International Settlements, a Organização para Cooperação e Desenvolvimento Econômico (OECD, do inglês *Organisation for Economic Cooperation and Development*) e outros órgãos internacionais, para garantir políticas monetária e financeiras internacionais estáveis nos mercados globais.

## Banco de Compensações Internacionais

O Banco de Compensações Internacionais (BIS, do inglês *Bank for International Settlements*) é uma organização internacional estabelecida em 1930 e sediada na Basileia, Suíça. Tem como missão promover a cooperação entre os bancos centrais e outros órgãos governamentais, com o objetivo de sustentar a estabilidade nos sistemas monetário e financeiro globais. O BIS provê serviços bancários aos bancos centrais e contribui com eles na elaboração de uma sólida política monetária. Busca assegurar que os bancos centrais mantenham ativos de reserva e razões capital/ativo acima da prescrição mínima internacional. Auxiliar os países a preservar esse mínimo é importante porque ajuda os governos a evitar o endividamento excessivo. Manter um nível adequado de capital é recomendado pelo Basel Capital Accord, originalmente promulgado pelo BIS.[17]

## Fundo Monetário Internacional

Sediado em Washington, D.C., o Fundo Monetário Internacional (FMI) provê a estrutura e determina o código de conduta do sistema monetário internacional. Esse órgão promove cooperação monetária internacional, estabilidade da taxa de juros e ajustes cambiais sistemáticos. Também estimula os países a adotar políticas econômicas estáveis. Essas funções são cruciais, porque as crises econômicas podem destruir empregos, reduzir rendimentos e provocar o sofrimento humano.

Atualmente governado por 184 países, o FMI está de prontidão para prover ajuda financeira sob a forma de empréstimos e privilégios que deem sustentação a políticas destinadas a corrigir problemas macroeconômicos. Por exemplo, durante a crise financeira asiática no período de 1997 a 1998, o FMI concedeu US$ 21 bilhões de ajuda financeira para a Coreia do Sul reformar a economia, reestruturar seus setores financeiro e corporativo e recuperar-se da recessão.[18]

Para ajudar a administrar a valorização das moedas pelo mundo, o FMI estabeleceu um tipo especial de reserva internacional conhecido como **Direitos Especiais de Saque (DES)**. O DES é uma unidade de conta ou um ativo de reserva, um tipo de moeda usado por bancos centrais para suplementar as reservas existentes em transações com o FMI e para administrar as taxas de câmbio internacionais. Por exemplo, um banco central deve usar o DES para comprar moedas estrangeiras com o propósito de administrar o valor de sua moeda nos mercados mundiais. O valor do DES é muito estável porque se baseia em uma cesta de moedas — o euro, o iene japonês, a libra esterlina e o dólar norte-americano.

O FMI desempenha um papel importante no tratamento de crises financeiras e monetárias enfrentadas por nações ao redor do mundo. As crises tradicionais recaem em três principais categorias.

Uma *crise cambial* ocorre quando o valor da moeda de um país sofre acentuada depreciação ou quando seu banco central precisa gastar substanciais reservas para defender o valor da moeda, elevando dessa forma as taxas de juros. As crises cambiais ocorrem com maior frequência em países pequenos e, em alguns casos, resultam de uma súbita perda de confiança na economia nacional ou de compra e venda especulativa da moeda nacional.

Uma *crise bancária* ocorre quando investidores domésticos e estrangeiros perdem a confiança no sistema bancário de um país, levando a saques generalizados de fundos bancários e de outras instituições financeiras. Essa situação surgiu nos Estados Unidos na década de 1930, quando, durante a Grande Depressão, milhões de pessoas entraram em pânico quanto a suas poupanças e correram para sacar fundos de suas contas bancárias. A crise levou à falência de inúmeros bancos. As crises bancárias tendem a ocorrer em economias em desenvolvimento com estruturas regulatórias e institucionais inadequadas. Essas crises podem acarretar outros problemas, tais como flutuações na taxa de câmbio, inflação, saque abrupto de fundos de IDE e instabilidade econômica geral.

Uma *crise financeira* surge quando um governo nacional toma empréstimo de uma quantia excessiva de moeda de bancos ou por meio da venda de obrigações do governo. Por exemplo, a dívida externa total da China atualmente supera US$ 200 bilhões. Entretanto, o endividamento é administrável porque o país possui uma enorme reserva cambial. Em contraposição, a dívida externa da Argentina atingiu cerca de 150 por cento do PIB do país. No esforço de pagar a dívida, utilizam-se recursos financeiros e outros que poderiam ser aplicados no investimento em prioridades nacionais mais importantes. Os governos, portanto, sacam grandes somas da oferta nacional de moeda, reduzindo a disponibilidade desses fundos para consumidores e empresas que buscam o financiamento de suas atividades.

O FMI auxilia os países a solucionar crises oferecendo suporte técnico e treinamento. Provê assistência estabelecendo políticas fiscais, monetárias e cambiais, além de supervisionar e regulamentar os sistemas bancário e financeiro. O FMI também concede empréstimos para ajudar economias agonizantes, em recuperação. Entretanto, o órgão internacional é frequentemente criticado porque suas prescrições em geral exigem que os governos nacionais realizem reformas que são dolorosas, ao menos no curto prazo. Por exemplo, o FMI pode recomendar que empresas estatais sejam enxugadas, com a demissão de trabalhadores. Ou o governo deve abrir mão de subsídios a *commodities* básicas. Alguns críticos argumentam que o FMI prejudica os países ao impor austeridade excessiva em tempos de turbulência financeira. O órgão responde que qualquer país em crise econômica deve passar por uma considerável reestruturação, tal como a desregulamentação de indústrias nacionais ou a privatização de estatais. Contudo, às vezes, é difícil identificar em que medida as prescrições do FMI fazem mais mal do que bem.

## Banco Mundial

Originalmente conhecido como o Banco Internacional para Reconstrução e Desenvolvimento, a finalidade inicial do Banco Mundial era prover fundos para a reconstrução do Japão e da Europa após a Segunda Guerra Mundial. Atualmente visa a redução da pobreza mundial e atua em uma gama de projetos de desenvolvimento de infraestrutura de água, eletricidade e transporte. Com sede em Washington, D.C., o Banco Mundial é um órgão especializado das Nações Unidas e possui mais de 100 escritórios pelo mundo. É sustentada por cerca de 184 países que, em conjunto, são responsáveis por como a instituição é financiada e seu dinheiro gasto.

O Banco Mundial consiste de um conjunto de agências que supervisionam as atividades internacionais de desenvolvimento. A International Development Association concede bilhões de dólares ao ano em empréstimos aos países mais pobres do mundo. A International Finance Corporation atua em parceria com o setor privado para promover o desenvolvimento econômico. Investe em empreendimentos privados sustentáveis nos países em desenvolvimento e provê capital, empréstimos, garantias, gestão de riscos e serviços de consultoria a clientes necessitados. A Multilateral Investment Guarantee Agency visa estimular o IDE para as economias em desenvolvimento com o propósito de oferecer garantias aos investidores estrangeiros contra perdas causadas por riscos não comerciais.

Com frequência, o FMI e o Banco Mundial atuam em conjunto. Enquanto o FMI enfoca o desempenho econômico de um país, o Banco Mundial enfatiza o desenvolvimento de longo prazo e a redução da pobreza. Enquanto o FMI concede empréstimos de curto prazo para ajudar a estabilizar o câmbio, o Banco Mundial concede empréstimos de longo prazo para promover o desenvolvimento econômico.

## ESTUDO DE CASO

### A União Europeia e o Euro

A União Europeia foi estabelecida em 1993, como um desdobramento das iniciativas de integração regional da Europa desde a década de 1950. Nos anos intervenientes, outros países se juntaram, totalizando 27 Estados membros em 2007. Os principais objetivos da UE são estabelecer a cidadania pan-europeia e afirmar o papel econômico e político da Europa no mundo. Em 1989, a UE começou a mover-se para a meta de uma união monetária. Seus membros criaram a União Monetária Europeia (EMU, do inglês *European Monetary Union*), que instituiu uma moeda comum, o euro. Em 1998, o European Central Bank (ECB) foi fundado na Alemanha. Em 1999, o euro tornou-se a moeda das grandes transações de 11 Estados membros da UE, e, em

2002, foram emitidas as cédulas e moedas que substituiriam as tradicionais moedas como o franco francês e o marco alemão. Em 2007, 13 Estados membros na UE haviam adotado o euro. Ilustrados na figura a seguir, esses Estados membros são: Áustria, Bélgica, Finlândia, França, Alemanha, Grécia, Irlanda, Itália, Luxemburgo, Holanda, Portugal, Eslovênia e Espanha. Note-se que Dinamarca, Suécia e Reino Unido ainda não participam da união monetária.

O compartilhamento de uma moeda única ajuda a interligar as economias da zona do euro em um todo unificado, elimina as oscilações cambiais e simplifica o comércio. É fácil comparar o espectro de preços, impostos e as devidas contribuições da previdência social através das fronteiras nacionais, e, por conseguinte, as empresas ficam tentadas a fazer novos investimentos nos países onde os custos sejam os mais baixos e as regulamentações as mais brandas. Os governos dos membros estão sob pressão constante na EMU para cortar impostos, reduzir a burocracia e harmonizar as políticas fiscal e social. A harmonização implica que os governos tentam fazer com que essas políticas sejam o mais semelhante possível, por todos os Estados membros da UE. Por exemplo, os governos estão harmonizando os padrões e as regulamentações de produtos que regem as práticas comerciais. Eles estão coordenando suas políticas econômicas e elaboram em conjunto reformas estruturais aplicáveis a todos os países da UE.

## O euro e os negócios

A introdução do euro foi uma oportunidade única e um estímulo para que as empresas europeias repensassem os fundamentos sobre os quais faziam negócios. As transações contábeis tornaram-se mais baratas e fáceis de conduzir porque passou a existir somente uma moeda a se considerar. As empresas tinham que realizar uma série de preparativos operacionais, sobretudo referentes às operações financeiras e contábeis. Por exemplo, elas tinham que converter todas as contas ao euro.

Os gestores de grandes multinacionais preferem o euro porque ele reduz o custo de fazer negócios em muitos mercados nacionais, sobretudo ao remover o efeito das oscilações cambiais no comércio e nos investimentos internacionais. A moeda única facilita a administração de uma multinacional. As empresas norte-americanas e japonesas que fazem negócios na Europa passaram a ter menos entraves cambiais. A migração para uma moeda única traz oportunidades de minimização de custos que beneficiam as empresas e seus clientes.

Muitas empresas constataram que precisavam modificar radicalmente suas estratégias de preço. Por exemplo, a fabricante de computadores Dell estudou várias estratégias e acabou decidindo-se pela liderança por meio da harmonização de preços por toda a UE. O uso de uma moeda única facilita a comparação de preços, o que intensifica a concorrência na UE. Empresas como a Dell tiveram que padronizar seus preços pela Europa

Países membros da zona do euro

para impedir os clientes de cruzarem o continente a fim de fazer compras no país com o preço mais baixo.

## Desafios aos estrategistas

O ECB considera a zona monetária como uma só região, em vez de países distintos com condições econômicas distintas. O problema é que, quando os países se atrelaram ao euro, suas economias ainda não convergiam. Mesmo nos dias de hoje, persistem condições econômicas e fiscais muito diferentes entre as nações que compõem a zona do euro. Muitos países — Bélgica, França, Alemanha, Grécia e Itália, para citar alguns — possuem alto nível de endividamento ou elevados custos de previdência social. Por exemplo, embora a parcela de trabalhadores esteja declinando na maioria dos países, o número de aposentados cresce. Menos trabalhadores implica menos contribuintes, o que reduz as opções de financiamento dos fundos de pensão e aposentadoria. Quando a economia de um país está em expansão, com pouca dívida e baixa taxa de desemprego, a economia de outro pode estar estagnada, com alto índice de desemprego. Os administradores do banco central europeu visam elaborar uma política monetária para todos os membros da UE, simultaneamente, mas o enfoque de um modelo único não se adequa às circunstâncias que permeiam uma gama tão ampla de condições econômicas nacionais.

As taxas de juros podem ser ainda mais problemáticas. Um mandamento fundamental do ECB consiste em manter a inflação em no máximo dois por cento. Os governos buscam manter a inflação baixa porque ela pode desestimular o investimento e a poupança, afetar o padrão de vida e complicar o planejamento dos negócios. Quando o banco central europeu corta os juros, os bancos tomam empréstimos de fundos, e mais euros são liberados à oferta de moeda na UE. Mantidas as demais condições, elevar a oferta de moeda pode acarretar inflação. Apesar da meta de dois por cento, a taxa de inflação varia amplamente entre os países membros. Economias menos bem-sucedidas ao sul da Europa, que tentam aproximar-se das mais ricas como a Alemanha, têm taxas de inflação que frequentemente superam três por cento. A inflação em outros países pode ser inferior a um por cento, provocando temores de deflação, um declínio nos preços. A deflação é tão danosa para uma economia quanto a inflação; ela pode causar grandes quedas no PIB e reduzir o valor de ativos e da renda.

Outro risco enfrentado pela União Europeia é o choque assimétrico, um problema econômico que aflige uma parte da zona do euro muito mais do que qualquer outra. Quando algo assim ocorre em uma união monetária, a resposta pelo estabelecimento de uma política específica é difícil porque há pouca margem para uma administração monetária ou cambial independente. Por exemplo, se o sul da Europa sofrer inflação alta e o norte, uma deflação, a política do ECB orientada a solucionar o problema em uma região poderá piorá-la em outra.

A política do ECB tornou-se especialmente desafiadora com a admissão à UE de países mais pobres do Leste Europeu, como Polônia e República Tcheca, cujas economias são muito menos estáveis do que as da região ocidental. Como o número de membros distintos da UE cresce, há um risco cada vez maior de choques assimétricos. Em comparação com os membros originais, o padrão de vida dos novos integrantes é baixo. Abster-se da liberdade de ajustar taxas de juros e aceitar uma política monetária que possa ser rigorosa demais ou branda demais pode restringir seu progresso no sentido de atingir um padrão de vida mais elevado.

Como a moeda da Europa continental, o euro tornou-se um símbolo dos valores e da solidariedade da região. Mas a Inglaterra, temendo uma ameaça à autonomia nacional, optou por não aderir à união monetária, mantendo a libra esterlina como sua moeda. Em uma pesquisa com executivos experientes, somente 35 por cento acharam que o país devia adotar o euro o quanto antes. Uma decisão britânica de integrar a zona do euro seria tida como um poderoso voto de confiança. Em contraposição, a decisão de não adesão levanta questões sobre a versão oficial da UE — a de que a moeda única é tão historicamente inevitável quanto inquestionavelmente benéfica para todos os que a adotarem.

## Valorização do euro

Se o valor do euro sofrer uma valorização, isso prejudicará as vendas no exterior e os lucros das empresas internacionalmente ativas da UE. Uma alta do euro torna os produtos europeus mais caros no exterior e, portanto, menos competitivos, ou rende às multinacionais ganhos menores na conversão dos lucros estrangeiros em euros. A moeda comum destinava-se em parte a ajudar a proteger o bloco do euro dos choques cambiais, ao criar uma economia grandiosa e unificada. Entretanto, como a Europa é mais dependente do comércio, a UE é ainda mais sensível às oscilações cambiais do que os Estados Unidos. O ECB estima que um aumento de cinco por cento em um ano no valor do euro poderia abater quase um por cento do crescimento anual do PIB, várias vezes o impacto que um aumento semelhante no dólar exerceria nos Estados Unidos. As desvantagens mais comuns de uma moeda valorizada, como deixar os mercados de exportação pelo preço, atinge a Europa com maior rapidez e rigidez do que o Japão ou os Estados Unidos.

O euro era fraco nos primeiros anos de sua existência, e o ECB combateu o declínio intervindo nos mercados cambiais. A política monetária do banco central europeu não pode fazer muito mais do que isso para as economias que permanecem oneradas por altos impostos e um mercado de trabalho inflexível. Por exemplo, em anos recentes, o aumento do euro em relação ao dólar e ao iene resultou em queda nas vendas internacionais para as empresas europeias. Um euro forte poderia causar problemas à economia geral da Europa. Poderia até levar o continente a uma recessão plena — um risco que incitaria o ECB a cortar juros. Como uma ampla regra geral, um aumento de dez por cento no valor do euro em relação ao dólar causa uma queda de três por cento nos lucros corporativos europeus.

Teoricamente, um aumento moderado e controlado do euro reduziria os preços das importações e a inflação, o que aliviaria a pressão sobre uma alta de juros pelo ECB. Mas a inflação na Europa poderia dizimar o consumo individual. Há uma vantagem imediata de um euro mais forte: isso ajudaria a combater a inflação ao cortar o preço das importações, sobretudo de petróleo.

## O efeito unificador do euro

O sucesso do euro como uma força unificadora na Europa está gradualmente alterando o equilíbrio de poder internacional. Os governos europeus sentem-se mais habilitados a desafiar as iniciativas da política dos Estados Unidos na arena global mais ampla. Os estrategistas norte-americanos imaginam se o euro desafiará o domínio do dólar como a moeda mundial de referência para o comércio internacional. Em suas reservas de moedas estrangeiras, os bancos centrais de muitos países — como Canadá, China e Rússia — estão dando mais peso ao euro. A posição da moeda europeia nas reservas cambiais globais cresce, minando a força do dólar. Muitos governos estão aumentando suas reservas em euro, e a Ásia é atualmente bem menos centrada no dólar do que no passado.

## Questões do estudo de caso

1. Que tipos de desafio as empresas europeias enfrentavam ao realizar negócios internacionais antes da adoção do euro? Que tipos de mudança essas empresas implementaram quando o euro se tornou a nova moeda?
2. Que tipos de vantagem e desvantagem competitiva estão associados à implementação do euro sob a perspectiva das empresas? Valeu a pena adotar o euro? Por quê?
3. Desenvolva a seguinte declaração: "Como a Europa é mais dependente do comércio, a UE ainda é mais sensível às oscilações cambiais do que os Estados Unidos." Por que a UE é mais sensível às flutuações do câmbio?
4. Qual é o papel de um banco central, como o ECB? O que significa o termo choque assimétrico? Por que o ECB tem que implementar uma política monetária de modelo único? Quais são os desafios e as desvantagens de tal política?
5. Por que a Inglaterra decidiu não aderir à zona do euro? Quais são as vantagens e desvantagens em potencial de sua integração à zona do euro?

Fontes: BUCCI, G.; JAMES, C. "The implications of being in and out of the single European currency." *Credit Control*. 18(2):21-6, 1997; "Finance and economics: Germany's euro test". *Economist*. 14 jun. 2003, p. 96; "Grappling with the strong euro". *Economist*. 7 de jun. 2003, p. 65; ELLISON, S. "Revealing price disparities, the euro aids bargain-hunters". *Wall Street Journal*. 30 jan. 2002, p. A15; FAIRLAMB, D. "Super euro: as the currency soars, central banks are raising their holdings". *Business Week*. 17 fev. 2003, p. 54; GARNHAM, P. "Euro close to record high against dollar". *Financial Times*. 26 abr. 2007, p. 42; MARSHALL, M.; WESSEL, D. "One currency, one central bank, one big question". *Wall Street Journal*. 2 maio. 1997, p. A10; READ, T. "The model of a central bank". *Euromoney*. ago. 1997, p. 55-6; REED, S. "The almighty euro". *Business Week*. 29 dez. 1997, p. 114; SESIT, M. "Euro's launch helps consumers easily compare cost of goods". *Wall Street Journal*. 18 jan. 2002, p. C11; WALKER, M.; PERRY, J. "Politics & economics: euro zone economy shows more self-reliance". *Wall Street Journal*. 1 dez. 2006, p. A6.

# Principais termos

balanço de pagamentos
banco central
Banco Mundial
câmbio
contágio
déficit comercial
desvalorização
Direito Especial de Saque (DES)
Fundo Monetário Internacional (FMI)
intervenção monetária
mercado de câmbio
risco cambial
sistema financeiro global
sistema monetário internacional
taxa de câmbio
superávit comercial

# Resumo

Neste capítulo, você aprendeu:

1. **Moedas e taxas de câmbio nos negócios internacionais**

Grande parte do comércio internacional envolve a conversão de moedas, como dólar, euro e iene. Uma **taxa de câmbio** é o valor de uma moeda expresso em relação a outra. O **risco cambial** surge em decorrência das oscilações no valor de uma moeda em relação a outra. À medida que as taxas de câmbio oscilam, isso também ocorre com as perspectivas de negócios internacionais. Uma *moeda conversível* é aquela que pode ser prontamente convertida em outras. Algumas moedas, *não conversíveis*, não podem ser facilmente convertidas em outras. O **câmbio** refere-se a todas as formas de moeda que são comercializadas internacionalmente, como moedas estrangeiras, depósitos bancários, cheques e transferências eletrônicas. A *fuga de capital* refere-se à tendência de investidores internacionais reduzirem radicalmente seus investimentos em uma moeda que está desvalorizando. As moedas são convertidas no **mercado de câmbio** — o mercado global para compra e venda de moedas — sobretudo por bancos e governos.

2. **Como as taxas de câmbio são determinadas**

Os valores relativos das moedas são determinados por vários fatores. Em primeiro lugar está o *crescimento econômico*, o aumento no valor de bens e serviços de um país. Um segundo fator é a inflação, que está intimamente relacionada às taxas de juros. Quando a inflação aumenta, as taxas de juros também aumentam. Essa tendência é geralmente acompanhada por uma diminuição no valor da moeda envolvida. Um terceiro determinante das taxas de câmbio é a *psicologia de mercado*, o comportamento geralmente imprevisível dos investidores, sobretudo quando agem em massa. Finalmente, os governos desempenham um papel importante na influência às taxas de câmbio. O **déficit comercial** refere-se a quanto as importações de um país superam suas exportações por um determinado período de tempo. O **superávit comercial** implica o quanto as exportações de um país superam suas importações por um determinado período de tempo. A ação governamental na influência das taxas de câmbio é amplamente referida como **intervenção cambial**. Quando a ação objetiva a redução do valor de uma moeda, o resultado é a **desvalorização** — a ação governamental para reduzir o valor oficial de sua moeda em relação a outras. O **balanço de pagamentos** é o cômputo anual de *todas* as transações econômicas de uma nação com as demais.

3. **Desenvolvimento do sistema cambial moderno**

A evolução do moderno sistema de câmbio teve início com o acordo de Bretton Woods em 1944, que visava estabilizar as taxas de câmbio no mundo. Mas o sistema ruiu em 1971, quando os valores das moedas passaram a oscilar de acordo com as forças de mercado. Atualmente, o valor das principais moedas do mundo baseia-se em um *sistema de câmbio flutuante*, conforme determinado pelas forças de mercado. Entretanto, algumas economias em desenvolvimento aplicam um *sistema de câmbio fixo*, no qual o valor da moeda nacional é permanentemente atrelado ou estipulado em relação ao valor de uma ou mais outras moedas.

4. **Os sistemas internacionais monetário e financeiro**

O **sistema monetário internacional** refere-se a estrutura, regras e procedimentos institucionais pelos quais as moedas nacionais são convertidas entre si. Inclui acordos institucionais que os países adotam para administrar as taxas de câmbio. Esse sistema inclui o mercado cambial e os bancos centrais de cada nação, os tesouros nacionais, os bancos comerciais e órgãos supranacionais, como o Fundo Monetário Internacional e o Banco Mundial. O **sistema financeiro global** é o conjunto de instituições financeiras que facilitam e regulam os fluxos de investimento e capital no mundo, tais como os bancos centrais, os bancos comerciais e as bolsas de valores nacionais. Reflete as atividades de empresas, bancos e instituições financeiras, todos engajados em uma atividade financeira corrente. O sistema abrange os sistemas bancários nacional e internacional, o mercado internacional de obrigações, o conjunto das bolsas de valores nacionais e o mercado de depósitos bancários denominados em moedas estrangeiras. O sistema financeiro global atualmente promove o comércio intenso de ativos financeiros e moedas. Também provoca o **contágio**, a tendência de uma crise financeira ou monetária de um país espalhar-se rapidamente para outros.

5. **Principais participantes dos sistemas monetário e financeiro**

Os principais integrantes incluem empresas que adquirem grande volume de câmbio no curso de negócios internacionais. Essas empresas realizam diversas atividades de investimento no exterior, gerando renda e injetando dinheiro no sistema financeiro. As nações também têm *bolsas de valores nacionais* e mercados de obrigações, onde ocorre a comercialização de títulos e obrigações. Há diversas categorias de banco, que desempenham um rol de funções. Cada país possui um **banco central** — a autoridade monetária que regulamenta a oferta de moeda e o crédito, emite moeda e administra a taxa de câmbio. Em geral, é um credor de última instância e controla a política monetária e os níveis de câmbio no âmbito das economias nacionais. O **Banco Mundial** é um órgão internacional que oferece empréstimos e suporte técnico para países de renda baixa e média com o propósito de reduzir a pobreza. O **Fundo Monetário Internacional** (FMI) constitui um importante órgão internacional que visa estabilizar as moedas por meio do monitoramento dos sistemas de câmbio dos países membros e da concessão de empréstimos às economias em desenvolvimento. O FMI utiliza os **Direitos Especiais de Saque (DES)**, um tipo de reserva internacional, para ajudar a administrar a avaliação monetária mundial. Uma *crise cambial* ocorre quando o valor de uma moeda nacional sofre acentuada depreciação. Uma *crise bancária* resulta da perda de confiança dos investidores no sistema bancário de um país e provoca uma retirada maciça de fundos. A *dívida externa* excessiva pode prejudicar a estabilidade dos sistemas financeiros nacionais.

## Teste seu entendimento

1. Faça a distinção entre os termos taxas de câmbio e câmbio. O que cada um significa?
2. Faça a distinção entre moedas conversíveis e não conversíveis.
3. As taxas de câmbio oscilam constantemente. Qual é o efeito disso nas empresas que realizam transações internacionais?
4. Resuma os quatro principais fatores que determinam as taxas de câmbio.

5. Qual é a relação entre inflação, taxas de juros e valores monetários?
6. O que foi o acordo de Bretton Woods e qual o legado dele para o comércio internacional atual?
7. Faça a distinção entre os dois sistemas que compõem o sistema cambial atual.
8. Qual é a diferença entre o sistema monetário internacional e o sistema financeiro global?
9. Quais são as implicações do contágio para a economia global atual?
10. Quem são os principais integrantes dos sistemas monetário e financeiro internacionais?
11. Quais são os objetivos do Banco Mundial e do Fundo Monetário Internacional?

## Aplique seu entendimento

1. A Everest Company tem exportado sua linha de equipamento de escalada de montanhas a distribuidores de todo o mundo, desde o final da década de 1970. Com frequência, seu vice-presidente para vendas internacionais afirma que o maior desafio cotidiano da empresa é lidar com o câmbio. Por que ele diz isso? Quais são as consequências da flutuação das taxas de câmbio para a receita de vendas da Everest e outros indicadores de desempenho?
2. Toda nação possui um governo que implementa as políticas monetária e fiscal. A política monetária envolve primordialmente a administração da oferta de moeda de um país para atingir metas específicas — como controlar a inflação e obter pleno emprego. Como uma nação conduz sua política monetária? Quais são os instrumentos que os bancos centrais empregam para alterar a oferta de moeda? Os bancos centrais dedicam muito esforço para elaborar políticas monetárias sólidas. Por que eles fazem isso? Por que é importante ter políticas monetárias estáveis? Qual é o papel da política monetária na promoção do comércio internacional?
3. A balança comercial é o balanço do comércio de uma nação com o restante do mundo. Representa a diferença entre o valor monetário das exportações e importações de um país. Alguns especialistas creem que um grande déficit comercial seja prejudicial ou possa ser um sinal de problemas econômicos. Você concorda? Há muitos anos, os Estados Unidos incorrem em um elevado déficit comercial. Quais são as consequências de longo prazo dessa tendência para os Estados Unidos?

## Notas


1 "The Americas: tightening his grip; Ecuador's Rafael Correa". *Economist*. 21 abr. 2007, p. 60.
2 Federal Reserve Bulletin, vários anos, disponível em: www.federal reserve.gov.
3 AEPPEL, T. "Weak dollar, strong sales". *Wall Street Journal*. 20 jan. 2005, p. B1.
4 "Volkswagen: higher wages or more job security". *Economist*. 18 set. 2004, p. 66-7.
5 AJAYI, R. A.; MOUGOUE, M. "On the dynamic relation between stock prices and exchange rates". *The Journal of Financial Research*. 19:193-207, 1996.
6 "Fractured Argentina". *Business Mexico*. 13:54, 2003.
7 SUKAR, A-H.; Hassan, S. "US exports and time-varying volatility of real exchange rate". *Global Finance Journal*. 12:109-14, 2001.
8 BRADA, J.; KUTAN, A.; ZHOU, S. "The exchange rate and the balance of trade: the Turkish experience". *The Journal of Development Studies*. 33:675-84, 1997.
9 Fundo Monetário Internacional. *Global Financial Stability Report*, 2004, disponível em: www.imf.org.
10 "Foreign intrigue: planners need a passport to follow the money that's flooding into overseas mutual funds, but the wave may be about to break". *Financial Planning*. 1 maio 2005, p. 1.
11 GREENSPAN, A. "The globalization of finance". *The Cato Journal*. 17, 1997, disponível em: www.cato.org.
12 Fundo Monetário Internacional. "Effects of financial globalization on developing countries: some empirical evidence". Fundo Monetário Internacional, 2003, disponível em: www.imf.org.
13 AYBAR, C. B.; MILMAN, C. "Globalization, emerging market economies and currency crisis in Asia". *Multinational Business Review*. 7:37-44, 1999.
14 ZACHARY, G. "Give me your tired, your hungry, our cash...". *Business 2.0*. out. 2004, p. 66-9.
15 "Telcos offer incentives to lure bond investors". *Corporate Finance*. jul. 2000, p. 4.
16 "Open wider: a survey of international banking". *Economist*. 21 maio 2005, seção especial.
17 Bank for International Settlements. "Consultative document: the new basel capital accord", 2001, disponível em: www.bis.org.
18 "America's current account deficit: the O'Neill doctrine". *Economist*. 27 abr. 2002, p. 12.

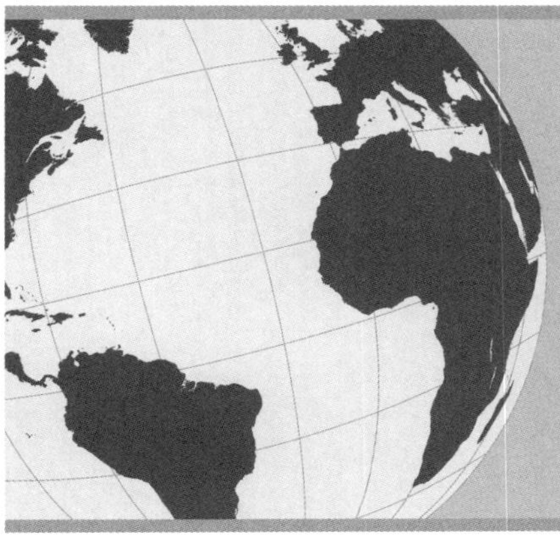

Parte 3

# AVALIAÇÃO DAS ESTRATÉGIAS E OPORTUNIDADES VOLTADAS PARA O AMBIENTE INTERNACIONAL

CAPÍTULO 11

# ESTRATÉGIAS E EMPRESAS GLOBAIS

## Objetivos de aprendizagem

Neste capítulo, você aprenderá sobre:

1. O papel da estratégia nos negócios internacionais
2. A estrutura de integração-responsividade
3. Estratégias distintas decorrentes da estrutura de integração-responsividade
4. Estrutura organizacional
5. Arranjos organizacionais alternativos para operações internacionais
6. Como desenvolver uma empresa global
7. Como colocar a mudança organizacional em ação

## A estratégia global da IKEA

O varejista de móveis IKEA é uma empresa sueca que se transformou em uma organização global nas últimas três décadas. Ingvar Kamprad fundou-a em 1943, quando tinha 17 anos de idade. A IKEA começou vendendo canetas, molduras para telas, bijuterias e meias de náilon — qualquer mercadoria que pudesse ser vendida a preço baixo. Em 1950, passou a vender móveis e artigos para casa. Na década de 1970, a empresa iniciou sua expansão para Europa e América do Norte. Sua filosofia é oferecer móveis de alta qualidade e bom *design* a preços baixos. Ela projeta mobília 'desmembrada' para que o consumidor compre e monte em casa. Os projetos destacam-se por suas características funcionais, utilitárias e compactas, com um inconfundível estilo escandinavo.

As vendas do Grupo IKEA no ano fiscal de 2006 totalizaram 17,3 bilhões, tornando a empresa o maior varejista de móveis do mundo. Suas lojas, geralmente localizadas em grandes cidades, são pontos de venda gigantescos, que mais se parecem com armazéns, e estocam aproximadamente 9.500 itens cada uma, com tudo para casa — de sofás a plantas e utensílios de cozinha.

Atualmente, a rede pertence a uma fundação holandesa controlada pela família Kamprad, com escritórios na Holanda, Suécia e Bélgica. As atividades de desenvolvimento de produto, compras e armazenagem concentram-se na Suécia. A sede projeta e desenvolve a linha global de produtos, em geral com a colaboração de fornecedores externos. Cerca de 30 por cento da mercadoria é fabricada na Ásia e dois terços na Europa. Alguns itens são supridos na América do Norte para atender às necessidades específicas desse mercado, mas 90 por cento da linha de produtos IKEA é idêntica em qualquer parte do mundo. Os administradores das lojas alimentam a sede na Suécia com pesquisas de mercado sobre vendas e preferências dos consumidores.

A IKEA visa consumidores do mundo todo, com foco em famílias com limitações de renda e de espaço de moradia. Esse segmento global é caracterizado por pessoas de mente aberta, com bom nível educacional e profissionais de empresas — além de estudantes universitários — que não se importam com *status* e são receptivos a produtos estrangeiros. Ter como alvo um mercado global permite à empresa oferecer produtos padronizados a preços uniformes, uma estratégia que minimiza os custos de operações internacionais. A IKEA busca economias de escala ao consolidar *design*, compras e manufatura em nível mundial. Ela se distingue dos fabricantes tradicionais de móveis que atendem a mercados fragmentados. Seus projetistas trabalham em conjunto com fornecedores terceirizados ao redor do mundo para assegurar economia, alto volume e elevados padrões.

Cada loja IKEA segue uma estratégia de comunicação cuja elaboração é centralizada. O catálogo constitui a ferramenta de marketing mais importante. Em 2006, 175 milhões de cópias foram impressas em 27 línguas, representando a maior circulação de uma publicação gratuita no mundo. O catálogo, também disponível pela Internet (www.ikea.com), é preparado na Suécia para garantir a conformidade com a identidade visual da IKEA. Ele se adapta ao estilo cosmopolita da empresa. Cada produto possui um nome singular, apropriado. Para os sofás são dados nomes de rios ou cidades escandinavas (Henriksberg, Falkenberg); para os tecidos, nomes femininos (Linne, Mimmi, Adel); e para peças embutidas, nomes masculinos (Billy, Niklas, Ivar).

Os funcionários da IKEA ('colegas') pelo mundo são amplamente reconhecidos como a base do sucesso da empresa. A cultura corporativa é informal. Há poucos títulos, nenhuma vaga privativa para a diretoria e nenhum restaurante executivo. Os gerentes voam em classe econômica e hospedam-se em hotéis modestos. As organizações regionais são minimizadas de modo que as lojas mantêm contato direto com a sede na Suécia. Isso acelera a tomada de decisões e garante que a cultura corporativa seja facilmente globalizada. Os gestores das lojas devem falar inglês ou sueco, para assegurar uma comunicação eficaz com a matriz.

A IKEA organiza uma 'semana antiburocracia' por ano, durante a qual os gerentes vestem o uniforme dos vendedores e fazem de tudo, desde operar caixas registradoras até dirigir empilhadeiras. Dessa maneira, eles mantêm contato com todas as operações e permanecem próximos de fornecedores, clientes e equipe de vendas. A cultura corporativa enfatiza a tomada de decisão e a resolução de problemas com base no consenso, e os gestores compartilham prontamente seus conhecimentos e habilidades com os colegas. A cultura diferenciada da empresa contribui para que funcionários e fornecedores se sintam parte importante de uma organização global. Essa cultura possui um forte apelo global e sustenta o crescimento contínuo da IKEA.

Como uma empresa como essa administra operações por 35 países, 240 lojas, mais de 10.000 funcionários, 20 franquias e 2.000 fornecedores? Parte da complexidade advém da necessidade de adaptação a regulamentações locais sobre leis trabalhistas, operações de lojas, relações com fornecedores e preferências de compra. Entre outros desafios, a IKEA tem que analisar como:

1. Assegurar que valiosas informações sobre os consumidores (por exemplo, preferências de estilo) em cada mercado cheguem aos tomadores de decisões na matriz da empresa
2. Recompensar funcionários e motivar fornecedores com expectativas que variam de acordo com o país
3. Obter os benefícios reais das operações internacionais — eficiência em escala global e aprendizagem — sem deixar de levar em consideração as necessidades locais
4. Manter a padronização dos projetos pelos diversos mercados, embora atendendo a preferências e tendências locais
5. Delegar a devida autonomia aos gerentes de lojas, embora mantendo o controle central

Fontes: COPPOLA, V. "Furniture as fashion wins Ikea". *Adweek*. 25 fev. 2002, p. 12-3; DUFF, M. "IKEA eyes aggressive growth". *DSN Retailing Today*. 27 jan. 2003, p. 23; "Online extra: IKEA's design for growth", disponível em: www.businessweek.com, 6 jun. 2005; "IKEA: how the Swedish retailer became a global cult brand", disponível em: www.businessweek.com, 14 nov. 2005; site Web da empresa em www.IKEA-group.IKEA.com; perfil da empresa em www.hoovers.com.

A globalização aumentou a velocidade, frequência e magnitude com que as empresas de diversos setores econômicos podem acessar os mercados internacionais em busca de consumidores. Os gestores de empresas estão aprimorando suas estratégias de internacionalização para transformar suas organizações em empreendimentos globalmente competitivos. Como o texto de abertura mostrou, os administradores da IKEA estão se esforçando para coordenar suprimento, manufatura, marketing e outras atividades de valor agregado em escala mundial. Eles visam eliminar a redundância e adotar padrões disseminados por toda a organização e processos compartilhados. Alguns executivos, como os da IKEA, tentam desenvolver produtos capazes de conquistar a aprovação de uma clientela global e tornar-se marcas globais. No entanto, organizar uma empresa em escala global é um grande desafio. Requer posicionamento estratégico, capacidade organizacional, alinhamento de atividades de valor agregado em bases mundiais, alto grau de coordenação e integração, atenção às necessidades de cada mercado e implementação de processos padronizados.

Neste capítulo, discutiremos o papel da estratégia e os arranjos estruturais alternativos na formação de um empreendimento globalmente integrado. No próximo capítulo, prosseguiremos com uma discussão sobre como os administradores de empresas podem identificar oportunidades globais de mercado.

## O papel da estratégia nos negócios internacionais

A **estratégia** é um plano de ação que canaliza os recursos de uma empresa de modo que ela possa diferenciar-se efetivamente de seus concorrentes e atingir metas específicas e viáveis. Seus gestores desenvolvem estratégias com base na avaliação de seus pontos fortes e fracos em relação à concorrência e das oportunidades disponíveis. Eles decidem quais consumidores visar, que linhas de produto oferecer e com quais empresas competir.

A **estratégia no contexto internacional** consiste em um plano para que uma empresa se posicione de forma positiva em relação à concorrência e configure suas atividades de valor agregado em escala global. Essa estratégia orienta os negócios para consumidores, mercados, bens e serviços escolhidos no mercado global, não necessariamente em um mercado internacional.[1] No mínimo, uma estratégia no contexto internacional deve contribuir para que os gestores formulem uma forte visão internacional, apliquem recursos escassos em âmbito mundial, participem dos maiores mercados, estabeleçam parcerias globais, tomem ações competitivas em reação a rivais globais e configurem atividades de valor agregado em escala global.[2]

Qual é o papel da estratégia na criação de vantagem competitiva nos negócios internacionais? Tem-se argumentado que uma estratégia internacional eficaz se inicia com o desenvolvimento de um produto padronizado que pode ser fabricado e vendido da mesma forma em diversos países.[3] Kenichi Ohmae[4] defende que entregar valor a consumidores mundiais é o objetivo primordial, enquanto outros observadores enfatizam a flexibilidade estratégica como meta.[5] A ideia de explorar economias de escala por meio de volume global e sinergias entre diferentes atividades empresariais também é relevante.[6] Os gestores devem igualmente montar um sólido sistema de distribuição mundial e aplicar o lucro de produtos e mercados de sucesso como subsídio ao desenvolvimento de outros produtos e mercados.[7]

A receita mais amplamente aceita para a geração de vantagem competitiva sustentável nos negócios internacionais é a de Bartlett e Ghoshal.[8] Segundo eles, os gestores devem buscar "desenvolver, *em um dado momento e ao mesmo tempo*, eficiência em escala global, flexibilidade multinacional e a capacidade de inovar e alavancar conhecimento em nível mundial."[9] Eles propõem que a empresa que almeja se tornar globalmente competitiva deve perseguir simultaneamente estes três objetivos estratégicos: eficiência, flexibilidade e aprendizagem. Vamos examinar cada um deles.

### Eficiência

*A empresa deve desenvolver eficientes cadeias de suprimentos internacionais.* A eficiência refere-se à redução do custo de operações e atividades empresariais em escala global. As multinacionais com múltiplas cadeias de valor ao redor do mundo devem prestar especial atenção ao modo como organizam suas atividades de P&D, manufatura, suprimento, marketing e atendimento ao cliente. Por exemplo, indústrias automobilísticas como a Toyota esforçam-se para atingir economias de escala ao concentrar as operações de manufatura e suprimento em um número limitado de localidades ao redor do mundo.

### Flexibilidade

*A empresa deve desenvolver flexibilidade mundial para administrar riscos e oportunidades específicos de cada país.* A diversidade e a volatilidade do cenário internacional representam um desafio especial aos administradores de empresas. Portanto, a capacidade de explorar os recursos e as oportunidades locais é essencial. Por exemplo, os gestores podem optar por relações contratuais com fornecedores e distribuidores independentes em um país enquanto adotam o investimento direto em outro. Ou a empresa deve adaptar suas práticas de marketing e gestão de recursos humanos às condições específicas de um país (discutiremos as questões relativas a marketing e gestão de recursos humanos nos capítulos 17 e 18). Uma mudança nas circunstâncias ambientais, como as oscilações das taxas de câmbio, pode induzir os gestores a passar a adotar o suprimento local ou ajustar preços.

### Aprendizagem

*A empresa deve criar a capacidade de aprender com a exposição internacional e explorar a aprendizagem em nível mundial.* A diversidade do ambiente global apresenta oportunidades únicas de aprendizagem a uma empresa em processo de internacionalização. Embora uma empresa se volte para o exterior para explorar vantagens específicas, como tecnologia, marca ou habilidade gerencial, seus gestores podem aprimorar suas potencialidades ao internalizar novos conhecimentos obtidos com a exposição internacional. Dessa maneira, a empresa pode adquirir novo *know-how* técnico e gerencial, novas ideias de produtos, aprimoramento das atividades de P&D, habilidades em estabelecer parcerias e capacidade de sobrevivência em ambientes desconhecidos. Os parceiros ou as subsidiárias de uma empresa podem capturar e disseminar essa aprendizagem por meio de sua rede corporativa. Por exemplo, foi o centro de pesquisas da Procter & Gamble em Bruxelas que desenvolveu uma capacitação especial na tecnologia de amaciantes, porque a água na Europa contém mais minerais do que a dos Estados Unidos. A empresa também aprendeu a formular um tipo diferente de detergente no Japão, onde os consumidores lavam roupa em água mais fria do que os norte-americanos ou europeus.

Em última instância, o sucesso internacional é amplamente determinado pelo grau em que uma empresa atinge suas metas de eficiência, flexibilidade e aprendizagem. Com frequência, contudo, é difícil sobressair-se em todas as três áreas ao mesmo tempo. Via de regra, uma empresa pode destacar-se em eficiência enquanto outra, em flexibilidade e uma terceira, em aprendizagem. Na década de 1980, por exemplo, muitas multinacionais japonesas obtiveram sucesso internacional ao desenvolver sistemas de manufatura altamente eficazes e centralizados. Na Europa, inúmeras multinacionais tiveram êxito ao serem localmente responsivas, embora em alguns casos falhassem em atingir eficiência econômica considerável ou liderança tecnológica. Muitas multinacionais baseadas nos Estados Unidos esforçaram-se para adaptar suas atividades à diversidade cultural e política dos cenários nacionais; em vez disso, provaram ser mais habilidosas em alcançar eficiência por meio de economias de escala.

## Estratégia em setores multidomésticos e globais

Com frequência, as empresas nos setores de alimentos e bebidas, bens de consumo e vestuário recorrem a um enfoque individualizado por país, para comercializar em função de necessidades e gostos, leis e regulamentações específicas. Os segmentos em que a concorrência ocorre com base em cada país são conhecidos como **setores multidomésticos**. Nesses casos, cada país tende a apresentar um conjunto singular de competidores.

Em contraposição, setores como o aeroespacial, automobilístico, de telecomunicações, metalúrgico, de computadores, químico e de equipamento industrial constituem exemplos de **indústrias globais**, nos quais a concorrência ocorre em nível regional ou mundial. Formular e implementar uma estratégia é mais crucial a setores globais do que aos multidomésticos. A maioria dos setores globais caracteriza-se pela existência de vários integrantes de porte que concorrem diretamente em múltiplos mercados. Por exemplo, a Kodak deve enfrentar os mesmos rivais — a japonesa Fuji e a europeia Agfa-Gevaert — onde quer que faça negócio no mundo. Da mesma forma, American Standard e Toto dominam o mercado mundial de acessórios para banheiro. No segmento de equipamento de terraplanagem, Catepillar e Komatsu competem frontalmente em todos os principais mercados globais.

## A estrutura de integração-responsividade

Como geralmente se inter-relacionam, os objetivos de eficiência e aprendizagem costumam combinar-se em uma única dimensão chamada de integração global. A **integração global** refere-se à coordenação das atividades da cadeia de valor da empresa por todos os países, para atingir eficiência, sinergia e fertilização cruzada em âmbito mundial, com o propósito de tirar proveito máximo das semelhanças entre eles. O objetivo de flexibilidade, também conhecido como **responsividade local**, refere-se ao atendimento de necessidades específicas dos consumidores em cada país.

A discussão sobre as pressões enfrentadas por uma empresa para alcançar os objetivos de integração global e responsividade local ficou conhecida como a *estrutura de integração-responsividade (IR)*.[10] A estrutura IR, mostrada na Figura 11.1, foi desenvolvida para ajudar os gestores a entender melhor as compensações existentes entre integração global e responsividade local.

Nas empresas localmente responsivas, os gestores ajustam as práticas corporativas às diferentes condições existentes em cada mercado. Eles se adaptam às necessidades dos consumidores, ao cenário competitivo e à estrutura local de distribuição. Dessa forma, os gerentes de loja do Walmart no México ajustam o horário de funcionamento da loja, o treinamento de funcionários, a remuneração, o mix de mercadorias e as ferramentas promocionais às condições mexicanas. As empresas nos setores multidomésticos, como alimentício, varejista e editorial, tendem a ser localmente responsivas porque as diferenças linguísticas e culturais influenciam fortemente o comportamento de compra nesses segmentos.

Por outro lado, a integração global busca a eficiência econômica em escala mundial, promovendo a aprendizagem e a fertilização cruzada no âmbito da rede global e minimizando a redundância. A equipe da matriz justifica a integração global com base na convergência de padrões de demanda, na disseminação de marcas globais, na difusão de uma tecnologia uniforme, na disponibilidade de mídia pan-regional e na necessidade de monitorar a concorrência em um nível global. Dessa forma, projetar inúmeras versões do mesmo produto

Figura 11.1 Estrutura de integração-responsividade. Pressões competitivas sobre as empresas internacionais

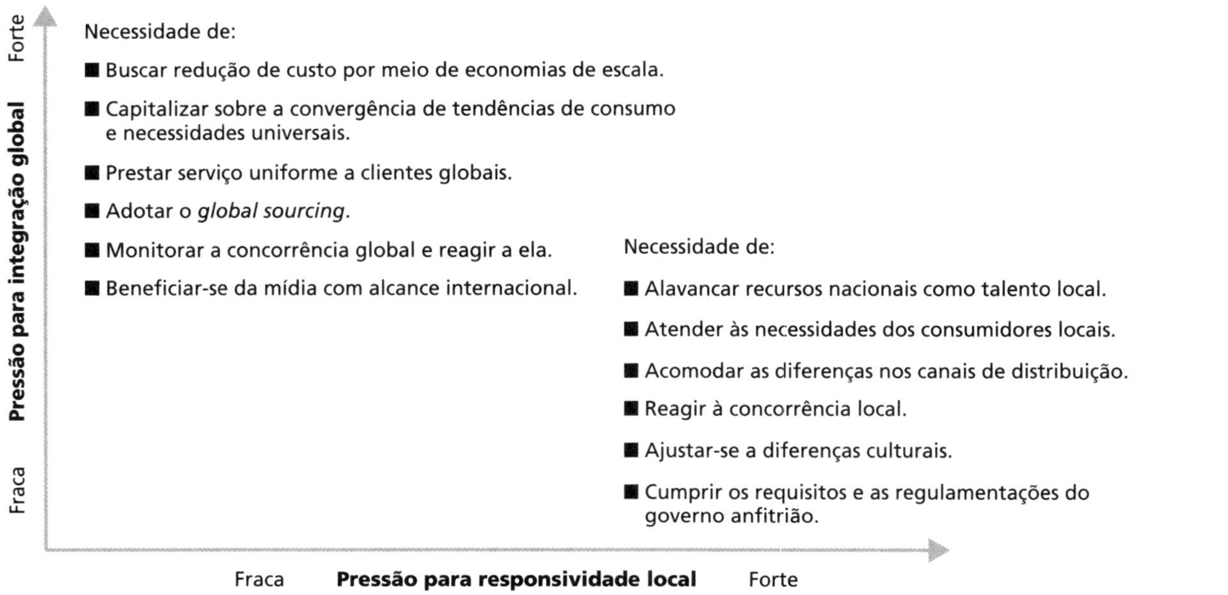

básico para cada mercado somente aumentará os custos gerais e deve ser evitado. As empresas em setores globais como aviação, cartões de crédito e produtos farmacêuticos estão mais propensas a enfatizar a integração global.

## Pressões para a responsividade local

Diversos fatores levam uma empresa a tornar-se localmente responsiva nos países onde conduz negócios.[11] Esses fatores são:

- *Recursos naturais únicos disponíveis à empresa.* Cada país possui recursos nacionais aos quais a empresa estrangeira deve ter acesso.
- *Diversidade de necessidades dos consumidores locais.* Existem negócios, como nos ramos de vestuário e alimentos, que exigem uma considerável adaptação às necessidades dos consumidores locais.
- *Diferenças nos canais de distribuição.* Elas variam consideravelmente de um mercado para outro e podem aumentar a necessidade por responsividade local. Por exemplo, os pequenos varejistas japoneses entendem os costumes e as demandas locais, por isso as multinacionais localmente responsivas recorrem a eles para distribuir seus produtos nesse país.
- *Concorrência local.* Ao competir com inúmeros rivais locais, as multinacionais de controle centralizado terão dificuldade em conquistar participação de mercado com produtos globais não adaptados às necessidades locais.
- *Diferenças culturais.* As características culturais influenciam as decisões de compra dos consumidores. As influências dessas diferenças podem variar bastante, dependendo do tipo de produto. Nos casos em que as diferenças culturais são importantes, como em vestuário e móveis, os gestores locais demandam considerável autonomia da matriz para adaptar seu produto e práticas de marketing.
- *Requisitos e regulamentações do governo anfitrião.* Quando os governos impõem barreiras ou regulamentações comerciais complexas, podem suspender ou reverter a ameaça competitiva das empresas estrangeiras. Uma multinacional pode estabelecer uma subsidiária local com considerável autonomia de decisão para minimizar os efeitos do protecionismo.

## Pressões para a integração global

Outro conjunto de fatores leva uma empresa a coordenar suas atividades entre países, no esforço de desenvolver operações eficientes.[12] São eles:

- *Economias de escala.* A concentração da manufatura em poucas localidades selecionadas, onde a empresa possa lucrar com as economias da produção em massa, motiva a integração global. Além disso, quanto menor o número de localidades de manufatura e P&D, mais fácil será o controle de qualidade e custo.
- *Capitalização da convergência das tendências de consumo e das necessidades universais.* A padronização é apropriada para produtos com ampla aceitação e cujas características, qualidade e custo sejam semelhantes no mundo todo. Podem ser citados como exemplos os chips de computador e os componentes eletrônicos. Empresas como Nike, Dell, ING e Coca-Cola oferecem produtos que atraem consumidores de toda parte.
- *Atendimento uniforme para clientes globais.* Os serviços são os mais fáceis de padronizar quando as empresas podem centralizar seu desenvolvimento e sua prestação. Sobretudo as multinacionais com operações em vários países valorizam os dados referentes a serviços, que sejam consistentes em nível mundial.
- *Global sourcing de matéria-prima, componentes, energia e mão de obra.* As empresas enfrentam uma pressão constante para adquirir insumos de alta qualidade e eficiente relação custo-benefício. O suprimento de insumos de fornecedores de grande escala e centralizados proporciona benefícios de economias de escala e desempenhos mais consistentes. O suprimento de poucos fornecedores bem integrados é mais eficaz do que de vários distribuidores com pouca conexão entre si.
- *Concorrência global.* Concorrentes que atuam em múltiplos mercados ameaçam as empresas com operações puramente domésticas. A coordenação global é necessária para monitorar e reagir a ameaças competitivas em mercados estrangeiros e domésticos.
- *Disponibilidade de mídia que alcance consumidores em múltiplos mercados.* A disponibilidade de comunicações e promoções eficazes em custo possibilita que as empresas atendam a segmentos globais de mercado que permeiem diferentes países. Por exemplo, atualmente, elas se beneficiam da Internet e da televisão de alcance internacional para divulgar suas ofertas simultaneamente em diversos países.

# Estratégias distintas decorrentes da estrutura de integração-responsividade

A estrutura de integração-responsividade apresenta quatro estratégias distintas para as empresas internacionais, ilustradas pela Figura 11.2. As empresas que se internacionalizam buscam um desses quatro tipos ou uma combinação deles. Em geral, os setores multidomésticos preferem a estratégia de replicação doméstica e a multidoméstica, enquanto os globais favorecem as estratégias global e transnacional.

Pela **estratégia de replicação doméstica** (em alguns casos, chamada de *estratégia de exportação* ou *estratégia internacional*), a empresa considera os negócios internacionais como um capítulo à parte, e secundário, de seus negócios domésticos. No início do processo de internacionalização, essa empresa pode vislumbrar o comércio internacional como uma oportunidade para gerar vendas incrementais para as linhas de produto domésticas. É comum que se desenvolvam os produtos tendo os consumidores domésticos em mente e que se recorra ao comércio internacional como meio de ampliar o ciclo de vida do produto e replicar o sucesso no mercado nacional. A empresa espera pouco fluxo de conhecimentos das operações estrangeiras.[13]

Um segundo enfoque é a **estratégia multidoméstica** (também chamada de *estratégia multilocal*), pela qual uma empresa internacional delega considerável autonomia ao gestor de cada país, permitindo-lhe atuar de forma independente e buscar a responsividade local. Com essa estratégia, os gestores reconhecem e enfatizam as diferenças entre os mercados nacionais. Por conseguinte, a empresa que se internacionaliza permite a suas subsidiárias variar o produto e as práticas gerenciais por país. Os gestores de cada país tendem a ser empreendedores altamente independentes, geralmente nativos do país anfitrião (NPA, do inglês *host-country national*, ou HCN).[14] Eles atuam de modo independente e recebem pouco estímulo para compartilhar conhecimentos e experiências com colegas de outros países. Produtos e serviços são cuidadosamente adaptados às necessidades específicas de cada país.

As empresas que seguem uma estratégia multidoméstica repassam considerável autonomia às subsidiárias estrangeiras e exercem pouco controle central. O enfoque multidoméstico possui diversas vantagens. Se a subsidiária estrangeira incluir uma fábrica, os bens de fabricação local poderão ser mais bem adaptados aos mercados locais. Essa abordagem exerce pressão mínima sobre a equipe da matriz porque a administração operacional de cada país pode ser delegada a seu respectivo gestor. As empresas com limitada experiência internacional geralmente consideram a estratégia multidoméstica uma alternativa fácil, porque podem delegar muitas tarefas aos gestores de cada país (ou distribuidores estrangeiros, franqueados e licenciados, conforme o caso).

No entanto, a estratégia multidoméstica possui algumas desvantagens. Os gestores de uma subsidiária estrangeira tendem a desenvolver visão, cultura e processos que divergem de modo substancial dos da matriz. Recebem pouco incentivo para compartilhar conhecimentos e experiências com colegas dos demais mercados da empresa, o que leva à duplicação de atividades e à redução de economias de escala. O compartilhamento limitado de informações também reduz a possibilidade de desenvolvimento de uma vantagem competitiva baseada no conhecimento.[15] A competição pode intensificar-se entre as subsidiárias pelos recursos da empresa porque seus gestores não compartilham a mesma visão corporativa. Embora uma estratégia multidoméstica resulte em empresas com uma presença altamente responsável em diversos mercados nacionais, ela acarreta manufatura ineficiente, operações redundantes, proliferação de bens desenvolvidos para as necessidades locais e um custo geralmente mais elevado de operações internacionais do que outras estratégias.[16]

Essas desvantagens podem acabar levando a empresa a abandonar a estratégia multidoméstica em favor de um terceiro enfoque — a **estratégia global**. Com ela, a matriz de-

Figura 11.2 Quatro estratégias distintas resultantes da estrutura de integração-responsividade

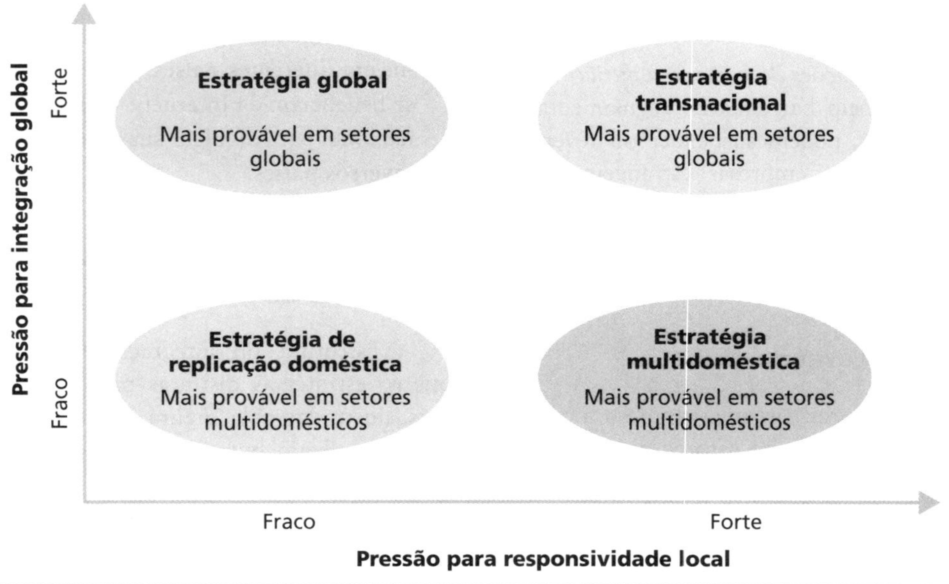

tém substancial controle sobre suas operações em cada país, visando minimizar a redundância e obter máxima eficiência, aprendizagem e integração mundial. Em caso extremo, a estratégia global questiona por que não fazer "a mesma coisa, da mesma forma, em toda parte?"[17] Dessa maneira, a estratégia global enfatiza coordenação e controle central maior do que a multidoméstica, com vários gerentes de produtos ou de negócios investidos de responsabilidade mundial. Atividades como P&D e manufatura são centralizadas na matriz, e a administração tende a considerar o mundo como um grande mercado.

A estratégia global oferece muitas vantagens: proporciona maior capacidade administrativa de reagir a oportunidades mundiais, aumenta as chances de aprendizagem internacional e fertilização cruzada da base de conhecimentos da empresa entre todas as subsidiárias e cria economias de escala, o que resulta em menores custos operacionais. A estratégia global pode também melhorar a qualidade de produtos e processos — sobretudo ao simplificar o processo de manufatura, dentre outros. A alta qualidade dos produtos promove o reconhecimento global da marca e gera a preferência do consumidor, além de eficientes programas internacionais de marketing.

A capacidade das empresas de adotar a estratégia global tem sido facilitada por muitos fatores, como a convergência das necessidades e preferências dos consumidores ao redor do mundo, a crescente aceitação de marcas globais, a crescente difusão de tecnologia uniforme (sobretudo nos mercados industriais), os efeitos integradores da Internet e do comércio eletrônico, a integração de mercados por meio dos blocos econômicos e da globalização financeira, além da disseminação de empreendimentos colaborativos internacionais.

Como ocorre com outras perspectivas, a estratégia global possui limitações. É desafiador para os gestores de empresas coordenar de perto as atividades de um grande número de operações internacionais amplamente dispersas. Deve-se manter uma comunicação contínua entre a matriz e suas subsidiárias, bem como entre as próprias subsidiárias. Quando levada ao extremo, a estratégia global resulta em uma perda de responsividade e flexibilidade nos mercados locais. Os gestores locais que são desprovidos de autonomia sobre as operações de seu país podem sentir-se desmoralizados e perder o espírito empreendedor.

Uma alternativa final é a **estratégia transnacional**, uma visão coordenada de internacionalização em que a empresa busca ser mais responsiva às necessidades locais enquanto detém suficiente controle operacional central para assegurar eficiência e aprendizagem. A estratégia transnacional combina as maiores vantagens das estratégias multidoméstica e global e ao passo que minimiza suas desvantagens.[18] Implica uma abordagem flexível: *padronizar onde for possível*; *adaptar onde for apropriado*. Na prática, os gestores implementam essa estratégia ao:

- Explorar as economias de escala por meio de suprimento a partir de um conjunto reduzido de fornecedores globais e da concentração da produção em relativamente poucas localidades, onde a vantagem competitiva possa ser maximizada
- Organizar as atividades de produção, marketing e outras da cadeia de valor em uma escala global
- Otimizar a responsividade local e a flexibilidade
- Promover a aprendizagem global e a transferência de conhecimentos
- Coordenar as *ações competitivas* — isto é, como a empresa lida com seus concorrentes em bases globais e integradas[19]

A estratégia transnacional requer planejamento, alocação de recursos e políticas uniformes em escala global. As empresas padronizam produtos tanto quanto possível, sem deixar de adaptá-los às necessidades, para assegurar um amplo volume de vendas em cada mercado. Por exemplo, no caso da IKEA, cerca de 90 por cento de sua linha de produção é idêntica em mais de duas dezenas de países. A elaboração de seu plano geral de marketing é centralizada em sua matriz na Europa, levando em conta a convergência das expectativas em relação aos produtos. No entanto, o plano é implementado com ajustes locais. A empresa também modifica parte de suas ofertas de móveis para atender às preferências de cada país. A IKEA descentraliza parte de suas decisões, tal como o idioma a ser usado em anúncios publicitários, às lojas locais.

O banco inglês Standard Chartered, a Procter & Gamble (P&G), a Dow Chemical e a fabricante de *software* Oracle estão todos seguindo uma estratégia transnacional. A Dow Chemical criou divisões de negócios globais, responsáveis por investimentos e desenvolvimento de mercados. Mas ela também recorre aos gestores locais para lidar com as questões regulatórias, que podem ser complexas em mercados emergentes. A Procter & Gamble eliminou a função de gestor em cada país e delegou todas as questões estratégicas sobre marcas para a matriz. Seu novo modelo faz distinção entre países de alta e baixa renda. Nos de alta renda, as principais decisões são tomadas na matriz. Nos de baixa, algumas decisões são delegadas ao nível regional. Os gestores locais nesses países demandam mais autonomia para tratar efetivamente de difíceis questões como suprimento e marketing.

Dada a dificuldade de manter um delicado equilíbrio entre controle central e responsividade local, a maioria das empresas acha difícil implementar uma estratégia transnacional. No longo prazo, quase todas as empresas descobrem que necessitam incluir alguns elementos de tomada de decisão localizada, porque cada país tem suas idiossincrasias. Por exemplo, poucos consumidores japoneses querem comprar um computador com teclado em inglês. Por isso, embora a Dell adote uma estratégia na maior parte global no Japão, deve incorporar alguns elementos multidomésticos também. Até a Coca-Cola, geralmente tida como uma marca global, varia discretamente seus ingredientes em diferentes mercados. Enquanto os consumidores norte-americanos preferem um refrigerante mais doce, os chineses querem menos açúcar.[20]

Agora que discutimos as diferentes estratégias que as empresas adotam em sua expansão internacional, vamos explorar um assunto correlato — as alternativas de estrutura organizacional. Embora uma estratégia seja o plano de ação, uma empresa necessita de uma estrutura composta por pessoas, recursos e processos para implementar esse plano.

## Estrutura organizacional

A **estrutura organizacional** refere-se às relações hierárquicas dentro da empresa — 'as caixas e as linhas' — que especificam as ligações entre pessoas, funções e processos que permitem à empresa conduzir suas operações internacionais. Em uma multinacional de grande porte e mais experiente, essas ligações são extensas e abrangem suas subsidiárias e afiliadas. Uma questão fundamental no plano organizacional é o nível de responsabilidade decisória que a empresa deve reter na matriz em detrimento do que deve ser delegado às subsidiárias e afiliadas no exterior. Trata-se a escolha entre *centralização* e *descentralização*. Vamos examinar essa escolha essencial em detalhes.

### Estrutura centralizada ou descentralizada?

Uma perspectiva centralizada implica que a matriz retém considerável nível de autoridade e controle. No caso da descentralizada, a multinacional delega substancial autonomia e tomada de decisão às subsidiárias em cada país. Não há como definir claramente a melhor abordagem.

A Tabela 11.1 identifica as contribuições mais características de matrizes e subsidiárias. De modo geral, quanto maior o desembolso financeiro ou mais arriscado o resultado previsto, mais a matriz se envolverá no processo decisório. Por exemplo, as decisões sobre o desenvolvimento de novos produtos ou o ingresso em novos mercados tendem a ser centralizadas na matriz. Outras, relacionadas às estratégias de dois ou mais países, são mais apropriadamente designadas a gestores da matriz com uma visão mais regional ou global.[21] As relativas a suprir produtos em um país para exportar em outro ou aquelas sobre preços de transferência intracorporativa têm mais chance de serem centralizadas. As decisões sobre produtos globais comercializados em vários países com marcas em comum ficam geralmente sob responsabilidade da matriz. Por outro lado, as decisões sobre produtos locais vendidos somente nos mercados de um único país devem ser de responsabilidade conjunta entre a empresa e os respectivos gestores de país, com os últimos assumindo o papel de liderança.

A escolha entre envolvimento da matriz ou da subsidiária no processo decisório também se dá em função da natureza do produto, da natureza das operações dos concorrentes e do porte, bem como da importância estratégica das operações no exterior. No longo prazo, nenhuma empresa pode centralizar *todas* as operações. Manter alguma autonomia local é desejável. As empresas necessitam equilibrar com eficácia os benefícios da centralização e da autonomia local. O desafio consiste em que as empresas atinjam essas metas de modo simultâneo.[22] A velha frase "pense globalmente, aja localmente" constitui uma simplificação exagerada das reais complexidades da competição global nos dias de hoje; "*pense global e localmente, aja de acordo*" descreve melhor a realidade do mercado atual.[23]

O planejamento compartilhado por gestores da matriz e das subsidiárias é vital ao planejamento de estratégias eficazes que tirem pleno proveito das operações mundiais existentes. Decisões altamente centralizadas e de cima para baixo ignoram o profundo conhecimento dos gestores das subsidiárias sobre o país anfitrião. Por outro lado, decisões altamente descentralizadas e de baixo para cima tomadas por gestores autônomos das subsidiárias desprezam o conhecimento funcional que seus colegas na matriz possuem e deixam de integrar estratégias entre países e regiões. O processo decisório compartilhado requer negociações entre gestores da matriz e das subsidiárias, com concessões de ambos os lados. Em última análise, contudo, todas as decisões estão sujeitas à aprovação da matriz. Os executivos corporativos devem empregar várias estratégias para estimular relações positivas, abertas e colaborativas com os gerentes de cada país. Essas estratégias incluem:

- Incentivar os gestores locais a se identificarem com os objetivos corporativos mais amplos e se esforçarem ao máximo
- Visitar as subsidiárias para instilar valores e prioridades corporativas
- Fazer rodízio de funções dentro da rede corporativa para desenvolver funcionários com múltiplas perspectivas
- Estimular os gestores de cada país a interagir e compartilhar experiências entre si por meio de reuniões regionais
- Prover/estipular incentivos e penalidades financeiras para promover a adesão às metas da matriz

## Arranjos organizacionais alternativos para operações internacionais

Há quatro estruturas organizacionais características na internacionalização de uma empresa: departamento/divisão internacional de exportações, estrutura descentralizada, estrutura centralizada e estrutura matricial global. Uma literatura de longa data sugere que "depois da estratégia vem a estrutura".[24] O plano organizacional escolhido por uma em-

Tabela 11.1 Contribuições de subsidiárias e matrizes

| Uma subsidiária é o principal contribuinte das seguintes atividades: | Uma matriz é o principal contribuinte das seguintes atividades: | Responsabilidades compartilhadas entre matriz e subsidiárias: |
|---|---|---|
| • Vendas<br>• Marketing<br>• Pesquisa de mercado local<br>• Gestão de recursos humanos<br>• Cumprimento das leis e regulamentações locais | • Planejamento de capital<br>• Preços de transferência<br>• Lucratividade global | **Com liderança da subsidiária:**<br>• Estratégia geográfica<br>• Desenvolvimento de produtos e serviços locais<br>• Suporte técnico e atendimento ao cliente<br>• Compras locais<br>**Com liderança da matriz:**<br>• Estratégia corporativa geral<br>• Desenvolvimento de produto global<br>• Atividade básica de P&D<br>• *Global sourcing* de produtos<br>• Desenvolvimento de gestores globais |

presa para suas operações internacionais é em grande parte resultante da visão dos principais gestores sobre os negócios internacionais e suas preferências quanto à decisão centralizada ou descentralizada. A experiência da empresa em negócios internacionais também afeta sua estrutura organizacional, que tende a seguir um padrão evolucionário: à medida que aumenta seu envolvimento internacional, uma empresa adota desenhos organizacionais cada vez mais complexos. Vamos explorar os quatro tipos de estrutura organizacional em detalhes.[25]

## Departamento ou divisão internacional de exportações

Para as indústrias, a exportação costuma ser a primeira estratégia de entrada em um mercado estrangeiro. A princípio, raramente envolve uma resposta organizacional muito estruturada. Contudo, quando as vendas resultantes das exportações atingem uma substancial parcela das vendas totais da empresa, cria-se um **departamento de exportações**, cujo gerente deve reportar-se ao gerente geral ou ao responsável por vendas e marketing em nível nacional. A Figura 11.3 ilustra a estrutura de um departamento de exportações.

O departamento de exportação é a forma mais simples de estrutura organizacional para controle das operações internacionais. Quando a empresa desenvolve operações extensivas de exportações, ou inicia estratégias mais sofisticadas de entrada em um mercado estrangeiro, tal como o IDE, geralmente se cria uma **estrutura de divisão internacional**, uma unidade separada dentro da empresa, que se dedica a administrar suas atividades internacionais. A Figura 11.4 ilustra essa estrutura organizacional. O mais comum é a nomeação de um vice-presidente de operações internacionais, que se reporta diretamente ao CEO da empresa. A decisão de criar uma unidade internacional à parte é geralmente acompanhada por uma mudança significativa na alocação de recursos e um foco maior no mercado internacional.[26] Os gestores dessa divisão supervisionam o desenvolvimento e a manutenção das relações com fornecedores e distribuidores no exterior. A divisão realiza ações mais avançadas de internacionalização, tais como licenciamento e investimento estrangeiro em pequena escala.

A estrutura de divisão internacional oferece diversas vantagens. Centraliza a administração e a coordenação das operações internacionais. Compõe-se de especialistas internacionais que se concentram no desenvolvimento de novas oportunidades de negócios no exterior e no fornecimento de assistência e treinamento às operações internacionais. Quando uma empresa desenvolve essa divisão, sinaliza seu comprometimento com o comércio internacional. No entanto, a estrutura de divisão internacional apresenta várias desvantagens. Por um lado, geralmente ocorre uma batalha de poder entre as operações domésticas e as internacionais — por exemplo, sobre o controle dos recursos financeiros e humanos. É provável que haja pouco compartilhamento de conhecimento entre as unidades estrangeiras ou entre estas e a matriz. As atividades de P&D e de planejamento orientado para o futuro tendem a manter o foco doméstico. Os produtos continuam a ser desenvolvidos para o mercado nacional, com as demandas internacionais sendo atendidas somente após as domésticas. Devido a tais problemas, muitas empresas acabam abandonando esse tipo de estrutura.[27]

As empresas em estágios mais avançado de internacionalização tendem a formar estruturas organizacionais mais complexas. A principal justificativa para isso é obter economias de escala por meio de um alto volume de produção e economias de escopo — isto é, um uso mais eficiente de marketing e outros recursos estratégicos para uma gama mais ampla de produtos e mercados. Há maior ênfase em potencial inovador por meio dos efeitos da aprendizagem, da coleta de recursos e de *know-how*. A cadeia integrada de comando nessa estrutura permite à administração tomar decisões rápidas e coesas em relação às operações globais.[28]

Os planos organizacionais mais complexos ressaltam uma estrutura descentralizada, geralmente organizada por região geográfica, ou uma estrutura centralizada, geralmente organizada em torno de produtos ou linhas funcionais. Descreveremos essas estruturas a seguir.

## Estrutura descentralizada (divisão por região geográfica)

A **divisão por área geográfica** é um plano organizacional em que o controle e a tomada de decisões são descentralizados ao nível de cada região geográfica, com gerentes responsáveis pelas operações regionais. A Figura 11.5 ilustra esse tipo de estrutura. As empresas que comercializam bens relativamente uniformes dentre as diversas regiões, com pouca necessidade de adaptação, tendem a organizar geograficamente suas operações internacionais. A estrutura é descentralizada porque a administração das atividades internacionais é em grande parte delegada às sedes regionais. A Nestlé usa esse tipo de estrutura e segmentou suas divisões internacionais em: América do Sul, América do Norte, Europa, Ásia e assim por diante. A empresa trata da mesma maneira todas as localidades, incluindo o mercado doméstico. Todas as regiões atuam em sintonia, voltadas a uma visão estratégica global em comum. Os ativos, incluindo o capital, são distribuídos visando um retorno ótimo sobre as metas corporativas — não as regionais. De modo geral, as divisões por região geográfica fabricam e comercializam localmente os bens adequados às suas próprias regiões. As empresas que utilizam esse enfoque geralmente estão em setores maduros, com linhas de produto restritas, tais como as indústrias farmacêutica, alimentícia, automobilística, cosmética e de bebidas.

As vantagens da estrutura por região geográfica incluem a capacidade de atingir um equilíbrio entre a integração global e a adaptação local em nível regional. O líder nesse tipo de estrutura possui autoridade para modificar produtos e estratégias. A comunicação e a coordenação podem ser melhoradas entre as subsidiárias dentro de cada região, mas minimizadas com *outras* divisões regionais e a matriz. O foco regional pode desviar a atenção da administração regional das questões *globais*, tais como desenvolvimento e gestão de produtos.[29]

Figura 11.3 Estrutura do departamento de exportação

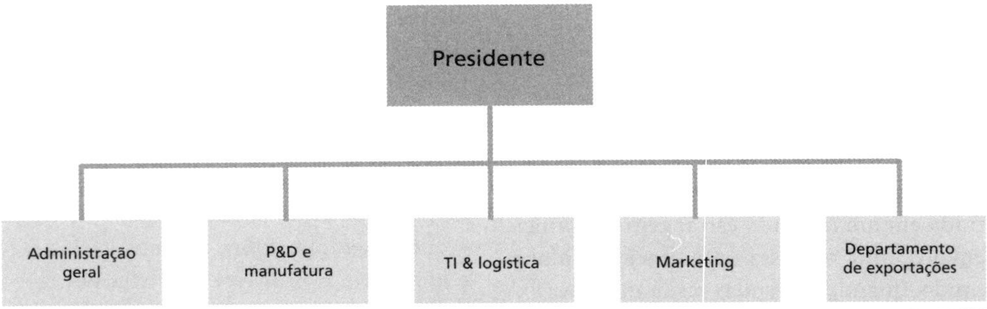


Figura 11.4 Estrutura de divisão internacional

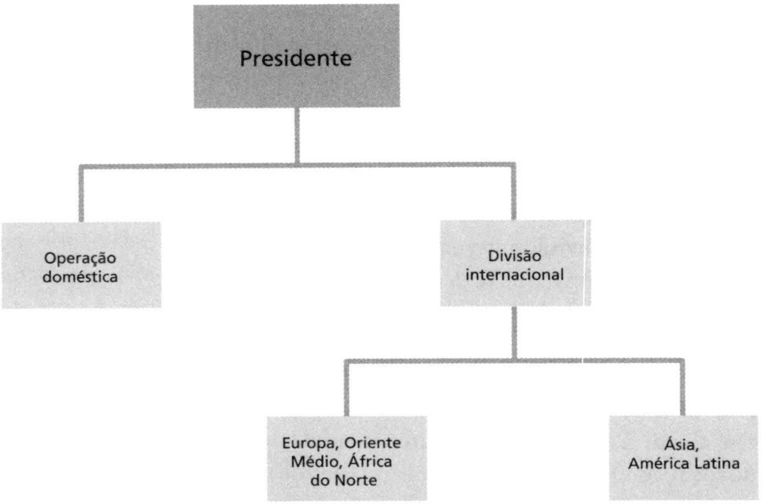

Figura 11.5 Estrutura de região geográfica

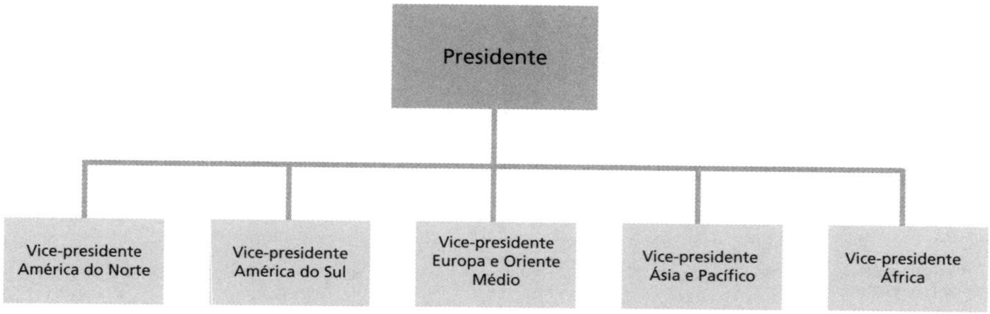


## Estrutura centralizada (divisão por produto ou funcional)

Uma **divisão por produto** consiste em um arranjo no qual o processo decisório e a administração das operações internacionais são organizados por linha de produto. Cria-se uma estrutura baseada nas principais categorias de produto, dentro da gama de ofertas da empresa. Cada divisão possui a responsabilidade de fabricar e comercializar um grupo específico de produtos, em escala mundial. Por exemplo, a Motorola organiza suas operações internacionais no âmbito de cada uma de suas categorias de produto, como telefones celulares, bens de consumo eletrônicos e satélites. A Figura 11.6 ilustra esse tipo de estrutura. Cada divisão opera como um centro de custo independente, com expressiva autonomia. Sua principal meta é atingir um alto grau de coordenação mundial dentro de cada categoria de produto. Uma melhor coordenação estimula maiores economias de escala e um fluxo aprimorado de conhecimento dos produtos e tecnologia através das fronteiras.

A vantagem da estrutura de divisão por produto é que todas as funções de suporte, tais como P&D, marketing e manufatura, estão focalizadas no produto. Ao mesmo tempo, é mais fácil customizar os produtos a cada mercado, para atender às necessidades específicas dos consumidores. No entanto, essa estrutura também causa duplicação das funções de suporte corporativo para cada divisão de produto e a tendência de que os gestores concentrem seus esforços nas subsidiárias com o maior potencial de rápidos retornos.[30] Além disso, fornecedores e clientes podem ficar confusos ao terem que lidar com várias divisões.

Uma variação da estrutura centralizada é a **divisão funcional**, que consiste em um arranjo no qual o processo decisório e a administração das operações internacionais são organizados por atividade funcional (como produção e marketing). Por exemplo, as companhias petrolíferas e de mineração, que possuem processos de valor agregado de exploração, perfuração, transporte e armazenagem, tendem a adotar esse tipo de estrutura. A Figura 11.7 ilustra esse arranjo. As linhas de navios de cruzeiro podem envolver-se tanto na construção naval quanto no marketing das viagens — duas funções bastante distintas que requerem departamentos separados de produção internacional e marketing internacional. Dessa forma, faz sentido delinear divisões independentes para o desempenho das funções de produção e marketing em escala mundial. As vantagens da divisão funcional são uma equipe central pequena, que provê forte controle e coordenação central, e uma estratégia unificada e focada, com alto grau de experiência funcional. Entretanto, essa abordagem pode falhar na coordenação de funções como manufatura, marketing e outras em diversas localidades porque a equipe central carece de experiência nessas áreas. Além disso, quando a empresa lida com inúmeras linhas de produto, a coordenação pode tornar-se complexa.[31]

Figura 11.6 Estrutura de produto global

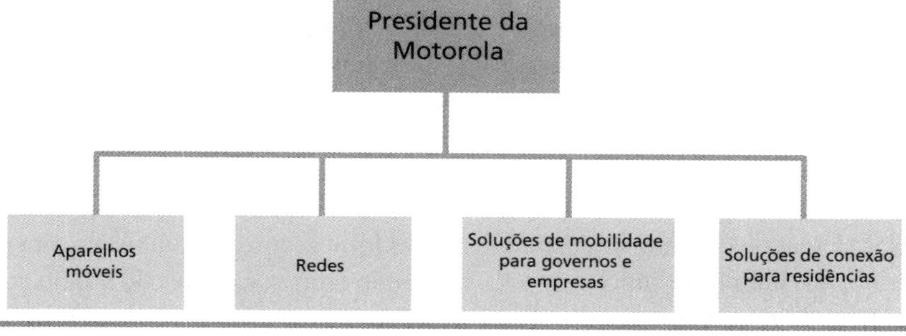

Figura 11.7 Estrutura funcional global

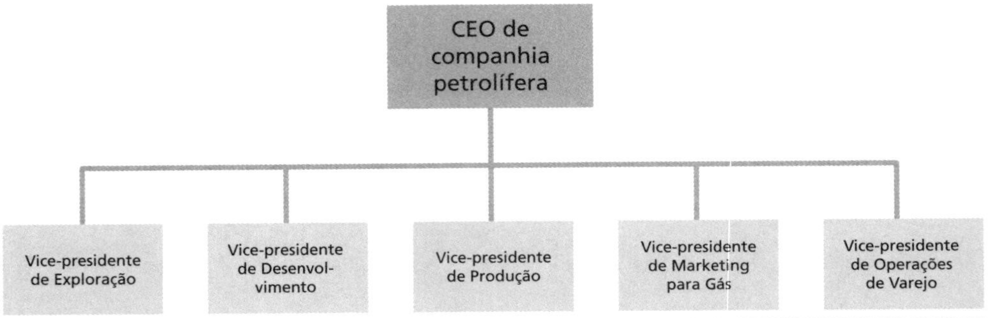


## Estrutura matricial global

Os planos organizacionais descritos até aqui funcionaram bem nas décadas de 1970 e 1980. Contudo, à medida que os negócios mundiais ingressaram na década de 1990, uma série de condições econômicas começou a mudar. Muitos países sofreram aumento nos déficits comerciais e nas taxas de juros incidentes sobre a dívida externa. Os governos locais reagiram com aumento das restrições às empresas estrangeiras, exigindo delas investimento local, atendimento aos requisitos de conteúdo local e transferência de tecnologia. Em alguns mercados, os consumidores demonstraram uma renovada preferência por marcas locais. As empresas passaram a perceber que cada vez mais essas forças econômicas exigiam que se tratassem as necessidades globais e locais *simultaneamente*. Essa percepção levou à criação da estrutura matricial global.

Uma **estrutura matricial global** constitui um arranjo que combina as estruturas de região geográfica, produto e funções como forma de alavancar os benefícios de uma estratégia puramente global e maximizar a aprendizagem global, sem deixar de lado a responsividade às necessidades locais. Trata-se de uma tentativa de captar as vantagens das estruturas de região geográfica, produto e funções ao mesmo tempo em que se minimizam suas desvantagens.

Dentre as quatro alternativas estratégicas discutidas, a estrutura matricial global é a que mais se aproxima da estratégia transnacional. A divisão por regiões facilita a responsividade local, mas pode inibir as economias de escala em âmbito mundial e o compartilhamento de conhecimentos e competências essenciais dentre as regiões geográficas. A divisão por produtos supera essas desvantagens, mas deixa a desejar em responsividade local. Ao adotar a estrutura matricial global, a responsabilidade pelas decisões operacionais sobre um dado produto é compartilhada pela divisão de produto e a região geográfica em questão. Para implementar o enfoque matricial, desenvolve-se um sistema dual de subordinação em que, por exemplo, um funcionário de uma subsidiária no exterior pode reportar-se igualmente a dois chefes: o gerente geral da subsidiária local e o gerente de divisão de produto.

Na estrutura matricial global, as capacidades organizacionais e as melhores práticas são compartilhadas com todas as unidades do país. Essa abordagem requer que os gestores pensem e atuem de acordo com as seguintes dimensões principais: geografia, produto e função (transfuncional). A empresa deve simultaneamente possuir condições de: (1) desenvolver coordenação e controle em escala mundial, (2) atender às necessidades locais e (3) maximizar a aprendizagem interorganizacional e o compartilhamento de conhecimentos.[32]

A estrutura matricial global reconhece a importância de operações flexíveis e responsivas por país e mostra às empresas como conectar essas operações de modo a reter eficácia competitiva e eficiência econômica. Os gestores que atuam nessa estrutura devem tomar decisões compartilhadas que afetam toda a organização. Para a maioria das empresas, a abordagem matricial representa um pensamento relativamente novo na administração da multinacional moderna. O grau de sucesso no longo prazo da implementação e manutenção dessa estrutura continua sendo uma incógnita.

A Unilever — companhia europeia com mais de US$ 50 bilhões em vendas de alimentos, bebidas e produtos de higiene e limpeza — é um exemplo de empresa que se beneficiou de uma estrutura matricial. Originalmente resultante de uma fusão entre uma empresa britânica e outra holandesa, a matriz da Unilever migrou recentemente para uma coordenação combinada com responsividade local. Há muito tempo ela segue um enfoque multidoméstico, mas isso acabou se tornando incômodo. A empresa esforçou-se em desenvolver produtos globais capazes de competir com rivais do porte de Procter & Gamble e L'Oreal. Esses concorrentes, com operações mais centralizadas, estavam reagindo mais rapidamente às mudanças nas preferências dos consumidores. Eram melhores na coordenação de suas unidades internacionais e conquistavam eficiência fechando contratos com fornecedores simultaneamente para diversos países. Ao mesmo tempo, gigantes do varejo como a Walmart pressionavam por corte de preços. As vendas totais da Unilever equiparavam-se às da P&G, mas a primeira tinha mais de 230.000 funcionários, o dobro da concorrente. A estrutura descentralizada da organização internacional da Unilever produzira duplicações desnecessárias e inúmeros obstáculos à implementação de uma abordagem global mais eficiente.

Para solucionar seus problemas, a Unilever colocou em ação um sólido plano de reorganização destinado a centralizar autoridade e reduzir o poder dos gestores em cada país. Para implementar cultura e estrutura globais, a empresa desfez-se de centenas de negócios, cortou 55.000 empregos, fechou 145 fábricas e desativou 1.200 marcas. Atualmente, a Unilever possui cerca de 400 marcas. Ela desenvolve novos produtos recorrendo a equipes globais que ressaltam os pontos em comum entre os principais mercados. Os gestores locais não podem reformular embalagem, formulação ou publicidade das marcas globais, como o sabonete Dove. A Unilever está progredindo bem na implementação de uma abordagem matricial mais equilibrada a suas operações internacionais.[33]

Como ocorre no caso das outras estruturas organizacionais, a matricial apresenta desvantagens. Por exemplo, a cadeia de comando dos superiores aos subordinados pode tornar-se confusa. É difícil para os funcionários receber orientação de dois gerentes diferentes, localizados a milhares de quilômetros de distância e possuidores de diferentes experiências culturais e profissionais. Quando surge um conflito entre os dois gerentes, a alta administração deve oferecer a solução. A estrutura matricial pode, portanto, suscitar conflitos, perda de tempo gerencial e comprometimento da eficácia organizacional. O ritmo acelerado de mudanças ambientais, o aumento de complexidade e demandas e a necessidade de adaptação cultural foram opressivos para muitas empresas que experimentaram a estrutura matricial.[34] Por esse motivo, várias delas acabaram retomando modelos organizacionais mais simples.

## Como desenvolver uma empresa global

A Figura 11.8 ilustra as dimensões necessárias a uma empresa realmente global. Como já destacamos, deve-se iniciar com uma estratégia e uma estrutura organizacional apropriadas. Embora essenciais, essas dimensões não bastam por si só. Além de estratégia e estrutura organizacional, a administração deve cultivar três aspectos adicionais: liderança visionária, cultura organizacional e processos organizacionais. Discutiremos a seguir esses três atributos das empresas genuinamente globais.[35]

### Liderança visionária

A **liderança visionária** é definida como um capital humano essencial em uma organização, responsável pela orientação estratégica necessária para administrar eficiência, flexibilidade e aprendizagem em um negócio internacional.[36] A liderança é mais complexa nas empresas globais do que nas domésticas porque valiosos ativos organizacionais — como capacidade produtiva, marcas e recursos humanos — cruzam as fronteiras nacionais. Nas empresas com diversas e complexas operações internacionais, a liderança visionária é fundamental para o sucesso.

Tomemos o exemplo de Peter Brabeck, CEO da Nestlé. Hábil piloto, escalador de montanhas e fã da Harley-Davidson, ele tem a reputação de ser direto. Da matriz na Suíça, lidera a Nestlé no mercado em crescimento da nutrição, desenvolvendo produtos e serviços mais saudáveis e de maior valor agregado. Brabeck percebeu a existência de um mercado mundial de produtos alimentícios que atendem ao crescente interesse dos consumidores por saúde e nutrição. Para acessar esse nicho em expansão, adquiriu recentemente a Jenny Craig, uma empresa norte-americana de administração do peso e produtos alimen-

Figura 11.8 Dimensões das empresas realmente globais

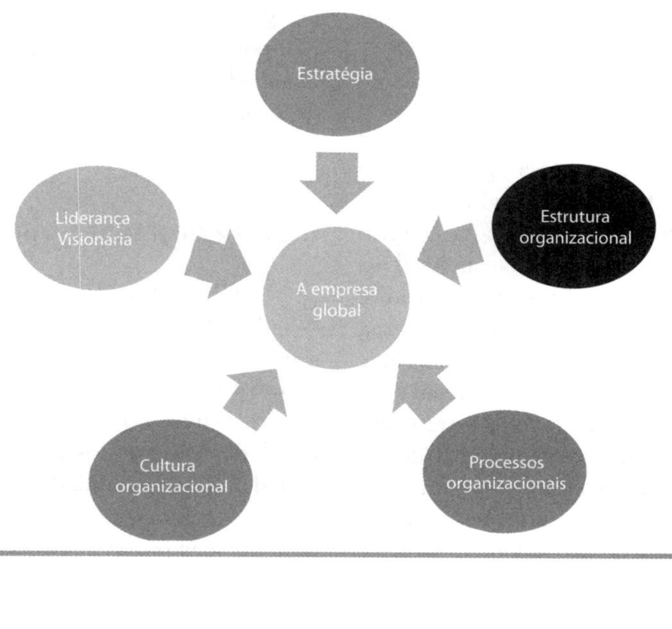

tícios. Na Alemanha, a Nestlé fundou um instituto para aconselhar consumidores sobre dietas, fornecendo recomendação nutricional a mais de 300.000 clientes por mês. Na França, Brabeck criou um serviço nutricional de atendimento domiciliar, para pacientes com necessidades alimentares especiais. Essas iniciativas posicionam a Nestlé em um crescente mercado global e geram lealdade à marca para sua linha de alimentos saudáveis.[37]

Ao menos quatro traços exemplificam os líderes visionários:

### Mentalidade global e valores cosmopolitas

Inicialmente, a liderança visionária requer que os gestores da empresa adquiram um **modelo mental globalizado** — receptividade e conscientização em relação à diversidade cultural. Seu grau de perspectiva global é crucial ao sucesso derradeiro.[38] Gestores dogmáticos — que tendem a ser obtusos, carecer de visão e ter dificuldade de adaptação a outras culturas — são candidatos ao fracasso. Por outro lado, os gestores de mente aberta, comprometidos com a internacionalização e aderentes a outras culturas têm grande chance de êxito. Tal postura é particularmente importante entre a internacionalização das pequenas empresas, que não dispõem de substanciais recursos tangíveis.[39]

### Disposição para comprometer recursos

O comprometimento leva os líderes visionários a desenvolver recursos financeiros, humanos e outros para alcançar as metas internacionais de uma empresa. As complexidades dos mercados estrangeiros implicam que os empreendimentos internacionais levam mais tempo do que os nacionais para atingir a lucratividade. Essas condições exigem altos níveis de comprometimento gerencial e a crença inabalável no eventual sucesso da empresa. Na ausência desse comprometimento, os gerentes de nível médio não conseguirão atender de forma adequada os mercados estrangeiros e desempenhar as atividades necessárias para garantir o êxito. Empresas altamente comprometidas dedicam-se à expansão sistemática do mercado internacional, alocam os recursos necessários e fomentam estruturas e processos que assegurem o derradeiro sucesso.

### Visão estratégica global

Os líderes visionários são eficazes na articulação de uma *visão estratégica global* — o que a empresa almeja ser no futuro e como chegará lá. Ao desenvolver sua visão estratégica, os executivos corporativos concentram-se na imagem ideal do que a empresa ambiciona ser. Essa imagem ideal é o ponto de partida central de todos os planos, funcionários e ações. Isso se assemelha ao conceito de *intenção estratégica*, definido como um sonho ambicioso e impulsionador que energiza e proporciona energia emocional e intelectual.[40]

Como exemplo de uma empresa com visão estratégica, vamos analisar a Synclayer, uma empresa janponesa de pequeno a médio porte cujos executivos idealizaram um grande mercado em expansão para novos produtos destinados à população idosa. Até 2015, um em quatro japoneses — cerca de 30 milhões de pessoas — terão mais de 65 anos. A empresa ambiciona assumir a liderança mundial no desenvolvimento de produtos para idosos. A Synclayer desenvolveu um sistema baseado em TI que permite aos idosos tomar medições médicas básicas em casa, como pressão arterial e temperatura, e enviá-las a um banco de dados local de saúde. O serviço médico entrará em ação, se as medições indicarem algum problema de saúde. A visão da empresa é desenvolver os produtos no Japão e depois lançá-los nos mercados estrangeiros com universo considerável de idosos.[41]

### Disposição em investir em ativos humanos

Os líderes visionários devem cultivar um ativo essencial a qualquer organização — o capital humano. No centro de qualquer iniciativa de globalização está um grupo de gestores que compreendem o mundo e estão preparados para administrar as complexidades, incertezas e aprendizagens do mercado global. A liderança envolve o esforço contínuo de desenvolver um capital humano que seja capaz de criar cultura, estratégia, estrutura e processos organizacionais das empresas globais. Nestas, os líderes mais experientes adotam práticas de recursos humanos como contratação de nativos de país estrangeiro, promoção de carreiras internacionais e treinamento em culturas e idiomas estrangeiros, para desenvolver supergerentes globais.[42]

Ratan N. Tata, o presidente do Grupo Tata que transformou esse conglomerado indiano em uma organização transnacional, e Carlos Ghosn, o CEO da Nissan e Renault apresentado no estudo de caso deste capítulo, exemplificam a liderança visionária. Tata administra um conglomerado de US$ 22 bilhões, cujas empresas comercializam uma gama de produtos, de automóveis a relógios. Desde 2000, seu grupo realizou várias aquisições (desde a Tetley Tea até a siderúrgica Corus com sede em Londres), refletindo a mudança de uma visão estratégica local para outra global. Outro exemplo é o CEO da Toyota, Fujio Cho, que conduziu a empresa a vendas recordes na intensamente competitiva indústria automobilística global. Em um ano recente, os lucros aumentaram quase 150 por cento. Seu estilo de liderança enfatiza a inovação, a qualidade do produto, a melhoria contínua e uma capacidade de identificar oportunidades orientadas para o futuro, como o híbrido Prius e as marcas Scion voltadas aos jovens.[43]

## Cultura organizacional

A **cultura organizacional** refere-se ao padrão compartilhado de valores, normas de conduta, sistemas, políticas e procedimentos que os funcionários aprendem e adotam. São assimilados como a forma correta de perceber, pensar, sentir e comportar-se em relação a novos problemas e oportunidades enfrentados pela empresa.[44] A cultura organizacional é a 'personalidade' da empresa, exibida pelos funcionários quando falam a linguagem comum da empresa e aceitam suas regras e normas, como o ritmo e o volume de trabalho esperados e o grau de cooperação entre a administração e os demais funcionários.

Como vimos no caso da IKEA no texto de abertura, a cultura organizacional geralmente resulta da influência de fundadores e líderes visionários ou de alguma história singular da empresa. O papel dos valores e das crenças do fundador é de particular importância. Os líderes visionários podem transformar a cultura organizacional, como fizeram Lou Gerstner e Jack Welch ao modificarem de forma radical os destinos da IBM e da General Electric (GE), respectivamente — grandes organizações burocráticas que fracassaram na tentativa de adaptar-se aos ambientes em transformação.

Na gigante japonesa de produtos eletrônicos Canon, o CEO Fujio Mitarai desenvolveu uma cultura organizacional que enfatiza a ciência e a tecnologia. O foco estende-se do desenvolvimento dos produtos à forma como eles são fabricados. Inovações recentes cortaram o tempo de produção e os custos. A Canon investe bilhões em P&D e é o segundo maior adquirente de novas patentes norte-americanas no mundo. Essa orientação permitiu-lhe tornar-se um líder mundial em câmeras digitais, copiadoras, impressoras e TVs de tela plana.[45] De modo similar, o foco na qualidade do produto constitui um dos pilares da cultura organizacional da Toyota. Por exemplo, a lacuna entre a capota e a grade em seu modelo de luxo Lexus não pode ultrapassar a de um cílio. Os operários da Toyota no Canadá recebem treinamento contínuo em qualidade nos processos de manufatura do Lexus e, se ninguém tomar uma medida em relação a falhas de produção detectadas por computador em um intervalo de 15 minutos, a alta gerência é automaticamente notificada. A Toyota executa uma *checagem tripla* de qualidade a cada estágio de produção do Lexus.[46]

Atualmente, a administração de empresas como a Canon e a Toyota visa formar uma cultura organizacional *global* — um ambiente organizacional que desempenhe um papel fundamental no desenvolvimento e na execução da estratégia global corporativa. As empresas que buscam de maneira proativa uma cultura organizacional global:[47]

- Valorizam e promovem uma perspectiva global em todas as suas principais iniciativas
- Valorizam a competência global e as habilidades interculturais dentre seus funcionários
- Adotam uma linguagem corporativa única para a comunicação nos negócios
- Promovem interdependência entre a matriz e as subsidiárias
- Adotam padrões éticos globalmente aceitos

As empresas que aspiram tornar-se genuinamente globais buscam manter sólidos padrões éticos em todos os mercados onde estejam representadas. Em última análise, a liderança graduada de qualquer empresa deve assumir a responsabilidade pelo fomento de uma cultura organizacional que abrace a responsabilidade social e tome a iniciativa de desempenhar seu papel. Definimos a **responsabilidade social corporativa** (**RSC**) como a condução de um negócio de modo a atender ou superar as expectativas éticas, legais, comerciais e públicas das partes envolvidas (clientes, acionistas, funcionários e comunidades). A seção "Tendência Global" descreve o papel da responsabilidade social corporativa na empresa multinacional.

As empresas combinam a liderança visionária com a cultura organizacional para criar processos que definam como a empresa conduzirá as atividades diárias para atingir as metas corporativas. Vamos examinar esses processos organizacionais a seguir.

## Processos organizacionais

Os **processos organizacionais** referem-se a rotinas, condutas e mecanismos administrativos que permitam à empresa funcionar conforme planejado. Em uma empresa internacional, os processos tradicionais incluem mecanismos de coleta de informações estratégicas de mercado, avaliação e remuneração de funcionários e previsão orçamentária de operações internacionais.

A General Electric e a Toyota conquistaram substancial vantagem competitiva ao enfatizar e refinar os inúmeros processos que compõem suas cadeias de valor. Por exemplo, a GE digitaliza todos os documentos importantes e usa intranets e a Internet para automatizar muitas atividades e reduzir custos operacionais. Vários processos cruzam áreas funcionais dentro da empresa. Por exemplo, o processo de desenvolvimento de novos produtos envolve dados de entrada de P&D, engenharia, marketing, finanças e operações. Nas empresas globais, os processos também podem atravessar as fronteiras nacionais, o que aumenta tanto a urgência quanto a complexidade da elaboração de processos que funcionem bem.

## Processos organizacionais compartilhados para a coordenação global

As empresas contemporâneas desenvolvem e implementam processos em comum. Os gestores tentam alcançar a coordenação e a integração global não só aderindo a um plano organizacional específico, tal como a estrutura matricial global, mas também implementando uma variedade de processos compartilhados ou *mecanismos de globalização*. Esses processos proporcionam uma considerável interconectividade dentro da rede da multinacional e possibilitam uma significativa fertilização cruzada e base de conhecimentos. Juntos, constituem veículos importantes e poderosos para a criação de empresas realmente globais. Esses processos compartilhados abrangem *equipes globais*, *sistemas globais de informação* e *reservas globais de talentos*.

### Equipes globais

Cada vez mais, as equipes globais são responsáveis pela resolução de problemas e pelo desenvolvimento das melhores práticas dentro da empresa.[48] Uma **equipe global** é "um grupo de pessoas internacionalmente distribuídas... com a

TENDÊNCIA GLOBAL

## A responsabilidade social corporativa global sobe ao topo da agenda das multinacionais

À medida que se internacionalizam, cada vez mais as empresas enfrentam a questão de como ser bons cidadãos globais. A responsabilidade social corporativa (RSC) afeta a qualidade de vida de clientes, fornecedores, trabalhadores e outras partes envolvidas na interação com as empresas. A RSC trata questões como direitos trabalhistas, remuneração aos trabalhadores em nível suficiente para garantir um padrão de vida razoável, atividades corporativas que perturbam comunidades e estilos de vida e dano ambiental causado pelas empresas. Um estudo da McKinsey & Co. descobriu que executivos em todo o mundo apoiam de modo inquestionável a ideia de que as empresas têm obrigações sociais e ambientais, além de garantir o lucro financeiro.

Como exemplo, a IKEA (descrita no texto de abertura) tem sido ativa em promover a responsabilidade social e ambiental. Ela recorre a auditores e coordenadores ambientais próprios, especialmente treinados. Seus produtos devem ser manufaturados sob condições de trabalho aceitáveis por fornecedores que assumam a responsabilidade pelo meio ambiente. A IKEA e seus fornecedores atuam em parceria com entidades como Unicef, Save the Children e WWF, para impedir o trabalho infantil e apoiar a extração sustentável de madeira. Todo o trabalho é realizado em conjunto com a UN Convention on the Rights of the Child (1989) e todos os fornecedores devem atender aos padrões da Forest Stewardship Council (FSC). Além dessas atividades, a Fundação IKEA apoia várias causas filantrópicas com generosas contribuições.

Governos e partes interessadas têm expectativas sobre como as multinacionais devem cumprir seu contrato global de RSC. Expectativas como contribuir para as oportunidades regionais de emprego, proteger trabalhadores e comunidades contra danos físicos, oferecer boas condições de trabalho, evitar práticas discriminatórias na contratação de pessoal e nos ambientes de trabalho, manter a transparência e banir a corrupção, reduzir a pobreza e a injustiça e melhorar o acesso a saúde e educação de qualidade.

Cada vez mais, importar-se com a responsabilidade social e ambiental faz parte da condução dos negócios internacionais. As empresas devem incorporar a RSC a várias atividades no exterior. No entanto, a tarefa é complexa, porque quando as empresas ingressam no cenário global encontram uma ampla gama de participantes do processo, cujas expectativas geralmente parecem contraditórias e opressivas. Além disso, os problemas sociais e ambientais comumente encontrados no exterior devem parecer desconcertantes para a administração na matriz, que possui pouca experiência internacional direta. De modo geral, são os gestores de cada país que tomam a frente na decisão sobre quais questões tratar e de que forma.

Como as multinacionais tratam a RSC global? O Center for Corporate Citizenship do Boston College entrevistou gerentes ao redor do mundo e constatou que eles se especializavam em identificar, equilibrar e priorizar as questões sociais e ambientais. Em um cenário cada vez mais sensível a essas causas, é cada vez mais frequente que os executivos das empresas assumam os seguintes tipos de atividade:

- Desenvolver relações mais próximas com as partes estrangeiras envolvidas para compreender melhor suas necessidades e, em conjunto, chegar às soluções
- Desenvolver capacidades internas e externas para intensificar a contribuição da empresa à comunidade local e ao ambiente global
- Garantir que diversas vozes sejam ouvidas ao criar estruturas organizacionais que contratem gerentes e demais funcionários de todo o mundo
- Desenvolver padrões e objetivos de RSC global que sejam comunicados e implementados por toda a empresa, em escala mundial
- Treinar gestores nos princípios de RSC global e integrá-los às responsabilidades gerenciais

A RSC global inseriu-se firmemente na agenda cotidiana do executivo, à medida que a expansão das atividades das multinacionais impõe crescentes preocupações ambientais e colocam as empresas em contato diário com uma série de atividades internacionais — como P&D, manufatura, vendas e marketing — que podem acarretar uma variedade de dilemas éticos. O estudo da McKinsey descobriu que os executivos de negócios devem equilibrar sua obrigação junto aos envolvidos no processo com contribuições explícitas "para o bem público geral". Oitenta por cento dos executivos concordaram que a geração de altos retornos para os investidores deve ser acompanhada por foco na oferta de bons empregos, apoio a causas sociais nas comunidades locais e superação dos requisitos legais para minimizar a poluição e outros efeitos negativos dos negócios.

Fontes: CENTER FOR CORPORATE CITIZENSHIP. *Going global*: managers' experiences working with worldwide stakeholders. Relatório de pesquisa. Boston: Boston College, 2005; McKINSEY & Co. (2006). *The McKinsey global survey of business executives*: business and society. Disponível em: www.mckins-eyquarterly.com. Acessado em: jan. 2006.

missão específica de tomar ou implementar decisões de escopo internacional."[49] Os membros da equipe são recrutados de unidades de diferentes localizações geográficas da multinacional e podem interagir somente por meio de intranets corporativas e videoconferência, sem a necessidade de reuniões pessoais. Uma equipe global reúne funcionários com experiências, conhecimentos e habilidades para solucionar desafios em comum. É designada para tarefas relativamente complexas, representa uma composição diversificada de experiências profissionais e nacionais e compõe-se de membros que estão espalhados pelo mundo. Em geral, as equipes globais são responsáveis por agendas específicas e têm um período de tempo pré-determinado para completar suas deliberações e fazer recomendações.

A natureza das equipes globais varia. As *equipes estratégicas globais* identificam ou implementam iniciativas que reforçam o posicionamento da empresa em seu setor de atuação global. As *equipes operacionais globais* concentram-se no funcionamento eficiente e eficaz dos negócios por toda a rede.[50] Um exemplo de equipe estratégica global é o Conselho de Estratégia Global da General Motors (GM), composta por executivos da empresa que são líderes em processos como relações trabalhistas, engenharia de projetos, manufatura, marketing, qualidade, gestão de recursos humanos e compras. A equipe é designada para coordenar o desenvolvimento de processos globais compartilhados, disseminando as melhores práticas por todas as operações mundiais da GM e evitando 'reinventar a roda' em cada região.

As equipes mais bem-sucedidas são flexíveis, responsivas e inovadoras. Para desenvolver estratégias globais, é importante que a equipe envolva gerentes de diferentes culturas, cujas atividades permeiem o globo. Equipes culturalmente diversas desempenham três papéis valiosos:

1. Criar uma visão global dentro da empresa, sem deixar de manter contato com as realidades locais.
2. Gerar ideias criativas e tomar decisões totalmente baseadas em informações sobre as operações globais da empresa.
3. Assegurar que as decisões da equipe sejam implementadas por todas as operações globais da empresa.

### Sistemas de informações globais

O desejo de criar uma empresa globalmente coordenada é motivado pela necessidade de eficiência em escala mundial e um mínimo de redundância. No passado, a distância geográfica e as diferenças interculturais serviram como impedimentos para uma empresa global, interconectada. O advento da Internet e das modernas tecnologias da informação agora fornecem os meios para a interconexão virtual dentro da rede corporativa global. A infraestrutura global de TI, acompanhada de ferramentas como as intranets e a troca eletrônica de dados, tornam viável que partes distantes da rede global compartilhem e aprendam entre si.

O desenvolvimento do Chevrolet Equinox pela General Motors ilustra o efetivo uso moderno das tecnologias de informação e comunicações. Quando a GM decidiu, em 2001, desenvolver um veículo utilitário esportivo para competir com o RAV4 da Toyota e o CR-V da Honda, recorreu a suas capacitações em nível mundial. O motor V6 foi fabricado na China, em cooperação com engenheiros do Canadá, da China, do Japão e dos Estados Unidos. De uma sala de colaboração global em Toronto, os engenheiros reuniam-se por teleconferência quase diariamente com os colegas de Shanghai, Tóquio, e Warren, Ohio. Eles trocavam projetos tridimensionais do veículo e impressões sobre o estilo do exterior e o *design* dos componentes. O SUV foi fabricado em Ontário, Canadá, em uma fábrica que a GM compartilha com seu parceiro japonês, a Suzuki.

### Reservas globais de talento

Desenvolver gerentes e outros membros da organização para que pensem e se comportem globalmente é necessário para o sucesso global. As empresas internacionais utilizam uma combinação de nativos de país de origem e nativos do país anfitrião e expatriados. Um **expatriado** é um funcionário designado para trabalhar e residir em um país estrangeiro por um prolongado período de tempo, geralmente um ano ou mais. Por exemplo, uma empresa dos Estados Unidos pode empregar um gerente norte-americano ou um alemão para sua subsidiária na França. Neste exemplo, tanto o alemão quanto o norte-americano são expatriados. As multinacionais sofisticadas desenvolvem um banco de dados de profissionais capacitados dentro da empresa e disponibilizam o cadastro pela intranet corporativa. Como exemplo, os gestores do Citibank podem buscar na intranet o candidato certo — com a qualificação desejada — independentemente de sua localização na rede global da empresa. Dessa maneira, o Citibank identifica e usa o melhor talento em nível mundial para a tarefa em questão.

As empresas globais investem em seus funcionários para desenvolver as capacidades necessárias, não só em termos técnicos ou comerciais, mas também linguísticos e culturais, além de tipos de experiência internacional. O desenvolvimento de uma *reserva global de talentos* requer a criação de um ambiente que promova a cooperação através das fronteiras, o livre intercâmbio de informações e o desenvolvimento de gestores criativos, capazes de atuar com eficácia em qualquer parte do mundo.

## Como colocar a mudança organizacional em ação

Este capítulo destacou estratégias, estruturas e processos que ajudam a construir empresas realmente globais. Reorganizar a empresa em escala global não é uma tarefa simples nem que possa ser rapidamente realizada. Tomemos o caso do programa "Organization 2005" da Procter & Gamble, lançado em 1998.[51] O plano demandava um agressivo redesenho da estrutura organizacional da empresa, de seus processos de trabalho, cultura e formas de remuneração em nível mundial. Procurou-se criar uma organização global capaz de atender simultaneamente a necessidades nacionais específicas. A empresa passou de quatro unidades de negócios baseadas em regiões geográficas para sete baseadas em linhas de produto globais, mudando significativamente, dessa forma, sua estrutura organizacional. Ela estabeleceu Organizações de Desenvolvimento de Mercado em oito regiões mundiais para customizar seu marketing global aos mercados locais. Os processos do negócio, como gestão de recursos humanos, administração de pedidos e contabilidade deveriam ser consolidados de regiões geográficas distintas para uma única organização corporativa, a qual atenderia às operações globais da P&G.

Entretanto, o "Organization 2005" passou por tropeços de vários tipos. Os esforços para tornar a P&G uma multinacional mais ágil não caíram bem em sua cultura corporativa conservadora. Houve a demissão de milhares de trabalhadores e a transferência abrupta de cerca de 2.000 profissionais para Genebra e de aproximadamente 200 para Cingapura. Essas mudanças criaram ressentimento entre o pessoal-chave. A reorganização das estruturas hierárquicas gerou confusão. Alguns gerentes de alimentos e bebidas na matriz dos Estados Unidos tinham que se reportar ao presidente da subsidiária da Venezuela. Gerentes da divisão de produtos de limpeza nos Estados Unidos reportavam-se a Bruxelas. Os programas globais de marketing fracassaram por insuficiência de pesquisas. Na Alemanha, o nome do detergente da P&D mudou repentinamente de Fairy para Dawn, a marca norte-americana. Mas, como o Dawn não era conhecido na Alemanha, as vendas despencaram. Em resumo, embora fosse um plano aparentemente promissor, o "Organization 2005" baseou-se em uma pesquisa inadequada e uma implementação falha. A matriz alienou alguns gestores e semeou ansiedade e confusão entre clientes e funcionários, de modo generalizado.

Como esse exemplo ilustra, as empresas devem tratar com muito cuidado o desenvolvimento de uma estratégia global. Para muitas empresas, uma organização realmente global permanece como um ideal a ser alcançado. Para assegurar o sucesso internacional nos negócios, a empresa deve: (1) formular uma estratégia global; (2) desenvolver uma estrutura organizacional apropriada; (3) proporcionar liderança visionária; (4) cultivar uma cultura organizacional mundial; e (5) refinar e implementar processos organizacionais.

Internacionalizar uma empresa não será uma atividade bem-sucedida a menos que todas essas cinco dimensões organizacionais se complementem para dar sustentação aos resultados desejados. O sucesso nos mercados internacionais não se baseia em uma única receita ou fórmula, mas em um conjunto multidimensional e coerente de ações, que incluem: participar de todos os principais mercados mundiais, padronizar produtos e programas de marketing sempre que possível, tomar ações integradas e competitivas em cada mercado nacional, concentrar as atividades de valor agregado em localizações estratégicas pelo mundo e coordenar as atividades de valor agregado para explorar as sinergias entre as operações multinacionais. Um desempenho global superior resultará, se todas as dimensões de uma estratégia global estiverem alinhadas às forças externas de globalização setorial e aos recursos organizacionais internos.[52]

Neste capítulo, descrevemos as dimensões essenciais de empresas internacionais eficazes. Em toda sua complexidade, aparentemente, há inúmeras variáveis a serem consideradas quando se planeja o sucesso internacional. Como os líderes mais graduados devem proceder? Por onde começar? Pelos processos? Estrutura? Cultura organizacional? Iniciativas apressadas e altamente ambiciosas para transformar uma organização podem fracassar. É recomendável que a alta administração se concentre em somente uma ou duas dimensões por vez, lidando primeiro com as mais fáceis de mudar, de modo a preparar o caminho para as mudanças mais difíceis.

Por fim, transformar uma organização em uma empresa realmente global pode levar anos e envolver muitos obstáculos e incertezas. A alta administração necessita instilar um senso de urgência para direcionar a empresa às mudanças desejadas. Igualmente importante é a aceitação dos funcionários para a implementação — assegurando a participação incondicional dos principais indivíduos e grupos em torno de metas organizacionais em comum. Um CEO de uma grande empresa, quando solicitado a pedir demissão pelo conselho de administração após uma frustrada reviravolta corporativa, fez a seguinte declaração: "... não falhamos porque não tínhamos uma estratégia inteligente. Não falhamos porque não tínhamos gerentes perspicazes ou engenheiros e cientistas talentosos. Falhamos porque eu simplesmente não consegui arregimentar as tropas."

## ESTUDO DE CASO

## Carlos Ghosn e a Renault-Nissan: liderando para o sucesso global

A Nissan Motor Co., sediada em Tóquio, é o fabricante de automóveis número dois do Japão. Suas vendas em 2006 superaram 10 bilhões de ienes, com uma margem de lucro operacional de 7,4 por cento. Em 2007, a empresa lançou 11 novos produtos globais. Há alguns anos, ela estava à beira da falência. A francesa Renault chegou, assumiu 44 por cento de participação acionária e empossou Carlos Ghosn como CEO da Nissan. Em uma drástica reviravolta, Ghosn devolveu à Nissan a lucratividade e tornou-se uma celebridade no Japão. Nascido no Brasil, criado no Líbano e educado na França, trata-se de um líder carismático que fala quatro línguas. É tranquilo em público, trabalhador assíduo e comprometido com as metas organizacionais. Personificado em histórias de quadrinhos japonesas, distribui autógrafos em suas visitas à fábrica e é adorado por todo o país por salvar uma montadora de veículos dada como morta.

Sob o olhar atento de Ghosn, a Nissan evoluiu de um fabricante de automóveis com problemas para uma história de sucesso corporativo em apenas alguns anos. Ele fechou fábricas ineficientes, reduziu a força de trabalho, realizou contenção de custos, compartilhou operações com a Renault e lançou novos produtos. Em última instância, a Nissan tornou-se uma das indústrias automobilísticas mais lucrativas do mundo. Como isso aconteceu?

## A cultura organizacional da Nissan

Ghosn desafiou a cultura de negócios tradicionalmente burocrática e gregária do Japão, por exemplo, ao reduzir de cinco para três os fornecedores de aço. O CEO da NKK Steel protestou que a "Toyota jamais agiria assim". Um dos maiores testes de Ghosn foi combater a não aceitação interna da condição de risco da empresa. No Japão, as grandes empresas são tidas como grandes demais para falir. Se os bancos da *keiretsu* não viessem em seu socorro, o governo certamente viria. Ghosn cortou esse tipo de pensamento antiquado para salvar a Nissan.

O Japão corporativo geralmente se move de forma lenta e reativa. Ghosn introduziu um estilo pró-ativo, com decisões rápidas. A alta administração da Nissan passou a ser assim, agindo com senso de urgência, mesmo quando a empresa não está em crise. A cultura consiste em antecipar problemas, colocá-los sobre a mesa e eliminá-los antes que aconteçam. Ghosn está sempre com pressa, recorrendo à assertividade nas decisões e à delegação, mas cedendo ao consenso quando entusiasmado. No estilo de um legítimo globalista, Ghosn observa que "é irrelevante onde você está sediado... o essencial é onde estão os empregos e para onde vão os lucros." Para reforçar suas aspirações globais, Ghosn adotou o inglês, e não o japonês, como o idioma oficial da Nissan. Os gerentes que aprendem inglês são mais rapidamente promovidos do que aqueles que só falam japonês. Essa ação colocou a Nissan em uma inegável posição de mudar sua cultura organizacional e tornar-se uma empresa global.

## O estilo de liderança de Ghosn

Ghosn não gosta de reuniões longas. Em vez de gastar muito tempo analisando e discutindo, ele prefere a ação. Na Nissan, pressionou os altos executivos a atingir metas de vendas agressivas e prometeu publicamente que toda a equipe gerencial se demitiria caso não as alcançasse. Ele inspira a força de trabalho comunicando-se com os trabalhadores no chão de fábrica. Até os acontecimentos mais corriqueiros eram tratados como grandes shows de mídia. Um evento de divulgação de lucros foi aberto com música alta e um vídeo estonteante.

## Renault-Nissan

Na esteira de seu sucesso, Ghosn assumiu como CEO da Renault em 2005 e passou a administrar ambas as empresas, viajando entre Paris e Tóquio em seu jato Gulfstream. Esse acordo incomum ressalta a demanda por líderes de comprovada competência na indústria automobilística global, que sofreu com o excesso de oferta e a acirrada concorrência. Em um mês característico, ele podia passar a primeira semana em Paris, concentrando-se somente na Renault, e a terceira semana no Japão, com foco na Nissan. Ele supervisiona pessoalmente os negócios da Nissan nos Estados Unidos, de onde vêm 60 por cento de seus lucros. Tem duas agendas, uma para a Nissan e outra para a Renault.

## A inovação é a chave

A estratégia de longo prazo da Renault-Nissan é investir de modo contínuo e substancial em P&D para tecnologias avançadas e produtos inovadores. Na década de 2000, a alta administração aumentou em 50 por cento as atividades de P&D, reinvestindo cinco por cento das vendas líquidas em novas tecnologias. Em sua nova fábrica, em Mississippi, Estados Unidos, a Nissan lançou cinco modelos em menos de oito meses. Lançou um carro pequeno (o Versa), reestruturou a engenharia do sedã de médio porte Altima, redesenhou radicalmente a minivan Nissan Quest e reprojetou o Infiniti G35. A Nissan estabeleceu uma subsidiária de projetos em Shanghai, China, para fabricar carros adequados ao mercado em expansão desse país. A empresa desenvolveu veículos híbridos para atender à crescente demanda de consumo desencadeada pelos altos preços da gasolina.

## Produção global

A Renault-Nissan possui fábricas na Inglaterra, na França, nos Estados Unidos e no Brasil, para estar próxima de seus principais mercados estrangeiros. Também fabrica na China, em Taiwan e nas Filipinas, para tirar proveito da mão de obra de baixo custo e alta qualidade. A Nissan utiliza a arquitetura modular. O Maxima e o Altima, fabricados na unidade norte-americana da Nissan no Tennessee, bem como o novo Quest, a picape Titan e o utilitário esportivo Armada, são montados com módulos únicos supridos por fornecedores de peças. Os módulos acabados são então aparafusados a um veículo na esteira da linha de montagem. Ao todo, comprar módulos fabricados por fornecedores parceiros economiza até 30 por cento do custo total dessa seção do carro.

A Nissan consolidou suas operações de manufatura nos Estados Unidos, transferindo milhares de empregos do sul da Califórnia para o Tennessee. Essa transferência centralizou a manufatura e facilitou o acompanhamento das operações norte-americanas pela alta administração. A planta do Tennessee tem sido a mais produtiva da América no Norte há anos, produzindo um carro em menos de 16 horas de trabalho, várias horas a menos do que os concorrentes.

## Elementos estratégicos globais adicionais

A alta administração estabeleceu uma empresa em Amsterdã — a Renault-Nissan BV — que oferece um fórum neutro onde ambas as empresas podem mapear uma estratégia em comum para engenharia de produtos, desenvolvimento de modelos e sistemas de computação, de modo a alavancar seu porte combinado e apertar os fornecedores por custos mais baixos. O conselho de administração da Renault-Nissan consiste de quatro membros de cada organização.

A Nissan está globalizando suas operações de engenharia, produção e compras. Construiu um centro de engenharia de US$ 45 milhões próximo a Tóquio para consolidar suas atividades globais de produção-engenharia. Além disso, Ghosn está globalizando a marca de luxo Infiniti. A Nissan faz os revendedores do Infiniti aceitarem um *design* interior que lhes dê uma aparência uniforme e uma imagem global.

A integração da Nissan com a Renault ocorreu tranquilamente. A Renault monta seu compacto Clio e a minivan Scenic nas fábricas da Nissan no México, enquanto a Nissan faz sua picape Frontier em uma fábrica da Renault no Brasil. A derradeira meta é reduzir a um mínimo o número de plataformas (chassis) que o grupo utiliza. Isso é importante porque cada plataforma compartilhada propicia uma economia anual de US$ 500 milhões por montadora. A Renault também compartilha oito projetos de motor com a Nissan. Elas compartilham a engenharia e a compra de peças. Aproximadamente três quartos das peças usadas pelas duas montadoras são supridos em conjunto. Essas ações permitem a ambas reduzir despesas e tempo de lançamento de novos modelos, consistentemente baixando os custos de aquisição e aumentando os lucros globais, ao eliminar meses do tempo de desenvolvimento de novos veículos. Um resultado do compartilhamento de plataformas é o carro mais global do mundo, chamado Nissan Versa nos Estados Unidos, Renault Clio na Europa, Nissan Tiida na Ásia e Renault Logan no Oriente Médio. No total, a Nissan oferece sete diferentes veículos a partir da base do Versa, criando economias de escala que corta custos e melhora os lucros.

Entretanto, evitar a redundância não é a única forma para a Nissan ser global. Também é essencial a presença nos mercados mais importantes. Embora os Estados Unidos sejam um local relativamente caro para a fabricação de carros, trata-se do maior mercado mundial. Por isso, Toyota, Honda, BMW, Mercedes, Nissan e Hyundai produzem lá, chegando até a expandir a produção norte-americana em anos recentes. Atualmente, a Nissan exporta as minivans Quest montadas nos Estados Unidos para a China, considerada o segundo maior mercado. Exporta outros modelos fabricados nos Estados Unidos — o sedã Altima e o Infiniti QX56 SUV — para o Oriente Médio e a América Latina.

## O futuro do crescimento da indústria automobilística — mercados emergentes

Na próxima década, centenas de milhões de indianos, chineses, russos, brasileiros e outros vão se juntar à classe média e terão os automóveis no topo de sua lista de objetos de desejo. As estimativas indicam que o mercado para veículos com preço inferior a US$ 10.000 crescerá de 12 milhões para 18 milhões de carros até 2012. Prevê-se que o mercado automobilístico indiano dobre para 3,3 milhões de automóveis até 2014, e a demanda chinesa aumente 140 por cento, para 16,5 milhões de automóveis no mesmo período.

## O carro de um lakh

A indiana Tata Motors está planejando lançar um novo automóvel em 2008, ao preço de varejo de um lakh (cerca de US$ 25.000). A chave são os baixos salários dos engenheiros na Índia e a capacidade da empresa de espremer os custos de manufatura a seus níveis mais baixos. O protótipo da Tata tem quatro portas, atinge uma velocidade máxima de 120 km/h e possui um motor de 33 HP. O CEO da Renault-Nissan, Ghosn, anunciou que planeja criar seu próprio veículo de US$ 2.500 para competir com o novo modelo da Tata Motors.

O Logan é a peça-chave do sucesso de Ghosn nos mercados emergentes. Montado na Romênia, foi inicialmente lançado em 2004 por cerca de US$ 7.500. Em 2006, a Renault-Nissan vendeu 247.000 Logans e projeta vendas acima de 1 milhão de unidades no mundo até 2010. Muitas dessas vendas serão na China e na Índia. A empresa planeja fabricar uma picape de baixo custo baseada no Logan para venda no Sudeste Asiático, na África do Sul e no Oriente Médio. Originalmente, a Renault-Nissan planejava vender o Logan somente nos mercados emergentes, mas disponibilizou-o para venda na Europa Ocidental em 2005. A demanda tem sido extraordinariamente forte devido à sua alta qualidade e ao baixo preço.

## A Renault-Nissan nos mercados emergentes

Na Renault, Ghosn tem um ambicioso plano de reestruturação. Ele está expandindo o potencial da Renault para além da Europa, sobretudo no Leste Europeu, Índia, Irã, Rússia e Coreia do Sul. Pretende aumentar suas vendas internacionais para quase metade da produção total da empresa. Parte da justificativa para essa expansão consiste em reduzir a produção na França, que se tornou onerosa, em parte devido a fortes pressões sindicais. A Renault também adquiriu pleno controle da Samsung Motors, tornando a Coreia do Sul uma importante base tanto para a Renault quanto para a Nissan.

A Renault é líder de mercado na Europa, Japão, China e Estados Unidos. A Renault-Nissan está prestes a conquistar a terceira posição global, atrás da Toyota e da General Motors.

## Questões do estudo de caso

1. De que forma Carlos Ghosn é um líder visionário? Quais traços ele possui que são característicos de um líder visionário?
2. Qual é a natureza da estratégia internacional da Nissan? A empresa está seguindo uma estratégia primordialmente global ou multidoméstica? Quais vantagens a Nissan extrai da estratégia escolhida? De que formas a empresa demonstra eficiência, flexibilidade e aprendizagem?
3. Descreva a cultura organizacional da Nissan. Quais são suas características culturais? De que forma Carlos Ghosn contribuiu para a cultura da Nissan? Justifique.
4. As empresas globais adotam uma abordagem relativamente centralizada às operações internacionais. Quais são as características da tendência rumo à integração global das operações da empresa? Como a Nissan exibe essas características?
5. Analise a Nissan no tocante à estrutura de integração-responsividade. Quais são as pressões que a empresa enfrenta em relação à responsividade local? Quais são as referentes à integração global? Quais vantagens cada um desses dois aspectos acarreta à Nissan?

Fontes: BREMNER, B.; EDMONDSON, G.; DAWSON, C. "Nissan's boss". *Business Week*. 4 out. 2004, p. 50-5; FLINT, J. "Too much globalism". *Forbes*. 17 fev. 2003, p. 96; GHOSN, C.; RIES, P. *Shift*: inside Nissan's historic revival. Nova York: Currency/ Doubleday, 2005; GUTHRIE, A. "For Nissan, success in Mexico rides on tsuru's enduring appeal". *Wall Street Journal*. 21 dez. 2005, p. 1; informação da Hoovers no site Web, disponível em: www.hoovers.com; MULLER, J. "The impatient Mr. Ghosn". *Forbes*. 22 maio 2006, p. 104-7; SHIROUZU, N. "Ghosn's goal for Renault: go global". *Wall Street Journal*. 21 jun. 2006, p. B3; SHIROUZU, N.; BOUDETTE, N. "What alliance with Mr. Ghosn could bring GM". *Wall Street Journal*. 7 jul. 2006, p. B1; WELCH, D. "How Nissan laps Detroit". *Business Week*. 22 dez. 2003, p. 58; WRIGHTON, J.; SAPSFORD, J. "Split shift: for Nissan's rescuer, Ghosn, new road rules await at Renault". *Wall Street Journal*. 26 abr. 2005, p. A.1; "Putting Ford in the rearview mirror", disponível em: www.businessweek.com. 12 fev. 2007; "The race to build really cheap cars", disponível em: www.businessweek.com. 23 abr. 2007; www.nissan-global.com.

## Principais termos

cultura organizacional
departamento de exportações
divisão funcional
divisão por área geográfica
divisão por produto
equipe global
estratégia
estratégia de replicação doméstica
estratégia global
estratégia multidoméstica
estratégia no contexto internacional
estratégia transnacional
estrutura de divisão internacional
estrutura matricial global
estrutura organizacional
expatriado
indústria global
integração global
liderança visionária
modelo mental globalizado
processos organizacionais
responsividade local
responsabilidade social corporativa (RSC)
setor multidoméstico

## Resumo

Neste capítulo, você aprendeu:

1. **O papel da estratégia nos negócios internacionais**

   **Estratégia** é um plano de ação que canaliza os recursos de uma organização para que ela possa efetivamente se diferenciar dos concorrentes e atingir metas únicas e viáveis. A **estratégia no contexto internacional** consiste em um plano para a organização posicionar-se de forma positiva em relação a seus concorrentes e configurar suas atividades de valor agregado em escala global.

2. **A estrutura de integração-responsividade**

   A estrutura de integração-responsividade (IR) reduz os imperativos administrativos a duas necessidades básicas: a necessidade de integração global das atividades da cadeia de valor e a necessidade por responsividade local. A **responsividade local** refere-se ao atendimento das necessidades específicas dos consumidores de cada país anfitrião. A **integração global** refere-se à coordenação das atividades da cadeia de valor de uma empresa dentre os países, para atingir eficiência, sinergia e fertilização cruzada em nível mundial, tirando o máximo proveito das similaridades entre eles. O principal desafio está em decidir o grau de responsividade local que uma empresa deve ter em comparação com até onde deve ir para integrar seus negócios mundiais.

3. **Estratégias distintas decorrentes da estrutura de integração-responsividade**

   A estrutura de IR apresenta quatro estratégias alternativas. Usando a **estratégia de replicação doméstica**, a empresa considera os negócios internacionais como distintos e secundários em relação aos domésticos. Os produtos são desenvolvidos com os consumidores domésticos em mente, e a empresa é essencialmente doméstica com algumas atividades estrangeiras. A **estratégia multidoméstica** constitui um enfoque mais comprometido, enfatizando a entrada via IDE, mas em que os gestores reconhecem e salientam as diferenças entre os mercados nacionais. Eles tratam cada mercado em bases independentes, com pouca integração transnacional das iniciativas corporativas. A **estratégia global** visa integrar os principais objetivos, políticas e sequências de ações em um todo coeso, primariamente destinado ao mercado global. A alta gerência executa o suprimento, a alocação de recursos, a participação de mercado e as ações competitivas em escala global. Com a **estratégia transnacional**, a empresa esforça-se para ser mais responsiva às necessidades locais sem deixar de reter máxima eficiência global e destacar a aprendizagem global e a transferência de conhecimentos. Essa estratégia envolve a combinação dos principais atributos tanto das estratégias multidomésticas quanto das globais ao mesmo tempo em que se minimizam as desvantagens.

4. **Estrutura organizacional**

   A **estrutura organizacional** refere-se às relações hierárquicas na organização, entre pessoas, funções e processos, que permitem à empresa conduzir suas operações internacionais. Essa estrutura determina onde se tomam as decisões mais importantes, a forma de relacionamento entre matriz e subsidiárias, a natureza da contratação de pessoal internacional e o grau de *centralização* e *descentralização* no processo decisório e nas atividades de valor agregado das operações mundiais da empresa. Ao obter um estreito equilíbrio entre ambas as escolhas, os gestores devem reconhecer as contribuições únicas feitas pela matriz e suas subsidiárias. O melhor papel desempenhado pelos gerentes corporativos é prover ampla liderança e experiência, servindo como fonte de estímulo. Por sua vez, os gerentes de subsidiárias são melhores lidando com clientes, tratando de questões trabalhistas e iniciando ação no campo. Dessa maneira, uma parceria ideal desenvolve-se e evolui.

5. **Arranjos organizacionais alternativos para operações internacionais**

   Há vários planos organizacionais para as operações globais. O **departamento de exportações** é o mais simples, em que uma unidade dentro da firma controla todas as operações de exportação. Um pouco mais avançada é a **estrutura de visão internacional**, na qual se centralizam todas as atividades internacionais em uma divisão distinta de outras unidades domésticas. A estrutura descentralizada enfatiza a **divisão por área geográfica**, em que o controle e as decisões são descentralizados ao nível de cada região. A estrutura centralizada envolve as divisões por produto ou as funcionais. Usando a **divisão por produtos**, a tomada e a administração das decisões relativas às operações internacionais da empresa são organizadas por linha de produto. No caso da **divisão funcional**, o processo decisório é organizado por atividade funcional, tal como produção e marketing. A **estrutura matricial global** combina as estruturas de região geográfica, de produto e funcional em uma tentativa de alavancar os benefícios de uma estratégia puramente global e maximizar a aprendizagem global, sem deixar de lado a responsividade às necessidades locais.

6. **Como desenvolver uma empresa global**

   Os gestores que exibem a **liderança visionária** possuem **um modelo mental globalizado**, valores cosmopolitas e uma visão estratégica global. Eles adotam o pensamento estratégico, comprometendo recursos e ativos humanos para conduzir uma abordagem global nos negócios. A **cultura organizacional** é o padrão compartilhado de valores, normas, sistemas, políticas e procedimentos que os funcionários aprendem e assimilam. As empresas internacionais avançadas valorizam a competência global e as habilidades interculturais, adotam uma única linguagem corporativa e promovem a interdependência entre a matriz e suas subsidiárias. Eles aderem a padrões éticos globalmente aceitos e à cidadania responsável. Os **processos organizacionais** referem-se a rotinas, condutas e mecanismos administrativos que permitem à empresa atuar como planejado. Os processos organizacionais internacionais incluem as **equipes globais**, as reservas globais de talentos e os sistemas de informações globais.

7. **Como colocar a mudança organizacional em ação**

   No mínimo, os gestores devem formular uma estratégia global, desenvolver uma estrutura organizacional adequada, prover liderança visionária, cultivar uma cultura organizacional mundial e refinar e implementar processos organizacionais. Esforços altamente ambiciosos para transformar de forma rápida uma organização podem fracassar. Em vez disso, focar em uma ou duas dimensões por vez é prudente. A alta gerência deve instilar um senso de urgência para mover a organização adiante.

## Teste seu entendimento

1. Quais são os principais objetivos estratégicos nos negócios internacionais?
2. Descreva a estrutura de integração-responsividade. Quais são as pressões para a responsividade local? Quais são as pressões para a integração global?
3. Qual é a diferença entre estratégia global e estratégia multidoméstica? Visite o site Web da Dell Computer (www.dell.com). A Dell geralmente aplica uma estratégia global ou multidoméstica? Como se pode afirmar isso?
4. Defina a estratégia transnacional. Dê exemplos de empresas que a adotam.
5. Qual é a diferença entre uma estrutura organizacional centralizada e descentralizada? Por que em geral as empresas preferem uma estrutura centralizada?

6. Quais são os diferentes arranjos organizacionais para operações globais? Qual deles está mais associado à estratégia global?
7. Defina liderança visionária. Quais são as características de um gestor que é um líder visionário?
8. Defina cultura organizacional. Que tipo de cultura organizacional é necessário para que uma empresa se torne global?
9. Defina os processos organizacionais. Dê diversos exemplos desse tipo de processo e explique-os. Quais deles são mais importantes para uma abordagem global aos negócios internacionais?

## Aplique seu entendimento

1. Visite os sites Web da Toyota (www.toyota.com) e da Procter & Gamble (www.pg.com). Pelo que você conseguir coletar, relate como essas duas empresas organizam suas atividades internacionais. Elas parecem aplicar a estratégia multidoméstica ou a global em suprimentos, manufatura, desenvolvimento de produtos e atividades de marketing? É de se esperar que uma empresa mude sua abordagem para internacionalização no decorrer do tempo?
2. A AlumCo é uma grande fabricante de produtos de alumínio. Atualmente, ela administra as operações internacionais por seu departamento de exportações. Mas a alta administração acredita que esse arranjo não mais se adapta às crescentes atividades internacionais da empresa e deseja adotar uma abordagem mais sofisticada. Quais estruturas organizacionais alternativas (divisão internacional, por região geográfica etc.) a empresa deve considerar? Faça uma recomendação à alta gerência quanto à estrutura internacional mais apropriada que a AlumCo deve utilizar. Para referência, consulte o site Web da Alcan, conhecida indústria de alumínio canadense, em www.alcan.com.
3. As empresas com cultura organizacional global possuem diversas características em comum. Elas buscam uma identidade global, valorizam uma perspectiva global em todas as iniciativas, adotam uma linguagem comum, promovem a interdependência entre matriz e subsidiárias, valorizam os insumos das unidades estrangeiras e adotam padrões éticos globalmente aceitos. Lembre-se do texto de abertura deste capítulo sobre a IKEA, gigante no varejo de móveis. Com base em sua leitura, descreva as várias maneiras pelas quais a IKEA exibe essas características.
4. As empresas multinacionais que aplicam uma estratégia global coordenada vislumbram o mundo como uma grande plataforma de produção e marketing e desenvolvem produtos padronizados que passam a ser comercializados em nível mundial por meio de uma abordagem uniforme de marketing. Na realidade, contudo, a maioria das empresas não utiliza uma estratégia puramente global. Ao mesmo tempo, um enfoque estritamente multidoméstico é ineficiente. Embora alguns países grandes (como China, Japão e Estados Unidos) possam garantir tratamento individual, muitas empresas assumem esse compromisso ao dividir o mundo em regiões. Geralmente, essas empresas utilizam uma estratégia por região geográfica para suas operações internacionais. Qual é a justificativa para usar um enfoque regional ao se pensar em negócios internacionais e elaborar uma estratégia para eles?

## Notas


1 HULT, G. T.; DELIGONUL, S.; CAVUSGIL, S. T. "The hexagon of market-based globalization: an empirical approach towards delineating the extent of globalization in companies". In: LEWIN, A. (ed.). *New perspectives in international business thought*. Londres: Palgrave, 2006; YIP, G. *Total global strategy* II. Upper Saddle River, NJ: Prentice Hall, 2003.

2 CAVUSGIL, S. T.; YENIYURT, S.; TOWNSEND, J. "The framework of a global company: a conceptualization and preliminary validation". *Industrial Marketing Management*. 33:711-6, 2004; YIP, G. *Total global strategy* II. Upper Saddle River, NJ: Prentice Hall, 2003.

3 LEVITT, T. "The globalization of markets". *Harvard Business Review*. 61:92-102, maio-jun. 1983.

4 OHMAE, K. "Planning for a global harvest". *Harvard Business Review*. 67:136-45, 1989.

5 KOGUT, B. "Designing global strategies: profiting from operational flexibility". *Strategic Management Journal*. 27:27-38, 1985.

6 HOUT, T.; PORTER, M.; RUDDEN, E. "How global companies win out". *Harvard Business Review*. 60:98-105, set.-out. 1982.

7 HAMEL, G.; PRAHALAD, C. K. "Do you really have a global strategy?" *Harvard Business Review*. 63:139-49, 1985.

8 BARTLETT, C. A.; GHOSHAL, S. *Managing across borders*: the transnational solution. Boston, MA: Harvard Business School Press, 1989.

9 BARTLETT, C. A.; GHOSHAL, S. *Transnational management*: text, cases, and readings in cross-border management. 3.ed. Boston, MA: Irwin/McGraw-Hill, 2000.

10 BARTLETT, C. A.; GHOSHAL, S. *Managing across borders*: the transnational solution Boston, MA: Harvard Business School Press, 1989; DEVINNEY, T. M.; MIDGLEY, D. F.; VENAIK, S. "The optimal performance and the global firm: formalizing and extending the integration-responsiveness framework". *Organization Science*. 11:674-95, 2000; DOZ, Y. L.; BARTLETT, C.; PRAHALAD, C. K. "Global competitive pressures and host country demands: managing tensions in mncs". *California Management Review*. 23:63-74, 1981; LUO, Y. "Determinants of local responsiveness: perspectives from foreign subsidiaries in an emerging market". *Journal of Management*. 26:451-77, 2001; PRAHALAD, C. K. "The strategic process in a multinational corporation". Tese de Mestrado não publicada. Graduate School of Business Administration, Harvard University Cambridge, MA, 1975.

11 BARTLETT, C.; GHOSHAL, S. *Managing across borders*: the transnational solution. Boston, MA: Harvard Business School Press, 1989; MORAN, R. T.; RIESENBERGER, J. R. *The global challenge*. Londres: McGraw-Hill, 1994.

12 BARTLETT; GHOSHAL, 1989; MORAN; RIESENBERGER, 1994.

13 BARTLETT, C. A.; GHOSHAL, S. *Transnational management*: text, cases, and readings in cross-border management. 3.ed. Boston, MA: Irwin/McGraw-Hill, 2000.

14 Ibid.

15 MORAN, R. T.; RIESENBERGER, J. R. *The global challenge*. Londres: McGraw-Hill, 1994.

16 BARTLETT, C. A.; GHOSHAL, S. *Transnational management*: text, cases, and readings in cross-border management. 3.ed. Boston, MA: Irwin/McGraw-Hill, 2000.

17 LEVITT, T. "The globalization of markets". *Harvard Business Review*. 61:92-102, maio-jun. 1983.

18 BARTLETT, C. A.; GHOSHAL, S. *Transnational management*: text, cases, and readings in cross-border management. 3.ed. Boston, MA: Irwin/McGraw-Hill, 2000.

19 ZOU, S.; CAVUSGIL, S. T. "The GMS: a broad conceptualization of global marketing strategy and its effect on firm performance". *Journal of Marketing*. 58:1-21, jan. 2002; YIP, G. *Total global strategy* II. Upper Saddle River, NJ: Prentice Hall, 2003.

20 MORAN, R. T.; RIESENBERGER, J. R. *The global challenge*. Londres: McGraw-Hill, 1994.

21 GHEMAWAT, P. "Regional strategies for global leadership". *Harvard Business Review*. 83:98-106, dez. 2005.

22 MORAN, R. T.; RIESENBERGER, J. R. *The global challenge*. Londres: McGraw-Hill, 1994; ROOT, F. *Entry strategies for international markets*. São Francisco: Jossey-Bass, 1998.

23 MORAN; RIESENBERGER, 1994.

24 CHANDLER, A. D. *Strategy and structure*. Cambridge, MA: MIT Press, 1962.

25 BARTLETT; GHOSHAL, 1992.

26 Ibid.

27 Ibid.

28 Ibid.

29 Ibid.

30 Ibid.

31 Ibid.

32 BARTLETT, C. A.; GHOSHAL, S. *Managing across borders*: the transnational solution. Boston, MA: Harvard Business School Press, 1989; MORAN, R. T.; RIESENBERGER, J. R. *The global challenge*. Londres: McGraw-Hill, 1994; HULT, G. T.; DELIGONUL, S.; CAVUSGIL, S. T. "The hexagon of market-based globalization: an empirical approach towards delineating the extent of globalization in companies". In: LEWIN, A. (ed.). *New perspectives in international business thought*. Londres: Palgrave, 2006.

33 BALL, D. "Despite revamp, unwieldy unilever falls behind rivals". *Wall Street Journal*. 3 jan. 2005, p. A1, A5.

34 MORAN, R. T.; RIESENBERGER, J. R. *The global challenge*. Londres: McGraw-Hill, 1994.

35 CAVUSGIL, S. T.; YENIYURT, S.; TOWNSEND, J. "The framework of a global company: a conceptualization and preliminary validation". *Industrial Marketing Management*. 33:711-6, 2004; HULT, G. T.; DELIGONUL, S.; CAVUSGIL, S. T. "The hexagon of market-based globalization: an empirical approach towards delineating the extent of globalization in companies". In: LEWIN, A. (ed.). *New perspectives in international business thought*. Londres: Palgrave, 2006; YIP, G. *Total global strategy II*. Upper Saddle River, NJ: Prentice Hall, 2003.

36 HULT, G. T.; DELIGONUL, S.; CAVUSGIL, S. T. "The hexagon of market-based globalization: an empirical approach towards delineating the extent of globalization in companies". In: LEWIN, A. (ed.). *New perspectives in international business thought*. Londres: Palgrave, 2006; KEDIA, B. L.; MUKHERJI, A. "Global managers: developing a mindset for global competitiveness". *Journal of World Business*. 34:230-51, 1999.

37 SIMONIAN, H. "Climber scales the health peak". *Financial Times*. 21 ago. 2006, p. 8.
38 RHINESMITH, S. *A manager's guide to globalization. Homewood*, IL: Business One Irwin, 1998.
39 KNIGHT, G. A.; CAVUSGIL, S. T. "Innovation, organizational capabilities e the born-global firm". *Journal of International Business Studies*. 35:124-41, 2004; COVIN, J.; SLEVIN, D. "Strategic management of small firms in hostile and benign environments". *Strategic Management Journal*. 10:75-87, jan. 1989; LUMPKIN, G. T.; DESS, G. "Clarifying the entrepreneurial orientation construct and linking it to performance". *Academy of Management Review*. 21:135-72, 1996.
40 HAMEL, G.; PRAHALAD, C. K. "Strategic intent". *Harvard Business Review*. maio-jun. 1989, p. 63-76.
41 "The grey market: hey, big spender". *Economist*. 3 dez. 2005, p. 59-60.
42 CAVUSGIL, S. T.; YENIYURT, S.; TOWNSEND, J. "The framework of a global company: a conceptualization and preliminary validation". *Industrial Marketing Management*. 33:711-6, 2004.
43 "What you can learn from Toyota". *Business 2.0*. jan.-fev. 2005, p. 67-72.
44 NICHOLSON, J, D.; WONG, Y-Y. "Culturally based differences in work beliefs". *Management Research News*. 24(5):1-10, 2001; SCHEIN, E. H. *Organizational culture and leadership*. 2.ed. São Francisco: Jossey-Bass, 1997.
45 CHANDLER, C. "Canon's big gun". *Fortune*. 6 fev. 2006, p. 92-8.
46 "What you can learn from Toyota". Business 2.0. jan.-fev. 2005, p. 67-72.
47 CAVUSGIL, S. T.; YENIYURT, S.; TOWNSEND, J. "The framework of a global company: a conceptualization and preliminary validation". *Industrial Marketing Management*. 33:711-6, 2004; RHINESMITH, S. *A manager's guide to globalization*. Homewood, IL: Business One Irwin, 1998; YIP, G. S.; JOHANSSON, J. K.; ROOS, J. "Effects of nationality on global strategy". *Management International* Review. 37:365-85, 1997.
48 AMBOS, B.; SCHLEGELMILCH, B. "In search of global advantage". *European Business Forum*. 21:23-4, 2005; CHEN; STEPHEN; GELUYKENS, R.; CHOI, C. J. "The importance of language in global teams". *Management International Review*. 46(6):679-96, 2006; GALBRAITH, J. R. *Designing the global corporation*. São Francisco: Jossey-Bass, 2000; KELLER, R. T. "Cross-functional project groups in research and new product development: diversity, communications, job stress e outcomes". *Academy of Management Journal*. 44:547-55, 2001; MALONEY, M.; ZELLMER-BRUHN, M. "Building bridges, windows and cultures". *Management International Review*. 46:697-720, 2006.
49 MAZNEVSKI, M. L.; ATHANASSIOU, N. A. "Guest editors' introduction to the focused issue: a new direction for global teams research". *Management International Review*. 46:631-46, 2006.
50 BRAKE, T. *Managing globally*. Nova York: Dorling Kindersley, 2002.
51 "P&G CEO quits amid woes". *CNN Money*. 8 jun. 2000; GALUSZKA, P. "Is P&G's makeover only skin-deep?" *Business Week*. 15 nov., p. 52; "Organization 2005 drive for accelerated growth enters next phase". Procter & Gamble, press release. 9 jun. 1999, disponível em: www.pg.com, p. 63.
52 SHI, L.; ZOU, S.; WHITE, J. C.; McNALLY, R.; Cavusgil, S. T. "Executive insights: global account management capability". *Journal of International Marketing*. 13:93-113, 2005.

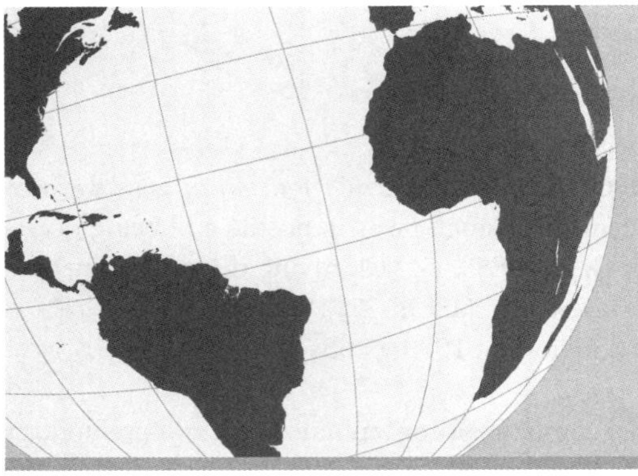

Capítulo 12

# Avaliação de oportunidades no mercado global

## Objetivos de aprendizagem

Neste capítulo, você aprenderá sobre:

1. Uma visão geral da avaliação de oportunidades no mercado global
2. Análise do nível de preparo organizacional para a internacionalização
3. Avaliação da adequação de bens e serviços para mercados estrangeiros
4. Classificação de países para identificar mercados-alvo
5. Avaliação do potencial de mercados setoriais
6. Seleção de parceiros de negócios internacionais
7. Estimativa do potencial de vendas da empresa

## Como estimar demanda em mercados emergentes e em países em desenvolvimento

Estimar a demanda de produtos ou serviços em mercados emergentes e economias em desenvolvimento é uma tarefa desafiadora para os gestores de empresas. Esses países caracterizam-se por cenários comerciais singulares e podem não ter dados confiáveis, empresas de pesquisa de mercado e entrevistadores bem treinados. Os consumidores podem considerar as atividades de pesquisa como uma invasão de privacidade, e alguns entrevistados podem tentar agradar aos pesquisadores dizendo-lhes o que eles querem ouvir, em vez de fornecer informações inteiramente honestas e precisas.

Apenas três mercados emergentes — China, Índia e Brasil — apresentam um PIB combinado de mais de US$ 15 trilhões, significativamente mais do que os Estados Unidos. A África é um dos maiores mercados mundiais para venda de telefones celulares, crescendo para mais de 100 milhões de usuá-rios em alguns anos. Embora a maioria dos africanos não tenha condições de comprar um aparelho desses, a tendência indica um ponto geralmente desprezado: as economias em desenvolvimento representam enormes mercados para produtos e serviços. Por exemplo, a Unilever e a Procter & Gamble estão entre as empresas que comercializam xampu e outros itens de higiene na Índia. A Narayana Hrudayalaya é uma empresa indiana que vende plano de saúde a inúmeros clientes pelo equivalente a centavos por mês.

Estimar a demanda de mercado em países como esses requer flexibilidade e criatividade dos gestores. Vamos considerar o caso de duas empresas que tentam estimar a demanda de papel de parede e curativos adesivos (band-aids) no Marrocos.

No Marrocos, a população mais rica vive em vilas ou condomínios, que constituem mercados potenciais para a venda de papel de parede. As estatísticas referentes às importações nem sempre ajudam porque, no caso do papel de parede, o governo geralmente as registra por peso e valor. As empresas vendem esse item por rolo, e diferentes qualidades e estampas geram diferentes pesos. Essas informações são de pouca utilidade para a estimativa do número de domicílios modernos que comprariam papel de parede.

Um fornecedor de papel de parede usou três métodos para estimar a demanda por seu produto. Primeiro, os gestores da empresa utilizaram um recente estudo sobre o número de aquecedores de água comprados no Marrocos. Eles deduziram que, se os domicílios adquiriam esse importante e 'moderno' item de conveniência, provavelmente também adquiririam papel de parede. Segundo, os gestores acessaram estatísticas governamentais que revelavam o nível de venda de papel de parede para uso doméstico, a renda discricionária por tipo de domicílio e dados de construção de moradias. Terceiro, eles pesquisaram o estilo de vida de uma amostra de consumidores locais. Suas constatações indicaram que os marroquinos costumavam comprar papel de parede como um complemento decorativo aos carpetes. Entre os casais, é comum a esposa decidir o estilo e a decoração do lar. Os consumidores tendem a ter boa situação financeira, abrangendo profissionais, comerciantes e executivos de alto escalão. Cada um desses métodos forneceu estimativas distintas sobre o tamanho do mercado de papel de parede, as quais foram consolidadas em uma estimativa única pelo fornecedor. Especificamente, a empresa estava interessada no grau de convergência entre essas estimativas. Os pesquisadores agregaram seu próprio julgamento às descobertas, para chegar a uma estimativa final relativamente confiável sobre a demanda de papel de parede.

No caso dos curativos adesivos, os dados disponíveis revelavam que 70 por cento da demanda por itens farmacêuticos — incluindo esses curativos — eram atendidos por atacadistas concentrados em Casablanca, capital do Marrocos. O país importava todo seu consumo. A demanda crescia em ritmo acelerado, devido a rápido crescimento demográfico, hospitalização e medicação gratuitas para a população necessitada e programas de reembolso para gastos com consultas e medicamentos. Embora o governo publicasse estatísticas de importação, a informação era confusa porque os dados referentes às importações de band-aids se misturavam com os de outros tipos de curativo. Além disso, os dados sobre os band-aids eram superficiais e incompletos. Por fim, o contrabando disseminado e o mercado paralelo de curativos adesivos por meio de canais de distribuição extraoficiais complicavam as estimativas de demanda.

Visando obter mais informações, os pesquisadores entrevistaram vendedores de band-aid de empresas como Johnson & Johnson e Curad. Suas descobertas revelaram que os consumidores tendiam a ser sensíveis a preço quando compravam esse tipo de curativo e que confiavam nas marcas bem conhecidas prescritas por médicos e farmacêuticos. Os pesquisadores acabaram chegando a uma estimativa razoável de vendas de band-aid ao assimilar dados de várias fontes. Eles visitaram inúmeras lojas para perguntar sobre vendas, preços praticados no varejo, marcas competitivas e atitudes do consumidor em relação a preços e marcas. Os pesquisadores também computaram estatísticas do Programa de Desenvolvimento das Nações Unidas e de outras agências de ajuda que doam suprimentos médicos a países em desenvolvimento.

Como se vê, estimar a demanda em mercados estrangeiros é uma tarefa desafiadora, mas os gestores de empresas podem superar os desafios por meio do uso criativo de pesquisa de mercado.

Fontes: AMINE, L.; CAVUSGIL, S. T. "Demand estimation in a developing country environment: difficulties, techniques, and examples". *Journal of the Market Research Society*. 28(1):43-65, 1986; CAVUSGIL, S. T.; GHAURI, P.; AGARWAL, M. *Doing business in emerging markets*: entry and negotiation strategies. Thousand Oaks, CA: Sage, 2002; PRAHALAD, C. K. "Aid is not the answer". *The Wall Street Journal*. 31 ago. 2005, p. A8; WILKES, V. "Marketing and market development: dealing with a global issue: contributing to poverty alleviation". *Corporate Governance*. 5(3):61-9, 2005; U.S. Commercial Service e U.S. Department of State, 2005. *Country commercial guide Morocco fiscal year 2005*, extraído de: www.buyusainfo.net.

## Uma visão geral da avaliação de oportunidades no mercado global

As escolhas dos gestores determinam o futuro das empresas. Tomar as decisões certas depende de evidência objetiva e dados tangíveis sobre quais produtos e serviços oferecer e onde o fazer. Quanto mais informações os gestores tiverem sobre uma oportunidade, melhor preparados estarão para explorá-la. Isso se aplica particularmente aos negócios internacionais, que geralmente acarretam maior incerteza e desconhecimento do que os nacionais.[1]

Essencial para uma pesquisa conduzida por uma empresa é identificar e definir as melhores oportunidades de negócios a se buscar no mercado global. Uma **oportunidade global de mercado** refere-se a uma combinação favorável de circunstâncias, localização ou momento, que ofereça perspectivas de exportação, investimento, suprimento ou parceria em mercados estrangeiros. Em várias localidades no exterior, a empresa pode perceber oportunidades: vender seus produtos e serviços; instalar fábricas e outras unidades de produção para fabricar suas ofertas de modo mais competente ou mais viável economicamente; comprar matérias-primas, componentes ou serviços de custo inferior ou qualidade superior; ou participar de acordos colaborativos com parceiros estrangeiros. As oportunidades no mercado global podem impulsionar o desempenho de um negócio, em geral muito além do que a empresa poderia atingir em condições normais no mercado doméstico.

Neste capítulo, discutiremos as seis principais tarefas que o gestor deve desempenhar para definir e buscar oportunidades no mercado global. A Tabela 12.1 ilustra os objetivos e resultados geralmente associados a cada atividade. Tal processo formal é especialmente adequado à identificação de oportunidades de marketing ou iniciativas colaborativas. Como a tabela mostra, as seis tarefas são:

1. Analisar o preparo organizacional para a internacionalização.
2. Avaliar a adequação de produtos e serviços da empresa para os mercados externos.
3. Classificar países para identificar mercados potenciais atrativos.
4. Avaliar o potencial, ou a demanda, de mercado de um determinado setor, para produtos ou serviços no mercado-alvo selecionado.
5. Selecionar parceiros de negócios qualificados, como distribuidores ou fornecedores.
6. Estimar o potencial de venda de uma empresa para cada mercado visado.

Ao conduzir esse processo sistemático, o gestor de uma empresa necessitará empregar *critérios de seleção* objetivos com base nos quais fazer escolhas, conforme relacionado na última coluna da Tabela 12.2. Vamos examinar cada tarefa em detalhe.

## Tarefa um: analisar o preparo organizacional para a internacionalização

Antes de assumir um substancial investimento em negócios internacionais, seja lançar um produto no exterior ou comprar de um fornecedor estrangeiro, uma empresa deve realizar uma avaliação formal de seu nível de preparo para a internacionalização. Uma análise completa das capacidades organizacionais é útil, tanto para uma empresa *nova* nos negócios internacionais quanto para aquelas com bastante experiência. Tal auditoria interna assemelha-se a uma análise SWOT (ou seja, a avaliação das forças, fraquezas, oportunidades e ameaças de uma empresa). Neste caso, os gestores examinam a própria organização para determinar em que grau possui motivação, recursos e habilidades necessárias para obter sucesso internacional.

Ao mesmo tempo, a gerência também examina as condições no cenário *externo* de negócios, conduzindo uma pesquisa formal sobre as oportunidades e ameaças que uma empresa enfrenta nos mercados onde busca fazer negócios. Neste caso, os gestores pesquisam as necessidades específicas e as preferências dos consumidores, bem como a natureza dos produtos concorrentes e os riscos envolvidos no ingresso em mercados estrangeiros.

O objetivo de uma empresa ao analisar seu nível de preparo organizacional para a internacionalização é identificar quais recursos possui e até que ponto são suficientes para operações internacionais bem-sucedidas. Portanto, os gestores avaliam o *preparo* de uma empresa para empreender no exterior. Durante esse processo, consideram-se o grau de experiência internacional, as metas e objetivos da internacionalização, a quantidade e a qualidade das habilidades, capacitações e recursos disponíveis para a internacionalização e o grau de suporte e potencial reais proporcionados pela rede de relacionamentos corporativos. Caso se descubra que a empresa carece de um ou mais recursos essenciais, a gerência deve comprometer pessoal e tempo necessários *antes* de permitir que o negócio contemplado siga adiante.

Como exemplo, consideremos a Home Instead, Inc., uma pequena empresa norte-americana que provê serviços para os idosos que optam por viver com independência, mas necessitam de companhia, ajuda para preparo de refeições e assistência com compras e tarefas domésticas. Após uma avaliação de seu preparo para a internacionalização, a administração dessa empresa identificou substanciais oportunidades internacionais — sobretudo no Japão —, mas também reconheceu deficiências em certas capacitações fundamentais. Com base nisso, contrataram como vice-presidente de desenvolvimento internacional Yoshino Nakajima, experiente no mercado japonês e fluente no idioma do país. Ele lançou a franquia no Japão, onde conquistou uma significativa participação de mercado. A seguir, a empresa beneficiou-se da rede global de 1.700 especialistas de comércio do U.S. Commercial Service, um órgão governamental que lhe forneceu contatos comerciais nos países identificados como os

**Tabela 12.1** Principais tarefas na avaliação de oportunidades no mercado global

| *Tarefa* | *Objetivos* | *Resultados* | *Critérios de seleção* |
|---|---|---|---|
| 1. Analisar o preparo organizacional para a nternacionalização | Propiciar uma avaliação objetiva do preparo de uma empresa para engajar-se na atividade de comércio internacional | Uma lista dos pontos fortes e fracos da empresa, no contexto dos negócios internacionais, e recomendações para superar deficiências que afetam as metas corporativas | Avaliar os fatores necessários ao sucesso nos negócios internacionais:<br>• Recursos financeiros e tangíveis relevantes<br>• Habilidades e competências relevantes<br>• Comprometimento e motivação por parte da alta administração |
| 2. Avaliar a adequação dos produtos e serviços da empresa para mercados externos | Conduzir uma avaliação sistemática da adequação dos produtos e serviços de uma empresa para os clientes internacionais. Avaliar o grau de afinidade entre o produto ou serviço e as necessidades dos consumidores | • Determinação dos fatores que afetam o potencial de mercado de um produto ou serviço, em cada mercado visado<br>• Identificação das necessidades de adaptação que podem ser requeridas para iniciar ou dar continuidade à entrada em um mercado | Avaliar os produtos e serviços de uma empresa com relação a:<br>• Características e requisitos dos consumidores estrangeiros<br>• Regulamentações impostas pelo governo<br>• Expectativas dos intermediários de canal<br>• Características das ofertas dos concorrentes |
| 3. Classificar países para identificar mercados-alvos | Reduzir a um nível restrito administrável o número de países que merecem uma investigação mais profunda como mercado-alvo em potencial | Identificação de cinco a seis mercados de alto potencial que sejam os mais promissores para a empresa | Avaliar os países candidatos ao ingresso da empresa com relação a:<br>• Tamanho de mercado e taxa de crescimento.<br>• Intensidade de mercado (ou seja, poder aquisitivo dos residentes no tocante ao nível de renda)<br>• Capacidade de consumo (ou seja, o tamanho e a taxa de crescimento da classe média do país)<br>• Receptividade do país às importações<br>• Infraestrutura adequada para fazer negócios.<br>• Grau de liberdade econômica<br>• Risco político |

(continua)

(continuação)

Tabela 12.1 Principais tarefas na avaliação de oportunidades no mercado global

| *Tarefa* | *Objetivos* | *Resultados* | *Critérios de seleção* |
|---|---|---|---|
| 4. Avaliar o potencial de mercado setorial | Estimar a participação mais provável em vendas setoriais dentro de cada país visado<br>Investigar e analisar quaisquer potenciais barreiras de entrada em um mercado | • Previsões de três a cinco anos de vendas setoriais para cada mercado visado<br>• Esboço das barreiras de entrada em um segmento | Avaliar o potencial setorial de mercado no país visando, considerando-se:<br>• Tamanho do mercado, taxa de crescimento e tendências setoriais<br>• O grau de intensidade competitiva<br>• Barreiras tarifárias e não tarifárias<br>• Padrões e regulamentações<br>• Disponibilidade e sofisticação de distribuição local<br>• Demandas e preferências de consumo singulares<br>• Indicadores de potencial de mercado específicos de um determinado setor |
| 5. Selecionar parceiros de negócios qualificados | Determinar o tipo de parceiro de negócios estrangeiro, esclarecer as qualificações do parceiro ideal e planejar a estratégia de entrada | • Determinação das atividades de valor agregado necessárias aos parceiros de negócios internacionais<br>• Listar os atributos desejáveis desses parceiros<br>• Determinação das atividades que agregam valor requeridas dos parceiros de negócios internacionais | Avaliar e selecionar intermediários e facilitadores com base em:<br>• Experiência em manufatura e marketing no setor<br>• Comprometimento com a internacionalização<br>• Acesso a canais de distribuição no mercado<br>• Força financeira<br>• Qualidade da equipe<br>• Conhecimentos técnicos<br>• Infraestrutura e instalações adequadas ao mercado |
| 6. Estimar o potencial de vendas da empresa | Estimar a participação de vendas setoriais mais provável que a empresa pode atingir, por um período de tempo, para cada mercado visado | • Previsões de três a cinco anos de vendas setoriais para cada mercado visado<br>• Conhecimento dos fatores que influenciarão o potencial de vendas da empresa | Estimar o potencial de venda dos produtos ou serviços da empresa, em relação a:<br>• Capacitação de parceiros<br>• Acesso a distribuição<br>• Intensidade competitiva<br>• Precificação e financiamento<br>• Cronograma de penetração de mercado<br>• Tolerância ao risco da alta administração |

melhores mercados-alvos. Atualmente, a Home Instead possui diversas franquias na Austrália, Canadá, Irlanda e Portugal. Suas operações internacionais estão prosperando.[2]

Uma análise formal do preparo organizacional para internacionalização demanda que os gestores de empresas tratem as seguintes questões:

- *O que a empresa espera ganhar com o comércio internacional?* Vários objetivos e metas são possíveis, tais como aumento de vendas ou lucro, seguidos de prospecção de clientes no exterior, combate aos concorrentes em seus próprios mercados ou adoção de uma estratégia global de implementação de operações de produção e marketing em várias localidades no mundo.
- *A expansão dos negócios internacionais é compatível com as demais metas corporativas, no cenário atual ou futuro?* A empresa deve administrar a internacionalização no contexto de sua missão e plano de negócios. Ao longo do tempo, as empresas têm várias oportunidades. Os administradores devem avaliar um negócio em relação a outros que possam ser realizados no mercado doméstico, de modo a assegurar que a internacionalização configure a melhor aplicação dos recursos disponíveis.
- *Quais demandas a internacionalização imporá aos recursos corporativos, como gestão, pessoal e finanças, bem como capacidade de produção e marketing? Como a empresa enfrentará essas demandas?* A administração deve confirmar se há suficiente capacidade de produção e marketing para atender aos mercados externos. Nada é mais frustrante para a equipe gerencial e para o canal internacional do que não entregar os pedidos por causa de insuficiência de capacidade. Por exemplo, quando a Cirrus Logic, Inc., um fabricante de microchips de áu-

dio, almejou expandir sua capacidade de comercialização de chips a clientes internacionais como Bose, LG Electronics e Sony, teve que ampliar sua capacidade industrial antes de mais nada.[3]

- *Qual é a base da vantagem competitiva da empresa?* Neste caso, os gestores da empresa avaliam os motivos que a levaram ao sucesso. As empresas obtêm vantagem competitiva ao desempenhar melhor do que seus concorrentes. Pode-se basear em uma forte capacidade de P&D, suprimento de insumos de qualidade superior, capacidade industrial econômica ou inovadora, marketing habilidoso ou um canal de distribuição altamente eficaz. É importante compreender quais são essas vantagens para poder aplicá-las com eficácia nos mercados internacionais.

Os gestores de empresas podem usar ferramentas de diagnóstico para realizar uma auditoria interna do preparo para a internacionalização. Uma das mais conhecidas é o CORE (do inglês *company readiness to export*, ou preparo da empresa para exportar), desenvolvido pelo professor Tamer Cavusgil no início da década de 1980 (ver www.globalEDGE.msu.edu). O CORE tem sido amplamente adotado e aplicado por empresas, por consultores e pelo Departamento de Comércio dos Estados Unidos. Como essa ferramenta tem contado com extensa pesquisa sobre os fatores que contribuem para o sucesso das exportações, ela também serve como tutorial ideal para autoaprendizagem e treinamento.

O CORE questiona os gestores sobre seus recursos, habilidades e motivação organizacionais para obter uma avaliação objetiva do preparo da empresa para exportar com êxito. Também gera análises do preparo tanto organizacional quanto do produto. Essa ferramenta de autoavaliação ajuda os executivos a reconhecer os ativos úteis que possuem e os recursos adicionais necessários para que a internacionalização seja bem-sucedida. A avaliação enfatiza as exportações, já que se trata do modo de entrada mais comum para a maioria das empresas recém-internacionalizadas.

Avaliar o preparo organizacional para a internacionalização constitui um processo contínuo. Os gestores devem continuamente verificar a capacidade da empresa de modificar produtos e processos para adequar-se aos mercados locais. Por exemplo, a Levi Strauss é o maior fabricante mundial de calças, principalmente de jeans, que são vendidas em escala global. Os países diferem em preferências e tendências da moda, o que gera a necessidade das empresas de adaptar seus produtos e serviços. A Levi's tem tido que avaliar sua capacidade de realizar adaptações de marketing em diversos mercados. Por exemplo, nos países islâmicos, as mulheres não devem vestir roupas justas, por isso a empresa fabricou uma linha de jeans mais soltos. Em sua entrada inicial no Japão, as preferências locais e o físico de menor porte da maioria dos japoneses obrigaram a empresa a fazer seus famosos jeans mais justos e menores.

Além de considerar hábitos, preferências e constituição física locais, a Levi's também se adapta às regulamentações locais. Era comum a refilmagem de comerciais de TV em países como Austrália e Brasil, onde a regra era os comerciais produzidos localmente. As diferenças climáticas também exigem modificações; por exemplo, em climas quentes, os consumidores preferem calças de jeans mais leve e em cores mais vivas, ou shorts. A administração da empresa tem tido que avaliar constantemente sua capacidade de acomodar as adaptações demandadas em cada mercado.[4]

## Tarefa dois: avaliar a adequação de produtos e serviços da empresa para os mercados externos

Uma vez constatado o preparo da empresa para a internacionalização, deve-se averiguar o grau de adaptação de produtos e serviços aos mercados externos. A maioria das empresas fabrica uma gama de ofertas, algumas das quais ou todas elas com potencial para geração de vendas internacionais.

### Fatores que contribuem para a adequação de um produto aos mercados internacionais

Há vários meios de medir a viabilidade das ofertas para os mercados estrangeiros. Os produtos ou serviços com as melhores perspectivas internacionais tendem a apresentar as quatro características seguintes:

1. *Vendem bem no mercado doméstico.* Os produtos e serviços com boa aceitação no mercado doméstico têm grande chance de sucesso no exterior, sobretudo onde existam necessidades e condições semelhantes. O gestor deve examinar por que o produto ou serviço é bem aceito no mercado interno para identificar mercados externos com demandas similares.
2. *Atendem a necessidades universais.* Por exemplo, consumidores de todo o mundo necessitam de produtos de higiene pessoal, dispositivos médicos e serviços bancários. As vendas internacionais podem ser promissoras, se o produto ou serviço for relativamente singular ou possuir características importantes de difícil duplicação por empresas estrangeiras.
3. *Suprem uma necessidade não atendida em determinados mercados estrangeiros.* Pode existir um potencial nos países em desenvolvimento ou outros, onde o produto ou o serviço não exista ou onde a demanda esteja apenas começando a surgir.
4. *Atender a uma necessidade nova ou emergente no exterior.* No caso de alguns produtos ou serviços, pode surgir uma repentina demanda após a ocorrência de um desastre ou outra tendência emergente em larga escala.

Por exemplo, um forte terremoto na Turquia pode criar uma necessidade urgente de casas pré-fabricadas. Um aumento nos casos de Aids na África do Sul pode criar uma necessidade de medicamentos e suprimentos médicos. A crescente afluência em vários mercados emergentes pode gerar uma demanda cada vez maior por restaurantes e serviços de hospitalidade, como turismo e hotéis. Os gestores de empresas devem monitorar essas tendências, de modo a estarem preparados para entrar no mercado certo, no momento certo.

## As principais questões a serem tratadas na determinação do potencial de um produto

Relacionamos a seguir as principais questões que os gestores de empresas devem responder para determinar o potencial de um mercado internacional para um dado produto ou serviço:

- Quem inicia a compra? Por exemplo, as donas de casa costumam ser as decisoras no que se refere aos produtos domésticos. Compradores profissionais responsabilizam-se pelas aquisições das empresas.
- Quem é o usuário do produto ou serviço? Por exemplo, as crianças consomem vários produtos, mas seus pais devem ser os reais compradores. Funcionários de uma empresa consomem diversos produtos, mas é a empresa que faz as compras.
- Por que os consumidores compram um determinado produto ou serviço? Isto é, quais necessidades específicas o produto ou serviço atende? Essas necessidades variam ao redor do mundo. Por exemplo, a Honda vende geradores a gasolina que os consumidores de economias avançadas utilizam para fins de lazer; a população de economias em desenvolvimento pode comprá-los para aquecimento e iluminação doméstica básica.
- Onde os consumidores compram o produto ou serviço? Após compreender onde a oferta costuma ser adquirida, pode ser útil para o pesquisador visitar clientes em potencial para descobrir a real extensão de seu interesse. Essas auditorias de loja também fornecem informações úteis sobre se o produto ou serviço deve ser adaptado às necessidades específicas de mercado, além de como precificar, promover e distribuir o item.
- Quais fatores econômicos, culturais, geográficos e outros no mercado visado podem limitar as vendas? Os países diferem de modo significativo no tocante ao nível de renda do consumidor, às preferências, às condições climáticas e a outros fatores capazes de inibir ou facilitar o comportamento de compra. Os gestores de empresas devem investigá-los e adaptá-los a suas ofertas.

Um dos meios mais simples de descobrir se um produto ou serviço tem potencial para gerar vendas internacionais é consultar os intermediários no mercado visado. Um gestor também pode analisar listas de importadores ou distribuidores, disponíveis em fontes governamentais, associações comerciais ou catálogos na Internet ou em bibliotecas.

Dados sobre o nível de importação de um produto por um país visado ao longo do tempo também são muito úteis para conhecer a demanda potencial atual e futura. Os dados podem ser disponibilizados por várias fontes, como http://export.gov, http://www.stat-usa.gov ou globalEDGE™. O nível de exportações deve ser examinado, também, porque alguns países, como Cingapura e Hong Kong, são usados, sobretudo, como *transit points* de produtos internacionais e, portanto, podem não ser efetivamente seus principais usuários.

Outro método útil para determinar a negociabilidade de um produto consiste em participar de uma feira comercial setorial no mercado-alvo ou em uma região visada, para conhecer clientes ou distribuidores em prospecção. Como de modo geral as feiras comerciais cobrem regiões inteiras, como Ásia ou Europa, essa abordagem é eficiente e economicamente viável para se aprender sobre o potencial de mercado de vários países simultaneamente.

Visando empreendimentos internacionais bem-sucedidos, a maioria das empresas concentra-se em oferecer produtos e serviços que se adequem a seus recursos e vantagens competitivas e possam ser produzidos a partir de instalações existentes, com um mínimo de adaptação. Os gestores visam os mercados com maior chance de aceitar sua oferta e que apresentam altos lucros e potencial de crescimento de longo prazo.

## Tarefa três: classificar países para identificar mercados-alvos

Classificar os países para escolher o melhor alvo é uma decisão fundamental nos negócios internacionais, esteja a empresa interessada em importar, investir ou exportar. As empresas que buscam suprir-se de fornecedores estrangeiros necessitam identificar onde estão localizados os mais competentes deles. Assim que uma empresa escolhe um país em particular, precisa assegurar-se de que as condições desse país para importar sejam favoráveis. No caso das empresas que planejam fazer um investimento direto em mercados externos, é recomendável concentrar-se nos países que prometem crescimento de longo prazo e retornos substanciais, ao mesmo tempo em que apresentam um risco político relativamente baixo. Por fim, as empresas exportadoras devem visar países com baixas barreiras tarifárias, demanda constante e intermediários qualificados.

É comum que os exportadores utilizem estatísticas comerciais que revelem exportações ou importações por país e produto e permitam ao pesquisador comparar o tamanho do mercado entre os países candidatos. As estatísticas sobre quanto do produto já está sendo exportado ao mercado visado ajudam a medir a viabilidade do mercado para aceitar vendas da oferta. Ao examinar as estatísticas de um determinado período de tempo, um gestor pode determinar quais mercados estão-se expandindo ou encolhendo. O exportador pode adquirir relatórios de pesquisa de consultores de pesquisa de mercado que fornecem descrições, avaliações e principais estatísticas sobre mercados específicos. Por exemplo, o Departamento de Comércio dos Estados Unidos conduz e publica inúmeras pesquisas de mercado, como *The Water Supply and Wastewater Treatment Market in China*, *Automotive Parts and Equipment Industry Guide in Europe* e *Country Commercial Guide for Brazil*.

A escolha dos mercados nacionais é particularmente importante nos estágios iniciais de internacionalização. A opção errada não só resultará em prejuízo financeiro, mas também se incorrerá em custos de oportunidade. Isto é, ao escolher mercados inadequados, a empresa comprometerá recursos que poderiam ter sido aplicados de modo mais lucrativo em outro negócio. Quando a entrada no mercado é planejada por meio de *investimento direto estrangeiro (IDE)*, escolher o mercado certo revela-se especialmente crucial, porque o IDE é muito oneroso. Como vimos no Capítulo 1, o IDE consiste em uma estratégia de internacionalização em que a empresa estabelece presença física no exterior por meio da aquisição de ativos produtivos como capital, tecnologia, força de trabalho, terreno, fábrica e equipamento. Com a entrada por IDE, o custo de abandonar um mercado e encerrar a relação pode facilmente ultrapassar milhões de dólares.

Algumas empresas visam países fisicamente semelhantes — isto é, aqueles que se assemelham ao país de origem no tocante a língua, cultura e outros fatores. Esses países recaem na zona de conforto da gestão. Por exemplo, é comum as empresas australianas escolherem Nova Zelândia, Reino Unido ou Estados Unidos como seu primeiro mercado-alvo no exterior. Muitas escolhem o Reino Unido em detrimento de França ou Itália como seu primeiro alvo no Europa. A escolha é lógica, pois o inglês é o idioma falado nesses países, e suas culturas apresentam similaridades com a da Austrália. À medida que sua experiência, seu conhecimento e sua confiança gerenciais aumentam, essas empresas expandem-se para mercados mais complexos e culturalmente distantes, como China ou Japão.

Na era contemporânea, porém, as empresas tornaram-se mais ousadas, além de mais experientes, em relação à entrada em mercados externos. Por consequência, muitos passaram a visar países não tradicionais, de risco mais elevado. As empresas *born global* exemplificam essa tendência. A globalização contínua tende a mitigar a estranheza dos mercados e — graças aos avanços nas tecnologias de comunicação e transporte — reduziu o custo e o risco da expansão para países culturalmente distintos, como os mercados emergentes.

Ao classificar países, recomenda-se aos gestores de empresas visarem mercados em rápido crescimento ou onde o produto ou serviço oferecido seja relativamente novo. Os mercados com inúmeros concorrentes ou nos quais o produto já é amplamente utilizado não são atrativos, porque os rivais existentes podem resistir fortemente à entrada de novos entrantes.

A natureza da informação necessária à classificação de um país varia por tipo de produto ou setor econômico. Por exemplo, no marketing de produtos de consumo eletrônicos, o pesquisador deve enfatizar países que tenham grande parcela da população com adequada renda discricionária, além de ampla produção de energia e consumo. Para equipamentos agrícolas, o pesquisador deve considerar países com substancial proporção de terras agriculturáveis e fazendeiros com renda relativamente alta. Para plano de saúde, deve-se pesquisar países com abundância de hospitais e médicos.

No processo de classificação de mercados atrativos, os gestores de empresas precisam monitorar uma gama de fatores econômicos, políticos e culturais. Esses fatores afetam de modo considerável o ambiente de negócios internacionais e indicam várias oportunidades e ameaças a serem avaliadas. A seção "Tendência Global" discorre sobre uma série de tendências atuais que afetam o cenário global.

## Visando regiões ou países portais

Com frequência, a empresa pode visar uma região ou um grupo de países em vez de países isolados. Em comparação com negociar com um país por vez, visar um grupo deles é mais econômico, sobretudo quando os mercados possuem condições semelhantes de demanda, regulamentações comerciais e cultura. Um bom exemplo é a União Europeia, que compreende cerca de 27 países relativamente semelhantes no tocante ao nível de renda, legislação e infraestrutura. Ao entrar na Europa, as empresas costumam elaborar uma estratégia pan-europeia que englobe vários países membros da União Europeia, em vez de planejar ações distintas para cada país.

Em outros casos, a empresa pode visar os chamados *países portais*, ou *hubs regionais*, que servem como pontos de entrada a mercados próximos ou afiliados. Por exemplo, Cingapura funciona como um tradicional portal para países do Sudeste Asiático, enquanto Hong Kong para China, Turquia para as repúblicas asiáticas centrais e Finlândia para a antiga União Soviética. As empresas baseiam suas operações em um país portal de modo a poder atender à região adjacente mais ampla.

## Metodologia de classificação para mercados potenciais

Com quase 200 países ao redor do mundo, não é economicamente viável nem prático visar todos de uma vez. Portanto, uma empresa deve selecionar os mercados que lhes ofereçam as melhores perspectivas. Há dois métodos básicos de realizar isso: eliminação gradual e indexação para classificação.

## TENDÊNCIA GLOBAL

# Macrotendências globais que afetam os negócios internacionais

Os gestores de empresas devem avaliar regularmente as tendências de longo prazo nos mercados de seus produtos, bem como os aspectos em transformação da tecnologia e da globalização. As empresas obtêm êxito quando embarcam nessas correntes — as que se opõem a elas geralmente se debatem em vão. Por exemplo, em setores como o de bancos, telecomunicações e tecnologia, quase dois terços do recente crescimento orgânico das empresas ocidentais (isto é, o crescimento resultante de aumento nas vendas) resultou do fato de estarem nos mercados certos. Ao identificar e analisar as principais tendências, é possível prever as mudanças de longo prazo que afetam o destino das empresas.

Quais tendências os gestores internacionais estão monitorando no presente e que tornarão o mundo futuro muito diferente do atual? Um recente estudo realizado pela consultoria McKinsey identificou as seguintes tendências macroeconômicas que estão transformando a economia global.

### Centros de atividade econômica que passarão por uma grande mudança, não só global, mas também regional

Os locais de atividade econômica global estão mudando graças a liberalização econômica, avanços tecnológicos, desenvolvimento de mercados de capital e mudanças demográficas. Atualmente, a Ásia (exceto Japão) responde por 13 por cento do PIB mundial, enquanto a Europa Ocidental, por mais de 30 por cento. Até 2025, essas proporções deverão sofrer uma reversão, à medida que a atividade econômica global migre em direção à região asiática. Alguns de seus setores e funções econômicas — como manufatura e serviços de TI — serão os principais beneficiários. Em toda parte, os mercados emergentes também se tornam centro de atividade.

### Necessidade de aumentar a produtividade organizacional

As populações envelhecem nos países desenvolvidos, implicando que há cada vez menos jovens trabalhando e pagando impostos. Essa mudança demográfica requer níveis mais elevados de eficiência e criatividade tanto do setor público quanto do privado. Os governos devem desempenhar seus serviços com menor custo e maior eficácia. Aos poucos, eles aplicarão enfoques do setor privado na oferta de serviços sociais. Do contrário, existe o risco de que o envelhecimento da população reduza o nível de riqueza global. Essa mudança está gerando oportunidades para empresas em determinados setores, como serviços financeiros e de saúde.

### Mais consumidores, sobretudo nas economias desenvolvidas

Quase um bilhão de novos consumidores entrará no mercado global até 2015, à medida que o crescimento econômico nos países emergentes os impulsione para além do nível limítrofe de US$ 5.000 em renda domiciliar anual, o ponto a partir do qual as pessoas começam a gastar em bens discricionários. Nesse período, o poder aquisitivo dos consumidores nas economias emergentes superará os $ 9 trilhões, próximo do atual verificado na Europa Ocidental. Cada vez mais, consumidores de toda parte recorrerão a informações e tecnologias de comunicação para acessar os mesmos produtos e marcas. Essas mudanças levarão as empresas a desenvolver novos produtos e estratégias de marketing. Por exemplo, cada vez mais elas usam a Internet para alcançar novos mercados e aprofundar relações com os atuais clientes.

### A transformação do campo de batalha dos talentos

A migração para setores econômicos intensivos em conhecimento ressalta uma escassez de trabalhadores especializados. A crescente integração dos mercados globais de trabalho (como China, Índia e Leste Europeu) está abrindo vastas fontes de novos talentos. Atualmente, os mercados emergentes possuem dezenas de milhões de jovens com formação universitária, mais do que o dobro das economias avançadas. Para tirar proveito dessa tendência, cada vez mais as empresas alavancam informações e tecnologias da comunicação para empregar indivíduos com bom nível educacional localizados nos mercados emergentes e em toda parte.

### Demanda crescente por recursos naturais

À medida que o crescimento econômico acelera, sobretudo nos mercados emergentes, o uso de recursos naturais cresce a taxas sem precedentes. Estima-se que a demanda por petróleo aumente em 50 por cento até o ano 2025. Essa tendência abre novas oportunidades para empresas no setor global de energia. Na China, a demanda por cobre, aço e alumínio triplicou nos últimos anos, indicando novas oportunidades para empresas de mineração. Enquanto isso, é cada vez mais comum a escassez de água em grande parte do mundo. A mudança climática e a gradual deterioração da camada de ozônio exigem atenção. Enfrentar esses desafios é oneroso e provavelmente retardará o crescimento. Inovação tecnológica, regulamentação e uso racional de recursos são essenciais à criação de um mundo capaz tanto de impulsionar um crescimento econômico robusto quanto de sustentar as demandas ambientais.

## Amplo acesso à informação

O conhecimento está cada vez mais disponível a pessoas no mundo todo. Por exemplo, a existência de mecanismos de busca na Internet, como o Google, disponibiliza de modo instantâneo informações aparentemente ilimitadas. A própria geração de conhecimentos está crescendo. Por exemplo, a aplicação de patentes mundiais cresce a taxas anuais de 20 por cento. As empresas estão adotando novos modelos de produção, acesso, distribuição e domínio de conhecimentos.

Os gestores das empresas precisam compreender as implicações dessas tendências macroeconômicas, além das necessidades de consumo e dos desdobramentos da concorrência. Nesse ambiente em transformação, o papel da pesquisa de mercado e da inteligência competitiva torna-se cada vez mais importante. Os gestores que levarem em conta essas tendências na elaboração de suas estratégias estarão mais bem posicionados para o sucesso no mercado global. Pensar nessas tendências representará um tempo bem gasto para qualquer futuro alto executivo.

Fontes: DAVIS, I.; STEPHENSON, E. "Ten trends to watch in 2006". *The McKinsey Quarterly*, extraído de: www.mckinsey.com, em: jan. 2006; PORTER, E. "Buying power of hispanics is set to soar". *Wall Street Journal*. 18 abr. 2003, p. B1.

## Eliminação gradual

A empresa que aplica uma *eliminação gradual* começa com um grande número de países visados para prospecção e aos poucos restringe suas escolhas examinando informações cada vez mais específicas. Como indica a Tabela 12.1, deve-se reduzir o número de países que merecem uma investigação mais profunda como potenciais mercados-alvos a um nível restrito administrável. O objetivo consiste em identificar cinco ou seis mercados de alto potencial que sejam os mais promissores para a empresa. Uma pesquisa pode custar caro. Para poupar tempo e dinheiro, é fundamental eliminar os mercados não atrativos o mais rapidamente possível. Ao mesmo tempo, recomenda-se ter mente aberta e considerar todos aqueles de razoável potencial. Por exemplo, visar as economias em desenvolvimento com um produto que ainda não seja amplamente consumido pode ser mais lucrativo do que atuar em mercados saturados e mais competitivos na Europa, no Japão e na América do Norte.

Nos estágios iniciais, a pesquisa de mercado procede de uma forma escalonada, em que o pesquisador adota um enfoque de funil para primeiro obter informações gerais e, a seguir, as específicas. Inicialmente, coletam-se dados dos indicadores de potencial de mercado em nível macro, tais como os demográficos e de renda, para identificar uma pequena lista de países (talvez cinco ou seis) que representem os mercados mais atrativos. Esses dados amplos de classificação estão prontamente disponíveis em fontes como o globalEDGE™.

Após identificar os mercados mais promissores, os gestores de empresas utilizam indicadores mais específicos e precisos para afunilar suas escolhas. Por exemplo, eles podem usar estatísticas atuais de importação do produto em particular para determinar o potencial nível desejável de um mercado-alvo. Essa informação está facilmente disponível, porque a maioria dos países registra o fluxo de bens importados e exportados para cobrar impostos e determinar o valor de suas próprias exportações. A maioria dos países também disponibiliza essas estatísticas para organizações internacionais, como as Nações Unidas (ver www.comtrade.un.org/db/) e a Organização para Cooperação Econômica e Desenvolvimento (OECD, www.oecd.org). Ao analisar os dados da pesquisa e gradualmente restringir as escolhas, o pesquisador identifica um ou dois mercados mais promissores para aprofundar a investigação.

## Indexação para classificação

O segundo método básico para seleção dos mercados estrangeiros mais promissores consiste em *indexar* e *classificar*, pelo qual o pesquisador atribui uma pontuação aos países por sua atratividade geral de mercado. Para cada país, ele identifica um conjunto abrangente de indicadores de potencial de mercado e utiliza um ou mais deles para representar uma variável. Pesos são atribuídos a cada variável para estabelecer sua importância relativa: quanto mais importante uma variável, maior seu peso. O pesquisador aplica a pontuação resultante para classificar os países.

Esse método de indexação e classificação é ilustrado pela metodologia de *Indicadores de Potencial de Mercado Emergente (EMP)*, desenvolvido pelo autor deste livro, Tamer Cavusgil,[5] e apresentado no globalEDGE™.[6] A Tabela 12.2 apresenta o índice resultante. Ele classifica os mercados emergentes — alguns dos países em desenvolvimento mais promissores do mundo. A tabela ressalta um conjunto de variáveis que são úteis à descrição da atratividade de países como mercados-alvo em potencial. A Tabela 12.3 define as variáveis e os pesos relativos utilizados.

Dentre as variáveis da Tabela 12.3, *porte de mercado* e *taxas de crescimento de mercado* são especialmente importantes para medir o potencial de mercado.[7] Elas abordam a questão "O mercado é grande o suficiente e tem futuro?". Se a população de um país é numerosa e sua renda *per capita* é considerável, trata-se, provavelmente, de um bom po-

Tabela 12.2 Aplicação da metodologia de indexação para classificação: indicadores de potencial de mercados emergentes, 2007

| *País* | *Tamanho de mercado* | | *Taxa de crescimento de mercado* | | *Intensidade de mercado* | | *Capacidade de consumo de mercado* | |
|---|---|---|---|---|---|---|---|---|
| | Classificação | Índice | Classificação | Índice | Classificação | Índice | Classificação | Índice |
| China | 1 | 100 | 1 | 100 | 25 | 23 | 12 | 59 |
| Hong Kong | 24 | 1 | 20 | 23 | 1 | 100 | 13 | 54 |
| Cingapura | 27 | 1 | 18 | 27 | 9 | 59 | 11 | 62 |
| Taiwan | 12 | 5 | 6 | 57 | 11 | 57 | — | — |
| Israel | 25 | 1 | 12 | 45 | 2 | 79 | 4 | 82 |
| Coreia do Sul | 7 | 12 | 16 | 30 | 5 | 63 | 2 | 99 |
| República Tcheca | 23 | 2 | 9 | 48 | 13 | 55 | 3 | 97 |
| Hungria | 26 | 1 | 24 | 14 | 3 | 76 | 1 | 100 |
| Índia | 2 | 44 | 3 | 63 | 22 | 37 | 7 | 77 |
| Polônia | 14 | 5 | 27 | 1 | 10 | 58 | 6 | 80 |

Nota: somente os dez primeiros países foram listados; consulte www.globaledge.msu.edufor para obter a lista completa.
FONTE: globalEDGETM (www.globaledge.msu.edu/ibrd/marketpot.asp).

tencial para vendas internacionais. O tamanho de mercado em si, porém, é insuficiente. O mercado também deve estar crescendo a uma taxa estável ou significativa, sobretudo no tocante à população e à renda. Os países com um robusto crescimento de renda são alvos desejáveis. Para cada país, um pesquisador examina as estatísticas demográficas, de renda nacional e de crescimento para o período anterior de três a cinco anos. Uma questão fundamental refere-se à consistência do crescimento de mercado ano a ano. Além de mercados de grande porte e acelerado crescimento, um pesquisador deve identificar mercados menores porém rapidamente emergentes que possam oferecer oportunidades de base. É provável que haja menos concorrentes em novos mercados do que nos estabelecidos. Os países onde o produto não está disponível ou onde os concorrentes entraram recentemente também podem ser alvos promissores.

Como discutimos no Capítulo 9 sobre mercados emergentes, o *tamanho* e a *taxa de crescimento* da classe média constituem indicadores essenciais de alvos promissores.

A *classe média* é medida pela participação na renda nacional disponível aos domicílios de renda média. Esses domicílios representam a melhor perspectiva para a maioria dos negócios porque a classe mais rica na maioria dos mercados emergentes é relativamente reduzida e o segmento mais pobre tem baixo poder de compra. O tamanho relativo da classe média, bem como seu ritmo de crescimento, indicam como a renda nacional é distribuída nesse país. Se ela não for igualmente distribuída, o tamanho da classe média será limitado, e o mercado, não muito atrativo.

Embora a classe média seja um importante indicador para estimar o tamanho dos mercados estrangeiros, como também discutido no Capítulo 9, a medida de renda *per capita* pode subestimar o real potencial de um mercado emergente devido a fatores como a existência de uma expressiva economia informal.

Na Tabela 12.2, uma análise das classificações para cada uma das dimensões revela alguns padrões interessantes. Por exemplo, a China classifica-se em primeiro lugar em tamanho de mercado, mas em vigésimo quinto em intensidade de mercado e em último em liberdade econômica. Também pontua mal em infraestrutura. Como essa observação revela, sempre há compensações nos mercados-alvo. Nenhum país é atrativo em todas as dimensões. Além das características mais desejáveis, o pesquisador também deve lidar com as menos desejáveis. Por exemplo, tanto Cingapura quanto Hong Kong são alvos favoráveis do ponto de vista de liberdade econômica, mas a população dessas cidades-estado é restrita.

Os quatro maiores países no índice da Tabela 12.2 são do Leste Asiático. Nos últimos anos, as economias dessa região deram passos largos na direção da liberalização de mercado, industrialização e modernização. A Coreia do Sul é campeã em expansão econômica, com crescimento anual *per capita* do PIB de quase seis por cento. O nível de PIB *per capita* nos últimos 40 anos avançou dez vezes. As empresas sul-coreanas tornaram-se líderes mundiais em diversos setores, como construção naval, comunicação móvel e televisores de tela plana. O país é o mercado de teste mundial para o estado da arte em serviços e aplicativos sem fio e para Internet. Suas empresas utilizam tecnologias pioneiras que estão anos à frente de seus concorrentes e estão posicionadas para ultrapassar outros países em tecnologia móvel, banda larga e outros avanços nas comunicações. O rápido desenvolvi-

| *Infraestrutura c omercial* | | *Liberdade conômica* | | *Receptividade do mercado* | | *Risco-país* | | *Índice geral* | |
|---|---|---|---|---|---|---|---|---|---|
| Classificação | Índice | Classificação | Índice | Classificação | Índice | Classificação | Índice | Classificação | Índice |
| 16 | 45 | 27 | 1 | 22 | 3 | 13 | 49 | 1 | 100 |
| 2 | 97 | 6 | 79 | 2 | 75 | 2 | 90 | 2 | 96 |
| 6 | 83 | 10 | 71 | 1 | 100 | 1 | 100 | 3 | 93 |
| 1 | 100 | 8 | 76 | 5 | 23 | 3 | 87 | 4 | 79 |
| 3 | 94 | 3 | 86 | 4 | 26 | 5 | 63 | 5 | 78 |
| 5 | 90 | 7 | 78 | 10 | 13 | 4 | 65 | 6 | 75 |
| 4 | 91 | 2 | 93 | 9 | 15 | 6 | 63 | 7 | 73 |
| 7 | 78 | 4 | 83 | 8 | 16 | 8 | 62 | 8 | 64 |
| 25 | 17 | 17 | 44 | 27 | 1 | 16 | 39 | 9 | 55 |
| 8 | 71 | 5 | 82 | 14 | 7 | 9 | 58 | 10 | 46 |

mento asiático constitui o principal fator a se destacar na atual fase da globalização.[8]

As classificações de países do tipo indicado na Tabela 12.2 não são estáticas. Elas mudam ao longo do tempo à medida que cada país sofre transformações, devido a eventos macroeconômicos ou desdobramentos nacionais específicos. Por exemplo, embora a Índia esteja relativamente bem classificada, pode cair de forma drástica, se um novo regime político reverter a liberalização de mercado. A recente entrada da Hungria e da Polônia na União Europeia deve melhorar suas perspectivas econômicas. A introdução de modernos sistemas bancários e infraestrutura jurídica deve aumentar a atratividade da Rússia como um mercado de exportação. O Chile atingiu significativo progresso em reformas econômicas e na elevação dos padrões de vida. Entretanto, a estagnação econômica levou a uma queda na atratividade de mercado da Argentina.

Um último ponto relaciona-se com a natureza até certo ponto genérica e ampla das variáveis sugeridas como indicadores de classificação. Trata-se apenas de um guia geral para identificar mercados-alvo promissores. A metodologia de classificação e indexação serve aos estágios iniciais de qualificação de países. Uma análise muito mais detalhada é necessária quando uma empresa identifica um conjunto de mercados-alvo. O pesquisador acabará necessitando complementar os indicadores para setores específicos. Aqueles a enfatizar ao se pesquisar mercados de refrigerantes, por exemplo, variam substancialmente dos usados para pesquisa de equipamentos médicos. Neste caso, é provável que o pesquisador colete dados adicionais sobre gastos com saúde, número de médicos *per capita* e número de leitos hospitalares *per capita*. As empresas no setor de serviços financeiros demandarão dados específicos sobre risco comercial. Além disso, dependendo do setor, os pesquisadores devem aplicar diferentes *pesos* a cada indicador de potencial de mercado. Por exemplo, o tamanho da população é relativamente menos importante para um negócio de iates do que para outro de calçados. Cada empresa deve atribuir a pontuação adequada a cada indicador, dependendo de circunstâncias específicas.

## Classificação de países para investimento direto e *global sourcing*

Até aqui a discussão partiu da perspectiva de uma empresa buscando o melhor mercado para exportação. Entretanto, as empresas fazem negócios internacionais também por outros meios — como o IDE — para instalar unidades de produção e montagem no exterior e suprir bens de fornecedores estrangeiros. Embora a meta de esboçar um grupo de países potenciais permaneça a mesma nessas modalidades de entrada, o pesquisador pode empregar um diferente conjunto de critérios para classificação de países. Vamos discutir como os atributos desejáveis de um país diferem para o IDE e o *global sourcing*.

### Classificação de países para investimento direto estrangeiro

O IDE refere-se a investir em ativos físicos, como uma fábrica, subsidiária de marketing ou sede regional, em um país estrangeiro. De modo geral, esses investimentos são rea-

Tabela 12.3 Variáveis utilizadas na classificação de países no índice de Indicadores de Potencial de Mercado Emergente

| *Variável* | *Definição* | *Peso (em 100)* | *Exemplo de Indicadores* |
|---|---|---|---|
| Tamanho de mercado | Proporção da população do país concentrada em zonas urbanas | 20 | • População urbana |
| Taxa de crescimento de mercado | Ritmo de industrialização e desenvolvimento econômico | 12 | • Taxa de crescimento anual de uso de energia para fins comerciais<br>• Taxas de crescimento real do PIB |
| Intensidade de mercado | Poder aquisitivo dos residentes do país | 14 | • Produto nacional bruto per capita, baseado no poder de paridade de compra<br>• Consumo privado como percentual do PIB |
| Capacidade de consumo de mercado | Tamanho e taxa de crescimento da classe média do país | 10 | • Participação percentual de renda e consumo da classe média |
| Infraestrutura comercial | Facilidade de acesso aos canais de marketing, distribuição e comunicações | 14 | • Linhas telefônicas fixas (por 100 habitantes).<br>• Assinantes de telefonia celular (por 100 habitantes)<br>• Densidade de estradas pavimentadas.<br>• Hospedagem na Internet por milhão de pessoas<br>• População por ponto de venda no varejo<br>• Televisores *per capita* |
| Liberdade econômica | Grau de liberalização da economia do país | 10 | • Política comercial e tributária<br>• Política monetária e bancária<br>• Consumo governamental da produção econômica<br>• Fluxos de capital e investimento estrangeiro.<br>• Direitos de propriedade<br>• Nível de atividade no mercado negro |
| Receptividade do mercado às importações | Grau de abertura às importações no país | 12 | • Importações *per capita*<br>• Comércio como percentual do PIB |
| Risco-país | Nível de risco político | 8 | • Classificação de risco-país |
| Total | | 100 | |

lizados no longo prazo. Por conseguinte, os tipos de variável a considerar diferem daqueles apropriados à entrada via exportações. Por exemplo, a disponibilidade no mercado-alvo de mão de obra especializada e talento gerencial é relativamente mais importante para a entrada por IDE do que para as exportações. Os pesquisadores que identificam as melhores localizações para a entrada por IDE geralmente levam em conta as seguintes variáveis:

- Perspectivas de crescimento no longo prazo
- Custo de fazer negócios: atratividade potencial da empresa com base no custo e na disponibilidade de infraestrutura comercial, impostos e salários, acesso a habilidades de alto nível e mercados de capital
- Risco-país: barreiras regulatórias, financeiras, políticas e culturais e o ambiente jurídico de proteção à propriedade intelectual
- Cenário competitivo: intensidade da concorrência de empresas locais e estrangeiras
- Incentivos governamentais: disponibilidade de isenções fiscais, treinamento subsidiado, concessões ou empréstimos a juros baixos

Como no caso da classificação de países para oportunidades de exportação, há várias fontes de estudo de acesso público para classificações de países para o IDE. Um recurso útil é oferecido pela Conferência das Nações Unidas sobre Comércio e Desenvolvimento (Unctad). A metodologia dos *Índices de IDE* dessa organização compara tanto o desempenho quanto o potencial de IDE, classificando os países pelo nível de desempenho como receptores ou fornecedores de IDE (www.unctad.org). Outro recurso é oferecido pela consultoria A. T. Kearney, que prepara anualmente o Foreign Direct Investment Confidence Index (www.atkearney.com). Esse índice rastreia como as mudanças políticas, econômicas e regulatórias afetam as intenções de IDE e as preferências das 1.000 maiores empresas do mundo. Ao pesquisar executivos dessas empresas, o índice captura as variáveis mais importantes a considerar dos 65 países que recebem mais de 90 por cento dos investimentos globais de IDE.

A Figura 12.1 exibe os resultados do Índice A. T. Kearney, que revela que as economias avançadas na Europa Ocidental, assim como a Austrália, o Japão e os Estados Unidos, contam com alta confiança dos investidores. Em outras palavras, as empresas preferem essas localidades para fazer investimentos com base no IDE. Elas são populares devido a seu relativo tamanho e infraestrutura amigável. As economias avançadas realizam um nível considerável de investimentos cruzados entre seus mercados. Por exemplo, Europa e Estados Unidos constituem os parceiros mais importantes um do outro no que se refere ao IDE. Sua economia transatlântica representa mais de US$ 2,5 trilhões em vendas afiliadas no exterior e mutuamente sustenta quase um quarto da força de trabalho afiliada estrangeira do mundo, empregada por multinacionais no exterior.

Note-se que dos dez destinos do Índice A. T. Kearney, seis são mercados emergentes: China, Índia, Polônia, Rússia, Brasil e Hong Kong. Os investidores preferem a China devido a seu enorme tamanho, mercado de consumo em rápida expansão e posição como um excelente local para manufatura de baixo custo. A China também conta com acesso superior a mercados de exportação, incentivos governamentais favoráveis, estrutura de baixo custo e um clima macroeconômico estável. Entretanto, os executivos veem a Índia com o líder mundial para processos organizacionais e serviços de terceirização de TI. Esse país conta com uma força de trabalho com alto nível educacional, forte talento gerencial, estado de direito estabelecido e transações e regras transparentes.

## Classificação de países para *global sourcing*

O *global sourcing* e as operações *offshore* referem-se à aquisição de produtos acabados, bens intermediários e serviços de fornecedores localizados no exterior. O suprimento tem importância crucial a todos os tipos de empresa. Como no caso das decisões relativas ao IDE, os tipos de variável de classificação que os gestores consideram no suprimento são geralmente distintos daqueles relevantes às exportações. Ao buscar fontes externas de abastecimento, os gestores examinarão fatores como custo de qualidade de insumos, estabilidade cambial, confiabilidade dos fornecedores e existência de uma força de trabalho com habilidades técnicas superiores.

A A. T. Kearney também prepara anualmente o Offshore Location Attractiveness Index (www.atkearney.com). Esse índice ajuda os gestores a compreender e comparar os fatores que tornam os países atrativos como locais potenciais para *offshoring* de serviços como TI, processos organizacionais e *call centers*. A consultoria avalia 39 critérios, categorizados em três dimensões:

- *Estrutura financeira*: leva em conta os custos de compensação (por exemplo, média salarial), custos de infraestrutura (para sistemas de eletricidade e telecomuni-

Figura 12.1 Foreign Direct Investment Confidence Index, da A. T. Kearney

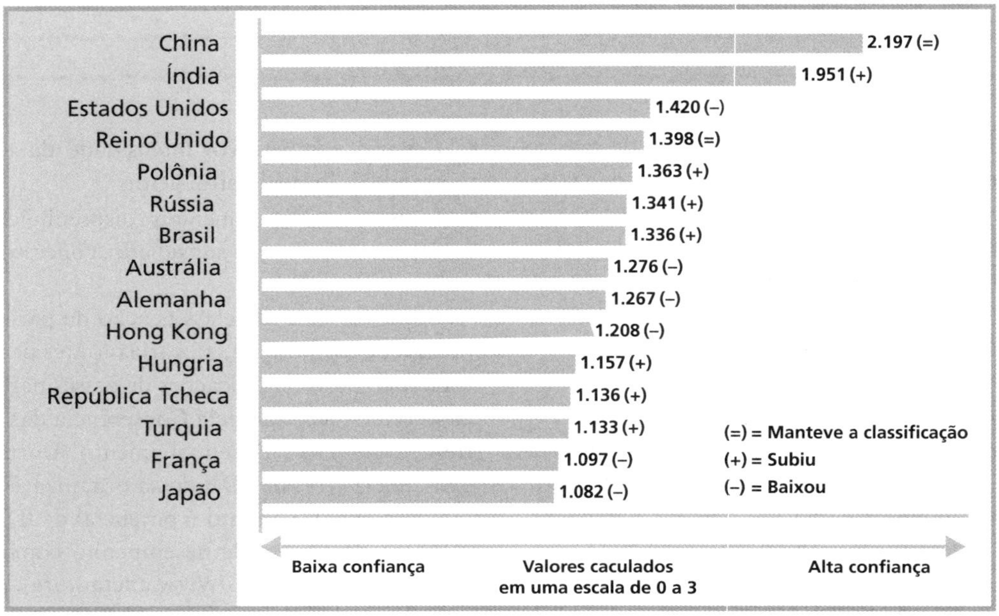


FONTE: Copyright © A.T. Kearney, 2005. Todos os direitos reservados. Reproduzido com permissão.

Figura 12.2 Offshore Location Attractiveness Index, da A. T. Kearney

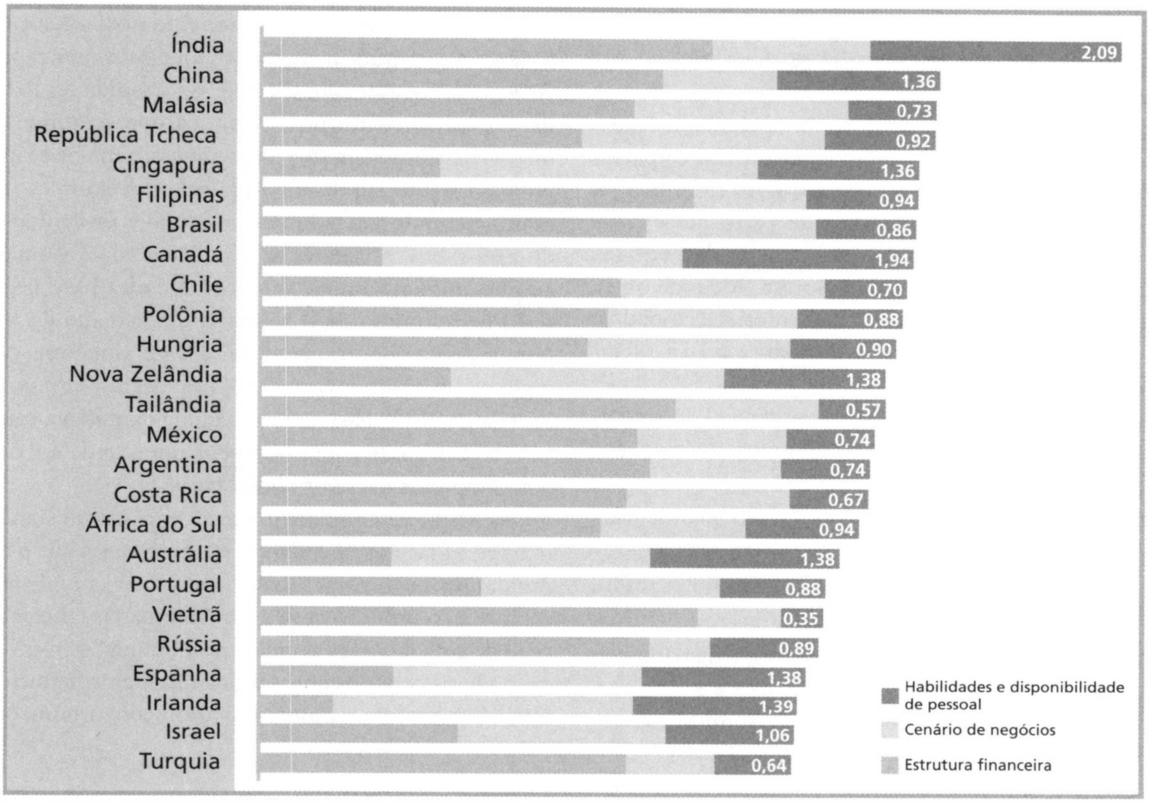


FONTE: Copyright © A.T. Kearney, 2005. Todos os direitos reservados. Reproduzido com permissão.

cações) e custos tributários e regulatórios (como carga tributária, corrupção e flutuação das taxas de câmbio).

- *Habilidades e disponibilidade de pessoal*: refere-se a experiência e habilidades de um fornecedor, disponibilidade de força de trabalho, educação e fluência no idioma e taxas de evasão de funcionários.
- *Cenário de negócios*: avalia os aspectos econômicos e políticos do país, sua infraestrutura comercial, adaptabilidade cultural e segurança de propriedade intelectual.

A Figura 12.2 apresenta o Offshore Location Attractiveness Index. Note que nove dos dez maiores países no índice são mercados emergentes, como Índia, China e Brasil. Embora importante, o custo de mão de obra constitui somente um dos vários fatores que influenciam a decisão de comprar insumos no exterior. Os gestores de empresas também citam o nível de produtividade, as habilidades técnicas e o serviço ao cliente como fatores relevantes. O índice pontua Índia e China (e, em menor proporção, Rússia e Filipinas) por realizações na área de educação. Dentre as economias desenvolvidas, o índice pontua Nova Zelândia, Canadá e Irlanda com outros pontos fortes, como infraestrutura altamente desenvolvida, fluência no idioma inglês, baixo risco-país e alto grau de integração global.

## Tarefa quatro: avaliar o potencial de mercado setorial

Os métodos de classificação de países discutidos até aqui são mais úteis para obter percepções comparativas de mercados individuais e reduzir a complexidade da escolha de localidades estrangeiras apropriadas. Quando o número de países potenciais estiver reduzido a um número administrável — digamos, cinco ou seis — o próximo passo consistirá em conduzir uma análise profunda de cada um deles. Em vez de examinar indicadores amplos, de nível macro, como se fez nos estágios iniciais, o pesquisador estreita o foco para examinar indicadores de potencial de mercado em *nível setorial*, porque o potencial de mercado é específico de cada setor econômico.

Na tarefa quatro, o pesquisador estima os níveis atuais e futuros das expectativas de vendas para um setor em particular como um todo. Isso se denomina **potencial de mercado do setor** — uma estimativa das vendas que podem ser esperadas para todas as empresas de um determinado setor, por um determinado período de tempo. Em outras palavras, trata-se de um agregado das vendas que podem ser realizadas por todas as empresas do setor. O potencial de mercado setorial difere do *potencial de vendas da empresa*, que se refere à participação das vendas setoriais que a empresa focal em si pode esperar alcançar em um dado ano. A maioria das empresas faz previsão de vendas de no mínimo três anos, tanto do potencial de mercado setorial quanto do potencial de vendas da empresa.

Estimar o potencial de mercado setorial capacita o gestor de uma empresa a refinar a análise e identificar os países mais atrativos para seu produto ou serviço. Ao examinar as características do nível nacional mais de perto nesse estágio, ele pode decidir quais países reter para avaliação subsequente do potencial de vendas da empresa. Além de obter percepções setoriais específicas dos mercados selecionados, os gestores poderão conhecer o grau de adaptação a ser feita nas abordagens de produto e marketing.

Para desenvolver uma estimativa de potencial de mercado industrial, os gestores necessitam de dados e percepções sobre as seguintes variáveis:

- Tamanho de mercado, taxa de crescimento e tendências de um setor específico
- Barreiras tarifárias e não tarifárias para entrada no mercado
- Padrões e regulamentações que afetam o setor
- Disponibilidade e grau de sofisticação da distribuição local
- Demandas e preferências únicas dos consumidores
- Indicadores de potencial de mercado setorial

Além dos determinantes genéricos de demanda, cada setor industrial — de alarme de incêndio a zíper — possui seus próprios *indicadores potenciais setoriais* ou *fatores geradores de demanda distintivos*. Os fabricantes de câmeras, por exemplo, examinam fatores climáticos como o número médio de dias ensolarados em um ano característico, dado que a maioria das fotos é tirada ao ar livre. Ao comercializar equipamentos para laboratórios, o pesquisador deve examinar dados sobre o número de hospitais, clínicas, leitos hospitalares e médicos, além do nível de gasto público em assistência médica. Uma indústria de geradores elétricos deve examinar a taxa de industrialização e a dependência da energia hidrelétrica. Outra, de equipamento para resfriamento e filtros industriais, considerará o número de compradores institucionais, como restaurantes e hotéis. Todos esses são indicadores de potencial de mercado setorial.

Os gestores também avaliam os fatores que afetam o marketing e o uso do produto, tais como perfil dos consumidores, cultura, canais de distribuição e práticas comerciais. Os direitos à propriedade intelectual e sua aplicação variam ao redor do mundo. Os gestores devem, portanto, avaliar regulamentações, marcas registradas e garantia de produtos, para formular estratégias de proteção aos ativos essenciais da empresa. O pesquisador também deve certificar-se da existência e da natureza de subsídios e programas de incentivo, de governos nacionais e estrangeiros, que a empresa possa acessar para obter capital e reduzir o custo de entrada no mercado externo.

Uma questão fundamental é a consistência do crescimento de um dado mercado setorial de um ano a outro. Além de mercados de grande porte e acelerada expansão, o pesquisador deve identificar mercados menores, mas rapidamente emergentes que podem oferecer oportunidades de base. Há menos concorrentes nos mercados que se abrem pela primeira vez. Por exemplo, recentemente, a maioria dos 60.000 *pubs* no Reino Unido foi adquirida por grandes redes, que estão injetando um volume considerável de capital e tentando atrair novos clientes servindo comida — uma mudança que ampliará muito as oportunidades para negócios no setor de restaurantes. A pesquisa de mercado da Mintel International estimou que as vendas de alimentos para *pubs* ingleses aumentou vários bilhões de dólares no final da década de 2000. Isso representa uma expressiva transformação na cultura dos *pubs* ingleses e um grande novo mercado para empresas no setor alimentício.[9]

As taxas de crescimento tendem a ser substancialmente mais elevadas nos novos setores ou naqueles que passam por rápida inovação. O pesquisador deve ter em mente que, em cada país, o produto deve estar em uma fase diferente de seu ciclo de vida. Os países onde o produto não estiver disponível ou onde os concorrentes apenas recentemente introduziram o produto podem ser alvos especialmente promissores.

## Métodos práticos para avaliação de potencial de mercado setorial

Os gestores de empresas podem utilizar uma variedade de métodos práticos para estimar o potencial de mercado setorial:

- *Análises simples de tendências.* Esse método quantifica o total provável de potencial de mercado setorial examinando a produção agregada do setor como um todo, somando as importações e deduzindo as exportações. Isso resulta em uma estimativa do volume das vendas setoriais correntes do país.
- *Monitoramento dos principais indicadores setoriais.* Examinam-se os fatores singulares geradores de um setor ao se coletarem dados de uma variedade de fontes. Por exemplo, a Caterpillar, fabricante de máquinas de terraplenagem, examina o volume anunciado de projetos de construção, número emitido de permissões de construção, taxa de crescimento de moradias, desenvolvimento de infraestrutura e outros indicadores pertinentes como forma de prever as vendas nacionais de seus equipamentos.[10]
- *Monitoramento dos principais concorrentes.* Para obter percepções sobre o potencial de um país em particular, investiga-se o grau de atividade dos principais concorrentes nos países de interesse. Por exemplo, se a Caterpillar estiver interessada no Chile como mercado potencial, deve investigar o envolvimento nesse país de

seu concorrente número um, a japonesa Komatsu. A Caterpillar coleta inteligência competitiva para prever as ações futuras mais prováveis da Komastu.

- *Acompanhamento dos principais clientes pelo mundo.* Por meio desse enfoque, a empresa segue suas principais contas quando elas ingressam em novos mercados. Os fornecedores da indústria automobilística podem prever onde seus serviços serão necessários ao acompanhar a expansão internacional de seus clientes, como Honda ou Mercedes Benz. De modo análogo, a Caterpillar segue seus clientes na indústria de construção (como a Bechtel), quando eles participam de concorrências ou estabelecem operações em mercados estrangeiros específicos.
- *Aproveitamento das redes de relacionamento dos fornecedores.* Muitos fornecedores servem múltiplos clientes e podem representar uma fonte importante de informações sobre a concorrência. As empresas podem obter vários contatos valiosos de seus fornecedores ao consultá-los sobre as atividades dos concorrentes.
- *Participação em feiras comerciais internacionais.* As feiras e exposições comerciais são excelentes locais para se obter uma ampla gama de informações sobre mercados estrangeiros potenciais. Ao participar de uma feira comercial no país visado, um executivo de empresa pode aprender muito sobre as características que podem contribuir para estimar o potencial de vendas do setor. As feiras comerciais também ajudam a identificar distribuidores e outros parceiros de negócios.

## Fontes de dados para estimar o potencial de mercado setorial

Para cada país visado, o gestor busca dados que relatem, direta ou indiretamente, níveis de vendas e produção industrial, bem como a intensidade de exportações e importações na categoria de interesse. Uma fonte particularmente útil é o National Trade Data Base (NTDB), disponível no STAT-USA[11] do Departamento de Comércio dos Estados Unidos e em www.export.gov databases. Relatórios específicos fornecidos pelo NTDB incluem:

- *Best Market Reports*, que identifica os dez maiores mercados nacionais para setores econômicos específicos.
- *Country Commercial Guides*, que analisa os cenários econômico e comercial dos países.
- *Industry Sector Analysis Reports*, que analisa o potencial de mercado para setores como o de telecomunicações.
- *International Market Insight Reports*, cobre tópicos específicos de países e produtos, fornecendo várias ideias de aproximação de mercados de interesse.

Em qualquer tipo de estimativa de desenvolvimento de mercado, os gestores de empresas devem ser criativos e consultar todo recurso que possa esclarecer a tarefa em questão. É raro que dados e recursos sejam completos e precisos em pesquisas internacionais de mercado. Consideremos o exemplo da Teltone Inc. A empresa desejava entrar no México com sua marca econômica de telefones celulares e necessitava estimar a demanda do setor. Consultou inúmeras fontes, incluindo relatórios da International Telecommunications Union (em Genebra, na Suíça), o National Trade Data Bank e várias publicações das Nações Unidas. A empresa pesquisou o tamanho e a renda média da classe alta, a natureza da infraestrutura de suporte para os sistemas celulares e a natureza e o número de pontos de venda de celulares no país. Os gestores da Teltone também encontraram algumas estatísticas da associação comercial nacional de telecomunicações sobre o número de concorrentes já ativos no país e seus volumes aproximados de vendas. Dessas fontes, a empresa conseguiu chegar a uma estimativa do tamanho de mercado para telefones e preços predominantes no México.

## Tarefa cinco: selecionar parceiros de negócios no exterior

Como discutimos no Capítulo 3, os parceiros de negócios são essenciais ao sucesso da empresa focal nos negócios internacionais. Esses parceiros incluem intermediários do canal de distribuição, facilitadores, fornecedores e parceiros colaborativos, como em *joint ventures*, licenciamentos e franquias. Após ter selecionado um mercado, a empresa focal deve decidir sobre o tipo de parceiro necessário para seu empreendimento no mercado externo. Também precisa identificar candidatos adequados à parceria, negociar os termos de sua relação com os escolhidos e apoiar, bem como monitorar, sua conduta. O sucesso da empresa depende de sua capacidade de desempenhar bem essas tarefas.

Há muitos exemplos de parceria nos negócios internacionais. Os exportadores tendem a colaborar com os intermediários do mercado estrangeiro, tais como distribuidores e agentes. As empresas que optam por vender sua propriedade intelectual, como *knowhow*, marca registrada e direitos autorais, tendem a trabalhar com licenciados estrangeiros. Esses **licenciamentos** constituem negócios independentes que aplicam a propriedade intelectual para fabricar produtos em seu próprio país. No caso da internacionalização por meio da **franquia** (***franchising***) iniciativa, o parceiro estrangeiro é um franqueado — um negócio independente que adquire os direitos e as competências da empresa focal, para conduzir operações em seu próprio mercado (como nos setores de refeições rápidas ou locação de automóveis). Como alternativa, a empresa focal pode internacionalizar-se iniciando uma **iniciativa colaborativa internacional**, que consiste em iniciativas de negócios realizadas conjuntamente com outros parceiros locais ou internacionais. Essas colaborações devem ser baseadas em projetos ou envolver investimentos de participação acionária. Outros tipos de parceria internacional incluem *global sourcing*, manufatura por contrato e parcerias com fornecedores. Descrevemos essas parcerias em detalhes nos capítulos 13 a 16.

## Critérios para seleção de um parceiro

Talvez a decisão mais importante para a empresa focal seja identificar as qualificações ideais de parceiros estrangeiros potenciais. Em geral, a empresa deve buscar um bom encaixe tanto no tocante a estratégia (metas e objetivos em comum) quanto a recursos (competências essenciais e atividades de valor agregado complementares). É útil prever o provável grau de sinergia com o parceiro em prospecção em um prazo intermediário de, digamos, três a seis anos adiante. Os gestores devem assegurar-se de uma parceria harmoniosa em um ambiente dinâmico.

A Brunswick Corporation, um grande fabricante de equipamento para boliche, leva em conta os seguintes critérios ao classificar distribuidores estrangeiros em prospecção:

- Financeiramente saudáveis e providos de recursos, de modo que possam investir no empreendimento e garantir seu crescimento futuro
- Equipe gerencial competente e profissional, com pessoal técnico e de venda qualificado
- Dispostos e capazes de investir nos negócios da empresa focal e fazê-los crescer
- Detentores de um bom conhecimento do setor e de acesso a canais de distribuição e usuários finais
- Conhecidos no mercado e bem relacionados com o governo local (visto que o respaldo político é útil, sobretudo nos mercados emergentes)
- Comprometidos e leais no longo prazo

As empresas também buscam parceiros com experiência complementar. Por exemplo, enquanto a empresa focal pode trazer experiência de engenharia e manufatura para a parceria, o distribuidor local pode aportar conhecimento dos consumidores e canais de distribuição locais.

Essas e outras características igualmente desejáveis nem sempre estão presentes nos parceiros em prospecção. Se uma empresa ingressa tarde em um mercado estrangeiro, pode ter que ficar com a segunda melhor opção ou até uma menos qualificada. Isso implica que a empresa deve estar preparada e capacitada para fortalecer as capacitações do parceiro transferindo-lhe o devido *know-how* gerencial e técnico, ao longo do tempo.

## Em busca de parceiros

O processo de avaliar e classificar parceiros de negócios pode ser árduo. Trata-se de uma atividade contínua para a maioria das empresas internacionalmente ativas. Para identificar parceiros e coletar informações de seu histórico, a empresa deve consultar várias fontes, bem como conduzir pesquisa de campo. Bancos comerciais, consultorias, boletins comerciais e revistas do setor, assim como diretórios nacionais ou regionais, como a *Kompass* (Europa) e a *Dun and Bradstreet*, são muito úteis no desenvolvimento de uma lista de candidatos. Muitos governos nacionais oferecem serviços econômicos que ajudam as empresas a encontrar parceiros em mercados estrangeiros específicos. O portal de conhecimento globalEDGE™ (www.globalEDGE.msu.edu) provê recursos adicionais, incluindo diversas ferramentas de diagnóstico, para ajudar os gestores a fazer escolhas sistemáticas dentre as opções de candidatos a parceiro.

Pesquisa de campo por meio de visitas *in loco* e coleta de dados de fontes independentes e de feiras comerciais são essenciais nos estágios iniciais de avaliação de um parceiro. As empresas também consideram útil solicitar aos parceiros em avaliação que preparem um plano de negócios antes de fechar um acordo. A qualidade e a sofisticação desse plano fornecem indicações sobre a capacitação do parceiro e servem como um teste de seu comprometimento.

# Tarefa seis: estimar o potencial de vendas da empresa

Depois de selecionados alguns mercados promissores, verificado o potencial de mercado setorial e avaliada a disponibilidade de parceiros qualificados, o próximo passo é estimar o potencial de vendas da empresa em cada país. O **potencial de vendas da empresa** constitui uma estimativa da participação de vendas anuais do setor que a empresa espera gerar no mercado-alvo. Estimar esse potencial é geralmente muito mais desafiador do que as tarefas anteriores. Requer que o pesquisador obtenha informações altamente refinadas do mercado. Ele necessita elaborar algumas premissas fundamentais sobre o mercado e projetar as receitas e despesas para um período de três a cinco anos. As estimativas nunca são precisas e demandam muita análise crítica.

## Fatores determinantes do potencial de vendas da empresa

Ao obter uma estimativa do potencial de vendas da empresa no mercado externo, seus gestores coletarão e examinarão vários resultados de pesquisas e analisarão o seguinte:

- *Capacitação do parceiro.* As competências e os recursos dos parceiros estrangeiros, incluindo os intermediários e facilitadores do canal, tendem a determinar a rapidez com que a empresa pode entrar no mercado visado e gerar vendas.

- *Acesso a canais de distribuição.* A capacidade de estabelecer e usar da melhor forma os intermediários do canal e a infraestrutura de distribuição no mercado visado determina o volume de vendas que a empresa poderá atingir.
- *Intensidade do cenário competitivo.* É provável que concorrentes locais ou estrangeiros intensifiquem seus esforços de marketing quando ameaçados por novos entrantes. Suas ações costumam ser imprevisíveis e nada fáceis de observar.
- *Precificação e financiamento das vendas.* O grau de atratividade da precificação e do financiamento tanto para consumidores quanto para membros do canal é essencial para a entrada inicial e o sucesso derradeiro.
- *Recursos humanos e financeiros.* A qualidade e a quantidade dos recursos da empresa constituem um dos principais fatores determinantes da competência e velocidade com que pode obter êxito no mercado.
- *Cronograma de penetração de mercado.* Uma importante decisão consiste em optar por uma entrada gradual ou rápida no mercado. A forma gradual proporciona à empresa tempo para desenvolver e alavancar os recursos e as estratégias mais adequadas, porém pode ceder alguma vantagem aos concorrentes de posicionamento no mercado. A entrada rápida pode permitir à empresa superar os concorrentes e obter as vantagens do pioneiro, mas também pode sobrecarregar seus recursos e capacidades.
- *Tolerância ao risco da alta administração.* Os resultados decorrem do nível de recursos que a alta gerência está disposta a comprometer, o qual, por sua vez, depende de seu grau de tolerância ao risco no mercado.
- *Conexões, contatos e habilidades especiais da empresa.* A amplitude da rede de relacionamentos da empresa no mercado — os contatos com clientes, membros do canal e fornecedores — pode exercer forte efeito sobre o sucesso do negócio.
- *Reputação.* A empresa pode obter êxito mais rapidamente no mercado se visar clientes já familiarizados com sua marca e reputação.

Uma avaliação tão abrangente deve levar a estimativas gerais do potencial de vendas, que os gestores podem comparar com os resultados vigentes de vendas das empresas estabelecidas no mercado, quando tais dados estiverem disponíveis.

Dessa forma, o processo de estimar as vendas de uma empresa assemelha-se a começar por múltiplos ângulos e em seguida convergir para uma estimativa final que se vale em grande parte do julgamento crítico. A Figura 12.3 apresenta uma estrutura para estimar vendas. Os gestores devem combinar informações de clientes, intermediários e concorrentes

Figura 12.3 Estrutura para estimar o potencial de vendas de uma empresa no mercado externo

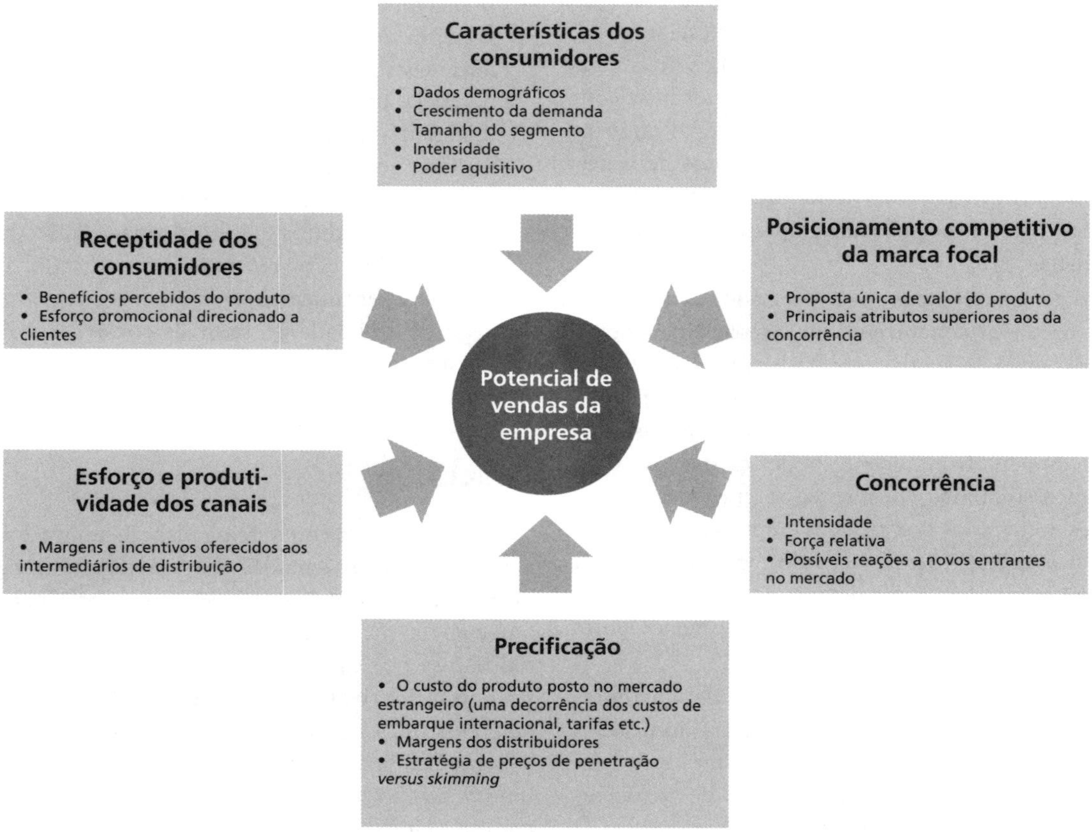

e verificar se essa análise indica uma estimativa razoável. De modo geral, eles devem preparar várias estimativas baseadas no melhor, no pior e no mais provável cenários. Note-se também que chegar a tais estimativas exigirá premissas quanto ao grau de esforço, agressividade de preço, possíveis reações da concorrência, grau de esforço intermediário e assim por diante. Por fim, vale observar que as perspectivas de vendas de uma empresa baseiam-se tanto nos fatores controláveis (por exemplo, os preços cobrados de intermediários e consumidores) quanto dos incontroláveis (como a intensidade da competição). Em última instância, o processo de obter uma estimativa de vendas é mais uma arte do que uma ciência.

## Métodos práticos de estimativa do potencial de vendas da empresa

É essencial para os gestores de empresas iniciar com os fatores sugeridos na Figura 12.3. Além disso, os profissionais experientes consideram as seguintes atividades muito úteis na estimativa do potencial de vendas de uma empresa em um mercado estrangeiro:

- *Pesquisa de intermediários e usuários finais.* A empresa pode pesquisar uma amostra e consumidores e distribuidores para determinar o nível do potencial de vendas.
- *Auditorias comerciais.* Os gerentes podem visitar os pontos de venda e questionar membros do canal para avaliar os níveis relativos de preço das ofertas e as percepções do ponto forte dos concorrentes. Neste método, estima-se o potencial de mercado pelos olhos do comércio (intermediários), que são responsáveis por lidar com o produto no mercado. A auditoria comercial também pode indicar oportunidades de novos modos de distribuição, identificar tipos de varejo alternativo e prover percepções sobre a posição da empresa em relação à concorrência.
- *Avaliação da concorrência.* A empresa pode comparar-se com seu principal concorrente, ou os principais deles, e estimar o nível de vendas que pode tirar deles. Quais rivais terão de ser superados? Se os maiores deles em um dado mercado são empresas de grande porte e poderosas, competir frontalmente pode ser oneroso e levar ao fracasso. Tenha em mente, porém, que, mesmo nos países dominados por grandes empresas, a pesquisa pode relevar segmentos de mercado mal atendidos ou totalmente ignorados. Esses nichos de mercado podem ser atrativos, sobretudo para empresas de menor porte com modestas metas de vendas.
- *Obtenção de estimativas dos parceiros locais.* Colaboradores como distribuidores, franqueados ou licenciados já experientes no mercado costumam estar mais bem preparados para desenvolver estimativas de participação de mercado e potencial de vendas.
- *Ações de marketing limitadas para testar o mercado.* Algumas empresas podem optar por adotar uma entrada limitada no mercado estrangeiro — uma espécie de teste de mercado — como forma de medir o potencial de vendas de longo prazo ou conhecer melhor o mercado. A partir desses resultados iniciais, é possível prever vendas de longo prazo.

Além desses métodos, outras técnicas também se revelam úteis nos cenários de países em desenvolvimento e mercados emergentes, onde as fontes de informações são notadamente escassas. Trata-se da *analogia* e dos *indicadores representativos*, que ilustramos no texto de abertura.

- *Analogia.* Ao usar o método da analogia, o pesquisador baseia-se em estatísticas conhecidas de um país para obter percepções do mesmo fenômeno em outro país semelhante. Por exemplo, se ele conhece o consumo total de bebidas cítricas na Índia — e pressupondo-se que os padrões de consumo desse tipo de bebida não variem muito no vizinho Paquistão — uma estimativa aproximada do consumo paquistanês pode ser calculada, naturalmente com um ajuste para a diferença de população. Outra ilustração seria para o comércio de antibióticos. Se uma empresa sabe por experiência que um número 'x' de frascos de antibiótico é vendido em um país com um número 'y' de médicos por mil pessoas, então se poderá supor que a mesma proporção (de frascos por mil médicos) será válida em um país semelhante.
- *Indicadores representativos.* Ao utilizar *indicadores representativos*, o pesquisador utiliza informações conhecidas sobre uma categoria de produto para inferir o potencial de outra categoria. Para o fabricante de papel de parede do texto de abertura, uma aproximação útil foi feita por meio dos aquecedores de água. Essa técnica simples pode levar a resultados práticos, sobretudo se os dois produtos exibirem uma relação de demanda complementar. Por exemplo, um indicador representativo para ferramentas profissionais em um país seria o nível de atividade do setor de construção. Indicadores substitutos de potencial para um equipamento cirúrgico podem levar em conta o total de cirurgias realizadas.

## Conclusão

A decisão pela internacionalização nunca é fácil. Algumas empresas são atraídas aos mercados estrangeiros pela promessa de receitas e lucros; outras, pela perspectiva de aumentar a eficiência produtiva; outras, ainda, internacionalizam-se por causa de pressões competitivas e para não ficar atrás dos rivais. Qualquer que seja o motivo, quando as empresas fracassam em suas iniciativas de negócios internacionais, isso geralmente ocorre porque deixam de conduzir uma avaliação sistemática e profunda das oportunidades do mercado global.

Embora apresentemos as seis tarefas da avaliação de oportunidades no mercado global em ordem sequencial, as empresas nem sempre as seguem nessa sequência. Na verdade, é comum que adotem duas ou mais delas de modo simultâneo. Além disso, o processo é altamente dinâmico. As condições de mercado podem mudar, o desempenho dos parceiros, oscilar, e a intensidade competitiva, aumentar. Esses eventos dinâmicos requerem que os gestores avaliem constantemente suas decisões e compromissos. Eles devem estar propensos a mudanças de curso, de acordo com as circunstâncias.

Das seis principais tarefas, algumas das escolhas são inter-relacionadas. Por exemplo, a seleção de um parceiro de negócio dá-se muito mais em função do país. O tipo de distribuidor a se contratar deve variar de um mercado para outro, seja na Holanda, seja na Nigéria. O grau de risco político que as empresas podem esperar no segundo caso implica a necessidade de um parceiro com boas conexões políticas. De modo análogo, em um mercado não tradicional como o Vietnã, uma empresa pode optar por um parceiro que sirva tanto como distribuidor quanto como conselheiro cultural.

O parceiro local de negócios é essencial ao sucesso dos negócios internacionais. Executivos experientes argumentam que nem o país mais atrativo conseguirá compensar por um parceiro inadequado. Embora a quantidade e a qualidade das informações de mercado tenham melhorado substancialmente, a maioria dos gestores tende a sentir dificuldade em identificar parceiros qualificados e interessados. Isso é especialmente válido nos mercados emergentes, onde pode haver escassez de intermediários, fornecedores, parceiros de *joint ventures* ou facilitadores competentes e profissionais. É bem provável que os mais qualificados já estejam comprometidos com outras empresas estrangeiras. Isso requer o recrutamento de candidatos de segunda ou até terceira opção e a alocação dos recursos adequados para aprimorar suas habilidades técnicas ou gerenciais.

## ESTUDO DE CASO

# Advanced Biomedical Devices: avaliação do preparo para exportar

A Advanced Biomedical Devices, Inc. (ABD), com sede em Maryland, planeja iniciar atividades de exportação. A empresa acabou de completar o processo de avaliar seu preparo para isso, usando o CORE (***CO**mpany **R**eadiness to **E**xport*). Foi fundada pelo dr. Richard Bentley, um renomado cirurgião britânico que desenvolveu um dispositivo médico que auxilia no processo de cicatrização. Ele estava tão comprometido com a tecnologia revolucionária que deixou a prática médica para fundar a ABD nos Estados Unidos. A linha de produtos da empresa compõe-se de vários dispositivos inovadores chamados Speedheel, devido à sua capacidade de acelerar a cicatrização dos cortes após uma cirurgia. Esse produto também reduz a dor pós-cirúrgica por impedir o inchaço da região ferida, que é oxigenada pelo pulsar de elétrons pelo curativo que a cobre. Os dispositivos são muito pequenos e portáteis. Existem várias versões para diferentes tipos de cirurgia: de mão, de face, abdominais e assim por diante.

O dr. Bentley lançou a ABD com uma habilidosa equipe de gestão, composta por profissionais que haviam trabalhado intensivamente no mercado europeu e periodicamente na região do Pacífico e na América Latina. Além disso, o diretor industrial da empresa é alemão e outro gerente viveu na França e na Malásia por vários anos.

Uma expressiva demanda pelo Speedheal fez as vendas aumentarem rapidamente, chegando a 20 por cento de crescimento anual em alguns anos. Com o tempo, o pessoal da ABD atingiu 85 pessoas, e as vendas expandiram-se, principalmente por meio dos distribuidores de produtos médicos, para hospitais e clínicas por todo o território norte-americano. O sucesso do negócio estimulou a entrada de concorrentes oferecendo produtos similares, mas eles nunca atingiram o grau de miniaturização dos produtos da ABD, o que continua sendo uma das principais vantagens do Speedheal. As projeções de crescimento da empresa permanecem promissoras.

## Sonhos de expansão internacional

A alta administração passou a pensar em internacionalização e na geração de vendas fora dos Estados Unidos. A ABD recebera pedidos espontâneos do exterior e aprendera muito sobre transações internacionais, como câmbio, letras de crédito e logística. Embora os planos de internacionalização estivessem no estágio inicial, a gerência pretendia expandir as atividades de exportação para além de vendas ocasionais. A motivação de longo prazo era visar os principais mercados mundiais.

Um benefício esperado da internacionalização era a oportunidade da ABD de aprender com os concorrentes e mercados globais. Muitas tendências que se iniciam nos mercados estrangeiros acabam chegando aos Estados Unidos e, geralmente, a melhor forma de rastreá-las é fazendo negócios internacionais. A administração da empresa acreditava que poderia reduzir os riscos gerais vendendo para vários mercados no exterior. Por fim, acreditava também que, com a internacionalização, os concorrentes com produtos similares poderiam ser minados em mercados estrangeiros específicos.

## Intenção estratégica internacional

O dr. Bentley e sua equipe gerencial formularam algumas questões sobre a decisão pela internacionalização da ABD. Eles sabiam que as respostas representariam um primeiro passo estratégico real para a internacionalização, sua intenção estratégica. A alta administração pretendia desenvolver um plano estratégico abrangente que formaria a base do sucesso internacional. Após uma série de reuniões, a equipe atingiu o consenso sobre os seguintes principais elementos do direcionamento estratégico inicial da ABD:

- A alta administração vai se comprometer fortemente com a internacionalização, e a ABD buscará os mercados estrangeiros de forma agressiva. A empresa contratará um vice-presidente de operações internacionais no próximo ano.
- A ABD investirá até 20 por cento de sua receita em oportunidades de exportação.
- A ABD começará a formar relações com distribuidores de diversos países.
- A ABD estabelecerá uma subsidiária de marketing em no mínimo uma localidade no exterior dentro de três a cinco anos e contratará pessoal de vendas que selecionará e administrará os distribuidores em sua região.
- A alta administração tomará medidas para assegurar que todos os negócios internacionais atinjam lucratividade em dois anos a partir de seu lançamento.
- A administração desenvolverá planos internacionais de marketing para cada mercado-alvo, cada qual com seu próprio orçamento.
- Os planos são de que as vendas internacionais alcancem 35 por cento das vendas totais em um prazo de quatro anos.
- A ABD estabelecerá um orçamento anual de $ 220.000 para financiar atividades internacionais para cada um dos três primeiros anos. Desse valor, cerca de $ 60.000 será dedicado à pesquisa de mercado para determinar os melhores mercados-alvos e conhecer os concorrentes.

## Adequação do produto para exportação

Após a aprovação da intenção estratégica, o dr. Bentley e sua equipe gerencial trataram as questões sobre os desafios da internacionalização. A primeira questão referia-se ao treinamento dos representantes de vendas nos mercados externos para a venda de dispositivos médicos a hospitais e clínicas, os principais mercados finais para os produtos da ABD. Os representantes de vendas requerem treinamento porque lidam com médicos, enfermeiros e outros profissionais profundamente envolvidos na tomada de decisão sobre a aquisição de suprimentos hospitalares. Como os custos de treinamento podem ser elevados nos mercados externos, o Dr. Bentley pretendia garantir que a ABD estava preparada para fazer esse investimento como parte do sucesso internacional.

O dr. Bentley também levantou a questão do serviço pós-venda. Como os produtos da ABD raramente apresentavam algum defeito, a solução para uma ocorrência dessa era a substituição em vez da tentativa de reparo. Os consumidores norte-americanos contavam com um estoque de reserva na eventua-lidade de defeito no produto. A ABD planejava empregar a mesma solução para suas operações estrangeiras e concluiu que não havia necessidade de uma equipe distinta para lidar com o atendimento pós-venda. Como os dispositivos da Speedheal eram pequenos e leves, embora valiosos, os custos de transporte por unidade eram muito baixos. Na verdade, em situações urgentes no exterior, a ABD geralmente atendia às reclamações de clientes enviando uma reposição por via aérea.

Eventualmente, a equipe gerencial percebeu que a precificação para os mercados estrangeiros era complexa e exigia uma extensiva pesquisa de mercado. Embora os preços nos Estados Unidos fossem bem justificados, os gestores deram-se conta do quanto desconheciam sobre os preços no exterior. O dr. Bentley e diversos gerentes haviam participado de feiras comerciais na Europa e concluíram que os preços da ABD não eram elevados demais, sobretudo porque nenhuma outra empresa oferecia produtos similares. Na verdade, a ABD havia recebido pedidos espontâneos da União Europeia e constatado que os clientes nunca questionavam o preço. Todavia, decidiram que alguma pesquisa era necessária para refinar seu método de precificação.

A seguir, a equipe discutiu sobre a administração de estoques. Como os dispositivos tinham custo baixo de transporte aéreo, os distribuidores podiam repor estoques de forma rápida e econômica. Por um lado, tratava-se de um benefício significativo a eles, porque não teriam que manter muito estoque para sustentar as vendas. Por outro lado, os dispositivos da Speedheal eram sensíveis a variações de temperatura e umidade e funcionavam melhor quando armazenados em instalações com condições climáticas controladas. Esse tipo de armazenagem era cada vez mais comum, e não seria problema encontrá-la na Europa ou em qualquer outro lugar.

A administração da ABD observou que a flexibilidade na forma de embalagem do produto colocava a empresa em uma boa posição para entrar nos mercados estrangeiros, e ela estava preparada para modificar o produto de diversas maneiras a fim de adequá-lo aos requerimentos exigidos nos mercados estrangeiros. Instintivamente, os gestores da empresa compreenderam a importância de adaptar os produtos aos padrões e às regulamentações mundiais. A equipe sabia, por exemplo, que os produtos destinados à Europa teriam que atender a dois padrões: o selo CE, um selo de segurança obrigatório exigido para brinquedos, máquinas e equipamentos de baixa voltagem; e os padrões ISO, que visavam tornar eficientes, seguros e limpos o desenvolvimento, a manufatura e o suprimento de produtos e serviços.

## Conhecimento, habilidades e recursos

Em uma reunião subsequente, a equipe da ABD considerou aspectos menos tangíveis de seu preparo para a internacionalização. Os gestores sabiam que uma autoavaliação crítica era vital ao sucesso de longo prazo do negócio. Eles gradualmente perceberam que a internacionalização acarretaria inúmeros custos adicionais. Por exemplo, necessitariam de capital de giro adicional para armazenagem no exterior, tempos de embarque mais longos e manutenção de estoques maiores no exterior. Embora letras de crédito fossem utilizadas ao abrir novos mercados, os gestores optaram por sistemas de pagamento por conta corrente (pagáveis em 30 a 60 dias, dependendo do mercado).

O dr. Bentley também analisou a taxa de crescimento adequada ao negócio. Os gestores conheciam empresas que começaram a exportar, mas tiveram que suspender essa atividade porque a demanda estrangeira crescera rápido demais ou devido a um desequilíbrio entre as vendas domésticas e as internacionais. Em alguns casos, os negócios poderiam expandir-se rapidamente, demandando um volume de produto que excedia em muito a capacidade produtiva. Em outros casos, as vendas nacionais poderiam cair acentuadamente, levando a administração a concentrar todos os esforços em recuperar as operações domésticas, dessa forma prejudicando o programa de exportações.

A alta administração da empresa tinha muito a aprender sobre os custos em que a ABD incorreria para entrar em determinados mercados externos. Haveria custos de assessoria jurídica, agentes de carga, transporte internacional e taxas aduaneiras. Também haveria custos de serviços bancários, locação de escritórios no exterior e despesas de aprovação de certas questões regulatórias. A administração da ABD não tinha certeza sobre a quantia envolvida, mas estava disposta a aprender.

A inteligência competitiva era outra questão. Na verdade, outro incentivo à internacionalização era aprender mais sobre os concorrentes globais. Enquanto parte dos maiores fabricantes de dispositivos médicos comercializava nos Estados Unidos, outros estavam baseados exclusivamente no exterior. A ABD teria que pesquisar e entender as estratégias e práticas de mercado dos principais concorrentes. O dr. Bentley reconhecia a importância de ter a cobertura de patente sobre suas invenções ao redor do mundo e da proteção aos direitos de propriedade intelectual de sua empresa. Ele planejava contratar assessoria jurídica, em nível nacional e internacional, para assegurar que os ativos essenciais da empresa fossem protegidos de infrações de patente. A ABD planejava contratar advogados para desenvolver acordos apropriados de distribuição e agenciamento, além de contratos de venda e licenciamento, e lidar com as leis trabalhistas locais.

A alta administração da ABD acreditava que inicialmente seus mercados estrangeiros seriam Austrália, Canadá, Europa Ocidental e Japão, porque possuíam a maior parcela de consumidores ricos com condições de pagar por cuidados médicos sofisticados. Por isso, a ABD havia coletado informações sobre os mercados e a concorrência nesses países, mas reconhecia que precisava fazer muito mais.

## Habilidades gerenciais para internacionalização de longo prazo

Uma preocupação era se a administração seria capaz de lidar com uma internacionalização mais intensa. No final, a equipe da ABD concluiu que, no mínimo, estavam certos em tomar medidas minuciosas para preparar a empresa para as exportações. Muitas reuniões e pesquisas preliminares forneceram a base para o desenvolvimento das estratégias iniciais e dos planos de ação, bem como a base para identificar melhorias e fortalecer a empresa nos próximos meses e anos.

Este caso foi elaborado por Myron M. Miller, Michigan State University (aposentado), em conjunto com o Professor S. Tamer Cavusgil.

### Questões do estudo de caso

1. Você acredita que os produtos da ABD estão preparados para exportação à Europa? Por quê? Os produtos estão preparados para exportação aos mercados emergentes (como China, Rússia, México), que podem ter pouca experiência em lidar com soluções de alta tecnologia como as oferecidas pelos produtos Speedheal? Que fatores indicam que os produtos Speedheal possam ter significativa demanda em todos os tipos de país estrangeiro?
2. A alta administração da ABD possui um nível adequado de conhecimento, habilidade e capacidade para a internacionalização? Por quê? Que medidas devem ser tomadas para preparar melhor a empresa, sua equipe gerencial e funcionários com vistas à internacionalização?
3. Consulte a Tabela 12.1, "Principais tarefas na avaliação de oportunidades no mercado global". Avalie se a ABD realizou bem cada tarefa ou não. A empresa atingiu todos os objetivos estabelecidos?
4. Se você fizesse parte da equipe de gestão da ABD, quais países recomendaria que se visassem primeiro? Como um gestor, você teria que justificar sua recomendação. Conduza uma análise detalhada examinando as características de determinados países para chegar a essa recomendação.

## Principais termos

franquia (*franchising*)
iniciativa colaborativa internacional
licenciamento
oportunidade global de mercado
perspectiva setorial de mercado
potencial de vendas da empresa

## Resumo

Neste capítulo, você aprendeu:

1. **Uma visão geral da avaliação de oportunidades no mercado global.**

   A avaliação de **oportunidades globais de mercado** refere-se a uma combinação favorável de circunstâncias, localizações ou momento que ofereça perspectivas de exportação, investimento, suprimento ou parceria em mercados estrangeiros. Uma empresa pode perceber oportunidades de vender, instalar fábricas, obter insumo de custo inferior ou qualidade superior e fazer acordos colaborativos com parceiros no exterior que deem sustentação às metas da empresa focal. As oportunidades no mercado global ajudam a empresa a melhorar seu desempenho, geralmente além do que poderia alcançar no mercado doméstico. Os gestores buscam de forma contínua os dados e o conhecimento mais relevantes para tirar o máximo proveito das oportunidades internacionais. Este capítulo discute seis principais tarefas a serem desempenhadas para definir e implementar as oportunidades do mercado global. Veja na Tabela 12.1 um resumo dessas tarefas.

2. **Análise do nível de preparo organizacional para a internacionalização.**

   Como primeira tarefa, os gestores devem avaliar o preparo da empresa para a internacionalização. Tal qual em uma análise SWOT (isto é, o exame de forças, fraquezas, oportunidades e ameaças), avaliam-se os pontos fortes e fracos da empresa em relação à sua capacitação para os negócios internacionais. Também se analisa o cenário comercial *externo* por meio de pesquisa formal sobre as oportunidades e ameaças existentes. O objetivo de avaliar o preparo para a internacionalização consiste em identificar quais recursos a empresa possui e seu nível de adequação ao sucesso das operações internacionais. Os recursos que faltam devem ser desenvolvidos. Ferramentas de diagnóstico, como o *CORE* (**CO***mpany* **R***eadiness to* **E***xport*), promovem uma auditoria interna do nível de preparo para a internacionalização.

3. **Avaliação da adequação de bens e serviços para mercados estrangeiros.**

   Os produtos e serviços que configuram bons candidatos para o sucesso no comércio internacional são aqueles que vendem bem no mercado doméstico, atendem a necessidades universais, tratam uma demanda mal atendida no mercado-alvo ou uma nova ou emergente no exterior. Os gestores devem fazer perguntas específicas para determinar o potencial de mercado internacional de um produto ou serviço. Por exemplo, quem inicia a compra no mercado? Por que as pessoas compram determinado item? Onde o produto ou serviço é adquirido? Quais fatores econômicos, culturais e geográficos, dentre outros, podem limitar as vendas?

4. **Classificação de países para identificar mercados-alvo.**

   Esteja a empresa envolvida em importações (suprimento do exterior), investimentos ou exportações, a escolha do país é crucial, sobretudo nos estágios iniciais da internacionalização. Errar na escolha dos mercados é oneroso não somente em si, mas também em função dos custos de oportunidade. Os melhores mercados são aqueles de grande porte e rápido crescimento. A natureza da informação necessária à classificação de países varia por tipo de produto e setor. Há dois métodos básicos para classificar mercados: eliminação gradual e indexação para classificação.

5. **Avaliação do potencial de mercados setoriais.**

   Após reduzir o número de mercados-alvo em potencial a um nível administrável — digamos, de cinco a seis —, o próximo passo é conduzir uma análise profunda de cada país selecionado. O pesquisador examina os indicadores de **perspectiva setorial de mercado**. Esse potencial refere-se a uma estimativa da expectativa de vendas para todas as empresas em um determinado setor, por um determinado período de tempo. Essa estimativa capacita o gestor a filtrar alguns países mais promissores. Além dos fatores determinantes genéricos de demanda, cada setor possui seus próprios *indicadores de potencial setorial*. Dentre os métodos de avaliação do potencial de mercado setorial estão análise simples de tendências, monitoramento dos principais indicadores setoriais, monitoramento dos principais concorrentes, acompanhamento aos principais clientes pelo mundo, aproveitamento das redes de relacionamento dos fornecedores e participação em feiras comerciais internacionais.

6. **Seleção de parceiros de negócios internacionais.**

   Os parceiros de negócios internacionais incluem os intermediários do canal de distribuição, facilitadores, fornecedores e parceiros colaborativos como os de *joint ventures*, licenciamentos e franquias. A administração da empresa focal deve decidir sobre os tipos de parceiro de que necessita, identificar os candidatos mais adequados, negociar os termos das relações com os parceiros selecionados e sustentar e monitorar a conduta deles.

7. **Estimativa do potencial de vendas da empresa**

O **potencial de vendas da empresa** refere-se à participação nas vendas setoriais anuais que a empresa pode realmente atingir. Trata-se da melhor estimativa do volume que ela acredita poder vender no mercado-alvo por um dado período. Estimar esse potencial requer que o pesquisador obtenha informações altamente refinadas do mercado. Entre os determinantes mais influentes do potencial de vendas da empresa estão: habilidades do parceiro, acesso a canais de distribuição no mercado-alvo, intensidade do ambiente competitivo, precificação e financiamento de vendas, qualidade dos recursos humanos e financeiros, cronograma para entrada no mercado, tolerância ao risco da alta administração, contatos e competências da empresa e renome no mercado.

## Teste seu entendimento

1. O que é uma oportunidade no mercado global? Quais oportunidades as empresas buscam no exterior?
2. Identifique e explique as seis principais tarefas que os gestores realizam na avaliação das oportunidades no mercado global.
3. Identifique as principais questões que os gestores levam em conta quando conduzem uma análise formal do preparo organizacional para a internacionalização.
4. Quais são as principais características de produtos ou serviços que apresentam as melhores perspectivas de venda nos mercados estrangeiros?
5. Resuma a metodologia de classificação de mercados potenciais.
6. Quais são as variáveis mais comuns utilizadas no método de indexação para classificação?
7. Quais tipos de variável deve o pesquisador considerar ao classificar mercados para exportação, investimento direto estrangeiro e *global sourcing*?
8. O que compreende a avaliação do potencial de mercado setorial?
9. Quais são as principais questões a ponderar quando se selecionam parceiros de negócios no exterior?
10. Como estimar o potencial de vendas da empresa?

## Aplique seu entendimento

1. A Target é um grande varejista com cerca de 1.500 lojas nos Estados Unidos, mas pouquíssimas em outros países. É conhecida por comercializar milhares de produtos sofisticados, mas a preços razoáveis, para casa, como objetos de decoração, móveis, produtos eletrônicos, artigos esportivos e brinquedos. A alta administração está interessada em abrir lojas nas principais cidades europeias, contudo, devido a um limitado espaço de loja, não poderá oferecer toda sua linha de produtos. Você é contratado como consultor para decidir quais produtos oferecer na Europa. Em outras palavras, sua tarefa consiste em identificar os produtos da empresa adequados aos negócios globais. Embora seja uma tarefa desafiadora, você conhece vários critérios que a Target poderia aplicar para identificar os produtos mais indicados. Elabore um breve relatório em que descreve esses critérios e dê alguns exemplos para sustentar suas ideias. Certifique-se de justificar sua resposta usando as recomendações e outras informações abordadas neste capítulo.
2. A Cuesta Corporation, um fabricante de médio porte de vários tipos de sabonete para mãos e corpo, contrata Victoria Ridge para abrir mercados estrangeiros. Ela busca sua ajuda para decidir como proceder. Você concorda em dar-lhe uma mão e alerta-a sobre a razoável saturação nos mercados de sabonete nas economias avançadas. Entretanto, você conhece diversos mercados emergentes que o setor tem desprezado. Usando as informações da Tabela 12.2, "Indicadores do potencial de mercados emergentes", elabore uma lista dos cinco maiores mercados emergentes que Victoria deve visar. Trata-se de mercados emergentes que, com base em sua pesquisa, oferecem as melhores perspectivas de geração de vendas. Certifique-se de justificar sua seleção de países, com base nos indicadores deste capítulo, como tamanho de mercado, taxa de crescimento de mercado, intensidade de mercado e capacidade de consumo de mercado.
3. Uma empresa que fabrica e comercializa acessórios para automóveis de luxo contrata você, logo após formar-se. Ela pretende expandir seus negócios para mercados externos. Seu chefe entrega-lhe uma lista de países que ele acredita terem o maior potencial para vendas internacionais. Ao examinar a lista, você observa que ele fundamentou a análise em níveis de renda per capita dos países visados, partindo do princípio de que os consumidores com renda mais elevada são os que têm maior probabilidade de possuir carros de luxo. Entretanto, a análise dele é baseada na renda per capita tradicional, sem considerar a paridade do poder de compra. Além disso, você percebe que alguns outros importantes indicadores de demanda foram deixados de lado. Munindo-se de coragem, você decide propor uma metodologia melhorada para a seleção de países. Quais devem ser os principais aspectos dessa metodologia?

## Notas

1 LIM, J. S.; SHARKEY, T.; KIM, K. "Competitive environmental scanning and export involvement: an initial inquiry". *International Marketing Review*. 13:65-80, 1996.
2 CUNNINGHAM, F. "Commerce department helps franchisors go global". *Franchising World*. dez. 2005, p. 63-7.
3 SILVERMAN, S. "Chipping away". *International Business*. mar. 1995, p. 54-7.
4 VRONTIS, D.; VRONTI, P. "Levis Strauss: an international marketing investigation". *Journal of Fashion Marketing and Management*. 8:389-98, 2004.
5 CAVUSGIL, S. T. "Measuring the potential of emerging markets: an indexing approach". *Business Horizons*. 40:87-91, jan.-fev. 1997.
6 globalEDGE, 2005. "Market potential indicators for emerging markets". disponível em: ciber.bus.msu.edu/publicat/mktptind.htm.
7 BHARADWAJ, S.; CLARK, T.; KULVIWAT, S. "Marketing, market growth, and endogenous growth theory: an inquiry into the causes of market growth". *Journal of the Academy of Marketing Science*. 33:347-59, 2005.
8 IHLWAN, M.; STONE, A. "Special report: emerging tech markets: South Korea: tech's test market". *Business Week*. 4 mar. 2003.
9 "Britain: beyond beer and peanuts". *Business Week*. 19 set. 2005, p. 110.
10 CAVUSGIL, S. T. "Guidelines for export market research". *Business Horizons*. 28:27-33, nov.-dez. 1985.
11 U.S. DEPARTMENT OF COMMERCE. *A basic guide to exporting*. Washington, DC: U.S. Government Printing Office, 1992.

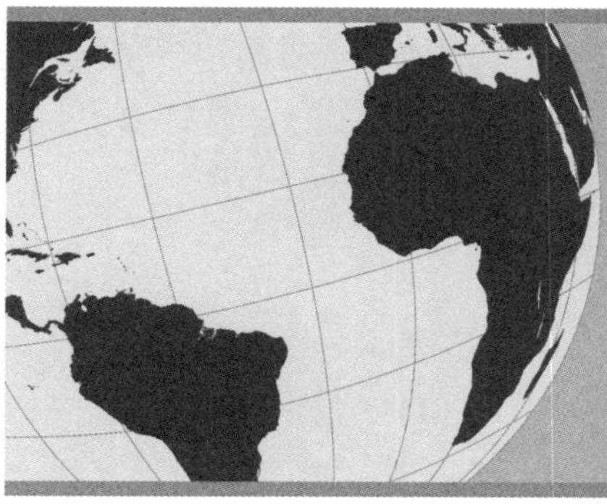

Parte 4

# COMO ENTRAR E OPERAR NOS MERCADOS INTERNACIONAIS

CAPÍTULO 13

# AS EXPORTAÇÕES E O *COUNTERTRADE*

## Objetivos de aprendizagem

Neste capítulo, você aprenderá sobre:

1. Panorama das estratégias de entrada em mercados estrangeiros
2. A internacionalização da empresa
3. Exportações como estratégia de entrada em mercados estrangeiros
4. Como administrar as transações de exportação-importação
5. Métodos de pagamento em exportações e importações
6. Custo e fontes de financiamento de exportações-importações
7. Como identificar e trabalhar com intermediários no exterior
8. *Countertrade*

## A busca obstinada dos exportadores por clientes internacionais

Seu bichinho de estimação está com os pelos maltratados? Ou a crina de seu cavalo está sem brilho? Sharon Doherty, presidente da Vellus Products, Inc., pode ajudar. A Vellus é uma empresa de pequeno porte nos Estados Unidos que fabrica produtos de beleza para animais de estimação, como xampus, condicionadores, *sprays* para pentear e desembaraçadores. De acordo com Sharon, os xampus para pessoas não servem para os animais porque a pele deles é mais sensível do que a humana e facilmente irritável.

A primeira exportação da Vellus foi para um importador de Taiwan, que comprou US$ 25.000 em produtos para venda em feiras de cães no país. A notícia espalhou-se. "Comecei a receber telefonemas de pessoas de todo o mundo que ouviram falar de nossos produtos e procuraram descobrir como entrar em contato comigo para comprá-los", comenta Sharon. "Mas eu precisava fazer pesquisa de mercado para aprender mais sobre como fazer negócios nesses países." A empresa teve que adaptar parte de seu marketing para o mercado externo de modo a atender às condições locais.

A Vellus tornou-se bastante familiarizada com os aspectos culturais do cuidado com animais de estimação. Na Inglaterra, os donos de cães preferem topetes mais comedidos do que nos Estados Unidos, onde a preferência é por topetes exóticos. Os expositores ingleses preferem os cães da raça Shih-Tzu com os pelos altos na cabeça, longos no dorso e tocando o chão, enquanto os norte-americanos, mais longos nas pernas e mais curtos no dorso. Essas preferências determinam os tipos de xampu e escovas para cada país.

As exportações beneficiam empresas como a Vellus aumentando vendas e lucros, além de diversificar a base de consumidores. Como estratégia de entrada, exportar implica baixo custo, menor risco e descomplicação. São vantagens significativas para pequenas empresas, geralmente desprovidas de recursos financeiros e humanos. A exportação também contribui para estabilizar as oscilações no volume de vendas. Por exemplo, como as exposições de cães ocorrem pelo mundo em diversas épocas do ano, exportar significa estabilizar os níveis de vendas da Vellus.

Empresas como a Vellus recorrem ao suporte de intermediários no exterior. Com frequência, Sharon fornece orientações a seus distribuidores no exterior, compartilhando seus conhecimentos sobre o mercado de exposições de cães. Segundo ela, essa consultoria é muito valorizada e fomenta relacionamentos de longo prazo. Sharon também faz sua lição de casa ao selecionar distribuidores em potencial. "Junte o máximo de informações. Não faça suposições — a escolha errada pode custar a seus negócios tempo e dinheiro valiosos."

Exportadores como a Vellus localizam distribuidores no exterior por meio de vários métodos. Um deles consiste em participar de uma feira comercial no país visado. No caso da Vellus, a participação em exposições internacionais de cães rende muitos contatos. Outras empresas consultam diretórios de negócios por país ou região, páginas amarelas, associações comerciais e fontes governamentais.

A Vellus recebeu orientações de órgãos públicos que apoiam a exportação por pequenas empresas. "Eles nos ofereceram muita ajuda e uma abundância de excelentes informações", atestou Sharon. Feita a lição de casa, não é de surpreender que a empresa continue a prosperar. Possui uma ampla carteira de clientes, desde os ricos e famosos até distribuidores, criadores e donos individuais de animais de estimação. O presidente dos Emirados Árabes é um cliente frequente; duas vezes por ano, seus estábulos compram produtos Vellus para cavalos.

A Vellus já vendeu seus produtos para 28 países, como Austrália, Canadá, China, Inglaterra, Finlândia, Nova Zelândia, Noruega, Cingapura, África do Sul e Suécia. As exportações contribuem com quase metade de sua receita. Em suma, mais de 300 raças de cães mimados exibe-se com a ajuda dos produtos Vellus. A marca da empresa foi registrada em 15 países, e as vendas de exportações devem continuar a expandir-se.

Fontes: JUDY, J. A. "Worldwise women". *Small Business News*. 1 jul. 1998, p. 21; PAVILKEY, S. "Pet product maker gives international clients royal treatment". *Business First*. 19 jan. 2001, p. A20; U.S. Department of Commerce, disponível em: www.export.gov/comm_svc/press_room/news/articles.

## Panorama das estratégias de entrada em mercados estrangeiros

Ao iniciarmos a Parte 4 deste livro, vamos examinar as estratégias de entrada em mercados estrangeiros que as empresas mais utilizam visando a expansão internacional. No Capítulo 3, apresentamos as seguintes três categorias de estratégias de internacionalização para a empresa focal:

1. As transações internacionais que envolvem a troca de produtos constituem atividades de comércio internacional *com base doméstica*, tais como *global sourcing*, *exportações* e *countertrade*. O *global sourcing* (também conhecido como importação, compras globais ou aquisições globais) refere-se à estratégia de comprar bens e serviços de fontes externas. Enquanto o suprimento ou a importação representa um fluxo interno, a exportação configura um *fluxo externo*. Por conseguinte, a **exportação** refere-se à estratégia de produção de bens e serviços em um país (geralmente o de origem do produtor) e sua subsequente venda e distribuição a consumidores localizados em outros países. Tanto no *global sourcing* quanto nas exportações, a empresa administra grande parte das operações internacionais a partir do país de origem. Discutiremos o *global sourcing* em detalhes no Capítulo 16. O ***countertrade*** refere-se a uma transação internacional em que o pagamento integral ou parcial é realizado em bens. Dessa forma, em vez de receber dinheiro como pagamento dos produtos exportados, a empresa recebe outros produtos ou *commodities*.
2. As relações contratuais mais conhecidas são o *licenciamento* e a *franquia*. Ao adotar essas modalidades, uma empresa cede a um parceiro estrangeiro sua propriedade intelectual mediante o pagamento de *royalties* ou outra forma de compensação. McDonalds, Dunkin' Donuts e Century 21 Real Estate, dentre outras, usam a franquia para atender a consumidores no exterior. Discutiremos essa estratégia no Capítulo 15.
3. As atividades comerciais internacionais baseadas em participação acionária ou propriedade costumam envolver o *investimento direto estrangeiro (IDE)* ou as *iniciativas colaborativas com participação acionária*. Em oposição às operações internacionais com base doméstica, a empresa estabelece presença no mercado estrangeiro investindo capital ou detendo a posse de uma fábrica, subsidiária ou outra instalação. As iniciativas colaborativas incluem as *joint ventures* em que uma empresa faz investimento acionário no exterior, mas em parceria com outra empresa. O Capítulo 14 tratará dessas duas modalidades.

Cada estratégia de entrada possui vantagens e desvantagens, apresentando demandas específicas sobre os recursos gerenciais e financeiros da empresa. De modo geral, as exportações, o licenciamento e a franquia exigem um nível relativamente baixo de comprometimento gerencial e alocação de recursos. Por outro lado, o IDE e as iniciativas colaborativas com participação acionária necessitam de um nível mais elevado de comprometimento e recursos.

Os gestores de empresas costumam levar em conta as seguintes variáveis ao selecionar uma estratégia de entrada:

1. As *metas* e *objetivos* da empresa, tais como o nível desejado de lucratividade, participação de mercado ou posicionamento competitivo.
2. Os *recursos* e as *capacitações* financeiras, organizacionais e tecnológicas disponíveis à empresa.
3. *Condições específicas do país visado*, como circunstâncias legais, culturais e econômicas, bem como a natureza da infraestrutura de negócios, como sistemas de distribuição e transporte.
4. Os *riscos* inerentes a cada empreendimento estrangeiro proposto no que se refere às metas e objetivos da empresa na busca pela internacionalização.
5. A natureza e o grau de *competitividade* dos concorrentes existentes e das empresas que podem entrar no mercado mais tarde.
6. As *características do produto ou serviço* a ser oferecido aos consumidores no mercado.

As características específicas de um produto ou serviço, tais como sua composição, fragilidade, perecibilidade e razão entre seu valor e peso, podem afetar de modo significativo o tipo de estratégia de internacionalização a ser adotada. Por exemplo, produtos com baixa razão valor/peso (como pneus, cimento e bebidas) têm alto custo de remessa por longas distâncias, indicando que a empresa deve optar por uma estratégia que não a de exportação. Da mesma forma, é oneroso ou inviável despachar itens frágeis ou perecíveis (como vidro e frutas frescas) a longas distâncias porque em geral exigem manuseio especial ou refrigeração. Produtos complexos (como equipamento de escaneamento médico e computadores) requerem substancial suporte técnico e serviço pós-venda, demandando presença física constante no mercado estrangeiro.

## A internacionalização da empresa

Neste capítulo, exploraremos as atividades de comércio internacional com base doméstica: exportação, importação e *countertrade*. Exportar é a estratégia mais comum de entrada em mercados estrangeiros, e por isso merece maior atenção. Antes, porém, de discuti-la em detalhes, vamos analisar a natureza e as características da internacionalização de empresas.

### Diversos motivos para buscar a internacionalização

Ao selecionar uma modalidade de entrada, os gestores de empresas devem identificar sua principal motivação para fazer negócios no exterior. As empresas internacionalizam-se por uma série de motivos.[1] Alguns são *reativos*, enquanto outros, *pró-ativos*. Por exemplo, seguir os maiores clientes pelo mundo é uma ação reativa. Quando grandes montadoras de veículos, como Ford ou Toyota, se expandem para além das fronteiras nacionais, seus fornecedores sentem-se compelidos a segui-las para os mercados estrangeiros. Fornecedores automotivos, como Robert Bosch, Denso, Lear, TRW e Valeo rapidamente instalam suas próprias operações internacionais. Em contraste, buscar mercados de alto crescimento no exterior ou tomar o lugar de um concorrente em seu mercado doméstico são ações pró-ativas. Empresas como a Vellus, apresentada no texto de abertura, são atraídas para os mercados externos em função do apelo singular de seus produtos. As multinacionais, como Hewlett-Packard, Kodak, Nestlé, AIG e Union Bank of Switzerland, podem empreender no exterior para intensificar várias vantagens competitivas, aprender com os concorrentes estrangeiros ou captar ideias para novos produtos.

Para as empresas que se lançam em iniciativas de exportação, licenciamento ou franquia, os motivos para a internacionalização tendem a ser relativamente diretos. Na maioria dos casos, visa-se a maximização dos retornos de investimentos realizados em bens, serviços e *know-how*, pela busca de uma base mais ampla de consumidores localizados no exterior. Quando empresas como Boston Scientific (instrumentos médicos), Subway e Starbucks se internacionalizam, estão basicamente explorando seus ativos competitivos em uma área geográfica mais ampla. Por outro lado, o IDE e os empreendimentos colaborativos geralmente envolvem motivações mais complexas. Eles impõem riscos maiores e demandam uma análise cuidadosa dos prováveis custos e benefícios da internacionalização. Por exemplo, recentemente, o fabricante sueco de eletrodomésticos Electrolux estabeleceu operações de montagem em mercados tão diversas quanto Hungria, México, Polônia, Rússia e Tailândia. Os eletrodomésticos representam uma indústria global complexa, em que as margens de lucro são apertadas e a concorrência, intensa. Ao realizar desenvolvimento de produtos, manufatura, coordenação da cadeia de suprimentos e gestão da força de trabalho em mercados de relativo alto risco, a Electrolux assumiu enormes desafios.[2]

### Características da internacionalização de empresas

Quais são os padrões característicos associados ao processo de expansão internacional?[3] Pode-se chegar a cinco conclusões.

1. *Fatores de* push *e* pull *como ativadores iniciais.* Geralmente, uma combinação de gatilhos, internos à empresa e no cenário externo, é responsável pela expansão internacional inicial. Os *fatores push* abrangem tendências desfavoráveis no mercado doméstico que levam as empresas a explorar oportunidades além das fronteiras nacionais. São exemplos disso demanda em declínio, queda nas margens de lucro, acirramento da concorrência e confiança em produtos que atingiram uma fase madura em seu ciclo de vida. Os *fatores pull* representam condições favoráveis nos mercados estrangeiros que tornam a expansão internacional atrativa. São exemplos disso as situações em que a administração visa crescimento mais acelerado e retornos mais elevados, ou a entrada em mercados com menos concorrentes, incentivos governamentais e oportunidades de aprendizagem com a concorrência. Com frequência, ambos os fatores combinam-se para motivar a empresa a se internacionalizar.
2. *Envolvimento inicial acidental.* Em muitos casos, a expansão internacional não é planejada. Muitas empresas internacionalizam-se 'por acidente' ou devido a eventos fortuitos. Por exemplo, a DLP, Inc., um fabricante de dispositivos médicos para cirurgias de coração, fez sua primeira grande venda a um cliente estrangeiro que conheceu em uma feira comercial. Sem necessariamente visar isso, a empresa iniciou suas atividades internacionais desde sua fundação. A Vellus Products, apresentada no texto de abertura, começou a exportar porque um distribuidor estrangeiro decidiu expor seus produtos em uma exposição de cães em Taiwan. Essa internacionalização reativa ou não planejada foi comum até a década de 1980. Atualmente, devido às crescentes pressões da concorrência global e à facilidade cada vez maior da expansão internacional, as empresas tendem a buscar de forma mais deliberada os negócios internacionais.

3. *Equilíbrio entre risco e retorno.* Os administradores pesam o potencial de lucro, receita e atingimento de metas estratégicas da internacionalização em relação ao investimento inicial a ser realizado no tocante a capital, tempo e outros recursos. Quanto maiores os retornos previstos, maior a probabilidade de que a empresa adote o projeto internacional e comprometa os recursos necessários para garantir seu sucesso. As preferências dos gestores em relação à tomada de risco determinam quais os investimentos iniciais a serem feitos e a tolerância a retornos tardios. Aqueles avessos ao risco tendem a preferir projetos internacionais mais conservadores, que envolvam mercados e estratégias de entrada relativamente seguros. Esses tendem a visar mercados externos que sejam culturalmente próximos; ou seja, que possuam cultura e idioma semelhantes aos do país de origem. Por exemplo, uma empresa norte-americana avessa ao risco favoreceria o Canadá em detrimento da China. Outra australiana preferiria a Inglaterra à Nigéria.
4. *Experiência de aprendizagem contínua.* A internacionalização é um processo gradual que pode estender-se por muitos anos e envolver a entrada em inúmeros cenários nacionais. Há amplas oportunidades de aprendizagem e adaptação à forma de fazer negócios. Se os lucros forem atrativos, a administração comprometerá cada vez mais recursos à expansão internacional e buscará oportunidades adicionais no exterior que, por sua vez, resultarão em mais lições aprendidas. Ao longo do tempo, a internacionalização desenvolve um ritmo próprio, à medida que a experiência direta em cada novo mercado reforça a aprendizagem, e os resultados positivos pavimentam o caminho para uma expansão internacional maior.[4] O envolvimento ativo em negócios internacionais proporciona muitas ideias novas e valiosas que podem ser aplicadas no mercado doméstico e nos estrangeiros. Por exemplo, no processo de desenvolvimento de automóveis de consumo econômico para os Estados Unidos, a General Motors (GM) recorreu a suas operações europeias, onde há algum tempo já comercializava carros menores. A GM alavancou ideias que havia adquirido na Europa para desenvolver carros econômicos para o mercado norte-americano.
5. *A evolução da empresa por etapas de internacionalização.* Historicamente, a maioria das empresas tem optado por um enfoque gradual, incremental à expansão internacional. Até os dias de hoje, grande parte delas internacionaliza-se por etapas, empregando estratégias relativamente simples e de baixo risco no início e progredindo para modalidades mais complexas à medida que se ganha experiência e conhecimento. A Tabela 13.1 ilustra as etapas de internacionalização mais comuns e as justificativas para cada uma delas. Na de *foco no mercado doméstico*, a administração enfoca somente o mercado doméstico. A *etapa experimental* tende a visar mercados de baixo risco e culturalmente próximos, por meio de estratégias relativamente simples de entrada, como exportação ou licenciamento. À medida que a empresa conquista experiência e competência, entra nas fases de *envolvimento ativo* e *envolvimento comprometido*. Os administradores começam a visar mercados cada vez mais complexos, utilizando estratégias de entrada mais desafiantes como o IDE e as iniciativas colaborativas.

Embora em geral as empresas sigam o padrão descrito na Tabela 13.1 ao expandir-se para o mercado externo, as globais atualmente se internacionalizam mais rapidamente do que as empresas no passado. As empresas *born global* atingem um estágio de envolvimento ativo nos primeiros anos de sua fundação.

## Exportações como estratégia de entrada em mercados estrangeiros

Por envolver risco, gasto e conhecimento limitado de mercados e transações internacionais, a maioria das empresas prefere a exportação como sua primeira estratégia de entrada em mercados estrangeiros. É comum que a empresa focal mantenha as atividades de manufatura em seu mercado doméstico, mas conduza as de marketing, distribuição e atendimento ao cliente no mercado de exportação. A empresa focal pode assumir a realização dessas atividades ou delegá-las a um distribuidor ou agente independente.

A exportação consiste na estratégia de entrada responsável por expressivos fluxos internos e externos que compõem o comércio global. De modo geral, exportar tipicamente gera significativas receitas cambiais para as nações. Durante anos, o Japão beneficiou-se de considerável entrada de receita de exportações. A China assumiu a liderança na exportação de vários setores, trazendo enormes ganhos para a economia chinesa. Economias menores, como Bélgica e Finlândia, também acrescentam muito a suas reservas cambiais pelas exportações e utilizam-nas para pagar por suas grandes importações de bens estrangeiros.

Quando os órgãos governamentais citam estatísticas de déficit comercial, superávit comercial e volume de comércio de mercadorias para cada país, geralmente esses dados se referem ao conjunto das atividades de exportação e importação das empresas. Por exemplo, os Estados Unidos representam o principal mercado de exportação para os produtos canadenses e respondem por cerca de três quartos das exportações totais do Canadá por ano. A mão dupla entre esses dois países configura a maior relação comercial bilateral do mundo.

Recentemente, a China ultrapassou a Europa, o Japão e os Estados Unidos e tornou-se o maior exportador mundial de produtos de tecnologia da informação (TI). A velocidade

Tabela 13.1 Etapas comuns à internacionalização de empresas

| *Etapas de internacionalização* | *Atividade ou orientação gerencial essencial* | *Comportamento da empresa* |
|---|---|---|
| Foco no mercado doméstico | Enfocar o mercado doméstico | A empresa opera somente em seu mercado doméstico devido à limitação de recursos ou à falta de motivação |
| Etapa de pré-<br>-internacionalização | Pesquisar e avaliar a viabilidade de assumir a atividade de negócios internacionais | *Gatilhos comuns no cenário externo à empresa:*<br>• A empresa recebe pedidos espontâneos de clientes localizados no exterior<br>• Agentes de mudança (como os distribuidores estrangeiros) entram em contato com a empresa, oferecendo-se para representá-la em seu país<br>*Gatilhos comuns internos à empresa:*<br>• Os gestores buscam melhorar o desempenho corporativo ou suas vantagens competitivas<br>• Os gestores são pró-ativos em relação à expansão internacional |
| Envolvimento experimental | Iniciar atividade internacional limitada, geralmente por meio da exportação | • Os gestores consideram atrativas as oportunidades do mercado estrangeiro |
| Envolvimento ativo | Explorar a expansão internacional, incluindo estratégias de entrada que não as de exportação | • Os gestores acumularam experiência que reforça as expectativas sobre os benefícios do comércio internacional<br>• Os gestores estão propensos a dedicar recursos adicionais à expansão internacional<br>• Os gestores dedicam recursos corporativos apropriados à expansão para novos mercados externos |
| Envolvimento comprometido | Alocar recursos baseados em oportunidades internacionais | • A empresa tem bom desempenho em vários negócios internacionais<br>• A empresa supera barreiras à condução de negócios internacionais |

FONTE: adaptado de CAVUSGIL, S. T. "On the internationalization process of firms". *European Research*. 8(6):273-81, 1980.

da ascensão chinesa impressiona. Em 1996, suas exportações de computadores, telefones celulares e outros itens de TI totalizavam somente US$ 36 bilhões. Em 2006, os números passavam dos US$ 300 bilhões. Nesse ínterim, quase todas as grandes empresas ocidentais desse setor instalaram muito de suas operações na China, sobretudo por causa da manufatura de baixo custo e da capacitação da força de trabalho. O sucesso chinês ocorreu principalmente à custa dos Estados Unidos, que sofreu um declínio significativo nas exportações diretas de TI nos últimos anos.[5]

## Exportações: uma estratégia de entrada popular

As empresas que atuam no exterior pela primeira vez costumam adotar a exportação como estratégia de entrada. Essa também é a estratégia preferida das pequenas e médias empresas, como a Vellus Products. Superada a entrada inicial, porém, todos os tipos de negócio, de qualquer porte, utilizam as exportações independentemente de sua fase de internacionalização. Por exemplo, alguns dos maiores exportadores dos Estados Unidos incluem grandes fabricantes de aviões, como Boeing e Lockheed. As grandes *trading companies* que lidam com *commodities*, como Cargill e Marubeni, também são exportadoras em larga escala. As indústrias de grande porte — com mais de 500 funcionários — costumam responder pelo maior valor global de exportações; são responsáveis por cerca de três quartos do total das exportações dos Estados Unidos. Entretanto, a vasta maioria das empresas que exportam — mais de 90 por cento na maioria dos países — é de PME, com menos de 500 funcionários.

Como estratégia de entrada, a exportação é muito flexível. Em comparação com estratégias mais complexas como o investimento direto estrangeiro (IDE), o exportador pode tanto ingressar nos mercados quanto se retirar deles com relativa facilidade e um mínimo de risco e custo. A exportação pode ser usada várias vezes durante o processo de internacionalização, comumente nas etapas iniciais e também a partir de unidades de produção que a empresa pode vir a estabelecer em várias localidades no exterior, destinadas aos mercados em outros países. Por exemplo, a Toyota usou o IDE para construir fábricas em localidades de fundamental importância na Ásia, na Europa e na América do Norte. A montadora utiliza essas bases de produção para exportar carros para países e regiões vizinhas.

A Tabela 13.2 mostra o grau de dependência que vários setores industriais, e as empresas desses setores, têm das vendas internacionais. Essa análise limita-se a indústrias de grande porte e *publicly traded* nos Estados Unidos. Os dados representam vendas internacionais tanto do país da matriz quanto das subsidiárias estrangeiras da empresa. A tabela indica que as empresas em setores como os de computadores, produtos químicos e equipamento médico são mais dependentes das vendas internacionais do que outras como de equipamentos elétricos, publicações e automóveis. Quais são as características comuns dos setores de maior diversificação geográfica? Muitas são de alto valor agregado e alta tecnologia, sujeitas à globalização. Também constatamos que, de modo geral, quanto maior a tendência setorial ou das empresas em manter a manufatura no próprio país, maior a dependência das vendas internacionais. Por exemplo, os fabricantes de aviões tendem a concentrar sua fabricação na Europa e nos Estados Unidos; no entanto, comercializam seus produtos por todo o mundo.

## Exportações do setor de serviços

Na maioria das economias avançadas, os serviços representam o maior componente da atividade econômica. Empresas em praticamente todos os setores de serviços fazem negócios no exterior. Dentre eles, estão: viagens, transporte, arquitetura, construção, engenharia, educação, bancos, finanças, seguro, entretenimento, informações e serviços de profissionais liberais. Por exemplo, os estúdios de cinema de Hollywood faturam bilhões exportando filmes e vídeos. As construtoras enviam funcionários ao exterior para trabalhar em grandes projetos de construção. Profissionais liberais como contadores, engenheiros e consultores geralmente oferecem serviços por Internet, telefone e correio, além de visitar diretamente os clientes em seus países de origem. Recentemente, a norte-americana PMI Mortgage Insurance Co. começou a exportar pacotes de seguro de hipotecas a vários mercados estrangeiros. Esses pacotes podem ser criados em um local central, como Londres, e depois exportados por correio e pela Internet a clientes localizados em outros

**Tabela 13.2** Intensidade de vendas internacionais de vários setores industriais baseados nos Estados Unidos

| *Setor* | *Média das vendas internacionais no setor (porcentagem do total de vendas)* | *Exemplo de líder setorial* | *Exemplo de vendas internacionais da empresa (porcentagem do total de vendas)* |
|---|---|---|---|
| Computadores e outros produtos eletrônicos | 60 por cento | Fairchild Semiconductor International Inc. | 85 por cento |
| Produtos químicos | 44 | OM Group Inc. | 80 |
| Instrumentos e equipamentos médicos | 42 | Bio-Rad Laboratories Inc. | 66 |
| Peças automotivas | 42 | Autoliv Inc. | 71 |
| Equipamento de comunicações | 40 | Agere Systems Inc. | 80 |
| Medicamentos | 37 | Schering-Plough Corp. | 57 |
| Aeroespacial e defesa | 36 | Sequa Corp. | 50 |
| Alimentos | 32 | Chiquita Brands International Inc. | 73 |
| Produtos plásticos | 32 | Tupperware Corp. | 73 |
| Calçados | 31 | Nike Inc. | 56 |
| Bebidas | 30 | Coca-Cola Co. | 73 |
| Equipamentos e aparelhos elétricos | 28 | Exide Technologies | 59 |
| Publicações e impressão (incluindo *software*) | 27 | Oracle Corp. | 52 |
| Motor de veículos | 26 | Paccar Inc. | 55 |

FONTE: *Industry Week*, www.industryweek.com/ReadArticle.aspx?Article ID=1480&Section ID=41.

países. A empresa obteve considerável êxito na Ásia e em vários países europeus.[6]

Entretanto, os serviços diferenciam-se dos produtos de algumas maneiras fundamentais. Muitos serviços *puros* não podem ser exportados porque não há como transportá-los. Por exemplo, não é possível embalar um corte de cabelo e enviá-lo para o outro lado do mundo. A maioria das redes de varejo, como Carrefour e Marks & Spencer, oferece serviços instalando lojas em seus mercados-alvos — ou seja, internacionalizam-se via IDE porque a atividade varejista requer contato direto com os consumidores. Em outros casos, muitos prestadores de serviços podem exportar *parte* do que produzem, mas recorrem a outras estratégias de entrada para vender *outras* ofertas no exterior. Por exemplo, alguns aspectos dos serviços de profissionais liberais não podem ser exportados e exigem a presença física nos mercados visados. Embora a Ernst & Young possa exportar *alguns* serviços de auditoria enviando seus consultores ao exterior, em outros casos ela estabelecerá presença física abrindo um escritório. Então, contratará pessoal *local* para realizar os serviços de auditoria.

De modo geral, a maioria dos serviços é *entregue* aos clientes no exterior por representantes ou agentes locais, ou então comercializada em conjunto com outras estratégias de entrada como IDE, franquia e licenciamento. A Internet provê o meio para exportar alguns tipos de serviço, de passagens aéreas a projetos de arquitetura. A Internet está contribuindo para tornar o setor de serviços uma das áreas de mais rápido crescimento de exportações nos negócios internacionais.[7]

Os serviços podem promover ou manter as exportações de produtos, muitas das quais não ocorreriam, caso não contassem com o suporte das atividades de serviços. Por exemplo, poucas pessoas desejariam comprar um carro, se não houvesse oficinas de reparo disponíveis para mantê-lo. Da mesma forma, as empresas que exportam veículos também devem oferecer um meio para que sejam reparados nos países para onde vão. Eles estabelecem unidades de serviço ao cliente nos mercados-alvo por meio de IDE ou contratam oficinas locais para dar esse suporte.

## Vantagens da exportação

Atender a clientes no exterior por meio das exportações tem sido uma estratégia popular de internacionalização ao longo da história porque oferece às empresas uma forma de realizar o seguinte:

- Aumentar o volume geral de vendas, melhorar a participação de mercado e gerar margens de lucro que costumam ser mais favoráveis do que no mercado doméstico.
- Aumentar as economias de escala e, desse modo, reduzir o custo por unidade de manufatura.
- Diversificar a base de clientes, diminuindo a dependência dos mercados domésticos.
- Estabilizar as flutuações nas vendas associadas aos ciclos econômicos ou à sazonalidade da demanda. Por exemplo, uma empresa pode compensar um declínio na demanda doméstica devido a uma recessão econômica deslocando os recursos para os países que passam por um crescimento econômico mais robusto.
- Minimizar o risco e maximizar a flexibilidade, em comparação com outras estratégias de entrada. Se as circunstâncias exigirem, a empresa pode rapidamente se retirar de um mercado de exportação.
- Reduzir o custo de entrada em mercados externos, visto que a empresa não precisa investir no mercado-alvo ou manter presença física lá. Dessa maneira, ela pode usar a exportação para testar novos mercados antes de comprometer mais recursos por meio de investimento direto estrangeiro.
- Potencializar a capacitação e as habilidades de distribuidores e outros parceiros de negócios localizados no exterior.

A natureza de baixo custo e baixo risco, combinada com a capacidade de alavancar parceiros no exterior, torna as exportações especialmente apropriadas às pequenas e médias empresas. Por exemplo, as pequenas vinícolas da Califórnia começaram a exportar seus produtos mais vendidos para o mundo. As exportações de vinho atingiram quase 20 por cento da produção total desses modestos negócios. Uma estratégia bem-sucedida é a promoção conjunta, em que os vinhos californianos são vendidos em pacotes de produtos similares, como queijos e salgadinhos, a clientes no exterior. O valor total das exportações de vinho dos Estados Unidos gira em torno de US$ 1 bilhão ao ano e cresce rapidamente. Mas as vinícolas californianas estão sendo desafiadas em seu mercado doméstico pelas atividades de exportação de produtores de vinho com boa relação custo-benefício de países como Austrália, Chile e África do Sul.[8] A seção "Tendência Global" descreve como as pequenas e médias empresas se tornam cada vez mais atuantes nas exportações.

## Desvantagens da exportação

Como estratégia de entrada, as exportações também apresentam desvantagens. Primeiro, por não requererem presença física da empresa no mercado externo (em oposição ao IDE), os gestores têm menos oportunidades de aprender sobre consumidores, concorrentes e outros aspectos específicos do mercado. A falta de contato direto com clientes no mercado externo significa que o exportador pode deixar de perceber oportunidades e ameaças, ou pode não adquirir o conhecimento necessário para o sucesso no longo prazo.

Em segundo lugar, exportar geralmente exige que a empresa adquira novas capacitações e utilize recursos organizacionais para conduzir de modo adequado as transações de exportação. As empresas que se interessam seriamente em exportar devem contratar pessoal competente em transações internacionais e idiomas estrangeiros. Exportar requer que os gestores invistam tempo e esforços para aprender sobre agentes de carga, documentação, moedas estrangeiras e novos métodos de financiamento. A aquisição dessas competências exerce pressão sobre os recursos corporativos.

Terceiro, em comparação com outras estratégias, exportar é muito mais sensível a barreiras tarifárias e não tarifárias, bem como a oscilações cambiais. Por exemplo, o dólar norte-americano valorizou-se 12 por cento em relação ao euro e 15 por cento em relação ao iene em 2005. Isso desacelerou o crescimento das exportações norte-americanas, prejudicando as empresas pesadamente dependentes das exportações para gerar vendas internacionais. Os exportadores correm o risco de serem excluídos dos mercados externos, se as oscilações cambiais tornarem o produto exportado oneroso demais para os compradores estrangeiros.

## Foco sistemático nas exportações

Os gestores mais experientes adotam um enfoque mais sistemático para melhorar as perspectivas da empresa para

TENDÊNCIA GLOBAL

### O surgimento de empresas exportadoras de pequeno e médio porte

A participação das pequenas e médias empresas (PMEs) nas exportações está crescendo. Nos Estados Unidos, as PMEs têm menos de 500 funcionários, embora essa definição seja diferente na Europa e em outras regiões, onde as empresas devem ter até 100 funcionários para se qualificarem como tal. As PMEs respondem por uma grande parcela de todas as exportações norte-americanas. De 1992 a 2004, elas representaram quase 100 por cento do crescimento no segmento exportador do país, inchando de cerca de 108.000 empresas em 1992 para mais de 225.000 em 2004. As PMEs foram responsáveis por quase um terço das exportações de mercadorias dos Estados Unidos em 2006. A maioria delas era de atacadistas, distribuidores e outras empresas não manufatureiras.

Nos últimos anos, os governos da Austrália, Grã-Bretanha, Canadá, China, Nova Zelândia e Estados Unidos adotaram campanhas agressivas para ajudar mais as PMEs a exportar. Os governos patrocinam feiras e missões comerciais que colocam essas empresas em contato com distribuidores e outros facilitadores em mercados estrangeiros promissores. O Banco Mundial auxilia as empresas exportadoras de pequeno e médio porte a ter mais acesso a capital e a desenvolver habilidades para o comércio internacional. Embora a maioria deles exporte para economias avançadas, um número cada vez maior deles visa os mercados emergentes. Não necessariamente essas empresas necessitam de grandes mercados de exportação, tendendo a atender nichos de mercado mais restritos.

É o caso da Pharmed Group, distribuidora de uma linha completa de suprimentos médicos, cirúrgicos e farmacêuticos, sediada na Flórida. Visando expandir mais seu volume de exportações, a empresa assinou um acordo com a Drogão, grande rede de farmácias do Brasil. As vendas de exportação contribuíram de forma significativa para o crescimento da Pharmed. Outra PME, Optical Xport, exporta lentes e armações de óculos para a África ocidental e central de sua base industrial de baixo custo no Senegal. Essas ações aumentaram o fluxo de suprimentos médicos e lentes óticas para a população mais pobre da América Latina e da África.

As PMEs que exportam possuem certas vantagens que as diferenciam de empresas maiores e mais experientes:

- *Flexibilidade* — a capacidade de rapidamente se adaptar às oportunidades dos mercados externos.
- *Resposta rápida* — mais agilidade na tomada de decisões e implementação de novos métodos operacionais.
- *Customização* — a capacidade de customizar produtos para compradores estrangeiros, com maior facilidade e menor ciclo de produção.
- *Aceitação de risco* — os gestores das PMEs costumam ter espírito empreendedor, aspirações de alto crescimento e uma forte determinação para se dar bem.

As PMEs aplicam essas vantagens nos mercados de todo o mundo. Elas se beneficiam de inúmeros mercados emergentes, que geralmente carecem de acesso a uma gama ampla de bens e serviços.

Fontes: DAHL, D. "Instantly international". *Inc.* 27(6):44, 2005; U.S. Department of Commerce, disponível em: www.export.gov/comm_svc/press_room/news/articles; NEUPERT, K., BAUGHN, C. C., DAO, T. "SME exporting challenges in transitional and developed economies". *Journal of Small Business and Enterprise Development*. 13(4):535-44, 2006; PRAHALAD, C. K. "Why selling to the poor makes for good business". *Fortune*. 15 nov. 2004, p. 70-1; U.S. Department of Commerce. Exporter Database, Washington, DC: U.S. Department of Commerce, 2004; Banco Mundial. *2004 Annual review*: small business activities. Washington, DC: World Bank Group, 2005.

o êxito nas exportações, avaliando os mercados em potencial, organizando a empresa para a realização das exportações, adquirindo as habilidades e competências apropriadas e implementando as operações de exportação. A Figura 13.1 ressalta as etapas envolvidas nesse processo. Vamos examiná-las em detalhe.

### Etapa um: avaliar as oportunidades do mercado global

Na primeira etapa, os gestores avaliam as várias oportunidades do mercado global disponíveis. Analisam o preparo da empresa e seus produtos para conduzir as exportações. Nesse processo, deve-se empregar uma ferramenta de diagnóstico como o CORE (*COmpany Readiness to Export,* disponível on-line em globalEDGE™). A empresa classifica os mercados de exportação mais atrativos, identifica distribuidores qualificados e outros parceiros de negócios no exterior e estima o potencial de mercado setorial e o potencial de vendas da empresa. Com frequência, é útil aos gestores visitar os países mais promissores para desenvolver uma compreensão mais profunda de necessidades dos consumidores, ambiente competitivo, competências dos intermediários e regulamentações governamentais. Participar de feiras e missões comerciais no exterior representa um meio prático de identificar potencial de mercado e intermediários estrangeiros. Explicamos o processo de avaliação de oportunidades do mercado global (GMOA, do inglês *global market opportunity assessment*) em detalhes no Capítulo 12.

### Etapa dois: organizar-se para exportar

A seguir, os gestores tratam as seguintes questões: que tipos de recurso gerencial, financeiro e produtivo devem ser comprometidos para fins de exportação? Que tipo de cronograma deve ser seguido para atingir as metas e os objetivos de exportação? Até que ponto se deve contar com intermediários internos e externos para implementar as exportações?

A Figura 13.2 ilustra arranjos organizacionais alternativos para exportar. A **exportação indireta** é realizada pela contratação de intermediários localizados no mercado doméstico da empresa. Os exportadores de menor porte, ou os novatos no comércio internacional, costumam contratar empresas de gerenciamento de exportações (EMC, do inglês *export management company*) ou uma *trading company* baseada no país de origem do exportador. Esses intermediários assumem responsabilidade por encontrar compradores no exterior, embarcar produtos e cobrar o pagamento. A principal vantagem da exportação indireta para a maioria das empresas é que ela oferece um meio de ingressar em mercados externos sem as complexidades e os riscos das exportações mais diretas. A empresa internacional novata pode começar exportando sem nenhum investimento incremental em capital fixo, baixos custos de inicialização e poucos riscos, mas com perspectivas de vendas incrementais.

Por outro lado, a **exportação direta** geralmente se dá pela contratação de intermediários localizados no mercado *externo*. Os intermediários locais atuam como uma extensão do exportador, negociando em nome dele e assumindo responsabilidades como gestão da cadeia de suprimentos, precificação e serviço ao cliente. Em comparação com a indireta, a principal vantagem da modalidade direta é conceder ao exportador maior controle sobre o processo e potencial para maiores lucros, bem como permitir um relacionamento mais próximo com os consumidores e o mercado externos. Entretanto, ainda em comparação com a forma indireta, o exportador deve dedicar mais tempo, pessoal e recursos corporativos ao desenvolvimento e à administração das operações de exportação.

Figura 13.1 Foco sistemático nas exportações

Etapa um: Avaliar as oportunidades do mercado global
Etapa dois: Organizar-se para exportar
Etapa três: Adquirir as habilidades e competências necessárias
Etapa quatro: Implementar uma estatégia de exportações
Os gestores avaliam o preparo da empresa para a internacionalização e selecionam os mercados e parceiros mais apropriados (como vimos no Capítulo 12).
Os gestores tomam decisões sobre o grau de envolvimento da empresa, os recursos a serem comprometidos e o tipo de intermediário interno e externo a contratar.
A empresa adquire habilidades e competências para lidar com as operações de exportações, treina a equipe e envolve os facilitadores mais adequados (como agentes de carga, bancos e advogados especilizados em comércio internacional, como vimos no Capítulo 3).
Os gestores tomam decisões sobre adaptação de produto, adequação das comunicações de marketing, precificação e suporte a intermediários ou subsidiárias no exterior (como discutiremos no Capítulo 17).


FONTE: adaptado de CAVUSGIL, S. T., ZOU, S. "Marketing strategy-performance relationship: an investigation of the empirical link in export market ventures". *Journal of Marketing*. 58:1-21, jan. 1994.

Figura 13.2 Alternativas de arranjo organizacional para exportação

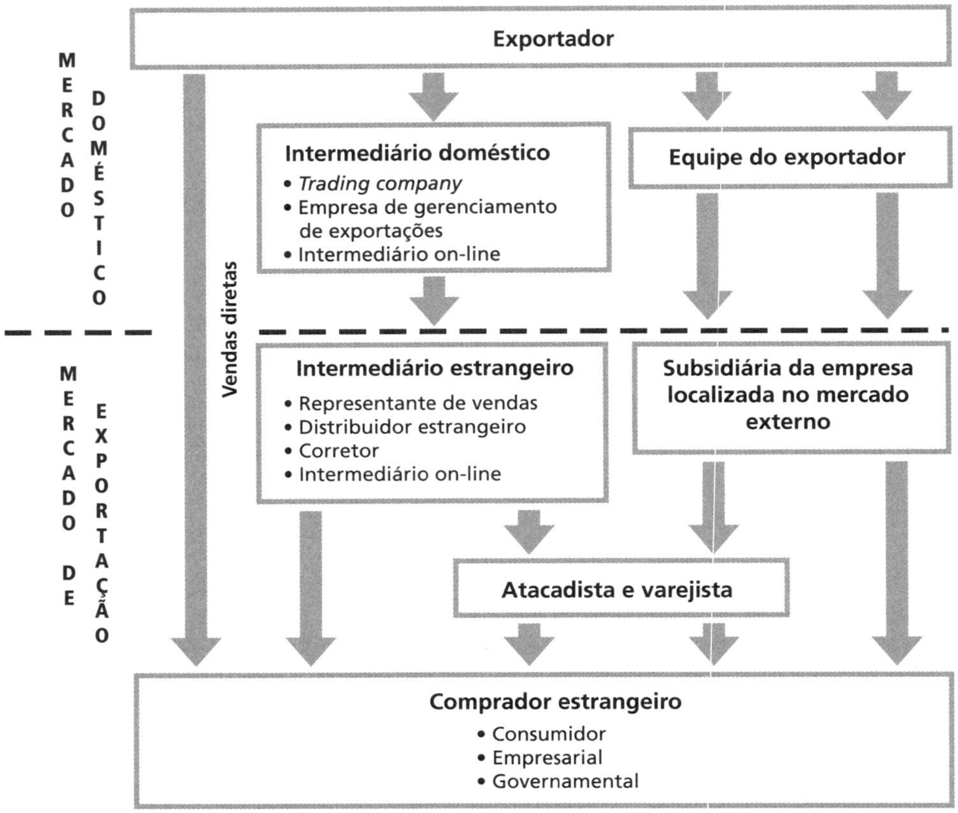


As modalidades direta e indireta de exportações não são mutuamente excludentes, e muitas empresas adotam ambas para diferentes mercados externos. As principais considerações para a decisão de usar uma ou outra forma são: (1) nível de recursos — sobretudo de tempo, capital e experiência gerencial — que a empresa esteja propensa a comprometer na expansão internacional e em cada mercado; (2) a importância estratégica do mercado externo; (3) a natureza dos produtos da empresa, inclusive a necessidade de suporte pós-venda; e (4) a disponibilidade de intermediários capacitados no mercado visado.

Outra modalidade de exportação consiste na instalação de um escritório de vendas ou uma **subsidiária própria** que administre as atividades de marketing, distribuição física, promoção e serviço ao cliente no mercado externo. Nesse caso, a empresa realiza as principais tarefas diretamente no mercado visado, como participar de feiras comerciais, conduzir pesquisa de mercado, prospectar distribuidores e encontrar e atender os consumidores. A empresa poderá decidir adotar esse caminho, se o mercado externo apresentar perspectivas de geração de um alto volume de vendas ou uma significativa importância estratégica. Ela também pode optar por estabelecer centros de distribuição e armazéns regionais ou nacionais. No caso extremo, a empresa deve estabelecer uma subsidiária de marketing plena, composta por uma força de vendas local. Por exemplo, as exportações do *software* de computação da australiana Webspy Company atualmente perfazem 80 por cento de sua receita anual. De início, a empresa exportava exclusivamente por meio de distribuidores estrangeiros independentes. Com o tempo, a Webspy estabeleceu subsidiárias de vendas em Londres e em Seattle para atender a seus mais importantes mercados regionais, Europa e América do Norte (www.austrade.gov.au).

### Etapa três: adquirir as habilidades e competências necessárias

As transações de exportações são variadas e geralmente complexas, exigindo habilidades e competências especializadas. A empresa pode pretender lançar produtos novos ou adaptados no exterior, visar países com diferentes infraestruturas de marketing, financiar as compras dos clientes ou contratar facilitadores úteis interna e externamente. Outrossim, os gestores necessitarão obter novas habilidades com orientação internacional, em áreas como desenvolvimento de produto, distribuição, logística, finanças, lei de contratos e administração cambial. Eles poderão necessitar aprender a falar outros idiomas e interagir com clientes de culturas diversas. Felizmente, vários facilitadores, como os descritos no Capítulo 3, estão disponíveis para auxiliar as empresas que carecem de habilidades e competências específicas.

### Etapa quatro: implementar uma estratégia de exportação

Na etapa final, os gestores formulam os elementos da estratégia de exportação da empresa. A *adaptação de produto* envolve a modificação de um produto para que se adeque às necessidades e preferências dos consumidores no mercado-alvo. Por exemplo, quando a Microsoft comercializa *software* na Alemanha, deve assegurar que esteja escrito em alemão. Mesmo a Vellus, discutida no texto de abertura, deve variar os produtos que vende no exterior porque os expositores norte-americanos preferem cães com topetes exóticos, ao contrário dos britânicos. As escovas e xampu para cães que a Vellus vende nos Estados Unidos podem não ter boa aceitação na Grã-Bretanha. Nos mercados de exportação com muitos concorrentes, o exportador necessita adaptar seus produtos para conquistar vantagem competitiva.

A *adequação das comunicações de marketing* refere-se à modificação de anúncios publicitários, estilo de venda, relações públicas e atividades promocionais para que se adaptem a cada mercado. Essas atividades são adequadas de acordo com a natureza do mercado-alvo, a natureza do produto, a posição da empresa no mercado em relação à concorrência e as metas e os objetivos específicos da alta administração. A *competitividade de preço* refere-se aos esforços para manter os preços no exterior alinhados aos dos concorrentes. Em mercados com acirrada competição, o exportador pode ter que cobrar preços competitivos. Entretanto, as PMEs geralmente carecem de recursos para um confronto direto de preços com rivais de maior porte. Essas empresas competem não só cobrando preços baixos, mas também enfatizando os benefícios não financeiros de seus produtos, como qualidade, confiabilidade e liderança de marca. Com frequência, a *estratégia de distribuição* depende do desenvolvimento de relações fortes e mutuamente benéficas com os intermediários estrangeiros.[9] As empresas oferecem suporte contínuo a distribuidores e subsidiárias na forma de treinamento da força de vendas, assistência técnica, *know-how* de marketing, suporte promocional e incentivos de preços. Em mercados com inúmeros concorrentes, o exportador pode ter que impulsionar a capacitação de seus distribuidores. Se o produto for tecnologicamente complexo, o exportador poderá ter que reforçar o suporte aos intermediários de modo a assegurar que saibam como comercializar e lidar com o produto.

## Importações

A contrapartida da exportação é a **importação**, situação na qual a empresa opta por comprar bens e serviços de fontes externas e trazê-las para o mercado doméstico. As empresas que importam, sejam elas indústrias, atacadistas ou varejistas, são denominadas importadoras. Importar também pode ser chamado de *global sourcing*, *aquisições globais* ou *compras globais*. O suprimento pode ser de fornecedores independentes no exterior ou de subsidiárias próprias ou afiliadas.

Muitos fabricantes e varejistas também são grandes importadores. As indústrias tendem a importar matérias-primas e peças de montagem. As lojas suprem boa parte de suas mercadorias de fornecedores estrangeiros. Por exemplo, nos Estados Unidos, redes como Walmart, Home Depot e Target estão entre os maiores importadores. Somente a Walmart responde por cerca de 10 por cento das importações norte-americanas da China, totalizando em torno de US$ 20 bilhões ao ano. Outros grandes importadores abrangem as indústrias químicas (como LG) e de produtos eletrônicos (como Philips), bem como os atacadistas de alimentos (como a Chiquita Brands International).

Os fundamentos discutidos neste capítulo sobre exportações, pagamentos e financiamento também se aplicam às importações. Tanto a importação quanto a exportação — às vezes, referidas coletivamente como *comércio internacional* — demandam que as empresas sigam diversos procedimentos complexos, geralmente relacionados com a liberação de produtos nos portos de entrada domésticos. O sucesso nas exportações e importações requer uma cuidadosa administração da cadeia de suprimentos global da empresa focal, isto é, sua rede integrada das atividades de suprimento, produção e distribuição, organizadas em escala mundial. Como ocorre com as exportações, a maioria dos importadores delega grande parte da mecânica da importação a *facilitadores*, empresas especializadas como agentes de carga e agentes aduaneiros, conforme discutimos no Capítulo 3. Atualmente, muitos fabricantes adquirem insumos e serviços de fornecedores estrangeiros pelo mundo. Por isso dedicamos um capítulo à parte, o Capítulo 16, ao *global sourcing*.

## Como administrar as transações de exportação-importação

Exportadores habilidosos desenvolvem a capacidade de conceber e conduzir um ingresso agressivo em mercados externos e atender às demandas das operações cotidianas de exportação. Na fase inicial, forma-se um grupo ou departamento representado somente pelo gerente de exportações e alguns assistentes. Esse departamento é geralmente subordinado ao departamento de vendas nacionais e depende de outras unidades da empresa para atender aos pedidos de clientes, receber pagamentos e organizar a logística. As empresas novatas preferem essa abordagem minimalista porque demanda apenas um limitado comprometimento de recursos corporativos, uma importante consideração quando os gestores estão hesitantes quanto a iniciar negócios internacionais. Se as ações iniciais de exportação da empresa forem bem-sucedidas, é provável que ela reforce seu comprometimento com a internacionalização e desenvolva uma equipe especializada de exportações. No caso de exportadores grandes e experientes, os gestores costumam criar um departamento de exportações à parte, que pode tornar-se razoavelmente autônomo.

Ao comparar transações comerciais nacionais às internacionais, as principais diferenças surgem nas áreas de documentação e embarque.

## Documentação

A **documentação** refere-se a formulários oficiais e outra papelada necessária às transações de exportação, para procedimentos de embarque e aduaneiros. Inicialmente, o exportador costuma emitir uma *cotação* ou *fatura pro forma* mediante a solicitação de clientes em potencial. Isso pode ser estruturado como um formulário padrão, que informa ao comprador em prospecção sobre o preço e a descrição do produto ou serviço do exportador. A *fatura comercial* é a efetiva requisição de pagamento emitida pelo exportador quando uma venda é concluída. Inclui uma descrição dos bens, o endereço do exportador, o endereço de entrega e as condições de pagamento. O exportador também pode incluir um *romaneio*, sobretudo para embarques que envolvem inúmeros bens, o qual indica o conteúdo exato da remessa.

É comum as empresas distribuírem os bens exportados por transporte marítimo, embora algumas utilizem o aéreo. O *conhecimento de embarque* constitui o contrato básico entre o exportador e o embarcador. Trata-se de uma autorização de transporte dos bens até o destino do comprador. Também serve como o recibo do importador, seu comprovante de compra. A *declaração de exportação* do embarcador (conhecido como 'exdec') lista as informações de contato do exportador e do comprador (ou importador), bem como uma descrição completa, o valor declarado e o destino dos produtos sendo exportados. Os serviços aduaneiros nacionais e outras autoridades portuárias usam essa declaração para inspecionar o conteúdo das remessas, controlar as exportações e compilar estatísticas de entrada e saída de bens do país. O *certificado de origem* é a 'certidão de nascimento' dos bens sendo embarcados e indica o país de onde se originam. Geralmente, os exportadores adquirem uma *apólice de seguro* para proteger os bens exportados contra danos, perda, roubo e, em alguns casos, atrasos.

A documentação deve ser preenchida com exatidão. Os tipos de documento exigidos variam, dependendo das regulamentações tanto do país de origem quanto do de destino. O exportador geralmente confia a elaboração dos documentos a um agente de carga internacional. Como vimos no Capítulo 3, esses agentes estão entre os principais facilitadores do comércio internacional, atuando como agentes de viagem para cargas. Além da documentação, o agente de carga comum é um especialista em métodos de embarque internacional e nas regulamentações comerciais dos países de origem e de destino. Ele auxilia os exportadores nos aspectos táticos e de procedimentos das exportações, tais como logística, embalagem e rotulagem. No porto estrangeiro, o agente de carga providencia a liberação aduaneira dos produtos exportados e a remessa ao comprador. Após a remessa, ele envia a documentação para o vendedor, o comprador ou outro facilitador, como um banco.

Outro documento importante é a *licença*, um tipo de permissão para exportar. Em alguns casos, os governos nacionais exigem que os exportadores obtenham uma licença por motivo de segurança nacional, política externa ou porque o suprimento do produto exportado é escasso. Por exemplo, os governos geralmente não permitem a exportação de materiais nucleares ou perigosos agentes biológicos que podem ser usados na fabricação de armas. Além disso, alguns governos impõem sanções sobre o comércio de certos países, como parte de sua política externa. Ultimamente, pode-se proibir a exportação de certos tipos de bem essencial, como derivados de petróleo, se tiverem estoque baixo no país de origem.

## Embarque e Incoterms

O embarque internacional expõe os bens de exportação a condições e manuseio adversos por parte de diversos facilitadores. A empresa deve aderir a leis e procedimentos específicos de cada mercado. O pessoal de logística deve certificar-se de que o produto está cuidadosamente embalado, de modo a chegar em bom estado no distante mercado-alvo. O embarque deve ser rotulado de modo correto para assegurar que seja manipulado de forma adequada no percurso e chegue ao destino certo, dentro do prazo. O exportador deve preencher e enviar com a carga a documentação adequada, em conformidade com as regulamentações dos governos doméstico e estrangeiro.

A maioria das transações de exportação envolve produtos que são expedidos da fábrica do exportador até um porto marítimo ou um aeroporto próximo. Dali, a carga segue por navio ou avião a um porto estrangeiro, onde é transferida por transporte terrestre até o destino final do cliente. Como alternativa, no caso de embarques a países vizinhos, o produto exportado pode ser transportado somente por via terrestre, como trem ou caminhão, até o destino final. Por todo o processo de entrega, o exportador incorre em vários custos de transporte. Além disso, geralmente, há o custo do seguro contra danos ou prejuízos que possam ocorrer em trânsito.

No passado, havia casos de disputa sobre quem devia pagar o custo de frete e seguro nas transações internacionais: o vendedor (ou seja, o exportador) ou o comprador no exterior. Para eliminar essas contendas, um sistema universal e padronizado de termos de venda e entrega, conhecido como **Incoterms** (abreviatura de International Commercial

Terms) foi desenvolvido pela Câmara Internacional do Comércio (http://www.iccwbo.org). Comumente usado em contratos de vendas internacionais, o Incoterms especifica como compradores e vendedores rateiam o custo de frete e seguro, além do ponto a partir do qual o comprador assume a responsabilidade pelos bens. A Tabela 13.3 ilustra as implicações dos três Incoterms mais utilizados.

## Métodos de pagamento em exportações e importações

Receber o pagamento devido por produtos vendidos é mais complicado nos negócios internacionais do que nos nacionais. As moedas estrangeiras podem ser instáveis e/ou os governos podem relutar em permitir a saída de fundos do país. Na eventualidade de disputas relativas a pagamento, as leis locais e seus mecanismos de aplicação podem favorecer os cidadãos locais em detrimento das empresas estrangeiras. Alguns clientes nos países em desenvolvimento não possuem meios de pagamento como cartão de crédito e contas correntes. Em suma, ser pago em comércio internacional envolve riscos e métodos de pagamento potencialmente complexos.

Nos países de economia avançada, as empresas costumam estender crédito aos compradores com a garantia de que serão pagos. É comum os exportadores concederem aos clientes nesses mercados vários meses para efetuar os pagamentos ou estruturá-los por *open account*. Se o pagamento não é efetuado, há, via de regra, um sistema legal a ser acionado para obrigar os devedores a cumprirem suas obrigações. Em contraste, em muitos mercados emergentes e em desenvolvimento, os exportadores concedem crédito com cautela. Eles avaliam os novos clientes com cuidado e podem recusar um pedido de crédito, se o risco for alto demais.

Felizmente, existem diversos métodos convencionais de cobrança no comércio internacional. Por ordem do mais seguro ao menos seguro, do ponto de vista do exportador, esses métodos são: *cash in advance*, carta de crédito, *open account*, consignação e *countertrade*. Embora este último, o *countertrade*, possa servir como método de pagamento em transações internacionais, também consiste em uma forma de entrada em mercados estrangeiros que merece ampla discussão. Por isso, vamos discuti-lo em separado neste capítulo. Explicaremos cada um dos demais métodos de pagamento a seguir.

### *Cash in advance*

O *cash in advance* ocorre quando o exportador recebe o pagamento devido antes do embarque das mercadorias para o cliente. A principal vantagem é que ele não precisa preocupar-se com problemas de cobrança e pode acessar os fundos quase imediatamente após o fechamento da venda. Muitos exportadores aceitam cartão de crédito como meio de pagamento, sobretudo para vendas de baixo valor. Do

**Tabela 13.3** Incoterms: exemplos de rateio de obrigações, custos e riscos de transporte entre o comprador e o vendedor

| *Incoterms* | *Definição* | *Principais pontos* | *Contratação do embarque* |
|---|---|---|---|
| *EXW Ex works* (local denominado) | A entrega ocorre nas dependências do vendedor ou outro local por ele denominado (como escritório, fábrica ou armazém). A remessa não passa por liberação aduaneira como exportação nem é carregada em qualquer veículo de coleta | O EXW representa uma obrigação mínima ao vendedor; o comprador assume todos os custos e riscos envolvidos na retirada dos bens nas dependências do vendedor | O comprador contrata o embarque |
| *FOB Free on board* (porto de embarque denominado) | A entrega ocorre quando os bens transpõem a amurada do navio no porto de embarque denominado | O comprador assume todos os custos e riscos de perda ou dano na entrega. O vendedor libera os bens para exportação. Este termo aplica-se somente a transporte marítimo ou fluvial | O comprador contrata o embarque. |
| *CIF Cost, insurance and freight* (porto de destino denominado) | A entrega ocorre quando os bens transpõem a amurada do navio no porto de embarque | O vendedor deve pagar o seguro e o frete necessários para levar os bens até o porto de destino. Nesse ponto, o risco de perda ou dano relativos aos bens é transferido do vendedor para o comprador. O vendedor libera os bens para exportação | O vendedor contrata o embarque e o seguro |

FONTE: Câmara Internacional de Comércio, http://www.iccwbo.org.

ponto de vista do comprador, entretanto, o *cash in advance* é arriscado e pode acarretar problemas de fluxo de caixa. Ele pode hesitar em adiantar o pagamento com receio de que o exportador não cumpra a entrega, sobretudo se não o conhecer bem. Por esses motivos, o *cash in advance* é impopular entre os compradores no exterior e tende a desestimular vendas. Os exportadores que insistirem nessa forma de pagamento tendem a perder terreno para os concorrentes que ofereçam condições mais flexíveis.

## Carta de crédito

Uma carta de crédito documental, ou simplesmente *carta de crédito*, resolve alguns dos problemas associados ao *cash in advance*. Como ela protege os interesses de ambos os lados ao mesmo tempo, tornou-se o método mais popular de pagamento nas transações de exportação. Basicamente, uma **carta de crédito** consiste em um contrato entre os bancos do comprador e do vendedor que garante o pagamento pelo comprador ao vendedor no momento do recebimento da carga de exportação. Trata-se da substituição do nome e crédito do comprador e do vendedor pelo nome e crédito do banco de cada um. O sistema funciona porque quase todos os bancos mantêm relações com instituições financeiras correspondentes pelo mundo.

Uma carta de crédito pode ser *irrevogável* ou *revogável*. Uma vez estabelecida, a carta de crédito irrevogável não pode ser cancelada sem anuência de ambas as partes envolvidas. A empresa vendedora será paga contanto que cumpra sua parte no acordo. Como bônus, a carta de crédito estabelece de imediato uma relação de confiança entre compradores e vendedores. Entre as inúmeras empresas que utilizam cartas de crédito, está a Pinewood Healthcare, fabricante de medicamentos genéricos. As exportações correspondem a 70 por cento de suas vendas. Quando começou a exportar para a África, a empresa teve dificuldades em receber. A situação melhorou sobremaneira quando passou a fechar vendas por carta de crédito.[10]

A carta de crédito também especifica os documentos que o exportador deve apresentar, como conhecimento de embarque, fatura comercial e apólice de seguro. Antes de efetuar um pagamento, o banco do comprador verifica se toda a documentação atende aos requisitos acordados entre o comprador e o vendedor na carta de crédito. Se não, a discrepância deve ser resolvida antes da liberação do pagamento pelo banco.

A Figura 13.3 apresenta o ciclo característico de uma venda internacional por carta de crédito.

1. Um 'Exportador' assina um contrato de venda de produtos a um comprador no exterior, o 'Importador'.
2. O Importador solicita a seu banco (o 'Banco do Importador') a abertura de uma carta de crédito em favor do exportador, o beneficiário do crédito.
3. O Banco do Importador notifica o 'Banco do Exportador' que uma carta de crédito foi emitida.
4. O Banco do Exportador confirma a validade da carta de crédito.
5. O Exportador prepara e embarca os produtos ao Importador, conforme especificado na carta de crédito.
6. O Exportador apresenta os documentos de embarque a seu banco, o Banco do Exportador , que os examina para assegurar que estejam em total conformidade com os termos da carta de crédito. Os documentos mais comuns são fatura,

Figura 13.3 Ciclo da carta de crédito

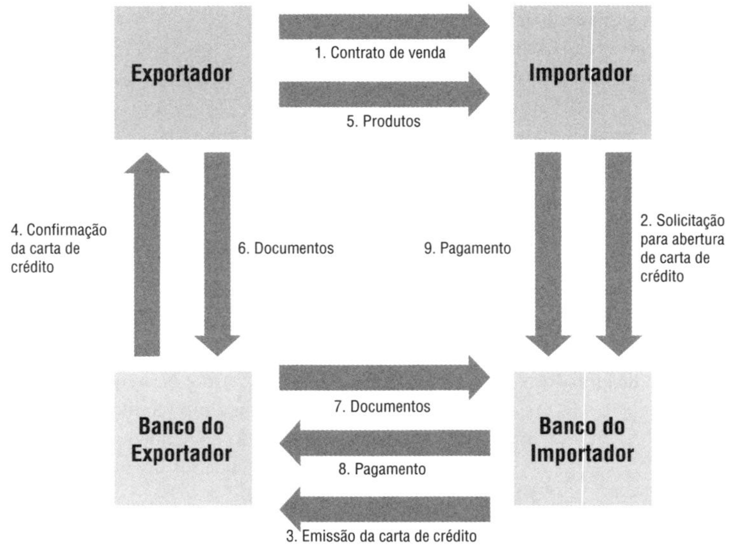

conhecimento de embarque e apólice de seguro, conforme especificados na carta de crédito.

7. O Banco do Exportador envia os documentos ao Banco do Importador, que também os examina quanto à conformidade com a carta de crédito.
8. Após a confirmação de que tudo está em ordem, o Banco do Importador efetua o pagamento integral pelos bens ao Exportador, via Banco do Exportador.
9. O Importador faz o pagamento integral a seu banco no prazo acordado, que, em muitos países, pode estender-se por vários meses.

Um método de pagamento correlato é a ordem de pagamento (*draft*). Semelhante a um cheque, a ordem de pagamento é um instrumento financeiro que instrui um banco a pagar uma quantia específica de uma moeda específica ao portador, à vista ou em uma data futura. Seja por carta de crédito, seja por ordem de pagamento, o comprador deve efetuar o pagamento mediante a apresentação dos documentos que lhe repassam a responsabilidade pelos bens comprados e confirmar que as devidas medidas foram tomadas para preparar os bens e expedi-los ao comprador. As cartas de crédito e as ordens de pagamento podem ser pagas imediatamente ou em uma data posterior. As ordens de pagamento efetuadas contra-apresentação são conhecidas como *saque à vista*. Aquelas pagas em uma data futura, geralmente após o recebimento das mercadorias pelo comprador, são chamadas de *saque a prazo*. Além disso, o exportador pode vender qualquer ordem de pagamento ou carta de crédito em sua posse por meio de desconto ou apropriação a instituições financeiras especializadas nesse tipo de instrumento. Os exportadores fazem isso para evitar uma espera de semanas ou meses para receber por suas exportações.

### *Open account*

Quando o exportador utiliza uma *open account*, o comprador paga a ele em uma data futura após o recebimento dos bens, assim como um cliente pode abrir uma conta em uma loja para pagar pelo que comprar até um vencimento pré-acordado. Devido ao risco envolvido, os exportadores utilizam esse método somente com clientes de longa data ou com excelente histórico de crédito ou com subsidiária própria. No caso de uma *open account*, o exportador simplesmente fatura o cliente, o qual deve pagar conforme os termos acordados, em uma data futura. Muitas grandes multinacionais fazem compras somente dessa maneira. Entretanto, a falta de documentação e canais bancários que o exportador normalmente utilizaria, se vendesse via carta de crédito, pode dificultar uma cobrança judicial. O exportador também pode ter que fazer a cobrança no exterior (ou seja, realizar procedimento legal para cobrar a dívida), o que é complexo e oneroso.

### Vendas consignadas

Sob uma *venda consignada*, o exportador embarca produtos a um intermediário no exterior que os vende em seu nome. O exportador detém a posse dos bens até que sejam vendidos, momento no qual o intermediário ou o cliente no exterior deve pagá-lo. A desvantagem desse método é que o exportador tem muito pouco controle sobre os produtos. Ele só pode receber o pagamento algum tempo após a entrega, se receber. Por isso, os exportadores que realizam venda consignada, frequentemente contratam seguro pelo risco. Este tipo de venda funciona melhor quando o exportador tem uma relação estabelecida com um distribuidor de confiança.

## Custo e fontes de financiamento de exportações-importações

De modo geral, a capacidade de financiar uma venda constitui um fator de diferenciação dos exportadores mais bem-sucedidos do que outros. Se um concorrente oferece melhores condições por um produto similar, o exportador pode perder a venda. A possibilidade de oferecer condições atrativas de pagamento geralmente se faz necessária para gerar vendas. Quatro fatores determinam o custo de financiamento das vendas de exportação.

Em primeiro lugar, a *solvência do exportador*. As empresas com poucas garantias, experiência internacional mínima ou que recebem grandes pedidos de exportação que ultrapassam sua capacidade de produção podem encontrar muita dificuldade em obter financiamento de bancos e outras instituições de crédito a taxas de juros razoáveis, ou podem até não conseguir nada. Segundo, a *solvência do importador* representa um fator determinante. Com frequência, uma transação de venda de exportação depende da capacidade do comprador de captar fundos suficientes para a compra dos bens. Alguns deles, sobretudo aqueles de economias em desenvolvimento ou países com controle cambial, podem ser incapazes de assegurar financiamento por cartas de crédito.

Em terceiro, vem o *grau de risco da venda*. As vendas internacionais são geralmente mais arriscadas do que as nacionais. Os bancos relutam em conceder empréstimos a vendas de alto risco. Mesmo quando os fundos são concedidos, as instituições financeiras tendem a esperar um retorno maior sobre eles, no caso de projetos de risco. O risco está relacionado com o valor e a negociabilidade dos bens à venda, o nível de incerteza acerca da venda, o grau de estabilidade política e econômica no país do comprador e a probabilidade de calote da dívida.

Por fim, a *sincronia da venda* influencia o custo do financiamento. No comércio internacional, é normal que o exportador tenha a expectativa de ser pago o mais rápido possível, ao passo que o comprador prefere adiar o pagamento, se possível até ter recebido e revendido os bens. Em alguns setores, o período de tempo de fechamento de uma venda pode ser extenso. Um desafio comum surge quando a empresa recebe um pedido extraordinariamente grande de um comprador no exterior. Nesse caso, ele necessita recorrer a um substancial capital de giro para iniciar e finalizar a produção do pedido. Isso é particularmente opressivo para pequenas e médias empresas carentes de recursos. Além disso, os prazos de pagamentos em vendas internacionais são geralmente longos e com frequência se estendem por vários meses.

Esses quatro fatores influenciam fortemente a disponibilidade e o custo dos fundos. Em última instância, o custo de financiamento afeta a precificação e a lucratividade de uma venda bem como as condições de pagamento que o exportador pode oferecer ao comprador. Felizmente, há várias fontes de financiamento de vendas internacionais, que serão apresentadas a seguir.

## Bancos comerciais

Os mesmos bancos comerciais usados para financiar as atividades domésticas podem financiar as vendas de exportação. O primeiro passo mais lógico a ser dado pelo exportador que necessita de financiamento é abordar um banco comercial local com o qual já realize negócios. Como alternativa, ele pode consultar uma instituição com departamento internacional. Esses bancos estão familiarizados com as exportações e também podem oferecer serviços internacionais, como cartas de crédito. Outra opção é fazer com que o banco efetue um empréstimo direto ao comprador no exterior para financiar a venda. Esses empréstimos estão disponíveis para compradores bem estabelecidos em mercados externos estáveis.

## *Factoring, forfaiting* e confirmação

O *factoring* é o desconto de uma conta a receber no exterior pela transferência da titularidade do item vendido e o valor recebível para uma *factoring house* (empresa especializada na aquisição de contas a receber) em troca de um valor com desconto em relação ao valor de face. O *forfaiting* representa a venda, com desconto, de contas a receber de longo prazo do vendedor ou notas promissórias do comprador estrangeiro. Há inúmeras *forfaiting houses*, empresas especializadas nessa prática. A *confirmação* é um serviço financeiro em que uma empresa independente confirma um pedido de exportação no país do vendedor e efetua o pagamento dos bens na moeda desse país. Para o exportador, a confirmação significa que toda a transação, desde a fábrica até o usuário final, será plenamente coordenada e paga no devido prazo. Embora muito usada, essas opções de financiamento estão menos disponíveis do que o financiamento bancário.

## Intermediários do canal de distribuição

Além de atuar como representantes de exportações, alguns intermediários podem financiar as vendas de exportação. Por exemplo, muitas *trading companies* e empresas de gerenciamento de exportações oferecem financiamento de curto prazo ou podem simplesmente adquirir produtos para exportação diretamente do fabricante, dessa forma eliminando quaisquer riscos associados à transação da exportação bem como a necessidade de financiamento.

## Compradores e fornecedores

É comum que os compradores de produtos de alto valor efetuem o pagamento de um sinal que reduza a necessidade de financiamento captado de outras fontes. Além disso, os compradores podem fazer pagamentos incrementais à medida que a produção dos bens ou do projeto seja finalizada. Alguns setores usam cartas de crédito que permitem pagamentos parcelados mediante a inspeção pelo agente do comprador ou o recebimento de uma declaração do exportador de que determinada porcentagem do produto foi completada. Além disso, os fornecedores de quem o exportador compra insumos ou suprimentos podem estar propensos a oferecer condições de pagamento mais favoráveis ao exportador, caso estejam confiantes de que serão pagos.

## Financiamento intracorporativo

Grandes multinacionais com subsidiárias no exterior contam com muito mais opções para financiar as exportações. Por exemplo, elas podem permitir que suas subsidiárias retenham um nível maior do que o usual de seus próprios lucros para financiar as vendas de exportação. A matriz pode prover empréstimos, investimentos com participação acionária e crédito comercial (como as extensões das contas a pagar) como forma de financiar as atividades de vendas internacionais de suas subsidiárias. A matriz também pode dar garantias para empréstimos obtidos de bancos estrangeiros por suas subsidiárias. Por fim, as grandes multinacionais geralmente têm acesso ao financiamento por capital próprio ao vender obrigações ou ações corporativas nos mercados acionários.

## Programas de apoio governamental

A maioria dos órgãos governamentais oferece programas de apoio aos exportadores para suas necessidades financeiras. Em alguns casos, esses programas exigem que os bens exportados tenham um nível significativo de conteúdo local. Outros concedem empréstimos ou doações ao exportador, enquanto outros, ainda, oferecem programas de garantia que demandam a participação de um banco ou outro credor aprovado. Os bancos comerciais recorrem aos programas governamentais de garantia e seguro para reduzir o risco associado aos empréstimos a exportadores. Por esses acordos, um governo compromete-se a pagar o empréstimo feito por um banco comercial, em caso de insolvência do importador.

Nos Estados Unidos, o *Export-Import Bank* (Ex-Im Bank) é um órgão público com inúmeros programas de apoio a exportadores. O banco emite seguro de crédito que protege as empresas contra a inadimplência sobre exportações vendidas mediante crédito de curto prazo. O financiamento está disponível para exportações, importações e investimentos internacionais. Além disso, há órgãos que atendem às necessidades dos pequenos exportadores. Por exemplo, o U.S. Small Business Administration auxilia empresas que, de outra forma, não conseguiriam obter financiamento comercial. A Export Credits Insurance Corporation do Canadá, a Export Credit & Guarantee Corporation, Ltd. da Índia e a Companía Argentina de Seguros de Credito da Argentina prestam serviços similares aos do Ex-Im Bank.

### Bancos de desenvolvimento multilateral (BDM)

Os **bancos de desenvolvimento multilateral** (**BDMs**) são instituições financeiras internacionais de propriedade de múltiplos governos que fazem parte da mesma região ou de outros grupos. Seu objetivo individual e coletivo consiste em promover progresso econômico e social em seus países membros — muitos dos quais são países em desenvolvimento. Os BMDs incluem o African Development Bank, o Asian Development Bank, o European Bank for Reconstruction and Development, o Inter-American Development Bank e o World Bank Group. Essas instituições realizam suas missões oferecendo empréstimos, cooperação técnica, doações, capital de investimento e outros tipos de apoio a governos e órgãos dos países membros.

## Como identificar e trabalhar com intermediários no exterior

Como o texto de abertura enfatiza, o sucesso nas exportações geralmente depende do estabelecimento de fortes relacionamentos com distribuidores, representantes de vendas e outros intermediários nos mercados externos. As feiras comerciais representam uma boa oportunidade de encontrar potenciais intermediários, familiarizar-se com os principais participantes do setor e aprender com a experiência de outros exportadores. Além disso, as empresas podem obter recomendações sobre os intermediários mais adequados, de agentes de carga a consultores comerciais. Em outros casos, para identificar intermediários no exterior, os exportadores podem consultar as seguintes fontes:

- Diretórios comerciais de países e regiões, como *Kompass* (Europa), *Bottin International* (mundial), *Nordisk Handelskelander* (Escandinávia) e *Japanese Trade Directory*. Outros diretórios incluem: Dun and Bradstreet, Reuben H. Donnelly, Kelly's Directory e Johnson Publishing, bem como as *Páginas Amarelas* estrangeiras (geralmente disponíveis on-line).
- Associações comerciais de setores específicos, como a National Furniture Manufacturers Association ou a National Association of Automotive Parts Manufacturers.
- Departamentos, ministérios e órgãos governamentais encarregados de dar apoio ao desenvolvimento econômico e comercial, como Austrade na Austrália, Export Development Canada e International Trade Administration do Departamento de Comércio dos Estados Unidos.
- Adidos comerciais em embaixadas e consulados no exterior.
- Escritórios de representação de alguns órgãos governamentais estrangeiros localizados no país do exportador, como a Jetro, organização de comércio exterior do Japão.

De modo geral, o melhor método para identificar e qualificar intermediários é visitar o mercado-alvo. As visitas *in loco* permitem contato direto com o mercado e geram oportunidades de conhecer os intermediários em potencial. Nessa ocasião, também se podem inspecionar as instalações bem como avaliar as competências, o pessoal técnico e a estrutura de venda dos candidatos à intermediação. Quando as opções se afunilam a um ou dois candidatos, os exportadores experientes costumam solicitar que se prepare um plano de negócios para a parceria proposta. A qualidade e a sofisticação do plano resultante proveem a base de avaliação das reais qualificações do parceiro em prospecção.

### Atuação conjunta com intermediários no exterior

No Capítulo 3, discutimos a natureza e o papel de vários intermediários em negócios internacionais. Nas exportações, o mais comum é o distribuidor independente baseado no exterior. O exportador conta com o distribuidor para grande parte das atividades de marketing, distribuição física e atendimento ao cliente no mercado de exportação. O sucesso do exportador depende muito das competências que o distribuidor traz para a parceria. Portanto, os gestores mais eficazes dedicam-se com afinco a construir *ativos relacionais* — ou seja, relações comerciais e sociais de alta qualidade e duradouras com os principais intermediários e facilitadores no exterior que trazem vantagens competitivas. Embora, em geral, os concorrentes possam replicar os atributos competitivos do exportador, como características dos produtos ou habilidades de marketing, elos fortes com intermediários estrangeiros competentes formam-se com o tempo e dão ao exportador uma vantagem competitiva de longa duração.

O desenvolvimento de ativos relacionais com os intermediários é realizado de várias formas. O exportador pode cultivar relações mutuamente benéficas e aderentes, prestar um atendimento genuíno às necessidades dos intermediários e desenvolver solidariedade com o parceiro, demonstrando sólido comprometimento, mantendo-se confiável e construindo a confiança mútua.[11] Como exemplo, a Super Vision International Inc. é fabricante de iluminação de fibra ótica. Ao exportar para um determinado país, ela inicialmente desenvolve uma relação próxima de trabalho com o maior importador do país, o qual se torna, então, seu fio condutor para as empresas de menor porte no país. A receita parece ser de sucesso: atualmente, a Super Vision arrecada dois terços de sua receita no exterior, sobretudo de países em desenvolvimento.[12]

Para criar uma relação de trabalho positiva, o exportador deve ser sensível aos objetivos e aspirações do intermediário. Isso requer o desenvolvimento de um bom conhecimento das necessidades dos intermediários e o empenho em atender a elas. Em geral, os intermediários estrangeiros esperam que os exportadores ofereçam o seguinte:

- Produtos bons e confiáveis, para os quais haja mercado desenvolvido.
- Produtos com boa margem de lucro.
- Oportunidade de trabalhar com outras linhas de produto.
- Suporte às comunicações de marketing, como propaganda e promoções, bem como garantias de produtos.
- Um meio de pagamento que não onere desnecessariamente o intermediário.
- Treinamento para o pessoal de nível médio e oportunidade de visitar as instalações do exportador (a convite dele), para obter conhecimento em primeira mão de suas operações.
- Ajudar a montar as instalações de serviço pós-venda, incluindo treinamento de representantes técnicos locais e descontos no custo de reposição de peças com defeito, bem como pronto suprimento de peças sobressalentes, para manutenção ou reparo de produtos.

Atender a essas expectativas contribui muito para criar relacionamentos mutuamente benéficos e de longo prazo.

Por sua vez, o exportador alimenta expectativas que seus intermediários também devem atender. Como as relações com intermediários estrangeiros são muito importantes para seu sucesso, os exportadores mais experientes implementam um cuidadoso processo de classificação e seleção de distribuidores. A Tabela 13.4 resume os critérios de seleção usados para qualificar intermediários em prospecção.

## Quando as relações com os intermediários vão mal

Apesar das boas intenções, podem surgir conflitos entre o exportador e seus intermediários. Esses conflitos podem envolver questões como:

**Tabela 13.4** Critérios para avaliar intermediários de exportação

| *Dimensão do intermediário* | *Critérios de avaliação* |
|---|---|
| Pontos fortes | • Capacidade de financiar as vendas iniciais e o subsequente crescimento no mercado<br>• Capacidade de oferecer financiamento aos clientes<br>• Qualidade da equipe gerencial<br>• Boa reputação entre clientes atuais e passados<br>• Conexões com pessoas influentes ou órgãos do governo em seu mercado |
| Fatores de produção | • Familiaridade com o produto do exportador<br>• Qualidade e sofisticação de todas as linhas de produto administradas pelo intermediário<br>• Capacidade de assegurar a segurança das patentes e outros direitos à propriedade intelectual<br>• Disposição em abrir mão de linhas de produto concorrentes |
| Habilidades de marketing | • Experiência com os consumidores visados<br>• Extensão da cobertura geográfica oferecida no mercado-alvo<br>• Qualidade e porte da equipe de vendas<br>• Capacidade de formular e implementar planos de marketing |
| Comprometimento | • Percentual do negócio do intermediário dependente de um único fornecedor<br>• Propensão a manter estoque suficiente para atender plenamente o mercado<br>• Comprometimento em atingir metas mínimas de vendas |

FONTE: CAVUSGIL, S. T.; YEOH, P. L.; MITRI, M. "Selecting foreign distributors: an expert systems approach". *Industrial Marketing Management*; 24(4):298-304, 1995. Copyright © 1995, com permissão da Elsevier.

- Acordos referentes a remuneração (por exemplo, o intermediário pode pleitear remuneração, mesmo que não seja diretamente responsável por gerar uma venda em particular em seu território).
- Práticas de precificação dos produtos do exportador.
- Práticas de publicidade e promoção, e o nível de apoio à divulgação esperado da parte do fabricante.
- Serviço pós-vendas aos clientes.
- Políticas de devolução de produtos ao exportador.
- Manutenção de um nível adequado de estoque.
- Incentivos à promoção de novos produtos.
- Adaptação do produto para clientes locais.

Prevendo esse tipo de desavença, muitos exportadores estabelecem uma relação contratual e jurídica com o parceiro. Os intermediários são solicitados a assinar um contrato no qual se comprometem a atingir determinadas metas de desempenho e lidar com o produto de uma maneira específica. Algumas empresas solicitam aos candidatos à intermediação que passem por um período de experiência durante o qual possam avaliar seu desempenho. Ao final do período de teste, se o desempenho deles deixar a desejar ou se houver indícios de conflitos futuros, o exportador pode terminar a relação ou exigir uma relação contratual rigorosa.

Caso decida adotar uma relação formal com o intermediário, o exportador deve negociar um acordo contratual que esclareça as tarefas e responsabilidades de ambas as partes, especifique a duração da relação e os termos da renovação, defina o território de vendas do intermediário e explique o processo de resolução de eventuais disputas. O acordo também descreve as bases e as condições para seu cancelamento. Por exemplo, é comum os exportadores cancelarem o contrato com seus intermediários, se estes não cumprirem as metas de desempenho, como vendas anuais especificadas pelo exportador. O intermediário, por sua vez, deve solicitar indenização em caso de cancelamento.

Os exportadores devem negociar com muito cuidado os contratos de intermediação. Devem definir os requisitos legais de cancelamento com antecedência e incluir cláusulas contratuais que especifiquem os direitos de ressarcimento dos intermediários. Em muitos países, as regulamentações comerciais favorecem os distribuidores locais e podem exigir que o exportador os indenize — ou seja, compense-os, mesmo que haja justa causa para o cancelamento. Em certos países, os contratos legais podem ser insuficientes para proteger os interesses do exportador. Por exemplo, China e Rússia não contam com estruturas institucionais jurídicas fortes, o que pode dificultar a aplicação dos contratos.

Assim como ocorre com as operações domésticas de uma empresa, os exportadores poderão encontrar problemas com compradores ou intermediários inadimplentes. Via de regra, os problemas com dívidas em aberto são mais fáceis de *evitar* do que de corrigir depois que acontecem. Antes de fazer um acordo, o exportador deve realizar uma verificação de crédito e outros dados históricos de potenciais intermediários e compradores em larga escala. No que se refere aos mecanismos de pagamento, o *cash in advance* e a carta de crédito costumam ser os melhores. Além de garantir o pagamento, a carta de crédito fomenta um alto grau de confiança entre comprador e vendedor. O exportador também pode fazer seguro com companhias especializadas em transações internacionais para cobrir o risco de crédito comercial.

Em todo caso, algum comprador sempre acaba atrasando um pagamento. Quando isso ocorre, o recurso mais simples e menos custoso para o exportador é negociar com a parte devedora. Com paciência, compreensão e flexibilidade, os conflitos podem ser resolvidos a contento para ambos os lados. Embora possa haver a necessidade de concessões em alguns pontos — talvez até quanto ao preço dos bens comprometidos — o exportador pode salvar um valioso cliente ou intermediário, e o lucro no longo prazo. Entretanto, se as negociações falharem e o custo do cancelamento for significativo, o exportador poderá necessitar de ajuda de seu banco, sua assessoria jurídica e outros especialistas qualificados. Em caso extremo, ele pode ser forçado a recorrer a um processo judicial, arbitragem ou outros meios legais de garantir o pagamento por uma venda.

## Countertrade

Embora o *countertrade* possa servir como um método de pagamento no comércio internacional, também pode ser uma modalidade de entrada em mercados externos. As atividades de *countertrade* predominam especialmente nas interações com os governos de países em desenvolvimento. Bens e serviços são trocados por outros bens e serviços, quando os meios convencionais de pagamento são difíceis, onerosos ou inexistentes. Dessa forma, o escambo é uma forma de *countertrade*. Este se refere a uma transação comercial internacional em que os pagamentos, integrais ou parciais, são feitos em mercadoria em vez de dinheiro. A empresa focal envolve-se ao mesmo tempo com exportação e importação.

Consideremos o exemplo da Caterpillar, que exportou máquinas de terraplenagem para a Venezuela. Em troca, o governo venezuelano cedeu à empresa 350.000 toneladas de minério de ferro. Ocasionalmente, os países do Oriente Médio pagam por bens importados com petróleo, como quando a Arábia Saudita adquiriu jatos da Boeing. Também chamado de comércio *de mão dupla* ou *recíproco*, o *countertrade* opera com base no princípio do "Comprarei seus produtos se você comprar os meus."

A Figura 13.4 ilustra as múltiplas transações envolvidas em operações de *countertrade*. O mais comum é que a empresa focal seja ocidental, digamos, a General Electric, que pretende vender seus produtos ou tecnologias (por exemplo, motores a jato) para o governo de país em desenvolvimento.

Figura 13.4 Os quatro riscos dos negócios internacionais

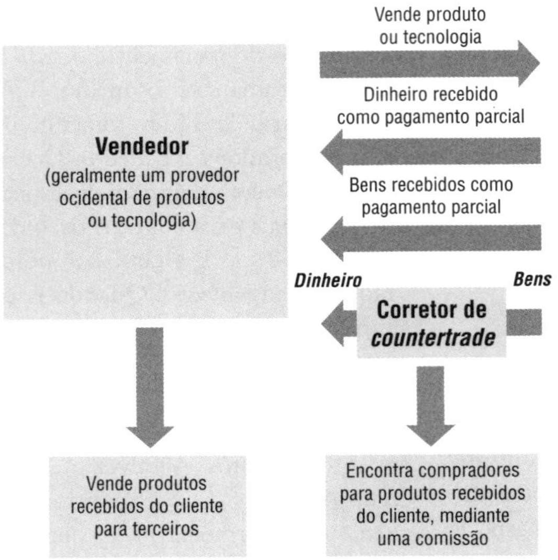


Neste caso em particular, o cliente é o governo da Indonésia, que sofria uma escassez aguda de moedas conversíveis (como o dólar norte-americano, o euro e o iene) e não conseguia pagar a General Electric em dinheiro. O governo indonésio propôs à empresa que aceitasse alguns produtos locais como pagamento parcial ou integral. Os produtos oferecidos por países em desenvolvimento costumam ser *commodities* (como grãos, minerais ou bens manufaturados que podem ter potencial limitado de venda internacional). A General Electric pode ficar com esses produtos ou vendê-los no mercado internacional para receber seu pagamento. Como alternativa, ela pode recorrer a um corretor de *countertrade* para que ele venda esses itens, mediante uma comissão. Em outra transação de *countertrade*, a Philip Morris exportou cigarros à Rússia, pelos quais recebeu produtos químicos como pagamento. Ela embarcou esses produtos químicos para a China e recebeu artigos de vidro em troca, que então vendeu na América do Norte. Além de um comprador e um vendedor, pode ser necessário o envolvimento de um corretor de *countertrade*. Além disso, transações múltiplas podem levar anos até serem concluídas. Como se vê, as operações de *countertrade* tendem a ser bem mais complicadas do que a forma tradicional de comércio.

Relacionamos a seguir alguns exemplos de transações de *countertrade*:

- A Caterpillar recebeu caixões fúnebres de clientes colombianos e vinho de clientes argelinos em troca de máquinas de terraplenagem.
- A Goodyear trocou pneus por minerais, tecidos e produtos agrícolas.
- A Coca-Cola adquiriu molho de tomate da Turquia, laranjas do Egito e cerveja da Polônia, para contribuir com as exportações nacionais nos países onde realiza negócios.
- A Control Data Corporation aceitou cartões de Natal russos em uma transação de *countertrade*.
- A Pepsi-Cola adquiriu os direitos de distribuição de filmes húngaros no Ocidente em uma transação de *countertrade*.

## A magnitude e os fatores geradores de *countertrade*

Muitas multinacionais buscam transações não tradicionais de comércio desde a década de 1960, não só nos países em desenvolvimento com escassez de moedas fortes, mas também em nações industrializadas. Embora o volume exato de *countertrade* seja desconhecido, alguns observadores estimam que esse tipo de transação corresponda a até um terço de todo o comércio mundial. Ele também predomina em projetos de aquisições governamentais de grande escala. Por exemplo, o *countertrade* tem sido obrigatório para todas as compras externas do governo federal da Austrália de mais de 2,5 milhões de dólares australianos. Na Coreia do Sul, o *countertrade* é obrigatório para compras governamentais de telecomunicações e defesa que ultrapassem US$ 1 milhão. Na Ásia, a Indonésia foi a pioneira ao exigir o *countertrade* para compras de alto volume do setor público. As nações do Leste Europeu e a Rússia praticam o escambo e o *countertrade* há algum tempo.

O *countertrade* ocorre em reação a dois fatores primordiais. Primeiro, a escassez crônica de moeda forte nas economias em desenvolvimento. Segundo, a falta de experiência de marketing, adequados padrões de qualidade e conhecimento dos mercados ocidentais por parte das empresas de economias em desenvolvimento. O *countertrade* permite a essas empresas acessar mercados que de outra forma seriam inacessíveis e ao mesmo tempo gerar moeda forte.

## Tipos de *countertrade*

Existem quatro tipos principais de *countertrade*: *barter*, acordos de compensação, *counterpurchase* e acordos de recompra (*buy-back*). Primeiro, o ***barter*** — a forma mais antiga de comércio — refere-se à troca direta de bens, sem envolvimento de dinheiro. Embora menos comum hoje em dia, o *barter* ainda ocorre (inclusive no comércio doméstico) em transações diretas, pontuais. Em comparação com outras formas de *countertrade*, o *barter* envolve um único contrato (em vez dos dois ou mais contratos comuns nas outras modalidades), tem curta duração (outras transações de *countertrade* podem estender-se por vários anos) e é menos complicado (outras formas geralmente exigem comprometimento gerencial, enquanto o *countertrade* exige comprometimento de recursos).

Segundo, os **acordos de compensação** envolvem o pagamento tanto em bens quanto em dinheiro. Por exemplo, uma empresa pode vender equipamentos ao governo brasileiro e receber metade do pagamento em moeda forte e metade em mercadorias.

Terceiro, também conhecido como transação *back-to-back* ou acordos de *offset*, o ***counterpurchase*** envolve dois contratos distintos. No primeiro, o vendedor concorda em comercializar seu produto a um preço pré-estipulado e recebe pagamento em dinheiro do comprador. Entretanto, esse primeiro negócio está vinculado a um segundo contrato, pelo qual o vendedor também concorda em adquirir bens do comprador no valor total ou percentual do primeiro. Se o intercâmbio não se der em valores iguais, o saldo deverá ser pago em dinheiro. Como alternativa, o comprador pode requerer que uma determinada proporção dos bens do vendedor seja produzida e montada em seu país. O *counterpurchase* é comum no setor de defesa nacional, em que os governos que compram equipamentos militares podem exigir que o fornecedor adquira alguns produtos locais ou contribua para o emprego local.

Por fim, em um **acordo de recompra** (***buy-back***), o vendedor concorda em suprir tecnologia ou equipamento para a construção de uma fábrica e recebe pagamento sob a forma de bens fabricados nessa unidade. Por exemplo, o vendedor pode projetar e construir uma fábrica no país do comprador para manufatura de tratores. O vendedor é remunerado com os tratores da fábrica que construiu, os quais ele então vende nos mercados mundiais. Em essência, a transação original envolve bens e serviços que geram outros bens e serviços, que são então recebidos em pagamento. Os acordos de recompra podem levar anos até serem concluídos e, portanto, acarretam alto risco.

## Riscos do *countertrade*

Há quatro problemas a serem enfrentados pelas empresas no comércio recíproco.

Primeiro, os bens que o cliente oferece podem ser inferiores em qualidade, com limitado potencial de venda no mercado internacional.

Segundo, é em geral muito difícil atribuir um valor de mercado aos bens oferecidos por um cliente, porque esses bens costumam ser *commodities* ou manufaturas de baixa qualidade. Além disso, nem sempre o comprador tem a oportunidade de inspecionar os bens ou dispõe de tempo para conduzir uma análise de mercado.

Terceiro, as transações de *countertrade* são ineficientes porque ambas as partes incham seus preços. O vendedor pode ter grande dificuldade de revender as *commodities* que recebe como pagamento. Em um cenário característico, a General Electric (GE) repassará os produtos que recebe como pagamento em *countertrade* (por exemplo, pregos, móveis e massa de tomate) para um corretor que então os venderá no mercado mundial em troca de uma comissão. Por conseguinte, a GE incorporará o custo de dispensação dos bens no preço que cotar para o comprador. Este, por sua vez, prevendo o escalonamento de preço da GE, repassará o custo extra a seus clientes. Dessa forma, a transação resultante entre a GE e o comprador é ineficaz.

Quarto, o comércio recíproco leva a transações altamente complexas, trabalhosas e prolongadas. Como resultado, costuma ser bastante baixa a parcela de transações de *countertrade* que as empresas conseguem realizar. Quinto, as regras impostas pelos governos podem tornar o *countertrade* altamente burocrático. As regras tornam-se essencialmente complicadas e frequentemente frustrantes para a empresa exportadora.

## Por que o *countertrade*?

Embora a maioria das empresas relute em adotar o comércio recíproco, há cinco circunstâncias em que ele deva ser considerado. Primeiro, quando a alternativa for não realizar nenhum comércio, como no caso do *countertrade* mandatório, as empresas terão de considerar sua adoção. Segundo, o *countertrade* pode ajudar as empresas a ter uma base de apoio em novos mercados e a cultivar relacionamento com novos clientes. Por exemplo, na indústria de mineração, certos tipos de mineral estão disponíveis somente em países em desenvolvimento. Os direitos de mineração nessas áreas podem ser disponibilizados apenas para empresas dispostas a aceitar o *countertrade*. Terceiro, muitas empresas usam o *countertrade* de forma criativa para desenvolver novas fontes de suprimento. O comércio recíproco torna-se mais atrativo se a empresa puder adquirir produtos que usaria em suas próprias operações. A empresa pode desenvolver novos fornecedores nesse processo.

Quarto, as empresas têm recorrido ao *countertrade* como uma forma de repatriação de lucros congelados em contas bloqueadas de operações de uma subsidiária estrangeira. Sem outra alternativa de repatriar seus ganhos, a empresa vai explorar o mercado local em busca de produtos que possa exportar para mercados mundiais. A antiga subsidiária Motors Trading, da General Motors, foi criada para gerar créditos de comércio — ou seja, vender seus veículos em um mercado e, em troca, contribuir para as exportações de mercadorias originárias desse país.

Quinto, devido à sua natureza arriscada e trabalhosa, as empresas podem ter êxito ao desenvolver gestores que se sintam à vontade com uma mentalidade de troca. Multinacionais como GM, GE, Siemens, Toshiba e Caterpillar criaram divisões separadas para estimular gestores globais com mentalidade de troca, incentivando-os, dessa forma, a serem empreendedores, inovadores, politicamente conectados e altamente versados sobre uma gama de *commodities* e bens intercambiáveis. Essas empresas reconhecem o valor desses atributos para a realização de negócios internacionais e tentam estimulá-los ao envolver seus executivos em *countertrade*. As habilidades gerenciais adquiridas contribuem para melhorar o desempenho internacional, não só em operações de *countertrade*, mas também em diversas outras além das fronteiras nacionais.

## ESTUDO DE CASO

# Barrett Farm Foods: o lançamento internacional de uma pequena empresa

Philip Austin, gerente geral da Barrett Farm Foods, voltou entusiasmado de uma feira da indústria alimentícia em Colônia, Alemanha — a maior no mundo desse setor. A empresa, baseada em Melbourne, Victoria, é a sexta maior do ramo no mercado australiano. Ela distribui *commodities* agrícolas a granel e também alimentos processados. Dentre outros produtos, comercializa noz macadâmia, barras de cereais, alho, gengibre, frutas secas e mel por toda a Austrália. A Barrett teve uma taxa de crescimento saudável na última década, e suas vendas atingiram US$ 215 milhões no último ano. Embora seja bem conhecida no mercado nacional, sua experiência internacional limita-se a atender pedidos ocasionais de clientes no exterior. Para isso, contou com intermediários no país, que a assessoraram nas áreas de logística e pagamentos internacionais. Entretanto, Austin está animado com a perspectiva de uma considerável expansão no negócio de exportações nos próximos anos.

## Reconhecendo uma oportunidade

O que levou Austin a participar da feira alemã foi um relatório recente da Austrade, órgão governamental da Austrália de promoção ao comércio, que destacou o tremendo potencial das exportações australianas de alimentos. Por exemplo, de acordo com a Austrade, as exportações australianas de alimentos superaram US$ 25 bilhões de dólares australianos em 2007. A Austrade crê que alimentos altamente processados sejam a próxima tendência e pretende impulsionar as exportações do país.

Mas isso causa um dilema: a maior parte das exportações atuais compõe-se de alimentos *in natura*, não processados. Se apenas dez por cento do valor agregado dos alimentos processados fossem realizados na Austrália, a balança comercial do país melhoraria. Por exemplo, em vez de exportar grãos para a Europa, a Austrade pretende que os produtores australianos processem os grãos em pão e outros produtos de panificação, gerando, assim, empregos para os australianos. A Austrade acredita que carne, cereais, açúcar, laticínios e produtos marinhos tenham o maior potencial de processamento.

## Encontro com potenciais clientes de exportação na feira

Na feira de Colônia, as barras de cereais à base de nozes e mel foram um dos produtos da Barrett que fizeram sucesso. Luigi Cairate, executivo da cadeia italiana de supermercados Standa, estava ansioso para fazer negócios com a Barrett. Ele destacou que, na última década, havia ocorrido uma explosão de interesse em supermercados e mercearias europeias por alimentos e vegetais exóticos, com cada grupo competindo para exibir produtos de todo o mundo. A Standa buscava produtos de outros países, em parte para atender à demanda não sazonal de frutas e vegetais. Gabrielle Donce, gerente de compras do grupo alimentício francês Fauchon, também confirmou o interesse em expor alimentos exóticos e de alta qualidade em suas lojas. Ela acrescentou que os europeus consideravam a Austrália um país exótico, livre de poluição e fabricante de produtos de alta qualidade. Além disso, o mercado de frutas enlatadas expandia-se à medida que a colheita de frutas na Europa declinava ao longo do tempo.

Austin também conheceu Peter Telford, agente do Reino Unido que demonstrou interesse em representar a Barrett na Europa. Telford falou de seu conhecimento de mercado, amplos contatos e experiência comercial anterior. Ele também observou que outras empresas australianas, como Goodman Fielder Wattie, Burns Philip, Adelaide Steamship, Elders-IXL, SPC e Southern Farmers já faziam negócios na região. Comentou sobre várias histórias de sucesso, como a do fabricante de massas sediado em Sydney, a C & M Antoniou, que acabara de estabelecer uma pequena fábrica na Inglaterra como forma de evitar a pesada carga tributária agrícola vigente no mercado da UE. A empresa abastecia diversas das maiores cadeias de supermercados inglesas, como Marks & Spencer, Tesco e Sainsbury's. Outro grupo australiano, Buderim Ginger, recentemente expandira suas operações da Inglaterra para a Europa continental abrindo um escritório na Alemanha.

## Criando uma força-tarefa

Após a feira, Austin criou uma força-tarefa de três profissionais selecionados entre seus gerentes mais experientes e deu-lhes a responsabilidade de implementar um impulso de exportação. Ele considerava razoável um volume de exportações em torno de US$ 30 milhões no primeiro ano. Para que seus produtos fossem exportados para a Europa, a Barrett tinha que examinar suas ofertas atuais. Nomearia um agente, como Peter Telford, para promover vendas a clientes europeus. Os executivos que Austin conhecera na feira eram clientes em potencial a contatar para vendas imediatas. A empresa poderia também enviar produtos e material de divulgação da empresa para importadores europeus, identificar um ou mais distribuidores na Europa com acesso a compradores de grande volume, como supermercados, e reformular seu site na Web para atrair negócios de exportação.

Embora os gerentes da força-tarefa compartilhassem o entusiasmo de Austin quanto à expansão para os mercados europeus, eles não compartilhavam seu otimismo. A Barrett tinha pouca experiência para lidar com as complexidades de embarques internacionais, documentação de exportações e cobrança de clientes de exportação. Além disso, eles sabiam que esse tipo de transação levava muito tempo para ser concluída e que a empresa teria que obter financiamento para exportar. Mais importante ainda, os gerentes sentiam que teriam de investir na formação de uma pequena equipe de exportação e rapidamente treinar ou contratar funcionários experientes nessa área.

O negócio de alimentos é complexo, em parte devido à sua perecibilidade, com frequência exigindo equipamento especial para distribuição. Além disso, a Europa apresentava muitas diferenças em preferências nacionais, regulamentações e estruturas de mercado. Os produtos alimentícios eram especialmente suscetíveis às preferências locais. Por exemplo, a Vegemite — uma pasta marrom escura e salgada para café da manhã, à base de levedura — era uma das favoritas dos australianos, mas tinha pouca aceitação fora do país. Sem reconhecimento de marca na União Europeia, a Barrett poderia também ter que recorrer a marcas de loja, o que reduziria suas margens de lucro.

A Barrett terá que recorrer a competentes intermediários estrangeiros com acesso às principais cadeias de supermercado para distribuir seus produtos. Peter Telford era a escolha certa? Que tipo de comissionamento seria necessário para remunerar esses intermediários? Com muitos concorrentes de grande porte e mais experientes na União Europeia, a Barrett devia manter seus preços competitivos, embora a complexidade da precificação pudesse confundir gestores inexperientes. Os gerentes mais experientes da empresa reconheciam que os preços exerciam um evidente efeito sobre as vendas e os lucros. O lançamento da moeda única europeia, o euro, simplificava a estratégia de formação de preços, mas inúmeros outros desafios persistiam. Os preços ainda eram afetados por custos de transporte, demanda de consumo, taxas de câmbio, tarifas, preços da concorrência, conformidade com as regulamentações e custos de marketing e distribuição física.

### Questões do estudo de caso

1. Você vê algum problema no plano de Austin para a expansão europeia? Você apoia sua visão empreendedora das exportações? Quais são os aspectos de uma abordagem mais sistemática às exportações?
2. Por que a Barrett optou pelas exportações como sua estratégia de entrada na Europa, em detrimento do investimento direto estrangeiro e do licenciamento? Que vantagens a exportação proporciona à Barrett? Quais são as potenciais desvantagens da exportação para a Barrett?
3. Quais desafios a Barrett pode esperar em seu impulso para as exportações? Que tipos de nova competência a empresa necessita adquirir para administrar suas transações de exportação?
4. Como a Barrett deve fazer a opção entre exportação direta e indireta? Quais são as características ideais dos intermediários europeus para a empresa? Se ela preferir minimizar seus riscos, quais dos três Incoterms mais comuns a Barrett deverá favorecer? Onde a empresa pode buscar financiamento para suas vendas de exportação?

## Principais termos

acordo de recompra (*buy-back*)
acordo de compensação
bancos de desenvolvimento multilateral (BDMs)
*barter*
carta de crédito
*counterpurchase*
*countertrade*
documentação
exportação
exportação direta
exportação indireta
*global sourcing*
importação
Incoterms
subsidiária própria

## Resumo

Neste capítulo, você aprendeu:

1. **Panorama das estratégias de entrada em mercados estrangeiros**

   As estratégias de entrada em mercados consistem de *exportação*, *suprimento* e *investimento direto estrangeiro*, bem como *licenciamento*, *franquia* e *alianças sem participação acionária*. Cada estratégia apresenta vantagens e desvantagens e tem suas próprias demandas de recursos corporativos. Para selecionar uma estratégia de entrada em um mercado, os gestores devem considerar os recursos e as competências da empresa, as condições no mercado-alvo, os riscos inerentes a cada negócio, a concorrência existente e potencial e as características do produto ou serviço a ser oferecido. A **importação** refere-se à estratégia de adquirir produtos e serviços de fontes localizadas no exterior para uso doméstico. Também é conhecida como **global sourcing**, compras globais ou aquisições globais.

2. **A internacionalização da empresa**

   As empresas internacionalizam-se devido aos *fatores push* e *fatores pull*. A internacionalização inicial pode ser acidental. A administração deve equilibrar o risco em relação ao retorno. Cada negócio internacional proporciona experiências de aprendizagem que estimulam ainda mais a internacionalização. De modo geral, as empresas passam por etapas de internacionalização, indo de estratégias de entrada relativamente simples e de baixo risco para outras mais complexas.

3. **Exportações como estratégia de entrada em mercados estrangeiros**

   A **exportação** refere-se à produção doméstica seguida de remessa de produtos para o exterior, para serem comercializadas e entregues a clientes estrangeiros via intermediários. Trata-se da estratégia preferencial da maioria das empresas em sua primeira iniciativa de internacionalização. Exportar também constitui uma estratégia de entrada relativamente flexível, que permite à empresa se retirar prontamente em caso de problemas graves no mercado-alvo. Um enfoque sistemático à exportação requer que os gestores realizem uma avaliação de oportunidades do mercado global, façam arranjos organizacionais para a exportação, adquiram as habilidades e competências necessárias e elaborem e implementem a estratégia de exportação. Entre os arranjos organizacionais para a exportação estão a **exportação indireta**, a **exportação direta** e o estabelecimento de uma **subsidiária própria**.

4. **Como administrar as transações de exportação-importação**

   Os gestores de uma empresa devem familiarizar-se com a liberação aduaneira, o transporte internacional de bens e a **documentação**, os formulários exigidos e demais papeladas usadas para fechar vendas internacionais. O exportador costuma confiar a preparação dos documentos a um agente de carga. Além disso, em alguns casos, os governos nacionais exigem que os exportadores obtenham uma licença, um tipo de permissão para exportar. Os **Incoterms** são termos de venda universalmente aceitos que especificam efetivamente o que está ou não incluso no preço de um produto vendido internacionalmente, sobretudo com respeito ao custo de transporte e ao seguro dos bens. Entre os mais comuns citamos EXW, FOB e CIF.

5. **Métodos de pagamento em exportações e importações**

   Exportar também exige o conhecimento dos métodos de pagamento, como *cash in advance*, **carta de crédito**, *open account*, vendas consignadas e *countertrade*. Para a maioria das empresas, a carta de crédito é o melhor deles porque estabelece imediata confiança e protege tanto o comprador quanto o vendedor.

6. **Custo e fontes de financiamento de exportações-importações**

   A concorrência acirrada nos mercados de exportação exige que os exportadores ofereçam condições atrativas de pagamento a seus clientes. Fontes de financiamento para transações de exportação incluem bancos comerciais, *factoring*, *forfaiting* e *confirmação*, intermediários do canal de distribuição, financiamento intracorporativo, programas de apoio governamental e **bancos de desenvolvimento multilateral.**

7. **Como identificar e trabalhar com intermediários no exterior**

   Os gestores podem identificar intermediários, como representantes de vendas e distribuidores, de uma diversidade de fontes de informação públicas e privadas. Distribuidores qualificados e comprometidos são valiosos *ativos relacionais*. É recomendável desenvolver relações de longo prazo com esses parceiros de negócios, que desempenham uma variedade de funções no exterior a favor do exportador. A chave para as boas relações incluem cultivar ligações mutuamente benéficas, atender genuinamente às necessidades do distribuidor e estimular a lealdade. Dentre os fatores de sucesso nas exportações, estão um forte comprometimento com o esforço de exportação, a realização de pesquisa de mercado, a ênfase nos produtos mais fortes, o desenvolvimento de um plano de negócios internacionais para cada atividade de exportação e a adaptação às culturas estrangeiras.

8. ***Countertrade***

   O ***countertrade*** refere-se a uma transação comercial internacional em que os pagamentos integrais ou parciais são efetuados em mercadoria em vez de dinheiro. Envolve ser pago em bens ou serviços, em vez de moeda. Também chamado de comércio recíproco de mão dupla, o *countertrade* opera com base no princípio do "Comprarei seus produtos se você comprar os meus". Há quatro tipos de *countertrade*.

O *barter* envolve a troca direta de bens, sem qualquer envolvimento de dinheiro. Os **acordos de compensação** envolvem o pagamento tanto em bens quanto em dinheiro. O ***counterpurchase*** envolve dois contratos distintos. No primeiro, o vendedor concorda em comercializar seu produto a um preço pré-estipulado e ser pago em dinheiro pelo comprador. Este acordo está vinculado a um segundo contrato, pelo qual o vendedor concorda em adquirir bens do comprador no valor monetário total ou em um percentual do primeiro. Os **acordos de recompra** envolvem a anuência do vendedor em suprir tecnologia ou equipamento para construir uma fábrica e receber pagamento na forma de bens produzidos por essa fábrica.

## Teste seu entendimento

1. Quais são as principais estratégias de entrada em um mercado externo? Quais são as características essenciais de cada uma?
2. Descreva o processo mais comum de internacionalização que uma empresa pode adotar ao se expandir para o exterior.
3. O que é exportação? Quais são suas principais vantagens e desvantagens?
4. Descreva a estrutura organizacional da exportação. Quais etapas a empresa deve seguir para garantir o sucesso nas exportações?
5. Quais são as principais atividades envolvidas na administração das transações de exportação?
6. Explique os principais métodos de pagamento que os exportadores costumam usar. Qual é o método de pagamento mais confiável e como os exportadores podem efetuá-lo?
7. O que são os Incoterms e por que as empresas os adotam?
8. Como você identificaria os intermediários estrangeiros mais adequados?
9. Que medidas o exportador deve adotar para assegurar o sucesso na atuação conjunta com intermediários?
10. Explique a natureza, o papel e os riscos envolvidos no *countertrade*.

## Aplique seu entendimento

1. Embora a expansão internacional da maioria das empresas seja gradual, algumas de menor porte fazem isso a partir de sua fundação ou em seu estágio inicial de operação. As assim chamadas empresas *born global* representam uma revolução no comércio internacional. Seu surgimento sugere que as empresas podem participar ativamente dos mercados estrangeiros em sua fase inicial. Suponha que você é um consultor de negócios internacionais e foi contatado pela alta administração de uma empresa jovem que fabrica móveis de escritório. Ela necessita gerar mais vendas e pretende expandir-se para o mercado externo. Considerando-se que a internacionalização envolve riscos, sobretudo para uma pequena empresa, o que você lhe recomendaria? Em particular, que abordagem sistemática à exportação e à administração das transações de exportação-importação você sugeriria?
2. A Moose & Walrus é fabricante de uma linha muito popular de moda jovem. Ela está firmemente estabelecida em seu mercado doméstico, mas ele está relativamente saturado e apresenta pouca perspectiva de crescimento das vendas. A empresa decide, então, exportar sua linha de vestuário para o Japão e para vários países europeus. Em virtude de sua forte base de manufatura no país de origem, a alta administração decidiu internacionalizar-se via exportações e contratou você para ajudar nessa iniciativa. Prepare um *briefing* aos altos executivos da empresa e descreva as vantagens e desvantagens de exportar. Além disso, recomende e descreva os métodos de pagamento.
3. A Antenna Communications Technologies, Inc. (ACT) é uma pequena empresa de comunicações via satélite. Seu produto é uma antena multifeixe que permite aos clientes nos setor de radiodifusão receber sinais de até 35 satélites ao mesmo tempo. A empresa possui experiência muito limitada em negócios internacionais. Recentemente, ela contratou você como gerente de exportação e, com base em profunda pesquisa, você concluiu que existem mercados promissores de exportação do produto para África, China, Rússia e Arábia Saudita. Você seguiu as principais etapas na estrutura organizacional para exportação e decidiu que a modalidade direta é a estratégia de entrada mais adequada para a ACT. Sua próxima tarefa consiste em identificar distribuidores nos mercados visados. Como você deve fazer isso? Que recursos você acessaria para identificá-los? Uma vez estabelecida, qual é a melhor forma de manter sólidas relações com os distribuidores estrangeiros? Por fim, que método de pagamento a ACT deve usar para a maior parte de seus mercados potenciais?

## Notas

1 GAO, T. "The contingency framework of foreign entry mode decisions: locating and reinforcing the weakest link". *Multinational Business Review.* 12:37-68, 2004.

2 "Escaping the middle market trap: an interview with the CEO of Electrolux". *McKinsey Quarterly*. 4:73-9, 2006.

3 CAVUSGIL, S. T. "On the internationalization process of firms". *European Research*. 8:273-81, 1980.

4 JOHANSON, J.; VAHLNE, J.-E. "The internationalization process of the firm — a model of knowledge development and increasing foreign commitments". *Journal of International Business Studies*. 8:23-32, 1977; SALOMON, R., SHAVER, J. M. "Learning by exporting: new insights from examining firm innovation". *Journal of Economics & Management Strategy.* 14:431-42, 2005.

5 "Digital dragon". *Economist*. 17 dez. 2005, p. 58.

6 LIU, D. "Exporting mortgage insurance beyond the United States". *Housing Finance International.* 14:32-41, 2000.

7 RAJSHEKHAR, J., MARTIN, C., TODD, P. "The export of e-services in the age of technology transformation: challenges and implications for international service providers". *The Journal of Services Marketing*. 18:560-73, 2004.

8 INSTITUTE FOR INTERNATIONAL BUSINESS. "The global vs. domestic wine industry". *Global Executive Forum*, primavera-verão 2005, p. 12.

9 CAVUSGIL, S. T.; ZOU, S. "Marketing strategy-performance relationship: an investigation of the empirical link in export market ventures". *Journal of Marketing*. 58:1-21, 1984.

10 O'FLANAGAN, M. "Case study: exporting gives businesses a healthy outlook". *Sunday Business Post*. 6 abr. 2003.

11 ZHANG, C.; CAVUSGIL, S. T.; ROATH, A. "Manufacturer governance of foreign distributor relationships: do relational norms enhance competitiveness in the export market?" *Journal of International Business Studies*. 34:550-63, 2003.

12 "So you think the world is your oyster". *Business Week*. 9 jun. 1997, p. 4.

CAPÍTULO 14

# INVESTIMENTO DIRETO ESTRANGEIRO E EMPREENDIMENTOS COLABORATIVOS

## Objetivos de aprendizagem

Neste capítulo, você aprenderá sobre:

1. Uma estrutura de organização para as estratégias de entrada a mercados internacionais
2. Motivos para pensar no investimento direto estrangeiro (IDE) e nos empreendimentos colaborativos
3. Investimento direto estrangeiro
4. Tipos de investimento direto estrangeiro
5. Iniciativas colaborativas internacionais
6. Gerenciamento de empreendimentos colaborativos
7. A experiência dos varejistas nos mercados estrangeiros
8. Investimento direto estrangeiro, empreendimentos colaborativos e comportamento ético

## A farra de compras globais da Deutsche Post

À medida que o comércio transnacional aumenta, aumenta também a demanda de serviços de cadeia de suprimentos, logística e correio expresso por parte de empresas que trabalham com matéria-prima, peças, produtos acabados, pacotes e documentos no mundo inteiro. Os facilitadores da logística especializada organizam, coordenam e controlam as cadeias de suprimentos utilizando avanços tecnológicos e presença física em cada canto do planeta. Empresas de encomendas como a UPS, FedEx e DHL têm redes mundiais de escritórios e depósitos, caminhões, aviões e complexos sistemas de rastreamento de informações para atender às necessidades globais de logística e entrega da empresa.

A Deutsche Post AG, que era antigamente o serviço postal do governo alemão, foi privatizada em 2000. Desde então, a empresa vem gastando milhões de dólares para adquirir empresas ao redor do mundo, tornando-se líder mundial no mercado do correio expresso e da logística. A divisão de correio expresso deita mão de aviões e caminhões para transportar os correios e enviar encomendas. A divisão de logística trabalha com as necessidades de transporte internacional de várias empresas. Quase a metade das vendas da Deutsche Post vem da Europa, um terço vem da América do Norte, e o resto vem da região Ásia/Pacífico.

A força principal da Deutsche Post é seu tamanho. Com 500.000 funcionários e rendimentos anuais superiores a 70 bilhões de dólares em 2007, a Deutsche Post possui 420 aeronaves, 72.000 veículos e 640 escritórios de logística em 200 países. A empresa estabeleceu escritórios, ora pelo investimento direto estrangeiro (IDE), ora pela formação de empreendimentos colaborativos com empresas parceiras nos mercados estrangeiros. As empresas usam o IDE para estabelecer presença física no exterior construindo ou adquirindo instalações de produção ou de montagem, escritórios de vendas ou outros tipos de instalações locais. A matriz pode ser a detentora de 100 por cento da operação estrangeira ou pode deter apenas uma parte, em parceria com um aliado estrangeiro. O último tipo de acordo é conhecido como *joint venture*, quando duas ou mais empresas criam uma nova empresa de propriedade conjunta.

Como muitas outras empresas nos últimos anos, Deutsche Post fez aquisições estrangeiras para crescer internacionalmente. Por exemplo, em 1999, ela adquiriu a Danzas, a empresa suíça de transporte aéreo e marítimo. Em 2002, pagou 2,7 bilhões de dólares para adquirir a empresa norte-americana DHL. No ano seguinte, a Deutsche Post (através da DHL) gastou 1 bilhão de dólares pela rede de distribuição em terra da firma norte-americana Airborne. A aquisição em 2005 de 81 por cento da companhia indiana de correio expresso Blue Dart reforçou a capacidade da Deutsche Post no atendimento de clientes na Ásia. A aquisição da firma Exel na Grã-Bretanha em 2005, com seus 110.000 empregados em 130 países, deu maior controle à Deutsche Post no tocante ao correio expresso e à logística em toda a Europa e os Estados Unidos. A DHL tornou-se o braço principal da Deutsche Post no correio expresso global, oferecendo serviços de correio expresso, frete aéreo internacional e marítimo, logística de contratos e serviços de valor agregado, com clientes como o Standard Chartered Bank, PepsiCo, BMW, e Sun Microsystems.

Além das aquisições, a Deutsche Post entrou em vários empreendimentos colaborativos. A empresa fez uma aliança com a Amazon.com para cuidar das necessidades enormes da Amazon para seus clientes de exportação. A DHL entrou em uma *joint venture* de 50/50 com a Sinotrans para atender o enorme mercado chinês. No Japão, a Deutsche Post formou uma *joint venture* com a Yamato, a maior empresa privada postal do Japão.

Deutsche Post já enfrentou desafios enormes na hora de absorver as aquisições e produzir um retorno financeiro forte. Nos Estados Unidos, ela se esforçava para construir uma rede de transporte confiável. As entregas atrasadas provocaram a ira dos clientes, e a Deutsche Post viu-se forçada a oferecer preços com desconto. O custo enorme da compra de Airborne e de DHL reduziu a capacidade da diretoria para fazer as melhorias necessárias às operações e padrões de serviço.

Sendo uma empresa que pertenceu ao governo alemão no passado, muito do sucesso inicial da Deutsche Post era graças aos subsídios e a outros apoios oficiais. Concorrentes dos Estados Unidos como FedEx e UPS, bem como os sindicatos e os órgãos de segurança nacional, defendiam a tese de que a Deutsche Post não deveria ser autorizada a adquirir grandes infraestruturas de transporte nos Estados Unidos. Apesar das fortes disputas jurídicas, as autoridades se decidiram a favor da DHL e da Deutsche Post. Hoje, a Deutsche Post é líder mundial no setor do transporte aéreo mundial, fretes marítimos e logística contratual.

Fontes: BREAM, R. "Deutsche Post buys UK Mail Group" *Financial Times*, 28 jan. 2004, p. 35; Deutsche Post, disponível em: www.deutschepost.de; "Amazon expands alliance with Deutsche Post Global Mail", marketing direto, nov. 2001, p. 7; "Netherlands industry: Deutsche Post buys Dutch Express Provider". *EIU ViewsWire*, 20 fev. 2003; ESTERL, M. "Deutsche Post struggles to deliver in the U.S.". *Wall Street Journal*. 12 abr. 2006, p. C.5; HAHN, A. "Deutsche Post unique route: will the germans' plan to buy part of airborne pave the way for foreign ownership?". *The Investment Dealers' Digest*, 31 mar. 2003, p. 1; HOFFMAN, W. "PostMerger Indigestion". *Traffic World*, 27 mar. 2006, p. 1; "Deutsche Post and Yamato in joint offering", marketing de precisão, 12 maio 2006, p. 9; WARD, A. "DHL agrees to buy 49% stake in Polar Air", *Financial Times*, 17 out. 2006. p. 28.

## Uma estrutura de organização para as estratégias de entrada a mercados internacionais

A propagação internacional do capital e da propriedade é uma das facetas mais marcantes da globalização. Considere um exemplo recente. Durante 2005, várias empresas estavam em uma licitação para a aquisição da Maytag Corporation, com sede em Newton, Iowa, um dos líderes da indústria mundial de linha branca. Liderando o grupo dos licitantes estava o Haier Group, maior fabricante chinês de aparelhos da linha branca. O grupo Haier ofereceu mais de 1 bilhão de dólares com a esperança de estabelecer uma presença maior nos Estados Unidos, o maior mercado desses aparelhos no mundo. A guerra de lances finalmente culminou no início de 2006, com a Whirlpool, outra fabricante de aparelhos dos Estados Unidos, como a vencedora do leilão por um valor de quase 2,6 bilhões de dólares. Embora a empresa chinesa falhasse nessa tentativa especial de concluir uma aquisição mundial, este exemplo ilustra o importante fenômeno do investimento direto estrangeiro e as iniciativas colaborativas internacionais. O **investimento direto estrangeiro (IDE)** é uma estratégia de internacionalização em que a empresa estabelece uma presença física no exterior através da posse de ativos produtivos, tais como capital, tecnologia, trabalho, terra, plantas e equipamentos. Uma **iniciativa colaborativa internacional** refere-se a uma aliança comercial transnacional em que as empresas parceiras juntam seus recursos e dividem os custos e os riscos do empreendimento. É uma forma de IDE em que uma empresa se associa com outra ou outras empresas para estabelecer uma presença física no exterior.

Outro exemplo recente é o da indústria de cerveja. South African Breweries (SAB), estabeleceu uma presença importante no mercado de cerveja Estados Unidos através da compra em 2002 da Miller Brewing, mudando seu nome para SABMiller plc. Em 2005, a empresa adquiriu 97 por cento da Bavaria S.A., a segunda maior cervejaria da América do Sul. Em 2006, a SABMiller adquiriu a Foster's Índia por 120 milhões de dólares, ganhando o controle de quase 50 por cento do mercado da cerveja indiana. Enquanto isso, na China, a empresa entrou em uma *joint venture* com a CR Snow Breweries, ajudando a tornar a SABMiller a maior cervejaria na China. A ***joint venture*** é uma forma de colaboração entre duas ou mais empresas para criar uma empresa de propriedade conjunta. Um sócio em uma *joint venture* pode desfrutar de uma participação majoritária, minoritária ou equitativa. Através de vários IDE e outros empreendimentos colaborativos na década de 2000, a SABMiller tornou-se a terceira maior cervejaria do mundo, com operações em mais de 60 países.[1] Tanto o IDE quanto a iniciativa colaborativa internacional são exemplos de aspectos fundamentais em que as empresas focais implementam a expansão internacional.

### Tendências no investimento direto estrangeiro e nos empreendimentos colaborativos

O investimento direto estrangeiro é a estratégia de entrada mais avançada e complexa e envolve o estabelecimento de fábricas, subsidiárias de marketing ou outras instalações no exterior. Para a empresa, o IDE exige o uso de recursos substanciais, presença local, operações nos países de destino e eficiência a uma escala global. Além disso, acarreta maior risco em comparação com outros modos de entrada.

Em 2005, houve 141 aquisições transnacional no valor de mais de 1 bilhão de dólares. Os três principais países receptores foram Reino Unido, Estados Unidos e Alemanha. Eis alguns exemplos de investimentos transnacionais recentes:

- Vodafone, uma empresa britânica, adquiriu a empresa tcheca Telecom Oskar Mobil
- eBay, uma empresa americana, adquiriu o Luxemburg's Skype Technologies, uma empresa de *software* predefinido
- Japan Tobacco Inc. adquiriu a fabricante de cigarros britânica Gallaher Group PLC por quase 15 bilhões de dólares
- Dubai International Capital Group adquiriu a operadora britânica de parques temáticos Tussauds Group por 1,5 bilhão
- Sing Tel, uma empresa de Cingapura, adquiriu 49 empresas transnacionais por um valor de 36 bilhões de dólares ao longo de oito anos, incluindo a empresa Cable & Wireless Optus Ltd. da Austrália

Estes e muitos outros exemplos ilustram várias tendências da economia global contemporânea. Primeiro, tanto as empresas das economias avançadas quanto as das emergentes operam com IDE. Em segundo lugar, os países que recebem ou enviam suas empresas para tais investimentos incluem tanto economias avançadas quanto emergentes. Terceiro, as empresas utilizam várias estratégias para entrar nos mercados estrangeiros como investidores, incluindo as aquisições e os empreendimentos colaborativos. Em quarto lugar, empresas de todos os tipos de indústrias, incluindo serviços, usam ativamente o IDE e os empreendimentos colaborativos. Por exemplo, os grandes varejistas começaram a expandir suas operações para o exterior na década de 1970. Destacam-se: Walmart (Estados Unidos), Carrefour (França), Royal Ahold (Holanda), Metro AG (Alemanha) e Tesco (Reino Unido). Finalmente, o investimento direto feito pelas empresas estrangeiras ocasionalmente cria sentimentos patrióticos entre os cidadãos. Por exemplo, a possibilidade de a Haier adquirir a Maytag Corp., em 2005, despertou o sentimento antichinês nos Estados Unidos de que empresas do Leste Asiático engoliriam as empresas norte-americanas. Nesse mesmo ano, uma oferta da companhia petrolífera chinesa CNOOC Ltd. para comprar a Unocal Corp com sede na Califórnia por 18,5 bilhões de dólares criou preocupações sobre a segurança nacional. Quando o público contestou a possibilidade de uma empresa estatal chinesa ganhar o controle de um sector fundamental como a energia, o Congresso dos Estados Unidos proibiu o negócio.

## Estratégias de nível de controle baixo, moderado e alto para entrar no mercado estrangeiro

Já vimos que uma das principais decisões que a diretoria de uma empresa toma no tocante aos negócios internacionais é a escolha da estratégia de entrada no mercado estrangeiro e o acordo institucional particular que utiliza para acessar tal mercado. Ao tentar a entrada no mercado estrangeiro, a empresa focal deve considerar vários fatores, incluindo:

- O grau de controle que quer manter sobre as decisões, operações e ativos estratégicos envolvidos no empreendimento
- O grau de risco que está disposta a tolerar e o prazo dentro do qual se espera o retorno
- Os recursos organizacionais e financeiros (por exemplo, capital, gerentes, tecnologia) que vai empregar no empreendimento
- A disponibilidade e as capacidades dos parceiros no mercado
- Que atividades de agregação de valor serão realizadas pela companhia no mercado e quais as atividades que os parceiros realizarão
- A importância estratégica do mercado a longo prazo

Apesar de todos estes fatores serem relevantes, talvez o mais crítico de todos seja o primeiro, que fala sobre o controle que a empresa focal quer manter sobre a empresa. O controle refere-se à capacidade de influenciar as decisões, operações e recursos estratégicos dos empreendimentos no estrangeiro. Sem controle, a empresa focal "verá que é mais difícil coordenar ações, realizar estratégias... e resolver os conflitos que sempre surgem quando duas partes... perseguem seus próprios interesses".[2]

Na Tabela 3.4 (Capítulo 3), classificamos as estratégias de entrada em três categorias, com base na natureza da operação internacional: (1) o comércio de produtos, (2) a troca contratual de serviços ou de bens intangíveis e (3) a participação de capital em empresas de base estrangeira. A Figura 14.1 ilustra outra forma útil de organizar as estratégias de entrada no mercado estrangeiro com base no nível de controle que cada estratégia permite à empresa focal sobre as operações estrangeiras.

No *continuum* de controle na Figura 14.1, as relações frias entre comprador e vendedor na exportação representam pouco ou nenhum controle em um dos extremos, enquanto o IDE, através de uma subsidiária integral, representa o máximo de controle no outro extremo. Assim, as estratégias de entrada aos mercados estrangeiros podem ser consideradas em três categorias, com base no nível de controle à disposição da empresa focal:

- *Estratégias de baixo nível de controle* são as exportações, *countertrade* (já discutido no Capítulo 13) e o *global sourcing* (a ser discutido no Capítulo 16). Elas oferecem um controle minúsculo sobre as operações estrangeiras, uma vez que a empresa focal delega boa parte da responsabilidade aos parceiros estrangeiros (distribuidores ou fornecedores).

Figura 14.1 Uma classificação das estratégias de entrada ao mercado exterior baseada no nível de controle concedido à empresa focal

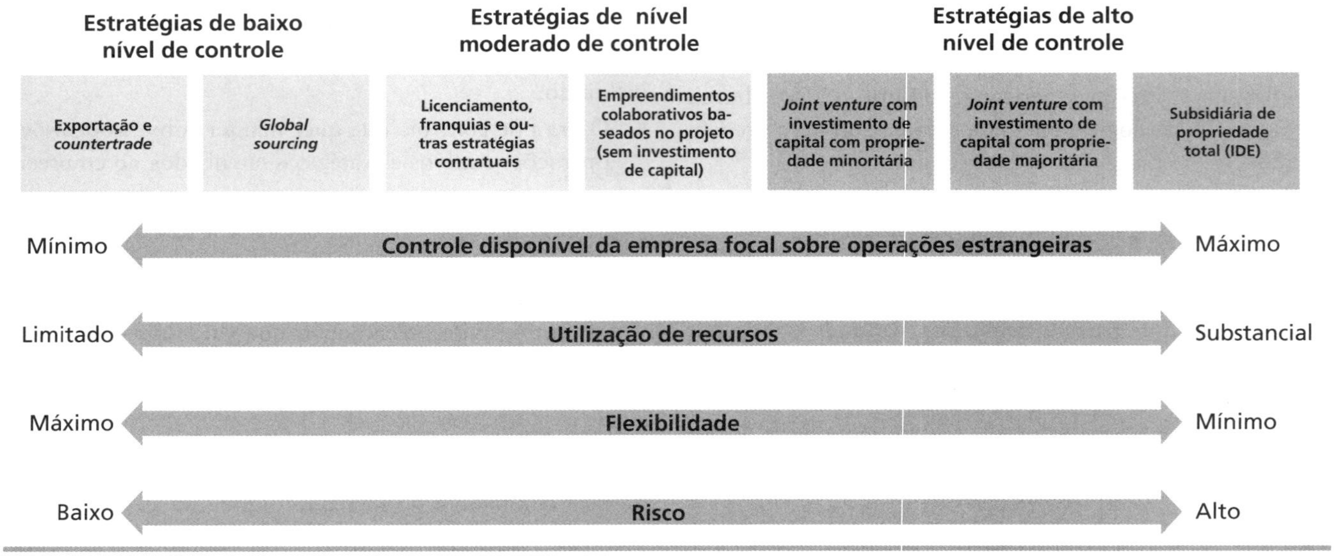


- *Estratégias de nível moderado de controle* são as relações contratuais como o licenciamento e a franquia (Capítulo 15) e os empreendimentos colaborativos baseados em projetos (discutidos neste capítulo).
- *Estratégias de alto nível de controle* são as *joint ventures* igualitárias e o investimento direto estrangeiro (discutido neste capítulo). A empresa focal atinge o máximo de controle através do estabelecimento de uma presença física no mercado externo.

O regime especial de estratégias de entrada na Figura 14.1 ressalta também *trade-offs*, diferentes ao controle, que a empresa focal faz ao entrar em mercados estrangeiros. Em primeiro lugar, as estratégias de nível alto de controle exigem o uso substancial de *recursos* por parte da empresa focal. Segundo, já que a empresa fica ancorada ou fisicamente ligada ao mercado externo no longo prazo, tem menos *flexibilidade* para configurar as suas operações ali conforme as condições no país evoluem com o tempo. Terceiro, a participação a longo prazo no mercado também implica *riscos* consideráveis devido à incerteza dos processos políticos e dos ambientes dos clientes. Especialmente consideráveis são os riscos políticos, culturais e o risco da moeda, que discutimos anteriormente.

## Motivos para pensar no investimento direto estrangeiro (IDE) e nos empreendimentos colaborativos

As empresas procuram o IDE e outras iniciativas colaborativas internacionais por razões complexas e emaranhadas. O objetivo final é aumentar a competitividade da empresa no mercado global. É útil classificar esses motivos específicos em três categorias: motivos relacionados ao mercado, motivos relacionados aos recursos ou à busca de ativos, e motivos relacionados à eficiência.[3] A Figura 14.2 ilustra esses motivos. Eles também são válidos ao IDE e aos empreendimentos colaborativos. Em qualquer empreendimento, vários motivos podem acontecer simultaneamente, sendo que um é mais importante que os outros. Vamos examiná-los em maior detalhe.

### Motivos relacionados à busca de mercados

Os diretores podem procurar novas oportunidades de mercado, seja como resultado da evolução desfavorável em seu mercado local (são empurrados para os mercados internacionais) ou oportunidades atraentes no exterior (são atraídos pelos mercados internacionais). Há três motivações primárias de busca de mercados:

1. *Ter acesso a novos mercados ou oportunidades.* A existência de um mercado substancial motiva muitas empresas a produzirem ofertas perto de onde estão seus clientes. A produção local melhora o atendimento ao cliente e reduz o custo de transportar mercadorias para onde está o comprador. Boeing, Coca-Cola, IBM e Toyota geram mais vendas no exterior do que em seus mercados internos. A gigante fabricante de chips Intel espera vendas enormes na China, onde a renda é crescente e menos de dez por cento dos lares possuem um computador.[4]
2. *Ir atrás dos clientes principais.* As empresas costumam seguir os seus principais clientes no exterior para se antecipar a outros fornecedores que queiram atendê-los. Um exemplo é a Tradegar Industries, que abastece o plástico que seu cliente Procter & Gamble utiliza para fabricar fraldas descartáveis. Quando a P&G construiu

Figura 14.2 Motivos para um investimento direto estrangeiro e empreendimentos colaborativos

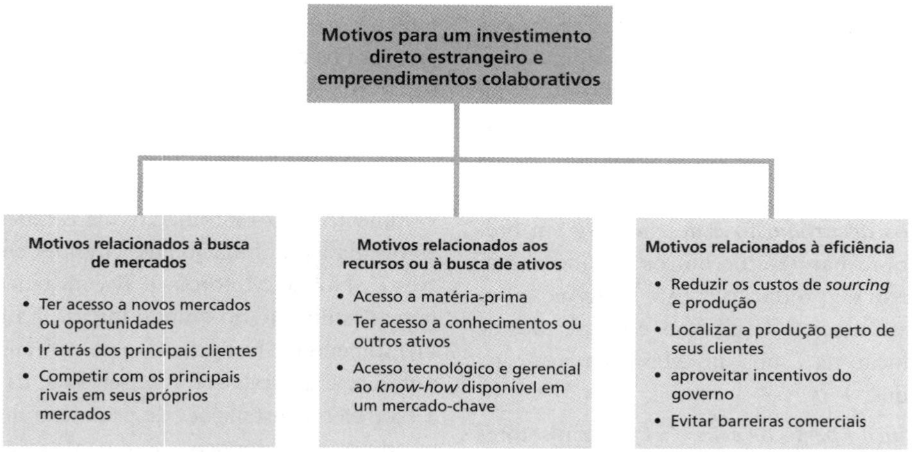
Motivos para um investimento direto estrangeiro e empreendimentos colaborativos
Motivos relacionados à busca de mercados
• Ter acesso a novos mercados ou oportunidades
• Ir atrás dos principais clientes
• Competir com os principais rivais em seus próprios mercados
Motivos relacionados aos recursos ou à busca de ativos
• Acesso a matéria-prima
• Ter acesso a conhecimentos ou outros ativos
• Acesso tecnológico e gerencial ao know-how disponível em um mercado-chave
Motivos relacionados à eficiência
• Reduzir os custos de sourcing e produção
• Localizar a produção perto de seus clientes
• aproveitar incentivos do governo
• Evitar barreiras comerciais

uma fábrica na China, a diretoria da Tradegar tomou a decisão de estabelecer a produção por lá também.

3. *Competir com rivais principais em seus próprios mercados.* Algumas empresas multinacionais podem escolher enfrentar os concorrentes atuais ou potenciais, diretamente no mercado local de seus próprios concorrentes. O objetivo estratégico é enfraquecer o concorrente obrigando-o a gastar recursos para defender seu mercado. Por exemplo, na indústria de equipamentos para terraplenagem, a Caterpillar entrou em uma *joint venture* com a Mitsubishi para exercer pressão sobre a participação no mercado e os lucros da Komatsu, a sua rival comum. A utilização de recursos substanciais para defender seu mercado interno atingiu a capacidade da Komatsu de expandir suas atividades fora de seu mercado local.[5]

## Motivos relacionados aos recursos ou à busca de ativos

As empresas desejam adquirir meios de produção que possam ser mais abundantes ou mais baratos em um mercado estrangeiro ou buscar recursos e capacidades complementares de empresas parceiras. Especificamente, o IDE ou os empreendimentos colaborativos podem ser motivados pelo desejo da empresa de atingir os seguintes objetivos:

1. *Acesso às matérias-primas* necessárias nas indústrias extrativas e agrícolas. Por exemplo, em empresas de mineração, petróleo, indústrias e cultivos não há mais o que fazer senão ir aonde as matérias-primas estão localizadas. Na indústria do vinho, as empresas estabelecem as vinícolas em áreas adequadas para o cultivo da uva.

2. *Obter acesso ao conhecimento ou outros ativos.*[6] Em outras áreas como P&D, manufatura e marketing, a empresa pode beneficiar-se do *know-how* do parceiro. Por exemplo, quando a Whirlpool entrou na Europa, tentou uma parceria com a Philips para se beneficiar da boa fama dela e de sua rede de distribuição. Em outro exemplo, a General Motors e a Toyota juntaram esforços para criar a New United Motor Manufacturing Inc., ou NUMMI, em Fremont, Califórnia. Como resultado, a General Motors aprendeu sobre as técnicas de produção da Toyota na fabricação de veículos de alta qualidade. Por sua vez, a Toyota recebeu tecnologia e conhecimentos de *design* que lhe permitiram desenvolver veículos mais adequados para os consumidores norte-americanos.

3. *Acessar o* know-how *tecnológico e gerencial disponível em um mercado-chave.*[7] A empresa pode se beneficiar com a sua presença em um bloco industrial importante, como a indústria de robótica no Japão, os produtos químicos na Alemanha, a moda na Itália ou o software nos Estados Unidos. As empresas podem obter muitas vantagens se ficarem perto do centro de desenvolvimento de conhecimento e inovação em uma determinada indústria. Por exemplo, os países hoje considerados ideais para P&D na indústria de biotecnologia são a Dinamarca, Finlândia, Israel, Nova Zelândia, Suécia e Estados Unidos porque todos têm conjuntos consideráveis de trabalhadores com conhecimentos em biotecnologia.[8] Além disso, muitas empresas entram em uma iniciativa colaborativa internacional como prelúdio para um IDE integral. A colaboração com um parceiro local reduz os riscos de entrada, garantindo o acesso a competências locais antes de lançar operações próprias no mercado.

## Motivos relacionados à eficiência

Ao prosseguir a expansão internacional, as empresas também procuram melhorar a eficiência de suas atividades que agregam valor. O objetivo é criar economias de escala e economias de alcance; ou seja, conseguir uma utilização mais eficiente dos ativos corporativos, empregando-os através de um número maior de produtos e mercados. Por exemplo, uma empresa pode concentrar-se na fabricação em alguns locais no mundo como uma forma de otimizar as operações de produção.[9] Ou a empresa pode divulgar as melhores práticas, digamos, no desenvolvimento de novos produtos ou adquirir uma rede global de subsidiárias. As marcas globais podem gerar mais lucro com a inovação de produtos. Os motivos relacionados à eficiência incluem:

1. *Reduzir os custos de produção e de sourcing* em função da mão de obra barata e de outros insumos baratos para o processo de produção.[10] Este motivo explica o desenvolvimento maciço de fábricas e instalações de serviços de produção na China, no México, na Europa Oriental e na Índia.
2. *Localizar a produção perto de seus clientes*. Em setores que exigem que as empresas sejam especialmente sensíveis às necessidades do cliente, ou em setores em que os gostos mudam rapidamente, os diretores estabelecem suas fábricas ou operações de montagem frequentemente perto dos clientes importantes. Por exemplo, na indústria da moda, a Zara, da Espanha, e a H&M, da Suécia, localizam boa parte de sua produção perto de mercados-chave como a Europa. A produção é mais cara, mas a roupa chega mais rápido às lojas e reflete as últimas tendências da moda o mais rápido possível.[11]
3. *Beneficiar-se de incentivos do governo*.[12] Além de restringir as importações, os governos podem oferecer subsídios e benefícios fiscais às empresas estrangeiras para incentivá-las a investir localmente. Os governos incentivam o IDE dentro do país deles porque fornece capital e empregos locais, aumento das receitas por impostos e transferência de conhecimentos e tecnologias.
4. *Evitar barreiras comerciais*. As empresas podem participar do IDE para evitar tarifas e outras barreiras comerciais, uma vez que elas só são aplicadas aos exportadores. Ao estabelecer uma presença física dentro de um bloco econômico, como a União Europeia, uma empresa estrangeira obtém as mesmas vantagens que as empresas locais. Uma parceria com uma empresa local ajuda a superar barreiras regulamentares ou comerciais, ou a satisfazer as regras locais. O desejo de evitar barreiras comerciais ajuda a explicar porque muitas montadoras japonesas criaram fábricas nos Estados Unidos na década de 1980. No entanto, o motivo é menos importante hoje do que no passado, porque as barreiras comerciais foram substancialmente reduzidas em muitos países.

## Investimento direto estrangeiro

O investimento direto estrangeiro é uma estratégia de alto nível de controle para entrar nos mercados estrangeiros. A empresa investe em países estrangeiros com a finalidade de construir ou comprar instalações fabris, filiais, escritórios de vendas ou outras instalações necessárias. Construir uma propriedade no exterior permite à empresa manter uma presença física e garantir o acesso direto aos clientes e parceiros. Neste sentido, o IDE é um capital ou uma propriedade que serve para entrar no mercado estrangeiro. A presença local é especialmente crítica quando atividades significativas da cadeia de valor devem ser executadas no mercado. O investimento direto estrangeiro é a estratégia de entrada mais associada às multinacionais. Grandes empresas como Sony, Nestlé, Nokia, Motorola e Toyota têm operações extensas baseadas no IDE no mundo inteiro. Embora certos tipos de investimentos estrangeiros sejam comuns a empresas de manufatura e a prestadores de serviços, os fabricantes tendem a estabelecer instalações de produção no exterior, enquanto as empresas de serviços geralmente estabelecem instalações para vendas e para melhorar as relações com as agências.

A Samsung, a gigante sul-coreana da eletrônica, entrou pela primeira vez nos Estados Unidos através do IDE em 1984. Com o tempo, a empresa utilizou o IDE para estabelecer fábricas de baixo custo no México, no Sudeste Asiático e na Europa Oriental. Na década de 1990, a Samsung adquiriu as instalações necessárias para o desenvolvimento e produção de semicondutores. A empresa deitou mão do IDE para estabelecer dez centros de P&D na Grã-Bretanha, na China, na Índia, em Israel, no Japão, na Rússia e nos Estados Unidos, que impulsionam o desenvolvimento de tecnologias de ponta em mídia digital e equipamentos, telecomunicações e semicondutores. A maioria das vendas da Samsung vem das operações internacionais — na Ásia (42 por cento), na Europa (24 por cento) e nos Estados Unidos (15 por cento), facilitadas pelas 38 filiais estrangeiras de vendas da empresa. A Samsung também tem 26 centros de produção e logística e três centros no exterior, todos estabelecidos usando o IDE.[13]

O investimento direto estrangeiro não deve ser confundido com investimentos internacionais ou estrangeiros em portfólio. O **investimento internacional em portfólio** é a propriedade passiva de garantias estrangeiras, como ações e títulos com o intuito de gerarem retorno financeiro. É uma forma de investimento internacional, mas não é um investimento direto que visa ao controle do negócio no estrangeiro e representa um compromisso de longo prazo. A ONU usa o valor de referência de pelo menos dez por cento de propriedade da empresa para diferenciar entre o IDE e o portfólio de investimento. No entanto, esse percentual pode ser enganoso porque o controle não acontece nos casos em que o investidor não detém mais de 50 por cento de uma empresa estrangeira.

### Principais características do IDE

O investimento direto estrangeiro é caracterizado por seis peculiaridades fundamentais. Primeiro, o IDE representa um *comprometimento maior de recursos*. Sendo a estratégia de internacionalização mais forte, são necessários muito mais recursos da empresa do que qualquer outra estratégia de entrada.

Em segundo lugar, o IDE implica uma *presença e operações no local*. Ao usar a estratégia de IDE, a diretoria opta por ter presença local e estabelecer um contato direto com os clientes, intermediadores, facilitadores e com o setor público. Algumas empresas concentram suas operações em só um local ou em alguns deles; outras empresas espalham seu IDE por vários países.

Terceiro, o IDE permite à empresa alcançar *eficiência na escala global*, que ajuda a melhorar o seu desempenho. A diretoria escolhe cada local com base nas vantagens comparativas. Ou seja, a empresa pretende realizar atividades de P&D na maioria dos países que possuem forte conhecimento em questões do ramo, abastece-se de fornecedores que entregam os melhores bens e produtos, constrói instalações de produção em locais que fornecem o melhor índice de produtividade para a faixa salarial e estabelece filiais de marketing para vender seus produtos ou serviços nos países que oferecem o maior potencial de vendas.

Em quarto lugar, em comparação com outras estratégias de entrada, o IDE envolve *riscos e incertezas substanciais*, porque estabelecer uma presença permanente e fixa em um país estrangeiro torna a empresa vulnerável às circunstâncias específicas do país. O investimento substancial em instalações locais, equipamentos e recursos humanos expõe o investidor direto ao risco político e de intervenção por parte do governo local sobre os preços, salários e práticas de contratação. Também reduz a flexibilidade da empresa vinculando o capital próprio nesse mercado estrangeiro. Os investidores diretos muitas vezes enfrentam a inflação e outras condições econômicas locais. Por exemplo, a Procter & Gamble (P&G) é um negócio próspero na sua subsidiária local vendendo produtos de consumo na Turquia. No entanto, a Turquia tem um histórico de inflação alta, que chega a 100 por cento em alguns anos. A P&G teve que criar uma variedade de estratégias para minimizar sua exposição aos efeitos adversos da inflação, incluindo negociações salariais com os trabalhadores locais, aumentando os preços em conformidade com as condições locais e repatriando os lucros rapidamente.

Em quinto lugar, os investidores diretos devem *lidar mais intensamente* com as variáveis sociais e culturais presentes no mercado que os recebe. As empresas multinacionais com operações visíveis de alto perfil são especialmente vulneráveis a um controle público de suas ações. A fim de minimizar os problemas potenciais, muitas empresas multinacionais preferem investir em países que são cultural e linguisticamente semelhantes ao país de origem. No momento de criar lojas na Europa, por exemplo, as empresas norte-americanas podem escolher a Bélgica ou a Holanda porque o inglês é muito falado nesses países.[14]

Em sexto lugar, relacionado com o último ponto, as multinacionais cada vez mais se esforçam para se comportar de maneira *socialmente responsável* nos países que as recebem. Muitas estão sensibilizando seus funcionários para serem éticos quando estiverem no novo país, investindo nas comunidades locais e buscando estabelecer padrões globais de tratamento justo para os trabalhadores. Por exemplo, a Unilever, a gigante britânico-holandêsa de produtos de consumo, opera uma lavanderia comunitária gratuita em uma favela de São Paulo, oferece financiamento para ajudar aos produtores de tomate a se converterem a um sistema de irrigação ecologicamente correto e recicla 10 mil toneladas de resíduos por ano em uma fábrica de pasta de dente. Em Bangladesh, onde há apenas 20 médicos para cada 10 mil pessoas, a Unilever apoia financeiramente um hospital que oferece assistência médica gratuita aos necessitados. Em Gana, a empresa ensina aos produtores de óleo de palma a reutilizar os resíduos vegetais e fornece água potável às comunidades carentes. Na Índia, a Unilever oferece pequenos empréstimos para ajudar as mulheres em vilarejos remotos a iniciarem pequenas empresas. Em todos os países onde opera, a Unilever divulga quanto dióxido de carbono e resíduos perigosos produz.[15]

A Unilever não está sozinha em sua campanha socialmente responsável nos países onde atua. Muitas empresas multinacionais estão agindo sob outras agendas globais como a sustentabilidade, satisfazendo as necessidades da humanidade sem prejudicar as gerações futuras. Por exemplo, montadoras como a Toyota, a Renault e a Volkswagen estão investindo em tecnologias para um combustível eficiente e limpo. A Nokia é líder na eliminação gradual de materiais tóxicos. A Dell foi uma das primeiras a aceitar os velhos computadores dos consumidores e reciclá-los gratuitamente. GlaxoSmithKline e Merck oferecem drogas para a Aids a custo de fábrica. A Suncor Energy ajuda as comunidades a lidar com questões sociais e ecológicas no extremo norte do Canadá.

As seis características do investimento direto estrangeiro citadas criam desafios formidáveis para a empresa. Mesmo uma grande empresa bem estabelecida como a Disney experimentou várias falhas no seu investimento estrangeiro. Como mencionou a revista *Fortune*, "O sucesso da empresa na exploração de parques temáticos no exterior é tão irregular quanto as manchas dos 101 Dálmatas".[16] Quando a Disney criou a Tokyo Disneyland, sua diretoria assumiu de forma incorreta que a experiência da Disneylândia não poderia ser transferida com sucesso para o Japão. Em vez de investir, a Disney optou por licenciar direitos no Japão e obter lucros nominais. Mas a Tokyo Disneyland provou ser um enorme sucesso. Não querendo repetir o mesmo erro, a diretoria optou por um IDE no seu próximo parque temático — Disneyland Paris. Mas foi uma experiência terrível. Aprendendo com essas experiências, o parque temático mais recente, Hong Kong Disneyland, deve ser um sucesso. No entanto, em parte devido às concessões com o governo chinês, a Disney detém apenas 43 por cento do empreendimento. A administração está preocupada também com as violações de propriedade intelectual na China, que podem reduzir os lucros do licenciamento dos filmes da Disney, os personagens e outros bens valiosos da empresa.[17]

## Quem está trabalhando ativamente no investimento direto?

O investimento direto é a estratégia de entrada típica ao mercado estrangeiro para as empresas multinacionais com vasta experiência em negócios internacionais. A Tabela 14.1 apresenta uma amostra de empresas multinacionais líderes que trabalham com IDE, organizada pelo valor de seus ativos estrangeiros. A tabela mostra as empresas multinacionais com a maior quantidade de ativos como subsidiárias e afiliadas, ao redor do mundo. Por exemplo, a britânica Vodafone é uma empresa de telefonia celular com muitos escritórios de vendas na maioria das grandes cidades ao redor do mundo.

### Multinacionais do setor serviços

As empresas devem oferecer serviços como hospedagem, construção e cuidados pessoais quando e onde eles são requeridos. Isso obriga as empresas a estabelecerem uma presença permanente, quer através do IDE (como no varejo, por exemplo), quer através de uma transferência temporária do pessoal de serviço da empresa (como na indústria da construção, por exemplo).[18] Para citar um caso, a consultoria gerencial é um serviço que normalmente envolve especialistas que interagem diretamente com os clientes para oferecer conselhos. Assim, empresas como a McKinsey e Cap Gemini geralmente estabelecem escritórios em mercados estrangeiros. Muitos serviços de apoio como publicidade, seguros, contabilidade, legislação e entrega de pacotes durante a noite também são fornecidos preferivelmente onde o cliente está localizado. Em geral, o IDE é fundamental para a internacionalização dos serviços.[19]

A natureza do serviço pode obrigar a ter uma presença física no mercado externo quando a oferta é relativamente complexa, exige adaptação ampla e serviço substancial ou está ligada à localização geográfica. Por exemplo, a Intrawest Inc., é uma incorporadora que está construindo vários *resorts* de esqui na China, que parece ser o próximo grande mercado para o esqui de montanha. A empresa, portanto, tem escritórios na China. Da mesma forma, os bancos têm filiais em todo o mundo porque os serviços bancários devem estar disponíveis para os clientes onde quer que eles façam seus negócios. A Tabela 14.2 apresenta uma amostra das instituições financeiras mais internacionais e ilustra a extensão de suas operações internacionais. Como exemplo, o Citigroup tem escritórios de representação em 70 países.

### Destinos favoritos para o IDE

As economias avançadas como a Austrália, Bélgica, Grã-Bretanha, Canadá, Alemanha, Japão, Holanda e Estados

**Tabela 14.1** Multinacionais não financeiras mais internacionais, classificação por ativos estrangeiros

| | | | | *Ativos (US$ bilhões)* | | *Vendas (US$ bilhões)* | | *Número de filiais e subsidiárias* | |
|---|---|---|---|---|---|---|---|---|---|
| *Ranking* | *Companhia* | *País de origem* | *Indústria* | *Estrangeiros* | *Total* | *Estrangeiros* | *Total* | *Estrangeiros* | *Total* |
| 1 | General Electric | Estados Unidos | Equipamento elétrico & eletrônico | 449 | 751 | 57 | 153 | 787 | 1.157 |
| 2 | Vodafone | Reino Unido | Telecomunicações | 248 | 259 | 53 | 62 | 70 | 198 |
| 3 | Ford Motor | Estados Unidos | Veículos | 180 | 305 | 71 | 172 | 130 | 216 |
| 4 | General Motors | Estados Unidos | Veículos | 174 | 480 | 59 | 194 | 166 | 290 |
| 5 | British Petroleum | Reino Unido | Petróleo | 155 | 193 | 232 | 285 | 445 | 611 |
| 6 | Exxon Mobil | Estados Unidos | Petróleo | 135 | 196 | 203 | 291 | 237 | 314 |
| 7 | Royal Dutch Shell | Reino Unido e Holanda | Petróleo | 130 | 193 | 170 | 265 | 328 | 814 |
| 8 | Toyota Motor | Japão | Veículos | 123 | 234 | 103 | 171 | 129 | 341 |
| 9 | Total | França | Petróleo | 99 | 115 | 123 | 152 | 410 | 576 |
| 10 | France Telecom | França | Telecomunicações | 86 | 131 | 24 | 59 | 162 | 227 |

FONTE: Unctad. *World Investment* Report 2006. Nova York: Nações Unidas, 2006. A autoria original do material é da Organização das Nações Unidas. Usado com permissão.

Tabela 14.2 Grandes empresas financeiras multinacionais, baseado em Extensão das Operações Internacionais

| | | *Número de subsidiárias e afiliadas* | | *Número de países* |
|---|---|---|---|---|
| *Companhia* | *País de origem* | *Total* | *Estrangeiros* | |
| GE Capital Services | Estados Unidos | 1.425 | 1.085 | 55 |
| Citigroup | Estados Unidos | 612 | 347 | 70 |
| UBS | Suíça | 426 | 363 | 43 |
| Allianz Group | Alemanha | 778 | 569 | 47 |
| BNP Paribas | França | 622 | 403 | 53 |
| Gruppo Assicurazioni Generali | Itália | 368 | 323 | 39 |
| Zurich Financial Services | Suíça | 358 | 345 | 34 |
| Unicredito | Itália | 1.044 | 998 | 31 |
| HSBC Bank | Reino Unido | 1.076 | 658 | 47 |
| Societé Générale | França | 430 | 253 | 48 |

FONTE: Unctad. *World Investment Report* 2006. NovaYork: Nações Unidas, 2006. A autoria original do material é da Organização das Nações Unidas. Usado com permissão.

Unidos têm sido sempre destinos muito populares para o IDE por causa do forte PIB, da taxa de crescimento do PIB, da densidade de trabalhadores qualificados e da infraestrutura superior de negócios apoiados pelos sistemas de telefonia e fontes de energia.[20] Nos últimos anos, no entanto, as economias dos mercados emergentes e em desenvolvimento vêm conquistando espaço como destinos para o IDE. Segundo o Índice de Confiança do IDE de A.T. Kearney, os principais destinos para os investimentos estrangeiros são atualmente a China e a Índia (www.atkearney.com).

A China é popular por causa de seu tamanho, sua taxa de crescimento rápido e os custos trabalhistas mais baixos. O país é uma plataforma importante onde as empresas multinacionais fabricam produtos para exportação aos principais mercados na Ásia e em outros lugares. A Índia é popular devido à sua força de trabalho altamente qualificada e seu talento gerencial. Comparada com a China, a Índia também é interessante por ter menos barreiras culturais e ser mais transparente e obediente às leis.[21] A China e a Índia também são atraentes por razões estratégicas: são locais que possuem imenso potencial a longo prazo como mercados-alvo e como novas fontes de vantagens competitivas.

## Fatores a considerar na seleção dos locais para o IDE

A Figura 14.3 enumera os critérios que as empresas utilizam para avaliar os países como potenciais alvos para projetos de IDE. Suponha que a Acer de Taiwan queria construir uma nova fábrica de computadores no exterior. A diretoria da Acer pesquisaria qual seria o melhor país para construir a fábrica, com base nos fatores indicados na figura. Os diretores da Acer estudariam diversos países candidatos, vendo fatores do país e da região, fatores de infraestrutura, fatores políticos, de retenção de lucros e de recursos humanos, a fim de encontrar a melhor localização para a construção da fábrica.

Consideremos a capacidade de atração das nações do Leste Europeu como destino de IDE. Vários dos critérios de seleção indicados na Figura 14.3 já atraíram muitas empresas estrangeiras a esses países. Na Eslováquia, a Peugeot Citroën construiu uma fábrica na pequena cidade de Trnava que emprega até 3.500 pessoas e gera até 300.000 carros compactos por ano. Os baixos salários e a qualidade superior dos trabalhadores são fatores importantes para montadoras estrangeiras como a Toyota, Suzuki e Hyundai, que se apressaram a construir ou adquirir fábricas de automóveis na Eslováquia, Polônia, Hungria e Romênia. Na República Checa, a fabricante chinesa de eletrônicos Sichuan Changhong está construindo uma fábrica de 30 milhões de dólares que produzirá até um milhão de televisores de tela plana por ano. Essas empresas estão gradualmente levando seus fornecedores para a região, onde estão estabelecendo suas próprias fábricas de produção local. Os engenheiros na Eslováquia recebem metade do que os engenheiros de outros países, e os trabalhadores de uma linha de montagem recebem um terço ou um quinto do salário normal em outros países. Os governos do Leste Europeu oferecem incentivos que vão do financiamento a impostos baixos nos salários dos funcionários e nos lucros das empresas, como na Eslováquia, onde os impostos são de apenas 19 por cento. Em comparação, o imposto de renda para pessoa física varia entre 15 e 42 por cento na Alemanha. Com sua fábrica na República Checa, a Sichuan Changhong evita as altas tarifas que a União Europeia impõe às importações provenientes da China. A Europa Oriental é física e psiquicamente próxima do mercado enorme da União Europeia (vários países do Leste Europeu são membros da UE) e parece ser um mercado viável para a venda de vários produtos. Enquanto isso, a produção de automóveis e outros produtos na Grã-Bretanha, França e outros países da Europa Ocidental está

Figura 14.3 Fatores a considerar na seleção dos locais de investimento direto estrangeiro

Fatores de mercado
• Tamanho e crescimento do mercado nacional
• Tamanho e o crescimento do mercado regional
• Proximidade aos principais mercados de exportação
Fatores de recursos humanos
• Custo, disponibilidade e produtividade da mão de obra qualificada
• Envolvimento dos sindicatos
• Disponibilidade e qualidade do trabalho gerencial
• Leis trabalhistas
Fatores de infraestrutura
• Disponibilidade e qualidade da produção local
• Eficiência da distribuição física
• Custo, disponibilidade e qualidade dos bens e finanças
• Qualidade da comercialização e distribuição
Fatores políticos e governamentais
• Estabilidade política
• Receptividade ao investimento estrangeiro
• Extensão da burocracia
• Transparência e corrupção
Fatores a considerar na seleção dos locais para o IDE
Fatores de retenção de lucros
• Tipos e nível de impostos
• Impostos para repatriação dos lucros
• Complexidade do sistema fiscal
• Taxa de inflação
Fatores legais e regulatórios
• Regulamento sobre o IDE e a transferência de tecnologia
• Natureza do sistema jurídico e legal
• Proteção da propriedade intelectual
• Taxas e outras barreiras comerciais
Fatores econômicos
• Custo de terrenos e instalações
• Estado da economia local
• Estabilidade da moeda
• Grau de integração regional e livre comércio


FONTE: ROOT, F. R. *Entry strategies for international markets*. John Wiley & Sons, Inc., 1994. Reproduzido com permissão.

diminuindo por causa do aumento dos custos de produção, impostos e leis trabalhistas rigorosas.[22] Como podemos ver, uma combinação de critérios é geralmente responsável pela decisão sobre a localização do investimento direto.

## Tipos de investimento direto estrangeiro

As atividades de investimentos diretos estrangeiros podem ser classificadas pela forma do IDE (investimentos *greenfield versus* fusões e aquisições), natureza da propriedade (subsidiária integral *versus joint venture*) e o nível de integração (horizontal *versus* vertical).

### Investimentos *greenfield versus* fusões e aquisições

O **investimento *greenfield*** ocorre quando uma empresa investe para construir uma nova fábrica ou uma nova instalação administrativa ou de marketing, em vez de comprar instalações existentes. Como o nome indica, *greenfield* (*lote baldio*), a empresa normalmente investe em um lote de terreno vazio e constrói uma fábrica de produção, de comercialização controlada ou outras instalações para seu próprio uso. Isto é exatamente o que a Ford fez, por exemplo, quando estabeleceu sua grande fábrica na periferia de Valência, na Espanha.

O investidor direto também pode optar pela fusão ou aquisição de uma empresa já existente no mercado externo. Uma **aquisição** implica um investimento direto ou a compra de uma empresa já existente. Por exemplo, quando a Home Depot chegou ao México, adquiriu as lojas e os bens de uma loja de produtos de construção já existente, Home Mart.[23] O fabricante chinês de PCs Lenovo internacionalizou-se rapidamente por meio de uma ambiciosa estratégia de aquisição. Em 2004, a Lenovo adquiriu o negócio de PCs da IBM, que representava cerca de dois terços de sua receita em 2005. O acordo dava a Lenovo valiosos recursos estratégicos, como marcas e redes de distribuição. A aquisição ajudou a Lenovo a estender rapidamente seu alcance de mercado e se tornar um concorrente global.[24]

Uma **fusão** é um tipo especial de aquisição em que duas empresas se juntam para formar uma empresa nova e maior. As fusões são mais comuns entre as empresas de tamanho similar porque elas são capazes de integrar suas operações em uma base relativamente igual. Um exemplo recente foi a fusão entre a Lucent Technologies dos Estados Unidos e a Alcatel da França. Sua fusão resultou na criação da maior empresa do mundo no negócio global de equipamentos de telecomunicações (Alcatel-Lucent). Da mesma forma que as *joint ventures*, as fusões podem gerar resultados muito positivos, incluindo a aprendizagem e a partilha de recursos entre os parceiros, o aumento de economias de escala, a redução dos custos eliminando a duplicação de atividades, uma gama mais ampla de produtos e serviços para a venda e maior poder de mercado. As fusões transfronteiriças enfrentam muitos desafios devido às diferenças nacionais de cultura, políticas de concorrência, valores corporativos e métodos operativos. O sucesso exige pesquisa, planejamento e compromisso com antecedência.

Em alguns setores, a concorrência intensa e o excesso de capacidade geram pressão na hora de reestruturar e consolidar a indústria através de fusões e aquisições. A lógica por trás de consolidação é eliminar a redundância e criar operações mais eficientes e de maior escala. A seção de "Tendência Global" deste capítulo descreve a consolidação atual da indústria automobilística mundial.

As empresas multinacionais podem preferir a aquisição em vez do IDE *greenfield*, pois ao adquirir uma empresa já existente, a empresa terá acesso aos funcionários experientes da empresa adquirida e pode beneficiar-se da propriedade de ativos existentes como instalações, equipamentos e recursos humanos, assim como do acesso a fornecedores e clientes antigos. Além disso, a aquisição fornece um fluxo imediato de caixa e acelera o retorno da empresa sobre o investimento, em comparação com o IDE tipo *greenfield*. Em contrapartida, os governos dos países geralmente preferem que as empresas multinacionais arrisquem nos investimentos *greenfield* de IDE, porque, se comparados com a aquisição, criam novos postos de trabalho e capacidade de produção, facilitam a transferência de tecnologia e de *know-how* aos habitantes locais e melhoram as ligações com o mercado global. Muitos governos oferecem incentivos para os investimentos *greenfield*, que podem ser suficientes para compensar as vantagens da entrada através da aquisição.

## TENDÊNCIA GLOBAL

### Consolidação nas indústrias globais

Um aspecto da globalização e do investimento estrangeiro é a consolidação de indústrias globais através de fusões e aquisições. A consolidação ocorre mais frequentemente quando o excesso de capacidade global resulta em um inventário enorme e a oferta ultrapassa de maneira significativa a procura dos consumidores. Quando isso ocorre, a concorrência intensa exige a fusão de fornecedores, o que reduz o número de empresas em uma indústria. A consolidação é um recurso moderno de várias indústrias globais, incluindo a farmacêutica, a dos PCs, a das telecomunicações e a da produção de cerveja.

Talvez o exemplo mais importante de consolidação seja a indústria automobilística mundial. Durante o século passado, os 270 fabricantes existentes ao redor do mundo fusionaram-se em sete grandes empresas e outras três menores. Seis delas — General Motors, Toyota, Ford, — Renault/Nissan, Volkswagen e DaimlerChrysler — detinham quase 70 por cento das vendas globais. Os negócios de consolidação mais recentes envolveram empresas europeias: A BMW adquiriu a Rover, a Renault fundiu-se com a Nissan e a Daimler-Benz adquiriu a Chrysler (que posteriormente foi vendida, em 2007).

Apesar das consolidações mais recentes, a capacidade produtiva da indústria automobilística mundial ainda excede a demanda global em vários milhões de veículos por ano. O excesso de capacidade na América do Norte, Europa e Japão continua limitando a rentabilidade. Novos fabricantes de automóveis na China e na Índia serão responsáveis pela produção ainda mais elevada no futuro. Alguns especialistas preveem que serão feitos mais carros no período de 2005 a 2025 do que nos 105 anos anteriores da história da indústria. A competição resultante será muito intensa para as montadoras ocidentais, levando a uma consolidação maior. O declínio do desempenho financeiro da Fiat, GM e Ford (que é dona da Mazda e da Volvo), significa que essas empresas terão de externalizar ainda mais suas cadeias de valor para locais cujo custo-benefício seja melhor como a China, a Europa Oriental e o México.

Historicamente, as nações têm apoiado a indústria automobilística devido à sua notável capacidade de gerar bons empregos, criar novas indústrias e pelas receitas dos impostos. Os governos regularmente intervêm para subsidiar as empresas, mesmo quando a concorrência global acaba levando-as à falência. Por exemplo, o Japão resgatou a já afogada Mitsubishi Motors, que emprega mais de 40.000 pessoas. O auxílio ilustra porque a enorme indústria de automóveis tem problemas para consolidar e reduzir a capacidade. As montadoras são vistas como campeãs nacionais. Deixá-las falir não é bom pela quantidade de empregos que estão em jogo. Enquanto isso, alguns fabricantes — Toyota, BMW, Renault-Nissan e Honda — estão se consolidando como empresas muito lucrativas. São os exemplos vivos da importância da gestão hábil empresarial em uma indústria global complexa que enfrenta inúmeros desafios.

Fontes: "A survey of the car industry: the new european order". *Economist*, seção de pesquisa. 4 set. 2004; "The global car industry: extinction of the predator". *Economist*; 10 set. 2005, p. 63–5; SAPSFORD, J. e SHIROUZU, N. "Mitsubishi Group to give car maker $ 3 billion bailout". *Wall Street Journal*. 20 jan. 2005, p. A1 e A6.

## A natureza da propriedade no IDE

Os investidores estrangeiros também podem escolher o grau de controle que desejam manter no novo empreendimento. Isto é feito através da propriedade total ou parcial. A propriedade traduz-se em controle parcial ou total dos assuntos da empresa como as decisões sobre novos produtos, expansão e distribuição de lucros. As empresas podem escolher entre um empreendimento de propriedade total ou uma *joint venture* para assegurar o controle. A escolha determina a extensão do compromisso financeiro da empresa com o empreendimento estrangeiro. Se a empresa focal busca propriedade parcial de uma empresa já existente, a transação é chamada **participação acionária.**

O **investimento direto integral** é um investimento direto estrangeiro em que o investidor detém todos os ativos no novo país. Em outras palavras, ele assume 100 por cento da titularidade do negócio e garante o controle completo da gestão sobre suas operações. Por exemplo, muitas empresas estrangeiras de automóveis montaram fábricas próprias nos Estados Unidos a fim de atender este mercado imenso de dentro. A Figura 14.4 ilustra a localização das fábricas da Toyota nos Estados Unidos e o ano de estabelecimento. Em contraste com um investimento direto integral, uma ***joint venture* com participação acionária** é um tipo de parceria em que uma empresa separada é criada por meio do investimento ou da partilha de bens de duas ou mais empresas-mãe que detêm de forma conjunta a propriedade da nova pessoa jurídica.[25] Um parceiro em uma *joint venture* pode ter a propriedade majoritária, igualitária (50/50) ou minoritária. Propriedade geralmente se traduz em controle, no entanto, a forma em que o conselho diretivo é composto e a forma em que o direito ao voto é distribuído entre os

Figura 14.4 Investimentos diretos da Toyota nas fábricas nos Estados Unidos

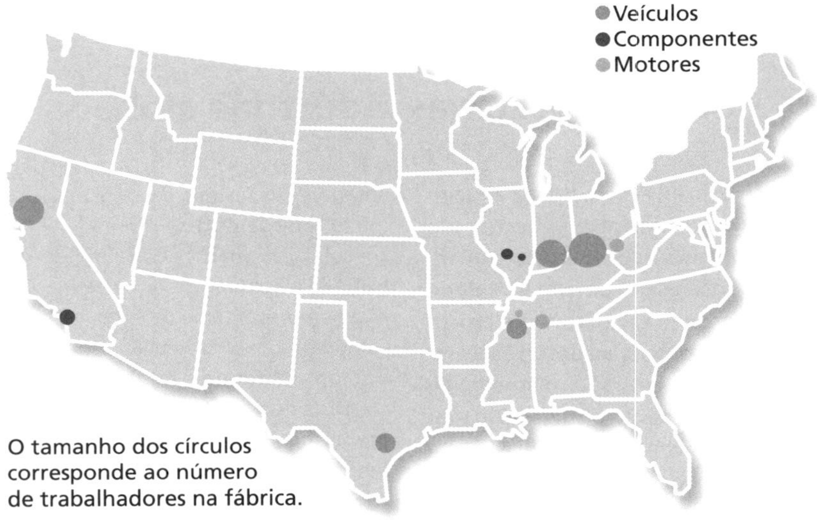
Veículos
Componentes
Motores
O tamanho dos círculos corresponde ao número de trabalhadores na fábrica.

| Fábricas de veículos atualmente em operação | Início da produção | Modelos produzidos | Empregados na fábrica |
|---|---|---|---|
| 1. Georgetown, Kentucky | 1988 | Avalon, Camry, Solara, motores | 6.904 |
| 2. Fremont, Califórnia | 1986* | Corolla, Tacoma, Pontiac Vibe | 5.173 |
| 3. Princeton, Indiana | 1999 | Sequoia, Sienna, Tundra | 4.645 |
| 4. San Antonio, Texas | 2006 | Tundra | 1.955 |
| 5. Long Beach, Califórnia | 1972 | Caminhões Hino, conversores catalíticos, peças | 686 |
| 6. Blue Springs, Mississippi | 2010** | Highlander | 2.000 |

* *Joint-venture* entre a General Motors e a Toyota ** projeção

FONTE: TAYLOR III, A. "America's best car company". *Fortune*, Time Inc., 19 mar. 2007, p. 98-101. Todos os direitos reservados.

sócios representam com mais precisão o poder relativo dos parceiros.

Muitas empresas sentem que a *joint venture* é uma opção interessante dada à enorme complexidade dos mercados estrangeiros. Os empreendimentos colaborativos podem beneficiar as pequenas e médias empresas, proporcionando-lhes uma injeção de capital. Por exemplo, a Tri Star International, com sede em Xangai, adquiriu uma participação majoritária na Adams Pressed Metals de Illinois, fabricante de peças para tratores e outras máquinas de terraplanagem. A infusão de dinheiro salvou 40 empregos na Adams e deu à Tri Star acesso ao *know-how* do mercado e da comercialização nos Estados Unidos.[26]

Em alguns casos, uma *joint venture* com um parceiro local pode ser a única estratégia de entrada disponível para a empresa focal. Isto acontece quando o governo de um país quer proteger importantes indústrias locais proibindo as empresas estrangeiras de obter a propriedade total das empresas locais. No entanto, os governos vêm suavizando essa regulamentação faz algum tempo e geralmente são receptivos a qualquer forma de IDE.

## IDE vertical *versus* horizontal

A terceira classificação de IDE é a integração vertical *versus* a horizontal. A **integração vertical** é um acordo no qual a empresa possui ou pretende possuir *múltiplas* etapas de uma cadeia de valor para produzir, vender e entregar um produto ou serviço. O IDE vertical assume duas formas. Com uma *integração vertical para a frente*, a empresa desenvolve a capacidade de vender seus produtos investindo em instalações das etapas *anteriores* na cadeia de valor, isto é, operações de marketing e de vendas. A integração vertical para a frente é menos comum que a *integração vertical para trás*, na qual a empresa adquire a capacidade de fornecer insumos no exterior para seus processos de produção estrangeira ou nacional, através do investimento em instalações das etapas *posteriores* da cadeia de valor, normalmente fábricas, montadoras ou operações de melhoramento. As empresas podem possuir operações de IDE tanto para a frente quanto para trás. Por exemplo, em vários países a Honda possui tanto fornecedores de peças de automóveis *quanto* concessionárias que vendem e distribuem seus carros.

A **integração horizontal** é um acordo pelo qual a empresa possui ou pretende possuir as atividades envolvidas em *uma* etapa específica de sua cadeia de valor. Por exemplo, o principal negócio da Microsoft é o desenvolvimento de software para computadores. Além de produzir sistemas operacionais, processamento de texto e software de cálculo, também criou subsidiárias no exterior que fazem outros tipos de software. Por exemplo, a Microsoft adquiriu uma empresa em Montreal que produz o software usado para criar animações. Como mostra esse exemplo, as empresas investem no estrangeiro em sua própria indústria para expandir as suas capacidades e atividades. Uma empresa pode adquirir outra empresa cuja atividade é idêntica para alcançar economias de escala, ampliar sua linha de produtos, aumentar a rentabilidade ou, em alguns casos, eliminar um concorrente.

# Iniciativas colaborativas internacionais

Um empreendimento colaborativo é essencialmente uma parceria entre duas ou mais empresas e inclui tanto *joint ventures* com participação acionária quanto investimentos não acionários, baseados em projetos.[27] As iniciativas colaborativas internacionais são conhecidas também como *parcerias internacionais* e *alianças estratégicas internacionais*.[28] Uma *joint venture* é basicamente um tipo especial de colaboração que envolve investimento de capital por parte das empresas-mãe.

A colaboração ajuda as empresas a superarem um risco substancial e os custos elevados dos negócios internacionais. Faz possível a realização de projetos que ultrapassam as capacidades da empresa. Grupos de empresas formam parcerias para atingir objetivos de grande escala como desenvolver novas tecnologias ou completar projetos importantes, como a criação de usinas de energia. Ao colaborar, a empresa focal pode recorrer a uma vasta gama de tecnologias complementares que só outras empresas têm e, assim, inovar e desenvolver novos produtos. As vantagens da colaboração ajudam a explicar por que o volume dessas parcerias tem crescido substancialmente nas últimas décadas.[29]

Embora a colaboração possa ocorrer em níveis semelhantes ou diferentes da cadeia de valor, geralmente ocorre na área de P&D, manufatura ou marketing. As iniciativas colaborativas internacionais incentivaram os P&D conjuntos em setores nos quais é necessário conhecimento avançado e alta tecnologia, como a robótica, os semicondutores, a fabricação de aviões e instrumentos médicos e a indústria farmacêutica.

Existem dois tipos básicos de empreendimentos colaborativos: *joint ventures* com participação acionária e empreendimentos sem investimento de capital baseados em projetos. As *joint ventures* com participação acionária são formas tradicionais de colaboração comuns há um bom tempo. Nas últimas décadas, no entanto, houve uma proliferação de colaborações inovadoras baseadas em projetos.

## *Joint ventures* com participação acionária

As *joint ventures* (JV) normalmente são propostas quando uma das partes não possui todos os recursos necessários para explorar uma oportunidade. Em um acordo internacional típico, o parceiro estrangeiro entra com capital, tecnologia, conhecimentos de gestão, treinamento ou algum tipo de produto. O parceiro local permite a utilização de suas fábricas e outros equipamentos, o conhecimento da língua e cultura locais, o *know-how* do mercado, os contatos úteis no governo do país anfitrião ou fatores de produção de menor custo como o trabalho ou as matérias-primas. As empresas ocidentais muitas vezes buscam *joint ventures* para obter acesso a mercados na Ásia. A parceria permite que a empresa estrangeira garanta o acesso ao conhecimento-chave de mercado, obtenha o acesso imediato a um sistema de distribuição e de clientes e alcance maior controle sobre as operações locais.

Como exemplo, a Procter & Gamble (P&G) fez uma *joint venture* com a Dolce & Gabbana, uma casa de moda italiana. Com o acordo, a P&G produzia perfumes enquanto a empresa italiana os comercializava na Europa, aproveitando a força local de seu nome estabelecido.[30] A Samsung, uma empresa coreana de eletrônicos, começou a internacionalização na década de 1970 através de *joint ventures* com fornecedores estrangeiros de tecnologia como a NEC, a Sanyo e a Corning Glass Works. As parcerias permitiram à Samsung adquirir modelos de produtos e pontos de marketing e aumentaram a confiança da diretoria nas operações no estrangeiro. Conforme suas capacidades cresciam, a Samsung se aventurou na produção internacional. O primeiro esforço da Samsung com a fabricação estrangeira foi em uma *joint venture* em Portugal, em 1982.[31]

## Investimentos não acionários, baseados em projetos

Cada vez mais comum nos negócios transnacionais, o **investimento não acionário, baseado em um projeto** é uma colaboração em que os parceiros criam um projeto com um escopo relativamente estreito e um calendário bem definido, sem criar uma nova pessoa jurídica. Combinando pessoal, recursos e capacidades, os parceiros colaboram até que o empreendimento dê frutos ou até que já não pareça importante continuar colaborando entre si. Normalmente, os parceiros colaboram no desenvolvimento conjunto de novas tecnologias e produtos ou dividem o conhecimento com o outro. Essa cooperação pode ajudá-los a ultrapassar os rivais no desenvolvimento de tecnologias. Por exemplo, a Sony desenvolveu o chip usado no PlayStation 3 em parceria com a IBM e a Toshiba. A empresa levou à criação do chip Cell, que é dez vezes mais rápido do que o Pentium mais poderoso da Intel e que permite jogos com gráficos mais intensos.[32]

Os investimentos não acionários, baseados em projetos são particularmente comuns nas indústrias de alta tecnologia. Um exemplo é a IBM e a NTT, que formaram uma parceria estratégica por um período limitado. Nos termos do acordo, a IBM oferecia a terceirização de serviços para a NTT, a operadora líder de telecomunicações no Japão esta, por sua vez, oferecia a terceirização de serviços e contatos para a venda de serviços informáticos para clientes no Japão.[33] Em outro exemplo, a Siemens, da Alemanha, uniu-se com a Motorola para desenvolver a nova geração de *wafers* de 300 mm de 12 polegadas, uma importante inovação na indústria global de semicondutores. Os semicondutores são circuitos integrados utilizados na fabricação de computadores e eletroeletrônicos. A Motorola oferecia seus conhecimentos em lógica de produtos avançados e manufatura de tecnologia de ponta, e a Siemens contribuía com o seu conhecimento avançado de memória de acesso aleatório.

## Diferenças entre empreendimentos com participação acionária *versus* investimentos não acionários, baseados em projetos

Os empreendimentos com participação acionária baseados em projetos são diferentes das *joint ventures* tradicionais em quatro aspectos importantes. Em primeiro lugar, nenhuma pessoa jurídica nova é criada. Os parceiros exercem suas atividades orientados por um contrato. Em segundo lugar, as empresas-mãe não necessariamente querem comprar uma empresa já existente. Em vez disso, as empresas simplesmente contribuem com seus conhecimentos, experiência, pessoal e recursos monetários a fim de obter benefícios relacionados ao acesso ou ao conhecimento. Terceiro, a colaboração tem um cronograma bem definido e uma data final, e os parceiros seguem caminhos separados uma vez que os objetivos foram alcançados ou quando não encontram nenhum outro motivo para continuarem juntos. Em quarto lugar, a natureza da colaboração é mais restrita e normalmente gira em torno de projetos, novos produtos, marketing, distribuição, fornecimento ou fabricação.

A Tabela 14.3 mostra as vantagens e desvantagens associadas aos dois tipos de iniciativas colaborativas internacionais.

## Consórcio

Um **consórcio** é um investimento usualmente não acionário, baseado em um projeto e com múltiplos parceiros que trabalham em um projeto de grande escala. Geralmente, é formado a partir de um contrato que delineia os direitos e as obrigações de cada, membro. O trabalho é atribuído aos membros sobre a mesma base dos lucros. Assim, em um consórcio de três, no qual cada um deles desempenha um terço da obra, cada parceiro ganharia um terço dos lucros resultantes. Os consórcios são comuns na busca pela inovação em setores como aviação comercial, computadores, farmacêutica e telecomunicações, nos quais os custos de desenvolvimento e comercialização de um novo produto muitas vezes podem representar centenas de milhões de dólares e exigem conhecimentos abrangentes. Por exemplo, Boeing, Fuji, Kawasaki e Mitsubishi juntaram forças para projetar e fabricar alguns dos componentes principais do Boeing 767.

Tabela 14.3 Vantagens e desvantagens das iniciativas colaborativas internacionais

| | *Vantagens* | *Desvantagens* |
|---|---|---|
| *Joint ventures* com participação acionária | • Permite maior controle sobre direções futuras<br>• Facilita a transferência de conhecimento entre os parceiros<br>• A *joint venture* é alimentada por objetivos comuns | • Complexa estrutura de gestão<br>• A coordenação entre os parceiros pode ser um problema<br>• Difícil de terminar<br>• Maior exposição a riscos políticos |
| Investimentos não acionários, baseados em projetos | • Fácil de configurar<br>• Estrutura de gestão simples, pode ser ajustado facilmente<br>• Tira proveito dos pontos fortes de cada parceiro<br>• Pode responder rapidamente às novas condições tecnológicas e de mercado<br>• Fácil de rescindir | • A transferência de conhecimento pode ser menos direta entre os parceiros<br>• Não há comprometimento de capitais; há maior ênfase na confiança, na boa comunicação e no desenvolvimento de relações<br>• Os conflitos podem ser mais difíceis de resolver<br>• A atribuição de custos e benefícios pode criar tensão no relacionamento |

Muitas vezes, várias empresas se reúnem para aportar seus recursos a um grande projeto como a construção de uma usina de energia ou uma fábrica de alta tecnologia. Cada empresa traz sua especialidade única para o projeto já que por si só seria incapaz de vencer a licitação desse negócio. Nenhuma pessoa jurídica formal é criada, uma vez que cada empresa mantém a sua identidade individual. Desta forma, se uma parte sair do grupo, o consórcio pode continuar com os outros participantes. Um exemplo de um consórcio é o iNavSat, formado por várias empresas europeias para desenvolver e gerir o sistema europeu de navegação global por satélite (www.inavsat.com).

## Acordos de interlicenciamento

Um **acordo de interlicenciamento** é um investimento não acionário, baseado em um projeto, no qual um parceiro tem acesso à tecnologia licenciada desenvolvida pelo outro em condições preferenciais. O acordo pressupõe que cada parceiro tem ou espera ter algo que possa licenciar. De maneira semelhante, as duas empresas poderiam fazer um *acordo de distribuição cruzada* em que cada parte tem o direito de distribuir os produtos ou serviços produzidos pelo outro em condições preferenciais. Por exemplo, a Star Alliance é um acordo entre várias companhias aéreas, incluindo Air Canada, United Airlines, Lufthansa, Scandinavian Airlines System, Air New Zealand e Thai Airways, para comercializar os voos das outras companhias e seus serviços (www.staralliance.com).

# Gerenciamento de empreendimentos colaborativos

Os empreendimentos colaborativos apresentam tipos específicos de desafios administrativos. Sob o modelo de IDE e exportação, a empresa focal deve-se concentrar em concorrer habilmente contra as empresas rivais. Em contrapartida, com os empreendimentos colaborativos, a empresa focal deve cooperar com uma ou várias empresas que em circunstâncias diferentes ou em outros países poderiam ser seus próprios concorrentes.[34] Isto faz que as diretorias precisem de habilidades úteis na parceria e adotem uma posição proativa sobre a busca e a formação de parcerias com outras empresas ao redor do mundo.[35] Vamos rever as principais tarefas da diretoria para uma colaboração de sucesso com parceiros estrangeiros.

## Entender os riscos potenciais da colaboração

A colaboração supõe que duas ou mais empresas entendem que a parceria é melhor do que se aventurar por conta própria. Embora a parceria seja uma opção, muitas vezes as diretorias devem pesar os riscos potenciais contra os benefícios potenciais. As seguintes perguntas são relevantes para esta análise:

- A empresa crescerá dependendo muito do nosso parceiro?
- Com a parceria, vamos afetar o crescimento e a inovação em nossa própria organização?
- Vamos expor excessivamente as nossas competências, a ponto de ameaçar nossos interesses corporativos? Como podemos proteger nossas competências essenciais?
- Vamos ficar expostos a sérios riscos comerciais, políticos, culturais ou de fluxo de caixa?
- Vamos limitar certas oportunidades de crescimento com a participação neste empreendimento?
- A gestão do empreendimento representará uma carga excessiva sobre recursos da empresa como direção, finanças, tecnologia ou recursos?

A diretoria da empresa focal deve garantir que não está se expondo a um risco excessivo. O parceiro potencial pode ser um concorrente atual ou futuro, provavelmente tem sua própria agenda e vai querer ganhar vantagens competitivas importantes na relação.[36] A diretoria deve proteger essas capacidades que conquistou com esforço e seus outros ativos organizacionais. Senão, seu poder de negociação cara a cara com o parceiro e sua capacidade de competir em outras esferas serão reduzidos. A harmonia não é necessariamente o objetivo mais importante. Certo grau de conflito e tensão entre os parceiros pode ser preferível a entregar as competências. A empresa certamente não quer ficar demasiado dependente de seu parceiro. Por exemplo, a Intel tem o cuidado de não partilhar demais sua tecnologia com os seus parceiros na China. A empresa evitou a construção de uma fábrica de chips na China porque os dispositivos dos microprocessadores da Intel são a alma da propriedade intelectual da empresa. Em um país conhecido pela pouca proteção dos direitos de propriedade intelectual, a diretoria preocupa-se com o roubo não só do *design* de seu chip, mas também da concepção e dos métodos de sua fabricação.[37]

## Ir atrás de um processo sistemático de parcerias

A decisão inicial no processo de internacionalização é a escolha do mercado-alvo mais adequado. O mercado escolhido determina as características necessárias em um parceiro de negócios. Se a empresa pretende entrar nos mercados emergentes, por exemplo, pode querer fazer parceria com influências políticas ou usando seus 'contatos'. Assim, é prudente que a diretoria veja a definição do país de destino e dos parceiros como escolhas interdependentes.

A Figura 14.5 descreve o processo para identificar e trabalhar com uma boa empresa sócia.[38] A figura revela que a diretoria precisa recorrer à sua competência intercultural, à *expertise* legal e às habilidades de planejamento financeiro neste processo.

Inicialmente, a diretoria avalia se é mais adequado pensar em um empreendimento colaborativo ou em uma subsidiária própria nesse caso concreto. Quando os gerentes estudam pela primeira vez a internacionalização via IDE, geralmente pensam em termos de uma operação própria da empresa. Muitas empresas são usadas para manter o controle e ter acesso exclusivo aos lucros que vêm com o fato de se possuir uma operação na sua totalidade. A natureza da indústria ou do produto ofertado também pode fazer da parceria uma estratégia menos interessante. Contudo, a diretoria deve sempre considerar a colaboração como uma opção. Por exemplo, na indústria de provedores de serviços de Internet global, a China é um destino cada vez mais popular. Tanto a Microsoft quanto o Google entraram nesse enorme mercado através de *joint ventures* com parceiros locais. Mas o eBay! e o Yahoo entraram na China usando subsidiárias 100 por cento próprias. Cada empresa escolhe a estratégia de entrada mais adequada para a sua situação particular.[39]

Em termos gerais, a empresa entra em um empreendimento colaborativo quando entende que um componente necessário na sua cadeia de valor é fraco ou não existe. Se esse for o caso, a empresa escolhe um parceiro que possa substituir a função deficiente ou inexistente. Desta forma, a empresa pode atingir seu crescimento e outros objetivos estratégicos de forma mais rápida ou mais eficaz. A diretoria deve avaliar os custos e os benefícios de ter uma operação própria *versus* obter colaboração no âmbito de sua própria indústria e dos mercados internacionais

## Assegurar o sucesso dos empreendimentos colaborativos

Cerca da metade de todos os empreendimentos colaborativos falha nos seus primeiros cinco anos de funcionamento em decorrência de discórdias não resolvidas, confusão sobre os objetivos do empreendimento e outros problemas. Os empreendimentos internacionais são particularmente difíceis porque, além de envolverem questões complexas de negócios, os gerentes enfrentam o problema adicional de lidar com a barreira da cultura e da língua e com as diferenças nos sistemas políticos, jurídicos e econômicos. Os empreendimentos colaborativos nas economias em desenvolvimento são especialmente complexos e geralmente têm uma taxa de insucesso ainda mais elevada do que nas economias avançadas.[40] Empresas tão diferentes como Avis, General Mills, TRW, GMDaewoo e Saab-Fairchild experimentaram empreendimentos malsucedidos.

Na China, em 2007, a *joint venture* do gigante francês de alimentos Danone com um parceiro chinês local azedou após a empresa chinesa criar empresas paralelas que comercializavam os mesmos produtos da *joint venture*. Entretanto, o parceiro chinês afirma que os termos do acordo eram abusivos e acusou a Danone de tentar ganhar o controle de seus outros negócios. A Danone formou a parceria em 1996, numa época em que o governo chinês muitas vezes impunha esse tipo de empreendimentos às empresas estrangeiras. O incidente ameaçou a reputação da Danone e a sua participação no enorme mercado chinês.[41]

## Fatores de sucesso nos empreendimentos colaborativos

A experiência com empreendimentos colaborativos sugere várias orientações que a diretoria deve seguir para alcançar o sucesso. Vamos considerar estas orientações a seguir.

*Estar ciente das diferenças culturais.* A colaboração internacional exige que as partes aprendam e valorizem a cultura empresarial e nacional de ambos os parceiros.

Figura 14.5 Processo sistemático para o estabelecimento de parcerias de negócios internacionais

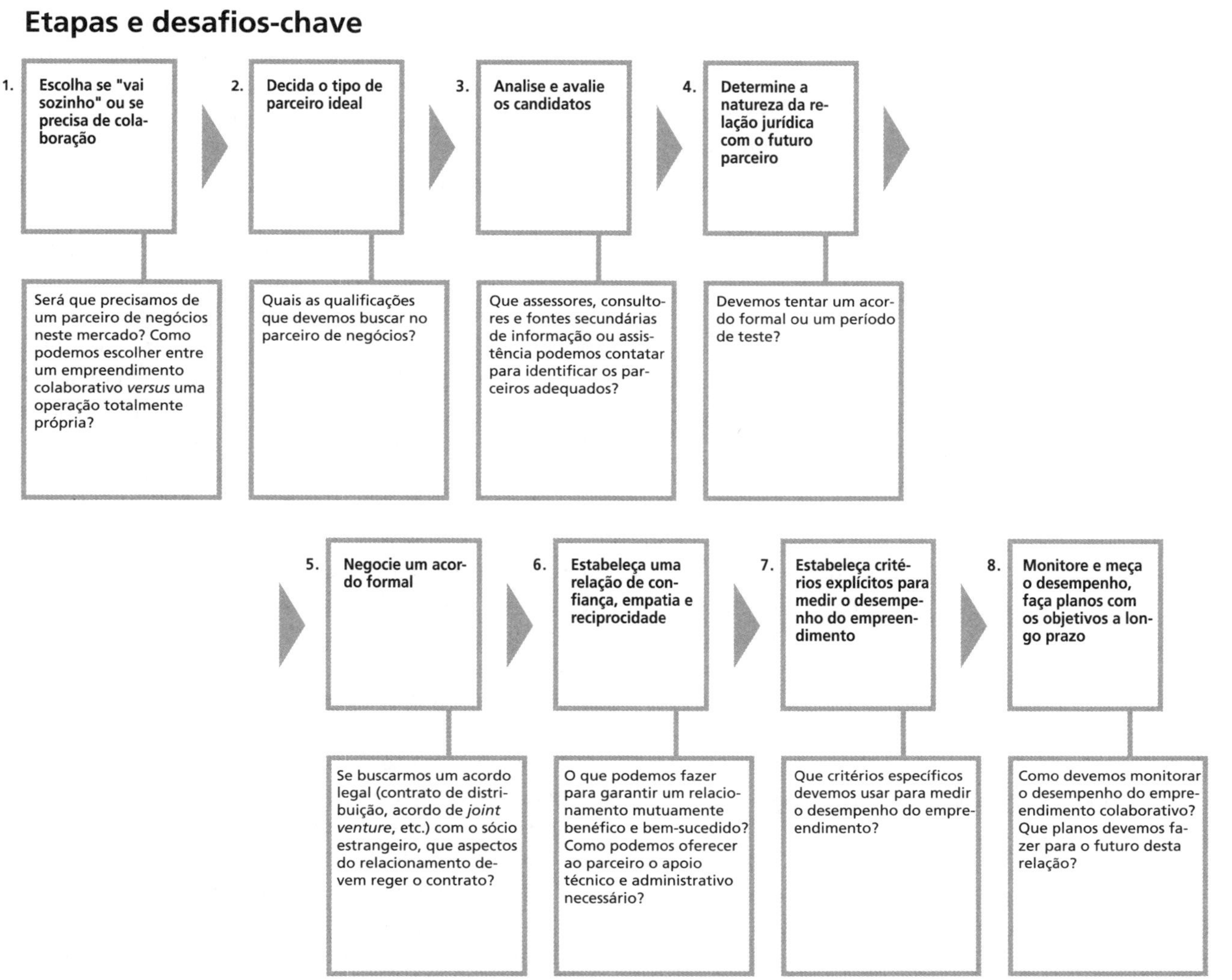

Etapas e desafios-chave
1. Escolha se "vai sozinho" ou se precisa de colaboração
2. Decida o tipo de parceiro ideal
3. Analise e avalie os candidatos
4. Determine a natureza da relação jurídica com o futuro parceiro
Será que precisamos de um parceiro de negócios neste mercado? Como podemos escolher entre um empreendimento colaborativo *versus* uma operação totalmente própria?
Quais as qualificações que devemos buscar no parceiro de negócios?
Que assessores, consultores e fontes secundárias de informação ou assistência podemos contatar para identificar os parceiros adequados?
Devemos tentar um acordo formal ou um período de teste?
5. Negocie um acordo formal
6. Estabeleça uma relação de confiança, empatia e reciprocidade
7. Estabeleça critérios explícitos para medir o desempenho do empreendimento
8. Monitore e meça o desempenho, faça planos com os objetivos a longo prazo
Se buscarmos um acordo legal (contrato de distribuição, acordo de *joint venture*, etc.) com o sócio estrangeiro, que aspectos do relacionamento devem reger o contrato?
O que podemos fazer para garantir um relacionamento mutuamente benéfico e bem-sucedido? Como podemos oferecer ao parceiro o apoio técnico e administrativo necessário?
Que critérios específicos devemos usar para medir o desempenho do empreendimento?
Como devemos monitorar o desempenho do empreendimento colaborativo? Que planos devemos fazer para o futuro desta relação?


A incompatibilidade cultural pode causar raiva, frustração e relações ineficientes. Os parceiros podem nunca chegar a um conjunto comum de valores e rotinas organizacionais. A empresa é ainda mais complexa quando as partes são de culturas muito diferentes entre si, como, por exemplo, Noruega e Nigéria. Estabelecer a compatibilidade cultural é vital.

*Visar aos valores e à cultura em comum.* Os parceiros devem estar dispostos a criar um conjunto comum de cultura e de valores. Os problemas aparecem quando os parceiros têm objetivos diferentes para o empreendimento ou mudam de objetivos ao longo do tempo. Quando isso ocorre, as diretorias começam a trabalhar em objetivos opostos aos objetivos do outro parceiro. Por exemplo, as empresas japonesas tendem a valorizar a participação no mercado em detrimento da rentabilidade, enquanto as empresas norte-americanas preferem a rentabilidade à participação no mercado. Já que são necessárias estratégias diferentes para maximizar cada uma dessas metas de desempenho, uma *joint venture* entre uma empresa japonesa e uma norte-americana pode vir a fracassar. Para superar os desafios, os parceiros precisam interagir regularmente e comunicar-se em três níveis da organização: alta diretoria, gerência operacional e funcionários.

*Dê a devida atenção ao planejamento e à gestão do empreendimento.* A falta de planejamento e os conflitos organizacionais decorrentes podem dificultar o sucesso dos empreendimentos. As empresas devem concordar nas questões relativas a administração, tomada de decisões e controle. Sem este tipo de acordo, cada parceiro pode querer controlar as operações do empreendimento, gerando pressão nos recursos administrativos, financeiros e tecnológicos dos demais. Em alguns casos, a governança igualitária e um sentido de empresa conjunta são melhores porque ajudam os parceiros a entender que são iguais e devem chegar a um consenso. Em outros casos, ter um parceiro dominante na relação ajuda a garantir o sucesso. Quando um dos parceiros é claramente o líder na relação, há menos probabilidade de entrarem em impasses e tomarem decisões tardias devido a extensas negociações entre eles.

*Não divida as competências essenciais.* A colaboração ocorre entre empresas que são concorrentes atuais ou futuras. Assim, os parceiros devem trilhar o fino caminho entre a cooperação e a concorrência. Por exemplo, por muitos anos, a Volkswagen e a General Motors fizeram sucesso na China graças a uma parceria com uma empresa chinesa, Shanghai Automotive Industry Corporation (Saic). As empresas ocidentais transferiram muita tecnologia e *know-how* ao parceiro chinês. Depois de aprender muito com a VW e a GM, a Saic agora está pronta para se tornar um concorrente importante na indústria automobilística mundial e um desafio para seus parceiros de outrora.[42]

*Adapte-se às mudanças nas circunstâncias ambientais.* Quando há mudanças nas condições ambientais, a justificativa para um empreendimento colaborativo pode enfraquecer ou sumir. Algumas ocorrências inesperadas podem afetar desfavoravelmente o empreendimento. Por exemplo, uma desaceleração econômica pode mudar as prioridades em uma ou em ambas as empresas. O aumento nos custos pode fazer que a empresa seja insustentável. Novas políticas ou leis governamentais podem aumentar os custos ou eliminar benefícios esperados. A diretoria deve manter a flexibilidade para adaptar-se às novas condições.

## A experiência dos varejistas nos mercados externos

Conforme os mercados de artigos domésticos foram ficando saturados no Canadá e nos Estados Unidos, os gigantes do varejo começaram a considerar o IDE para entrar em outros países. Os varejistas representam um caso especial de empresas internacionais de serviços que internacionalizam suas marcas através do IDE e outros empreendimentos colaborativos. O varejo assume várias formas e inclui lojas de departamentos (por exemplo, a Marks & Spencer, Bay, Macy's), varejistas especializados (Body Shop, Gap, Disney Store), supermercados (Sainsbury, Safeway, Sparr), lojas de conveniência (Circle K, 7-Eleven, Tom Thumb), lojas de desconto (Zellers, Tati, Target) e grandes lojas de varejo (Home Depot, IKEA, Toys "Я" Us). O Walmart agora tem cerca de 100 lojas e 50 mil funcionários na China. Encontra quase toda a mercadoria no país, gerando emprego para milhares de chineses.[43]

Os principais fatores de internacionalização do varejo foram a saturação dos mercados do país de origem, a desregulamentação dos investimentos internacionais e as oportunidades de trabalhar com custos menores no exterior. Por exemplo, a Home Depot fez sua expansão porque o mercado de artigos para o lar no Canadá e nos Estados Unidos estava cada vez mais saturado.[44] A maioria dos mercados emergentes apresenta demanda contínua, rápido crescimento econômico, classe média em aumento e consumidores cada vez mais sofisticados. Em zonas densamente povoadas de países em desenvolvimento, os consumidores estão sempre às voltas dos grandes varejistas que oferecem boa variedade de mercadorias a preços baixos.

Os varejistas costumam escolher entre o IDE e a franquia como estratégia de entrada ao novo mercado. Empresas mais experientes como o Carrefour, Royal Ahold, IKEA, Walmart e tendem a fazer sua internacionalização usando o IDE, ou seja, costumam possuir suas próprias lojas. Empresas internacionais menores e menos experientes como as livrarias Borders confiam em redes de franqueados independentes. No mundo das franquias, o varejista adota um sistema de negócios de um operador de franquia e paga-lhe uma taxa contínua. Outras empresas podem até empregar uma estratégia dupla, usando o IDE em alguns mercados e as franquias em outros. O sistema de franquias oferece uma maneira rápida de chegar à internacionalização. Mas comparado com o IDE, a empresa terá menos controle sobre suas operações no exterior, coisa que pode ser arriscada em países com situações de instabilidade política ou econômica ou com leis frouxas de propriedade intelectual. Consequentemente, empresas como a Starbucks, Carrefour, IKEA, Royal Ahold e Walmart geralmente se internacionalizam usando lojas próprias. O investimento direto estrangeiro permite a essas empresas manter o controle direto sobre suas operações no estrangeiro e suas propriedades.

Muitos varejistas fracassaram em mercados estrangeiros. Por exemplo, quando a loja francesa de departamentos Galeries Lafayette abriu uma loja em Nova York, não pôde competir com as inúmeras boutiques da cidade. Em seu mercado local na Grã-Bretanha, a Marks & Spencer teve sucesso com o *design* de suas lojas onde as ofertas de alimentos e roupas se amontoam em lojas relativamente pequenas, uma fórmula que foi um fracasso no Canadá e nos Estados Unidos. IKEA teve problemas no Japão, onde os consumidores prezam por móveis de alta qualidade e não os produtos de baixo custo que a IKEA oferece.

Walmart é o maior varejista do mundo, mas os resultados foram terríveis na Alemanha porque não conseguiu lidar com os concorrentes locais e, finalmente, saiu do mercado. No México, o Walmart construiu estacionamentos enormes ao estilo norte-americano para seus novos supermercados. Mas a maioria dos mexicanos não tem carros, os pontos de ônibus ficavam do outro lado dessas garagens enormes, e os clientes não conseguiam transportar suas mercadorias para casa. No Brasil, a maioria das famílias faz compras grandes uma vez por mês, no dia de receber o salário. O Walmart construiu corredores estreitos e desconfortáveis para esse multidão. As prateleiras tinham ventiladores de teto totalmente desnecessários na região metropolitana de São Paulo. Na Argentina, as bandeiras brancas, vermelhas e azuis do Walmart, que lembravam a bandeira dos Estados Unidos, ofendiam os gostos locais. O Sam's Club, o clube de compras do Walmart, fracassou na América Latina em parte porque seus itens em caixas enormes eram grandes demais para clientes locais com baixa renda e apartamentos pequenos.[45]

## Desafios do varejo internacional

Como mostram esses exemplos, os mercados estrangeiros representam grandes desafios para os varejistas. O varejo exitoso depende muito do contexto em que a loja se encontra e da forma de fazer compras da população. Alguns fatores influenciam fortemente em cada contexto nacional. Há quatro obstáculos no caminho para levar o sucesso do mercado doméstico aos mercados internacionais.

Em primeiro lugar, as *barreiras culturais e linguísticas* são um obstáculo especial para os varejistas internacionais. Em comparação com a maioria das empresas, os varejistas estão particularmente perto dos clientes. Devem responder às necessidades do mercado local personalizando, por exemplo, o portfólio de produtos e serviços, adaptando os horários de funcionamento, modificando o tamanho e o *layout* da loja e respeitando as exigências sindicais.

Em segundo lugar, os consumidores tendem a desenvolver uma forte *fidelidade aos varejistas locais*. Como as Galerias Lafayette em Nova York e o Walmart na Alemanha descobriram, a empresa estrangeira compete com concorrentes locais que geralmente se beneficiam da lealdade dos consumidores locais.

Em terceiro lugar, a diretoria deve transpor os *obstáculos legais e judiciais*. Alguns países têm leis idiossincráticas que afetam o varejo. Por exemplo, a Alemanha limita o horário de funcionamento, e os varejistas devem fechar aos domingos. A lei dos hipermercados no Japão exige que os varejistas estrangeiros e as lojas de descontos obtenham a permissão dos pequenos varejistas locais antes da abertura da loja. A lei, embora pouco observada nos últimos anos, foi um grande obstáculo para a entrada no Japão de lojas como Toys "Я" Us.

Em quarto lugar, ao entrar em um novo mercado, os varejistas precisam desenvolver *fontes locais de suprimento*. Devem encontrar fontes para milhares de produtos cujos fornecedores locais não queiram ou não possam fornecer. Por exemplo, quando a Toys "Я" Us entrou no Japão, os fabricantes de brinquedos locais pareciam não querer trabalhar com a empresa norte-americana. Alguns varejistas acabam importando muitas de suas ofertas, estabelecendo cadeias internacionais complexas e caras.

## Fatores de sucesso internacional no varejo

Os varejistas de maior sucesso seguem uma abordagem sistemática para a expansão internacional. Primeiro, a *pesquisa e o planejamento* com antecedência são essenciais. Um profundo conhecimento do mercado-alvo, combinado com um plano sofisticado de negócios, permite à empresa prever os problemas potenciais e se preparar para o sucesso. Na véspera do lançamento das lojas na China, a diretoria do Carrefour, o gigante do varejo francês, passou 12 anos aperfeiçoando sua empresa de Taiwan, onde desenvolveu uma profunda compreensão da cultura chinesa. Também aprendeu a fazer alianças com os governos locais. Estes preparativos ajudaram-no a se tornar o maior varejista estrangeiro da China, desenvolvendo rapidamente uma rede de hipermercados em 25 cidades.[46]

Em segundo lugar, os varejistas internacionais precisam *estabelecer redes eficientes de logística e compras* em cada mercado onde operam. As economias de escala nas aquisições são especialmente críticas. Os varejistas precisam organizar as operações de logística e suprimento para assegurar que sempre haverá um estoque apropriado, minimizando o custo das operações.

Terceiro, os varejistas internacionais devem assumir uma *abordagem criativa e empreendedora perante os mercados estrangeiros*. Virgin Megastore é um bom exemplo. A partir de uma lojinha em Londres, em 1975, o fundador da Virgin Richard Branson expandiu-se para vários mercados da Europa, da América do Norte e da Ásia. Suas lojas eram grandes, bem iluminadas e a música era arranjada em uma ordem lógica. Consequentemente, as vendas eram muito mais rápidas se comparadas com os pequenos varejistas de música.

Em quarto lugar, os varejistas devem estar dispostos *a ajustar o seu modelo de negócios para atender às condições locais*. Por exemplo, a Home Depot oferece mercadoria no México que se adapta a pequenos orçamentos de pessoas que montam seus próprios móveis. Introduziram planos de financiamento para os clientes e promovem a atitude "monte você mesmo" em um país onde a maioria de pessoas não tem recursos para contratar montadores profissionais.[47] As dimensões importantes em que os varejistas se diferenciam no exterior incluem a seleção, o preço, o marketing, o design da loja e a forma em que as mercadorias são xpostas. Mas os varejistas devem proceder com cautela; no processo de adaptação às condições locais, as características únicas que fizeram que a empresa tivesse sucesso no primeiro momento podem desaparecer ou mudar completamente. A diretoria deve fazer esses ajustes com muito cuidado.

IKEA, o maior varejista do mundo dos móveis, teve grande sucesso internacional lançando mais de 200 hiperlojas de móveis em dezenas de países. Parte do sucesso da IKEA deve-se a uma liderança forte e a uma gestão hábil dos recursos humanos. A gestão mostra um equilíbrio entre a integração global das operações com a capacidade de entender os gostos locais. Em cada loja, a IKEA oferece tantos produtos padronizados quanto possível enquanto se esforça por manter a flexibilidade suficiente para se adaptar às especificidades locais. Isto é uma consequência de testes realizados com antecedência e da aprendizagem em mercados menores antes de entrar nos grandes mercados. Por exemplo, a IKEA aperfeiçoou seu modelo de varejo na parte da Suíça que fala alemão, antes de entrar na Alemanha como tal.

Curiosamente, enquanto as empresas de varejo encontram grandes dificuldades ao transferir o sucesso do mercado doméstico para mercados estrangeiros, os formatos de varejo são mais fáceis de ser internacionalizados do que as marcas de varejo como tal. Formatos ou categorias de varejo como supermercados, lojas de conveniência, lojas de desconto, vendedores de catálogo, varejistas on-line e os shoppings conseguem afirmar-se em outros países com relativa facilidade. Como exemplo, temos os shoppings de estilo norte-americano espalhados no mundo inteiro. Na Espanha, por exemplo, o número de shoppings dobrou entre 1995 e 2005, com uma média de 30 a 50 novos shoppings por ano. O maior do país é o Madrid Xanadu, um complexo de 345 mil metros quadrados com uma pista de esqui *indoor*, pista de karts e 100 lojas. Mas os ativistas se opõem ao fenômeno dos shoppings na Espanha, em parte devido à intensa concorrência que acabou fechando muitas lojas familiares espanholas e mudou a natureza do varejo espanhol.[48]

## Investimento direto estrangeiro, empreendimentos colaborativos e comportamento ético

A **responsabilidade social corporativa (RSC)** diz respeito a operar um negócio de uma forma que atinja ou ultrapasse os aspectos éticos, expectativas jurídicas, comerciais, públicas e das partes interessadas (clientes, acionistas, empregados e comunidades). Representa um conjunto de valores que inclui evitar abusos dos direitos humanos, defender o direito de aderir ou formar sindicatos, eliminar a exigência de trabalho infantil e compulsório, evitar a discriminação no trabalho, proteger o ambiente e lutar contra a corrupção, incluindo a extorsão e a chantagem.[49] A Tabela 14.4 ilustra a diversidade de iniciativas de RSC empreendidas por empresas no mundo inteiro.

A não adoção de comportamentos RSC pode ter efeitos adversos e consequências catastróficas. Por exemplo, os esforços da China National Petroleum Company (CNPC) para levantar dinheiro na Bolsa de Nova York em 2000 foram afetados em parte pelas atividades da empresa no Sudão, criticadas por grupos de direitos humanos. Também por causa dessa publicidade negativa, a empresa levantou uma quantia menor do que a esperada.

No entanto, as decisões socialmente responsáveis podem ser caras. Por exemplo, uma empresa que instala equipamentos antipoluição ou melhora as condições de trabalho no exterior provavelmente incorre em custos adicionais. É geralmente mais fácil para os acionistas medir o retorno financeiro sobre seus investimentos do que avaliar os benefícios proporcionados pelo comportamento socialmente responsável. As críticas a uma empresa cujos custos aumentam devido a projetos de RSC muitas vezes são mais fortes do que os elogios que recebe por um comportamento ético proativo. Em países como os Estados Unidos, o desempenho das empresas financeiras é avaliado numa base trimestral, o que aumenta os desafios da implementação de projetos de RSC que podem levar anos para produzir resultados positivos.

Valorar os custos e benefícios da RSC, especialmente nos complexos ambientes internacionais, é um problema que atormenta os gerentes. Alguns acreditam que é suficiente seguir com as leis e os regulamentos vigentes em cada país. No entanto, muitos países se caracterizam pela debilidade dos sistemas legais e regulamentares e pela corrupção generalizada. O *relativismo* refere-se à crença de que a ética é relativa com respeito aos grupos em que é praticada. O relativismo é semelhante ao conselho: "Em Roma, faça como os romanos". De acordo com essa visão, uma multinacional japonesa que acredita que a corrupção é errada pode pagar propina em países onde a prática é comum e culturalmente aceitável. É natural que a empresa siga os valores e comportamentos que prevalecem nos países onde faz negócios. O *normativismo* é a crença em padrões de comportamento universais que as empresas e os indivíduos devem defender. Segundo essa visão, a multinacional japonesa que acredita que a corrupção é errada vai aplicar esta norma em todo o mundo. As Nações Unidas e outros defensores da RSC cada vez mais incentivam as empresas a seguirem uma abordagem normativa nas relações internacionais. [50]

A maioria das empresas aplica uma combinação de relativismo e normativismo no exterior. Isto é, com ou sem razão, a maioria das empresas cria um equilíbrio entre os valores corporativos desenvolvidos no país de origem e as normas locais. No entanto, em um ambiente de negócios global, essa abordagem coloca a empresa em risco de violar normas que são cada vez mais universais. Em países com padrões éticos questionáveis, geralmente é melhor manter normas ambientais, trabalhistas e anticorrupção superiores ao exigido pelas leis e valores locais. Essa estratégia ajuda a conquistar a boa vontade no mercado local e evita publicidade negativa potencialmente prejudicial em outros mercados da empresa. A alta diretoria deve desenvolver um código de ética coerente e viável, que serve como uma bússola moral para as operações da empresa em todo o mundo. Como uma afirmação da missão, o código deve ser concebido para orientar o comportamento do empregado em todas

Tabela 14.4 Responsabilidade social corporativa: uma amostra das realizações das multinacionais

| *Empresa* | *Indústria* | *Amostra das realizações* |
|---|---|---|
| ABN AMRO (Holanda) | Serviços financeiros | Financia vários projetos socialmente responsáveis, incluindo combustíveis de biomassa e microempresas<br>Participa no comércio de emissões de carbono |
| Dell (Estados Unidos) | Computadores | Aceita computadores velhos dos clientes para reciclagem gratuita |
| GlaxoSmithKline (Grã-Bretanha) | Farmacêutica | Dedica esforços consideráveis de P&D a doenças de países pobres, como malária e tuberculose<br>Foi a primeira a oferecer medicamentos contra a Aids a preço de custo |
| Marks & Spencer (Grã-Bretanha) | Varejo | Abastece-se localmente a fim de reduzir o uso de combustível e transporte e outros custos relacionados<br>Oferece bons salários e benefícios para reter os funcionários |
| Nokia (Finlândia) | Telecomunicações | Faz telefones para consumidores de baixa renda<br>É a líder em práticas ambientais, tais como a eliminação progressiva de materiais tóxicos |
| Norsk Hydro (Noruega) | Petróleo e gás | Cortou as emissões de gases de efeito de estufa em 32 por cento<br>Consistentemente mede o impacto social e ambiental de seus projetos |
| Philips Electronics (Holanda) | Eletrônica | Inovadora de aparelhos de iluminação com grande redução do consumo de energia, bem como dispositivos médicos para as economias em desenvolvimento |
| Scottish & Southern (Escócia) | Utilitários | Divulga os riscos ambientais, incluindo a poluição do ar e a mudança climática provocada por seus serviços |
| Toyota (Japão) | Automóveis | Líder mundial no desenvolvimento eficiente de veículos movidos a gás ou motores elétricos, como o líder em vendas Prius |

Fonte: ENGARDIO, P. "Beyond the green corporation", *Business Week*, 29 jan. 2007, p. 50–64.

as situações, de modo que a empresa evite comportamentos que comprometam as normas éticas de negócios corporativos onde quer que ela se encontre.

Uma empresa que tenta implementar seus princípios de cidadania empresarial universalmente é a Petrobras, a companhia petrolífera brasileira. Suas operações ocorrem em 21 países, muitos dos quais têm um ambiente político ou social instável. No Brasil, a Petrobras desenvolveu programas amplos orientados ao RSC relacionados com a redução da pobreza, a educação da juventude, o trabalho infantil, maus-tratos e os direitos fundamentais das pessoas com deficiências físicas e mentais. Na África e em outros lugares, ela desenvolveu iniciativas de responsabilidade social em áreas como a reconstrução de escolas, creches, hospitais e nas comunidades rurais. Na Colômbia, a empresa desenvolveu um programa para treinar os agentes comunitários de saúde. Na Nigéria, a Petrobras coopera com uma organização não governamental local para fornecer educação sobre HIV/Aids em escolas de ensino médio.[51]

Na Grã-Bretanha, a cadeia de supermercados Tesco (com 380.000 trabalhadores) usa sistemas de energia eólica para fornecer eletricidade a algumas de suas lojas. Em 2006, a empresa prometeu reduzir pela metade o uso de energia nas instalações inglesas até 2008. Em grande parte de sua cadeia de fornecimento, em vez de caminhões-reboque barulhentos movidos a gás, a empresa utiliza caminhões e trens de última geração movidos a biodiesel, que são bem mais silenciosos e evitam que milhares de toneladas de emissões de dióxido de carbono cheguem à atmosfera. A Tesco tenta medir os 'custos de carbono' de cada item que vende, a fim de desenvolver abordagens menos poluentes para atender às necessidades dos clientes. Os clientes são recompensados por trazer suas próprias sacolas reutilizáveis às lojas, em vez de usar sacos de plástico descartáveis. A empresa determina os bônus da alta diretoria baseado em parte no cumprimento das metas energéticas e de redução de resíduos. Em 2007, a Tesco anunciou planos para instalar um painel solar enorme no teto de seu novo centro de distribuição na Califórnia.[52]

## ESTUDO DE CASO

# Autolatina: uma parceria internacional fracassada

A Autolatina, uma *joint venture* entre a Ford e a Volkswagen (VW), foi criada em 1987 no Brasil com vários objetivos em mente:

- Atender internamente a um mercado altamente protegido de carros no Brasil e na Argentina
- Estabelecer uma presença inigualável na América Latina
- Compartilhar o risco de operar em um mercado volátil
- Oferecer uma ampla gama de modelos de automóveis para os clientes latino-americanos

Logo após a fundação da empresa, a participação de mercado da Autolatina atingiu 60 por cento no mercado brasileiro e 30 por cento na Argentina.

A Volkswagen, da Alemanha, foi fundada originalmente com o objetivo de oferecer carros populares, que qualquer pessoa pudesse pagar. A empresa atingiu essa meta com o Fusca, que na época era o carro mais vendido no mundo. Logo no início, o Fusca tornou-se o símbolo do milagre econômico do Brasil, respondendo por quase metade das vendas de automóveis nesse país. A Volkswagen lançou o Gol em 1980. Era montado na Volkswagen do Brasil, que empregava mais de 45.000 pessoas, sendo a maior empresa industrial da América Latina. Com o tempo, o Gol superou o Fusca nas vendas no Brasil.

A Ford foi a primeira montadora de carros no Brasil. Logo no começo, a Ford resistiu às exigências do governo para estabelecer operações automobilísticas completas, incluindo a montagem e a fabricação completa dos carros no Brasil. A resistência da Ford foi uma vantagem para VW: a empresa alemã acabou saindo na frente e tornou-se a número um no Brasil.

Enquanto isso, a própria indústria do carro no Brasil, cercada de altas tarifas e outros mecanismos de protecionismo, caminhava rapidamente para a modernização. Durante décadas, o país proibiu os carros importados e proibiu que peças caras e estrangeiras fossem instaladas nos carros fabricados localmente. Na década de 1970, a indústria automobilística era um símbolo do 'milagre brasileiro'. A proibição das importações significava que a indústria subdesenvolvida do Brasil enfrentava pouca concorrência estrangeira. Fabricantes locais foram se acomodando e não se adaptaram aos estilos mais recentes dos carros e às inovações tecnológicas. Na mesma época, a diretoria da Ford renovou o seu interesse no Brasil e tinha como objetivo restabelecer o seu antigo domínio nesse país.

## Autolatina: um casamento perfeito

O objetivo dos parceiros na *joint venture* entre a Ford e a VW era combinar as operações a fim de superar os obstáculos no mercado brasileiro. Em 1989, a Ford e a Volkswagen tinham um total de 15 plantas de veículos, motores e peças no Brasil e na Argentina, empregando 75.000 pessoas. Sua capacidade de produção anual combinada era de 900.000 carros e caminhões, distribuídos em 1.500 concessionárias. Suas vendas e operações de crédito atingiam vendas totais de 4 bilhões de dólares.

Em um mercado protegido das importações estrangeiras, a Autolatina tornou-se um grande sucesso. Oferecia modelos de baixo custo, incluindo o Escort XR3, o Sierra, o VW Gol, o Fusca e o Ford Falcons de porte médio. Os parceiros organizaram a fábrica de operações pelo tamanho dos veículos: a VW encarregava-se da construção de carros pequenos, ao passo que a Ford fornecia o Escort e uma linha de picapes maiores. Os dois parceiros também produziam produtos partilhados. Por exemplo, a Volkswagen fez o Ford Versailles (derivado do Santana da VW) e a Ford produzia o VW Logus (derivado do Ford Escort). As empresas unificaram suas equipes de marketing e de vendas e contrataram especialistas e consultores para acomodar as duas culturas.

A produção de carros da Autolatina cresceu rapidamente ao longo do tempo. Parecia que ambas as empresas tinham conseguido identificar os principais fatores que contribuíam para o sucesso da parceria: modelos baratos que não concorrem entre si, um mercado em crescimento e produção e lucros partilhados. A Autolatina deu o espaço para que a Ford e a VW atendessem a uma região importante a partir de dentro dela, reduzindo os custos operacionais dos parceiros.

## Evolução: nova concorrência e o surgimento do Mercosul

Com o tempo, no entanto, as condições mudaram no Brasil, e a Autolatina foi apanhada de surpresa pelo crescimento econômico renovado. Além da política do carro popular, o Brasil reduziu as tarifas sobre as importações de automóveis. Ao longo de cinco anos, as tarifas de importação caíram de 85 por cento para apenas 20 por cento.

Em 1991, o Mercosul (Mercado Comum do Sul, o acordo de livre comércio da região) entrou em vigor. Originalmente um acordo entre Argentina, Brasil, Paraguai e Uruguai, o Mercosul foi ampliado em 1996 para incluir o Chile e, em 1997, a Bolívia. Com 150 milhões dos 200 milhões de habitantes do Mercosul, o Brasil estava pronto para se tornar o centro de fabricação de automóveis da região. A formação do Mercosul coincidiu com um aumento da demanda doméstica, a modernização industrial e a internacionalização de muitas empresas da região. As empresas locais como a Autolatina começaram a almejar esse novo mercado extremamente ampliado.

Ao mesmo tempo, o Mercosul abriu novas oportunidades para as multinacionais estrangeiras. Várias montadoras entraram no Brasil e na Argentina, incluindo a Fiat, a GM, a Honda, a Mercedes Benz, a Renault e a Toyota. Usaram o IDE para iniciar a produção local de vários modelos de carros populares. Aos poucos, o Brasil tornou-se o décimo maior produtor mundial de veículos.

Enquanto isso, os produtos da Autolatina, construídos para um mercado protegido, não pareciam estar em sintonia com um mercado em rápida evolução. O consumidor brasileiro começou a mostrar preferência por carros pequenos de baixo custo, e os preços e a concorrência intensificaram-se a partir da abundância de carros pequenos concorrentes. Tanto a GM quanto a Fiat lançaram carros populares (Corsa e Uno, respectivamente) por menos de 7.000 dólares. O Estudo de caso de encerramento apresenta a variedade de ofertas das quatro empresas líderes. Embora a Autolatina conseguisse reviver o Fusca, os clientes abandonaram o modelo para procurar marcas concorrentes mais baratas. Com o aumento da concorrência, as escolhas do cliente já não eram só produto do baixo custo, aumentando a pressão sobre os fabricantes para melhorar a qualidade e as ofertas.

| *Empresa* | *Segmento de mercado* | *Produtos* |
|---|---|---|
| Volkswagem[1] | Pequeno<br>Médio<br>Grande | Fusca, Gol<br>Logus, Pointer, Voyage<br>Santana |
| Ford | Médio<br>Grande | Escort, Verona<br>Versailles |
| General Motors | Pequeno<br>Médio<br>Grande | Corsa<br>Kadett, Monza, Vectra<br>Omega |
| Fiat | Pequeno<br>Grande | Uno<br>Tempra |

[1] Volkswagen parou a produção do Fusca em 1996 no Brasil. O New Beetle (vendido na Europa e nos Estados Unidos) não é manufaturado no Brasil.

## Conflitos entre as partes

Além das mudanças dinâmicas do mercado, surgiram conflitos nas estratégias da Ford e da VW. As concessionárias da Ford no Brasil imploravam por carros menores, mais adequados aos consumidores latino-americanos. Mas a Ford queria evitar afetar os lucros da Autolatina competindo com o Gol da VW (do qual ela recebia metade dos lucros). A diretoria da Volkswagen, por sua parte, evitava compartilhar o *design* dos carros compactos com a Ford. O desejo mútuo de dividir os conhecimentos tecnológicos e outras competências-chave diminuiu ao longo do tempo.

As diferenças nas culturas organizacionais dos dois parceiros também contribuíram para deteriorar as relações. As organizações alemãs e norte-americanas têm histórias e origens diferentes, bem como diferentes estilos de gestão.

Dentro dos limites da Autolatina, Volkswagen e Ford estavam razoavelmente bem integradas operacionalmente, chegando até a dividir a fabricação dos modelos. Mas fora da relação, os fornecedores continuavam a atender às duas empresas de forma independente, bem como às concessionárias. A Autolatina não estava totalmente integrada aos fornecedores ou distribuidores, gerando ineficiências na cadeia de abastecimento. Embora a consolidação reduzisse o custo de administração e das atividades da cadeia de valor, as duas empresas não conseguiram consolidar as suas bases de suprimento e seus revendedores.

VW e Ford continuaram competindo entre si no mercado mundial, o que dificultou a partilha de conhecimentos técnicos e os ganhos potenciais de fazer um P&D único. Fora da colaboração de Autolatina, os parceiros competiam entre si lançando novos carros na mesma categoria.

## O fim da Autolatina

Em 1995, a Ford e a VW dissolveram sua aliança. A separação foi tão amigável que os funcionários foram autorizados a escolher a empresa em que queriam trabalhar.

Já que a venda de veículos compactos, conhecidos como carros populares na América Latina, cresceu rapidamente, os pequenos carros da Volkswagen beneficiaram-se do desaparecimento da empresa do empreendimento de produtos por segmento de mercado. A Volkswagen controlava um terço do mercado regional. O novo Fusca (vendido na Europa e nos Estados Unidos) não é fabricado no Brasil. A empresa investiu 2,5 bilhões de dólares para aumentar a capacidade em um terço (até 2.500 veículos por dia) e lançou uma nova fábrica de caminhões e uma linha de motores novos.

Em contrapartida, a Ford continuou a especializar-se em carros de médio porte e foi incapaz de responder à demanda regional para carros pequenos. Com o tempo, a imagem da Ford no Brasil foi atingida. Adquiriu a reputação de produzir carros que poucos queriam comprar. A Ford fez um investimento de 1,1 bilhão de dólares para construir Fiestas no Brasil e Escorts na Argentina. Mas nesse momento, VW, Fiat e GM detinham grandes participações no mercado brasileiro. A participação da Ford no mercado caiu para apenas 11 por cento. Mais recentemente, a Ford começou a construção do Fiesta, Focus e alguns outros carros pequenos no Brasil e na Argentina. Cada planta exporta em grandes quantidades para os países vizinhos. A Ford está realizando novos investimentos no Brasil, principalmente para desenvolver novos produtos para o mercado local.

## Questões do estudo de caso

1. Quais foram os motivos e os objetivos da Ford para entrar nesse empreendimento de colaboração com a Volkswagen? Avalie até que ponto a Ford atingiu esses objetivos.
2. Que tipo de empreendimento colaborativo a Ford fez com a Volkswagen? Quais as vantagens e desvantagens do empreendimento da perspectiva da Ford?
3. Quais os pontos fortes que a Ford e a VW trouxeram para o empreendimento Autolatina? Essas empresas tinham alguma fraqueza? Explique sua resposta.
4. A Ford cometeu algum erro em suas operações na América Latina? Explique sua resposta.
5. O que podem aprender outros gerentes a partir da experiência da Ford a respeito das iniciativas colaborativas internacionais? O que a Ford deveria fazer agora?

Este caso foi elaborado por Alexandre M. Rodrigues e Zung Elvin, sob a direção do professor S. Tamer Cavusgil.

Fontes: BERRY, B. "Volkswagen steps up imports from Latin America". *Iron Age*, 1987, p. 49–51; BLUMENSTEIN, R. "Head of Ford unit in Brazil Expects a narrower loss". *Wall Street Journal*. 14 mai. 1997, p. B8; BRADSHER, K. "Messy Latin divorce splits Ford and VW". *International Herald Tribune*. 18 mai. 1997, p. 8; CAVUSGIL, S. T. "International partnering: a systematic framework for collaborating with foreign business partners". *Journal of International Marketing*. 6(1), 1998, p. 91–108; CORCORAN, E. "Special report: the global automobile: cooperating to compete". *IEEE Spectrum*. 24(10), 1987, p. 53–6; "The bugs from Brazil". *Economist*. 21 ago. 1993, p. 54; "Brazil's car industry: party time". *Economist*. 17 set. 1994, p. 76; GUILES, M. G.; COHEN, R. "Ford, Volkswagen plan joint venture to oversee units in Argentina, Brazil". *Wall Street Journal*. 25 nov. 1986, p. 1; "Ford to invest $ 2.2 billion in Brazil through 2011". *FinancialWire*. 5 jan. 2007, p. 1; KAMM, T. "Beetles could give power to the people of Brazil once again president wants Auto-latina to revive the VW bug, but price won't be retro". *Wall Street Journal*. 1 fev. 1993, p. A1; KAMM, T. "Pedal to the metal: Brazil swiftly becomes major auto producer as trade policy shifts". *Wall Street Journal*. 20 abr. 1994, p. A1; KATZ, I.; SMITH, G.; MANDEL-CAMPBELL, A. "Brazil's neighbors are very nervous". *Business Week*. 17 nov., p. 64; KOTABE, M. "MERCOSUR and beyond". Austin: Center for International Business Education and Research, University of Texas at Austin; MOFFETT, M. "Bruised in Brazil: ford slips as market blooms". *Wall Street Journal*. 13 dez. 1996, p. A10; SHAPIRO, H. "Determinants of firm entry into the Brazilian automobile manufacturing industry, 1956–1968". *Business History Review* 65. 1991, p. 876–948.

## Principais termos

acordo de interlicenciamento
aquisição
consórcio
fusão
iniciativa internacional colaborativa
integração horizontal
integração vertical
investimento direto estrangeiro (ide)
investimento direto integral
investimento *greenfield*
investimento internacional em portfólio
investimento não acionário, baseado em um projeto
*joint venture*
*joint venture* com participação acionária
participação acionária
responsabilidade social corporativa (RSC)

## Resumo

Neste capítulo, você aprendeu:

1. **Uma estrutura de organização para as estratégias de entrada em mercados internacionais**

   As estratégias para a entrada no mercado estrangeiro podem ser classificadas pensando na quantidade de controle que dão à empresa em seus mercados estrangeiros. Controle refere-se à capacidade de influenciar as decisões, operações e recursos estratégicos dos empreendimentos estrangeiros. As estratégias de baixo nível de controle são a exportação, *countertrade* e *global sourcing*. As estratégias de alto nível de controle incluem as *joint ventures* e os investimentos diretos estrangeiros (IDE). Uma ***joint venture*** é uma forma de colaboração entre duas ou mais empresas que conduz a uma participação majoritária, minoritária ou equitativa. O **investimento direto estrangeiro** é uma estratégia de internacionalização na qual a empresa estabelece uma presença física no exterior por meio da posse de ativos produtivos, tais como capital, tecnologia, trabalho, terra, plantas e equipamentos. O controle é maior quando a empresa tem presença direta no mercado externo. As estratégias de nível moderado de controle envolvem as relações contratuais, como o licenciamento e o sistema de franquias. As estratégias de alto nível de controle exigem recursos substanciais e produzem menor flexibilidade no mercado. A participação de longo prazo no mercado expõe a empresa a novos riscos.

2. **Motivos para pensar no investimento direto estrangeiro (IDE) e nas iniciativas colaborativas**

   As empresas usam o IDE por várias razões, incluindo a busca de novos mercados, a consolidação em novos mercados e conquista de novos clientes, motivos relacionados à aquisição de recursos/bens, a aquisição de produtos mais baratos ou mais abundantes nos mercados estrangeiros e motivos relacionados à eficiência, para melhorar as atividades de agregação de valor da empresa. Estes motivos ocorrem frequentemente em combinação. A motivação para tentar **iniciativas colaborativas internacionais** inclui a capacidade de ter acesso a novos mercados, oportunidades ou conhecimento; desenvolver atividades internacionais muito caras ou arriscadas para uma empresa só, reduzir custos, atender às exigências do governo e evitar ou reduzir a concorrência.

3. **Investimento direto estrangeiro**

O investimento direto estrangeiro é a estratégia de entrada mais avançada e complexa e envolve o estabelecimento de fábricas, subsidiárias de marketing ou outras instalações no exterior. Para a empresa, o IDE exige o uso de recursos substanciais, presença local, operações nos países de destino e eficiência a uma escala global. Além disso, acarreta maior risco em comparação com outros modos de entrada. O investimento direto estrangeiro é mais comumente utilizado por empresas multinacionais, grandes empresas com enorme experiência internacional. Os serviços são intangíveis e geralmente não podem ser exportados. É comum os serviços estarem limitados ao mercado local e exigirem que as empresas estabeleçam presença no estrangeiro, geralmente através do IDE. O **investimento internacional em portfólio** é a propriedade passiva de garantias estrangeiras, como ações e títulos.

4. **Tipos de investimento direto estrangeiro**

O investimento direto estrangeiro pode ser um **investimento direto integral**, no qual a empresa detém 100 por cento das operações no estrangeiro, ou pode ser uma **sociedade de capital conjunto** com um ou mais parceiros. As empresas podem realizar **investimentos *greenfield*** construindo uma instalação totalmente nova ou comprando uma instalação existente de outra empresa através de **aquisições**. Com a **integração vertical**, a empresa pretende possuir várias das etapas de sua cadeia de valor. Com a **integração horizontal**, a empresa pretende possuir atividades relacionadas a uma única etapa de sua cadeia de valor. Uma **fusão** é um tipo especial de aquisição em que duas empresas se juntam para formar uma empresa nova e maior.

5. **Iniciativa colaborativa internacional**

As *joint ventures* (JV) normalmente são estabelecidas quando uma das partes não possui todos os recursos necessários para explorar uma oportunidade. As *joint ventures* são um exemplo de colaboração baseada na propriedade. O **investimento não acionário, baseado em um projeto** ressalta a relação contratual entre os sócios e é feito para perseguir determinados objetivos ou satisfazer uma necessidade importante do negócio, sendo que os parceiros conservam sua independência. Um **consórcio** é um projeto baseado em um empreendimento não acionário no qual um grupo de empresas realiza uma atividade de grande escala que está além das capacidades de cada uma delas de maneira independente.

6. **Gerenciamento de empreendimentos colaborativos**

A colaboração exige da diretoria que defina claramente seus objetivos e estratégias. Isso requer muita pesquisa e análise prospectiva, bem como fortes habilidades de negociação. As decisões são tomadas em relação à distribuição de responsabilidades na direção, produção, finanças e marketing, bem como a forma de lidar nas operações do dia a dia e os planos para o futuro. Pelo menos metade de todos os empreendimentos colaborativos falha por causa das diferenças culturais, uma lógica pobre sobre o empreendimento, objetivos diferentes dos parceiros, pouco planejamento, falta de controle, contribuições desiguais dos parceiros, mudança das condições ambientais ou o risco de estar sendo criado um novo concorrente. As empresas devem escolher seus parceiros com cuidado e devem seguir um processo sistemático de gestão de empreendimentos.

7. **A experiência dos varejistas nos mercados estrangeiros**

O varejo internacional cresceu muito nos últimos anos. Já que o varejo envolve uma interação intensa com o cliente, é particularmente suscetível à cultura, aos níveis de renda e a outras condições exteriores. O sucesso depende da adaptação às condições locais, mantendo as características únicas do varejista e a proposta de valor. Os varejistas internacionais enfrentam vários desafios, incluindo as barreiras culturais e linguísticas, a forte lealdade aos varejistas locais, as barreiras jurídicas e regulamentares, bem como a necessidade de desenvolver fontes de abastecimento local. O sucesso do varejista também depende de pesquisa e de planejamento com antecedência, estabelecendo redes eficientes de logística e compras, utilizando uma abordagem criativa e empreendedora perante os mercados estrangeiros e ajustando o modelo de negócios para atender às necessidades locais.

8. **Investimento direto estrangeiro, empreendimentos colaborativos e comportamento ético**

A **responsabilidade social corporativa** (**RSC**) refere-se a operar um negócio de forma que se observem os aspectos éticos, as expectativas jurídicas, comerciais, públicas e das partes interessadas (clientes, acionistas, empregados e comunidades).

## Teste seu entendimento

1. Quais são os diferentes tipos de investimento direto estrangeiro? Faça a distinção entre a aquisição e o investimento *greenfield*.

2. Quais são as principais motivações para a realização do IDE?

3. Mencione os tipos de empresas envolvidas no IDE. Existe algum tipo de empresa que possa internacionalizar-se apenas usando o IDE? Explique sua resposta.

4. Quais são os diferentes tipos de empreendimentos colaborativos? Que tipo de empreendimento uma empresa deve

escolher para entrar em um mercado culturalmente distante como a Malásia? E como desenvolver a próxima geração de produtos de sua indústria? Como realizar um projeto a curto prazo, como a construção de infraestrutura (por exemplo, estradas, barragens, aeroportos) no exterior?

5. Quais são os motivos principais para a realização de IDE para uma pequena empresa, cujas vendas estão diminuindo em seu mercado interno? E para uma empresa que pretende entrar num país com altas barreiras comerciais? E para uma empresa com elevados custos de produção no mercado interno? E para uma cadeia de hotéis? E para uma empresa grande e diversificada que quer entrar em vários mercados no mundo inteiro por diferentes razões?
6. Quais os fatores de gestão que devem ser considerados ao decidir em que lugar do mundo estabelecer uma planta de produção ou uma linha de montagem? E uma subsidiária de marketing? E o escritório regional?
7. Os governos costumam oferecer incentivos para que empresas estrangeiras invistam dentro das fronteiras nacionais. Por que um governo incentiva o IDE no seu território?
8. Que medidas a empresa deveria tomar para garantir o sucesso de suas iniciativas colaborativas internacionais?
9. Explique que medidas a empresa deve tomar para lançar com sucesso um empreendimento colaborativo com um parceiro estrangeiro.
10. Quais são os riscos do varejo internacional? O que pode fazer um varejista — como uma loja de departamentos ou um restaurante — para maximizar suas chances de sucesso nos mercados estrangeiros?

## Aplique seu entendimento

1. Suponha que você arrumou um emprego na MobileTV, um pequeno fabricante de aparelhos de televisão instalados em carros e barcos. Os negócios vêm diminuindo recentemente e a diretoria está preocupada. Parte do problema é o crescente volume de importações baratas de mercados emergentes. Já que a MobileTV faz toda sua produção na Grã-Bretanha e no Canadá, não conta com vantagens de custo e por isso os preços são relativamente elevados. Você decide estudar o problema. Você acredita que a MobileTV deve levar boa parte da produção para o México. Mas a diretoria não entende nada sobre IDE. Prepare um relatório para a diretoria detalhando as vantagens da criação de uma base de produção no México. Por que a empresa poderia estar interessada na fabricação estrangeira? Finalmente, faça uma recomendação a respeito de que tipo de IDE a MobileTV deve usar no México.
2. Os empreendimentos colaborativos são uma tendência forte nos negócios internacionais. A complexidade dos mercados estrangeiros leva muitas empresas a procurarem maior flexibilidade na hora de entrar no mercado estrangeiro. Suponha que você trabalha para a Aoki Corporation, produtora de alimentos processados. Seu chefe, Hiroshi Aoki, ouviu que há um grande mercado para os alimentos processados na Europa continental, mas não sabe como entrar nem fazer negócios lá. Você recomenda que entrem na Europa através de uma *joint venture* com uma empresa local europeia. Prepare um documento para o Sr. Aoki explicando os objetivos e os riscos da internacionalização através de empreendimentos colaborativos. Explique por que uma iniciativa de colaboração poderia ser uma estratégia de entrada mais interessante do que um IDE de propriedade total. Tenha em mente que o alimento processado é um produto culturalmente sensível, que envolve diversas complexidades de marketing e distribuição. Que tipo de parceiro europeu você acredita que a Aoki deve procurar?
3. Enquanto faz seu curso de negócios internacionais, você consegue um emprego de meio período na Javaheads, uma rede estreante de cafeterias. O negócio está crescendo e agora o dono da Javaheads, Sr. Ralph Caffeen, vislumbra abrir algumas lojas no Caribe, onde ele gosta ir de férias. Você aprendeu recentemente que replicar o sucesso local do varejo em mercados estrangeiros é difícil, e muitos varejistas não conseguiram se sair bem na expansão internacional. Como você é um estudante de administração assertivo, decide partilhar seus conhecimentos do varejo internacional com Ralph. Quais são os riscos do varejo internacional? Que recomendações você pode dar a Ralph, a fim de melhorar as chances da Javaheads na arena internacional?

## Notas


1 BHAVNA. "The beer market in India". *Just—Drinks,* mar. 2007, p. 65–87; perfil da companhia SAB-Miller. Disponível em: www.hoovers.com.

2 ANDERSON, E.; GATIGNON, H. "Modes of foreign entry: a transaction cost analysis and propositions". *Journal of International Business Studies*, outono 1986, n. 17, p. 1–26; DAVIDSON, W. H. *Global strategic management*. Nova York: Wiley, 1982.

3 DUNNING, J. *International production and the multinational enterprise*. London: Allen e Unwin, 1981.

4 VOGELSTEIN, F. "How intel got inside". *Fortune,* 4 out. 2004, p. 127–36.

5 CONTRACTOR, F.; LORANGE, P. (ed.). *Cooperative strategies in international markets*. Lexington, MA: Lexington Books, 1988; HAMEL, G.; DOZ, Y.; PRAHALAD, C. K. "Collaborate with your competitors—and win". *Harvard Business Review*, jan.–fev. 1989, n. 67, p. 133–39; HARRIGAN, K. "Strategic alliances: their new role in global competition". *Columbia Journal of World Business*, verão 1987, n. 22, p. 67–69; TERPSTRA, V.; SIMONIN, B. "Strategic alliances in the Triad". *Journal of International Marketing*, 1993, n. 1, p. 4–25.

6 NACHUM, L.; ZAHEER, S. "The persistence of distance? The impact of technology on MNE motivations for foreign investment". *Strategic Management Journal*, 2005, n. 26, p. 747–67.

7 CHUNG, W.; ALCACER, J. "Knowledge seeking and location choice of foreign direct investment in the United States". *Management Science*, 2002, n. 48, p. 1.534–42.

8 LOTSSON, A. "Tomorrow: a sneak preview". *Business 2.0*, ago. 2005, p. 77–84.

9 NACHUM, L.; WYMBS, C. "Product differentiation, external economies and MNE location choices: M&As in global cities". *Journal of International Business Studies*. 2005, n. 36, p. 415–23.

10 NACHUM, L.; ZAHEER, S. "The persistence of distance? The impact of technology on MNE motivations for foreign investment". *Strategic Management Journal*, 2005. n. 26, p. 747–67.

11 "Retailing: storm clouds over the mall". *Economist,* 8 out. 2005, p. 71–72.

12 KATZ, B. OWEN, J. "Should governments compete for foreign direct investment?". *Journal of Economic Behavior & Organization*, 2006, n. 59, p. 230–38.

13 UNCTAD. *World Investment Report 2006*. New York: United Nations Conference on Trade and Development, 2006.

14 HEAD, T. C.; Sorensen, P. "Attracting foreign direct investment: the potential role of national culture". *The Journal of American Academy of Business*, 2005, n. 6, p. 305–309.

15 "Beyond the green corporation". *Business Week,* 29 jan. 2007, p. 50–64.

16 CHANDLER, C. "Mickey Mao". *Fortune,* 18 abr. 2005, p. 170–78.

17 Ibid.

18 ERRAMILLI, M. K.; RAO, C. P. "Service firms' international entry-mode choice: a modified transaction-cost analysis approach". *Journal of Marketing*, jul. 1993, n. 57, p. 19–38; LI, J.; GUISINGER, S. "The globalization of service multinationals in the 'Triad' regions: Japan, Western Europe, and North America". *Journal of International Business Studies*, 1992, n. 23, p. 675–96; United Nations. *The transnationalization of service industries*. New York: Transnational Corporations and Management Division, Department of Economic and Social Development, 1993.

19 JAVALGI, R.; GRIFFITH, D. A.; WHITE, D. S. "An empirical examination of factors influencing the internationalization of service firms". *Journal of Services Marketing*, 2003, n. 17, p. 185–201.

20 UNCTAD, 2006.

21 A.T. Kearney Inc. *FDI confidence index*, Alexandria, VA: Global Business Policy Council, 2004.

22 TAGLIABUE, J. "Would Stalin drive a Peugeot?". *New York Times,* 25 nov. 2006, p. B1, B9; ROCKS, D. "Made in China—Er, Veliko Turnovo". *Business Week,* 8 jan. 2007, p. 43.

23 WARD, A. "Home depot in Mexico". *Financial Times,* 6 abr. 2006, p. 8.

24 UNCTAD, 2006.

25 Neste livro, adotamos a definição habitual de *joint venture* em que é assumido que há juros sobre o capital investido pelas empresas-mãe que o estabeleceram. Isto é, um *joint venture* é sempre um empreendimento com participação acionária. Porém, na literatura popular, o termo 'empreendimento com participação acionária' é usado erroneamente para falar de qualquer tipo de empreendimento colaborativo, incluindo colaborações baseadas em projetos. Portanto, vamos usar o termo '*joint venture* com participação acionária' em vez de simplesmente '*joint venture*', a fim de evitar mal-entendidos.

26 KAIHLA, P. "Why China wants to scoop up your company". *Business 2.0,* jun. 2005, p. 29–30.

27 CONTRACTOR, F.; LORANGE, P. *Cooperative strategies and alliances*. Oxford: Elsevier Science, 2002.

28 TOWNSEND, J. "Understanding alliances: a review of international aspects in strategic marketing". *Marketing Intelligence & Planning*, 2003, n. 21, p. 143–58.

29 DONALD, F. "Make your dealers your partners". *Harvard Business Review*, 1996, n. 74, p. 84–91; KOTABE, M.; TEEGEN, H., AULAKH, P.; ARRUDA, M. C. C. de; SANTILLAN-SALGADO, R.; GREENE, W. "Strategic alliances in emerging Latin American: a view from Brazilian, Chilean, and Mexican companies". *Journal of World Business*, 2000, n. 35, p. 114–32.

30 "Procter & Gamble Co.: a company to produce perfumes for Dolce & Gabbana of Italy". *Wall Street Journal,* 15 dez. 2005, p. C11.

31 UNCTAD, 2006.

32 LYONS, D. "Holy Chip!". *Forbes,* 30 jan. 2006, p. 76–82.

33 GUTH, R. A. "IBM announces deal with Japan's NTT". *Wall Street Journal,* 1 nov. 2000, p. A23.

34 CONTRACTOR, F; LORANGE, P. *Cooperative strategies and alliances*. Oxford: Elsevier Science, 2002; HAMEl, G. "Competition for competence and inter-partner learning within international strategic alliances". *Strategic Management Journal*, Special Issue: Global Strategy, verão 1991, n. 12, p. 83–103; HAMEL, G.; DOZ, Y.; PRAHALAD, C. K. "Collaborate with your competitors—and win". *Harvard Business Review*, jan.–fev. 1989, n. 67, p. 133–39.
35 CAVUSGIL, S. T. "International partnering: a systematic framework for collaborating with foreign business partners". *Journal of International Marketing*, 1998, n. 6, p. 91–107; KANDEMIR, D.; YAPRAK, A.; CAVUSGIL, S. T. "Alliance orientation: conceptualization, measurement and impact on market performance". *Journal of the Academy of Marketing Science*, 2006, n. 34, p. 324–40.
36 HEIMANA, B.; NICKERSON, J. "Empirical evidence regarding the tension between knowledge sharing and knowledge expropriation in collaborations". *Managerial and Decision Economics*, 2004, n. 25, p. 401–20.
37 VOGELSTEIN, F. "How Intel got inside". *Fortune*, 4 out. 2004, p. 127–36.
38 CAVUSGIL, S. T. "International partnering: a systematic framework for collaborating with foreign business partners". *Journal of International Marketing*, 1998, n. 6, p. 91–107.
39 *Business Week*, "China: the great internet race", p. 54–55, 13 jun. 2005.
40 HOON-HALBAUER, S. K. "Managing relationships within sino-foreign joint ventures". *Journal of World Business*, 1999, n. 34, p. 334–70.
41 AREDDY, J. "Danone's China deal turns sour". *Wall Street Journal*, 12 abr. 2007, p. A10.
42 TAYLOR, A. "Shanghai auto wants to be the world's next great car company", *Fortune*. 4 out. 2004, p. 103–10.
43 ELLIOTT, D.; POWELL, B. "Walmart Nation". *Time*, 27 jun. 2005, p. 37–39.
44 WARD, A. "Home depot in Mexico". *Financial Times*, 6 abr. 2006, p. 8.
45 SANDERS, A. "Yankee imperialist". *Forbes*, 13 dez. 1999, p. 56.
46 Chandler, C. "The great Walmart of China". *Fortune*, 25 jul. 2005, p. 104–16.
47 WARD, A. "Home depot in Mexico". *Financial Times*, 6 abr. 2006, p. 8.
48 FUCHS, D. "Spaniards making the shift to the mall". *New York Times*, 31 dez. 2005. Disponível em: www.nytimes.com. Acesso em: 2 fev. 2006.
49 UNCTAD, 2006.
50 Ibid.
51 Ibid.
52 Ibid.; BIRCHALL, J. "Sun rises over Walmart's power policy". *Financial Times*, 22 jan. 2007, p. 8.

Capítulo 15

# Licenciamento, franquias e outras estratégias contratuais

## Objetivos de aprendizagem

Neste capítulo, você aprenderá sobre:

1. A natureza das estratégias contratuais de entrada no mercado internacional
2. Licenciamento
3. Vantagens e desvantagens do licenciamento
4. Franquia
5. Vantagens e desvantagens da franquia
6. Outras estratégias de entrada contratual
7. Gestão no âmbito do licenciamento e da franquia

## Harry Potter: a magia do licenciamento

Uma das propriedades mais cobiçadas no licenciamento de mercadorias é Harry Potter, cujo valor ultrapassa um bilhão de dólares. Nada mal para um adolescente de óculos e onze anos de idade. Potter já percorreu um longo caminho depois que apareceu pela primeira vez no livro para adolescentes lançado em 1997 por JK Rowling. Potter deixou de ser um órfão abandonado para se tornar um aprendiz de feiticeiro cheio de confiança em si mesmo. As histórias chamam a atenção de crianças e adultos. As crianças adoram o pequeno feiticeiro porque ele é uma combinação fantástica de bom garoto e moleque travesso. Os adultos gostam do clássico confronto do bem contra o mal. Os acordos de licenciamento tiram um proveito incrível da produção e do lançamento por parte da Warner Bros. dos principais filmes de Harry Potter.

A Warner Bros. adquiriu os direitos exclusivos de licença para Harry Potter. A Warner permite que as empresas em todo o mundo utilizem as imagens de Potter em produtos manufaturados, como software para consolas de jogo, móveis infantis e roupas, recebendo sempre os *royalties*, uma porcentagem fixa das vendas geradas pelo produto licenciado que o produtor paga à entidade licenciadora. A capacidade de associar a imagem de Potter a produtos fabricados aumenta a venda dos produtos licenciados, permitindo trabalhar com preços elevados. Esses acordos fizeram de Rowling uma das mulheres mais ricas da Inglaterra.

A Warner oferece licenças de Harry Potter a uma porção de empresas. Algumas empresas produzem *artefatos* — produtos vistos nos filmes que não têm o nome de Potter de forma explícita. Por exemplo, a Jelly Belly Candy Company, uma empresa na Califórnia, criou o doce favorito de Potter, os Feijõezinhos de Todos os Sabores, em sabores como cera de ouvido, sardinha e vômito. A LEGO faz kits de blocos de construção que permitem que as crianças façam sua versão do castelo de Hogwarts e a Mattel faz os brinquedos do Harry Potter.

A Electronic Arts, a maior produtora independente de jogos eletrônicos, pagou à Warner para obter uma licença para desenvolver e vender os jogos do bruxinho. A licença inclui jogos da Internet, jogos para consoles como o PlayStation 2 da Sony e para telefones celulares. Os fãs podem jogar uma versão virtual de Quadribol, que parece um tipo de pólo aéreo em que os jogadores voam em vassouras. A Mattel, a Electronic Arts e outros licenciados pagam *royalties* à Warner para usufruírem do direito de usar a imagem de Potter para vender suas mercadorias.

A Goodwin Weavers, uma empresa de mobiliário para o lar, também tem uma licença do Harry Potter. A companhia produz tapetes de Potter, papel de parede, almofadas decorativas, almofadas com a forma dos personagens e cobertores em tecido *fleece*. A PJ Kids fez uma linha de camas de Potter que vendeu muito bem, apesar de custar mais de dois mil dólares. Tais produtos fazem aparecer preços elevados usando a magia do licenciamento de uma marca muito popular.

O processo de licenciamento se regenera automaticamente — cada livro de Harry Potter prepara o cenário para o filme, que por sua vez impulsiona as vendas de produtos licenciados do feiticeiro. No mundo inteiro, os quatro primeiros livros de Harry Potter venderam mais de duzentos milhões de exemplares em 55 idiomas. Os dois primeiros filmes de Harry Potter arrecadaram mais de 1,8 bilhão de dólares nas bilheterias. Enquanto isso, Rowling e a Warner exercem certa contenção sobre o produto. Eles não querem que a licença de Potter seja obtida por qualquer um. Especialistas estimam que a cotada propriedade possa ter gerado de 200 a 300 licenças do produto apenas nos Estados Unidos. A Warner quer ter certeza de que a galinha dos ovos de ouro não morra em decorrência da superexposição.

Um dos riscos que licenciadoras como a Warner enfrentam é a violação de propriedade intelectual. Isto ocorre quando uma empresa ou um indivíduo usa o item licenciado para lucrar sem a permissão do dono da propriedade. Por exemplo, mais de oitenta por cento da música gravada e do software na China é de origem pirata. As versões piratas dos DVD de Potter são vendidas nas ruas da China por um dólar, mesmo antes da estreia do filme na China. Traduções não autorizadas de um dos livros de Harry Potter foram postadas na Internet. Essas postagens afetaram as vendas, já que as pessoas não iam se preocupar em comprar o livro se uma versão estava disponível na rede. As livrarias chinesas lançaram um box com os livros de Harry Potter, mas, mesmo antes do lançamento, as bancas de revistas na China já tinham versões não autorizadas dos livros. Para combater a pirataria, a editora oficial chinesa imprimiu os livros de Potter em um papel verde-claro especial e divulgou na mídia — jornais, revistas, televisão — como podiam reconhecer a versão genuína. Os licenciados esperam que Harry Potter faça sua magia na China da mesma forma que fez no resto do mundo.

Fontes: Derrick, S. "Brands cash in on literary scene", *Promotions & Incentives*, jul.-ago. 2005, p. 13–14; "Harry Potter: is Warner Bros. brewing licensing magic", 21 ago. 2000, *DSN Retailing Today*, p. A8. "Harry Potter and the publishing goldmine", *Economist.com/Global Agenda*, 23 jun. 2003, p. 1; Forney, M. "Harry Potter, meet 'Ha-li Bo-te' — children's books hit China, but price and piracy could put crimp in sales", *Wall Street Journal*, 21 set. 2000, p. B1; Jardine, A. "Marketing magic", *Marketing*, 15 nov. 2001, p. 20; O'Mara, S. "Harry — licensing's golden child", *Home Textiles Today*, jan.-fev. 2002, p. 10; "Electronic arts gets rights to develop Harry Potter Games", *Wall Street Journal*, 11 ago. 2000, p. A4.

## Natureza das estratégias contratuais de entrada no mercado internacional

Neste capítulo abordamos vários tipos de relações contratuais transfronteiriças, incluindo as licenças e franquias. As **estratégias contratuais de entrada no mercado internacional** referem-se ao comércio transfronteiriço, no qual o relacionamento entre a empresa focal e seus parceiros estrangeiros é regido por um contrato explícito. A **propriedade intelectual** refere-se a ideias ou produtos criados por empresas ou pessoas, como patentes, marcas registradas e direitos de autor. Incorpora ativos com base no conhecimento da empresa ou dos indivíduos, como o design industrial, segredos comerciais, invenções, obras de arte, literatura e outras 'criações do intelecto'.[1]

Dois tipos comuns de estratégias de entrada contratual são o licenciamento e a franquia. O **licenciamento** é um acordo em que o proprietário da propriedade intelectual concede a outra empresa o direito de usar essa propriedade por um período determinado de tempo em troca de *royalties* ou outras compensações. A **franquia** (***franchising***) é um arranjo em que a empresa confere a outra o direito de utilizar um sistema de negócios completo em troca de taxas, *royalties* ou outras formas de compensação.

As relações contratuais são muito comuns nos negócios internacionais. Fabricantes e empresas de serviços frequentemente fazem a transferência de seus ativos de conhecimento a parceiros estrangeiros. Por exemplo, fabricantes de produtos farmacêuticos envolvem-se em práticas de licenciamento cruzado trocando conhecimento científico sobre a produção de produtos específicos e direitos para distribuir esses produtos em determinadas regiões geográficas. Empresas que agrupam profissionais, como os escritórios de arquitetura, engenharia, publicidade e consultoria, expandem seu alcance internacional fazendo contratos com parceiros estrangeiros. Da mesma forma, as empresas de serviços no varejo, *fast-food*, locação de carros, programas de televisão e animação usam acordos de licenciamento e *franchising*. Como exemplo, 7-Eleven é a dona da maior cadeia mundial de lojas de conveniência, com cerca de 26 mil lojas em dezoito países. Enquanto a empresa-mãe no Japão detém a maioria das lojas, vários milhares no Canadá, México e nos Estados Unidos são operadas através de acordos de *franchising*.

### Aspectos únicos das relações contratuais

As relações contratuais transfronteiriças têm seis características em comum. Elas são:

- *Regidas por um contrato que proporciona à empresa focal um nível moderado de controle sobre o parceiro estrangeiro*. Um acordo formal estabelece os direitos e as obrigações para ambas as partes. O controle se refere à capacidade da empresa focal de influenciar as decisões, operações e recursos estratégicos de um empreendimento estrangeiro e assegurar que os parceiros no exterior realizem as atividades e os procedimentos designados. A empresa focal também mantém a posse e a jurisdição sobre sua propriedade intelectual. No entanto, como mostra a Figura 14.1, os acordos contratuais não oferecem o mesmo nível de controle do investimento direto estrangeiro, uma vez que a empresa focal translada sua operação a empresas independentes no exterior.
- *Normalmente envolvem a troca de bens intangíveis (propriedade intelectual) e serviços*. Alguns exemplos de bens intangíveis que as empresas podem trocar são a assistência técnica e o *know-how*. (Veja a Tabela 3.4 para obter uma lista completa.) Junto com os intangíveis, no entanto, as empresas podem trocar produtos ou equipamentos para ajudar o parceiro estrangeiro.
- *Podem ser feitas de forma independente ou em conjunto com outras estratégias de entrada em mercados inter-*

*nacionais*. As empresas podem entrar em acordos contratuais como forma alternativa de responder às oportunidades internacionais. Em outros casos, as relações contratuais podem complementar e apoiar o IDE e a exportação.[2] Seu uso depende muito do contexto; isto é, uma empresa focal pode procurar uma relação contratual com certos clientes, países ou para alguns produtos, mas não para outros.

- *Oferecem uma escolha dinâmica e flexível*. Com o tempo, a empresa focal pode optar por outra forma de atender aos mercados estrangeiros. Por exemplo, franqueadores como o McDonald's ou a Coca-Cola podem adquirir alguns de seus franqueados ou empresas engarrafadoras. Ao fazer isso, eles passam de uma estratégia contratual para uma estratégia de entrada baseada na propriedade.
- *Muitas vezes reduzem a imagem da empresa focal como uma empresa estrangeira*. Já que a empresa focal alia-se a uma empresa local, pode ser alvo de menos críticas, normalmente dirigidas a empresas multinacionais estrangeiras.
- *Geram um nível previsível de lucro proveniente das operações estrangeiras*. Em comparação com o IDE, as relações contratuais implicam a redução da volatilidade e do risco.[3]

## Tipos de propriedade intelectual

Uma *patente* outorga ao inventor o direito de que outras pessoas não usem, vendam ou importem sua invenção por um período determinado, que normalmente corresponde a 20 anos.[4] É concedida a qualquer empresa ou indivíduo que invente ou descubra qualquer novo processo, produto ou dispositivo manufaturado ou alguma melhoria nova e útil a algum elemento já existente. A *marca registrada* é um *design*, símbolo, logotipo, palavra ou série de palavras colocadas no rótulo de um produto que o distingue dos outros. Identifica um produto ou serviço como proveniente de um fabricante comum e que possui certo nível de qualidade. Marcas registradas bem conhecidas incluem a sigla BP, da British Petroleum, os arcos dourados do McDonald's e o símbolo da Nike. O *direito autoral* protege obras originais, dando ao criador o direito exclusivo de reproduzir, exibir e executar publicamente a obra e autorizar terceiros a realizar essas atividades. O direito autoral compreende obras de música, arte, literatura, filmes e *softwares* de computador.

Um *design industrial* se refere à aparência ou às características de um produto. O *design* visa melhorar a estética e a usabilidade de um produto, a fim de aumentar sua eficiência de produção, desempenho ou comercialização. O iPod fino da Apple com o logotipo da empresa é um design industrial bem conhecido. Um *segredo comercial* é o *know-how* confidencial ou as informações que têm valor comercial.[5] Os segredos comerciais incluem informações como métodos de produção, planos de negócios e listas de clientes. Por exemplo, a fórmula para produzir a Coca-Cola é um segredo comercial. Uma *marca coletiva* é um logotipo que pertence a uma associação ou grupo e cujos membros têm o direito de utilizar a marca que identifica a origem de um produto ou serviço. Normalmente, os membros utilizam as marcas para identificar seus produtos e a si mesmos com certo nível de qualidade ou precisão, origem geográfica ou outras características estabelecidas pela organização. Por exemplo, DIN é a marca coletiva para o Instituto Alemão de Padronização, uma marca encontrada com facilidade nos eletrodomésticos na Europa.

Os **direitos de propriedade intelectual** (**DPIs**) referem-se ao processo judicial por meio do qual os bens de propriedade das empresas e dos indivíduos são protegidos contra o uso não autorizado por parte de terceiros. A disponibilidade e aplicação desses direitos variam de país para país. A ideia fundamental do DPI é dar aos inventores uma vantagem de monopólio por um determinado período para que possam explorar suas invenções e criar vantagens comerciais. Esses direitos permitem aos inventores não só recuperarem os custos do investimento, mas também adquirir poder e controle dos mercados durante alguns anos em que o inventor não precisa enfrentar a concorrência direta de outras empresas ou pessoas que queiram fabricar o mesmo produto. Sem a proteção legal e a garantia de benefícios comerciais, a maioria das empresas e das pessoas teria pouco interesse em inventar alguma coisa nova.

## Licenciamento

Um contrato de licenciamento especifica a natureza da relação entre o licenciador (empresa proprietária da propriedade intelectual) e o licenciado (o usuário). As empresas de alta tecnologia costumam licenciar suas patentes e seu *know-how* para empresas estrangeiras. Por exemplo, a Intel licenciou o direito de fabricar chips para computador usando um novo processo para um fabricante de chips na Alemanha. Como foi mencionado na introdução do capítulo, a Warner licencia imagens dos livros e filmes de Harry Potter para empresas em todo o mundo. A Disney licencia o direito de usar seus personagens dos desenhos animados na produção de camisetas e bonés para fabricantes de vestuário em Hong Kong. A Disney também licencia seus nomes comerciais e logotipos para fabricantes de acessórios, brinquedos e relógios, para serem vendidos em todo o mundo. O licenciamento permite à Disney criar sinergias com os parceiros estrangeiros que adaptam os materiais, cores e outros elementos de design para se adequar ao gosto local. O licenciamento permite ao licenciado produzir e comercializar um produto semelhante com outro que o licenciador já produz em seu país de origem. Criando uma associação com um nome famoso como Disney, o licenciado pode aumentar suas vendas expressivamente.

A Figura 15.1 ilustra a natureza do contrato de licenciamento entre o licenciador e o licenciado.[6] Ao assinar um contrato de concessão, o licenciado paga ao licenciador uma quantia fixa inicial *e* ***royalties*** contínuos que variam de 2 a 5 por cento sobre o faturamento bruto gerado utilizando os ativos licenciados. O montante fixado cobre os custos iniciais do licenciador para a transferência dos ativos licenciados para o licenciado, incluindo a consultoria, o treinamento para a implementação do ativo, a engenharia ou a adaptação. No entanto, certos tipos de ativos licenciados, como os direitos autorais e as marcas, têm custos de transferência muito mais baixos.

O contrato de concessão normalmente dura cinco ou sete anos e é renovável se as partes concordarem. Enquanto o licenciador geralmente deve fornecer informações e assistência técnica para o licenciado, uma vez que o relacionamento é estabelecido e o licenciado compreende plenamente seu papel, a função do licenciador é mínima. O licenciador normalmente desempenha um papel de consultor, mas não tem envolvimento direto com o mercado e não fornece nenhuma orientação sobre as decisões administrativas. A maioria das empresas entra em *contratos de exclusividade*, o que quer dizer que o licenciado *não* tem permissão de dividir os produtos licenciados com outra empresa dentro de um território preestabelecido. Além de operar em seu mercado interno, o licenciado também pode ser autorizado a exportar para outros países.

Se a licenciadora é uma multinacional, pode entrar em um acordo de licença com a filial estrangeira, seja ela de propriedade total ou parcial da empresa-mãe. Neste caso, o licenciamento é uma maneira eficiente de compensar a filial estrangeira e transferir a propriedade intelectual dentro de um marco jurídico formal. Normalmente, a empresa usa esta forma de licenciamento quando a filial estrangeira é uma pessoa jurídica independente, um cenário comum em muitos países. As empresas multinacionais frequentemente utilizam o licenciamento como uma forma inovadora de compensar ou transferir a propriedade intelectual para suas subsidiárias ou afiliadas. Algumas empresas entendem que o licenciamento é uma estratégia complementar para outras estratégias de entrada, como a exportação ou o IDE.

Na indústria da moda, as empresas com marcas fortes, como Bill Blass, Hugo Boss e Pierre Cardin, geram lucros substanciais com acordos de licenciamento para jeans, perfumes e relógios. A Saks Inc., a primeira loja de departamentos de luxo estrangeira na China, entrou no país licenciando o nome de Saks Fifth Avenue para uma loja de departamentos de Xangai. A Saks obtém lucros dos acordos de licenciamento e controla as mercadorias vendidas lá, mas não interfere em outros assuntos. O licenciamento leva o nome da Saks Fifth Avenue para a Ásia sem a necessidade de a própria Saks operar a loja, reduzindo seu risco.[7]

A origem nacional das marcas populares pode ser surpreendente. Na indústria dos alimentos, Peter Paul Mounds e Almond Joy são da empresa inglesa Cadbury Schweppes e produzem nos Estados Unidos por meio de um acordo de licenciamento com a Hershey Foods. Planters, Sunkist e Budweiser são marcas de empresas norte-americanas e são comercializadas na Grã-Bretanha, no Japão e em Cingapura

Figura 15.1 Licenciamento como uma estratégia de entrada no mercado estrangeiro

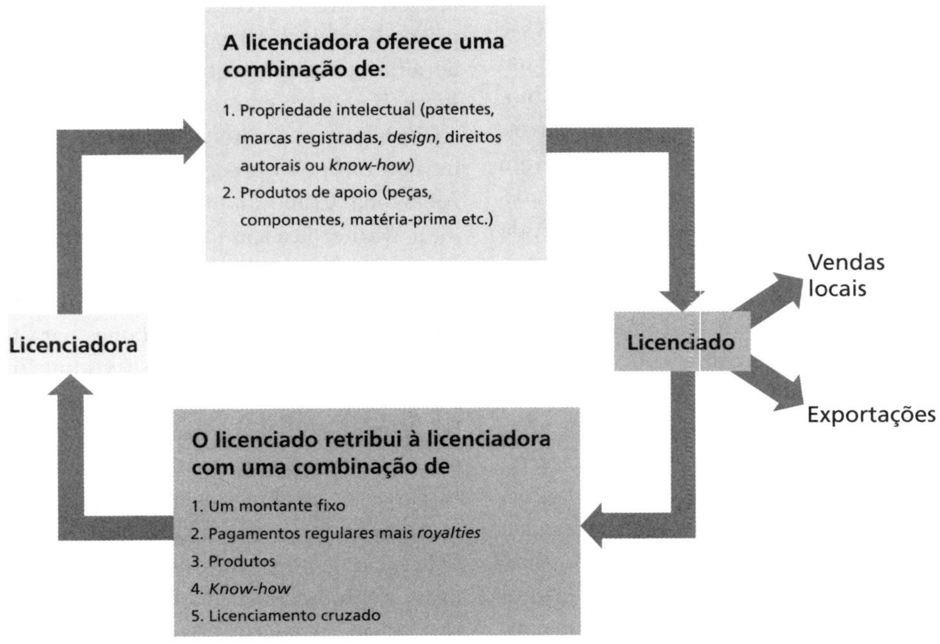


FONTE: Adaptado de Welch e Welch (1996) e de correspondência pessoal com Lawrence Welch.

através de acordos de licenciamento com empresas locais. A Coca-Cola tem um acordo de licença para distribuir a água engarrafada Evian nos Estados Unidos em nome do proprietário da marca, a empresa francesa Danone. De fato, uma análise dos relatórios anuais de 120 das maiores empresas multinacionais do ramo alimentar revelou que pelo menos metade delas está envolvida em algum tipo de licenciamento de produtos internacionais.[8]

Existem dois tipos principais de acordos de licenciamento: (1) licenciamento de marcas registradas e direitos de autor; e (2) licenciamento de *know-how*. Vamos analisar cada um em detalhes.

## Licenciamento de marcas registradas e de direitos autorais

O licenciamento de *marcas registradas* ocorre quando uma empresa concede a outra o direito de usar seu nome, aparência ou logomarca durante certo período em troca de *royalties*. As marcas registradas aparecem em mercadorias como roupas, jogos, alimentos, bebidas, brindes, brinquedos e móveis para casa. As organizações e indivíduos que comercializam uma marca tiram proveito do licenciamento de marcas registradas como Coca Cola, Harley-Davidson, Laura Ashley, Disney, Michael Jordan e até da universidade favorita! A Playboy licencia sua logomarca e outros objetos de marketing a vários fabricantes de roupa em diversos países. Como mostra o texto que abre o capítulo, uma marca famosa como Harry Potter gera milhões de dólares a seu proprietário, praticamente sem esforço algum. As empresas americanas obtêm lucros da ordem dos cem bilhões de dólares anualmente por conta do licenciamento.

Nos Estados Unidos e em outros países, as empresas adquirem o direito de usar as marcas, seja para usar uma única vez, seja para usar constantemente. Em outros países, no entanto, o direito de usar uma marca é adquirido através do cadastro junto às autoridades governamentais e muitos países exigem o uso local da marca registrada para manter o controle. Quando uma empresa registra sua marca, notifica formalmente ao governo que essa marca é sua e que está coberta pela proteção da propriedade intelectual. A prática de declarar a propriedade de uma marca só por ser o primeiro a registrá-la sempre foi um ponto polêmico. Por exemplo, quando quis entrar na África do Sul em 1993, o McDonald's ficou sabendo que um comerciante local já tinha registrado o nome de McDonald's para seu próprio uso e não poderia usar seu nome.[9] Quando o McDonald's entrou na justiça para reintegração do nome, o tribunal Superior de Justiça do país favoreceu o comerciante local.

O Ursinho Pooh é uma das histórias de licenciamento de marcas de maior sucesso. Desenvolvido a partir de uma personagem de literatura infantil em 1926, Pooh evoluiu até se tornar uma propriedade licenciada multibilionária. Adquirido em 1961 pela Disney, Pooh é o segundo personagem de ficção mais lucrativo de todos os tempos, atrás apenas do Mickey Mouse. A imagem de Pooh foi licenciada para muitos fabricantes e para uma gama imensa de produtos, que vão de mercadorias para bebê a produtos têxteis e produtos de jardinagem. Existem quase mil licenciados do simpático ursinho só na Europa.[10]

Em muitos países, uma *marca registrada* dá ao dono o direito exclusivo de reproduzir o trabalho, fazer produtos paralelos, distribuir cópias ou exibir o produto ao público. A obra original inclui arte, música e literatura, bem como softwares de computador. A duração da proteção varia conforme o país, mas o tempo de vida do criador mais 50 anos é o normal. Porém, já que muitos países não oferecem proteção para as marcas registradas, é bom se informar a respeito das leis antes de divulgar um produto mundo afora.[11]

## Licenciamento do *know-how*

Ganhar acesso à tecnologia é uma razão importante para o licenciamento. Um **acordo de *know-how*** é um contrato em que a empresa focal disponibiliza conhecimentos tecnológicos ou administrativos sobre como projetar, fabricar ou oferecer um produto ou um serviço. A licenciadora disponibiliza suas patentes, segredos comerciais e outro *know-how* para um licenciado em troca de *royalties*. Os *royalties* podem ser um pagamento único, *royalties acumulativos* baseados no volume de produtos produzidos usando esse *know-how* ou até uma mistura dos dois métodos.

Em alguns setores, como a indústria farmacêutica, química e de semicondutores, a tecnologia é adquirida por acordos de licenciamento recíproco entre empresas pertencentes a indústrias iguais ou semelhantes. Isso é conhecido como *licenciamento cruzado*. Nas indústrias em que a velocidade dos avanços tecnológicos é rápida e as inovações com frequência estão baseadas naquilo que já existe, o licenciamento de tecnologia por parte dos concorrentes oferece vantagens importantes. Reduz o custo da inovação evitando a duplicação de pesquisas e diminui o risco de exclusão de qualquer empresa ao acesso a novos desenvolvimentos.

Por exemplo, a AT&T já teve a maior parte das patentes na indústria de semicondutores. Confirme iam aparecendo mais empresas no setor, o ritmo de P&D ia aumentando e a AT&T corria o perigo de ser ultrapassada pelos concorrentes. Na Europa, no Japão e nos Estados Unidos, milhares de patentes de semicondutores foram concedidas. Em uma rede tão complexa de patentes, teria sido quase impossível para qualquer empresa operar na indústria sem as licenças dos concorrentes. Então, a AT&T, a Intel, a Siemens e muitos outros concorrentes começaram a disponibilizar suas patentes usando o licenciamento. As atividades coletivas de licenciamento dessas empresas aceleraram a inovação nos semicondutores.

Uma observação semelhante pode ser feita a partir da indústria farmacêutica. Já que o desenvolvimento de um novo medicamento pode custar muitos milhões de dólares em pesquisa e desenvolvimento, e os novos remédios passam por processos demorados de aprovação por parte do governo, as empresas farmacêuticas querem lançar as suas descobertas o mais rápido possível. Para reduzir os custos e acelerar o desenvolvimento de novos remédios, as empresas farmacêuticas podem licenciar as invenções dos concorrentes.[12] Em outras indústrias, as empresas podem licenciar tecnologias e *know-how* dos concorrentes para compensar a falta de conhecimento, oferecer um produto novo ou ingressar em novos nichos de mercado. Às vezes é melhor adquirir tecnologia de outras empresas usando o licenciamento do que investir montanhas de dinheiro em P&D. Existe a ideia de que a empresa que adquire tecnologia vai, de alguma forma, transferir uma parte de sua tecnologia a outras empresas.

## Quais são as empresas no topo do licenciamento?

A Tabela 15.1 é uma lista das empresas líderes em licenciamento por faturamento anual. Todas, menos uma (Sanrio), têm como base os Estados Unidos. Entre elas, a maior quantidade de licenciamentos ocorre na indústria dos acessórios, jogos e brinquedos. As vendas do licenciamento cresceram exponencialmente graças ao surgimento dos grandes varejistas, como Walmart e Carrefour e pelas vendas que ocorrem pela Internet.

## Vantagens e desvantagens do licenciamento

A Tabela 15.2 resume as vantagens e desvantagens do licenciamento da perspectiva do licenciador. Vamos destacar alguns dos pontos-chave.

### Vantagens do licenciamento

Como estratégia de entrada, o licenciamento não requer investimento de capital substancial nem envolvimento do licenciador no mercado externo. O licenciamento permite que a empresa tenha presença no mercado sem fazer um investimento de capital. Por esta razão, é a estratégia preferida das pequenas e médias empresas (PME), que podem não ter os recursos para internacionalizar seus produtos por

Tabela 15.1 Líderes em licenças segundo lucro por licenciamento

| *Ranking* | *Nome da empresa* | *Lucro anual por licenciamento (bilhões de dólares)* | *Negócios* |
|---|---|---|---|
| 1 | Disney Consumer Products | $ 21,0 | Brinquedos e acessórios licenciados dos filmes da Disney como *A pequena sereia* e *O rei leão*, e personagens como o Ursinho Pooh e Mickey Mouse |
| 2 | Warner Bros. Consumer Products | 6,0 | Brinquedos e acessórios licenciados de filmes como *Super-homem*, *Scooby-Doo* e *Harry Potter* |
| 3 | Nickelodeon & Viacom Consumer Products | 5,2 | Brinquedos e acessórios licenciados de programas de TV como Bob Esponja, jogos do filme *O Poderoso Chefão* |
| 4 | Marvel Entertainment | 5,0 | Brinquedos, jogos e acessórios licenciados de *Ghost Rider*, *Quarteto Fantástico*, *Capitão América* e *X-Men* |
| 5 | Major League Baseball | 4,7 | Jogos relacionados com beisebol, brinquedos e acessórios |
| 6 | Sanrio (Japão) | 4,2 | Brinquedos e acessórios licenciados com a Hello Kitty |
| 7 | The Cherokee Group | 4,1 | Acessórios e sapatos relacionados às marcas Cherokee e Sideout |
| 8 | National Football League | 3,5 | Acessórios e equipamentos relacionados ao futebol americano |
| 9 | General Motors | 3,0 | Brinquedos e acessórios licenciados baseados em carros famosos da marca |
| 10 | Lucasfilm Ltd. | 3,0 | Brinquedos, jogos e acessórios licenciados sobre os filmes *Guerra nas Estrelas* e *Indiana Jones* |

FONTE: WILENSKI, Dawn. "101 leading licensors". *License*, abr. 2006, p. 22-37, disponível em: www.licensemag.com

Tabela 15.2 Vantagens e desvantagens do licenciamento para a licenciadora

| *Vantagens* | *Desvantagens* |
|---|---|
| • Não precisa de capital próprio nem da presença física da licenciadora no mercado estrangeiro<br>• Capacidade de gerar receita por *royalties* a partir da propriedade intelectual existente<br>• Apropriado para entrar em novos mercados cujo risco é considerável<br>• Útil quando as barreiras comerciais reduzem a viabilidade da exportação ou quando os governos restringem a propriedade das operações locais por parte das empresas estrangeiras<br>• Útil para testar um mercado estrangeiro antes de estabelecer uma operação de tipo IDE<br>• Útil como estratégia para entrar nos mercados antes que a concorrência | • As receitas normalmente são menores que as produzidas com outras estratégias de entrada<br>• Difícil de manter controle sobre a forma em que o ativo licenciado é utilizado<br>• Risco de perder o controle sobre a propriedade intelectual importante ou de dar de presente para futuros concorrentes<br>• A licença pode afetar a propriedade intelectual e criar novos concorrentes<br>• Não garante uma base para a expansão futura no mercado<br>• Não é ideal para os produtos, serviços ou conhecimentos que sejam muito complexos<br>• A solução de problemas é difícil e pode provocar resultados pouco satisfatórios |

meio de estratégias de entrada mais caras. O licenciamento também permite à empresa explorar os frutos de pesquisa e desenvolvimento já realizados. Quando a relação de licenciamento é estabelecida, o licenciador não precisa de esforço adicional e recebe um fluxo de dinheiro por *royalties*. Assim, ao contrário de outras estratégias de entrada em mercados estrangeiros, o licenciador não paga para ter uma presença física no mercado nem para manter o estoque. Enquanto isso, o licenciado obtém benefícios por ter acesso a uma tecnologia-chave a um custo muito mais baixo do que se tivesse desenvolvido a tecnologia ele próprio.[13]

O licenciamento torna possível a entrada em países que restringem a participação estrangeira em setores específicos, como a defesa e a energia, que podem ser considerados críticos para a segurança nacional. O licenciamento permite às empresas o acesso a mercados menores ou que são difíceis de entrar por causa das barreiras comerciais, como as taxas e as exigências burocráticas. Por exemplo, a Roche entrou em um acordo de licenciamento com Chugai Pharmaceuticals no Japão, a fim de expandir sua presença no mercado japonês de medicamentos patenteados. Obter sucesso no Japão exige *know-how* substancial do mercado e um profundo conhecimento do processo de aprovação local dos medicamentos. A relação acelerou a penetração da Roche no enorme mercado japonês.[14]

O licenciamento também pode ser utilizado como uma estratégia de baixo custo para testar a viabilidade de mercados estrangeiros. Ao estabelecer uma relação com um licenciado local, a empresa estrangeira pode aprender muito sobre o mercado-alvo e planejar a melhor estratégia futura para estabelecer uma presença mais substancial nesse lugar. Uma empresa pode utilizar o licenciamento como estratégia para antecipar a entrada dos concorrentes em um mercado-alvo. Isto é, estabelecendo uma presença licenciada em um mercado, a empresa desenvolve sua marca e a familiaridade lá, largando na frente dos concorrentes que venham a entrar mais tarde.

## Desvantagens do licenciamento

Já que os *royalties* são calculados pelo volume de vendas do licenciado, o licenciador depende das vendas do licenciado e de sua habilidade em marketing para aumentar seus lucros. Um parceiro com dificuldades financeiras pode ser incapaz de gerar vendas substanciais. Sendo uma estratégia de entrada de nível de controle moderado, o licenciador tem capacidade limitada de controlar a forma como o ativo é usado. Se o licenciado utiliza o bem sem maiores cuidados, produzindo, por exemplo, um objeto abaixo do padrão, a reputação do licenciador pode ser prejudicada. Por esta razão, as empresas geralmente exigem parceiros estrangeiros com experiência para atender aos padrões mínimos de qualidade. Por exemplo, a empresa norte-americana Anheiser-Busch Brewing Company comercializa a cerveja Budweiser no Japão através de um acordo de licenciamento com a Kirin, uma cervejeira local muito forte. Sendo um dos mais fabricantes mais respeitados no Japão, a Kirin produz a Bud e outras cervejas de acordo com os rígidos padrões da Anheiser-Busch.

Se o licenciado for muito bem-sucedido, o licenciador pode querer entrar no mercado com uma estratégia mais lucrativa. Este foi o caso que a Disney viveu quando desenvolveu a Disneyland Tokyo através de um acordo de licença com um sócio japonês. Quando ficou claro que o parque temático teria mais sucesso do que se pensava inicialmente, a diretoria da Disney quis desenvolver ela mesma o Disneyland Tokyo. No México, a Televisa viveu o mesmo problema. Sendo o maior produtor de programação televisiva em espanhol, a Televisa optou por um acordo de licença com a Univision, da Califórnia, para entrar no mercado norte-americano, no qual mais de 35 milhões de pessoas falam espanhol como idioma principal. Por seu lado, a empresa mexicana recebe apenas nove por cento das receitas de publicidade da Univision. O lucro com o licenciamento é substancialmente menor do que o lucro decorrente da exportação ou do IDE. Além disso, o licenciamento não garante a base para uma futura expansão. As opções do licenciador para a internacionalização por outros meios normalmente estão limitadas no contrato de licenciamento.

A empresa focal deve assegurar que seus valiosos ativos intelectuais não caiam nas mãos de indivíduos ou empresas que possam se tornar concorrentes. O licenciamento é mais viável em setores em que as mudanças tecnológicas são frequentes e afetam muitos produtos. A rápida mudança tecnológica significa que a tecnologia licenciada se torna obsoleta antes que o contrato de concessão chegue ao fim. Caso contrário, nos casos em que a maior preocupação do licenciador é a perda de conhecimento técnico ou outro *know-how* para um concorrente potencial, é melhor que a empresa evite conceder licenças como estratégia de entrada.

Já que o licenciamento exige dividir a propriedade intelectual com outras empresas, o risco de criar um futuro concorrente é grande.[15] Os rivais podem explorar a propriedade intelectual do licenciador migrando para outros países ou criando produtos muito parecidos com aqueles previstos no contrato de licenciamento. Os licenciados podem aproveitar o *know-how* licenciado para se tornarem fortes concorrentes e, com o tempo, líderes da indústria. Este cenário já foi visto nas indústrias de automóveis, chips de computador e de eletrônicos de consumo na Ásia, em que empresas ocidentais transferiram tecnologias para as empresas na China, Japão e Coreia.

Por exemplo, a Sony do Japão licenciou a tecnologia associada ao transistor de Bell Laboratories, o inventor do processo nos Estados Unidos. A Bell havia ajudado a Sony a usar o transistor para fazer próteses auditivas. Mas, em vez disso, a Sony usou a tecnologia para criar rádios transistores de pequeno porte que funcionavam com bateria. Com essa vantagem, a Sony e outras empresas japonesas logo se tornaram líderes globais em rádios de transistores. Bell desperdiçou uma oportunidade excelente. A Sony posteriormente se tornou a primeira empresa japonesa a entrar na Bolsa de Nova Iorque e uma das maiores empresas de produtos eletrônicos do mundo.[16]

Em outro exemplo, a fabricante de brinquedos norte-americana Mattel licenciou os direitos para distribuir a boneca Barbie à fabricante brasileira de brinquedos Estrela. Uma vez que o acordo expirou, a Estrela desenvolveu sua própria boneca parecida com a Barbie e de nome 'Susi', que eclipsou as vendas brasileiras das bonecas da Mattel. A Estrela lançou depois a boneca Susi na Argentina, Chile, Paraguai e Uruguai com um sucesso avassalador. No Japão, a Mattel entrou em um acordo de licenciamento com a fabricante de brinquedos Takara, que adaptou a boneca para satisfazer os gostos das meninas japonesas. Quando o acordo expirou, a Takara continuou vendendo a boneca com um nome diferente: 'Jenny', tornando-se o concorrente principal da Mattel no segundo maior mercado de brinquedos do mundo.[17]

## Franquia (*franchising*)

A franquia (*franchising*) é uma forma avançada de licenciamento em que a empresa focal (o *franqueador*) permite que um empresário (o *franqueado*) utilize um sistema de negócios completo em troca de compensações. Como acontece com o licenciamento, um contrato explícito define os termos da relação. McDonald's, Subway, Hertz e FedEx são franqueadores internacionais bem estabelecidos. Outros que usam o *franchising* para expandir a operação são Benetton, Body Shop, Yves Rocher e Marks & Spencer. Como estes exemplos sugerem, o *franchising* é muito comum no varejo internacional. No entanto, alguns varejistas, como IKEA e Starbucks, têm uma forte preferência pela expansão estrangeira usando lojas de propriedade da empresa. Nesse caso, essas empresas optam por um maior controle sobre as operações no estrangeiro e renunciam à possibilidade de criar uma expansão mais rápida no exterior.

Embora existam vários tipos de *franchising*, o mais comum é o *formato de franquia empresarial* (algumas vezes chamado *sistema de franquias*).[18] A Figura 15.2 mostra a natureza do contrato de *franchising*. Neste acordo, o franqueador transfere ao franqueado um método de negócios completo, incluindo os métodos de produção e de comercialização, sistemas de vendas, procedimentos e *know-how* administrativo, bem como a utilização de seu nome e o direito de uso de seus produtos, patentes e marcas.[19] O franqueador também oferece ao franqueado treinamento, suporte permanente, programas de incentivo e o direito de participar de programas de marketing cooperativos. Em troca, o franqueado paga algum tipo de compensação ao franqueador, geralmente *royalties* que representam uma porcentagem das receitas do franqueado. O franqueado pode ser obrigado a adquirir certos equipamentos e suprimentos do franqueador para garantir produtos padronizados e qualidade consistente. Por exemplo, Burger King e Subway exigem que os franqueados comprem equipamentos de preparação de alimentos de fornecedores preestabelecidos. Alguns franqueadores, como McDonald's, também alugam imóveis (terrenos, especialmente) aos franqueados.

Enquanto as relações resultantes do licenciamento muitas vezes são de curta duração, as partes de um acordo de *franchising* normalmente estabelecem um relacionamento contínuo que pode durar muitos anos. Assim, em relação ao licenciamento, o *franchising* geralmente é uma estratégia de entrada muito mais estável e duradoura. Além disso, os franqueadores normalmente combinam o *franchising* com outras estratégias de entrada. Por exemplo, cerca de setenta por cento das duas mil lojas da Body Shop no mundo são operadas por franqueados, enquanto o resto é propriedade da Body Shop como tal. Os grandes varejistas, como IKEA e Carrefour, usam *franchising* e ao mesmo tempo o IDE para promover sua expansão no estrangeiro.

Figura 15.2 A franquia como uma estratégia de entrada no mercado estrangeiro

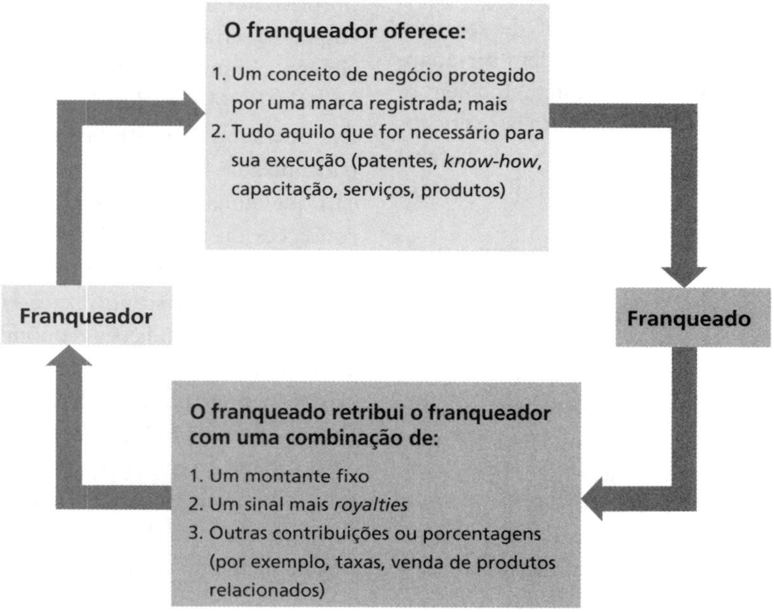

O franqueador oferece:
1. Um conceito de negócio protegido por uma marca registrada; mais
2. Tudo aquilo que for necessário para sua execução (patentes, know-how, capacitação, serviços, produtos)
Franqueador
Franqueado
O franqueado retribui o franqueador com uma combinação de:
1. Um montante fixo
2. Um sinal mais royalties
3. Outras contribuições ou porcentagens (por exemplo, taxas, venda de produtos relacionados)


FONTE: Adaptado de Welch (1992) e de correspondência pessoal com Lawrence Welch.

O *franchising* é mais abrangente que o licenciamento porque o franqueador determina praticamente todas as atividades de negócio do franqueado. O franqueador controla firmemente o sistema de negócio para assegurar padrões consistentes. Os franqueadores internacionais utilizam marcas facilmente identificáveis e tentam garantir a qualidade do produto e que o cliente tenha uma experiência de compra consistente. As atividades completamente padronizadas de negócios, no entanto, são difíceis de reproduzir em diversos mercados. Diferenças em áreas como os ingredientes principais, as qualificações dos trabalhadores e o espaço físico podem provocar alterações na fórmula de franquia. Por exemplo, as restrições de espaço no Japão forçaram a KFC a substituir seu equipamento de cozinha do clássico design horizontal, comum nos Estados Unidos, para um design mais estreito e vertical que não ocupa espaço. Além disso, os KFC japoneses tendem a ser restaurantes de vários andares, a fim de economizar no custo elevado da terra. O desafio é encontrar o equilíbrio certo, adaptando o formato para responder a mercados locais sem afetar a imagem geral e o serviço da franquia.[20]

O McDonald's talvez seja o maior exemplo de formato de negócio de *franchising*. Sua rede de franquias ao redor do mundo é extraordinariamente bem-sucedida. A abertura do primeiro McDonald's russo em Moscou, em janeiro de 1990, tinha implicações políticas também, pois era justo depois do colapso do regime comunista na antiga União Soviética. A loja, com espaço para 700 pessoas, tinha 27 caixas registradoras e era muito popular. Cerca de oitenta por cento dos trinta mil McDonald's no mundo são geridos por franqueados. Estes restaurantes atendem mais de cinquenta milhões de clientes por dia e empregam 1,5 milhão de pessoas.

Algumas empresas focais podem optar por trabalhar com um único franqueado em um determinado país ou região. Neste regime de **franquia master**, uma empresa independente é autorizada a estabelecer, desenvolver e gerir toda a rede de franquias no seu mercado. O franqueado principal tem o direito de distribuir franquias a outras empresas independentes e, assim, assumir o papel de franqueador local. O McDonald's está organizado desta forma no Japão. Do ponto de vista da empresa focal, o acordo é o mais barato em investimento de tempo e capital. No entanto, o problema resultante é que, ao delegar a responsabilidade de identificar e trabalhar diretamente com seus franqueados, a empresa focal perde boa parte do controle sobre suas operações no mercado externo.

Os franqueados preferem esse acordo porque oferece um território exclusivo, grande e predefinido (um país inteiro, em algumas ocasiões) e uma economia de escala causada pela operação de vários pontos de venda simultaneamente. Ela tem acesso a um conceito de marketing e venda eficiente e a uma parceria com a casa matriz e os franqueados de outros territórios, o que normalmente se traduz em apoio, *know-how* e no conhecimento das últimas inovações no ramo. Os franqueados principais detêm oitenta por cento dos acordos internacionais de *franchising*. Sbarro, Inc., a cadeia de pizza italiana, opera através de franquias principais na Bélgica, Grã-Bretanha, Canadá, Guatemala, Kuwait e Filipinas.[21]

## Quem são os maiores franqueadores?

O *franchising* é um fenômeno mundial e é responsável por grande parte do comércio internacional de serviços. Muitas categorias de produtos e serviços podem ser adaptadas ao modelo de *franchising* internacional. Incluem-se nesse grupo as lojas de *fast-food*, saúde e *fitness*, serviços profissionais e produtos para o lar e vários tipos de varejistas.[22] (Veja a Tabela 3.5, para obter uma lista dos maiores franqueadores do mundo.)

Os Estados Unidos são o lar do maior número de franqueadores e dominam o *franchising* internacional. Os franqueadores e franqueados norte-americanos respondem por cerca de um trilhão de dólares em vendas anuais no varejo dos Estados Unidos e a cifra impressionante de quarenta por cento das vendas totais do varejo. Aproximadamente um em cada doze estabelecimentos de varejo nos Estados Unidos é uma franquia.[23] Outros países também são muito ativos no *franchising*. Por exemplo, as vendas anuais de franquias de *fast-food* na Inglaterra representam trinta por cento de todos os alimentos consumidos fora de casa. A internacionalização dos sistemas de *franchising* é uma tendência importante que se tornou popular no início da década de 1970.

As tecnologias de informação e comunicação aceleram o ritmo do *franchising* internacional. A capacidade de trocar informações instantaneamente através da Internet aumenta a capacidade do franqueador para controlar suas operações internacionais. Alguns franqueados usam equipamentos eletrônicos no ponto de venda que manda os dados de estoque e vendas para o depósito central do franqueador e para a rede de distribuição. A tecnologia da informação também permite que o franqueador possa atender os clientes ou franqueados por meio de uma central de contabilidade e outras funções do processo de negócios.

## Vantagens e desvantagens da franquia

A relação entre o franqueador e o franqueado é caracterizada por funções complementares. Enquanto os franqueadores fornecem recursos vitais, os franqueados desempenham funções nos mercados estrangeiros, como o marketing e a distribuição, que normalmente o franqueador não poderia executar. O franqueador possui as economias de escala, a propriedade intelectual e o *know-how* sobre sua indústria, enquanto o franqueado tem a dinâmica empresarial e conhecimentos importantes sobre o mercado local e como gerir um negócio lá. O *franchising* combina o controle centralizado das operações no estrangeiro e uma abordagem comercial padronizada com as competências dos empreendedores locais que tenham a flexibilidade necessária para lidar com as condições do mercado local. Em outras palavras, o sistema de franquias oferece uma mistura eficaz de centralização de competências e descentralização operacional.

Quando as condições econômicas e culturais no mercado-alvo são muito diferentes às condições do país do franqueador, ele confia muito na experiência do franqueado no mercado. Um grande grupo de franqueados bem escolhidos pode aumentar a velocidade e a qualidade do desempenho do franqueador lá fora.[24] Por exemplo, a KFC internacionalizou-se rapidamente e atingiu um bom desempenho em todo o mundo através do desenvolvimento de franqueados em noventa países.

## A perspectiva do franqueador

A Tabela 15.3 mostra as vantagens e desvantagens do *franchising* para o franqueador. As empresas optam pelo *franchising* quando não possuem capital ou experiência internacional para entrar nos mercados estrangeiros pelo IDE ou quando o fornecimento do produto no exterior por meio de distribuidores independentes ou do licenciamento tradicional é ineficaz como uma estratégia de internacionalização. Os mercados estrangeiros normalmente oferecem maior rentabilidade do que o mercado doméstico. Por exemplo, a loja KFC de Pequim gerou mais vendas do que qualquer outra lanchonete KFC em todo o mundo devido, em parte, à novidade da oferta, à ausência de concorrência direta e ao grande tráfego de pedestres. Os governos dos países de interesse muitas vezes incentivam o *franchising* de operadores estrangeiros porque a maioria dos lucros e dos investimentos fica na economia local.

Tabela 15.3 Vantagens e desvantagens da franquia para o franqueador

| *Vantagens* | *Desvantagens* |
|---|---|
| • É possível entrar em vários mercados estrangeiros rapidamente e com baixo custo<br>• Não há necessidade de investir muito capital<br>• Uma marca bem estabelecida incentiva as vendas atuais e futuras no exterior<br>• A empresa pode padronizar o conhecimento dos franqueados para lidar com os mercados locais com eficiência | • Manter o controle sobre o franqueado pode ser difícil<br>• É provável que haja conflitos com o franqueado, inclusive em questões judiciais<br>• Preservar a imagem do franqueador no mercado externo pode ser um verdadeiro desafio<br>• É necessário acompanhar e avaliar o desempenho dos franqueados e prestar assistência contínua<br>• Os franqueados podem usar os conhecimentos adquiridos e virar concorrentes no futuro |

Para o franqueador, o *franchising* é uma estratégia de entrada de custo e risco baixos. Oferece a capacidade de desenvolver mercados internacionais novos e desconhecidos de forma relativamente rápida e em maior escala comparado com as empresas que não usam o *franchising*. O franqueador pode gerar lucros adicionais com pequenos investimentos adicionais em capital, pessoal, produção e distribuição.

No entanto, as principais desvantagens para o franqueador incluem a necessidade de manter o controle sobre muitos estabelecimentos ao redor do mundo. Quando a empresa entra em um mercado internacional numeroso e complexo, o risco de criar concorrentes é maior. O franqueador deve divulgar segredos de negócios e conhecimentos detalhados. Quando o contrato de franquia termina, alguns franqueados usam seus conhecimentos recém-adquiridos para permanecer no negócio, alterando em ocasiões o nome do franqueador ou sua marca. Há também o risco de que os franqueados existentes venham a comprometer a imagem do franqueador por não cumprirem suas normas. Por exemplo, a Dunkin' Donuts teve problemas na Rússia quando se descobriu que alguns franqueados estavam vendendo vodka junto com os *donuts*.

Um grande desafio para os franqueadores é familiarizar-se com as leis e as regulamentações estrangeiras. Como exemplo, a União Europeia tem leis rigorosas que favorecem o franqueado e que por vezes prejudicam a capacidade do franqueador para manter o controle sobre as operações do franqueado. As leis e as circunstâncias do câmbio de moeda afetam o pagamento dos *royalties*.

O *franchising* salienta os produtos padronizados e o marketing. Mas isso não implica cem por cento de uniformidade. Os franqueados locais costumam adaptar as ofertas às necessidades e aos gostos locais. Por exemplo, o McDonald's oferece um sanduíche McPork na Espanha, um hambúrguer de frango picante na China, hambúrgueres *teriyaki* no Japão e vinho na França. Em suas lojas em Pequim, a KFC oferece cenouras raladas, cogumelos e brotos de bambu em vez da salada de repolho que vende nos países ocidentais. Também na China, a Starbucks oferece um Frappuccino de creme de chá verde, a TCBY vende iogurte de gergelim e o Mr. Fields comercializa *muffins* de manga.[25]

### A perspectiva do franqueado

A Tabela 15.4 mostra as vantagens e desvantagens da franquia para o franqueado. Do ponto de vista do franqueado, a franquia é especialmente benéfica para as PME. A maioria das pequenas empresas não dispõe de recursos substanciais ou fortes habilidades gerenciais. A grande vantagem da franquia para o franqueado é a possibilidade de lançar um negócio usando um modelo de negócio já testado. Em essência, a franquia é o mesmo que clonar as melhores práticas. Aumenta as chances de sucesso da pequena empresa por meio da duplicação de um formato testado e comprovado de negócios.[26]

## Outras estratégias de entrada contratual

Além do licenciamento e do *franchising*, existem outros tipos de acordos contratuais nos negócios internacionais. Esses acordos internacionais envolvem grandes projetos de construção, fabricação de produtos sob contrato, fornecimento de serviços administrativos e de marketing ou locação de ativos importantes. Dedicamos o Capítulo 16 ao *global sourcing*, uma forma específica de contratação internacional. Aqui discutimos as estratégias de contratação a seguir: contratação em regime *turnkey*, acordos de *build-operate-transfer*, contratos de administração e *leasing*.

### Contrato *turnkey*

Os **contratos *turnkey*** são acordos em que a empresa focal ou um consórcio de empresas planeja, financia, organiza, gerencia e executa todas as fases de um projeto no exterior e, em seguida, o entrega ao cliente estrangeiro após capacitar o pessoal local. Os contratantes normalmente são empresas de construção, engenharia, *design* e serviços de arquitetura. Em

Tabela 15.4 Vantagens e desvantagens da franquia para o franqueado

| *Vantagens* | *Desvantagens* |
|---|---|
| • Uso de uma marca estabelecida e conhecida<br>• Adquirir treinamento e *know-how*; receber apoio permanente do franqueador<br>• Operar um negócio independente<br>• Aumentar a probabilidade de sucesso nos negócios<br>• Ser parte de uma rede internacional estabelecida | • O investimento inicial ou o pagamento de *royalties* podem ser altos<br>• O franqueado é obrigado a comprar materiais, equipamentos e produtos exclusivos do franqueador<br>• O franqueador tem muito poder, e isso pode afetar sua capacidade de negociação<br>• As lojas do franqueador podem proliferar na região, criando uma concorrência para o franqueado<br>• O franqueador pode impor sistemas técnicos ou administrativos inadequados ao franqueado |

um projeto de regime *turnkey* comum, uma instalação importante (como uma usina nuclear ou um sistema de metrô) é construída, posta em funcionamento e em seguida entregue ao promotor do projeto que, muitas vezes, é um governo nacional. O acordo envolve a construção, a instalação e o treinamento e pode incluir serviços de acompanhamento do contrato, como a vistoria e o suporte operacional.

Entre os projetos *turnkey* mais populares encontram-se as extensões e atualizações para sistemas de metrô, como pontes, estradas e ferrovias. Os projetos em regime *turnkey* também são utilizados para a construção de aeroportos, portos, refinarias e hospitais. Um dos maiores projetos de regime *turnkey* com financiamento público aconteceu em Delhi, Índia. O projeto estimado em 2,3 bilhões de dólares foi encomendado pela Delhi Metro Rail Ltd., para construir estradas e túneis que atravessam o bairro financeiro central da cidade. O consórcio de *turnkey* incluía empresas locais e a Skanska AB, uma das maiores construtoras do mundo, com base na Suécia.[27]

Nos últimos anos, as empresas de construção, engenharia, arquitetura e *design* tornaram-se grandes atores na prestação de serviços globais. Estas empresas incluem a Hochtief AG da Alemanha e a Skanska AB da Suécia. (Veja a Tabela 3.6 para uma lista das empresas líderes). Construíram alguns dos projetos de construção mais importantes do mundo, como a Barragem das Três Gargantas na China e o Túnel que liga a Inglaterra com a França. A Bechtel, da Califórnia, participou de projetos como a renovação do metrô de 140 anos de idade de Londres, a limpeza da usina nuclear de Chernobyl, na Rússia, e a construção de usinas nucleares na Coreia do Sul.[28] Em Hong Kong, um consórcio de empresas, incluindo a gigante francesa Bouygues, assinou um contrato de 550 milhões de dólares para construir a estrada principal que vai de Hong Kong até a China continental.[29] A Bovis Lend Lease, do Reino Unido, foi responsável pela construção das torres Petronas em Kuala Lumpur, Malásia.

## Acordos de *build-operate-transfer* (BOT)

Sob um acordo de ***build-operate-transfer*** **(BOT)**, uma empresa é contratada para construir uma instalação de grande porte no exterior, como uma barragem ou uma estação de tratamento de água, opera a instalação por um período determinado e, em seguida, transfere a propriedade para o patrocinador do projeto, que normalmente é o país-sede ou uma entidade pública. Esta é uma variação do contrato em regime *turnkey*. Em vez de entregar a instalação concluída ao patrocinador do projeto, em um negócio BOT o construtor se beneficia por alguns anos, normalmente dez, antes da transferência da propriedade para o patrocinador.

Em um negócio típico, um consórcio de investidores privados, empreiteiros e consultores multinacionais se juntam para financiar, projetar, construir e operar a instalação. Durante o tempo em que o consórcio opera a instalação, pode cobrar taxas e pedágios aos usuários, e alugar o espaço para recuperar seus investimentos e gerar lucros. Alternativamente, o governo do país-sede pode pagar ao parceiro BOT pelos serviços prestados pela instalação, como a água de uma estação de tratamento, a um preço calculado sobre a vida do contrato, para cobrir o custo de construção e de operação e proporcionar um retorno razoável.

Os governos oferecem essas concessões BOT para construir infraestrutura necessária de forma mais viável. Os projetos típicos incluem plantas de tratamento de esgoto, estradas, aeroportos, pontes, túneis, sistemas de transporte de massa e redes de telecomunicações. No Vietnã, por exemplo, o rápido crescimento da indústria e do turismo aumentou muito a demanda por energia elétrica. O governo vietnamita encomendou a construção da usina de 720 megawatts Phu My 3, que era a primeira instalação energética privada do país. A usina foi construída como um projeto BOT pela Siemens Power Generation (Alemanha) e é propriedade de um consórcio que inclui a BP (Grã-Bretanha) e a Kyushu Electric Power (Japão).[30]

## Contratos administrativos

Nos termos de um **contrato de gestão**, o contratante oferece seu *know-how* para operar um hotel, *resort*, hospital, aeroporto ou outro tipo de instalação em troca de compensações. Diferentemente do licenciamento e do *franchising*, os contratos administrativos envolvem *know-how* especializado e a operação atual de uma instalação. O contratante fornece sua experiência única no funcionamento de alguma instalação sem exercer propriedade sobre ela.

Em um contrato de gestão, o cliente recebe assistência no gerenciamento de operações locais, enquanto a empresa administradora gera lucro sem ter de desembolsar capital. Por exemplo, grande parte da renda da Disney em seus parques temáticos na França e no Japão vem da prestação de serviços administrativos nos parques, que pertencem a terceiros. Em outro exemplo, a BAA Limited gerencia o varejo e as operações de sortimento em vários aeroportos da Europa e dos Estados Unidos. Como estratégia de entrada, a utilização de contratos administrativos começou na década de 1950. O Marriott e o Four Seasons são responsáveis pela operação de muitos hotéis de luxo em todo o mundo usando contratos administrativos sem serem donos dos hotéis que gerenciam.

Os contratos administrativos podem ajudar os governos estrangeiros com projetos de infraestrutura quando o país não possui trabalhadores com as habilidades para executar os projetos. Às vezes a oferta de um contrato de gestão é o elemento crítico para ganhar uma licitação para outros tipos de estratégias de entrada, como os acordos tipo BOT e os contratos em regime *turnkey*. Uma desvantagem importante dos contratos administrativos é que eles capacitam empresas estrangeiras que podem se tornar futuras concorrentes.[31]

## *Leasing*

O *leasing* internacional é outra estratégia contratual em que uma empresa focal (o locador) aluga máquinas ou equipamentos para clientes corporativos ou de um governo estrangeiro (locatário) durante um tempo (normalmente o contrato dura longos anos). O *leasing* internacional desempenha um papel importante nas economias em desenvolvimento, que podem não ter os recursos financeiros para adquirir os equipamentos necessários. O locador conserva sua propriedade ao longo do período de locação e recebe pagamentos regulares do locatário. Do ponto de vista do locatário, o *leasing* ajuda a reduzir os custos de utilização de máquinas e equipamentos necessários. Uma grande vantagem para o locador é a capacidade de obter acesso rápido a mercados de interesse e simultaneamente usar seus ativos para obter lucros. O *leasing* pode ser mais rentável para o locador em negócios internacionais do que nos mercados internos em razão das questões tributárias.[32]

Por exemplo, a ING International Lease Equipment Management, com sede em Amsterdã, possui e loca aeronaves comerciais da Boeing para clientes como a Varig Brasil. Baseada em Dubai, a Oasis Leasing loca aeronaves para a Air New Zealand, Airtours, Gulf Air, Go, Virgin Express e Macedonian Airlines. Uma das principais empresas de *leasing* é a ORIX. Com base no Japão, a ORIX loca de simples computadores até instrumentos para aeronaves e navios. A empresa opera com mais de 1.300 escritórios em todo o mundo e gerou vendas de cerca de sete bilhões de dólares em 2006.

## O caso especial da internacionalização de empresas de serviços profissionais

Os serviços profissionais incluem contabilidade, publicidade, pesquisa de mercado, consultoria, engenharia, assessoria jurídica e serviços de TI. As empresas destes sectores internacionalizaram rapidamente suas atividades durante as últimas três décadas. Eles usam tanto o investimento direto (com sucursais da empresa em solo estrangeiro) quanto parceiros independentes para ganhar uma posição no mercado externo. Algumas empresas de serviços profissionais internacionalizam sua operação quando vão atrás de seus principais clientes no exterior. A Internet tem ajudado muito na propagação internacional de alguns serviços, como a engenharia de software. Como resultado, sua adição de valor é cada vez mais centralizada em lugares de custos baixos, como a Índia e a Europa Oriental.

As empresas de serviços profissionais encontram três desafios únicos quando querem ser internacionais. Primeiro, as qualificações profissionais que permitem que as empresas de advocacia, odontologia, medicina ou contabilidade exerçam sua profissão no país de origem quase nunca são válidas em outros países. Por exemplo, se você está certificado como um contador público certificado nos Estados Unidos e gostaria de praticar a profissão na Argentina, você deve ganhar a certificação daquele país. Em segundo lugar, os profissionais que trabalham no exterior por longos períodos geralmente devem obter vistos de trabalho nos países onde são empregados. Terceiro, os serviços profissionais exigem interação intensa com o público local, o que exige habilidades culturais e de linguagem.[33]

Quais as estratégias de entrada no mercado que as empresas de serviços profissionais usam no exterior? Normalmente, é utilizada uma mistura de investimento direto e estratégias contratuais simultaneamente. Como observamos anteriormente, os contratos explícitos podem coexistir com outros modos de entrada. Por exemplo, uma agência de publicidade, como a Publicis Groupe, sediada na França, manterá uma rede de filiais próprias ao redor do mundo e, ao mesmo tempo, fará acordos contratuais com as empresas locais independentes. As empresas focais de serviços profissionais costumam atender seus mercados importantes com investimento direto, ou seja, eles vão optar por ter representações da empresa nesses mercados. Em muitos mercados pequenos, porém, entram em relações contratuais com empresas parceiras independentes na mesma linha de negócios. Estes fornecedores independentes são conhecidos como *agentes*, *associados* ou *representantes*. Por exemplo, a PriceWaterhouseCoopers, uma empresa de contabilidade de nível internacional, pode contratar empresas de contabilidade locais em mercados menores onde não deseja ter seus próprios escritórios. Essas empresas focais com experiência internacional limitada também confiam mais nos parceiros estrangeiros.

Leia a seção "Tendência Global" para ver como uma empresa de consultoria em administração pode internacionalizar sua operação.

## Gestão no âmbito de licenciamento e franquia

O licenciamento e a franquia são empreendimentos complexos e exigem uma boa dose de pesquisa qualificada, planejamento e execução. A empresa focal deve realizar estudos prévios sobre as leis do país de interesse em matéria de direitos de propriedade intelectual, repatriação de *royalties* e contratação de parceiros locais. Os principais desafios da empresa focal incluem: estabelecer a quem a lei nacional dá prioridade no momento da interpretação e execução do contrato, decidir se concede um acordo de tipo exclusivo ou não e determinar o escopo geográfico do território que será concedido ao parceiro estrangeiro.

## TENDÊNCIA GLOBAL

### Internacionalização das Empresas de Consultoria em Gestão

A internacionalização das empresas de consultoria norte-americanas começou na década de 1950, durante o período de crescimento econômico que veio depois da Segunda Guerra Mundial. Essas empresas iam para outros países atrás de seus clientes principais. Por exemplo, a IBM World Trade contratou a McKinsey para realizar um estudo enorme de reorganização do negócio e a McKinsey inaugurou sua primeira filial em Londres em 1959. Continuando sua expansão para a América e a Europa continental na década de 1960, a McKinsey estabeleceu escritórios na Holanda, Alemanha, Itália, França e Suíça, assim como no Canadá e na Austrália. Nos mercados menores, a empresa estabeleceu relações contratuais com as empresas de consultoria local.

As empresas de consultoria em gestão dos Estados Unidos representaram um papel importante no desenvolvimento do pensamento administrativo local e as abordagens comerciais nos mercados estrangeiros. Por exemplo, a Unilever, uma empresa de artigos de consumo anglo-holandesa e uma das maiores empresas da Europa, contratou a McKinsey para rever sua estrutura corporativa. A McKinsey recomendou à Unilever que mudasse as divisões geográficas para divisões de produto.[34]

A McKinsey não foi a única empresa de consultoria que tentou a internacionalização. A Arthur D. Little abriu seu primeiro escritório em Zurique em 1957. A Booz Allen Hamilton ampliou sua operação na Europa, nas Filipinas e em outros lugares durante as décadas de 1960 e 1970. O Boston Consulting Group (BCG) — que criou a matriz de crescimento da participação para ajudar aos clientes a categorizarem seus produtos em estrelas, vacas leiteiras, signos de interrogação e cachorros — também demorou pouco para se internacionalizar, abrindo seu primeiro escritório internacional em Tóquio. A Bain & Co. começou sua operação em Londres e Tóquio.

As empresas de consultoria em gestão enfrentaram diversos desafios na expansão internacional. Já que a consultoria em gestão é um negócio de conhecimento sofisticado e os recursos críticos — consultores especializados — são poucos, abrir escritórios ao redor do mundo sempre foi uma tarefa difícil. Além de abrir novos escritórios fora do país, essas empresas adotaram também mais duas estratégias de internacionalização. Em primeiro lugar, algumas empresas de consultoria compraram empresas locais como uma forma de se afirmarem mais rapidamente no mercado-alvo. A. T. Kearney entrou na Inglaterra comprando uma empresa local de consultoria, Norcross and Partners. Em segundo lugar, algumas empresas de consultoria podem escolher a contratação de consultorias locais, designando projetos para serem realizados por elas. Esta abordagem — desenvolver um relacionamento contratual com empresas de consultoria nativas — é uma estratégia prática para atender pequenos mercados que não justificam um escritório de propriedade da empresa. Usando esse relacionamento contratual, as firmas estrangeiras transferiram seus procedimentos padrão de operação e suas melhores práticas a parceiros locais para garantir projetos de qualidade.

Hoje, as empresas de consultoria em gestão estão espalhadas pelo mundo inteiro em uma rede internacional de escritórios próprios, afiliados e parceiros contratuais. Por exemplo, a McKinsey tem mais de oitenta escritórios em 44 países. Ela oferece serviços de consultoria às corporações, agências do governo e fundações, incluindo o treinamento em liderança, análise de operações e planejamento estratégico.

Fontes: Perfil corporativo da Hoovers a respeito de McKinsey no site http://www.hoovers.com, Jones, Geoffrey e Alexis Lefort (2006), "McKinsey and the Globalization of Consultancy," Case Study 9-806-035, Boston: Harvard Business School Press; site corporativo da McKinsey www.mckinsey.com

Com as estratégias de entrada contratual, o sucesso também implica paciência e capacidade de permanecer no mercado, apesar das contrariedades. Como exemplo, a entrada inicial da Pizza Hut na China foi um fracasso. O parceiro inicial era o governo chinês, que não tinha motivação empresarial nem conhecimentos de negócios. A baixa qualidade dos alimentos e o péssimo serviço atingiram em cheio a imagem inicial da Pizza Hut na China. Para resolver o problema, a Pizza Hut tirou todas as licenças que havia concedido dos franqueados locais. Em seguida, revisou sua estratégia de entrada por meio do desenvolvimento de restaurantes próprios da empresa até que o mercado de *franchising* estivesse amadurecido. Essa abordagem também é útil quando o franqueador não é muito conhecido no mercado. Neste caso, o franqueador investe tempo e dinheiro para desenvolver sua reputação e marca antes de contratar franqueados locais.

## Seleção meticulosa de parceiros qualificados

Tal como acontece com outras estratégias de entrada, o fator mais crítico de sucesso na hora da contratação é encontrar o parceiro certo no exterior. A empresa focal deve identificar, selecionar e treinar cuidadosamente os parceiros potenciais cuja possibilidade de se tornar um concorrente no futuro seja baixa.

Selecionar um parceiro forte é particularmente importante no *franchising* internacional, pois acelera a entrada no mercado e ajuda a minimizar as despesas iniciais. Os franqueados mais qualificados costumam ter visão empresarial, acesso ao capital e a imóveis de primeira linha, um histórico de negócios de sucesso, bom relacionamento com as agências governamentais locais e nacionais, fortes ligações com outras empresas (incluindo facilitadores), um grupo de funcionários motivados e a disposição de aceitar a supervisão e seguir os procedimentos da empresa. Nos mercados emergentes, um parceiro com contatos locais pode ajudar a resolver vários problemas operacionais. Na China e na Rússia, a parceria com uma empresa estatal pode ser necessária para ter acesso a recursos-chave e sobreviver aos complexos ambientes jurídicos e políticos.

Escolher o parceiro certo para ser o franqueado principal é fundamental. Os contratos de franquia principal são longos (geralmente 10 a 20 anos), e podem trazer problemas caso o franqueado principal tenha um desempenho pobre. Para garantir o sucesso, os franqueadores se associam muitas vezes com empresas estabelecidas no estrangeiro. Por exemplo, no Japão, a franquia parceira da KFC é a Mitsubishi e o parceiro do Burger King é a Japan Tobacco.

Para os franqueadores, encontrar parceiros capazes nas cadeias de abastecimento local também é vital. Os franqueados precisam de uma cadeia de fornecimento confiável, a fim de obter matérias-primas e suprimentos. Nas economias em desenvolvimento e nos mercados emergentes, os fornecedores do país podem ser limitados na hora de fornecer a quantidade suficiente ou garantir a qualidade dos produtos. Na Turquia, os franqueados da pizzaria Little Caesars encontraram dificuldades para localizar empresas de laticínios que pudessem produzir as variedades de queijo necessárias para as pizzas. Em outros países, a KFC desenvolveu sua própria rede de abastecimento, garantindo a entrega confiável de carne de frango e de outros insumos críticos. Na Rússia e na Tailândia, o McDonald's teve que desenvolver suas próprias linhas de abastecimento para as batatas, a fim de assegurar a qualidade das batatas fritas. Quando abriu o primeiro McDonald's na Índia, a diretoria enfrentou forte resistência do governo. Com o tempo, as autoridades governamentais entenderam que o McDonald's trabalharia com os agricultores indianos para melhorar as práticas agrícolas e produtivas do país. As relações melhoraram quando o governo reconheceu que o McDonald's queria ser um bom cidadão corporativo.

## Orientações administrativas para proteger a propriedade intelectual

Como observamos anteriormente neste capítulo, trabalhar com parceiros independentes por meio de acordos contratuais significa ter controle moderado sobre os parceiros estrangeiros para a empresa focal. Portanto, defender a propriedade intelectual e as operações no exterior é um desafio. As leis que regem as relações contratuais nem sempre são claras, surgem conflitos em razão das diferenças culturais e linguísticas e a execução de contratos no exterior é cara ou, em algumas ocasiões, impraticável. Assim, além de elaborar um contrato detalhado, a empresa focal deve tentar desenvolver um relacionamento próximo e sincero com seus parceiros estrangeiros. A diretoria da empresa focal pode melhorar o relacionamento com seu parceiro oferecendo-lhe recursos superiores e muito apoio. Um parceiro satisfeito tem mais chances de cumprir as disposições contratuais e produzir bons resultados.

A **violação à propriedade intelectual** é o uso, publicação ou reprodução não autorizada de produtos e serviços que estão protegidos por patentes, direitos autorais, marcas registradas e outros direitos de propriedade intelectual. Essa violação inclui também a pirataria. A violação de direitos intelectuais resulta na produção e distribuição de falsificações e produtos ou serviços que imitam o original produzido pelo proprietário do ativo. Veja a Tabela 6.5 para uma lista das perdas relacionadas à pirataria em alguns países. Por exemplo, em um ano recente, os prejuízos da pirataria foram de 177 milhões de dólares no mundo das gravações e música no Brasil e 1,433 bilhão de dólares no negócio de *software* na Rússia.

O valor total das mercadorias falsificadas e pirateadas que cruza as fronteiras e é comercializada na Internet é de aproximadamente 600 bilhões de dólares por ano, um valor equivalente a cinco por cento do PIB dos Estados Unidos.[35] Os falsificadores criam imitações de produtos como roupas, acessórios de moda, relógios, medicamentos e aplicativos de informática. Alguns falsificadores usam um nome do produto que difere minimamente de uma marca bem conhecida, mas está perto o suficiente para que os compradores o associem com o produto genuíno. Eles alteram o nome ou o design de um produto na medida certa para evitar problemas legais. Enquanto empresas como Rolex e Tommy Hilfiger são vítimas bem conhecidas, a falsificação é comum em produtos industriais como dispositivos médicos e peças para veículos (por exemplo, pastilhas de freio, correias e baterias). Na China, os falsificadores já produziram até motores inteiros falsificados.[36]

A Cisco Systems processou seu parceiro chinês de *joint venture*, Huawei Technologies Co., por piratear seu software de rede e violar diversas patentes. O processo também mencionava a Huawei, a maior fabricante de equipamentos de telecomunicações na China, por uso ilegal de documentação técnica que a Cisco tinha registrado em seu próprio manual do produto.[37] Na China, falsas versões de *software* de computador podem ser adquiridas por alguns trocados, enquanto o custo de produtos legítimos pode ultrapassar o salário mensal de um trabalhador comum. Embora o Windows da Microsoft e os produtos do Office dominem o mercado de *software*, a empresa não recebe quando o *software* é copiado e distribuído por terceiros não autorizados. Na Rússia, quase noventa por cento dos *softwares* de computador são piratas. Como resultado, a Microsoft decidiu se concentrar apenas nos clientes corporativos. A empresa deve enfrentar a pirataria até dos empregados de sua filial russa.[38]

A Internet acrescentou uma nova dimensão à falsificação internacional. Na Rússia, alguns sites permitem o download de músicas populares por apenas cinco centavos cada ou um dólar pelo CD inteiro. Os sites ilegais usam preços baixos para atrair fãs de música no mundo todo. Os sites podem ser acessados facilmente por clientes em países onde esse tipo de site é proibido pela lei do direito autoral.[39]

A falsificação e a pirataria são particularmente problemáticas nos mercados emergentes e nas economias em desenvolvimento, onde as leis de direitos de propriedade intelectual são fracas ou mal aplicadas. Quando ocorre a pirataria, a vantagem competitiva da empresa e o lucro pela marca desaparecem.[40] Pequenas e médias empresas são particularmente vulneráveis, já que não dispõem de recursos para denunciar a cada violador de seus direitos de propriedade intelectual.

Nas economias avançadas, a propriedade intelectual é geralmente protegida dentro de sistemas jurídicos e métodos de ação bem estabelecidos. Uma empresa pode iniciar uma ação legal contra alguém que infringe seus ativos intelectuais e normalmente a solução é satisfatória. Nos últimos anos, as economias avançadas tomaram a iniciativa de assinar tratados que apoiam a proteção internacional dos direitos de propriedade intelectual. Os principais tratados internacionais incluem a Convenção de Paris para a Proteção da Propriedade Industrial, a Convenção de Berna para a Proteção das Obras Literárias e Artísticas e a Convenção de Roma para a Proteção dos Artistas e das Organizações de Radiodifusão. A Organização Mundial da Propriedade Intelectual (WIPO, em inglês *World Intellectual Property Organization*; www.wipo.int), uma agência da Organização das Nações Unidas, administra estes acordos multilaterais.

Recentemente, a Organização Mundial do Comércio (OMC) criou o Acordo sobre os Aspectos dos Direitos de Propriedade Intelectual (Trips), um tratado internacional que estabelece soluções, procedimentos de resolução de litígio e normas de execução para proteger a propriedade intelectual. A OMC está pressionando os países membros a cumprirem o acordo e pode penalizar aos infratores através do mecanismo de resolução de litígios. Ao mesmo tempo, a Trips prevê exceções que beneficiam as economias em desenvolvimento, como a capacidade de acessar medicamentos patenteados necessários para doenças como a Aids, comum na África.

As empresas que estão trabalhando em países que não são signatários da WIPO, Trips ou algum outro tratado continuam enfrentando seus próprios desafios. Os direitos concedidos por uma patente, registro de marca ou pelos direitos autorais são aplicáveis apenas no país onde foram obtidos, não conferem proteção alguma no exterior. Além disso, em vez de recompensar e promover a inovação, os governos estrangeiros geralmente têm outras prioridades como ter acesso às novas tecnologias. A proteção da propriedade intelectual varia em cada país em função das leis locais, das práticas administrativas e das obrigações do tratado. A aplicação da lei de direito autoral depende das atitudes dos funcionários locais, dos requisitos essenciais da lei e de procedimentos judiciais. Como resultado, ex-licenciados e ex-franqueados podem iniciar negócios ilícitos usando conhecimentos especializados aos quais já não deveriam ter mais direito.

Figura 15.3 A pirâmide da proteção da propriedade intelectual

A empresa focal deve ter um conjunto proativo e abrangente de estratégias para reduzir a probabilidade de violação dos direitos de propriedade intelectual e ajudar a evitar seus efeitos adversos, especialmente em países onde os direitos de propriedade não são respeitados. A Figura 15.3 ilustra esse conjunto de estratégias:[41]

- Compreender as leis locais de propriedade intelectual e os processos jurídicos, especialmente quando os ativos expostos são muito valiosos. Para cada país de interesse, determinar a facilidade com que os ativos licenciados podem ser replicados. Evitar países com leis fracas de propriedade intelectual.
- Registrar patentes, marcas, segredos comerciais e direitos autorais com o governo em cada país onde a empresa faz ou pretende fazer negócios. Registrar também a propriedade nos países conhecidos como fontes de produtos falsificados.
- Certificar-se de que os acordos de licenciamento e o *franchising* preveem a fiscalização para garantir que a propriedade intelectual é utilizada como previsto.
- Incluir uma cláusula no contrato de licenciamento que obrigue o licenciado a compartilhar toda a evolução tecnológica ou as melhorias no ativo licenciado com o licenciador. Desta forma, licenciado nunca terá vantagens que lhe permitam ultrapassar o licenciador.[42]
- Entrar na justiça com um processo criminal ou penal contra aqueles que infringem bens protegidos, como logotipos e processos. Por exemplo, a Mead Data Central, Inc., proprietária da Lexis-Nexis, uma marca de serviços computadorizados de pesquisa jurídica, processou a Toyota quando a empresa japonesa começou a vender seus automóveis de luxo sob o nome de 'Lexus'. A ação fracassou, mas mostra como a Mead protege seus ativos.[43]
- Monitorar o franqueado e os canais de distribuição e comercialização para ver se há infrações contra os ativos. Monitorar as atividades de parceiros de negócios locais procurando possíveis vazamentos de informações e de ativos vitais.[44]
- Incluir nos contratos de franquia a exigência de que os franqueados, fornecedores e distribuidores informem violações aos produtos ou aos processos, se forem descobertas.
- Guardar cuidadosamente os segredos de comércio. Use sistemas de segurança protegidos com senha e todo tipo de mecanismos para limitar o acesso à propriedade intelectual. A Intel e a Microsoft dividem apenas informações limitadas sobre as principais tecnologias com as empresas parceiras, especialmente em países como a China, onde as violações de propriedade intelectual são abundantes.
- Capacitar os funcionários para usar os ativos registrados corretamente e manter os níveis de proteção desejados. Nos mercados emergentes, algumas empresas contratam gerentes que trabalharam no estrangeiro e que possuem experiência educacional, já que isso ajuda a promover o respeito pela propriedade intelectual.
- Incluir cláusulas de não concorrência nos contratos de trabalho de todos os funcionários para evitar que trabalhem com a concorrência por um período de três anos após terem deixado a empresa.[45]
- Utilize a tecnologia contemporânea para minimizar a falsificação. Por exemplo, muitas empresas de biotecnologia incluem etiquetas, assinaturas eletrônicas ou hologramas em seus produtos para diferenciá-los dos falsos.
- Continuar com a atualização das tecnologias e dos produtos. A empresa que renova sua tecnologia constantemente pode estar um passo à frente dos falsificadores, oferecendo produtos que eles não podem imitar tão rapidamente. Diferenciar os produtos enfatizando a marca forte. Os clientes, quando existe a possibilidade, preferem marcas bem estabelecidas, que apresentem a tecnologia mais recente.

No longo prazo, a melhor maneira de lidar com as consequências da falsificação é manter a competitividade com inovação constante e avanços tecnológicos. Assim, mesmo quando ocorrem violações de licenciamento, a empresa está protegida, já que a propriedade intelectual roubada se torna obsoleta rapidamente. As empresas também fazem *lobby* junto aos governos nacionais e às organizações internacionais para obter melhores leis de propriedade intelectual e uma atitude mais forte, mas é uma empreitada complicada. Finalmente, quando as estratégias contratuais se mostrem indesejáveis ou ineficazes, as empresas focais podem intensificar o controle de sua estratégia de entrada adquirindo uma propriedade e executando o IDE.

## ESTUDO DE CASO

## A Subway e os desafios da franquia na China

A Subway, uma empresa de *fast-food* que comercializa sanduíches e saladas, possui quase 28.300 lojas em 86 países e gera quase dez bilhões de dólares de lucro por ano. A cadeia de *franchising* abriu seu primeiro restaurante internacional no Bahrain em 1984. Desde então, a Subway cresceu pelo mundo inteiro e cerca de 20 por cento de suas receitas anuais são geradas no exterior. A empresa espera que os mercados estrangeiros continuem contribuindo para seu crescimento.

Na China, a Subway é a terceira maior cadeia de *fast-food* norte-americana, depois do McDonald's e da KFC. Os sanduíches de peixe e a salada de atum são os itens mais vendidos. Apesar do enorme potencial da China, no entanto, até 2005 a Subway tinha aberto apenas 19 lojas no país. A franquia teve uma porção de contratempos iniciais. O fraqueado principal da Subway em Pequim, Jim Bryant, perdeu dinheiro com seu sócio anterior e teve de ensinar o conceito de *franchising* em um país que nunca tinha ouvido falar no assunto. Até pouco tempo atrás, não havia nenhuma palavra em chinês para 'franquia'.

Segundo o acordo com a casa matriz da Subway, Bryant está autorizado a recrutar empreendedores locais, capacitá-los para virarem franqueados e servir como ligação entre eles e os escritórios da Subway. Para isso, ele recebe a metade de sua taxa inicial de dez mil dólares e um terço de seus *royalties* de oito por cento. Esse mesmo acordo levou o franqueado principal do McDonald's no Japão a ser um homem milionário. Porém, os franqueadores multinacionais enfrentam muitos desafios, especialmente na hora de lidar com o ambiente jurídico ambivalente da China, encontrar os parceiros apropriados e identificar as estratégias mais apropriadas de marketing, financiamento e logística. Marcas famosas como A&W, Dunkin' Donuts e Rainforest Cafe tropeçaram em suas incursões iniciais na China.

Os problemas culturais são um desafio permanente. Depois que Bryant abriu sua primeira loja Subway, os clientes ficavam do lado de fora e observavam com atenção. Quando finalmente alguém se aventurava comprar um sanduíche, ficava tão confuso que Bryant teve de imprimir sinais explicando como fazer o pedido. Eles não acreditavam que a salada de atum era de atum porque não podiam ver nem a cabeça nem a cauda do peixe. Como não gostam da ideia de tocar seus alimentos, então retiravam gradualmente o papel de embrulho e comiam o sanduíche como se fosse uma banana. Para piorar a situação, poucos clientes gostaram dos sanduíches.

Mas a Subway — ou Sai Bei Wei (em mandarim quer dizer "sabor melhor que os outros") — está avançando aos poucos. Bryant conseguiu recrutar alguns franqueados altamente comprometidos que ele acompanha de perto para garantir a qualidade. Um franqueado perdeu cerca de seis mil dólares em seus primeiros oito meses, mas agora já construiu um negócio lucrativo e comprou uma segunda loja recentemente. Além das lojas em Pequim, há outras sendo construídas.

## Por que escolher a China para a franquia?

De forma geral, o *franchising* na China é muito atraente em razão de seu enorme mercado, seu potencial de crescimento a longo prazo e do aumento dramático da renda disponível de uma população urbana em rápida expansão. O mercado de *fast-food* é estimado em quinze bilhões de dólares por ano. A população urbana da China, mercado-alvo para um jantar casual, cresceu a uma taxa anual de cinco por cento nos últimos anos, e a tendência deve continuar. Estilos de vida cada vez mais agitados também levaram a um aumento nas refeições que os chineses fazem fora de casa. Além disso, as pesquisas revelam que os consumidores chineses estão interessados em experimentar alimentos não chineses.

Os pesquisadores identificaram vários benefícios importantes para o *franchising* na China:

- *Uma proposta do tipo ganha-ganha*. Os restaurantes foram uma das primeiras indústrias que o governo abriu para a propriedade privada no início de 1980. O *franchising* na China combina o *know-how* ocidental dos franqueadores com o conhecimento do mercado local dos franqueados. Muitos chineses têm um forte instinto empreendedor e estão ansiosos para iniciar seus próprios negócios.
- *Custos baixos no início da operação*. Como boa parte do custo de lançamento de um restaurante é coberta pelos empresários locais, o *franchising* minimiza os custos de entrada ao mercado para os franqueadores.
- *Rápida expansão*. Ao aproveitar os recursos de vários empresários locais, o franqueador pode se estabelecer rapidamente. O *franchising* é melhor que outras estratégias de entrada porque é possível estabelecer vários pontos de venda nos novos mercados.
- *Consistência da marca*. Já que os franqueadores são obrigados a cumprir estritamente os procedimentos e as políticas de operação da empresa, a consistência da marca é mais fácil de manter.
- *Evasão de restrições legais*. O *franchising* permite que a empresa focal evite barreiras comerciais associadas à exportação e ao investimento direto estrangeiro, entraves comuns na China.

## Desafios da franquia na China

O mercado da China também apresenta muitos desafios para os franqueadores:

- *Falta de conhecimento*. Apesar do bom número de potenciais franqueados, há poucos chineses com conhecimentos significativos sobre como iniciar e gerir um negócio. Ainda há muita confusão sobre o *franchising* entre parlamentares, empresários e consumidores. As empresas focais devem educar os funcionários do governo, franqueados potenciais e credores sobre os princípios do sistema de franquias, um processo que consome energia, tempo e dinheiro.
- *Ambiente jurídico ambíguo*. Os franqueadores devem examinar atentamente o sistema legal da China em matéria de contratos e direitos de propriedade intelectual. O governo chinês introduziu regras que permitem o *franchising* em 1997. O sistema jurídico está evoluindo e cheio de lacunas e ambiguidades. Alguns elementos críticos não são considerados. A situação leva a diversas interpretações da legalidade da franquia na China. Os franqueadores devem ficar de olho para proteger as marcas. Um imitador local pode rapidamente diluir ou danificar a marca que uma empresa

focal construiu depois de anos de investimentos e esforços. O *branding* é importante para o sucesso do *franchising*, mas os consumidores ficam confusos se há várias marcas similares no mercado. Por exemplo, a Starbucks lutou contra um café de Xangai, que tinha copiado seu logotipo e seu nome. A rede de hambúrgueres 'Merry Holiday' usava o amarelo na sua apresentação e salientava o 'M', do jeito que o McDonald's faz. Há relatos sobre falsos Burger King operando na China. Franqueadores grandes, como o KFC e a Pizza Hut, estão lutando para acabar com a pirataria.

- *Escalonamento dos custos iniciais*. Normalmente, a entrada ao mercado por meio do *franchising* é interessante em termos do custo-benefício. No entanto, vários desafios, combinados com as barreiras linguísticas e culturais, podem aumentar o investimento inicial e as demandas de recursos para os novos operadores na China e podem também atrasar o retorno do investimento. Dada a escassez de materiais para restaurantes na China, o franqueador pode ter de investir em equipamentos para a loja e alugá-los ao franqueado, pelo menos até que o franqueado tenha recursos para comprá-los. Os franqueadores devem ser pacientes. Por exemplo, o McDonald's tenta entrar na China desde 1990 e já investiu recursos substanciais para a construção de sua marca. Mas poucas empresas têm os recursos do McDonald's.

Talvez o maior desafio de lançar franquias na China seja encontrar os parceiros certos. É paradoxal que empresários com o capital para iniciar um restaurante muitas vezes não tenham a experiência de negócios ou o instinto empresarial, enquanto outros empresários com suficiente motivação e experiência muitas vezes sentem falta de um capital inicial. A taxa de franquia da Subway de dez mil dólares é equivalente ao salário de mais de dois anos do chinês médio. A China carece de um sistema adequado de bancos ou fontes de capital para pequenas empresas. Os empresários contraem empréstimos dos familiares e amigos para lançar suas iniciativas comerciais. Felizmente, os bancos chineses estão cada vez mais abertos às franquias. Por exemplo, o Banco da China estabeleceu uma linha de crédito global de doze milhões de dólares para os franqueados da Kodak.

A disponibilidade e o financiamento de imóveis adequados também são assuntos a considerar, em especial para as lojas com mostruário, para as quais a localização é fundamental. De acordo com a legislação imobiliária promulgada em 1990, os investidores estrangeiros e locais estão autorizados a desenvolver, usar e administrar imóveis. Mas, em muitos casos, o governo chinês é proprietário de imóveis que não estão à venda para as pessoas. As leis de propriedade privada são pouco desenvolvidas e os franqueados podem até ser despejados. Afortunadamente, o número crescente de centros comerciais e shoppings representa uma boa oportunidade para os restaurantes franqueados se fixarem.

As autoridades chinesas mantêm restrições no tocante à repatriação dos lucros para o país de origem. Há regras estritas que limitam a repatriação do investimento inicial, deixando esse capital sem liquidez. Para evitar esse problema, as empresas fazem investimentos de capital inicial por etapas para minimizar o risco de não serem capazes de retirar o dinheiro que investiram a mais. Afortunadamente, a China está diminuindo gradualmente suas restrições sobre o repatriamento de lucros. Para aliviar o peso dessas restrições, os franqueadores estão reinvestindo seus lucros na China para dar continuidade ao crescimento de suas operações. Reinvestir os lucros também cria uma barreira natural contra as flutuações cambiais.

## Aprendendo a partir do sucesso dos outros

A experiência mostra que os novos operadores na China beneficiam-se ao estabelecer uma presença em Hong Kong para depois migrar em direção ao interior da região sul. Antes de ser absorvida pela China continental, Hong Kong era uma das principais economias capitalistas no mundo. É um local excelente e favorável aos negócios que serve para ganhar experiência e poder fazer negócios na China mais para frente. Em outros casos, os franqueadores lançaram lojas em pequenas cidades chinesas, ganhando experiência lá antes de mirar ambientes urbanos competitivos e mais caros, como Pequim e Xangai.

Adaptar os produtos aos gostos locais é um pré-requisito. Muitas vezes, os fornecedores e a infraestrutura de negócios no país são inexistentes. Os franqueadores gastam muito dinheiro desenvolvendo redes de distribuição e de fornecedores. Pode também ser necessário construir infraestrutura logística para mover a mercadoria proveniente dos fornecedores até as lojas. McDonald's duplicou sua cadeia de suprimentos, trazendo seus fornecedores principais, como o fornecedor de batatas Simplot, para a China. Não existe uma abordagem melhor que as outras na China. Por exemplo, TGI Friday's importa três quartas partes dos alimentos que vende, mantendo assim a qualidade. Mas a importação é cara e expõe a rentabilidade às flutuações cambiais.

## Questões do estudo de caso

1. A Subway traz para a China várias formas de propriedade intelectual, como marcas, patentes e um sistema inteiro de negócios. Quais são as ameaças específicas à propriedade intelectual da Subway na China? O que pode fazer a Subway para proteger sua propriedade intelectual na China?
2. O que você acha sobre o método da Subway de compensar seu franqueado principal e os outros franqueados na China? O método é satisfatório? Há espaço para melhorias?
3. Quais são as vantagens e desvantagens do franchising na China sob a perspectiva de Jim Bryant? O que Bryant pode fazer para superar as desvantagens? Do ponto de vista da Subway, o *franchising* é a melhor estratégia de entrada para a China?

4. A Subway enfrenta vários desafios culturais na China. Quais são esses desafios e o que a empresa e seu franqueado principal podem fazer para superá-los?

Fontes: Adler, C. "How China eats a sandwich", *Fortune*, 21 mar. 2005, p. F210[B]–[D]; Alon, I. "Interview: international franchising in China with Kodak", *Thunderbird International Business Review*, 2001, v. 43, n. 6, p. 737–46; Bugg, J. "China: franchising's new frontier", *Franchising World*, 1994, v. 26, n. 6, p. 8–10; Burke, B. e Wingard, C. "The big chill", *China Business Review*, 1997, v. 24, n. 4, p. 12–18; Clifford, M. "Companies: and they're off", *Far Eastern Economic Review*, 1998, v. 156, n. 48, p. 76–79; Dayal-Gulati, A. e Lee, A. *Kellogg on China*: strategies for success. Evanston, IL: Northwestern University Press, 2004; *Subway*. Disponível em: www.subway.com.

## Principais termos

Acordo de *know-how*
*Build-operate-transfer* (BOT)
Contrato de gestão
Contrato *turnkey*
Direitos de propriedade intelectual (DPIS)
Estratégias contratuais de entrada no mercado internacional
Franquia (*franchising*)
Franquia master
Licenciamento
Propriedade intelectual
*Royalties*
Violação à propriedade intelectual

## Resumo

Neste capítulo, você aprendeu sobre:

1. **A natureza das estratégias de entrada contratual em negócios internacionais**

   As **estratégias de entrada contratual nos negócios internacionais** referem-se à concessão da permissão de uso da propriedade intelectual a um sócio estrangeiro em troca de um fluxo contínuo de pagamentos. Os **direitos de propriedade intelectual** referem-se ao processo legal por meio do qual os bens de propriedade das empresas e dos indivíduos são protegidos contra o uso não autorizado por parte de terceiros. As empresas correm o risco de revelar sua propriedade intelectual a terceiros. O **licenciamento** é um acordo pelo qual o dono da propriedade intelectual concede o direito de usar essa propriedade por um determinado período a um terceiro em troca de *royalties* ou outras compensações. A **franquia** (***franchising***) é um acordo em que a empresa permite a outra o direito de utilizar um sistema de negócios completo em troca de taxas, *royalties* ou outras formas de compensação. Os ***royalties*** são taxas pagas à licenciadora, a intervalos regulares, para compensar a utilização temporária de propriedade intelectual. Sob um **acordo de *know-how***, a empresa focal fornece conhecimentos tecnológicos ou administrativos sobre o design, fabricação ou fornecimento de um produto ou serviço.

2. **Licenciamento**

   O acordo entre a licenciadora e o licenciado é válido por período específico e em um país ou região específica. O licenciador pode entrar em um *acordo exclusivo* com o licenciado para minimizar a concorrência com outros licenciados no mesmo território. Uma vez que o relacionamento é estabelecido e o licenciado compreende plenamente seu papel, a licenciadora não terá muito trabalho a fazer. O licenciamento é muito utilizado na indústria da moda e dos brinquedos.

3. **Vantagens e desvantagens do licenciamento**

   A principal vantagem da concessão de licenças é que não há necessidade de um investimento de capital substancial ou presença física no mercado externo. O licenciamento permite à empresa ganhar presença no mercado sem fazer um investimento de capital. O licenciador pode evitar o risco político, as barreiras governamentais e outros riscos associados com o IDE. O licenciamento permite às empresas ter acesso a mercados com barreiras significativas ao comércio ou testar a viabilidade de um mercado determinado. Mas o licenciamento gera lucros menores e limita a capacidade da empresa para controlar sua propriedade intelectual. Há o risco ainda de o licenciado tornar-se um concorrente uma vez que o contrato de licença expirar.

4. **Franquia (*franchising*)**

   Os franqueadores utilizam marcas facilmente identificáveis e tentam garantir a qualidade do produto e que o cliente tenha uma experiência de compra consistente. A **franquia master** é um acordo pelo qual um franqueado obtém o direito e a responsabilidade de desenvolver lojas de *franchising* para atender a um país ou uma região. O *franchising* é comum no varejo internacional, mas é difícil de reproduzir nos diferentes mercados.

5. **Vantagens e desvantagens da franquia**

   O *franchising* permite que os franqueados tenham acesso a marcas bem estabelecidas e sistemas de negócios conhecidos, permitindo operar um negócio bem-sucedido com um risco mínimo. O franqueador pode rapidamente internacionalizar seu negócio aproveitando a motivação e o conhecimento dos franqueados locais. Mas, como também acontece com o licenciamento, os franqueadores correm riscos inerentes à divulgação de sua propriedade intelectual a terceiros não autorizados.

6. **Outras estratégias de entrada contratual**

   Nos acordos de ***build-operate-transfer*** (BOT), a empresa faz contratos para construir instalações maiores, como no caso das usinas, que operam durante alguns anos e depois as transferem para o governo local ou outra entidade pública. O **contrato *turnkey*** envolve uma ou várias empresas responsáveis pelo planejamento, financiamento, organização e gestão de todas as fases de um projeto que, uma vez concluído, é repassado a um cliente do país anfitrião. Os **contratos de gestão** ocorrem quando uma empresa contrata a outra para fornecer seu *know-how* administrativo na operação de uma fábrica ou negócio, como no caso dos hotéis. Com o *leasing*, a empresa aluga máquinas ou equipamentos, normalmente por um longo período, a clientes localizados no exterior.

7. **Gestão no âmbito de licenciamento e franquia**

   A **violação à propriedade intelectual** ocorre por meio da pirataria e da falsificação, que custa às empresas milhões de dólares por ano. As diretorias devem proteger proativamente sua propriedade industrial registrando patentes, marcas registradas e outros ativos em cada país e minimizando a operação em países famosos pela falsificação e nos países com leis inconsistentes de propriedade intelectual. As empresas também devem capacitar os funcionários e os licenciados no uso legal da propriedade intelectual e identificar, rastrear e punir quem aja contra a propriedade intelectual. Os licenciadores e franqueadores devem pesquisar cuidadosamente as pessoas ou as empresas que procuram uma relação contratual com elas. Os melhores candidatos a franqueado são pessoas confiáveis e dispostas a seguir os procedimentos da empresa. Também têm um histórico de negócios bem-sucedidos e espírito empreendedor vigoroso.

## Teste seu entendimento

1. Faça a distinção entre os principais tipos de propriedade intelectual: marcas registradas, direitos autorais, patentes, projetos industriais e segredos comerciais.
2. Quais são as principais características do licenciamento? Quais são as principais características do *franchising*?
3. Quais são as vantagens e desvantagens de licenciamento?
4. Quais são as vantagens e as desvantagens do *franchising* da perspectiva dos franqueados e dos franqueadores?
5. Que setores da indústria podem confiar mais no *franchising* para entrar nos mercados estrangeiros?
6. Defina e explique as seguintes estratégias de entrada contratual: *build-operate-transfer*, projetos em regime *turnkey*, contratos administrativos e *leasing*.
7. Quais são as melhores práticas para a gestão internacional de relações contratuais?
8. Suponha que você trabalha para uma empresa que detém uma valiosa propriedade intelectual e está contemplando diversos projetos de negócios internacionais. Que estratégias você recomendaria para que a empresa protegesse a propriedade intelectual?

## Aplique seu entendimento

1. O licenciamento da propriedade intelectual é hoje um negócio global. Como mencionado na introdução do capítulo, a Warner Bros. está fazendo um belo negócio com o licenciamento de imagens dos personagens de Harry Potter e seus produtos manufaturados, como software, jogos eletrônicos e roupa. No entanto, a defesa da propriedade intelectual é um grande desafio em muitos países. Operadores ilícitos em todo o mundo produzem seus próprios livros, camisas, jogos e outros produtos com a imagem de Harry Potter sem ter assinado um acordo de licenciamento com a Warner. Que medidas a Warner pode tomar para resolver este problema? Isto é, que tipos de estratégias a Warner pode usar para proteger a marca Harry Potter da violação de propriedade intelectual nos outros países?
2. Além de licenciamento e *franchising*, existem várias outras estratégias de entrada contratual. Imagine que, depois de receber seu título universitário, você começa a trabalhar com a Hitachi America, Ltd. (www.hitachi.us) — a subsidiaria dos Estados Unidos da firma japonesa. A Hitachi está envolvida em diversas estratégias contratuais de entrada em suas operações internacionais. Entre elas, encontram-se projetos em regime *turnkey* e projetos de *build-operate-transfer* no setor de desenvolvimento de infraestrutura, contratos administrativos para controlar as usinas de energia nuclear e o *leasing* de equipamento pesado de construção aos governos estrangeiros. Suponha que a Hitachi América quer conquistar a América Latina. Elabore um relatório para seu gerente em que você explica as diferentes maneiras em que a Hitachi pode implementar essas estratégias de entrada.
3. Imagine que você é o dono de uma empresa de 'médicos que viajam' na Austrália, para onde você leva médicos em

um avião até as comunidades e as fazendas rurais no interior do país para tratar os doentes e os feridos. Seu negócio prosperou e você contratou vários colaboradores. Você decidiu que, dado o seu sucesso, o serviço poderia ser levado para áreas rurais da região Ásia-Pacífico além da própria Austrália. Há muitos países no sudoeste asiático cuja população em áreas remotas é considerável, e muita gente precisa de cuidados médicos. Existem várias maneiras de internacionalizar serviços profissionais, incluindo licenciamento, *franchising* e IDE. Para o setor de serviços profissionais, explique a diferença entre estas três estratégias de entrada: Quais são as vantagens e desvantagens de cada uma? (b) Quais são as diferenças principais entre o *franchising* e o FDI?

## Notas


1 INTERNATIONAL CENTER FOR TRADE AND SUSTAINABLE DEVELOPMENT (ICTSD). *Property rights*: implications for development policy, policy discussion paper, ICTSD e Unctad, 2003, Intellectual Property Rights & Sustainable Development Series.

2 CONTRACTOR, F. J. "Strategic perspectives for international licensing managers: the complementary roles of licensing, investment and trade in global operations". *Working Paper n. 99.002*, Rutgers University, 1999.

3 Ibid.

4 INTERNATIONAL CENTER FOR TRADE AND SUSTAINABLE DEVELOPMENT, 2003.

5 MILLONZI, K.; PASSANNANTE, W. "Beware of the pirates: how to protect intellectual property". *Risk Management*, 1996, n. 43, p. 4.339–42.

6 WELCH, D. E.; WELCH, L. S. "In the internationalization process and networks: a strategic management perspective". *Journal of International Marketing*, 1996, n. 4, p. 11–28.

7 O'CONNELL,V.; FONG, M. "Saks to follow luxury brands into China". *Wall Street Journal*, 18 abr. 2006, p. B1.

8 HENDERSON, D.; SHELDON, I.; THOMAS, K. "International licensing of foods and beverages makes markets truly global". *FoodReview*, set. 1994, p. 7–12.

9 "Management brief: Johannesburgers and fries". *Economist*. 27 set. 1997, 113–14.

10 U.S. DEPARTMENT OF COMMERCE. *A basic guide to exporting*. Washington D.C.: U.S. Government Printing Office, 1992.

11 POMPHREY, G. "Pooh at 80". *License Europe!*, 1 abr. 2006. Disponível em: www.licensemag.com/licensemag.

12 TELESIO, P. *Technology licensing and multinational enterprises*. Nova York: Praeger, 1979.

13 Ibid.

14 "Roche gains a stronghold in elusive japanese market". *Chemical Market Reporter*, 17 dez. 2001, p. 2.

15 TELESIO, 1979.

16 MORITA, A.; REINGOLD, E.; SHIMOMURA, M. *Made in Japan*: Akio Morita and Sony. New York: EP Dutton, 1986.

17 GOLAB, J. "King Barbie: how I gussied up America's favorite toy and turned my struggling company into a megatoyopoly". *Los Angeles Magazine*, 1 ago. 1994, p. 66; *Mattel, Inc. Annual Reports*, vários anos.

18 BURTON, F.; CROSS, A. "International franchising: market versus hierarchy". In: CHRYSSOCHOIDIS, G.; MILLAR, C.; CLEGG, J. (eds.) *Internationalisation strategies*. NovaYork: St. Martin's Press, 2001, p. 135–52.

19 WELCH, L. S. "Internationalization by Australian franchisors". *Asia Pacific Journal of Management*, 1990, n. 7, p. 101–21.

20 FLADMOE-LINDQUIST, K. "International franchising". In: AHARONI, Y.; NACHUM, L. (eds.). *Globalization of services*. London: Routledge, 2000, p. 197–216.

21 Ibid.; STEINBERG, C. "A guide to franchise strategies". *World Trade 7*, 1994, p. 66–70.

22 STANWORTH, J.; SMITH, B. *The barclays guide to franchising for the small business*. Oxford, UK: Basil Blackwell, 1991.

23 KAUFMANN, D. "The big bang: how franchising became an economic powerhouse the world over—Franchise 500®". *Entrepreneur*, jan. 2004.

24 QUINN, B.; DOHERTY, A. M. "Power and control in international retail franchising". *International Marketing Review*, n. 17, 2000, p. 354–63.

25 ADLER, C. "How China eats a sandwich". *Fortune*, 21 mar. 2005, p. F210.

26 Stanworth, 1991.

27 "Public funds and turnkey contracts fuel growing global Subway work". *ENR*, 25 out. 2004. p. 32.

28 "Full steam ahead with nuclear power", *Euromoney*. dez. 1980, p. 36.

29 "BOT Group Awards major Hong Kong Road contract". *ENR*, 2 jul. 1995, p. 30.

30 PELTIER, R. "Phu My 3 Power Plant, Ho Chi Minh City, Vietnam". *Power*, ago. 2004, p. 42.

31 CONTRACTOR, F.; KUNDU, S. "Modal choice in a world of alliances: analyzing organizational forms in the international hotel sector". *Journal of International Business Studies*, 1998, n. 29, p. 325–56; PANVISAVAS, V.; TAYLOR, J. S. "The use of management contracts by international hotel firms in Thailand". *International Journal of Contemporary Hospitality Management*, n. 18, 2006, p. 231–40.

32 RICKS, D. A.; SAMIEE-ESFAHANI, S. "Leasing: it may be right abroad even when it is not at home". *Journal of International Business Studies*, 1974, n. 5, p. 87–90.

33 DOWNEY, L. "Marketing services: how TPOs can help". *International Trade Forum*, n. 4, 2005, p. 7–8.

34 JONES, G.; LEFORT, A. "McKinsey and the globalization of consultancy". Case study 9–806–035, Cambridge, MA: Harvard Business School, 2006.

35 INTERNATIONAL CHAMBER OF COMMERCE. "OECD study a vital step to understanding the global scope of counterfeiting". Paris: International Chamber of Commerce. Disponível em: www.iccwbo.org. Acesso em: 2007.

36 HIEBERT, M. "Chinese counterfeiters turn out fake car parts". *Wall Street Journal*, 3 mar. 2004, p. A14; MULLER, J. "Stolen cars". *Forbes*, 16 fev. 2004, p. 58.

37 HAMBLEN, M. "Cisco, huawei look to settle software-copying lawsuit". *Computer World*, 6 out. 2003, p. 19.

38 CASSELL, B. "Microsoft battles piracy in developing markets". *Wall Street Journal*, 23 dez., 2004, p. B4.

39 VAUHINI, 2005, p. 59; GOLDSMITH, J.; WU, T. *Who controls the Internet*: illusions of a borderless world. Oxford University Press, 2006.

40 SHEN, X. "Developing country perspectives on software". *International Journal of IT Standards & Standardization Research*, 2005, n. 3, p. 21–43.

41 DIETZ, M.; LIN, S. S.-T.; YANG, L. "Protecting intellectual property in China". *The McKinsey Quarterly*, 2005, n. 3, p. 6–10.

42 DAYAL-GULATI, A.; LEE, A. *Kellogg on China*: strategies for success. Evanston, IL: Northwestern University Press, 2004.

43 MILLONZI; PASSANNANTE, 1996.

44 DIETZ; LIN; YANG, 2005.

45 Ibid.

CAPÍTULO 16

# GLOBAL SOURCING

## Objetivos de aprendizagem

Neste capítulo, você aprenderá sobre:

1. Tendências de terceirização, *global sourcing* e *offshoring*
2. Evolução do *global sourcing*
3. Benefícios e desafios do *global sourcing* para a empresa
4. Execução do *global sourcing* ao longo do gerenciamento da cadeia de suprimentos
5. Riscos no *global sourcing*
6. Estratégias para minimizar os riscos no *global sourcing*
7. Implicações do *global sourcing* nas políticas públicas e na cidadania corporativa

## *Global sourcing* dos estudos clínicos de medicamentos

Quase 40 por cento dos estudos clínicos de novos medicamentos na indústria farmacêutica são realizados em mercados emergentes como a China e a Rússia. Estima-se que, em 2010, cerca de dois milhões de pessoas na Índia participarão de estudos clínicos. No passado, os testes dos medicamentos eram realizados principalmente nas economias desenvolvidas hoje, as empresas farmacêuticas como a Pfizer preferem cada vez mais os mercados emergentes por uma série de vantagens claras: (1) custos mais baixos para o recrutamento de médicos e pacientes; (2) grande potencial de populações de pacientes; (3) diversidade de populações de pacientes e condições médicas; e (4) menor probabilidade de que os pacientes estejam tomando outros medicamentos que possam interagir com o fármaco do estudo.

São necessários quase 900 milhões de dólares para desenvolver um novo medicamento para o mercado nos Estados Unidos. Mais da metade desse valor é usada para confirmar a segurança e a eficácia do medicamento na fase experimental em seres humanos, como exigido pela Food and Drug Administration (FDA) dos Estados Unidos e outras agências similares no mundo inteiro. O recrutamento de pacientes consome quarenta por cento do orçamento do estudo. Os testes em mercados emergentes reduzem significativamente os custos de recrutamento. Segundo a GlaxoSmithKline, o custo de um estudo farmacêutico é de 30 mil dólares por paciente nos Estados Unidos e 3 mil dólares por paciente na Romênia.

As empresas normalmente terceirizam os estudos com empresas de pesquisa clínica, que por sua vez, contratam médicos nas comunidades locais e nos hospitais para encontrar pacientes. Por exemplo, empresas terceirizadas testaram o Vioxx e o Zocor da Merck e muitos dos medicamentos bilionários da Pfizer na Rússia e em outros países em desenvolvimento antes de obter a aprovação nos Estados Unidos. Quase todas as grandes indústrias farmacêuticas ocidentais conduzem estudos clínicos em hospitais da Rússia. Em um país pobre com um sistema médico disfuncional, os pacientes muitas vezes encontram no estudo clínico uma maneira de ter acesso ao tratamento médico. O sistema centralizado de hospitais da Rússia recruta pacientes para os estudos rapidamente, o que poupa milhões de dólares e muitos meses de trabalho no processo do desenvolvimento de medicamentos.

No entanto, o *offshoring* dos estudos clínicos levanta questões sobre a ética e a desatenção nesse estágio crítico do desenvolvimento de novos medicamentos. Embora a grande maioria dos testes em mercados emergentes seja realizada sem problemas, já ocorreram desvios nos processos éticos e científicos. Por exemplo, a Pfizer foi processada por testar medicamentos contra a meningite em crianças nigerianas sem o consentimento dos pais, resultando em cinco mortes. Alguns estudos que colocaram em risco os pacientes foram realizados sem a revisão ética adequada. O melhor acompanhamento dessa fase crítica no desenvolvimento de novos medicamentos já é uma realidade, mas testar medicamentos corretamente é um desafio enorme. Os mercados emergentes podem não ter os recursos que a FDA exige normalmente. Um funcionário perguntou uma vez: "Como você pode cumprir com os procedimentos exigidos pela FDA em lugares onde a eletricidade cai duas horas por dia?".

Em um caso, o estudo na Nigéria de um medicamento antirretroviral foi encerrado em meio a preocupações de que os pesquisadores não armazenavam os medicamentos corretamente nem manipulavam os dados científicos com cuidado. Na Rússia, onde os médicos normalmente ganham duzentos dólares por mês, um investigador de um estudo pode receber dez vezes esse valor recrutando pacientes para os estudos. Este incentivo financeiro gera conflitos para os médicos, que podem mentir para os pacientes e assegurar sua participação nos estudos.

Nos mercados emergentes, alguns estudos não recebem a atenção adequada dos comitês de ética. Um estudo descobriu que um quarto de todos os estudos nas economias em desenvolvimento não recebe nenhum tipo de revisão oficial por parte das autoridades locais. Ainda assim, o processo de aprovação dos Estados Unidos valoriza muito a revisão local. O FDA está obrigado a inspecionar uma parte dos centros de estudos. No entanto, em anos recentes, apesar de terem sido realizados mais de quinhentos estudos na Rússia em quase três mil centros, a FDA inspecionou apenas cerca de cem centros no mundo inteiro. Das localidades internacionais inspecionadas, o FDA criticou mais de trinta por cento delas por não seguirem o protocolo e encontrou que dez por cento não notificaram reações adversas a medicamentos por parte dos pacientes quando tomavam o medicamento.

Enquanto o FDA está trabalhando em estreita colaboração com os governos locais na esperança de que as normas éticas mundiais se ajustem com sua regulamentação, as empresas farmacêuticas estão aumentando sua terceirização dos estudos clínicos no exterior. Os estudos continuarão sendo feitos nos mercados emergentes em busca de mais pacientes cujo recrutamento é mais rápido e a um custo menor.

Fontes: Bloch, M., Dhankhar, A. e Narayanan, S. "Pharma leaps offshore", *McKinsey Quarterly*, jul. 2006, p. 12; Engardio, P. "The future of outsourcing: how it's transforming whole industries and changing the way we work", *Business Week*, 30 jan. 2006, p. 58; "U.K. regulations: tougher on drugs", *Economist Intelligence Unit*, 11 abr. 2007. Disponível em: www.viewswire.com; Kearney, A. T. *Country attractiveness index for clinical trials*, A. T. Kearney Company, 2007. Disponível em: www.atkearney.com; Lustgarten, A. "Drug testing goes offshore", *Fortune*, 8 ago. 2005. p. 66–71; *PhRMA*. Pharmaceutical industry profile, mar. 2007.

## Tendências de terceirização, *global sourcing* e *offshoring*

Como mostra o texto inicial, as empresas da indústria farmacêutica reduzem os custos de desenvolvimento de produtos e aceleram a velocidade com que ingressam no mercado por meio da terceirização dos estudos clínicos em mercados emergentes. As empresas focais vão às compras pelo mundo inteiro procurando insumos ou produtos acabados para cumprir com os objetivos estratégicos e de eficiência e continuar sendo competitiva.

A busca pelas melhores fontes de produtos e serviços é uma tarefa permanente da diretoria. Em alguns casos, as empresas levam atividades inteiras da cadeia de valor, como a manufatura, para serem executadas fora do país. A Nike Inc., juntamente com seus concorrentes Reebok e Adidas na indústria de calçados esportivos, contrata quase toda a sua produção de sapatos com fornecedores estrangeiros. Estas empresas podem ser mais bem entendida como proprietários de marca e comerciantes, não como fabricantes. Da mesma forma, a Apple terceiriza quase 70 por cento de sua produção no exterior, enquanto concentra seus recursos internos para melhorar seu sistema operacional e outras plataformas de software. Esta abordagem permite que a Apple utilize seus recursos limitados de capital e trabalhe só nas suas competências essenciais. A Dell Inc. é outra empresa que depende muito de uma rede de produção global, composta em grande parte por fornecedores independentes. Veja a Figura 16.1 para saber como a Dell usa componentes de fornecedores em vários locais para seu laptop Dell Inspiron.[1]

O **global sourcing** é a aquisição de produtos ou serviços de fornecedores independentes ou de subsidiárias da própria empresa localizadas no exterior para o consumo no país de origem ou em outro país. Também chamado de *contratação global* ou *compra global*, o *global sourcing* se traduz na *importação* de mercadorias e serviços continuamente. É uma estratégia de entrada que envolve uma relação contratual entre o comprador (a empresa focal) e uma fonte externa de abastecimento. O *global sourcing* envolve a terceirização de tarefas de manufatura ou serviços específicos com as filiais da própria empresa ou com fornecedores independentes. Como ilustrado na Figura 14.1, o *global sourcing* é uma estratégia de baixo nível de controle em que a empresa focal trabalha com fornecedores independentes usando acordos contratuais, em vez de comprar das próprias subsidiárias da empresa.

Embora o *global sourcing* tenha sido uma atividade internacional estabelecida desde a década de 1980, ganhou um novo impulso na atual fase de globalização. Quatro fatores essenciais são especialmente importantes no crescimento do *global sourcing* nos últimos anos:

- Os avanços tecnológicos, incluindo a conectividade imediata à Internet e a disponibilidade de banda larga
- Diminuição dos custos de comunicação e transporte
- A generalização do acesso à informação ampla, incluindo a crescente conectividade entre os fornecedores e os clientes que eles atendem
- Empreendedorismo e rápida transformação econômica em mercados emergentes

Embora as empresas tivessem suas primeiras experiências com o fornecimento de mercadorias, nos últimos anos também terceirizaram processos de negócios e outros serviços com filiais e fornecedores independentes localizados ao redor do mundo.[2] Por exemplo, empresas como a Softtek no México ajudam no desenvolvimento de *software* personalizado para bancos norte-americanos, gerenciam seus sistemas de TI e oferecem suporte e manutenção para as operações de

Figura 16.1 Origem das peças do laptop Dell Inspiron

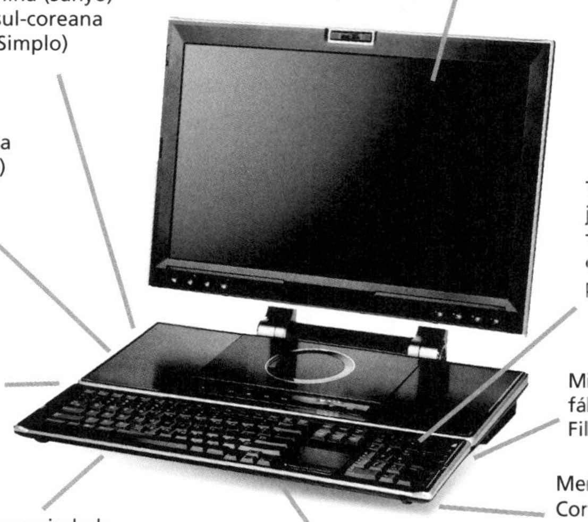
Bateria de uma fábrica de propriedade norte-americana na Malásia (Motorola), uma fábrica de origem japonesa no México, na Malásia ou na China (Sanyo) ou de uma fábrica sul-coreana em Taiwan (SDI ou Simplo)
Tela LCD de uma fábrica na Coreia do Sul (Samsung ou LG Phillips LCD), no Japão (Toshiba e Sharp) ou em Taiwan (Chi Mei Optoelectronics, HamStar Display ou AU Optronics)
Ventilador de uma fábrica em Taiwan (ICC ou Auras)
Teclado de uma fábrica japonesa (Alpes) ou uma fábrica de Taiwan (Sunrex ou Darfon); ambas as empresas ficam na China
Modem de uma empresa taiwanesa na China (Asustek ou Liteon) ou de uma empresa de propriedade chinesa na China (Foxconn)
Microprocessador Intel de uma fábrica da Intel na China, Malásia, Filipinas ou Costa Rica
Memória de uma fábrica no Japão (Elpida), Coreia do Sul (Samsung), Taiwan (Nanya), ou Alemanha (Infineon)
HD de uma fábrica de propriedade norte-americana em Cingapura (Seagate), uma empresa de propriedade japonesa na Tailândia (Fujitsu ou Hitachi) ou uma fábrica japonesa que fica em Filipinas (Toshiba)
Placa-mãe de uma fábrica coreana na China (Samsung), uma fábrica taiwanesa na China (Quanta) ou uma fábrica de Taiwan de propriedade taiwanesa (Compal ou Wistron)

FONTE: Adaptado de Friedman, T. *O mundo é plano*. Nova York: Farrar, Straus & Giroux, 2005.

financiamento comercial. A Softtek tem 3.500 funcionários, a maioria deles engenheiros, e instalações de terceirização no Brasil, na Colômbia, no Peru e na Venezuela. A Argentina, que ostenta uma das forças de trabalho mais capacitadas da América Latina, está promovendo, intensamente, centros de desenvolvimento de *software*. Os baixos salários dos engenheiros de *software* (menos de doze mil dólares por ano) atraem empresas como a Walt Disney, a Peugeot e a Repsol para desenvolverem seus sites e softwares na Argentina.

Na hora de tentar o *global sourcing*, a diretoria deve tomar duas decisões fundamentais: (1) que atividades da cadeia de valor devem ser terceirizadas; e (2) em que lugar do mundo essas atividades devem ser executadas. Vamos considerar essas duas opções.

## Decisão 1: Terceirizar ou não?

A diretoria deve decidir se opta pela *internalização* ou pela *externalização* — se cada atividade que agrega valor deve ser realizada em casa ou por um fornecedor externo e independente. Nos negócios, a decisão é tradicionalmente conhecida como *fazer ou comprar*: "Devemos fazer um produto ou realizar uma atividade particular da cadeia de valor nós mesmos, ou terceirizamos a atividade com um fornecedor externo?". As empresas geralmente internalizam as atividades da cadeia de valor que consideram parte de sua *competência essencial* ou que envolvem a utilização de conhecimento e segredos comerciais que eles querem controlar. Por exemplo, a Canon usa suas competências essenciais de mecânica de precisão, óptica fina e microeletrônica para produzir algumas das melhores câmeras, impressoras e copiadoras do mundo. A Canon geralmente internaliza atividades da cadeia de valor como a P&D, porque ela produz melhorias nessas competências. Em contrapartida, as empresas normalmente compram de fornecedores *externos* os produtos ou serviços que são periféricos às ofertas principais da empresa, têm um custo mais baixo ou quando o fornecedor é especializado na prestação de serviços muito específicos.

Mais formalmente, ***outsourcing*** se refere à contratação de atividades específicas de adição de valor, incluindo a produção de bens intermediários ou produtos acabados, por fornecedores externos independentes. As empresas terceirizam porque geralmente não conseguem ser boas em *todas* as atividades primárias e complementares. A maioria das atividades que agregam valor — da produção até a comercialização de serviços pós-venda — é candidata à terceirização.

Historicamente, a terceirização envolvia a aquisição de matérias-primas, peças e componentes de fornecedores independentes. Mais recentemente, a terceirização foi estendida para também incluir a contratação de serviços.[3] A empresa típica terceiriza serviços como contabilidade, pagamentos e algumas funções de recursos humanos, assim como serviços de viagens, serviços de TI, atendimento ao cliente e suporte técnico. Esse tipo de terceirização é conhecido como ***business process outsourcing*** (BPO).[4] As empresas contratam os serviços de terceiros para realizar tarefas específicas do negócio, geralmente como um meio de reduzir o custo de execução de tarefas que não fazem parte das competências essenciais da empresa nem são fundamentais para manter a posição competitiva da empresa no mercado. O BPO pode ser dividido em duas categorias: *atividades de retaguarda*, que incluem funções internas de negócios, como os pagamentos de salários e o faturamento, e as *atividades de vanguarda*, que incluem serviços aos clientes, como marketing ou suporte técnico.

Hoje, na Europa, na América do Norte, no Japão e em outras economias avançadas, poucas empresas manufaturam o produto por completo. A maioria das empresas terceiriza suas atividades periféricas com fornecedores externos.

## Decisão 2: Em que lugar do mundo as atividades de adição de valor devem ser estabelecidas?

Para cada atividade de adição de valor, a diretoria deve optar entre manter a atividade em casa ou levá-la a um país estrangeiro. A **configuração de atividade de valor agregado** refere-se ao padrão ou disposição geográfica dos locais onde a empresa realiza as atividades que adicionam valor.[5] Por exemplo, para movimentar sua rede global de envio de pacotes, a DHL estabeleceu escritórios em países e cidades do mundo inteiro. Criaram-se também centros de alta tecnologia de monitoramento no Arizona, na Malásia e na República Tcheca. Esta configuração permite que os funcionários da DHL localizem os envios mundiais 24 horas por dia. A diretoria da DHL escolheu esses locais específicos para o rastreamento de envio, pois, em um mundo com 24 fusos horários, esses locais ficam a quase oito horas de distância entre si.

Em vez de concentrar as atividades que agregam valor no país de origem, muitas empresas configuram essas atividades ao redor do mundo para poupar dinheiro, reduzir o tempo de entrega, acessar fatores de produção e tirar vantagens máximas em relação aos concorrentes. Isso ajuda a explicar a migração de indústrias da Europa, do Japão e dos Estados Unidos para mercados emergentes na Ásia, na América Latina e na Europa Oriental. Dependendo da empresa e da indústria, a diretoria pode decidir concentrar determinadas atividades que agregam valor em apenas um ou dois locais, enquanto outros podem usar vários países.

Por exemplo, a montadora alemã Bayerische Motoren Werke AG (BMW) emprega 70 mil funcionários em 23 fábricas de 13 países para a fabricação de sedãs, cupês e conversíveis. Os trabalhadores da fábrica de Munique constroem o BMW Série 3 e fornecem motores e componentes importantes da carroceria para outras fábricas da BMW no exterior. Nos Estados Unidos, a BMW tem uma fábrica na Carolina do Sul que faz mais de quinhentos veículos por dia para o mercado mundial. No nordeste da China, a BMW faz carros em uma *joint venture* com a Brilliance China Automotive Holdings Ltd. Na Índia, a BMW tem uma fábrica para atender às necessidades do crescente mercado do sul da Ásia. No entanto, os lucros da BMW caíram nos últimos anos devido ao custo elevado das matérias-primas como plástico e aço. A diretoria deve configurar o suprimento da BMW nos melhores locais do mundo a fim de: minimizar os custos (por exemplo, por meio da produção na China), ter acesso a pessoal qualificado (com a produção na Alemanha), manter-se próximo aos principais mercados (por meio da produção na China, na Índia e nos Estados Unidos) e ter sucesso na indústria intensamente competitiva e global dos automóveis.

## *Global sourcing* feito pelas subsidiárias *versus* o feito pelos fornecedores independentes

As duas opções estratégicas que discutimos nos levam ao quadro da Tabela 16.1. A empresa focal pode se abastecer de fornecedores independentes, de subsidiárias e afiliadas da própria empresa ou de ambos. Na tabela, as células C e D representam os cenários de *global sourcing*. Apesar de que o *global sourcing* implica a busca de locais no estrangeiro, em alguns casos a empresa focal pode se abastecer de sua própria subsidiária ou de uma filial partilhada com outra empresa (célula C). Isso é conhecido como **suprimento cativo** e refere-se ao abastecimento a partir das próprias instalações da empresa no exterior. Neste cenário, a produção é realizada em uma propriedade estrangeira da empresa focal adquirida por meio de investimentos diretos. Por exemplo, a Genpact (anteriormente Gecis Global) era uma unidade de suprimento cativo da General Electric (GE). Com receitas anuais de cerca de quinhentos milhões e mais de 19 mil funcionários no mundo todo, a Genpact é um dos maiores provedores de serviços terceirizados em processos de negócios. A GE vendeu a Genpact em 2005 e o fornecedor se tornou uma empresa independente. Embora continue trabalhando para a GE, a Genpact agora está livre para buscar outros clientes ao redor do mundo.[6]

Por outra parte, a empresa focal pode adquirir bens intermediários ou produtos acabados de fornecedores independentes (célula D), que é um cenário cada vez mais provável. A empresa externaliza sua produção com os parceiros estrangeiros para aproveitar suas capacidades. O *global sourcing* obriga a empresa a identificar fornecedores qualificados, desenvolver as capacidades organizacionais e tecnológicas necessárias para designar tarefas específicas e coordenar uma rede de atividades dispersas geograficamente.

## Manufatura contratada: *global sourcing* por fornecedores independentes

A relação típica entre a empresa focal e seus fornecedores estrangeiros (célula D na Tabela 16.1) pode assumir a forma de **manufatura contratada**, um acordo no qual a empresa focal elabora um contrato com um fornecedor independente para fabricar produtos de acordo com especificações bem definidas. Muitas vezes, um contrato explícito descreve os termos da relação. O fornecedor é responsável pela produção e aceita as especificações da empresa focal. Uma vez que os produtos são fabricados, o fornecedor os devolve para a empresa focal, que depois os vende, comercializa e distribui. Em essência, a empresa focal 'aluga' a capacidade de produção do contratante externo.

Em um cenário típico, a empresa focal aborda diversos fornecedores com seus projetos ou especificações do produto e pede orçamentos sobre o custo para produzir essa mercadoria, incluindo o custo do trabalho e dos processos, ferramentas e materiais necessários. Uma vez que o processo licitatório foi concluído, a empresa focal contrata o fabricante mais qualificado. Os contratos de manufatura são especialmente comuns nas indústrias de vestuário, calçados, mobiliário, aeroespacial, de defesa, computadores, semicondutores, energia, assistência médica, farmacêutica, higiene pessoal e automotiva.

A Patheon é um dos maiores fabricantes do mundo por contrato na indústria farmacêutica. A empresa oferece o desenvolvimento de medicamentos e serviços de manufatura para empresas farmacêuticas e de biotecnologia em nível mundial. A Patheon possui centros de produção na América do Norte e na Europa, produzindo medicamentos populares e vários dos medicamentos mais importantes do mundo, atendendo às maiores empresas farmacêuticas. A Patheon gera cerca de metade de sua receita na América do Norte e a outra metade na Europa.[7] A Benetton elabora contratos com fabricantes para produzir roupas e a IKEA faz o mesmo para a produção de móveis. Os contratos de fabricação também permitem que as empresas entrem nos países-alvo rapidamente, especialmente quando o mercado é pequeno demais para justificar um investimento local significativo.

Você provavelmente nunca ouviu falar da Taiwan Hon Hai Precision Industry Co., um fabricante por contrato líder na indústria global de eletrônicos. A Hon Hai trabalha sob contrato para empresas bem conhecidas, produzindo iPods e iPhones para a Apple, PlayStations para a Sony, impressoras e PCs para a Hewlett-Packard e milhares de outros produtos. Em 2007, as vendas da Hon Hai ultrapassaram os quarenta bilhões de dólares. A empresa emprega cerca de 360 mil pessoas em dezenas de fábricas no mundo inteiro, de Malásia até o México.[8]

Uma vantagem do contrato de manufatura é que a empresa focal — por exemplo, a Apple, a Hewlett-Packard ou a Sony — pode concentrar seus esforços no *design* do produto e no marketing enquanto transfere a responsabilidade da produção para um terceiro independente. O fabricante contratado possivelmente estará localizado em um país de baixo custo salarial e com pontos fortes no tocante às economias de escala, capacidade de produção e com conhecimentos específicos sobre os processos de engenharia e desenvolvimento dos produtos que recebe de seus clientes.[9] Uma grande desvantagem do contrato de manufatura é que a empresa focal tem pouco controle sobre o fornecedor. A falta de uma propriedade direta limita a influência sobre os processos de manufatura do fornecedor, aumenta a vulnerabilidade de fornecedores que estejam agindo de má-fé e limita a capacidade de proteger os ativos intelectuais.

## *Offshoring*

O *offshoring* é uma extensão natural do *global sourcing*. O ***offshoring*** é quando a empresa leva um processo de negócio ou todo o processo de manufatura para um país estrangeiro. As empresas multinacionais com grandes processos de

Tabela 16.1 A natureza da terceirização e do *global sourcing*

| | *Agreção de valor à atividade é integralizada* | *Agregação de valor à atividade é eternalizada (terceirizada)* |
|---|---|---|
| *A atividade que acrescenta valor fica no país* | A<br>Mantém a produção dentro do país de origem | B<br>Terceiriza a produção para uma empresa no país de origem |
| *A atividade que acrescenta valor é feita fora do país (global sourcing)* | C<br>Delega a produção a uma subsidiária estrangeira ou a uma empresa afiliada. (surgimento cativo) | D<br>Terceiriza a produção com um fornecedor de fora (contrata a manufatura ou o *global sourcing* de fornecedores independentes) |

negócios costumam levar suas instalações de produção ou fabricação para o estrangeiro para aumentar sua vantagem competitiva. O *offshoring* é especialmente comum no setor de serviços, incluindo serviços bancários, programação de *software*, serviços jurídicos e atendimento ao cliente. Por exemplo, na Índia surgiram grandes escritórios jurídicos que oferecem serviços como elaboração de contratos e pedidos de patentes, realização de pesquisas e negociações e execução de trabalhos jurídicos paralelos para clientes ocidentais. Enquanto os advogados na América do Norte e na Europa podem cobrar trezentos dólares por hora ou até mais, as empresas indianas podem reduzir essas despesas em até 75 por cento.[10]

As empresas costumam estabelecer fora do país determinadas tarefas ou atividades menores relacionadas com funções empresariais. Em cada uma das funções de negócios — recursos humanos, contabilidade, finanças, marketing e atendimento ao cliente — há tarefas rotineiras e específicas. Essas funções podem ser realizadas com o *offshoring*, já que sua execução por parte de fornecedores independentes não ameaça nem diminui as competências centrais da empresa focal nem seus ativos estratégicos. Alguns exemplos de *offshoring* de sucesso usando fornecedores estrangeiros incluem o faturamento e o processamento dos cartões de crédito na área financeira, a criação de bases de dados de clientes e registro das vendas na área de marketing e manutenção dos pagamentos aos funcionários e administração de benefícios na área de recursos humanos.

A Índia é o país que mais recebe pedidos para prestar serviços para as economias avançadas. Este setor na Índia cresceu em mais de 50 processos de serviço nos últimos anos. O surgimento do país como um destino principal de *offshoring* é explicado pela sua enorme força de trabalho qualificada, que trabalha por salários 75 por cento mais baixos que os salários dos trabalhadores do Ocidente, combinado com a desaceleração econômica mundial da década de 2000, que fez com que as empresas multinacionais buscassem formas de poupar recursos.[11] Mas a Índia não é o único destino de terceirização do trabalho substancial. As empresas na Europa Oriental executam atividades de apoio para empresas de arquitetura e engenharia da Europa Ocidental e dos Estados Unidos. Alguns escritórios de contabilidade nas Filipinas realizam trabalhos de apoio para as grandes empresas de contabilidade no mundo. A Accenture tem operações de retaguarda e *call centers* na Costa Rica. Muitos serviços de suporte de TI para clientes na Alemanha são prestados de fato por empresas na República Tcheca e na Romênia. Boeing, Motorola e Nortel fazem muito de sua P&D na Rússia. A África do Sul é a base de serviços de apoio técnico e atendimento para clientes ingleses, franceses e alemães na Europa.[12]

## Limites do *global sourcing*

Nem todas as atividades ou processos podem ser executados pelo *offshoring*. Os trabalhos mais propícios a serem estabelecidos fora do país são indústrias com as seguintes características:

- Indústrias de manufatura em grande escala, cuja principal vantagem competitiva é a eficiência e o baixo custo
- Indústrias como a de automóveis, que têm necessidades uniformes por parte dos clientes e processos altamente padronizados de produção e outras atividades da cadeia de valor
- As empresas de serviços de trabalho muito intensivo, como *call centers* e transcrição jurídica
- Indústrias baseadas na informação, cujas funções e atividades podem ser facilmente transmitidas pela Internet, como contabilidade, faturamento e folha de pagamento
- Indústrias dedicadas à preparação de *software*, cujos produtos são fáceis de codificar e transmitir pela Internet ou por telefone, como o apoio técnico de rotina e as atividades de atendimento ao cliente

Em contrapartida, muitos postos de trabalho no setor de serviços não podem se afastar do local onde acontece o consumo. Isso limita o tipo de serviço que as empresas podem levar para fora. O contato pessoal é fundamental em praticamente todas as cadeias de valor. Outros serviços são consumidos localmente. Por exemplo, as pessoas normalmente não viajam ao estrangeiro para ver um médico, um dentista, um advogado ou um contador.[13] Consequentemente, muitos postos de serviço nunca serão transferidos. Até 2005, apenas cerca de três por cento dos empregos nos Estados Unidos que exigem uma boa dose de interação com clientes importantes (por exemplo, os do setor de varejo) foram transferidos para economias emergentes. Para 2008, menos de 15 por cento de todos os empregos no setor serviços passaram de economias avançadas para mercados emergentes.[14]

Além disso, muitas empresas, como a Harley-Davidson nos Estados Unidos, têm suas próprias razões para manter a produção em casa. Uma grande proporção do valor adicionado da Harley-Davidson é local. A Harley-Davidson monta suas motos e adquire componentes essenciais como motor, transmissão, tanque de gás, sistema de freio e o sistema de iluminação nos Estados Unidos.[15] Os clientes da Harley entendem que o produto é um ícone americano e não toleram a produção no exterior. Outro fator são os contratos sindicalizados, que limitam a capacidade das empresas para transferirem seu núcleo de produção para o exterior sem o consentimento do sindicato.

## Implicações estratégicas da terceirização e do *global sourcing*

A Tabela 16.2 explica as implicações estratégicas das duas escolhas possíveis para a empresa: executar atividades específicas que agregam valor por si mesmas ou terceirizar essas atividades, *e* se devem concentrar cada atividade no país de origem ou se devem distribuí-las no estrangeiro. A tabela mostra uma típica cadeia de valor, que vai da P&D e o *design* até o atendimento ao cliente. A primeira linha indica o valor que a diretoria da a cada atividade de adição de valor dependendo de se considera tal atividade como estratégica ou não para a empresa. A segunda linha indica se a atividade pode ser internalizado dentro da empresa focal ou terceirizada para um fornecedor estrangeiro. A terceira linha indica onde a diretoria normalmente estabelece uma atividade.

Essas decisões dependem em grande parte da importância estratégica da atividade para a empresa. Por exemplo, as empresas normalmente consideram P&D e as atividades de *design* centrais para sua vantagem competitiva. Como resultado, elas preferem internalizar essas funções em vez de terceirizá-las. Por outro lado, as atividades de manufatura, logística e atendimento ao cliente tendem a ser mais terceirizadas e geograficamente dispersas. Essa decisão também ocorre em função da experiência da empresa com negócios internacionais e da disponibilidade de fornecedores qualificados.

## Evolução do *global sourcing*

O *global sourcing* feito pelo setor privado já responde por mais da metade do total das importações das grandes economias.[16] O *global sourcing* mudou a forma como as empresas fazem negócios em todas as indústrias. Por exemplo, a Steinway adquire peças e componentes de uma dúzia de países para produzir seus pianos. Os varejistas do *global sourcing* intensivo também fazem o mesmo: a maioria dos produtos vendidos pela Best Buy, Target, Walmart e Carrefour é proveniente de fornecedores em mercados emergentes. Esses varejistas se beneficiam da importação de produtos de consumo de boa qualidade a preços baixos.

### Fases na evolução: do *global sourcing* de insumos para o *offshoring* das atividades que agregam valor

A primeira grande onda de *global sourcing* concentrou-se na *manufatura* de *insumos* e começou na década de 1960 com a mudança da Europa e Estados Unidos como fabricantes principais para países de custos menores e geograficamente diversos, como o México e a Espanha. Os primeiros estudos apontavam para o surgimento da corporação *modular* e corporação *virtual* no contexto do *global sourcing*.[17] Com o tempo, as empresas descobriram que a maioria das atividades da cadeia de valor são tarefas que podem ser

Tabela 16.2 Escolhas típicas das empresas no momento de terceirizar e dispersar geograficamente as atividades da cadeia de valor

| | *P&D Design* | *Manufatura de componentes* | *Manufatura ou montagem* | *Marketing e* branding | *Vendas, distribuição e logística* | *Atendimento ao cliente* |
|---|---|---|---|---|---|---|
| Importância desta atividade para a empresa como um ativo estratégico | Muito importante | Baixa importância | Baixa para média importância | Muito importante | Importância média | Importância média |
| Probabilidade de internalização em vez de terceirização da atividade | Alta | Baixa | Baixa para média | Alta | Baixa para média | Baixa para média |
| Configuração geográfica: tendência geral a localizar a atividade em casa ou no estrangeiro | Usualmente concentrada em casa | Usualmente espalhada em diversos mercados | Normalmente concentrada em alguns mercados | *Branding* concentrado em casa; marketing concentrado ou espalhado em mercados individuais | Espalhada em mercados individuais | Espalhado em mercados individuais, menos *call centers*, que muitas vezes ficam concentrados |

levadas para outros países para alcançar maior eficiência , produtividade, qualidade e lucro.

Depois veio a onda de *global sourcing* que começou na década de 1990 com o *offshoring*, em que as empresas começaram a terceirizar atividades específicas de adição de valor no setor de serviços em locais como a Índia e a Europa Oriental. Além de serviços de TI (*software*, aplicações e suporte técnico) e atividades de apoio ao cliente (suporte técnico, *call centers*), muitos outros setores de serviços tornaram-se parte da tendência de *offshoring*. Por exemplo, no setor dos cuidados de saúde, procedimentos como a tomografia computadorizada e a avaliação de radiologia são realizados em centros fora do país. Os consumidores também estão envolvidos no chamado *turismo médico*, viajando para países como Índia e Tailândia para se submeterem a procedimentos médicos como cirurgia de marca-passos ou remoção do apêndice.

Hoje, a terceirização de processos de desenvolvimento de produtos, recursos humanos e finanças/serviços de contabilidade é muito comum.[18] Por exemplo, a Microsoft investiu bilhões de dólares na Índia para estabelecer atividades adicionais de P&D e ações de apoio técnico por lá. Tanto a Intel quanto a Cisco Systems já investiram bilhões de dólares para desenvolver operações de P&D na Índia também. A JP Morgan, um grande banco de investimentos, tem vários milhares de trabalhadores na Índia que passaram de tarefas simples de retaguarda, como a digitação de dados, para o fechamento de negócios financeiros estruturados e de derivativos com operações bancárias altamente sofisticadas. A Índia alcançou um estágio mais maduro em seu desenvolvimento do que os outros países emergentes. Primeiro foi um centro de desenvolvimento e manutenção de software. Posteriormente, as empresas indianas e as operações locais estrangeiras na Índia de numerosas empresas multinacionais começaram a oferecer serviços de retaguarda a baixo custo. Mais recentemente, a Índia desenvolveu uma forte base industrial própria em TI e outros processos de negócios de alto valor agregado. Wipro, Infosys e Tata Consultancy estão entre os concorrentes mais proeminentes no *sourcing* global de serviços de negócios, desenvolvimento de *software* e *call centers*. Repare que a proeminência da Índia nesta atividade está relacionada com o mercado dos Estados Unidos. Embora muitas das empresas estejam sediadas nos Estados Unidos, muito de seu trabalho é realmente realizado na Índia ou em outros mercados emergentes.

## Magnitude do *global sourcing*

A magnitude do *global sourcing* é considerável. Em 2005, a Índia gerou 22 bilhões de dólares para as empresas realizando o atendimento de chamadas dos clientes, gestão distante de redes de computadores, processamento de faturas e desenvolvimento de *software* personalizado para empresas multinacionais do mundo inteiro.[19] O *global sourcing* criou mais de 1,3 milhão de empregos durante a última década apenas na Índia. Entretanto, entre 2000 e 2004, os Estados Unidos terceirizaram cem mil empregos no ramo dos serviços por ano.[20] Em 2006, a terceirização da tecnologia de informação e os processos de negócios gerou mais de 150 bilhões de dólares no mundo inteiro.

## Diversidade dos países que iniciam e recebem trabalho terceirizado

Claramente, a China e a Índia são os principais atores no *global sourcing*. A seção chamada "Tendência Global" destaca a rivalidade entre estes dois países na concorrência para ser os principais destinos do mundo para o *global sourcing*. No entanto, como observado no texto de abertura, muitos outros países também são atores ativos. No tocante aos países compradores, o *global sourcing* é praticado por empresas de todo o mundo. As empresas norte-americanas lideram a tendência, com quase dois terços do total dos projetos de serviços fora do país. Em 2003, as empresas nos Estados Unidos externalizaram 87 bilhões de dólares em serviços empresariais. No mesmo ano, as empresas de outras nações instalaram nos Estados Unidos serviços empresariais por 134 bilhões de dólares. Essa internalização ajudou a criar muitos empregos altamente qualificados nos Estados Unidos em engenharia, consultoria de gestão, serviços bancários e serviços legais.

Na Europa, quarenta por cento das grandes empresas dizem ter serviços terceirizados em outros países. O maior negócio de terceirização na Europa em 2005 — um contrato por dez anos e de sete bilhões de dólares, incluía 150 mil computadores e software de rede para os militares britânicos — foi adjudicado a um consórcio liderado pela EDS, uma empresa do Texas.[21] Na indústria de TI do Japão, 23 por cento das empresas têm serviços terceirizados no exterior.

A Tabela 16.3 identifica os principais atores do *global sourcing* nas quatro regiões geográficas. Por exemplo, a Xceed Contact Center, sediada no Cairo, lida com chamadas em árabe e em idiomas europeus para a Microsoft, a General Motors, a Oracle e o Carrefour. A Rússia é popular nos empregos de programação para o usuário final. Com sua forte cultura de engenharia, a Rússia tem uma acumulação de talento subempregado disponível por salários cinco vezes menores se comparado com os Estados Unidos.

Cingapura e Dubai afirmam que sua segurança e seus sistemas legais avançados garantem que são os melhores lugares do mundo gerindo serviços de alta segurança e de continuidade dos negócios. As Filipinas recorrem a antigos laços culturais e sólidos conhecimentos da língua inglesa para atrair o estabelecimento de *call centers*. Os países sul-americanos e da América Central usam a língua espanhola para buscar contratos de *call center* para o mercado hispânico nos Esta-

## TENDÊNCIA GLOBAL

### China: rivalizando com a Índia no jogo do *global sourcing*

No tocante a serviços, a Índia provavelmente é o principal destino mundial de *offshoring*. A Índia é um destino popular para o desenvolvimento de *softwares* e serviços de retaguarda, como centros de chamada telefônica e atividades de contabilidade financeira. A Índia é um dos principais centros do mundo no setor de TI, graças, em parte, ao surgimento de empresas multinacionais locais, como a Infosys e a Wipro, por exemplo. A Infosys compete com a Microsoft como uma das melhores empresas de *software* do mundo.

Comparada à Índia, no entanto, a história da China como fornecedora mundial é mais longa. A China é o centro de fabricação de inúmeras empresas ocidentais. Por exemplo, a empresa norte-americana Keurig fabrica máquinas automáticas de café. Depois da gerência da Keurig descobrir que suas cafeteiras estavam superfaturadas em 250 dólares cada por conta dos elevados custos de produção, a empresa terceirizou a fabricação com um parceiro na China. Essa mudança permitiu que a Keurig começasse a oferecer novos modelos por apenas 99 dólares. Como resultado, a empresa aumentou significativamente suas vendas.

A China pretende superar a Índia na terceirização de serviços, e o governo chinês está fazendo grandes investimentos para melhorar a formação dos trabalhadores e a qualidade de suas universidades. A China tem três grandes vantagens. Primeiro, o país possui uma grande quantidade de trabalhadores qualificados e de baixo custo. Por ano, a China tem 350 mil engenheiros graduados, quase quatro vezes mais que os Estados Unidos. Segundo, a China tem um enorme mercado interno com crescimento econômico rápido e sustentável. Por último, a atitude do governo chinês, há tempos um obstáculo para empresas estrangeiras, é cada vez mais favorável aos negócios. O governo vem desenvolvendo um conjunto de políticas que favorecem as empresas estrangeiras que fabricam na China.

No entanto, a China ainda tem muitas armadilhas. O país é fraco em termos de proteção de propriedade intelectual, tem uma língua e uma cultura que desafiam as empresas estrangeiras e carece de infraestrutura de qualidade. Lidar com o governo chinês é complicado por causa de uma burocracia considerável e de disputas internas entre seus diversos órgãos. O caos resultante diminui a capacidade dos empresários chineses para iniciar e gerir empresas.

A Índia, por outro lado, tem melhor proteção da propriedade intelectual, mão de obra com conhecimentos da língua inglesa e uma infraestrutura que, apesar de pobre para os padrões das economias avançadas, é muitas vezes superior à da China. É provável que a Índia se mantenha como líder de *global sourcing* no setor de serviços por algum tempo futuro.

Fontes: "The myth of China Inc.", *Economist*, 3 set. 2005, p. 53–54; Farrell, D., Kaká, N. e Stürze, S. "Ensuring India's offshoring future", *The McKinsey Quarterly*, edição especial Fulfilling India's Promise, 2005.; Hagel, J. "Offshoring goes on the offensive: cost cutting is only the first benefit", *The McKinsey Quarterly*, online journal, 2004, n. 2; "Singling out a new market", *Inc. Magazine*, jan. 2006, p. 46; Overby, S. "It's cheaper in China", *CIO Magazine*, 15 set. 2005. Disponível em: www.cio.com/archive/091505/nypro.html. Acesso em: 10 dez. 2005.

dos Unidos.[22] Além dos baixos custos da mão de obra, outras atrações de *offshoring* incluem a capacidade de aumentar a produtividade, melhorar os serviços e melhorar o acesso às competências técnicas. Recentemente, o Vietnã atraiu muitas empresas em busca de talento. Sendo a Europa seu maior mercado de exportação, a produção dobrou no Vietnã no início de 2000 porque oferecia operações modernas e de baixo custo, mão de obra qualificada mais barata e acesso a fontes locais livres de restrições comerciais.

O Índice de Localização de Serviços Global de AT Kearney (www.atkearney.com) é liderado apenas por mercados emergentes como: Índia, China, Malásia, Tailândia, Brasil, Indonésia, Chile e Filipinas. Os Estados Unidos são a única economia avançada classificada entre as primeiras 21 mais procuradas. Para ajudar as empresas a identificarem os países para a terceirização de atividades da cadeia de valor, o índice enfatiza vários critérios: estrutura financeira do país (custos de compensação, custos de infraestrutura, impostos e custos de regulamentação), disponibilidade e competências das pessoas (experiência acumulada em processos de negócios e aptidões, disponibilidade de força de trabalho, educação, idioma e índices de conflito com o trabalhador), natureza do ambiente de negócios (ambiente político e econômico do país, infraestrutura física, capacidade de adaptação cultural e segurança da propriedade intelectual).

## Benefícios e desafios do *global sourcing* para a empresa

Tal como acontece com outras estratégias de entrada internacional, o *global sourcing* oferece benefícios e desafios para a empresa. A Figura 16.2 oferece uma visão desses benefícios e desafios.

No que diz respeito aos desafios, as empresas devem prestar muita atenção às sete preocupações mencionadas na

Tabela 16.3 Principais atores do *global sourcing* por região

| | *Europa Central e Oriental* | *China e Ásia do Sul* | *América Latina e Caribe* | *Oriente Médio e África* |
|---|---|---|---|---|
| Países mais bem colocados | República Tcheca, Bulgária, Eslováquia, Polônia, Hungria | Índia, China, Malásia, Filipinas, Cingapura, Tailândia | Chile, Brasil, México, Costa Rica, Argentina | Egito, Jordânia, Emirados Árabes Unidos, Gana, Tunísia, Dubai |
| Novas forças | Romênia, Rússia, Ucrânia, Bielorrússia | Indonésia, Vietnã, Sri Lanka | Jamaica, Panamá, Nicarágua, Colômbia | África do Sul, Israel, Turquia, Marrocos |
| Provedores locais emergentes | Luxoft (Rússia), EPAM Systems (Bielorrússia), Softline (Ucrânia), DataArt (Rússia) | NCS (Cingapura), Bluem, Neusoft Group, BroadenGate Systems (China) | Softtek (México), Neoris (México), Politec (Brasil), DBAccess (Venezuela) | Xceed (Egito), Ness Technologies (Israel), Jeraisy Group (Arábia Saudita) |

FONTE: Engardio, P. "The future of outsourcing: how it's transforming whole industries and changing the way we work", *Business Week*, 30 jan. 2006, p. 58.

Figura 16.2. Muitos desses desafios surgem quando a empresa focal terceiriza fornecedores independentes no exterior. A natureza de controle baixo do *global sourcing* implica que os problemas de identificação, seleção, negociação e monitoramento das atividades do parceiro são críticos para o sucesso da empresa. Falamos já dessas questões em páginas anteriores, nos capítulos 13 a 15. Um desafio adicional é a vulnerabilidade às flutuações cambiais adversas. A redução potencial nos custos usando o *global sourcing* pode ser afetada por uma moeda nacional enfraquecida. Neste cenário, os produtos de origem estrangeira pagam mais para poder ser importados. Por exemplo, se a China permitir que sua moeda se valorize, em seguida, as exportações tenderão a diminuir, uma vez que será relativamente mais caro para os clientes continuarem a terceirizar na China.

No tocante aos benefícios do *global sourcing* para a empresa focal, há duas razões principais para adotar essa estratégia: custo-benefício e a realização dos objetivos estratégicos. Vamos considerar cada uma delas.

## Custo-benefício

Reduzir custos é o pano de fundo tradicional para tentar a terceirização no exterior. A empresa aproveita a 'arbitragem do trabalho' — a grande diferença salarial entre as economias avançadas e emergentes. Um estudo descobriu que as empresas esperam economizar mais de quarenta por cento nos custos de base depois de fazer *offshoring*.[23] Essas economias tendem a ocorrer principalmente em P&D, concepção de produtos e operações de retaguarda, como contabilidade e informática. Por exemplo, um programador nos Estados Unidos com diploma de graduação em TI e cinco anos de experiência em programação Java pode ganhar mais de sessenta mil dólares por ano mais benefícios. Em Bangalore, o salário provavelmente esteja na casa dos seis mil dólares, incluindo benefícios. Um Ph.D em estatística na Índia ganha quarenta mil dólares por ano, comparado com os duzentos mil dólares do mesmo profissional nos Estados Unidos. Muito do trabalho que esses profissionais indianos executam pode ser transmitido instantaneamente pela Internet. Esta discrepância salarial explica por que empresas como IBM, HP, Accenture, Dell, HSBC, Citicorp e JP Morgan aumentaram suas operações na Índia 30 a 50 por cento ao ano durante a década de 2000.[24]

## Consecução dos objetivos estratégicos

Além de ajudar a economizar o dinheiro da empresa, o sourcing global também pode ajudá-la a atingir objetivos em longo prazo. Essa visão estratégica de *global sourcing* — chamada *terceirização transformacional* — sugere que uma empresa pode obter ganhos na eficiência, produtividade, qualidade e lucro aproveitando o talento estrangeiro.[25] O *global sourcing* pode fornecer meios para acelerar a inovação, patrocinar o desenvolvimento de projetos que seriam impossíveis de outra forma ou ajudar as empresas que estão em dificuldades. As empresas adotam o *global sourcing* para evitar que analistas de qualidade, engenheiros e pessoal de vendas façam tarefas de rotina e possam passar mais tempo inovando e trabalhando com os clientes.[26] O *global sourcing* pode ser um catalisador para renovar as operações antiquadas e preparar-se para novas batalhas competitivas.

Muitas vezes, os dois tipos de motivação — a eficiência de custos e os objetivos estratégicos — estão presentes e não são mutuamente exclusivos em uma atividade particular de *global sourcing*. Qualquer que seja a motivação principal, a empresa que opta pelo *global sourcing* pode esperar muitos benefícios específicos, incluindo:

- *Aceleração do crescimento das empresas*. Ao terceirizar várias atividades periféricas com fornecedores externos, as empresas podem concentrar seus recursos na realização de atividades mais lucrativas, como P&D ou

Figura 16.2 Benefícios e desafios do *global sourcing*

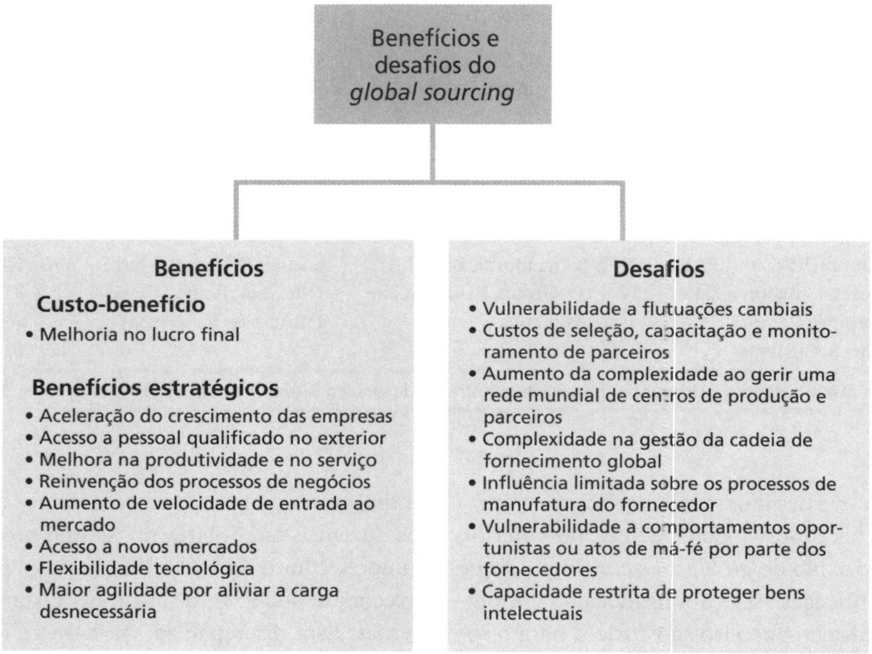
Benefícios e desafios do *global sourcing*
Benefícios
Custo-benefício
• Melhoria no lucro final
Benefícios estratégicos
• Aceleração do crescimento das empresas
• Acesso a pessoal qualificado no exterior
• Melhora na produtividade e no serviço
• Reinvenção dos processos de negócios
• Aumento de velocidade de entrada ao mercado
• Acesso a novos mercados
• Flexibilidade tecnológica
• Maior agilidade por aliviar a carga desnecessária
Desafios
• Vulnerabilidade a flutuações cambiais
• Custos de seleção, capacitação e monitoramento de parceiros
• Aumento da complexidade ao gerir uma rede mundial de centros de produção e parceiros
• Complexidade na gestão da cadeia de fornecimento global
• Influência limitada sobre os processos de manufatura do fornecedor
• Vulnerabilidade a comportamentos oportunistas ou atos de má-fé por parte dos fornecedores
• Capacidade restrita de proteger bens intelectuais

construir um relacionamento mais forte com os clientes. Por exemplo, o *global sourcing* permite que as empresas aumentem sua equipe de engenheiros e pesquisadores, mantendo constante seu custo de desenvolvimento de produto como uma porcentagem das vendas.[27]

- *Acesso a pessoal qualificado no exterior.* Países como China, Índia, Filipinas e Irlanda oferecem uma boa seleção de engenheiros, administradores e outros especialistas bem treinados. Ter acesso a um número maior de indivíduos talentosos no lugar onde estão localizados faz com que as empresas alcancem seus objetivos. Por exemplo, muito do trabalho de animação da Disney é feito no Japão, porque alguns dos melhores animadores do mundo estão por lá.
- *Melhora na produtividade e no serviço.* A produtividade da manufatura e outras atividades da cadeia de valor podem ser melhoradas usando o *global sourcing* com fornecedores especializados nessas atividades. Por exemplo, a Penske Truck Leasing melhorou sua eficiência e seu atendimento ao cliente com a terceirização de muitos processos de negócio no México e na Índia. O *global sourcing* permite que as empresas ofereçam cobertura 24 horas, sete dias por semana, para o cliente, especialmente para os que precisam de apoio o tempo inteiro.
- *Reinvenção dos processos de negócios.* Ao recriar seus sistemas da cadeia de valor ou reinventar seus processos de negócios, as empresas podem melhorar sua eficiência de produção e a forma como utilizam seus recursos. As empresas multinacionais veem o *offshoring* como um catalisador para um plano mais amplo de revisão das operações arcaicas da empresa.[28]
- *Aumento de velocidade de entrada ao mercado.* Ao levar o desenvolvimento de *software* e o trabalho editorial para a Índia e as Filipinas, a editora americano-holandesa Walters Kluwer foi capaz de produzir uma maior variedade de livros e revistas e publicar suas obras mais rapidamente. Como mostra o texto de abertura, as grandes empresas farmacêuticas fazem com que os novos medicamentos cheguem ao mercado mais rapidamente fazendo *global sourcing* dos estudos clínicos desses remédios.
- *Acesso a novos mercados.* As empresas podem testar os mercados de tecnologias emergentes em outros países, o que não só ajuda a compreender melhor os clientes estrangeiros, mas também facilita suas atividades de marketing por lá. As empresas também podem utilizar o *global sourcing* para atender países de difícil acesso devido ao protecionismo. Por exemplo, levando boa parte das operações de P&D para a Rússia, a empresa de telecomunicações Nortel botou o pé em um mercado que precisa urgentemente de equipamentos telefônicos e de infraestrutura de comunicações.
- *Flexibilidade tecnológica.* Ao mudar de fornecedor no momento em que novas tecnologias mais baratas aparecem, as empresas já não ficam dependentes de tecnologias específicas como aconteceria se elas mesmas produzissem tal tecnologia. Esse tipo de *sourcing* oferece maior flexibi-

lidade organizacional e uma capacidade de resposta mais rápida à evolução das necessidades dos consumidores.

- *Maior agilidade por aliviar a carga desnecessária*. Sem o fardo das burocracias e dos custos administrativos, as empresas podem ser mais sensíveis às oportunidades e se adaptarem mais facilmente às mudanças ambientais e ao aparecimento de novos concorrentes.

Tomados juntos, esses benefícios dão às empresas a capacidade de renovar continuamente suas posturas estratégicas. Por exemplo, a Genpact, a Accenture e a IBM estão terceirizando equipes de especialistas que fazem uma pesquisa para determinar o fluxo de trabalho das áreas de TI, recursos humanos ou finanças de outras empresas. Isso ajuda os especialistas em construção de novas plataformas de TI a redesenharem todos os processos e administrar programas, atuando como uma filial virtual para seus clientes. Em seguida, a empresa distribui o trabalho entre as redes globais da Ásia até a Europa Oriental ou qualquer outro lugar.[29]

As indústrias que tiram mais vantagens do *global sourcing* são aquelas dos setores altamente produtivos, como vestuário, calçados e mobiliário, aquelas que usam processos e tecnologias relativamente padronizadas, como peças automotivas e ferramentas para máquinas e aquelas que fazem e vendem produtos estabelecidos com um padrão previsível de vendas, como os componentes para aparelhos eletrônicos de consumo. Por exemplo, a transformação do diamante é uma indústria de trabalho intenso, que usa processos padronizados para produzir anéis de diamante e equipamentos utilizados para corte fino. A indústria de corte de diamantes concentrou-se em Antuérpia, na Bélgica, durante os últimos cinco séculos. Recentemente, no entanto, o corte de diamante foi terceirizado para empresas na Índia que realizam o trabalho mais barato e oferecem outras vantagens. A China também está emergindo como um concorrente importante no corte de diamantes.

## Execução do *global sourcing* ao longo do gerenciamento da cadeia de suprimentos

A razão principal pela qual os produtos feitos hoje em mercados distantes são tão comuns nos negócios é a eficiência com que podem ser movidos fisicamente de uma parte do planeta para outra. Essa eficiência se deve a processos e estratégias sofisticadas para levar produtos de um ponto — do fabricante para os intermediários — a outro ponto — dos intermediários para os clientes.

A **cadeia global de suprimentos** refere-se à rede integrada de abastecimento, produção e distribuição da empresa organizada em escala mundial e localizada em países onde a vantagem competitiva pode ser maximizada. A gestão da cadeia de suprimentos global envolve a terceirização e a produção e trabalha nos estágios iniciais (fornecedor) e finais (clientes) da cadeia.

Observe que os conceitos de cadeia de abastecimento e cadeia de valor estão relacionados, mas a escala mundial e a localização podem ser diferentes. Vale lembrar que a cadeia de valor é o conjunto de atividades destinadas a países que criam, produzem, comercializam, fornecem e apoiam um produto ou serviço de forma competitiva. A vantagem de abastecimento pode ser maximizada. A cadeia de abastecimento é o conjunto de especialistas em logística e atividades que levam os insumos para os fabricantes ou para os revendedores. Uma boa gestão da cadeia de abastecimento serve para otimizar as atividades da cadeia de valor. Terceirizar inúmeros fornecedores pelo mundo afora nem seria um sistema econômico viável sem uma cadeia de abastecimento eficiente. Mesmo como observador casual, é impressionante ver a vasta coleção de produtos em um supermercado ou loja de departamentos originários de dezenas de países diferentes. A velocidade com que esses produtos são entregues aos usuários finais é igualmente impressionante.

Considere um exemplo notável de como a gestão da cadeia de abastecimento faz com que o *global sourcing* seja viável e, ao mesmo tempo, contribui para a competitividade da empresa. A apresentação do primeiro avião 787 Dreamliner da Boeing em Everett, Washington, em julho de 2007, marcou uma nova época para esse importante fabricante. Várias características da nova aeronave são únicas. É um avião comercial de porte médio com ótimo consumo de combustível que utiliza um composto de carbono para a fuselagem (em vez de alumínio). É leve e tem interiores espaçosos e maior pressão na cabine que outros modelos — para uma viagem mais confortável. No entanto, o aspecto mais notável do Boeing 787 Dreamliner é a extensão da terceirização. A própria Boeing é responsável por apenas dez por cento da adição de valor desse novo avião: a cauda e a montagem final. Cerca de 40 fornecedores do mundo todo contribuíram para o restante do valor. Por exemplo, as asas são construídas no Japão, a fuselagem feita em composto de carbono é elaborada na Itália e o trem de pouso é fabricado na França. Como ilustrado na Figura 16.3, os componentes para o novo 787 são provenientes de partes distantes do mundo. A dispersão global de responsabilidade de fabricação permite que a Boeing se transforme em um integrador de sistemas e foque suas competências fundamentais — *design*, marketing e *branding*. A Boeing também reduz a possibilidade de eventuais atrasos em uma fábrica segurando a produção de aeronaves. Com isso, a empresa não fica à mercê do elo mais fraco da cadeia, que muitas vezes eram as próprias fábricas da Boeing.[30]

Redes de distribuidores da cadeia de abastecimento e fornecedores de serviços de entrega global são parte integrante das cadeias globais de abastecimento. Muitas empresas delegam as atividades de cadeias de abastecimento para fornecedores independentes de serviços de logística, como DHL, FedEx, TNT e UPS. Empresas de consultoria que gerenciam a logística de outras empresas são chamadas

**Figura 16.3** Onde a Boeing terceiriza os componentes para os novos aviões 787

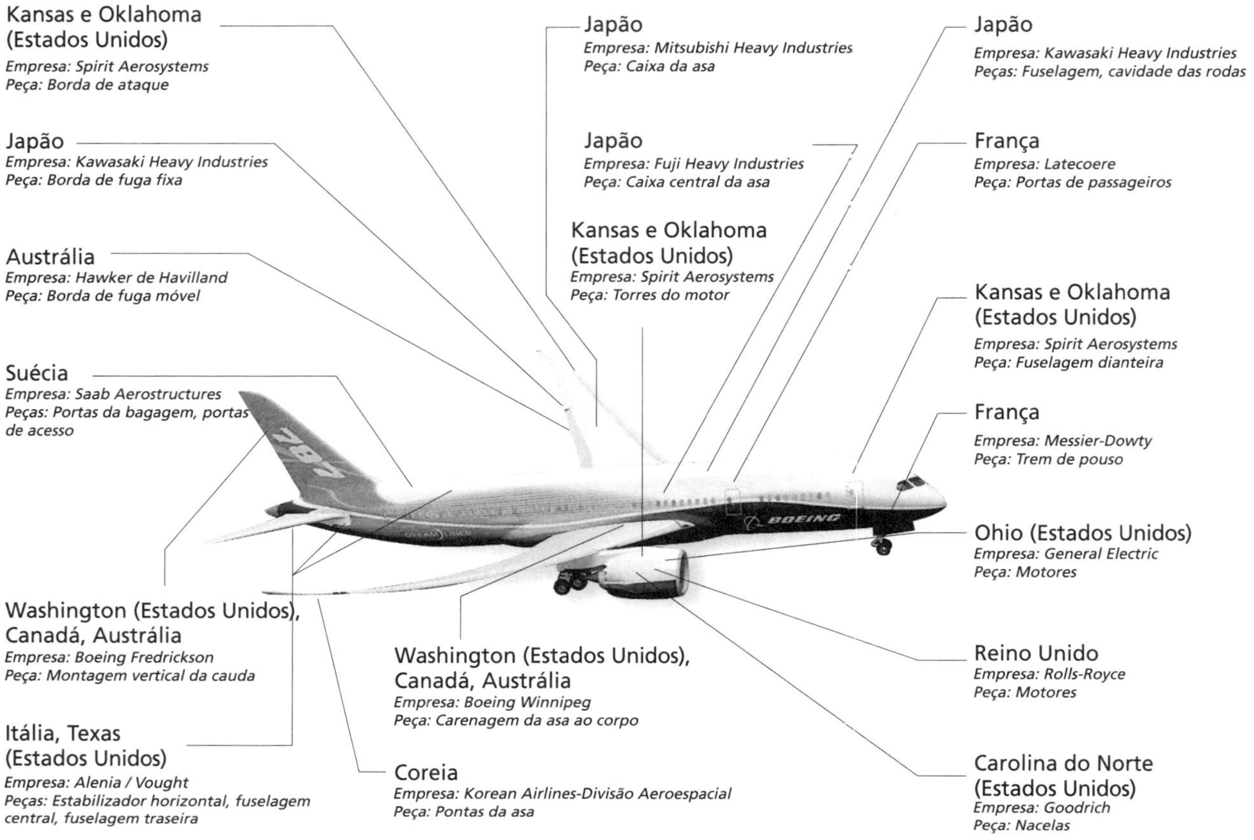


FONTE: Tatge, M. "Global gamble", Forbes, 17 abr. 2006, p. 78–80.

prestadoras de serviços terceirizados de logística (3PLs, do inglês *third party logistics providers*). Usar uma 3PL muitas vezes é a melhor solução para a logística internacional, especialmente para empresas que produzem poucos volumes ou carecem dos recursos e conhecimentos necessários para criar sua própria rede de logística.

Um bom exemplo de como a oferta global de gestão da cadeia de abastecimento tem evoluído pode ser visto na atual integração na União Europeia. O fim dos controles fronteiriços permitiu que os gerentes das cadeias de abastecimento redesenhassem os mapas de suas atividades de fornecimento e distribuição por toda a Europa. Armazenagem e centros de distribuição foram consolidados e centralizados. A Intel reduziu os custos de envio em pelo menos sete por cento, consolidando suas despesas de frete em todo o mundo em quatro empresas de transporte. Como resultado, a partir das instalações de suas 14 fábricas ao redor do mundo, a Intel melhorou significativamente a pontualidade nas entregas e o desempenho do serviço ao cliente.[31]

A rede global da cadeia de abastecimento consolida o fornecimento, a manufatura e a distribuição em alguns locais estratégicos no mundo todo para que a empresa concentre essas atividades em países onde possa maximizar suas vantagens competitivas. A Tabela 16.4 mostra as etapas, funções e atividades da cadeia de abastecimento. Ela revela como fornecedores interagem com as empresas focais e como estas, por sua vez, interagem com distribuidores e varejistas. Cada etapa da cadeia de abastecimento global possui funções e atividades que envolvem a empresa focal no fornecimento e na distribuição. Quando a empresa focal lida com produtos múltiplos e clientes exigentes espalhados pelo mundo, o gerenciamento das cadeias de abastecimento se torna mais complexo.

Os custos associados com a entrega física de um produto para um mercado de exportação podem ser responsáveis por até quarenta por cento do custo total. Uma gestão hábil da cadeia de abastecimento reduz o custo e aumenta a satisfação do cliente. Empresas experientes otimizam o uso das tecnologias de informação e comunicação (TIC), que simplificam as cadeias de abastecimento, reduzindo custos e aumentando a eficiência da distribuição. Por exemplo, os administradores usam a troca eletrônica de dados (EDI, do inglês *electronic data interchange*), que passa as ordens diretamente dos clientes aos fornecedores automaticamente por meio de uma sofisticada plataforma de TIC. A cadeia britânica de supermercados Tesco reduziu bastante os custos de inventário utilizando um sistema de EDI para ligar dados do ponto de venda aos gerentes de logística. A tecnologia permite que a Tesco controle as compras de produtos minuto a minuto. Muitos alimentos enlatados que costumavam ficar nos armazéns da Tesco por dias ou semanas agora são recebidos diretamente dos fornecedores.[32]

*Softwares* da cadeia de abastecimento facilitam o compartilhamento de informações e melhoram a eficiência ajudando o fabricante e a empresa focal a localizarem entregas internacionais e a liberarem mercadorias na alfândega. Muitas empresas transcrevem documentos importantes, como declarações aduaneiras e faturas, o que agiliza e reduz os custos para procedimentos de processamento e transporte. A Zara, varejista de bandeira espanhola, é um bom exemplo de empresas que utilizam a tecnologia EDI para otimizar a gestão da cadeia, o gerenciamento de estoque e a resposta às exigências dos consumidores. A empresa utiliza aparelhos digitais sem fio (PDAs) e se comunica instantaneamente com suas lojas para realizar pesquisas de mercado em tempo real. Essas tecnologias permitiram à Zara se tornar líder do varejo de resposta rápida. Como a Zara, a melhor das cadeias de abastecimento global contém parceiros confiáveis e capazes, conectados por comunicações automatizadas em tempo real. Em uma cadeia de abastecimento global eficiente, a empresa focal e seus parceiros na cadeia comunicam-se e compartilham as informações continuamente a fim de atender às demandas do mercado.

## Logística e transporte

A logística envolve o transporte físico de mercadorias através da cadeia de abastecimento. Ela incorpora informação, transporte, estoque, armazenagem, movimentação de materiais e atividades similares associadas à entrega das matérias-primas, peças, componentes e produtos acabados. Os gerentes procuram reduzir os custos de movimentação e armazenamento, usando sistemas de estoque do tipo *just-in-time*. A logística é complexa no exterior pela maior distância geográfica, pelos múltiplos ambientes jurídicos e políticos e pela natureza muitas vezes inadequada e cara das infraestruturas de distribuição nos diferentes países. Quanto mais diversificada a cadeia de abastecimento global da empresa, maior o custo da logística.

Uma gestão de logística competente é fundamental. Por exemplo, os portos californianos de Los Angeles e Long Beach recebem mais de quarenta por cento das importações dos Estados Unidos. Embora os dois portos da Califórnia processem mais de 24 mil contêineres por dia, as deficiências de infraestrutura e o aumento da procura se combinam para provocar atrasos que se traduzem em maior tempo de trânsito e custos mais elevados para os importadores norte-americanos. Em virtude dos atrasos, a loja Toys " Я " Us deve acrescentar dez dias em sua cadeia de abastecimento, e a MGA Entertainment perdeu quarenta milhões por não poder entregar suas bonecas Bratz a tempo nos varejistas.[33] Como resultado do planejamento deficiente na cadeia de abastecimento, o console de jogos Microsoft Xbox 360 acabou pouco depois do lançamento. A falta do produto produziu preços elevados nos canais não oficiais. No eBay, o Xbox era vendido por até mil dólares, em comparação com o preço oficial, cerca de 400 dólares.[34]

**Tabela 16.4** Etapas, funções e atividades da cadeia de abastecimento

| | *Fornecedores* | *Empresa focal* | *Intermediários e/ou varejistas* |
|---|---|---|---|
| Estágio na cadeia de abastecimento | *Sourcing*, tanto do país quanto do exterior | Materiais de entrada, mercadorias e serviços de saída | Distribuição aos clientes domésticos ou estrangeiros (exportações) |
| Principais funções | Fornecer matérias-primas, peças, componentes e suprimentos, bem como processos de negócios e outros serviços para as empresas focais | Fabricação ou montagem de componentes ou produtos acabados, ou produção de serviços | Distribuir e vender produtos e serviços |
| Atividades típicas | Manter estoques, processo de pedidos, transporte de mercadorias, prestação de serviços | Gerenciar o estoque, processar os pedidos, fabricação ou montagem de produtos, produção e prestação de serviços, distribuir produtos para clientes, varejistas ou intermediários | Gerenciar o estoque, receber ou processar pedidos, prestar serviços, gerenciar a distribuição física, prestação de serviço pós-venda |

## Modos de transporte

A logística internacional geralmente envolve vários *modos de transporte*. O transporte terrestre é realizado por meio de rodovias e ferrovias. O transporte marítimo é feito por meio de navios de carga de grandes dimensões. O transporte aéreo envolve aviões comerciais ou de carga. O transporte marítimo e aéreo é comum em negócios internacionais porque as distâncias são longas. Os navios são o meio de transporte mais comum, mesmo entre países ligados por pontes terrestres. O transporte marítimo foi revolucionado pelo desenvolvimento dos contêineres de 6 e 12 metros, caixas que são transportadas em grandes navios de alto-mar. O transporte marítimo é muito econômico porque um navio pode transportar milhares desses contêineres em uma viagem só.

Os modos de transporte envolvem vários *trade-offs*. Há três considerações na escolha de um modo em detrimento de outro: *tempo de trânsito* é a quantidade de tempo que leva para a mercadoria ser entregue, a *previsibilidade* é a confiabilidade do tempo de trânsito previsto *versus* o tempo de trânsito real e o custo do transporte. Por exemplo, o transporte marítimo é muito mais lento, mas também é muito mais barato do que o transporte aéreo. O transporte aéreo é rápido e extremamente previsível, mas é bem mais caro. Dado o seu elevado custo, o transporte aéreo é o meio de transporte preferido em três situações comuns: para o transporte de produtos perecíveis, como alimentos e flores, para o transporte de mercadorias com alta proporção valor–peso, como joias e computadores portáteis, e para fazer transferências de emergência, como quando um cliente estrangeiro necessita urgentemente de uma peça em falta.

O uso do frete aéreo aumentou dramaticamente da década de 1970 em diante, já que seu custo diminuiu. O frete aéreo é responsável por apenas um por cento do volume total, mas mais de um terço do valor total das transferências internacionais. O transporte terrestre é geralmente mais caro do que o transporte marítimo, mas é mais barato que transporte aéreo. O frete marítimo saindo da China, por exemplo, para os Estados Unidos, ou do leste da Ásia para a Europa, leva de duas a quatro semanas, incluindo o despacho aduaneiro. Apesar de demorado, o custo do frete é muito baixo e muitas vezes representa menos de um por cento do preço final do produto.

## Riscos no *global sourcing*

O *global sourcing* é feito por empresas pequenas e pelas grandes também. Em muitas empresas, a participação inicial em negócios internacionais começa com o *global sourcing* (que, para essas empresas, pode ser visto como uma *internacionalização para dentro*). Com base na experiência adquirida pelo *global sourcing*, uma empresa pode então avançar para a exportação, o investimento direto ou para empreendimentos colaborativos (*internacionalização para fora*). O *global sourcing* muitas vezes leva a empresa a aumentar sua busca por oportunidades internacionais. Dessa forma, o *global sourcing* expande os horizontes das empresas, mostrando o caminho para expandir as vendas e outras atividades.

Entretanto, como acontece com outras atividades de negócios, o *global sourcing* também traz complicações inesperadas. De fato, estudos revelam que a metade de todos os acordos de terceirização é encerrada antes do planejado. O *global sourcing* envolve concretamente sete riscos.[35]

1. *Redução de custos menor que a esperada.* As operações internacionais muitas vezes são mais complexas e onerosas do que o esperado. Os conflitos e mal-entendidos surgem devido às diferenças das culturas nacionais e organizacionais da empresa focal e do fornecedor estrangeiro. Esses fatores fazem com que as economias esperadas sejam menores do que a previsão inicial da diretoria.
2. *Fatores ambientais.* Vários desafios ambientais aparecem no caminho das empresas focais, incluindo as flutuações da taxa de câmbio, as greves, os eventos adversos macroeconômicos, as altas tarifas e outras barreiras comerciais, bem como os custos elevados da energia e do transporte. As empresas descobrem que, em algumas ocasiões, o custo de instalação de uma empresa de terceirização no estrangeiro é bem maior do que o previsto, devido à necessidade de atualização da infraestrutura deficiente ou porque a fábrica deve estar localizada em uma cidade grande, para atrair suficientes trabalhadores qualificados. Como se observa no texto de abertura, os sistemas de energia insuficiente e os problemas de infraestrutura na África comprometeram os testes de novos medicamentos desenvolvidos por grandes empresas farmacêuticas.
3. *Ambiente jurídico fraco.* Muitos dos locais populares do *global sourcing* (por exemplo, China, Índia e Rússia) têm leis e políticas fracas em matéria de propriedade intelectual, o que pode levar à erosão dos principais ativos estratégicos de uma empresa. Muitos países são caracterizados pela insuficiência dos sistemas jurídicos, burocracia, regimes fiscais complicados e regulamentos comerciais complexos que complicam as operações locais.
4. *Risco de criar concorrentes.* Conforme a empresa focal divide sua propriedade intelectual e seu conhecimento nos processos de negócios com os fornecedores estrangeiros, também corre o risco de criar futuros rivais. Por exemplo, a Schwinn, líder tradicional na indústria global de bicicletas, criou concorrentes quando transferiu grande parte de sua competência e sua produção a fornecedores estrangeiros. Os fornecedores adquiriram conhecimento suficiente e tornaram-se concorrentes com baixos custos e, com o tempo, levaram a Schwinn à falência (da qual se recuperou depois).

5. *Trabalhadores pouco qualificados ou inadequados.* Alguns fornecedores estrangeiros podem contar com trabalhadores que não têm o conhecimento adequado sobre as tarefas que devem realizar. Outros fornecedores têm alta rotação de trabalhadores qualificados, que encontram emprego em empresas mais desejáveis. Por exemplo, as operações típicas indianas no processamento de assuntos de negócios perdem vinte por cento ou mais de seus trabalhadores a cada ano e os bons gerentes muitas vezes são escassos. As reclamações dos clientes sobre a qualidade do serviço fizeram com que a Dell levasse seu *call center* corporativo da Índia para os Estados Unidos em 2003.
6. *Dependência excessiva dos fornecedores.* Os fornecedores pouco confiáveis podem diminuir a qualidade do trabalho contratado quando fecham negócios com um cliente mais importante. Os fornecedores ocasionalmente encontram dificuldades financeiras ou são adquiridos por outras empresas com diferentes prioridades e procedimentos. Quando esses eventos ocorrem, a empresa focal pode ter problemas para encontrar fornecedores alternativos. O excesso de confiança pode mudar o controle das principais atividades em favor do fornecedor. Conforme o fornecedor executa mais tarefas, a empresa focal pode perder o controle de funções importantes da cadeia de valor. A empresa focal deve manter um equilíbrio de poder com seus fornecedores estrangeiros.
7. *Diminuição do compromisso e da motivação entre os funcionários do país de origem.* O *global sourcing* pode criar uma situação na qual os funcionários ficam perdidos entre seu empregador e os clientes de seu empregador. No caso extremo, os trabalhadores se encontram em um limbo psicológico, sem saber quem é realmente seu empregador. Quando a terceirização faz com que os funcionários terceirizados e os fixos trabalhem lado a lado, as tensões e as incertezas podem surgir, levando a uma espécie de síndrome do tipo 'nós contra eles', e reduzir o entusiasmo e o compromisso dos empregados.

Uma empresa que teve problemas em suas fases iniciais de *global sourcing* foi o banco inglês HSBC. Começando com um centro de desenvolvimento de software em Pune, uma cidade satélite de Bombai, o banco estabeleceu centros de desenvolvimento na China e no Brasil. Quando os departamentos que trabalham com tecnologia na matriz do HSBC ordenavam trabalhos grandes na Índia, a equipe de terceirização em Pune cumpria, mas percebia que tinha abocanhado mais do que podia mastigar. Enquanto o centro contava com as habilidades técnicas, carecia de conhecimentos específicos no setor bancário. Por exemplo, o HSBC pediu ao pessoal de Pune que construísse um produto de seguros, mas logo descobriu que eles não estavam familiarizados com a indústria de seguros. O HSBC resolveu os problemas posicionando especialistas do banco de Londres ao lado dos técnicos em Pune durante o desenvolvimento do projeto.

## Estratégias para minimização de riscos no *global sourcing*

A experiência das empresas com o *global sourcing* até hoje revela seis orientações estratégicas para a gestão do *global sourcing*.

1. *Procure fornecedores no exterior pelos motivos corretos.* A melhor razão é de cunho estratégico. A grande maioria das empresas cita a redução de custos como a principal razão para enveredar pelo *global sourcing*. Após o primeiro ano, no entanto, a maioria das empresas percebe que a quantidade de dinheiro poupado nem é tanta assim. A redução de custos muitas vezes é uma distração para metas de longo prazo mais benéficas, como melhorar a qualidade da oferta, melhorar a produtividade global e motivar os trabalhadores habilidosos e outros recursos centrais que podem ser redistribuídos para melhorar o desempenho a longo prazo. Para maximizar o retorno, a empresa deve envolver-se em um planejamento sério que examine as tarefas e as atividades secundárias em cada uma de suas cadeias de valor. A análise deverá ter como objetivo terceirizar as tarefas em que a empresa é relativamente fraca, que oferecem um valor relativamente pequeno para o lucro final ou que podem ser executadas de forma mais eficaz por outros, sempre que não sejam fundamentais para as competências essenciais da empresa.
2. *Venda a ideia para os funcionários.* O *global sourcing* tende a criar oposição por parte dos trabalhadores e outras partes da organização. Gerentes de nível médio pouco motivados podem prejudicar os projetos e outros objetivos que a empresa pretende alcançar com o *offshoring*. Projetos de terceirização mal planejados podem criar tensões desnecessárias e estragar a motivação do funcionário. Por isso, a empresa deve obter o apoio do empregado para os projetos de terceirização. A decisão de terceirizar deve tentar criar o consenso dos gerentes intermediários e dos trabalhadores da empresa inteira. A empresa deve ser diligente no desenvolvimento de alternativas para transferir os trabalhadores demitidos e envolver os empregados na seleção de parceiros estrangeiros. Quando os sindicatos estiverem envolvidos, a diretoria deve procurar seus advogados e levar em consideração suas opiniões. Por exemplo, quando a administração do banco holandês ABN Amro decidiu contratar fora do país várias funções de contabilidade e finanças, fez um grande esforço para preparar seus empregados com antecedência. O banco criou um departamento de comunicações em tempo integral para explicar a mudança para os gerentes de nível médio e para o pessoal. Os altos executivos realizavam reuniões com os empregados e com os sindicatos envolvidos para levar a mudança a bom termo.[36]

3. *Escolha com cuidado entre uma operação própria e a elaboração de contratos com fornecedores externos.* A diretoria deve estar atenta ao equilíbrio justo entre as atividades da organização que vão ficar dentro da empresa e aquelas que vão ser realizadas por fornecedores externos. Um número crescente de empresas está criando suas próprias operações de terceirização no exterior. Sendo donas das instalações no estrangeiro, as empresas mantêm o controle completo das atividades terceirizadas e possuem o controle de tecnologias e de processos vitais. Por exemplo, quando a Boeing quis terceirizar tarefas-chave da cadeia de valor, a diretoria abriu uma filial da empresa em Moscou, onde emprega 1.100 engenheiros aeroespaciais qualificados, mas relativamente baratos. O time russo está trabalhando em uma série de projetos, incluindo a concepção de peças de titânio para o novo Boeing 787 Dreamliner.[37]
4. *Focar na comunicação eficaz com os fornecedores.* Uma razão comum para o fracasso do *global sourcing* é que tanto os compradores como os fornecedores tendem a não gastar muito tempo frente a frente para se conhecerem bem entre si. Eles fecham os negócios às pressas antes de esclarecer as expectativas do parceiro, o que pode dar origem a mal-entendidos e resultados abaixo do esperado. Os parceiros devem manter uma comunicação e um controle ativos. Por exemplo, já que a qualidade da produção dos mercados emergentes pode variar ao longo do tempo, os gerentes da empresa focal precisam acompanhar de perto os processos de manufatura. Quando os parceiros não compartilham as informações necessárias entre si, aparecem a ambiguidade e a indefinição, seguidas de incompreensão e frustração na terceirização dos projetos.[38] O pobre entendimento cultural também é um problema potencial. Graças às filosofias e práticas empresariais diferentes, os parceiros podem abordar o mesmo assunto de forma diferente. Uma comunicação eficaz é necessária para minimizar os mal-entendidos que podem afetar as relações entre compradores e fornecedores.
5. *Investir no desenvolvimento e na colaboração com os de fornecedores.* Quando uma função do negócio é delegada a um fornecedor, as partes precisam trocar informações, transferir conhecimento, solucionar problemas, coordenar e controlar. A longo prazo, diversos benefícios surgem quando a empresa focal ajusta seus processos e requisitos de produto para se adaptar às capacidades dos fornecedores estrangeiros. A empresa deve colaborar de perto com os fornecedores no desenvolvimento e na criação conjunta de atividades. Uma estreita cooperação também permite que os fornecedores da empresa focal ajudem no fluxo de ideias para novos produtos, processos, tecnologias e melhoras. Os esforços para construir relacionamentos fortes ajudam a criar um contrato moral entre a empresa focal e o fornecedor, que muitas vezes é mais eficaz do que um contrato formal e legal.
6. *Proteja interesses.* A empresa focal deve tomar medidas específicas para proteger seus interesses na relação com o fornecedor. Primeiro, pode incentivar o fornecedor a abster-se de atos potencialmente destrutivos que comprometam a reputação da empresa. Segundo, pode criar compromissos fazendo investimentos específicos com o parceiro (como a partilha de conhecimentos com o fornecedor) em uma base *incremental*, permitindo a revisão, o aprendizado e a adaptação em tempo real. Terceiro, pode compartilhar os custos e as receitas com a criação de um bônus para o fornecedor, para que, em caso de não conformidade com as expectativas, o fornecedor também arque com os custos ou perda de receita. Em quarto lugar, pode manter a flexibilidade na escolha de parceiros, deixando as opções em aberto para encontrar parceiros alternativos caso um determinado fornecedor não funcione como esperado. Por último, a empresa focal pode restringir o acesso do parceiro à propriedade intelectual e aos bens essenciais, a fim de proteger os interesses da empresa a longo prazo. Se os conflitos com o fornecedor se tornarem um problema crônico, impossível de ser resolvido por meio de negociações, uma opção para a empresa é adquirir a propriedade plena ou parcial do fornecedor.

## Implicações do *global sourcing* nas políticas públicas e na cidadania corporativa

O *global sourcing* é um assunto controverso. A comunidade empresarial vê o *global sourcing* como uma forma de manter ou aumentar a competitividade das empresas. Outros pensam nessa estratégia de forma negativa, falando da perda de empregos. Depois que os trabalhadores da IBM na Europa entraram em greve contra a terceirização, os acionistas na reunião anual da IBM defenderam a ideia de evitar o *offshoring*. Se a proposta tivesse passado, a IBM teria poucas opções para gerenciar a empresa, ameaçando o desempenho.

O público em geral costuma ser crítico com o *offshoring*. Quando o estado de Indiana ganhou um contrato de 15 milhões de um fornecedor que planejava usar técnicos na Índia para fazer parte do trabalho, o Senado do estado de Indiana interveio e cancelou o negócio. O estado de Indiana é um dos muitos do setor público que contrata serviços com fornecedores estrangeiros a fim de poupar o dinheiro dos impostos. O estado recentemente cedeu a administração de uma rodovia com pedágios de Indiana para uma parceria australiano-espanhola por 75 anos e 3,8 bilhões de dólares.

As preocupações com a terceirização e o *offshoring* não são novas. Nas décadas de 1970 e 1980, quando os empregos industriais foram terceirizados, os sindicatos protestaram contra 'as corporações fugitivas' Felizmente, as previsões sombrias de perda de postos de trabalho revelaram-se erradas com a expansão econômica e o aumento do emprego nos anos 1990. Nos Estados Unidos, a proporção de postos de trabalho terceirizados no exterior a cada ano ainda é inferior a 0,1 por cento do emprego total em solo norte-americano.

## Ameaças potenciais do *global sourcing* para as economias

As preocupações com as consequências do *global sourcing* merecem muita atenção. Os críticos do *global sourcing* apontam para três grandes problemas. O *global sourcing* pode resultar em: (1) perdas de emprego no país de origem; (2) redução da competitividade nacional; e (3) piora nos padrões de vida. Em relação às duas últimas preocupações, os críticos temem que, conforme mais tarefas sejam executadas a menor custo e com qualidade comparável em outros países, os países de altos salários acabem perdendo sua competitividade como nação. Os críticos temem que os conhecimentos e habilidades que sempre estiveram nos países desenvolvidos acabem indo para outros países e os baixos salários pagos no estrangeiro para realizar tarefas que antes eram feitas nos países com melhores salários vão impactar os salários dos países ricos, levando a uma qualidade de vida inferior.

A maior preocupação é a perda de empregos. Por exemplo, o número de empregos relacionados às atividades legais nos Estados Unidos terceirizados para empresas estrangeiras já ultrapassa os 25 mil postos de trabalho por ano.[39] Alguns estimam que mais de 400 mil empregos na indústria de TI que anteriormente eram realizados nos Estados Unidos agora são feitos fora.[40] Um estudo prevê que, até 2017, 3,3 milhões de postos de trabalho nos Estados Unidos — somando 136 bilhões de dólares — serão terceirizados fora do país.[41] Os críticos dizem que tudo isso equivale a exportar empregos.

Além disso, o desemprego aumenta quando as empresas compram insumos e produtos acabados do exterior. Por exemplo, o Walmart traz setenta por cento de sua mercadoria da China. Isto levou a funcionários públicos e cidadãos preocupados a formarem um grupo de protesto chamado Walmartwatch.com (vigias do Walmart). O grupo afirma que milhões de empregos nos Estados Unidos sumiram devido ao abastecimento do Walmart com fornecedores estrangeiros em vez de fornecedores locais.[42] No entanto, o desemprego está ocorrendo nas economias em desenvolvimento também. Por exemplo, El Salvador, Honduras, Indonésia, Marrocos e Turquia passam por uma reestruturação porque os empregos na indústria têxtil estão sendo transferidos progressivamente para China, Índia e Paquistão, onde as empresas multinacionais da moda podem operar com mais eficiência.[43]

Considere o efeito potencialmente devastador do desemprego em uma pequena comunidade. Recentemente, a Electrolux, uma das maiores fabricantes de aparelhos residenciais do mundo, fechou sua fábrica em Michigan e mudou a produção para o México. A empresa vinha fabricando geladeiras em Greenville, Michigan, há quase quarenta anos, oferecendo 2.700 postos de trabalho. Do ponto de vista da empresa, encerrar a fábrica tinha um objetivo econômico. Sendo a maior fábrica de geladeiras do mundo, tinha péssimo desempenho financeiro e a mão de obra era muito cara. Ao estabelecer uma fábrica em Juarez, México, a Electrolux queria lucrar com os baixos salários e tirar proveito da Zona de Comércio Exterior de El Paso, do outro lado da fronteira do Texas. A diretoria acreditava que estava agindo no melhor interesse da empresa e que poderia fortalecer sua competitividade global.

Do ponto de vista da comunidade local, no entanto, a decisão foi devastadora. Como poderiam ser substituídos tantos postos de trabalho em uma comunidade tão pequena? O que aconteceria com a esfera social e econômica da cidade? A ajuda dos sindicatos e do estado de Michigan foi infrutífera. Incentivos como salários mais baixos pelo sindicato da categoria e mais de cem milhões de dólares em incentivos fiscais e subvenções do estado de Michigan para a Electrolux foram insuficientes para que a empresa mudasse de opinião. O fato de a Electrolux ser uma empresa de propriedade estrangeira, sediada na Suécia, não ajudava muito nesse sentido. Os moradores perceberam que a empresa era pouco fiel à sua comunidade. Em 2007, a fábrica de Greenville foi demolida. A cidade espera que o local seja de uso misto, construindo condomínios na ribanceira, um espaço comercial e um parque. A maioria dos ex-trabalhadores encontrou novos trabalhos no setor de serviços, embora com salários muito inferiores.[44]

Vale lembrar também o caso da aeronave Boeing 787 Dreamliner. No processo de deixar de ser um fabricante para se afirmar como integrador de sistemas, a companhia acabou com quase 38 mil postos de trabalho nos Estados Unidos. Também foi criticada pela transferência de tecnologia para os parceiros estrangeiros.

A partir desses exemplos, é fácil perceber o choque de interesses entre as empresas multinacionais e as comunidades locais. Os defensores do *global sourcing* argumentam que os trabalhadores que perdem seus empregos em decorrência do *offshoring* podem encontrar novos empregos. Mas isto pode ser excessivamente otimista. Demora um tempo considerável para os trabalhadores demitidos encontrarem novos empregos. Segundo uma estimativa, um terço dos trabalhadores norte-americanos que foram demitidos não conseguiram encontrar um emprego adequado em menos de um ano.[45] Os trabalhadores mais idosos são particularmente mais vulneráveis. Em comparação com os trabalhadores mais jovens, os mais velhos encontram mais dificuldades para aprender as competências necessárias das novas posições. É provável que a taxa de realocação seja ainda mais baixa na Europa, onde as taxas de desemprego já são altas e no Japão, onde as práticas de trabalho são ainda menos flexíveis. Na Alemanha, a porcentagem de trabalhadores que não arranjam um novo emprego antes de um ano após ter perdido o anterior é de quase sessenta por cento. Sob tais circunstâncias, o *global sourcing* pode aumentar a taxa de desemprego geral, reduzir o nível de renda total e prejudicar a economia nacional. Mesmo os trabalhadores que encontrarem novos empregos podem não encontrar os mesmos níveis salariais de suas posições anteriores.

## Implicações éticas e sociais do *global sourcing*

A prevalência do *global sourcing* também levantou o debate público sobre o papel das empresas multinacionais na proteção do meio ambiente, a promoção dos direitos humanos e a melhora nas práticas trabalhistas e nas condições de trabalho. Em outras palavras, a questão da cidadania corporativa global foi levantada. Considere, por exemplo, o caso dos fornecedores estrangeiros que operam *sweatshops,* fábricas em que as pessoas trabalham por longas horas e salários muito baixos, muitas vezes em condições subumanas.[46] Essas empresas escravistas podem empregar crianças, uma prática proibida em grande parte do mundo. Aqueles que defendem a transferência da produção para instalações no exterior com baixos salários apontam para uma vida menos cara como explicação para os baixos salários e argumentam que suas operações beneficiam a comunidade criando novos e necessários postos de trabalho. Eles ressaltam que a escolha dos trabalhadores locais muitas vezes é entre ter um trabalho mal pago e não ter trabalho. Outros dizem que as alternativas disponíveis a estes trabalhadores são ainda menos desejáveis, como a pobreza, a prostituição e os problemas sociais.

Os opositores das *sweatshops* argumentam que as empresas que vendem seus produtos nos países ricos têm a responsabilidade de pagar aos seus trabalhadores segundo as normas fundamentais de Ocidente, especialmente quando seus produtos são comercializados com preços elevados nos mercados das economias avançadas. Outro argumento é que as empresas estrangeiras que estabelecem fábricas destroem o mercado agrícola preexistente, que poderia ter fornecido uma vida melhor para os trabalhadores. Em resposta à pressão da opinião pública, algumas empresas têm reduzido ou abandonado a prática de empregar mão de obra barata. Por exemplo, fabricantes de roupas como Gap, Nike e New Balance estão mudando suas políticas após a intensa pressão dos grupos *antisweatshops*.

## Benefícios potenciais para a economia nacional

Aqueles favoráveis ao *global sourcing* chamam a atenção para os benefícios que ela proporciona na economia nacional. Os defensores baseiam-se em quatro argumentos principais. Em primeiro lugar, quando levam estágios da cadeia de valor para locais mais baratos, as empresas reduzem seus custos de produção e melhoram seu desempenho em um mercado global cada vez mais competitivo. Por exemplo, a Roamware Inc., uma empresa norte-americana que vende sistemas informáticos para as operadoras de telefones celulares, poupou milhares de dólares em um projeto para criar um banco de dados eletrônico, contratando a Pangea3, uma empresa indiana, para fazer o trabalho em vez de depender de um fornecedor local.[47] As firmas aumentam sua competitividade e a economia nacional fica mais forte também.

Em segundo lugar, as reduções de custos e a maior competitividade permitem que as empresas reduzam os preços que cobram de seus clientes. Isso beneficia não só os compradores, mas também as próprias empresas, que ficam mais competitivas e participam de uma demanda maior de mercado, que por sua vez estimula a criação de empregos, compensando boa parte do emprego perdido pela terceirização.

Em terceiro lugar, combinando o mercado de trabalho flexível com o forte crescimento econômico, os países que terceirizam podem ser capazes de empregar sua força de trabalho em atividades de maior valor. Essa transformação tem o efeito de aumentar a produtividade da nação e a eficiência industrial. Ao concentrar recursos em atividades de maior valor, as empresas criam melhores empregos. A Microsoft e a Oracle, duas grandes empresas de *software*, aumentaram simultaneamente a terceirização e sua folha de pagamento doméstico, que faz trabalhos de maior valor.[48]

Finalmente, a redução dos salários pode ser compensada pela redução dos preços garantidos pelos produtos ou serviços terceirizados. É por isso que o *global sourcing* tende, indiretamente, a aumentar o poder de compra dos consumidores e melhorar o nível de vida.[49] Por exemplo, o Walmart é muito criticado por comprar a maior parte de sua mercadoria da China. Mas a prática permite que o Walmart venda as mercadorias a preços baixos, o que se traduz em um aumento da qualidade de vida para os clientes do Walmart.

## Políticas públicas para o *global sourcing*

As consequências do *global sourcing* para a economia nacional e para os trabalhadores ainda não são conhecidas em sua totalidade. Um estudo global recente realizado para os Estados Unidos afirma que as estatísticas oficiais subestimam o impacto da terceirização na economia nacional.[50] Vendo as estatísticas mais de perto, o estudo conclui que o crescimento da importação, ajustado pela inflação, é mais rápido do que os números oficiais mostram. O autor concluiu que o ganho nos padrões de vida dos últimos anos está mais relacionado com as importações baratas do que com o aumento da produtividade nacional. Isto sugere que o verdadeiro PIB (produto interno bruto) pode ser exagerado. Em contrapartida, os benefícios que os consumidores norte-americanos tiram do comércio são superestimados. Uma implicação é que o padrão de vida dos Estados Unidos depende em parte da capacidade das fábricas estrangeiras para aumentarem a produção e reduzirem os custos.

Em suma, os resultados sugerem que os consumidores norte-americanos podem tirar mais proveito das importações do que se pensava anteriormente. Do ponto de vista das políticas públicas, é simplesmente impraticável que uma nação proíba o *global sourcing*. Uma abordagem mais inteligente é mitigar os danos que o *global sourcing* pode causar.[51] O *offshoring* leva a um processo de *destruição criativa*, um conceito proposto pela primeira vez pelo economista austríaco Joseph Schumpeter.[52] Segundo essa teoria, com o tempo as atividades das empresas inovadoras tendem a fazer com que produtos maduros fiquem obsoletos. Por exemplo, a introdução dos computadores pessoais, essencialmente, dizimou a indústria de máquinas de escrever, o DVD eliminou a indústria do VCR e assim por diante. Da mesma forma, assim como o *offshoring* resulta na perda de emprego e efeitos adversos para determinados grupos e setores econômicos, também cria novas vantagens e oportunidades para as empresas e os consumidores. As novas indústrias criadas através do processo de destruição criativa criam, por sua vez, novos postos de trabalho e trazem mais inovações.

Se a perda de certos empregos é inevitável como resultado de *offshoring*, os legisladores das políticas públicas podem orientar o emprego para áreas de maior valor agregado, estimulando a inovação, por exemplo. Evidentemente, isto implica maior intervenção do governo e os resultados positivos podem só aparecer no longo prazo. O setor público pode reduzir as consequências desfavoráveis do *global sourcing*. Uma das melhores maneiras seria manter baixo o custo de fazer negócios. Os governos podem utilizar políticas econômicas e fiscais para incentivar o desenvolvimento de novas tecnologias, ajudando os empresários a colherem os benefícios financeiros de seu trabalho e manterem relativamente baixo o custo do capital necessário para financiar seu P&D. Outra política útil é garantir que o país tem um forte sistema educacional, incluindo escolas técnicas e universidades financiadas, para que formem engenheiros, cientistas e trabalhadores conceituados. Um forte sistema de ensino ajuda a garantir que as empresas obtenham sempre mão de obra de alta qualidade. Conforme as empresas fazem sua reestruturação por meio do *global sourcing*, a flexibilidade maior dos trabalhadores asseguraria que muitos dos que perderam seu emprego poderiam ser realocados em outras posições rapidamente.

## ESTUDO DE CASO

## Grandes esperanças para o *global outsourcing*

Os hospitais Good Hope (grandes esperanças) da Califórnia são uma cadeia de nove hospitais na região metropolitana de Los Angeles, San Diego e San Francisco. Fundada em 1976, o Good Hope é uma organização sem fins lucrativos e cuja diretoria continuamente se esforça para encontrar as operações mais eficientes. Andy Delgado é vice-presidente de Finanças e Contabilidade da Good Hope e Joy Simmons é o gerente sênior de Tecnologia da Informação. Os dois executivos deviam fazer reduções significativas nos custos operacionais em suas respectivas áreas. Nenhum dos dois queria demitir os trabalhadores e, por isso, combinaram um plano para terceirizar funções feitas por terceiros na Califórnia para fornecedores localizados no exterior.

Delgado e Simmons acreditavam que alguns dos processos do Good Hope podiam ser terceirizados, incluindo o processamento de dados de contas a receber e contas a pagar, aplicações de certos serviços ao cliente, transcrição dos registros médicos e parte do processamento de dados. Ambos os gerentes tinham ouvido falar sobre os benefícios do *global sourcing*, mas não sabiam como proceder. Então, começaram a investigar suas opções.

### A desvantagem do *global sourcing*

No curso de sua pesquisa, Delgado e Simmons também aprenderam que os serviços são mais difíceis de terceirizar do que a manufatura. Isso ocorre em parte porque é bem mais difícil julgar a qualidade dos serviços do que a dos produtos manufaturados. As empresas que usam o *global sourcing* assinam contratos legais com os fornecedores nos quais os obrigam a entregar os níveis prometidos de serviço. Na realidade, há muita variação na qualidade dos serviços prestados. Para alcançar resultados satisfatórios, a empresa contratante deve tentar desenvolver confiança e entendimento com o fornecedor, um assunto especialmente crítico quando lida com outras culturas. Delgado e Simmons pesquisaram a respeito da aplicabilidade dos acordos legais nos diferentes países.

Outra preocupação era a qualidade dos trabalhadores. Alguns fornecedores estrangeiros não podem contratar um número suficiente de gerentes competentes para fiscalizar o trabalho realizado por suas equipes. Os trabalhadores devem ser treinados, supervisionados e devidamente motivados. O Good Hope estaria em condições de oferecer esse apoio e assistência técnica?

Delgado e Simmons também leram algumas notícias preocupantes sobre empresas cujas operações no estrangeiro acabaram sendo mais caras do que tinham pensado inicialmente. Leram muitos casos de empresas que perderam clientes e prejudicaram sua reputação por causa do péssimo serviço ao cliente oferecido pelas empresas do exterior. Delgado e Simmons também se preocupavam com a quebra de sigilo — em que medida eles poderiam contar com as organizações estrangeiras para cuidar dos dados confidenciais do paciente? Todos esses riscos faziam com que o Good Hope tivesse de interagir muito com o fornecedor externo, o que aumentaria os custos substanciais em termos de negociação, transação e monitoramento, bem como de viagens internacionais. Delgado e Simmons perceberam que teriam de usar a abordagem do *global sourcing* com muito cuidado.

## Destinos de *offshoring*

Delgado e Simmons se focaram, então, na pesquisa sobre os locais mais promissores para as operações estrangeiras. Sua pesquisa revelou que a Índia era a escolha mais popular para muitos tipos de serviços. O setor de terceirização do país vinha crescendo de 25 a 50 por cento por ano. Os custos do trabalho na Índia são 25 a 40 por cento menores que Estados Unidos e o inglês é falado pela maioria. A equipe descobriu que empresas respeitáveis como IBM, Dell e Citicorp haviam levado operações de serviços diversos para esse país.

A pesquisa também apontou a China como um possível destino. O país tem milhões de trabalhadores capacitados e em breve será o rival da Índia como prestador de serviços, como a venda de seguros e operações de retaguarda. Os custos de terceirização são atualmente mais baixos na China do que na Índia. No entanto, uma preocupação é a reputação da China e seu excesso de regulamentação e burocracia. Delgado e Simmons queriam saber se eles poderiam desenvolver a confiança e a compreensão suficientes com parceiros de uma cultura estranha e distante, com muitas diferenças linguísticas.

A Europa Oriental também surgiu como um local interessante. A região é culturalmente semelhante aos Estados Unidos e os salários em grande parte da região são os mesmos da Índia. Por exemplo, enquanto os contadores indianos ganham cerca de dez dólares por hora, os salários são substancialmente mais baixos na Bulgária e na Romênia. A República Tcheca é um destino popular e é onde DHL, Siemens e Lufthansa estabeleceram seus centros de processos de negócios. Um especialista consultado afirmou que a qualidade do trabalho na República Tcheca em ocasiões supera o que há de melhor na Índia. Até a Infosys, a gigante empresa de TI indiana, tem operações importantes de apoio na República Tcheca. Mas os países do Leste Europeu sofrem muito com a falta de mão de obra qualificada, especialmente de gerentes de nível médio. Conforme as economias da região se desenvolvem, a previdência e os planos de saúde também estão aumentando de preço. Os impostos podem ser elevados e a burocracia dos governos impede que as operações de negócios sejam eficientes. A corrupção é um problema sério em alguns países.

Delgado e Simmons também consideraram locais na América Latina, como Chile, México e Costa Rica. A América Latina oferece vários atrativos. Além do baixo custo, é muito mais perto dos Estados Unidos e em geral está no mesmo fuso horário. A terceirização de serviços ao cliente na América Latina também faz sentido para muitos californianos porque muitos falam espanhol como sua primeira língua. Mas a infraestrutura de terceirização da América Latina ainda é jovem, e Delgado e Simmons não sabiam se encontrariam um fornecedor adequado. Há muitos outros locais de terceirização possíveis ao redor do mundo. Para Delgado e Simmons, o número de opções era desconcertante. Porém, tinham de tomar uma decisão.

## Ajuda de um corretor de *outsourcing*

Os executivos pediram a ajuda de um corretor de outsourcing, um consultor com experiência em encontrar empresas e prestadores de serviços no exterior. Os corretores são especialmente úteis para empresas novas na terceirização ou para aquelas que não dispõem de recursos para encontrar fornecedores estrangeiros por conta própria. Pouco tempo depois, o corretor encontrou um fornecedor na Índia que parecia apropriado para atender às necessidades do Good Hope. Por exemplo, para transcrever notas dos médicos e outros documentos, Simmons aprendeu que o Good Hope pagaria 12 centavos por palavra, 5 centavos de dólar menos do que o valor do fornecedor atual da empresa na Califórnia. Simmons calculou que o Good Hope pouparia algo como 640 mil dólares por ano em transcrições médicas. Quando a contabilidade e os serviços aos clientes fossem adicionados, os executivos descobriram que Good Hope pouparia cerca de 1,4 milhão de dólares anualmente. Delgado ficou exaltado: "De que outra forma poderíamos diminuir tanto nossas despesas com tão pouco esforço? E, o melhor de tudo, não teríamos que demitir nenhum dos nossos trabalhadores".

## A empresa fornecedora

Para atender a todas as suas necessidades de terceirização, Delgado e Simmons contataram uma empresa em Bangalore, Índia, conhecida como BangSource. Segundo o corretor de terceirização, BangSource tinha uma boa reputação e já estava trabalhando na contabilidade, processamento de dados, transcrição e operações de serviço ao cliente para vários hospitais de grande porte dos Estados Unidos.

A BangSource esperava obter novas contas na Austrália, no Canadá e na Europa. A BangSource está localizada em uma das áreas de crescimento mais rápido de Bangalore e emprega trabalhadores de toda a região. O corretor de terceirização confidenciou que, embora a taxa de rotatividade da BangSource fosse de 25 por cento, estava dentro da média das empresas de terceirização.

O consultor providenciou uma reunião de Good Hope com o senhor Singh, um gerente da BangSource formado recentemente em um dos inúmeros programas de MBA da Índia. Dr. Singh explicou que a BangSource operava há 4 anos e que rapidamente tinha alcançado experiência considerável em diversos processos de negócios. A BangSource tinha começado recentemente a contratar engenheiros de sistemas e pessoal de marketing, pois a empresa está planejando aumentar suas capacidades de terceirização para incluir áreas de desenvolvimento de software e telemarketing.

## A situação um ano depois

No ano seguinte à assinatura do contrato com a BangSource, o Good Hope encontrou vários problemas. O custo dos serviços de BangSource acabou sendo muito mais elevado do que o sr. Singh tinha inicialmente previsto. O processamento de dados contábeis e outras informações era mais complexo do que o previsto e, por isso, os custos tinham aumentado. Além disso, a BangSource era pouco eficiente no momento de resolver as perguntas dos clientes do Good Hope e, por isso, gastava mais tempo e fazia mais chamadas pelo telefone para atender às necessidades do cliente. Embora os trabalhadores de atendimento ao cliente na Índia geralmente falasse um inglês perfeito, alguns tinham sotaques muito difíceis de entender e alguns clientes tinham reclamado disso. Vários mal-entendidos surgiram entre a BangSource e o Good Hope quando as empresas tentavam refinar a processamento de atividades. O problema foi exacerbado pelas flutuações recentes na taxa de câmbio de rúpia para dólar, que às vezes inflacionava o custo dos serviços da BangSource ainda mais.

Além disso, o negócio da BangSource tinha aumentado substancialmente no ano anterior, mas o fornecimento de energia elétrica pela concessionária local não conseguia manter o mesmo ritmo e a BangSource ocasionalmente experimentava quedas de energia e desligava os computadores. A crescente demanda por trabalhadores na área de Bangalore fazia com que a contratação fosse mais difícil e a BangSource demorava para fornecer os serviços prometidos, devido à escassez de trabalhadores qualificados. BangSource também enfrentou problemas de contratação de gerentes qualificados, o que prejudicou ainda mais a qualidade de sua contabilidade e os serviços de *call center*.

Delgado e Simmons estavam decepcionados e não tinham certeza se o Good Hope estava melhor hoje do que no ano anterior. A diretoria estava pressionando à equipe para resolver os problemas. Enquanto a dupla se preparava para voar para a Índia e se encontrar com a diretoria da BangSource, no fundo sabiam que a terceirização poderia ter sucesso, mas tinham de descobrir como superar os desafios.

## Questões do estudo de caso

1. Que motivos e objetivos estratégicos específicos o Good Hope pode esperar se optar pela terceirização na Índia? Identifique os objetivos estratégicos que o Good Hope pode vir a obter no futuro.
2. Quais os riscos específicos que o Good Hope enfrentou e enfrentará pela terceirização das atividades na Índia?
3. Quais as orientações específicas que a diretoria do Good Hope devia ter levado em consideração quando optou pelo *global sourcing*? O que o Good Hope deve fazer agora para resolver os problemas que enfrenta na terceirização com a BangSource?
4. Suponha que milhares de empresas na Califórnia decidam terceirizar suas atividades de retaguarda (como contabilidade, finanças e análise de dados) com a Índia. Quais seriam as implicações dessa tendência para os trabalhadores e a economia da Califórnia? Que medidas a Califórnia pode tomar para reduzir o dano potencial aos seus cidadãos pela generalização do *global sourcing*?

Fontes: Dahl, D. "Outsourcing the outsourcing", *Inc. Magazine*, dez. 2005, p. 55–56; "A world of work: a survey of outsourcing", *Economist*, special section,13 nov. 2004; "The rise of nearshoring", *Economist*, 3 dez. 2005, p. 65–67; "India: the next wave", *Economist*, 17 dez. 2005, p. 57–58; Engardio, P. "The future of outsourcing: how it's transforming whole industries and changing the way we work", *Business Week*, 30 jan. 2006, p. 58; Ewing, J. e Edmondson, G. "The rise of central Europe", *Business Week*, 12 dez. 2005, p. 50–56; Human Resources Outsourcing Association Europe. "Outsourcing's future holds major surprises for global providers", 13 abr. 2007. Disponível em: www.hroaeurope.com.

## Principais termos

*business process outsourcing* (bpo)
cadeia global de suprimentos
configuração de atividade de valor agregado
manufatura contratada
*offshoring*
*outsourcing*
suprimento cativo
*global sourcing*

## Resumo

Neste capítulo, você aprendeu sobre:

1. **Tendências de terceirização, *global sourcing* e *offshoring***

   O ***global sourcing*** é a aquisição de produtos ou serviços de fornecedores independentes ou de subsidiárias da própria empresa, localizadas no exterior, para o consumo no país de origem ou em outro país. O ***outsourcing*** se refere à contratação de atividades específicas de adição de valor, incluindo a produção de bens intermediários ou produtos acabados de fornecedores externos independentes. A ***business process outsourcing*** **(BPO)** refere-se à contratação de terceiros para realizarem funções empresariais como contabilidade, serviços financeiros e recursos humanos. Esses contratos podem ser celebrados com fornecedores independentes ou com subsidiárias ou afiliadas da própria empresa. O ***offshoring*** refere-se a levar um processo de negócio ou toda a fabricação para um país estrangeiro. A diretoria faz duas decisões estratégicas relativas às atividades que agregam valor: se fabrica ou compra os insumos e onde deveria estabelecer a atividade que agrega valor — ou seja, a **configuração de atividade de valor agregado** geográfica. A **manufatura contratada** é um acordo no qual a empresa focal elabora um contrato com um fornecedor independente para fabricar produtos de acordo com especificações bem definidas.

2. **Evolução do *global sourcing***

   Hoje a maior parte do crescimento do *global sourcing* acontece no sector serviços, em áreas como TI, atendimento ao cliente e serviços profissionais. As empresas na Índia recebem o maior volume de serviços prestados terceirizados no mundo, enquanto a China é o favorito para a fabricação. Mas outros países, principalmente os mercados emergentes, também são viáveis como locais para a terceirização. Centenas de bilhões de dólares em serviços de negócios vão para fornecedores estrangeiros terceirizados por ano. O potencial para o *global sourcing* continua sendo enorme. Certas condições fazem que os países sejam os preferidos para receberem atividades terceirizadas, incluindo o domínio do idioma inglês por parte dos trabalhadores, força de trabalho qualificada, baixos salários e forte proteção à propriedade intelectual.

3. **Benefícios e desafios do *global sourcing* para a empresa**

   O *global sourcing* visa a reduzir o custo de fazer negócios ou alcançar outros objetivos estratégicos. Para alguns empresários, a terceirização global oferece meios para recuperar empresas com dificuldades, acelerar o ritmo de inovação ou financiar projetos de desenvolvimento que de outra forma seriam impraticáveis. Outros benefícios do *global sourcing* incluem um crescimento empresarial mais rápido, a capacidade de acesso a pessoal qualificado, o aumento da produtividade e do atendimento, a redefinição de processos de negócios, a entrada mais rápida no mercado estrangeiro, o acesso a novos mercados e a flexibilidade tecnológica. O *global sourcing* também permite que as empresas trabalhem em suas atividades centrais e renovem continuamente seus ativos estratégicos.

4. **Execução do *global sourcing* ao longo do gerenciamento da cadeia de suprimentos**

   A eficiência com que os produtos podem ser movidos fisicamente de uma parte do planeta para outra faz que o *global sourcing* seja viável. A **cadeia global de suprimentos** refere-se à rede integrada de abastecimento, produção e distribuição da empresa organizada em escala mundial e localizada em países onde a vantagem competitiva pode ser maximizada.

5. **Riscos no *global sourcing***

   O *global sourcing* traz alguns riscos para o negócio, incluindo a incapacidade de atingir as economias esperadas nos custos, a incerteza contextual, a criação de concorrentes, o envolvimento de fornecedores com formação insuficiente, a dependência excessiva dos fornecedores e o impacto moral dos empregados existentes. As empresas devem se aproximar do *global sourcing* com cuidado, fazendo um planejamento meticuloso.

6. **Estratégias para minimizar os riscos no *global sourcing***

   As empresas devem desenvolver uma perspectiva estratégica na tomada de decisões a respeito do *global sourcing*. Embora a diminuição dos custos geralmente seja o primeiro dos motivos, o *global sourcing* também é uma forma de criar valor para o cliente e melhorar as vantagens competitivas da empresa. É uma ferramenta para melhorar a qualidade da oferta e a produtividade e gerar recursos que podem ser redistribuídos para melhorar o desempenho a longo prazo. Para alcançar o sucesso com o *global sourcing*, a diretoria deve contar com a cooperação do empregado, enfatizar as relações fortes com o fornecedor, proteger seus interesses na relação com seus fornecedores e escolher o fornecedor estrangeiro apropriado.

7. **Implicações do *global sourcing* nas políticas públicas e na cidadania corporativa**

   O *global sourcing* é um meio para manter ou aumentar a competitividade da empresa, mas também pode contribuir para o desemprego e a diminuição na qualidade de vida. Algumas empresas terceirizam fornecedores que se utilizam do trabalho escravo. Mas as tentativas de proibir o *global sourcing* são uma utopia. Os governos devem adotar políticas no país que incentivem a manutenção do emprego e do crescimento reduzindo os custos para estabelecer novos negócios e promovendo o espírito empresarial e o desenvolvimento tecnológico. As políticas públicas devem ter por objetivo o desenvolvimento de um sistema educacional forte e a melhora das habilidades modernas da população.

## Teste seu entendimento

1. Quais são as diferenças entre *outsourcing*, *global sourcing* e *offshoring*?
2. O que é *business process outsourcing*? Quais as suas implicações na estratégia e no desempenho da empresa?
3. Quais são as duas decisões estratégicas que a diretoria enfrenta em relação à cadeia de valor internacional da empresa e quais as implicações para o desempenho do negócio?
4. Identifique os benefícios que as empresas obtêm do *global sourcing*. Por que as empresas terceirizam com fornecedores estrangeiros?
5. Quais os dois países mais importantes para fazer negócios de *global sourcing* atualmente? Quais são as diferenças básicas entre esses dois países e que atividades geralmente são terceirizadas em cada um deles?
6. Quais são as características mais atraentes dos países para receberem negócios do *global sourcing*?
7. Em que áreas dos serviços os empregos geralmente são terceirizados com fornecedores estrangeiros?
8. Quais os riscos que as empresas enfrentam no *global sourcing*?
9. Que medidas podem levar a diretoria a minimizar os riscos do *global sourcing*?
10. Quais as grandes orientações estratégicas para o *global sourcing*? Que ações podem ser tomadas para fazer que o *global sourcing* seja um sucesso?
11. Quais as vantagens e desvantagens do *global sourcing* para a nação? Quais as iniciativas e políticas públicas que podem reduzir as desvantagens do *global sourcing*?

## Aplique seu entendimento

1. Veja de novo o texto que abre o capítulo, no início deste capítulo. Suponha que você comece um novo trabalho como gerente júnior de uma empresa farmacêutica. A diretoria começa a considerar a terceirização de alguns itens da cadeia de valor da empresa com fornecedores localizados no exterior. Quais as atividades da empresa mais viáveis para terceirizar? Identifique os benefícios que sua empresa pode obter e os objetivos estratégicos específicos que pode atingir se optar pelo *global sourcing*.
2. Suponha que você seja contratado pela Intel, a maior empresa do mundo de semicondutores e inventora dos microprocessadores encontrados em muitos computadores. A Intel combina a capacidade de criar chips avançados com a produção de ponta. A empresa é conhecida pela P&D avançada e por seus produtos inovadores. A Intel tem grande parte de sua produção na China, para tirar proveito do trabalho de baixo custo e da boa formação dos profissionais capazes de produzir os produtos sofisticados da Intel. A Intel vem intensificando sua atividade de P&D na China e colabora com empresas chinesas no desenvolvimento de novas tecnologias. Identifique os riscos que a Intel enfrenta com suas operações na China. Que estratégias e medidas proativas de gerenciamento a Intel pode tomar para proteger seus interesses? Quais os objetivos estratégicos que a Intel pode alcançar no longo prazo fazendo *offshoring* na China?
3. O *global sourcing* ajuda as empresas a aumentarem sua competitividade. Mas também contribui para o desemprego no país de origem. Algumas empresas terceirizam fornecedores que se utilizam do trabalho escravo. As tentativas de proibir o *global sourcing* são estéreis, então os governos tomam outras medidas para reduzir esses problemas. Que políticas um governo deve adotar para minimizar os efeitos secundários do *global sourcing*? O que podem fazer os governos das economias avançadas para minimizar o desemprego ou fomentar a manutenção do emprego e o crescimento? O que podem fazer os governos para reduzir os problemas associados com o trabalho escravo e as condições subumanas de trabalho?

## Notas

1 FRIEDMAN,T. *The world is flat*. New York: Farrar, Straus, & Giroux, 2005.
2 SMITH, G. "Can Latin America challenge India?", *Business Week*, online extra, 30 jan. 2006. Disponível em: www.businessweek.com.
3 KOTABE, M.; MURRAY, J.; JAVALGI, R. "Global sourcing of services and market performance: an empirical investigation". *Journal of International Marketing*, 1998, n. 6, p. 10–31; Kotabe, M.; Murray, J. "Outsourcing service activities". *Marketing Management*, 2001, n. 10, p. 40-46.
4 "Outsourcing: time to bring it back home?". *Economist*, 5 mar. 2005, p. 63.
5 PORTER, M. E. *Competition in global industries*. Boston: Harvard Business School Press, 1986.
6 BAXTER, A. "GE unit plugs into the outside world". *Financial Times*, 28 set. 2005, p. 8.
7 "Patheon Inc.: contract drug manufacturing and development". *Shareowner*, nov.-dez. 2003, p. 36.

8 EINHORN, B. "A juggernaut in electronics". *Business Week*, 18 jun. 2007, p. 46.
9 ARRUNADA, B.; VAZQUEZ, X. H. "When your contract manufacturer becomes your competitor". *Harvard Business Review*, set. 2006, p. 135-45.
10 "India: The Next Wave." *Economist*. 17 de dezembro de 2005, 57-8.
11 Institute for International Business. "Globalization of work: outsourcing and offshoring". *Global Executive Forum*, primavera–verão 2005, p. 6–7.
12 "Is your job next?". *Business Week*, 3 fev. 2003. Disponível em: www.businessweek.com. Acesso em: 14 jan. 2006.
13 WEIDENBAUM, M. "Outsourcing: pros and cons". *Executive Speeches*, 2004, p. 31-5, p. 19.
14 MARSH, P. "Foreign threat to service jobs 'overblown'". *Financial Times*, 16 jun. 2005.
15 "If you can make it here... how some companies manage to keep building things in America". *New York Times*, 4 set. 2005, s. 3, p. 1.
16 United Nations, 2005, p. 10.
17 "The modular corporation". *Fortune*, 8 fev. 1993, p. 106.
18 DUKE UNIVERSITY CIBER e ARCHSTONE CONSULTING. *Second Biannual Offshore Survey Results*, 2005.
19 *Business Week*, 2006, p. 29.
20 RASHEED, A.; GILLEY, K. M. "Outsourcing: national and firm-level implications". *Thunderbird International Business Review*, 2005, n. 47, p. 513–28.
21 "Outsourcing: time to bring it back home?". *Economist*, 5 mar. 2005, p. 63.
22 *Business Week*, 2006, p. 30.
23 DUKE UNIVERSITY CIBER e ARCHSTONE CONSULTING. *Second Biannual Offshore Survey Results*, 2005.
24 INSTITUTE FOR INTERNATIONAL BUSINESS. "Globalization of work: outsourcing and offshoring". *Global Executive Forum*, primavera-verão 2005, p. 6-7.
25 *Business Week*, 2006, p. 21.
26 ENGARDIO, P. "the future of outsourcing". *Business Week*, 30 jan. 2006, p. 50-64.
27 DUKE UNIVERSITY CIBER e ARCHSTONE CONSULTING. *Second Biannual Offshore Survey Results*, 2005.
28 *Business Week*, 2006, p. 22.
29 ENGARDIO, P. "The future of outsourcing". *Business Week*, 30 jan. 2006, p. 50-64.
30 CAMERON, D. "Boeing: manufacturing enters a new era". *Financial Times*, 18 jun. 2007, p. 6; GAPPER, J. "A cleverer way to build a boeing". *Financial Times*, 8 jul. 2007.
31 YIP, G. *Total global strategy II*. Upper Saddle River, NJ: Prentice Hall, 2003.
32 WOMACK, J.; JONES, D. *Lean solutions*. New York: Free Press, 2005.
33 GIMBEL, B. "Yule Log Jam". *Fortune*, 13 dez. 2004, p. 164-70.
34 MAITLAND, A. "Make sure you have your Christmas stock in". *Financial Times*, 19 dez. 2005, p. 11.
35 KOTABE, M.; MURRAY, J. "Global sourcing strategy and sustainable competitive advantage". *Industrial Marketing Management*, 2004, n. 33, p. 7–14.
36 KRIPALANI, M. "Five offshore practices that pay off". *Business Week*, 30 jan. 2006, p. 60-1.
37 *Business Week*, 2006, p. 40.
38 CRAIG, D.; WILLMOTT, P. "Outsourcing grows up". *The Mckinsey Quarterly*, fev. 2005, exclusivo na Internet.
39 BELLMAN, E.; KOPPEL, N. "More U.S. legal work moves to India's low-cost lawyers". *Wall Street Journal*, 28 set. 2005, p. B1.
40 WEIDENBAUM, M. "Outsourcing: pros and cons". *Executive Speeches*, 2004, n. 19, p. 31-5.
41 MCCARTHY, J. "3.3 million u.s. service jobs to go offshore". *Forrester Research, Inc.*, 2002. Disponível em: www.forrester.com. Acesso em: 4 dez. 2005.
42 "To start up here, companies hire over there". *USA Today*, 11 fev. 2005, p. 1B-2B.
43 "The looming revolution". *Economist*, 13 nov. 2004, p. 75–77.
44 JELTEMA, R. "Electrolux plant walls come tumbling down". *The Daily News*, 7 jun. 2007.
45 TYSON, L. D. "Offshoring: the pros and cons for Europe". *Business Week*, 6 dez. 2004, p. 32.
46 RADIN, T.; CALKINS, M. "The struggle against sweatshops: moving toward responsible global business". *Journal of Business Ethics*, 2006, n. 66, p. 261-8.
47 BELLMAN, E.; KOPPEL, N. "More U.S. legal work moves to India's low-cost lawyers". *Wall Street Journal*, 28 set. 2005, p. B1.
48 WEIDENBAUM, M. "Outsourcing: pros and cons". *Executive Speeches*, 2004, n. 19, p. 31–35.
49 KRUGMAN, P. "Does third world growth hurt first world prosperity?". *Harvard Business Review*, 1994, n. 72, p. 113–21.
50 MANDEL, M. "The real cost of offshoring". *Business Week*, 18 jun. 2007.
51 TYSON, L. D. "Offshoring: the pros and cons for Europe". *Business Week*, 6 dez. 2004, p. 32.
52 SCHUMPETER, J. A. *Capitalism, socialism, and democracy*. New York: Harper & Brothers Publishers, 1942.

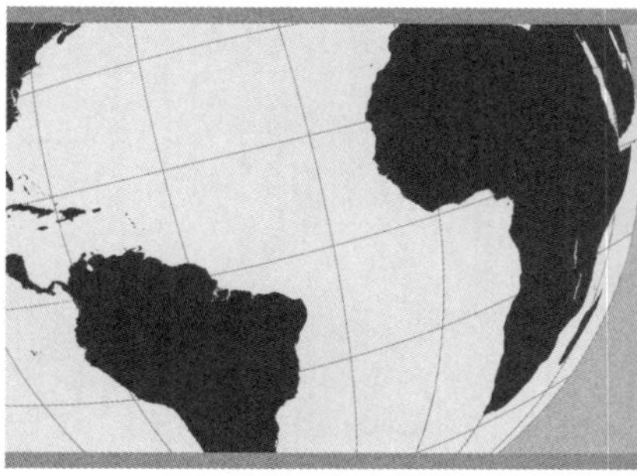

## Parte 5

# EXCELÊNCIA DE ÁREAS FUNCIONAIS

Capítulo 17

# Marketing na empresa global

## Objetivos de aprendizagem

Neste capítulo, você aprenderá sobre:

1. Estratégia de marketing global
2. Padronização e adaptação do programa de marketing internacional
3. *Branding* global e desenvolvimento de produto
4. Estabelecimento de preços internacionais
5. Comunicações de marketing internacional
6. Distribuição internacional
7. Dimensões éticas do marketing internacional

## O modelo único da Zara para o sucesso do marketing internacional

A multinacional espanhola Inditex é hoje o varejista de vestuário líder da Europa. O carro-chefe da Inditex é a Zara, uma cadeia de moda especializada em roupa contemporânea a preços acessíveis. Com sua sede principal no norte da Espanha, a Zara gerou cerca de cinco bilhões de dólares em vendas em 2006, em suas lojas em 60 países. Na Ásia, a Zara possui 40 lojas, de Bangcoc até Tóquio, e abriu sua primeira loja em Xangai em 2006. Nos Estados Unidos, a empresa planeja dobrar o número de lojas para atingir 50 até 2009.

A Zara é a líder no varejo de resposta rápida. Equipes internas produzem *designs* descolados duas vezes por semana. Enquanto os concorrentes normalmente demoram até 11 meses para levar uma coleção da concepção até a fabricação, o tempo total da Zara no mesmo processo dura apenas duas semanas. Nenhuma das criações fica nas lojas por mais de um mês. A Zara é rápida e flexível na satisfação das necessidades do mercado pela integração da concepção, produção, distribuição e vendas dentro de suas próprias lojas. Criou cerca de 20 mil itens diferentes em 2006, aproximadamente o triplo do que a Gap produziu. Como a indústria têxtil é um negócio de trabalho intensivo, a maior parte dos varejistas usa fornecedores de baixo custo na Ásia. A Zara, contudo, produz seus itens mais arrojados — 50 por cento de toda a sua mercadoria — em uma dúzia de fábricas próprias na Espanha. As roupas com mais vida útil são terceirizadas com fornecedores de baixo custo na Turquia e na Ásia.

A cadeia de abastecimento da Zara é de alta velocidade. Uma vez que o vestuário é produzido, é enviado às lojas de 24 a 36 horas depois. Utilizando a mais recente tecnologia da informação, as coleções são monitoradas continuamente à medida que passam pelo canal de distribuição. Os distribuidores sabem imediatamente o que é necessário para abastecer os estoques. Fábricas predeterminadas aguardam instruções sobre o *design*, e os fornecedores mandam os materiais necessários, como linha, zíperes e botões, em tempo. O varejo de resposta rápida faz com que a moda vá direto da fábrica para as lojas. No entanto, a produção feita na Espanha e o modelo de distribuição têm suas limitações. O varejo de resposta rápida fica difícil de gerir quanto mais longe as lojas ficarem da Espanha.

As lojas são organizadas e coloridas, criando um ambiente de loja de luxo. A diretoria salienta a inovação dos produtos e os bons preços. Adaptados aos mercados individuais, os preços são mais elevados em países de alta renda e mais competitivos em países de baixa renda ou baixa demanda. Grande parte das atividades promocionais da empresa depende de espalhar a notícia, gerando boca a boca e criando lojas em pontos estratégicos. As lojas chamativas da Zara estão em algumas das ruas mais glamorosas do mundo: Quinta Avenida em Nova York, Ginza em Tóquio, Via Condotti em Roma e Champs-Elysées em Paris.

O posicionamento da Zara diferencia a empresa de seus principais concorrentes em preços (de baixos a moderados) e moda (um pouco formal, elegante). Por exemplo, as lojas Gap nos Estados Unidos e a Benetton da Itália estão posicionadas como moderadamente caras, mas não são consideradas particularmente vanguardistas da moda. A H&M da Suécia oferece mercadoria que é casual e direcionada aos jovens. A principal vantagem competitiva da Zara é que ela está bem posicionada na vanguarda da moda.

O varejista segue uma abordagem única para provocar a reação dos consumidores. A diretoria reage rapidamente aos dados diários de vendas. Usando aparelhos sem fio, os gerentes e vendedores das lojas Zara sugerem diariamente opções à matriz sobre os gostos dos consumidores. As lojas contratam especialistas em varejo com um forte senso de moda que aconselham sobre os itens que devem ser vendidos mais rapidamente. Os itens que logo são vendidos são replicados sem parar, em uma infinidade de cores e estilos, enquanto os itens de movimento lento são removidos da loja. Os pesquisadores da Zara também visitam universidades, clubes e outros locais estratégicos. Revistas como a *Vogue* e desfiles de moda fornecem inspiração adicional.

Em uma indústria inconstante, muitas vezes caracterizada pelo crescimento lento, a Zara cresceu exponencialmente. A empresa está em expansão na Ásia e na América do Norte e tenta entrar com mais força na Europa. A diretoria pretende aplicar as mesmas estratégias que levaram ao sucesso até hoje.

Fontes: "Retailers Need to Boost Product Turnover". *Business Week*. 16 jan. 2007, extraído de: www.businessweek.com; "Fashion Conquistador". *Business Week*. 4 set. 2006, extraído de: www.businessweek.com; "Zara: Taking the Lead in Fast-Fashion". *Business Week*. 4 abr. 2006, extraído de: www.businessweek.com; ECHIKSON, W. "The Mark of Zara". *Business Week*. 29 maio 2000, p. 98-100; "The Future of Fast Fashion". *Economist*. 18 jun. 2005, p. 63; FRAIMAN, N.; MEDINI S. *Zara*. Case study. Nova York: Columbia Business School, Columbia University, 2002; HELLER, R. "Galician Beauty". *Forbes*. 28 maio 2001, p. 98; Hoovers.com, disponível no site da Zara International, Inc.; Inditex press kit, jun. 2007. www.inditex.com; "Business Week Ranks Inditex as the Seventh Best Performing European Company". Inditex Press Release. 14 maio 2007; MAITLAND, A. "Make Sure You Have Your Christmas Stock In". *Financial Times*. 19 dez. 2005, p. 11.

## Estratégia de marketing global

O marketing atrai a atenção do cliente para os negócios além das fronteiras da empresa. O marketing na empresa em processo de internacionalização consiste em identificar, medir e buscar oportunidades de mercado no exterior. A Figura 17.1 fornece um marco para essas atividades e oferece uma perspectiva geral dos temas deste capítulo. A camada externa representa o ambiente cultural, social, político, legal e regulamentar dos mercados estrangeiros. Essas condições ambientais limitam a capacidade da empresa para estabelecer o preço, promover e distribuir um produto. Por exemplo, a empresa terá de rever os preços com frequência em países de alta inflação, adaptar o posicionamento do produto para atender às expectativas dos clientes e assegurar a conformidade dos produtos com os padrões exigidos pelo governo.

Ao trabalhar com a diversidade de mercados em diferentes países, as diretorias devem formular uma estratégia de marketing global. A camada média na Figura 17.1 representa a **estratégia de marketing global** — um plano de ação que orienta a empresa em: (1) como posicionar sua imagem e seus produtos no mercado externo e quais segmentos são seus clientes-alvo; e (2) o grau em que os elementos de seu programa de marketing devem ser padronizados e adaptados.[1]

Antes de ver o segundo aspecto da estratégia de marketing global (padronização/adaptação), vamos discutir a primeira função: seleção do mercado-alvo e posicionamento.

### Seleção do mercado-alvo e posicionamento

A *segmentação de mercado* refere-se ao processo de divisão da base total de clientes da empresa em grupos homogêneos, de forma que a diretoria possa formular estratégias de marketing exclusivas para cada grupo. Dentro de cada segmento de mercado, os clientes apresentam características semelhantes quanto ao nível de renda, estilo de vida, perfil demográfico ou benefícios desejados em um produto. Como exemplo, a Caterpillar estabelece o mercado-alvo de suas máquinas de terraplanagem por meio da aplicação de várias abordagens de marketing para diversos segmentos de mercado importantes, como as empresas de construção civil, os agricultores e os militares. Para cada um desses segmentos de clientes, a Caterpillar desenvolve um programa de marketing distinto, por exemplo, a criação de tratores a bons preços para os agricultores, equipamentos de terraplanagem de preços moderados para as empresas de construção e caminhões pesados e outros veículos caros para os militares.

Nos negócios internacionais, as empresas muitas vezes formam segmentos de mercado agrupando países com base em macrovariáveis como o nível de desenvolvimento econômico ou as dimensões culturais. Por exemplo, muitas multinacionais agrupam países da América Latina em um só grupo por terem um idioma comum (espanhol ou português), ou os países europeus com base nas condições econômicas semelhantes. A abordagem revelou-se mais eficaz nas categorias de produtos em que os governos desempenham um papel fundamental de regulação (como telecomunicações, produtos médicos e alimentos processados), ou quando as características nacionais determinam a aceitação ou a rejeição do produto e sua utilização.[2]

Atualmente, as empresas segmentam cada vez mais seus clientes globais e seus mercados. Um **segmento de mercado global** representa um grupo de clientes que possuem características comuns em diferentes mercados nacionais. As empresas trabalham esses compradores com programas de marketing relativamente uniformes. Por exemplo, a MTV e a Levi Strauss têm como alvo um mercado gigante e homogêneo de jovens espalhados pelo mundo. Na verdade, as empresas de bens de consumo miram no mercado da juventude tanto nas economias avançadas quanto nas emergentes. Esse segmento geralmente presta atenção à mídia global, é rápido na hora de aceitar novas modas e tendências e tem uma renda líquida significativa. Outro segmento do mercado global são os *jet-setting business executives*.* Eles possuem dinheiro suficiente para poder gastá-lo e são consumidores ávidos de produtos de primeira linha, que representam seu estilo sofisticado e luxuoso.

* *Jet-setting business executives*: executivos que viajam globalmente com grande frequência (N. R.T.).

Figura 17.1 Marco de referência para o marketing de uma empresa internacional

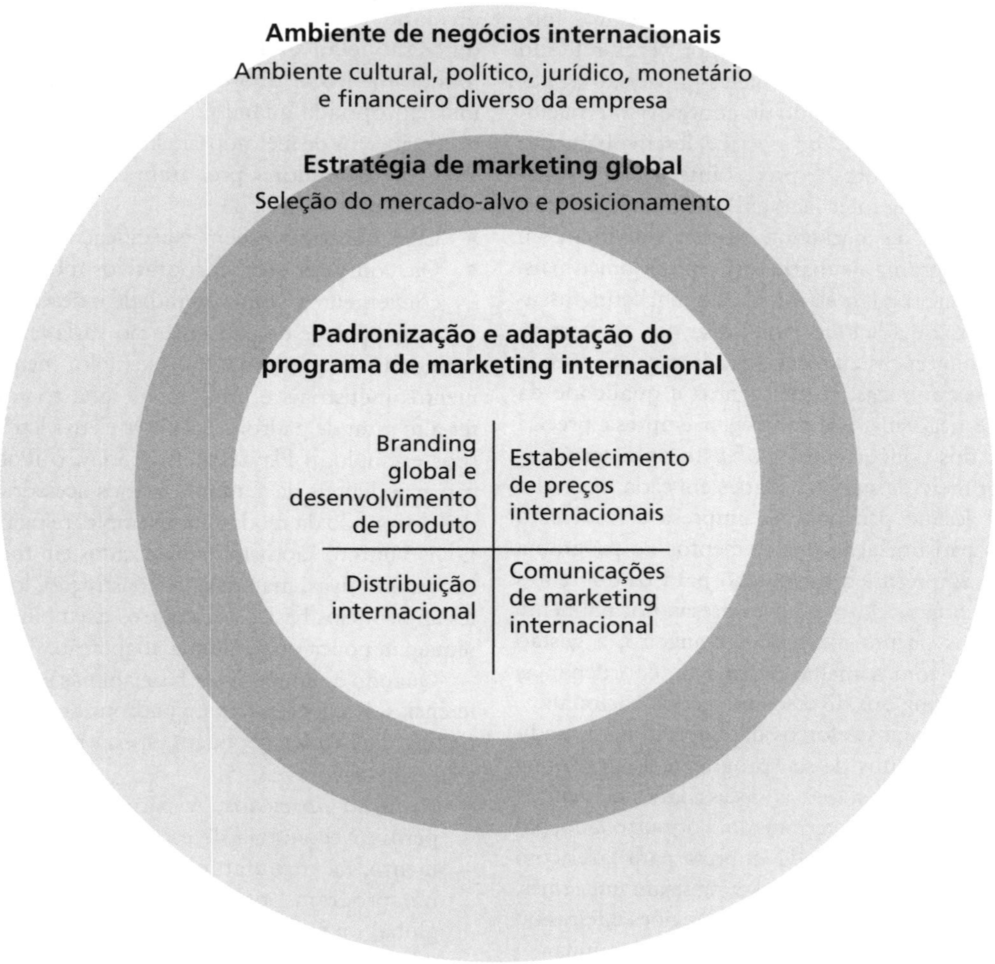


O objetivo da empresa na criação dos segmentos no mercado global é criar um posicionamento único de seus produtos nas mentes dos clientes-alvo. O *posicionamento* é um aspecto da estratégia de marketing no qual a empresa desenvolve o produto e sua comercialização para provocar uma impressão nítida na mente do cliente, enfatizando as diferenças dos produtos da concorrência. Por exemplo, na indústria da construção civil internacional, a Bechtel posiciona-se como a fornecedora de soluções técnicas sofisticadas para grandes projetos de infraestrutura mundial. No negócio dos parques temáticos, a Disney vende-se como um lugar para a família e vende "divertimento bom e sadio" para atrair as famílias para seus parques temáticos ao redor do mundo.[3]

O posicionamento também pode apresentar imagens de *atributos* de um produto específico que os consumidores possuem. Por exemplo, a Coca-Cola *diet* traz uma imagem de alguém que precisa perder ou manter o peso, em comparação com a Coca-Cola normal. Quando a Coca-Cola entrou pela primeira vez no Japão, a pesquisa revelou que as mulheres japonesas não gostam de produtos com a etiqueta *diet* e que a população não é considerada obesa. Por isso, a diretoria alterou o posicionamento do produto no Japão, mudando o nome de Coca-Cola *Diet* para Coca-Cola *Light*.

As empresas em processo de internacionalização trabalham para chegar a uma *estratégia de posicionamento global*, ou seja, uma estratégia segundo a qual o produto é posicionado *similarmente* na cabeça dos compradores do mundo inteiro. Starbucks, Volvo e Sony são bons exemplos de empresas que usam essa abordagem com sucesso. Os consumidores do mundo inteiro veem estas fortes marcas da mesma forma. A estratégia de posicionamento global é positiva porque reduz os custos de marketing internacional ao minimizar o esforço que a diretoria deve fazer para adaptar os elementos do programa de marketing para cada um dos mercados.[4]

## Padronização e adaptação do programa de marketing internacional

Além de orientar o processo de segmentação e posicionamento, a estratégia de marketing global também articula o grau em que o programa de marketing da empresa deve variar nos diversos mercados estrangeiros. Na camada mais profunda da Figura 17.1, identificamos os elementos fundamentais do programa de marketing (por vezes referido como *mix de marketing*) que estão sujeitos à decisão de padronização/adaptação, dependendo do contexto internacional. Esses elementos são: *branding* global e desenvolvimento de produtos, estabelecimento de preços internacionais, comunicações de marketing internacional e distribuição internacional. A estratégia de marketing interno trabalha com os elementos do programa de marketing em um único país. No contexto internacional, a estratégia de marketing assume uma complexidade adicional por causa dos concorrentes locais e pelas diferenças culturais, de idioma, padrões de vida, condições econômicas, regulamentos e qualidade da infraestrutura de negócios. Além disso, a empresa precisa manter-se a par dos concorrentes *globais* e otimizar a cadeia de valor por meio de suas atividades em cada mercado. Dessa forma, o desafio principal da empresa é resolver o *trade-off* entre a padronização dos elementos do programa de marketing da empresa *e* a adaptação para os diferentes mercados internacionais. Já que as empresas normalmente participam de mais de um mercado estrangeiro, a gestão também deve lidar com a melhor forma de coordenar as atividades de marketing nos diversos mercados nacionais.

**Adaptação** refere-se aos esforços da empresa para modificar um ou mais elementos de seu programa de marketing internacional, a fim de satisfazer as necessidades específicas dos clientes em um mercado determinado. Por outro lado, **padronização** refere-se aos esforços da empresa para fazer com que os elementos do programa de marketing sejam uniformes, levando em consideração a segmentação de regiões inteiras ou até do mercado global, com um produto ou serviço similar.

Atingir um equilíbrio entre a adaptação e a padronização faz parte de uma estratégia corporativa mais ampla, em que a empresa deve decidir sua posição entre a *integração global* e a *capacidade de resposta local*. Como vimos no Capítulo 11, a integração global busca a eficiência, a sinergia e a fecundação cruzada nas atividades da cadeia de valor da empresa no mundo inteiro, enquanto a capacidade de resposta local visa atender às necessidades específicas dos compradores de cada país. A forma com que a empresa resolve o equilíbrio entre integração global e capacidade de resposta local afeta a maneira como toma as decisões de padronização e adaptação dos elementos de seu programa de marketing.

A Figura 17.2 apresenta o *trade-off* entre padronização e adaptação no mercado internacional. Vamos analisar agora os argumentos a favor e as vantagens de cada estratégia.

## Padronização

Representando uma tendência à integração global, a padronização é mais comum em indústrias globais como as de fabricação de aviões, de produtos farmacêuticos e as administradoras de cartões de crédito. Boeing, Pfizer e MasterCard são exemplos de empresas que utilizam estratégias de marketing padronizadas com grande sucesso. Seus produtos são relativamente uniformes em muitos mercados no mundo inteiro. A abordagem de marketing padronizado é mais apropriada quando:

- Segmentos de mercado similares existem através dos países
- Os consumidores procuram características similares no produto ou serviço
- Os produtos possuem especificações universais
- Os consumidores corporativos possuem expectativas convergentes, como qualidade e desempenho

A viabilidade da padronização varia entre os setores e as categorias de produtos. Por exemplo, mercadorias, equipamentos industriais e produtos de alta tecnologia costumam ter alto grau de padronização. Os eletroeletrônicos populares (por exemplo, o PlayStation da Sony, o iPod da Apple e as câmeras digitais da Canon) e vários acessórios bem conhecidos do mundo da moda (por exemplo, relógios Rolex e bolsas Louis Vuitton) são bem padronizados em todo o mundo. Peças automotivas, materiais de construção, louças e ingredientes alimentícios básicos são outros exemplos de produtos que requerem pouca ou nenhuma adaptação.

Quando as empresas se baseiam nas semelhanças das preferências do cliente e tentam padronizar seu programa de marketing internacional, podem esperar pelo menos três tipos de resultados favoráveis.

- *Redução de custos.* A padronização reduz custos ao permitir economia de escala na concepção, no fornecimento, na manufatura e na comercialização. Oferecer um programa de marketing semelhante no mercado global ou em regiões inteiras é mais eficiente do que ter de adaptar os produtos para cada um dos mercados de interesse. Por exemplo, a fabricante de eletrodomésticos Electrolux já fez centenas de modelos de geladeiras para satisfazer os diferentes gostos e as exigências regulamentares de cada país na Europa. No entanto, como as normas de produtos e os gostos foram ficando gradualmente mais parecidos em toda a União Europeia, a Electrolux reduziu o número de modelos e agora conta apenas com uma dúzia de possibilidades. A jogada permitiu à diretoria consolidar as instalações de produção e dinamizar suas atividades de marketing em toda a União Europeia. A consolidação resultante evitou que a Electrolux gastasse alguns milhões de euros. Com menos produtos, a empresa pode agora se concentrar mais em incorporar funções avançadas e tecnologia superior em seus modelos.
- *Melhor planejamento e controle.* A padronização oferece melhor planejamento e controle das atividades de valor agregado. No caso da Electrolux, por exemplo, ter menos produtos permite à diretoria simplificar o controle de qualidade e reduzir o número de peças para conserto dos produtos defeituosos. As atividades de marketing também ficam mais fáceis. Em vez de projetar uma cam-

Figura 17.2 *Trade-offs* entre padronização e adaptação no mercado internacional

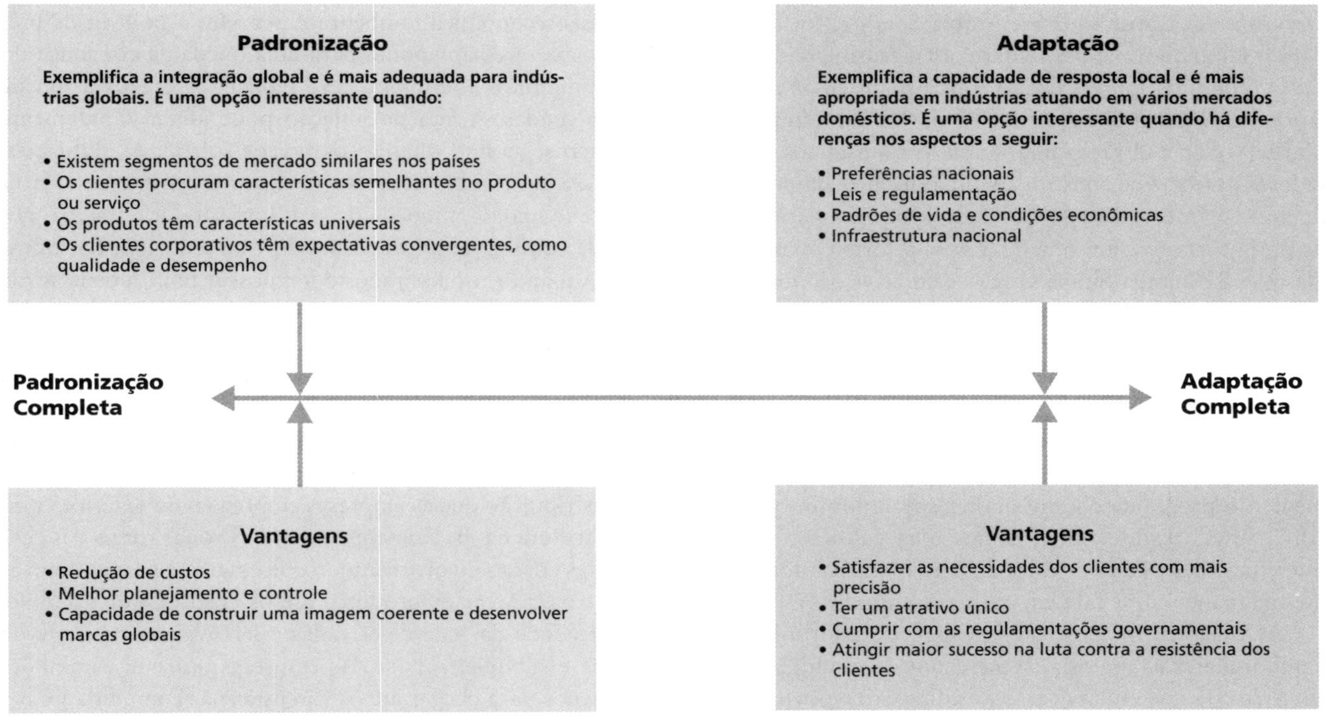


panha de marketing única para cada país na Europa, a empresa agora pode padronizar suas campanhas.

Padronização
Exemplifica a integração global e é mais adequada para indústrias globais. É uma opção interessante quando:
• Existem segmentos de mercado similares nos países
• Os clientes procuram características semelhantes no produto ou serviço
• Os produtos têm características universais
• Os clientes corporativos têm expectativas convergentes, como qualidade e desempenho
Adaptação
Exemplifica a capacidade de resposta local e é mais apropriada em indústrias atuando em vários mercados domésticos. É uma opção interessante quando há diferenças nos aspectos a seguir:
• Preferências nacionais
• Leis e regulamentação
• Padrões de vida e condições econômicas
• Infraestrutura nacional
Padronização Completa
Adaptação Completa
Vantagens
• Redução de custos
• Melhor planejamento e controle
• Capacidade de construir uma imagem coerente e desenvolver marcas globais
Vantagens
• Satisfazer as necessidades dos clientes com mais precisão
• Ter um atrativo único
• Cumprir com as regulamentações governamentais
• Atingir maior sucesso na luta contra a resistência dos clientes

- *Capacidade de construir uma imagem coerente e desenvolver marcas globais.* Uma marca é um nome, símbolo ou *design* que visa identificar os produtos da empresa e diferenciá-los dos seus concorrentes. Uma **marca global** é um posicionamento, uma estratégia de publicidade, um aspecto ou uma característica padronizada no mundo inteiro. A padronização permite à empresa estabelecer e projetar uma marca globalmente reconhecida de um produto que ajuda a aumentar o interesse do cliente e reduz a confusão decorrente da proliferação de numerosos produtos adaptados e programas de marketing.[5] O marketing é mais eficaz e eficiente, pois a empresa pode atender a segmentos maiores de mercado global em vários países.

Como exemplo, a Gillette, a empresa norte-americana de produtos de barbear, recentemente adquirida pela Procter & Gamble, vende os mesmos produtos usando um marketing uniforme em todos os países onde atua, chegando a fazer até um lançamento simultâneo mundial dos produtos. A empresa lançou com sucesso sua linha de barbeadores (como Trak II, Sensor e Fusion) em vários países. Os resultados foram impressionantes. Sendo dona de 70 por cento do mercado de barbeadores no mundo, a abordagem global da Gillette permite ainda que a diretoria minimize o custo do marketing e da distribuição.[6]

## Adaptação

Enquanto fazem padronização onde podem, as empresas também realizam uma boa dose de adaptação. A adaptação de um programa de marketing internacional exemplifica a capacidade de resposta local. É uma estratégia utilizada em *indústrias presentes em vários mercados*, que adaptam seus produtos para atender melhor a cada um deles. Os exemplos incluem as indústrias de publicação e software, em que os livros, revistas e software devem ser traduzidos para o idioma do país de destino. A adaptação pode ser tão simples como traduzir os rótulos e instruções para um idioma estrangeiro, ou tão complexa como modificar completamente um produto para atender às necessidades únicas de determinado mercado. A adaptação local pode trazer vantagens importantes para a empresa. Exploremos as principais razões pelas quais as empresas podem adaptar os elementos do programa de marketing.

*Diferenças nas preferências nacionais.* A adaptação do produto torna-o mais aceitável para os clientes em cada um dos mercados onde está presente. As diferenças no comportamento do consumidor ao redor do mundo são um dos principais motores da adaptação local. Por exemplo, quando quis entrar na China, a produtora de leite New Zealand Milk acrescentou os sabores gengibre e mamão a seus produtos lácteos para atender aos gostos dos clientes locais. A empresa Netherlands' Foremost Friesland Co. vende leite fresco com sabor de chá verde na Tailândia. A Meiji Co.

do Japão está vendendo um leite com sabor de pandanus em Cingapura.[7] Quando a série de desenhos animados *Os Simpsons* foi transmitida na Arábia Saudita, foi adaptada para o idioma local e para lidar com a sensibilidade islâmica. O programa foi rebatizado com o nome *Al Shamshoon*, o nome de Homer Simpson era "Omar" e Bart Simpson tornou-se "Badr". O programa queria conquistar os telespectadores jovens, que constituem a maior parte da população do mundo árabe. Além de traduzir o programa para o árabe, os produtores tiveram que lidar com a forma como a filha e a mãe da família Simpson se vestiam. Os produtores excluíram as referências às práticas proibidas pelo Alcorão ou consideradas ofensivas, como o consumo de carne de porco e cerveja. Os produtores substituíram a cerveja Duff de Homer Simpson por um refrigerante, os hot-dogs por salsichas de carne do Egito e os *donuts* pelas populares bolachas árabes chamadas *kahk*. O bar do Moe foi excluído completamente do programa. Como um telespectador árabe disse à ABC News, "É diferente... Somos uma cultura totalmente diferente, você não pode falar dos mesmos assuntos nem da mesma maneira que fala em outras culturas."[8]

O McDonald's mostrou-se capaz de padronizar seus hambúrgueres na maioria de mercados do mundo, mas não em todos. Já que muita gente não come carne bovina — por exemplo, os hindus, na Índia — a empresa substituiu o cordeiro de seus hambúrgueres em alguns mercados, e adicionou ao seu cardápio itens adicionais como os hambúrgueres de kafta (hambúrguer com temperos especiais) na Turquia. No Japão, o McDonald's oferece hambúrguer de camarão, bem como sopa de missô e arroz. As lojas do McDonald's na Noruega servem "McLaks" — um sanduíche de salmão grelhado com molho de aneto. Em Berlim, os consumidores podem saborear uma cerveja com seu cheesebúrguer duplo e fritas. Em alguns países árabes, o "McArabia" — um pão sírio com filé de frango apimentado — foi um sucesso.[9]

*Diferenças nas leis e na regulamentação.* A promoção de determinados produtos é restrita em alguns países. Por exemplo, as leis na Europa, incluindo Alemanha, Noruega e Suíça, restringem a publicidade dirigida às crianças. Os alimentos embalados na Europa geralmente são embalados em vários idiomas, incluindo inglês, francês, alemão e espanhol. Em Quebec, a província do Canadá de língua francesa, a lei local exige que a embalagem do produto venha em inglês e francês. O uso de algumas atividades de promoção de vendas — por exemplo, cupons e concursos de vendas — é proibido ou simplesmente não é usado em alguns mercados.

*Diferenças nos padrões de vida e nas condições econômicas.* Já que os níveis de renda variam substancialmente pelo mundo, as empresas geralmente ajustam tanto o preço quanto a complexidade de seus produtos para cada um dos mercados. Por exemplo, a Microsoft teve de baixar o preço de seu software em alguns mercados (por exemplo, Tailândia, Malásia e Indonésia) para ser coerente com a capacidade de compra local.[10] A Dell vende versões simplificadas de seus computadores nas economias em desenvolvimento para ajustar-se ao baixo poder aquisitivo. A inflação e a recessão econômica também influenciam a política de preços. Uma recessão aponta para uma queda na confiança do consumidor, e a empresa deve reduzir os preços a fim de gerar vendas. A alta na inflação pode afetar rapidamente os lucros, mesmo quando os preços sobem. As flutuações da taxa de câmbio também obrigam as empresas a fazer ajustes. Quando a moeda do país importador é fraca, o poder de compra de seus consumidores é reduzido. Por outro lado, quando o país importador possui uma moeda forte, os compradores podem pagar preços mais elevados pelos produtos importados.

*Diferenças na infraestrutura nacional.* A qualidade das redes de transporte, as instituições de marketing e a infraestrutura global de negócios influenciam muito as alternativas e a qualidade das comunicações de marketing e dos sistemas de distribuição que as empresas empregam no exterior. A infraestrutura é especialmente pobre nas zonas rurais das economias em desenvolvimento, o que exige abordagens inovadoras para levar os produtos até os clientes. Por exemplo, a densidade da rede de estradas e ferroviárias no oeste da China é subdesenvolvida. As empresas utilizam caminhões pequenos para chegar até os varejistas nas comunidades periféricas. As deficiências nos meios de comunicação exigem adaptações substanciais das atividades promocionais. No Vietnã rural, a maioria dos consumidores não tem acesso a televisão, revistas, nem Internet. Rádio, cartazes e folhetos ajudam a orientar aos compradores de baixa renda.

O que podem esperar as empresas quando resolvem essas diferenças personalizando os elementos de seu programa internacional de marketing? As principais vantagens da adaptação de um programa de marketing internacional para o mercado individual incluem:

- Satisfazer as necessidades dos clientes com mais precisão
- Criar um atrativo único para o produto
- Cumprir com regulamentações governamentais como as normas sanitárias e técnicas
- Atingir maior sucesso na luta contra a resistência dos clientes

Além disso, a adaptação dá aos gerentes a oportunidade de explorar formas alternativas de comercialização do produto ou serviço. Esse conhecimento das reações do mercado às ofertas personalizadas pode orientar a empresa em seus esforços de P&D, levando a produtos de qualidade superior para a venda no exterior e dentro do próprio país de origem. Na verdade, os produtos desenvolvidos ou adaptados para os mercados estrangeiros são tão bem-sucedidos em algumas ocasiões que são lançados como produtos novos no mercado doméstico da empresa. Por exemplo, o Toyota Lexus foi concebido originalmente para o mercado norte-americano. Depois de aperfeiçoar o carro de luxo durante 15 anos nos Estados Unidos, a empresa lançou o Lexus no Japão em 2005.[11]

## Padronização e adaptação: uma questão de equilíbrio

A decisão da diretoria sobre o grau de padronização e adaptação não é uma decisão do tipo fazer ou não fazer; em vez disso, é uma questão de equilíbrio. Há bons argumentos e resultados tanto do lado da padronização quanto da adaptação; cabe ao gerente resolver os *trade-offs* levando em consideração as circunstâncias específicas do ambiente de negócios internacionais e a estratégia escolhida da empresa.

Talvez a distinção mais importante entre a padronização e a adaptação seja que a padronização ajuda a empresa a reduzir seus custos, enquanto a adaptação ajuda a empresa mais precisamente a atender às necessidades e exigências locais, aumentando, assim, sua receita. Embora existam muitas razões para as empresas adotarem uma adaptação de seu programa de marketing internacional, o processo é oneroso. A adaptação pode exigir a reinvenção significativa de alguns produtos, a modificação de operações de produção, a redução de preços e a melhoria das estratégias de comunicação e de distribuição. As despesas são maiores quando essas mudanças devem ser feitas em vários mercados ao mesmo tempo. Portanto, sempre que possível, a diretoria prefere a padronização, pois é mais fácil e menos cara do que a adaptação. Outras empresas adaptam elementos do programa de marketing *somente quando necessário*, para responder às preferências dos clientes locais e aos regulamentos do governo. Por exemplo, a empresa anglo-holandesa Unilever reduziu o número de suas marcas de 1.600 para cerca de 400 e concentrou a atenção do público em uma dúzia de marcas globais. No entanto, a empresa faz muitas adaptações locais para atender a cada um dos mercados. Em países preocupados com a nutrição, a Unilever adapta seus produtos alimentares, reduzindo os teores de açúcar, sal, gordura trans e gordura saturada.

Muitas vezes, as diretorias trabalham na padronização e na adaptação simultaneamente, em diferentes medidas. Fazem ajustes em alguns elementos do programa de marketing e mantêm os outros intocados. Por exemplo, a IKEA mantém a uniformidade do *design* do produto em diversos mercados, porém faz modificações no tamanho das camas ou das gavetas que vende em cada país. Da mesma forma, considera seu catálogo como o principal instrumento de promoção, mas complementa o serviço com publicidade na televisão e mídia de massa nos Estados Unidos.

Também é pouco factível e prático seguir uma estratégia "de uma oferta só para um mundo único" em todas as dimensões do programa de marketing. Por exemplo, as empresas de automóveis tentaram por anos a fio vender o 'carro mundial', que reuniria as preferências dos clientes de todos os lugares e atenderia às diversas especificações de segurança impostas pelos governos. Experiências tão ambiciosas como o Ford Mondeo não conseguiram a aprovação dos clientes nem dos órgãos reguladores mundiais. A flexibilidade e a adaptação do projeto tornaram-se necessárias em função do clima e da geografia (por exemplo, especificações do motor), de regras governamentais (normas de emissões), de preferências dos clientes (por exemplo, porta-copos) e do preço da gasolina.

Como uma forma de compromisso, algumas empresas buscam a padronização como parte de uma estratégia *regional*, segundo a qual os elementos do programa de marketing internacional são formulados para explorar os pontos em comum de uma região geográfica determinada, em vez de levar a mesma ideia para o mundo todo. Por exemplo, a General Motors comercializa modelos de carros diferentes na China (por exemplo, Buick), na Europa (Opel, Vauxhall), e na América do Norte (Cadillac, Saturn). A convergência das preferências regionais, integração econômica regional, harmonização das normas de produtos e o crescimento da mídia regional e dos canais de distribuição fazem com que o marketing regional seja mais viável do que perseguir uma abordagem de marketing global.[12]

## *Branding* global e desenvolvimento de produto

A estratégia de marketing global apresenta desafios e oportunidades únicas para a diretoria, especialmente nos elementos do programa de marketing de desenvolvimento de produto e *branding* global. Vamos analisar esses temas específicos.

### *Branding* global

Um resultado fundamental da estratégia de posicionamento global é o desenvolvimento de uma marca global. Marcas globais bem conhecidas incluem os filmes de Hollywood (por exemplo, *Star Wars*), ícones da música pop (Shakira), figuras do esporte (David Beckham), produtos para cuidados pessoais (Gillette Sensor), brinquedos (Barbie), cartões de crédito (Visa), alimentos (Cadbury), bebidas (Heineken), móveis (IKEA) e eletroeletrônicos (iPod).[13] Os consumidores preferem produtos de marcas globais porque o *branding* proporciona uma sensação de confiança e segurança na hora da compra.[14] Uma marca global forte aumenta a eficiência e a eficácia dos programas de marketing, estimula a fidelidade à marca, facilita a capacidade de se praticarem preços especiais, aumenta o relacionamento da empresa com os intermediários e varejistas e geralmente aumenta a vantagem competitiva da empresa nos mercados globais.[15] A empresa pode reduzir seus custos de marketing e publicidade concentrando-se em uma única marca global em vez de o fazer em uma série de marcas nacionais.

A força de uma marca global é a melhor medida de seu *brand equity* — o valor de mercado da marca. A Tabela 17.1 apresenta os dados de *brand equity* de algumas marcas globais segundo o cálculo da Interbrand (www.interbrand.com), uma empresa de base europeia. A *Business Week* dedi-

Tabela 17.1 Marcas globais mais importantes por região, 2007

| *Empresa* | *Valor da marca, em US$ bilhões* | *País de origem* | *Principal produto ou serviço* |
|---|---|---|---|
| **Marcas asiáticas** | | | |
| Toyota | 24,8 | Japão | Carros |
| Honda | 15,8 | Japão | Carros |
| Samsung | 15,0 | Coreia do Sul | Eletroeletrônicos |
| Sony | 10,7 | Japão | Eletroeletrônicos |
| Canon | 9,0 | Japão | Copiadoras, câmeras |
| **Marcas europeias** | | | |
| Nokia | 26,5 | Finlândia | Telefones celulares |
| Mercedes-Benz | 20,0 | Alemanha | Carros |
| BMW | 17,1 | Alemanha | Carros |
| Louis Vuitton | 16,1 | França | Acessórios de moda |
| Nescafé | 12,2 | Suíça | Café |
| **Marcas dos Estados Unidos** | | | |
| Coca-Cola | 67,5 | Estados Unidos | Refrigerantes |
| Microsoft | 59,9 | Estados Unidos | Software |
| IBM | 53,4 | Estados Unidos | Serviços de TI e de consultoria |
| GE | 47,0 | Estados Unidos | Aparelhos, motores a jato |
| Intel | 35,6 | Estados Unidos | Chips de computador |

FONTE: *Business Week* (www.businessweek.com/brand) e Interbrand (www.interbrand.com).

ca uma edição especial anualmente à lista da Interbrand das 100 marcas globais mais importantes (www.businessweek.com/brand). Para entrar na lista da Interbrand, a marca deve gerar vendas mundiais superiores a um bilhão de dólares, das quais pelo menos um terço deve vir de fora do mercado doméstico. Depois, a Interbrand estima os ganhos projetados da marca e deduz um valor pelo custo de possuir os ativos tangíveis desses ganhos. Finalmente, a Interbrand calcula o valor líquido atual dos lucros futuros da marca, terminando com uma estimativa do valor da marca.

Você pode dar uma olhada na lista completa das 100 marcas globais mais importantes no site da *Business Week*. O que faz essas marcas serem tão bem-sucedidas em conseguir seguidores pelo mundo inteiro? Eis algumas das características que fazem com que as marcas sejam especiais:

- Alguns são produtos de consumo muito notórios, como eletroeletrônicos e calças jeans.
- Alguns servem como símbolos de *status* no mundo inteiro, como carros e joias.
- Muitos são famosos por causa de características inovadoras que parecem se encaixar com o estilo de vida de qualquer um, como telefones celulares, cartões de crédito e cosméticos.
- Alguns são identificados com o país de origem e contêm certo grau de apelo nacional, como a Levi's (estilo norte-americano) e a IKEA (móveis de estilo escandinavo).

Há outros casos em que as marcas globais estão colhendo os benefícios de terem sido as primeiras a oferecer novos produtos ou serviços. Por exemplo, em 1971, a primeira Starbucks abriu em Seattle, Washington, e oferecia café fresco em um ambiente confortável, que encorajava as pessoas a se sentar e relaxar. A Nokia, fundada originalmente como uma fábrica finlandesa de processamento de madeira em 1865, reinventou-se na década de 1990 para tornar-se uma das empresas líderes em telefonia móvel. Ele se distanciou dos concorrentes investindo em novas tecnologias e *design*. A Samsung Electronics, parte de um conglomerado sul-coreano maior, também entrou no ramo dos produtos eletrônicos de consumo com um *design* exclusivo e tecnologia de ponta. Curiosamente, a Sony — líder tradicional em eletrônicos de consumo — ajudou a Samsung em 2004 a ganhar uma posição no mercado da televisão de tela plana.

Desenvolver e manter uma marca global é a melhor maneira de as empresas atingirem o reconhecimento global e maximizarem a eficácia de seu programa de marketing internacional. Por exemplo, a empresa Eveready Battery Co. consolidou suas diversas marcas nacionais — como Ucar, Wonder e Mazda — em uma única marca global, a Energizer. A jogada aumentou consideravelmente a eficácia dos esforços de marketing da Eveready ao redor do mundo. Enquanto a maioria das diretorias cria marcas pensando no mercado nacional e depois as internacionalizam, a melhor opção é construir uma marca global desde o início. Várias empresas tiveram sucesso nessa abordagem, incluindo a japonesa Sony Corporation. 'Sony' vem de uma palavra latina que significa 'som'. Outra empresa japonesa, a Datsun, passou a se chamar Nissan em todo o mundo para criar uma marca global unificada.[16]

O *branding* global também ajuda as empresas multinacionais a competirem mais eficazmente com as marcas locais, que muitas vezes são bastante populares porque trabalham com a tendência dos compradores a optarem pela tradição, orgulho e a preferência local. Por exemplo, os líderes de mercado Coca-Cola e Pepsi enfrentam muitas marcas locais ao redor do mundo. Na Europa, as marcas populares locais incluem Virgin Cola (Grã-Bretanha), Afri-Cola (Alemanha), Kofola (República Tcheca) e Cuba Cola (Suécia). A Cola Turka foi desenvolvida para ajudar a manter os lucros dos refrigerantes na Turquia e ameaçou o domínio da Coca-Cola e da Pepsi. No Peru, a Inca Kola era uma marca de sucesso local que se estabeleceu como "a bebida do Peru". Mas a experiência da Inca Kola revelou como as marcas locais podem ser vulneráveis ao poder de mercado das fortes marcas globais. Em 1999, a Coca-Cola comprou 50 por cento da Inca Kola Corporation. A Inca Cola e a Coca-Cola têm, cada uma, cerca de 30 por cento do mercado peruano, dando uma vantagem grande à Coca-Cola, uma vez que ela possui a metade da antiga marca local.

## Desenvolvimento de produtos globais

No desenvolvimento de produtos com potencial de venda em vários países, a diretoria deve trabalhar sobre as semelhanças entre os países e não sobre as diferenças entre eles.[17] Um produto básico vai incorporar apenas as características essenciais para que a empresa possa aplicar variações de baixo custo para os mercados individuais. Por exemplo, embora os computadores básicos que a Dell vende em todo o mundo sejam essencialmente idênticos, as letras no teclado e os idiomas utilizados em seus programas são exclusivos para alguns países ou regiões. O resto dos componentes dos computadores é basicamente igual. As empresas criam muitos produtos usando *arquitetura modular*, uma coleção de componentes e subsistemas *padronizados* que podem ser rapidamente montados em várias configurações para atender às necessidades de cada mercado. A Honda e a Toyota criam modelos como o Accord e o Corolla, respectivamente, sobre uma plataforma padronizada para que alguns componentes modulares, peças e características sejam adicionados para atender às necessidades e aos gostos de cada região.

A General Motors confia no seu *Conselho para o Desenvolvimento de Produtos Globais*, em Detroit, para melhorar sua eficiência. Preocupada com a duplicação de esforços em suas divisões, a diretoria da GM tirou a responsabilidade das operações de engenharia regionais e encarregou o Conselho de supervisionar os sete bilhões de dólares de gastos anuais em desenvolvimento de novos modelos. O Conselho promove a utilização ampla das melhores plataformas de carros da GM mundialmente, sem importar onde sejam desenvolvidas. Por exemplo, adaptou o Holden Monaro de sua subsidiária australiana para ser usando pela filial norte-americana sob o nome de GTO em vez de criar um modelo totalmente novo. Como resultado, o custo de desenvolvimento foi de apenas 50 milhões de dólares em vez dos 500 milhões que normalmente custaria criar um modelo totalmente novo.

Uma *equipe global* é um grupo dentro de uma empresa que desenvolve soluções comuns e produtos globais. Como vimos no Capítulo 11, as equipes globais devem formular as melhores práticas que uma empresa deve implementar em todas as suas unidades no mundo inteiro. As equipes globais juntam funcionários com conhecimento especializado e experiência em várias partes do mundo onde a empresa tem escritórios para colaborarem em um projeto para desenvolver soluções viáveis para os problemas comuns.

A seção "Tendência Global" destaca a crescente utilização de equipes globais no desenvolvimento de produtos e projetos globais. Você pode fazer uma rápida pesquisa on-line para ver projetos criativos desenvolvidos pelas equipes globais. Por exemplo, o iRobot Roomba Discovery Floorvac, projetado pela iRobot Corporation, realiza tarefas domésticas deambulando pelos quartos sem cair pelas escadas. A bicicleta iXi foi projetada na Grã-Bretanha, na França e nos Estados Unidos pela iXi Bicycle Company da França. A bicicleta encaixa-se facilmente no porta-malas de um carro pequeno. O Lenovo Smartphone ET960 foi concebido por uma equipe da Ásia Oriental. Esse telefone é leve e toca MP3, tem console de jogos e pode receber sinal de televisão. A PerfectDraft foi desenvolvida pela Inbev Company na Bélgica.

Uma característica especial do desenvolvimento global é a oportunidade de a empresa realizar o lançamento mundial do produto — apresentação simultânea de um novo produto em vários mercados. O lançamento simultâneo de produtos que atendem a uma clientela global também é cada vez mais comum porque cria economias de escala em P&D, desenvolvimento de produto, produção e marketing. Os produtos de TI (por exemplo, os computadores da Apple), software (Microsoft), produtos farmacêuticos (Viagra), filmes (*Matrix*) e muitos produtos de consumo (aparelhos de barbear da Gillette) muitas vezes são introduzidos simultaneamente em vários países ou regiões.

## Estabelecimento de preços internacionais

O estabelecimento de preços é geralmente uma tarefa complexa e subjetiva nos negócios nacionais. É ainda mais difícil nos negócios internacionais, com várias moedas, barreiras comerciais, considerações de custo adicional e canais de distribuição normalmente mais longos. As diretorias reconhecem rapidamente o papel crítico dos preços no sucesso no mercado internacional.[18] Afinal, os preços têm um efeito mensurável sobre as vendas e afetam diretamente a rentabilidade. Os preços muitas vezes provocam uma reação competitiva, o que pode reduzir o valor cobrado por um produto ou serviço. Por outro lado, os preços podem aumentar em níveis absurdos por causa das

## TENDÊNCIA GLOBAL

# Equipes globais criando produtos globais

Até a década de 1990, o desenvolvimento e o *design* de um produto constituíam um processo sequencial, normalmente localizado em apenas um país. O pessoal do marketing e os engenheiros chegavam a um acordo sobre um conjunto de especificações técnicas e desenvolviam um produto que era enviado à fábrica para ser produzido. No entanto, o desenvolvimento em um único mercado nacional significava que o produto precisava de uma boa dose de adaptação para poder ser comercializado no estrangeiro. Hoje, muitas empresas desenvolvem produtos mais globais que são destinados para os mercados mundiais desde o início. Os *designers* profissionais de produtos trabalham em equipes virtuais mundiais, com ajuda das tecnologias de informação e comunicações. As empresas geralmente escolhem membros da equipe global de várias áreas funcionais e em diferentes subsidiárias pelo mundo. A empresa identifica os membros com base em suas vantagens comparativas e não pela sua localização física.

A Verifone, por exemplo, desenvolve seus produtos mais recentes no ramo das telecomunicações em seus centros de desenvolvimento na França, na Índia, em Cingapura, em Taiwan e nos Estados Unidos. A diretoria salienta a forte cultura global de comunicação interpessoal e divulgação de informações entre os centros e membros da equipe. A empresa utiliza tarefas rotativas internacionais, treinamento contínuo, videoconferência e eventos sociais internacionais para facilitar a troca de conhecimentos. Como outro exemplo, o Boeing 777 foi desenvolvido por equipes de design compostas por especialistas da Europa, do Japão e dos Estados Unidos. A empresa separou os planos de design do avião nas seções de cauda, fuselagem, asas e outras seções modulares. Uma equipe global projetava e desenvolvia cada seção. A diretoria da Boeing prefere a abordagem das equipes, pois potencializa as vantagens comparativas dos designers e engenheiros em países específicos, bem como as competências essenciais dos melhores profissionais terceirizados e do pessoal experiente no lugar do planeta em que estejam.

Embora a abordagem da equipe global exija uma coordenação nacional cuidadosa, resulta em produtos eficientes e adequados para os principais mercados em todo o mundo. A concepção e o desenvolvimento ocorrem simultaneamente, e muitas empresas trocam informação sobre fornecedores e clientes. Essas equipes permitem que as empresas otimizem seus recursos globais, executem seu projeto e operem 24 horas, lançando produtos em tempo recorde.

A moderna tecnologia de comunicações ajuda na formação das equipes globais. Os aplicativos de reunião virtual e design pela rede permitem que as equipes multinacionais gerenciem facilmente o desenvolvimento de produtos. As equipes usam programas de *design* assistido por computador (CAD, do inglês *computer-aided design*) — o que facilita o desenho tridimensional em sistemas de computador compatíveis — para integrar as contribuições de seus colegas do mundo inteiro. O sofisticado software permite que a equipe teste diferentes configurações do produto sem pagar nada por isso. A criação rápida de protótipos permite à empresa testar novos *designs* para os clientes globais e modificá-los com base nas pesquisas de mercado.

Como as empresas organizam o processo de *design* global? As empresas líderes controlam o esforço da equipe global em nível central, normalmente de dentro da matriz da empresa. O sucesso depende da obtenção e da divulgação dos últimos dados sobre as necessidades e circunstâncias do cliente e da medição contínua de desempenho do desenvolvimento do produto internamente e com os parceiros. A pesquisa de mercado internacional é fundamental. Para saber sempre o que os clientes estão pensando, muitas empresas usam comunidades on-line e blogs (*weblogs*), um site de conteúdos gerados pelo usuário no qual as entradas são feitas e exibidas como se fosse uma revista. Os blogs combinam texto, imagens, links de Internet e a possibilidade de os membros deixarem comentários interativos.

Fontes: ABERDEEN GROUP. *The Global Product Design Benchmark* Report: Managing Complexity as Product Design Goes Global. Boston: Aberdeen Group, dez. 2005; "Special Report: Innovation". *Business Week* Online. 24 abr. 2006, extraído de: www.businessweek.com; "The Best Product Designs of 2005". *Business Week*. 4 jul. 2005, extraído de: www.businessweek.com; GALBRAITH, J. *Designing the Global Corporation*. San Francisco: Jossey-Bass, 2000; KELLER, R. "Cross-Functional Project Groups in Research and New Product Development". *Academy of Management Journal*. 44(3):547-55, 2001; MURRAY, J.; CHAO, M. C. H. "A Cross-Team Framework of International Knowledge Acquisition on New Product Development Capabilities and New Product Market Performance". *Journal of International Marketing*. 13(3):54-73, 2005.

tarifas, impostos e margens dos intermediários estrangeiros. As variações de preços entre os diferentes mercados podem levar às **atividades de mercado cinza** — importação legal de produtos genuínos por intermediários diferentes aos distribuidores autorizados (também conhecidas como mercado de importação paralela). Discutiremos os mercados cinza adiante neste capítulo.

Os preços influenciam a percepção dos clientes sobre o valor, determinam o nível de motivação esperada dos intermediários estrangeiros, têm impacto sobre os gastos e a estratégia de promoção e compensam as deficiências em outros elementos do mix de marketing. Exploremos os aspectos singulares do estabelecimento de preços internacionais.

## Fatores que afetam os preços internacionais

Os fatores que influenciam o estabelecimento de preços para os clientes internacionais podem ser agrupados em quatro categorias. A primeira é a *natureza do produto ou da indústria*. Um produto especializado ou um com uma vantagem tecnológica oferece maior flexibilidade de preços. Quando a empresa detém uma posição de monopólio em um determinado produto (como o software do sistema operacional da Microsoft), geralmente pode cobrar preços elevados.

O segundo fator é a *localização da unidade de produção*. A localização da produção em países com baixos custos de trabalho permite que a empresa trabalhe com preços mais baixos. Localizar as fábricas dentro ou perto dos principais mercados elimina custos de transporte e pode até resolver os problemas criados pelas flutuações cambiais. Durante a década de 1980, por exemplo, a Toyota e a Honda construíram fábricas de automóveis nos Estados Unidos, seu mercado estrangeiro mais importante. Mas a Mazda tinha toda sua manufatura no Japão e exportava seus carros para os Estados Unidos. Conforme a moeda japonesa ficou forte comparada ao dólar, a Mazda teve de aumentar seus preços, reduzindo as vendas nos Estados Unidos.

O terceiro fator que influencia os preços internacionais é o *tipo de sistema de distribuição*. As empresas exportadoras contam com distribuidores independentes no exterior, que ocasionalmente modificam os preços de exportação para atender às suas próprias necessidades. Alguns distribuidores aumentam os preços substancialmente — até 200 por cento em alguns países —, o que pode prejudicar a imagem do fabricante e a estratégia de preços no mercado. Em contrapartida, quando a empresa internacionaliza seu produto via IDE por meio da criação de filiais de comercialização próprias no estrangeiro, a diretoria pode manter o controle sobre a estratégia de preços. As empresas que vendem diretamente para os usuários finais também controlam seus preços e podem fazer ajustes rápidos para se adequar às novas condições de mercado.

O quarto fator são as *considerações do mercado externo*. Fatores do mercado externo, como o tempo e outras condições naturais, podem fazer com que a empresa gaste dinheiro para modificar um produto ou sua distribuição. Os itens alimentares vendidos em locais quentes necessitam de refrigeração, o que eleva seu custo. Em países com muitos habitantes rurais, ou em países com infraestrutura pobre de distribuição, fornecer produtos para os clientes mais afastados acarreta preços mais elevados, em virtude dos altos custos do transporte. A intervenção do governo estrangeiro nos negócios também é um fator crítico. Os governos impõem tarifas que elevam os preços. Muitos governos também impõem limites sobre os preços. Por exemplo, o Canadá impõe limites de preços de remédios, o que reduz a flexibilidade da empresa nesse sentido. As normas de saúde, de segurança e outros regulamentos aumentam o custo dos negócios feitos localmente, o que leva a preços mais elevados.

A Tabela 17.2 fornece uma lista detalhada dos fatores, tanto internos quanto externos à empresa, que influenciam a forma como as empresas estabelecem seus preços no exterior. Inicialmente, a gestão deve levar em conta seus próprios objetivos. A maioria das empresas procura maximizar os lucros no exterior. No entanto, muitas empresas concentram-se na participação de mercado, cobrando preços baixos a fim de obter um número maior de clientes. No início deste capítulo discutimos fatores como os problemas de controle e os custos de produção e marketing. Muitos países na Europa e em outros lugares acrescentam impostos sobre o valor agregado (IVA) aos produtos importados. Ao contrário do imposto sobre as vendas, que é calculado a partir do preço de venda no mercado, o IVA é um percentual da margem bruta — a diferença entre o preço de venda e o custo que o vendedor pagou pelo item vendido. Na União Europeia, por exemplo, o IVA varia entre 15 e 25 por cento.

## Marco de referência para o estabelecimento dos preços internacionais

A diretoria avalia se os preços são adequados em diversos níveis no canal de distribuição internacional — importadores, atacadistas, varejistas e usuários finais. Em seguida, fixa os preços segundo suas conclusões. A Tabela 17.3 apresenta uma abordagem sistemática para uso da diretoria no momento de definir os preços internacionais em vários níveis.[19]

Vamos ilustrar a situação dos preços internacionais com um exemplo. Suponha que um fabricante principal de instrumentos musicais, Melody Corporation, quer começar a exportar guitarras elétricas para o Japão e precisa definir seus preços. Inicialmente, a Melody exportará a linha "John Mayer" de guitarras, que normalmente é vendida no comércio dos Estados Unidos por US$ 2.000. A pesquisa inicial revela que, somando os custos de transporte, seguro e a tarifa de cinco por cento do governo japonês, cada guitarra deve custar mais 300 dólares no preço final, elevando o preço total após desembaraço aduaneiro para US$ 2.300. A Melody identificou um importador no Japão, o atacadista Aoki Music, que quer acrescentar uma margem de lucro de dez por cento do custo de cada guitarra importada. Assim, o preço total por guitarra, uma vez que sai da loja da Aoki no Japão, é de US$ 2.530, que também é o menor preço aceitável pela Melody (preço mínimo), já que a diretoria não quer que os ganhos japoneses estejam por baixo dos norte-americanos.

Tabela 17.2 Fatores internos e externos que afetam os preços internacionais

*Fatores internos*

- Expectativas de lucro e participação no mercado por parte da diretoria
- Custo de produção, marketing e outras atividades da cadeia de valor
- O grau de controle que a diretoria deseja ter no estabelecimento de preços nos mercados estrangeiros

*Fatores externos*

- Expectativas dos clientes, poder de compra e sensibilidade aos aumentos nos preços
- Natureza das ofertas, preços e estratégia dos concorrentes
- Custos para chegar ao cliente internacional:
    - Modificação do produto ou da embalagem; requisitos de embalagem e rotulação
    - Documentação (certificado de origem, faturas, taxas bancárias)
    - Custos de financiamento
    - Encargos de embalagem e armazenamento
    - Envio (inspeção, estocagem, taxa de trânsito)
    - Seguros
- Custo final
    - Tarifas (alfândega, impostos de importação, taxa de liberação portuária)
    - Despesas de armazenamento no local de importação, transporte local
- Custo do importador
    - Imposto sobre valor agregado e outros impostos pagos pelo importador
    - Despachante (distribuidor, atacadista, varejista)
    - Custo do financiamento de inventário
- Flutuações antecipatórias nas taxas de câmbio

Em seguida, a pesquisa de mercados sobre os níveis de renda *per capita* e dos preços concorrentes revela que os músicos japoneses estão dispostos a pagar preços de cerca de 20 por cento acima dos preços normais pelos instrumentos de alta qualidade norte-americanos. Com essa informação, a diretoria da Melody acredita que o Japão pode suportar um preço máximo para a guitarra Mayer de dez por cento acima do preço mínimo, ou seja, US$ 2.783. Depois, a diretoria manda fazer um estudo com uma empresa japonesa de pesquisa de mercados que estima o potencial de vendas da Melody com o preço mínimo e com o preço máximo. A diretoria finalmente acorda um preço sugerido de US$ 2.560, manifestando seu desejo de se estabelecer rapidamente no mercado japonês. Este preço também é

Tabela 17.3 Etapas principais no estabelecimento de preços internacionais

*Etapa 1.* Estimar o preço "final" do produto no mercado externo somando todos os custos associados ao envio do produto para o local do cliente.

*Etapa 2.* Estimar o preço que o importador ou distribuidor cobrará quando somar seu lucro.

*Etapa 3.* Estimar a faixa de preços desejada para os usuários finais. Determinar:

- Preço mínimo (menor preço aceitável para a empresa com considerações de custo)
- Preço máximo (preço mais alto possível com base na sensibilidade do consumidor quanto ao poder de compra e em considerações sobre a concorrência)

*Etapa 4.* Avaliar o potencial de vendas da empresa usando o preço que a empresa possivelmente vai usar (média do preço mínimo e o preço máximo).

*Etapa 5.* Selecionar uma estratégia de preços adequados com base em metas e preferências corporativas entre as seguintes opções:

- Preços rígidos com custo a mais
- Preços flexíveis com custo a mais
- Preços incrementais

*Etapa 6.* Verificar a consistência com os preços atuais entre as linhas de produtos, principais clientes e mercados externos (a fim de evitar atividade de mercado cinza).

*Etapa 7.* Implementar a estratégia e as táticas de preços e definir os preços para os intermediários e os usuários finais. Em seguida, monitorar continuamente o desempenho do mercado e fazer ajustes nos preços conforme necessário para acomodar a evolução das condições de mercado.

coerente com outros fatores no mercado-alvo, como o poder de compra japonês, o crescimento do mercado, a população considerável de músicos do Japão, os preços dos concorrentes e as atitudes japonesas de associação de preços altos com qualidade do produto. A diretoria também considera que o preço é razoável se comparado com os preços da Melody em outros mercados, como Havaí e Austrália. Com isso em mente, a empresa estabelece os preços para os usuários finais e os valores correspondentes para seu importador, a Aoki. A Melody começa a mandar guitarras para o Japão e monitora o mercado, prestando atenção à demanda real e à necessidade de fazer ajustes de preço nos próximos meses.

Vamos rever as três estratégias de preços na Etapa 5 da Tabela 17.3. A *precificação rígida baseada em custo* refere-se à fixação de um preço fixo para todos os mercados de exportação. É uma abordagem favorecida pelos exportadores menos experientes. Na maioria dos casos, a empresa simplesmente adiciona uma porcentagem fixa no preço do mercado interno para compensar os custos adicionais de fazer negócios no exterior. O preço final ao cliente de exportação inclui uma margem para cobrir o transporte e o marketing do produto, bem como as margens de lucro para os intermediários e o fabricante. Este método frequentemente não dá conta das condições do mercado local, como a procura dos compradores, o nível de renda e a concorrência.

Na *precificação flexível baseada em custo*, a empresa inclui em seu preço final quaisquer custos adicionais decorrentes de fazer negócios no exterior. Ao mesmo tempo, a empresa ajusta os preços conforme necessário para se adequar ao mercado local e às condições competitivas, como o poder de compra dos clientes, a demanda, os preços do concorrente e outras variáveis externas, conforme identificado na Tabela 17.2. Esta abordagem é mais sofisticada do que os preços rígidos com custo a mais porque leva em consideração circunstâncias específicas do mercado-alvo. No texto de abertura do capítulo, vimos que a Zara usa essa abordagem adaptando-se às condições e adequando os preços de cada um dos países onde tem negócios.

Em mercados altamente competitivos, a empresa pode estabelecer preços para cobrir apenas os custos variáveis e não os custos fixos. Isso é conhecido como *preço incremental*. Aqui, a empresa assume que os custos fixos já são pagos com a venda do produto no país de origem da empresa ou em outros mercados. A abordagem permite à empresa oferecer preços muito competitivos, mas deve ser exercida com cuidado, pois pode resultar em lucros abaixo do ideal.

Quando levados ao extremo, os preços incrementais podem fazer com que os concorrentes acusem a empresa da prática desleal conhecida como *dumping*. Conforme discutido no Capítulo 7, o *dumping* é a prática de cobrar um preço mais baixo para os produtos exportados, às vezes até abaixo dos custos de produção, levando os fornecedores locais à falência. O vendedor pode compensar o baixo preço cobrando preços mais elevados em outros mercados. Muitos governos nacionais consideram o *dumping* uma forma de concorrência desleal e, por isso, criam leis *antidumping* ou iniciam uma ação judicial junto à Organização Mundial do Comércio.

## Lidando com a escalada de preços internacionais

A **escalada de preços internacionais** refere-se ao problema dos preços para o usuário que atingem níveis exorbitantes no mercado em razão dos custos da distribuição, tarifas e outras despesas para chegar aos clientes internacionais (tais custos podem ser vistos na Tabela 17.2). A escalada de preços internacionais pode significar que o preço de venda no mercado de exportação seja duas ou três vezes o preço doméstico, criando uma desvantagem competitiva para o exportador. As empresas podem utilizar cinco estratégias principais para combater a escalada de preços decorrente da exportação.[20]

Primeiro, o exportador pode tentar *encurtar o canal de distribuição*. O exportador pode configurar uma rota mais direta para chegar ao cliente final ignorando alguns intermediários no canal. Com um canal mais curto, há menos intermediários para compensar, o que reduz o preço final do produto. Em segundo lugar, o *produto pode ser redesenhado* para evitar componentes caros. Por exemplo, a Whirlpool desenvolveu uma máquina de lavar sem frisos que pode ser produzida com baixos custos e que é vendida por um preço mais baixo nas economias em desenvolvimento. Em terceiro lugar, a empresa pode *enviar seus produtos desmontados*, como peças e componentes, obtendo, assim, tarifas de importação mais baixas. A empresa executará a montagem final no mercado externo, muitas vezes usando mão de obra de baixo custo. Algumas empresas montam seus produtos nas zonas de comércio exterior (ZCE), onde os custos de importação são menores e os incentivos do governo podem ser interessantes.[21] Em quarto lugar, algumas empresas estudam se o produto pode *ser reclassificado usando uma tabela diferente* a fim de obter tarifas mais baixas. Suponha que a Motorola enfrenta tarifas elevadas na exportação de 'equipamentos de telecomunicações' para a Bolívia. Se o produto for reclassificado como 'equipamento de informática', a Motorola pode exportar o produto com uma tarifa mais baixa. A prática é possível porque os produtos importados frequentemente podem entrar em mais de uma categoria de produtos para fins de estabelecimento de tarifas. Finalmente, a empresa pode decidir *mudar a produção ou fazer uma ação de sourcing para outro país* para tirar proveito da redução dos custos de produção ou obter taxas de câmbio favoráveis.

## Administrando os preços sob condições variáveis de moeda

A força da moeda do país de origem comparada com a moeda de seus parceiros comerciais afeta os preços da empresa no exterior. Por exemplo, quando o dólar norte-americano é forte, é mais caro para os europeus comprarem produtos norte-americanos. Inversamente, quando o dólar norte-americano está em baixa, os europeus gastam menos com os produtos norte-americanos. Nos mercados de exportação, uma moeda doméstica forte pode afetar a competitividade, enquanto uma moeda nacional fraca faz com que os preços da empresa sejam mais competitivos. Veja a Tabela 17.4 para as estratégias que as empresas podem utilizar para reagir a qualquer depreciação ou valorização das moedas locais.[22]

## Preços de transferência

Também conhecidos como preços intracorporativos, os **preços de transferência** referem-se à prática de preços de produtos intermediários ou acabados, trocados entre as subsidiárias e as filiais de um mesmo conglomerado localizada em diferentes países.[23] Por exemplo, quando a fábrica da Ford na África do Sul vende peças e componentes para a fábrica da Ford na Espanha, cobra um preço de transferência para esta operação interna. Estes preços, para os produtos transferidos dentro da família corporativa da Ford, são diferentes dos preços de mercado que a Ford cobra de seus clientes externos.

As multinacionais como a Ford tentam controlar os preços internos principalmente por duas razões. Primeiro, as empresas utilizam o preço de transferência para repatriar — ou seja, para trazer de volta ao país de origem os lucros provenientes dos países que as proíbem de tirar seu lucro do país onde foi adquirido. Ocasionalmente, um governo estrangeiro pode bloquear a transferência de fundos para fora do país, por motivo de escassez de sua própria moeda. Quando isso acontece, a multinacional pode optar por cobrar preços mais elevados para sua filial estrangeira como meio alternativo de transferência de dinheiro para fora do país da filial. Dessa forma, a filial transfere fundos substanciais para a matriz, pagando altos preços dos bens importados. A estratégia funciona porque os controles impostos sobre o dinheiro transferido desta forma normalmente não são tão rigorosos quanto os controles impostos sobre o repatriamento direto de lucros. Em segundo lugar, os preços de transferência podem servir como um veículo para as empresas multinacionais transferirem lucros de um país com um imposto de renda corporativo alto para um país de imposto de renda corporativo baixo e, assim, aumentar a rentabilidade global. Quando isso ocorre, a multinacional pode optar por maximizar as despesas (e, portanto, minimizar os lucros) da filial do país estrangeiro, cobrando preços elevados para produtos vendidos para o afiliado. As multinacionais normalmente centralizam os preços de transferência sob a direção do diretor financeiro na matriz da empresa.

Considere a Figura 17.3 para uma ilustração simples de preços de transferência. Uma subsidiária pode comprar ou vender um produto acabado ou intermediário de outra fi-

Tabela 17.4 Estratégias para lidar com condições variáveis de moeda

| *Quando o exportador ganha uma vantagem de preços porque a moeda de seu país está DEPRECIANDO em relação à moeda do cliente, ele deve:* | *Quando o exportador sofre com a desvantagem de preços porque sua moeda está VALORIZANDO em relação à moeda do cliente, ele deve:* |
|---|---|
| Salientar os benefícios dos preços baixos da empresa para os clientes estrangeiros. | Acentuar as vantagens competitivas em elementos diferentes ao preço em seu programa de marketing, como a qualidade do produto, entrega e serviço pós-venda. |
| Manter os níveis normais de preços, aumentar a linha de produtos ou adicionar componentes mais caros. | Considerar a redução dos preços aumentando a produtividade e reduzindo os custos de produção ou redesenhando o produto para eliminar componentes caros. |
| Explorar mais oportunidades de exportação nos mercados em que a taxa de câmbio favorável exista. | Concentrar-se na exportação para países cujas moedas não tenham valorizado em relação à moeda do exportador. |
| Acelerar o repatriamento de rendimentos estrangeiros auferidos. | Manter os rendimentos obtidos no estrangeiro na moeda do cliente e atrasar a cobrança de contas a receber no estrangeiro (se houver uma previsão de que a moeda do cliente irá recuperar sua força em um tempo razoável). |
| Minimizar as despesas na moeda do cliente (por exemplo, em publicidade e transporte local). | Maximizar as despesas na moeda do cliente. |

lial abaixo do custo, a custo, ou acima do custo. Suponha que a multinacional trata a subsidiária A como a unidade favorecida. Isto é, a subsidiária A pode *abastecer-se a custo ou abaixo do custo* e *vender a um preço relativamente elevado* quando negocia com outras filiais. Quando isso é aplicado consistentemente ao longo do tempo, a subsidiária A vai produzir resultados financeiros relativamente mais favoráveis em detrimento das subsidiárias B, C e D. Mas por que a matriz da empresa permitiria isso? Neste cenário, a subsidiária favorecida A possivelmente se encontra em um país que tem:

- Impostos de renda corporativos menores
- Tarifas elevadas para o produto em questão
- Regras contábeis favoráveis para calcular o rendimento corporativo
- Estabilidade política
- Pouca ou nenhuma restrição à repatriação de lucros
- Importância estratégica para a multinacional

Embora o desempenho financeiro da subsidiária seja trabalhado de forma artificial, o lucro da multinacional geral é otimizado. No entanto, este benefício costuma ter um custo. Primeiro, há uma complicação decorrente das medidas de controle interno. A manipulação de preços de transferência torna muito difícil determinar a contribuição para o lucro real por parte de uma subsidiária. Em segundo lugar, os problemas motivacionais afloram em uma filial cujo lucro parece ter sido pior do que realmente foi. Em terceiro lugar, alguns gerentes da filial podem reagir negativamente à manipulação de preços. Em quarto lugar, há uma preocupação com as normas contábeis locais. As subsidiárias, sendo empresas locais, devem respeitar essas regras. Surgirão problemas jurídicos se a filial seguir normas de contabilidade que não são aprovadas pelo governo anfitrião. De fato, muitos governos fiscalizam de perto os preços de transferência das empresas multinacionais para garantir que as empresas estrangeiras paguem a parcela justa dos impostos pelos lucros reais informados.

## Atividade de mercado cinza (importações paralelas)

O que empresas como a Caterpillar, Duracell, Gucci, Mercedes-Benz e Sony têm em comum? São empresas multinacionais com marcas estabelecidas que são alvo da atividade do mercado cinza. A Figura 17.4 ilustra a natureza dos fluxos e dos relacionamentos em uma atividade de mercado cinza — a importação legal de produtos genuínos em um país por intermediários diferentes aos distribuidores autorizados.[24] Considere um fabricante que produz no país de origem e exporta seus produtos para outro país, conforme ilustrado pela seta cinza claro entre os países A e B na Figura 17.4. Se o preço original do produto é muito mais baixo no país B, então os corretores do mercado cinza podem explorar as oportunidades de arbitragem — compram o produto a um preço baixo no país B, importam-no para o país de origem e depois o vendem a um alto preço lá, como indicado pela seta cinza escuro.

Nesse cenário, a primeira operação, ilustrada pela seta cinza claro, é realizada por intermediários autorizados do canal. A segunda operação, ilustrada pela seta cinza escuro, é realizada por intermediários não autorizados. Chamados de comerciantes de *mercado cinza*, os intermediários não autorizados geralmente são empresários independentes. Já que suas operações são paralelas às operações dos distribui-

Figura 17.3 Como o preço de transferência pode maximizar o lucro geral informado da empresa

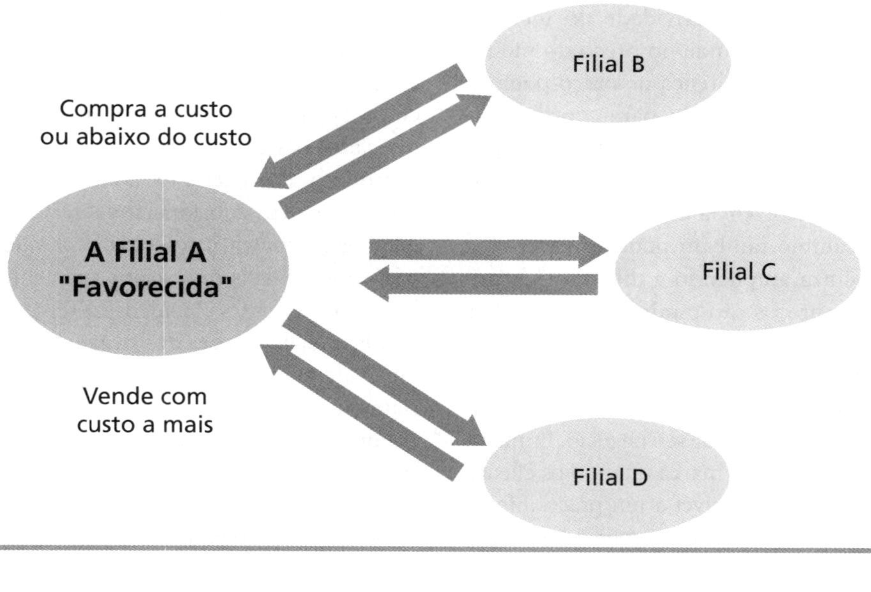

Figura 17.4 Ilustração da atividade de mercado cinza

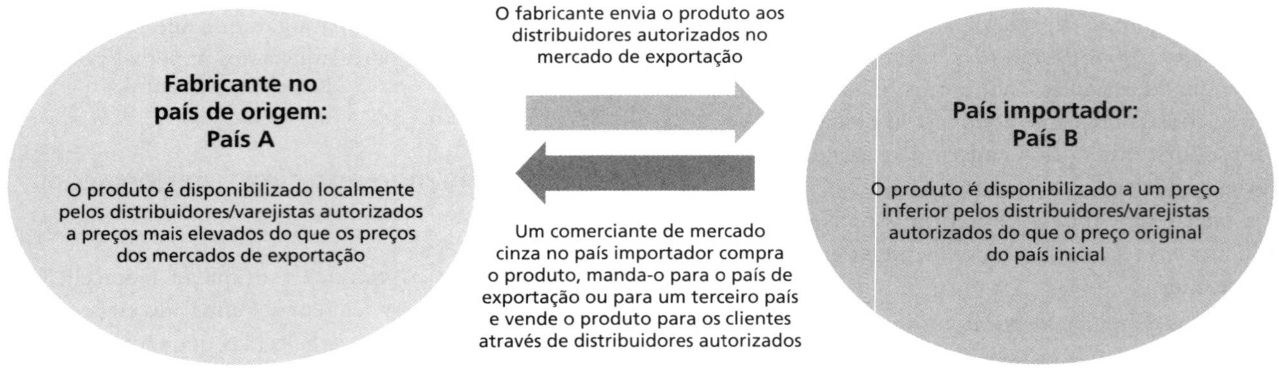


dores autorizados, a atividade do mercado cinza é também chamada de *importação paralela*.

Fabricante no país de origem: País A
O produto é disponibilizado localmente pelos distribuidores/varejistas autorizados a preços mais elevados do que os preços dos mercados de exportação
O fabricante envia o produto aos distribuidores autorizados no mercado de exportação
Um comerciante de mercado cinza no país importador compra o produto, manda-o para o país de exportação ou para um terceiro país e vende o produto para os clientes através de distribuidores autorizados
País importador: País B
O produto é disponibilizado a um preço inferior pelos distribuidores/varejistas autorizados do que o preço original do país inicial

Um exemplo recente da atividade de mercados cinza pode ser obtido do comércio farmacêutico entre os Estados Unidos e o Canadá, no qual, neste último, os medicamentos estão disponíveis a um custo menor. Alguns consumidores nos Estados Unidos compram seus medicamentos em farmácias on-line do Canadá, poupando uma boa quantia de dinheiro. A oportunidade de mercado cinza surge porque as províncias canadenses negociam com as empresas farmacêuticas para estabelecerem um preço por atacado — muitas vezes inferior aos preços praticados nos Estados Unidos. Embora a U.S. Federal Drug Administration (FDA) desencoraje a importação de drogas de outros países, já que sua autenticidade ou sua eficácia não podem ser verificadas, os consumidores continuam comprando seus medicamentos das farmácias do Canadá pela Internet. A atividade de mercado cinza é especialmente comum entre as marcas *premium* de automóveis, máquinas fotográficas, relógios, computadores, perfumes e até equipamentos de construção. Também ocorre na compra e venda de mercadorias como lâmpadas e peças de automóveis.

Você pode ver que a causa da atividade do mercado cinza é uma diferença bastante grande no preço do mesmo produto entre dois países. Essa diferença de preço pode ser devida a: (1) incapacidade do fabricante para coordenar os preços em seus mercados, ou (2) esforço consciente por parte da empresa de cobrar preços mais altos em alguns países quando as condições de concorrência assim o permitem. As flutuações da taxa de câmbio também podem exacerbar a atividade do mercado cinza ampliando a diferença de preços entre produtos cujos preços são estabelecidos em duas moedas diferentes.

Os fabricantes de produtos de marca têm boas razões para estarem preocupados. A atividade substancial do mercado cinza complica pelo menos três aspectos de seu negócio. Primeiro, há o risco de manchar a imagem da marca quando os clientes percebem que o produto está disponível a um preço inferior em canais alternativos, particularmente em mercados de menor prestígio. Em segundo lugar, as relações entre fabricante e distribuidor ficam tensas porque as importações paralelas afetam as vendas dos distribuidores autorizados. Em terceiro lugar, a atividade do mercado cinza pode afetar a previsão de vendas regionais, as estratégias de preços, os planos de *merchandising* e outros esforços de marketing.

Nos Estados Unidos, a legalidade da importação paralela não tinha sido esclarecida (daí o termo "mercado *cinza*") até que o Supremo Tribunal dos Estados Unidos decidiu, em 1988, que os proprietários da marca não podem impedir a importação paralela. Com a decisão em favor dos comerciantes do mercado cinza, a Suprema Corte agiu para melhor servir os interesses do consumidor, quem tem acesso a produtos verdadeiros (não falsificados) a preços substancialmente mais baixos. Já que o *lobby* feito pela COPIAT (coalizão para preservar a integridade das marcas americanas, em inglês, *The Coalition to Preserve the Integrity of American Trademarks*) ainda não produziu uma legislação adequada para impedir as importações do mercado cinza, as empresas são obrigadas a desenvolver suas próprias soluções para combater essa atividade.

As empresas podem exercer pelo menos quatro estratégias para lidar com o mercado cinza.[25] Em primeiro lugar, podem estabelecer uma agressiva *redução dos preços* em países e regiões onde agem os comerciantes do mercado cinza. Segundo, podem interferir no fluxo dos produtos em mercados onde os comerciantes do mercado cinza adquirem o produto. Por exemplo, a empresa norte-americana Pfizer poderia reduzir substancialmente a transferência de seu medicamento contra o colesterol chamado Lipitor no Canadá para obter níveis que sejam suficientes apenas para o uso local dos pacientes canadenses. Terceiro, as empresas podem divulgar as limitações dos canais do mercado cinza. Proprietários de marcas como as companhias farmacêuticas poderiam inundar a mídia com mensagens que diplomaticamente criem dúvidas sobre os produtos do mercado cinza. Os consumidores que compram de farmácias on-line do Canadá foram advertidos de que os produtos que recebem através desses canais podem ser falsos. Na verdade, esta é uma preocupação legítima, já que os medicamentos falsificados entram nas farmácias do Canadá e dos Estados Unidos.[26] Finalmente, as empresas podem projetar produtos com características exclusivas que atraiam os clientes. Adicionar características de segurança, luxo ou outros elementos funcionais únicos para cada mercado reduz a probabilidade de que os produtos sejam adquiridos por outros meios.

## Comunicações no âmbito do marketing internacional

As empresas utilizam a *comunicação de marketing* (também conhecida como *promoção*) para fornecer informações e se comunicar com os clientes existentes e potenciais, com o objetivo final de estimular a procura. As comunicações internacionais de marketing trabalham com a publicidade e com as atividades promocionais. A natureza dessas atividades pode variar substancialmente ao redor do mundo. Vamos examiná-las com mais detalhes.

### Publicidade internacional

As empresas realizam publicidade na *mídia*, o que inclui mala direta, rádio, televisão, cinema, outdoors, trânsito, mídia impressa e Internet. O trânsito refere-se a anúncios colocados em ônibus, trens e metrôs e é particularmente útil nas grandes cidades. A *mídia impressa* refere-se a jornais, revistas e publicações especializadas. Podemos avaliar a disponibilidade de mídia analisando a quantidade de gasto com publicidade por região. Em 2006, os gastos com publicidade na mídia de massa (jornais, revistas, televisão, rádio, cinema, outdoors e Internet) aumentou a quase US$ 100 bilhões na Europa Ocidental e na região da Ásia-Pacífico. Nos Estados Unidos, os gastos com publicidade totalizaram quase US$ 200 bilhões.

A disponibilidade e a qualidade da mídia determinam a viabilidade e a natureza da comunicação de marketing. A Tabela 17.5 fornece estatísticas sobre a mídia para vários países. A taxa de alfabetização indica o número de pessoas que podem ler — uma habilidade importante para entender a maioria dos anúncios. Outros dados revelam a diversidade da mídia nos países selecionados. A mídia é amplamente utilizada nas economias avançadas. Nas economias em desenvolvimento, no entanto, a TV, o rádio, a Internet e os jornais podem ser limitados. A empresa deve usar abordagens criativas para anunciar em países com baixas taxas de alfabetização e com infraestrutura limitada de mídia. Certas mídias fazem sentido para alguns países, mas para outros não. Por exemplo, o México e o Peru trabalham muito com a publicidade televisiva, o Kuwait e a Noruega concentram-se na mídia impressa, e a Bolívia utiliza uma grande quantidade de publicidade exterior em outdoors e edifícios.

Para a empresa, os gastos com publicidade internacional variam dependendo do tamanho e da extensão de suas operações no exterior. Por exemplo, as pequenas empresas muitas vezes carecem de recursos para fazer propaganda na TV ou desenvolver uma força de vendas externa. As diferenças de cultura, leis e disponibilidade de mídia significa que raramente é possível duplicar nos mercados estrangeiros o tipo e o mix de publicidade utilizado no mercado doméstico. Por exemplo, o governo italiano limita a publicidade na televisão dos canais estatais a 12 por cento de tempo ao ar por hora e quatro por cento por semana. O México e o Peru exigem que as empresas produzam comerciais para o público local em seus respectivos países e usando atores locais.

A publicidade transmite uma mensagem codificada em linguagem, símbolos, cores e outros atributos, cada um dos quais podendo ter significados distintos. A receptividade do comprador difere em função da cultura e linguado idioma. A cultura determina as atitudes do comprador perante o papel e a função da publicidade, o conteúdo de humor, a

Tabela 17.5 Características da mídia em países selecionados

| | *Taxa de alfabetização (porcentagem da população)* | *Porcentagem de lares com televisão* | *Estações de rádio por milhão de pessoas* | *Jornais por milhão de pessoas* |
|---|---|---|---|---|
| Argentina | 97 | 97 | 6,5 | 2,7 |
| Austrália | 99 | 96 | 30,0 | 2,4 |
| China | 91 | 91 | 0,5 | 0,7 |
| Índia | 60 | 37 | 0,2 | 4,8 |
| Japão | 99 | 99 | 9,2 | 0,9 |
| México | 92 | 92 | 13,0 | 2,9 |
| Holanda | 99 | 99 | 15,2 | 2,1 |
| Nigéria | 68 | 26 | 0,9 | 0,2 |
| África do Sul | 86 | 54 | 13,7 | 0,4 |
| Estados Unidos | 99 | 99 | 46,7 | 5,0 |

FONTE: CIA World Factbook, disponível em: www.cia.gov; World Bank, disponível em: www.worldbank.org.

Nota: Informações mais recentes do ano disponível.

representação de personagens (como o papel dos homens e das mulheres) e os padrões de decência. Na China, a Nike Inc. publicou um anúncio produzido para o público norte-americano em que a estrela da NBA LeBron James luta e vence um mestre chinês do Kung Fu gerado no computador. Os consumidores chineses ficaram ofendidos, e o governo nacional da China proibiu o anúncio.[27]

Muitas empresas multinacionais tiveram sucesso na aplicação de uma abordagem relativamente padronizada para a publicidade internacional. A Benetton, fabricante italiana de vestuário, realiza essencialmente a mesma campanha publicitária bem-sucedida conhecida como "United Colors of Benetton", que caracteriza a harmonia inter-racial nos mercados mundiais. A abordagem da publicidade de Levi-Strauss é semelhante em todo o mundo, destacando a imagem norte-americana de todos seus produtos. Um anúncio de TV na Indonésia mostrou um grupo de adolescentes atravessando uma pequena cidade norte-americana em conversíveis da década de 1960. No Japão, a Levi's frequentemente utilizava o ator James Dean, estrela de cinema da década de 1950 nos Estados Unidos, como o ponto alto de sua propaganda. O letreiro nos anúncios da Levi's é geralmente em inglês em qualquer lugar do mundo.[28] As campanhas de publicidade mais eficazes baseiam-se em uma plena compreensão das motivações de compra, valores, comportamento, poder de compra e características demográficas do público-alvo.

A maioria das empresas multinacionais contrata agências de publicidade para criar conteúdos promocionais e para selecionar a mídia para os mercados estrangeiros. Normalmente, a escolha é entre uma agência do país com experiência internacional, uma agência local com conhecimento do mercado-alvo e uma *agência de publicidade global* que tenha escritórios no mercado-alvo. A Tabela 17.6 identifica as principais agências de publicidade global. Essas agências mantêm redes de filiais e escritórios locais em todo o mundo. Portanto, podem criar publicidade que é global sem deixar de ser sensíveis às condições locais, oferecendo uma gama de serviços adicionais como pesquisa de mercado, publicidade e *design* de embalagem.

## Atividades de promoção internacional

As atividades promocionais são atividades de marketing de curto prazo destinadas a estimular a aquisição inicial do produto, a compra imediata ou o aumento nas compras, bem como melhorar a eficácia da intermediação e a cooperação. Incluem ferramentas como cupons, propaganda no ponto de compra, demonstrações, amostras, concursos, brindes e interface na Internet. Algumas atividades promocionais (por exemplo, os cupons) são ilegais ou proibidas em alguns países. Por exemplo, Grécia, Portugal e Espanha permitem praticamente todo tipo de promoção, mas Alemanha, Noruega e Suíça proíbem ou restringem alguns. Outras atividades promocionais, como os brindes, podem ser consideradas antiéticas. Dependendo do país, alguns consumidores podem perder a motivação por causa de certas atividades. Em grande parte do mundo, as atividades de promoção são relativamente raras e podem ser mal interpretadas. Por exemplo, receber uma oferta gratuita é difícil de interpretar em algumas sociedades. As atividades promocionais geralmente requerem alto nível de sofisticação intermediário por parte do intermediador ou do varejista a fim de ter êxito.

## Gerenciamento global de contas

Com a maior transparência dos mercados, os clientes globais exigem preços, qualidade e serviço ao cliente

**Tabela 17.6** As maiores agências globais de publicidade em 2005

| *Posicionamento* | *Agência* | *Escritório principal* | *Matriz* |
|---|---|---|---|
| 1 | McCann Erickson Worldwide | Estados Unidos | Interpublic Group, Estados Unidos |
| 2 | Ogilvy & Mather | Estados Unidos | WPP Group, Reino Unido |
| 3 | Grey Worldwide | Estados Unidos | WPP Group, Reino Unido |
| 4 | Euro RSCG Worldwide | Estados Unidos | Havas, França |
| 5 | Saatchi & Saatchi | Estados Unidos | Publicis Groupe, França |
| 6 | BBDO Worldwide | Estados Unidos | Omnicom Group, Estados Unidos |
| 7 | Publicis | França | Publicis Groupe, França |
| 8 | JWT | Estados Unidos | WPP Group, Reino Unido |
| 9 | Y&R Advertising | Estados Unidos | WPP Group, Reino Unido |
| 10 | Lowe Worldwide | Reino Unido | Interpublic Group, Estados Unidos |

FONTE: adaptado de: ENDICOTT, R. C. "Ad Age Global Marketing Report 2005". *Advertising Age*. 14 nov. 2005.

uniformes e coerentes. O **gerenciamento global de contas** (GGC) refere-se ao atendimento de um cliente global importante de uma forma consistente e padronizada, independentemente do local no mundo onde ela opera. Por exemplo, o Walmart é uma conta-chave global para a Procter & Gamble, uma vez que ele compra uma quantidade substancial de seus produtos. O Walmart espera um serviço consistente, incluindo preços uniformes para o mesmo produto da P&G, independentemente do país da operação. As contas-chave, como Migros, Zellers e Walmart, normalmente compram de um grupo de fornecedores preferenciais que atendem às suas especificações. Os fornecedores segmentam esses clientes-chave focando recursos em níveis nacional, regional e nas operações baseadas na função usando o GGC, cujos programas incluem equipes multifuncionais dedicadas, atividades especializadas de coordenação para contas específicas e estruturas e processos formais. Os sites privativos baseados em TI facilitam a implementação de tais sistemas. Cada cliente global recebe um gerente de conta global, ou uma equipe inteira, que oferece ao cliente suporte de marketing e de serviços coordenado em vários países.[29]

## Distribuição internacional

A distribuição refere-se aos processos de obtenção do produto ou serviço a partir de seu local de origem até o cliente. A distribuição é o mais inflexível dos elementos do programa de marketing. Uma vez que uma empresa estabelece um canal de distribuição, pode ser difícil mudar. Como discutido nos capítulos 3 e 13, as abordagens mais comuns para a distribuição internacional incluem a participação de intermediários independentes (para empresas exportadoras) ou o estabelecimento de subsidiárias de marketing e vendas diretamente nos mercados-alvo (uma abordagem baseada em IDE).

Para os exportadores, os intermediários normalmente incluem distribuidores estrangeiros, agentes, companhias de comércio e empresas de gestão de exportação. Muitos exportadores preferem um distribuidor com estoque completo porque este possui o conhecimento do produto, o pessoal especializado, as instalações físicas (na forma de armazéns) e os recursos financeiros. Quando a empresa entra em um mercado com investimento direto, estabelece uma subsidiária. Isso implica investir diretamente no mercado alugando, adquirindo ou estabelecendo um escritório de vendas, instalações de produção, armazém ou um canal de distribuição inteiro. Entrar em um novo mercado sendo um investidor direto estrangeiro oferece várias vantagens. Primeiro, ajuda a garantir o controle sobre as atividades de marketing e distribuição no mercado-alvo. Em segundo lugar, facilita o controle do desempenho dos funcionários e outros atores do mercado local. Em terceiro lugar, permite que a empresa se aproxime do mercado, o que é especialmente útil quando o mercado é complexo está em constante mudança.

Algumas empresas ignoram completamente os sistemas tradicionais de distribuição usando *marketing direto* — vendendo diretamente aos clientes finais. Para complementar os esforços de marketing direto, muitas empresas utilizam a Internet para fornecer a informação e os meios para que os estrangeiros comprem seus produtos. Algumas empresas, como a Amazon.com, têm sua operação inteiramente baseada na Internet, sem lojas de varejo. Outras, como Carrefour, Coles e Tesco, combinam o marketing direto com o varejo tradicional.

O canal de distribuição internacional é diferente para o exportador e para a subsidiária estrangeira. O exportador envia as mercadorias para seu intermediador, que leva o produto pelo processo de alfândega e pelo canal de distribuição externa até os varejistas ou os clientes finais. Em contrapartida, a filial estrangeira pode funcionar como seu próprio distribuidor, trabalhando diretamente com os clientes e revendedores para levar os produtos através do canal para o mercado local. O *comprimento do canal* refere-se ao número de distribuidores ou intermediários necessários para levar o produto do fabricante até o mercado. Quanto maior for o canal, mais intermediários a empresa deve compensar e mais caro será o canal. Por exemplo, o Japão é famoso por seus canais de distribuição extensos envolvendo vários intermediários. Os altos custos do canal contribuem para a escalada de preços internacionais, criando uma desvantagem competitiva para a empresa.

## Dimensões éticas do marketing internacional

Em virtude da globalização dos mercados, as atividades de marketing das empresas influenciam fortemente as decisões de compra dos consumidores no mundo inteiro. As multinacionais agora reconhecem que os seus clientes e outras partes interessadas esperam um comportamento socialmente responsável e provas de cidadania corporativa em suas operações internacionais. Muitas empresas multinacionais estão desenvolvendo ativamente políticas destinadas a atender às mais altas expectativas do público. Uma dimensão importante da cidadania corporativa é a forma como as empresas desenvolvem e alinham seus produtos e serviços para criar maior valor para a sociedade. Em termos de marketing, assegurar que os fornecedores tenham boa renda, fornecer os produtos necessários para os consumidores pobres e eliminar os produtos utilizados de forma responsável são exemplos de questões que estão no topo da responsabilidade social corporativa (RSC).

Por exemplo, em suas 7.400 lojas em toda a Europa, o McDonald's, em 2007, começou a vender café proveniente de produtores certificados pela Rainforest Alliance. Essa organização sem fins lucrativos visa garantir um rendimento sustentável para os produtores de café mais pobres do mundo, principalmente na África.[30] Em um movimento semelhante, a Nestlé, em 2005, juntou-se ao movimento do Comércio Justo e começou a oferecer uma marca de café de agricultores que recebem um preço garantido acima dos níveis do mercado mundial.

Enquanto isso, algumas empresas estão desenvolvendo produtos para atender às necessidades dos pobres do mundo, como uma bicicleta equipada para transportar cargas pesadas e bombas simples para irrigar o campo durante a estiagem. Esses produtos ajudam as pessoas que não podem pagar por produtos tecnológicos industrializados direcionados normalmente aos usuários das economias avançadas. Por exemplo, a Quanta Computers Inc. fez um computador portátil que é barato o suficiente — quase US$ 100 — para ajudar a garantir que as crianças nos países pobres tenham acesso às tecnologias de informação que impulsionam a economia mundial. O computador destina-se a cerca de dois bilhões de crianças nas economias em desenvolvimento que recebem pouca ou nenhuma educação.[31]

A Motorola desenvolveu várias iniciativas para promover maior acesso às comunicações móveis em economias em desenvolvimento, onde a telefonia fixa frequentemente é insuficiente ou inexistente e limita o desenvolvimento econômico. O serviço telefônico é um veículo crítico que promove o aumento do espírito empresarial e o PIB. Muitos países investiram em infraestrutura de telefonia fixa e desenvolveram redes de telefonia móvel para atender às necessidades de telecomunicações nacionais. Estima-se que o número de clientes de telefonia móvel nas economias em desenvolvimento dobre entre 2006 e 2010, ultrapassando os dois bilhões de usuários. Para apoiar esse crescimento, a Motorola entregou mais de 16 milhões de telefones móveis de baixo custo (menos de US$ 30) a mais de 50 países em desenvolvimento. Em 2006, a empresa ajudou a desenvolver um sistema baseado na telefonia móvel para fornecer cuidados aos doentes na África, onde os trabalhadores da área da saúde arquivam os relatórios do paciente e verificam o fornecimento de medicamentos pelo celular. A conectividade trazida pelo celular ajuda os profissionais em áreas pobres a lidar mais eficazmente com os surtos de doenças, a medicina escassa e o cuidado à saúde.[32]

Uma questão ambiental crítica no marketing é a eliminação adequada dos produtos utilizados. Nos Estados Unidos, por exemplo, os consumidores têm mais de três bilhões de produtos eletrônicos, que vão desde telefones celulares a computadores e televisores. As rápidas mudanças tecnológicas fazem com que a expectativa de vida desses produtos seja cada vez mais reduzida. Geralmente, não são descartados porque quebram, mas porque há melhores versões disponíveis. Os produtos que poderiam ser reciclados acabam em aterros sanitários, prejudicando o meio ambiente natural. Na Europa, os governos nacionais criaram leis para lidar com o problema. A diretoria de Eliminação de Equipamentos Elétricos e Eletrônicos (WEEE, do inglês *Waste Electrical and Electronic Equipment*) da União Europeia passa a responsabilidade pela coleta e reciclagem dos produtos eletrônicos obsoletos para as empresas. Já há leis semelhantes aprovadas em alguns Estados dos Estados Unidos. As leis europeias também restringem os tipos de materiais (por exemplo, substâncias nocivas, como chumbo e mercúrio) que podem ser usados para fabricar produtos eletrônicos. Enquanto isso, a Cisco e outras empresas criaram programas de incentivos que pedem para os consumidores devolverem os equipamentos antigos, muitas vezes como entrada para a compra de novos produtos. O programa da Cisco foi concebido como um incentivo financeiro para evitar que os equipamentos antigos parem nos aterros sanitários.[33]

## ESTUDO DE CASO

# MTV Índia: equilibrando o marketing global com o local

A MTV Networks (www.mtv.com), uma divisão da Viacom, tem uma grande audiência entre os jovens na Ásia, na Austrália, no Canadá, na Europa e na América Latina. No total, a MTV é transmitida em mais de 170 países em 32 idiomas. Apenas 20 por cento de todos os espectadores da MTV moram nos Estados Unidos, o mercado doméstico da empresa. Há 136 canais da MTV distintos e 230 sites e são vistos mais do que qualquer outra rede global, incluindo a CNN. Originalmente criado como um canal básico por assinatura dedicado à música, a MTV já abrange um leque de serviços de mídia e até mesmo de produtos licenciados para o consumidor.

A MTV foi para o contexto internacional pela primeira vez em 1987, quando lançou a MTV Europa. Com o mercado norte-americano perto da saturação, a empresa decidiu trabalhar o enorme e crescente número de jovens no mercado estrangeiro. De fato, cerca de uma em cada quatro pessoas ao redor do mundo tem entre 15 e 34 anos de idade. Apesar de ser um gigante da mídia global, a MTV mantém sua estratégia internacional de "Pensar global e localmente, agindo da forma adequada". A empresa exige que cerca de 70 por cento de sua programação seja desenvolvida ou adaptada para cada um dos segmentos da juventude que tem como alvo no exterior. Mas embora a maioria dos canais da MTV tenha florescido, especialmente no Brasil e no Reino Unido, outros têm dificuldades para encontrar um nicho, especialmente na Ásia e, mais especificamente, na Índia.

Com 470 milhões de pessoas entre as idades de 10 e 34 anos, a Índia parece ser um enorme mercado potencial. A classe média da Índia está crescendo rapidamente e o número de lares com televisão aumentou exponencialmente nos últimos anos para 100 milhões, a metade é composta por televisão por assinatura. A abertura econômica fez com que as empresas estrangeiras entrassem na Índia mais facilmente. No entanto, o mercado indiano apresenta vários desafios. Existem cerca de 100 canais por assinatura competindo pelos dólares da publicidade. A concorrência pelos assinantes é intensa, e as margens de lucro geralmente são pequenas demais. Há também a corrupção e o roubo, incluindo as gambiarras, pirataria e roubo das assinaturas dos clientes. As famílias da Índia assistem à TV com a família inteira, o que torna difícil para os anunciantes isolarem o público-alvo.

A MTV entrou pela primeira vez na Índia com um contrato de licenciamento de baixo risco com a Hong Kong Star TV. Inicialmente, a MTV era apenas responsável pela programação, enquanto a Star TV trabalhava na negociação de acordos com companhias fornecedoras de TV por assinatura e anunciantes locais. Já que os mercados continuavam pequenos e pouco desenvolvidos, a MTV criou uma estratégia de marketing regional, oferecendo um canal de música asiática.

Mais tarde, a Star TV foi vendida para a News Corporation, o gigante de mídia de propriedade de Rupert Murdoch. A News Corporation tinha seu próprio canal de música, conhecido simplesmente como [V], de modo que a Star TV encerrou sua parceria com a MTV e chegou a seduzir funcionários-chave da própria MTV para desenvolver um novo canal de música específico para a Índia. Conforme a MTV continuava sua abordagem de marketing regional, visando toda a Ásia e empregando apresentadores que falavam em inglês, a diretoria da [V] tentava uma abordagem diferente. Decidiu adaptar seu canal de música para satisfazer as preferências dos clientes em cada um dos mercados asiáticos. Esta abordagem valeu a pena, pois a [V] conseguiu captar muito do mercado inicial da MTV. Com o tempo, conforme a [V] foi crescendo, a MTV esforçou-se para ganhar público utilizando uma programação mais padronizada.

A MTV também cometeu alguns erros que prejudicaram suas perspectivas na Ásia. O pessoal indiano da MTV insistia que muitas das músicas populares de Bollywood (Bollywood é o equivalente indiano da indústria cinematográfica de Hollywood) não eram "legais" o suficiente para o mercado adolescente. No entanto, o público indiano não pensava a mesma coisa e a audiência da MTV sofreu muito com isso. Aos poucos, outros canais de música foram aparecendo, apresentados em uma variedade de dialetos locais da população.

Finalmente, no final da década de 1990, a MTV optou por uma abordagem mais localizada e começou a adaptar sua programação. Lançou a MTV Índia, com sede em Mumbai e transmitida em Bangladesh, Nepal, Paquistão, Sri Lanka e no Oriente Médio. A MTV Índia utilizava novas tecnologias como a compressão digital para alcançar seus objetivos de aumento da programação local. Quando a MTV começou a incluir mais música de Bollywood em sua programação, o rating subiu 700 por cento. Os apresentadores começaram a falar uma mistura de inglês com hindi, chamado de "*Hinglish*". A MTV também mirou a juventude indiana com partidas de cricket e desfiles de moda. À medida que a sofisticação de sua estratégia melhorava, a MTV conseguiu mais público e, finalmente, superou sua principal rival, a [V]. No nível mundial, no entanto, a rentabilidade da MTV Índia ainda era baixa em relação às outras subsidiárias internacionais da empresa, principalmente pela baixa receita vinda da publicidade.

A MTV devia ser criativa para tornar-se rentável. Inicialmente, estabeleceu relações com os anunciantes. Em vez de simplesmente vender espaços de tempo para os anunciantes, desenvolvia programação que incorporava um determinado produto ou marca. Por exemplo, a empresa trabalhou com a Honda para desenvolver o programa "*Roadies*", uma série que documentava as experiências de sete jovens que viajavam pela Índia em motos Honda. A MTV criou também o programa "A festa dançante mais longa do mundo", patrocinado pelo desodorante Axe, e um desfile de moda patrocinado pela Lycra®.

Em última análise, a MTV descobriu que não podia simplesmente exportar programação norte-americana para a Índia. Os programas que eram extremamente populares nos Estados Unidos, como "*The Osbournes*", nem eram percebidos na Índia. A MTV voltou-se cada vez mais para o público indiano, desenvolvendo programação cara adaptada às características específicas e culturais.

A adaptação local da programação de TV parece ter funcionado bem para a MTV. No entanto, a diretoria da MTV está preocupada com o fato de a empresa não poder colher os benefícios de uma estratégia de marketing global. A programação é transmitida em todo o mundo, mas muitos canais são altamente localizados, reduzindo os ganhos potenciais das economias de escala. Assim, a mais recente iniciativa estratégica foi desenvolver uma programação uniforme que pudesse ser vendida em vários países. Portanto, a MTV aumentou muito a verba para programação internacional e desenvolveu uma equipe conjunta em Londres e Nova York para desenvolver ideias.

Além disso, suspeitando estar perdendo oportunidades para atender ao mercado jovem com produtos e serviços alternativos como os games, a MTV quis também explorar a possibilidade de tornar-se uma loja exclusiva para as empresas que esperavam trabalhar com os mercados da juventude mundial. Por exemplo, conforme um contrato de publicidade com a Motorola, a MTV apresentava comerciais na Europa, na América Latina e na Ásia. Para completar a receita, a MTV também está considerando lançar uma linha de produtos de consumo — perfumes, CDs e roupas — criados para o mercado jovem.

A MTV continua procurando o crescimento internacional em mercados emergentes como a China e o México, onde se espera um aumento na renda *per capita*. A diretoria acredita que as operações internacionais possam gerar 40 por cento do total da receita no curto prazo. No entanto, o objetivo de sustentar uma entidade sem fins lucrativos atingindo um equilíbrio ideal entre a adaptação local e a padronização global parece cada vez mais uma utopia.

## Questões do estudo de caso

1. Que estratégias e táticas nos elementos do programa de marketing são as mais importantes nas operações internacionais da MTV?
2. Qual o segmento de mercado internacional principal da MTV? Quais as características deste segmento? Como a diretoria posicionou a MTV para este segmento na Índia?
3. Descreva a evolução da estratégia de marketing internacional da MTV na Índia. Que abordagem tentou nos primeiros anos em relação à aplicada anos mais tarde? A MTV foi capaz de articular uma estratégia de marketing global clara na Índia? Que outras oportunidades a empresa pode almejar no mercado dos jovens além da radiodifusão de músicas?
4. É viável para a MTV chegar a um equilíbrio ideal entre a padronização da programação e a adaptação em nível local? Se sua resposta for positiva, como isso se daria? Pensando em termos dos elementos do programa de marketing e da estratégia de marketing, o que a diretoria pode fazer agora para que a MTV tenha sucesso no mundo inteiro?

Este caso foi escrito por Kelly Nealis, sob a supervisão de Gary Knight.

Fontes: CAPELL, K. "MTV's World". *Business Week*. 18 fev. 2002, p. 81-6; "Star Woes". *Economist.com*. 9 abr. 1998, extraído de: www.economist.com/displaystory.cfm?story_id=159806; GOLDSMITH, C. "MTV Seeks Global Appeal". *Wall Street Journal*. 21 jul. 2003, p. B1; GUNTHER, M. "MTV's Passage to India". *Fortune*. 9 ago. 2004, p.117-21; "MTV: Music Television", extraído de: www.viacom.com; "MTV Launches Innovative Web Site in India", extraído de: www.viacom.com; "MTV Announces International Expansion Plans for Europe, Asia, and Latin America", extraído de: www.viacom.com; "MTV Networks India", 2007, extraído de: ww.mtvindia.com; "MTV Property Counts", 2007, extraído de: www.viacom.com.

## Principais termos

| | | |
|---|---|---|
| adaptação | estratégia de marketing global | padronização |
| atividades de mercado cinza | gerenciamento global de contas (GGC) | preço de transferência |
| escalada de preços internacionais | marca global | segmento de mercado global |

## Resumo

Neste capítulo, você aprendeu sobre:

1 . **Estratégia de marketing global**

Desenvolver uma estratégia de marketing exige que a diretoria avalie o ambiente único do mercado externo e, em seguida, faça as escolhas sobre os segmentos de mercado, seleção do grupo-alvo e posicionamento. Uma **estratégia de marketing global** é um plano de ação que orienta a empresa sobre: como posicionar sua imagem e seus produtos no mercado externo, quais segmentos são seus clientes-alvo e o grau em que os elementos de seu programa de marketing devem ser padronizados e adaptados.

2. **Padronização e adaptação do programa de marketing internacional**

A forma com que a empresa equilibra a **adaptação** e a **padronização** determina a extensão em que deve modificar um produto e seu marketing para se adequar ao mercado externo. Quando possível, as empresas preferem padronizar seus produtos para obter economia de escala e minimizar a complexidade. Um **segmento de mercado global** representa um grupo de clientes que possuem características comuns em diferentes mercados nacionais. A estratégia de *posicionamento* envolve a utilização do marketing para criar, entre os clientes da empresa no mundo inteiro, uma imagem específica de um produto ou serviço especialmente diferente em relação aos concorrentes.

3. ***Branding* global e desenvolvimento de produto**

Uma **marca global** é percebida de forma semelhante em todos os mercados da empresa e aumenta a eficácia da estratégia de marketing, permitindo que a empresa trabalhe com preços mais elevados e lide mais eficazmente com os membros e os concorrentes do canal. No desenvolvimento de produtos com potencial de venda em vários países, a diretoria deve trabalhar sobre as semelhanças entre os países e não as diferenças. O desenvolvimento de produtos globais facilita as economias de escala nas áreas de P&D, produção e marketing. A inovação e o *design* no desenvolvimento de produtos internacionais são tarefas cada vez mais realizadas por *equipes globais* — um grupo composto por membros de vários países com o objetivo específico de tomar decisões de âmbito internacional.

4. **Estabelecimento de preços internacionais**

Os preços internacionais são determinados tanto pelos fatores internos quanto externos da empresa, que muitas vezes inflacionam os preços no exterior. Um desafio especial para os exportadores ao falar de preços é a **escalada de preços internacionais**, o problema de preços para o usuário final que chega a ser exorbitante no mercado de exportação em virtude da existência de canais de distribuição em várias camadas, margens de intermediação, tarifas e outras despesas relacionadas com clientes no estrangeiro. O **preço de transferência** é a prática de estabelecer preços aos produtos intermediários ou acabados entre as subsidiárias e suas filiais da mesma família de empresas localizadas em países diferentes. A **atividade do mercado cinza**, também conhecida como mercado de importações paralelas, refere-se à importação legal de produtos genuínos em um país por parte de intermediários diferentes dos distribuidores autorizados.

5. **Comunicações de marketing internacional**

As comunicações de marketing internacional envolvem a gestão de publicidade e as atividades promocionais dentro das fronteiras nacionais. Muitas vezes, a diretoria é obrigada a adaptar suas comunicações internacionais por causa de fatores legais, culturais e socioeconômicos específicos dos mercados estrangeiros. As empresas também devem acomodar-se aos níveis disponíveis de alfabetização, idioma e comunicação. Ao trabalhar com clientes-chave de negócios, as empresas podem basear-se nas práticas de **gerenciamento global de contas** (GGC) — o atendimento a um cliente-chave global de uma forma consistente e padronizada, independentemente do local no mundo onde esteja operando.

6. **Distribuição internacional**

As empresas geralmente trabalham com intermediários estrangeiros ou com subsidiárias localizadas no exterior para atender aos clientes nos mercados internacionais. Ao projetar o canal internacional, a diretoria deve levar em conta vários fatores, incluindo a natureza do produto e do mercado. Algumas empresas ignoram completamente os sistemas tradicionais de distribuição utilizando o *marketing direto*. O *comprimento do canal* refere-se ao número de distribuidores ou outros intermediários necessários para levar o produto do fabricante para o mercado. Quanto mais longo for o canal, mais intermediários devem ser contratados, e mais cara será a função de distribuição.

7. **Dimensões éticas do marketing internacional**

As empresas reconhecem cada vez mais que suas atividades de marketing internacional são fiscalizadas constantemente pelo público. Por isso, as empresas põem em prática programas de responsabilidade social corporativa, como os programas para que os fornecedores tenham uma renda sustentável, fornecendo produtos que os consumidores pobres precisam, e se desfazendo de forma responsável dos produtos utilizados. As empresas são cada vez mais proativas no conceito de cidadania empresarial, mas ainda há muito a ser realizado.

## Teste seu entendimento

1. Descreva os elementos do programa de marketing e como cada um deles influencia nas vendas e no desempenho dos negócios internacionais.

2. Audrey Corp. sempre adaptou seus produtos para todos os seus mercados estrangeiros, levando a uma proliferação de variações dos produtos. Explique por que a Audrey Corp. pode se interessar pela estratégia de marketing global. Quais são os benefícios da estratégia de marketing global?

3. Estabeleça a diferença entre a adaptação e a padronização no marketing internacional.

4. Considere a divisão de laptops da Toshiba. No tocante aos elementos do programa de marketing, que atributos dos laptops a empresa deve adaptar e que atributos pode padronizar para os mercados internacionais?

5. Qual é o papel da segmentação de mercado e do posicionamento no marketing internacional? O que é um segmento de mercado global?

6. A William Corporation é uma fabricante de moda feminina e masculina de alta qualidade. Que medidas você tomaria para transformar a William em uma marca bem reconhecida globalmente?

7. Quais são os fatores mais importantes a se considerar na formulação de estratégias de estabelecimento de preços internacionais? Que medidas você tomaria para chegar ao estabelecimento dos preços internacionais?

8. Os clientes de exportação de uma empresa de produtos de consumo tendem a ser altamente sensíveis ao preço. No entanto, a empresa está enfrentando uma escalada de preços substancial nesses mercados. Que fatores podem causar essa situação? O que a diretoria pode fazer para reduzir o impacto negativo da escalada de preços internacionais?

9. Quais são os fatores mais importantes a se considerar na concepção da estratégia para as comunicações de marketing internacional?

10. Descreva o papel da distribuição e da logística nos negócios internacionais.

11. Faça um resumo das principais questões éticas que caracterizam o marketing internacional.

## Aplique seu entendimento

**1.** Uma manifestação da estratégia de marketing global é a tendência crescente das multinacionais para o lançamento de produtos de maneira simultânea pelo mundo inteiro. Por exemplo, filmes como *Matrix* e *Harry Potter* são introduzidos ao mesmo tempo nos mercados mundiais, utilizando essencialmente o mesmo programa de marketing. Acesse os sites dos filmes *Matrix* e *Harry Potter*. Quais os segmentos de mercado global que parecem querer alcançar? Descreva os aspectos específicos da estratégia global de marketing que você pode detectar no marketing internacional desses filmes.

**2.** Os produtos devem ser adaptados para atender às diferenças nacionais decorrentes das preferências dos clientes e das condições econômicas, tempo, cultura e idioma de cada mercado. Pense nos seguintes produtos: farinha em pacote, maiôs, livros didáticos e automóveis. Para cada um desses produtos, descreva como uma empresa pode adaptar os diferentes elementos do programa de marketing para atender às necessidades na China, na Alemanha e na Arábia Saudita. Tenha em mente que a China é um mercado emergente com baixa renda *per capita*, a Arábia Saudita é um mercado emergente com cultura conservadora arraigada no Islã e a Alemanha é uma economia avançada e liberal. Ao desenvolver sua resposta para cada produto, pense especialmente na natureza do produto, em seus preços, em sua distribuição e em como uma empresa deveria promover cada um deles no mercado.

**3.** Office Depot, fornecedor de equipamentos e material de escritório, tem lojas em países da Ásia, da Europa e da América Latina. Suponha que a empresa decidiu lançar sua própria linha de notebooks e quer saber como estabelecer o preço em diferentes mercados. Quais seriam os fatores mais importantes que a Office Depot deveria considerar no momento de fixar os preços no mercado externo? Sugira um passo a passo para estabelecer o preço internacional.

## Notas


1 ZOU, S.; CAVUSGIL, S. T. "The GMS: A Broad Conceptualization of Global Marketing Strategy and Its Effect on Firm Performance". *Journal of Marketing*. 66:40-56, 2002.

2 GATIGNON, H.; ELIASHBERG, J.; ROBERTSON, T. "Modeling Multinational Diffusion Patterns: An Efficient Methodology". *Marketing Science*. 8:231-43, 1989.

3 FOWLER, G.; MARR, M. "China's Play Disney". *Wall Street Journal*. 16 jun. 2005, p. B1 e B7.

4 YIP, G. *Total Global Strategy II*. Upper Saddle River, NJ: Prentice Hall, 2003.

5 CALANTONE, R.; CAVUSGIL, S. T.; SCHMIDT, J.; SHIN,G. C. "Internationalization and the Dynamics of Product Adaptation—An Empirical Investigation". *Journal of Product Innovation Management*. 21:185-98, 2004.

6 YIP, G. *Total Global Strategy II*. Upper Saddle River, NJ: Prentice Hall, 2003.

7 PRYSTAY, C. "Milk Industry's Pitch in Asia: Try the Ginger or Rose Flavor". *Wall Street Journal*. 9 ago. 2005, p. B1.

8 TAPPER, J.; MILLER, A. "'The Simpsons' Exported to Middle East". *ABC News*, 18 out. 2005, extraído de: abcnews.go.com/wnt.

9 BREMNER, B. "McDonald's Is Loving It in Asia". *BusinessWeek.com*. 24 jan. 2007.

10 "Microsoft To Offer Budget Windows Program In Asia". *Wall Street Journal*. 11 ago. 2004, p. B2.

11 ROWLEY, I. "Will Japan Fall in Love with Lexus?". *Business Week*. 11 jul. 2005, p. 49.

12 YIP, G. *Total Global Strategy II*. Upper Saddle River, NJ: Prentice Hall, 2003.

13 HOLT, D. B.; QUELCH, J. A.; TAYLOR, E. "How Global Brands Compete". *Harvard Business Review*. set. 2004, p. 68-75.

14 JAVALGI, R.; KHARE, V. P.; GROSS, A.; SCHERER, R. "An Application of the Consumer Ethnocentrism Model to French Consumers". *International Business Review*. 14:325-44, 2005.

15 AAKER, D. A. *Managing Brand Equity*. Nova York: The Free Press, 1991; GREGORY, J.; WIECHMANN, J. *Branding Across Borders*. Chicago: McGraw-Hill, 2002.

16 YIP, G. *Total Global Strategy II*. Upper Saddle River, NJ: Prentice Hall, 2003.

17 Ibid.

18 MYERS, M. B. "Implications of Pricing Strategy-Venture Strategy Congruence: An Application Using Optimal Models in an International Context". *Journal of Business Research*. 57:591-690, 2004.

19 CAVUSGIL, S. T. "Pricing for Global Markets". *Columbia Journal of World Business*. out. 1996, p. 66-78.

20 CAVUSGIL, S. T. "Unraveling the Mystique of Export Pricing". *Business Horizons*. 31:54-63, 1988.

21 McDANIEL, W.; KOSSACK, E. "The Financial Benefits to Users of Foreign-Trade Zones". *Columbia Journal of World Business*. 18:33-41, 1983.

22 CAVUSGIL, S. T. "Unraveling the Mystique of Export Pricing". *Business Horizons*. 31:54-63, 1988.

23 PUGEL, T.; UGELOW, J. "Transfer prices and Profit Maximization in Multinational Enterprise Operations". *Journal of International Business Studies*. 13:115-9, 1982.

24 CAVUSGIL, S. T.; SIKORA, E. "How Multinationals Can Counter Gray Market Imports". *Columbia Journal of World Business*. 23:75-86, 1988. Veja também: AHMADI, R.; YANG, B. R. "Parallel Imports: Challenges from Unauthorized Distribution Channels". *Marketing Science*. 19:281, 2000; MYERS, M. B. "Incidents of Gray Market Activity Among U.S. Exporters: Occurrences, Characteristics, and Consequences." *Journal of International Business Studies*. 30:105-26, 1999.

25 CAVUSGIL, S. T.; SIKORA, E. "How Multinationals Can Counter Gray Market Imports". *Columbia Journal of World Business*. 23:75-86, 1988.

26 HANSEN, C. "Inside the World of Counterfeit Drugs". MSNBC matéria interativa, 9 jun. 2006, extraído de: www.msnbc.msn.com.

27 BALFOUR, F.; KILEY, D. "Ad Agencies Unchained". *Business Week*. 25 abr. 2005, p. 50-1.

28 YIP, G. *Total Global Strategy II*. Upper Saddle River, NJ: Prentice Hall, 2003.

29 SHI, L.; ZOU, S.; WHITE, J. C.; McNALLY, R.; CAVUSGIL, S. T. "Executive Insights: Global Account Management Capability". *Journal of International Marketing*. 13:93-113, 2005; YENIYURT, S.; CAVUSGIL, S. T.; HULT, T. "A Global Market Advantage Framework: The Role of Global Market Knowledge Competencies". *International Business Review*. 14:1-19, 2005.

30 CAPELL, K. "McDonald's Offers Ethics with Those Fries". *Business Week*. 9 jan. 2007, extraído da edição on-line em: www.businessweek.com.

31 WAGNER, C. "Designing for the 'Other 90 Percent". *The Futurist*. maio-jun. 2007, p. 34-5.

32 Center for Corporate Citizenship, "In Good Company: Motorola". Boston, MA: Boston College, Carroll School of Management, 2007, extraído de: http://www.bcccc.net.

33 MURRAY, S. "Manufacturers Take on Greater Responsibility". *Financial Times*. 18 abr. 2007, p. 3.

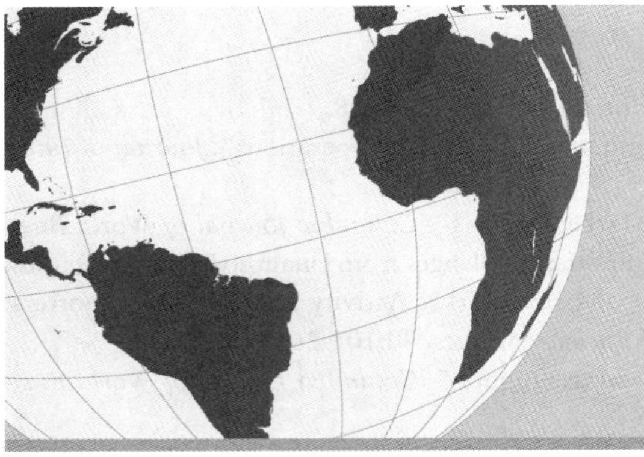

# Capítulo 18

# Gestão de recursos humanos na empresa global

## Objetivos de aprendizagem

Neste capítulo, você aprenderá sobre:

1. O papel estratégico dos recursos humanos nos negócios internacionais
2. Política internacional de contratação de pessoal
3. Preparação e treinamento do pessoal
4. Avaliação de desempenho internacional
5. Remuneração do pessoal
6. Relações internacionais de trabalho
7. Diversidade na força de trabalho internacional

## Gestão internacional de recursos humanos na Johnson & Johnson

A Johnson & Johnson (J&J) é um fabricante de produtos farmacêuticos e para cuidado da saúde com marcas bem conhecidas, como Band-Aid, Tylenol, Neutrogena, Listerine, Sudafed e Rolaids. Em 2006, as vendas mundiais superaram os US$ 53 bilhões, sendo que a metade desse valor veio da América do Norte, um quarto, da Europa, 14 por cento, da região Ásia-Pacífico e África, e o resto, da América Latina e outras regiões. A força de trabalho descentralizada da J&J inclui mais de 116 mil funcionários em mais de 250 unidades de negócio em nível mundial.

A J&J presta especial atenção ao cuidado e à gestão dos recursos humanos. O Credo da empresa, um documento interno que circula há mais de seis décadas, articula um compromisso com os funcionários da empresa. Uma seção do Credo diz:

> Somos responsáveis por nossos funcionários em todo o mundo. Todos devem ser considerados como indivíduos. Devemos respeitar sua dignidade e reconhecer seu mérito. Os funcionários devem ter sensação de segurança nos seus empregos. A remuneração deve ser justa e adequada às condições de trabalho limpo, ordenado e seguro. Temos de ser conscientes das responsabilidades familiares dos nossos empregados. Os empregados devem sentir-se à vontade para fazer sugestões e reclamações. Deve haver igualdade de oportunidades de emprego, desenvolvimento e progresso. Devemos fornecer uma gestão competente e ética.

Riddhi Parikh, assistente da gerência de recursos humanos da J&J na Índia, baseia-se no Credo sempre que é necessário. Ela pode autorizar viagens de funcionários, despesas e muitos benefícios sem a permissão de seu gerente. Riddhi pode concentrar-se no que ela gostaria se fosse funcionária — ser livre, capaz de aprender e progredir na empresa e ter o poder de tomar decisões. Graças ao cuidado da J&J com os recursos humanos, a permanência média dos empregados da filial indiana é de 15 anos. Em geral, os gerentes de J&J em todo o mundo têm a competência para tomar decisões importantes em suas operações respectivas.

A Johnson & Johnson afirma que gosta de contratar as 'melhores e mais brilhantes' pessoas para continuar na liderança. Todos os líderes da J&J são responsáveis por desenvolver gerentes para as operações globais. Como parte de sua avaliação de desempenho, o presidente da J&J é medido por sua capacidade de desenvolver gerentes. O comitê executivo da J&J gasta 20 por cento de seu tempo pensando em maneiras de encontrar e estimular o talento. No Canadá, o Programa de Desenvolvimento da liderança da J&J executa tarefas relacionadas com a cultura da empresa e com o desempenho superior dos negócios. Como parte do processo de desenvolvimento, os funcionários muitas vezes precisam aprender novas habilidades a fim de ir além das fronteiras funcionais e assumir novas missões internacionais.

Com os pacotes salariais, as empresas relacionam o aumento do mérito e os prêmios com as novas competências que os gerentes adquirem. A J&J usa uma abordagem de 'recompensas totais' na remuneração, no qual a diretoria considera todas as recompensas disponíveis no local de trabalho, incluindo as oportunidades de aprendizagem e desenvolvimento. A J&J usa um sistema sofisticado de avaliação de pessoal que pode levar em consideração uma variedade de elementos que os empregados valorizam dentro de seus pacotes de remuneração em todas as operações mundiais da empresa.

A empresa também se orgulha de proporcionar oportunidades para os trabalhadores adquirirem novas competências. Por exemplo, a maioria das unidades pode enviar seus funcionários para a Escola de Direito J&J on-line, um programa baseado na Internet. O programa de Desenvolvimento de Liderança Financeira da J&J, com seus dois anos de duração, reveza os estagiários em uma combinação de sala de aula e treinamento estruturado no local de trabalho que os expõe a diversas situações do negócio.

Como parte do processo de contratação, a J&J também valoriza a diversidade. A remuneração da gerência está ligada aos esforços para contratar minorias, mulheres e pessoas de diversas origens culturais. Em um mercado global e diversificado, esse esforço é um passo crucial para a expansão dos mercados da empresa. A vice-presidência de recursos humanos da J&J é de uma mulher, Kaye Foster-Cheek, nativa de Barbados. A J&J está trabalhando com a Iniciativa da Liderança da Mulher em suas unidades internacionais, mesmo em mercados emergentes como a Índia.

Fontes: BYRON, E. "E-Business: The Web @ Work / Johnson & Johnson". *Wall Street Journal*. 19 nov. 2009, p. B4; CAMERON, C. "Johnson & Johnson Canada's Design, Development and Business Impact of a Local Leadership Development Program". *Organization Development Journal*. 25(2):65-70, 2007; Johnson & Johnson company profile, extraído de: Hoovers.com; HEFFES, E. "J&J: 'Quality of People Is Key to Growth'". *Financial Executive*. jul.-ago. 2005, p. 19-20; KEENAN, W. "Measuring Skills That Improve Performance". *Sales and Marketing Management*. dez. 1993, p. 29-30; LATH, S. "Johnson & Johnson: Living By Its Credo". *Business Today*. 5 nov. 2006, p. 126; MARQUEZ, J. "Business First". *Workforce Management*. 23 out. 2006, p. 1-6; MAXEY, D. "CEO Compensation Survey". *Wall Street Journal*. 9 abr. 2007, p. R.4; RUMPEL, S.; MEDCOF, J. "Total Rewards: Good Fit For Tech Workers". *Research Technology Management*. set.-out. 2006, p. 27-36.

## O papel estratégico dos recursos humanos nos negócios internacionais

Quão sustentável é a competitividade da empresa sem os conhecimentos e a experiência de seus funcionários? Imagine especialmente os setores de conhecimento intensivo como a consultoria de gestão, serviços bancários, publicidade, engenharia e arquitetura. Sem as pessoas criativas, *designers*, solucionadores de problemas e outros funcionários detentores de conhecimentos, empresas como a McKinsey, Saatchi & Saatchi, Pixar, Gucci, Herman Miller, Nokia e muitas outras dificilmente sobreviveriam. Hoje, as empresas muitas vezes se referem aos funcionários como 'talento humano', 'capital humano' ou 'ativos intangíveis', sugerindo que representam um investimento e não um custo.

A diretoria da Johnson & Johnson parece reconhecer que os trabalhadores e os conhecimentos que possuem podem ser seus ativos mais estratégicos. O recrutamento, a gestão e a conservação de recursos humanos em uma empresa com operações globais são assuntos especialmente desafiadores. Veja a organização global da Siemens, a multinacional alemã. Em 2005, a Siemens tinha 460.800 funcionários em cerca de 190 países. A empresa empregava 290.500 em toda a Europa, 100.600 na América do Norte e do Sul, 58 mil na região da Ásia-Pacífico e 11.900 na África, no Oriente Médio e na Rússia. Como a Siemens, empresas como a Volkswagen, Hutchison Whampoa, Nestlé, IBM, Anglo American, Unilever, Walmart, Deutsche Post, McDonald's, Matsushita e Mittal Steel têm mais de 150 mil funcionários que trabalham fora do seu país de origem. A diretoria luta com uma vasta gama de desafios na contratação e gerenciamento de trabalhadores no âmbito das especificidades culturais e legais que regem as práticas dos trabalhadores pelo mundo. A **gestão internacional de recursos humanos (GIRH)** pode ser definida como planejamento, seleção, treinamento, emprego e avaliação de funcionários para as operações internacionais.[1] Os gerentes internacionais de recursos humanos cumprem um papel consultivo ou de apoio aos gerentes de linha, contratando, treinando e avaliando funcionários e fornecendo orientações de GIRH.

Quando a Toshiba desenvolve um *laptop* mais leve, mais potente e mais barato que os modelos concorrentes, outras empresas geralmente podem refazer a engenharia e desenvolver sua própria versão do computador. No entanto, a forma como a empresa recruta, treina e designa o pessoal especializado em suas cadeias de valor mundiais torna-a diferente da concorrência. O conhecimento combinado, as habilidades e as experiências dos trabalhadores são diferenciadores importantes e oferecem muitas vantagens nas operações mundiais da empresa.

### Três categorias de funcionários

Os gerentes internacionais de recursos humanos trabalham em três níveis diferentes em uma empresa que tem operações multinacionais:

1. **Nativos do país anfitrião (NPAs).** Esses funcionários são cidadãos do país onde a filial ou a subsidiária está localizada. Normalmente, os NPA constituem a maior proporção de empregados que a empresa contrata no exterior. A força de trabalho da empresa em áreas de manufatura, montagem, atividades de serviços básicos e de expediente, entre outras funções não gerenciais, é basicamente composta por NPA.
2. **Nativos do país de origem da matriz (NPMs).** Também conhecidos como *cidadãos do país de origem*, os NCM são cidadãos do país onde está sediada a empresa multinacional.
3. **Nativos de país estrangeiro (NPEs).** Estes são os empregados que são cidadãos de outros países, que não o de origem nem o de acolhimento. A maioria dos NPE trabalha como gerente e é contratada porque possui um conhecimento ou alguma habilidade especial.[2]

Para dar um exemplo, uma multinacional canadense pode empregar cidadãos italianos na sua filial em Itália

(NPA), pode mandar os cidadãos canadenses para trabalhar na região de Ásia-Pacífico em algum projeto (NCM) ou enviar trabalhadores suíços em uma missão para a sua filial na Turquia (NPE). Assim, além de onde o indivíduo trabalha, a nacionalidade do funcionário é importante especialmente no que diz respeito às políticas de compensação.

Podemos ver, então, que em uma organização global é muito comum que os trabalhadores atravessem as fronteiras nacionais e assumam responsabilidades que outros não podem cumprir. Estes empregados de projetos internacionais são tradicionalmente chamados *expatriados*. Um **expatriado** é um trabalhador que foi designado para trabalhar e residir em um país estrangeiro por um período prolongado, geralmente um ano ou mais. Veja que um trabalhador em qualquer uma das três categorias pode ser considerado um expatriado, dependendo da localização do projeto. Por exemplo, um NPA que é transferido para as operações no país da matriz também reside fora de seu país de origem.[3] Enquanto os expatriados representam apenas uma pequena porcentagem da força de trabalho na maioria das empresas multinacionais, desempenham funções críticas no exterior, tais como a gestão de uma filial.

Para os gerentes de GIRH, o derradeiro desafio é garantir que a pessoa certa esteja na posição certa no local certo com a remuneração correta. Hoje, os recursos humanos são altamente móveis. Por exemplo, os setores de tecnologia da informação, serviços financeiros e de telecomunicações na parte sul da Índia estão atualmente enfrentando uma escassez de talento para cargos gerenciais de médio e alto níveis. Como resultado, gerentes de lugares distantes como a Europa Oriental estão sendo levados para a Índia usando pacotes de remuneração altamente competitivos para os padrões das economias avançadas. Os diretores de filiais nacionais agora recebem salários de até US$ 400 mil.[4]

## Diferenças entre a gestão de recursos humanos (GRH) doméstica e a internacional

Em comparação com a gestão de recursos humanos no contexto nacional, a GIRH é mais complexa. A Figura 18.1 ilustra seis fatores que aumentam a complexidade da gestão de recursos humanos no contexto internacional.[5] Vamos discutir cada um deles.

1. *Novas responsabilidades de RH.* As várias atividades que não necessariamente se encontram no mercado nacional incluem: tributação internacional, serviços internacionais de mudança e orientação, serviços administrativos para expatriados, relações com o país anfitrião e serviços de tradução de idiomas. Um australiano que trabalha na filial do Brasil como expatriado paga impostos para ambos os governos e pode sofrer pela dupla tributação. Portanto, a questão da compensação fiscal — garantir que não há reticência associada à carga tributária para assumir projetos especiais internacionais — é um dos aspectos difíceis do GIRH.
2. *A necessidade de uma perspectiva internacional mais ampla na política de remuneração.* Lembre-se que, a qualquer momento, o gerente de recursos humanos fornece orientação em questões como a política de remuneração para um misto de trabalhadores NCM, NPA e NPE, oriundos de muitos países diferentes. Estabelecer uma escala de remuneração justa e comparável, independentemente da nacionalidade, é um dos desafios das grandes multinacionais.
3. *Maior envolvimento na vida dos trabalhadores.* Os profissionais de RH na empresa preocupam-se com o bem-estar dos expatriados e suas famílias em questões como as condições de moradia, saúde, escolaridade das crianças, segurança e a remuneração adequada, tendo em conta o elevado custo de vida em algumas partes do mundo.
4. *Gerenciamento da combinação de expatriados e trabalhadores locais.* As organizações devem empregar em cada país pessoal do país de origem, do país de acolhimento ou de países estrangeiros. A mistura do pessoal depende de vários fatores, incluindo a experiência internacional da empresa, o custo de vida no local estrangeiro e a disponibilidade de pessoal local qualificado.
5. *Maior exposição ao risco.* Quando a produtividade do trabalhador cai abaixo dos níveis aceitáveis ou um expatriado volta prematuramente de uma missão internacional, as consequências são ainda mais evidentes nos negócios internacionais. A exposição ao risco político e ao terrorismo também é uma das principais preocupações dos profissionais de RH e pode obrigar a criação de um pacote de remuneração maior e medidas de segurança especiais para o empregado e sua família.
6. *Influências externas do governo e da cultura.* Fora da empresa se encontra o contexto muito mais amplo do país de acolhimento. A influência do governo e da cultura nacional é especialmente importante.

Vamos explorar este último fator em maior detalhe. Primeiro, o excesso de regulamentação e obstáculos burocráticos que os governos anfitriões muitas vezes impõem são uma preocupação importante para a empresa. O pessoal deve ser avaliado e remunerado de forma compatível com as normas e os costumes locais. O grau em que o trabalho é sindicalizado e a natureza das relações entre os trabalhadores e a diretoria no país anfitrião também têm implicações para a gestão dos recursos humanos. Por exemplo, em muitos países europeus, os sindicatos estão ativamente envolvidos na gestão da empresa. Na França, na Alemanha e na Espanha, os funcionários podem trabalhar um determinado número de horas por semana no máximo (às vezes, trabalham 35 horas).

Figura 18.1 Fatores que contribuem para a complexidade da gestão de recursos humanos no contexto internacional

Da mesma forma, como discutimos no Capítulo 5, a cultura nacional tem um profundo impacto sobre a eficácia dos trabalhadores e das empresas. Os gerentes de recursos humanos têm a responsabilidade de preparar os trabalhadores e suas famílias para viver e trabalhar efetivamente em um novo ambiente cultural. Os funcionários precisam ser treinados para seguirem os padrões locais, as normas culturais e as diferenças de idioma. As empresas também enfatizam cada vez mais a importância da diversidade da força de trabalho e a necessidade de desenvolver empregados com esquemas de pensamento global.[6] As proibições contra a discriminação de gênero na Austrália, na Europa e na América do Norte entram em conflito com as práticas em alguns países, onde as mulheres estão sub-representadas no local de trabalho.

Por todas essas razões, os gerentes das empresas com operações internacionais grandes devem prestar atenção ao planejamento, à seleção, à formação, ao emprego e à avaliação internacional dos recursos humanos. Ajustes devem ser feitos nas políticas de recursos humanos se as condições locais assim o exigirem. Por exemplo, em um mercado emergente, como o Vietnã, os benefícios devem incluir subsídios para moradia, educação e outras comodidades que ainda não estão disponíveis por lá. Os gerentes da filial devem familiarizar-se com os costumes locais e estabelecer códigos de conduta no que diz respeito a questões como dar brindes, recompensas e refeições aos funcionários durante o expediente. Ao mesmo tempo, a empresa deve tentar organizar o GIRH em uma escala global para que a organização possa aplicar políticas de GIRH integradas e uniformes.

## Tarefas e desafios-chave da gestão internacional de recurso humano

A Tabela 18.1 apresenta seis tarefas fundamentais dos gerentes de recursos humanos internacionais. Em primeiro lugar, encontra-se a política de contratação internacional — atividades dirigidas ao recrutamento, seleção e designação dos trabalhadores. Em segundo lugar, temos a preparação e o treinamento do pessoal. A terceira é a avaliação de desempenho internacional, fornecendo o *feedback* necessário para o desenvolvimento profissional dos colaboradores. A quarta é a remuneração do pessoal, incluindo a formulação de pacotes de benefícios, que podem variar muito de um país para outro. A quinta tarefa é sobre as relações internacionais de trabalho, envolvendo a interação com os sindicatos e os acordos coletivos. A sexta e última é a diversidade na força de trabalho internacional.

O restante deste capítulo será dedicado às tarefas de GIRH identificadas na Tabela 18.1.

## Política internacional de contratação de pessoal

Uma das tarefas críticas que a empresa realiza é a determinação do mix ideal de funcionários em filiais internacionais da empresa e nas subsidiárias.[7] A combinação ótima varia de acordo com a localização, a indústria, a fase da cadeia de valor e a disponibilidade de pessoal qualificado. Além disso, as leis locais determinam a proporção de empregados estrangeiros que a empresa pode contratar.

A Tabela 18.2 ilustra os diferentes critérios e fundamentos para a contratação de cada tipo de funcionário.[8] Em geral, as empresas levam os NCM para o estrangeiro a fim de tirar proveito de seu conhecimento especializado, especialmente nas operações iniciais da cadeia de valor e/ou quando a diretoria pretende manter um controle substancial sobre as operações no estrangeiro. A subsidiária tem mais chances de cumprir os objetivos e as políticas da empresa quando os NCM estão no comando. Os NCM também podem auxiliar no desenvolvimento de gerentes locais. Em contrapartida, as empresas preferem NPA quando o ambiente do país anfitrião é complexo e seus conhecimentos especializados ou

Tabela 18.1 Tarefas e desafios-chave da gestão internacional de recursos humanos

| *Tarefa* | *Objetivos estratégicos* | *Desafios ilustrativos* |
|---|---|---|
| *Política internacional de contratação de pessoal* | • Escolher entre nativos da matriz, cidadãos do país anfitrião e nativos de país estrangeiro<br>• Desenvolver gerentes globais<br>• Recrutar e selecionar expatriados | • Evitar o viés relacionado com a nacionalidade, o nepotismo e outras práticas locais<br>• Cultivar o espírito global |
| *Preparação e formação dos trabalhadores* | • Aumentar a eficácia dos funcionários internacionais, levando a um aumento no desempenho da empresa<br>• Capacitar os funcionários com ênfase na área de estudos, informações práticas e consciência intercultural | • Minimizar o choque cultural e a partida antecipada dos expatriados |
| *Avaliação de desempenho internacional* | • Avaliar, ao longo do tempo, quão efetivamente os gerentes e outros funcionários executam seu trabalho no exterior | • Estabelecer referências de desempenho uniformes na organização toda, prestando atenção às práticas locais habituais; por exemplo, instituir métricas explícitas e claras de desempenho |
| *Remuneração do pessoal* | • Desenvolver diretrizes e administrar a remuneração; por exemplo, salário-base, benefícios, subsídios e incentivos | • Evitar a dupla tributação dos trabalhadores |
| *Relações internacionais de trabalho* | • Lidar e interagir com os sindicatos e entidades de classe, lidar com greves e outras disputas trabalhistas, salários e possível redução da força de trabalho | • Reduzir o absenteísmo, os acidentes de trabalho devidos à negligência e a ocorrência de greves trabalhistas |
| *Diversidade na força de trabalho internacional* | • Recrutar talentos de diversas origens para trazer experiência e conhecimento para os problemas e oportunidades da empresa | • Atingir a diversidade de gênero |

conexões locais são necessários no mercado local. As empresas tendem a empregar NPA para executar atividades finais da cadeia de valor como marketing e vendas e que exigem muito conhecimento local.[9] Uma vantagem dos NPA é que o custo deles é geralmente muito menor do que os NCM ou os NPE. Por outro lado, as empresas preferem os NPE quando a diretoria quer fazer a transferência de conhecimentos ou da cultura corporativa de outros países para as operações do país anfitrião. A contratação mundial de NPE ajuda as empresas a desenvolver uma companhia global e integrada, mas o uso excessivo de NPA pode levar ao surgimento de filiais autônomas — uma federação de unidades nacionais.

## A busca pelo talento

Contratar e colocar as pessoas nas posições apropriadas é uma tarefa crítica do GIRH. O *recrutamento* envolve a busca e a localização de candidatos potenciais para preencher as necessidades da empresa. A seleção inclui a busca de informações para avaliar e decidir quem deve ser contratado para realizar qual função. As empresas multinacionais bem-sucedidas são lideradas por gerentes com importante experiência internacional e funcional.

Uma das tarefas mais difíceis do GIRH é encontrar e desenvolver líderes excepcionais e outros talentos humanos. Os gerentes devem identificar potenciais candidatos e prepará-los para se tornarem líderes corporativos, capacitar pessoal para atender às necessidades de negócios da empresa em constante evolução e assegurar que a disponibilidade desses talentos esteja em sintonia com o crescimento da empresa. Contratar e desenvolver os melhores talentos são tarefas críticas para o desempenho superior no longo prazo, mas muitas empresas deixam de investir adequadamente no desenvolvimento de funcionários.

Alguns executivos seniores acreditam que há, atualmente, uma escassez de talentos dispostos e qualificados para trabalhar fora de seus países de origem. Eles dizem que simplesmente não há bons funcionários suficientes por aí. Por exemplo, a Schlumberger Ltd., uma companhia de petróleo do Texas com operações mundiais, não encontra engenheiros suficientes. A Schlumberger é uma das raras empresas que transformou seu departamento de recursos humanos em um ativo estratégico, a fim de encontrar e desenvol-

Tabela 18.2 Critérios para a seleção de funcionários nas operações estrangeiras

| *Contrate nativos da matriz (NPMs) quando...* | *Contrate nativos do país anfitrião (NPAs) quando...* | *Contrate nativos de país estrangeiro (NPE) quando...* |
|---|---|---|
| A matriz quer manter um forte controle sobre suas operações no exterior | O país está distante em termos de cultura ou idioma (como no caso do Japão), ou quando as operações locais precisam trabalhar com atividades finais da cadeia de valor como marketing e vendas, já que os NPAs geralmente entendem melhor o ambiente empresarial local | A diretoria quer criar uma cultura global entre as operações mundiais da empresa |
| A matriz quer manter o controle sobre a propriedade intelectual valiosa, que pode ser posta em risco quando os NPAs e os NPEs têm acesso a ela | Os contatos e as relações locais são fundamentais para o sucesso operacional (como as relações com o governo na Rússia) | A diretoria procura perspectivas únicas para a gestão das operações no país anfitrião |
| Dividir o conhecimento é importante entre a matriz e as filiais, particularmente para o desenvolvimento de gerentes locais ou da organização do país anfitrião | O governo local exige que a empresa empregue um mínimo de pessoal local ou há leis fortes contra a imigração e contra o emprego a longo prazo dos expatriados | A matriz quer transferir conhecimentos e tecnologia vinda de outros países para as operações no país anfitrião |
| As operações estrangeiras valorizam mais o P&D e a manufatura, já que os NCM geralmente sabem mais dessas atividades iniciais da cadeia de valor | O custo é uma consideração importante; os salários dos NCMs, especialmente aqueles com família, podem ser até quatro vezes superiores aos dos NPAs | A empresa não pode pagar o alto salário habitual dos NCMs |

ver talentos do mundo inteiro. Entre outras iniciativas, a Schlumberger mandou executivos de alto nível como 'embaixadores' a 44 escolas de engenharia importantes, como a Universidade Técnica Nacional do Cazaquistão, a Universidade de Pequim, o Instituto de Tecnologia de Massachusetts e a Universidade Nacional Autônoma do México. A Dell, a IBM, a Nokia e a Unilever também estão entre as empresas proativas na procura e no desenvolvimento de talentos internacionais.

O desenvolvimento de talentos é um processo em várias etapas, e por isso os gerentes de recursos humanos, em colaboração com a diretoria executiva, devem:

1. Analisar as estratégias de crescimento e as funções críticas necessárias para levar essas estratégias a bom termo.
2. Definir os requisitos para cada função especificando as competências, comportamentos e experiências desejadas.
3. Examinar a oferta atual de talento na empresa e criar um plano para atrair o talento necessário.
4. Desenvolver talentos internamente e ir atrás de talentos existentes ou potenciais de fora da empresa.
5. Avaliar os talentos atuais e potenciais de acordo com o desempenho de cada indivíduo ao longo do tempo, sua vontade de aprender, as habilidades de aprendizagem e o compromisso com o progresso da sua carreira.[10]

O que acontece com os trabalhadores enviados ao exterior pelas empresas em missões internacionais? Nem todos são adequados para ocupar posições fora do país. Alguns funcionários preferem ficar em casa e evitam as posições internacionais. Outros são enviados ao exterior apenas para descobrir que eles não são aptos para esses trabalhos internacionais. Assim, a empresa deve escolher com cuidado. Os funcionários que têm a vocação para trabalhar de maneira eficaz em ambientes estrangeiros costumam ter as seguintes características:[11]

- *Competência técnica.* Em locais distantes, os gerentes devem ter suficiente capacidade técnica e de gestão para cumprir os objetivos e as metas da empresa.
- *Autoconfiança.* Ter visão empreendedora, atitude proativa e um forte sentido de inovação são características importantes porque muitas vezes os gerentes expatriados devem trabalhar de forma independente no exterior, com pouco apoio por parte da matriz.
- *Adaptabilidade.* O gerente deve possuir a capacidade de se adaptar bem às culturas estrangeiras. As características mais importantes são a empatia cultural, a flexibilidade, a diplomacia e uma atitude positiva para superar situações estressantes no estrangeiro.
- *Habilidades interpessoais.* Os melhores candidatos se dão muito bem com seus colegas. Construir e manter os relacionamentos é fundamental, especialmente para os gerentes que interagem com muitos colegas, funcionários, parceiros locais e o governo do país.[12]
- *Capacidade de liderança.* Os gerentes mais bem-sucedidos veem as mudanças de forma positiva e lidam com

as ameaças e as oportunidades que a empresa encontra. Colaboram com os empregados para implementar estratégias e facilitar as mudanças de forma eficiente.

- *Saúde física e emocional.* Viver no estrangeiro pode ser estressante. A maioria dos expatriados sofre de choque cultural e de outros traumas, e, às vezes, o cuidado médico é precário. Assim, saúde física e mental são muito importantes.
- *O cônjuge e/ou os dependentes devem estar preparados para viver no estrangeiro.* O candidato deve ter atributos familiares adequados — o cônjuge e outros membros da família devem saber lidar com os novos ambientes. No texto de abertura do capítulo, os gerentes de RH da Johnson & Johnson salientam o bem-estar familiar nas missões internacionais.

Como você pode construir uma carreira internacional? Sendo adultos jovens, os futuros gerentes globais aprendem um ou mais idiomas e adquirem uma facilidade para viagens internacionais, visitando ou vivendo no exterior. Desenvolvem uma perspectiva otimista e aberta sobre o mundo e um interesse geral nos assuntos internacionais. Muitos procuram trabalho e oportunidades de estudo no exterior. Conforme crescem profissionalmente dentro de suas empresas, procuram atribuições de trabalho internacional para melhorar os seus conhecimentos de negócios no estrangeiro.[13]

## Fracasso do expatriado e choque cultural

O que acontece quando as coisas dão errado para o empregado quando se encontra em uma missão internacional? O **fracasso do expatriado** é o retorno prematuro de um empregado de uma missão internacional. Ocorre quando o empregado não consegue um bom desempenho nem atende às expectativas da empresa em uma missão estrangeira. O fracasso do expatriado é caro, pois resulta na perda de produtividade e na falha em alcançar os objetivos da empresa, bem como em despesas associadas ao translado do funcionário para o exterior, os treinamentos e as viagens internacionais. A falha também pode afetar os próprios expatriados, desacelerando suas carreiras ou criando problemas em sua vida familiar.

Uma das principais causas de fracasso dos expatriados é o **choque cultural** — confusão e ansiedade muitas vezes semelhantes à depressão, que podem resultar do fato de se viver em uma cultura estrangeira por algum tempo.[14] O choque cultural pode afetar o expatriado ou os membros de sua família. O estresse do expatriado é devido à sua incapacidade de interpretar o grande número de informações novas do ambiente externo. Os expatriados ou membros da família geralmente superam o choque cultural depois de alguns meses, mas alguns não conseguem e voltam para casa mais cedo. As competências linguísticas ou culturais inadequadas tendem a agravar o fracasso do expatriado. O empregado pode parecer incapaz de funcionar em ambientes pouco familiares ou se comunicar bem com os nativos.[15] Seja qual for a causa, um terço dos estrangeiros que vão trabalhar fora voltam prematuramente devido a esses problemas. A taxa é particularmente elevada entre os trabalhadores alocados em países com culturas e idiomas muito diferentes dos seus.

Os empregados lidam com o choque cultural de várias maneiras, incluindo exercício físico regular, técnicas de relaxamento ou mantendo um diário detalhado de suas experiências. O choque cultural e o fracasso dos expatriados também podem ser reduzidos pela preparação prévia, pelo treinamento e pelo desenvolvimento de um profundo interesse pelo novo ambiente.

# Preparação e treinamento do pessoal

O que as empresas podem fazer para ajudar os funcionários a compreender melhor, a se adaptar e se sair bem em ambientes estrangeiros?[16] A preparação adequada e o treinamento são cruciais. O treinamento é o processo de modificar as atitudes do empregado e seu conhecimento de forma a aumentar a probabilidade de atingir as metas organizacionais. A Figura 18.2 destaca aspectos essenciais da preparação e programas de treinamento para o pessoal na missão internacional.

As empresas deveriam oferecer treinamento para todos os funcionários que trabalham fora de seus países de origem. O treinamento também é um fator para a força de trabalho não gerencial do exterior, como engenheiros, trabalhadores contratados para um projeto específico ou aqueles que prestam serviços em processos de negócios. Os gerentes de RH devem avaliar as necessidades de treinamento dos trabalhadores nos países anfitriões e desenvolver programas de treinamento que garantam que eles possam fazer o seu trabalho, seja na manufatura, no marketing, em vendas, em serviços pós-venda ou em processos de negócios como a contabilidade e gestão de informação.

Para os empregados em uma missão internacional, o treinamento costuma ter três componentes: (1) **estudos de área** — conhecimento factual de assuntos históricos, políticos e econômicos do país de acolhimento, (2) **informação prática** — conhecimentos e habilidades necessários para funcionar efetivamente em um país, incluindo moradia, saúde, educação e vida diária e (3) **consciência intercultural** — a capacidade de interagir de forma eficaz e adequada com pessoas de idioma e cultura diferentes.[17]

Os métodos de treinamento variam muito. A fim de aumentar o rigor, eles incluem: vídeos, palestras, leituras recomendadas, estudos de caso, livros, treinamento baseado na Web, análises de incidentes críticos, simulações, simulação, treinamento linguístico, experiência de campo e imersão de longo prazo. As simulações e as encenações fazem com que o empregado finja os encontros típicos com os estrangeiros. Como você deve se lembrar do Capítulo 5, a análise dos incidentes críticos envolve o estudo de um episódio entre um trabalhador e um colega estrangeiro em que aparece a tensão devida a um mal-entendido cultural. Com a experiência de campo, o gerente visita o país de acolhimento durante uma ou duas semanas. A imersão de longo prazo leva o funcionário ao país por vários meses, muitas vezes para aprender o idioma e as diferenças culturais. Ao decidir que métodos de treinamento usar, a empresa deve estabelecer um equilíbrio entre o rigor da formação *versus* o grau de interação necessário no exterior e a distância cultural entre a cultura do empregado e a nova cultura que o aguarda.[18]

## Preparação dos trabalhadores para a repatriação

A **repatriação** é o retorno do expatriado ao seu país de origem após a conclusão de um trabalho duradouro no estrangeiro. Como a expatriação, o repatriamento exige uma preparação prévia. Caso isso não seja bem conduzido, o expatriado pode ter problemas no retorno para casa. Alguns empregados que voltam para casa percebem que sua experiência internacional não é valorizada e que podem ser colocados em posições inferiores ou pouco coerentes em relação ao que faziam no estrangeiro. Alguns estrangeiros sofrem com as dificuldades financeiras depois de voltar, seja pelos preços elevados da moradia ou pelos cortes na remuneração. Muitos experimentam 'choque cultural ao contrário', na hora do reajuste à cultura do seu próprio país. Para o empregado e seus familiares que passaram vários anos no estrangeiro, o reajuste psicológico para a vida no país de origem pode ser estressante. Curiosamente, um quarto dos expatriados pode deixar sua empresa dentro de um ano depois de ter voltado.[19] Outros recusam novas transferências internacionais.

Os gerentes de recursos humanos podem ajudar a resolver os problemas que os trabalhadores enfrentam ao voltar para casa. Enquanto o expatriado está no estrangeiro, a empresa pode monitorar a remuneração do empregado e o progresso da sua carreira. Depois de voltar para casa, a empresa pode fornecer empréstimos e assistência financeira provisória e acompanhamento na hora de abordar as questões da carreira e das necessidades psicológicas. A empresa deve garantir que o expatriado tenha um emprego igual ou superior àquele que tinha antes de ir para o estrangeiro. É provável que, enquanto estava no exterior, o empregado tenha acumulado conhecimento e contatos consideráveis que a empresa pode utilizar a seu favor.[20]

## Cultivar o espírito global

A perspectiva etnocêntrica é comum em algumas empresas multinacionais, onde o pessoal da matriz acredita que sua forma de fazer negócios é superior e que eles podem ser facilmente transferidos para outros países.[21] As multinacionais mais progressistas possuem *orientação geocêntrica*, levando o pessoal mais competente para a matriz e para as subsidiárias independentemente da sua origem nacional. Como vimos no Capítulo 5, uma orientação geocêntrica é sinônimo de uma mentalidade global, segundo a qual o trabalhador é capaz de entender os limites de um negócio, do mercado ou de um país. A *mentalidade global* é caracterizada pela aceitação de múltiplas realidades culturais e estratégicas nos níveis global e local.[22] Os funcionários são provenientes de diversos países, trazendo uma perspectiva holística para a tomada de decisões sobre as operações da empresa no mundo inteiro. Os gerentes seniores devem estar comprometidos com a contratação, o desenvolvimento, a consolidação e o reconhecimento dos trabalhadores que possuem mentalidade global e oferecem potencial de liderança global.

O treinamento da consciência transcultural pode aumentar a sensibilidade intercultural e a eficácia. Os indivíduos precisam ser bem versados na melhor forma de fiscalizar e comunicar-se com os funcionários locais, negociar com clientes e fornecedores, bem como se adaptar à cultura local. O treinamento deve ter como objetivo ajudar o trabalhador

Figura 18.2 Aspectos essenciais da preparação e programas de treinamento para o pessoal na missão internacional

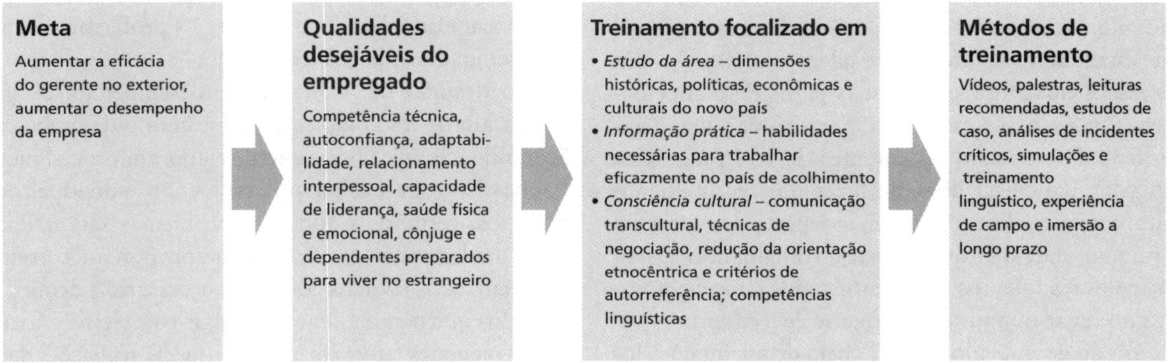
Meta
Aumentar a eficácia do gerente no exterior, aumentar o desempenho da empresa
Qualidades desejáveis do empregado
Competência técnica, autoconfiança, adaptabilidade, relacionamento interpessoal, capacidade de liderança, saúde física e emocional, cônjuge e dependentes preparados para viver no estrangeiro
Treinamento focalizado em
• Estudo da área – dimensões históricas, políticas, econômicas e culturais do novo país
• Informação prática – habilidades necessárias para trabalhar eficazmente no país de acolhimento
• Consciência cultural – comunicação transcultural, técnicas de negociação, redução da orientação etnocêntrica e critérios de autorreferência; competências linguísticas
Métodos de treinamento
Vídeos, palestras, leituras recomendadas, estudos de caso, análises de incidentes críticos, simulações e treinamento linguístico, experiência de campo e imersão a longo prazo

a evitar o critério de autorreferência — uma tendência a ver as outras culturas através da lente da cultura dele.

Os funcionários também se beneficiam aprendendo o idioma do país anfitrião. Aprender o idioma local facilita a interação do funcionário de maneira mais eficaz com os colegas locais, ajuda na comunicação com os fornecedores e clientes, permite que monitore os concorrentes, recrute talentos locais e melhore as relações com funcionários e organizações do novo país. A capacidade linguística também aumenta a compreensão e a fruição da cultura local.[23]

Uma empresa pode deliberadamente procurar melhorar a inteligência cultural de seus funcionários. A **inteligência cultural** refere-se à capacidade de um funcionário em lidar de maneira eficaz com as situações caracterizadas pela diversidade cultural.[24] Isto incorpora quatro dimensões: (1) a *estratégia* refere-se a como um empregado entende as experiências culturais através de seus julgamentos; (2) *conhecimento* é a compreensão do empregado de dimensões culturais como valores, normas sociais, crenças religiosas e linguísticas; (3) a *motivação* enfatiza o interesse do empregado em interagir com pessoas de diferentes culturas, bem como um sentimento de confiança para se comportar de forma eficaz em contextos culturalmente diversos; (4) a *flexibilidade comportamental* refere-se à capacidade de um funcionário para adotar comportamentos verbais e não verbais que são apropriados nas diferentes culturas.[25]

## Traçar planos de carreira global para os empregados

As empresas bem-sucedidas dão aos funcionários com bom potencial a oportunidade adequada de ganhar experiência, não apenas no seu país de origem, mas na matriz e em outros países também. Esta abordagem amplia a disponibilidade de talentos globais para posições gerenciais e demonstra o compromisso da alta gerência com a estratégia global. Por exemplo, na Unilever, os funcionários não podem avançar muito longe na empresa sem possuir experiência internacional considerável. A empresa anglo-holandesa tem vários programas para desenvolver habilidades de liderança internacional. Os gerentes revezam-se em diferentes trabalhos e lugares no mundo, especialmente no início de suas carreiras. A Unilever mantém um ***cadastro* de talentos globais** — um banco de dados dos empregados, seus perfis de competências internacionais e seu potencial para ajudar nas aspirações globais da empresa. Os gerentes de RH pesquisam nesse banco de dados na hora de fazer um recrutamento apropriado, com a qualificação ideal, independentemente do lugar do mundo onde o indivíduo esteja trabalhando. Dessa forma, os melhores talentos são identificados e recebem novas tarefas no lugar do mundo em que se encontrem.[26]

A carreira do gerente global está cheia de atribuições locais e internacionais recorrentes. Empresas como a Nestlé, ABB e Citibank desenvolvem um conjunto de funcionários talentosos, independentemente da nacionalidade, com profundo conhecimento das operações mundiais da empresa.

Os empregados com mentalidade global esforçam-se para entender as dinâmicas organizacionais e de grupo, a fim de criar um consenso entre os membros em conflito.[27] Eles lideram e participam efetivamente das equipes globais. Como vimos no Capítulo 11, uma **equipe global** é um grupo de pessoas em diferentes países com a tarefa específica de fazer ou executar decisões que sejam de escopo internacional. Os membros de uma equipe global precisam de treinamento para trabalhar bem com os outros. As empresas usam abordagens inovadoras para que os membros da equipe trabalhem de forma coesa. Por exemplo, uma equipe com membros dos Estados Unidos e da América Latina deve negociar com um fornecedor do Japão. Nas reuniões, os japoneses muitas vezes discutem assuntos entre si, falando em japonês. Os membros dos Estados Unidos e da América Latina decidiram responder tendo suas próprias discussões em espanhol, sendo que os que não falavam espanhol fingiam que estavam entendendo. Usando esta abordagem, os japoneses entenderam que seu cochicho privado era desagradável.[28]

## Avaliação de desempenho internacional

A **avaliação de desempenho** é um processo formal para analisar a eficácia com que os trabalhadores executam suas tarefas. As avaliações ajudam o gerente a identificar as áreas problemáticas em que um funcionário precisa melhorar e nas quais é necessário um pouco mais de treinamento. É um processo contínuo que determina a remuneração do empregado e o desempenho da empresa.

As empresas podem dar aos NCM, NPA e NPE uma variedade de objetivos organizacionais que variam de uma unidade para outra. Por exemplo, uma nova filial estrangeira pode receber a ordem de estabelecer relações com clientes-chave e aumentar as vendas rapidamente. Uma fábrica pode ser encarregada de garantir a alta produtividade ou a continuidade na qualidade dos produtos elaborados. Ocasionalmente, uma subsidiária pode fracassar nesses quesitos, e o objetivo do gerente local é simplesmente resolver os problemas e conseguir que a unidade volte aos trilhos.

No decurso da avaliação de desempenho, os gerentes comparam os resultados esperados com o desempenho real. As multinacionais normalmente elaboram procedimentos de diagnóstico para avaliar o desempenho individual dos funcionários, verificar se todos os problemas são atribuíveis a níveis inadequados de qualificação, proporcionar treinamento e recursos adicionais conforme necessário e demitir os empregados que não conseguem atingir os objetivos fixados.

Os seguintes fatores fazem com que as avaliações de desempenho sejam mais complexas no contexto internacional:[29]

- O problema dos *resultados não comparáveis* surge devido às diferenças econômicas, variáveis políticas, jurídicas e culturais. Por exemplo, não se deve punir um gerente de uma filial mexicana porque a produtividade do trabalhador é a metade do que costuma ser no país da matriz. As empresas precisam levar em consideração as condições de trabalho e outros fatores no México, que resultam em níveis menores de produtividade.[30] Normas contábeis diferentes podem provocar resultados financeiros que parecem mais favoráveis do que os resultados obtidos seguindo as regras rigorosas de contabilidade que a empresa usa em casa.
- A *informação incompleta* resulta do fato de a matriz estar separada das unidades estrangeiras no tempo e no espaço. A avaliação do desempenho pode ser difícil porque a diretoria da matriz geralmente não pode observar diretamente os empregados que trabalham no estrangeiro. Para resolver este problema, os gerentes da filial podem ser avaliados por dois avaliadores independentes, um na matriz e o outro na filial estrangeira. A empresa pode enviar gerentes para visitarem as filiais e conhecerem diretamente os funcionários observando as condições locais em primeira mão. As empresas costumam criar uma intranet, o que oferece uma interconexão entre os funcionários da empresa espalhados pelo mundo. Esse recurso pode servir como um centro de armazenamento de conhecimento, experiências e melhores práticas dentro da empresa.
- Os resultados do desempenho podem ser afetados pela *maturidade* das operações no estrangeiro. As subsidiárias relativamente novas geralmente não alcançam o mesmo nível de resultados que aquelas com funcionários mais experientes. As novas operações internacionais geralmente exigem mais tempo para obter resultados do que no mercado doméstico.

A gestão deve considerar esses fatores ao avaliar o desempenho das filiais no estrangeiro, as subsidiárias e o pessoal.[31] Se não levar esses fatores em conta, o pessoal da matriz pode chegar a avaliações imprecisas ou tendenciosas.

## Remuneração do pessoal

Os pacotes de remuneração variam de país para país devido às diferenças nos benefícios legalmente obrigatórios, à legislação tributária, ao custo de vida, à tradição local e à cultura. Os empregados enviados a subsidiárias no estrangeiro esperam ser compensados em um nível que lhes permita manter o seu padrão habitual de vida, o que pode aumentar substancialmente o custo. A Figura 18.3 apresenta o custo de vida em algumas cidades. Você pode ver que as capitais de negócios ao redor do mundo são particularmente caras, incluindo Tóquio, Paris, Londres, Seul e Hong Kong.

Ao desenvolver pacotes de compensação para os empregados que trabalham fora do país, há pelo menos quatro elementos que os gerentes devem considerar: remuneração de base ou salários, benefícios, subsídios e incentivos. A *remuneração de base* é estabelecida pelo salário que o empregado normalmente recebe em seu país de origem. Assim, um trabalhador de uma fábrica local da Polônia receberá um salário equivalente ao que os operários recebem em média na indústria da Polônia. Um gerente holandês trabalhando nos Estados Unidos receberia um salário-base comparável ao que recebem os gerentes no mesmo nível na Holanda. Os salários dos expatriados são normalmente pagos na moeda do país de origem, na moeda local ou em uma combinação de ambos.

Os *benefícios* incluem planos de saúde, seguro de vida, seguro-desemprego e férias remuneradas. Os benefícios variam muito de um país para outro, podendo ser parte substancial do pacote de compensação total — normalmente, um terço da remuneração total. Os regulamentos locais e as práticas da indústria tendem a determinar a natureza dos benefícios. Os benefícios também podem variar caso sejam dedutíveis dos impostos. Os expatriados recebem os benefícios concedidos normalmente aos empregados do país de origem.

O *subsídio* é um pagamento adicional que permite que o expatriado mantenha um padrão de vida semelhante ao que tinha em casa. O subsídio é normalmente usado para pagar a moradia e a comida ou as roupas em algumas ocasiões. Uma ajuda adicional pode ser fornecida para cobrir despesas como a mudança e a educação dos filhos, bem como jantares de negócios e viagens. A moradia pode ser muito cara nos grandes centros comerciais ao redor do mundo. Por exemplo, o custo de um apartamento no estilo ocidental com quatro quartos em Tóquio pode exceder US$ 5.000 por mês. A mudança internacional pode também ser cara, principalmente se o empregado insistir no transporte de móveis grandes, roupas e outros itens pessoais para o exterior. As empresas também fornecem subsídios para compensar os empregados que trabalham em países com conflitos civis ou outros conflitos sociais ou em países em desenvolvimento com problemas de moradia, educação e outras instalações e serviços.[32]

Dadas as dificuldades potenciais de trabalhar no estrangeiro, muitas empresas multinacionais também oferecem *incentivos* para os funcionários expatriados. O incentivo é como um bônus que busca motivar o funcionário a fazer um esforço extraordinário para alcançar os objetivos da empresa no estrangeiro, especialmente nos novos mercados estrangeiros. O incentivo é um pagamento fixo feito uma única vez.[33]

Na remuneração para os expatriados, a adequação fiscal é uma questão especial. Os expatriados podem pagar impostos duas vezes pela mesma remuneração, uma vez no país de acolhimento e outra no país de origem. A maioria dos governos possui leis que permitem ao expatriado minimizar a du-

Figura 18.3 Custo de vida em algumas cidades, 2006 (Nova York = 100)

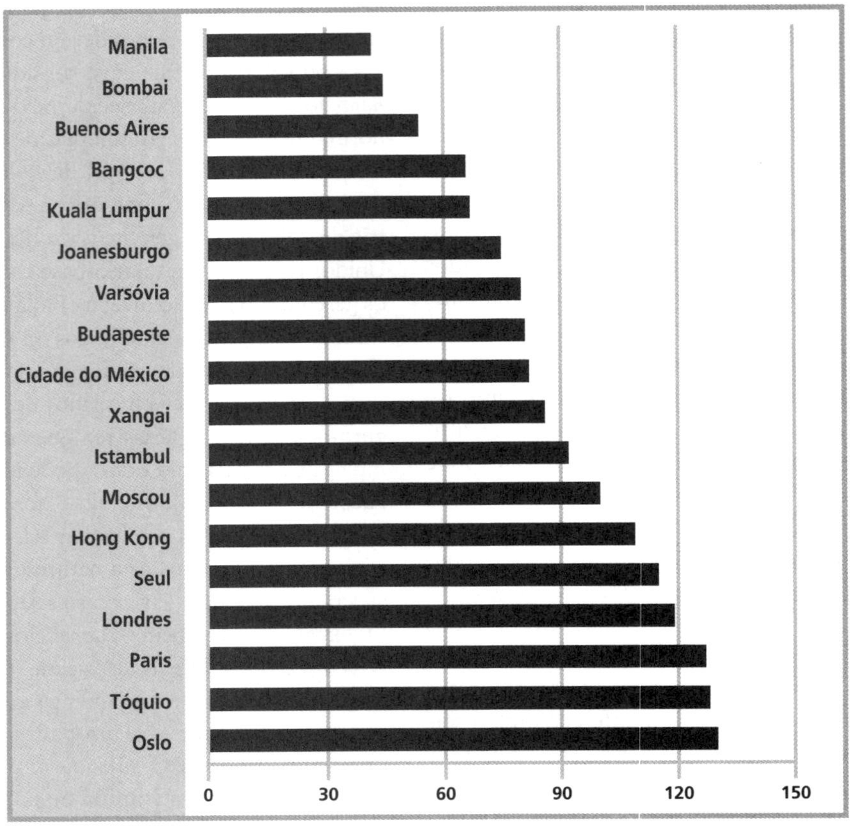


FONTE: adaptado de "The Cost of Living". *Economist*. 20 jul. 2006, p. 76.

pla tributação. Muitas vezes, os expatriados precisam pagar o imposto de renda em apenas um país. Nos casos em que os impostos adicionais são pagos pelo empregado, o empregador geralmente reembolsa essa carga tributária adicional.

## Relações internacionais de trabalho

As *relações de trabalho* são um processo pelo qual a diretoria e os trabalhadores identificam e determinam as condições trabalhistas em vigor no local de trabalho. Os *sindicatos* oferecem meios para uma negociação coletiva — **barganhas coletivas** entre empresários e trabalhadores sobre os salários e as condições de trabalho. Quando a empresa e o sindicato negociam um acordo, formalizam-no com um contrato. A maioria dos países mantém padrões trabalhistas mínimos protegidos pela legislação local. Os regulamentos laborais variam substancialmente, variando das regras mínimas na África e no subcontinente indiano até a regulamentação de trabalho altamente detalhada e as leis adotadas em países como Alemanha e Suécia.

A adesão ao sindicato varia conforme o país. A Figura 18.4 ilustra o percentual de trabalhadores em cada país que estão filiados ao sindicato. Observe o declínio gradual, nos últimos anos, da filiação sindical em muitas economias avançadas. A filiação ao sindicato caiu para menos de 15 por cento dos trabalhadores na França, na Coreia do Sul e nos Estados Unidos. O número é inferior a 25 por cento na Austrália, na Alemanha, no Japão e na Nova Zelândia. No entanto, a filiação sindical é relativamente alta na Bélgica, na Dinamarca e na Finlândia, onde mais de 50 por cento dos trabalhadores são sindicalizados. Em muitos desses países, a maioria dos membros do sindicato são funcionários públicos.[34]

Na Europa Central e Oriental, a dissolução da União Soviética significou o fim da filiação obrigatória.[35] Em muitos países, os trabalhadores mais jovens estão menos interessados em filiar-se aos sindicatos, e as leis trabalhistas foram ficando menos permissivas com os sindicatos do que no passado.[36] A tendência para a terceirização dos processos de manufatura e de negócios com fornecedores estrangeiros também contribui para a menor filiação aos sindicatos. Por exemplo, a Alemanha, uma nação com uma forte tradição de trabalho sindicalizado, agora testemunha um fluxo contínuo de saída usando o IDE nos últimos anos, já que as

**Figura 18.4** Porcentagem de trabalhadores filiados aos sindicatos em 1993 e 2003

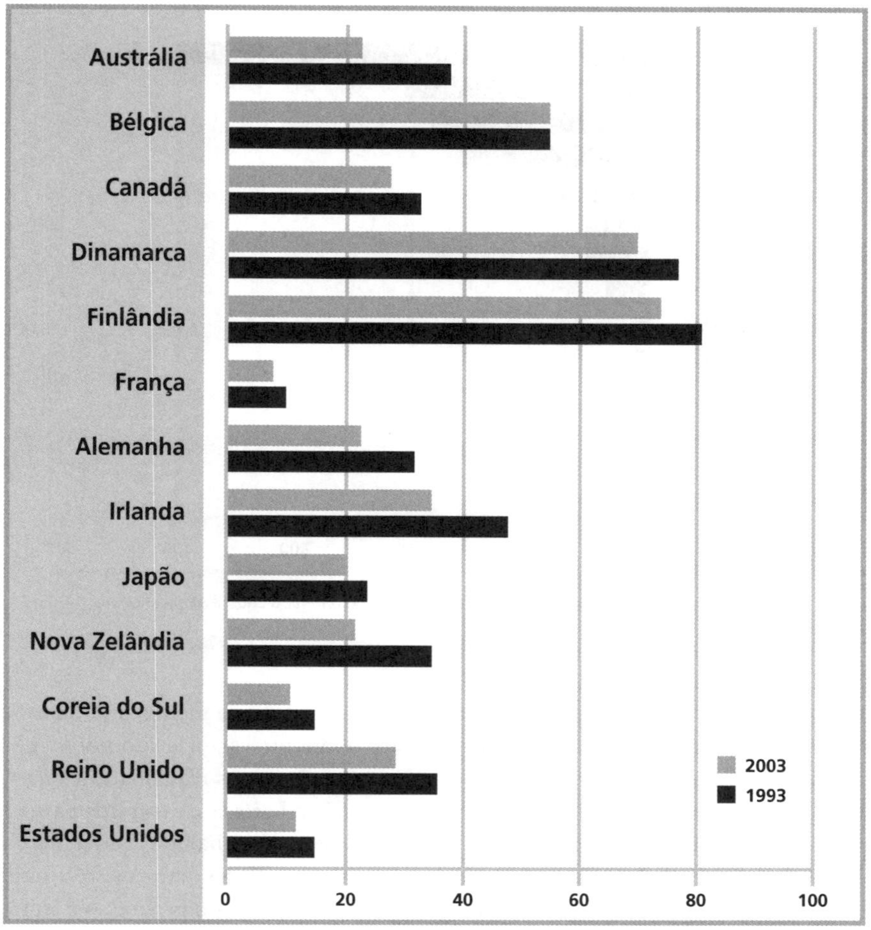


FONTE: adaptado de BLANCHFLOWER, D. "International patterns of union membership". *British Journal of Industrial Relations*. 45(1):1-28, 2007.

empresas alemãs agora possuem fábricas de produção na Europa Oriental e no sudeste da Ásia.

Quando a diretoria e o sindicato não chegam a um acordo, o sindicato pode declarar uma *greve* — uma recusa organizada e coletiva ao trabalho, a fim de pressionar a diretoria para que atenda a algumas reivindicações sindicais. A Figura 18.5 mostra a média anual de dias não trabalhados por cada mil funcionários devido a greves e outras disputas trabalhistas em vários países. Mundialmente, a incidência de greves diminuiu na última década, mas parece ser uma arma poderosa para persuadir a diretoria a aceitar as exigências do sindicato. Por exemplo, os trabalhadores franceses da Perrier, a produtora de água engarrafada, recentemente convocaram uma greve para proteger os salários e o emprego. O CGT (Confédération Générale du Travail) é um sindicato que representa 93 por cento dos 1.650 trabalhadores da Perrier, que ganham um salário médio anual de US$ 32.000, considerado razoável no sul da França. De propriedade da Nestlé a partir de 1992, a diretoria afirmava que obtinha pouco lucro sobre a marca e precisava diminuir as despesas, a fim de melhorar o desempenho empresarial. Em resposta à greve, a diretoria ameaçou levar a produção para a Europa Oriental para diminuir os custos trabalhistas.[37]

Se a greve persistir por muito tempo, um *mediador* ou um *juiz de arbitragem* podem ser chamados para negociar entre o sindicato e a diretoria, em uma tentativa de acabar com a greve. Um mediador é um especialista em relações entre o sindicato e a diretoria, que trabalha com ambos os lados e os ajuda a alcançar uma solução mutuamente aceitável. O juiz é um perito independente que dá uma sentença em favor de um ou de outro, depois de avaliar os argumentos apresentados por ambos os lados.

## Diferenciais dos sindicatos no mundo

Cada região do mundo tem uma abordagem diferenciada aos sindicatos, a qual é influenciada pela história, pela

Figura 18.5 Média anual de dias não trabalhados devido a conflitos trabalhistas (a cada 1.000 funcionários, 1996-2005)

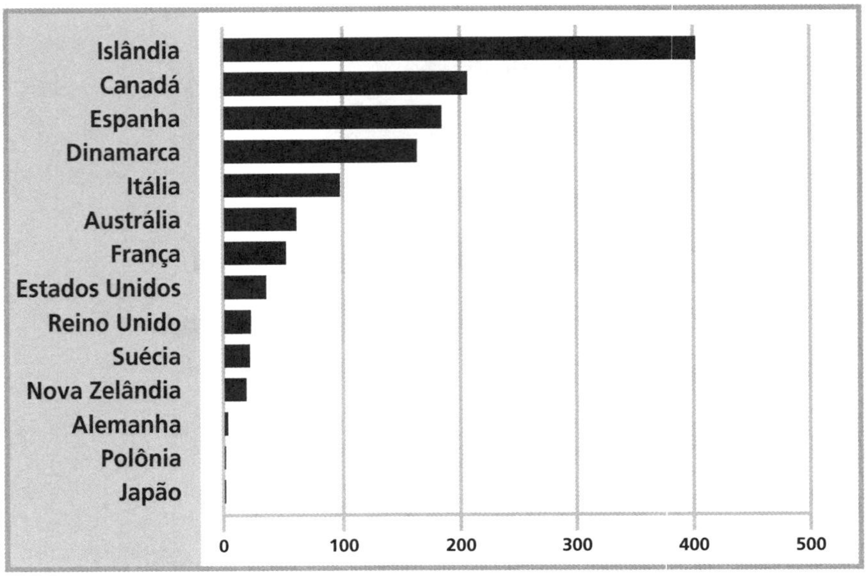


FONTE: Adaptado do texto de HALE, D. "International comparisons of labour disputes in 2005". *Economic & Labour Market Review*. 1(4):23-31, 2007; e da Organização Internacional do Trabalho, disponível em: www.ilo.org.

tradição e por outros fatores locais. Nos Estados Unidos, a sindicalização está concentrada a setores como o de automóveis e a indústria do aço e é forte entre os trabalhadores do setor público, como os policiais e os professores. A filiação aos sindicatos nos Estados Unidos atingiu o pico em 1950, entretanto, a força de trabalho sindicalizada do setor de automóveis, da indústria do aço e de outras indústrias tradicionais caiu drasticamente nos últimos anos. A globalização, a mobilidade do capital e a imigração em massa vinda do México têm um impacto considerável na força dos sindicatos organizados, levando à reestruturação contínua da força de trabalho. Contudo, os sindicatos nos Estados Unidos continuam sendo uma importante força política. Nesse país, a maioria dos empregadores já aceitava a jornada de oito horas em 1912 e 40 horas por semana de trabalho em 1950. A discriminação baseada na idade ou na raça é ilegal desde 1960. A atividade dos sindicatos ocorre principalmente na negociação coletiva sobre salários, benefícios e condições de trabalho e na representação dos seus membros caso a diretoria tente quebrar os termos do contrato.[38]

A experiência da China com os acordos coletivos é muito recente. Dada a estreita relação entre o sindicato e o governo, os gerentes ocidentais geralmente lidam muito com o governo chinês, a nível nacional e local, na gestão das relações trabalhistas. O Walmart teve que reconhecer oficialmente os sindicatos na China, algo que normalmente não faz. Nesse ínterim, a China desenvolveu um movimento independente sindical. Em Guangzhou, 300 trabalhadores enviaram uma carta ao seu gerente da fábrica exigindo um aumento salarial para passar de menos de US$ 60 que recebiam por mês para o mínimo estabelecido por lei de US$ 69 por mês. Pouco tempo atrás, os trabalhadores na China protagonizaram quase 57 mil greves e protestos para exigir melhores salários e condições de trabalho. O governo chinês trabalha para ter melhores condições para os 169 milhões de trabalhadores das indústrias, mas o progresso é lento.[39] O ativismo sindical e o número elevado de conflitos trabalhistas que foram resolvidos através de processos formais de resolução de conflitos começa a ser representativo. O governo nacional tomou várias iniciativas para proteger melhor os direitos dos trabalhadores, incluindo a nova legislação e as campanhas pela União Comercial da Federação Chinesa, que visa unificar os trabalhadores chineses nas empresas estrangeiras.[40]

Na Europa, os sindicatos têm um longo histórico. Além dos trabalhadores das indústrias, os sindicatos representam trabalhadores qualificados como médicos, engenheiros e professores. Geralmente, os sindicatos possuem muito poder político e podem estar filiados a um partido político particular — usualmente, o partido dos trabalhadores. Uma característica exclusiva do contexto sindical na Europa, especialmente claro na Alemanha e nos países escandinavos é a participação dos sindicatos na tomada de decisões sobre salários, bônus, participação no lucro, férias, demissões e expansão ou fechamento das fábricas. Em 2006, a União Europeia aprovou uma nova legislação que obriga até as indústrias menores a informarem e perguntarem aos empregados a respeito de assuntos como abrangência dos negócios, emprego e assuntos de organização da empresa. A legislação tentava aumentar a participação dos empregados na gestão das empresas.[41] Por exemplo, na Suécia, o sindicato assume um papel significativo nas decisões de fábrica e participa de assuntos como os padrões de qualidade do produto e como organizar a fábrica para obter maior eficiência e segurança. Na Suécia e na Alemanha, a participação nos sindicatos pode ser obrigatória, e os trabalhadores devem participar de mesas de trabalho, uma prática conhecida como **codeterminação.**[42] Por outro lado, na Coreia do Sul, no Reino Unido e nos Estados Unidos, os sindicatos e a diretoria normalmente são adversários.

## O custo e a qualidade do trabalhos

Os salários dos funcionários podem variar muito ao redor do mundo. As economias avançadas tendem a pagar salários mais altos, normalmente na faixa dos US$ 15 a US$ 30 por hora. Os salários são particularmente altos nos países do norte da Europa. Nas economias em desenvolvimento, por outro lado, os salários são muito baixos, apenas alguns dólares por hora. Para termos uma ideia do custo do trabalho ao redor do mundo, a Figura 18.6 mostra as contribuições estabelecidas por lei de salário mínimo mais previdência como porcentagem do custo do trabalho do trabalhador médio em diferentes países. Note que os salários constituem uma proporção relativamente alta do custo de trabalho na França. O salário mínimo obrigatório e sua contribuição à previdência na França representam 54 por cento do custo médio do trabalho. No Japão, por outro lado, o salário mínimo mais as contribuições à previdência respondem por apenas 32 por cento do custo médio dos trabalhadores.

É bom lembrar que o custo do trabalho não é o único assunto que interessa à empresa. A qualidade e a produtividade relacionadas ao trabalho são aspectos igualmente importantes. A qualidade do trabalho e a possibilidade de treinamento de mão de obra são aspectos que variam muito ao redor do mundo. Os sistemas de capacitação e treinamento são diferentes e podem afetar a disponibilidade de pessoal qualificado. Os trabalhadores bem treinados e habilidosos são escassos em alguns países. Muitos trabalhadores precisam de treinamento e adaptação com a cultura da empresa para poder atingir os objetivos da companhia. O treinamento é um fator crítico, especialmente para as empresas que terceirizam seus processos de negócio nos mercados emergentes. O custo do treinamento possivelmente afetará a economia que a empresa queria fazer usando a terceirização.

As empresas devem considerar os salários no contexto da produtividade do trabalhador. A mão de obra de baixo custo é uma vantagem inexpressiva se a produtividade também for baixa. A produtividade é o valor da produção realizada por uma unidade de trabalho (medida frequentemente em termos de produção por hora). Quanto mais produtivo for o trabalhador, maior sua produção dentro de uma faixa salarial determinada. Por exemplo, um trabalhador da indústria automotiva no Canadá pode produzir 50 radiadores por dia, enquanto um trabalhador do mesmo ramo no México pode produzir apenas 30 radiadores no mesmo período. As empresas costumam terceirizar o trabalho fora do país e depois percebem que o nível de produtividade local é menor do que o esperado. Por exemplo, se todas as condições forem iguais, um trabalhador na Romênia que recebe a metade do salário que um trabalhador igual na Alemanha não gera mais valor

Figura 18.6 Custo do trabalho, 2005: Contribuições exigidas pelo governo sobre salário mínimo junto à previdência em termos de porcentagem do custo do trabalho do trabalhador médio

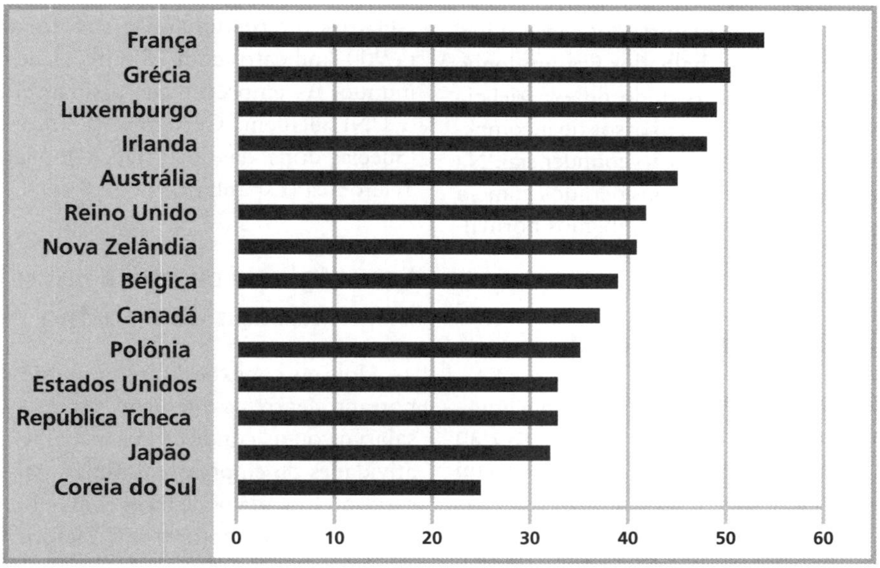


FONTE: extraído de "Cost of labor". *Economist*. 2 abr. 2005, p. 92.

se a produtividade do primeiro for a metade da produtividade do segundo. Assim, no momento de terceirizar os fornecedores estrangeiros, a diretoria deve ter cuidado e garantir que a produtividade no novo país atinja os níveis esperados.

## Redução da mão de obra

Quando as empresas passam por dificuldades financeiras ou custos elevados na matéria-prima, podem ser obrigadas a reduzir a mão de obra. Demitir trabalhadores (ou considerá-los 'redundantes', como dizem no Reino Unido) é difícil em boa parte do mundo devido às normas locais, às regulamentações ou à força dos sindicatos. Por exemplo, no Japão, as normas locais obrigam às empresas a evitarem as demissões ou acharem novos empregos para os trabalhadores nas empresas fornecedoras. A maioria dos países possui regras que limitam a capacidade da diretoria para demitir trabalhadores.

As diretorias devem entender completamente as leis trabalhistas locais e a regulamentação correspondente à demissão dos trabalhadores. Nos Estados Unidos, a possibilidade de adotar a emenda 11 sobre falência permite às empresas demitir trabalhadores no seu processo de reorganização. Por exemplo, essa legislação permitiu à fabricante de peças automotivas Delphi Corporation obter concessões do sindicato dos trabalhadores automotivos a respeito dos salários, benefícios e fechamento de fábricas em 2007. A Delphi conseguiu reduzir o valor das horas de trabalho de US$ 27 por hora para US$ 14 a US$ 18,50.

A empresa deve evitar contratar grandes quantidades de empregados até a diretoria entender o tipo de mão de obra de que precisa. Para algumas tarefas, os empregados de meio período ou os trabalhadores por projeto podem ser a melhor alternativa. Muitos países exigem que haja uma 'justa causa' para poder demitir um empregado. Se essa justa causa não puder ser demonstrada, a lei pode exigir que o empregador pague uma indenização, uma soma em dinheiro que pode ser significativa para a empresa. Na maioria dos casos, a justa causa é configurada quando o trabalhador fica um longo período ausente, quando acaba seu período de experiência (usualmente, entre um e seis meses) ou em casos de incompetência, roubo ou divulgação de informação confidencial. Na maioria dos países, os empregados são considerados como a parte em desvantagem; por isso, os casos ambíguos normalmente são resolvidos em favor do empregado.[43]

## Tendências no trabalho internacional

Várias tendências afetam a mão de obra internacional. Uma delas é a mobilidade elevada dos trabalhadores ao longo das fronteiras dos países. Os fatores que influenciam essa tendência incluem o crescimento da conectividade das economias nacionais, a rápida expansão das empresas multinacionais, o aparecimento de empreendimentos colaborativos internacionais como uma estratégia de internacionalização e uma ênfase maior nas equipes globais que realizam tarefas organizacionais.

Muitos países lidam com uma grande afluência de imigrantes, tanto legais quanto ilegais, que competem com os trabalhadores estabelecidos fornecendo mão de obra a baixo custo. Alguns países, especialmente aqueles com falta de mão de obra ou economias de rápido crescimento, estimulam a imigração para poder ter um bom acervo de trabalhadores capacitados. Por exemplo, o Canadá estimula a imigração para complementar seu conjunto de trabalhadores habilidosos. Na Europa, o influxo de imigrantes trabalhadores cresceu rapidamente devido à expansão da União Europeia. Por exemplo, muitos trabalhadores poloneses procuram empregos no Reino Unido já que a Polônia passou a ser membro da União Europeia. Os países do Golfo Pérsico têm um longo histórico de retenção de trabalhadores vindos de fora. Por outro lado, o Japão sempre foi relutante a motivar a imigração de trabalhadores, uma política que, combinada com a baixa taxa de natalidade, produzirá falta de trabalhadores no futuro.

A formação de alianças internacionais por parte dos sindicatos é outra tendência recente. Para ajudar a equilibrar a força dos sindicatos, as organizações trabalhistas enviam lobistas para organizações internacionais como a Organização Internacional do Trabalho (uma agência das Nações Unidas) para exigir que as multinacionais atendas atendam ás práticas e padrões em todo o mundo. Alguns sindicatos nacionais estão juntando esforços com sindicatos de outros países formando sindicatos trabalhistas e comerciais para nivelar os salários e as condições de trabalho para os trabalhadores em diferentes partes do mundo.[44] As subsidiárias das empresas Europeias nos Estados Unidos firmaram acordos sindicais que obrigam as subsidiárias norte-americanas a cumprirem com as normas de trabalho europeias.[45] Alguns sindicatos tiveram sucesso na criação de acordos que afetam todas as filiais de várias multinacionais. A Union Network International (UNI), formada em 2000, representa 900 sindicatos com 15 milhões de membros ao redor do mundo. As empresas que assinaram acordos globais com o UNI incluem: Carrefour (França), Hennes & Mauritz (Suécia; dona das lojas H&M), Metro AG (Alemanha) e Telefonica (Espanha).

## Estratégia da empresa nas relações internacionais de trabalho

Hoje, as conexões transfronteiriças criam interações importantes entre os diferentes sistemas de trabalho. Os níveis salariais ou as condições de trabalho em um país afetam as atividades da empresa em outros países. Por exemplo, uma greve no Canadá pode fazer com que a General Motors feche uma fábrica de motores nos Estados Unidos, já que a filial canadense deixou de mandar peças que costumava enviar. Manter as relações trabalhistas é importante porque os sindicatos influenciam no custo do trabalho, na produtividade, na motivação dos empregados e no desempenho da empresa.

Já que as diferenças nacionais produzem diferentes relações de trabalho em cada país, as multinacionais usualmente confiam a gestão dos recursos humanos às filiais no estrangeiro. Porém, isso pode ser um erro grave devido ao potencial impacto *global* das relações trabalhistas em um determinado país. Os acordos trabalhistas feitos por filiais no estrangeiro podem afetar os planos das multinacionais ou criar precedentes para outras negociações em outros países. Delegar a responsabilidade da política de recursos humanos para um executivo sênior na matriz pode ajudar a estabelecer normas consistentes e sistemáticas de recursos humanos.

A diretoria deve gerir a mão de obra da empresa no mundo inteiro. Inicialmente, a diretoria deve estabelecer um sistema de informação que forneça dados contínuos sobre a evolução do trabalho. A melhor abordagem é usar a intranet da empresa e centralizar os dados de todas as subsidiárias do mundo. Esse sistema de informação pode ajudar a diretoria na antecipação dos problemas dos empregados e criar soluções para os possíveis problemas nas relações de trabalho nos diferentes países. A intranet da empresa pode ser também um veículo eficiente para se comunicar com empregados do mundo inteiro e informá-los da missão e objetivos, como também dos desafios e ameaças futuros. Costuma ser mais fácil negociar com os sindicatos quando eles entendem as ameaças e os riscos que a empresa enfrenta.

Outra tarefa importante da GIRH é garantir que a firma está atingindo suas metas de responsabilidade corporativa em cada país onde tem negócios. A seção "Tendência Global" explica como a empresa Nike está assumindo esse desafio.

## Diversidade na mão de obra internacional

As empresas mais progressivas nos negócios transfronteiriços contratam empregados de diferentes origens que oferecem experiência e conhecimentos para abordar os problemas e as oportunidades. Por exemplo, a Johnson & Johnson vincula a remuneração dos gerentes com o esforço feito para contratar minorias, mulheres e pessoas de origens culturais diversas. A J&J patrocina seu programa de Iniciativa de Liderança Feminina em todas as suas filiais internacionais. Muitos grupos se engajam ativamente na contratação de mão de obra internacional e são bem aceitos ao redor do mundo. Porém, a diversidade cultural aumenta a complexidade da interação. Os estilos de comunicação e as diferenças do idioma são diferentes de um país para outro, e o mesmo acontece com as ideias de hierarquia e os processos de tomada de decisões. As possibilidades de um mal-entendido, esforços inúteis e má vontade podem aumentar consideravelmente.

## Mulheres nos negócios internacionais

Na maioria das economias avançadas, os homens e as mulheres possuem as mesmas oportunidades de trabalho e as mulheres trabalhadoras são um assunto comum. Em geral, contudo, todas as sociedades impõem regras sobre o papel do homem e da mulher. Em alguns países, as mulheres podem exercer apenas um grupo limitado de atividades e podem ter menos direitos legais do que os homens. Em alguns casos, são dependentes financeiramente do homem. As mulheres devem cumprir com seus papéis históricos e podem ser excluídas das atividades comerciais.

Por exemplo, na América Latina, o estado civil de uma mulher pode ser considerado como critério no processo de contratação. Uma empresa pode considerar uma mulher jovem casada e sem filhos como uma alternativa arriscada pela ideia de que ela logo deixará a empresa para consolidar sua família. Na Ásia e no Oriente Médio, as gerentes são frequentemente confundidas com a esposa ou a secretária de um gerente. As mulheres podem ter menos oportunidades para trabalhar fora de casa e perseguir seus próprios interesses econômicos.

As gerentes nos negócios internacionais são ainda a exceção, e não a norma.[46] Considere, por exemplo, a proporção de mulheres que trabalha em posições importantes na diretoria. A Figura 18.7 mostra estatísticas comparativas da proporção de mulheres na diretoria sênior das empresas. Os dados foram obtidos em uma enquete anual de 7.200 empresas de capital privado e tamanho médio cuja matriz ficava nas 32 economias mais avançadas, representando 81 por cento do PIB total do mundo.[47] Repare na colocação incomum das Filipinas, onde a representação feminina na diretoria sênior é a mais elevada. Vale salientar que as Filipinas sempre foram um país onde os direitos da mulher nunca foram uma preocupação, as práticas religiosas não rivalizam com o direito da mulher de trabalhar fora de casa e as mulheres aprimoraram suas habilidades como líderes e empreendedoras ao longo das décadas.

Porém, a figura sugere que as mulheres, em termos da porcentagem de cargos nas diretorias sênior, ainda têm uma representação baixa na maioria dos países. Mesmo nas economias avançadas as mulheres normalmente não encontram as mesmas oportunidades que os homens na educação e na capacitação. Embora a evidência sugira que as mulheres almejam as posições internacionais da mesma forma que os homens, poucas mulheres recebem convites para ocupar cargos como expatriadas.[48]

Há vários motivos que explicam a baixa representação feminina nas posições gerenciais importantes no exterior. Primeiro, os diretores seniores podem pensar que a mulher não representa uma liderança significativa lá fora ou que os homens de outros países não querem prestar suas contas a uma mulher. As empresas hesitam na hora de mandar

TENDÊNCIA GLOBAL

## Cidadania corporativa global na gestão internacional de recursos humanos

O aumento no interesse do impacto da atividade da empresa na sociedade está levando as organizações a se tornarem melhores cidadãs corporativas no mundo. A responsabilidade social corporativa (RSC) implica que a empresa deve satisfazer a todos os acionistas e operar de maneira socialmente aceitável. Ao mesmo tempo em que os gerentes tentam manter a competitividade da empresa, são responsáveis por atender a sociedade e considerar as necessidades do pessoal em todos os níveis da empresa, incluindo os trabalhadores estrangeiros. As ações da empresa afetam os empregados, sem importar se eles trabalham direta ou indiretamente para a empresa. As empresas devem comportar-se responsavelmente na contratação e na gestão do pessoal.

A indústria de calçado e de acessórios foi sempre uma indústria de baixo perfil tecnológico, empregadora de funcionários de baixo custo em mercados emergentes e nas economias em desenvolvimento. Empresas como a Nike, a Reebok e a Adidas são principalmente criadoras, vendedoras e distribuidoras de calçados esportivos e acessórios que terceirizam quase toda sua produção com empresas independentes ao redor do mundo. No caso da Nike, a produção é feita por vários fornecedores que empregam quase 800 mil funcionários. A maioria dos fornecedores encontra-se na Argentina, China, Índia, Indonésia, Malásia, México, Portugal, Coreia do Sul, Sri Lanka, Taiwan, Tailândia, Turquia e Vietnã. Aproximadamente 80 por cento desses funcionários são mulheres entre 18 e 24 anos de idade. Normalmente, seu histórico educativo é pobre e elas procuram avidamente qualquer trabalho, sendo vulneráveis à violação dos direitos básicos. Muitas empresas fornecedoras não contam com políticas adequadas de recursos humanos e costumam optar pela exploração do trabalho.

A Nike sempre foi acusada de se importar pouco com o bem-estar dos seus trabalhadores contratados no estrangeiro. Por exemplo, no começo da década de 1990, alguns trabalhadores em fábricas da Nike na Ásia recebiam tão pouco que não podiam nem cobrir suas necessidades nutricionais básicas. Muitas empresas fornecedoras trabalhavam em regimes escravistas, e os empregados trabalhavam por longos períodos em condições muito difíceis. Os executivos da Nike sempre rejeitavam as acusações dizendo que as empresas não eram de propriedade da Nike e que por isso a empresa não era responsável pelas condições do trabalho nem pelos salários.

No começo da década de 1990, a Nike produzia milhões de sapatos por ano. Conforme seu *global sourcing* se tornou objeto de um questionamento mais forte, as ONGs — organizações não governamentais, grupos engajados em atividades sociais — e alguns advogados de direito do trabalho levantaram questões acerca de suas fábricas serem locais de exploração de pessoas, condições de trabalho péssimas e várias violações aos direitos humanos. A publicidade negativa tornou-se um problema importante de relações públicas e fez com que a Nike fosse o principal alvo das campanhas antiglobalização e contra o trabalho escravo no mundo.

Para entender melhor as condições oferecidas por seus fornecedores, a Nike começou uma série de avaliações sistemáticas nas suas operações no estrangeiro. Na década de 2000, a Nike melhorou as condições de trabalho de seus fornecedores. No começo, para fomentar a transparência, a Nike revelou a localização de mais de 700 fábricas ao redor do mundo. Anunciou objetivos de RSC até 2011 visando integrar a responsabilidade corporativa nas estratégias de negócio da empresa e o crescimento a longo prazo. A diretoria estabeleceu padrões para melhorar as condições e eliminar o excesso de trabalho dos funcionários. Ferramentas de auditoria foram desenvolvidas para medir o cumprimento dos novos padrões de trabalho. A empresa aprovou programas para investir no desenvolvimento dos trabalhadores e garantir que os padrões fossem bem entendidos e aplicados.

A empresa também desenvolveu um processo de aprovação para garantir as condições de trabalho aceitáveis e aceitar ou rejeitar fornecedores com base no cumprimento de objetivos ambientais, de saúde e de segurança que exigiam que as empresas fornecedoras cumprissem com determinados padrões mínimos. Uma vez que a Nike assinava um contrato com uma empresa para manufaturar seus produtos, monitorava a empresa para conferir que os padrões da Nike eram seguidos. Em 2006, a Nike aprovou 81 novas fábricas, a maioria delas na Ásia. Como parte do processo de avaliação, a empresa também examinava fatores específicos do país como a qualidade da infraestrutura, direitos humanos, cumprimento da lei e condições políticas e econômicas. A Nike procurou assistência de auditores externos no processo.

A diretoria da Nike queria garantir que os trabalhadores fossem tratados como pessoas dignas e não como mercadorias. Na manufatura tradicional, a Nike capacitava seus funcionários em uma tarefa que representava uma etapa do processo. Sob o novo modelo, a Nike está treinando novamente os funcionários para construir equipes de trabalho. Os trabalhadores deviam ser treinados em diferentes habilidades e deviam ter controle sobre o processo de produção, relatando imediatamente os problemas de qualidade e outros assuntos importantes. A empresa começou o treinamento dessas técnicas para os fornecedores estrangeiros. No processo, espera aumentar os salários e melhorar as condições de trabalho. Os objetivos da Nike incluem garantir que os trabalhadores em todas as etapas recebam salário justo e suficiente. A empresa também está introduzindo o treinamento em negociação coletiva em todas suas filiais. Os salários mínimos devem ser ainda estabelecidos.

Malgrado todos esses esforços, um estudo recente da Nike em 2006 revelou que ainda é necessário fazer melhoras importantes nas fábricas no tocante aos salários, benefícios e comunicação entre a gerência local e os trabalhadores. As auditorias revelaram que o tratamento dos empregados era despótico em alguns casos, os benefícios obrigatórios não eram garantidos e o treinamento da gerência era insuficiente. Nas fábricas de países como China, Tailândia e Indonésia, os gerentes locais não atendiam aos novos padrões da Nike. Às vezes, a diretoria das fábricas proibia o acesso dos auditores da Nike, e as empresas locais costumavam mentir sobre as condições de trabalho. Alguns empregados trabalhavam mais do que 70 horas por semana ou mais de duas semanas sem dia de folga. Alguns fornecedores empregavam crianças e jovens abaixo da idade mínima permitida. Em alguns casos, os auditores acharam evidência de maltrato físico.

Fontes: BIRCHALL, J. "Nike to Resume Football Production in Pakistan". *Financial Times*. 26-27 maio 2007, p. 5; LOCKE, R. *The promise and perils of globalization*: the case of Nike. Cambridge: Massachusetts Institute of Technology, 2007; "Nike CSR". Press release. Nike, Inc. Extraído de: www.nike.com, acessado em: 8 jul. 2007; Workers in Contract Factories. Company report. Nike, Inc. Extraído de: www.nike.com; SKAPINKER, M. "Nike ushers in a new age of corporate responsibility". *Financial Times*. 20 abr. 2005, p. 11; "Nike cites efforts to promote labor, environmental issues". *Wall Street Journal*. 1 jun. 2007, p. B3.

mulheres para países onde a distinção entre mulheres e homens é bem mais nítida. Até obter um visto de trabalho pode ser difícil em países como Arábia Saudita. Na maioria de países, os gerentes bebem juntos, vão ao estádio ou curtem a vida noturna. Muitas mulheres se sentem pouco à vontade nos ambientes onde só há homens.[49]

Além disso, algumas gerentes preferem ficar nos seus países de origem, para cumprirem com suas obrigações familiares ou evitar interromper a carreira do seu cônjuge. A interrupção na educação dos filhos ou a responsabilidade por pais mais velhos podem ser considerações importantes. Políticas parciais de trabalho flexível ou de meio período são importantes para que a mulher possa continuar progredindo na organização, mas poucas empresas oferecem essas oportunidades. Finalmente, já que a mulher atualmente ocupa poucas posições gerenciais (na Europa, as mulheres ocupam apenas 15 por cento dos cargos executivos sênior), há ainda poucas mulheres com experiência suficiente para poderem ser enviadas a outros países a fim de ocuparem empregos importantes.[50]

Nos últimos anos, vimos uma tendência positiva. Mais mulheres estão obtendo títulos em estudos superiores de administração. As mulheres representam agora uma terceira parte dos estudantes nos programas de MBA na Europa e quase 50 por cento das novas contratações das empresas europeias são mulheres.[51] Nos Estados Unidos, para cada 100 homens inscritos em estudos superiores por ano, inscrevem-se 140 mulheres; na Suécia, o número chega a 150.[52] Além disso, as mulheres de negócios começam a criar suas próprias redes de trabalho. No Reino Unido, por exemplo, um grupo de mulheres estabeleceu um grupo chamado Women Directors on Boards, que pretende melhorar as possibilidades de as mulheres chegarem ao topo da diretoria. Uma organização norte-americana chamada Alliance of Business Women International motiva e apoia as mulheres executivas envolvidas nos negócios internacionais (www.abwi.org).

Um estudo recente, feito pelo Mercer Human Resource Consulting, mostrou que as empresas na região de Ásia-Pacífico têm 16 vezes mais mulheres realizando tarefas internacionais em 2006 do que tinha em 2001. As empresas na América do Norte têm quatro vezes mais mulheres hoje, e as empresas na Europa têm duas vezes mais. Quase a metade das empresas consultadas acredita que o número de mulheres expatriadas vai crescer ainda mais no futuro. Ao mesmo tempo, 15 por cento das empresas disseram que não mandariam uma mulher para ocupar um cargo em um lugar difícil como o Oriente Médio. O estudo incluiu mais de 100 multinacionais com quase 17 mil expatriados homens e mulheres ao todo.[53]

## Estratégias de sucesso para as gerentes nos negócios internacionais

Em muitos países, ser uma mulher expatriada pode ser uma vantagem. As mulheres executivas com boa experiência internacional já aprenderam isso e tiram proveito da situação. Desenvolvem e equilibram seus pontos fortes como mulheres e como gerentes. As mulheres se destacam mais, e as mulheres competentes são muito respeitadas. No fim das contas, a competência administrativa sempre vence o duelo contra o preconceito.

Muitas mulheres encontraram formas de resolver a tendência a enviar homens e não mulheres para ocuparem cargos no exterior. É mais fácil realizar uma tarefa no exterior se a pessoa falar um idioma estrangeiro ou possuir outras habilidades internacionais. Ganhar experiência como gerente local ou em breves passagens pelo exterior pode aumentar as chances de receber um convite para trabalhar fora. Obter o apoio da diretoria aumenta a credibilidade. Uma vez fora, a maioria das mulheres diz que a primeira reação de surpresa é logo substituída por uma reação de profissionalismo e respeito.

Figura 18.7 Estatística comparativa sobre a representação feminina na diretoria sênior

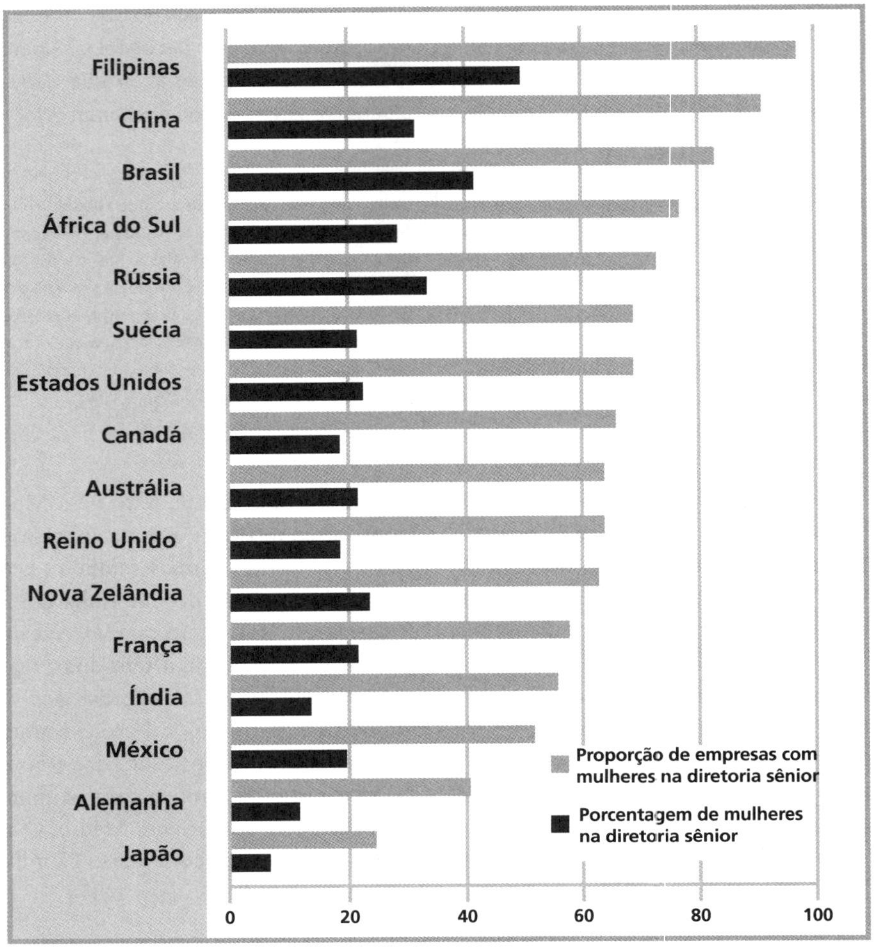


Fonte: extraído de *Grant Thornton International Business* Report, 2007, em www.grantthorntonibos.com.

As empresas podem tomar medidas para garantir que a mulher possa ter as mesmas condições que os homens nos negócios internacionais. Podem preencher vagas em cargos internacionais de liderança com mulheres qualificadas. Podem adotar regras em que uma determinada porcentagem das vagas executivas e dos comitês de seleção seja preenchida por mulheres. Podem determinar uma meta para o número mínimo de mulheres no comitê executivo. Várias executivas agora servem como inspiração e guia para outras mulheres. As empresas mais modernas parecem entender a necessidade de criar um novo paradigma da diversidade e das gerentes de sucesso internacional. Empresas como a Accenture, Ernst & Young e Vinson & Elkins patrocinam programas que ajudam as mulheres a avançarem na sua carreira de trabalho.

## ESTUDO DE CASO

# A evolução dos desafios da Sony nos recursos humanos

A Sony emprega 168 mil pessoas no mundo, fabricando e comercializando o console de *games* PlayStation, televisores, câmeras digitais e de vídeo, computadores portáteis, reprodutores de música e semicondutores. A empresa tem várias divisões de entretenimento, incluindo Epic, Sony Pictures Entertainment, Sony Pictures Home Entertainment e Sony Pictures Television. Esta multinacional gera cerca de 30 por cento das suas vendas no seu país de origem, o Japão, e 23 por cento na Europa, na América do Norte e em outras regiões, cada.

A Sony sofreu uma importante mudança na administração em 2005 pela contratação de Howard Stringer como presidente e CEO, o primeiro não japonês a dirigir a empresa. Stringer instituiu um plano de reorganização para fechar 11 fábricas, cortou mais de 10.000 postos de trabalho e levou a manufatura de componentes para locais de baixo custo como a China. Em 2006, a Sony anunciou que deixaria de fazer Walkmans no Japão e levaria sua produção para Malásia e China, onde o custo é baixo. Ao mesmo tempo, a empresa está construindo uma fábrica moderna no Japão para desenvolver produtos sofisticados como semicondutores. A formação superior e a disciplina de trabalho japonesa justificam o investimento elevado da Sony para fazer a manufatura no Japão. Além do Japão, Malásia e China, outras fábricas principais da Sony estão na Grã-Bretanha, no México, na Espanha e nos Estados Unidos.

Os ambientes nacionais onde a Sony opera diferem muito em termos de cultura, sistemas legais, condições econômicas, níveis de tecnologia e infraestrutura. Em 1999, em Tijuana, no México, por exemplo, um executivo da Sony quase não escapou com vida depois de ser assaltado no seu carro. Um executivo de outra empresa japonesa, no México, foi morto durante um roubo. Felizmente, esses incidentes são raros, mas os expatriados devem se preparar para todo tipo de risco.

Na China, muitos expatriados da Sony vivem e trabalham em Wuxi, um conglomerado industrial no sul de Xangai, onde a empresa possui quatro filiais e um centro de P&D. Em Dalian, na China, a Sony tem um centro de desenvolvimento de *software*. A empresa foi seduzida pela China por causa de seu trabalho de baixo custo, mas hoje também se beneficia das habilidades superiores da força de trabalho local, especialmente para os projetos de alta tecnologia. Por exemplo, Dalian tem quase 26.000 engenheiros de *software* experientes, e suas 22 universidades e institutos técnicos formam milhares de engenheiros de *software* por ano.

A alta concentração de empresas estrangeiras na China (como Dell, Hitachi, Matsushita, IBM, NEC e Hewlett-Packard) criou uma forte concorrência pelo talento local, porque muitas empresas enfrentam uma escassez de novas contratações.

## Filosofia de recursos humanos

A Sony pretende ser progressista na gestão de recursos humanos internacionais. Ao recrutar novos funcionários, a empresa procura candidatos que tenham espírito empreendedor, pensamento criativamente e fortes habilidades de comunicação. A busca por talentos da empresa é exemplificada pelo ex-presidente da empresa, Norio Ohga, que também era cantor de ópera, piloto licenciado de aviões pequenos e diretor de orquestra. A formação de Ohga na música e nas artes, ao lado de ciências e engenharia, permitiu-lhe aconselhar Masaru Ibuka e Akio Morita, cofundadores da Sony, sobre os avanços técnicos necessários para desenvolver os primeiros gravadores de fitas e outros dispositivos de áudio, produzindo alguns dos produtos mais bem-sucedidos da empresa. Em todas as áreas, a Sony encoraja os funcionários a estruturarem suas funções para fazer o melhor uso de suas capacidades individuais.

Em algumas subsidiárias estrangeiras da Sony, os gerentes de recursos humanos passam momentos agradáveis com os funcionários, vinculando os objetivos da empresa e as estratégias com as capacidades dos trabalhadores que são necessárias para a realização de tarefas importantes. Os gerentes seniores identificam os trabalhos que são fundamentais para os objetivos da empresa e analisam se contam com as melhores pessoas para os empregos mais importantes estrategicamente e o tipo de talento que devem contratar.

Por exemplo, em 2003, a Sony Europa precisava passar por uma reestruturação em um mercado difícil, devido à crescente concorrência da Coreia do Sul e da China. Os gerentes de recursos humanos focaram-se na identificação e promoção dos pontos fortes dos gerentes e outros funcionários, como forma de melhorar o desempenho empresarial. A empresa apresentou projetos de tutoria que motivavam aos funcionários a se concentrarem no que faziam melhor e maximizarem sua contribuição para melhorar o desempenho da empresa.

## Treinamento e desenvolvimento de talentos

A Sony oferece programas de estágio administrativo para seus funcionários mais promissores. Os estagiários são aconselhados a fazer aquilo que gostam e encontrarem maneiras de usar seus talentos para o avanço da empresa. Os candidatos promissores fazem cursos formais, como o programa de dois anos e oito módulos da Sony que abrange todos os aspectos das operações da empresa e suas práticas comerciais. Conforme o candidato avança, o treinamento se concentra cada vez mais nas necessidades individuais e nas aspirações de carreira. A empresa estabeleceu uma rede de *coaching* em todos os grupos de talentos. Executivos renomados fazem o *coaching* dos seus sucessores potenciais, que, por sua vez, atuam como mentores de jovens candidatos à gerência superior. Grande parte do treinamento é feito on-line. Por exemplo, para o pessoal técnico, a Sony utiliza um sistema on-line chamado TrainNet, que simplifica o desenvolvimento de pessoal em todo o mundo.

A Sony integrou um sistema de talentos vertical que atravessa a organização, desenvolvendo e apoiando o pessoal de alto potencial logo no seu ingresso na companhia até virarem executivos competentes do mais alto nível da empresa. A gerência conta com um sistema de entrevistas e avaliações detalhadas para identificar potenciais talentos dentro da própria empresa. Os candidatos a executivo devem ser fluentes em inglês e em mais dois idiomas, ter experiência internacional significativa e possuir a ambição de assumir cargos de liderança internacional.

Os gerentes seniores são obrigados a monitorar continuamente os funcionários para identificar e incentivar os talentos. O sistema de treinamento resultante efetivamente criou um mercado interno de talentos, tirando a função de gestão de talentos do departamento de recursos humanos e estabelecendo tal função como uma ferramenta eficaz por meio da qual o negócio prospera. Assegurar a liderança de uma organização exige uma visão estratégica de longo prazo. Alguns dos talentos que entraram na Sony este ano serão os líderes da empresa daqui a 15 anos. Os gerentes seniores conhecem os pontos fortes dos empregados e devem garantir que sejam colocados onde eles podem ser utilizados plenamente. A Sony também enfatiza a gestão hábil de sua força de trabalho não gerencial.

## A força de trabalho na manufatura

Em 2001, a valorização do iene japonês contra o dólar e o euro, combinada com o desenvolvimento e lançamento do caro PlayStation2, levou a uma redução constante da rentabilidade. Em resposta, a diretoria da Sony decidiu reduzir o tamanho das operações de design e produção. Ao todo, a reestruturação mundial reduziu o número de fábricas Sony de 70 para 54.

Em 2003, a Sony fechou uma fábrica de equipamentos de áudio na Indonésia, demitindo cerca de 1.000 trabalhadores. Os especialistas na indústria dizem que a decisão da Sony foi estimulada pela agitação do sindicato local. Os trabalhadores praticamente pararam por mais de dois meses enquanto reivindicavam uma mudança na produção que exigia que alguns deles trabalhassem em pé. Saíram às ruas com cartazes comparando a Sony com o exército japonês que ocupou a Indonésia durante a Segunda Guerra Mundial.

Na maioria dos casos, no entanto, a diretoria da Sony tenta evitar a demissão de trabalhadores. Na Grã-Bretanha, duas fábricas da Sony que empregaram 4.000 pessoas no passado e que faziam tubos de raios catódicos (CRTs) perderam gradualmente sua competitividade após a introdução da televisão de tela plana. A Sony esforçou-se para reduzir a força de trabalho com cuidado, trabalhando com os sindicatos para criar pacotes reforçados e encontrar novas oportunidades de emprego na região. Com o tempo, a diretoria reestruturou as plantas para produzirem câmeras de transmissão de alta definição. A Sony construiu fortes relacionamentos com os clientes, desenvolveu novos talentos, criou uma nova cultura empresarial e alinhou os trabalhadores com a nova estratégia. As plantas reinventaram-se em um esforço por alcançar o status de fornecedor preferido dos clientes. A força de trabalho tornou-se muito mais empreendedora, e uma das plantas tornou-se o único centro de excelência digital reconhecido pela Sony fora do Japão.

A Sony terceiriza muito trabalho com empresas independentes e emprega trabalhadores temporários para auxiliar na produção quando a demanda do produto é alta. Por exemplo, as encomendas para o console PlayStation aumenta durante o Natal. A utilização de trabalhadores temporários ajuda a atender às necessidades e mantém os custos de salários e benefícios controlados, evitando a redução complexa da força de trabalho. Os trabalhadores mais velhos geralmente preferem o trabalho por temporada, pois ficam livres durante o resto do ano. Por exemplo, em uma de suas fábricas nos Estados Unidos, a Sony emprega 500 trabalhadores temporários em tempo integral de agosto a janeiro. Os trabalhadores recebem um salário justo, benefícios de saúde, férias remuneradas e o plano 401(k) de aposentadoria da empresa. Na entressafra, os trabalhadores têm a opção de estender os planos de saúde. A maioria dos trabalhadores regressa ano após ano e fornece um conjunto forte de pessoal em tempo integral. Frequentemente, os trabalhadores temporários são estudantes que procuram estágios.

## Responsabilidade social corporativa

A Sony desenvolve uma 'abordagem de integridade' nas operações estrangeiras de manufatura e tenta manter padrões de trabalho que excedam as exigências locais. Conforme a empresa cresce internacionalmente, a diretoria entende que as ações de hoje podem ser cruciais para a entrada em novos mercados amanhã. Explorar as normas de trabalho de baixo custo em um país pode arruinar a reputação e comprometer a entrada em novos mercados. Por exemplo, a Sony aprendeu uma lição com as suas experiências no México, onde grupos de direitos humanos a acusaram de violar os direitos dos trabalhadores a se organizarem e se associarem livremente.

A empresa aprendeu que fazer apenas aquilo que é exigido pelas normas do país de acolhimento pode resultar em inconsistências nas operações da empresa. O resultado pode ser a fragmentação e a dificuldade de estabelecer um controle eficaz da qualidade. A empresa tomou medidas para padronizar as normas de trabalho de modo que a diretoria possa estudar o desempenho interno, bem como a transferência de conhecimentos entre países e oferecer uma gestão coerente com as operações no mundo inteiro. A empresa está tentando estabelecer um padrão universal de trabalho, oferecendo condições de trabalho superiores e salários e benefícios relevantes localmente em todos os lugares onde se encontra. Os gerentes querem garantir que os salários nas fábricas estrangeiras sejam suficientes para oferecer aos trabalhadores um nível de vida digno e equitativo.

## Questões do estudo de caso

1. A multinacional japonesa geralmente segue uma orientação etnocêntrica na contração de pessoal internacional em que os gerentes do país da matriz ocupam os cargos-chave. A Sony está se afastando desse modelo. Que abor-

dagem a Sony deve seguir para contratar o pessoal nas suas subsidiárias? No momento de recrutar expatriados para as operações estrangeiras, que características a Sony deve enfatizar a fim de garantir que terá gerentes mais aptos para trabalhar no estrangeiro? Que medidas a empresa deveria tomar para garantir que seus candidatos expatriados estão devidamente preparados para as transferências internacionais de longa duração?

2. A Sony enfrenta dificuldades para encontrar o talento adequado em suas operações na China e na Europa. Que medidas a Sony deve tomar para garantir um conjunto adequado de gerentes internacionais e outros talentos para as operações pelo mundo afora? O que deve fazer a Sony para promover o espírito global?
3. Qual é sua opinião sobre os esforços de treinamento da Sony? Que medidas a Sony pode tomar para melhorar seu treinamento em função das suas operações multinacionais?
4. A Sony teve problemas com os sindicatos na Indonésia e em outros lugares. Que estratégias a diretoria deveria seguir para melhorar as relações com os sindicatos? O que pode fazer a diretoria para reduzir o número e a seriedade das dificuldades trabalhistas que podem vir a ocorrer no futuro?
5. Qual a sua opinião sobre os esforços da Sony a respeito da responsabilidade social corporativa (RSC) nas operações internacionais? Que medidas a Sony pode tomar para melhorar a RSC na organização e gestão de suas operações mundiais, particularmente nos países em desenvolvimento e nos mercados emergentes?

Fontes: BALFOUR, F., TASHIRO, H. "Golf, sushi-and cheap engineers". *Business Week*. 28 mar. 2005, p. 54; BREAM, R.; ALEXANDRA, H. "Sony plans to streamline its operations". *Financial Times*. 27 jul. 2000, p. 32; DHUME, S. "Sony signs off". *Far Eastern Economic Review*. 12 dez. 2002, p. 19; DONKIN, R. "Changing lifestyles for true fulfilment". *Financial Times*. 10 out. 2002, p. 12; EIU ViewsWire. *China finance*: Japanese and South Korean investment migrates south, Londres: Economist Intelligence Unit, 11 fev. 2005; ALEXANDRA, H. "Japanese fall foul of rise in Mexico Costs". *Financial Times*. 21 dez. 2000, p. 12; perfil de Hoover da Sony, no site da Hoovers.com; KENT, S. "Pooling its resources". *Personnel Today*. set. 2005, p. 23-4; MAHER, K. "Seasonal hiring expands". *Wall Street Journal*. 20 jun. 2005, p. A2; "How to keep them keen". *Personnel Today*. 28 jun. 2005, p. 19; PINKERFIELD, H. "The survivors". *Human Resources*. jan. 2007, p. 29-30; ROSENZWEIG, P. "How should multinationals set global workplace standards?". *Financial Times*. 27 mar. 1998, p. 11; STEWART, G.; FRENCH, J. "Creating a corporate shield". *Business Mexico*. out. 2005, p. 18-25; TURNER, D. "Personality, not university, key to job hunting in Japan". *Financial Times*. 22 set. 2005, p. 7; "Labor department to study complaint against Sony". *Wall Street Journal*. 20 out. 1994, p. B2; WHITE, R. "Building on employee strengths at Sony Europe". *Strategic HR Review*. jul.-ago. 2006, p. 28-31.

## Principais termos

avaliação de desempenho
barganhas coletivas
cadastro de talentos globais
choque cultural
codeterminação
consciência intercultural
equipe global
estudos de área
expatriado
fracasso do expatriado
gestão internacional de recursos humanos (GIRH)
informação prática
inteligência cultural
nativo de país estrangeiro (NPEs)
nativo do país anfitrião (NPAs)
nativo do país de origem da matriz (NPMs)
repatriação

## Resumo

Neste capítulo, você aprendeu sobre:

1. **O papel estratégico dos recursos humanos nos negócios internacionais**

   A **gestão internacional de recursos humanos (GIRH)** é a seleção, o treinamento, a contratação e a motivação do pessoal nas operações internacionais. A GIRH é mais complexa do que sua contraparte nacional. A empresa deve desenvolver procedimentos, políticas e processos adequados para cada país onde opera. Um **nativo do país anfitrião (NPA)** é um trabalhador do país onde a filial da multinacional está localizada. Os **nativos da matriz (NPM)** são empregados do país onde está sediada a empresa multinacional. Os **nativos de país estrangeiro (NPE)** são empregados de um país diferente do país de origem e do país de acolhimento. Um **expatriado** é um trabalhador que foi designado para trabalhar e residir em um país estrangeiro por um período prolongado, geralmente um ano ou mais.

   Existem seis funções-chave na GIRH: contratação de pessoal, treinamento e desenvolvimento de funcionários, avaliação de desempenho, remuneração dos empregados, incluindo a formulação de pacotes de benefícios que variam muito de país para país, relacionamento com os sindicatos de trabalhadores ou processos de acordos coletivos e a promoção da diversidade no local de trabalho.

2. **Política internacional de contratação de pessoal**

   Os gerentes de GIRH determinam a mistura ideal de funcionários para trabalhar em filiais da empresa e filiais no exterior. Os gerentes mais aptos para trabalhar fora do país normalmente apresentam competência técnica, autoconfiança, adaptabilidade, bom relacionamento interpessoal, capacidade de liderança, saúde física e emocional e cônjuge e dependentes preparados para viver no estrangeiro O **fracasso do expatriado** é o retorno à casa precoce e não planejado de um funcionário ou o fracasso de um expatriado para se adaptar no exterior. Não é incomum os expatriados experimentarem choque cultural.

3. **Preparação e treinamento do pessoal**

   O treinamento e a orientação dos gerentes melhoram o desempenho da empresa. O treinamento nas missões no exterior inclui os **estudos de área, informações práticas** e **consciência intercultural**. O treinamento inclui métodos como vídeos, palestras, leituras, simulações e experiência de campo. A aquisição de competências linguísticas dá aos gerentes inúmeras vantagens. A **repatriação** é o retorno do expatriado ao país de origem e exige uma preparação prévia. O treinamento também é importante para os trabalhadores que ocupam cargos não gerenciais no exterior.

4. **Avaliação de desempenho internacional**

   As avaliações de desempenho internacional oferecem um *feedback* sobre a forma como os empregados estão fazendo seu trabalho, identificam problemas e áreas onde é necessário mais treinamento e fornecem uma base para recompensar o desempenho superior. As empresas devem desenvolver sistemas de medição do desempenho nas unidades estrangeiras. Vários fatores no ambiente externo podem dificultar a avaliação eficaz de desempenho.

5. **Remuneração do pessoal**

   Os pacotes de remuneração variam de um país para outro devido a diferenças nos benefícios obrigatórios de lei, legislação tributária, custo de vida, tradição local e cultura. Os expatriados esperam ser compensados em um nível que lhes permita manter o seu padrão habitual de vida, o que pode ser muito caro em alguns locais. A remuneração típica dos expatriados inclui quatro componentes: salário-base, benefícios, subsídios e incentivos. A equalização fiscal deve ser considerada porque os expatriados podem pagar o mesmo imposto duas vezes com a mesma nota fiscal, uma vez no país anfitrião e outra no país de origem.

6. **Relações internacionais com o sindicato**

   As multinacionais empregam muitos trabalhadores em cargos não gerenciais no exterior, muitas vezes representados por sindicatos, para trabalhar nas fábricas e executar outras tarefas. A diretoria deve assegurar relações efetivas com o sindicato e tomar cuidado ao reduzir a força de trabalho. Junto com o custo do sindicato, a qualidade e a produtividade da força de trabalho são considerações importantes. A **codeterminação**, a participação dos trabalhadores nos conselhos de administração, é comum em alguns países. Em muitos países, os sindicatos entram em desacordo com as realidades da concorrência global e da chegada de imigrantes. As empresas multinacionais líderes estabelecem um sistema de informação sobre o desenvolvimento do sindicato, comunicam-se com todos os funcionários e formulam uma política padronizada sobre o emprego e as condições de trabalho no mundo inteiro.

7. **Diversidade na força de trabalho internacional**

   As multinacionais progressivas contratam pessoal de diversas formações, nacionalidades e gêneros, que trazem uma riqueza de experiência e conhecimento para resolver os problemas da empresa e buscar novas oportunidades. A diversidade cultural dos funcionários aumenta a complexidade da interação. O sucesso vem com o entendimento e a aceitação das diferenças e serve para melhorar o planejamento, a estratégia e as operações da empresa. Na maioria dos países, as mulheres ocupam menos cargos de trabalho de responsabilidade. As gerentes nos negócios internacionais são ainda mais raras. As empresas podem tomar várias medidas para garantir que a mulher alcance maior igualdade nas relações comerciais internacionais.

## Teste seu entendimento

1. O que é a gestão internacional de recursos humanos internacionais (GIRH)? Por que é importante para a internacionalização das empresas? Qual é o papel da GIRH na estratégia da empresa?
2. Em que circunstâncias uma multinacional contrataria nativos do país anfitrião, do país de origem e de países estrangeiros?
3. Que medidas podem tomar os gerentes seniores para desenvolver gerentes globais?
4. Quais são as características dos gerentes que podem ter mais sucesso no trabalho no estrangeiro?
5. De que forma pode um trabalhador expatriado experimentar o fracasso?
6. Quais são os principais componentes do treinamento nas missões estrangeiras?
7. Que tipo de abordagem podem tentar os gerentes de recursos humanos para preparar os expatriados para a volta à casa?
8. Quais os fatores que os gerentes de recursos humanos devem considerar ao avaliar o desempenho de um funcionário que trabalha no estrangeiro?
9. Suponha que você está trabalhando no estrangeiro em condição de expatriado para uma multinacional. Quais são os componentes típicos que você esperaria ter em seu pacote de remuneração?
10. Quais são algumas das principais tendências que afetam o trabalho internacional?
11. Que medidas as empresas podem tomar para melhorar as perspectivas de colocar mulheres em cargos importantes nos negócios internacionais?

## Aplique seu entendimento

1. A Nissan Motor Co. do Japão é a segunda maior empresa automobilística com vendas anuais de cerca de 100 bilhões de dólares. A empresa faz os carros Sentra e Maxima, os sedãs Altima e Infiniti, as picapes Frontier e os utilitários esportivos Xterra e Pathfinder. Alguns anos atrás, a Nissan estava à beira da falência. Foi então que Carlos Ghosn assumiu como CEO da empresa. Ele fechou fábricas ineficientes, limitou os custos de compra e introduziu novos produtos. Suponha que a Nissan lhe pediu que os aconselhasse em questões de GIRH. Que estratégias específicas de recursos humanos você recomendaria para a diretoria da Nissan poder aumentar ainda mais o desempenho da empresa? Em particular, o que você recomendaria para a diretoria no tocante às políticas de contratação internacional, desenvolvimento de gerentes globais, preparação e treinamento dos trabalhadores e a estratégia da empresa para o trabalho internacional?

2. Global Wannabe (GW), um fabricante de instrumentos musicais, está muito ansioso para internacionalizar a operação. Embora não tenha nenhum negócio internacional hoje, a diretoria acredita que nos próximos quatro anos a GW deve gerar pelo menos um terço das suas vendas no estrangeiro por meio da criação de filiais de marketing externo e com a criação de bases de produção em países de baixo custo para reduzir os custos de fabricação. O presidente da GW, Larry Gerber, contrata seus serviços na força-tarefa encarregada de recrutar gerentes que possam executar operações da GW no exterior. Quais as orientações que você ofereceria a GW a respeito do recrutamento e seleção de expatriados, evitando o problema do fracasso de expatriados e avaliando o desempenho dos trabalhadores no estrangeiro?

3. Você está ansioso por causa de uma entrevista de emprego na próxima semana com a Mercer, uma das maiores empresas de consultoria. A Mercer está interessada em contratá-lo para trabalhar na área de relações internacionais do trabalho. Se for selecionado, assessorará as multinacionais sobre a forma de lidar com os sindicatos no estrangeiro, as diferentes características dos sindicatos no mundo e as estratégias para trabalhar junto com os sindicatos lá fora. Na preparação da sua entrevista, você decide preparar uma série de anotações para lembrar dos pontos importantes. Baseado na sua pesquisa, que princípios devem guiar o relacionamento com os sindicatos lá fora?

## Notas

1 DOWLING, P.; MARION, F.; ENGLE, A. *International HRM*: managing people in a multinational context. 5. ed. Londres: Thomson Learning, 2008.

2 Ibid.

3 Ibid.

4 JOHNSON, J. "More westerners take top posts in India as locals' pay demand soars". *Financial Times*. 30 maio 2007, p. 1.

5 DOWLING; FESTING; ENGLE.

6 LEVY, O.; BEECHLER, S.; TAYLOR, S.; BOYACIGILLER, N. "What we talk about when we talk about 'Global Mindset;' managerial cognition in multinational corporations". *Journal of International Business Studies*. 38(2):231-58, 2007.

7 NEELANKAVIL, J.; MATHUR, A.; ZHANG, Y. "Determinants of managerial performance: a cross-cultural comparison of the perceptions of middle-level managers in four countries". *Journal of International Business Studies*. 31(1):121-41, 2000.

8 DOWLING; FESTING; ENGLE, 2007; HARZING, A-W. "Of bears, bumble-bees, and spiders: the role of expatriates in controlling foreign subsidiaries". *Journal of World Business*. 36(4):366-79, 2001.

9 HARZING, A-W. "Who's in charge? An empirical study of executive staffing practices in foreign subsidiaries". *Human Resource Management*. 40(2):139-45, 2001.

10 BYRNES, N. "Star search". *Business Week*. 10 out. 2005, p. 68; POLLITT, D. "Unilever 'raises the bar' in terms of leadership performance". *Human Resource Management International Digest*. 14(5):23-5, 2006; HARRIS, P.; MORAN, R.; MORAN, S. *Managing cultural differences*. 6. ed. Burlington, MA: Elsevier Buttermann-Heinemann, 2007.

11 DOWLING; FESTING; ENGLE, 2007.

12 HARRIS; MORAN; MORAN, 2007.

13 KEDIA, B. L.; MUKHERJI, A. "Global managers: developing a mindset for clobal competitiveness". *Journal of World Business*. 34(3):230-51, 1999.

14 DOWLING; FESTING; ENGLE, 2007.

15 HARZING, A-W.; CHRISTENSEN, C. "THINK PIECE: expatriate failure: time to abandon the concept?". *Career Development International*. 9(6/7):616-20, 2004.

16 MENDENHALL, M.; DUNBAR, E.; ODDOU, G. "Expatriate selection, training and career pathing: a review and critique". *Human Resources Management*. 26:331-45, 1987.
17 HARRIS; MORAN; MORAN, 2007.
18 TUNG, R. "Expatriate assignments: enhancing success and minimizing failure". *Academy of Management Executive*. 1:117-26, 1987.
19 BLACK, J.; GREGERSEN, H.; MENDENHALL, M. "Toward a theoretical framework of repatriation adjustment". *Journal of International Business Studies*. 23:737-60, 1992.
20 HARRIS; MORAN; MORAN, 2007.
21 MORAN, R. T.; RIESENBERGER, J. R. *The global challenge*, Londres: McGraw-Hill, 1994.
22 LEVY, O.; BEECHLER, S.; TAYLOR, S.; BOYACIGILLER, N. "What we talk about when we talk about 'Global Mindset;' managerial cognition in multinational corporations". *Journal of International Business Studies*. 38(2):231-58, 2007.
23 RHINESMITH, S. *A manager's guide to globalization*. Homewood, IL: Business One Irwin, 1998.
24 ANG, S.; VAN DYNE, L.; KOH, C. K. S. "Personality correlates of the four factor model of cultural intelligence". *Group and Organization Management*. 31:100-23, 2006.
25 Ibid.
26 YIP, G. *Total global strategy* II. Upper Saddle River, NJ: Prentice Hall, 2003.
27 BRETT, J.; BEYFAR, K.; KERN, M. "Managing multicultural teams". *Harvard Business Review*. 84(11):84-92, 2006.
28 HOLLAND, K. "How diversity makes a team click". *New York Times*. 22 abr. 2007, p. 16.
29 DOWLING, P.; WELCH, D.; SCHULER, R. *International human resource management*. 3. ed. Cincinnati: South-Western, 1999.
30 Ibid.
31 Ibid.
32 HODGETTS, R.; LUTHANS, F. *International management*: culture, strategy, and behavior. 5. ed. Boston: McGraw-Hill Irwin, 2003.
33 Ibid.
34 BLANCHFLOWER, D. "International patterns of union membership". *British Journal of Industrial Relations*. 45(1):1-28, 2007.
35 "Europe: there's life in the old dinosaurs yet". *Economist*. 18 fev. 2007, p. 41; WADDINGTON, J. "Trade unions and the defence of the european social model". *Industrial Relations Journal*, p. 518-24, 2005. "Trade unios and the defence of the european Social Model". Industrial Relation Journal. p. 518-24.
36 BLANCHFLOWER, D. "International patterns of union membership". *British Journal of Industrial Relations*. 45(1):1-28; MEARDI, G. "Multinationals' heaven? Uncovering and understanding worker responses to multinational companies in post-communist Central Europe". *International Journal of Human Resource Management*. 17(8):1366-78, 2006.
37 TOMLINSON, R. "Troubled waters at perrier". *Fortune*. 29 nov. 2004, p. 173-6.
38 DUBOFSKY, M.; DULLES, F.R. *Labor in America*: a history. 7. ed. Wheeling, IL: Harlan Davidson, 2004.
39 ROBERTS, D. "Waking up to their rights". *Business Week*. 22-29 ago. 2005, p. 123-8.
40 WU, V. "Labor relations in focus". *The China Business Review*. 33(6):40-4, 2006.
41 HARDY; STEPHEN; ADNETT. "'Breaking the ICE': workplace democracy in a modernized social Europe". *The International Journal of Human Resource Management*. 17(6):1021-31, 2006.
42 ALESINA, A.; GIAVAZZI, F. *The future of Europe*: reform or decline, Boston: MIT Press, 2006.
43 KOSLOW, L.; SCARLETT, R. *Global business*. Houston, TX: Cashman Dudley, 1999.
44 MAKO, C.; CSIZMADI, P.; ILLESSY, M. "Labour relations in comparative perspective". *Journal for East European Management Studies*. 11(3):267-87, 2006.
45 MARQUEZ, J. "Unions' global end run". *Workforce Management*. 30 jan. 2006, p. 1-4.
46 DOWLING; WELCH; SCHULER, 1999; "The conundrum of the glass ceiling". *Economist*. 23 jul. 2005, p. 63-5; Price Waterhouse (1997) International Assignments: European Policy and Prejudice 1997/1998, Europe.
47 THORNTON, G. *Grant Thornton International Business Report 2007*, extraído de: www.grantthorntonibos.com. 2007.
48 ADLER, N. *International dimensions of organizational behavior*. 4.ed. Cincinnati, OH: South-Western, 2002; HARRIS; MORAN; MORAN, 2007.
49 MORAN, R. T.; PHILLIP R. H.; MORAN, S. V. *Managing cultural differences*. Global leadership strategies for the 21st century. 7.ed. Oxford, UK: Elsevier, 2007.
50 GRATTON, L. "Steps that can help women make it to the top". *Financial Times*. 23 mai., 2007, p. 13.
51 Ibid.; "The conundrum of the glass ceiling". *Economist*. 23 jul. 2005, p. 63-5.
52 "Women and the world economy: a guide to womenomics". 12 abr. 2006, p. 80.
53 "More females sent on international assignment than ever before, survey finds". *Mercer Human Resource Consulting*. 12 out. 2006, extraído de: www.mercerhr.com.

Capítulo 19

# Gestão financeira e contábil na empresa global*

## Objetivos de aprendizagem

Neste capítulo, você aprenderá sobre:

1. Tarefas principais na gestão financeira internacional
2. A forma como as empresas configuram sua estrutura de capital internacional com recursos próprios e de terceiros
3. A forma como os gerentes financeiros atraem o capital para financiar as atividades internacionais de adição de valor e projetos de investimento
4. A gestão de capital de trabalho e fluxo de caixa para as operações internacionais
5. Previsão orçamentária: tomada de decisões nos investimentos de capital internacional
6. Risco cambial: exposição, previsão e gestão
7. Gestão das práticas contábeis internacionais e questões fiscais

## Como uma pequena empresa lida com as oscilações do câmbio estrangeiro

Markel Corporation é uma empresa pequena da Pensilvânia que faz tubulação em Teflon e fios isolados de chumbo para a indústria automotiva. A empresa familiar começou a exportar seus produtos em meados da década de 1980 para Alemanha, Espanha e Japão, e gera 40 por cento de seus quase US$ 30 milhões de vendas anuais no estrangeiro.

A Markel enfrenta desafios diários com as flutuações da moeda internacional. Todas as manhãs, o presidente Kim Reynolds dá uma olhada nas notícias financeiras para saber como as taxas de câmbio estão afetando seus lucros. É uma rotina adquirida com a experiência. No início de 2000, a valorização do dólar fez com que os produtos da Markel fossem mais caros para os clientes europeus e japoneses, o que afetou o lucro da Markel e obrigou ao senhor Reynolds e outros executivos a aceitar cortes salariais. Mas o jogo da moeda funciona nos dois sentidos. Em meados da década de 2000, o euro tinha ficado forte, aumentando o poder de compra dos clientes europeus e ampliando consideravelmente os lucros da Markel.

Quando o euro foi introduzido pela primeira vez, seu valor em relação ao dólar norte-americano despencou rapidamente, atingindo quase US$ 0,82 no outono de 2000. Isso significava que cada euro que a Markel recebia por suas vendas valia muito menos em dólares norte-americanos do que a empresa esperava. Em 2001 e 2002, combinados, a Markel perdeu mais de US$ 625 mil no câmbio e registrou perdas a cada ano. A crise obrigou a gestão a repensar suas estratégias e se tornar mais eficiente. Por exemplo, a Markel pagou US$ 250.000 para adquirir uma nova extrusora, que gera 25 por cento mais cabo por turno de trabalho. Os gerentes reduziram o desperdiço de material em seis por cento na produção de fios de alta temperatura sensíveis ao oxigênio. Com essa e outras estratégias, a Markel lidou com os momentos difíceis da melhor forma possível.

Para as pequenas empresas como a Markel, as oscilações de US$ 3 trilhões por dia no mercado cambial mundial podem determinar o futuro da empresa. O problema surge porque a Markel faz o orçamento usando a moeda do cliente. O preço na moeda local permite à Markel obter 70 por cento do mercado mundial de encanamentos e cabos de controle revestidos de teflon de alto desempenho. Para as vendas internacionais, a Markel usa uma estratégia em três partes:

- Orçar os produtos na moeda do cliente, permitindo, a este, preços mais consistentes, além de ajudá-la a obter maior participação do mercado
- Fazer câmbio futuro para estabilizar as receitas futuras em dólares
- Salientar as operações eficientes da empresa para poder sobreviver quando as taxas de câmbio vão à direção errada e afetam as vendas

Um contrato de câmbio futuro é um acordo para comprar ou vender moeda com uma taxa de câmbio combinada para ser entregue em uma data futura específica. Empresas como a

* Os autores agradecem às valiosas contribuições do Professor Hakan Saraoglu, da Bryant University, na preparação deste capítulo. Também agradecem aos professores Raj Aggarwal, da University de Akron, Butler Kirt, da Michigan State University, Chuck Kwok, da University of South Carolina, e Betty Yobaccio, da Bryant University pela revisão dos primeiros rascunhos.

Markel fazem contratos de câmbio futuro com os bancos, a fim de limitar a exposição às taxas cambiais. A meta dessa cobertura é equilibrar as compras e as vendas em moeda estrangeira para minimizar a exposição ao risco cambial no futuro. Suponha que a Markel venda mercadorias para seu importador espanhol por € 50 mil, com pagamento em 90 dias após o pedido. Já que há um atraso no recebimento dos pagamentos, a Markel está exposta ao risco cambial: Se o euro cair nesse período de 90 dias, a Markel receberá menos dólares do que esperava. Para resolver esse problema, ela pré-fixa o câmbio futuro vendendo € 50mil em 90 dias ao câmbio previamente acordado, com uma taxa de câmbio acordada hoje, garantido-lhe o recebimento esperado em dólares.

Quando o diretor financeiro de Markel pensa que o dólar vai subir, ele faz um contrato de câmbio futuro com os lucros esperados em euros. Mas a sua estimativa nem sempre é correta. Por exemplo, suponha que a Markel compre um contrato de € 50.000 a US$ 1,05 por euro, ou US$ 52.500. Depois, imagine que quando o contrato é terminado depois de 90 dias, o euro tem uma cotação de US$ 1,08. Se a Markel tivesse feito a estimativa correta, poderia ter ganhado mais US$ 1.500. Como a maioria das empresas internacionais, a Markel não faz seus negócios pensando em fazer dinheiro com o comércio de moeda estrangeira. A diretoria apenas quer minimizar seus riscos com a moeda internacional.

Fontes: PHILLIPS, M. M. "How a Small Firm Rides Foreign-Exchange Waves". *Wall Street Journal*. 7 fev. 2003, disponível em: http://online.wsj.com/article/0,SB104458055572499453,00.html, acessado em: 7 jul. 2006.

A *gestão financeira internacional* refere-se à aquisição e ao uso de recursos para o comércio, o investimento e outras atividades comerciais transfronteiriças. A gestão financeira é uma função principal de negócios que é mais complexa para as empresas que possuem negócios internacionais. A empresa deve aprender a realizar transações em muitas moedas diferentes e operar em diferentes ambientes caracterizados por restrições ao fluxo do capital, risco-país e diferentes sistemas tributários e contábeis.

Imagine esses desafios relativamente novos para as empresas contemporâneas: aumento da globalização, integração dos mercados financeiros, surgimento do *e-commerce* global e expansão das oportunidades de lucratividade com as atividades financeiras. A capacidade da empresa para minimizar o risco e aproveitar as oportunidades depende de suas habilidades de gestão administrativa. Os gerentes financeiros têm acesso a fundos de diversas fontes — mercados de títulos estrangeiros, bolsas de ações, bancos estrangeiros, empresas de capital de risco e financiamento intracorporativo — dependendo da parte do mundo onde o capital for mais barato.

As empresas que optam pelos negócios internacionais precisam de capital para financiar atividades como P&D, manufatura e marketing, pagar por produtos e serviços originados fora e criar e gerir as filiais e as operações estrangeiras. O acesso ao dinheiro é crítico para algumas empresas menores que recebem pedidos grandes e devem financiar a produção de bens conforme esperam que o pagamento seja feito por parte dos clientes estrangeiros. Esses fundos normalmente vêm de investidores. Os investidores adquirem ações nas empresas estrangeiras comprando títulos dos bancos e outros intermediários, investindo nos mercados estrangeiros de ações ou investindo diretamente em empresas promissórias internacionais. A atividade financeira internacional também assume a figura da especulação na moeda estrangeira, nos mercados de ações e com a venda de contratos de câmbio no exterior.

## Principais tarefas na gestão financeira internacional

Considere os gerentes de uma empresa multinacional como a Motorola, que possui fábricas em quase 50 países e obtém dinheiro nos mercados financeiros mundialmente. Os gerentes da empresa devem conhecer bem as leis e as regulamentações que regem os negócios financeiros ao redor do mundo. As dimensões financeiras das atividades da Motorola são administradas globalmente, usando-se uma rede de filiais e unidades-chave de negócios. As unidades são uma rede complexa de processos de controle e de coordenação financeira complementada pela análise de investidores, otimização da estrutura de capital, redução dos riscos e mobilização dos recursos financeiros globais.

O gerente financeiro internacional participa na aquisição e na distribuição dos recursos financeiros para as atividades e os projetos atuais e futuros da empresa, com o objetivo primário de maximizar o valor da empresa. Esses gerentes devem ser competentes na hora de executar seis tarefas financeiras principais, relativas às empresas que optaram pelos negócios internacionais. A Figura 19.1 salienta essas tarefas:

1. *Decidir sobre a estrutura de capital* — determinar a mistura ideal de capital próprio ou capital de terceiros para as operações internacionais da empresa.
2. *Angariar fundos para a empresa* — adquirir ações, empréstimos, financiamento intracorporativo para financiar as atividades de adição de valor e os projetos de investimento.
3. *Capital de trabalho e gestão de fluxo de capital* — gestão de fundos circulando pelas atividades de adição de valor da empresa.
4. *Previsão orçamentária* — avaliar a atratividade financeira de grandes projetos de investimento (por exemplo,

a expansão do mercado externo e a entrada a novos mercados).

5. *Gestão do risco cambial* — gerenciar as operações em múltiplas moedas e a exposição ao risco criado pelas flutuações cambiais.
6. *Gerir a diversidade das práticas internacionais fiscais e de contabilidade* — aprender a operar em um ambiente global com as diferentes práticas contábeis e regimes fiscais internacionais.

Você deve ter notado que quanto maior for a escala de operações internacionais da empresa, maior é a relevância dessas tarefas da gestão financeira internacional. Em outras palavras, uma multinacional, com um grande número de subsidiárias e afiliadas no mundo, deve dedicar mais atenção ao tratamento eficaz das aquisições transfronteiriças e à utilização de fundos, em comparação com os pequenos exportadores. No entanto, é precisamente essa escala de operações globais que dá à empresa a flexibilidade estratégica acerca da qual discutimos no Capítulo 11. A diversificação geográfica fornece à empresa a oportunidade de obter capital a um custo menor, minimizar as obrigações fiscais em geral, alcançar uma escala eficiente de operações financeiras e ganhar maior poder de negociação com os credores.

As seis tarefas de gestão financeira internacional também servirão como base para organizar o conteúdo deste capítulo. Vamos aprofundar cada tarefa.

## Primeira tarefa: decidir sobre a estrutura de capital

A *estrutura de capital* é o mix de *ativos e passivos de longo prazo* que as empresas usam para apoiar suas atividades internacionais. A estrutura de capital afeta a lucratividade e a estabilidade da empresa e de suas operações internacionais. A empresa obtém **recursos de terceiros** por meio da venda de ações a investidores ou pela retenção de lucros, que é o lucro reinvestido na empresa que não é pago aos acionistas. As ações dão ao investidor uma participação acionária — isto é, capital — dentro da empresa. Nas empresas novas, os fundadores geralmente obtêm capital usando recursos próprios. O **recurso de terceiros** pode vir de duas fontes: empréstimos de bancos e outros intermediários financeiros ou dinheiro arrecadado com a venda de títulos da empresa para indivíduos ou instituições.

Os pagamentos do capital de terceiros — os pagamentos de juros e de capital para quitar um empréstimo — são um custo fixo. Usando o capital de terceiros é possível agregar valor à empresa, pois alguns governos permitem às empresas deduzir pagamentos de juros de seus impostos. Para manter uma boa reputação creditícia e minimizar a possibilidade de falência, a maioria das empresas multinacionais mantém a proporção de capital de terceiros de sua estrutura de capital abaixo do limiar máximo que podem pagar no momento de enfrentar condições adversas. Uma dívida alta pode levar as empresas a dificuldades financeiras ou até à falência. Isso foi exemplificado pela crise financeira asiática de 1997. Os mercados inadequados de ações na Indonésia, Malásia e Tailândia fizeram com que as empresas desses países confiassem excessivamente no capital de terceiros para financiar o crescimento do negócio. Pior ainda, os bancos da região pegaram dólares emprestados de bancos ocidentais e, em seguida, emprestaram o dinheiro como moeda local em seus mercados domésticos. Quando o valor das moedas asiáticas caiu em relação ao dólar, milhares de bancos e outras empresas da região não puderam honrar suas dívidas e faliram.[1]

No Reino Unido e nos Estados Unidos, um estudo revelou que a média de dívida das empresas — a dívida dividida pelo total de bens — é de cerca de 0,55.[2] Em outras palavras,

Figura 19.1 Tarefas da gestão financeira internacional

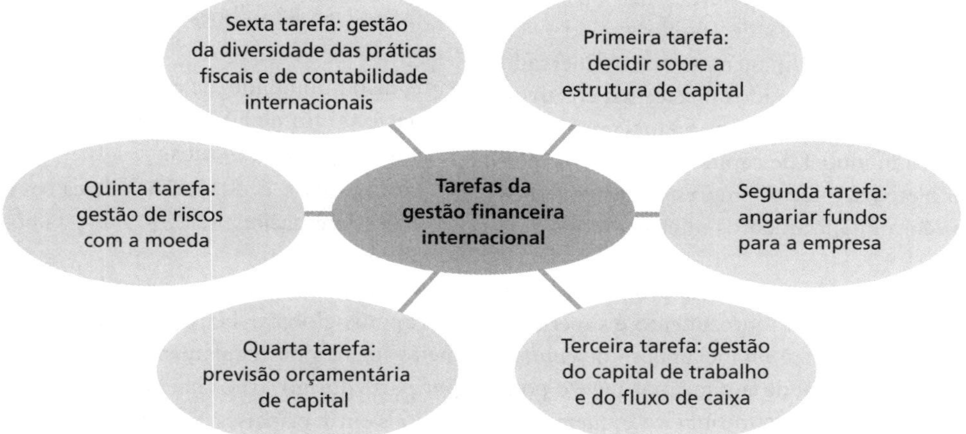

a estrutura de capital é composta por quantidades iguais de capital próprio e de terceiros. A quantidade de capital de terceiros que uma empresa deve ter depende em parte da natureza da sua indústria e dos mercados-alvo. Assim, uma empresa com vendas relativamente estáveis (por exemplo, uma companhia de seguros), que vende principalmente para os mercados estrangeiros ricos, pode sustentar uma proporção maior de capital de terceiros na sua estrutura de capital, em comparação com uma empresa de bens de consumo que vende para uma série de países em sua maioria pobres e com vendas altamente cíclicas.

Nem todos os países acham que as grandes dívidas são um risco. Por exemplo, a proporção média de capital de terceiros é de 0,62 na Alemanha, 0,76 na Itália e às vezes pode ser até superior no Japão e em alguns países em desenvolvimento.[3] Essa opinião surge por uma série de razões. Primeiro, o país pode não ter um mercado bem desenvolvido de ações ou de outros sistemas de obtenção de capital por parte de terceiros. Assim, as empresas poderão ter pouca escolha a não ser pedir dinheiro emprestado aos bancos. Segundo, as empresas de uma nação podem ter relações muito mais estreitas com os bancos. No Japão, as grandes empresas multinacionais são muitas vezes parte de um conglomerado ou de uma *holding* que também inclui um banco. Haja vista a Sony Corporation do Japão, que tem seu próprio banco, o Sony Bank.

## Segunda tarefa: angariar fundos para a empresa

Existem várias maneiras pelas quais as empresas angariam fundos para financiar suas operações. A Lufthansa Airlines angariou vários milhões de euros por meio da emissão de ações para adquirir aviões A380, o novo avião de dois andares da Airbus. O Grupo México, um gigantesco produtor de cobre e prata, emitiu milhões de ações em pesos para honrar as dívidas e outros compromissos incorridos pelas suas filiais estrangeiras. Stanley Works, a empresa de ferramentas norte-americana, financia parte de suas operações japonesas vendendo ações na Bolsa de Tóquio.

As empresas podem obter financiamento no **mercado monetário global**, que são os mercados financeiros coletivos, onde as empresas e os governos obtêm financiamentos de curto prazo e o **mercado global de capitais**, que são os mercados financeiros coletivos, onde as empresas e os governos angariam recursos com financiamentos intermediários e de longo prazo.

Já que o financiamento da maioria dos projetos vem de instrumentos cujo período de amadurecimento é superior a um ano, chamaremos a todo esse financiamento de *capital*. Nosso foco é no mercado global de capitais porque é o ponto de encontro de quem quer investir dinheiro e quem quer angariar fundos.

A principal vantagem de participar do mercado global de capitais é a capacidade de ter acesso aos fundos de um número maior de fontes a um custo competitivo. A grande vantagem para os investidores internacionais é a possibilidade de ter acesso a uma gama muito maior de oportunidades de investimento do que está disponível no mercado nacional de capitais. Isso pode resultar em preços mais elevados para os títulos nos mercados internacionais e, consequentemente, menores custos de capital para as multinacionais que têm acesso aos mercados de capitais internacionais. Em um estudo, a diretoria das empresas multinacionais na França sugeriu que o acesso ao capital é um dos critérios principais que considera ao decidir onde fará a expansão internacional.[4]

### Centros financeiros

O mercado global de capitais está concentrado nos grandes *centros financeiros*: Nova York, Londres e Tóquio. Grandes centros secundários incluem Frankfurt, Hong Kong, Paris, San Francisco, Cingapura, Sydney e Zurique. Nesses locais, as empresas podem ter acesso aos principais fornecedores de capital — bancos, bolsas de valores e investidores de projetos de risco. A Figura 19.2 enumera a participação dos principais mercados financeiros na Europa, nos Estados Unidos e no resto do mundo. Por exemplo, a Europa é onde se encontra o maior volume de capital dos títulos internacionais (59 por cento do total mundial), os Estados Unidos detêm o maior volume de receitas dos bancos de investimento (47 por cento), e os países de fora da Europa e dos Estados Unidos possuem mercados significativos de seguros e de operações de câmbio (29 por cento em ambos os rubros). A participação da Europa no mundo dos mercados financeiros aumentou nos últimos anos, embora os Estados Unidos continuem sendo dominantes em muitos mercados.

O mercado global de capitais é enorme e cresce rapidamente. Em 2006:

- As emissões internacionais de capital nos mercados de valores do mundo totalizaram cerca de US$ 380 bilhões, US$ 83 bilhões em 1996 e apenas US$ 14 bilhões em 1986.
- A disponibilidade de crédito bancário e depósito transnacional foi de US$ 18.916 bilhões, US$ 7.205 bilhões a mais que há dez anos.
- Houve quase US$ 17.574 bilhões em capital de títulos e ações internacionais, US$ 3.081 bilhões a mais que em 1996.[5]

Quais são as causas da rápida expansão dos mercados de capitais globais? Há pelo menos quatro razões. Em primeiro lugar, a desregulamentação dos mercados financeiros por parte dos governos nacionais levou à fácil circulação de capitais entre os países. Segundo, a inovação em tecnologias da informação e comunicação acelerou o ritmo e a facilida-

Figura 19.2 Participação dos mercados financeiros nas maiores regiões do mundo

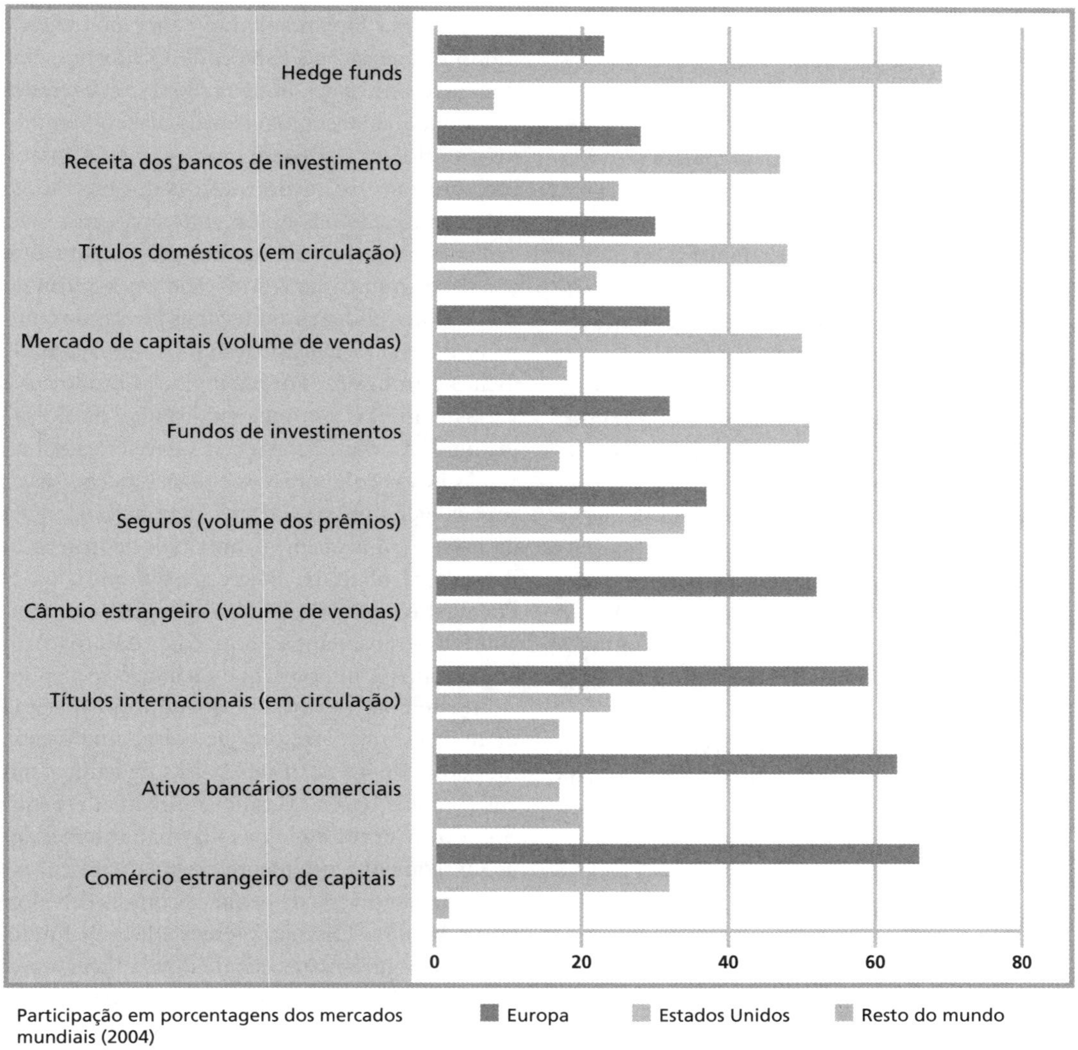


FONTE: Dados dos Serviços Financeiros Internacionais. Extraído de: Financial Times. 12 out. 2005.

de das transações financeiras globais. Terceiro, a globalização da atividade empresarial obriga as empresas a buscarem novas formas mais rentáveis para financiar operações globais e a serem inovadoras nas atividades de gestão financeira. O quarto ponto é a *securitização* generalizada dos instrumentos financeiros. A securitização é o processo de conversão de um instrumento de liquidez financeira, como um empréstimo bancário, em uma garantia transacionável como as ações.

O mercado de capitais global oferece três vantagens principais para as empresas. Primeira: comparado com a restrição do mercado financeiro em seus países de origem, o mercado global oferece uma base mais ampla a partir da qual a empresa pode satisfazer suas necessidades de financiamento. Segunda: a maior variedade de fontes de financiamento significa que as empresas muitas vezes podem ter acesso ao financiamento a um custo substancialmente reduzido. Terceira: o mercado oferece uma variedade de oportunidades de investimento para as empresas multinacionais, empresas de investimento profissional e indivíduos.

## Fontes de recursos para as operações internacionais

Vamos agora analisar em detalhe as três principais fontes de fundos para as operações internacionais: financiamento de capital, financiamento da dívida e financiamento intracorporativo.

### Financiamento de capital

Quando a empresa utiliza o financiamento de capital, ela obtém o capital através da venda de ações. Em troca do dinheiro que eles fornecem, os acionistas podem obter uma porcentagem de participação na empresa e, muitas vezes, um fluxo de pagamentos pelos dividendos. A principal vantagem do financiamento com capital próprio é que a empresa obtém o capital necessário sem incorrer em dívidas, ou seja, sem ter que reembolsar fundos para os fornecedores em algum momento específico. A principal desvantagem é que a propriedade da empresa é sempre diluída quando o capital novo é vendido. A diretoria também corre o risco de perder o controle no caso em que um ou mais acionistas adquirem uma participação de controle na empresa. Internacionalmente, as empresas obtêm financiamento de capital através da venda de ações no mercado global de capitais.

O **mercado global de capital** é o mercado mundial de fundos para financiamento de capital — as bolsas de valores em todo o mundo em que os investidores e as empresas se encontram para comprar e vender as ações na bolsa. Veja a Figura 19.3 para entender o maior intercâmbio de ações do mundo. Veja a posição dominante, tanto em volume de ações negociadas como na capitalização do mercado, das bolsas de valores nos Estados Unidos, no Reino Unido, no Japão e na Alemanha. A Bolsa de Nova York (NYSE) claramente oferece o maior intercâmbio, tanto em termos de volume de ações negociadas (US$ 21,79 trilhões em 2006) como em capitalização de mercado (US$ 15,42 trilhões em 2006). Entre as 3.600 empresas listadas, cerca de 450 são de propriedade de empresas da Europa, do Canadá, da Ásia e da América Latina. Além de ter acesso a novos investidores, as empresas que comercializam suas ações em outros mercados podem, de fato, obter avaliações mais altas que aquelas que não o fazem. Um estudo descobriu que as empresas que comercializavam suas ações se beneficiam de uma valorização de quase 14 por cento; para aquelas empresas não norte-americanas que foram listadas em bolsas importantes como a NYSE, o prêmio é de quase 31 por cento.[6]

Como investidor, você não está limitado à compra de ações de empresas listadas nas bolsas de valores de seu país de origem. De fato, uma tendência importante hoje é os investidores comprarem ações em bolsas estrangeiras. Esse movimento acelerou-se muito nos últimos anos devido às atividades de grande escala por parte de investidores institucionais.[7] Fundos de pensões — fundos que administram os investimentos da poupança da aposentadoria dos trabalhadores — representam a maior parte dessa tendência. O tamanho desses fundos atingiu proporções notáveis nas economias avançadas. Por exemplo, em 2005, o valor acumulado dos fundos de pensões ultrapassou os respectivos PIBs da Holanda (125 por cento) e Suíça (117 por cento). Esses fundos ascenderam a mais de 60 por cento do PIB dos Estados Unidos, Reino Unido e Finlândia.[8] Quando combinados com os recursos investidos dos seguros de vida, os ativos de pensão global excedem os dez trilhões.[9] A origem de grande parte desses investimentos é estrangeira. Em 2000, por exemplo, o investimento estrangeiro ascendeu a cerca de 40 por cento dos setores de pensão na Bélgica e na França e 60 por cento na Holanda.[10] Em certo momento, a Calpers, o fundo de pensão do Estado da Califórnia, era responsável por cinco por cento do mercado de ações francês.[11]

A união de tecnologia e negociação permitiu que as bolsas de valores crescessem rapidamente. A Internet melhorou bastante o acesso às informações dos mercados estrangeiros e da negociação nas bolsas internacionais. Investir em mercados estrangeiros faz sentido por duas razões: diversificação e oportunidade. Ao investir em nível internacional, os investidores podem minimizar as perdas durante as recessões na economia local e aproveitar as oportunidades de investimento estrangeiro. Por exemplo, os britânicos investem em várias empresas estrangeiras listadas na Bolsa de Londres, incluindo Canon, Fujitsu e as Cervejeiras Sul-africanas.[12]

As novas colaborações e fusões das bolsas dos países europeus facilitam o comércio internacional. A fusão de 2006 da Nyse e a Euronext — uma bolsa europeia localizada em Paris, com filiais na Bélgica, na França, na Holanda, em Portugal e no Reino Unido — contribuiu para aumentar o comércio transatlântico de ações.[13] Muitos avanços recentes são devidos à Internet, que facilita o comércio on-line. Em contraste com o passado, quando os comerciantes dependiam dos caros corretores de bolsa, atualmente, quase todo mundo pode negociar nas bolsas de valores mundiais a um custo muito baixo. Mesmo um mercado pequeno, como a Bolsa de Valores das Ilhas Cayman, oferece oportunidades de investimento totalmente on-line. Sendo um exemplo típico da nova geração de pequenas bolsas de valores virtuais, a bolsa das ilhas Cayman oferece a lista de fundos mútuos no Caribe e seguros especiais de dívida. Leia a seção "Tendência Global" para aprender mais sobre o desenvolvimento das bolsas de valores em mercados emergentes.

## Financiamento com capital de terceiros

No financiamento por capital de terceiros, uma empresa toma dinheiro emprestado de um credor em troca do reembolso do capital e acorda um montante de juros no futuro. A principal vantagem do financiamento com recursos de terceiros sobre o financiamento de capital próprio é que a empresa não sacrifica sua propriedade para obter o capital necessário. Como observado anteriormente, o financiamento da dívida é obtido a partir de duas fontes: empréstimos e venda de títulos.

*Empréstimos internacionais.* A empresa pode pedir dinheiro emprestado a bancos em seu mercado doméstico ou em mercados estrangeiros. Ela pode contrair empréstimos em moeda nacional ou em moeda estrangeira. No entanto, o empréstimo internacional é complicado por diferenças entre a regulamentação bancária de cada país, a infraestrutura bancária inadequada, a falta de fundos de empréstimo, as

Figura 19.3. Maiores bolsas de valores no mundo por valor de títulos negociados.

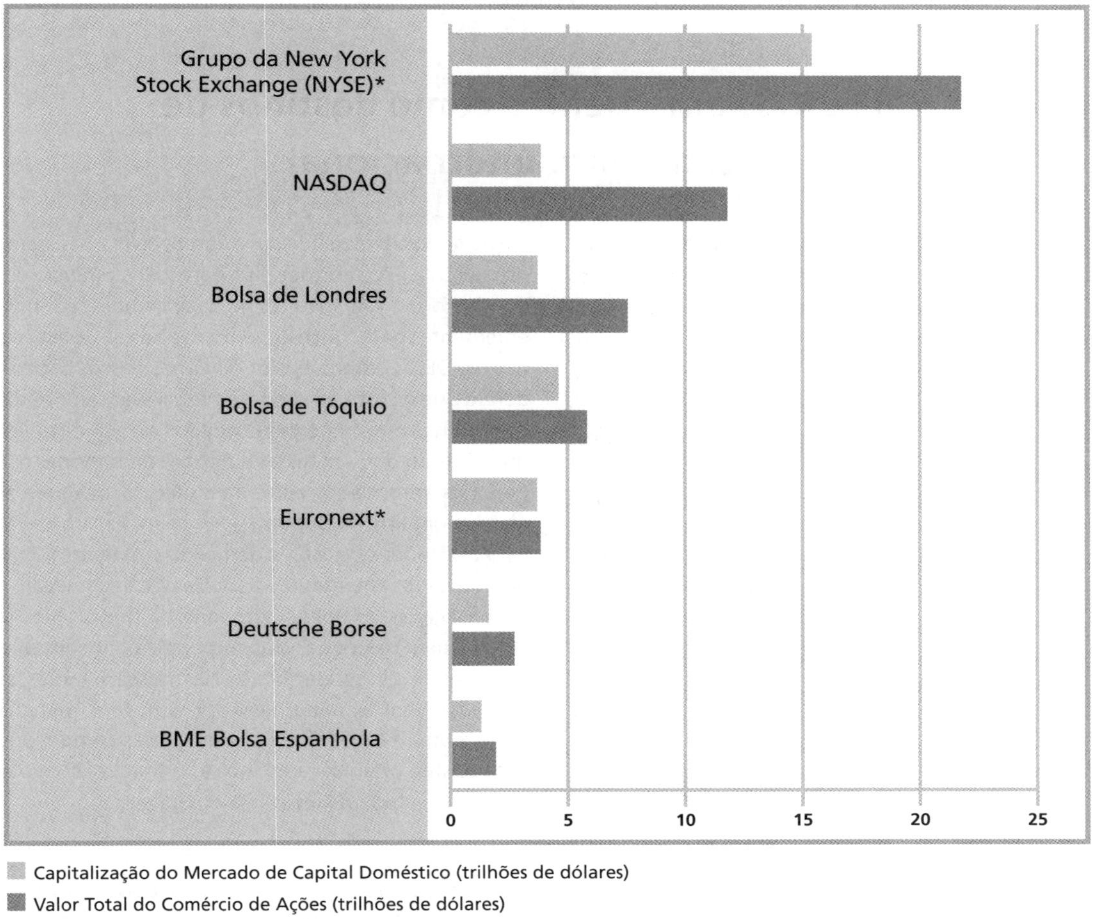


**Nota:* A NYSE e a Euronext fizeram uma fusão em abril de 2007 para abrir a NYSE Euronext*

FONTE: Extraído de: "Battle of the Bourses". *The Economist*. 27 maio. 2006. Copyright © 2006 The Economist. Usado com permissão

dificuldades macroeconômicas e os valores flutuantes.[15] Os bancos muitas vezes ficam relutantes em estender o crédito a pequenas e médias empresas (PMEs) obrigado-as a recorrerem às agências governamentais, como o Export Import (Ex-Im) Bank, uma agência federal dos Estados Unidos para empréstimos diretos, empréstimos de capital de giro e garantias sobre empréstimos. Da mesma forma, os governos do mundo em desenvolvimento muitas vezes fornecem empréstimos para promover o investimento direto estrangeiro (IDE) de projetos como a construção de barragens, usinas e aeroportos. Finalmente, várias filiais das grandes empresas multinacionais obtêm empréstimos de sua matriz ou de uma filial irmã.

*O mercado do euro*. Outra fonte importante de fundos de empréstimo é o dinheiro depositado em bancos fora de seu país de origem. Embora seu papel tenha diminuído um pouco em favor do euro, o dólar é a moeda preferida para a maioria desses fundos.[16] Os **eurodólares** são dólares norte-americanos mantidos em bancos fora dos Estados Unidos, incluindo as sucursais estrangeiras de bancos norte-americanos. Assim, um depósito em dólares no Barclays Bank em Londres ou no Citibank de Tóquio é um depósito em eurodólares. Mais amplamente, qualquer moeda depositada em um banco fora de seu país de origem é chamada de **euromoeda**. Os eurodólares representam cerca de dois terços de todos os depósitos em euromoeda. Curiosamente, mais de dois terços das notas de dólar são frequentemente mantidos fora dos Estados Unidos como moeda de reserva. As empresas Matsushita e Hitachi pediram eurodólares emprestados no Japão para financiar grande parte de suas operações no mundo inteiro. Outras euromoedas incluem euros, ienes e libras esterlinas, sempre que são depositadas fora de seu país de origem.

O mercado da euromoeda é atraente para as empresas porque esses fundos não estão sujeitos às regulamentações do governo, como acontece em seus sistemas bancários do

## TENDÊNCIA GLOBAL

### Mercados emergentes como destinos de investimento internacional

Muitos investidores apostam nas bolsas dos países em desenvolvimento devido a que a informação nesses países é completa, há empresas crescendo rapidamente e pelas vantagens competitivas do trabalho de baixo custo e os produtos superiores. Enquanto alguns mercados emergentes ainda têm regimes políticos que não seguem a lei nem respeitam os direitos dos cidadãos, suas economias estão determinadas pelo ritmo do crescimento global.

Porém, as bolsas dos países emergentes possuem riscos enormes. Os investidores perderam muito dinheiro por uma série de crises e o baixo retorno na década de 1990. Em 1994, a "crise da tequila", no México, acabou com vários investidores quando o governo mexicano depreciou sua moeda.

A crise da tequila foi seguida pela crise financeira asiática, em 1997, quando países como a Tailândia é a Malásia viram suas moedas despencarem porque os bancos da região não puderam pagar suas dívidas. A natureza interligada dos mercados financeiros do mundo inteiro, possível graças às novas tecnologias e às comunicações eficientes, também fez com que a crise financeira asiática provocasse uma onda de crise global e atingisse a todas as bolsas de valores do mundo.[14]

Já em 1998, o governo russo depreciou sua moeda e não pagou suas dívidas. Os mercados de capitais na Argentina e na Turquia passaram por uma volatilidade muito alta. Os preços das ações nas bolsas de Xangai e Shenzhen vêm sendo muito voláteis e o governo chinês ainda deve desenvolver um sistema regulatório coerente e instituições para garantir o comércio dos títulos.

Conforme vão aparecendo as oportunidades nos mercados emergentes para o investimento nas bolsas de ações e fazer planos de IDE, as empresas e os governos desses países vão entendendo que o custo do capital deve circular sempre sob uma boa governança e respeito pelos direitos do acionista. As empresas que abusam dos acionistas e deixam de informar os lucros nos períodos apropriados enfrentam dificuldades para angariar dinheiro por parte do público.

Para poder se ajustar à demanda crescente no investimento nos mercados emergentes, as bolsas locais começam a ficar muito sofisticadas. As bolsas de valores no Brasil, China e Coreia do Sul possuem centos de listas corporativas, por um valor de várias centenas de bilhões de dólares. Nos países menores, as bolsas de valores podem ser minúsculas operações em uma sala com uma louça e um único telefone. Assim, países como o Butão, Omã e Cazaquistão estabeleceram bolsas primitivas com o anelo de se converterem no próximo Chile ou Cingapura.

Fontes: BURGESS, Kate. "The wheel is spinning, once again: don't be seduced by siren calls to invest in emerging markets". *Financial Times*, 30 mar. 2002, p. 01; *Economist*. "China's stockmarket: a marginalized market", 26 fev 2005, p. 71–72; *Forbes*. "Global markets", 27 mar. 2006, p. 150; GUNN, Eileen. "Emerging markets". *Fortune*, 18 ago. 1997, p. 23–24.

país de origem. Por exemplo, os dólares depositados em bancos franceses e os euros dos depósitos nos bancos norte-americanos não estão sujeitos às mesmas exigências de reserva de seus países de origem. Em comparação com as moedas locais, os bancos oferecem taxas de juros maiores sobre os depósitos em euromoeda e cobram taxas de juros menores pelos empréstimos em euromoeda. Essas diferenças contribuíram para o surgimento de um mercado de euromoeda enorme.

*Títulos*. Uma das principais fontes de financiamento com capital de terceiros é a venda de títulos. Um **título** é um instrumento de dívida que permite que o emitente (mutuário) angarie capital com a promessa de reembolsar esse dinheiro juntamente com os juros em uma determinada data (vencimento). Junto com as empresas, os estados e outras instituições também vendem títulos. Os investidores compram títulos e os resgatam pelo valor do futuro. O **mercado global de títulos** é o mercado internacional em que títulos são comprados e vendidos, principalmente por meio de bancos e corretores.

Os **títulos estrangeiros** são vendidos fora do país do mutuário e são feitos na moeda do país em que são emitidos. Por exemplo, quando a fábrica de cimento mexicana Cemex vende títulos em dólares dos Estados Unidos, está emitindo títulos estrangeiros. Os **eurotítulos** são vendidos fora do país do mutuário, mas estão na sua própria moeda. Assim, quando a Toyota vende títulos em ienes nos Estados Unidos, está emitindo eurotítulos. O gigante das telecomunicações AT&T emitiu centenas de milhões de dólares em eurotítulos para apoiar suas operações internacionais. As indústrias farmacêuticas Eli Lilly e Merck financiaram grande parte de suas operações multinacionais com eurotítulos. Normalmente, os eurotítulos são emitidos em denominações de $ 5.000 ou $ 10.000, pagamento de juros ao ano e são vendidos em grandes centros financeiros, especialmente em Londres.

## Financiamento intracorporativo

O financiamento para as operações internacionais também pode ser obtido a partir da rede de subsidiárias e afiliadas da empresa. Quando algumas unidades possuem uma boa quantia de dinheiro, outras podem ter dificuldades e precisam de capital. Consequentemente, os membros da família da multinacional — a matriz e as filiais — podem fornecer financiamento um para o outro. O **financiamento intracorporativo** refere-se aos fundos provenientes de fontes dentro da empresa sob a forma de capital, empréstimos e créditos comerciais. O comércio de crédito surge quando um fornecedor de bens e serviços concede ao cliente a opção de pagar em uma data posterior.

Existem várias vantagens associadas à prática de empréstimo de fundos de empresas multinacionais às suas filiais estrangeiras. Primeiro, já que os juros são geralmente dedutíveis dos impostos, o imposto de renda da subsidiária mutuária é reduzido. Em segundo lugar, um empréstimo no interior da sociedade tem pouco efeito no balancete da matriz quando os resultados financeiros aparecem consolidados nas demonstrações financeiras, já que os fundos são simplesmente transferidos de uma área da empresa para outra. Em terceiro lugar, um empréstimo no âmbito de uma multinacional pode economizar custos de transação (taxas cobradas pelos bancos pelo câmbio de moeda estrangeira e transferências de fundos entre países ou cidades) por pegar empréstimos dos bancos. Finalmente, um empréstimo evita os efeitos de diluição da propriedade, produto de abrir as ações da empresa.

Como exemplo, a divisão de financiamento global da IBM investe em ativos de financiamento internacional e gera dívida internacional para apoiar as operações globais da IBM. A divisão oferece empréstimos aos usuários internos com prazos de dois ou cinco anos. Ela fornece financiamento por inventário e através de recebíveis aos concessionários da IBM e suas filiais em vários países.[17]

# Terceira tarefa: gestão do capital de trabalho e do fluxo de caixa

Lembre-se que o *capital de trabalho* se refere ao ativo circulante de uma empresa. O *capital circulante* líquido é a diferença entre os ativos e os passivos circulantes. Como parte do trabalho de gestão de capital, as empresas gerenciam todas as contas correntes como o dinheiro em caixa, os recebíveis, o estoque e as contas a pagar. Um componente importante do trabalho de gestão de capital na multinacional é a gestão do fluxo de caixa, que garante que o dinheiro estará disponível onde e quando for necessário. As necessidades de fluxo de caixa aparecem em decorrência das atividades de negócios de todos os dias, como pagamento pelo trabalho e pelos materiais ou recursos, pagamentos de juros da dívida, impostos ou pagamento de dividendos aos acionistas. O dinheiro em caixa é gerado a partir de várias fontes, incluindo a venda de bens e serviços, e muitas vezes precisa ser transferido de uma parte da empresa a outra. Gerentes financeiros internacionais criam estratégias diferentes para a transferência de recursos dentro das operações mundiais da empresa a fim de otimizar as operações globais.

O número de fontes de transferência no interior da sociedade é uma função do número de filiais, alianças e relações de negócios em nível mundial. Para empresas com grande número de operações internacionais, a rede potencial de transferência de fundos no interior da sociedade é ao mesmo tempo vasta e complexa. Por exemplo, a falência de 2002 da gigante de energia Enron resultou, em parte, da enorme quantidade de dívida que a diretoria tinha escondido nas várias subsidiárias da empresa no mundo inteiro. Surpreendentemente, cerca de um terço do comércio mundial é proveniente das atividades de comércio coletivo dentro da rede da própria empresa, seja na matriz ou nas filiais. Em outras palavras, uma parte considerável do comércio mundial é o resultado de transferências intracoporativas.

## Métodos de transferência de fundos dentro de uma multinacional

Para as empresas multinacionais com extensas operações internacionais como a Siemens, a Johnson & Johnson e a Kyocera Corporation, as transferências de fundos no interior da sociedade são muito importantes. Os gerentes financeiros devem estar cientes dos diferentes métodos de transferência de fundos no âmbito da multinacional para que possam mover os fundos da forma mais eficiente, minimizando os custos de transação e os passivos fiscais, maximizando o retorno que pode ser obtido com esses fundos.

As multinacionais usam uma variedade de sistemas para a circulação de fundos nacionais. Isso é ilustrado na Figura 19.4, que retrata uma empresa típica com filiais no México e em Taiwan. Dentro de sua rede, essa empresa pode transferir fundos através de crédito comercial, remessas de dividendos, pagamentos de *royalties*, empréstimos, preços de transferência e compensação multilateral. Aqui está como funciona cada um:

- Através de *crédito comercial*, uma subsidiária pode adiar o pagamento de bens e serviços recebidos da matriz. As condições de crédito tendem a ser mais longas nos mercados estrangeiros, em comparação com os Estados Unidos. Enquanto o crédito de 30 dias é a norma nos Estados Unidos, o crédito de 90 dias é mais comum na Europa, com prazos ainda mais longos que em qualquer outro lugar.
- As *remessas de dividendos* são um método comum de transferência de fundos das subsidiárias estrangeiras

para a matriz, mas variam para cada subsidiária, dependendo de fatores como os níveis de riscos fiscais e cambiais. Por exemplo, alguns governos anfitriões cobram impostos elevados sobre os pagamentos de dividendos, o que desencoraja as empresas multinacionais a utilizarem essa abordagem. Os governos também podem limitar o quanto as empresas multinacionais podem enviar para fora de seu país de origem.

- O *pagamento de royalties* é uma remuneração paga aos detentores de propriedade intelectual, como vimos no Capítulo 15. Assumindo que a filial licenciou a tecnologia, as marcas comerciais ou outros ativos da matriz ou de outras subsidiárias, os *royalties* podem ser uma forma eficiente de transferência de fundos. Além disso, já que eles podem ser vistos como despesas, os *royalties* são dedutíveis em muitos países. Uma matriz de uma multinacional pode cobrar *royalties* de suas próprias subsidiárias, como forma de gerar fundos.
- Um **resseguro** é um empréstimo entre a matriz e a sua filial, canalizado por meio de um grande banco ou outro intermediário financeiro. Usando essa abordagem, a matriz deposita uma grande quantia em um banco estrangeiro e transfere os fundos para a filial, sob a forma de um empréstimo. O resseguro permite que a matriz contorne as restrições que os governos impõem aos empréstimos diretos estrangeiros no interior da sociedade. Por um lado, se o empréstimo é feito através de um banco em um **paraíso fiscal** — um país hospitaleiro para negócios e investimentos estrangeiros, devido à sua baixa taxa de impostos de renda das empresas —, a matriz pode minimizar os impostos que poderiam ser devidos caso o empréstimo fosse feito diretamente. Além disso, enquanto alguns países restringem a quantidade de fundos que podem ser transferidos para o estrangeiro dentro da multinacional a fim de preservar o câmbio de moeda estrangeira, essas restrições normalmente não se aplicam ao reembolso dos empréstimos bancários.
- Os *preços de transferência* (também conhecidos como *preços intracorporativos*) referem-se aos preços que as subsidiárias e afiliadas cobram uma da outra, conforme fazem a transferência de bens e serviços dentro da mesma multinacional. Como você deve se lembrar do Capítulo 17, as empresas podem utilizar os preços de transferência para levar os lucros para fora de países de impostos altos a países com baixos impostos, minimizando os riscos cambiais, por exemplo, movendo fundos para fora dos países em que uma desvalorização da moeda esteja prevista e otimizar a gestão de fluxo de caixa interno.[18] Tenha em mente os inconvenientes dos preços de transferência como discutimos no Capítulo 17.[19]

A compensação multilateral, outro método de transferência de fundos dentro da multinacional, requer a discussão mais detalhada que fornecemos a seguir.

## Compensação multilateral

No passado, o dinheiro era geralmente mantido dentro de cada filial estrangeira que era responsável pelo financiamento de suas próprias necessidades de curto prazo. No entanto, os gerentes das multinacionais entendem cada dia mais o valor de concentrar as operações financeiras da empresa em algum local central, conhecido como *depositário centralizado*. Usando um método conhecido como *pooling*, as empresas multinacionais reúnem os fundos excedentes em depositários regionais ou globais. Elas, então, direcionam esses recursos para filiais que precisam desse dinheiro ou investem os fundos para gerar renda.

Um depositário centralizado oferece várias vantagens. Primeiro, fazendo o *pooling* dos fundos em um local central, os gerentes podem reduzir o tamanho das contas de alta liquidez e utilizar os fundos em investimentos de longo

Figura 19.4 Métodos típicos para transferência de fundos dentro da multinacional

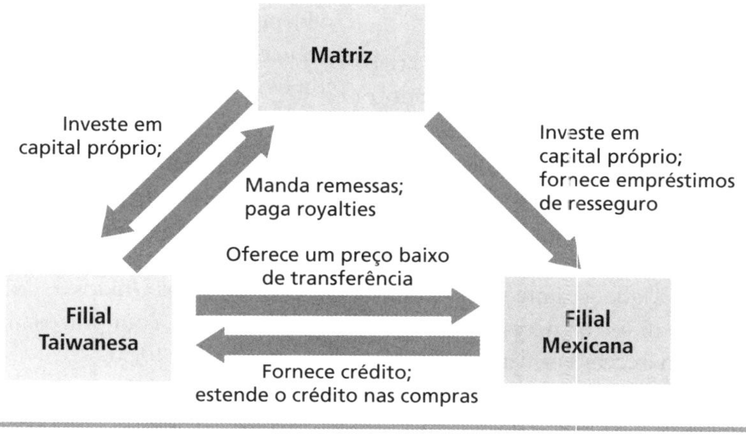

prazo que possam proporcionar retornos mais elevados. Em segundo lugar, as taxas de juros dos depósitos grandes são normalmente mais elevadas do que as taxas para pequenos investimentos. Terceiro, se o depositário ficar em um centro financeiro (por exemplo, Londres, Nova York, Sidney ou Toronto), a diretoria pode ter acesso mais facilmente a uma variedade de instrumentos financeiros para fazer investimentos de curto prazo que pagam taxas mais altas de retorno. Por último, o depositário centraliza os conhecimentos e os serviços financeiros, proporcionando mais benefícios para as filiais da empresa do que elas poderiam proporcionar para si próprias.

As grandes empresas multinacionais realizam numerosas operações internacionais dentro de sua rede de filiais. Cada transação gera custos de transação. Por exemplo, suponha que a subsidiária japonesa da empresa deve à filial espanhola $ 8 milhões e, simultaneamente, a filial espanhola deve a subsidiária japonesa $ 5 milhões. A empresa pode lidar com esses saldos em transações separadas, fazendo com que a subsidiária japonesa pague os $ 8 milhões para a subsidiária espanhola e que a filial espanhola pague os $ 5 milhões para a subsidiária japonesa. Uma solução mais inteligente, no entanto, seria reduzir os custos de transação, fazendo com que a subsidiária japonesa faça um pagamento líquido de $ 3 milhões para a subsidiária espanhola. Dessa forma, o remanescente da dívida é cancelado pela transferência de uma quantia que é consideravelmente menor do que qualquer um dos dois valores originais, com uma redução proporcional em custos de transação, como taxas, e evitam-se os atrasos na transferência de fundos.

Assim, a **compensação multilateral** é a redução estratégica de transferências de dinheiro dentro da família da multinacional, através da eliminação da compensação dos fluxos de caixa. A empresa envolve três ou mais filiais que mantêm as contas a pagar ou a receber entre as filiais. As empresas multinacionais com muitas filiais geralmente estabelecem um centro de compensação que supervisiona a sede. Por exemplo, a Philips, uma empresa holandesa líder em eletrônica, possui unidades operacionais em cerca de 60 países. A Philips tem um centro de compensação em que as filiais relatam de maneira regular todos os balanços intracorporativos na mesma data. O centro, posteriormente, aconselha a cada subsidiária sobre os montantes a pagar e receber de outras filiais em uma data especificada. A Philips evita, assim, os custos consideráveis de transação por causa da compensação multilateral.

## Quarta tarefa: previsão orçamentária de capital

As principais decisões nos negócios internacionais incluem a eleição dos mercados estrangeiros em que a empresa vai entrar e o que deve ser feito em cada mercado. As empresas decidem se devem investir em projetos tão diversos como o lançamento de um grande esforço de exportação, a aquisição de um centro de distribuição, a construção de uma nova fábrica ou a atualização de equipamentos industriais. Dado que as empresas dispõem de recursos limitados, não podem ousar investir em cada projeto que aparece. O objetivo da *previsão orçamentária de capital* é ajudar os gestores a decidir quais projetos de expansão internacional são economicamente desejáveis.

A decisão final de aceitar ou rejeitar um projeto de investimento depende da exigência de investimento inicial do projeto, seu custo de capital e o montante de fluxo de caixa incremental ou outras vantagens que o projeto proposto deverá proporcionar. Internacionalmente, tais decisões são complexas porque os gerentes devem considerar muitas variáveis, sendo que cada uma delas pode afetar fortemente a rentabilidade potencial de uma empresa. Por exemplo, ao fazer a previsão orçamentária para abrir restaurantes estrangeiros na indústria de *fast-food*, a diretoria deve considerar variáveis como o custo das localizações alternativas e o nível de concorrência local, bem como o efeito sobre as receitas projetadas em função de distância das rodovias, disponibilidade de transporte público e quantidade de tráfego em cada lugar.[20]

### Análise do valor líquido atual de projetos de investimento de capital

A diretoria emprega, em geral, a análise do valor líquido atual (VAL, em inglês NPV – *Net Present Value*) para avaliar projetos de investimento de capitais internacionais. O VAL é a diferença entre o valor atual dos fluxos de caixa incrementais de um projeto e seu investimento inicial.[21]

Quatro considerações especiais complicam a previsão orçamentária internacional para a diretoria financeira de uma multinacional. Em primeiro lugar, os fluxos de caixa do projeto estão em uma moeda diferente da moeda da matriz. Em segundo lugar, as regras fiscais na localidade do projeto e no país da matriz podem ser significativamente diferentes. Em terceiro lugar, pode haver restrições à transferência de fundos do projeto estrangeiro para a matriz. Finalmente, o projeto pode ser exposto a riscos políticos mais importantes que o risco de negócio regular (o que pode incluir uma inflação elevada ou mudanças adversas nas taxas de câmbio).

Para abordar essas complexidades, os gerentes optam por uma de duas abordagens diferentes. Uma abordagem na análise do VAL de um projeto multinacional é estimar os fluxos de caixa incrementais depois dos impostos na moeda local da filial e, em seguida, descontá-los no custo de capital do projeto, que é a taxa de retorno exigida do projeto, apropriada para suas características de risco. Se o VAL é positivo, então o projeto deve ganhar seu retorno exigido no país da subsidiária e agregar valor para a filial. Essa abordagem é chamada de *perspectiva do projeto* na previsão orçamentária, e os gerentes podem usá-la como uma primeira instância para avaliar a aceitabilidade de um projeto de investimento de capital internacional.[22]

Outra abordagem, chamada de *perspectiva da matriz* na previsão orçamentária, envolve a estimativa dos fluxos de caixa futuros do projeto que acabará com o tempo sendo repatriado para a matriz. Usar essa abordagem exige que a diretoria converta os valores esperados de fluxo de caixa para a *moeda funcional* da matriz — isto é, a moeda do ambiente econômico principal no qual opera. Assim, para as empresas baseadas nos Estados Unidos, a moeda funcional é o dólar norte-americano; para as empresas baseadas no Japão, a moeda funcional é o iene. Essa conversão envolve a previsão *das taxas de câmbio atuais*, ou as taxas futuras, e o cálculo de seu valor presente usando uma taxa de desconto em conformidade com o retorno exigido em projetos de risco semelhantes. Os gerentes podem então calcular o VAL na moeda funcional da matriz, subtraindo o fluxo de caixa inicial do investimento do valor atual dos fluxos de caixa do projeto. Para um projeto ser aceitável, deve agregar valor à matriz e, portanto, deve ter um VAL positivo do ponto de vista dela. A análise de VAL é amplamente utilizada na avaliação de projetos de investimento de capitais internacionais.

A estimativa de fluxos de caixa do projeto é uma tarefa complexa e exige a previsão de uma série de variáveis que contribuem para atingir as receitas e as despesas previstas, durante vários anos no futuro. Para a maioria das empresas, o principal componente das receitas é proveniente das vendas. Os custos iniciais tipicamente incluem P&D, desenvolvimento de recursos essenciais do projeto, pessoal, fatores de produção e marketing.

## Quinta tarefa: gestão de riscos com a moeda

Lembre-se da Markel, a empresa do texto de abertura do capítulo. A mudança nos valores das moedas é uma das principais dificuldades do dia a dia de empresas como a Markel. Portanto, uma tarefa importante para as empresas é a gestão de risco cambial — o risco de flutuações adversas inesperadas nas taxas de câmbio. Os exportadores e as licenciadoras enfrentam o risco de moeda porque os compradores estrangeiros pagam normalmente na sua própria moeda. Os investidores estrangeiros enfrentam o risco de moeda porque recebem os pagamentos e contraem obrigações em moedas estrangeiras. Os gestores de carteira de investimento estrangeiro enfrentam o risco de moeda também; vejamos, uma ação japonesa poderia ganhar 15 por cento em valor, mas se o iene cair 15 por cento, o ganho dessa ação é eliminado. Além disso, as crises cambiais geralmente afetam, também, outros preços de ativos locais, incluindo a dívida, os equipamentos e os mercados imobiliários. Até as empresas mexicanas pequenas foram atingidas pelo colapso do peso mexicano em meados de 1990. As empresas na Indonésia, na Malásia e na Tailândia foram seriamente atingidas pelo colapso das moedas locais na crise financeira asiática.[23]

As mudanças no valor da moeda são o resultado de um aumento ou uma diminuição significativa da demanda pela moeda em relação à sua oferta, ou de um aumento ou diminuição significativa da oferta da moeda em relação à sua demanda. A diminuição da procura faz com que o valor da moeda apresente uma queda nos mercados mundiais e, portanto, afete seu poder de compra. Quando a demanda para a moeda cai, o seu valor deprecia.

As empresas enfrentam a exposição ao risco de moeda quando seus fluxos de caixa e o valor de seus ativos e passivos mudam como resultado de mudanças inesperadas nas taxas de câmbio. Se a empresa pudesse estabelecer seus preços e receber o pagamento em sua moeda local, o risco cambial seria eliminado. No entanto, o risco ainda existiria para seus clientes estrangeiros. Para atender aos compradores estrangeiros, muitas empresas como a Markel estabelecem preços na moeda do comprador. Para lidar com a exposição resultante ao risco de moeda e lidar também com as perdas potenciais, essas empresas passam, então, a monitorar e tentar prever o movimento das taxas de câmbio. Em outras palavras, em uma transação internacional, ora o comprador ora o vendedor incorrem em um risco cambial.

### Três tipos de exposição à moeda

As flutuações de moeda provocam três tipos de exposição para a empresa: exposição de transação, exposição de tradução e exposição econômica.[24] A **exposição de transação** refere-se ao risco de moeda que as empresas enfrentam quando as contas a receber ou a pagar estão em moeda estrangeira. Suponha que Gateway importe US$ 3 milhões de Taiwan, em teclados de computador, e pague em moeda estrangeira. Na época da compra inicial, suponha que a taxa de câmbio era de US$ 1 = T$ 30, mas a Gateway paga três meses após a compra. Se durante o período de três meses, a taxa de câmbio mudar de um dólar norte-americano para cada 27 dólares taiwaneses, a Gateway terá de pagar um extra de US$ 11.111 como resultado da alteração da taxa ([3.000.000/27] - [3.000.000/30]). Do ponto de vista da Gateway, o dólar de Taiwan tornou-se mais caro. Tais ganhos ou perdas são reais: afetam o valor da empresa, afetando diretamente seus fluxos de caixa.

A **exposição de tradução** é o risco cambial que resulta quando uma empresa traduz suas demonstrações financeiras da moeda estrangeira para a moeda funcional da matriz, como parte da consolidação dos resultados financeiros internacionais. É o resultado de flutuações cambiais que afetam negativamente os resultados financeiros de uma empresa com grande número de operações internacionais.

As empresas multinacionais com operações em vários países consolidam os resultados financeiros, a fim de gerar relatórios que abrangem toda a organização. **Consolidação** é o processo de combinar e integrar os resultados financeiros das filiais estrangeiras nos registros financeiros da matriz. As práticas contábeis requerem também que a empresa comunique os resultados financeiros consolidados na moeda funcional.

A exposição à tradução ocorre porque, conforme as taxas de câmbio flutuam, acontece o mesmo com os valores da moeda funcional dos bens expostos, os passivos, as despesas e as receitas. Traduzir as demonstrações financeiras estrangeiras, trimestrais ou anuais, na moeda funcional da matriz, leva a ganhos ou perdas na data em que as demonstrações financeiras estrangeiras são consolidadas nas contas da matriz. Por exemplo, quando a tradução é feita para o dólar, o lucro líquido trimestral da subsidiária japonesa de uma multinacional norte-americana pode ser afetado negativamente se o iene japonês se desvalorizar perante o dólar durante esse trimestre. Repare que no caso das traduções, os ganhos ou as perdas são "físicas" ou "virtuais"; a exposição da tradução não afeta diretamente os fluxos de caixa. Em contrapartida, no caso das transações, os ganhos e as perdas são reais.

A **exposição econômica** (também conhecida como *exposição de operação*) é o risco cambial que resulta de flutuações da taxa de câmbio que afetam os preços dos produtos, o custo dos insumos e o valor dos investimentos estrangeiros. A exposição econômica é o risco de que as flutuações da taxa de câmbio afetem ou diminuam em longo prazo os resultados financeiros. Quando uma empresa estabelece os preços de seus produtos, as flutuações cambiais ajudam ou prejudicam suas vendas, tornando esses produtos relativamente mais ou menos caros do ponto de vista dos compradores estrangeiros. Por exemplo, se o iene se valoriza perante o euro, então uma empresa europeia pode esperar vender mais produtos no Japão porque os japoneses têm muito mais poder de compra quando compram em euros. Porém, se o iene se deprecia perante o euro, as vendas da empresa europeia devem cair no Japão, a menos que a gestão reduza seus preços japoneses de forma equivalente à queda do iene. Da mesma forma, no momento de adquirir insumos, a empresa pode ser prejudicada pelas mudanças de moeda que aumentam o preço desses insumos. O valor dos investimentos estrangeiros também pode cair, em termos de moeda nacional, com as variações cambiais.

A exposição econômica é diferente da exposição de transação. A exposição de transação envolve o efeito das flutuações da taxa de câmbio sobre as transações contratuais.[25] A exposição econômica envolve o efeito das flutuações da taxa de câmbio sobre a lucratividade de longo prazo, decorrente das alterações nas receitas e nas despesas. Esses efeitos aparecem nas demonstrações financeiras da empresa. Por exemplo, a desvalorização do dólar norte-americano em relação ao euro, no início da década de 2000, reduziu gradualmente o valor dos investimentos norte-americanos na Europa e aumentou o custo dos bens em euros, mas melhorou as perspectivas das empresas norte-americanas que agora podem vender os produtos com preços em dólares na União Europeia.

Os três tipos de exposição cambial que discutimos também podem produzir resultados positivos quando a taxa de câmbio relevante flutua na direção favorável à empresa. No entanto, como gerente, você deve estar mais preocupado com as flutuações que produzem resultados indesejáveis. A existência desses problemas explica por que a maioria dos países membros da União Europeia usam uma moeda única, o euro. Com uma moeda única, o risco cambial é eliminado. Para as empresas internacionais que operam fora da zona do euro, no entanto, o risco de moeda ainda é um problema significativo.

## Comércio de moeda estrangeira

Séculos atrás, as pessoas usavam apenas alguns metais preciosos, como ouro e prata, como meio de intercâmbio e como moeda de reserva. Em 2006, dois fazendeiros suecos acharam em uma fazenda em Gotland — uma ilha do litoral sueco —uma pilha de moedas de prata do século X, pesando cerca de quatro quilos. As moedas de prata foram cunhadas em Bagdá, no Iraque — a quase quatro mil quilômetros da Suécia — e, aparentemente, serviram como moeda para os vikings.[26] Hoje, um número relativamente limitado de moedas ainda facilita o comércio transfronteiriço e o investimento. Quase dois terços das reservas cambiais são feitas em dólares norte-americanos, 25 por cento em euros, sete por cento em ienes e libras esterlinas, e apenas dois por cento nas outras 150 moedas nacionais do resto do mundo.

O que é diferente hoje é o grande volume de moedas que são trocadas, assim como a velocidade com que essas operações podem ser realizadas. Em 2007, cerca de $ 3 trilhões em moedas estrangeiras são negociados por dia.[27] Para termos uma boa perspectiva, esse valor é dez vezes o valor do comércio de ações e títulos e cem vezes o valor das mercadorias e serviços comercializados por dia. Um terço de todo o comércio de moedas, cerca de $ 1 trilhão por dia, ocorre em Londres.

Impressiona também a natureza informatizada do comércio de divisas. Considere o UBS, um dos maiores bancos de investimento do mundo, com sede na Suíça, que oferece uma gama de produtos relacionados às divisas. Os clientes do banco fazem transações de remessa, recebimento e troca de divisas usando as moderníssimas plataformas de sistemas do UBS em dezenas de países. A tecnologia permite que clientes em áreas remotas possam desfrutar dos serviços do comércio de divisas que até recentemente podiam ser acessados apenas nas grandes cidades, por meio de grandes bancos.[28] O Citibank aproveita seu sistema de apoio a clientes

— CitiFX Interactive — para fornecer uma ampla gama de serviços, incluindo a pesquisa nas bibliotecas, o comércio de divisas e alguns instrumentos analíticos. O pagamento de contas pela Internet é cada vez mais importante para os executivos e outras pessoas que viajam frequentemente para fora do país.[29]

Os grandes bancos são os principais atores nos mercados de divisas e estabelecem os preços em que compram ou vendem suas moedas. Por exemplo, se um importador pretende comprar $ 100.000 em euros para financiar uma compra na Áustria, o câmbio será, habitualmente, feito pelo banco do importador. Os grandes bancos, como o Citibank, mantêm reservas de divisas e trabalham com os bancos estrangeiros correspondentes para facilitar a compra e venda de divisas. As transações de divisas entre os bancos ocorrem no *mercado interbancário*.

As divisas também podem ser compradas e vendidas por meio de corretores que se especializam em apresentar os compradores para os vendedores. Os comerciantes de divisas são especialmente ativos nos grandes centros financeiros como Londres, Nova York, Frankfurt e Tóquio. A negociação também é realizada cada vez mais graças a corretores on-line e revendedores em sites como www.openforex.e o Everbank (www.everbank.com).

O mercado de câmbio usa uma terminologia especializada para descrever as funções executadas pelas partes. O **câmbio *spot*** é a taxa de câmbio aplicável à negociação de divisas em que a taxa atual de câmbio é utilizada e a entrega é considerada "imediata". É a taxa de câmbio que pode ser obtida para a recepção imediata de uma moeda. A taxa *spot* é aplicável às transações entre os bancos para a entrega no prazo de dois dias úteis ou para a entrega imediata para as transações feitas "no balcão" envolvendo clientes alheios ao banco — por exemplo, quando você compra moedas em casas de câmbio dos aeroportos.

A **taxa futura** ou *forward rate* refere-se à taxa de câmbio aplicável ao recebimento ou entrega de divisas estrangeiras numa data futura. É a taxa de câmbio cotada para uma entrega futura de divisas. A taxa futura é uma taxa contratual entre o revendedor de divisas e seu cliente. Os revendedores do mercado de divisas futuras comercializam promessas de recebimento ou entrega de divisas em um momento determinado no futuro, com uma taxa determinada no momento da transação. A principal função do mercado futuro é o fornecer proteção contra o risco cambial.

Os revendedores cotam as taxas de câmbio de duas maneiras. A **cotação direta** é o número de unidades da moeda nacional necessário para adquirir uma unidade da moeda estrangeira, também conhecida como cotação normal ou norte-americana. Por exemplo, em 21 de setembro de 2007, custava US$ 1,41 adquirir um euro. A **cotação indireta** é o número de unidades da moeda estrangeira obtido por uma unidade da moeda nacional (também conhecida como termos *recíprocos* ou *Continentais/Europeus*). Por exemplo, "por 1 dólar eu posso receber 0,71 euro.[30]

Você talvez já tenha reparado que nos aeroportos, por exemplo, as casas de câmbio fazem a cotação de preços falando de um *valor de compra* e um *valor de venda* em que eles compram ou vendem qualquer moeda. A diferença entre os valores de compra e venda — o *spread* — é a margem de lucro da casa de câmbio.

## Tipos de agentes de comércio de divisas

Existem três tipos principais de agentes comerciais de divisas: *hedgers*, especuladores e empresas de arbitragem. Os ***hedgers*** procuram minimizar o risco de flutuações cambiais, muitas vezes através da compra futura ou instrumentos financeiros similares. Os *hedgers* geralmente são empresas multinacionais e outras empresas cuja atividade principal é o comércio ou o investimento internacional. Não estão necessariamente interessados em lucrar com as divisas.

Os **especuladores** são agentes de comercialização de divisas que buscam lucros investindo em moedas com a ideia de que vão aumentar seu valor no futuro. Os especuladores pretendem lucrar com o câmbio de moeda, prevendo as mudanças futuras no valor de uma divisa particular. Por exemplo, podem comprar uma moeda hoje cujo valor deve subir em algum momento no futuro. Um especulador pode adquirir um certificado de depósito em pesos mexicanos ou uma conta comercial em yuans chineses, acreditando que o valor dessas moedas vai aumentar no futuro. O especulador pode também apostar na queda da moeda, o que seria considerado como uma venda curta. Os especuladores tentam lucrar com as mudanças na previsão dos preços ao longo do tempo e assumem riscos no processo porque os preços do câmbio *spot* no futuro são desconhecidos.

As **empresas de arbitragem** são agentes que compram e vendem a mesma moeda em dois ou mais mercados cambiais para tirar proveito das diferenças na taxa de câmbio da moeda. Eles trabalham nos mercados cambiais para gerar lucros. Mas, ao contrário do especulador que aposta no preço futuro de uma moeda, a empresa de arbitragem tenta lucrar com o desequilíbrio atual dos mercados de câmbio com base nos preços conhecidos. Por exemplo, se a taxa entre o euro e o dólar, cotada em Nova York em uma manhã de segunda-feira for: € 1 = US$ 1,25, mas a taxa de câmbio em Londres nesse momento é: € 1 = US$ 1,30, um profissional poderia fazer um lucro comprando: € 1 milhão por US$ 1,25 milhão em Nova York e ao mesmo tempo vender esses euros em Londres por US$ 1,3 milhão, gerando um lucro seguro de US$ 50.000 na venda, sujeito a certas comissões e despesas. Quando essas oportunidades de arbitragem aparecem, rapidamente desaparecem pelas próprias ações dos especuladores que forçam as taxas de câmbio para atingir o equilíbrio. As oportunidades de arbitragem nos mercados de hoje envolvem posições exóticas em contratos de iliquidez, como os derivativos de crédito nos mercados emergentes, e raramente são verdadeiras ocasiões de arbitragem porque envolvem alguns riscos. Essas posições de risco são chamadas de arbitragem de risco.

## Previsão da taxa de câmbio

A perda devida às taxas de câmbio flutuantes é uma ocorrência comum nos negócios internacionais. Na década de 1980, por exemplo, a empresa automobilística japonesa Subaru fabricou quase todos os seus veículos no Japão, apesar do fato de que três quartos de suas vendas ocorriam nos Estados Unidos. Posteriormente, entre 1985 e 1987, o iene japonês aumentou seu valor comparado com o dólar em quase 50 por cento. Isso fez com que o preço em dólar da Subaru aumentasse substancialmente, e as vendas da Subaru nos Estados Unidos despencaram.[31] Assim, um objetivo importante dos gestores é se proteger contra o risco cambial. O primeiro passo que a diretoria toma é fazer a previsão de movimentos nas taxas de câmbio.

Inicialmente, o diretor financeiro precisa estar ciente das tendências nos fatores que influenciam as flutuações de moeda. Também precisa acompanhar o comércio de divisas diariamente, prestando atenção ao potencial do comportamento de manada (*herding*) e o comércio de *momentum*. O comportamento em manada é a tendência dos investidores a imitarem as ações dos outros. O comércio de *momentum* é feito através de computadores que estão programados para realizar compras maciças ou vender quando os preços atingem determinados níveis. Por exemplo, a venda maciça do peso mexicano em 1995 foi antecipada por analistas em 1994, seguindo as indicações de que o governo mexicano já não podia apoiar artificialmente o alto valor da moeda. Na maioria dos países, as taxas de câmbio respondem de imediato à informação econômica, como a eleição de um novo governo, disputas trabalhistas e choques importantes no abastecimento (por exemplo, como quando os países exportadores de petróleo de repente anunciam uma queda na oferta). A previsão exata também exige que os gerentes avaliem as possíveis ações dos operadores de câmbio.

As maiores taxas de moeda estrangeira aparecem em uma sala comercial em Tóquio. As operações transnacionais bem-sucedidas exigem uma gestão habilidosa das divisas. As empresas com grande número de operações internacionais desenvolvem sofisticadas capacidades internas para prever as taxas de câmbio. Essas operações combinam a previsão interna com os relatórios fornecidos pelos principais bancos e pelos profissionais do setor especializados em previsão cambial. Por exemplo, o Citibank oferece serviços para ajudar aos clientes com a previsão e o desenvolvimento de estratégias de minimização de riscos. Os bancos e as empresas dependem da *análise técnica* para ver a evolução recente das taxas de câmbio e da *análise fundamental* para ver a evolução dos dados macroeconômicos.

As empresas multinacionais geralmente carecem de recursos para fazer uma previsão apropriada interna. Eles se baseiam nas previsões fornecidas pelos bancos e das notícias financeiras. Por exemplo, cada edição semanal da revista *Economist* apresenta uma tabela que descreve as últimas tendências das taxas de câmbio históricas mais importantes. Outras fontes de informação estão disponíveis on-line: Banco de Pagamentos Internacionais (www.bis.org), Banco Mundial (www.worldbank.org) e Banco Central Europeu (www.ecb.int).

## Gestão da exposição ao risco com *hedging*

Suponha que você decidiu comprar um Toyota em uma concessionária local. O concessionário insiste para você pagar em ienes japoneses. Você pode ter dúvidas sobre se compra o carro ou não, em parte porque você vai ter que comprar ienes e em parte porque outras concessionárias permitem que você pague na sua própria moeda. No mundo inteiro, os clientes vão preferir fazer negócios na sua própria moeda. Se as empresas insistirem em orçar seus preços e obter os pagamentos na sua própria moeda, os compradores estrangeiros terão a dificuldade de monitorar e gerenciar o câmbio. Como ficou claro a partir do texto da Markel, para se manterem competitivos, mesmo os pequenos exportadores devem aprender a operar em moeda estrangeira. Ao fazê-lo, no entanto, também devem aprender a minimizar sua exposição ao risco cambial.

O método mais comum para a gestão da exposição é a cobertura ou *hedging*, que diz respeito aos esforços para compensar uma eventual perda decorrente de um investimento ou a realização de investimentos de compensação. Nos negócios internacionais, o ***hedging*** refere-se à utilização de instrumentos financeiros e outras medidas para reduzir ou eliminar a exposição ao risco cambial. O *hedging* permite que a empresa reduza as perdas potenciais retendo o dinheiro em posições garantidas de câmbio. Se a cobertura for perfeita, a empresa fica protegida contra o risco de variações adversas no preço de uma moeda. Os bancos oferecem vários instrumentos financeiros, como os contratos a termo, opções e contratos de *swap* para facilitar a cobertura.

O *hedging* envolve custos na forma de taxas bancárias e pagamentos de juros sobre os montantes emprestados para realizar as operações de cobertura. A empresa deve equilibrar esses custos contra os benefícios esperados. Além disso, a empresa pode utilizar estratégias de cobertura ativa ou passiva. Na *cobertura passiva*, cada exposição é coberta assim que ela ocorre, e a cobertura fica ativa até o vencimento. Na *cobertura de ativos*, a exposição total é avaliada frequentemente, e as empresas apenas fazem a cobertura de um subconjunto de suas exposições totais, geralmente aquelas que apresentam maior potencial de dano. As coberturas podem ser retiradas antes de chegarem ao vencimento. Alguns *hedgers* ativos tentam lucrar com a cobertura, até o ponto de terem escritórios dedicados internos. A maioria das empresas, entretanto, gosta da abordagem conservadora. Simplesmente tentam cobrir todas as posições — ou as mais importantes —, e a cobertura é mantida até o vencimento. Não tentam gerar lucros com a especulação.

### Instrumentos de *hedging*

Uma vez que os gerentes tenham avaliado o nível de exposição cambial e determinado qual a exposição crítica, podem-se proteger contra alterações na taxa de câmbio. Usando vários instrumentos financeiros, a empresa tenta estabelecer uma situação de equilíbrio em que os ativos expostos sejam os mesmos que os passivos expostos. Os quatro instrumentos de cobertura mais comuns são detalhados a seguir.

*Contratos a prazo.* Um **contrato a prazo** é um instrumento financeiro para comprar ou vender uma moeda com uma taxa de câmbio acordada no início do contrato para um câmbio futuro no início de entrega e da liquidação. No mercado de contratos a termo, os negócios são feitos para entrega futura em uma data preestabelecida e a um preço acordado no dia da cobertura e da transação *hedging*. Até a data de entrega, o dinheiro não muda de dono. Os bancos cotam seus preços futuros da mesma forma em que o fazem com os preços *spot* — com preços de compra e venda sob os quais venderão ou comprarão as moedas. O *spread* do lance do banco é um custo para seus clientes.

Os contratos a termo são especialmente adequados para cobrir a exposição de transação. Por exemplo, suponha que a Dow Chemical vende mercadorias para um importador alemão por € 100.000, a pagar em 90 dias. Devido ao intervalo necessário para receber o pagamento, a Dow tem uma exposição ao risco de transação de moeda. Isto é, se o euro tiver uma depreciação durante o período de 90 dias, a Dow receberá menos dólares. Para cobrir esse risco, a Dow celebra um contrato a termo com um banco para vender € 100.000 a 90 dias a partir da data, a uma taxa de câmbio acordada hoje, garantindo que receberá uma quantia de dólares conhecida no futuro. Haverá um ganho ou perda resultante do contrato a termo, mas sabe-se qual será o valor quando o contrato for assinado.

*Contratos futuros.* Semelhante ao contrato a termo, um **contrato futuro** representa um acordo para comprar ou vender uma moeda a um preço pré-especificado e em uma data predefinida. Uma diferença entre um contrato a termo e um contrato futuro é que o último é padronizado para permitir o comércio no câmbio organizado, como no Chicago Mercantile Exchange (CME). Embora os termos dos contratos a prazo sejam negociados entre um banco e seus clientes, os contratos a termo são feitos em tamanhos e prazos de vencimento padronizados. Por exemplo, um contrato futuro da CME em libras esterlinas tem um tamanho de contrato de £ 62.500 e vence no ciclo trimestral de março (março, junho, setembro e dezembro). Os contratos a termo são especialmente adequados para cobrir a exposição de transação.

*Opções de moeda.* A **opção de moeda** difere dos contratos futuros, em que se dá ao comprador o direito, mas não a obrigação de comprar certa quantidade de moeda estrangeira a uma taxa de câmbio definida dentro de um período especificado. O vendedor da opção deve vender a moeda a critério do comprador, no preço estabelecido inicialmente. As opções de moeda normalmente são negociadas em bolsas organizadas, como a Philadelphia Stock Exchange (PHLX). Como tal, estão disponíveis apenas para as principais moedas.

Existem dois tipos de opções. Uma *opção de compra* é o direito, mas não a obrigação de comprar uma moeda a um preço especificado durante um período específico (chamado de opção norte-americana) ou em uma data específica (chamada de opção europeia).[32] Uma opção de venda é o direito de vender a moeda no preço determinado. Cada opção cobre uma determinada quantidade de moeda. Por exemplo, pouco tempo atrás, contratos de opção de dólar australiano foram oferecidos com um tamanho de 50.000 dólares australianos cada na PHLX. As opções são úteis como seguros ou coberturas por desastres contra as flutuações cambiais adversas.

*Swaps cambiais.* Um **swap cambial** envolve a troca de uma moeda por outra, de acordo com um calendário definido. As duas partes acordam trocar uma determinada quantidade de moeda por outra e, após um período especificado, devolver os montantes originais trocados. Assim, um *swap* é uma transação simultânea de *spot* e contratos a termo. Quando o acordo for ativado, as partes fazem o câmbio com a taxa de câmbio *spot* atual. Geralmente, cada parte deve pagar os juros sobre o capital também. Por exemplo, se a parte A emprestou dólares e pegou euros emprestados, ela paga juros em euros e recebe juros em dólares. Em uma data futura, os montantes originais são devolvidos aos detentores originais. Considere o seguinte exemplo. Uma multinacional faz um acordo para pagar quatro por cento capitalizado anualmente em uma quantidade em euros de € 1.000.000 e recebe cinco por cento capitalizado anual em dólar norte-americano de US$ 1.300.000 por ano, durante dois anos. Isso é um *swap* cambial. Como resultado desse acordo, a multinacional vai receber € 1.000.000 e pagar US$ 1.300.000 de hoje. Pagará então € 40.000 de juros por ano e receberá US$ 65.000 de juros anuais por dois anos. No final do segundo ano, a empresa vai receber US$ 1.300.000 e pagar € 1.000.000.

## Melhores práticas para minimizar a exposição cambial

A gestão do risco de moeda em muitos países é um desafio porque a gerência deve manter conhecimento das exposições em constante evolução da empresa, bem como leis mutáveis, regulamentos e condições de mercado. A diretoria deve tentar criar uma abordagem sistemática para minimizar o risco cambial.

A Tabela 19.1 apresenta diretrizes para os gerentes utilizarem no momento de minimizar o risco cambial. A última recomendação, a de manter uma flexibilidade estratégica na produção e no abastecimento, é a solução mais sofisticada. Conforme a empresa opera em uma série de mercados, com diferente estabilidade econômica e política e diferentes moedas, pode tentar ao mesmo tempo otimizar suas operações. Por exemplo, em termos de otimização de suas atividades de abastecimento, a Compaq Computer tem fornecedores secundários para todos seus componentes críticos em vários países. Quando surge a necessidade, a diretoria pode mudar rapidamente a produção de um país para outro. Da mesma forma, a Dell terceiriza seus componentes em vários países e pode preferir certos fornecedores em detrimento de outros, dependendo da conveniência das taxas de câmbio e outros fatores.

## Sexta tarefa: gestão da diversidade das práticas fiscais e de contabilidade internacionais

Nos negócios internacionais, as empresas têm de registrar as transações e listar os ativos e passivos relacionados com cada operação. Desenvolver sistemas de contabilidade para identificar, medir e comunicar essa informação financeira é especialmente difícil nas operações multinacionais, onde existem variações substanciais nos sistemas de contabilidade. Como exemplo, existem dezenas de abordagens para a determinação do custo das mercadorias vendidas, o retorno sobre os ativos, P&D, lucro líquido e outros resultados em diferentes países.[33] Os balanços e as demonstrações de resultados variam internacionalmente, principalmente no que diz respeito à linguagem, moeda, formato e aos princípios contábeis aplicados ou enfatizados. As demonstrações financeiras preparadas de acordo com as regras de um país podem ser difíceis de comparar com as elaboradas em outro país.

### Transparência na informação financeira

As práticas contábeis locais determinam o grau de transparência na prestação de informação financeira. A **transparência** refere-se ao quanto as empresas divulgam informações importantes sobre sua condição financeira e suas práticas contábeis. Quanto mais transparentes forem os sistemas de contabilidade de uma nação, mais regulares e abrangentes serão os relatórios financeiros das empresas públicas da nação feitos de forma confiável para os credores, acionistas e para o governo. A transparência é importante porque melhora a capacidade dos investidores para avaliar com precisão o desempenho da empresa, melhorando, assim, a tomada de decisão administrativa. Chile, Costa Rica, Hungria e República Checa são exemplos dos inúmeros países que atraíram mais IDE aumentando seus ambientes regulamentares, resultando em menos incertezas. Em muitos países em desenvolvimento e nas economias de mercado emergentes, os sistemas contábeis têm pouca transparência, as demonstrações financeiras podem estar disponíveis

**Tabela 19.1** Diretrizes de gestão para a minimização do risco cambial

1. **Consultar um especialista.** Inicialmente, a administração deve buscar a ajuda de especialistas nos bancos e consultores para estabelecer programas e estratégias que minimizem o risco.
2. **Centralizar a gestão de divisas dentro da multinacional.** Enquanto algumas atividades de gestão de divisas podem ser delegadas aos gerentes locais, a matriz deve definir as diretrizes básicas para serem seguidas pelas subsidiárias.
3. **Decidir sobre o nível de risco que a empresa pode tolerar.** O nível varia em função da natureza do projeto, o montante de capital de risco e a tolerância de risco da diretoria.
4. **Criar um sistema para medir os movimentos da taxa de câmbio e do risco cambial.** O sistema deve fornecer *feedback* constante para facilitar o desenvolvimento oportuno das estratégias adequadas de minimização de riscos.
5. **Monitorar as alterações nas moedas importantes.** As taxas de câmbio flutuam constantemente. O monitoramento contínuo das taxas de câmbio pode evitar erros potencialmente caros.
6. **Ser cauteloso com as moedas instáveis ou que estão sujeitas a controles de câmbio.** O gerente deverá negociar com moedas estáveis e fáceis de operar. Seja cauteloso com as restrições governamentais que afetam a capacidade de trocar moedas que, por sua vez, afetam o valor dos ativos, passivos, rendimentos e despesas.
7. **Acompanhar as tendências econômicas e regulamentares de longo prazo.** A taxa cambial geralmente segue tendências de evolução como as taxas de juros, inflação, problemas trabalhistas e a chegada ao poder do novo governo.
8. **Distinguir a exposição econômica da exposição de transação e de tradução.** Os gerentes concentram seus esforços na redução da exposição da transação e de tradução. No entanto, os efeitos em longo prazo da exposição econômica no desempenho da empresa podem ser mais prejudiciais.
9. **Enfatizar a flexibilidade nas operações internacionais.** A produção flexível e a estratégia de terceirização fazem com que a empresa possa transferir a produção e fazer uma terceirização em várias nações. Por exemplo, no longo prazo, a diretoria pode deslocar a produção para países com moedas que são fracas em comparação com o a moeda do país de origem.

só depois de vários meses do período de contabilidade, e as informações publicadas podem estar incompletas ou serem duvidosas.

Nos Estados Unidos, a ata Sarbanes-Oxley de 2002 foi promulgada para conter os abusos de contabilidade e de gestão entre empresas e investidores. A lei surgiu depois dos escândalos com fraudes contábeis em grandes corporações como Enron, WorldCom e Tyco. A ata Sarbanes-Oxley faz com que os CEO e os diretores financeiros sejam responsáveis pessoalmente pela exatidão dos relatórios anuais e outros dados financeiros. As filiais estrangeiras de empresas norte-americanas e as empresas estrangeiras com operações significativas nos Estados Unidos também devem dar cumprimento à ata Sarbanes-Oxley. Além disso, as agências governamentais estão reforçando a supervisão dos bancos e outros intermediários financeiros devido à crise financeira asiática, aos problemas do Citibank no Japão e a algumas outras experiências semelhantes. Os bancos do mundo inteiro estão tomando medidas para aumentar a estabilidade e a transparência de seus sistemas financeiros.

As reformas na contabilidade dos Estados Unidos estão sendo estendidas para a Europa e outras regiões. Um grande desafio, no entanto, é o custo do cumprimento para as empresas, estimado em dezenas de bilhões de dólares e milhões de horas de trabalho para mudar ou instalar sistemas de controle interno de contabilidade em grandes empresas de capital aberto. Em um esforço para evitar as rígidas exigências financeiras, algumas empresas europeias estão reduzindo seus negócios nos Estados Unidos, e várias saíram dos mercados de ações norte-americanos. Os legisladores europeus, no entanto, estão trabalhando para aumentar a transparência e o rigor de sua própria norma de contabilidade.[34]

## Tendências para a harmonização

O crescimento do comércio internacional e investimento pressionaram as empresas multinacionais e as organizações internacionais como o International Accounting Standards Board (IASB), as Nações Unidas, a União Europeia e a Asociación Interamericana de Contabilidad para harmonizar os sistemas mundiais de contabilidade, especialmente em matéria de medição, divulgação e normas de auditoria. Por exemplo, a IASB trabalha para desenvolver um conjunto único de normas compreensíveis de contabilidade global de alta qualidade e que sejam aplicáveis salientando a informação transparente e comparável.

O IASB favorece a harmonização por uma série de razões. Primeiro, aumenta a comparabilidade e a transparência das práticas contábeis, o que aumenta a confiabilidade das demonstrações financeiras estrangeiras. Segundo, ajuda a reduzir o custo de preparação das demonstrações financeiras. Em terceiro lugar, aumenta a eficiência da consolidação das informações financeiras de vários países. Em quarto lugar, facilita a análise do investimento tanto para investidores como para gerentes, o que reduz o risco para os investidores e ajuda os gerentes a tomarem as melhores decisões.

A harmonização é particularmente importante para as empresas multinacionais que procuram atrair potenciais investidores estrangeiros por aparecerem nas listas das bolsas de valores estrangeiras. Imagine que você está gerenciando uma empresa europeia que pretende estar na lista da Nyse. Embora a ideia faça sentido, o processo de produção e elaboração de relatórios de suas demonstrações financeiras de acordo com as Práticas Contábeis Geralmente Aceitas (Gaap) dos Estados Unidos, como exigido pela Comissão de Títulos e Bolsas dos Estados Unidos (SEC) é caro e pode ser um calvário burocrático demorado. Na Europa, você utiliza os Padrões Internacionais de Divulgação Financeira (IFRS) que já foram adotadas por mais de cem países. Um ponto importante foi alcançado no início de 2007, quando a SEC anunciou que deixaria de exigir que as empresas estrangeiras conciliassem suas contas com o sistema norte-americano a partir do ano fiscal de 2009.[35] Na verdade, as duas organizações de ambos os lados do Atlântico, a Iasb da Europa e a Fasb nos Estados Unidos, funcionavam de forma relacionada ao longo dos últimos seis anos para criar a convergência dos dois sistemas. A próxima meta ambiciosa é permitir que as empresas norte-americanas que operam globalmente façam seus relatórios apenas sob os critérios da IFRS.

## Consolidação das demonstrações financeiras das filiais

Um desafio especial na contabilidade internacional é a *tradução em moeda estrangeira* — a tradução de dados da moeda estrangeira na moeda funcional da empresa. É uma tarefa crítica, porque os registros financeiros das subsidiárias são normalmente mantidos nas moedas dos países onde se encontram as filiais. Quando os resultados das subsidiárias forem consolidados nas demonstrações financeiras da matriz, deverão ser expressos na moeda funcional da matriz. A gestão também faz a tradução para planejar, avaliar, integrar e controlar as atividades no exterior.

Quando a matriz consolida os registros financeiros estrangeiros, usa um de dois métodos possíveis para converter a moeda estrangeira na moeda funcional da matriz: o método da taxa atual e o método temporal. Ao utilizar o **método da taxa atual**, todos os balanços em moeda estrangeira e os itens da demonstração de resultados são convertidos pela taxa de câmbio — a taxa de câmbio em vigor no dia (no caso dos balanços) ou para o período (no caso das declarações de renda), e as declarações são preparadas. Esse método é geralmente usado para traduzir os registros das filiais estrangeiras que são consideradas como entidades separadas em vez de serem parte das operações da matriz.

Considere o caso da Computershare Limited, uma empresa australiana de software que comercializa software financeiro na sua rede mundial de subsidiárias. A empresa traduz as demonstrações financeiras de suas filiais usando o método da taxa atual porque as filiais são consideradas entidades jurídicas autônomas. Os montantes a pagar e a receber em moeda estrangeira são convertidos para dólares australianos na taxa de câmbio vigente no dia da consolidação.[36]

Uma característica do método da taxa atual é que ela resulta em ganhos e perdas, dependendo das taxas de câmbio em vigor durante o período da tradução. Por exemplo, o valor dos rendimentos recebidos em moeda estrangeira, seis meses antes, podem diferir substancialmente de seu valor no dia em que foram traduzidos. Para empresas com ampla atuação internacional, o método de tradução pode influenciar fortemente o desempenho da empresa. Como mencionado anteriormente, no caso das traduções, os ganhos ou perdas são 'em papel' ou 'virtuais', ao passo que no caso das transações são reais. No entanto, os ganhos ou perdas de papel afetam a avaliação de uma empresa.

Com o **método temporal**, a escolha da taxa de câmbio depende do método de avaliação subjacente. Se os ativos e passivos são avaliados pelo custo histórico, então são convertidos às taxas históricas — ou seja, as taxas em vigor quando os bens foram adquiridos. Se os ativos e passivos são normalmente avaliados pelo custo de mercado, então são convertidos à taxa de câmbio atual. Assim, os itens monetários, como dinheiro em caixa, contas a receber e contas a pagar, são convertidos à taxa de câmbio atual. Os itens não monetários, como inventários e imóveis, instalações e equipamentos, são traduzidos usando-se taxas históricas.

De acordo com as normas de contabilidade norte-americanas, se a moeda funcional da filial for a mesma do ambiente operacional local (por exemplo, se o iene é a principal moeda usada pela subsidiária japonesa da firma multinacional norte-americana), a companhia deve utilizar o método da taxa atual. Se a moeda funcional for a moeda da matriz, a empresa deve usar o método temporal. A escolha do método pode dar origem a rentabilidades e resultados de desempenho muito diferentes, e as empresas devem aderir às práticas contábeis e às leis geralmente aceitas.

## Tributação internacional

Nas atividades transfronteiriças, os impostos incluem tributos diretos, impostos indiretos, impostos sobre as vendas e impostos sobre o valor agregado. Um *imposto direto* é estabelecido sobre os rendimentos provenientes dos lucros das empresas, das operações no interior da sociedade, dos ganhos de capital e, por vezes, dos *royalties*, juros e dividendos. O imposto também pode ser aplicado na aquisição ou venda de imóveis e outros bens. Um *imposto indireto* é aplicado às empresas que concedem licenças ou franquias de produtos e serviços ou que cobram juros. De fato, o governo local detém alguma porcentagem do pagamento de *royalties* ou das taxas de juros na forma de impostos. Um *imposto de vendas* é um imposto de uma porcentagem fixa sobre o valor dos bens ou serviços vendidos, pagos pelo consumidor final. Um *imposto sobre o valor agregado* (IVA) deve ser pago em cada fase do processamento na cadeia de valor de um produto ou serviço. O IVA é calculado como uma porcentagem da diferença entre a venda e o preço de compra de um bem. Esse imposto é comum no Canadá, na Europa e na América Latina. Cada empresa na cadeia de valor que participa na produção de um bem deve faturar o IVA contra seus clientes e pagar o imposto sobre suas compras, creditando os valores que pagou contra os montantes devidos sobre suas próprias atividades. O resultado líquido é um imposto sobre o valor acrescentado dos bens produzidos.

A forma mais comum de imposto direto é o *imposto de renda corporativo*. A Figura 19.5 mostra as taxas de imposto de renda para uma série de países. Chamado de "imposto corporativo" em algumas regiões, o imposto sobre a renda das sociedades é um fator importante no planejamento internacional porque incentiva os gerentes a organizarem as operações comerciais de modo a minimizar esse encargo. As empresas geralmente reduzem a quantidade de impostos fazendo a dedução das despesas comerciais das receitas que recebem. Assim, o imposto de renda influencia o momento, a magnitude e a composição do investimento da empresa em instalações e equipamentos, P&D, inventários e outros bens comerciais. Como fica claro com a figura, a tendência recente em muitos países foi em direção à queda das taxas de impostos, porque os governos reconhecem que os impostos elevados podem desencorajar o investimento.[37] Por exemplo, a taxa de imposto de renda na Rússia diminuiu de 43 por cento para 24 por cento. No Canadá, a taxa diminuiu de 42 para 36 por cento. A Irlanda tem a menor taxa de imposto de renda, 13 por cento — um dos pilares de sua política econômica de revitalização nas décadas de 1980 e 1990.

Historicamente, as empresas que obtivessem renda em mais de um país deviam ser obrigadas a pagar impostos diretos em cada país sobre esses lucros. Já que a tributação múltipla reduz o lucro da empresa e pode até eliminar a lucratividade, a maioria dos países assinou tratados fiscais com seus parceiros comerciais que ajudam a garantir que as empresas paguem os impostos adequados. Um tratado de imposto típico entre o país A e o país B estabelece que se a empresa pagar o imposto de renda em A, não precisa pagar o imposto em B, caso sejam similares em quantidade. Se a empresa pagar o imposto de renda em B, não precisa pagar o imposto em A. Isso geralmente é feito com um sistema de créditos fiscais estrangeiros — um tipo de redução automática do montante do imposto devido que a empresa recebe quando pode provar que já pagou esse imposto de renda no exterior. Alternativamente, a empresa pode ser obrigada ao pagamento do imposto em cada país, mas o montante é rateado de forma que o total do imposto pago não ultrapasse a alíquota máxima em nenhum dos dois países. Os tratados tributários obrigam as nações a prestar assistência mútua em matéria de execução fiscal, garantindo que as empresas internacionais paguem os impostos em um país ou no outro. Dessa forma, os tratados fiscais ajudam a prevenir a sonegação.

### Paraísos fiscais

Conforme discutido anteriormente, os paraísos fiscais são países que são hospitaleiros aos negócios e ao investimento por causa do baixo imposto de renda corporativo. Entre os muitos paraísos fiscais em todo o mundo, temos as Bahamas, Luxemburgo, Mônaco, Cingapura e a Suíça. Os paraísos fiscais existem em parte porque os sistemas fiscais variam muito ao redor do mundo. As empresas multinacionais têm um incentivo para estruturar suas atividades globais de forma a diminuir os impostos. As empresas multina-

Figura 19.5 Taxas de imposto de renda ao redor do mundo (em porcentagem do rendimento corporativo arredondado para o número inteiro mais próximo)

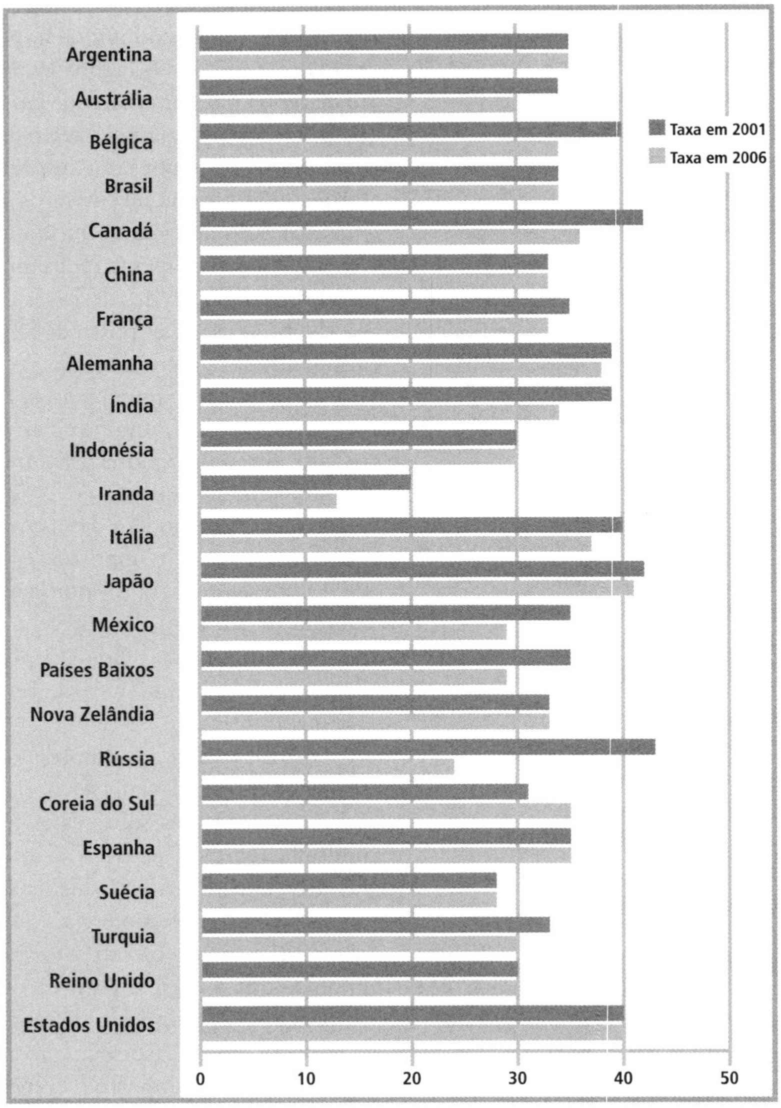


FONTE: Tabela reproduzida da enquete sobre imposto de renda corporativo da KPMG: uma análise internacional das taxas de IRC de 1993 a 2006. Copyright © 2006 KPMG International. A KPMG International é uma cooperativa suíça que agrupa todas as KPMG do mundo. A KPMG International não presta serviços a clientes. Cada empresa-membro é uma entidade jurídica própria e independente, e cada uma se descreve como tal. Todos os direitos reservados. Impresso nos Estados Unidos. Reproduzido com a permissão da KPMG International.

cionais tiram proveito dos paraísos fiscais, quer através do estabelecimento de operações em si, quer pela canalização de transações de negócios através desses lugares. Por exemplo, a Accenture, uma consultoria de gestão com operações em dezenas de países, transferiu sua matriz para as Bermudas para minimizar suas obrigações fiscais nos Estados Unidos. Da mesma forma, a Halliburton, a empresa petrolífera norte-americana, anunciou, em 2007, que iria transferir a sua sede para Dubai, um dos Emirados Árabes Unidos, conhecido pelo seu ambiente favorável às empresas e pelos incentivos fiscais. Embora o uso de paraísos fiscais geralmente seja legal, os governos frequentemente aprovam leis que limitam seu uso. Por exemplo, o governo dos Estados Unidos impôs restrições sobre a capacidade das empresas para movimentarem grandes operações a partir dos paraísos fiscais.[38] Quando empregados de forma adequada, os paraísos fiscais são um meio legal para reduzir o imposto de renda. Seu uso provavelmente vai continuar enquanto as diferenças substanciais nas taxas de imposto persistirem entre as nações. As corporações às vezes usam paraísos fiscais para "estacionar" as receitas o tempo necessário, até aparecer algum outro lugar para fins comerciais ou de investimento.

A Organização para a Cooperação e Desenvolvimento Econômico (OCDE), o Banco Mundial e outras organizações internacionais desencorajam a utilização indevida dos paraísos fiscais por parte dos países que desejam desenvolver sistemas fiscais transparentes. A União Europeia e os países da OCDE também exercem pressão para reduzir a concorrência fiscal desleal. Na Europa, por exemplo, os investidores estrangeiros tendem a estabelecer operações em países com impostos baixos e evitar países com impostos elevados. Uma vez que essa tendência pode prejudicar a maior unidade europeia e o desenvolvimento econômico, a União Europeia quer minimizar a diferença de impostos e aumentar a transparência.

### Gestão das finanças internacionais para minimizar a carga tributária

Enquanto os sistemas fiscais nacionais são geralmente complexos, lidar com impostos em vários países ao mesmo tempo é muito mais desafiador. No longo prazo, a tributação afeta as decisões da diretoria sobre a localização dos investimentos estrangeiros, o tipo de estratégias de entrada utilizado, a forma jurídica das operações no estrangeiro, as abordagens aos preços de transferência, os métodos de obtenção de capital e até a escolha dos mercados-alvo.

Os gerentes financeiros procuram minimizar os impostos internacionais. Por exemplo, na indústria de cerveja no Japão, o governo impõe impostos elevados em relação ao malte, um ingrediente-chave da cerveja. O imposto ao malte é um dos mais altos do mundo, quase 20 vezes maior do que na Europa. Assim, as empresas estrangeiras que fazem cerveja no Japão começaram a utilizar uma nova tecnologia de destilação para a produção de cerveja que elimina a necessidade do malte. O produto final tem gosto de cerveja, mas é de fato um tipo diferente de bebida alcoólica. Ocasionalmente, os governos podem criar incentivos fiscais sobre os rendimentos auferidos no exterior. Por exemplo, nos Estados Unidos, a ata para a Criação de Empregos Americanos de 2005 proporcionou uma oportunidade única para as empresas multinacionais norte-americanas repatriarem os lucros das filiais estrangeiras com uma taxa máxima de 5,25 por cento, em vez do valor de 35 por cento típico. Estima-se que $ 300 a $ 350 bilhões foram repatriados em 2005 e 2006.

Muitas das técnicas de transferência de fundos no âmbito das multinacionais e da gestão empresarial da exposição cambial descritas neste capítulo são úteis para minimizar os impostos da empresa e os encargos. Por exemplo, minimizar os impostos é o objetivo principal das estratégias de preços de transferência. As multinacionais beneficiam-se de uma estratégia que aproveita as diferenças nas taxas de tributação e nos sistemas entre os países. As empresas multinacionais estabelecem *holdings* ou sociedades financeiras em determinados países ou operam nas zonas de baixa tributação designadas pelo governo (zonas de comércio exterior — ZCE) dentro dos países. A multinacional estrutura suas atividades de produção e venda de forma a minimizar suas obrigações fiscais. Enquanto os impostos reduzirem a rentabilidade da empresa e existirem diferenças substanciais de tributação entre os países, as empresas desenvolverão estratégias que visam a minimizar as obrigações fiscais.

## ESTUDO DE CASO

## Operações financeiras internacionais da Tektronix

Um osciloscópio é um dispositivo de medição com uma tela que verifica a condição do equipamento eletrônico. Em 1946, os fundadores da Tektronix, Inc., uma empresa dos Estados Unidos, construíram seu primeiro osciloscópio com componentes eletrônicos comprados em uma revenda de material excedente do governo. A TEK, como é conhecida a Tektronix entre os funcionários e clientes, tornou-se pública em 1963. A empresa é hoje a maior fabricante do mundo de osciloscópios e a segunda maior fabricante de equipamentos de teste e medição. Os osciloscópios e outros aparelhos de medição da TEK contribuíram imensamente para o desenvolvimento de computadores e equipamentos de comunicações.

A TEK emprega milhares de trabalhadores em cerca de 30 países do mundo. A empresa recebe cerca da metade de suas vendas na América do Norte, 25 por cento da Europa, 15 por cento do Japão e o restante de outros países. As vendas anuais totais já ultrapassam US$ 1 bilhão por ano. A TEK deve parte de seu sucesso inicial ao financiamento de capital de risco. No entanto, a grande maioria de seu capital vem do financiamento de capitais próprios, com o capital adicional tomado de terceiros. As ações da empresa estão listadas na Bolsa de Nova York sob o símbolo TEK.

## Operações internacionais

A TEK inaugurou seu primeiro escritório de distribuição na Suécia, em 1948. Nos anos seguintes, a empresa abriu muitas filiais de vendas no mundo. A empresa fez *joint ventures* no Japão (com a Sony, chamado de "Sony-Tek") e na China para distribuir os produtos TEK nesses países. Também estabeleceu fábricas na Alemanha, na Itália e na Malásia. No entanto, a TEK fabrica ainda cerca de três quartos de seus produtos nos Estados Unidos. Em contrapartida, a concorrente da TEK, a Hewlett Packard, tem plantas de produção em cerca de 20 países. Outros concorrentes importantes da TEK — Xerox e Kodak —, possuem também muitas fábricas ao redor do mundo. A diretoria da TEK prefere centralizar a produção, pois otimiza o controle de qualidade e oferece economias de escala e a possibilidade de sincronizar a produção com P&D.

Já que a TEK tem a maioria das fábricas nos Estados Unidos e recebe mais da metade de suas vendas no exterior, a empresa tem uma exposição cambial externa substancial. Por exemplo, a taxa de câmbio entre iene e dólar sofreu grandes oscilações depois da intervenção feita em meados da década de 1980 pelo governo e conseguiu atingir um fortalecimento considerável da moeda japonesa. A maioria das vendas externas da TEK é faturada em moedas locais. Assim, quando o dólar valoriza em relação a outras moedas, os lucros da TEK são muito maiores quando as receitas são convertidas em dólares. Quando as vendas são em dólares, os preços podem ser muito caros para os clientes estrangeiros. A TEK também contrata muitos insumos do exterior, o que gera riscos de moeda nas suas contas a pagar.

Além disso, para a contabilidade financeira, quase a totalidade das filiais estrangeiras da empresa usa sua moeda local como moeda funcional. Assim, os ativos e passivos são convertidos em dólares norte-americanos em taxas de câmbio do final do período. Os rendimentos e os custos são traduzidos à taxa média durante o período contável. Para minimizar o risco cambial, a diretoria deve lidar proativamente com a exposição de transação, tradução e exposição econômica.

## Decisões relacionadas aos impostos

Um dos objetivos de toda multinacional é minimizar os impostos nacionais e estrangeiros, evitando, ao mesmo tempo, o excesso de controle por parte dos governos. Nos últimos anos, contudo, as autoridades fiscais estrangeiras acompanham de perto as políticas de preços intracorporativas das multinacionais que fazem negócios em suas respectivas jurisdições para garantir que as receitas fiscais pertinentes sejam mantidas no país. Países como Austrália, França, Canadá, Alemanha, Japão, México e Reino Unido aumentaram a auditoria fiscal das empresas estrangeiras.

Para ajudar a resolver esses e outros desafios impostos, a TEK planejou uma estratégia fiscal de longo prazo. Para suas operações europeias, todas as funções de receita, incluindo a gestão de caixa, estoque e contas a receber são centralizados na subsidiária inglesa da TEK. A abordagem cria maior eficiência nas atividades financeiras da TEK e simplifica a preparação do imposto. Além disso, os preços dos milhares de produtos e componentes da TEK são definidos pela matriz nos Estados Unidos. O objetivo é uma taxa menor fiscal global para a TEK, que chegava a 32 por cento no passado. A nova estrutura também aumenta a capacidade da TEK para usar créditos fiscais estrangeiros.

## Gestão de riscos de moeda

A TEK usa uma cobertura cambial de forma seletiva em vez de uma abordagem de cobertura total. Os diretores financeiros cobrem algumas exposições específicas para minimizar o efeito das flutuações prejudiciais da taxa de câmbio. Mas nem todos os riscos podem ser cobertos por causa do custo das tarifas bancárias e das taxas de juros. Como resultado, a TEK sofreu grandes perdas cambiais no passado. Para ajudar a minimizar essas perdas, a diretoria estabeleceu uma unidade interna responsável pela avaliação e a gestão de risco cambial. A diretoria da TEK obtém informações on-line e dos serviços de previsão dos grandes bancos. Eles monitoram as mudanças na moeda-chave de forma regular. Entre as abordagens que a TEK usou para minimizar os riscos, encontramos a compensação multilateral, a compensação dos fluxos de caixa, o depositário centralizado, contratos a termo e opções cambiais.

## Compensação multilateral

A TEK tem muitas operações ocorrendo simultaneamente nas suas filiais. Os gerentes financeiros da empresa podem reduzir estrategicamente o número de transferências de dinheiro entre essas entidades, eliminando os fluxos de caixa de compensação entre a matriz e as filiais. Essa abordagem ajuda a reduzir custos de transação como as despesas bancárias. A TEK realiza um processo mensal de compensação multilateral para minimizar a exposição. Especificamente, todas as filiais devem informar à matriz o que é devido por cada uma delas em moeda estrangeira para outras filiais, clientes, fornecedores e para a própria matriz. Os gerentes financeiros aconselham cada subsidiária acerca de quanto devem pagar a outras filiais de forma que o número total e a quantidade de transferências de dinheiro entre as subsidiárias sejam minimizados. A diretoria também utiliza instrumentos de cobertura para enfrentar a exposição cambial mais urgente da empresa. O processo de compensação ajuda a reduzir o custo e os problemas decorrentes de ter que lidar com muitas transferências pequenas internas de dinheiro. Felizmente, o lançamento do euro em 2002 simplificou as operações internacionais e reduziu a necessidade de algumas operações de compensação.

## Compensação de fluxo de caixa

Sempre que possível, a diretoria consolida as contas a receber e as contas a pagar, equilibrando umas com as outras. Por exemplo, se a TEK deve a um fornecedor francês € 800 mil, pode conceder um crédito comercial no valor de € 800 mil para um cliente alemão, fazendo que o que recebe e o que paga se compensem na mesma moeda. A TEK também tem a flexibilidade para alterar a moeda de faturamento de suas subsidiárias e filiais — por exemplo, apresentar algumas das faturas de sua filial no Japão em ienes em vez de dólares. A compensação de fluxos de caixa também é feita com investimentos contrabalançados na Ásia e na Europa, bem como preços de transferência habilidosos e outros tipos de atividades de financiamento no interior da sociedade. Por exemplo, se a matriz deseja gastar US$ 1 milhão para estabelecer uma nova filial na Europa, deverá solicitar às filiais europeias existentes a retenção de uma quantidade semelhante de seu lucro em euros. Então, em vez de converter o lucro em dólares estrangeiros, a TEK usa os ganhos retidos em euros para construir uma nova filial.

## Depositório centralizado

A TEK centraliza a gestão do risco cambial na sede da empresa. Enquanto parte da gestão cambial é delegada aos gerentes locais, a sede nos Estados Unidos é responsável pelo estabelecimento de diretrizes básicas para as filiais. A gestão administra os fundos em depositários centralizados e direciona esses recursos quando necessário para as filiais ou faz novos investimentos para gerar renda. A diretoria também junta as contas a receber de algumas filiais europeias em um depositário regional.

A prática faz com que a recepção e a disseminação de dinheiro sejam mais fáceis de administrar, permite às empresas se beneficiarem de economias de escala no investimento e outros usos do dinheiro em excesso e ajuda a reduzir o montante dos empréstimos locais que as filiais europeias assumem. A abordagem centralizada também concentra a experiência de gestão e os serviços financeiros em um local central que oferece mais benefícios para as filiais. Finalmente, a TEK emprega um centro de refaturamento que fatura contra as subsidiárias no exterior na moeda delas, mas recebe as faturas em dólares.

## Contratos a termo e opções de moeda

A TEK cobre o risco cambial seletivamente tomando posições em contratos a termo. Esses instrumentos permitem que os gerentes financeiros comprem ou vendam divisas em uma data específica futura a uma taxa de câmbio acordada com antecedência. Esses instrumentos são especialmente úteis para a cobertura da exposição de transação que envolve grandes quantias estrangeiras. Dessa forma, sempre que a diretoria fica preocupada com o valor de uma conta a receber no futuro, pode garantir uma taxa de câmbio fixa e minimizar a possibilidade de risco cambial. A empresa também emprega opções de moeda, um contrato que concede ao seu detentor o direito de comprar ou vender divisas a uma taxa de câmbio especificada durante um determinado período. Além disso, a TEK utiliza contratos a termo de divisas com prazos de um a três meses para mitigar o risco cambial. Em qualquer momento, os contratos de moeda da TEK podem ultrapassar os US$ 100 milhões. A desvantagem é que a TEK deve pagar taxas comerciais e outros custos significativos de suas atividades de cobertura de divisas.

## Outros desenvolvimentos financeiros

Alguns anos atrás, a TEK começou uma grande reestruturação das operações da empresa. A venda de uma divisão principal gerou receitas de mais de US$ 900 milhões. A diretoria tinha que decidir se devolvia esses fundos paras os acionistas ou pagava a dívida corporativa da empresa. O financiamento próprio da TEK é muito maior que suas dívidas. Em comparação com seus valores próprios, a dívida da TEK é bastante modesta e administrável, baseada em fluxos de caixa esperados. A diretoria sempre favoreceu uma porcentagem de dívida baixa com respeito ao capital próprio.

Os lucros da TEK sofreram, na década de 1990, devido à crise financeira asiática e à crise associada nos mercados asiáticos. Como todas as empresas internacionais, as vendas da TEK estão sujeitas a altos e baixos nas economias de seus principais mercados no estrangeiro, bem como a flutuações nas moedas usadas pela empresa para fazer negócios. Ainda assim, a diretoria da TEK mostrou-se capaz de resistir até mesmo os mais difíceis desafios. O planejamento cuidadoso e a execução das operações financeiras ajudaram a empresa a continuar como líder em osciloscópios e outros equipamentos de medição.

## Questões do estudo de caso

1. Quais as implicações para o risco cambial decorrentes do fato de a TEK ter concentrando sua produção nos Estados Unidos embora a maioria de suas vendas ocorra no exterior? Concorrentes como HP, Xerox e Eastman Kodak são geograficamente mais diversificados em suas atividades de terceirização? Em caso afirmativo, quais as vantagens que isso cria para eles?
2. O caso faz uma lista das diferentes abordagens que a TEK segue para minimizar sua exposição ao risco cambial. Se você fosse contratado pela TEK, que outras estratégias e táticas você recomendaria para a diretoria visando a reduzir ainda mais a exposição da empresa? Justifique sua resposta.
3. Visite o site da TEK em www.tektronix.com e revise o resumo dos dados financeiros da empresa. Com base nessa informação, a proporção de dívida e capital próprio da TEK parece ser excessiva? Você acha que a TEK pode sustentar um nível mais elevado de dívida? Por quê? Que outras abordagens a TEK poderia usar para angariar fundos para suas operações internacionais?
4. O caso descreve as abordagens que a TEK usa para minimizar sua responsabilidade fiscal internacional. Baseado na leitura do capítulo, o que você recomendaria à TEK para reduzir ainda mais suas taxas ao redor do mundo?

Fontes: EPSTEIN, J. "Did Rip Van Winkle Really Lift Its Head?". *Financial World*. 8 abr. 1996, p. 42-5; HOYEM, G.; SCHACHTER, B. "Forget India, Outsource to Oregon!". *Venture Capital Journal*. 1 dez. 2004, p. 1; IOANNOU, L. "Taxing Issues". *International Businessmar*. 2005, p. 42-5, LEE, M. Winning with People: the first 40 years of tektronix. Beaverton, OR: Tektronix, Inc., 1996; MATURI, R. J. "Take the Sting Out of the Swings". *Industry Week*. 3 set. 1990, p. 96; McELLIGOTT, T. "This Way Out: Rick Wills, Tektronix". *Telephony*. 4 jun. 2001, p. 190-1; STONEHILL, A.; DAVIES, J.; FINNESSY, R.; MOFFETT, M. "Tektronix (C)". *Thunderbird International Business Review*. 46(4):465-9, jul./ago. 2004; Sony Corp. História da Sony, disponível em: www.sony.net/Fun/SH/1-32/h1.html; perfil corporativo da Tektronix, disponível em: www.hoovers.com; site da Tektronix www.TEK.com; Tektronix, Inc. (2000), Annual Report, Beaverton, OR; Tektronix, Inc. (2005). Form 10K to U.S. Securities and Exchange Commission. Beaverton, OR: Tektronix, Inc.

## Principais termos

ativos
câmbio *spot*
compensação multilateral
consolidação
contrato a prazo
contrato futuro
cotação direta
cotação indireta
empresas de arbitragem
empréstimo de resseguro
especuladores
eurodólares
euromoeda
eurotítulos
exposição de tradução
exposição de transação
exposição econômica
financiamento intracorporativo
*hedgers*
*hedging*
mercado de capital global
mercado globais de capitais
mercado monetário global
método da taxa atual
método temporal
opção de moeda
paraíso fiscal
passivos de longo prazo
resseguro
*swap* cambial
taxa futura
títulos
títulos estrangeiros
transparência

## Resumo

Neste capítulo, você aprendeu sobre:

1. **Principais tarefas da gestão financeira internacional**

   A *gestão financeira internacional* envolve a aquisição e a utilização de fundos para as atividades de comércio e investimento transfronteiriço. Os atores incluem empresas, bancos e corretoras. Diretores como os financeiros (CFO) organizam as atividades financeiras dentro da empresa focal. Os CFO decidem sobre a estrutura de capital da empresa, angariam capital, administram o capital de trabalho e o fluxo de caixa, fazem a previsão orçamentária, cuidam do risco cambial e lidam com a diversidade das práticas fiscais e de contabilidade.

2. **Como as empresas criam sua estrutura de capitais internacionais com fundos próprios e de terceiros**

   A *estrutura de capital* é o mix de ativos e passivos de longo prazo que as empresas usam para apoiar suas atividades internacionais. O capital próprio é obtido com a venda de ações em bolsas de valores e retendo os lucros. O financiamento por terceiros é obtido fazendo empréstimos de dinheiro com os bancos e outras instituições financeiras ou através da venda de títulos.

3. **Como os gerentes angariam o capital para financiar as atividades internacionais de adição de valor e os projetos de investimento**

As empresas podem angariar dinheiro no **mercado global de capitais.** Os fundos próprios podem ser obtidos no **mercado global de ações** — as bolsas de valores em todo o mundo onde investidores e empresas se encontram para comprar e vender ações da bolsa. Em termos do capital de terceiros, as empresas podem captar recursos no mercado da **euromoeda,** que usa a moeda depositada fora de seu país de origem. As empresas também vendem títulos — muitas vezes, títulos estrangeiros ou **eurotítulos** — no **mercado de títulos global.** As empresas multinacionais também podem apoiar as operações de suas filiais fazendo **financiamentos intracorporativos.**

4. **A gestão do capital de trabalho e do fluxo de caixa para as operações internacionais**

   O *capital circulante líquido* é a diferença entre os ativos e os passivos circulantes. As empresas costumam trabalhar com fundos intracorporativos com o desenvolvimento de um *depositário centralizado*, onde os fundos são obtidos a partir de rede de subsidiárias e afiliadas da empresa, para distribuí-los depois para as unidades que necessitam desse capital. Existem vários métodos para a transferência de fundos no âmbito da multinacional, incluindo as *remessas de dividendos*, *pagamentos de royalties*, *preços de transferência* e *empréstimos de resseguro*. Um **resseguro** é um empréstimo entre a matriz e a sua filial, canalizado através de um grande banco ou outro intermediário financeiro. A **compensação multilateral** é o processo estratégico de reduzir o número de transferências de dinheiro entre a matriz e as filiais, eliminando o fluxo de caixa de compensação entre essas entidades.

5. **Previsão orçamentária: tomada de decisões sobre os gastos de capital internacional**

   A *previsão orçamentária* baseia-se em análises que a diretoria realiza para avaliar a viabilidade das propostas dos projetos internacionais. A diretoria calcula o *valor líquido atual* de um projeto proposto para decidir se deve ou não ser implementado.

6. **Risco cambial: exposição, previsão e gestão**

   Existem três tipos principais de exposição cambial: exposição de transação, exposição econômica e exposição de tradução. A empresa enfrenta a **exposição de transação** quando as contas a receber ou a pagar são em moeda estrangeira. A **exposição econômica** é causada pelas flutuações da taxa de câmbio que afetam os preços dos produtos, o custo dos insumos e o valor dos investimentos estrangeiros. A **exposição da tradução** ocorre quando a empresa combina as demonstrações financeiras das filiais estrangeiras com as demonstrações financeiras da matriz, um processo chamado de **consolidação.** A negociação de divisas ocorre entre os bancos e os corretores de divisas, muitas vezes em nome de empresas multinacionais. Os operadores de câmbio incluem os ***hedgers***, os **especuladores** e as **empresas de arbitragem.** A diretoria tenta fazer uma previsão das taxas de câmbio para minimizar a exposição da empresa ao risco cambial. Dependem de várias análises e de tecnologias da informação para prever o valor futuro da divisa. Existem diversas abordagens para minimizar a exposição ao risco cambial, incluindo a centralização do gerenciamento de divisas, a medição do risco cambial, o acompanhamento das tendências em longo prazo e a estimulação da flexibilidade nas operações internacionais. Uma ferramenta fundamental para minimizar a exposição ao risco cambial é o ***hedging***, ou a cobertura, que é a utilização de instrumentos financeiros especializados para equilibrar as posições em divisas estrangeiras. Os instrumentos principais do *hedging* incluem **contratos de compra futura, contratos futuros** e **opções de moeda** e ***swap* cambial.**

7. **Gestão das práticas contábeis internacionais e das questões fiscais**

   As demonstrações financeiras preparadas em um país podem ser difíceis de comparar com as elaboradas em outro país. As práticas contábeis baseiam-se em um de vários modelos. Através da **transparência,** as empresas divulgam, regularmente e de forma completa, informações confiáveis sobre sua condição financeira e suas práticas contábeis. Vários fatores são responsáveis pelas diferenças nos sistemas de contabilidade nacional. Várias organizações internacionais estão tentando harmonizar as práticas contábeis nos diferentes países. A diretoria usa o **método da taxa atual** e o **método temporal** para a conversão de moeda. Internacionalmente, as empresas buscam minimizar os impostos, sejam impostos diretos, impostos indiretos, impostos sobre as vendas ou o imposto sobre o valor agregado. Os governos utilizam dois métodos principais para eliminar a dupla tributação: o crédito fiscal estrangeiro e os tratados fiscais. Os **paraísos fiscais** são países com impostos baixos, que são amigáveis aos negócios e ao investimento.

## Teste seu entendimento

1. Quais as tarefas de gestão financeira internacional que os gerentes enfrentam no longo prazo?
2. Quais os componentes da estrutura de capital na multinacional típica? O que acontece com as empresas multinacionais no Japão? O que acontece com uma empresa típica de seu país?
3. Do ponto de vista da diretoria, quais as vantagens e desvantagens do financiamento obtido com cada uma das opções a seguir: capital próprio, capital de terceiros e fontes intracorporativas?
4. Suponha que você deve angariar o capital para financiar as atividades internacionais de adição de valor e os projetos de

investimento. De que tipos de fontes (por exemplo, bolsas de valores) você provavelmente obteria cada tipo de financiamento? Quais são os centros financeiros e onde estão localizados?

5. Quais as principais tarefas envolvidas na gestão de capital de giro e no fluxo de caixa para as operações internacionais?

6. Quais as principais etapas envolvidas na elaboração de previsões orçamentárias? Para que tipo de empreendimentos internacionais os gerentes precisam se engajar para fazer a previsão orçamentária?

7. Quais os tipos de exposição cambial? Por que a exposição cambial é potencialmente prejudicial para as operações internacionais da empresa? Como os gerentes podem obter a previsão da exposição cambial? Que medidas podem tomar para minimizar a exposição da moeda?

8. Quais os principais agentes envolvidos na negociação das divisas estrangeiras?

9. Quais os principais métodos para traduzir as demonstrações financeiras em divisas estrangeiras para demonstrações financeiras da moeda da matriz?

10. Como consultor tributário internacional para uma multinacional, que medidas você pretende tomar para minimizar as obrigações fiscais nas operações mundiais de sua organização?

## Aplique seu entendimento

1. Marite Perez é a CEO de Havana, Inc., um grande fabricante de equipamentos de alta tecnologia médica, com sede em North Miami Beach, Flórida. A empresa faz monitores de sinais vitais, ressonâncias magnéticas, máquinas de raios X e outros equipamentos para diagnósticos médicos exploratórios. Marite quer expandir rapidamente a empresa nos mercados estrangeiros. Para conseguir isso, ela pretende investir muito dinheiro no desenvolvimento de novos produtos e no estabelecimento de produção e comercialização de subsidiárias no exterior. Para quem a Marite poderia pedir ajuda a fim de angariar capital para esses projetos? Qual a relevância dos diferentes métodos de angariação de fundos (por exemplo, capital próprio, capital de terceiros e financiamento intracorporativo) para sua empresa? Quais as vantagens e desvantagens associadas a cada uma dessas possibilidades?

2. Michael Norton é o presidente da Liberty Enterprises, uma grande multinacional com sede em Cingapura, que fabrica computadores e periféricos relacionados. A empresa tem filiais pelo mundo inteiro. A demanda por produtos da Liberty vem crescendo na Ásia e na Europa, especialmente na Indonésia, no Japão, na França e na Espanha. Michael sempre usou fontes externas para financiar as necessidades da empresa pelo capital de giro. Atualmente, com a rápida expansão do negócio, ele precisa ter acesso a mais capital de trabalho. Qual é a viabilidade de captação de recursos por meio de fontes no interior da sociedade? O que deveria saber o Michael sobre o processo de compensação multilateral?

3. Emi Aoki, a tesoureira de uma grande multinacional canadense, considera que negociar moedas estrangeiras é um dos maiores desafios de seu trabalho. Ela usa uma estratégia tipo *lead-lag* para minimizar os riscos da transação e de conversão de moeda. Se a moeda estrangeira particular supostamente vai desvalorizar, a empresa de Emi tenta cobrar créditos em moeda estrangeira antes que sejam devidos (uma estratégia tipo *lead*) e pagar dívidas em moeda estrangeira depois (uma estratégia tipo *lag*). Se a moeda estrangeira vai valorizar, ela tenta adiar o recebimento de créditos e acelerar o pagamento. Se a empresa de Emi opera em um país de inflação alta, então ela tenta recolher os créditos rapidamente. O que você acha dessa estratégia? Até que ponto é uma estratégia viável?

4. Você acabou de voltar de um seminário sobre como fazer negócios em países em desenvolvimento. Muitos desses países estão sofrendo com o enfraquecimento das moedas. Uma das sugestões que você ouviu é manter o dinheiro e os créditos no mínimo quando a depreciação da moeda é esperada. Em uma situação de moeda frágil, a sugestão que você recebe é fazer remessas das filiais para a matriz o mais rapidamente possível ou investir localmente em ativos que possam se valorizar, como imóveis. Do mesmo modo, sua subsidiária local nesse país deve limitar suas negociações em moeda local sempre que possível, minimizando a necessidade de traduzi-las em outras moedas. Na medida em que o custo da dívida local não é excessivo, a subsidiária pode obter o capital necessário a partir de fontes locais. Avalie essas duas orientações para minimizar a exposição cambial.

## Notas


1 SENDER, H. "Financial Musical Chairs". *Far Economic Review*. jul. 1999, p. 30-6.

2 SEKELY W.; COLLINS, J. "Cultural Influences in International Capital Structure". *Journal of International Business Studies*. 1988, p. 87-100.

3 Ibid.

4 "Globalisation Act II: Team Europe Defends Its Goals". *Ernst and Young*. Results of 2006 survey on the attractiveness of Europe. Paris: Ernst & Young, 2006.

5 Bank for International Settlements, Statistics division, disponível em: www.bis.org.

6 KAROLYI, A.; DOIDGE, C.; STULZ, R. "Foreign Firms Cross-Listed in the United States Valued Higher: Study Shows Average Premium of 13.9 Percent". *The Exchange*. 12. 2005.

7 LEWIS, K. "Trying to Explain Home Bias in Equities and Consumption". *Journal of Economic Literature*. 37. 1999, p. 571-608.

8 OECD. *Institutional Investors. Statistical Yearbook, Organization for Economic Cooperation and Development*. Paris: OECD, 2001.

9 Ibid.

10 Ibid.

11 YERGIN, D.; STANISLAW, J. *The Commanding Heights: The Battle for the World Economy*. Nova York: Touchstone, 2002.

12 WYLLIE, A. "Have Portfolio Will Travel". *The Sunday Times*. 20 jan. 2002, p. 1.

13 "Battle of the Bourses". *Economist*. 27 maio 2006, p. 83-5.

14 BANK OF ENGLAND. "E-Commerce and the Foreign Exchange Market—Have the Promises Been Met?". *Bank of England, Quarterly Bulletin, London*. 44:97-101, 2004; GREENSPAN, A. "The Globalization of Finance". *The Cato Journal*. 17. 1997, disponível em: www.cato.org.

15 COTTRELL, R. "Thinking Big: A Survey of International Banking". *Economist*. 20 maio 2006, seção de enquete.

16 SESIT, M.; KARMIN, C. "How One Word Haunts the Dollar". *Wall Street Journal*. 17 mar. 2005, p. C16.

17 IBM, Inc., *2003 Annual Report*. 2004, disponível em: www.ibm.com.


18 Aqui há um exemplo de como funcionam os preços de transferência. Considere uma multinacional com filiais em três países; suponha que a subsidiária A opera em um país com altos impostos de renda corporativos e a subsidiária B opera no país B, um paraíso fiscal. Uma forma de minimizar os impostos é que a subsidiária A venda mercadorias para a filial B, por um preço de transferência baixo. A filial B então revende a mercadoria para filial C no terceiro país com um preço de transferência alto. Isso resulta em taxas globais menores para a filial A, devido ao seu lucro baixo, para a filial B, pelos baixos impostos do país B e para a filial C, devido ao alto custo que pagou pela aquisição dos produtos que, por sua vez, reduz seus lucros.

19 Embora essa abordagem à transferência de fundos, dentro da própria multinacional, seja bastante comum, os preços de transferência têm alguns inconvenientes. Primeiro, enquanto os preços de transferência entre os membros da família corporativa sejam legais, quando realizados dentro de limites razoáveis, os governos desencorajam sempre essas práticas para evitar as obrigações fiscais. Assim, muitos governos impõem políticas que restringem os preços de transferência. A subsidiária da Coca--Cola no Japão foi multada em 15 bilhões de ienes (145 milhões de dólares) por fazer pagamentos de *royalties* por marcas e produtos para a matriz norte-americana, porque a Administração Tributária do Japão julgou que o valor era muito alto. Em segundo lugar, os preços de transferência podem distorcer os resultados financeiros das filiais estrangeiras. Por exemplo, uma filial que deve cobrar preços mais baixos para as exportações pode ter uma lucratividade anormalmente baixa, o que prejudica o seu desempenho e pode limitar a motivação do pessoal local. Em terceiro lugar, algumas multinacionais utilizam preços de transferência artificial para esconder os maus resultados de uma filial com péssimo desempenho ou alcançar outros objetivos para esconder o verdadeiro desempenho da empresa.


20 MEHPARE, T.; SIPAHI, S. "Fast-Food Restaurant Site Selection Factor Evaluation by the Analytic Hierarchy Process". *The Business Review*. 4:161-7, 2005.


21 Eis uma ilustração da análise de valor líquido atual. Uma empresa norte-americana considera um projeto de expansão através de sua subsidiária no México. O projeto requer um investimento inicial de 220 milhões de pesos mexicanos (MXP) e tem uma vida econômica de cinco anos.

O projeto deverá gerar anualmente a fluxos de caixa, depois de pagar impostos de MXP 120 milhões, MXP 125 milhões, MXP 150 milhões, MXP 155 milhões e MXP 200 milhões, que serão transferidos para a matriz durante os próximos cinco anos. A taxa de câmbio *spot* é MXP11/por dólar, e as taxas *spot* deverão ser de MXP 11,10/por dólar, MXP 11,25/por dólar, MXP 11,50/por dólar, MXP 11,55/por dólar e MXP 11,75/por dólar para os próximos cinco anos. Assumindo que a taxa de desconto apropriada para esse projeto seja de dez por cento, qual o VAL do projeto da perspectiva da matriz? A multinacional deveria aceitar o projeto com base em seu VAL? Vamos analisar. Os fluxos de caixa em dólares do projeto podem ser calculados como segue:

| | 0 | 1 | 2 | 3 | 4 | 5 |
|---|---|---|---|---|---|---|
| *Fluxo de caixa em Pesos Mexicanos* | MXP 220 milhões | MXP 120 milhões | MXP 125 milhões | MXP 150 milhões | MXP 155 milhões | MXP 200 milhões |
| *Taxa de câmbio* spot *prevalente* | MXP 11/dólar | MXP 11,10/dólar | MXP 11,25/dólar | MXP 11,50/dólar | MXP 11,55/dólar | MXP 11,75/dólar |
| *Fluxos de caixa em dólares americanos* | 20.000.000 dólares | 10.810.811 dólares | 11.111.111 dólares | 13.043.478 dólares | 13.419.913 dólares | 17.021.277 dólares |

O VPL do projeto pode ser calculado da seguinte forma:
VPL = -$20.000.000+$10.810.811/(1+0,10)^1
+ $11.111.111/(1+0,10)^2+$13.043.478/(1+0,10)^3
+ $13.419.913/(1+0,10)^4 +$17.021.277/(1+0,10)^5
VPL = $28.545.359
A multinacional pode aceitar o projeto porque tem um VPL positivo.

22 A taxa de desconto utilizada na análise de VAL dos projetos internacionais pode ser maior, devido a um fator adicional pelos riscos envolvidos na realização de negócios em nível internacional. A administração pode insistir em um maior nível de retorno, exigido no cálculo do valor líquido atual, porque muitos riscos políticos do país e da moeda indicam uma alta probabilidade de fracasso do empreendimento. Uma empresa pode aplicar uma taxa de desconto de sete por cento para potenciais investimentos na Alemanha e no Japão, já que esses países gozam de estabilidade política e econômica. Mas a mesma empresa pode usar uma taxa de desconto de 14 por cento para potenciais investimentos semelhantes no Paquistão e na Rússia, porque esses países apresentam turbulência política e econômica. Quanto maior for a taxa de desconto, maior será o fluxo de caixa líquido projetado para o investimento ter uma contribuição positiva ao valor líquido atual. Ocasionalmente, a taxa de desconto para projetos internacionais pode ser menor se comparada com os projetos nacionais. O risco aparece das diversas fontes, e a diretoria deve avaliar sistematicamente a gama de fatores potencialmente influentes.

23 DRUCKER, P. *Management Challenges for the 21st Century*. Nova York: Harper Collins, 1999.
24 ALIBER, R. *Exchange Risk and International Finance*. Nova York: Wiley, 1979.
25 LESSARD, D. R. "Finance and Global Competition". *Midland Corporate Finance Journal*. 1987.
26 "Currency Trading Totals $3 Trillion a Day". *Trade Fact of the Week*. 14 mar. 2007.
27 Ibid.
28 PLATT, G. "World's Best Foreign Exchange Banks 2005". *Global Finance*. 19:24-33, 2005.
29 ROMBEL, A. "The World's Best Internet Banks". *Global Finance*. 16:37-38, 2002.
30 Ver apêndice do capítulo.
31 RESCIGNO, R. "At the Crossroads: Subaru Strives to Get Back Into Gear". *Barron's*. 28 mar. 1988, p. 15-9.

32 Aqui está um exemplo simples de uma operação de opção em um contexto familiar. Digamos que você quer comprar uma casa. Você encontra uma que você goste, mas não tem certeza se quer comprá-la. Nessa fase, você opta por fazer um depósito de garantia para que o vendedor mantenha a casa reservada para você, por duas semanas. Mais tarde, se você comprar a casa, o depósito serve como entrada para a compra. Se você não comprar a casa, você perde o seu depósito. Você tinha a opção de comprar a casa a um preço acordado, mas não a obrigação de fazê-lo.

33 WALLACE, W.; WALSH, J. "Apples to Apples: Profits Abroad". *Financial Executive*. maio-jun. 1995, p. 28-31.
34 BOERNER, H. "Europe Faces Eagle Eye of US Financial Regulation". *European Business Forum*. 21:46-9, 2005.
35 BRUCE, R. "Giant Step Is Taken Towards a Single Global Standard". *Financial Times*. 3 maio 2007.
36 Computershare, *2003 Annual Report*, disponível em: www.computershare.com, 2003.
37 AUERBACH, A. J.; FELDSTEIN, M. *Handbook of Public Economics*. 3. ed. Amsterdam: North-Holland, 2001.
38 MULLINS, B. "Accenture Lobbyists Near Big Win On Securing Tax-Haven Status". *Wall Street Journal*. 14 jul. 2005, p. A2.

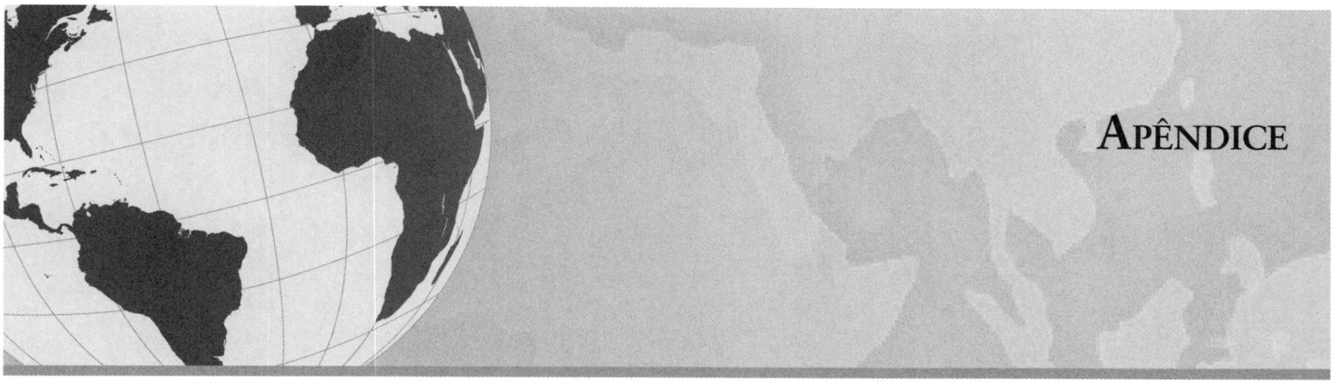

# Apêndice

## A matemática das transações cambiais

Veículos de notícias como *Financial Times* e *Wall Street Journal*, bem como fontes on-line, publicam tabelas de taxas de câmbio bilaterais que relacionam os valores de uma moeda em relação a outras. Essas tabelas divulgam valores médios entre os preços de compra e venda e, portanto, não representam necessariamente preços de mercado. Apresentamos um exemplo a seguir.

| | £ | € | ¥ | $ |
|---|---|---|---|---|
| Libra esterlina (£) | 1 | 0,7333 | 0,004954 | 0,5735 |
| Euro (€) | 1,3637 | 1 | 0,006755 | 0,7820 |
| Iene japonês (¥) | 201,875 | 148,032 | 1 | 115,768 |
| Dólar norte-americano ($) | 1,7438 | 1,2787 | 0,008638 | 1 |

As células acima da diagonal contêm o número de unidades da moeda na coluna à esquerda que equivalem a uma das moedas na linha superior da tabela (por exemplo, £ 0,7333/€). Por outro lado, as células abaixo da diagonal contêm o número de unidades da moeda em uma coluna em particular da tabela que equivale ao valor de uma unidade de moeda daquela linha (por exemplo, € 1,3637/£).

Em vez de tentar memorizar essa convenção, geralmente é mais fácil inferir a convenção usada nessas tabelas a partir dos valores de sua moeda nacional. Neste exemplo, os residentes japoneses e norte-americanos provavelmente saberão que o preço dólar/iene de 115,768 reflete uma taxa de câmbio iene por dólar de ¥ 115,768/$, e não um preço dólar por iene. Trata-se de um preço direto para um residente norte-americano e um preço indireto para um residente japonês. O preço iene por dólar é, portanto, simplesmente, a recíproca do preço dólar por iene:

$$1/(¥\ 115{,}768/\$) = \$\ 0{,}008638/¥.$$

Note que os valores nessa tabela são internamente consistentes, de modo que a taxa de câmbio iene por libra deve ser igual à taxa iene por dólar multiplicada pela taxa dólar por libra: w

$$¥\ 201{,}875/£ = (¥\ 115{,}768/\$)\ (\$\ 1{,}7438/£).$$

Como alternativa, a taxa iene por libra pode ser calculada dividindo-se a taxa de iene por dólar pela taxa de libra por dólar:

$$¥\ 201{,}875/£ = (¥\ 115{,}768/\$)\ /\ (£\ 0{,}5735/\$).$$

Ficar atento às unidades de moeda garante que a resposta possua as unidades corretas.

As taxas de câmbio que não envolvem a moeda nacional são denominadas **taxas recíprocas**. As taxas recíprocas para moedas comercializadas com baixa frequência podem ser calculadas ao serem comparadas com uma moeda ativamente transacionada, como o dólar. Por exemplo, a taxa recíproca entre o peso chileno (CLP) e o iene japonês pode ser calculada combinando-se a taxa CLP por dólar com a taxa iene por dólar. Se um dólar norte-americano valer 559,51 pesos chilenos, então a taxa CLP por iene deverá ser

$$(\text{CLP}\ 559{,}51/\$)\ /\ (¥\ 115{,}768/\$) = \text{CLP}\ 4{,}8330/¥.$$

Também, nesse caso, é importante ficarmos atentos às unidades de moeda para assegurar o resultado desejado.

# Apêndice brasileiro

## Negócios internacionais: uma perspectiva das empresas brasileiras ou atuantes no Brasil

Ricardo Pitelli de Britto*
Celso Claudio de Hildebrand e Grisi**

### Introdução

Este livro representa um marco no esforço de trazer ao Brasil o mais atualizado e abrangente conhecimento no campo dos negócios globais. Tal esforço, no entanto, pode e deve ser acrescido de uma perspectiva do gestor que atua no Brasil, seja em empresas brasileiras, seja em organizações internacionais que possuem subsidiárias no País. Isto porque boa parte da literatura que trata de negócios globais fala a partir da perspectiva de empresas norte-americanas ou europeias, sendo condicionada, dessa forma, pelas características dos ambientes de negócios norte-americano e europeu.

Empresas que se internacionalizam ou comandam operações globais a partir de um país de renda alta têm características, necessidades e perspectivas profundamente diferentes das de uma empresa brasileira. A importância da adequação dos modelos de gestão à realidade das empresas e os diversos aspectos limitadores dos negócios globais, na perspectiva do Brasil, merecem análise e apreciação crítica por meio do estudo de casos e da adaptação dos modelos teóricos à nossa realidade.

Ao gerenciar os negócios globais de uma organização atuante em um país emergente como o Brasil, não se deve imaginar que os pressupostos gerais que marcaram o sucesso ou insucesso de empresas que atuam em países de alta renda se apliquem aqui de maneira indistinta. Isto por que há diferenças importantes na realidade em que a empresa está imersa — e o nível de renda do país é apenas o primeiro desses aspectos. O nível de renda da população faz com que uma empresa atuante em um país de alta renda tenha um mercado interno mais maduro e com maior poder de consumo, alavancando seus negócios em um nível que empresas de países emergentes muitas vezes não dispõem. O Brasil, por exemplo, tem um produto interno bruto (PIB) *per capita* da ordem de US$ 4.000 por ano. Os países desenvolvidos, nos quais se produz a maior parte da literatura sobre negócios globais, apresentam PIB *per capita* seis ou dez vezes superior ao do Brasil e de outros emergentes — entre US$ 20 mil e US$ 40 mil dólares por ano. Isto significa um mercado interno muito mais robusto, seja sob o ponto de vista do poder de compra dos consumidores, seja sob o ponto de vista da competição entre as empresas ofertantes. Os colaboradores e a estrutura operacional dessas empresas também são diferentes na grande maioria dos casos, com um nível de preparo e produtividade médios muito maior, baseados em uma história de desenvolvimento econômico que possibilitou isso. Em paralelo, o custo de capital em países emergentes é, por razões de mercado, muito maior do que o custo do capital de empresas em países desenvolvidos. Com o crédito mais caro, operações viáveis em países emergentes são em número muito menor do que em países desenvolvidos — uma operação lucrativa nos contextos europeus e norte-americanos pode ser simplesmente inviável em países emergentes.

Uma empresa atuante em um país emergente também conta com um apoio governamental muito mais modesto do que aquele oferecido pelos governos de países desenvolvidos. A capacidade desses governos para pressionar os organismos internacionais e fazer abrir caminho para ações de suas empresas é muito maior do que aquela das empresas e governos dos países emergentes. Diante de tal quadro, ao analisar o contexto da atuação de uma empresa de um país desenvolvido e ver como foi seu caminho para o sucesso, é preciso compreender que esse caminho provavelmente não poderia ser trilhado da mesma forma por uma empresa de um país emergente.

* Mestre e doutorando em administração pela FEA-USP; MBA (USP) e DESS (Université Pierre Mendes — France) em negócios internacionais.
** Mestre, doutor e livre-docente em administração pela FEA-USP; professor titular da FEA-USP na área de marketing.

## Alvo ou sujeito de negócios internacionais

O Brasil, sem dúvida, é um nome frequente em boa parte das obras que tratam de negócios globais, dado o peso da economia brasileira e suas taxas de crescimento econômico recentes nos negócios internacionais. É importante salientar que o Brasil, em geral, aparece como alvo, e não como agente dos processos de internacionalização. Ao discutir o caso brasileiro, livros de negócios internacionais trabalham a perspectiva de uma organização que pretende fazer investimentos no acesso a mercados brasileiros, tornando os modelos decisórios e os critérios de avaliação pouco afeitos à realidade brasileira. E um modelo que se aplica a uma empresa norte-americana ou europeia que busca atuar no mercado brasileiro tende a não funcionar quando empresas no Brasil ou nos demais países emergentes buscam fazer o caminho oposto.

O quadro das exportações brasileiras — uma das formas de internacionalização — vem se transformando nos últimos anos. Dados das exportações brasileiras, particularmente do ano 2000 para cá, indicam que os negócios internacionais do país vêm crescendo em taxas próximas ou até superiores à média mundial. Tem sido realmente impressionante o desempenho das exportações brasileiras, particularmente considerando o contexto de câmbio desfavorável. Não obstante, as empresas que pretendem fazer negócios internacionais a partir do Brasil enfrentam algumas condições muito características. Este texto tem o objetivo principal de mapear o contexto no qual as empresas atuantes no Brasil, ou cujo capital de origem é brasileiro, estão buscando desenvolver o esforço de gestão internacional. Estão incluídas nesse caso tanto reflexões para empresas que já fazem investimentos no estrangeiro quanto para aquelas que buscam dar os primeiros passos em seu esforço de internacionalização. Será discutido, inicialmente, o impacto da inserção relativamente tardia da economia brasileira nos negócios internacionais, bem como da falta de um planejamento da iniciativa pública e privada quando dessa abertura. Em seguida, a questão da ausência de uma política industrial para o país no contexto da globalização será avaliada com seus impactos sobre a pauta de exportações e o papel que o parque industrial brasileiro acaba por exercer nas cadeias produtivas globais. Outros temas, como a dependência em relação a alguns poucos países-alvo das exportações brasileiras, as barreiras logísticas e o papel do governo, serão abordados a fim de oferecer ao gestor global atuante no Brasil um conjunto de informações relevantes para o desenvolvimento de seu negócio e da economia brasileira.

## Inserção tardia nos negócios globais

Um dos principais fatores limitantes da ação de marketing global de empresas atuantes no Brasil, seja de capital nacional ou internacional, é a chamada inserção tardia nos negócios globais. O Brasil é um país cuja integração no processo econômico, social e político denominado globalização, se deu de modo relativamente atrasado em relação ao que foi presenciado em outros países.

Na Figura A-1, é possível observar que, ao longo dos anos de 1970, 1980 e 1990, a participação brasileira no comércio internacional cai de um patamar de 2,5 por cento para até 0,8 por cento, apenas se recuperando parcialmente entre os anos de 2004 e 2008. Foi só neste ano que o país retomou a participação de 1,2 por cento nas exportações mundiais, nível equivalente ao de 1984, 25 anos antes.

Além do relativo isolamento geográfico, havia um conjunto de precondições econômicas e políticas que não favoreceram a aceleração do ingresso do Brasil no processo de globalização. Particularmente falando do parque industrial brasileiro, é importante lembrar que ele foi estruturado a partir da segunda metade do século XX sobre políticas de substituição forçada das importações por meio do fechamento dos portos. Tais políticas, oriundas, sobretudo, dos governos Vargas e Kubitschek, constituíram um parque industrial robusto, mas que não cresceu por méritos de suas próprias competências ou por obra de um plano para gerar competitividade nas empresas nacionais, para desenvolver tecnologia, ciência e educação; o desenvolvimento foi fruto de uma ação governamental que fomentou um setor industrial grande, mas pouco competitivo. O setor automobilístico é um caso notório. Até o governo Collor, as importações de carros eram proibidas, de forma que as empresas aqui atuantes estavam protegidas da competição externa; por outro lado, eram pouco estimuladas a investir em novas tecnologias ou a buscar mercados internacionais que lhes proporcionassem as economias de escala necessárias para derrubar custos e melhorar seus produtos.

Essa conjugação de fatores — a inserção tardia ou mais lenta na globalização, somada a esse contexto histórico de isolamento econômico — fez com que as empresas atuantes no Brasil e seus executivos tivessem, em geral, uma visão global menos aguçada do que a média das empresas do mundo. É muito comum haver executivos brasileiros profundamente desinformados a respeito dos negócios globais, bem como organizações de médio e grande portes com corpo diretivo que não domina idiomas estrangeiros, sem conhecimento de processos de gestão internacionais e dependentes de fornecedores locais. Ou seja, a visão global dos executivos brasileiros e das empresas brasileiras de um modo geral é, na média, inferior àquela que encontramos em empresas do mundo afora.

Naturalmente, não apenas o Brasil, mas todos os demais países do mundo também oscilam nos seus negócios globais. A Figura A-2, "Evolução das exportações globais", mostra a evolução das exportações mundiais desde a década de 1950

Figura A-1 Participação do Brasil nas importações e exportações globais

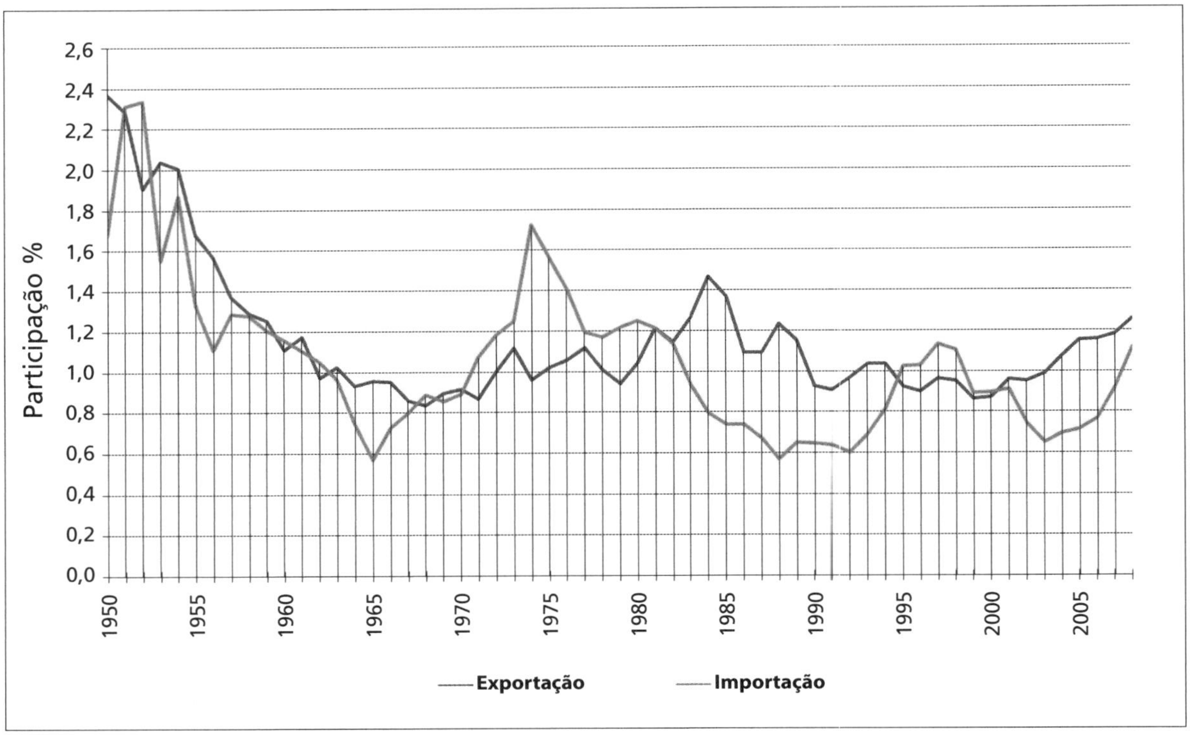


FONTE: Ministério do Desenvolvimento.

até o ano de 2008. A despeito de uma tendência de crescimento, é possível notar oscilações importantes, como na primeira crise do petróleo (anos de 1974 e de 1975), na crise das dívidas externas dos países em desenvolvimento, no início da década de 1980, no momento da primeira Guerra do Golfo, em 1993, ou em 1998, com a crise das bolsas asiáticas. Até fatores eminentemente localizados, como em 2001, quando dos ataques de 11 de setembro, afetam o comércio internacional de todos os países. Mas a velocidade de crescimento dos negócios globais intensifica-se mais e mais cedo para o mundo do que para o Brasil. Na Figura A-3, "Evolução das importações e exportações brasileiras", nota-se que as exportações brasileiras eram de um volume muito modesto até meados dos anos de 1970 e aí começam a crescer. Há um razoável crescimento no início na segunda metade da década de 1990, que corresponde ao início do período chamado de globalização. Mas o crescimento mais forte das exportações brasileiras só vai ter lugar a partir de 2002, quando o Brasil efetivamente começa a elevar sua participação nos negócios globais. Ter perdido participação nas exportações mundiais no início dos anos de 1990 é um fator associado a diversos aspectos do contexto nacional desse período e do país de um modo geral, conforme prosseguiremos tratando nos tópicos a seguir.

## Abertura não planejada para os mercados globais nos anos de 1990

O momento de ruptura com o quadro de forte fechamento da economia brasileira em relação aos negócios globais deu-se no início dos anos de 1990. O governo Collor distinguiu-se à época com a famosa afirmação de que os automóveis produzidos no Brasil eram "verdadeiras carroças". Esta frase simbolizou um momento em que as fronteiras comerciais brasileiras seriam abertas, dando início a uma nova etapa para os negócios internacionais brasileiros, na qual tanto as importações quanto as exportações seriam amplamente fortalecidas. No entanto, essa abertura comercial foi marcada por uma abrupta derrubada das barreiras alfandegárias brasileiras, trazendo como consequência imediata uma sucessão de quebras de empresas atuantes no Brasil naquele momento, com destaque para os setores têxteis e de autopeças, mas alastrando-se por vários outros segmentos. Por exemplo, as indústrias fabricantes de brinquedos no Brasil foram fortemente impactadas, com grandes organizações, como a Estrela e a Caloi, enfrentando grandes dificuldades ou fechando suas portas. De modo geral, das 600 indústrias de brinquedos atuantes no Brasil naquela época, cerca de 300, apenas, permanecem em operação.

O despreparo das empresas atuantes no Brasil para este novo cenário é, então, notório. Grandes, médias e peque-

Figura A-2 Evolução das exportações globais

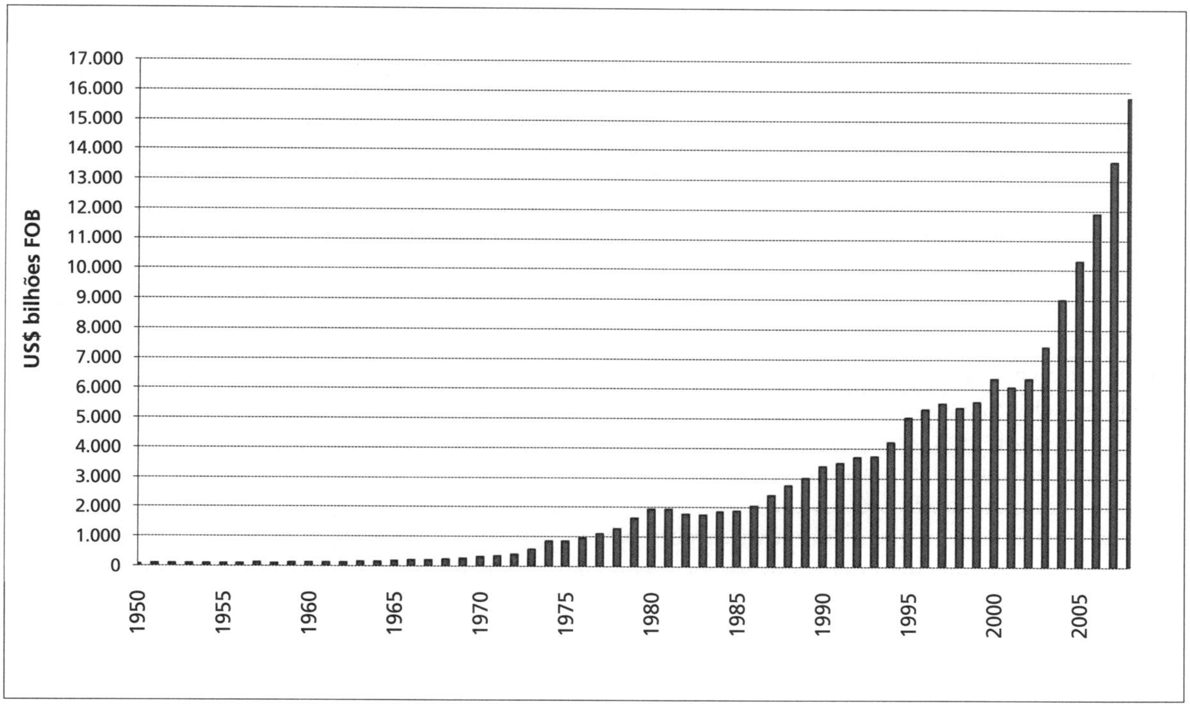


FONTE: Ministério do Desenvolvimento.

Figura A-3 Evolução das importações e exportações brasileiras

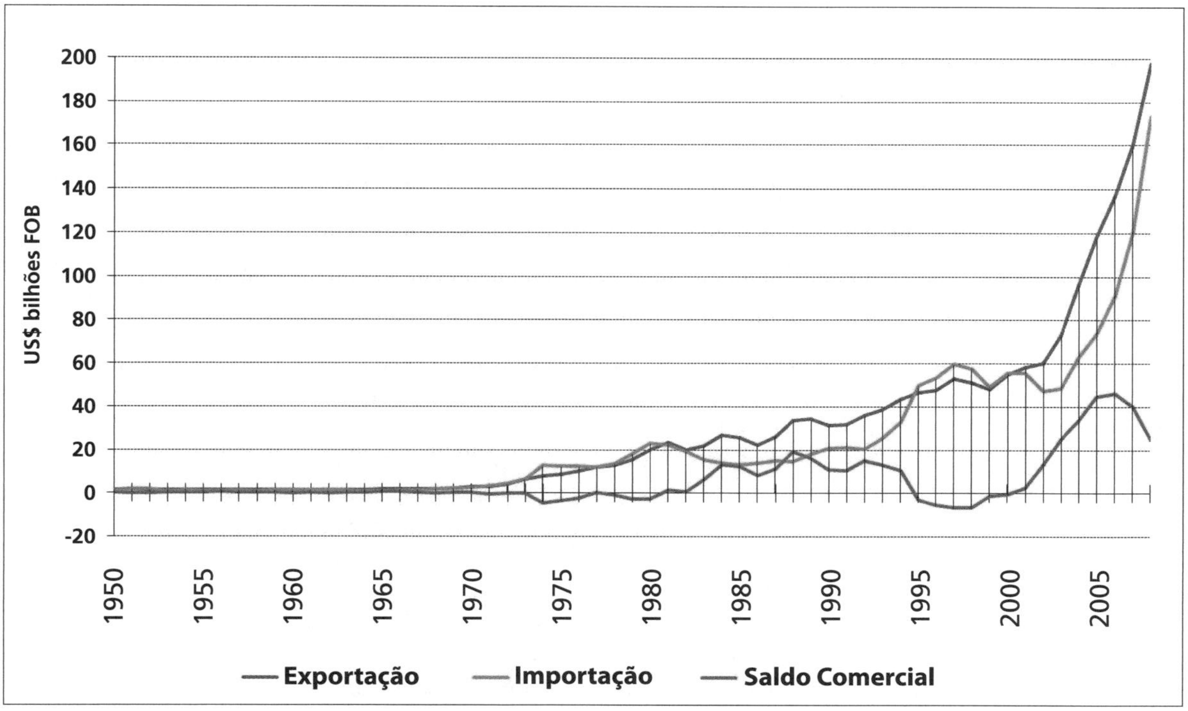


FONTE: Ministério do Desenvolvimento.

nas organizações sucumbiram nesse contexto. No setor de autopeças, por exemplo, empresas como a Cofap, Freios Varga e tantas outras, não souberam se adaptar e tiveram de se render para grupos estrangeiros que dispunham de mais tecnologia, maior capacidade de integração internacional e mais capacidade gerencial — enfim, uma série de novas "habilidades" que faltavam aos gestores da época. Empresas muito tradicionais do Brasil, como, por exemplo, a Elevadores Atlas, também não resistiram ao novo momento internacional.

As dificuldades de acesso aos mercados internacionais também foram uma característica desse momento. A iniciativa do governo Collor de abrir as fronteiras brasileiras introduziu maior competitividade nos mercados do Brasil, de forma que as empresas nacionais tiveram, então, de incrementar suas capacidades gerenciais e produtivas em busca de um novo patamar competitivo. Contudo, quando se tratava de acessar mercados internacionais para se beneficiar da globalização, a realidade é que a iniciativa de abrir as fronteiras brasileiras ocorreu sem que o governo se preocupasse em buscar contrapartidas. Deste modo, ainda que as empresas brasileiras tenham ganhado competitividade, continuaram a enfrentar grandes dificuldades para acessar mercados estrangeiros, fato válido até hoje.

As empresas brasileiras têm muita dificuldade de atuar internacionalmente, seja diretamente, seja por meio de terceiros. Por exemplo, uma empresa de carga brasileira é, na prática, proibida de descarregar mercadorias nos portos dos Estados Unidos, o que força a contratação de uma empresa de cargas norte-americana por parte de quem deseja que sua mercadoria chegue naquele país. Este é o jogo no qual boa parte dos negócios internacionais é composta por serviços de comércio, como frete de carga, seguros etc.

Poucos acordos bi e multilaterais também são uma característica desse contexto. O Brasil tem feito um grande esforço nos últimos anos para ter mais acordos que garantam acessos aos mercados internacionais, mas, ainda assim, encontra-se muito aquém da média dos países europeus. Os Estados Unidos possuem mais acordos bilaterais com países latino-americanos do que o Brasil. Ou seja, empresas oriundas dos Estados Unidos acessam mais facilmente mercados latino-americanos, vizinhos do Brasil, do que as empresas brasileiras, e as empresas brasileiras têm mais dificuldades de acessar o mercado norte-americano que suas "empresas irmãs" latino-americanas.

Em termos de acordos multilaterais, o Brasil tem hoje, basicamente, tratados com países do hemisfério sul, com destaque para o Mercosul, países andinos e da América Central e um desenho de acordo com países africanos. Faltam mais e melhores acordos com países desenvolvidos, o que faz com que a empresa brasileira que decide por se internacionalizar encontre grandes barreiras para acessar os mercados mais relevantes. A ausência de acordos abrangentes na área agrícola na OMC é outra característica desse contexto. Criada por iniciativa de países desenvolvidos, a OMC gera desenvolvimento econômico no mundo inteiro e é benéfica para os países em desenvolvimento, inclusive o Brasil. Porém, gera muito mais benefícios para os países cuja base de exportação é industrial, pois, em sua pauta de negociações, a OMC prioriza as discussões sobre quebra de barreira nesse setor, ficando a agricultura em segundo plano. É evidente que, por trás dessa agenda, estão as prioridades dos países industrializados, que não têm interesse em discutir a pauta agrícola devido à pequena competitividade de suas empresas no setor, em comparação com a dos países emergentes, com destaque para o Brasil.

## Ausência de uma política industrial estratégica para o Brasil

A ausência de uma política industrial estratégica que fomentasse uma maior competitividade de empresas atuantes no Brasil na geopolítica global também é uma característica deste momento. Há muitos anos o Brasil não desenvolve uma política industrial bem estruturada, como, por exemplo, o modelo de implantação e desenvolvimento do setor automobilístico. A indústria automobilística brasileira é hoje uma das mais desenvolvidas do mundo: País tem um dos maiores números de montadoras e de linhas de produção de automóveis de todo o planeta. Não por coincidência; no governo de Juscelino Kubitschek, estabeleceu-se uma política industrial para o setor automobilístico que trouxe organizações internacionais, investimentos em tecnologia, construção de uma estrutura, alocando toda uma cadeia produtiva nas margens da rodovia Anchieta, em Santo André, São Bernardo e São Caetano — a chamada região do ABC — a meio caminho entre os grandes mercados e o maior porto brasileiro. Houve dinheiro público e planejamento governamental para que se estabelecesse uma indústria automotiva do porte que o Brasil tem hoje. Esses fenômenos não acontecem sozinhos; eles não acontecem por um desenvolvimento natural do país. A isso se dá o nome de "política industrial estratégica".

Outro exemplo dessa natureza é o fato de o Brasil ter, atualmente, uma das mais competitivas empresas do setor de aviação civil. Não por ter um grande mercado interno de aviões, mas porque os governos militares desenvolveram uma política industrial estratégica para fomentar essa indústria na região de São José dos Campos. Lá foi construída uma estrutura para receber essa indústria, universidades para gerar profissionais e centros de pesquisas tecnológicas sustentados pelo governo, como o Instituto Tecnológico de Aeronáutica (ITA), para criar uma indústria de aviação capaz de competir em nível internacional. Sem estas condições, a Embraer não existiria — e tampouco suas exportações.

Cabe ainda apontar que o Brasil corre hoje sério risco de perder até mesmo esses dois modelos de sucesso. A indústria automobilística brasileira passa por um momento de forte desestruturação, principalmente no setor de autopeças, no qual as indústrias que, no início da implantação do modelo, eram de capital nacional, praticamente não existem mais. Sobraram apenas umas poucas indústrias brasileiras; boa parte do setor foi absorvida por empresas estrangeiras que fazem seus planos de atuação no Brasil à luz de suas necessidades globais. E a Embraer, a despeito do apoio do governo brasileiro, também tem enfrentado dificuldades para estabelecer novas linhas de produção e novos modelos de aeronaves, e hoje divide seus investimentos em capacidade produtiva entre a China e o Brasil.

O processo de internacionalização da economia brasileira poderia ser muito melhor se, a exemplo do que foi feito no passado com o setor automobilístico e o setor da aviação, fossem desenvolvidas políticas de Estado para fomentar os negócios internacionais brasileiros. Por exemplo, a indústria farmacêutica brasileira caminha à míngua, sem apoio robusto do governo no sentido de posicionar o Brasil entre os chamados fármaco-emergentes. Hoje, no Brasil, é feita principalmente a etapa final de produção dos medicamentos, enquanto o desenvolvimento de tecnologia, a pesquisa e a produção dos insumos de alto valor agregado, em geral, são desenvolvidos por empresas atuantes em outros países.

Por que não há mais políticas industriais no Brasil? Primeiro, porque a corrupção no Brasil é endêmica; as "políticas industriais" têm se resumido ao ato de direcionar o dinheiro público para determinado setor, que vai ganhar mais recursos, em detrimento de outros, que serão penalizados. Esta questão, na gestão política brasileira, sempre foi muito difícil de equacionar. O clientelismo, então, é um problema recorrente. Assim, o ganho de competitividade deixa de ser a prioridade para essas ações políticas, geralmente destinadas a fechar o mercado nacional para um pequeno grupo de amigos do poder.

De um modo geral, a necessidade do Brasil é de uma política industrial que gere competitividade. Não se trata de uma política industrial para atender apenas a um mercado doméstico, mas de uma política industrial que conquiste os mercados internacionais. A introdução desse fator conduz o nível de reflexão para outros patamares. O Cade, organismo brasileiro que regula a concorrência, enfrenta uma situação difícil nos dias atuais porque, historicamente, sua missão foi prevenir a formação de monopólios, evitando que uma ou poucas empresas detivessem uma fatia muito grande do mercado nacional. Só que uma empresa atuante no Brasil, para conseguir conquistar o mercado internacional, normalmente precisará ter ganhos de escala apoiados no mercado nacional, reduzindo seus custos em busca de padrões internacionais — fato que a torna normalmente hegemônica no Brasil.

Sente-se falta, dessa forma, de uma política de desenvolvimento que seja *política de Estado* e não mera *política de governo*, um compromisso do Estado com o desenvolvimento de certos setores-chave da economia brasileira, para alavancar a capacidade de fazer negócios globais. O que diferencia uma política de Estado de uma política de governo é que a política de Estado permanece, enquanto a política de governo é substituída por outra a cada quatro ou oito anos. Apenas para exemplificar, o controle sobre a estabilidade econômica do Brasil é hoje uma política de Estado, e não mais uma política de governo. Independentemente de quem assuma o governo do Brasil, não há espaço político para irresponsabilidades macroeconômicas. Mesmo o governo Lula, sobre quem pesavam todas as desconfianças a respeito da sua intenção de manter a economia sob controle, acabou exercendo um controle ainda mais ortodoxo do que seu antecessor Fernando Henrique, que implementou essa política como sucedâneo do governo Itamar Franco, que foi, a bem da verdade, quem iniciou o processo de estabilização da economia brasileira em 1994, com a implantação da moeda inicialmente chamada URV.

## Concentração da pauta de exportações

Outra característica da realidade brasileira nos negócios internacionais é a concentração da pauta de exportações. Basicamente, uma pauta de exportações de um país é tão melhor quanto mais variada, e tão ruim quanto mais concentrada. Além disso, uma pauta de exportações de um país é tão melhor quanto mais tem produtos especializados, e tão pior quanto mais tem produtos não especializados. Denominam-se produtos "especializados" os produtos industriais acabados e os bens de capital, como máquinas e equipamentos, enquanto os "não especializados" são os bens primários, vegetais ou minerais, e itens industriais não acabados. Logo, um país que tem uma profunda dependência de poucos itens — principalmente se de baixo valor agregado — normalmente é um país cuja inserção nos negócios internacionais ajuda menos a economia a se desenvolver do que um país exportador de uma ampla gama de produtos, particularmente produtos de maior valor agregado.

A Tabela A-1, oriunda de um estudo a respeito da concentração da pauta de exportações brasileiras,[1] evidencia o nível de dependência das exportações brasileiras em torno dos chamados produtos não especializados. Nele, estão divididos os itens da pauta de exportações brasileiras e outros países selecionados entre itens especializados e não especializados.

Nesse estudo, comparou-se a pauta de exportações do Brasil com quatro dos principais países emergentes (Rússia, Índia e China, conhecidos como Bric e a Turquia, um importante país emergente em solo europeu). O estudo avaliou também cinco das principais economias exportadoras do mundo: Alemanha, Estados Unidos, França, Japão e Itália. A proporção entre itens não especializados e especializados desses países indica, em primeiro lugar, que, entre os países

Tabela A-1 Concentração da pauta de exportações

| *PAÍS* | *ESP_NESP* | |
|---|---|---|
| | *Especializada* | *Não especializada* |
| Brasil | 41,41 | 58,59 |
| Rússia | 36,71 | 63,29 |
| Índia | 52,67 | 47,33 |
| China | 80,91 | 19,09 |
| Turquia | 71,02 | 28,98 |
| EUA | 68,21 | 31,79 |
| Alemanha | 76,30 | 23,70 |
| Japão | 79,93 | 20,07 |
| França | 73,22 | 26,78 |
| Itália | 76,62 | 23,38 |

FONTE: OMC, 2004 a 2007

emergentes, a média de participação de itens especializados na pauta é menor do que, entre os países chamados "desenvolvidos". Com exceção, evidentemente, da China e da Turquia, que têm um percentual bem próximo, e no caso da China até ligeiramente superior ao da média dos países desenvolvidos, os demais países emergentes ainda são fortemente dependentes de itens não especializados em sua pauta de exportações. Em particular, o Brasil apresenta a segunda maior proporção de produtos não especializados, atrás apenas da Rússia.

Cabe salientar que a Rússia tem 63 por cento de suas exportações concentradas em itens não especializados em grande medida pelo volume de exportação de petróleo e gás. Exceto pelos hidrocarbonetos, a dependência russa da exportação de itens não especializados seria a menor entre todos os países emergentes, deixando o Brasil na última posição desse *ranking*. O Brasil ainda é dependente em quase 60 por cento, em sua pauta de exportações, de itens chamados de não especializados, com destaque para itens como, por exemplo, soja em grão, café em grão, minério de ferro bruto e outros similares. Uma economia do porte, complexidade e capacidade política do Brasil jamais deveria exportar esse tipo de produto de baixo valor agregado.

Apenas a título de exemplo, um grande exportador de café torrado, moído e embalado, com marca, é a Alemanha, que não produz café; importa o café em grão, em larga medida, do Brasil, processa esse café e reexporta-o para o mundo inteiro (inclusive o próprio Brasil). O mesmo ocorre com Vietnã, Colômbia, Indonésia e Etiópia, também grandes exportadores de café em grão. Mão de obra, tecnologia e valor agregado são reexportados pelos países industrializados, com uma contribuição para a economia local muito maior do que simplesmente o ato de plantar café, colher e levar no calado do navio para a Europa ou os Estados Unidos. O mesmo ocorre no caso do couro brasileiro exportado para a Itália: exporta-se o couro *wet-blue* (como é denominado o couro em sua primeira etapa de produção) para a Itália, onde se adiciona *design* e industrialização, sendo reexportado para o mundo inteiro, inclusive para o Brasil, por um valor muitas vezes mais alto do que aquele pelo qual foi importado. Pela falta de uma política industrial para fomentar o desenvolvimento econômico em setores estratégicos, no Brasil e em outros países emergentes do mundo, o país fica limitado a exportar produtos que, se fossem beneficiados localmente, poderiam reverter-se em desenvolvimento econômico muito maior do que sendo exportados na forma bruta.

O desenvolvimento econômico dos países não acontece apenas por iniciativa das empresas; o governo, com políticas de desenvolvimento industrial estratégico, tem atuado fortemente em todos os países do mundo. Por exemplo, a Alemanha, que se posiciona no mundo como um grande produtor de máquinas e equipamentos, conta com ação governamental neste sentido desde meados do século XIX. Quando os Estados Unidos aparecem como uma potência tecnológica, quando a Índia se destaca na química fina ou quando a China se estabelece como a grande produtora de bens manufaturados de baixo valor e em muitos outros casos de sucessos no comércio global, nota-se a mão do Estado direcionando atuações locais.

## Atuação como "economia complementar" de grandes *players* globais

A atuação do Brasil como economia complementar de grandes *players* globais é outra característica da participação brasileira no mercado globalizado. O Brasil não é o centro decisor, ou seja, pouco ou nada se faz em função do interesse de desenvolvimento econômico do Brasil. Até pela ausência de empresas multinacionais brasileiras fazendo um esforço internacional de articulação de cadeias produtivas, o processo de internacionalização da economia brasileira acontece, em geral, como um reflexo dos interesses dos grandes grupos globais, o que, somado à instabilidade que tem caracterizado a economia brasileira, provoca uma série de dificuldades de previsão e de planejamento de longo prazo para quem atua no Brasil.

Um exemplo vivo desta realidade é o setor farmacêutico. Na Figura A-4, "Brasil: evolução de exportações e importações de medicamentos", é possível identificar alguns elementos importantes no comércio internacional de medicamentos e seus insumos no Brasil. Primeiro, é evidente que o volume das importações brasileiras é bem maior que o volume das exportações. Segundo, a taxa de crescimento recente das importações também é maior do que a taxa de crescimento recente das exportações. Isso traz, então, a perspectiva de uma dependência crescente do mercado brasileiro das importações de medicamentos. Além disso, é preciso notar que boa parte das importações brasileiras é de insumos de alto valor agregado, parte dos quais se destina a esses produtos para exportação. Medicamentos têm o maior peso de seu custo em seus insumos essenciais; sendo estes o bruto das importações brasileiras do setor farmacêutico, resulta que a economia brasileira, no caso dos medicamentos, é extremamente dependente das decisões dos grandes grupos estrangeiros internacionais do setor, o mesmo acontecendo com a indústria automobilística e outras cadeias produtivas importantes.

## Escolha dos mercados-alvo internacionais

Uma das primeiras etapas de um processo de planejamento de marketing global é a escolha de clientes, ou seja, a escolha dos mercados-alvo internacionais. Neste particular, a atuação do Brasil ainda pode ser considerada insuficiente, se comparada com a de outros países do mundo. Os negócios internacionais brasileiros mostram uma intensa dependência dos mercados vizinhos, muito acima do que se vê em outros países. Em paralelo, o Brasil tem um reduzido número de países-alvo para as exportações, o que é um problema, porque quem exporta para um pequeno conjunto de países será mais afetado no momento em que estes enfrentarem alguma dificuldade do que se tivesse dirigido suas ações internacionais a mais países. Estes fatos, somados à pauta de exportação estreita e focada em produtos não especializados, pioram ainda mais o quadro do processo de internacionalização de empresas brasileiras.

## Dependência dos mercados vizinhos

Existe sempre uma tendência de o país exportar mais

Figura A-4 Brasil: evolução de exportações e importações de medicamentos

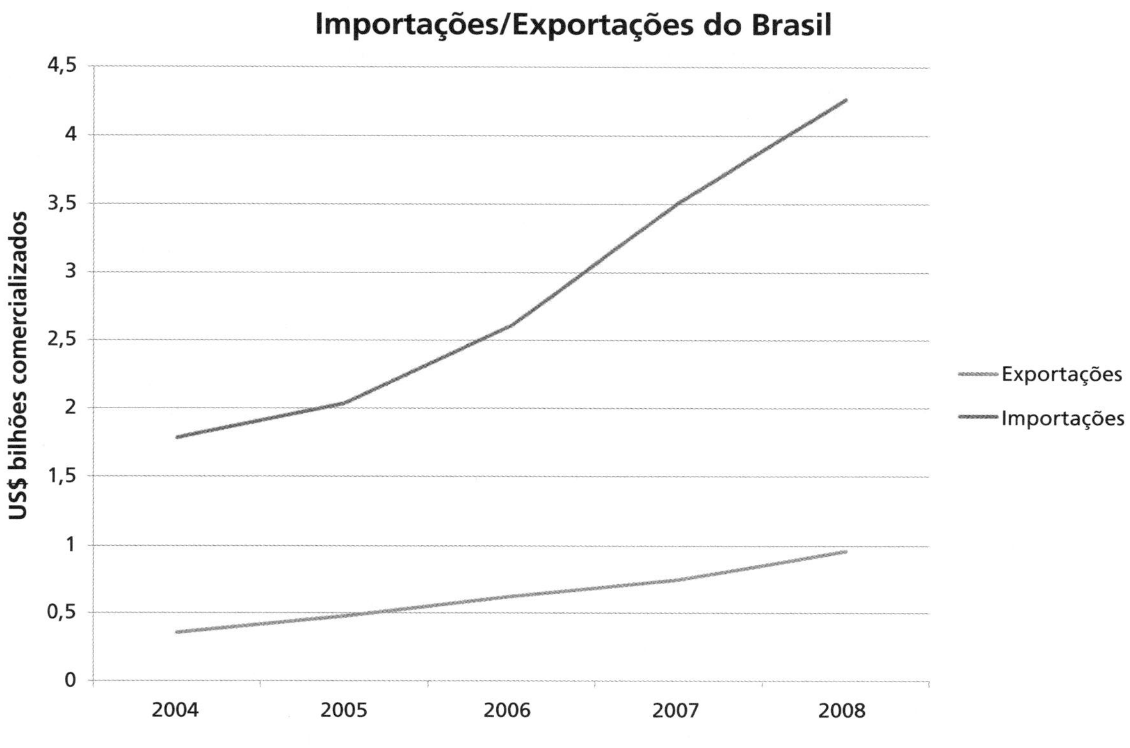


FONTE: OMC

Tabela A-2 Dependência dos mercados vizinhos

| País | TOTAL | | | | | | | Ano |
|---|---|---|---|---|---|---|---|---|
| | Importações dos vizinhos (a) | Exportações dos países analisados(b) | Participação (a/b) (PI) | Total de importações dos vizinhos (c) | Total de Exportações Mundiais (d) | Participação (c/d) (PG) | Relevância ponderada (PI/PG) | |
| Brasil | $5.846.343,25 | $21.076.582,00 | 27,74% | $23.281.413,17 | $3.559.563.269,09 | 0,65% | 42,41 | 2004 |
| | $7.894.140,07 | $28.821.119,00 | 27,39% | $30.925.895,33 | $3.945.175.419,08 | 0,78% | 34,94 | 2005 |
| | $10.727.987,84 | $27.685.677,00 | 38,75% | $52.135.324,59 | $4.459.525.997,30 | 1,17% | 33,15 | 2006 |
| | $13.190.407,68 | $34.032.206,00 | 38,76% | $66.707.597,93 | $4.967.113.829,46 | 1,34% | 28,86 | 2007 |
| EUA | $142.923.412,83 | $323.150.976,46 | 44,23% | $240.279.238,07 | $3.559.563.269,09 | 6,75% | 6,55 | 2004 |
| | $152.502.198,50 | $351.131.031,98 | 43,43% | $267.199.122,69 | $3.945.175.419,08 | 6,77% | 6,41 | 2005 |
| | $164.184.163,03 | $393.556.378,87 | 41,72% | $298.454.390,53 | $4.459.525.997,30 | 6,69% | 6,23 | 2006 |
| | $170.588.865,63 | $427.943.817,67 | 39,86% | $316.921.510,18 | $4.967.113.829,46 | 6,38% | 6,25 | 2007 |

FONTE: OMC

para seus vizinhos do que para outros países, em função de acordos comerciais e do menor custo logístico, aspecto-chave para o entendimento das perspectivas de sucesso ou insucesso exportador. Portanto, é natural que um país sempre venda um pouco mais para os seus vizinhos do que para países distantes; algum nível de maior dependência para com os vizinhos é sempre o esperado. Todavia, como se verá a seguir, o grau de dependência do Brasil em relação a seus vizinhos é muito elevado.

Os dados coletados em um estudo[2] sobre o tema comparam o grau de dependência das exportações brasileiras e norte-americanas em relação a países vizinhos. Foram levados em conta nesse estudo os dados de exportação de produtos industrializados nas categorias mais importantes dos negócios globais, os HS[3] 39,[4] 84,[5] 85[6] e 87.[7] Esses dois países foram utilizados como objeto do estudo porque o Brasil e os Estados Unidos possuem algumas características gerais em comum. São países do continente americano, têm vizinhos distintos e, em relação ao resto do planeta, tanto no caso brasileiro quanto no caso norte-americano, têm de atravessar o oceano para atingir outros mercados. Os Estados Unidos são banhados por dois oceanos, o que consiste em uma vantagem logística muito relevante.

Os números mostram inicialmente o volume das importações dos países vizinhos do Brasil e dos Estados Unidos durante os anos de 2004 a 2007. As importações dos vizinhos brasileiros cresceram de US$ 5 bi em 2004 para US$ 13 bi em 2007. Nesse período, os vizinhos dos Estados Unidos, basicamente México e Canadá, tiveram uma evolução de suas importações, nas mesmas categorias de produtos, de US$ 142 bi em 2004 para US$ 170 bi em 2007. Analisando as exportações totais do Brasil e dos Estados Unidos nesses períodos, pode-se obter a participação dos dois nessas importações dos países vizinhos, o que chamamos, no estudo, de participação nas importações. A participação nas importações quantifica, assim, a influência absoluta que os vizinhos, ou a proximidade geográfica, assumem nas exportações dos países analisados. Contudo, os parceiros de Brasil e Estados Unidos são muito distintos. Para que a análise contemple tal diferença, estabeleceu-se, ainda, para cada um dos anos e países analisados, a participação global, que busca medir o peso relativo que os vizinhos têm no comércio mundial desses produtos. A participação global é, então, estabelecida pela razão entre as "exportações do mundo para os vizinhos", ou seja, os valores totais importados pelos vizinhos, do mundo, dos produtos dos setores considerados, e a exportações mundiais, ou seja, os valores totais exportados pelo mundo, para todos os países, de tais produtos. Sendo a participação nas importações o peso que os vizinhos assumem para os países analisados, e a participação global o peso que os mesmos vizinhos assumem para o mundo, no comércio internacional dos setores considerados, a razão participação nas importações/participação global denota quantas vezes os vizinhos são mais relevantes para os países analisados no estabelecimento de parcerias comerciais em relação à relevância que eles têm para o mundo como um todo, aquilo que denominamos relevância ponderada. Assim, quanto maior a relevância ponderada maior a influência que a proximidade geográfica tem para o país analisado.

Os negócios globais dos países vizinhos do Brasil representaram 0,65 por cento dos negócios globais em 2004, 0,78 em 2005, até um pico de 1,34 por cento das importações globais em 2007. Os vizinhos dos Estados Unidos, por sua vez, representaram 6,75 por cento das importações globais em 2004, até caírem para 6,38 por cento em 2007. Na Figura A-5, "Dependência dos mercados vizinhos", nota-se que o Brasil exportava para seus países vizinhos quase 45 vezes mais do que o mundo exportava para esses países, mostrando uma grande dependência do Brasil de sua proximidade geográfica para conseguir acessar mercados internacionais. Já os Estados Unidos demonstraram uma dependência pouco maior do que a média dos demais países: apenas seis vezes maior.

Naturalmente, pode-se notar que a dependência dos países vizinhos das exportações brasileiras vem caindo de maneira consistente nos últimos quatro anos chegando a 28,8 por cento em 2004. No entanto, ainda permanece significativamente maior do que no caso da economia norte-americana. Isso indica ainda um longo caminho a ser percorrido no sentido de as empresas brasileiras diversificarem seus destinos de exportação, vencendo as barreiras logísticas, elevando sua competitividade e obtendo ganhos de escala com redução do risco do negócio associada a essa expansão.

## Reduzido número de países-alvo

Um elemento relevante a ser avaliado no processo de inserção da economia brasileira no contexto mundial é o número de países-alvo de nossas exportações e seu peso relativo nos volumes praticados. Partimos da premissa de que a atividade exportadora tem seu risco reduzido e maior potencial de lucro se o país e suas empresas conseguem alcançar diferentes mercados. Embora essa não seja uma regra universal, de modo geral, quanto mais países um país exportador ou uma empresa exportadora consegue atingir, melhores tendem a ser os resultados auferidos, sob o ponto de vista de risco reduzido e maiores possibilidades de aproveitar oportunidades internacionais.

Além da condição geográfica e do processo histórico e político que determinaram o relativo isolamento comercial brasileiro, vale destacar a questão do idioma português, falado em poucos países, e de pequena expressão econômica, ao passo que os Estados Unidos desfrutam o benefício de falar a língua do comércio mundial, tendo-se estabelecido o inglês dessa forma em razão da hegemonia inglesa e, depois, da própria hegemonia internacional norte-americana nos negócios e na geopolítica globais.

Coloca-se então, uma questão central: as exportações do Brasil estão bastante fracionadas entre vários destinos internacionais? Para endereçar esta questão, foi realizado um estudo[8] enfocando o número de países para os quais o Brasil, outros países emergentes e países desenvolvidos exportam. O critério de análise foi verificar o número de países necessários para atingir 50 por cento das exportações de um dado país, adotando-se este número como um critério de concentração, e comparar o desempenho brasileiro e de outros países emergentes com o de países desenvolvidos sob esse critério. A ideia é que, se um país já atinge 50 por cento de suas exportações com um pequeno número de países de destino, isso significa que ele possui maior grau de dependência do que outro para o qual são necessários mais países para atingir 50 por cento. Isso indica que suas exportações são mais fracionadas, ou seja, ele é menos dependente de cada um dos países com os quais comercializa.

O estudo em questão avaliou Alemanha, Japão, França, Itália e Estados Unidos, mais uma vez os principais países exportadores desenvolvidos do mundo, em comparação com Brasil, Rússia, Índia, China e Turquia, os países mais relevantes sob o ponto de vista das economias emergentes. Para medir esse grau de concentração, foram avaliados os principais setores produtivos industriais do mundo, que são os setores de plásticos, de maquinaria, de maquinaria elétrica e de veículos automotores, abrangendo o período entre os anos de 2004 e 2007, utilizando dados da Organização Mundial do Comércio (OMC).

Para cada setor e país estudado, os países-destino foram ordenados em ordem decrescente do volume de exportações, e este foi somado até atingir a linha dos 50 por cento, como mostrado na Figura A-6 e na Tabela A-3. Na Tabela A-3, "Concentração de exportações", é possível notar que os países emergentes presentes no estudo, precisavam, em média, de 4,4 países-destino para atingir 50 por cento das suas exportações, ao passo que os países desenvolvidos precisavam de 5,5. Ou seja, o número de países-destino das

Figura A-5 Gráfico "Dependência dos mercados vizinhos"

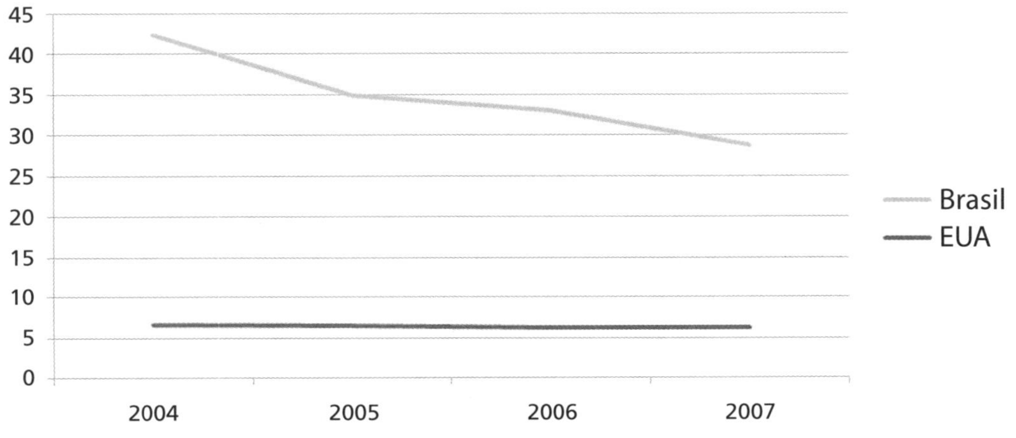


FONTE: OMC

empresas dos países desenvolvidos é maior do que o número de países-destino das empresas dos emergentes. Em outras palavras, o grau de concentração dos países-alvo das empresas dos países emergentes é maior do que o grau de concentração das empresas dos países desenvolvidos. Assim, os emergentes, com destaque para o Brasil, concentram muito as suas exportações para um menor conjunto de países, reduzindo as suas oportunidades e, principalmente, aumentando os seus riscos nos negócios globais.

## O peso da "marca Brasil"

Outro elemento que compõe a situação da inserção das empresas brasileiras no contexto global é o chamado peso da marca Brasil. Antes de mais nada, é preciso definir o que é uma marca nacional ou "marca-país". "Marca-país", ou marca nacional, é a imagem com que esse país como um todo se apresenta no cenário internacional, o significado geral de um determinado país no contexto das relações internacionais, algo que tem uma origem muito além dos aspectos meramente econômicos, mas que influencia a percepção que se tem a respeito da economia, das empresas e dos produtos do país em questão.

Como se constrói uma marca nacional? De um modo geral, isso ocorre naturalmente, pelo desenvolvimento histórico da economia e da cultura desse país. Mas é possível interferir na percepção que outros países têm sobre um determinado país. E essa interferência, feita em sintonia pelo

Figura A-6 Gráfico concentração de exportações

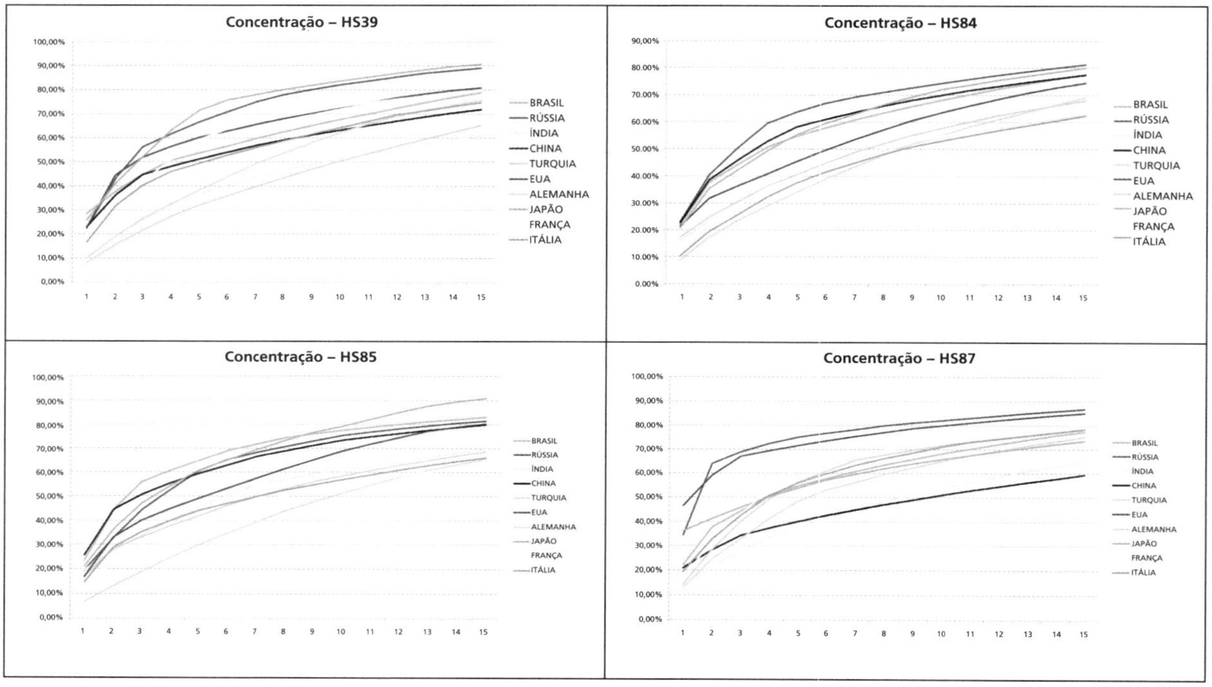


FONTE: OMC

Tabela A-3 Concentração de exportações

| Grupo econômico | | N | Mínimo | Máximo | Média | Desvio padrão |
|---|---|---|---|---|---|---|
| Emergente | Qtd. de países para somar 50% | 64 | 2,00 | 10,00 | 4,4687 | 21892 |
| | Valid N (listwise) | 64 | | | | |
| Desenvolvido | Qtd. de países para somar 50% | 80 | 1,00 | 10,00 | 5,5500 | 22440 |
| | Valid N (listwise) | 80 | | | | |

FONTE: OMC

poder público e privado, pode, muitas vezes, ajudar ou, eventualmente, atrapalhar no esforço de construção da imagem que esse país desfruta em relação ao mundo como um todo. Por exemplo, ao se falar de uma empresa alemã para pessoas razoavelmente informadas acerca desse país, vem à mente um conjunto de aspectos dessa empresa, os quais podem, em alguns casos, não corresponder à realidade da empresa avaliada, mas que, em geral, se acredita serem parte das características dessa organização. No caso, a precisão, a firmeza, a organização, o propósito, a tecnologia robusta e outras características são esperadas de uma empresa alemã.

De forma similar, a ideia geral de uma empresa norte-americana está associada à imagem de capacidade tecnológica e de negócios; uma chinesa, à de capacidade de produção a baixo custo; uma italiana, à do *design* diferenciado. Qual é a imagem que vem à mente de um estrangeiro quando se fala de empresa brasileira? Em geral, em boa parte por culpa do tipo de "marketing nacional" desenvolvido pela Embratur, com sua ênfase em "praia, samba e futebol", vem à mente uma imagem de uma empresa de pessoas pouco comprometidas com resultados, talvez de alguma forma mais preocupados com futebol e samba do que com o trabalho. Infelizmente, isso é algo com que as empresas brasileiras têm de trabalhar em suas comunicações, vencendo uma barreira que, antecipadamente, estará à sua espera na mente de seus potenciais clientes estrangeiros.

## Isolamento geográfico

Outro elemento importante do contexto brasileiro da internacionalização de empresas é o relativo isolamento geográfico do país em relação aos grandes mercados fornecedores e consumidores do mundo.

Praticamente todos os países europeus estão cercados de mercados relevantes. A China tem o mercado da costa oeste dos Estados Unidos razoavelmente próximo, além dos países do extremo oriente e do Oriente Médio como sendo seus mercados mais próximos, além de uma relativa proximidade com a Europa. Os Estados Unidos estão bastante próximos da Europa e também da própria China, da Rússia e assim por diante. Quanto ao Brasil, sob o ponto de vista geográfico, nossa proximidade é em primeiro lugar uma vastidão do Oceano Atlântico, após o qual encontramos a África, infelizmente um destino de mercado muito aquém do que poderia ou deveria ser. Particularmente a África subsaariana, guardada a exceção da África do Sul, não é ainda um mercado com grande potencial para produtos brasileiros ou de qualquer outro país. Os países vizinhos do Brasil na América do Sul apresentam potencial de consumo muito baixo, com participação nas importações mundiais da ordem de 1 a 1,5 por cento. Ao norte, o Brasil tem a América Central, também caracterizada por economias muito pequenas, com capacidade de consumo muito pequena; e o principal parceiro econômico, sob o ponto de vista histórico, que é Argentina, ao sul, vem passando por uma sucessão de equívocos macroeconômicos por parte de seus governantes, que praticamente destruíram a economia do país nos últimos 50 anos.

Esse relativo isolamento geográfico do Brasil comprometeu o desenvolvimento de nosso parque produtivo, embora tenhamos uma indústria bastante robusta, até porque, da mesma forma como era difícil para a indústria nacional atingir mercados internacionais ou buscar insumos produtivos nos mercados internacionais, o mesmo acontecia com os países estrangeiros. Tradicionalmente, é bastante difícil para uma empresa europeia, asiática ou norte-americana enviar produtos para o Brasil, situação agravada pela histórica deficiência dos portos brasileiros. Atualmente, o Brasil, para poder desenvolver sua economia, precisa internacionalizar-se, e essa distância que durante um tempo pôde ser entendida como uma proteção, hoje é uma barreira para a indústria nacional. A economia brasileira vem crescendo, mas ainda representa algo como 1,5 por cento da economia mundial e menos ainda do comércio internacional.

Para o agronegócio, o Brasil tem uma posição privilegiada sob o ponto de vista de recursos naturais. As reservas petrolíferas recentemente descobertas (o chamado pré-sal, a camada do petróleo que fica imediatamente antes da camada de sal sob o leito do oceano) devem colocar o Brasil, nos próximos anos, no lugar de 5º ou 6º produtor mundial de petróleo, a última das *commodities* na qual o Brasil não era autossuficiente ou grande exportador. Ainda em termos de matriz energética, o Brasil conta com o maior potencial hidrelétrico do mundo e com uma das maiores reservas de urânio do mundo, para não citar as possibilidades em biocombustíveis como o etanol.

O Brasil tem a maior área agricultável do mundo e cerca de 30 por cento da água potável disponível. Faz muito sentido, portanto, que as empresas brasileiras procurem prevalecer-se desses elementos para alavancar negócios. Por exemplo, o Brasil figura na lista dos principais países exportadores de frango porque, seja pelo seu consumo direto de água, seja pelo seu consumo intensivo de soja, que é uma planta muito hidrófila, requer muita água para ser produzido. Quando o Brasil exporta 1 kg de frango, está "exportando" aproximadamente cerca de 4 toneladas de água.

Finalmente, o Brasil só não é uma grande potência no turismo internacional porque faltam iniciativas coordenadas e capacidade gerencial. Por exemplo, o Brasil conta com um litoral com predominância de praias adequadas ao turismo na proporção de milhares de quilômetros de extensão — em geral, sem vias de acesso e sem estrutura hoteleira. E por isso o Brasil recebe, atualmente, cerca de 5 milhões de turistas estrangeiros por ano, enquanto a França recebe cerca de 75 milhões de visitantes anualmente.

## Diplomacia comercial

Avançando nesse quadro do atual contexto dos negócios internacionais brasileiros, é importante avaliar também algumas características da chamada diplomacia comercial. Basicamente, o objetivo da diplomacia comercial, tanto brasileira quanto internacional, é garantir acesso a mercados, a forma como se denomina o esforço de derrubar barreiras comerciais — tarifárias e não-tarifárias — para as empresas dos países-destino. Em alguma medida, o governo Collor deu um passo importante na inserção do Brasil nos negócios globais, mas de maneira abrupta, desorganizada e sem planejamento. O resultado foi que a abertura comercial do governo Collor atraiu para o Brasil muitas exportações estrangeiras, mas não abriu acesso a mercados estrangeiros para as exportações brasileiras.

Coube basicamente ao governo Fernando Henrique e ao governo Lula lançarem-se na função de "presidentes viajantes" ou presidentes "diplomatas comerciais", algo que no início do governo Fernando Henrique foi alvo de críticas pela comunidade política brasileira, a qual demorou a entender o quão importante eram essas iniciativas. O conceito foi assimilado e, no governo Lula, o percentual de dias do governante brasileiro no exterior foi ainda maior do que no governo Fernando Henrique. Graças a esse esforço, o Brasil hoje consegue ter uma capacidade de pressão sobre a OMC muito maior do que em qualquer outra época, e tem desenvolvido acordos bi e multilaterais de comércio em uma escala jamais vista.

Um grande resultado histórico desse esforço, naturalmente somado a outros fatores geopolíticos atuais, foi a substituição do G7 como centro de comando econômico global pelo G20, grupo do qual o Brasil é membro fundador. A diplomacia comercial brasileira, a despeito de suas falhas e das dificuldades no início da globalização, vive sem dúvida um momento interessante e é um dos aspectos mais positivos da atuação brasileira no âmbito global.

## Falta de uma cultura de atuação global

Causa e consequência desses aspectos analisados até aqui, destaca-se, então, a relativa falta de cultura de atuação global por parte de executivos e de empresas atuantes no Brasil. Pelas características do desenvolvimento econômico brasileiro e talvez inclusive por aspectos da cultura brasileira, o executivo brasileiro está acostumado a pensar negócios do Brasil para o Brasil, enquanto empresas e executivos dos países latino-americanos de língua espanhola, a título de comparação, possuem, de um modo geral, uma cultura de atuação global muito mais consolidada.

Disso resulta uma menor consistência dos planos de internacionalização das empresas atuantes no Brasil, ou seja, tipicamente, o executivo brasileiro pensa em fazer negócios internacionais quando o mercado interno está em baixa ou quando o dólar está em alta, de qualquer forma em função da percepção de uma oportunidade circunstancial, não em termos de uma política de longo prazo. Assim que a situação que provocou o interesse no mercado estrangeiro muda, surge uma forte tendência a abandonar as posições conquistadas no exterior.

Esse tem sido um fenômeno recorrente; uma empresa brasileira do setor de eletroeletrônicos de consumo instalada na Zona Franca de Manaus (que prefere ter seu nome omitido neste texto por razões óbvias) ficou famosa por esse tipo de inconstância em seus negócios globais. Fabricante de bons produtos e com grande prestígio de marca junto a consumidores brasileiros, eventualmente os exportava quando sua capacidade produtiva estava ociosa. Assim que o mercado doméstico se recuperava, a empresa estava pronta para abandonar as exportações. Este comportamento criou uma imagem bastante negativa — para a empresa e para os demais exportadores brasileiros. Hoje, as empresas brasileiras são famosas internacionalmente por não fazerem planos de longo prazo para negócios globais e por abandonarem parceiros duramente conquistados.

Aparentemente, as chamadas contingências econômicas têm grande influência sobre as atitudes e ações das empresas brasileiras no mercado internacional; em outras palavras, as decisões dos executivos brasileiros quanto à exportação parecem ser fortemente influenciadas pelo consumo interno (que pode ser relacionado ao crescimento do PIB do país), pela demanda externa (idem, pelo comportamento das importações mundiais) e pela taxa de câmbio. A seguir, são apresentados os resultados de um estudo[9] feito especificamente para mensurar o quanto as exportações brasileiras e de países emergentes seriam dependentes de contingências macroeconômicas em comparação com exportações de países desenvolvidos. Esse estudo indicou que as exportações de emergentes sofrem maior influência de fatores macroeconômicos (PIB, demanda externa e câmbio) do que as de países desenvolvidos.

A premissa do estudo foi que empresas atuantes nos negócios globais devem manter os espaços conquistados internacionalmente, mesmo diante de contingências macroambientais adversas. Em outras palavras, o plano de internacionalização deve ser mais forte do que as últimas notícias sobre o câmbio ou sobre o consumo doméstico ou a demanda internacional das mercadorias. A internacionalização deve fazer parte da essência da estratégia da organização, e não apenas ser um ato de oportunismo diante de uma situação momentânea.

O estudo enfocou os principais setores industriais exportadores do mundo, já citados anteriormente, analisando o desempenho de cada um deles entre 2004 e 2007 e comparando-os com a evolução das importações mundiais, a evolução do PIB de cada um dos países estudados (Brasil, Rússia, Índia e China; e Alemanha, Japão, França, Itália e

Estados Unidos) e a evolução da taxa de câmbio de cada um desses países (Tabela A-4).

Com a construção de um modelo de regressão, foi mensurado o impacto da oscilação desses índices sobre a oscilação das exportações do país. O modelo de regressão para os países desenvolvidos teve uma relevância estatística de 0,21, ao passo que, para os países emergentes, essa relevância estatística foi de 0,27. Ou seja, o impacto das contingências macroeconômicas sobre as exportações é quase 30 por cento maior nos países emergentes do que nos países desenvolvidos. Países desenvolvidos e suas empresas, portanto, também são afetados pelas contingências macroeconômicas, porém são menos afetados e suas empresas mantêm os objetivos internacionais mesmo diante de contingências econômicas. Em outras palavras, as empresas de países desenvolvidos são mais capazes de desenvolver planos de internacionalização e manterem-se firmes nesses planos, incorporando a internacionalização ao corpo de sua estratégia do que as empresas atuantes no Brasil e nos países emergentes de um modo geral.

Em que pesem as limitações dos métodos estatísticos no estudo de fenômenos complexos, os resultados dos estudos citados neste capítulo indicam claramente alguns dos principais desafios das empresas que, operando a partir do Brasil, pretendem atuar no mercado global. Alguns desses desafios são estruturais, outros são políticos e outros, enfim, dependem fundamentalmente da visão dos executivos dessas empresas. Mais do que nas estratégias competitivas a serem implementadas por cada empresa, o verdadeiro desafio pode estar nas estratégias de cooperação entre empresas e de empresas e grupos com o governo, para que o Brasil possa, finalmente, assumir plenamente o papel que lhe cabe por natureza no comércio e na comunidade internacional.

**Tabela A-4** Evolução de indicadores econômicos e exportações

| País | HS2002 | 2004 | | | | 2005 | | | | 2006 | | | | 2007 | | | |
|---|---|---|---|---|---|---|---|---|---|---|---|---|---|---|---|---|---|
| | | Comércio | Exportações mundiais | PIB mundial | Câmbio ($/US$) | Comércio | Evolução. Exportações | Evolução PIB | Evolução Câmbio | Comércio | Evolução. Exportações | Evolução PIB | Evolução Câmbio | Comércio | Evolução. Exportações | Evolução PIB | Evolução Câmbio |
| | | US$ | US$ | $ Bi | Média | Δ | Δ | Δ | Δ | Δ | Δ | Δ | Δ | Δ | Δ | Δ | Δ |
| Brasil | Total | $ 96.677.246 | $ 8.900.238.206 | 1138,81 | 2,9265 | 22,60% | 13,80% | 3,16% | -16,13 % | 16,26% | 15,61% | 3,75% | -11,29 % | 16,58% | 10,92% | 5,42% | -10,46% |
| | 39, 84, 85, 87 | $ 18.15.718 | | | | 58,74% | | | | 11,88% | | | | 5,55% | | | |
| | 39 | $ 1.520.429 | | | | 34,41% | | | | 25,63% | | | | 13,62% | | | |
| | 84 | $ 7.806.168 | | | | 25,19% | | | | 11,99% | | | | 5,34% | | | |
| | 85 | $ 3.355.269 | | | | 62,76% | | | | 16,95% | | | | -2,42% | | | |
| | 87 | $ 5.473.852 | | | | 110,89% | | | | 6,94% | | | | 8,17% | | | |
| Russia | Total | $ 181.600.379.150 | $ 8.900.238.207 | 23525,03 | 28,8126 | 32,96% | 13,80% | 6,40% | -1,65% | 24,89% | 15,61% | 7,40% | -4,25% | 16,82% | 10,92% | 8,10% | -5,87% |
| | 39, 84, 85, 87 | $ 8.018.595.438 | | | | 9,83% | | | | 20,80% | | | | 21,98% | | | |
| | 39 | $ 688.299.451 | | | | 4,29% | | | | 17,46% | | | | 53,61% | | | |
| | 84 | $ 3.723.068.869 | | | | 13,16% | | | | 17,43% | | | | 18,88% | | | |
| | 85 | $ 1.670.600.855 | | | | 10,82% | | | | 30,78% | | | | 10,82% | | | |
| | 87 | $ 1.936.626.263 | | | | 4,54% | | | | 19,88% | | | | 28,44% | | | |
| India | Total | $ 79.834.064 | $ 8.900.238.208 | 25354,73 | 45,3248 | 29,52% | 13,80% | 9,13% | -2,72% | 21,97% | 15,61% | 9,75% | 2,83% | 15,68% | 10,92% | 9,21% | -8,94% |
| | 39, 84, 85, 87 | $ 9.470.203 | | | | 31,53% | | | | 25,87% | | | | 12,18% | | | |
| | 39 | $ 2.020.010 | | | | 7,37% | | | | 26,18% | | | | -1,70% | | | |
| | 84 | $ 3.131.496 | | | | 34,24% | | | | 20,90% | | | | 20,33% | | | |
| | 85 | $ 1.963.325 | | | | 41,50% | | | | 47,62% | | | | 14,73% | | | |
| | 87 | $ 2.355.372 | | | | 40,36% | | | | 13,71% | | | | 8,48% | | | |
| China | Total | $ 593.325,.81 | $ 8.900.238.209 | 7154,66 | 8,2768 | 28,42% | 13,80% | 10,40% | -1,03% | 27,16% | 15,61% | 11,10% | -2,67% | 25,68% | 10,92% | 11,40% | -4,60% |
| | 39, 84, 85, 87 | $ 272.712.979 | | | | 30,68% | | | | 28,69% | | | | 27,99% | | | |
| | 39 | $ 13.105.642 | | | | 35,69% | | | | 24,98% | | | | 18,78% | | | |
| | 84 | $ 118.132.244 | | | | 26,72% | | | | 24,63% | | | | 22,50% | | | |
| | 85 | $ 129.652.028 | | | | 32,90% | | | | 32,01% | | | | 32,00% | | | |
| | 87 | $ 11.823.065 | | | | 40,36% | | | | 34,82% | | | | 42,15% | | | |

| País | HS 2002 | 2004 | | | | 2005 | | | | 2006 | | | | 2007 | | | |
|---|---|---|---|---|---|---|---|---|---|---|---|---|---|---|---|---|---|
| | | Comércio | Exportações Mundiais | PIB mundial | Câmbio ($/ US$) | Comércio | Evolução. Exportações | Evolução PIB | Evolução Câmbio | Comércio | Evolução. Exportações | Evolução PIB | Evolução Câmbio | Comércio | Evolução. Exportações | Evolução PIB | Evolução Câmbio |
| | | ('000) US$ | US$ Bi | $ Bi | Média | Δ 2004-5 | Δ 2004-5 | Δ 2003-4 | Δ 2003-4 | Δ 2005-6 | Δ 2005-6 | Δ 2004-5 | Δ 2004-5 | Δ 2006-7 | Δ 2006-7 | Δ 2005-6 | Δ 2005-6 |
| Alemanha | Total | $ 911.742.096 | $ 8.900.238.206 | 2104,69 | 1,2441 | 7,17% | 13,80% | 1,06% | -9,08% | 14,82% | 15,61% | 0,76% | -0,02% | 18,44% | 5,42% | 2,88% | 0,94% |
| | 39, 84, 85, 87 | $ 463.519.767 | | | | 10,23% | | | | 11,34% | | | | 14,97% | | | |
| | 39 | $ 39.530.991 | | | | 13,00% | | | | 13,00% | | | | 15,22% | | | |
| | 84 | $ 166.927.740 | | | | 11,13% | | | | 14,22% | | | | 13,80% | | | |
| | 85 | $ 100.960.167 | | | | 9,30% | | | | 9,93% | | | | 9,65% | | | |
| | 87 | $ 156.100.869 | | | | 9,16% | | | | 8,68% | | | | 19,72% | | | |
| Japão | Total | $ 565.761.077 | $ 8.900.238,206 | 526577,70 | 108,1672 | 5,16% | 13,80% | 2074% | 7,22% | 8,70% | 15,61% | 1,93% | 1,89% | 10,45% | 5,42% | 2,42% | 5,52% |
| | 39, 84, 85, 87 | $ 371.918.769 | | | | 3,34% | | | | 8,06% | | | | 9,97% | | | |
| | 39 | $ 15.387.228 | | | | 13,36% | | | | 12,58% | | | | 12,28% | | | |
| | 84 | $ 115.508.695 | | | | 3,45% | | | | 5,39% | | | | 10,67% | | | |
| | 85 | $ 123.066.330 | | | | -0,65% | | | | 4,72% | | | | 5,43% | | | |
| | 87 | $ 117.956.516 | | | | 6,08% | | | | 13,24% | | | | 13,12% | | | |
| França | Total | $ 413.708.422 | $ 8.900.238.206 | 1536,34 | 1,2441 | 4,99% | 13,80% | 2,47% | -9,08% | 10,28% | 15,61% | 1,71% | -0,02% | 12,68% | 5,42% | 1,99% | 0,94% |
| | 39, 84, 85, 87 | $ 167.461,894 | | | | 1,99% | | | | 7,47% | | | | 10,44% | | | |
| | 39 | $ 15.319.150 | | | | 9,53% | | | | 9,12% | | | | 21,20% | | | |
| | 84 | $ 50.263.664 | | | | 4,78% | | | | 12,63% | | | | 17,37% | | | |
| | 85 | $ 40.281.146 | | | | 3,47% | | | | 12,98% | | | | -0,20% | | | |
| | 87 | $ 61.597.934 | | | | -3,12% | | | | -1,39% | | | | 8,63% | | | |
| Italia | Total | $ 353.543.123 | $ 8.900.238.206 | 1236,76 | 1,2441 | 5,49% | 13,80% | 1,53% | -9,08% | 11,85% | 15,61% | 0,55% | -0,02% | 17,96% | 5,42% | 1,84% | 0,94% |
| | 39, 84, 85, 87 | $ 141.340.135 | | | | 4,44% | | | | 12,19% | | | | 19,45% | | | |
| | 39 | $ 14.212.600 | | | | 7,59% | | | | 11,99% | | | | 15,23% | | | |
| | 84 | $ 73.566.317 | | | | 3,94% | | | | 12,39% | | | | 21,78% | | | |
| | 85 | $ 24.061.506 | | | | 6,46% | | | | 10,81% | | | | 12,45% | | | |
| | 87 | $ 29.499.712 | | | | 2,50% | | | | 12,95% | | | | 21,50% | | | |
| EUA | Total | $ 728.335.339 | $ 8.900.238.206 | 10675,73 | 1,4815 | 10,38% | 13,80% | 3,64% | -5,42% | 15,60% | 15,61% | 3,07% | -0,29% | 12,57% | 5,42% | 2,87% | -0,38% |
| | 39, 84, 85, 87 | $ 323.150.976 | | | | 8,66% | | | | 12,08% | | | | 8,72% | | | |
| | 39 | $ 32.536.208 | | | | 13,15% | | | | 12,73% | | | | 12,05% | | | |
| | 84 | $ 126.870.552 | | | | 11,73% | | | | 9,89% | | | | 10,72% | | | |
| | 85 | $ 96.712.454 | | | | 1,76% | | | | 11,19% | | | | 0,53% | | | |
| | 87 | $ 67.031.762 | | | | 10,61% | | | | 17,14% | | | | 13,86% | | | |

FONTE: OMC e FMI

## Notas

1 O estudo em questão constitui parte da pesquisa de doutorado dos autores.
2 Este estudo faz parte da pesquisa de doutorado dos autores.
3 Utiliza-se a definição do Harmonised System de 2002, pois alguns dos países analisadcs (Brasil e Índia) não reportam seu dados no HS mais recente, de 2006.
4 "*Plastics and articles thereof*".
5 "*Machinery and mechanical appliances; parts thereof*".
6 "*Electrical machinery and equipment and parts thereof; sound recorders and reproducers, television image and sound recorders and reproducers, and parts and accessories of such articles*".
7 " *Vehicles other than railway or tramway rolling stock*".
8 Este estudo faz parte da pesquisa de doutorado dos autores.
9 Este estudo integra a pesquisa de doutorado do autor.

# Glossário

**Acordo coletivo** Negociações coletivas entre a administração da empresa, os operários e a equipe técnica, com relação a acordos salariais e a condições de trabalho.

**Acordo de interlicenciamento** Uma iniciativa geralmente não acionária e baseada em um projeto, em que os parceiros concordam que um acesse a tecnologia licenciada desenvolvida pelo outro, em caráter preferencial.

**Acordo de *know-how*** O contrato pelo qual a empresa focal fornece conhecimento tecnológico ou gerencial sobre como desenvolver, produzir ou entregar bens e serviços.

**Acordo de livre comércio** Um acordo formal entre dois ou mais países para reduzir ou eliminar tarifas, cotas e barreiras ao comércio de bens e serviços.

**Acordos de compensação** Um tipo de *countertrade* que envolve o pagamento tanto em bens quanto em moeda.

**Acordos de recompra (*buy-back*)** Um tipo de *countertrade* em que o vendedor concorda em fornecer tecnologia ou equipamento para a construção de um empreendimento, mediante pagamento sob a forma de bens nele produzidos.

**Aculturação** O processo de adaptar-se a uma cultura diferente da própria.

**Adaptação** Esforços firmes para modificar um ou mais elementos de um plano internacional de marketing, com o propósito de atender às demandas específicas dos consumidores de um mercado em particular.

**Agente de carga** Um provedor de serviços logísticos que providencia embarques internacionais para empresas exportadoras, como se fosse um agente de viagem para cargas.

**Agente** Um intermediário (geralmente, um indivíduo ou uma pequena empresa) que administra pedidos de compra e venda de *commodities*, produtos e serviços em transações comerciais internacionais, mediante o pagamento de comissão.

**Alfândega** Posto de fiscalização em portos de entrada de cada país, em que as autoridades governamentais inspecionam produtos importados e cobram impostos.

**Análise de incidentes críticos (CIA, do inglês *critical incident analysis*)** Um método de análise de situações embaraçosas nas interações interculturais por meio do desenvolvimento da empatia por outros pontos de vista.

**Aquisição** O investimento direto realizado para comprar uma empresa ou instalações existentes.

**Área de livre comércio** A etapa de uma integração regional na qual os países-membros concordam em eliminar tarifas e outras barreiras ao comércio de bens e serviços dentro do bloco.

**Avaliação de desempenho** O processo formal de avaliação da efetividade com que os funcionários de uma empresa desempenham suas funções.

**Aversão contra incertezas** Até que ponto as pessoas podem tolerar o risco e a incerteza em suas vidas.

**Balanço de pagamentos** O registro contábil de todas as transações econômicas de uma nação com as demais.

**Banco central** A autoridade monetária de cada nação, responsável pela regulamentação da oferta e do crédito monetário, das emissões de moeda e da administração do câmbio da moeda nacional.

**Banco Mundial** Órgão internacional que concede empréstimos e presta suporte técnico a países de renda baixa e média, com o objetivo de reduzir os índices de pobreza.

**Bancos de desenvolvimento multilateral (BDMs, ou MDBs, do inglês *multilateral development banks*)** As instituições financeiras internacionais de propriedade de múltiplos governos, em regiões mundiais ou ou outros grupos.

**Barreira não tarifária ao comércio** Uma política, regulamentação ou procedimento governamental que impede o comércio por outros meios que não o de tarifas explícitas.

***Barter*** Um tipo de *countertrade* que envolve a troca direta de bens, sem a utilização de dinheiro como forma de pagamento.

**Bloco de integração econômica regional** Uma região geográfica composta por dois ou mais países que concordaram em buscar uma integração econômica, visando à redução de barreiras ao fluxo de bens, serviços, capital e, em estados mais avançados, força de trabalho, através de suas fronteiras.

***Build-operate-transfer*** **(BOT)** Um acordo pelo qual uma empresa ou um consórcio de empresas obriga-se a construir um empreendimento de grande porte no exterior, operá-lo por um período predeterminado e, em seguida, entregá-lo ao patrocinador do projeto, geralmente o governo ou uma prestadora de serviços públicos do país anfitrião.

***Business process outsourcing*** **(BPO)** A terceirização para fornecedores independentes de certas de atividades do negócio, como contabilidade, folha de pagamento, funções de RH, serviços de TI, atendimento ao cliente e assistência técnica.

**Cadeia de valor** A sequência de atividades de valor agregado desempenhadas pela empresa no processo de desenvolvimento, produção, marketing e assistência técnica de um produto.

**Cadeia global de suprimentos** A rede integrada de suprimento, produção e distribuição, organizada em escala mundial e localizada nos países em que a vantagem competitiva da empresa possa ser maximizada.

**Câmbio** Toda forma de transação monetária que é realizada em âmbito internacional, incluindo moeda estrangeira, depósito bancário, cheque e transferência eletrônica.

**Carta de crédito** O contrato entre os bancos do comprador e do vendedor, que garante o pagamento do primeiro ao segundo, por ocasião do recebimento de uma carga de exportação.

**Choque cultural** A desorientação e a ansiedade, frequentemente associadas à depressão mental, que podem resultar da vivência em uma cultura estrangeira por um período prolongado.

**Codeterminação** Uma prática de relações industriais, em que os representantes dos trabalhadores têm assento no conselho de administração e participam da tomada de decisões.

**Comércio internacional** Troca de bens e serviços entre fronteiras nacionais, geralmente por meio de exportações e importações.

**Configuração de atividade de valor agregado** O padrão ou a disposição geográfica de locais onde a empresa realiza atividades da cadeia de valor.

**Conglomerado** Uma empresa privada de grande porte, caracterizada por um alto nível de diversificação.

**Conglomerado ou cluster industrial** Uma concentração de negócios, fornecedores e empresas de suporte no mesmo setor, em uma localidade específica e caracterizada por uma massa crítica de talento humano, capital e outros atributos positivos.

**Consciência intercultural** A capacidade de interagir de modo efetivo e adequado com pessoas de diferentes repertórios linguísticos e culturais.

**Consolidação** O processo de combinar os resultados financeiros das subsidiárias estrangeiras com as demonstrações financeiras da matriz, integrando-os.

**Consórcio** Um investimento não acionário, baseado em um projeto em que múltiplos parceiros realizam um empreendimento de grande escala.

**Contágio** A tendência de que a crise financeira ou monetária de um país rapidamente contamine outros, em virtude da integração financeira mundial vigente.

**Contratados *turnkey*** A empresa focal ou um consórcio de empresas que planeja, financia, organiza, administra e implementa todas as fases de um projeto no exterior, para depois o entregar a um cliente estrangeiro, mediante treinamento do pessoal local.

**Contrato a prazo** Um instrumento financeiro de compra ou venda de uma moeda a uma taxa de câmbio prefixada no fechamento do contrato, para entrega e quitação futuras.

**Contrato de gestão** O acordo pelo qual um contratante fornece *know-how* gerencial para administrar um hotel, aeroporto ou outro tipo de empreendimento, em troca de alguma forma de compensação.

**Contrato *turnkey*** O tipo de contrato pelo qual a empresa focal ou um consórcio de empresas planeja, financia, organiza, administra e implementa todas as fases de um projeto no exterior, para depois o entregar a um cliente estrangeiro, mediante treinamento do pessoal local.

**Contratos futuros** Acordos de compra e venda de uma moeda em troca de outra, a um preço e data preestabelecidos.

**Controle cambial** Restrições às saídas de moeda de um país ou entradas de moeda estrangeira.

**Controle de exportações** Uma medida governamental destinada a administrar ou impedir a exportação de certos produtos ou o comércio com determinados países.

**Cota** Uma restrição quantitativa imposta às importações de um produto específico, por determinado período.

**Cota direta** O número de unidades da moeda doméstica necessário à aquisição de uma unidade de moeda estrangeira (também conhecida como *cota normal* ou *americana*).

**Cota indireta** O número de unidades da moeda estrangeira obtido para cada unidade da moeda doméstica (também conhecida como *termos recíprocos* ou *europeus/continentais*).

***Counterpurchase*** Um tipo de *countertrade* que envolve dois contratos distintos. No primeiro, o vendedor concorda em receber pagamento em dinheiro do comprador. Essa primeira negociação está sujeita a um segundo contrato, pelo qual o vendedor também concorda em adquirir bens do comprador em quantia correspondente ao total monetário ou a um determinado percentual dele.

***Countertrade*** Uma transação comercial internacional em que o pagamento, total ou parcial, é feito por meio de troca de mercadorias, em vez de em dinheiro.

**Critérios de autorreferência** A tendência de vislumbrar as outras culturas pelas lentes de sua própria.

**Cultura de alto contexto** Uma cultura que enfatiza as mensagens não verbais e considera a comunicação como um meio de promover relacionamentos afáveis e harmoniosos.

**Cultura** Os padrões de orientação aprendidos, compartilhados e duradouros de uma sociedade. As pessoas demonstram sua cultura por meio de valores, ideias, atitudes, comportamentos e símbolos.

**Cultura de baixo contexto** Aquela que se baseia em explicações verbais elaboradas, com forte ênfase na palavra dita.

**Cultura organizacional** O padrão de valores, normas de comportamento, sistemas, políticas e procedimentos compartilhados, que os funcionários de uma empresa aprendem e adotam.

**Déficit comercial** O valor pelo qual as importações de um país excedem as exportações, por um determinado período.

**Departamento de exportações** A unidade de uma empresa responsável pela gestão de suas operações de exportação.

**Despachantes aduaneiros** Agentes especializados na liberação de produtos pela alfândega em favor dos importadores.

**Desvalorização** Uma ação governamental para reduzir o valor oficial de sua moeda em relação a outras.

**Direitos de propriedade intelectual** Direito legal que protege empresas e indivíduos do uso não autorizado de seus ativos proprietários por terceiros.

**Direitos especiais de saque (DES, ou SDR, do inglês *special drawing right*)** Uma unidade de conta ou um ativo de reserva, uma espécie de 'moeda' usada pelos bancos para complementar suas reservas nas transações com o FMI.

**Distanciamento do poder** Descreve como uma sociedade lida com as desigualdades de poder entre as pessoas.

**Distribuidor externo** Um intermediário baseado no exterior que atua sob contrato para um exportador, toma posse e distribui seus produtos em um mercado ou território nacional; geralmente desempenha funções de marketing, como vendas, promoção e atendimento pós-vendas.

**Divisão funcional** Uma estrutura na qual a tomada de decisões e a gestão pertinente às operações internacionais de uma empresa são organizadas por atividade funcional (como produção e marketing).

**Divisão por produto** O arranjo pelo qual a tomada de decisões e a gestão das operações internacionais de uma empresa são pautadas por sua principal linha de produto.

**Divisão por região geográfica** Uma estrutura organizacional em que o controle e a tomada de decisões são descentralizados até o nível de regiões geográficas, com gestores responsáveis pelas operações de cada uma.

**Documentação** Os formulários oficiais e outros documentos necessários às vendas de exportação, para transporte de bens e liberação aduaneira.

***Dumping*** A precificação de produtos exportados a um valor abaixo do normal, geralmente menor que o praticado no mercado doméstico ou de terceiros, podendo ser até inferior ao custo de produção.

**Economias avançadas** Países da era pós-industrial caracterizados por alta renda *per capita*, setores altamente competitivos e infraestrutura comercial bem desenvolvida.

**Economias de transição** Um subconjunto de mercados emergentes que passaram de economias centralizadas para mercados liberalizados.

**Economias em desenvolvimento** Os países de baixa renda caracterizados por industrialização limitada e economias estagnadas.

**Empresa *born global*** Um empreendimento jovem que começa uma atividade comercial internacional no início de seu ciclo de vida, movendo-se rapidamente para o mercado externo.

**Empresa comercial exportadora (*trading company*)** Um intermediário que lida com a importação e a exportação de uma variedade de *commodities*, bens e serviços.

**Empresa de gerenciamento de exportações (EMC, do inglês *export management company*)** Um intermediário que atua como agente de exportações em favor de uma empresa cliente (geralmente, sem experiência nessa atividade).

**Empresa focal** Aquela que inicia uma transação comercial internacional, podendo ser uma multinacional ou uma média empresa, e que concebe, desenvolve e produz as ofertas destinadas ao consumo em escala mundial.

**Empresas de arbitragem** *Traders* que compram e vendem a mesma moeda em dois ou mais mercados de câmbio para tirar proveito das diferenças cambiais.

**Empresas multinacionais (MNE, do inglês *multinational enterprise*)** Uma empresa de grande porte com expressivos recursos, que desempenha diversas atividades comerciais por meio de uma rede de subsidiárias e filiais localizadas em vários países.

**Equipe global** Um grupo de pessoas distribuídas em várias partes do mundo com a missão específica de tomar ou implementar decisões de escopo internacional.

**Escalada internacional de preços** O problema do aumento exorbitante dos preços ao consumidor final no mercado de exportação, causado por canais de distribuição em múltiplos níveis, margens intermediárias, tarifas e outros custos internacionais ao consumidor.

**Especuladores** Operadores de câmbio que almejam o lucro investindo em moedas com a expectativa de que seu valor aumente no futuro.

**Estado de direito** A existência de um sistema judiciário em que as regras são claras, de domínio público, cumpridas de forma justa e amplamente respeitadas pelos indivíduos, pelas organizações e pelo governo.

**Estereótipo** A generalização sobre um grupo de pessoas que pode ou não ser baseada em fatos e que, de modo geral, desconsidera as diferenças reais e mais profundas.

**Estratégia de replicação doméstica** Um enfoque pelo qual a empresa trata o negócio internacional como uma parte distinta e secundária em relação a seu negócio local.

**Estratégia global de marketing** Um plano de ação que orienta a empresa sobre como posicionar o negócio e suas ofertas nos mercados estrangeiros, quais segmentos de público atingir e até que ponto os componentes do plano de marketing devem ser padronizados e adaptados.

**Estratégia global** Um enfoque pelo qual a matriz busca obter um considerável controle sobre as operações no país, para minimizar a redundância e maximizar a eficiência, a aprendizagem e a integração em nível mundial.

**Estratégia multidoméstica** Um enfoque voltado à internacionalização da empresa, em que a matriz delega considerável autonomia a seu gestor em cada país, permitindo-lhe operar de forma independente e buscar a responsividade local.

**Estratégia** Um plano de ação que canaliza os recursos de uma organização, de modo que ela possa efetivamente se diferenciar da concorrência e atingir metas únicas e viáveis.

**Estratégia no contexto internacional** Um plano para a empresa posicionar-se de forma positiva em relação a seus concorrentes e configurar atividades de valor agregado em escala global.

**Estratégia transnacional** Um enfoque coordenado à internacionalização pelo qual uma empresa dedica esforços para ser mais responsiva às demandas locais, sem deixar de reter suficiente controle central das operações, para garantir a eficiência e a aprendizagem.

**Estratégias contratuais de entrada no mercado internacional** As transações internacionais em que a relação entre a empresa focal e seu parceiro estrangeiro é regida por um contrato explícito.

**Estrutura de divisão internacional** Uma estrutura organizacional em que todas as atividades internacionais são centralizadas em uma divisão da empresa, separada das unidades responsáveis pelas operações locais.

**Estrutura matricial global** Matriz que mescla estruturas de região geográfica, produto e funções, com o objetivo de alavancar os benefícios de uma estratégia puramente global e maximizar a aprendizagem organizacional global, sem deixar de atender às demandas locais.

**Estrutura organizacional** Relações hierárquicas intracorporativo que especificam as ligações entre pessoas, funções e processos. ***Outsourcing*** Aquisição de atividades selecionadas de valor agregado, como a produção de bens intermediários ou de produtos acabados, de fornecedores independentes.

**Estudos de área** Conhecimento dos fatos referentes ao ambiente histórico, político e econômico do país anfitrião.

**Eurobônus** Títulos de dívida vendidos fora do país de origem do emissor, embora denominados em sua própria moeda.

**Eurodólares** Dólares norte-americanos depositados em bancos fora dos Estados Unidos, incluindo filiais estrangeiras de bancos norte-americanos.

**Euromoeda** Qualquer moeda depositada em um banco fora de seu país de origem.

**Expatriado** O funcionário de uma empresa que é designado a trabalhar e residir em um país estrangeiro por um determinado período, geralmente um ano ou mais.

**Exportação direta** A exportação que se realiza por meio de contrato com intermediários localizados no mercado externo.

**Exportação indireta** A exportação que se dá pela contratação de intermediários localizados no mercado doméstico da empresa.

**Exportações** A estratégia de produção de bens ou serviços em um país (geralmente, o de origem do produtor) e sua venda e distribuição a clientes localizados em outro.

**Exposição da conversão** O risco cambial resultante quando uma multinacional converte as demonstrações financeiras denominadas em moeda estrangeira para a moeda funcional da matriz como parte da consolidação dos resultados financeiros.

**Exposição da transação** O risco cambial que a empresa enfrenta quando as contas a receber ou a pagar são denominadas em moeda estrangeira.

**Exposição econômica** O risco cambial que resulta das flutuações cambiais que afetam a precificação de produtos, o custo de insumos e o valor de investimentos estrangeiros.

**Expressão idiomática** Uma expressão cujo significado simbólico difere do literal.

**Extraterritorialidade** Aplicação de leis do país de origem a pessoas ou condutas fora das fronteiras nacionais.

**Facilitador** Uma empresa ou um indivíduo com experiência específica em assistência jurídica, operações bancárias, liberação aduaneira ou serviços correlatos, que auxilia empresas focais na realização de transações comerciais internacionais.

**Fechamento (*netting*) multilateral** A redução estratégica das transferências de moeda dentro do grupo da multinacional, pela eliminação dos fluxos de caixa de compensação.

**Financiamento de dívida** A tomada de empréstimo de bancos e outras instituições financeiras ou a venda de títulos corporativos a indivíduos ou instituições para levantar fundos.

**Financiamento intracorporativo** Fundos provenientes de fontes internas da empresa (tanto a matriz quanto as filiais), como ações, financiamento e crédito comercial.

**Financiamento por capital próprio** A emissão de ações para levantar capital junto a investidores e o uso de lucros retidos.

**Franqueador** A empresa que concede a outra o direito de uso de todo um sistema de negócios, em troca do pagamento de taxas, *royalties* ou outras formas de compensação.

**Franquia** Um acordo pelo qual a empresa focal concede a outra o direito de uso de todo um sistema de negócios, em troca do pagamento de taxas, *royalties* ou outras formas de compensação.

**Franquia master** Acordo pelo qual uma empresa independente é licenciada para estabelecer, desenvolver e gerenciar toda a rede de franquia em seu mercado e detém o direito de subfranquia a outros franqueados, dessa forma assumindo o papel de franqueador local.

**Fundo Monetário Internacional (FMI)** Órgão internacional responsável por estabilizar moedas por meio do monitoramento dos sistemas de câmbio dos países membros e da concessão de empréstimos a economias em desenvolvimento.

**Fusão** Um tipo especial de aquisição, no qual duas empresas se unem para formar outra nova, maior.

**Gerenciamento global de contas (GGC, ou GAM, do inglês *global account management*)** Prestar atendimento aos principais clientes globais de forma consistente e padronizada, não importando em que parte do mundo estejam operando.

**Gestão internacional de recursos humanos (GIRH, ou IHRM, do inglês *international human resource management*)** As atividades de planejamento, seleção, treinamento, recrutamento e avaliação de funcionários para operações internacionais.

***Global sourcing*** A estratégia de adquirir bens e serviços de fontes localizadas no exterior, para uso doméstico. Também referido como importação, aquisição global ou compras globais.

**Globalização de mercados** Integração econômica contínua e interdependência crescente entre os países no mundo.

***Hedgers*** Operadores de câmbio que buscam minimizar o risco das flutuações cambiais, geralmente comprando contratos a prazo ou instrumentos financeiros semelhantes.

***Hedging*** Uso de instrumentos financeiros e outras medidas para reduzir ou eliminar a exposição ao risco cambial.

**Importação ou global sourcing** Aquisição de bens e serviços de fontes estrangeiras para abastecimento do mercado doméstico. Também referida como *global sourcing*, aquisição ou compra global.

**Incentivo a investimentos** Pagamento de transferências ou concessão de impostos diretamente às empresas estrangeiras para incentivá-las a investir no país.

***Incoterms* (do inglês *International Commercial Terms*)** Termos de comércio universalmente aceitos, que especificam os entendimentos entre comprador e vendedor quanto a itens como custo de frete e seguro em uma transação internacional e quando o comprador toma posse dos bens.

**Individualismo *versus* coletivismo** Descreve se uma pessoa age primordialmente como um indivíduo ou como membro de um grupo.

**Indústria global** Um setor no qual a concorrência ocorre em escala regional ou mundial.

**Informação prática** O conhecimento e as habilidades necessárias para viver de forma apropriada em um país, incluindo moradia, saúde, educação e o cotidiano.

**Iniciativa colaborativa internacional** Uma aliança comercial internacional, em que as empresas que se associam reúnem seus recursos e compartilham os custos e riscos do novo empreendimento.

**Integração econômica regional** A crescente interdependência econômica que resulta da formação de uma aliança entre dois ou mais países dentro de uma região geográfica, com o objetivo de reduzir barreiras ao comércio e aos investimentos.

**Integração global** A coordenação interfronteiras das atividades que compõem a cadeia de valor de uma empresa, em busca de eficiência, sinergia e fertilização cruzada em escala mundial, com o propósito de tirar proveito máximo das semelhanças entre países.

**Integração horizontal** O arranjo pelo qual uma empresa domina, ou busca dominar, as atividades envolvidas em uma única etapa de sua cadeia de valor.

**Integração vertical** O acordo pelo qual a empresa domina, ou busca dominar, 'múltiplas' etapas de uma cadeia de valor para a produção, a venda e a entrega de bens ou serviços.

**Inteligência cultural** A capacidade de um profissional em agir de modo efetivo em situações caracterizadas pela diversidade cultural.

**Intermediário do canal de distribuição** Um agente especializado que fornece uma variedade de serviços logísticos e de marketing para empresas focais, como parte da cadeia internacional de suprimentos, tanto no país de origem quanto no exterior.

**Intervenção monetária** A compra e venda de títulos do governo por um banco central, com o objetivo de manter a taxa de câmbio da moeda de um país em um nível aceitável.

**Investimento direto estrangeiro (IDE, ou FDI, do inglês *foreign direct investment*)** Uma estratégia de internacionalização segundo a qual uma empresa estabelece presença física no exterior por meio da aquisição de ativos principais como capital, tecnologia, força de trabalho, terrenos, instalações industriais e equipamentos.

**Investimento direto *integral*** Um investimento direto estrangeiro em que o investidor possui plena propriedade dos ativos estrangeiros.

**Investimento internacional** A transferência de ativos para outro país ou a aquisição de ativos nesse país.

**Investimento internacional em portfólio** Propriedade passiva de títulos estrangeiros, como ações e obrigações, com o objetivo de gerar retorno financeiro.

**Investimento não acionário, baseado em um projeto** O tipo de colaboração em que os parceiros desenvolvem um projeto com escopo relativamente restrito e um cronograma bem definido, sem a criação de uma nova entidade jurídica.

**Investimentos *greenfield*** O investimento direto na construção de novas instalações industriais, de marketing ou administrativas, em oposição à aquisição de instalações existentes.

***Joint ventures*** Uma forma de colaboração entre duas ou mais empresas, para criar um empreendimento de propriedade conjunta.

***Joint ventures* com participação acionária** Tipo de sociedade em que uma empresa distinta é criada com investimento ou um fundo de ativos, por duas ou mais matrizes que compartilham a propriedade da nova entidade jurídica.

**Licença de importação** Autorização governamental concedida a uma empresa para a importação de um produto.

**Licenciadora** Uma empresa que formaliza um acordo contratual com um parceiro estrangeiro, concedendo-lhe o direito de usar determinada propriedade intelectual por um período específico e em troca do pagamento de *royalties* ou outra forma de compensação.

**Licenciamento** O acordo em que o detentor de uma propriedade intelectual concede a uma empresa o direito de uso dela, por um período específico e em troca do pagamento de *royalties* ou outra forma de compensação.

**Liderança visionária** Capital humano sênior em uma organização, que provê diretrizes estratégicas visando à manutenção da eficiência, flexibilidade e aprendizagem em uma empresa que se internacionaliza.

**Livre comércio** Ausência relativa de restrições ao fluxo de bens e serviços entre países.

**Manufatura contratada** Um acordo pelo qual a empresa focal contrata um fornecedor independente para fabricar produtos de acordo com especificações predefinidas.

***Maquiladoras*** Fábricas de montagem para fins de exportação situadas no norte do México, ao longo da fronteira com os Estados Unidos, que produzem componentes e produtos acabados, em geral destinados ao mercado norte-americano.

**Marca global** Uma marca cujo posicionamento, estratégia publicitária, identidade visual e personalidade são padronizados em nível mundial.

**Masculinidade *versus* feminilidade** Refere-se à orientação da sociedade, com base em valores tradicionalmente masculinos e femininos. As culturas masculinas tendem a valorizar a competitividade, a assertividade, a ambição e o acúmulo de riqueza. As culturas femininas enfatizam o fomento à educação, a interdependência entre as pessoas e a assistência aos menos afortunados.

**Medidas compensatórias** Uma tarifa imposta a produtos importados por um país, que compensam os subsídios oferecidos a produtores ou exportadores do país exportador.

**Mercado comum** A fase em uma integração regional em que se reduzem ou eliminam barreiras comerciais, se estabelecem barreiras comuns externas e se permite a livre circulação de produtos, serviços e fatores de produção entre os países-membros.

**Mercado de câmbio** O mercado global para compra e venda de moedas nacionais.

**Mercado global de ações** O mercado mundial de fundos para financiamento por capital próprio — as bolsas de valores em todo o mundo, onde investidores e empresas se reúnem para comprar e vender cotas de ações.

**Mercado global de capitais** O conjunto de mercados financeiros nos quais empresas e governos levantam financiamentos de médio e longo prazo.

**Mercado global de obrigações** O mercado internacional em que se compram e vendem títulos de dívida, principalmente por meio de bancos e corretores de fundos públicos.

**Mercado monetário global** O conjunto de mercados financeiros onde empresas e governos levantam financiamento de curto prazo.

**Mercado paralelo** A importação legal de produtos genuínos para um país, por meio de intermediários que não os distribuidores autorizados (também conhecido como importação paralela).

**Mercados emergentes** O subconjunto de economias em desenvolvimento que, a partir da década de 1980, passou a atingir um nível considerável de industrialização, modernização e rápido crescimento econômico.

**Mercantilismo** A crença de que a prosperidade nacional é o resultado de uma balança comercial positiva, obtida pela maximização das exportações e pela minimização das importações.

**Metáfora cultural** Uma tradição ou instituição distintiva, fortemente associada a uma sociedade em particular.

**Método da taxa atual** A conversão do balanço patrimonial e das demonstrações de resultado em moeda estrangeira à taxa de câmbio vigente — a taxa de câmbio à vista em vigor no dia, ou projetada para o período em que as demonstrações foram elaboradas.

**Método temporal** A conversão do balanço patrimonial e das demonstrações de resultado em moeda estrangeira a uma taxa de câmbio que varia conforme o método de avaliação utilizado.

**Modelo mental globalizado** Receptividade e conscientização em relação à diversidade cultural.

**Monocrônica** Uma rígida orientação para o tempo, em que o indivíduo se concentra em cronogramas, na pontualidade e no tempo como recurso.

**Nativo de país estrangeiro (NPE, ou TCN, do inglês *third country national*)** O funcionário de uma empresa que é nativo de um país que não o de origem nem o anfitrião.

**Nativo do país anfitrião (NPA, ou HCN, do inglês *host country national*)** O funcionário de uma empresa que é nativo do país onde a subsidiária ou a afiliada de uma multinacional está localizada.

**Nativo do país de origem da matriz (NPM, ou PCN, do inglês *parent-company national*)** O funcionário de uma empresa que é nativo do país que sedia a matriz de uma multinacional.

**Negócios internacionais** A realização pelas empresas de atividades de comércio e de investimento que extrapolam as fronteiras nacionais.

**Novos desafiantes globais** Empresas de ponta de mercados emergentes em acelerada expansão, que rapidamente se tornam fortes competidores nos mercados mundiais.

**Obrigações estrangeiras** Um título vendido fora do país do emissor e denominado na moeda do país em que ocorre a emissão.

***Offshoring*** A realocação de um processo de negócio ou de toda a unidade de produção para um país estrangeiro.

**Opção de câmbio** Um contrato que dá ao comprador o direito, mas não a obrigação, de adquirir certa quantia em moeda estrangeira a uma taxa fixa de câmbio, dentro de um período predeterminado.

**Operador logístico** Uma transportadora que cuida da distribuição física e da armazenagem de produtos para as empresas focais, além de controlar as informações entre o ponto de origem e o ponto de consumo.

**Oportunidade global de mercado** Uma combinação favorável de circunstâncias, localização ou momento que apresenta perspectivas de exportação, investimento, suprimento ou parceria em mercados estrangeiros.

**Organização Mundial do Comércio (OMC)** Um órgão governamental multilateral, capacitado a regulamentar o comércio e os investimentos internacionais.

**Orientação de longo prazo *versus* de curto prazo** Trata do quanto as pessoas e as organizações são suscetíveis a gratificações para atingir o sucesso de longo prazo.

**Orientação etnocêntrica** O uso de nossa própria cultura como padrão de referência no julgamento de outras.

**Orientação geocêntrica** O modelo mental globalizado pelo qual um gestor compreende um negócio ou um mercado, sem levar em consideração as fronteiras entre países.

**Orientação policêntrica** Um modelo mental de país anfitrião em que o gestor desenvolve uma grande identidade com o país onde conduz o negócio.

**Padronização** Os esforços de uma empresa para uniformizar os componentes de seu plano de marketing, tendo em vista atingir regiões inteiras de um país, ou até o mercado global, com um produto ou serviço similar.

**Paraíso fiscal** Um país receptivo aos negócios e aos investimentos internos, em razão de seu baixo imposto de renda para pessoas jurídicas.

**Parceiro de *joint venture*** Uma empresa focal que cria e compartilha a propriedade de uma nova entidade jurídica por meio de investimento acionário ou fundo de ativos.

**Parceiros de investimento não acionário, baseado em um projeto** As empresas focais que colaboram entre si por meio de um projeto com escopo relativamente restrito e um cronograma bem definido, sem a criação de uma nova entidade jurídica.

**Participação acionária** Aquisição de co-propriedade em uma empresa.

**Pequena e média empresa (PME, ou SME, do inglês *small and medium-sized enterprise*)** Uma empresa com até 500 funcionários nos Estados Unidos, embora esse número possa variar para baixo em outros países.

**Policrônica** Uma orientação flexível e não linear para o tempo, em que o indivíduo adota uma perspectiva de longo prazo e é capaz de realizar várias tarefas simultâneas.

**Política industrial nacional** Um plano de desenvolvimento econômico proativo iniciado pelo setor público, geralmente em colaboração com o setor privado, que tem por objetivo desenvolver ou sustentar setores específicos de uma nação.

***Pool* de talentos globais** Um banco de dados de funcionários, com o perfil de suas habilidades internacionais e de seu potencial para atender às aspirações globais da empresa.

**Potencial de mercado do setor** Uma estimativa das expectativas de vendas de todas as empresas de um setor em particular, por um período predeterminado.

**Potencial de venda** Uma estimativa da participação nas vendas anuais do setor que uma empresa espera gerar em um determinado mercado-alvo.

**Preço de transferência** A prática de precificar produtos intermediários ou acabados trocados entre as subsidiárias e as filiais do mesmo grupo corporativo, localizadas em países diferentes.

**Princípio da vantagem absoluta** Um país beneficia-se ao produzir somente os produtos nos quais possui vantagem absoluta ou aqueles que é capaz de produzir utilizando menos recursos do que outros.

**Princípio da vantagem comparativa** Pode ser benéfico para dois países comercializarem sem barreiras, contanto que um seja mais eficiente na produção de bens e serviços necessários ao outro. O que importa não é o custo absoluto de produção, mas a eficiência relativa da capacidade produtiva de um país.

**Privatização** A transferência de um negócio estatal para o setor privado.

**Processos organizacionais** As rotinas, os comportamentos e os mecanismos gerenciais que permitem a uma empresa operar conforme o planejado.

**Propriedade intelectual** Ideias ou atividades criadas por pessoas ou empresas, como patentes, marcas registradas e direitos autorais.

**Protecionismo** Políticas econômicas nacionais destinadas a restringir o livre comércio e proteger os setores produtivos locais da concorrência estrangeira.

**Relações contratuais de entrada no mercado internacional** As transações internacionais em que a relação entre a empresa focal e seu parceiro estrangeiro é regida por um contrato explícito.

**Repatriação** O retorno do expatriado a seu país de origem, após o cumprimento de uma prolongada missão no exterior.

**Representante do fabricante** Um intermediário contratado pelo exportador para representar e vender sua mercadoria ou seus serviços em um país ou território designado.

**Responsabilidade social corporativa (RSC)** Administrar uma empresa de modo a atender ou superar as expectativas éticas, legais, comerciais e públicas das partes interessadas.

**Responsividade local** O atendimento às necessidades específicas dos consumidores de um país.

***Resseguro*** Um empréstimo entre matriz e subsidiária, intermediado por um grande banco ou outro agente financeiro.

**Risco cambial** O risco decorrente de variações no valor de uma moeda em relação a outra.

**Risco comercial** O potencial de prejuízo ou fracasso de uma empresa, resultante de estratégias, táticas ou processos de negócios mal desenvolvidos ou mal implementados.

**Risco intercultural** Uma situação ou um evento em que a má interpretação cultural coloca em jogo os valores humanos.

**Risco-país** Os efeitos potencialmente adversos sobre as operações e a lucratividade de uma empresa causados por desdobramentos políticos, legais e econômicos em um país estrangeiro.

***Royalty*** Uma taxa paga de forma periódica, como forma de compensação a um licenciador pelo uso temporário de sua propriedade intelectual; geralmente baseada em uma porcentagem das vendas brutas geradas pela utilização do ativo licenciado.

**Segmento global de mercado** Um grupo de consumidores de diversos mercados nacionais, que apresentam características em comum.

**Setor multidoméstico** Um setor em que a competição ocorre entre países.

**Sistema financeiro global** O conjunto de instituições financeiras que intermediam e regulamentam os fluxos de investimento e capital em nível mundial, como os bancos centrais, os bancos comerciais e as bolsas de valores nacionais.

**Sistema jurídico** O sistema de interpretação e cumprimento das leis.

**Sistema monetário internacional** Estrutura institucional, regras e procedimentos que regem a troca de moedas nacionais entre si.

**Sistema político** Um conjunto de instituições formais que constituem um governo.

**Socialização** O processo de aprender as regras e os padrões comportamentais apropriados a uma dada sociedade.

**Subsidiária própria** O escritório de representação de um exportador que administra as atividades de marketing, distribuição, promoção e atendimento ao cliente no mercado local.

**Subsídios** Recursos monetários ou outros concedidos por um governo a uma empresa ou grupo de empresas, em geral com o objetivo de garantir sua sobrevivência, ao facilitar a produção e o marketing de bens a preços reduzidos ou ao estimular as exportações.

**Superávit comercial** O valor pelo qual as exportações de um país excedem as importações, por um determinado período.

**Suprimento cativo** O suprimento a partir das próprias instalações de produção da empresa, localizadas no exterior.

***Swap* cambial** O acordo de troca de uma moeda por outra, de acordo com uma agenda predefinida.

Também conhecida como uma parceria internacional ou uma aliança estratégica internacional.

**Tarifa *antidumping*** Uma tarifa imposta a produtos cujo preço de venda ou de exportação é considerado abaixo do valor normal de mercado e que causa dano aos produtores de bens concorrentes no país importador.

**Tarifa** Uma taxa imposta sobre produtos importados, que efetivamente aumenta o custo de aquisição pelos consumidores.

**Taxa de câmbio futuro** A taxa de câmbio aplicável à coleta ou entrega de uma moeda estrangeira em uma data futura, mas a uma taxa fixada no momento da origem da transação.

**Taxa de câmbio** O valor de uma moeda expressa em relação a outra. Trata-se do número de unidades de uma moeda que podem ser trocadas por outra.

**Taxa *spot*** A taxa de câmbio aplicável às transações de moedas estrangeiras, em que se utiliza a taxa de câmbio vigente, e a entrega é considerada imediata.

***Tenders*** Ofertas formais feitas por um comprador para adquirir determinados bens ou serviços.

**Teoria da internalização** Uma explicação sobre o processo pelo qual as empresas adquirem ou retêm uma ou mais atividades da cadeia de valor 'dentro' delas, para minimizar as desvantagens da negociação com parceiros externos e permitir maior controle sobre as operações estrangeiras.

***Título*** Um título de dívida que permite ao emissor (tomador do empréstimo) levantar capital mediante o compromisso de devolver o principal com juros em uma data prefixada (maturidade).

**Transparência** A forma como as empresas revelam informações em bases consistentes e regulares sobre sua situação financeira e práticas contábeis.

**União aduaneira** A fase de uma integração regional em que os países-membros concordam em adotar uma tarifa comum, bem como barreiras não tarifárias sobre as importações de países não-membros.

**União econômica** Uma etapa da integração regional, na qual os países-membros se beneficiam de todas as vantagens das fases iniciais, mas também buscam compartilhar políticas fiscais e monetárias.

**Vantagem comparativa** As características de um país que o destacam por seus benefícios únicos na competição global, geralmente decorrentes de recursos naturais ou políticas nacionais deliberadas.

**Vantagem competitiva** Os ativos ou as competências distintivas de uma empresa — geralmente resultantes de pontos fortes em custo, tamanho ou inovação — que sejam difíceis de serem copiadas pelos concorrentes.

**Violação à propriedade intelectual** O uso, a publicação ou a reprodução não autorizados de bens ou serviços protegidos por patente, direito autoral, marca registrada ou demais direitos de propriedade intelectual.

**Zona de comércio exterior (ZCE, ou FTZ, do inglês *foreign trade zone*)** Uma área dentro de um país que recebe bens importados para montagem ou outra forma de processamento e subsequente reexportação. Por questões alfandegárias, a ZCE é tratada como se fosse localizada fora das fronteiras nacionais.

# ÍNDICE REMISSIVO

## A

## F

## G



## H

## M

## N



## O

## P

## Q



## R

# Sobre os autores


## S. Tamer Cavusgil

Michigan State University, University Distinguished Faculty, The John William Byington Endowed Chair in Global Marketing, Executive Director, Center for International Business Education and Research (CIBER)


O professor Cavusgil, nativo da Turquia, tem orientado estudantes, executivos e educadores em negócios internacionais nas últimas três décadas. Sua atuação profissional o levou a outros inúmeros mercados emergentes.

Autor de mais de 160 artigos e mais de 30 livros, dentre os quais *Doing Business in the Emerging Markets* (Sage). Seu trabalho está entre as mais citadas contribuições em negócios internacionais. É o editor fundador do *Journal of International Marketing* e do *Advances in International Marketing*. Participa dos conselhos editoriais de revistas profissionais.

O professor Cavusgil é membro eleito da Academy of International Business, uma distinção obtida por um seleto grupo de líderes intelectuais em negócios internacionais. Também atuou como vice-presidente da AIB e no conselho diretor da American Marketing Association. A Michigan State University outorgou-lhe seu mais alto reconhecimento por contribuições à missão internacional: o Ralph H. Smuckler Award for Advancing International Studies. Foi nomeado "International Trade Educator of the Year" em 1996, pela National Association of Small Business International Trade Educators (NASBITE). Na Michigan State University, também recebeu a distinção de University Distinguished Faculty, o mais alto prêmio concedido a um docente. Em 2007, foi nomeado Honorary Fellow of the Sidney Sussex College na University of Cambridge.

O professor Cavusgil possui os títulos de MBA e Ph.D. da University of Wisconsin. Anteriormente, ocupou posições na Middle East Technical University, na Turquia, na University of Wisconsin-Whitewater e na Bradley University. Também atuou como Senior Fulbright Scholar na Austrália e lecionou na Monash University e em outras instituições australianas. Foi professor visitante na Manchester Business School e da cadeira de Gianni and Joan Montezemolo Visiting Chair na University of Cambridge, no Reino Unido.


## Gary Knight

Florida State University

Associate Professor

Director of Program in International Business


O professor Knight possui ampla experiência em negócios internacionais no setor privado. Como gerente de exportação em uma empresa de médio porte, conduziu operações no Canadá, na Europa, no Japão e no México, supervisionando as atividades de cerca de 50 distribuidores nessas regiões. Anteriormente, trabalhou para um líder na fabricação de máquinas elétricas em sua sede em Tóquio, Japão, e no escritório japonês do estado de Washington.

Na Florida State University, o professor Knight desenvolveu programas de estudos de administração na Inglaterra, na França, no Japão e na Espanha, bem como os cursos on-line da FSU em negócios internacionais. Recebeu diversos prêmios por pesquisa e ensino, incluindo o de melhor professor do programa de MBA e o Hans B. Thorelli Best Paper Award por seu artigo "*Entrepreneurship and strategy: the SME under globalization*". Sua pesquisa enfatiza integração regional, estratégia de negócios internacionais, serviços internacionais e internacionalização de pequenas e médias empresas. O professor Knight é membro da Academy of International Business. Autor de três livros e de quase uma centena de artigos em revistas acadêmicas e anais de conferências, incluindo *Journal of International Business Studies*, *Journal of World Business*, *International Executive* e *Management International Review*. Participa dos conselhos editoriais de diversas publicações internacionais. Recentemente, o The United States House of Representative's Committee on Small Business convidou-o a prestar testemunho especializado sobre os efeitos do terrorismo sobre os negócios internacionais.

O professor Knight recebeu seu MBA na University of Washington e seu Ph.D. na Michigan State University, ambos em negócios internacionais. Obteve graduações em finanças e em línguas modernas. Também cursou a University of Paris, na França, e a Sophia University, no Japão, e fala fluentemente francês, japonês e espanhol.

## John R. Riesenberger

Michigan State University
Executive in Residence
Center for International Business Education and Research

A carreira internacional de John cobre mais de três décadas na indústria farmacêutica global. Conduziu transações comerciais em 21 países. Sua paixão é ajudar os estudantes a desenvolver as habilidades gerenciais frequentemente exigidas dos recém-graduados que iniciam a carreira em negócios internacionais.

Atualmente, John é vice-presidente corporativo e principal executivo de finanças da MannKind Corporation, uma companhia biofarmacêutica, focada na descoberta, no desenvolvimento e na comercialização de compostos terapêuticos para doenças como diabetes e câncer.

Anteriormente, John foi presidente de uma agência *born global* de comunicação científica, com clientes que abrangem a maioria das maiores companhias farmacêuticas com sede na Europa, no Japão e nos Estados Unidos.

John foi executivo sênior na Pharmacia & Upjohn e na Upjohn Company. Sua experiência cobre uma ampla gama de responsabilidades divisionais, geográficas e funcionais. Sua mais recente posição foi como vice-presidente, *business intelligence* e *global business management*. Ocupou também os seguintes cargos: vice-presidente da Upjohn Company do Canadá, vice-presidente de *business information*, diretor executivo-*worldwide strategic marketing services*, diretor executivo-*worldwide medical sciences liaison* e diretor de vendas.

John é membro do Business Advisory Board da Michigan State University Center for International Business Education and Research. Atuou como presidente do Industry Advisory Board, "Value of Marketing Program", SEI Center for the Advanced Studies in Management, The Wharton School of the University of Pennsylvania. Ex-presidente da Pharmaceutical Manufacturing Association Marketing Practices Committee. John é coautor, com Robert T. Moran, de *The global challenge: building the new worldwide enterprise* (McGraw-Hill, Londres).

John é mestre em administração e economia pela Hofstra University. Cursou o International Senior Management Program da Harvard Business School.

RR Donnelley

IMPRESSÃO E ACABAMENTO
Av Tucunaré 299 - Tamboré
Cep. 06460.020 - Barueri - SP - Brasil
Tel.: (55-11) 2148 3500 (55-21) 3906 2300
Fax: (55-11) 2148 3701 (55-21) 3906 2324

IMPRESSO EM SISTEMA CTP